VW Golf III & Vento
Gör-det-själv handbok

Mark Coombs och Spencer Drayton

Modeller som behandlas: *(3244-304-2AJ3/3097-10AF3)*
VW Golf, Golf Variant & Vento framhjulsdrivna modeller med fyrcylindrig bensin- eller dieselmotor, inklusive specialmodeller
1390cc, 1391cc, 1398cc, 1596cc, 1598cc, 1781cc & 1984cc (8- och 16-ventils) bensinmotorer
1896cc diesel- och Turbo dieselmotorer, indirekt och direkt insprutning

Behandlar merparten av de mekaniska funktionerna hos cabriolet och van
Behandlar också sedanmodellen kallad VW Jetta på vissa marknader och Golf Variant fram till augusti 1999
Behandlar inte 2,8 liter VR6 motor eller fyrhjulsdrivna modeller

En bok i Haynes serie Gör-det-själv handböcker

ISBN **978 0 85733 877 8**

J H Haynes & Co. Ltd.
Haynes North America, Inc

www.haynes.com

Innehåll

DIN VW GOLF/VENTO

Innehåll

REPARATION & RENOVERING

Den nya VW Golf-serien introducerades våren 1992. Från början marknadsfördes Golf med 1,4 liters (1398cc), 1,6 liters (1598cc), 1,8 liters (1781cc) och 2,0 liters (1984cc) bensinmotorer, samt som en 1,9 liters (1896cc) dieselmotor. Dieselmotorn fanns både med och utan turbo. Till att börja med fanns endast karossmodellerna tre- eller femdörrars kombikupé.

Samtliga motorer har sitt ursprung i de välbeprövade motorer som finns i många VW/Audi. Motorn är tvärmonterad, har fyra cylindrar och överliggande kamaxel och växellådan är monterad på vänster sida. Samtliga modeller har en fyr- eller femväxlad manuell växellåda.

Hösten 1992 introducerades en fyrdörrars sedanmodell som kallades Vento. Samtidigt började man att erbjuda en fyrväxlad automatväxellåda på de flesta modellerna i serien, som alternativ till den manuella växellådan.

I slutet av 1993 kom en 2,0 liters (1984cc) 16-ventilsmotor. Denna motor består av samma motorblock som 8-ventilsmotorn, dock med dubbla överliggande kamaxlar och 16 ventiler för att öka styrkan.

I början av 1994 introducerades en cabrioletmodell och en kombi, Variant, och Golf-serien var då fullbordad.

Samtliga modeller har individuell framhjulsupphängning. Bakaxeln är stel med fjäderben och länkarmar.

Ett brett utbud av standard- och tillvalsutrustning som passar de flesta smakriktningar och önskemål finns för bilarna i serien, inklusive centrallås, elektriska fönsterhissar, elstyrt soltak, ABS (låsningsfria bromsar), luftkonditionering och krockkuddar.

Förutsatt att bilen underhålls regelbundet enligt tillverkarens rekommendationer, är VW Golf/Vento en tillförlitlig och ekonomisk bil. Motorrummet är väl utformat och de flesta delar som kräver underhåll är lätta att komma åt.

VW Golf 1.8 CL

VW Vento 1.8 CL

Din handbok till VW Golf/Vento

Syftet med den här handboken är att hjälpa dig att få ut så stor glädje av din bil som möjligt, och den kan göra det på flera sätt. Boken är till hjälp vid beslut om vilka åtgärder som ska vidtas (även om en verkstad anlitas för att utföra själva arbetet), den ger information om rutinunderhåll och service, och föreslår arbetssätt för ändamålsenliga åtgärder och diagnos om slumpmässiga fel uppstår. Förhoppningsvis kommer handboken dock att användas till försök att klara av arbetet på egen hand. Vad gäller enklare jobb kan det till och med gå snabbare att ta hand om det själv än att först boka tid på en verkstad och sedan ta sig dit två gånger, för att lämna och hämta bilen. Och kanske viktigast av allt, en hel del pengar kan sparas genom att man undviker de avgifter verkstäder tar ut för att täcka arbetskraft och drift.

Handboken innehåller illustrationer och beskrivningar som förklarar de olika komponenternas funktion och utformning. Arbetsmomenten är beskrivna och fotograferade i tydlig ordningföljd, steg för steg.

Hänvisningar till "höger" och "vänster" avser höger eller vänster för en person som sitter i förarsätet och tittar framåt.

Tack till . . .

Ett särskilt tack till Loders i Yeovil, som ställt upp med många av projektbilarna som använts vid produktionen av boken. Tack också till Draper Tools Limited, som tillhandahållit verktyg som vi har använt i verkstaden, samt till alla i Sparkford som har bidragit till tillverkningen av denna handbok.

Vi är mycket stolta över tillförlitligheten i den information som ges i den här boken, men biltillverkare modifierar och gör konstruktionsändringar under pågående tillverkning om vilka vi inte alltid informeras. Författarna och förlaget kan inte ta på sig något ansvar för förluster, skador eller personskador till följd av felaktig eller ofullständig information i denna bok.

Att arbeta på din bil kan vara farligt. Den här sidan visar potentiella risker och faror och har som mål att göra dig uppmärksam på och medveten om vikten av säkerhet i ditt arbete.

Allmänna faror

Skållning

• Ta aldrig av kylarens eller expansionskärlets lock när motorn är het.

• Motorolja, automatväxellådsolja och styrservovätska kan också vara farligt varma om motorn just varit igång.

Brännskador

• Var försiktig så att du inte bränner dig på avgassystem och motor. Bromsskivor och -trummor kan också vara heta efter körning.

Lyftning av fordon

• Vid arbete nära eller under ett lyft fordon, använd alltid extra stöd i form av pallbockar eller använd ramper. ***Arbeta aldrig under en bil som endast stöds av en domkraft.***

• När muttrar eller skruvar med högt åtdragningsmoment skall lossas eller dras, bör man lossa dem något innan bilen lyfts och göra den slutliga åtdragningen när bilens hjul åter står på marken.

Brand och brännskador

• Bränsle är mycket brandfarligt och bränsleångor är explosiva.

• Spill inte bränsle på en het motor.

• Rök inte och använd inte öppen låga i närheten av en bil under arbete. Undvik också gnistbildning (elektrisk eller från verktyg).

• Bensinångor är tyngre än luft och man bör därför inte arbeta med bränslesystemet med fordonet över en smörjgrop.

• En vanlig brandorsak är kortslutning i eller överbelastning av det elektriska systemet. Var försiktig vid reparationer eller ändringar.

• Ha alltid en brandsläckare till hands, av den typ som är lämplig för bränder i bränsle- och elsystem.

Elektriska stötar

• Högspänningen i tändsystemet kan vara farlig, i synnerhet för personer med hjärtbesvär eller pacemaker. Arbeta inte med eller i närheten av tändsystemet när motorn går, eller när tändningen är på.

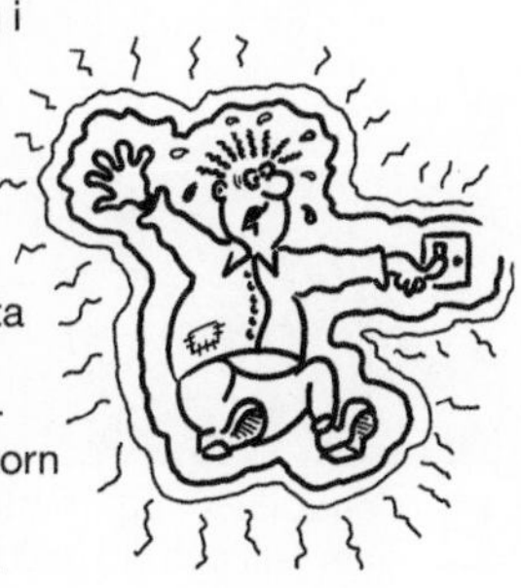

• Nätspänning är också farlig. Se till att all nätansluten utrustning är jordad. Man bör skydda sig genom att använda jordfelsbrytare.

Giftiga gaser och ångor

• Avgaser är giftiga. De innehåller koloxid vilket kan vara ytterst farligt vid inandning. Låt aldrig motorn vara igång i ett trångt utrymme, t ex i ett garage, med stängda dörrar.

• Även bensin och vissa lösnings- och rengöringsmedel avger giftiga ångor.

Giftiga och irriterande ämnen

• Undvik hudkontakt med batterisyra, bränsle, smörjmedel och vätskor, speciellt frostskyddsvätska och bromsvätska. Sug aldrig upp dem med munnen. Om någon av dessa ämnen sväljs eller kommer in i ögonen, kontakta läkare.

• Långvarig kontakt med använd motorolja kan orsaka hudcancer. Bär alltid handskar eller använd en skyddande kräm. Byt oljeindränkta kläder och förvara inte oljiga trasor i fickorna.

• Luftkonditioneringens kylmedel omvandlas till giftig gas om den exponeras för öppen låga (inklusive cigaretter). Det kan också orsaka brännskador vid hudkontakt.

Asbest

• Asbestdamm kan ge upphov till cancer vid inandning, eller om man sväljer det. Asbest kan finnas i packningar och i kopplings- och bromsbelägg. Vid hantering av sådana detaljer är det säkrast att alltid behandla dem som om de innehöll asbest.

Speciella faror

Flourvätesyra

• Denna extremt frätande syra bildas när vissa typer av syntetiskt gummi i t ex O-ringar, tätningar och bränsleslangar utsätts för temperaturer över 400 °C. Gummit omvandlas till en sotig eller kladdig substans som innehåller syran. *När syran väl bildats är den farlig i flera år. Om den kommer i kontakt med huden kan det vara tvunget att amputera den utsatta kroppsdelen.*

• Vid arbete med ett fordon, eller delar från ett fordon, som varit utsatt för brand, bär alltid skyddshandskar och kassera dem på ett säkert sätt efteråt.

Batteriet

• Batterier innehåller svavelsyra som angriper kläder, ögon och hud. Var försiktig vid påfyllning eller transport av batteriet.

• Den vätgas som batteriet avger är mycket explosiv. Se till att inte orsaka gnistor eller använda öppen låga i närheten av batteriet. Var försiktig vid anslutning av batteriladdare eller startkablar.

Airbag/krockkudde

• Airbags kan orsaka skada om de utlöses av misstag. Var försiktig vid demontering av ratt och/eller instrumentbräda. Det kan finnas särskilda föreskrifter för förvaring av airbags.

Dieselinsprutning

• Insprutningspumpar för dieselmotorer arbetar med mycket högt tryck. Var försiktig vid arbeten på insprutningsmunstycken och bränsleledningar.

⚠ ***Varning: Exponera aldrig händer eller annan del av kroppen för insprutarstråle; bränslet kan tränga igenom huden med ödesdigra följder***

Kom ihåg...

ATT

• Använda skyddsglasögon vid arbete med borrmaskiner, slipmaskiner etc, samt vid arbete under bilen.

• Använda handskar eller skyddskräm för att skydda händerna.

• Om du arbetar ensam med bilen, se till att någon regelbundet kontrollerar att allt står väl till.

• Se till att inte löst sittande kläder eller långt hår kommer i vägen för rörliga delar.

• Ta av ringar, armbandsur etc innan du börjar arbeta på ett fordon - speciellt med elsystemet.

• Försäkra dig om att lyftanordningar och domkraft klarar av den tyngd de utsätts för.

ATT INTE

• Ensam försöka lyfta för tunga delar - ta hjälp av någon.

• Ha för bråttom eller ta osäkra genvägar.

• Använda dåliga verktyg eller verktyg som inte passar. De kan slinta och orsaka skador.

• Låta verktyg och delar ligga så att någon riskerar att snava över dem. Torka upp olje- och bränslespill omgående.

• Låta barn eller husdjur leka nära en bil under arbetets gång.

Följande sidor är avsedda som hjälp till att lösa vanligen förekommande problem. Mer detaljerad felsökningsinformation finns i slutet av handboken och beskrivningar för reparationer finns i huvudkapitlen

Om bilen inte startar och startmotorn inte går runt

☐ Om bilen har automatväxellåda, kontrollera att växelväljaren står i läge "P" eller "N".

☐ Öppna motorhuven och kontrollera att batterikablarna är rena och väl åtdragna vid polerna.

☐ Slå på strålkastarna och försök starta motorn. Om strålkastarljuset försvagas mycket vid startförsöket är batteriet troligen mycket urladdat. Starta med hjälp av startkablar (se nästa sida).

Om bilen inte startar trots att startmotorn går runt som vanligt

☐ Finns det bränsle i tanken?

☐ Finns det fukt i elsystemet under motorhuven? Slå av tändningen, torka bort all synlig fukt med en trasa. Spraya en vattenavvisande aerosol (t.ex. WD40) på tänd- och bränslesystemets elektriska kontakter, som visas i bilderna nedan. Var extra uppmärksam på tändspolen, tändspolens kontakter och tändkablarna. (Dieselmotorer har normalt sett inte problem med fukt).

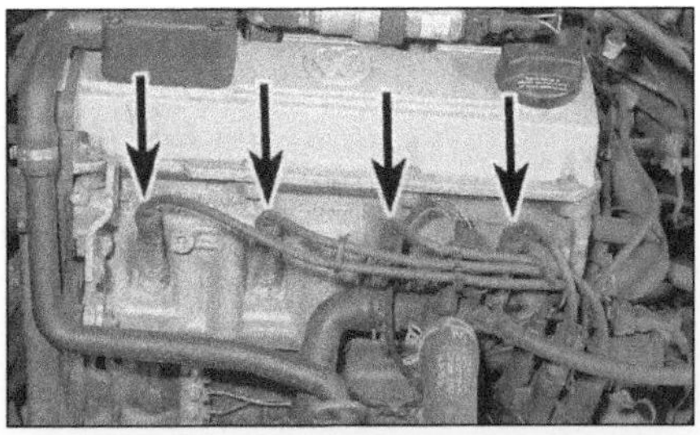

A Kontrollera att tändkablarna är ordentligt anslutna genom att trycka ner dem på tändstiften.

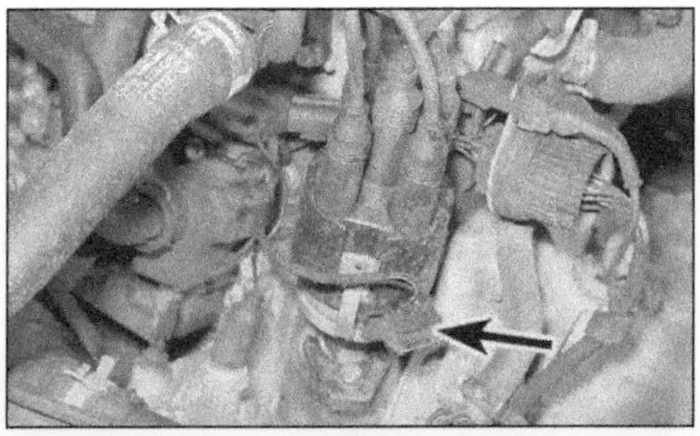

B Kontrollera att tändkablarna är ordentligt anslutna till strömfördelaren (om sådan finns) och att kontakten (vid pilen) också är ordentligt ansluten.

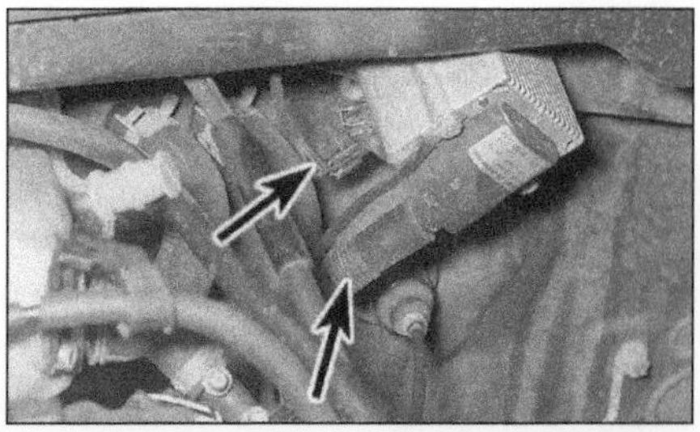

C Kontrollera att tändkabel och kontakt (vid pilarna) är ordentligt anslutna till tändspolen.

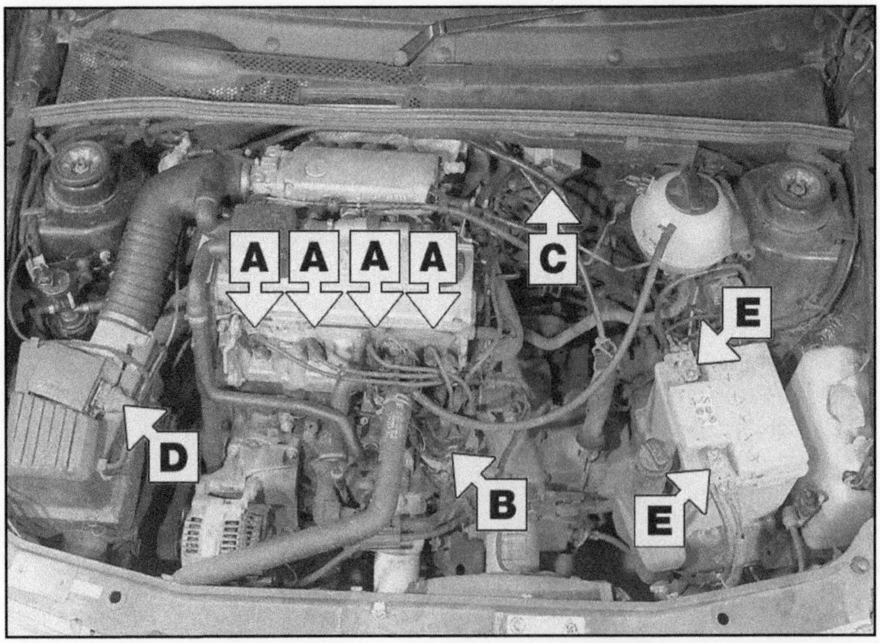

Kontrollera att alla elektriska kontakter är ordentligt anslutna (med tändningen avslagen) och spraya dem med vattenavvisande aerosol, som WD40, om du misstänker att ett problem beror på fukt.

D Kontrollera luftmängdsmätarens kontakt (i förekommande fall) med tändningen avslagen.

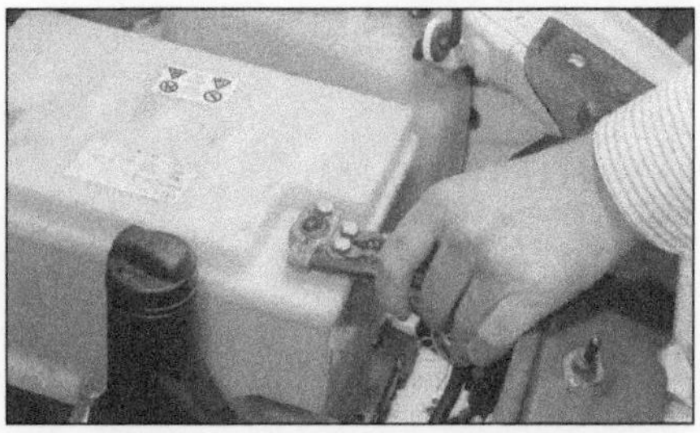

E Kontrollera att batterianslutningarna sitter fast och är i gott skick.

Starthjälp

HAYNES TiPS ***Start med startkablar löser ditt problem för stunden, men det är viktigt att ta reda på vad som orsakar batteriets urladdning.***

Det finns tre möjligheter:

1 Batteriet har laddats ur efter ett flertal startförsök, eller för att lysen har lämnats på.

2 Laddningssystemet fungerar inte tillfredsställande (generatorns drivrem slak eller av, generatorns länkage eller generatorn själv defekt).

3 Batteriet är defekt (utslitet eller låg elektrolytnivå).

När en bil startas med hjälp av ett laddningsbatteri, observera följande:

✔ Innan det fulladdade batteriet ansluts, slå av tändningen.

✔ Se till att all elektrisk utrustning (lysen, värme, vindrutetorkare etc.) är avslagen.

✔ Observera eventuella speciella föreskrifter som är tryckta på batteriet.

✔ Kontrollera att laddningsbatteriet har samma spänning som det urladdade batteriet i bilen.

✔ Om batteriet startas med startkablar från batteriet i en annan bil, får bilarna INTE VIDRÖRA varandra.

✔ Växellådan ska vara i neutralläge (PARK för automatväxellåda).

1 Anslut den ena änden av den röda startkabeln till den positiva (+) polen på det urladdade batteriet.

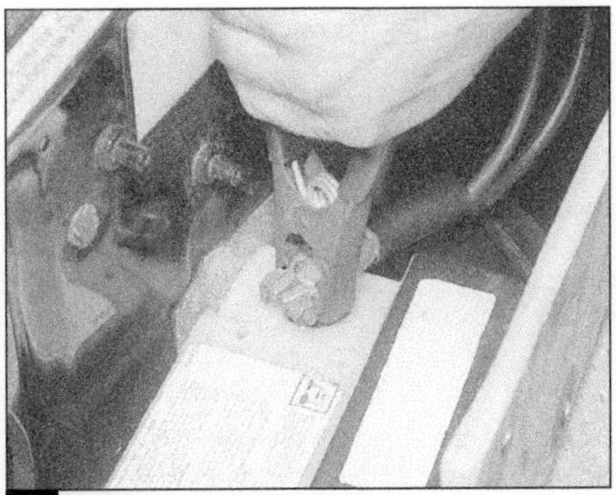

2 Anslut den andra änden av den röda startkabeln till den positiva (+) polen på det fulladdade batteriet.

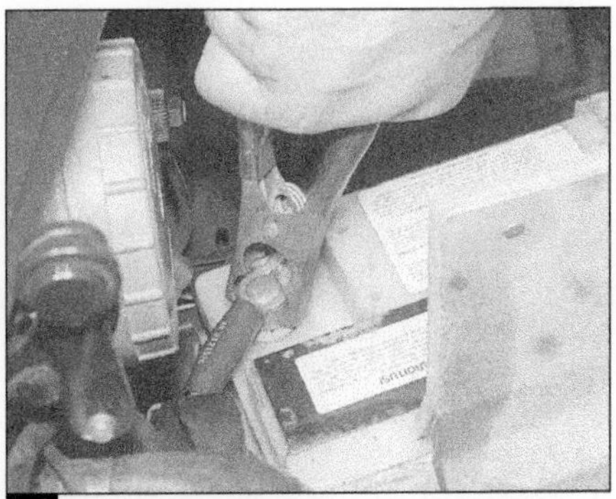

3 Anslut den ena änden av den svarta startkabeln till den negativa (-) polen på det fulladdade batteriet.

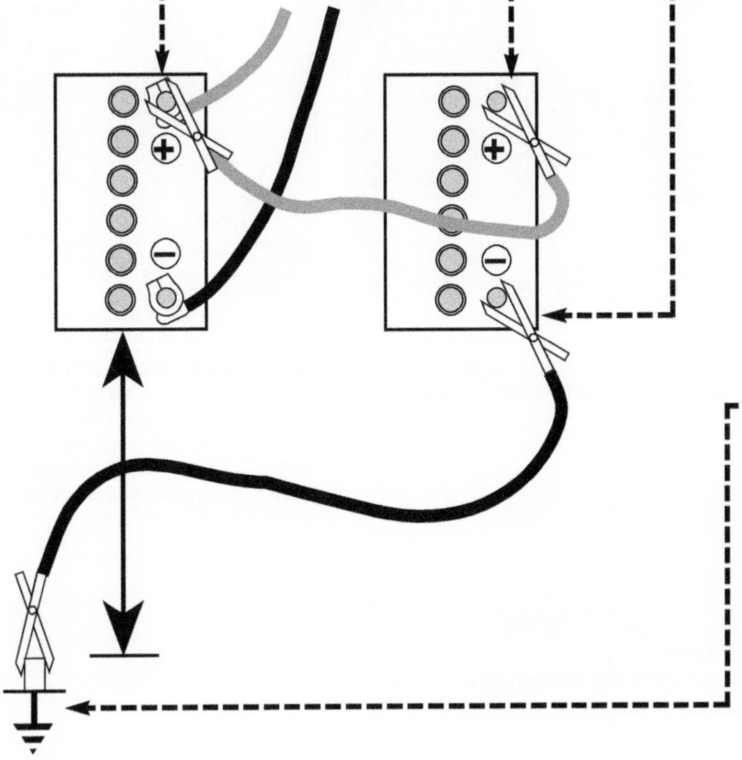

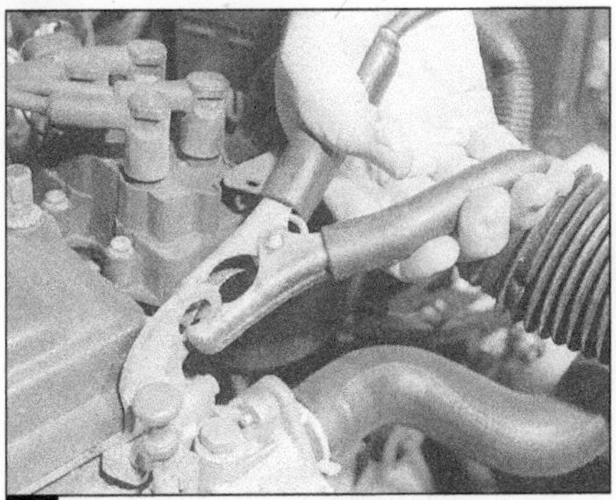

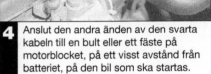

4 Anslut den andra änden av den svarta kabeln till en bult eller ett fäste på motorblocket, på ett visst avstånd från batteriet, på den bil som ska startas.

5 Se till att startkablarna inte kommer i kontakt med fläkten, drivremmarna eller andra rörliga delar av motorn.

6 Starta motorn med laddningsbatteriet och låt den gå på tomgång. Slå på lysen, bakrutevärme och värmefläktsmotor och koppla sedan loss startkablarna i omvänd ordning mot anslutning. Slå sedan av lysen etc.

Hjulbyte

Vissa av detaljerna som beskrivs här varierar beroende på modell, exempelvis placeringen av domkraft och reservhjul. Grundprinciperna är dock gemensamma för alla bilar.

Varning: Byt inte hjul i ett läge där du riskerar att bli påkörd av annan trafik. På högtrafikerade vägar är det klokt att uppsöka en parkeringsficka eller mindre avtagsväg för hjulbyte. Det är lätt att glömma bort omgivande trafik när man koncentrerar sig på det arbete som ska utföras.

Förberedelser

- ☐ När en punktering inträffar, stanna så snart säkerheten medger detta.
- ☐ Parkera om möjligt på plan fast mark, på betryggande avstånd från annan trafik.
- ☐ Använd varningsblinkers om så behövs.
- ☐ Använd en varningstriangel (obligatorisk utrustning) för att göra andra trafikanter uppmärksamma på bilens närvaro.
- ☐ Dra åt handbromsen och lägg in ettan eller backen.
- ☐ Blockera hjulet diagonalt motsatt det som ska tas bort – ett par medelstora stenar räcker.
- ☐ Om marken är mjuk, använd en plankstump till att sprida belastningen under domkraftens fot.

Hjulbyte

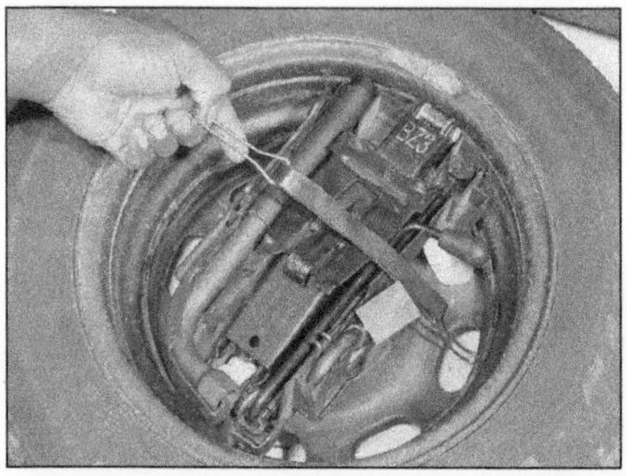

1 Reservhjul och verktyg förvaras i bagageutrymmet (Golf kombikupé på bilden). Lossa bygeln och lyft ut domkraft och verktyg från hjulets mitt.

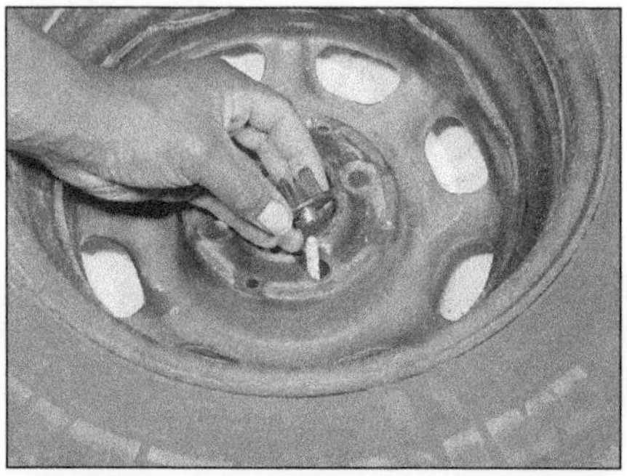

2 Skruva loss muttern och lyft ut hjulet från bilen.

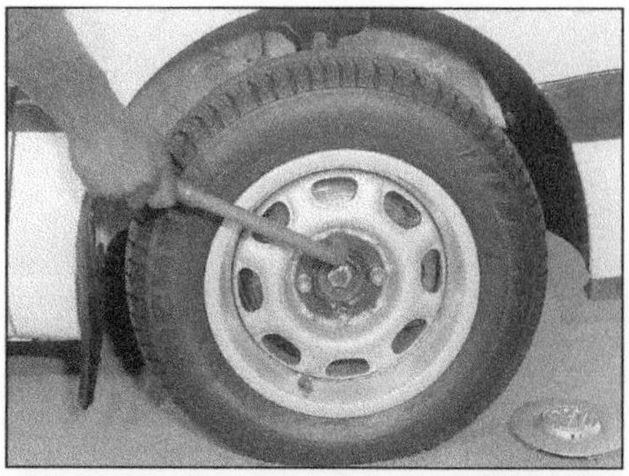

3 Demontera navkapseln/hjulsidan och lossa därefter varje hjulbult ett halvt varv.

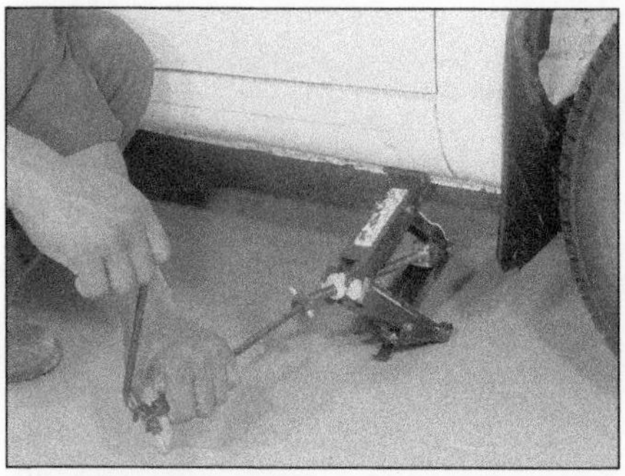

4 Placera domkraften under lyftpunkten i tröskeln (hissa inte upp bilen vid någon annan punkt under tröskeln) och på stadigt underlag, vrid därefter domkraftens handtag medurs tills hjulet lyfter från marken. Skruva loss hjulbultarna och ta bort hjulet.

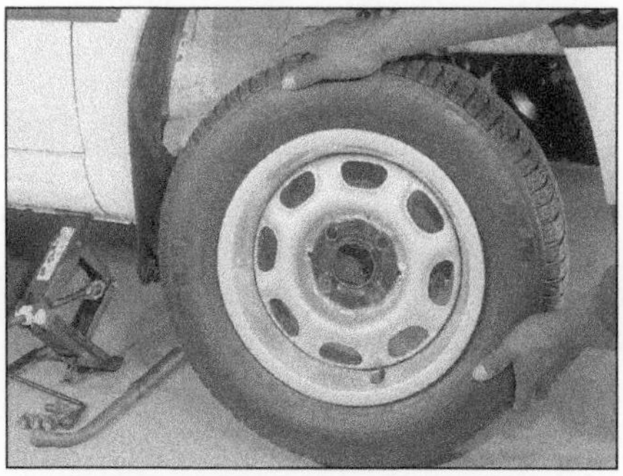

5 Montera reservhjulet och skruva in hjulbultarna. Dra åt bultarna lätt med fälgkorset och sänk ner bilen på marken.

6 Dra åt hjulbultarna hårt enligt ordningsföljden på bilden och sätt tillbaka hjulsidan/navkapseln. Lägg det punkterade hjulet och verktygen i bagageutrymmet och fäst dem ordentligt på plats. Observera att hjulbultarna bör lossas och dras åt till angivet åtdragningsmoment så snart som möjligt.

Och till sist...

- ☐ Ta bort hjulblockeringen
- ☐ Lägg tillbaka domkraft och verktyg på sina platser i bilen
- ☐ Kontrollera lufttrycket i det just monterade däcket. Om det är lågt eller om du inte har en lufttrycksmätare med dig, kör långsamt till närmaste bensinstation och kontrollera/justera lufttrycket. Reparera eller byt det trasiga däcket.

Pölar på garagegolvet eller uppfarten, eller märkbar fukt under huven eller bilen antyder att det finns en läcka som behöver åtgärdas. Det kan ibland vara svårt att avgöra var läckan finns, speciellt om motorrummet redan är mycket smutsigt. Läckande olja eller annan vätska kan blåsas bakåt av luft som passerar under bilen, vilket ger en felaktig antydan om var läckan finns.

Varning: De flesta oljor och vätskor som förekommer i en bil är giftiga. Byt nedsmutsad klädsel och tvätta av huden utan dröjsmål.

Att hitta läckor

HAYNES TiPS ***Lukten av en läckande vätska kan ge en ledtråd till vad som läcker. Vissa vätskor har en distinkt färg. Det kan vara till hjälp att tvätta bilen ordentligt och parkera den på rent papper över natten. Kom ihåg att vissa läckor kanske endast förekommer när motorn går.***

Olja från oljesumpen

Motorolja kan läcka från avtappningspluggen...

Olja från oljefiltret

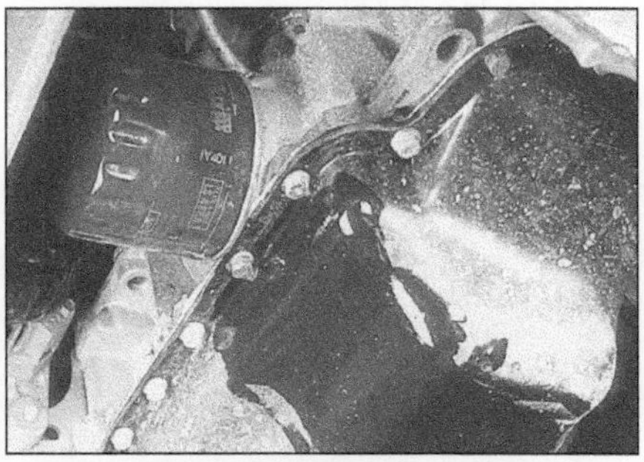

...eller från oljefiltrets infästning i motorn.

Växellådsolja

Växellådsolja kan läcka vid tätningarna i ändarna på drivaxlarna.

Frostskydd

Läckande frostskyddsvätska lämnar ofta kristalliserade avlagringar liknande dessa.

Bromsvätska

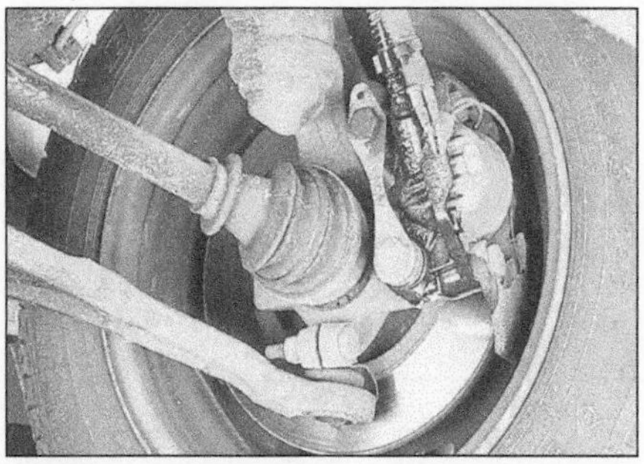

Ett läckage vid ett hjul är nästan helt säkert bromsvätska.

Servostyrningsvätska

Servostyrningsvätska kan läcka från röranslutningarna till kuggstången.

Bogsering

När allt annat misslyckats kan du komma att behöva bogsering hem - eller det kan naturligtvis hända att du måste hjälpa någon annan. Bogsering längre sträckor ska överlämnas till en verkstad eller en bärgningsfirma. Vad gäller kortare sträckor går det utmärkt att bogsera med en annan privatbil, men tänk på följande:

☐ Använd en riktig bogserlina - de är inte dyra.

☐ Tändningen ska vara påslagen när bilen bogseras så att rattlåset är öppet och blinkers och bromsljus fungerar.

☐ Fäst bogserlinan endast i de monterade bogseringsöglorna.

☐ Innan bogseringen, lossa handbromsen och lägg i neutralläge på växellådan

☐ Notera att det kommer att krävas större bromspedaltryck än normalt eftersom vakuumservon bara är aktiv när motorn är igång.

☐ På bilar med servostyrning krävs också större kraft för att vrida ratten.

☐ Föraren i den bogserade bilen måste hålla bogserlinan spänd i alla lägen så att ryck undviks.

☐ Kontrollera att bägge förarna känner till den planerade färdvägen.

☐ Kom ihåg att laglig maxfart vid bogsering är 30 km/tim och håll distansen till ett minimum.

☐ Kör försiktigt och sakta ner mjukt och långsamt innan korsningar.

☐ För bilar med automatväxellåda gäller vissa speciella föreskrifter. Vid minsta tvekan, bogsera inte en bil med automatväxellåda eftersom detta kan skada växellådan.

☐ Den främre bogseröglan medföljer i verktygssatsen som förvaras i bagageutrymmet. Montera öglan genom att försiktigt bända ut reflexen som är monterad bredvid blinkerslyktan på den främre stötfångaren. Skruva fast öglan ordentligt, observera att den är vänstergängad, och dra åt med handtaget till fälgkorset.

Inledning

Det finns ett antal mycket enkla kontroller som bara tar några minuter i anspråk, men som kan spara dig en hel del besvär och stora kostnader.

Dessa veckokontroller kräver inga större kunskaper eller specialverktyg, och den korta tid de tar att utföra kan visa sig vara väl använd, till exempel följande:

☐ Att hålla ett öga på däckens lufttryck förhindrar inte bara att de slits ut i förtid – det kan också rädda ditt (och andras) liv.

☐ Många motorhaverier orsakas av elektriska problem. Batterirelaterade fel är särskilt vanliga och en snabb kontroll med jämna mellanrum förebygger de flesta av dessa problem.

☐ Om en läcka uppstår i bromssystemet kanske den upptäcks först när bromsarna slutar att fungera. Genom regelbundna kontroller av vätskenivån upptäcks sådana fel i god tid.

☐ Om olje- eller kylvätskenivån blir för låg är det till exempel betydligt billigare att laga läckan direkt, än att bekosta dyra reparationer av de motorskador som annars kan uppstå.

Kontrollpunkter i motorrummet

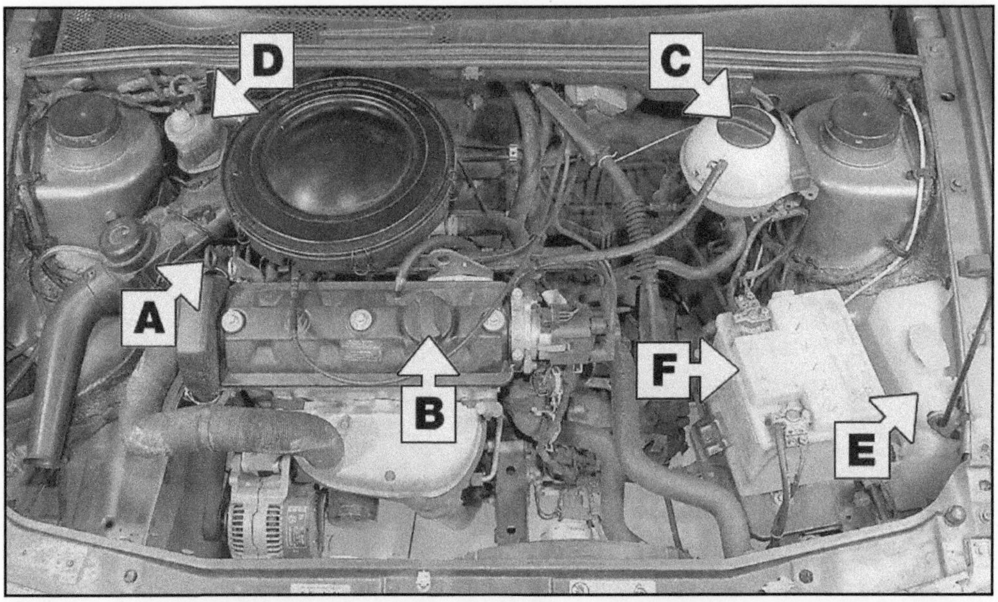

◀ **1,4 liters bensinmotor**

A *Mätsticka för motorolja*
B *Oljepåfyllningslock*
C *Expansionskärl*
D *Behållare för bromsvätska*
E *Behållare för spolarvätska*
F *Batteri*

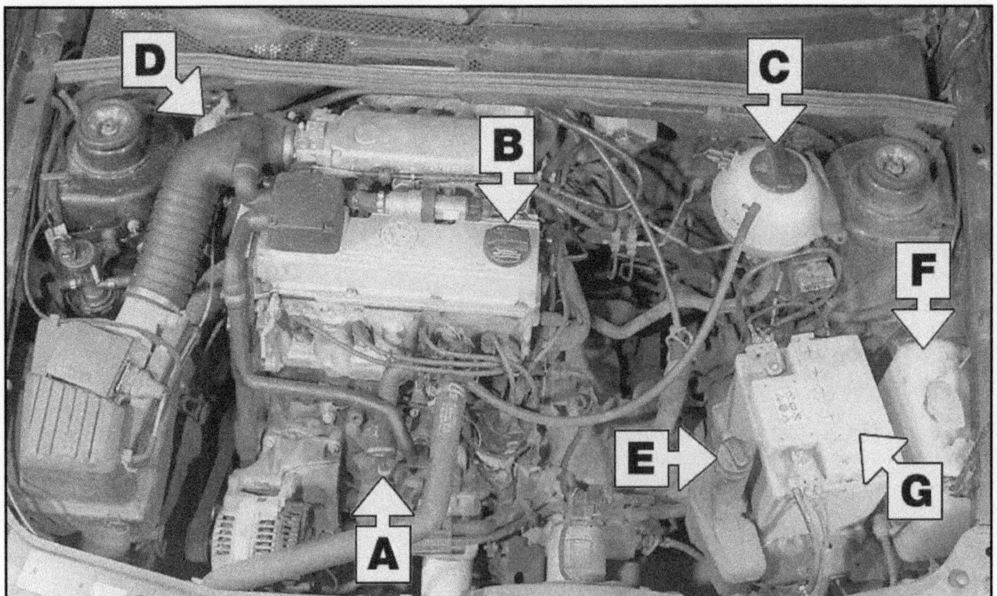

◀ **2,0 liters bensinmotor med 8 ventiler**

A *Mätsticka för motorolja*
B *Oljepåfyllningslock*
C *Expansionskärl*
D *Behållare för bromsvätska*
E *Behållare för servostyrningsvätska*
F *Behållare för spolarvätska*
G *Batteri*

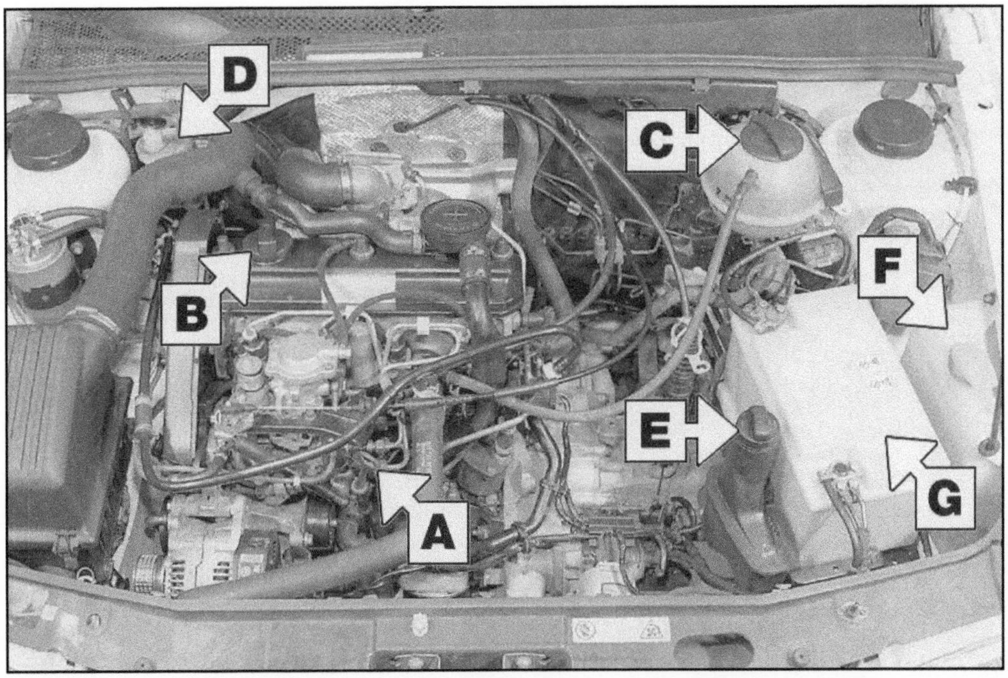

◀ Turbo diesel

A *Mätsticka för motorolja*
B *Oljepåfyllningslock*
C *Expansionskärl*
D *Behållare för bromsvätska*
E *Behållare för servostyrningsvätska*
F *Behållare för spolarvätska*
G *Batteri*

Motoroljans nivå

Innan du börjar

✔ Kontrollera att bilen står på plan mark.
✔ Kontrollera oljenivån innan bilen körs, eller minst 5 minuter efter det att motorn stannat.

HAYNES TIPS ***Om oljenivån kontrolleras omedelbart efter körning, kommer en del av oljan att finnas kvar i de övre delarna av motorn, vilket då ger en felaktig avläsning på mätstickan.***

Rätt olja

Moderna motorer kräver mycket av den olja som hälls i dem. Det är ytterst viktigt att rätt olja till just din bil används (se *Smörjmedel och vätskor* på sidan 0•16).

Bilvård

- Om du måste fylla på olja ofta, kontrollera om bilen läcker olja. Placera rent papper under bilen på kvällen och se efter om det finns fläckar på morgonen. Om det inte finns fläckar kan det vara så att motorn bränner olja.
- Håll alltid oljenivån mellan strecken på mätstickan (se bild 3). Om nivån är för låg finns det risk för allvarliga motorskador. Oljetätningar kan gå sönder om man fyller på för mycket olja.

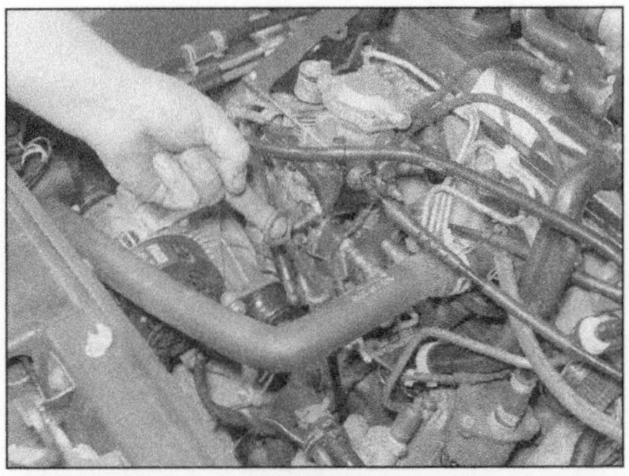

1 Mätstickan är ofta distinkt färgad så att den är lätt att hitta (se *Kontrollpunkter i motorrummet* på sidan 0•10 för exakt placering). Dra upp mätstickan.

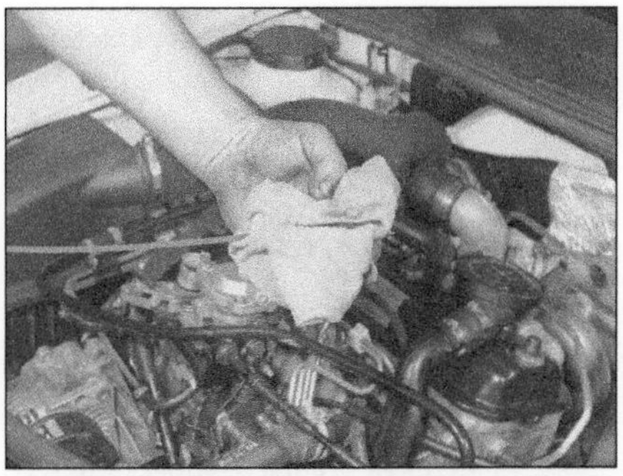

2 Torka bort oljan från mätstickan med en ren trasa eller pappershandduk. Stick in den rena mätstickan så långt det går i röret och dra ut den igen.

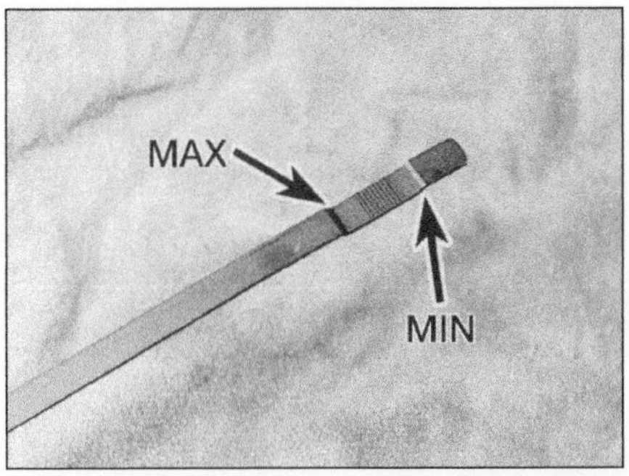

3 Notera oljenivån på mätstickans ände, den bör vara mellan markeringarna. Cirka 1,0 liter bör höja nivån från den undre till den övre markeringen.

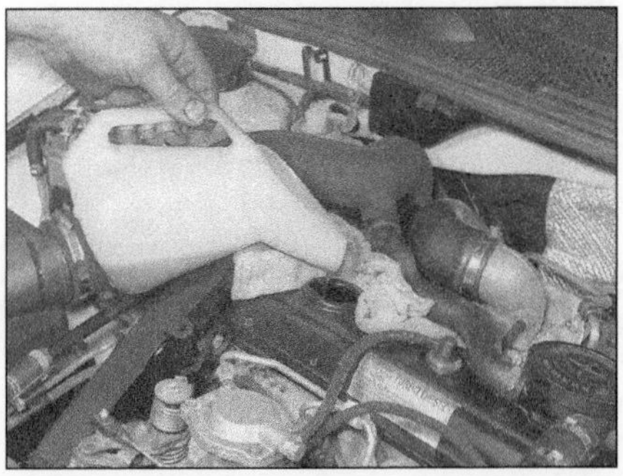

4 Om olja behöver fyllas på, skruva loss oljepåfyllningslocket. En tratt underlättar och minskar spillet. Fyll på långsamt och kontrollera nivån på mätstickan. Fyll inte på för mycket (se *Bilvård* här intill).

Kylvätskans nivå

Varning: FÖRSÖK INTE ta bort expansionskärlets trycklock när motorn är varm, eftersom detta innebär en mycket stor risk för skållning. Lämna inte öppna kärl med kylvätska stående eftersom denna vätska är giftig.

Bilvård

- Med ett slutet kylsystem ska regelbunden påfyllning inte behövas. Om påfyllning behövs ofta indikerar det troligtvis en läcka. Kontrollera kylaren, samtliga slangar och kopplingar vad gäller tecken på fläckar eller fukt och åtgärda efter behov.

- Det är viktigt att frostskydd används i kylsystemet året runt, inte bara vintertid. Fyll aldrig på med enbart vatten eftersom frostskyddsmedlet då blir för utspätt.

1 Kylvätskans nivå varierar med motorns temperatur. När motorn är kall bör kylvätskans nivå ligga mellan MAX- och MIN-markeringarna. När motorn är varm bör nivån stiga något över MAX-markeringen.

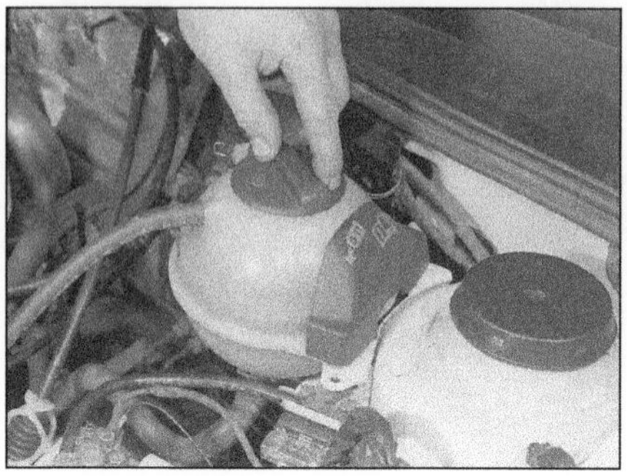

2 Om kylvätskan behöver fyllas på, **vänta tills motorn är kall**. Skruva långsamt loss locket till expansionskärlet för att släppa ut befintligt tryck i kylsystemet, och ta bort locket.

3 Fyll på en blandning av vatten och frostskydd i expansionskärlet tills kylvätskans nivå är halvvägs mellan nivåmarkeringarna. Sätt tillbaka locket och dra åt det ordentligt.

Broms- (och kopplings-*) vätskans nivå

***På modeller med hydraulisk koppling gäller detta avsnitt även kopplingsvätskans nivå**

Varning:

- ***Bromsvätska kan skada dina ögon och förstöra målade ytor, var därför ytterst försiktig vid hanteringen.***

- ***Använd inte bromsvätska som förvarats i ett öppet kärl, eftersom vätskan absorberar luftens fuktighet. Fukt i vätskan kan kan orsaka allvarlig förlust av bromseffekt.***

HAYNES TIPS ***Kontrollera att bilen står på plan mark. Vätskenivån i huvudcylinderns behållare sjunker något allteftersom bromsklossarna slits, men nivån får aldrig sjunka under MIN-markeringen***

Säkerheten främst!

- Om behållaren behöver upprepade påfyllningar är detta ett tecken på en läcka i systemet, vilket då måste undersökas utan dröjsmål.

- Om en läcka misstänks ska bilen inte köras förrän bromssystemet har kontrollerats. Ta ALDRIG risker när det gäller bromsarna.

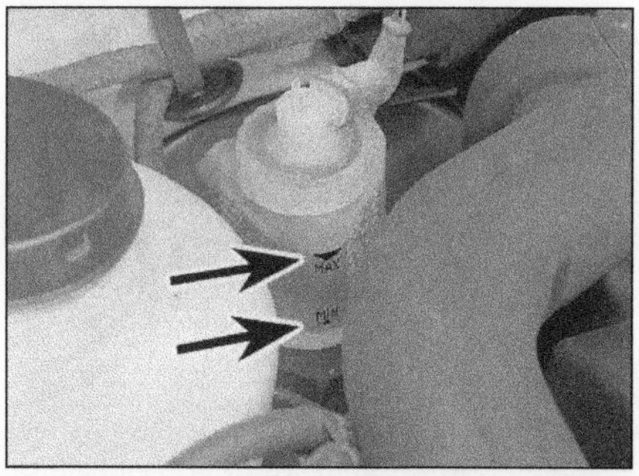

1 MAX- och MIN-markeringarna visas på behållarens framsida. Vätskenivån måste alltid hållas mellan markeringarna.

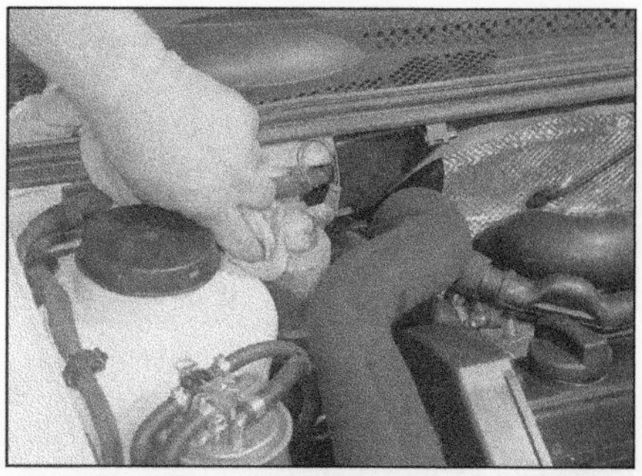

2 Om påfyllning behövs, torka rent området runt påfyllningslocket, för att undvika att smuts kommer in i hydraulsystemet.

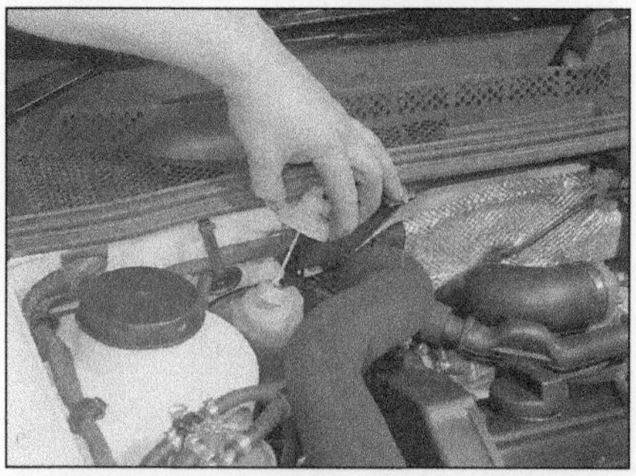

3 Skruva loss behållarens lock och lyft försiktigt bort det, se till att nivåflottören inte skadas. Undersök behållaren, om vätskan är smutsig bör systemet tappas av och fyllas på igen (se kapitel 1).

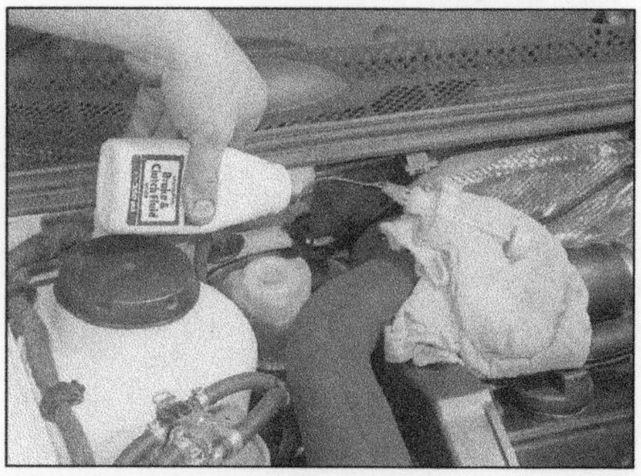

4 Fyll försiktigt på vätska och se till att inte spilla på kringliggande delar. Använd endast rekommenderad vätska; om olika vätsketyper blandas kan systemet ta skada. När systemet har fyllts på till rätt nivå, sätt tillbaka locket och torka bort eventuellt spill.

Servostyrningsvätskans nivå

Innan du börjar:

✔ Parkera bilen på plan mark.
✔ Ställ ratten rakt fram.
✔ Stäng av motorn.

HAYNES TIPS ***Kontrollen är endast giltig om ratten inte vrids efter det att motorn stängts av.***

Säkerheten främst!

● Behovet av regelbunden påfyllning tyder på en läcka, vilken omedelbart måste undersökas och åtgärdas.

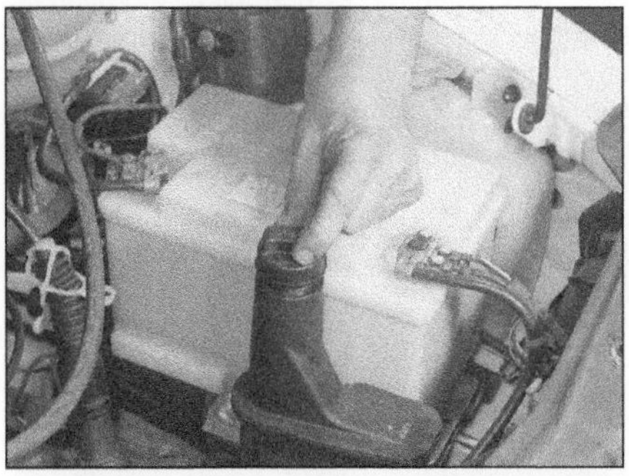

1 Behållaren är placerad i motorrummets främre vänstra hörn, bredvid batteriet. Torka rent runt påfyllningshalsen och skruva loss påfyllningslocket/mätstickan från behållaren.

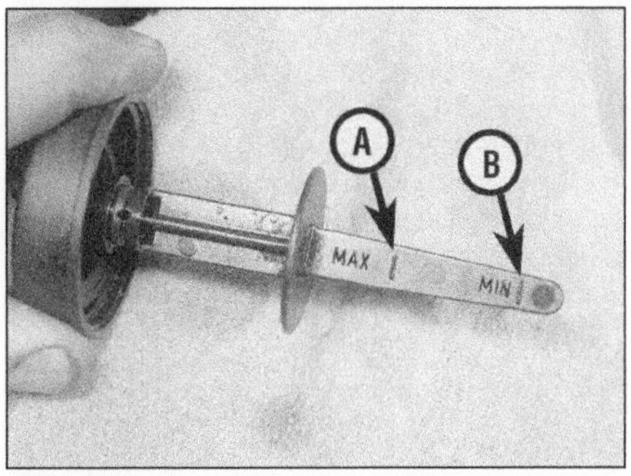

2 Torka av mätstickan med en ren trasa, stick sedan in den igen och skruva på locket. Ta ut stickan och notera vätskenivån. Om vätskan är kall ska nivån ligga ovanför MIN-markeringen - i det skrafferade området på stickans baksida. Om vätskan är varm ska nivån ligga mellan linjerna (A och B) - aldrig över MAX eller under MIN.

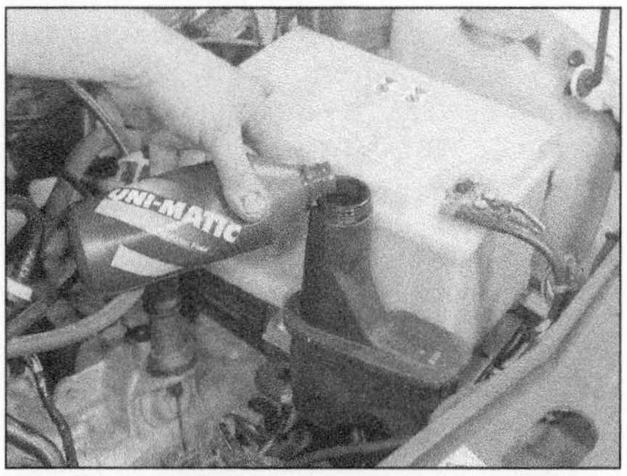

3 Vid påfyllning, använd rekommenderad vätsketyp och fyll inte på för mycket i behållaren. När nivån är rätt skall locket sättas tillbaka ordentligt.

Batteri

Varning: *Innan arbete med batteriet påbörjas, läs föreskrifterna i "Säkerheten främst!" i början av boken.*

✔ Kontrollera att batterihyllan är i bra skick och att klammern är väl åtdragen. Korrosion på batterihyllan, klammern och batteriet kan tas bort med natriumkarbonat upplöst i vatten. Skölj noggrant av alla rengjorda delar med rent vatten. Metalldelar som skadats av korrosion ska täckas med zinkbaserad grundfärg och sedan målas.

✔ Kontrollera periodvis (ca var tredje månad) batteriets skick enligt beskrivningen i kapitel 5A.

✔ Om batteriet är urladdat behövs startkablar, se *Reparationer vid vägkanten.*

1 Batteriet sitter till vänster i motorrummet. Granska batteriets utsida med regelbundna mellanrum för att se om det har skador, som t.ex. sprickor i höljet.

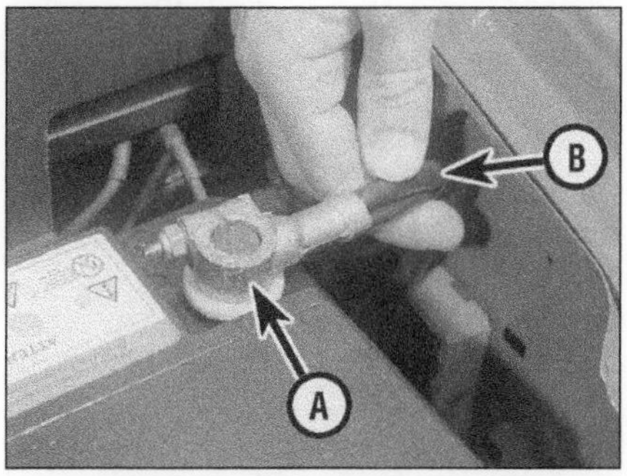

2 Kontrollera att polskorna (A) är ordentligt åtdragna så att de ger god elektrisk kontakt. Du ska inte kunna röra på dem utan verktyg. Kontrollera även att kablarna (B) inte är spruckna eller har slitna ledare.

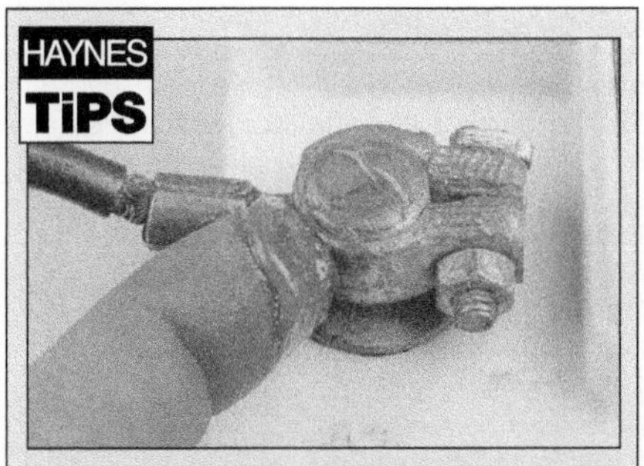

Korrosion på batteriet kan hållas till ett minimum om man lägger lite vaselin på batteripolerna och polskorna när man har dragit åt dem.

3 Om korrosion (vita porösa avlagringar) finns, ta bort polskorna från polerna och rengör dem med en liten stålborste och sätt tillbaka dem. Biltillbehörsaffärer säljer ett bra verktyg för rengöring av batteripoler...

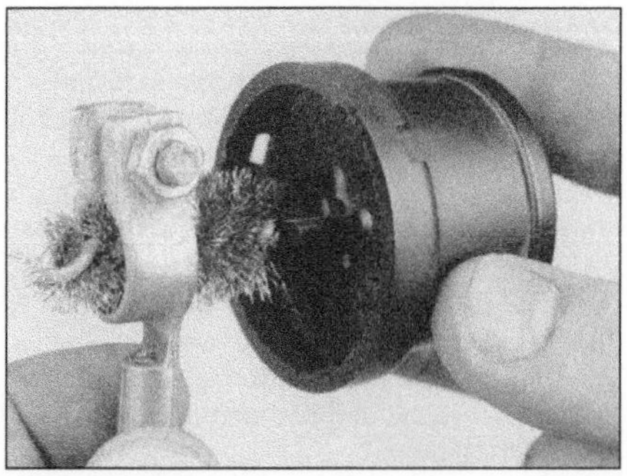

4 ...och polskor

Däckens skick och lufttryck

Det är mycket viktigt att däcken är i bra skick och har korrekt lufttryck – däckhaverier är farliga i alla hastigheter.

Däckslitage påverkas av körstil – hårda inbromsningar och accelerationer eller snabb kurvtagning leder till högt slitage. Generellt sett slits framdäcken ut snabbare än bakdäcken. Axelvis byte mellan fram och bak kan jämna ut slitaget, men om detta är för effektivt kan du komma att behöva byta alla fyra däcken samtidigt!

Ta bort spikar och stenar som bäddats in i mönstret innan dessa tränger igenom och orsakar punktering. Om det visar sig att däcket är punkterat när en spik tas bort, sätt tillbaka spiken för att märka ut platsen. Byt sedan omedelbart ut det punkterade däcket och låt reparera det/köp ett nytt.

Kontrollera regelbundet att däcken är fria från rispor eller bulor, speciellt i däcksidorna. Ta av hjulen med regelbundna mellanrum och rengör dem på båda sidorna. Undersök om fälgarna är rostiga eller har andra skador. Lättmetallfälgar skadas lätt av kontakt med trottoarkanter vid parkering och även stålfälgar kan bucklas. En ny fälg är ofta det enda sättet att korrigera allvarliga skador.

Nya däck måste alltid balanseras vid monteringen men de kan också behöva balanseras om i takt med slitage eller om balansvikterna på fälgkanten lossnar.

Obalanserade däck slits snabbare och de ökar även slitaget på fjädring och styrning. Obalans i hjulen märks normalt av vibrationer, speciellt vid vissa hastigheter, i regel kring 80 km/tim. Om dessa vibrationer bara känns i styrningen är det troligt att enbart framhjulen behöver balanseras. Om istället vibrationerna känns i hela bilen är det troligt att bakhjulen är obalanserade. Hjulbalansering ska utföras av en däckverkstad eller annan verkstad med lämplig utrustning.

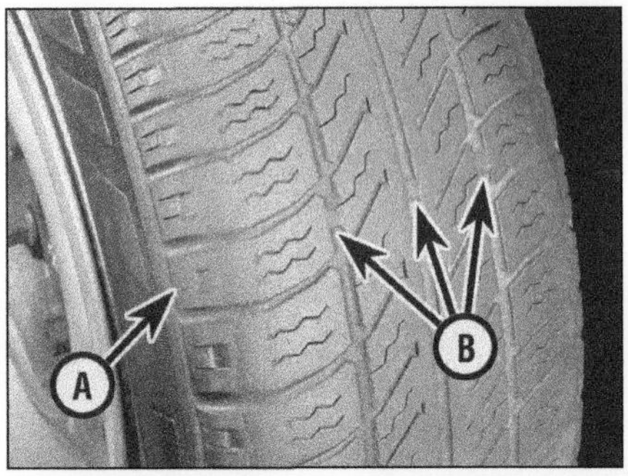

1 *Mönsterdjup - visuell kontroll*
Originaldäcken har slitagevarningsband (B) som uppträder när mönsterdjupet slitits ned till ca 1,6 mm. Bandens lägen anges av trianglar på däcksidorna (A).

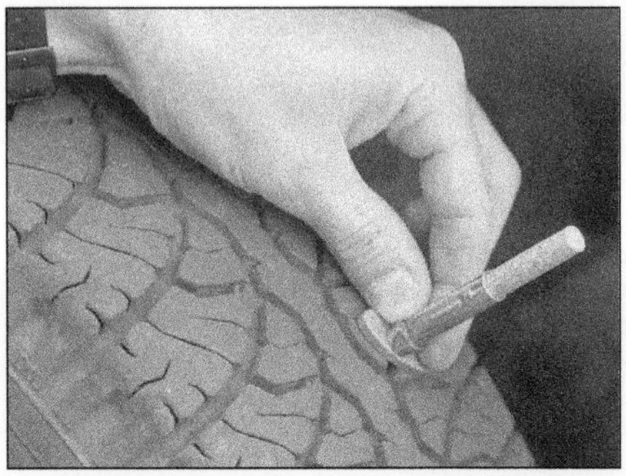

2 *Mönsterdjup - manuell kontroll*
Mönsterdjupet kan även avläsas med ett billigt verktyg kallat mönsterdjupmätare.

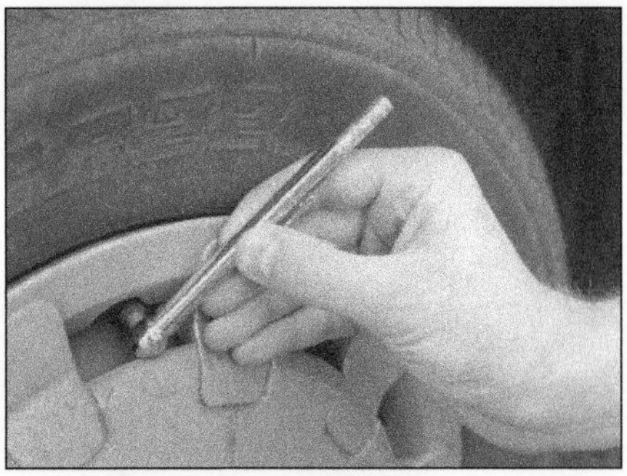

3 *Lufttryck - kontroll*
Kontrollera regelbundet lufttrycket i däcken när dessa är kalla. Justera inte lufttryck omedelbart efter det att bilen har körts eftersom detta leder till felaktiga värden.

Däckslitage

Slitage på sidorna

Lågt däcktryck (slitage på båda sidorna)
Lågt däcktryck orsakar överhettning i däcket eftersom det ger efter för mycket, och slitbanan ligger inte rätt mot underlaget. Detta orsakar förlust av väggrepp och ökat slitage, för att inte nämna risken för plötsligt däckhaveri på grund av överhettning.
Kontrollera och justera däcktrycket
Felaktig cambervinkel (slitage på en sida)
Reparera eller byt ut fjädringsdetaljer
Hård kurvtagning
Sänk hastigheten!

Slitage i mitten

För högt däcktryck
För högt däcktryck orsakar snabbt slitage i mitten av däckmönstret, samt minskat väggrepp, stötigare gång och fara för skador i korden.
Kontrollera och justera däcktrycket

Om du ibland måste ändra däcktrycket till högre tryck specificerade för max lastvikt eller ihållande hög hastighet, glöm inte att minska trycket efteråt.

Ojämnt slitage

Framdäcken kan slitas ojämnt som följd av felaktig hjulinställning. De flesta bilåterförsäljare och verkstäder kan kontrollera och justera hjulinställningen för en rimlig summa
Felaktig camber- eller castervinkel
Reparera eller byt ut fjädringsdetaljer
Defekt fjädring
Reparera eller byt ut fjädringsdetaljer
Obalanserade hjul
Balansera hjulen
Felaktig toe-inställning
Justera framhjulsinställningen
Observera: *Den fransiga ytan i mönstret, ett typiskt tecken på toe-förslitning, kontrolleras bäst genom att man känner med handen över däcket.*

Spolarvätskans nivå*

***På modeller med strålkastarspolare används spolarvätskan även till rengöring av strålkastarna**

Tillsatsmedel i spolarvätskan håller inte bara vindrutan ren vid dålig väderlek, det förhindrar även att vätskan fryser vid kyla – när du ibland behöver den som bäst. Fyll inte på med bara rent vatten eftersom tillsatserna då blir för utspädda och därmed lättare fryser vid kyla.

Använd under inga omständigheter motorfrostskyddsmedel i spolarvätskan eftersom detta kan missfärga eller skada lacken.

1 Behållaren för spolarvätska (vid pilen) är placerad i motorrummets främre vänstra del, bredvid batteriet.

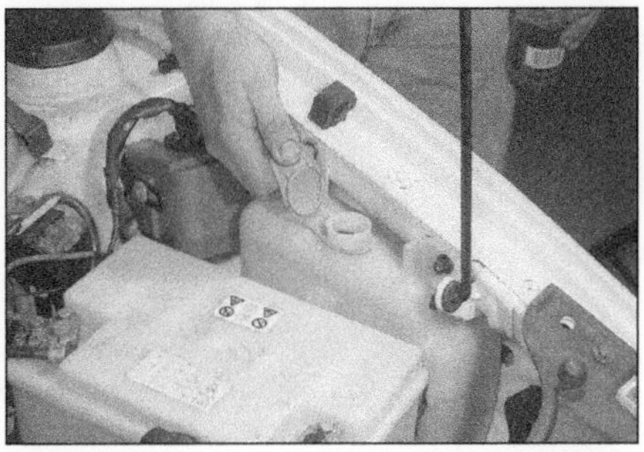

2 Vätskenivån kan ses genom behållaren. Om påfyllning behövs, öppna locket.

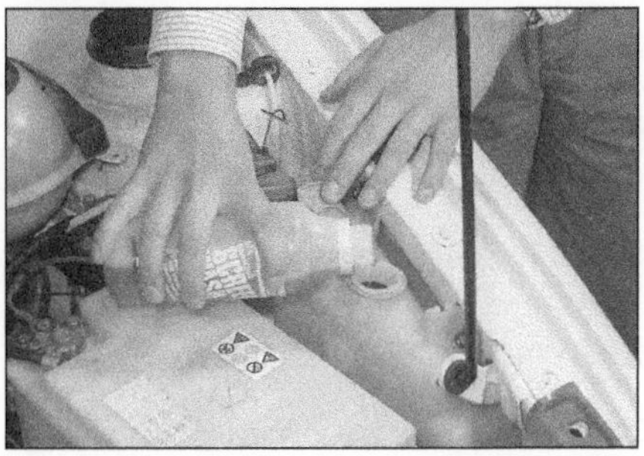

3 Vid påfyllning blandas spolarvätska och vatten i de kvantiteter som rekommenderas av tillverkaren.

Glödlampor och säkringar

✔ Kontrollera samtliga yttre lampor och signalhornet. Se tillämpliga delar av kapitel 12 vad gäller detaljer om eventuella defekta kretsar.

✔ Inspektera alla åtkomliga kontakter, kablar och fästklämmor. Se till att de sitter säkert och inte är skavda eller på annat sätt skadade.

HAYNES TiPS ***Om du ska kontrollera bromsljus och blinkers ensam, kan du backa upp mot en vägg eller garagedörr och slå på ljusen. Återskenet visar om de fungerar.***

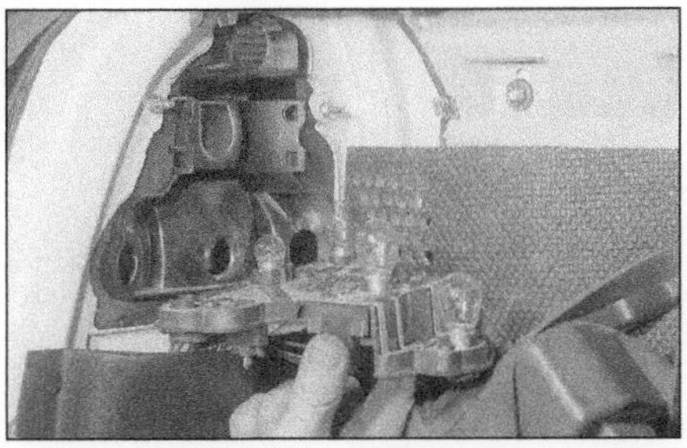

1 Om en enstaka blinkers, bromslampa eller strålkastare inte fungerar beror det troligen på en trasig glödlampa. Se kapitel 12 för mer information. Om båda bromsljusen är ur funktion är det möjligt att bromsljuskontakten är defekt (se kapitel 9).

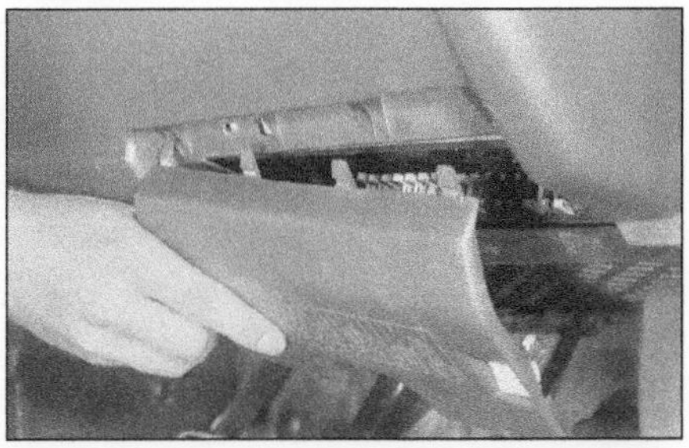

2 Om mer än en blinkers eller strålkastare inte fungerar beror detta troligen på att säkringen har gått eller att det finns ett fel i kretsen (se kapitel 12). Säkringarna sitter bakom en lucka nedtill på instrumentbrädan på förarsidan.

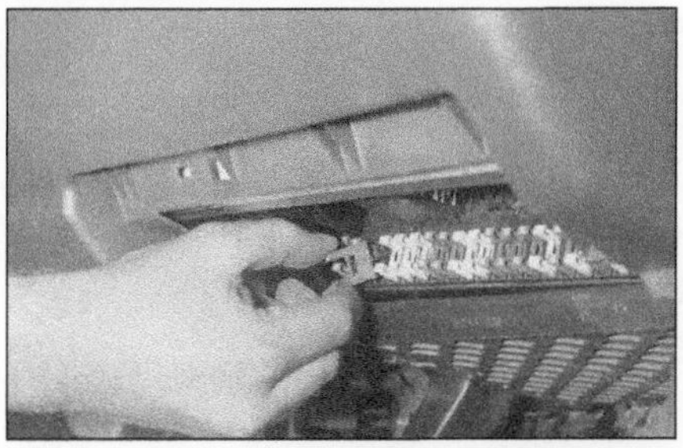

3 Om en säkring är trasig och måste bytas, dra ut den och montera en ny säkring med samma klassning (se kapitel 12). Om säkringen går sönder igen är det viktigt att ta reda på orsaken – information om kontroll finns i kapitel 12.

Torkarblad

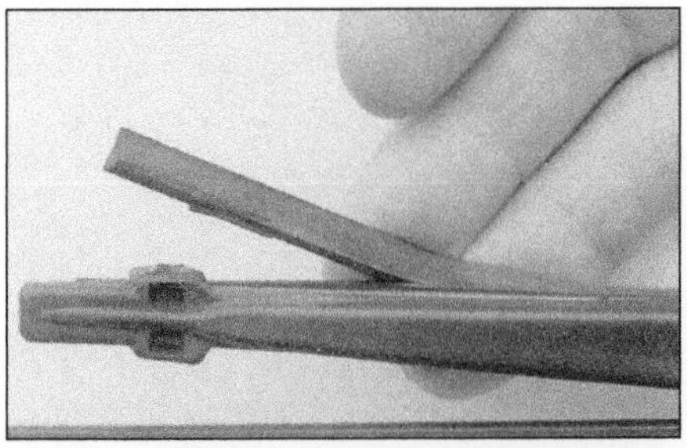

1 Kontrollera torkarbladens skick; om de är spruckna eller visar tecken på förslitning, eller om vindrutan inte blir ordentligt rengjord, skall de bytas. Torkarblad bör bytas en gång om året.

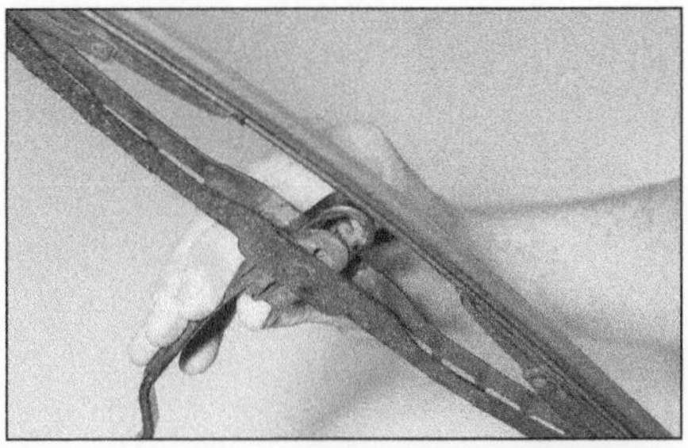

2 För att byta torkarblad, dra ut armen från vindrutan tills det tar stopp. Vrid torkarbladet 90°, tryck på låsfliken med fingrarna och dra ut torkarbladet från kroken på armens ände.

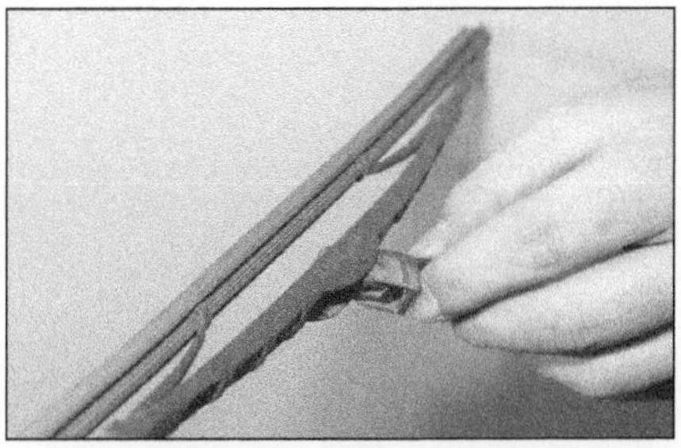

3 Kom ihåg att också kontrollera bakrutans torkarblad. Byt torkarbladet genom att trycka in låsfliken och dra bort bladet från kroken på armens ände.

Motor:

Bensin	Multigrade motorolja till VW specifikation 500 00 (viskositet mellan 5W-30 och 10W-40) eller 501 01 (viskositet mellan 5W-30 och 20W-50)

Observera: *Om du inte kan få tag i olja som uppnår specificerad VW standard, kan annan olja som uppnår standard CCMC G4 eller G5, ACEA A2 eller A3 eller API SF eller SG användas.*

Diesel	Multigrade Diesel motorolja till VW specifikation 500 00 (viskositet mellan 5W-30 och 10W-40) eller 505 00 (viskositet mellan 5W-30 och 20W-50)

Observera: *Om du inte kan få tag i olja som uppnår specificerad VW standard, kan annan olja som uppnår standard CCMC PD2, ACEA B2 eller B3 eller API CD, CE eller CF användas.*

TurboDiesel	Multigrade Diesel motorolja till VW specifikation 505 00 (viskositet mellan 5W-30 och 20W-50)

Observera: *Om du inte kan få tag i olja som uppnår specificerad VW standard, kan annan olja som uppnår standard CCMC PD2, ACEA B2 eller B3 eller API CD, CE eller CF vid* ***nödfall*** *användas för påfyllning.*

Kylsystem:

Modeller t.o.m. juni 1996 (MY 1992-6)	Blandning av 40% grön VW kylvätska G11 V8B (till specifikation TL-VW 774 B), senare G11 A8C (till specifikation TL-VW 774 C) och 60% destillerat vatten
Modeller fr.o.m. 1996 (MY 1997 och framåt)	Blandning av 40% röd VW kylvätska G12 A8D (till specifikation TL-VW 774 D) och 60% destillerat vatten
Manuell växellåda	VW syntetisk växellådsolja G50 SAE 75W90

Automatväxellåda:

Automatväxellåda/momentomvandlare:	
Typ 096	Automatväxellådsolja till Dexron standard
Typ 01M	VW gul automatväxellådsolja
Slutväxel/differential:	
Typ 01M, växellådor byggda 01/01/95-24/08/96	VW gul automatväxellådsolja
Typ 096 och senare typ 01M enheter	Syntetisk växexllådsolja, SAE 75W90
Bromssystem	Hydraulvätska till US standard FMVSS 116 DOT 4
Servostyrningssystem	VW hydraulvätska G 002 000

	Upp till halv last		Upp till full last	
	Fram	Bak	Fram	Bak
Golf (kombikupé) med bensinmotor:				
1,4 liters motorer	1,8 bar	1,8 bar	2,0 bar	2,2 bar
1,6 och 1,8 liters motorer	2,1 bar	1,9 bar	2,4 bar	2,6 bar
2,0 liters motorer med 8 ventiler:				
185/60 R 14 och 195/50 R 15 däck	2,3 bar	2,1 bar	2,5 bar	2,7 bar
205/50 R 15 däck	2,0 bar	1,8 bar	2,2 bar	2,4 bar
2,0 liters motorer med 16 ventiler:				
195/50 R 15 däck	2,6 bar	2,4 bar	2,8 bar	3,0 bar
205/50 R 15 däck	2,2 bar	2,0 bar	2,4 bar	2,6 bar
Golf (kombikupé) med dieselmotor:				
Motorer utan turbo	1,8 bar	1,8 bar	2,0 bar	2,2 bar
Turbomotorer	2,1 bar	1,9 bar	2,4 bar	2,6 bar
Vento med bensinmotor:				
1,6 och 1,8 liters (55 kW) motorer	2,0 bar	1,8 bar	2,2 bar	2,6 bar
1,8 liters (66 KW) motorer	2,2 bar	2,0 bar	2,4 bar	2,8 bar
2,0 liters motorer:				
185/60 R 14 och 195/50 R 15 däck	2,2 bar	2,0 bar	2,4 bar	2,8 bar
205/50 R 15 däck	1,9 bar	1,9 bar	2,1 bar	2,5 bar
Vento med dieselmotor:				
Modeller utan turbo	2,0 bar	1,8 bar	2,2 bar	2,6 bar
Turbomotorer:				
55 KW motorer	2,2 bar	2,0 bar	2,4 bar	2,8 bar
66 KW motorer	2,3 bar	2,1 bar	2,6 bar	3,0 bar
Golf Variant med bensinmotor:				
1,4 liters motorer	1,8 bar	1,8 bar	2,0 bar	2,6 bar
1,6 och 1,8 liters motorer:				
185/60 R 14 och 195/50 R 15 däck	2,1 bar	2,1 bar	2,4 bar	3,0 bar
195/60 R 14 däck	1,8 bar	1,8 bar	2,1 bar	2,7 bar
Golf Variant med dieselmotor:				
Motorer utan turbo, samt turbo (55 kW) motorer:				
185/60 R 14 och 195/50 R 15 däck	2,2 bar	2,2 bar	2,4 bar	3,0 bar
195/60 R 14 däck	1,9 bar	1,9 bar	2,1 bar	2,7 bar
Turbo (66 KW) motorer:				
195/60 R 14 däck	1,9 bar	1,9 bar	2,2 bar	2,8 bar
195/50 R 15 däck	2,0 bar	2,0 bar	2,6 bar	3,2 bar

Observera: *Lufttrycken gäller däck som tillhör originalutrustningen och kan variera om däck av andra märken monteras; kontrollera lufttrycket hos däcktillverkare eller leverantör vid behov. Observera att rätt lufttryck för varje fordon finns angivet på en etikett som är fäst antingen på handskfackets insida eller på insidan av tankluckan (observera att uppgifterna på etiketten kan variera något från ovanstående, om så är fallet bör VW-återförsäljaren rådfrågas om aktuella uppgifter).*

Reservhjulet bör användas med maximalt lufttryck för full last för bilen.

Kapitel 1 Del A:
Rutinunderhåll och service – bensinmotor

Innehåll

Svårighetsgrader

Enkelt, passar novisen med lite erfarenhet	**Ganska enkelt,** passar nybörjaren med viss erfarenhet	**Ganska svårt,** passar kompetent hemmamekaniker	**Svårt,** passar hemmamekaniker med erfarenhet	**Mycket svårt,** för professionell mekaniker

Smörjmedel och vätskor .... Se sista delen av *Veckokontroller*

Volymer – ungefärliga

Motorolja (inklusive oljefilter):

Motorkoder ABD, ABU och AEA	3,4 liter
Motorkoder AEX, APQ och AEE	3,2 liter
Motorkod ABF	4,3 liter
Övriga motorkoder	3,8 liter

Kylsystem

Alla modeller	6,3 liter

Manuell växellåda

Typ 084	2,2 liter
Typ 085	3,1 liter
Typ 020 och 02K	1,9 liter
Typ 02A	2,2 liter

Automatväxellåda

Växellåda/momentomvandlare:	
Typ 096	5,6 liter totalt (3,0 liter vid oljebyte)
Typ 01M	5,3 liter totalt (3,0 liter vid oljebyte)
Slutväxel/differential – alla typer	0,75 liter

Servostyrning

Alla modeller	0,7 till 0,9 liter

Bränsletank

Golf/Vento	55 liter
Golf Variant	60 liter
Reserv – från början av bränslemätarens röda område	7 liter

Spolarvätskebehållare

Modeller med strålkastarspolare	7,0 liter
Modeller utan strålkastarspolare	4,0 liter

Kylsystem

Frostskyddsblandning:	**Frostskyddsvätska**	**Vatten**
Skydd ner till -25°C	40%	60%
Skydd ner till -35°C	50%	50%

Observera: *Se senaste rekommendationer från tillverkaren av frostskyddsvätska.*

Tändsystem

Tändningsföljd	1-3-4-2			
Placering av cylinder nr 1	Vid svänghjulet			
Tändningsinställning	Se kapitel 5B			
Tändstift:	**Bosch**	**Beru**	**Champion**	**NGK**
Motorkod ABD	W8 DTC	14-8 DTU	N7 BYC	BP5ET, BUR6ET eller PGR6D
	0,7-0,9 mm	0,7-0,9 mm	0,7-0,9 mm	0,7-0,9 mm (PGR6D, 0,7-0,8 mm)
Motorkoderna AEX, APQ och AEE	W7 LTCR	14GH-7 DTUR	-	BUR6ET eller PGR6D
	0,9-1,1 mm	0,7-0,9 mm	-	0,7-0,9 mm (PGR6D, 0,7-0,8 mm)
Motorkod ABU	W8 DTC	14-8 DTU	N9 BYC	BUR6ET eller PGR6D
	0,7-0,9 mm	0,7-0,9 mm	0,7-0,9 mm	0,7-0,9 mm (PGR6D, 0,7-0,8 mm)
Motorkod AEA	W7 LTCR	-	-	BUR6ET eller PGR6D
	0,9-1,1 mm	-	-	0,7-0,9 mm (PGR6D, 0,7-0,8 mm)
Motorkoderna AEK, AFT och AKS	-	-	-	BKUR5ET eller PFR6Q
	-	-	-	0,7-0,9 mm (PFR6Q, 0,7-0,8 mm)
Motorkoderna AAM och ANN	W8 LTCR	14GH-8 DTUR	-	BUR5ET
	0,9-1,1 mm	0,7-0,9 mm	-	0,7-0,9 mm
Motorkoderna ABS, ADZ och ANP	W7 LTCR	14GH-7 DTUR	-	BUR6ET
	0,9-1,1 mm	0,7-0,9 mm	-	0,7-0,9 mm
Motorkod 2E	-	-	N7 BMC	BUR6ET or PGR6D
	-	-	0,6 mm max.	0,7-0,9 mm (PGR6D, 0,7-0,8 mm)
Motorkod ADY	-	-	-	BUR6ET
	-	-	-	0,7-0,9 mm
Motorkoderna AGG och AKR	-	-	-	BUR6ET eller PGR6D
	-	-	-	0,7-0,9 mm (PGR6D, 0,7-0,8 mm)
Motorkoderna ATU, AWF och AWG	-	-	-	PFR6Q
	-	-	-	0,7-0,8 mm
Motorkod ABF	F5 DPO R	-	C6 VPYC	BK7EKU eller PGR6Q
	0,6-0,7 mm	-	0,8-0,9 mm	0,8 mm max. (PGR6Q, 0,7-0,8 mm)

Bromssystem

	Ny	**Gräns**
Främre bromsklossarnas tjocklek (inklusive stödplatta)	14 mm	7 mm
Bakre bromsklossarnas tjocklek (inklusive stödplatta)	12 mm	7 mm
Bakre bromsbackar, beläggens tjocklek	5 mm	2,5 mm

Åtdragningsmoment

	Nm
Generatorns fästbultar	25
Hjulbultar	110
Manuell växellåda, påfyllnings-/nivå- och avtappningspluggar	25
Oljesumpens avtappningsplugg:	
Motorkod ABF	40
Alla andra motorer – sump av pressat stål	30
Alla andra motorer – sump av gjuten aluminium	20
Tändstift:	
Motorkoderna AEK, AFT, AKS, ADY, AGG, AKR och ABF	30
Alla övriga motorer	25

Underhållsintervallen i denna handbok är framtagna med förutsättningen att bilägaren/bilföraren själv utför arbetet.

Underhållsintervallen är våra rekommendationer som minimum av vad som erfordras för bilar som körs dagligen. Om man vill hålla bilen i ständigt toppskick bör man kanske utföra vissa rutiner oftare. Vi rekommenderar att bilen underhålls med täta intervaller, eftersom det höjer bilens effektivitet, prestanda och andrahandsvärde.

Medan bilen är ny skall underhållsservice utföras av en auktoriserad, verkstad så att garantin ej förverkas.

Alla VW Golf/Vento modeller är försedda med en indikator för serviceintervall på instrumentpanelen. Varje gång motorn startas tänds indikatorn under några sekunder och visar något av nedanstående meddelanden. Detta är en händig påminnelse om när nästa service bör utföras:

"IN 00" – service behövs ej
"OEL" – 7500 km/6 månaders service
"IN 01" – 12 månaders service
"IN 02" – 30 000 km service

Var 400 km, eller varje vecka

- ☐ Se *Veckokontroller*

Var 7500:e km eller var 6:e månad – "OEL" på serviceindikatorn

Observera: *Täta olje- och filterbyten är bra för motorn. Vi rekommenderar oljebyte vid detta intervall, särskilt för bilar som oftast körs korta sträckor, med många stopp/starter, eller som har en kort årlig körsträcka.*

- ☐ Byt motorolja och oljefilter (avsnitt 3)
- ☐ Kontrollera tjockleken på bromsklossarnas belägg (avsnitt 4 och 8)
- ☐ Byt torkarblad (*Veckokontroller*)
- ☐ Nollställ serviceindikatorn (avsnitt 5)

Var 12:e månad eller var 15 000:e km) – "IN 01" på serviceindikatorn

Observera: *Utför också alla rutiner som anges i Veckokontroller.*

- ☐ Byt motorolja och oljefilter (avsnitt 3)
- ☐ Kontrollera tjockleken på bromsklossarnas belägg (avsnitt 4 och 8)
- ☐ Kontrollera 096 automatväxellådas oljenivå (avsnitt 6)
- ☐ Kontrollera alla komponenter och slangar i motorrummet och leta efter läckage (avsnitt 7)
- ☐ Kontrollera beläggens tjocklek på bromsbackarna – modeller med trumbromsar bak (avsnitt 9)
- ☐ Kontrollera handbromsens mekanism (avsnitt 10)
- ☐ Kontrollera säkerhet och skick hos styrningens och fjädringens komponenter (avsnitt 11)
- ☐ Kontrollera skicket på drivaxelns damasker (avsnitt 12)
- ☐ Kontrollera avgassystemet, leta efter läckage eller andra skador (avsnitt 13)
- ☐ Kontrollera strålkastarinställningen (avsnitt 14)
- ☐ Kontrollera funktionen hos spolar- och torkarsystem till vindrutan och (om tillämpligt) bakrutan (avsnitt 15). Byt torkarbladen
- ☐ Kontrollera att krockkudden/-kuddarna är i gott skick (avsnitt 16)
- ☐ Smörj alla gångjärn, dörrstopp och lås (avsnitt 17)
- ☐ Utför ett landsvägsprov (avsnitt 18)
- ☐ Nollställ serviceindikatorn (avsnitt 5)

Vart annat år (oavsett kilometerställning)

☐ Byt luftfilter (avsnitt 20)

Observera: *För 1,4 liters modeller med en motor med koden ABD, tillverkad fram t.o.m. juli 1992, och som kör mindre än 30 000 km på två år. För alla andra modeller som kör mindre än 60 000 km på två år.*

☐ Byt kylvätska (avsnitt 28)

Observera: *Detta är en rekommendation från Haynes, som bör anammas om det råder någon som helst tvekan angående kvaliteten på kylvätskan i bilen. Om man med säkerhet vet att bilen fortfarande har original kylvätska, specificerar VW inget bytesintervall. Rådfråga en VW-återförsäljare om du är tveksam.*

☐ Byt bromsvätska (avsnitt 29)

☐ Kontrollera motorstyrningssystemet och avgaserna (avsnitt 30)

Var 30 000:e km – "IN 02" på serviceindikatorn

Utöver relevanta moment som anges för tidigare servicetillfällen, utför följande:

☐ Byt tändstift (avsnitt 19)

Observera: *Detta intervall gäller endast Bosch W8 DTC och F5 DPO R, Beru 14-8 DTU, Champion N7 BYC, N9 BYC och N7 BMC och NGK BP 5 ET och BK 7 EKU tändstift.*

☐ Byt luftfilter (avsnitt 20)

Observera: *För 1,4 liters modeller med en motor med koden ABD, tillverkad fram t.o.m. juli 1992, och som kör mer än 30 000 km på två år.*

☐ Byt pollenfilter (avsnitt 22)

☐ Kontrollera oljenivån i den manuella växellådan (avsnitt 24)

☐ Kontrollera drivremmarnas skick och byt ut dem vid behov (avsnitt 25)

☐ Kontrollera kamremmens skick och spänn/byt ut den efter behov (avsnitt 26)

☐ Undersök om underredesskyddet har skador (kapitel 11)

Var 30 000:e km – "IN 02" på serviceindikatorn (forts.)

☐ Kontrollera takluckans funktion, rengör dess styrningar och smörj med fett om så behövs (kapitel 11)

☐ Nollställ indikatorn för serviceintervall (avsnitt 5)

Var 60 000:e km – "IN 02" på serviceindikatorn

Utöver relevanta moment som anges för tidigare servicetillfällen, utför följande:

☐ Byt tändstift (avsnitt 19)

Observera: *Alla typer av tändstift*

☐ Byt luftfilter (avsnitt 20)

Observera: *För alla modeller (utom 1,4 liters modeller med en motor med koden ABD, tillverkad fram t.o.m. juli 1992), som kör mer än 60 000 km på två år.*

☐ Kontrollera oljenivån i 01M automatväxellåda (avsnitt 6)

☐ Byt olja i 096 automatväxellåda (avsnitt 21)

☐ Kontrollera oljenivån i automatväxellådans slutväxel (avsnitt 21)

Var 90 000:e km

☐ Byt bränslefilter (avsnitt 27)

Observera: *Detta är en rekommendation från Haynes, som bör anammas om det råder någon som helst tvekan om vilken bränslekvalitet som har använts i bilen. VW specificerar inte något bytesintervall för detta filter.*

☐ Byt kamrem (avsnitt 26)

Observera: *Haynes rekommenderar å det starkaste att kamremmen byts vid detta intervall. När kamremsbytet görs är upp till bilägaren, men håll i åtanke vilka omfattande motorskador som kan bli följden om kamremmen går av under körning.*

Motorrummet på en modell med 1,4 liters motor

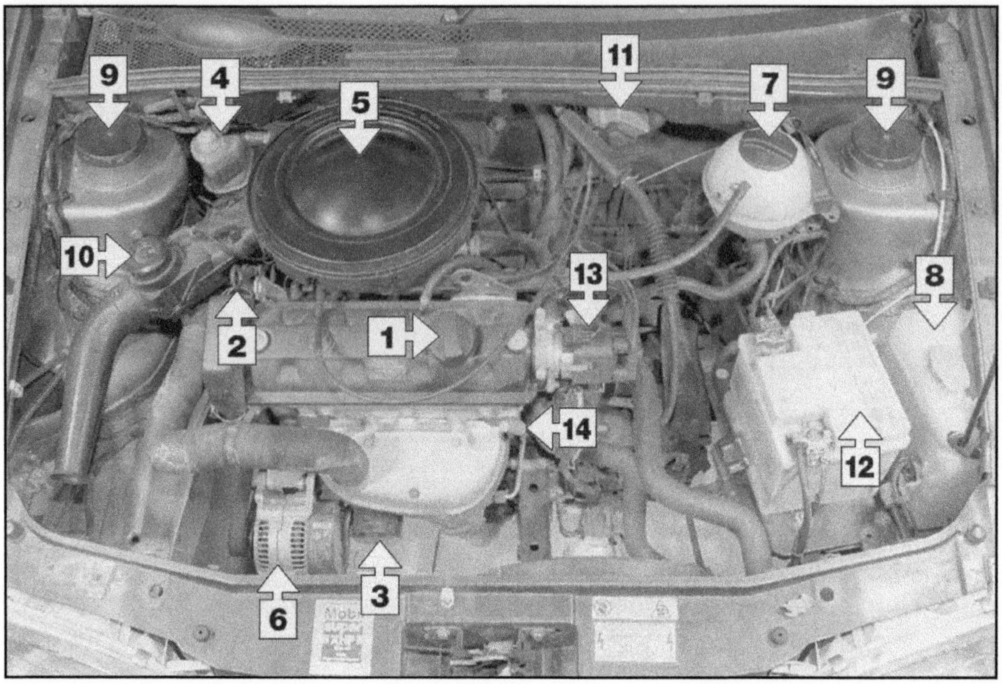

1 *Oljepåfyllningslock*
2 *Oljemätsticka*
3 *Oljefilter*
4 *Huvudcylinderns bromsvätskebehållare*
5 *Luftrenarhus*
6 *Generator*
7 *Kylvätskans expansionskärl*
8 *Spolarvätskebehållare till vindruta/bakruta*
9 *Fjäderbenets övre fäste*
10 *Styrventil för inloppsluftens temperatur*
11 *Tändspole*
12 *Batteri*
13 *Strömfördelare*
14 *Avgasteströr*

Motorrummet på en modell med 2,0 liters motor med 8 ventiler

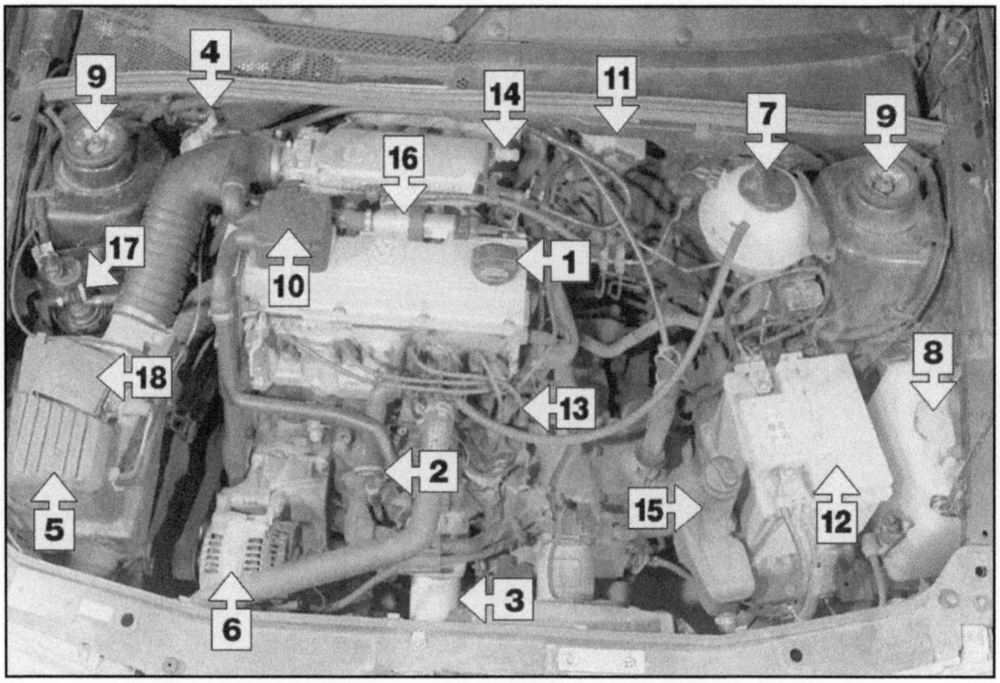

1 *Oljepåfyllningslock*
2 *Oljmätesticka*
3 *Oljefilter*
4 *Huvudcylinderns bromsvätskebehållare*
5 *Luftrenarhus*
6 *Generator*
7 *Kylvätskans expansionskärl*
8 *Spolarvätskebehållare till vindruta/bakruta*
9 *Fjäderbenets övre fäste*
10 *Vevhusets tryckregleringsventil*
11 *Tändspole*
12 *Batteri*
13 *Strömfördelare*
14 *Avgasteströr*
15 *Servostyrningens vätskebehållare*
16 *Tomgångsventil*
17 *Rensventil till bränsleförångningssystem*
18 *Luftmängdsmätare*

Framvagn sedd underifrån (1,4 liters modell visad – övriga modeller är liknande)

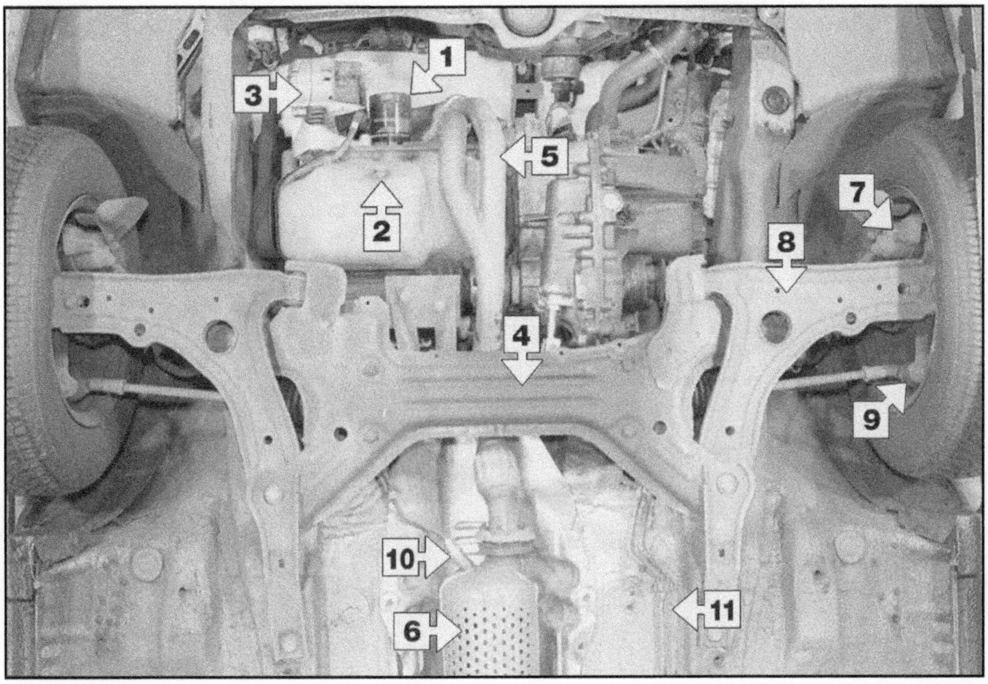

1 Oljefilter
2 Oljesumpens avtapppningsplugg
3 Generator
4 Kryssrambalk
5 Främre avgasrör
6 Katalysator
7 Främre bromsok
8 Länkarm
9 Yttre styrled
10 Lambdasond
11 Bromsrör

Bakvagn sedd underifrån (1,4 liters modell visad – övriga modeller är liknande)

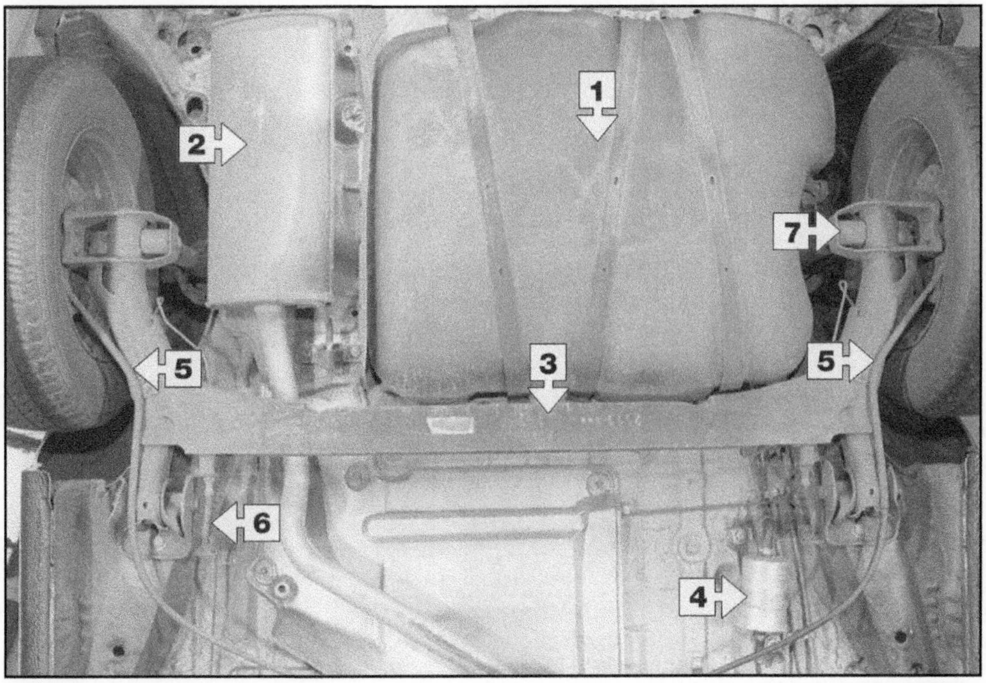

1 Bränsletank
2 Bakre avgasrör och ljuddämpare
3 Bakaxel
4 Bränslefilter
5 Handbromsvajer
6 Bromsslang
7 Undre fjäderbensfäste

1 Inledning

Allmänt

Detta kapitel är skrivet för att hjälpa hemmamekanikern att underhålla bilen så att den förblir säker och ekonomisk, ger bra prestanda och får lång livslängd.

Detta kapitel innehåller ett underhållsschema, följt av beskrivningar som avsnittsvis detaljerat behandlar varje arbetsuppgift i underhållsschemat. Visuella kontroller, justeringar, reservdelsbyten, och annan användbar information är inkluderade i boken. Illustrationer visar motorrummet och bilens undersida så att de olika komponenterna ska kunna lokaliseras.

Regelbundet underhåll av bilen enligt fastställda kilometer-/tidsintervall med hjälp av följande avsnitt i denna bok utgör ett regelbundet service- och underhållsprogram som bör resultera i lång och tillförlitlig livslängd för bilen. Vi presenterar ett heltäckande schema. Det innebär att om endast vissa delar av bilen underhålls, men inte alla, så uppnår man inte det avsedda resultatet.

När du underhåller din bil kommer du att upptäcka att många arbetsuppgifter kan – och bör – utföras samtidigt beroende på arbetsuppgifternas art, eller att de omfattar närliggande, men för övrigt orelaterade, komponenter. Till exempel, om bilen skall hissas upp av någon anledning kan avgassystemet inspekteras på samma gång som fjädring och styrning.

Det första steget i underhållsprogrammet omfattar förberedelserna innan själva arbetet kan börja. Läs igenom samtliga avsnitt som behandlar arbetet som skall utföras, gör därefter upp en lista och samla ihop alla reservdelar och verktyg som kommer att behövas. Om problem uppstår bör specialist eller återförsäljare kontaktas för rådgivning.

2 Intensivt underhåll

1 Om bilen, från det att den är ny, noggrant underhålls regelbundet enligt rekommenderat underhållsschema, och kontroller av vätskenivåer och av slitagebenägna delar utförs enligt denna handboks rekommendationer, kommer motorn att bevaras i ett relativt gott skick, och behovet av extra arbete hålls till ett minimum.

2 Ibland går en motor dåligt på grund av bristande underhåll. Risken för detta är förstås större om den inköpta bilen är begagnad och endast oregelbundet underhållen. I sådana fall kan extra arbete behöva utföras utöver det regelbundna underhållet.

3 Om motorn misstänks vara sliten kan ett kompressionsprov ge värdefull information om de inre huvudkomponenternas skick. Ett kompressionsprov kan användas för att avgöra omfattningen på det kommande arbetet. Om, som exempel, ett kompressionsprov indikerar allvarligt slitage i motorn, kommer det regelbundna underhåll som beskrivs i detta kapitel inte att förbättra motorns prestanda i någon nämnvärd grad. Det kan istället innebära slöseri med tid och pengar, om inte större reparationer utförs först.

4 Följande åtgärder är de som oftast behövs för att förbättra prestandan i en motor som går dåligt:

Primära åtgärder

a) Rengör, kontrollera och testa batteriet (se "Veckokontroller").
b) Kontrollera alla motorrelaterade vätskor (se "Veckokontroller")
b) Kontrollera drivremmens skick och spänning (avsnitt 25).
d) Byt tändstift (avsnitt 19).
e) Kontrollera fördelarlock och rotor (avsnitt 23).
f) Kontrollera luftfiltrets skick och byt det vid behov (avsnitt 20).
g) Kontrollera bränslefiltret (avsnitt 27).
h) Kontrollera alla slangar, leta efter läckage (avsnitt 7).
i) Kontrollera avgasutsläpp (avsnitt 30).

5 Om ovanstående åtgärder inte har någon inverkan, skall följande åtgärder och arbeten utföras:

Sekundära åtgärder

Samtliga punkter ovan, plus följande:

a) Kontrollera laddningssystemet (se relevant del av kapitel 5).
b) Kontrollera tändsystemet (se relevant del av kapitel 5).
c) Kontrollera bränslesystemet (se relevant del av kapitel 4).
d) Byt fördelarlock och rotor (avsnitt 23).
e) Byt tändkablar (avsnitt 23)

Var 7 500:e km – "OEL" på serviceindikatorn

3 Motorolja och filter – byte

1 Täta byten av motorolja och filter hör till de viktigaste förebyggande åtgärderna som en hemmamekaniker kan utföra. När motoroljan blir gammal tunnas den ut och förorenas, vilket leder till förtida skador på motorn.

2 Innan arbetet påbörjas, ta fram verktyg och material som kommer att behövas. Se till att det finns rena trasor och tidningar till hands för att torka upp spillda vätskor. Motoroljan skall helst vara varm eftersom den är lättare att tappa av och mer avlagringar följer då med oljan ut. Rör inte vid avgasröret eller andra heta delar i motorn vid arbete under bilen. Bär helst handskar vid denna typ av arbete, som skydd mot skållning och hudirritationer som kan orsakas av gammal motorolja. Det går lättare att arbeta under bilen om den kan hissas upp, köras upp på en ramp eller lyftas med domkraft och pallas upp på bockar (se *Lyftning och stödpunkter*). Oavsett metod, se till att bilen står plant, eller om den lutar, att avtappningspluggen befinner sig lägst.

3 Vrid avtappningspluggen cirka ett halvt varv med en hyls- eller ringnyckel **(se bild).** Placera avtappningskärlet under avtappningspluggen och lossa pluggen helt **(se Haynes Tips).** Ta vara på tätningsringen från avtappningspluggen.

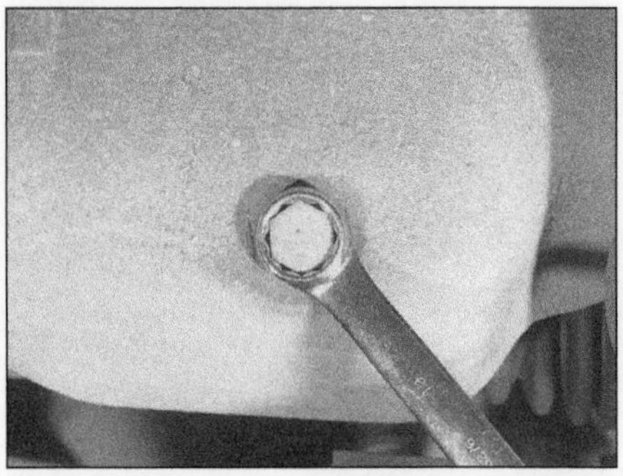

3.3 Oljesumpens avtappningsplugg lossas med en ringnyckel

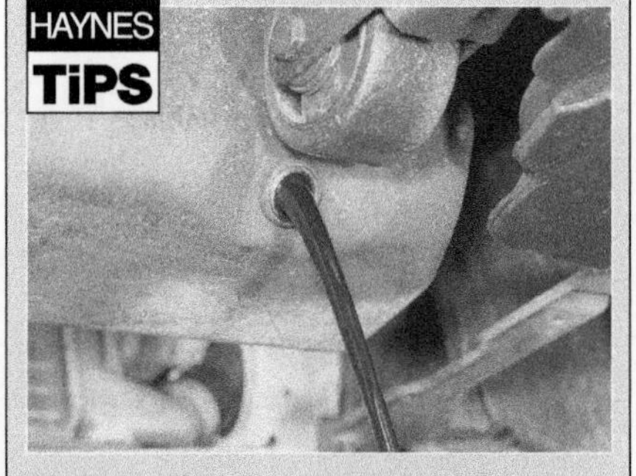

Tryck in oljesumpens avtappningsplugg medan den skruvas loss för hand de sista varven. När pluggen lossnar, ta snabbt bort den så att oljan rinner ner i kärlet och inte i din ärm!

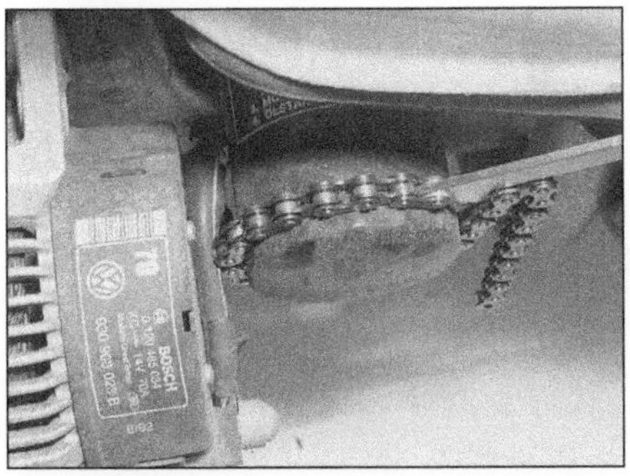

3.7 Oljefiltret lossas med en kedjenyckel

4 Ge oljan tid att rinna ut, observera att det kan bli nödvändigt att flytta kärlet när oljeflödet minskar.

5 När all olja har runnit ut, torka av avtappningspluggen med en ren trasa och byt tätningsring. Rengör ytan runt avtappningspluggens öppning, skruva tillbaka pluggen och dra åt den hårt.

6 Om filtret skall bytas, placera kärlet under det gamla filtret som finns på motorblockets framsida, under inloppsröret.

7 Använd ett oljefilterverktyg, vid behov, för att lossa filtret. Därefter kan det skruvas bort för hand **(se bild)**. Töm oljan från filtret i kärlet och kassera filtret.

8 Använd en ren trasa för att torka bort olja, smuts och slam från filtrets tätningsyta. Granska det gamla filtret för att se om gummitätningsringen har fastnat på motorn. Ta loss den om så är fallet.

9 Smörj tätningsringen på det nya filtret med motorolja och skruva fast det på motorn. Dra åt filtret ytterligare för hand - **använd inga verktyg**.

10 Ta bort den gamla oljan och verktygen och sänk ner bilen på marken (om så är tillämpligt).

11 Ta bort oljemätstickan. Skruva loss oljepåfyllningslocket från ventilkåpan. Fyll på motorolja, - använd korrekt grad och typ av olja (se *Smörjmedel och vätskor*). Använd oljekanna eller tratt för att inte spilla. Fyll först på halva den angivna mängden och vänta några minuter tills oljan har sjunkit ner i sumpen. Fortsätt att hälla på olja, lite åt gången, tills nivån når det skrafferade området på oljestickan. Sätt tillbaka stickan och skruva tillbaka oljepåfyllningslocket.

12 Starta motorn och låt den gå några minuter; kontrollera att tätningen runt oljefiltret eller avtappningspluggen inte läcker. Observera att det kan dröja några sekunder tills oljetryckslampan släcks efter det att motorn har startats. Oljan måste få cirkulera i oljekanalerna och det nya oljefiltret (om sådant har monterats) innan trycket byggs upp.

13 Stäng av motorn och vänta några minuter för att låta oljan rinna ner i oljesumpen på nytt. När den nya oljan har cirkulerat och filtret är fyllt med olja, kontrollera nivån på oljestickan ytterligare en gång och fyll på mer olja vid behov.

14 Den gamla oljan och filtret måste tas om hand på godkänt sätt. Se avsnittet *Allmänna reparationsanvisningar* i *Referenser* i slutet av handboken, eller kontakta en miljöstation.

4 Främre bromsklossar - kontroll

1 Dra åt handbromsen hårt, hissa upp bilens framvagn och stöd den säkert på pallbockar. Demontera framhjulen.

2 För en noggrann kontroll måste bromsklossarna demonteras och rengöras. Bromsokets funktion kan då också kontrolleras, samt bromsskivans kondition på båda sidor. Ytterligare information finns i kapitel 9 **(se Haynes Tips)**.

3 Om något bromsbelägg har slitits ner till det angivna gränsvärdet *måste alla fyra bromsklossarna bytas tillsammans*.

5 Serviceindikator - nollställning

1 Efter avslutat arbete skall indikatorn för serviceintervall nollställas. Observera att om mer än en service har utförts, måste aktuella serviceintervall på indikatorn nollställas individuellt.

2 Indikatorn nollställs med knappen på panelens vänstra sida (under hastighetsmätaren) och klockjusteringsknappen på panelens högra sida (under klocka/varvräknare); på modeller med digital klocka används den undre knappen (minutknappen). Nollställning utförs på följande sätt.

3 Vrid om startnyckeln och kontrollera att hastighetsmätarens kilometerräknare är inställd på totalt kilometerantal och inte på trippmätaren. Därefter, tryck in knappen som sitter till vänster på instrumentpanelen och håll den intryckt. Medan knappen hålls intryckt, stäng av tändningen och släpp knappen. Beteckningen "OEL" bör visas på indikatorn. När den vänstra knappen trycks in på nytt ändras indikatortexten till "IN 01" följt av "IN 02". Ställ in indikatorn på den service som just har avslutats, tryck därefter in klockans justeringsknapp en kort stund tills "——" visas; detta innebär att serviceindikatorn har nollställts. Upprepa omställningsproceduren för samtliga aktuella serviceintervall.

4 Avslutningsvis, slå på tändningen och kontrollera att serviceindikatorn visar "IN 00".

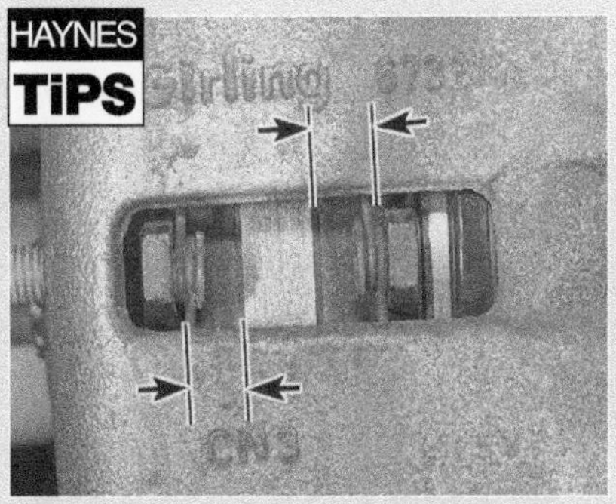

För en snabb kontroll kan belägget på varje bromskloss mätas genom öppningen i bromsoket.

Var 12:e månad - "IN 01" på serviceindikatorn

6 Automatväxellåda - kontroll av oljenivå

Växellåda 096

1 Kör bilen en kort sträcka för att värma upp växellådan till normal arbetstemperatur, parkera därefter bilen på plant underlag. Oljenivån kontrolleras med hjälp av mätstickan, som är placerad i motorrummets främre del, på växellådans framsida.

2 Med motorn på tomgång och växelväljarspaken i "P"-läge, dra upp mätstickan ur röret och torka bort all olja med en ren trasa eller pappershandduk. Sätt ner stickan i röret så långt det går och dra upp den igen. Notera oljenivån på mätstickan; nivån bör vara mellan MAX- och MIN-markeringarna **(se bild på nästa sida)**. **Observera:** *Om motorn inte är uppvärmd bör oljenivån vara vid 20°C märket.*

3 Om växellådsoljan behöver fyllas på ska det göras genom mätstickans rör med ren växellådsolja av rekommenderad typ. Använd en tratt med finmaskigt nät för att undvika att spilla, och för att se till att inga främmande

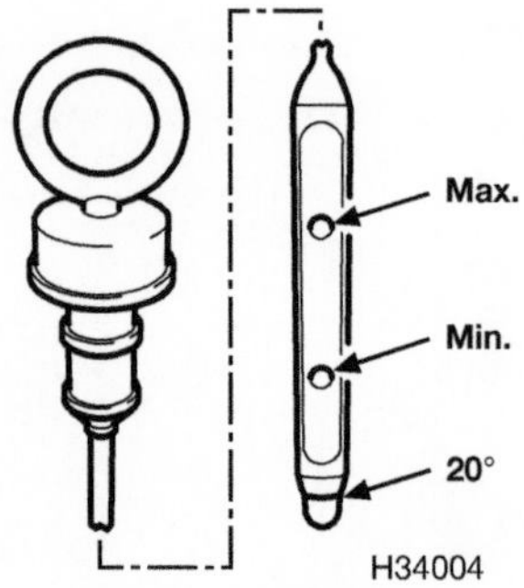

6.2 Vätskenivån ska ligga mellan markeringarna MAX och MIN

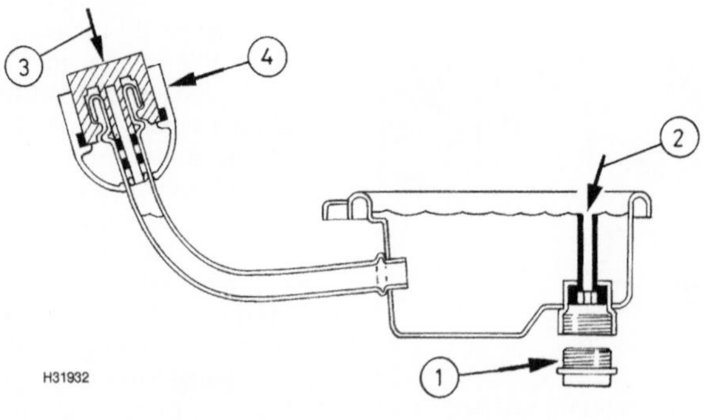

6.9 Oljenivåkontroll på 01M automatväxellåda
1 Nivåplugg 2 Nivårör 3 Påfyllningslock 4 Fästklämma

ämnen kommer in i växellådan. **Observera:** *Fyll aldrig på för mycket växellådsolja så att nivån är ovanför den övre markeringen på mätstickan.*

4 Efter påfyllning, kör bilen en kort sträcka så att den nya oljan fördelas i systemet, kontrollera nivån på nytt och fyll på om det behövs.

5 Se till att oljenivån alltid är mellan de båda markeringarna på mätstickan. Om nivån sjunker under den undre markeringen kan oljebristen orsaka allvarliga skador på växellådan. Om nivån är för hög kan överskottsoljan pressas ut. I båda fallen gäller att felaktig oljenivå innebär en negativ inverkan på växellådans funktion.

6 Om växellådsoljan behöver fyllas på ofta tyder det på att läckage förekommer, vilket behöver identifieras och åtgärdas innan ett större problem uppstår.

01M Växellåda

Observera: *En noggrann kontroll av oljenivån kan endast utföras om växellådsoljan har en temperatur på mellan 35°C och 45°C. Om det inte är möjligt att garantera denna temperatur, rekommenderar vi att man låter kontrollen utföras av en VW-verkstad. De har den utrustning som behövs för att kontrollera temperaturen och för att avläsa eventuella felkoder i växellådans elektronik. Om man fyller på för lite eller för mycket olja kan detta få en negativ inverkan på växellådans funktion.*

7 Kör bilen en kort sträcka för att värma upp växellådsoljan lite (se Observera ovan), parkera därefter bilen på plant underlag och ställ växelväljaren i läge P. Lyft upp bilen fram och bak och ställ den på pallbockar (se *Lyftning och stödpunkter*), se till att bilen står plant. Skruva loss skruvarna och ta bort kåpan/kåporna under motorn för att komma åt växellådan.

8 Starta motorn och låt den gå på tomgång tills växellådsoljan når en temperatur på 35°C.

9 Skruva loss nivåpluggen från växellådssumpens botten **(se bild)**.

10 Om olja droppar i ett kontinuerligt flöde från nivåröret när oljetemperaturen stiger, är oljenivån korrekt och ingen påfyllning behövs. Det kommer redan att finnas en del olja i nivåröret, och man måste se till att denna olja rinner ut innan man påbörjar nivåkontrollen. Se till att kontrollen görs innan oljetemperaturen når 45°C. Undersök tätningen på nivåpluggen och byt ut den om så behövs (skär loss den gamla tätningen och sätt på en ny). Sätt tillbaka pluggen och dra åt den till angivet moment.

11 Om ingen olja droppar från nivåröret, även efter det att oljetemperaturen har nått 45°C, måste mer olja fyllas på enligt följande, med motorn igång.

12 Använd en skruvmejsel och bänd loss locket från påfyllningsröret på sidan av växellådans sump. **Observera:** *På vissa modeller kommer låsmekanismen att skadas permanent och ett nytt lock måste införskaffas. På andra modeller måste lockets fästklämma bytas ut.*

13 När locket är borttaget, dra ut påfyllningsrörets plugg och häll i specificerad olja tills det börjar droppa ur nivåröret. Undersök nivåpluggens tätning och byt vid behov ut den genom att skära av den och sätta dit en ny tätning. Sätt tillbaka pluggen och dra åt den till specificerat moment.

14 Sätt tillbaka påfyllningsrörets plugg och det nya locket/den nya fästklämman till locket.

15 Slå av tändningen och sätt tillbaka kåpan/kåporna under motorn. Dra åt fästskruvarna ordentligt och sänk ner bilen på marken.

16 Om påfyllning behövs ofta tyder det på en läcka, vilket måste undersökas och åtgärdas innan problemet blir allvarligt.

7 Slangar och läckage – kontroll

1 Inspektera motorns fogytor, packningar och tätningar och leta efter tecken på vatten- eller oljeläckage. Var särskilt noga med ytorna runt kamaxelkåpan, topplocket, oljefiltret och oljesumpens fogar. Ett visst sipprande kan förväntas vid dessa punkter efter en tid – det du letar efter är tecken på en större läcka **(se Haynes Tips)**. Om läckage hittas skall den felande packningen eller oljetätningen bytas ut, se respektive kapitel i denna handbok.

2 Kontrollera även att alla rör och slangar som hör till motorn är i gott skick och sitter fast ordentligt. Se till att alla buntband och fästklämmor är på plats och i gott skick. Trasiga eller saknade klämmor kan resultera i skadade slangar, rör eller ledningar och därmed även allvarligare problem i framtiden.

3 Kontrollera noggrant i vilken kondition alla kyl- och värmeslangar befinner sig. Byt slangar som är spruckna, svullna eller förslitna. Sprickor syns bättre om slangen kläms ihop. Var uppmärksam på slangklämmorna som fäster slangarna vid systemkomponenter. Slangklämmor kan nypa till och punktera slangar vilket resulterar i läckage.

4 Undersök alla komponenter i kylsystemet (slangar, fogytor etc.) beträffande läckage. Läckage i kylsystemet indikeras ofta av vita eller rostfärgade avlagringar på ytan som omger läckan. Om denna typ av problem hittas på någon systemkomponent skall aktuell komponent eller packning bytas, se kapitel 3.

5 Där så är tillämpligt, kontrollera automatväxellådans oljekylarslangar beträffande läckage eller skador.

6 Lyft upp bilen och inspektera bränsletanken och påfyllningshalsen beträffande hål, sprickor eller annan skada. Anslutningen mellan påfyllningshalsen och tanken är

HAYNES TiPS

Läckage i kylsystemet visar sig ofta som en vit – eller rostfärgad – avlagring runt själva läckan

särskilt ömtålig. Ibland kan läckage uppstå i gummihalsen eller i en anslutningsslang på grund av lösa fästbyglar eller trasigt gummi.

7 Gör en noggrann kontroll av alla gummislangar och metallbränslerör som leder från bränsletanken. Leta efter lösa anslutningar, trasiga slangar, veckade rör eller liknande. Var speciellt uppmärksam på ventilationsrör eller -slangar som ofta ligger runt påfyllningshalsen och kan bli blockerade eller veckade. Följ och granska dessa slangar eller rör, hela vägen till bilens front. Byt skadade delar vid behov.

8 Inne i motorrummet, kontrollera säkerheten hos alla bränsleslangdon och röranslutningar, och granska bränsleslangar och vakuumslangar beträffande veck, skavda partier och förslitningar.

9 Om så är tillämpligt, kontrollera skicket på styrservoslangar och -rör.

8 Bakre bromsklossar – kontroll (modell med skivbromsar)

1 Klossa framhjulen, lyft upp bilens bakvagn med en domkraft och stöd den på pallbockar. Demontera bakhjulen.

2 Utför en snabb kontroll genom att mäta tjockleken på belägget på varje bromskloss genom bromsokets överdel. Om något av beläggen är tunnare än angivet gränsvärde måste alla fyra bromsbeläggen bytas tillsammans.

3 Om en noggrann kontroll ska göras måste bromsklossarna demonteras och rengöras. Detta möjliggör då också en kontroll av bromsokets funktion samt en granskning av bromsskivans båda sidor. Se detaljerad beskrivning i kapitel 9.

9 Bakre bromsbackar – kontroll (modell med trumbromsar)

1 Klossa framhjulen, lyft upp bilens bakvagn med en domkraft och stöd den på pallbockar.

2 Utför en snabb kontroll genom att granska tjockleken på bromsbackarnas bromsbelägg genom hålet i bromsskölden. Hålet är täckt av en gummiplugg **(se bild)**. Om ett rundjärn med samma diameter som angivet gränsvärde för bromsbelägget placeras mot belägget, kan en uppskattning av slitaget göras. En ficklampa eller liknande kommer antagligen att behövas. Om belägget på någon av bromsbackarna har slitits ner till gränsvärdet måste alla fyra bromsbackarna bytas tillsammans.

3 Om en noggrann kontroll ska utföras, måste bromstrumman demonteras och rengöras. Detta möjliggör också en kontroll av hjulcylindrarna och en granskning av själva bromstrumman (se kapitel 9).

10 Handbroms – kontroll och justering

Se kapitel 9

11 Styrning och fjädring – kontroll

Kontroll av styrning och främre fjädring

1 Lyft upp bilens framvagn och stöd den ordentligt på pallbockar.

2 Undersök spindelledernas dammskydd och styrväxelns damasker beträffande sprickor, slitage eller andra skador. Minsta slitage på dessa komponenter leder till att smörjmedel läcker ut och smuts och vatten kommer in, vilket gör att spindelleder eller styrväxel förslits snabbt.

3 På bilar med servostyrning, kontrollera om hydraulslangarna är nötta eller på annat sätt skadade, samt om det läcker vätska vid rör- och slanganslutningar. Sök även efter tecken på vätskeläckage under tryck från styrväxelns gummidamasker, vilket tyder på defekta vätsketätningar i styrväxeln.

4 Ta tag i hjulet med händerna upptill och nedtill och försök att ruska det fram och tillbaka **(se bild)**. Ett visst glapp kan förekomma, men om glappet är tydligt krävs en mer omfattande undersökning för att fastställa felkällan. Fortsätt att ruska på hjulet medan en medhjälpare trycker ner fotbromsen. Om glappet nu försvinner eller minskas avsevärt är det sannolikt att felet ligger i hjullagren. Om glappet fortfarande är tydligt när bromspedalen är nedtryckt betyder det att slitage föreligger i fjädringens leder eller i upphängningen.

5 Ta nu tag i hjulet med händerna på vardera sidan och försök att ruska på hjulet som tidigare. Om ett glapp är kännbart i detta läge kan det orsakas av slitage i hjullager eller styrleder. Om den inre eller yttre styrleden är sliten märks rörelsen tydligt.

6 Leta efter slitage i fjädringens fästbussningar genom att bända med en stor skruvmejsel eller ett däckjärn mellan den aktuella komponenten och dess infästning. Eftersom upphängningarna är av gummi kan ett visst glapp förväntas, men onormalt slitage är tydligt. Undersök också alla synliga gummibussningar, leta efter nötning, sprickor eller föroreningar.

7 När bilen står på hjulen, låt en medarbetare vrida ratten fram och tillbaka cirka en åttondels varv åt varje håll. Ytterst litet, om ens något, spel får finnas mellan ratt och hjul. Om spelet är större måste leder och upphängningar undersökas enligt tidigare beskrivning. Dessutom ska rattstångens universalknutar samt själva styrväxeln granskas beträffande slitage.

Kontroll av fjäderben/stötdämpare

8 Undersök om det förekommer läckage runt fjäderbens-/stötdämparhuset, eller från gummidamasken runt kolvstången. Om vätska är synlig tyder det på att fjäderbenet/stötdämparen är defekt inuti och måste bytas ut. **Observera:** *Fjäderben/stötdämpare bör alltid bytas parvis på samma axel.*

9 Funktionen hos fjäderben och stötdämpare kan kontrolleras genom att bilens hörn trycks ner och gungas upp och ner i tur och ordning. Om fjäderben/stötdämpare är i god kondition höjer sig bilen igen till sitt normala läge efter en nedtryckning. Om den fortsätter att gunga upp och ned kan man misstänka fel i fjäderben eller stötdämpare. Undersök också om fjädernenens/stötdämparnas övre och nedre fästen är slitna.

12 Drivaxeldamask – kontroll

1 Med bilen upphissad och stödd på pallbockar, vrid styrningen till fullt utslag och rotera därefter hjulet. Kontrollera skicket hos de yttre drivknutarnas gummidamasker. Tryck ihop damasken för att öppna ut vecken. Leta efter sprickor och försämring av gummit vilket kan leda till att smörjfettet försvinner och

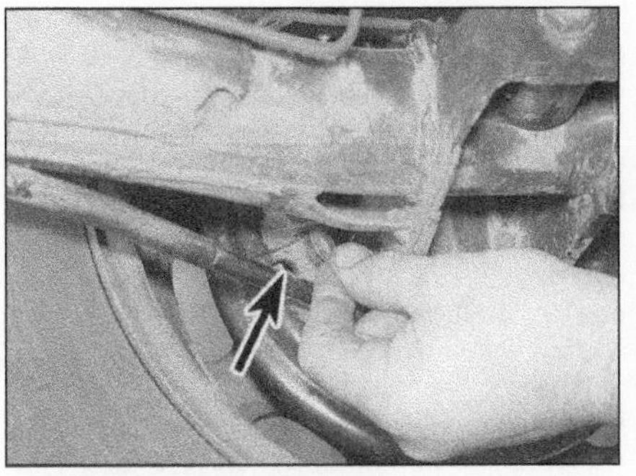

9.2 Ta bort gummipluggen och kontrollera bromsbeläggens tjocklek genom öppningen i bromsskölden (vid pilen)

11.4 Kontrollera om hjullagren är slitna genom att ta tag i hjulet och försöka ruska på det

vatten och smuts tränger in i knuten. Kontrollera även att fästklämmorna är i gott skick och sitter säkert. Upprepa samma kontroller på de inre drivknutarna **(se bild)**. Om skador eller försämring upptäcks skall damaskerna bytas (se kapitel 8).

2 Kontrollera samtidigt själva drivknutarnas allmänna skick genom att hålla i drivaxeln och försöka att rotera hjulet. Upprepa sedan kontrollen, men håll nu i den inre knuten och försök att rotera drivaxeln. Om ett tydligt glapp blir kännbart tyder det på slitage i knutarna, slitage i drivaxelns splines eller att en mutter är lös i drivaxeln.

13 Avgassystem - kontroll

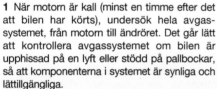

1 När motorn är kall (minst en timme efter det att bilen har körts), undersök hela avgassystemet, från motorn till ändröret. Det går lätt att kontrollera avgassystemet om bilen är upphissad på en lyft eller stödd på pallbockar, så att komponenterna i systemet är synliga och lättillgängliga.

2 Kontrollera avgasrören och anslutningarna beträffande tecken på läckage, svår rost eller skador. Se till att alla fästen och upphängningar är i gott skick, samt att alla relevanta muttrar och skruvar är ordentligt åtdragna. Läckage vid någon av anslutningarna eller i andra delar i systemet visar sig vanligen som en svart, sotig fläck i anslutning till läckan.

3 Skrammel och andra missljud kan ofta spåras till avgassystemet, speciellt fästen och upphängningar. Försök att flytta rören och ljuddämparna. Om delarna kommer i kontakt med karossen eller delar i upphängningen bör systemet monteras med nya fästen. Sära annars på anslutningarna (om möjligt) och vrid rören så mycket som behövs för att skapa ytterligare utrymme.

14 Strålkastarinställning

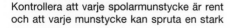

Exakt strålkastarinställning kan bara utföras med optisk inställningsutrustning. Detta arbete bör därför överlåtas till en VW-verkstad som har tillgång till nödvändiga instrument.

En tillfällig inställning av strålkastarna kan utföras i nödfall och ytterligare anvisningar finns i kapitel 12.

15 Spolarsystem till vindruta, bakruta och strålkastare - kontroll

Kontrollera att varje spolarmunstycke är rent och att varje munstycke kan spruta en stark

12.1 Undersök skicket på drivaxlarnas damasker (vid pilen)

stråle spolarvätska. Strålarna till bakrutan och strålkastarna skall riktas mot en punkt strax ovanför mitten av rutan/strålkastaren. På vindrutans spolarmunstycken finns två strålar, rikta en stråle något ovanför mitten av vindrutan och rikta den andra strax under mitten för att täcka in rutan. Vid behov kan munstyckena justeras med en nål.

16 Krockkudde - kontroll

Undersök krockkuddens utsida beträffande tecken på skada eller slitage. Om en airbag visar tecken på skada måste den bytas ut (se kapitel 12).

17 Gångjärn och lås - smörjning

Smörj in gångjärnen till motorhuv, dörrar och baklucka med tunn universalolja. Smörj även in samtliga låskolvar, lås och låsgrepp. Kontrollera samtidigt att alla lås är säkra och fungerar ordentligt, justera dem vid behov (se kapitel 11).

Smörj in motorhuvens spärrmekanism och vajer med lämpligt smörjfett.

18 Landsvägsprov

Instrument och elektrisk utrustning

1 Kontrollera funktionen hos alla instrument och den elektriska utrustningen.

2 Kontrollera att alla instrument ger rätt avläsning, och slå på all elektrisk utrustning i tur och ordning för att kontrollera att den fungerar ordentligt.

Styrning och fjädring

3 Kontrollera beträffande onormalt beteende i styrning, fjädring, hantering eller "vägkänsla".

4 Kör bilen och var uppmärksam på ovanliga vibrationer eller ljud.

5 Kontrollera att styrningen känns positiv, inte "sladdrig" eller hård, och var uppmärksam på ljud från fjädringen vid kurvtagning eller körning över gupp.

Drivlina

6 Kontrollera prestandan i motorn, kopplingen (i förekommande fall), växellåda och drivaxlar.

7 Lyssna efter ovanliga ljud från motorn, kopplingen och växellådan.

8 Kontrollera att motorn går jämnt på tomgång och att den inte tvekar vid acceleration.

9 Om så är tillämpligt, kontrollera att kopplingens rörelse är jämn och progressiv, att drivhjulen kopplas in med en jämn rörelse och att pedalrörelsen känns normal. Lyssna också efter eventuella ljud från kopplingen när pedalen är nedtryckt.

10 På modeller med manuell växellåda, kontrollera att alla växlar kan läggas i utan ryckighet eller oljud, och att växelspaken inte är onormalt slapp eller svår att flytta.

11 På modeller med automatväxellåda, kontrollera att alla växelbyten sker jämnt utan ryckighet och utan att bilens hastighet ökar mellan växelbyten. Kontrollera att alla växellägen kan väljas när bilen står stilla. Uppsök VW-verkstad vid problem.

12 Lyssna efter metalliska, klickande ljud från bilens främre del när den körs långsamt runt i en cirkel med fullt rattutslag. Utför denna kontroll i båda riktningarna. Om klickande ljud kan höras tyder det på slitage i en drivknut. I så fall måste knuten bytas.

Kontroll av bromssystemets funktion och prestanda

13 Kontrollera att bilen inte drar åt ena hållet vid inbromsning, och att hjulen inte låser sig för tidigt vid hård inbromsning.

14 Kontrollera att ratten inte vibrerar vid inbromsning.

15 Kontrollera att handbromsen fungerar ordentligt utan för stort spel i spaken, och att den kan hålla bilen stilla i backe.

16 Kontrollera bromsservoenheten på följande sätt. Med motorn avstängd, tryck ner fotbromsen 4-5 gånger för att utjämna vakuum i servon. Tryck ner pedalen och håll den nedtryckt då motorn startas. När motorn startar skall bromspedalen ge efter något medan vakuumet byggs upp. Låt motorn gå i åtminstone två minuter, stäng därefter av den. När bromspedalen trampas ner skall ett väsande ljud nu höras från servon. Efter fyra eller fem nedtrampningar på pedalen skall ljudet upphöra och pedalen skall kännas betydligt hårdare.

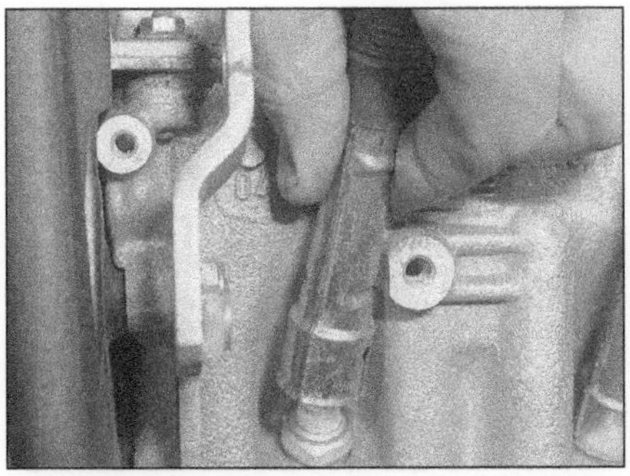

19.2 Håll i tändkabelhatten och inte i kabeln när tändkablarna dras loss från tändstiften

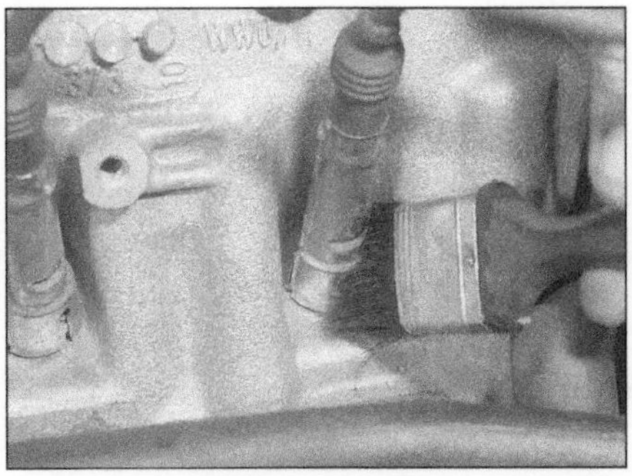

19.3 En ren pensel används till att rengöra tändstiftsbrunnarna

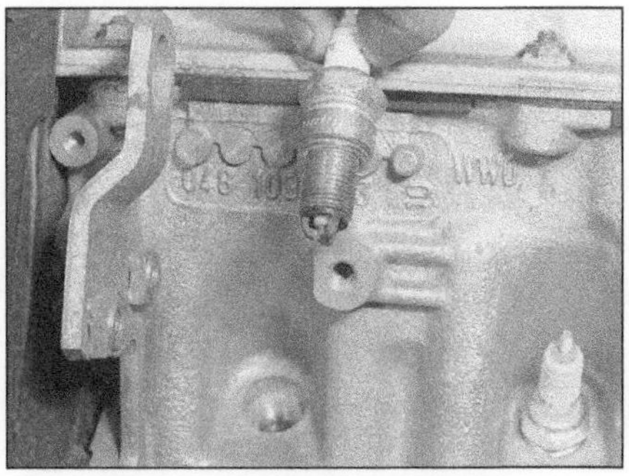

19.4 Ett tändstift demonteras (motorkod 2E på bilden)

Var 30 000:e km – "IN 02" på serviceindikatorn

19 Tändstift – byte

1 Väl fungerande tändstift är mycket viktigt för att motorn skall arbeta på rätt sätt. Tändstiften måste vara av lämplig typ för motorn (lämplig typ anges i specifikationerna i början av detta kapitel). Om rekommenderade tändstift används och motorn är i god kondition, bör tändstiften inte kräva någon tillsyn mellan bytesintervallen. Rengöring av tändstiften behövs sällan och bör inte företas utan tillgång till specialutrustning, eftersom det är lätt att skada elektroderna.

2 Om inga markeringar syns på tändkablarna ska dessa märkas 1-4 för att överensstämma med respektive cylinder (cylinder nr 1 är vid kamremskåpan). Ta loss tändkabeln från tändstiftet. Ta tag i kabelhatten och inte i själva kabeln, annars kan kabelanslutningen lätt skadas **(se bild)**.

3 Det är klokt att rengöra tändstiftsbrunnarna med en ren pensel/borste, dammsugare eller tryckluft innan tändstiften tas bort, så att inte smuts faller ner i cylindrarna **(se bild)**. **Observera:** *På motorer med koderna ABU, ABD och AEA måste luftrenaren/gasspjällhusets luftlåda demonteras för att man ska komma åt tändstiften.*

4 Ta bort tändstiften med en tändstiftsnyckel, lämplig hylsnyckel eller en djup hylsa med förlängare. Håll hylsan helt i linje med tändstiftet – om det stöts åt sidan kan den keramiska isolatorn brytas sönder **(se bild)**. Granska varje tändstift på följande sätt.

5 Kontroll av tändstiften ger en god bild av motorns kondition. Om tändstiftets isolatorfot är ren och vit och utan avlagringar, tyder det på för mager bränsleblandning eller att tändstiftet har för högt värmetal (ett varmt tändstift överför värme långsamt från elektroden, ett kallt tändstift överför värmen snabbt).

6 Om isolatorfoten är täckt med en hård, svart beläggning, kan det tyda på att bränsleblandningen är för fet. Om tändstiftet är svart och oljigt är motorn sannolikt ganska sliten samt blandningen för fet.

7 Om isolatorn är täckt med en ljusbrun eller gråbrun substans, är bränsleblandningen korrekt och motorn sannolikt i god kondition.

8 Elektrodavståndet är mycket viktigt. Om det är för stort eller för litet försämras gnistans storlek och därmed dess verkan. Elektrodavståndet bör justeras enligt angivet värde i specifikationerna i början av detta kapitel.

9 Kontrollera elektrodavståndet med ett bladmått. Justera vid behov genom att försiktigt böja sidoelektroden. Böj aldrig mittelektroden eftersom isolatorn då kan skadas och tändstiftet förstöras, om inget värre. Om bladmått används är elektrodavståndet korrekt när utrymmet är trångt men bladet ändå kan föras in **(se bild)**.

10 Specialverktyg för justering av elektrodavstånd finns att köpa i biltillbehörsaffärer, eller från tändstiftstillverkaren.

11 Innan tändstiften monteras, se till att den gängade anslutningshylsan sitter tätt och att själva tändstiftet och dess gänga är ren. Det är ofta svårt att skruva in nya tändstift utan att sneddra gängan – detta kan undvikas med hjälp av en slangbit **(se Haynes Tips)**.

12 Ta bort gummislangen (om sådan har använts) och dra åt stiftet till angivet åtdragningsmoment med tändstiftshylsa och momentnyckel **(se bild)**. Fortsätt att montera återstående tändstift på samma sätt.

13 Anslut tändkablarna i korrekt ordning och sätt sedan tillbaka de komponenter som har demonterats för åtkomlighetens skull.

19.9 Ett tändstifts elektrodavstånd justeras

HAYNES TIPS

Det kan vara svårt att montera tändstift i brunnarna utan att de går snett. För att undvika detta kan man placera en kort gummislang med 0,5 cm innerdiameter över tändstiftsänden. Den mjuka slangen fungerar som en kardanknut och riktar in tändstiftet mot brunnen. Skulle gängan börja gå snett glider slangen över tändstiftet och avvärjer på så sätt gängskada på topplocket.

19.12 Tändstiftet dras åt (motorkod ABD på bilden, luftrenaren demonterad för tydlighet)

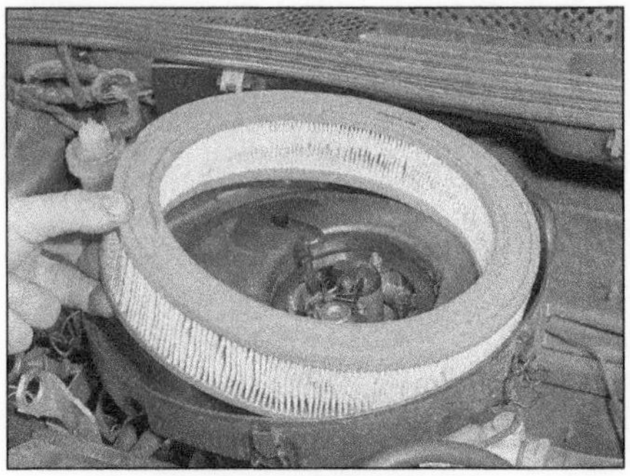

20.2 Luftfiltret lyfts ut (motorkod ABD visas)

20.4 Det nya luftfiltret monteras – se till att kanterna hamnar ordentligt på plats (motorkod 2E visas)

20.5 Inpassningspilar på luftrenarlocket (tidig motorkod ABD)

20 Luftfilter – byte

1 Bänd loss fjäderklämmorna och lyft upp luftrenarens lock. ***Varning: På vissa modeller är luftmängdsmätaren ihopbyggd med luftrenarens lock. Handskas i så fall varligt med luftmängdsmätaren – den är mycket ömtålig.***
2 Lyft ut luftfiltret **(se bild)**.
3 Torka bort eventuellt skräp som kan ha ansamlats i luftrenaren.
4 Montera det nya luftfiltret och se till att kanterna hamnar ordentligt på plats **(se bild)**.
5 Montera luftrenarens lock och knäpp fästklämmorna på plats. På modeller med luftrenaren monterad på gasspjällhuset skall pilarna på locket riktas mot varandra **(se bild)**.

21 Automatväxellåda – byte av olja

096 växellåda – byte av olja till växellåda/momentomvandlare

1 Automatväxellådan är inte försedd med en avtappningsplugg; växellådsoljan måste istället pumpas ut med en särskild adapter. Vi rekommenderar därför att byte av automatväxellådsolja överlåts till närmaste VAG-verkstad.

01M växellåda – byte av olja till växellåda/momentomvandlare

2 01M växellådan anges av tillverkaren vara fylld med olja som ska räcka hela växellådans livslängd; det finns alltså ingen anledning att byta ut oljan.

Kontroll av oljenivå i slutväxel/differential – alla modeller

3 Dra åt handbromsen, lyft upp framvagnen och stöd den ordentligt på pallbockar (se *Lyftning och stödpunkter*), men notera att även bakvagnen bör lyftas upp om resultatet av nivåkontrollen ska bli exakt.
4 Nivåkontrollen av slutväxeln görs genom att hastighetsmätardrevet demonteras. Börja med att koppla loss kablaget från givaren längst upp på drevet **(se bild)**.
5 Skruva loss hastighetsmätardrevet och ta ut det från växellådan. Man behöver inte ta loss givaren från drevet.
6 Torka av den nedre änden av drevet, sätt sedan in drevet igen och skruva in det helt i växellådan. Ta ut drevet igen och kontrollera att oljenivån är mellan skuldran och änden av drevet **(se bild)**.
7 Om så behövs, fyll på med olja genom drevets öppning tills nivån är korrekt. Notera att skillnaden mellan MAX och MIN motsvarar 1 liter olja.
8 Sätt tillbaka drevet och dra åt ordentligt, anslut sedan givarens kablage.
9 Sänk ner bilen på marken.

22 Pollenfilter – byte

1 Pollenfiltret (om monterat) är placerat under vindrutetorkarmotorns kåpa; den är placerad på höger sida i vänsterstyrda bilar, och på vänster sida i högerstyrda bilar.
2 Lossa gummitätningen upptill på aktuell sida av torpedväggen i motorrummet.
3 Skruva loss fästskruvarna och dra ut fästena som håller aktuell del av torkarmotorkåpan på plats. Lossa kåpan från vindrutan och ta bort den från bilen.
4 Vrid pollenfiltrets kåpa uppåt och bort, lossa därefter fästklämmorna och ta bort filtret från dess hus.
5 Torka rent i filterhuset och montera det nya filtret. Fäst filtret ordentligt på plats och sätt tillbaka dess kåpa.
6 Montera torkarmotorns kåpa och sätt tillbaka gummitätningen på torpedväggen.

23 Tändsystem – kontroll

Varning: Strömstyrkan i elektroniska tändsystem är betydligt kraftigare än i traditionella tändsystem. Stor försiktighet måste iakttagas vid arbete på systemet när tändningen är på. Personer med pacemaker bör hålla sig på avstånd från tändkretsar, komponenter och testutrustning.

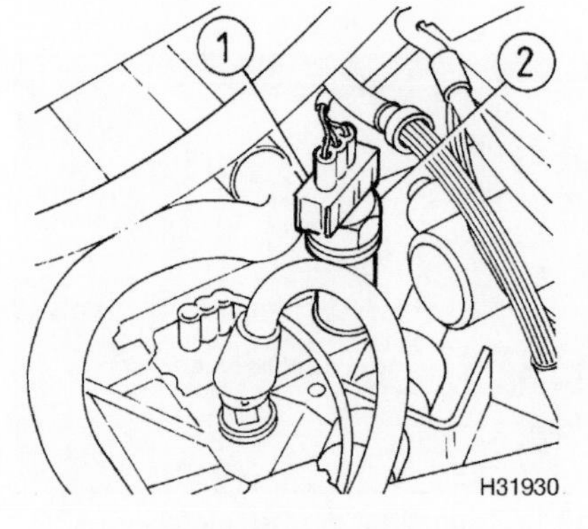

21.4 Koppla loss kablaget (1) från hastighetsmätardrevet (2)

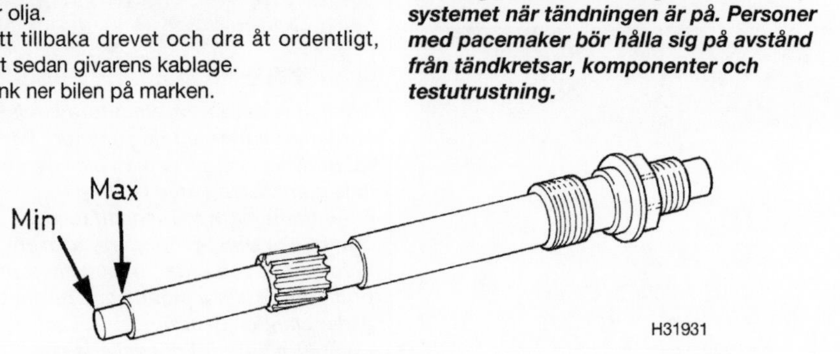

21.6 Oljenivån i automatväxellådans slutväxel kontrolleras i den nedre änden av hastighetsmätardrevet

1 Kontrollera komponenterna i tändsystemet beträffande skador eller slitage på följande sätt.

Generell komponentkontroll

2 Tändkablarna bör kontrolleras när nya tändstift monteras.
3 Dra loss kablarna från stiften. Dra bara i tändkabelhatten, inte i själva kabeln, annars kan anslutningen skadas.

> HAYNES TiPS
> ***Se till att kablarna är numrerade innan de kopplas loss, för att undvika förväxling vid monteringen.***

4 Kontrollera om tändkabelhatten är korroderad inuti - det ser ut som ett vitt, poröst pulver. Tryck tillbaka kabelhatten på tändstiftet och se till att den sitter fast hårt på stiftet. Om så inte är fallet, ta bort kabeln igen och kläm ihop metalldonet inuti kabelhatten tills det passar ordentligt på tändstiftet.
5 Torka av hela kabeln med en trasa för att få bort ansamlingar av smuts och fett. När kabeln är ren kan man undersöka den beträffande brända fläckar, sprickor eller annan skada. Böj inte kabeln för mycket och dra inte i den på längden - den invändiga ledaren kan brytas av.
6 Lossa kabelns andra ände från strömfördelarlocket. Kontrollera om korrosion förekommer samt att passningen är trång, som vid tändstiftsänden. Om en ohmmeter finns tillgänglig kan resistansen i kabeln kontrolleras genom att mätaren ansluts mellan kabelns tändstiftsände och segmentet i fördelarlocket. Sätt tillbaka kabeln ordentligt när mätningen är avslutad.
7 Kontrollera återstående kablar på samma sätt.
8 Om nya tändkablar behövs, se till att skaffa en uppsättning som passar din bil och motor.
9 Skruva loss skruvarna och demontera strömfördelarlocket. Torka rent och granska insidan beträffande sprickor, sotavlagringar (spårbildning) och slitna, brända eller lösa kontakter. Kontrollera att lockets kolborste inte är sliten, att den rör sig fritt mot fjädertrycket, och är i kontakt med rotorn. Granska även lockets tätning beträffande tecken på slitage eller skada, och byt tätning vid behov. Demontera rotorn från strömfördelaraxeln och undersök rotorn. Det är brukligt att lock och rotor byts när nya tändkablar monteras **(se Haynes Tips)**.
10 Ta inte loss alla kablarna på en gång från det gamla locket, det kan orsaka problem med tändföljden. Vid montering, se till att rotorn trycks fast på axeln ordentligt, och dra åt skruvarna säkert.

> HAYNES TiPS
> ***Vid montering av ett nytt strömfördelarlock ska kablarna demonteras från det gamla locket, en efter en, och monteras på samma plats på det nya locket.***

11 Trots att tändsystemet är i toppskick kan vissa bilar ändå vara svårstartade beroende på fuktiga komponenter i tändsystemet. Spraya med vattenavvisande medel för att avlägsna fukten.

Tändinställning - kontroll och justering

12 Tändinställningen kan inte justeras, och den kan endast kontrolleras av en VW-verkstad.

24 Manuell växellåda - kontroll av oljenivå

1 Parkera bilen på plant underlag. Oljenivån måste kontrolleras innan bilen körs, eller minst 5 minuter efter det att motorn har stängts av. Om oljan kontrolleras omedelbart efter det att bilen har körts finns en del av oljan kvar i växellådans komponenter, vilket ger en felaktig avläsning av nivån.
2 Ta bort klämmor och skruvar och sänk ner den undre kåpan från motorrummet.
3 En 17 mm sexkantsnyckel behövs för att skruva loss och dra åt oljepåfyllnings-/nivå- och avtappningspluggarna. Torka av ytan runt påfyllnings-/nivåpluggen, som är placerad enligt följande:

a) 084 växellåda – påfyllnings-/nivåpluggen är placerad i differentialhuset ***(se bild).***
b) 085 växellåda – påfyllnings-/nivåpluggen är placerad i differentialhuset ***(se bild).***

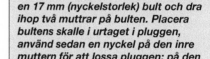

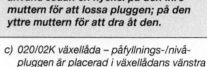

> HAYNES TiPS
> ***En 17 mm sexkantsnyckel (hane) behövs för att skruva loss och dra åt den manuella växellådans oljepåfyllnings-/nivå- och avtappningspluggar. Om en sådan inte finns till hands, införskaffa en 17 mm (nyckelstorlek) bult och dra ihop två muttrar på bulten. Placera bultens skalle i urtaget i pluggen, använd sedan en nyckel på den inre muttern för att lossa pluggen; på den yttre muttern för att dra åt den.***

c) 020/02K växellåda – påfyllnings-/nivåpluggen är placerad i växellådans vänstra ände ***(se bild).***
d) 02A växellåda – påfyllnings-/nivåpluggen är placerad på differentialhusets framsida ***(se bild).***

4 Oljenivån bör nå upp till påfyllnings-/nivåhålets underkant. En viss mängd olja ansamlas bakom påfyllnings-/nivåpluggen, som kommer att droppa ut när pluggen tas bort; det innebär **inte** nödvändigtvis att nivån är korrekt. Vänta till den första oljan har runnit ut och fyll sedan på olja efter behov tills ny olja börjar rinna ut. Nivån är korrekt när den nya oljan slutar att rinna ut. Använd endast olja av rekommenderad typ och kvalitet.
5 Att fylla på växellådsolja är ett ganska besvärligt arbete; låt framför allt oljan få tid att sjunka till rätt nivå innan nivån mäts. Om en stor mängd olja fylls på i växellådan, och en stor mängd rinner ut när nivån kontrolleras, sätt tillbaka påfyllnings-/nivåpluggen och kör

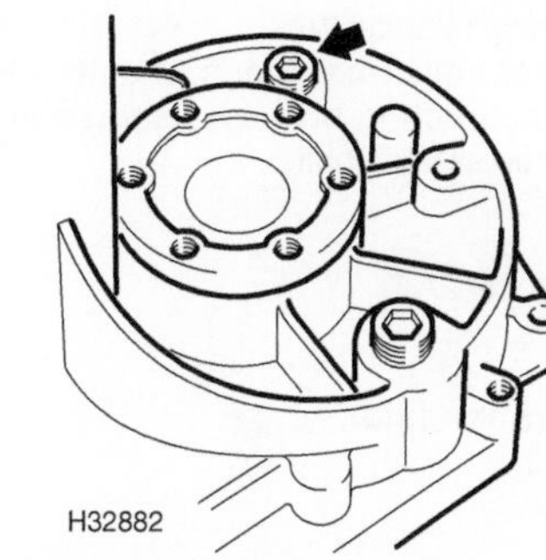

24.3a Oljepåfyllnings-/nivåplugg på växellåda 084

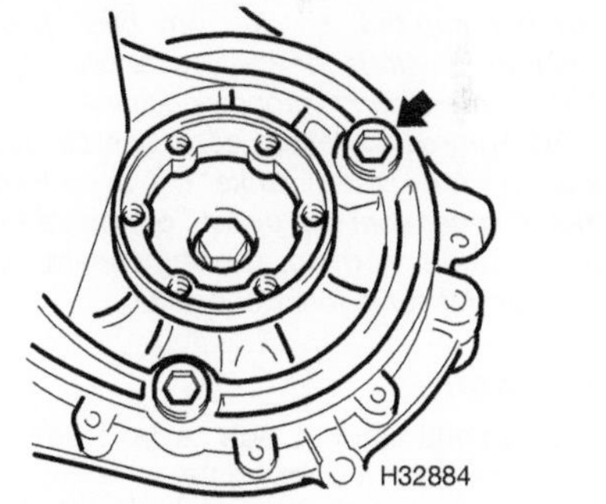

24.3b Oljepåfyllnings-/nivåplugg på växellåda 085

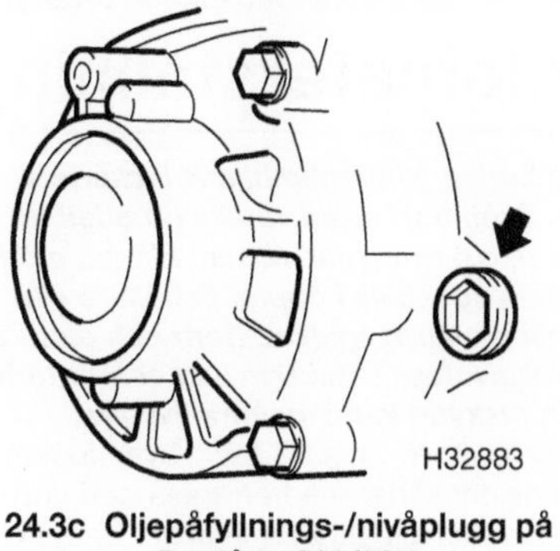

24.3c Oljepåfyllnings-/nivåplugg på växellåda 020/02K

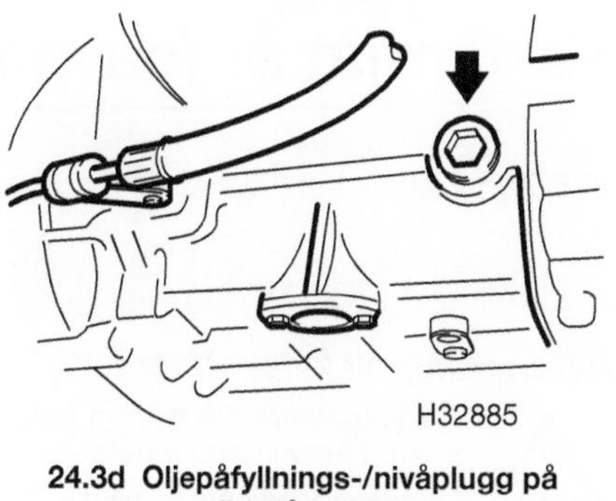

24.3d Oljepåfyllnings-/nivåplugg på växellåda 02A

bilen en kort sträcka så att den nya oljan fördelas runt alla växellådskomponenterna, kontrollera därefter oljenivån på nytt när oljan har sjunkit.
6 Om växellådan har fyllts på för mycket så att olja rinner ut när påfyllnings-/nivåpluggen tas bort, kontrollera att bilen står på plant underlag (i båda riktningarna), och tappa av överskottsoljan i ett lämpligt kärl.
7 När oljenivån är korrekt skall en ny tätningsbricka monteras på påfyllnings-/nivåpluggen. Sätt tillbaka pluggen och dra åt den ordentligt. Tvätta bort eventuellt spilld olja, sätt tillbaka kåpan i motorrummet och fäst den på plats med klämmor och skruvar.

25 Drivremmar – kontroll och byte

Kontroll

1 Lossa batteriets negativa anslutning och placera kabeln på avstånd från batteriet.
2 Parkera bilen på plant underlag, dra åt handbromsen och klossa bakhjulen.
3 Lyft upp bilens framvagn med hjälp av en domkraft, stöd den ordentligt på pallbockar och demontera hjulen.
4 Vrid ratten med fullt utslag till höger, ta därefter bort skruvar och klämmor och ta bort kåpan under motorrummet.
5 Placera en hylsa och nyckel på skruven i vevaxelns drev, rotera vevaxeln så att hela drivremslängden kan kontrolleras. Sök efter sprickor, förslitningar och fransbildning på remmens yta; kontrollera även om blanknötta fläckar har uppstått och om remlagren har släppt. Om skador eller slitage är synliga skall remmen bytas.

Byte

6 Detaljerad beskrivning av drivremsbyte finns i kapitel 2 del A.

Var 90 000:e km

26 Kamrem – kontroll

Observera: *För bilar t.o.m modellåret 1995 anger VW att kamremmen ska inspekteras var 30 000:e km. För bilar tillverkade för modellåret 1996 och framåt anger VW att kamremmen ska inspekteras först efter 90 000 km och därefter var 30 000:e km. En rem som efter en sådan kontroll anses vara defekt måste bytas ut omedelbart. VW specificerar inget bytesintervall för någon av de bensinmotorer som behandlas i den här boken. Vi rekommenderar dock å det starkaste att kamremmen byts ut som en rutinåtgärd vid de intervall som anges i schemat i början av det här kapitlet, särskilt om bilen huvudsakligen används för korta resor eller mycket körning med många stopp och starter.*

När kamremsbytet ska göras är alltså upp till ägaren, men med tanke på de allvarliga motorskador som kan uppstå om kamremmen går av under körning, rekommenderar vi att man tar det säkra före det osäkra.

Kontroll

1 Lossa klämmorna och ta bort den övre kamremskåpan (se kapitel 2A).
2 Använd en nyckel eller hylsa på vevaxelremskivans bult och rotera motorn sakta i medurs riktning. Dra inte runt motorn på kamaxelremskivans bult.
3 Undersök hela kamremmen. Leta efter sprickor, delning i kuggarna, slitage, blankslitna kanter och föroreningar av olja eller fett. Använd en ficklampa och en spegel för att undersöka undersidan av remmen; det är särskilt viktigt att leta efter sprickor i ytlagret, tecken på sidokontakt, slitage och sprickor i kuggarnas "rötter".
4 Om remmen visar sig vara sliten eller skadad måste den bytas ut. Om remmen går av under drift kan det orsaka allvarliga motorskador.
5 Testa remspänningen genom att ta tag i remmen med fingrarna mitt emellan dreven som anges i avsnitt 4 i kapitel 2A; remspänningen är korrekt om remmen kan vridas 90° (ett kvarts varv) men inte längre. Justera remspänningen om så behövs, enligt beskrivning i kapitel 2A.
6 När kontrollen har gjorts, montera kamremskåpan och ta bort nyckeln/hylsan från vevaxelremskivans bult.

Byte

7 Se kapitel 2A.

27 Bränslefilter – byte

Varning: Läs föreskrifterna i "Säkerheten främst!" i början av denna handbok innan arbetet påbörjas, och följ anvisningarna noggrant. Bensin är ett farligt och ytterst explosivt ämne, och vikten av att vidta säkerhetsåtgärder kan inte nog betonas.

1 Bränslefiltret är placerat under bilens bakre del, till höger framför bränsletanken. För att komma åt filtret, klossa framhjulen, lyft upp framvagnen och ställ den på pallbockar.
2 Se avsnitt 9 i kapitel 4A eller 4B och släpp ut trycket i bränsletanken.
3 Lossa slangklämmorna och koppla loss bränslerören från filterenhetens båda sidor (**se bild 6.4 i kapitel 4A**). Om klämmorna är av typen som ska klämmas ihop, klipp av dessa med en avbitartång och ersätt dem med klämmor som kan skruvas fast vid monteringen.
4 Lossa filtrets fästklämma, demontera kåpans fästbygel och sänk ner filtret från sitt fäste.
5 Montera det nya filtret och se till att pilen på filtret pekar mot bilens front, i bränsleflödets riktning (**se bild 6.6 i kapitel 4A**).
6 Anslut bränsleslangarna till filtret och fäst dem på plats med fästklämmorna.
7 Montera kåpans fästbygel och dra åt skruvarna till filtrets fästband ordentligt.
8 Starta motorn, kontrollera filterslangarnas anslutningar beträffande läckage och sänk ner bilen på marken.

Varning: Kassera det gamla filtret på ett säkert sätt; det är högst antändbart, och kan explodera om det bränns.

Vartannat år (oavsett kilometerställning)

28 Kylvätska – byte

Avtappning av kylsystemet

Varning: Vänta tills motorn har svalnat innan detta arbete påbörjas. Se till att frostskyddsvätskan inte kommer i kontakt med huden, eller med bilens lackerade ytor. Skölj bort spilld vätska omedelbart med rikligt med rent vatten. Lämna aldrig frostskyddvätska i öppna behållare eller i en pöl på garagegolvet. Barn och djur kan lockas av dess sötaktiga lukt och förtäring av frostskydd kan innebära livsfara.

1 När motorn är kall, täck över locket till expansionskärlet med en trasa och vrid det långsamt för att lätta på trycket i kylsystemet (man kan höra ett väsande ljud). Vänta tills trycket har lättat, fortsätt att skruva av locket och ta bort det.
2 Var redo med ett lämpligt kärl för att samla upp kylvätskan. På 1,4 och 1,6 liters modeller (ABU, AEA och AEE motorer), koppla loss den nedre kylarslangen för att tappa av systemet. På 1,6 (AEK, AFT och AKS motorer), 1,8 och 2,0 liters modeller, dra antingen ut fjäderklämman och dra av plastkröken från termostatkåpan för att koppla loss den nedre kylarslangen, lossa sedan dess fästklämma

och koppla loss värmereturslangen från baksidan av kylvätskepumpen, eller demontera termostaten enligt beskrivning i kapitel 3. På alla modeller, låt kylvätskan rinna ner i behållaren; se till att så mycket som möjligt av den kvarvarande vätskan tappas av/spolas ut ur kylaren innan påfyllning görs. Om så behövs, koppla loss den övre kylarslangen och blås ner i den för att få ut så mycket som möjligt av kvarvarande vätska.

Varning: På 1,6 (AEK, AFT och AKS motorer), 1,8 och 2,0 liters modeller, om fjäderklämman som håller plastkröken till termostatkåpan av någon anledning rubbas, undersök den noggrant (och tätningsringen) och byt ut den om det råder den minsta tvekan om dess skick.

3 Om kylvätskan inte skall bytas, utan tappas av av andra skäl, kan den återanvändas förutsatt att den är ren och inte äldre än två år. Återanvändning rekommenderas dock inte.

4 När kylvätskan har runnit ut, anslut slangen igen och säkra den på plats med en klämma.

Spolning av kylsystemet

5 Om byte av kylvätska har försummats eller om frostskyddsnivån har varit låg, kan rost, avlagringar och andra föroreningar vara på väg att täppa till kylkanalerna. Kylsystemets effektivitet kan återställas om det spolas rent.

6 Kylaren ska spolas separat från motorn, så att onödig förorening undviks.

Spolning av kylare

7 Vid spolning av kylaren, lossa först övre och nedre kylarslangar, samt eventuellt andra slangar från kylaren, se kapitel 3.

8 För in en vattenslang i kylarens övre inlopp. Spola igenom systemet tills rent, klart vatten kommer ut från den nedre kylaröppningen.

9 Om vattnet som kommer ut fortfarande inte är rent efter en längre stunds spolning, kan systemet spolas med ett särskilt kylarrengöringsmedel. Följ tillverkarens instruktioner noggrant. Om föroreningen är mycket svår, sätt in slangen i kylarens nedre öppning och spola ur kylaren baklänges.

Spolning av motor

10 Vid spolning av motorn, demontera först termostaten enligt beskrivning i kapitel 3, montera därefter tillbaka termostatkåpan provisoriskt.

11 Med övre och nedre kylarslangar losskopplade från kylaren, för in en trädgårdsslang i den övre slangen. Spola igenom motorn med rent vatten, tills rent vatten kommer ut från kylarens nedre slang.

12 När spolningen är avslutad, montera termostaten och anslut slangarna enligt beskrivning i kapitel 3.

Påfyllning av kylsystemet

13 Innan kylsystemet fylls på, kontrollera att alla slangar och klämmor är i god kondition och att klämmorna sitter säkert. Observera att frostskydd måste användas året runt, för att undvika korrosion på motorns komponenter (se nedanstående avsnitt).

14 Ta bort locket till expansionskärlet och fyll på systemet, långsamt så att inga luftfickor bildas.

15 Om kylvätskan byts ut, börja med att hälla i ett par liter vatten följt av rätt mängd frostskyddsmedel, fyll därefter på med mer vatten.

16 När nivån i expansionskärlet börjar att höjas, tryck ihop de övre och undre kylarslangarna så att all luft trycks ut. När luften har försvunnit, fyll på till "MAX"-markeringen och sätt tillbaka locket på expansionskärlet.

17 Starta motorn och kör den tills den uppnår normal arbetstemperatur. Stanna motorn och låt den svalna.

18 Kontrollera beträffande läckage, speciellt runt de komponenter som har rubbats. Kontrollera nivån på kylvätskan i expansionskärlet igen och fyll på om det behövs. Observera att systemet måste vara kallt innan rätt nivå visas i expansionskärlet. Om locket till expansionskärlet tas bort medan motorn fortfarande är varm, täck det med en tjock trasa och skruva loss locket långsamt för att gradvis lätta på trycket i systemet (man kan höra ett väsande ljud). Vänta tills trycket har lättat, fortsätt att skruva av locket och ta bort det.

Frostskyddsblandning

19 Frostskyddet skall alltid bytas vid rekommenderade intervall. Detta är viktigt för att bevara frostskyddets egenskaper men också för att undvika korrosion, vilket annars kan uppstå eftersom de korrosionshämmande egenskaperna försämras med tiden.

20 Använd alltid ett etylenglylkolbaserat frostskydd som är lämpligt för användning i kylsystem som består av olika metaller. Rekommenderad mängd frostskyddsvätska och skyddsnivå återfinns i specifikationerna.

21 Innan frostskyddet hälls i skall kylsystemet tappas av helt och helst spolas igenom, samtliga slangar skall kontrolleras beträffande kondition och tillförlitlighet.

22 När frostskyddet har fyllts på, sätt fast en etikett på expansionskärlet som anger typ och koncentration av det använda frostskyddet, samt påfyllningsdatum. Vid efterföljande påfyllningar skall alltid samma typ och koncentration av frostskydd användas.

23 Använd aldrig motorfrostskydd i vindrutans/-bakrutans spolarsystemen - det kan skada bilens lackering. Tillsatsmedel för rutor bör tillsättas spolarsystemet enligt tillverkarens rekommendationer på flaskan (se *Veckokontroller*).

29 Bromsvätska - byte

Varning: Bromsvätska kan skada ögon och lackerade ytor, så var ytterst försiktig vid hantering.

Använd inte bromsvätska som stått i ett öppet kärl under en tid, eftersom den absorberar fukt från luften. Fukt i bromsvätskan kan leda till farlig försämring av bromsfunktionen.

1 Tillvägagångssättet liknar luftning av bromssystemet, som beskrivs i kapitel 9, förutom att bromsvätskebehållaren måste tömmas med någon typ av hävert, bollspruta eller liknande innan man börjar. Man måste också vara beredd på att gammal vätska kommer ut vid luftning av en del av kretsen.

2 Följ anvisningarna i kapitel 9, öppna den första luftningsskruven i ordningen, och pumpa lätt på bromspedalen tills huvudcylinderns behållare är så gott som tömd på den gamla vätskan.

HAYNES TiPS ***Gammal bromsvätska är alltid mycket mörkare i färgen än ny, vilket gör det lätt att skilja på dem.***

3 Fyll på ren bromsvätska till MAX-nivån, och fortsätt att pumpa tills endast ny bromsvätska finns i behållaren, och ny bromsvätska kan ses komma fram vid luftningsskruven. Dra åt skruven och fyll på tills nivån når MAX-markeringen.

4 Fortsätt på samma sätt med resten av luftningsskruvarna tills ny bromsvätska kommer ut vid samtliga. Var noga med att alltid hålla nivån i huvudcylinderbehållaren över MIN-gränsen, annars kan luft tränga in i systemet vilket gör att arbetet tar längre tid.

5 När arbetet är avslutat, kontrollera att alla luftningsskruvar är ordentligt åtdragna och sätt tillbaka dammskydden. Tvätta bort alla spår av spilld vätska och kontrollera nivån i huvudcylinderns behållare igen.

6 Kontrollera bromsarnas funktion innan bilen körs igen.

30 Motorstyrningssystem - kontroll

1 Denna kontroll utgör en del av tillverkarens underhållsschema och omfattar test av motorstyrningssystemet med särskild utrustning. Testutrustningen avläser felkoder som har lagrats i den elektroniska styrenhetens (ECU) minne.

2 Denna test är inte nödvändig om det inte misstänks att något fel föreligger, men det bör nämnas att tillverkaren rekommenderar att den utförs.

3 Om man inte har tillgång till lämplig testutrustning bör man utföra en grundlig kontroll av alla komponenter i tänd-, bränsle- och avgassystemen. Undersök slangar och ledningar och leta efter tydliga tecken på skada. Ytterligare uppgifter om bränslesystemet, avgassystemet och tändsystemet finns i kapitlen 4A och 4B, samt i kapitel 5B.

Kapitel 1 Del B:
Rutinunderhåll och service – dieselmotor

Innehåll

Svårighetsgrader

Enkelt, passar novisen med lite erfarenhet	**Ganska enkelt,** passar nybörjaren med viss erfarenhet	**Ganska svårt,** passar kompetent hemmamekaniker	**Svårt,** passar hemmamekaniker med erfarenhet	**Mycket svårt,** för professionell mekaniker

Smörjmedel och vätskor

Se slutet av *"Veckokontroller"*

Volymer (ungefärliga)

Motorolja (inklusive filter)	
Alla motorer	4,3 liter
Kylsystem	
Alla modeller	6,3 liter
Manuell växellåda	
Typ 02A	2,0 liter
Typ 020	1,9 liter
Automatväxellåda	
Växellåda/momentomvandlare	5,3 liter totalt (3,0 liter @ oljebyte)
Slutväxel/differential	0,75 liter
Servostyrning	
Alla modeller	0,7 till 0,9 liter
Bränsletank	
Golf/Vento	55 liter
Golf Variant	60 liter
Reserv - början av bränslemätarens röda område	7 liter
Spolarvätskebehållare	
Modeller med strålkastarspolare	7,0 liter
Modeller utan strålkastarspolare	4,0 liter

Kylsystem

Frostskyddsblandning:	**Frostskyddsmedel**	**Vatten**
Skydd ner till -25°C	40%	60%
Skydd ner till -35°C	50%	50%

Observera: *Skaffa aktuella uppgifter från tillverkaren av frostskyddsmedel*

Glödstift

Motorkod AAZ och 1Y	Bosch 0 250 201 032
Alla andra motorkoder	Bosch 0 250 202 022

Bromssystem

	Nya	Gräns
Främre bromsklossarnas tjocklek (inklusive fästplatta)	14,0 mm	7,0 mm
Bakre bromsklossarnas tjocklek (inklusive fästplatta)	12,0 mm	7,0 mm
Bakre bromsbackarnas belägg, tjocklek	5,0 mm	2,5 mm

Åtdragningsmoment

	Nm
Generatorns fästbultar	25
Hjulbultar	110
Manuell växellåda, påfyllnings-/nivå- och avtappningspluggar	25
Oljesumpens avtappningsplugg	
Sump av pressat stål	30
Sump av gjuten aluminium	20

Motorrummet på en tidig turbomodell

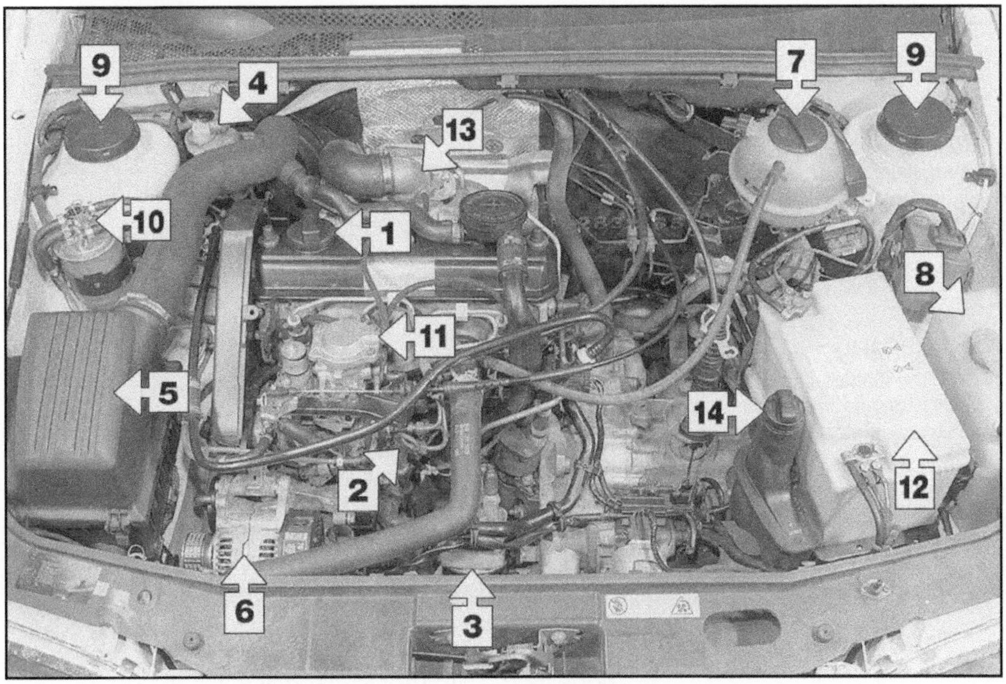

1 Oljepåfyllningslock
2 Oljemätsticka
3 Oljefilterhus
4 Huvudcylinderns bromsvätskebehållare
5 Luftrenarhus
6 Generator
7 Expansionskärl
8 Spolarvätskebehållare till vindruta/bakruta
9 Fjäderbenets övre fäste
10 Bränslefilter
11 Insprutningspump
12 Batteri
13 Turboaggregat
14 Servostyrningsvätskans behållare

Framvagn sedd underifrån, (tidig turbomodell visad – andra modeller är liknande)

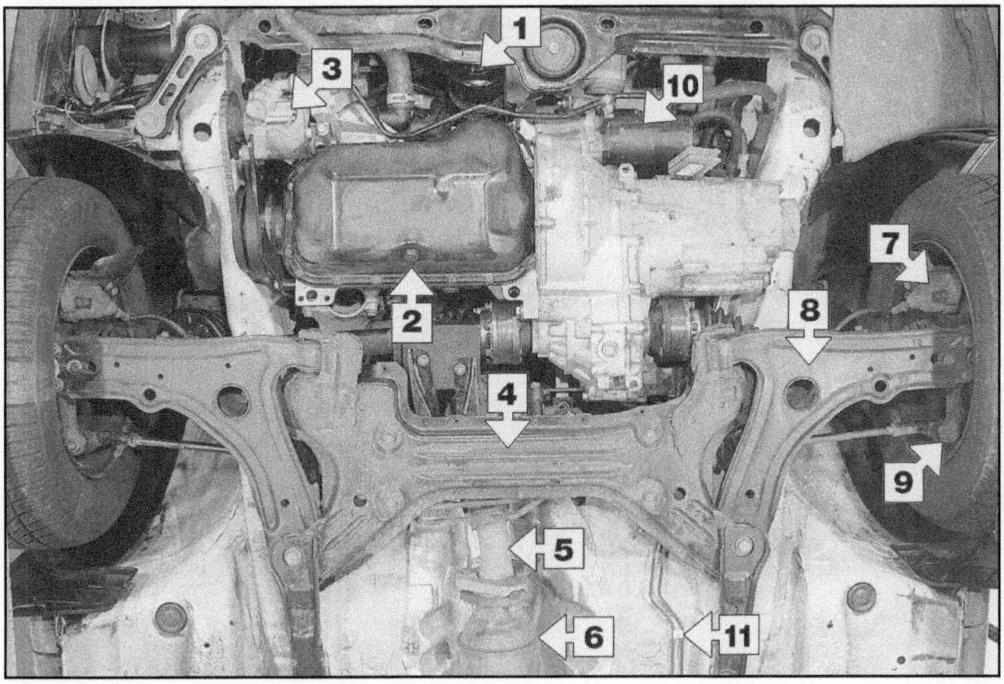

1 Oljefilter
2 Oljesumpens avtapppningsplugg
3 Servostyrningspump
4 Främre fjädringens kryssrambalk
5 Främre avgasrör
6 Katalysator
7 Främre bromsok
8 Länkarm
9 Styrled
10 Startmotor
11 Bromsrör

Underhållsintervallen i denna handbok är framtagna med förutsättningen att bilägaren/bilföraren själv utför arbetet.

Underhållsintervallen är våra rekommendationer som minimum av vad som erfordras för bilar som körs dagligen. Om man vill hålla bilen i ständigt toppskick bör man kanske utföra vissa rutiner oftare. Vi rekommenderar att bilen underhålls med täta intervaller, eftersom det höjer bilens effektivitet, prestanda och andrahandsvärde.

Medan bilen är ny skall underhållsservice utföras av en auktoriserad, verkstad så att garantin ej förverkas.

Alla VW Golf/Vento modeller är försedda med en indikator för serviceintervall på instrumentpanelen. Varje gång motorn startas tänds indikatorn under några sekunder och visar något av nedanstående meddelanden. Detta är en händig påminnelse om när nästa service bör utföras:

"IN 00" - service behövs ej
"OEL" - oljeservice (7 500/15 000 km)
"IN 01" - 12 månaders service
"IN 02" - 30 000 km service

Var 400:e km, eller varje vecka

- ☐ Se *Veckokontroller*

Var 7 500:e km eller var 6:e månad – "OEL" på serviceindikatorn*

- ☐ Byt motorolja och oljefilter (avsnitt 3)
- ☐ Tappa av vatten från bränslefiltret (avsnitt 4)
- ☐ Kontrollera bromsklossbeläggens tjocklek (avsnitt 5 och 10)
- ☐ Byt torkarbladen (*Veckokontroller*)
- ☐ Nollställ indikatorn för serviceintervall (avsnitt 6)

* **Observera:** *Detta intervall gäller endast modell D*

Var 15 000:e km eller vara 6:e månad – "OEL" på serviceindikatorn*

- ☐ Byt motorolja och oljefilter (avsnitt 3)
- ☐ Tappa av vatten från bränslefiltret (avsnitt 4)
- ☐ Kontrollera bromsklossbeläggens tjocklek (avsnitt 5 och 10)
- ☐ Byt torkarbladen (*Veckokontroller*)
- ☐ Nollställ indikatorn för serviceintervall (avsnitt 6)

* **Observera:** *Detta intervall gäller endast TD, SDi och TDi modeller*

Var 12:e månad (var 15 000:e km) – "IN 01" på serviceindikatorn

Observera: *Utför också allt som anges under Veckokontroller.*

- ☐ Byt motorolja och filter (avsnitt 3).
- ☐ Tappa av vatten från bränslefiltret (avsnitt 4).

Observera: *Detta intervall gäller endast bilar fram t.o.m. årsmodell 1996.*

- ☐ Kontrollera kamremmens skick och spännarens funktion, och byt ut remmen om så behövs – senare modeller (avsnitt 25).
- ☐ Kontrollera tomgångshastigheten och justera vid behov – D och TD modeller (avsnitt 8).
- ☐ Kontrollera bromsklossbeläggens tjocklek (avsnitt 5 och 10).
- ☐ Undersök slangar och komponenter i motorrummet och leta efter läckor (avsnitt 9).
- ☐ Kontrollera tjockleken på bromsbackarnas belägg – modeller med trumbromsar bak (avsnitt 11).
- ☐ Kontrollera handbromsens funktion (avsnitt 12)
- ☐ Kontrollera skicket på fjädringens och styrningens komponenter, samt att de sitter fast ordentligt (avsnitt 13).
- ☐ Kontrollera skicket på drivaxeldamaskerna (avsnitt 14)
- ☐ Kontrollera avgassystemet med avseende på läckage eller skador (avsnitt 15).
- ☐ Kontrollera strålkastarnas inställning (avsnitt 16).
- ☐ Kontrollera vindrutespolarna/-torkarna (avsnitt 17). Byt ut torkarbladen (*Veckokontroller*).
- ☐ Kontrollera krockkuddarna (avsnitt 18).
- ☐ Smörj dörrlås, dörrstopp och gångjärn (avsnitt 19).
- ☐ Gör ett landsvägsprov (avsnitt 20).
- ☐ Nollställ serviceindikatorn (avsnitt 6).

Vart annat år (oavsett kilometerställning)

- ☐ Byt luftfilter (avsnitt 22).

Observera: *För bilar som kör mindre än 60 000 km på två år.*

- ☐ Byt kylvätska (avsnitt 29).

Observera: *Detta är en rekommendation från Haynes, som bör anammas om det råder någon som helst tvekan angående kvaliteten på kylvätskan i bilen. Om man med säkerhet vet att bilen fortfarande har original kylvätska, specificerar VW inget bytesintervall. Rådfråga en VW-återförsäljare om du är tveksam.*

- ☐ Byt bromsvätska (avsnit 30).
- ☐ Kontrollera motorstyrningssystemet och avgasutsläppen (avsnitt 31).

Var 30 000:e km – "IN 02" på serviceindikatorn

Utöver andra relevanta moment som anges för tidigare servicetillfällen, utför följande:

☐ Tappa av vatten från bränslefiltret (avsnitt 4).

Observera: *Detta intervall gäller endast bilar av årsmodell 1996 eller senare.*

☐ Byt luftfilter (avsnitt 21).

Observera: *Detta intervall gäller endast bilar t.o.m årsmodell 1996.*

☐ Byt pollenfilter (avsnitt 24).

☐ Kontrollera kamremmens skick och byt rem/justera remspänningen efter behov – tidiga modeller (avsnitt 25)

☐ Kontrollera kamremmens skick och remspännarens funktion, och byt komponenter vid behov - senare modeller (avsnitt 25)

☐ Kontrollera oljenivån i den manuella växellådan (avsnitt 26)

☐ Kontrollera drivremmarnas skick och byt ut vid behov (avsnitt 27)

☐ Kontrollera om underredesskyddet har skador (avsnitt 11).

☐ Kontrollera takluckans funktion, rengör dess styrningar och smörj med fett om så behövs (kapitel 11)

☐ Nollställ indikatorn for serviceintervall (avsnitt 6)

Var 60 000:e km – "IN 02" på serviceindikatorn

Utöver andra relevanta moment som anges för tidigare servicetillfällen, utför följande:

☐ Byt luftfilter (avsnitt 20).

Observera: *För bilar som kör mer än 60 000 km på två år.*

☐ Byt bränslefilter (avsnitt 21).

Observera: *Detta intervall gäller bara bilar av årsmodell 1996 och senare.*

☐ Kontrollera oljenivån i automatväxellådan (avsnitt 7)

☐ Kontrollera oljenivån i automatväxellådans slutväxel (avsnitt 23).

Var 90 000:e km – "IN 02" på serviceindikatorn

☐ Byt kamrem och halvautomatisk remspännare – senare modeller (avsnitt 26).

☐ Byt bromsvätska (avsnitt 30).

Observera: *Haynes rekommenderar å det starkaste att kamremmen byts vid detta intervall på ALLA motorer. När kamremsbytet görs är upp till bilägaren, men håll i åtanke vilka omfattande motorskador som kan bli följden om kamremmen går av under körning.*

Bakvagn sedd underifrån (tidig turbomodell visad – andra modeller är liknande)

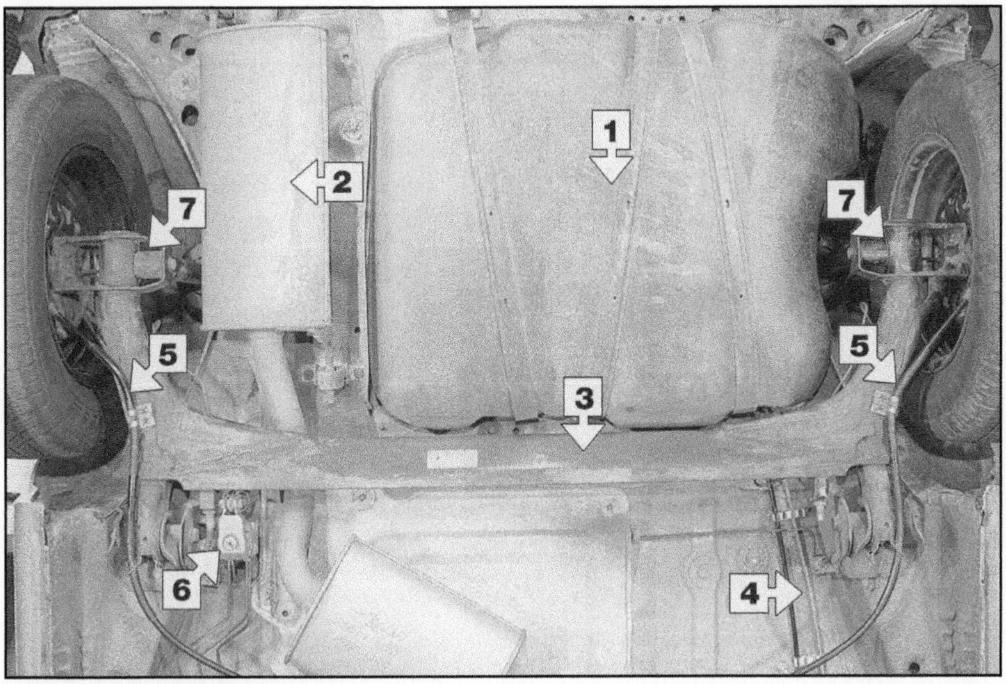

1 Bränsletank
2 Bakre avgasrör och ljuddämpare
3 Bakaxel
4 Bränslerör
5 Handbromsvajer
6 Bakbromsarnas tryckregleringsventil
7 Nedre fjäderbensfäste

1 Inledning

Allmänt

Detta kapitel är skrivet för att hjälpa hemmamekanikern att underhålla bilen så att den förblir säker och ekonomisk, ger bra prestanda och får lång livslängd.

Detta kapitel innehåller ett underhållsschema, följt av beskrivningar som avsnittsvis detaljerat behandlar varje arbetsuppgift i underhållsschemat. Visuella kontroller, justeringar, reservdelsbyten, och annan användbar information är inkluderade i boken. Illustrationer visar motorrummet och bilens undersida så att de olika komponenterna ska kunna lokaliseras.

Regelbundet underhåll av bilen enligt fastställda kilometer-/tidsintervall med hjälp av följande avsnitt utgör ett regelbundet service- och underhållsprogram som bör resultera i lång och tillförlitlig livslängd för bilen. Vi presenterar ett heltäckande schema. Det innebär att om endast vissa delar av bilen underhålls, men inte alla, så uppnår man inte det avsedda resultatet.

När du underhåller din bil kommer du att upptäcka att många arbetsuppgifter kan – och bör – utföras samtidigt beroende på arbetsuppgifternas art, eller för att de omfattar närliggande, men för övrigt orelaterade, komponenter. Till exempel, om bilen skall hissas upp av någon anledning kan avgassystemet inspekteras på samma gång som hjulupphängning och styrning.

Det första steget i underhållsprogrammet omfattar förberedelserna innan arbetet kan börja. Läs igenom samtliga avsnitt som behandlar arbetet som skall utföras, gör därefter upp en lista och samla ihop alla reservdelar och verktyg som kommer att behövas. Om problem uppstår bör specialist eller återförsäljare kontaktas för rådgivning.

2 Intensivt underhåll

1 Om bilen, från det att den är ny, noggrant underhålls regelbundet enligt rekommenderat underhållsschema, och kontroller av vätskenivåer och av slitagebenägna delar utförs enligt denna handboks rekommendationer, kommer motorn att bevaras i ett relativt gott skick, och behovet av extra arbete hålls till ett minimum.

2 Ibland går en motor dåligt på grund av bristande underhåll. Risken för detta är förstås större om den inköpta bilen är begagnad och endast oregelbundet underhållen. I sådana fall kan extra arbete behöva utföras utöver det regelbundna underhållet.

3 Om motorn misstänks vara sliten kan ett kompressionsprov ge värdefull information om de inre huvudkomponenternas skick. Ett kompressionsprov kan användas för att avgöra omfattningen på det kommande arbetet. Om ett kompressionsprov indikerar allvarligt slitage i motorn, kommer det regelbundna underhåll som beskrivs i detta kapitel inte att förbättra motorns prestanda i någon nämnvärd grad. Det kan istället innebära slöseri av tid och pengar, om inte större reparationer utförs först.

4 Följande åtgärder är de som oftast behövs för att förbättra prestandan i en motor som går dåligt:

I första hand

a) Rengör, kontrollera och testa batteriet (se "Veckokontroller").
b) Kontrollera alla motorrelaterade vätskor (se "Veckokontroller")
c) Tappa av vatten från bränslefiltret (avsnitt 4)
d) Kontrollera drivremmens skick och spänning (avsnitt 27).
e) Kontrollera skicket hos luftfiltret och byt det vid behov (avsnitt 22).
f) Kontrollera alla slangar, leta efter läckage (avsnitt 9).
g) Kontrollera motorns tomgångsvarvtal (avsnitt 8).
h) Kontrollera avgasutsläppen (avsnitt 31).

5 Om ovanstående åtgärder inte har någon inverkan, skall följande åtgärder och arbeten utföras:

I andra hand

Samtliga punkter under ovan, plus följande:

a) Kontrollera laddningssystemet (relevant del av kapitel 5).
b) Kontrollera förvärmningssystemet (se relevant del av kapitel 5).
c) Byt bränslefilter (avsnitt 21) och kontrollera bränslesystemet (se relevant del av kapitel 4).

Var 7 500:e/15 000:e km – "OEL" på serviceintervallindikatorn

3 Motorolja och filter – byte

1 Täta byten av motorolja och filter hör till de viktigaste förebyggande åtgärderna som en hemmamekaniker kan utföra. När motoroljan blir gammal tunnas den ut och förorenas, vilket leder till förtida skador på motorn.

2 Innan arbetet påbörjas, ta fram verktyg och material som kommer att behövas. Se till att det finns rena trasor och tidningar till hands för att torka upp spillda vätskor. Motoroljan skall helst vara varm eftersom den är lättare att tappa av och mer avlagringar följer då med oljan ut. Rör inte vid avgasröret eller andra heta delar i motorn vid arbete under bilen. Bär helst handskar vid denna typ av arbete, som skydd mot skållning och hudirritationer som kan orsakas av gammal motorolja. Det går lättare att arbeta under bilen om den kan hissas upp, köras upp på en ramp eller lyftas med domkraft och pallas upp på bockar (se *Lyftning och stödpunkter*). Oavsett metod, se till att bilen står plant, eller om den lutar, att avtappningspluggen befinner sig lägst.

3 Vrid avtappningspluggen cirka ett halvt varv med en hyls- eller ringnyckel **(se bild)**. Placera avtappningskärlet under avtappningspluggen och lossa pluggen helt **(se Haynes Tips)**. Ta vara på tätningsringen från avtappningspluggen.

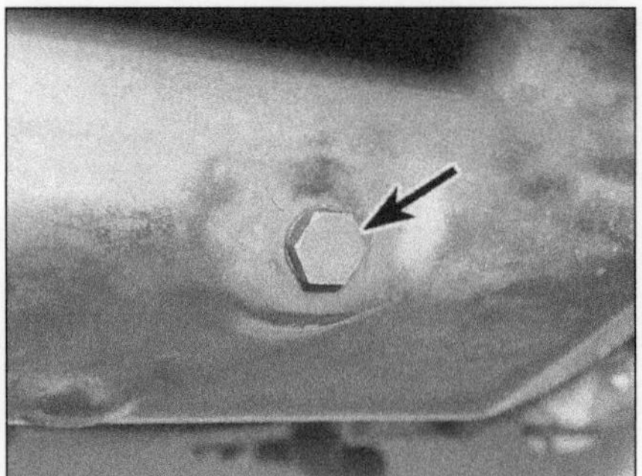

3.3 Avtappningspluggen (vid pilen), är placerad i oljesumpens bakre del

HAYNES TiPS

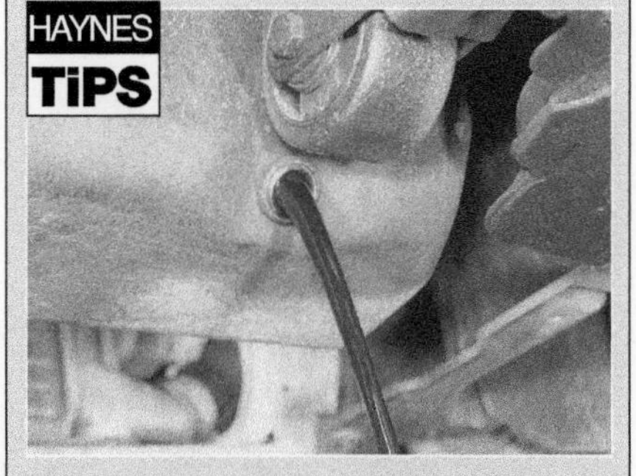

Tryck in oljesumpens avtappningsplugg medan den skruvas loss för hand de sista varven. När pluggen lossar, dra snabbt undan den så att oljan rinner ner i kärlet och inte i din ärm!

3.9 Ett nytt oljefilter monteras

4 Ge oljan tid att rinna ner, observera att det kan bli nödvändigt att flytta kärlet när oljeflödet minskar.

5 När all olja har runnit ut, torka av avtappningspluggen med en ren trasa och byt tätningsring. Rengör ytan runt avtappningspluggens öppning, skruva tillbaka pluggen och dra åt den hårt.

6 Om filtret skall bytas, placera kärlet under det gamla filtret. Detta sitter på motorblockets framsida, bredvid det främre motorfästet.

7 Lossa filtret - använd ett oljefilterverktyg om så behövs - och skruva sedan loss det för hand. Töm oljan från filtret i kärlet och kassera filtret.

8 Använd en ren trasa för att torka bort olja, smuts och slam från filtrets tätningsyta på motorn. Undersök det gamla filtret för att se om gummitätningsringen har fastnat på motorn, och ta bort tätningen från motorn om så är fallet.

9 Smörj tätningsringen på det nya filtret med motorolja, skruva fast det på motorn **(se bild)**. Dra åt filtret ytterligare för hand - **använd inga verktyg**.

10 Ta bort den gamla oljan och verktygen från under bilen och sänk ner bilen på marken.

11 Ta bort oljestickan. Skruva loss oljepåfyllningslocket från ventilkåpan. Fyll på motorolja - använd korrekt grad och typ av olja (se *Smörjmedel och vätskor*). Använd oljekanna eller tratt för att inte spilla. Fyll först på halva den angivna mängden och vänta några minuter tills oljan har sjunkit ner i sumpen (se *Veckokontroller*). Fortsätt att hälla på olja, lite åt gången, tills nivån når det skrafferade området på oljestickan. Fyll därefter på cirka 1,5 liter olja för att höja nivån till den övre markeringen på oljestickan. Skruva tillbaka oljepåfyllningslocket.

12 Starta motorn och låt den gå några minuter; kontrollera att inget läckage förekommer vid oljefiltrets tätning eller avtappningspluggen. Observera att det kan dröja några sekunder tills oljetryckslampan släcks efter det att motorn har startats. Oljan måstse få cirkulera i oljekanalerna och det nya oljefiltret (om sådant har monterats) innan trycket byggs upp

13 Stäng av motorn och vänta några minuter för att låta oljan rinna ner i oljesumpen på nytt. När den nya oljan har cirkulerat och filtret är fyllt med olja, kontrollera nivån på oljestickan ytterligare en gång och fyll på mer olja vid behov.

14 Den gamla oljan måste tas om hand på av myndigheterna godkänt sätt, t.ex. tömmas på en miljöstation, se *Allmänna reparationsanvisningar* i slutet av denna handbok.

4 Avtappning av vatten från bränslefiltret

1 Med jämna mellanrum måste det vatten som samlas i bränslefiltret tömmas ut.

2 Bränslefiltret är monterat på innerskärmen, ovanför höger hjulhus. Lossa klämman ovanpå filtret och lyft ut styrventilen, låt bränsleslangarna vara anslutna.

3 Lossa skruven och höj upp filtret till dess fäste.

4 Placera ett kärl under filtret och placera trasor runt omkring för att suga upp eventuellt spillt bränsle.

5 Skruva loss avtappningsventilen längst ner på filtret tills bränsle börjar rinna ner i kärlet **(se bild)**. Låt ventilen vara öppen tills cirka 1 dl bränsle har runnit ut.

6 Montera tillbaka styrventilen ovanpå filtret och sätt tillbaka klämman. Stäng avtappningsventilen och torka bort eventuell vätska från munstycket.

7 Ta bort kärlet och trasorna, tryck därefter in filtret i dess fäste och dra åt skruven.

8 Låt motorn gå på tomgång och kontrollera beträffande läckage runt bränslefiltret.

9 Öka motorns varvtal till cirka 2000 rpm flera gånger, låt därefter motorn gå på tomgång igen. Observera bränsleflödet genom den genomskinliga slangen som leder till insprutningspumpen och kontrollera att det inte finns några luftbubblor.

5 Främre bromsklossar - kontroll

1 Dra åt handbromsen hårt, lyft upp framvagnen och stöd den säkert på pallbockar. Demontera framhjulen.

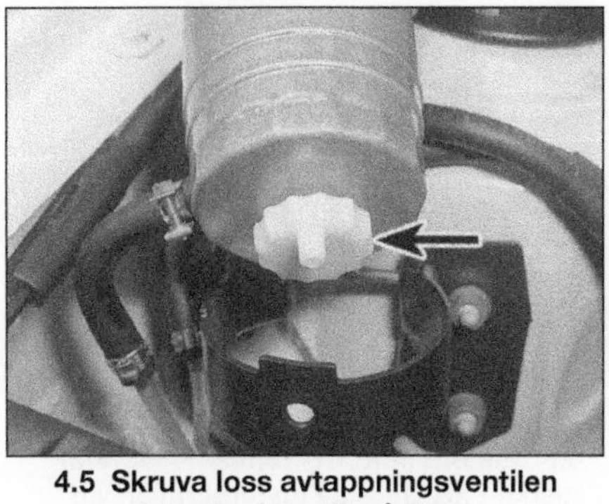

4.5 Skruva loss avtappningsventilen (vid pilen) nertill på filtret

2 För en noggrann kontroll ska bromsklossarna demonteras och rengöras. Bromsokets funktion kan då också kontrolleras, samt bromsskivans skick på båda sidor. Ytterligare information finns i kapitel 9. **(se Haynes Tips)**.

3 Om något bromsbelägg har slitits under det angivna gränsvärdet *måste alla fyra bromsklossarna bytas tillsammans*.

6 Serviceindikator - nollställning

1 Efter avslutat arbete skall indikatorn för serviceintervall nollställas. Om mer än en service har utförts måste aktuella serviceintervall på indikatorn nollställas individuellt.

2 Indikatorn nollställs med knappen på instrumentpanelens vänstra sida (under hastighetsmätaren) och klockans justeringsknapp på panelens högra sida (under klocka/varvräknare); på modeller med digital klocka används den undre knappen (minutknappen). Nollställning utförs på följande sätt.

3 Vrid om startnyckeln och kontrollera att hastighetsmätarens kilometerräknare är inställd på totalt kilometerantal och inte på trippmätaren. Därefter, tryck in knappen som sitter till vänster på instrumentpanelen och håll den intryckt. Stäng av tändningen medan knappen hålls intryckt och släpp sedan knappen. Beteckningen "OEL" bör visas på indikatorn. När den vänstra knappen trycks in på nytt ändras indikatortexten till "IN 01" följt av "IN 02". Ställ in indikatorn på den service som just har avslutats, tryck därefter in klockans justeringsknapp en kort stund tills "——-" visas; detta innebär att serviceindikatorn har nollställts. Upprepa omställningsproceduren för samtliga aktuella serviceintervall.

4 Avslutningsvis, vrid om tändningen och kontrollera att "IN 00" visas på indikatorn.

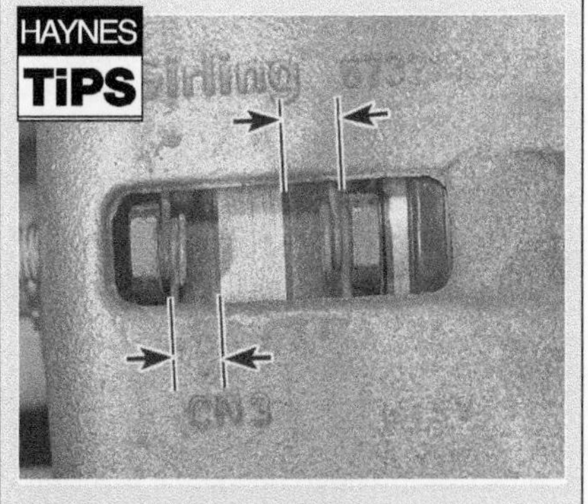

För en snabb kontroll kan bromsklossarnas belägg mätas genom öppningen i bromsoket.

Var 12:e månad - "IN 01" på serviceintervallindikatorn

7 Automatväxellåda - kontroll av oljenivå

Observera: *En noggrann kontroll av oljenivån kan endast utföras om växellådsoljan har en temperatur på mellan 35°C och 45°C. Om det inte är möjligt att garantera denna temperatur, rekommenderar vi att man låter kontrollen utföras av en VW-verkstad. De har den utrustning som behövs för att kontrollera temperaturen och för att avläsa eventuella felkoder i växellådans elektronik. Om man fyller på för lite eller för mycket olja kan detta få en negativ inverkan på växellådans funktion.*

1 Kör bilen en kort sträcka för att värma upp växellådan något (se ovan), parkera sedan bilen på plan mark och ställ växelväljaren i läge P. Lyft upp både fram- och bakvagn och stöd bilen på pallbockar (se *Lyftning och stödpunkter*). Se till att bilen hålls plant. Skruva loss fästskruvarna och ta bort kåpan/kåporna under motorn för att komma åt växellådans undersida.

2 Starta motorn och låt den gå på tomgång tills växellådsoljan når 35°C.

3 Skruva loss oljenivåpluggen från botten av växllådans sump **(se bild)**.

4 Om olja **kontinuerligt** droppar från nivåröret när oljetemperaturen stiger, är oljenivån korrekt och behöver inte fyllas på. Det kommer att finnas en viss mängd olja i nivåröret som måste få rinna ut först, innan man kan göra nivåkontrollen. Se också till att kontrollen görs innan oljans temperatur når 45°C. Undersök tätningen på nivåpluggen och byt ut den om så behövs. Skär av den gamla tätningen och sätt dit en ny. Sätt tillbaka pluggen och dra åt till angivet moment.

5 Om det inte droppar någon olja från nivåröret, ens när oljetemperaturen når 45°C, måste olja fyllas på enligt följande, medan motorn går.

6 Använd en skruvmejsel och bänd loss locket från påfyllningsröret på sidan av växellådans oljesump. **Observera:** *På vissa modeller skadas låsmekanismen permanent och ett nytt lock måste då monteras. På andra modeller måste lockets fästklämma bytas.*

7 När locket är borttaget, dra ut påfyllningsrörets plugg och häll i specificerad olja tills det droppar ut ur nivåröret. Undersök tätningen på pluggen och byt ut den om så behövs (se punkt 4). Sätt tillbaka pluggen och dra åt till angivet moment.

8 Sätt tillbaka påfyllningsrörets plugg och det nya locket eller den nya fästklämman.

9 Slå av tändningen, sätt tillbaka kåpan/kåporna under motorn och dra åt skruvarna ordentligt. Sänk sedan ner bilen på marken.

10 Om olja måste fyllas på ofta tyder det på en läcka, vilket måste undersökas och åtgärdas innan problemet blir allvarligare.

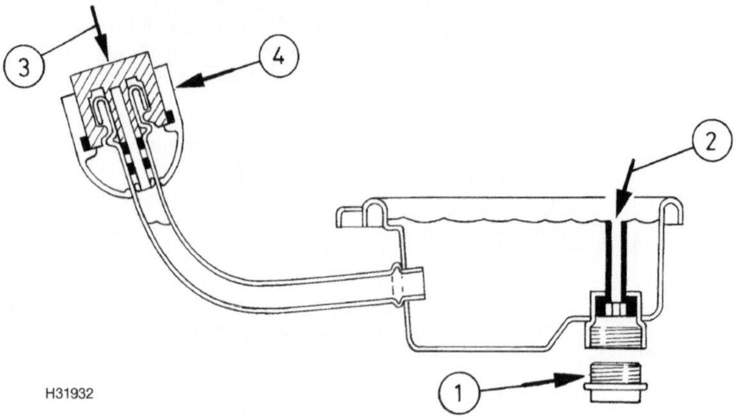

7.3 Oljenivåkontroll - automatväxellåda 01M
1 Nivåplugg 2 Nivårör 3 Påfyllningslock 4 Fästklämma

8 Tomgångsvarvtal - kontroll och justering (modellerna D och DT)

1 Starta motorn och låt den gå tills den når normal driftstemperatur. Med handbromsen åtdragen och växellådan i neutralläge, låt motorn gå på tomgång. Kontrollera att kallstartsknappen är fullt intryckt i 'off'-läge.

2 Använd en dieselvarvräknare och kontrollera att motorns tomgångsvarvtal överensstämmer med angivet värde i Specifikationer i kapitel 4C.

3 Om så behövs, justera motorns tomgångsvarvtal genom att vrida justerknoppen vid insprutningspumpen **(se bild)**.

9 Slangar och läckage - kontroll

1 Undersök motorns fogytor, packningar och tätningar beträffande tecken på vatten- eller oljeläckage. Var särskilt noga med ytorna runt ventilkåpan, topplocket, oljefiltret och oljesumpens fogytor. Ett visst sipprande kan förväntas på dessa punkter efter en tid - men det är viktigt att större läckor upptäcks i tid **(se Haynes Tips)**. Om läckage hittas måste den defekta packningen eller oljetätningen bytas ut, se respektive kapitel i denna handbok.

8.3 Justera motorns tomgångsvarvtal genom att vrida på justerskruven vid insprutningspumpen (vid pil)

2 Kontrollera även att alla rör och slangar som hör till motorn är i gott skick. Se till att alla buntband och fästklämmor är på plats och i gott skick. Trasiga eller saknade klämmor kan resultera i skadade slangar, rör eller ledningar och därmed även allvarligare problem i framtiden.

3 Kontrollera noggrant i vilken kondition alla kyl- och värmarslangar befinner sig. Byt slangar som är spruckna, svullna eller åldrade. Sprickor syns bättre om slangen kläms ihop. Var uppmärksam på slangklämmorna som fäster slangarna vid systemkomponenter. Slangklämmor kan nypa till och göra hål på slangar, vilket naturligtvis resulterar i läckage.

4 Undersök alla komponenter i kylsystemet (slangar, fogytor etc.) beträffande läckage. Läckage i kylsystemet indikeras ofta av vita eller rostfärgade avlagringar på ytan som omger läckan. Om denna typ av problem hittas måste komponenten eller packningen bytas, se kapitel 3.

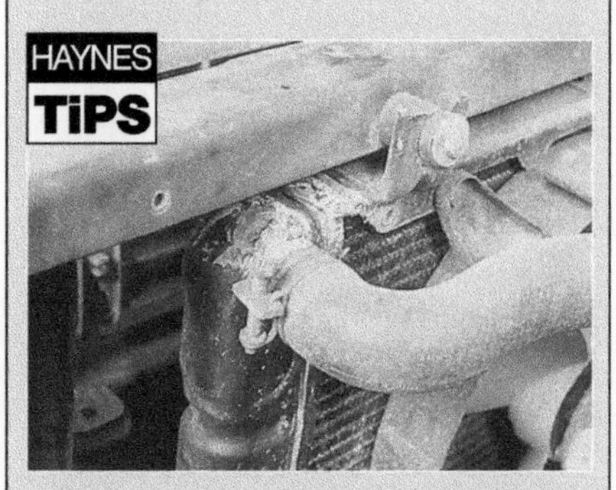

Läckage i kylsystemet visar sig ofta som en vit - eller rostfärgad - avlagring runt läckaget.

5 Om så är tillämpligt, kontrollera automatväxellådans kylslangar beträffande läckage eller skador.
6 Lyft upp bilen och inspektera bränsletanken och påfyllningshalsen beträffande hål, sprickor eller annan skada. Anslutningen mellan påfyllningshalsen och tanken är särskilt kritisk. Ibland kan läckage uppstå i gummihalsen eller i en anslutningsslang på grund av lösa fästbyglar eller trasigt gummi.
7 Gör en noggrann kontroll av alla gummislangar och metallbränslerör som leder från bränsletanken. Leta efter lösa anslutningar, trasiga slangar, klämda rör eller liknande. Var speciellt uppmärksam på ventilationsrör eller -slangar som ofta går runt påfyllningshalsen och kan bli blockerade eller veckade. Följ och granska dessa slangar eller rör, hela vägen till bilens front. Byt skadade delar vid behov.
8 I motorrummet, kontrollera att alla bränsleslang- och röranslutningar sitter fast ordentligt, och granska bränsleslangar och vakuumslangar beträffande veck, nötta ytor och förslitningar.
9 Om så är tillämpligt, kontrollera skicket på servostyrningsslangar och -rör.

10 Bakre bromsklossar – kontroll (modell med skivbromsar)

1 Klossa framhjulen, lyft upp bilens bakvagn och stöd den på pallbockar. Demontera bakhjulen.
2 För en snabb kontroll kan tjockleken på belägget på varje bromskloss mätas genom bromsokets överdel. Om något av beläggen är tunnare än angivet gränsvärde måste alla fyra bromsklossarna bytas samtidigt.
3 Om en noggrann kontroll ska utföras måste bromsklossarna demonteras och rengöras. Detta möjliggör också en kontroll av bromsokets funktion samt en granskning av bromsskivans båda sidor. Se detaljerad beskrivning i kapitel 9.

11 Bakre bromsbackar – kontroll (modell med trumbromsar)

1 Klossa framhjulen, hissa upp bilens bakvagn och stöd den på pallbockar.
2 En snabb kontroll kan göras genom att tjockleken på bromsbackarnas bromsbelägg mäts genom hålet i bromsskölden. Hålet är täckt av en gummiplugg **(se bild)**. Om ett rundjärn med samma diameter som angivet gränsvärde för bromsbelägget placeras mot belägget, kan en uppskattning av slitaget göras. En ficklampa eller inspektionslampa kommer antagligen att behövas. Om belägget på någon av bromsbackarna har slitits ner till gränsvärdet måste alla fyra bromsbackarna bytas samtidigt.
3 För en noggrann kontroll måste bromstrumman demonteras och rengöras. Detta möjliggör en kontroll av hjulcylindrarna och en granskning av själva bromstrumman (se kapitel 9).

12 Handbroms – kontroll och justering

Se kapitel 9

13 Styrning och fjädring – kontroll

Kontroll av styrning och främre fjädring

1 Lyft upp bilens framvagn och stöd den ordentligt på pallbockar.
2 Undersök spindelledernas dammskydd och styrväxelns damasker beträffande sprickor, slitage eller andra skador. Minsta slitage på dessa komponenter leder till att smörjmedel läcker ut och smuts och vatten kommer in, vilket gör att spindelleder eller styrväxel förslits snabbt.
3 På bilar med servostyrning, kontrollera om hydraulslangarna är nötta eller på annat sätt skadade, samt om det läcker vätska vid rör- och slanganslutningar. Sök även efter tecken på vätskeläckage under tryck från styrväxelns gummidamasker, vilket tyder på defekta vätsketätningar i styrväxeln.
4 Ta tag i hjulet med händerna upptill och nertill och försök att ruska det fram och tillbaka **(se bild)**. Ett visst glapp kan förekomma, men om glappet är tydligt krävs en mer omfattande undersökning för att fastställa felkällan. Fortsätt att ruska på hjulet medan en medhjälpare trycker ner fotbromsen. Om glappet nu försvinner eller minskas avsevärt är det sannolikt att felet ligger i hjullagren. Om glappet fortfarande är tydligt när bromspedalen är nertryckt betyder det att slitage föreligger i fjädringens leder eller i upphängningen.
5 Ta nu tag i hjulet med händerna på vardera sidan och försök att ruska på hjulet som tidigare. Om ett glapp är kännbart i detta läge kan det orsakas av slitage i hjullager eller styrleder. Om den inre eller yttre styrleden är sliten märks rörelsen tydligt.
6 Leta efter slitage i fjädringens fästbussningar genom att bända med en stor skruvmejsel eller ett däckjärn mellan den aktuella komponenten och dess infästning. Eftersom upphängningarna är av gummi kan ett visst glapp förväntas, men onormalt slitage är tydligt. Undersök också alla synliga gummibussningar, leta efter nötning, sprickor eller föroreningar.
7 När bilen står på hjulen, låt en medarbetare vrida ratten fram och tillbaka cirka en åttondels varv åt varje håll. Ytterst litet, om ens något, spel får finnas mellan ratt och hjul. Om spelet är större måste leder och upphängningar undersökas enligt tidigare beskrivning. Dessutom ska rattstångens universalknutar samt själva styrväxeln granskas beträffande slitage.

Kontroll av fjäderben/stötdämpare

8 Undersök om det förekommer läckage runt fjäderbens-/stötdämparhuset, eller från gummidamasken runt kolvstången. Om vätska är synlig tyder det på att fjäderbenet/stötdämparen är defekt inuti och måste bytas ut. **Observera:** *Fjäderben/stötdämpare bör alltid bytas parvis på samma axel.*
9 Funktionen hos fjäderben och stötdämpare kan kontrolleras genom att bilens hörn trycks ner och gungas upp och ner i tur och ordning. Om fjäderben/stötdämpare är i god kondition höjer sig bilen igen till sitt normala läge efter en nedtryckning. Om den fortsätter att gunga upp och ner kan man misstänka fel i fjäderben eller stötdämpare. Undersök också om fjädernenens/stötdämparnas övre och nedre fästen är slitna.

14 Drivaxeldamask – kontroll

1 Med bilen upphissad och stödd på pallbockar, vrid styrningen till fullt utslag och

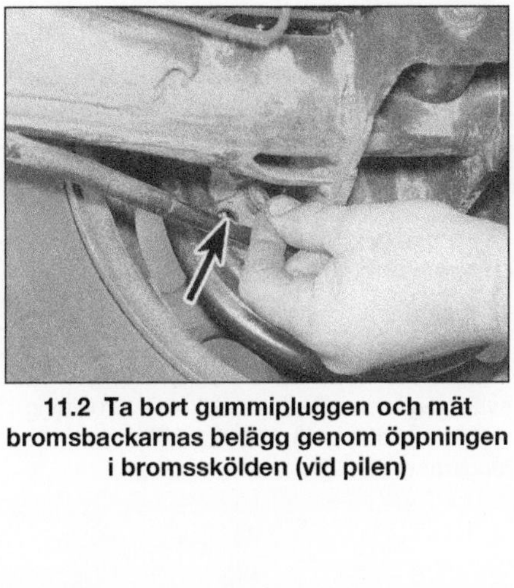

11.2 Ta bort gummipluggen och mät bromsbackarnas belägg genom öppningen i bromsskölden (vid pilen)

13.4 Kontrollera om hjullagren är slitna genom att fatta tag i hjulet och ruska det

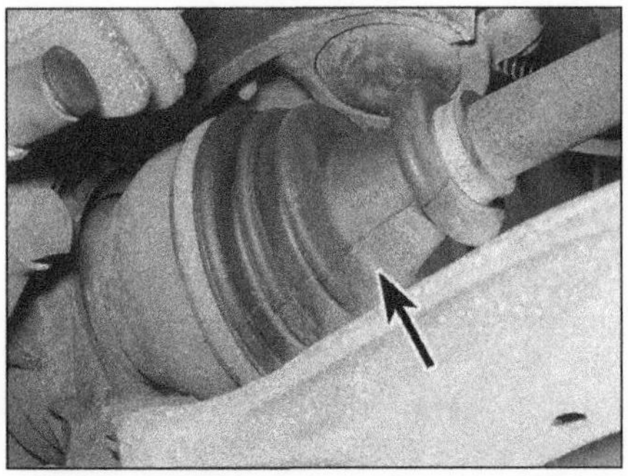

14.1 Kontrollera om drivaxelns damask i är gott skick (vid pilen)

rotera därefter hjulet. Kontrollera skicket hos de yttre drivknutarnas gummidamasker. Tryck ihop damasken för att öppna ut vecken. Leta efter sprickor och försämring av gummit vilket kan leda till att smörjfettet försvinner och vatten och smuts tränger in i knuten. Kontrollera även att fästklämmorna är i gott skick och sitter säkert. Upprepa samma kontroller på de inre drivknutarna **(se bild)**. Om skador eller försämring av gummit upptäcks skall damaskerna bytas (se kapitel 8).

2 Kontrollera samtidigt själva drivknutarnas allmänna skick genom att hålla i drivaxeln och försöka rotera hjulet. Upprepa sedan kontrollen, men håll nu i den inre knuten och försök att rotera drivaxeln. Om ett tydligt glapp blir kännbart tyder det på slitage i knutarna, slitage i drivaxelns splines eller att en mutter är lös i drivaxeln.

15 Avgassystem - kontroll

1 När motorn är kall (minst en timme efter det att bilen har körts), undersök hela avgassystemet, från motorn till ändröret. Det går lätt att kontrollera avgassystemet om bilen är upphissad på en lyft eller stödd på pallbockar, så att komponenterna i systemet är synliga och lättillgängliga.

2 Kontrollera avgasrören och anslutningarna beträffande tecken på läckage, svår rost eller skador. Se till att alla fästen och upphängningar är i gott skick, samt att alla relevanta muttrar och skruvar är ordentligt åtdragna. Läckage vid någon av anslutningarna eller i andra delar i systemet visar sig vanligen som en svart, sotig fläck i anslutning till läckan.

3 Skrammel och andra missljud kan ofta spåras till avgassystemet, speciellt fästen och upphängningar. Försök att flytta rören och ljuddämparna. Om delarna kommer i kontakt med karossen eller delar i upphängningen bör systemet monteras med nya fästen. Sära annars på anslutningarna (om möjligt) och vrid rören så mycket som behövs för att skapa ytterligare utrymme.

16 Strålkastarinställning

Exakt strålkastarinställning kan bara utföras med optisk inställningsutrustning. Detta arbete bör därför överlåtas till en VW-verkstad som har tillgång till nödvändiga instrument.

En tillfällig inställning av strålkastarna kan utföras i nödfall och ytterligare anvisningar finns i kapitel 12.

17 Spolarsystem till vindruta, bakruta och strålkastare - kontroll

Kontrollera att varje spolarmunstycke är rent och att varje munstycke kan spruta en stark stråle spolarvätska. Strålarna till bakrutan och strålkastarna skall riktas mot en punkt strax ovanför mitten av rutan/strålkastaren. På vindrutans spolarmunstycken finns två strålar, rikta en stråle något ovanför mitten av vindrutan och rikta den andra strax under mitten för att täcka in rutan. Vid behov kan munstyckena justeras med en nål.

18 Krockkudde - kontroll

Undersök krockkuddens utsida beträffande tecken på skada eller slitage. Om en krockkudde visar tecken på skada måste den bytas ut (se kapitel 12).

19 Gångjärn och lås - smörjning

Smörj in gångjärnen till motorhuv, dörrar och baklucka med tunn universalolja. Smörj även in samtliga låskolvar, lås och låsgrepp. Kontrollera samtidigt att alla lås är säkra och fungerar ordentligt, justera dem vid behov (se kapitel 11).

Smörj in motorhuvens spärrmekanism och vajer med lämpligt smörjfett.

20 Landsvägsprov

Instrument och elektrisk utrustning

1 Kontrollera funktionen hos alla instrument och den elektriska utrustningen.

2 Kontrollera att alla instrument ger rätt avläsning, och slå på all elektrisk utrustning i tur och ordning för att kontrollera att den fungerar ordentligt.

Styrning och fjädring

3 Kontrollera beträffande onormalt beteende i styrning, fjädring, hantering eller "vägkänsla".

4 Kör bilen och var uppmärksam på ovanliga vibrationer eller ljud.

5 Kontrollera att styrningen känns positiv, inte "sladdrig" eller hård, och var uppmärksam på ljud från fjädringen vid kurvtagning eller körning över gupp.

Drivlina

6 Kontrollera prestandan i motorn, kopplingen (i förekommande fall), växellåda och drivaxlar.

7 Lyssna efter ovanliga ljud från motorn, kopplingen och växellådan.

8 Kontrollera att motorn går jämnt på tomgång och att den inte tvekar vid acceleration.

9 Om så är tillämpligt, kontrollera att kopplingens rörelse är jämn och progressiv, att drivhjulen kopplas in med en jämn rörelse och att pedalrörelsen känns normal. Lyssna också efter eventuella ljud från kopplingen när pedalen är nedtryckt.

10 På modeller med manuell växellåda, kontrollera att alla växlar kan läggas i utan ryckighet eller oljud, och att växelspaken inte är onormalt slapp eller svår att flytta.

11 På modeller med automatväxellåda, kontrollera att alla växelbyten sker jämnt utan ryckighet och utan att bilens hastighet ökar mellan växelbyten. Kontrollera att alla växellägen kan väljas när bilen står stilla. Uppsök VW-verkstad vid problem.

12 Lyssna efter metalliska, klickande ljud från bilens framdel när den körs långsamt runt i en cirkel med fullt rattutslag. Utför denna kontroll i båda riktningarna. Om klickande ljud kan höras tyder det på slitage i en drivknut. I så fall måste knuten bytas.

Kontroll av bromssystemets funktion och prestanda

13 Kontrollera att bilen inte drar åt ena hållet vid inbromsning, och att hjulen inte låser sig för tidigt vid hård inbromsning.

14 Kontrollera att ratten inte vibrerar vid inbromsning.

15 Kontrollera att handbromsen fungerar ordentligt utan för stort spel i spaken, och att den kan hålla bilen stilla i backe.

16 Kontrollera bromsservoenheten på följande sätt. Med motorn avstängd, tryck ner fotbromsen 4–5 gånger för att utjämna vakuum i servon. Tryck ner pedalen och håll den nedtryckt då motorn startas. När motorn startar skall bromspedalen ge efter något medan vakuumet byggs upp. Låt motorn gå i åtminstone två minuter, stäng därefter av den. När bromspedalen trampas ner skall ett väsande ljud nu höras från servon. Efter fyra eller fem nedtrampningar på pedalen skall ljudet upphöra och pedalen skall kännas betydligt hårdare.

Var 30 000:e km - "IN 02" på serviceindikatorn

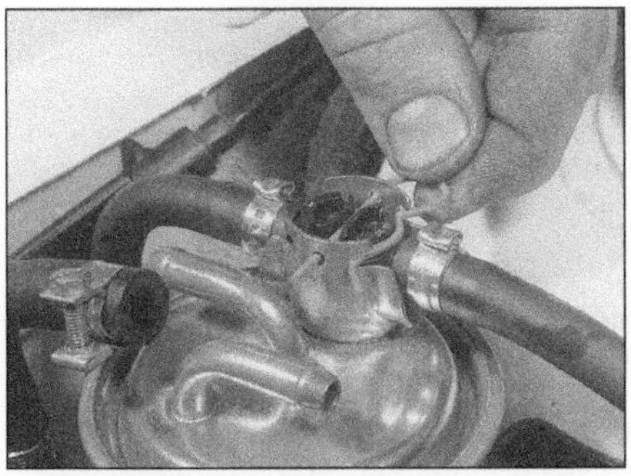

21.2a lossa låssprinten . . .

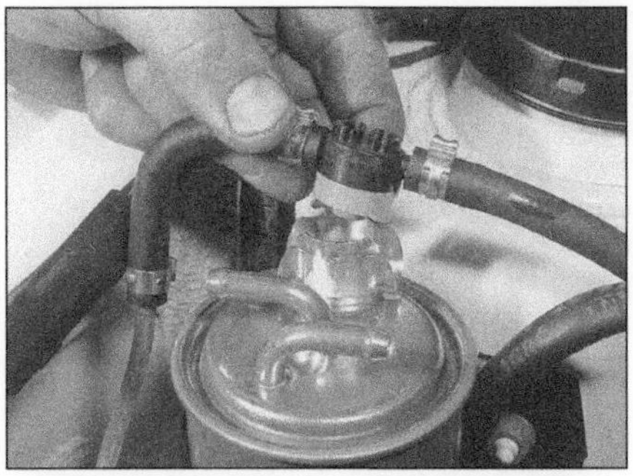

21.2b . . . och lyft ut styrventilen, låt slangarna vara kvar

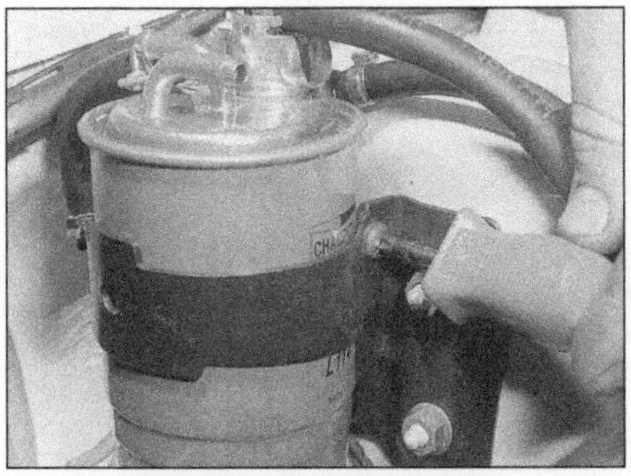

21.4a Lossa skruven . . .

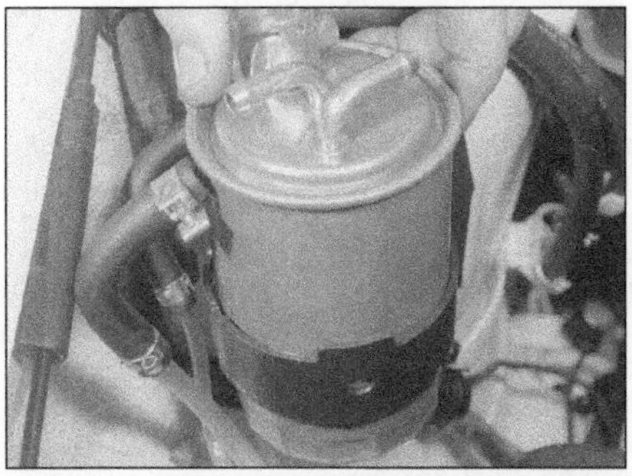

21.4b . . . och lyft upp filtret ur dess fäste

21 Bränslefilter - byte

1 Bränslefiltret är placerat på innerskärmen ovanför det högra hjulhuset. Placera ett kärl under filtret och lägg trasor runt kärlet för att absorbera eventuellt spillt bränsle.
2 Lossa låssprinten överst på filterenheten och lyft ut styrventilen, låt bränsleslangarna sitta kvar på ventilen **(se bilder)**.
3 Lossa slangklämmorna och dra loss matnings- och tillförselslangarna från portarna på filtret. Om klämmorna är av engångstyp, klipp av med en avbitartång och ersätt dem med klämmor som skruvas fast vid monteringen. Notera hur varje slang är monterad för att underlätta vid kommande montering. ***Varning: Var beredd på att bränsle kan rinna ut.***
4 Lossa fästskruven och lyft upp filtret ur fästbygeln **(se bilder)**.
5 Montera det nya filtret i fästbygeln och dra åt skruven.
6 Montera styrventilen ovanpå filtret och sätt i låssprinten.
7 Anslut matnings- och tillförselslangar till filtret med hjälp av noteringarna som gjordes vid demonteringen, kontrollera bränsleflödes-pilarna bredvid varje port. Om klämmor av engångstyp var monterade, ersätt dessa med klämmor av skruvtyp vid monteringen **(se bild)**. Ta bort kärlet och trasorna.
8 Starta motorn och kör den på tomgång, kontrollera att inget läckage förekommer runt bränslefiltret. **Observera:** *Motorn kan behöva dra runt några sekunder innan den startar.*
9 Öka motorns varvtal till cirka 2000 rpm flera gånger, och låt motorn återgå till tomgång igen. Observera bränsleflödet genom den genomskinliga slangen som leder till insprutningspumpen och kontrollera att det inte finns några luftbubblor.

22 Luftfilter - byte

1 Luftfiltret är placerat i luftrenaren som sitter på höger sida i motorrummet.
2 Bänd loss fjäderclipsen och lyft upp luftrenarens lock **(se bild)**. ***Varning: På TDi motorer är luftmängdsmätaren ihopbyggd med luftrenarens lock. Handskas varligt med luftmängdsmätaren - den är mycket ömtålig.***
3 Lyft ut luftfiltret.
4 Torka bort eventuellt skräp som kan ha ansamlats i luftrenaren.
5 Montera det nya luftfiltret och se till att kanterna tätar ordentligt **(se bild)**.
6 Montera luftrenarens lock och knäpp fästclipsen på plats.

23 Automatväxellåda - byte av olja

Byte av olja till växellåda/momentomvandlare

1 Växellådan anges av tillverkaren vara fylld med olja som ska räcka hela växellådans livslängd; det finns alltså ingen anledning att byta ut oljan.

Kontroll av oljenivå i slutväxel/differential

2 Dra åt handbromsen, lyft upp framvagnen och stöd den ordentligt på pallbockar (se *Lyftning och stödpunkter*), men notera att

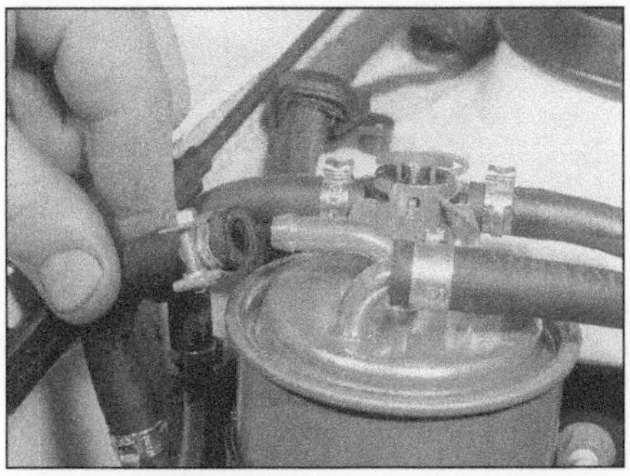

21.7 Anslut matnings- och tillförselslangar

22.2 Bänd loss fjäderklämmorna och lyft av luftrenarens lock

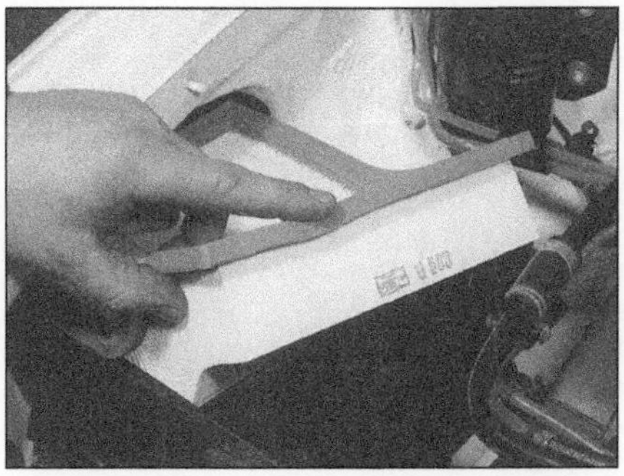

22.5 Montera ett nytt luftfilter och se till att kanterna hamnar ordentligt på plats

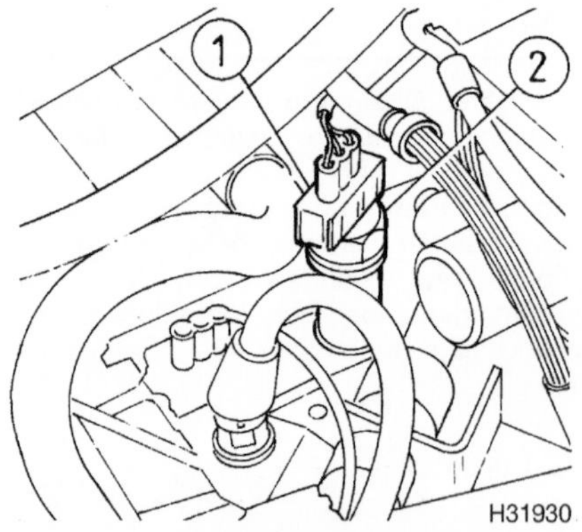

23.3 Koppla loss kablaget (1) från hastighetsmätardrevet (2)

även bakvagnen bör lyftas upp om resultatet av nivåkontrollen ska bli exakt.

3 Nivåkontrollen av slutväxeln görs genom att hastighetsmätardrevet demonteras. Börja med att koppla loss kablaget från givaren längst upp på drevet **(se bild)**.

4 Skruva loss hastighetsmätardrevet och ta ut det från växellådan. Man behöver inte ta loss givaren från drevet.

5 Torka av den nedre änden av drevet, sätt sedan in drevet igen och skruva in det helt i växellådan. Ta ut drevet igen och kontrollera att oljenivån är mellan skuldran och änden av drevet **(se bild)**.

6 Om så behövs, fyll på med olja genom drevets öppning tills nivån är korrekt. Notera att skillnaden mellan MAX och MIN motsvarar 1 liter olja.

8 Sätt tillbaka drevet och dra åt ordentligt, anslut sedan givarens kablage.

7 Sänk ner bilen på marken.

24 Pollenfilter – byte

1 Pollenfiltret (om monterat) är placerat under vindrutetorkarmotorns kåpa; det är placerad på höger sida i vänsterstyrda bilar, och på vänster sida i högerstyrda bilar.

2 Lossa gummitätningen upptill på aktuell sida av torpedväggen i motorrummet.

3 Skruva loss fästskruvarna och dra ut fästena som håller aktuell del av torkarmotorkåpan på plats. Lossa kåpan från vindrutan och ta bort den från bilen.

4 Vrid pollenfiltrets kåpa uppåt och bort, lossa därefter fästklämmorna och ta bort filtret från dess hus.

5 Torka rent i filterhuset och montera det nya filtret. Fäst filtret ordentligt på plats och sätt tillbaka dess kåpa.

6 Montera torkarmotorns kåpa och sätt tillbaka gummitätningen på torpedväggen.

25 Kamrem – kontroll och justering

Observera: *På tidiga (1992-1994) D och TD modeller specificerar VW att en kontroll av kamremmen ska göras var 30 000:e km. En rem som finns vara defekt efter en sådan kontroll måste bytas ut utan dröjsmål; inget särskilt bytesintervall specificeras.*

För bilar tillverkade för modellåret 1995 och senare (senare D och TD modeller, alla SDi och TDi modeller), med halvautomatisk kamremsspännare, specificerar VW en årlig kontroll av kamremmen och en kontroll av remspännarens funktion; en rem eller remspännare som efter kontrollen anses vara defekt måste bytas ut utan dröjsmål. För dessa senare modeller anger VW att kamremmen och dess halvautomatiska spännare MÅSTE bytas ut som en rutinåtgärd var 90 000:e km.

1 Lossa klämmorna och ta bort den övre kamremskåpan (se kapitel 2B).

2 Placera en nyckel eller hylsnyckel på vevaxelremskivans bult och dra runt motorn långsamt i medurs riktning. Dra inte runt motorn på kamaxelremskivans bult.

3 Undersök hela kamremmen och leta efter sprickor, delning i kuggarna, slitage, blankslitna kanter och föroreningar av olja eller fett. Använd en ficklampa och en spegel för att undersöka remmens undersida. Var särskilt uppmärksam på sprickor i ytlagret, tecken på sidokontakt, slitage och sprickor i kuggarnas "rötter".

4 På SDi och TDi motorer, mät också remmens bredd. Om remmen har slitits ner (för att dess sidor har varit i kontakt med något av dreven) till en bredd på 22 mm eller mindre (en ny rem är 25 mm) på någon punkt, måste remmen bytas ut.

5 Om du hittar tecken på att remmen är sliten eller skadad **måste** den bytas. Om kamremmen går av under drift kan det orsaka mycket allvarliga skador på motorn.

6 På tidigare modeller utan halvautomatisk spännare, kontrollera remspänningen genom att ta tag om remmen med fingrarna mitt emellan kamaxeldrevet och insprutningspumpens drev och vrida den. Remspänningen är korrekt om remmen kan vridas 45° (ett åttondels varv) men inte längre. Om så behövs, justera remspänningen enligt beskrivning i kapitel 2B.

7 På motorer med halvautomatisk spännare, testa spännarens funktion genom att trycka ner remmen ganska hårt mitt emellan kamaxeldrevet och insprutningspumpens drev; om spännaren fungerar som den ska kommer hacket i mitten av spännaren att flyttas bort från den upphöjda klacken på den yttre delen när tryck läggs an. När trycket släpps ska hacket och klacken flytta tillbaka och hamna mitt för varandra igen. Om det råder tveksamhet angående remspännarens funktion måste den bytas ut enligt beskrivningen i kapitel 2B.

8 När kontrollen är slutförd, sätt tillbaka kamremskåpan och ta bort nyckeln/hylsan från vevaxelremskivans bult.

26 Manuell växellåda – kontroll av oljenivå

1 Parkera bilen på plant underlag. Oljenivån måste kontrolleras innan bilen körs, eller minst 5 minuter efter det att motorn har stängts av. Om oljan kontrolleras omedelbart efter det att bilen har körts finns en del olja kvar i växellådans komponenter, vilket ger en felaktig avläsning av nivån.

2 Ta bort klämmor och skruvar och sänk ner kåpan under motorrummet.

HAYNES TiPS ***En 17 mm sexkantsnyckel (hane) behövs för att skruva loss och dra åt den manuella växellådans oljepåfyllnings-/nivå- och avtappningspluggar. Om en sådan inte finns till hands, införskaffa en 17 mm (nyckelstorlek) bult och dra ihop två muttrar på bulten. Placera bultens skalle i urtaget i pluggen, använd sedan en nyckel på den inre muttern för att lossa pluggen; på den yttre muttern för att dra åt den.***

3 En 17 mm sexkantsnyckel behövs för att skruva loss och dra åt oljepåfyllnings-/nivå- och avtappningspluggarna. Torka av ytan runt påfyllnings-/nivåpluggen, som är placerad på vänster sida av växellådan på modellerna D, TD och SDi (020 växellåda) och på framsidan av växellådan på TDi modeller (02A växellåda). Skruva loss pluggen och rengör den **(se bilder)**.

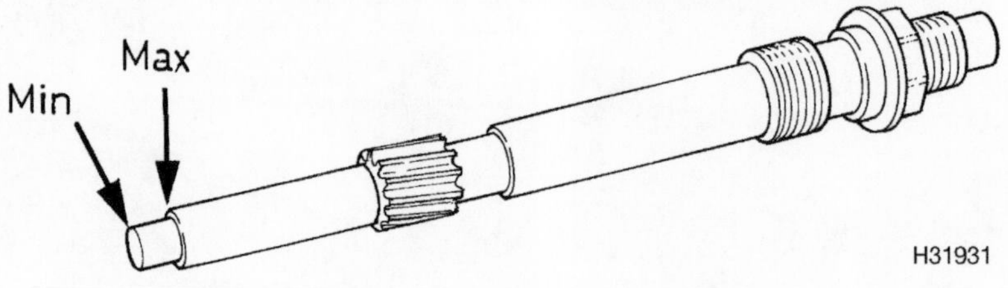

23.5 Oljenivån i automatväxellådans slutväxel kontrolleras i den nedre änden av hastighetsmätardrevet

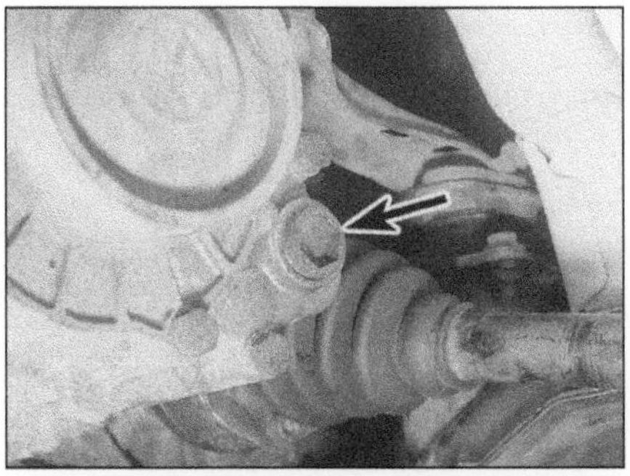

26.3a Oljepåfyllnings-/nivåpluggens placering på manuell växellåda (D, TD och SDi modeller)

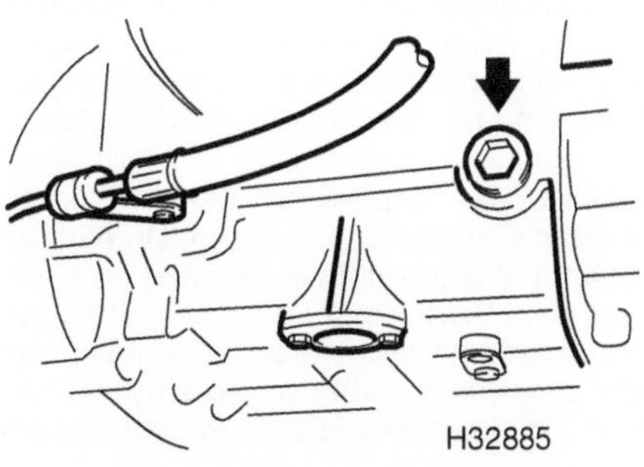

26.3b Oljepåfyllnings-/nivåpluggens placering på manuell växellåda (TDi modeller)

4 Oljenivån bör nå upp till påfyllnings-/nivåhålets underkant. En viss mängd olja ansamlas bakom påfyllnings-/nivåpluggen, som kommer att droppa ut när pluggen tas bort; det innebär **inte** nödvändigtvis att nivån är korrekt. Vänta till den första oljan har runnit ut och fyll sedan på olja efter behov tills ny olja börjar rinna ut. Nivån är korrekt när den nya oljan slutar att rinna ut. Använd endast olja av rekommenderad typ och kvalitet.

5 Att fylla på växellådsolja är ett besvärligt arbete; låt framför allt oljan få tid att sjunka ner ordentligt innan nivån mäts. Om en stor mängd olja fylls på i växellådan, och en stor mängd rinner ut när nivån kontrolleras, sätt tillbaka påfyllnings-/nivåpluggen och kör bilen en kort sträcka så att den nya oljan fördelas runt alla växelladskomponenterna. Kontrollera därefter oljenivån på nytt när oljan har sjunkit ner.

6 Om växellådan har fyllts på för mycket så att olja rinner ut när påfyllnings-/nivåpluggen tas bort, kontrollera att bilen står på plant underlag (både i längdriktningen och från sida till sida), och tappa av överskottsoljan i ett lämpligt kärl.

7 När oljenivån är korrekt, sätt tillbaka pluggen och dra åt den ordentligt. Tvätta bort eventuellt spilld olja, sätt tillbaka kåpan under motorrummet och fäst den på plats med klämmor och skruvar.

27 Drivremmar – kontroll och byte

Kontroll

1 Lossa batteriets negativa anslutning och placera kabeln på avstånd från batteriet.

2 Parkera bilen på plant underlag, dra åt handbromsen och klossa bakhjulen.

3 Hissa upp bilens framvagn, stöd den på pallbockar och demontera hjulen.

4 Vrid ratten med fullt utslag till höger, ta därefter bort skruvar och klämmor och ta bort kåpan under motorrummet.

5 Placera en hylsa och nyckel på vevaxeldrevets bult, rotera vevaxeln så att hela drivremmen kan undersökas. Sök efter sprickor, förslitningar och blanknötta fläckar, och kontrollera om korden har släppt. Om skador eller slitage är synliga måste remmen bytas.

Byte

6 Detaljerad beskrivning av drivremsbyte finns i kapitel 2B.

Var 90 000:e km – "IN 02" på serviceindikatorn

28 Kamrem – byte

Observera: *För tidiga (1992-1994) D och TD modeller anger VW att kamremmen ska kontrolleras var 30 000:e km. En rem som då visar sig vara defekt måste bytas utan dröjsmål; inget särskilt bytesintervall anges.*

För bilar tillverkade för modellåret 1995 och senare (senare D och TD modeller, alla SDi och TDi modeller), med halvautomatisk kamremsspännare, anger VW att remmen och spännarens funktion ska kontrolleras varje år. Om remmen eller spännaren visar sig vara defekt måste den bytas ut utan dröjsmål. För dessa senare modeller anger VW att kamremmen och den halvautomatiska spännaren MÅSTE bytas oavsett skick var 90 000:e km.

Vi rekommenderar dock att kamremmen byts som en rutinåtgärd vid 90 000 km på ALLA motorer, särskilt om bilen huvudsakligen används för korta resor eller för körning med många stopp och starter. När kamremsbytet görs är upp till ägaren, men med tanke på de skador som kan bli följden om remmen går av under drift, rekommenderar vi att man tar det säkra före det osäkra.

Vartannat år (oavsett kilometerställning)

29 Kylvätska – byte

Varning: Vänta tills motorn har svalnat innan detta arbete påbörjas. Se till att frostskyddsvätskan inte kommer i kontakt med huden, eller med bilens lackerade ytor. Skölj bort spilld vätska omedelbart med rikligt med rent vatten. Låt aldrig frostskyddsvätska förvaras i öppna behållare eller ligga i en pöl på garagegolvet. Barn och djur kan lockas av dess sötaktiga lukt – förtäring av frostskydd kan vara livsfarligt.

Avtappning av kylsystemet

1 När motorn är kall, täck över locket till expansionskärlet med en trasa och vrid locket sakta moturs för att lätta på trycket i kylsystemet (man kan höra ett väsande ljud). Vänta tills trycket har lättat, fortsätt att skruva av locket och ta bort det.

2 Placera en lämplig behållare så att du kan samla upp kylvätskan. Dra antingen ut fjäderklämman och dra av plastkröken från termostatkåpan för att koppla loss den nedre kylarslangen, lossa sedan dess fästklämma och koppla loss värmereturslangen från baksidan av kylvätskepumpen, eller demontera termostaten enligt beskrivning i kapitel 3. Låt vätskan rinna ner i behållaren. Se till att så mycket som möjligt av den kvarvarande vätskan tappas av/spolas ut ur kylaren innan påfyllning görs. Om så behövs, koppla loss den övre kylarslangen och blås ner i den för att få ut så mycket som möjligt av kvarvarande vätska.

Varning: Om fjäderklämman som håller plastkröken till termostatkåpan av någon anledning rubbas, undersök den noggrant (och tätningsringen) och byt ut den om det råder den minsta tvekan om dess skick.

3 Om kylvätskan inte skall bytas utan tappas av av andra skäl, kan den återanvändas förutsatt att den är ren och inte äldre än två år. Återanvändning rekommenderas dock inte.

4 När all kylvätska har runnit ut, anslut slangen igen och säkra den på plats med en slangklämma.

Spolning av kylsystemet

5 Om byte av kylvätska har försummats eller om frostskyddsnivån har varit låg, kan rost, avlagringar och andra föroreningar vara på väg att täppa till kylkanalerna. Kylsystemets effektivitet kan återställas om det spolas rent.
6 Kylaren ska spolas separat från motorn, så att onödig förorening undviks.

Spolning av kylare

7 Vid spolning av kylaren, lossa först övre och nedre kylarslangar, samt eventuellt andra slangar från kylaren, se kapitel 3.
8 För in en vattenslang i kylarens övre inlopp. Spola igenom systemet tills rent, klart vatten kommer ut från den nedre kylaröppningen.
9 Om vattnet som kommer ut fortfarande inte är rent efter en längre stunds spolning, kan systemet spolas med ett särskilt kylarrengöringsmedel. Följ tillverkarens instruktioner noggrant. Om föroreningen är mycket svår, sätt in slangen i kylarens nedre öppning och spola ur kylaren baklänges.

Spolning av motor

10 Vid spolning av motorn, demontera först termostaten enligt beskrivning i kapitel 3, montera därefter tillbaka termostatkåpan provisoriskt.
11 Med övre och nedre kylarslang losskopplade från kylaren, för in en trädgårdsslang i den övre slangen. Spola igenom motorn med rent vatten, tills rent vatten kommer ut från kylarens nedre slang.
12 När spolningen är avslutad, montera termostaten och anslut slangarna enligt beskrivning i kapitel 3.

Påfyllning av kylsystemet

13 Innan kylsystemet fylls på, kontrollera att alla slangar och klämmor är i god kondition och att klämmorna sitter säkert. Observera att frostskydd måste användas året runt, för att undvika korrosion av motorns komponenter (se nedanstående avsnitt).
14 Ta bort locket till expansionskärlet och fyll på systemet, långsamt så att inga luftfickor bildas.
15 Om kylvätskan byts ut, börja med att hälla i ett par liter vatten följt av rätt mängd frostskyddsmedel, fyll därefter på med mer vatten.
16 När nivån i expansionskärlet börjar att höjas, tryck ihop de övre och undre kylarslangarna så att all luft trycks ut. När luften har försvunnit, fyll på till "MAX"-markeringen och sätt tillbaka locket på expansionskärlet.
17 Starta motorn och kör den tills den uppnår normal arbetstemperatur. Stanna motorn och låt den svalna.
18 Kontrollera beträffande läckage, speciellt runt de komponenter som har rubbats. Kontrollera nivån på kylvätskan i expansionskärlet igen och fyll på om det behövs. Observera att systemet måste vara kallt innan rätt nivå visas i expansionskärlet. Om locket till expansionskärlet tas bort medan motorn fortfarande är varm, täck det med en tjock trasa och skruva loss locket långsamt för att gradvis lätta på trycket i systemet (man kan höra ett väsande ljud). Vänta tills trycket har lättat, fortsätt att skruva av locket och ta bort det.

Frostskyddsblandning

19 Frostskyddet skall alltid bytas vid rekommenderade intervall. Detta är viktigt för att bevara frostskyddets egenskaper men också för att undvika korrosion, vilket annars kan uppstå eftersom de korrosionshämmande egenskaperna försämras med tiden.
20 Använd alltid ett etylenglylkolbaserat frostskydd som är lämpligt för användning i kylsystem som består av olika metaller. Rekommenderad mängd frostskyddsvätska och skyddsnivå återfinns i specifikationerna.
21 Innan frostskyddet hälls i skall kylsystemet tappas av helt och helst spolas igenom, samtliga slangar skall kontrolleras beträffande kondition och tillförlitlighet.
22 När frostskyddet har fyllts på, sätt fast en etikett på expansionskärlet som anger typ och koncentration av det använda frostskyddet, samt påfyllningsdatum. Vid efterföljande påfyllningar skall alltid samma typ och koncentration av frostskydd användas.
23 Använd aldrig motorfrostskydd i vindrutans/-bakrutans spolarsystemen – det kan skada bilens lackering. Tillsatsmedel för rutor bör tillsättas spolarsystemet enligt tillverkarens rekommendationer på flaskan (se *Veckokontroller)*.

30 Bromsvätska - byte

Varning: Bromsvätska kan skada ögon och lackerade ytor, så var ytterst försiktig vid hantering. Använd inte bromsvätska som stått i ett öppet kärl under en tid, eftersom den absorberar fukt från luften. Fukt i bromsvätskan kan leda till farlig försämring av bromsfunktionen.

1 Tillvägagångssättet liknar luftning av bromssystemet, som beskrivs i kapitel 9, förutom att bromsvätskebehållaren måste tömmas med någon typ av hävert, bollspruta eller liknande innan man börjar. Man måste också vara beredd på att gammal vätska kommer ut vid luftning av en del av kretsen.
2 Följ anvisningarna i kapitel 9, öppna den första luftningsskruven i ordningen, och pumpa lätt på bromspedalen tills huvudcylinderns behållare är så gott som tömd på den gamla vätskan.

HAYNES TiPS ***Gammal bromsvätska är alltid mycket mörkare i färgen än ny, vilket gör det lätt att skilja på dem.***

3 Fyll på ren bromsvätska till MAX-nivån, och fortsätt att pumpa tills endast ny bromsvätska finns i behållaren, och ny bromsvätska kan ses komma fram vid luftningsskruven. Dra åt skruven och fyll på tills nivån når MAX-markeringen.
4 Fortsätt på samma sätt med resten av luftningsskruvarna tills ny bromsvätska kommer ut vid samtliga. Var noga med att alltid hålla nivån i huvudcylinderbehållaren över MIN-gränsen, annars kan luft tränga in i systemet vilket gör att arbetet tar längre tid.
5 När arbetet är avslutat, kontrollera att alla luftningsskruvar är ordentligt åtdragna och sätt tillbaka dammskydden. Tvätta bort alla spår av spilld vätska och kontrollera nivån i huvudcylinderns behållare igen.
6 Kontrollera bromsarnas funktion innan bilen körs igen.

31 Avgasutsläpp - kontroll

1 Denna kontroll är en del av tillverkarens underhållsschema och omfattar en kontroll av avgasernas innehåll och en test av motorstyrningssystemet (endast SDi och Tdi modeller) med särskild testutrustning. Instrumenten kan avläsa eventuella felkoder som har lagrats i motorstyrningssystemets ECU (elektronisk styrenhet).
2 Om inget fel misstänks, är denna kontroll inte absolut nödvändig, även om den rekommenderas av tillverkaren. Diesel avgassystem kan endast testas av en VW-verkstad eller en dieselspecialist med tillgång till rätt instrument.
3 Om du inte har tillgång till lämplig testutrustning, gör en genomgående kontroll av bränsle- och avgasreningssystemens komponenter, slangar och kablage. Leta efter tecken på skador och kontrollera att alla delar sitter fast ordentligt. Ytterligare information om bränsle- och avgasreningssystemen finns i kapitel 4C och 4D.

Kapitel 2 Del A: Reparationer med motorn kvar i bilen – bensinmotor

Innehåll

Svårighetsgrader

Enkelt, passar novisen med lite erfarenhet	**Ganska enkelt,** passar nybörjaren med viss erfarenhet	**Ganska svårt,** passar kompetent hemmamekaniker	**Svårt,** passar hemmamekaniker med erfarenhet	**Mycket svårt,** för professionell mekaniker

Specifikationer

Allmänt	Kod	Cyl.lopp (mm)	Slaglängd (mm)	Kapacitet (cc)	Kompressions-förhållande
1,4 liters modeller:					
10/91-7/92 - 59 hk/44 kW	ABD	75,0	79,14	1398	9,5:1
8/92 och framåt - 59 hk/44 kW	ABD	75,0	78,70	1391	9,5:1
8/95 och framåt - 59 hk/44 kW	AEX	76,5	75,60	1390	10,2:1
1/98 och framåt - 59 hk/44 kW	APQ	76,5	75,60	1390	10,2:1
1,6 liters modeller:					
8/92-9/94 - 74 hk/55 kW	ABU	76,5	86,90	1598	9,3:1
9/94 och framåt - 74 hk/55 kW	AEA	76,5	86,90	1598	10,0:1
8/95 och framåt - 74 hk/55 kW	AEE	76,5	86,90	1598	9,8:1
8/94 och framåt - 99 hk/74 kW	AEK	81,0	77,40	1595	10,3:1
11/95 och framåt - 99 hk/74 kW	AFT	81,0	77,40	1595	10,3:1
5/97 och framåt - 99 hk/74 kW	AKS	81,0	77,40	1595	10,3:1
1,8 liters modeller:					
10/91 och framåt - 74 hk/55 kW	AAM	81,0	86,40	1781	9,0:1
1/98 och framåt - 74 hk/55 kW	ANN	81,0	86,40	1781	9,0:1
10/91-9/94 - 86 hk/66 kW	ABS	81,0	86,40	1781	10,0:1
10/94 och framåt - 86 hk/66 kW	ADZ	81,0	86,40	1781	10,0:1
1/98 och framåt - 86 hk/66 kW	ANP	81,0	86,40	1781	10,0:1
2,0 8V models:					
10/91-9/94 - 114 hk/85 kW	2E	82,5	92,80	1984	10,0:1
10/94-7/95 - 114 hk/85 kW	ADY	82,5	92,80	1984	10,0:1
8/95 och framåt - 114 hk/85 kW	AGG	82,5	92,80	1984	9,6:1
6/97 och framåt - 114 hk/85 kW	AKR	82,5	92,80	1984	9,6:1
4/99 och framåt - 114 hk/85 kW	ATU	82,5	92,80	1984	10,0:1
5/00 och framåt - 114 hk/85 kW	AWF	82,5	92,80	1984	10,0:1
5/00 och framåt - 114 hk/85 kW	AWG	82,5	92,80	1984	10,0:1
2.0 16V models:					
8/92 och framåt - 147 hk/110 kW	ABF	82.5	92.80	1984	10.5:1

Kompressionstryck (slitagegräns):	
ABU, AEA, ABD, AAM	7,0 bar
ADY, ADZ, ABS, 2E, ABF, AEK	7,5 bar
Tändföljd	1 – 3 – 4 – 2
Placering av cylinder nr 1	Vid kamremmen
Kamremmens spänning :	
Motorkod ABF (mätt med Volkswagens verktyg VW 210)	Uppmätt värde på skalan, 13 till 14 enheter
Ribbad drivrem, spänning:	
AAM, ADY, ADZ, AEK, ANN och ANP motorer fr.o.m 6/95, med luftkonditionering men utan automatisk spännare	Uppmätt värde på skalan med VW verktyg 210, 15 enheter

Smörjsystem

Oljepump typ:	
ABU, ABD, AEA	Monterad i oljesumpen, drivs med kedja från vevaxeln
ABD, AEX, APQ, ABU, AEA och AEE, 9/97 och framåt	Trokoidal med excentrisk rotor, drivs direkt från vevaxeln
AAM, ABS, 2E, ADZ, ADY, ABF, AEK	Monterad i oljesumpen, indirekt drivning från mellanaxel
Normalt driftstryck	2,0 bar minimum (vid 2000 rpm, oljetemperatur 80°C)
Oljepumpens kuggspel	0,2 mm (slitagegräns)
Oljepumpens axialspel	0,15 mm (slitagegräns)
Oljepump, drivkedjans spänning (om tillämpligt)	3 till 4 mm (cirka) nedböjning mittemellan dreven

Åtdragningsmoment

	Nm
Generatorns fästskruvar	25
Remskiva (drivrem), bultar	20
Ventilkåpans fästskruvar/muttrar	10
Kamaxeldrev, bult:	
Motorkod ABF	65
Övriga motorkoder	80
Kylvätskepumpens bultar (motorkoder ABD, ABU, AEA), M6 bultar	10
Kylvätskepumpens bultar (motorkoder ABD, ABU, AEA), M8 bultar	20
Vevaxelns oljetätningshus, bultar	10
Vevaxeldrev, bult:	
Motorkoder ABU, ABD, AEA:	
Steg 1	90
Steg 2 (vinkeldragning)	Vinkeldra ytterligare 120°
Övriga motorkoder	
Steg 1	90
Steg 2 (vinkeldragning)	Vinkeldra ytterligare 90°
Topplocksbultar:	
Steg 1	40
Steg 2	60
Steg 3	Vinkeldra ytterligare 90°
Steg 4	Vinkeldra ytterligare 90°
Motorfästen:	
Bult på motorblockets framsida	50
Bultar till främre fästbygel	50
Bultar till bakre vänstra motorfästets bygel	25
Bakre bultar mellan motorblock och kaross	25
Bultar till bakre högra motorfästets bygel	25
Genomgående bultar	50
Avgasgrenrörets muttrar, M8 muttrar	25
Avgasgrenrörets muttrar, M10 muttrar	40
Svänghjulets fästbultar:	
Steg 1	60
Steg 2	Vinkeldra ytterligare 90°
Bultar mellan pick-up och oljepump	10
Oljepumpkåpans bultar	10
Bultar mellan oljepumpens drivkedjestyrning och vevhuset	10
Bultar mellan oljepump och vevhus	20
Servostyrningspumpens bultar	25
Oljesumpens fästbultar:	
Pump av pressat stål	20
Sump av gjuten aluminium till motorblock av aluminiumlegering	15
Sump av gjuten aluminium till motorblock av gjutjärn	13
Kamremsspännarens mittre mutter/bult	45
Momentomvandlarens medbringarskiva, bultar:	
Steg 1	60
Steg 2	Vinkeldra ytterligare 90°

1 Allmän beskrivning

Hur detta kapitel används

Kapitel 2 är uppdelat i tre delar; A, B och C. Reparationer som kan utföras medan motorn är kvar i bilen beskrivs i delarna A (bensinmotorer) och B (dieselmotorer). Del C behandlar demontering av motor/växellåda som en enhet, och beskriver isärtagning av motorn och renoveringsrutiner.

I delarna A och B utgår beskrivningarna från att motorn är installerad i bilen, med samtliga anslutningar orörda. Om motorn har demonterats för renovering kan de preliminära isärtagningsrutinerna, som föregår detta arbetsmoment, bortses från.

Åtkomsten till motorrummet kan förbättras genom att motorhuven och den främre låshållaren demonteras; dessa arbeten finns beskrivna i kapitel 11 respektive 2C.

Beskrivning av motorn

I detta kapitel benämns de olika motortyperna enligt tillverkarens kodbokstäver och inte efter kapacitet. En förteckning över samtliga motorer som behandlas, tillsammans med kodbokstäver, finns i specifikationerna.

Motorerna är vattenkylda fyrcylindriga radmotorer, med enkla eller dubbla överliggande kamaxlar, med motorblock i gjutjärn och topplock av aluminiumlegering. Alla motorerna är tvärmonterade i bilens främre del och växellådan är fastskruvad på motorns vänstra sida.

Topplocket bär upp kamaxeln/-axlarna som drivs av en kuggad kamrem. I topplocket finns också insugs- och avgasventilerna som stängs av enkla eller dubbla spiralfjädrar, vilka löper i styrningar som är inpressade i topplocket. Kamaxeln aktiverar ventilerna direkt via hydrauliska ventillyftare som är monterade i topplocket. Topplocket har integrerade oljekanaler som tillför olja till och smörjer ventillyftarna.

Vevaxeln bärs upp av fem ramlager och axialspelet styrs av ett trycklager som är monterat mellan cylindrarna nr 2 och 3.

Kylvätskan till motorn cirkuleras av en pump som antingen drivs av kamremmen eller av hjälpaggregatens drivrem. En detaljerad beskrivning av kylsystemet finns i kapitel 3.

De större motorerna är försedda med en kamremsdriven mellanaxel som driver strömfördelaren och oljepumpen.

Smörjningen fördelas under tryck av en pump, som antingen drivs av vevaxeln eller mellanaxeln beroende på motortyp. Oljan tas från oljesumpen, förs genom en sil och trycks därefter genom ett yttre monterat bytbart filter som skruvas fast. Därifrån fördelas oljan till topplocket där den smörjer kamaxlarnas lagertappar och de hydrauliska ventillyftarna, och även till vevhuset där den smörjer ramlager, vevlager, kolvtappar och cylinderlopp. Större motorer är utrustade med oljemunstycken längst ner i varje cylinder – dessa munstycken sprutar olja på kolvarnas undersidor för att öka kylningen. En oljekylare som förses med kylvätska sänker oljans temperatur innan den återförs till motorn.

Reparationer som kan göras med motorn monterad

Följande arbetsmoment kan utföras med montern monterad:

a) Drivremmar – demontering och montering.
*b) Kamaxel/axlar – demontering och montering.**
c) Kamaxelns oljetätning – byte.
d) Kamaxeldrev – demontering och montering.
e) Kylvätskepump – demontering och montering (se kapitel 3)
f) Vevaxelns oljetätningar – byte.
g) Vevaxeldrev - demontering och montering.
*h) Topplock – demontering och montering.**
i) Motorfästen – kontroll och byte.
j) Mellanaxelns oljetätning – byte.
k) Oljepump och pick-up – demontering och montering.
l) Oljesump – demontering och montering.
m) Kamrem, drev och kåpa – demontering, kontroll och montering.

**Isärtagning av topplocket beskrivs detaljerat i kapitel 2C, inklusive beskrivning av demontering av kamaxel och hydrauliska ventillyftare.*

Observera: *Kolvar och vevstakar kan demonteras (efter det att topplock och oljesump har demonterats) utan att motorn demonteras från bilen. Det rekommenderas dock inte. Denna typ av arbete görs enklast och bäst på en arbetsbänk, enligt beskrivning i kapitel 2C.*

2 Motor och ventilinställningsmärken – allmän beskrivning och tillämpning

Allmän information

Observera: *Informationen i detta avsnitt förutsätter att strömfördelare, tändkablar och kamrem är ordentligt monterade.*

1 Vevaxelns, kamaxelns (samt på vissa motorer, mellanaxelns) drev drivs av kamremmen och de roterar i fas med varandra. När kamremmen demonteras för service eller reparation kan axlarna rotera oberoende av varandra, varför korrekt fasning går förlorad.

2 Om kamaxeln roterar när någon av kolvarna är i vila vid, eller nära, toppen av sitt slag, kan potentiellt skadlig kontakt uppstå mellan kolv och ventil.

3 Av den anledningen är det viktigt att den korrekta fasningen behålls mellan kamaxel, vevaxel och mellanaxel medan kamremmen är borta från motorn. Detta kan uppnås om motorn ställs in på ett referensläge (som kallas övre dödläge, ÖD) innan kamremmen demonteras, och axlarna sedan hålls helt stilla tills dess att kamremmen har monterats tillbaka. Om motorn har tagits isär för renovering, kan den på liknande sätt ställas in på ÖD vid hopsättningen, för att garantera att korrekt axelfasning blir återställd.

Observera: *På motorkoderna ABU och ABD drivs även kylvätskepumpen av kamremmen, men inställningen av pumpen i förhållande till vevaxel och kamaxel är inte kritisk. På motorkod ABF driver mellanaxeln endast oljepumpen, varför passning mot vevaxel och kamaxel inte är kritisk.*

4 Övre dödläge innebär det högsta läge som kolven kan nå i respektive cylinder – i en fyrtaktsmotor når varje kolv övre dödläge två gånger per cykel; en gång i kompressionsslaget och en gång i avgasslaget. Övre dödläge avser vanligen cylinder nr 1 i kompressionsslaget. (Observera att cylindrarna är numrerade ett till fyra, räknat från motorns kamremsände).

5 Vevaxelns remskiva är försedd med en markering som, när den är inriktad mot referensmarkeringen på kamremskåpan eller mellanaxelns drev (beroende på motortyp), visar att cylinder nr 1 (och alltså även cylinder nr 4) är vid övre dödläge **(se bilder)**. Observera att på vissa motorer måste remskivan till den kuggade drivremmen monteras temporärt för att vevaxelns markeringar ska kunna ställas in.

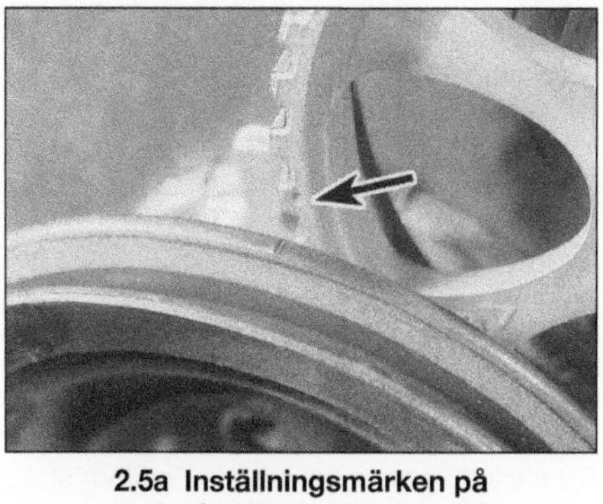

2.5a Inställningsmärken på vevaxelns/mellanaxelns remskiva – motorkoder AAM, ABS, ADZ, ADY, 2E

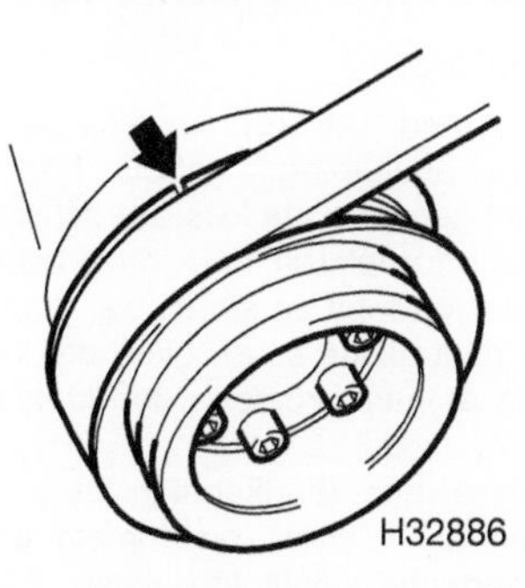

2.5b Inställningsmärken på vevaxelns remskiva - motorkoder AEK, ABF

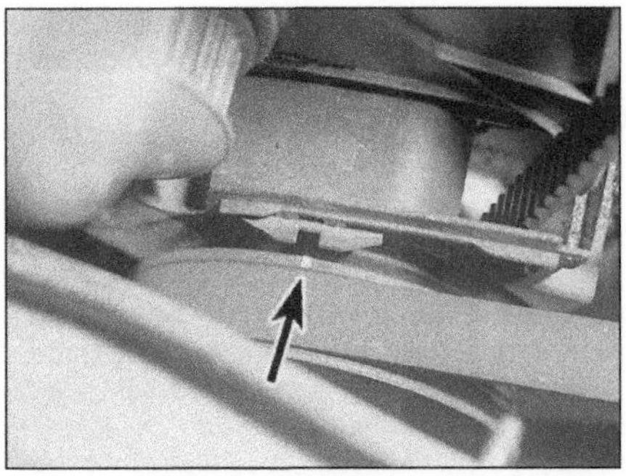

2.5c Inställningsmärken på vevaxelns drev - motorkoder ABU, ABD

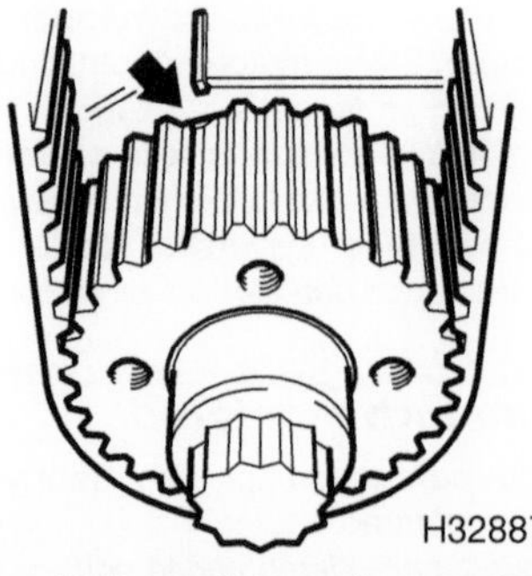

2.5d Inställningsmärken på vevaxelns drev - observera avfasad kugge (vid pilen) - motorkod AEA

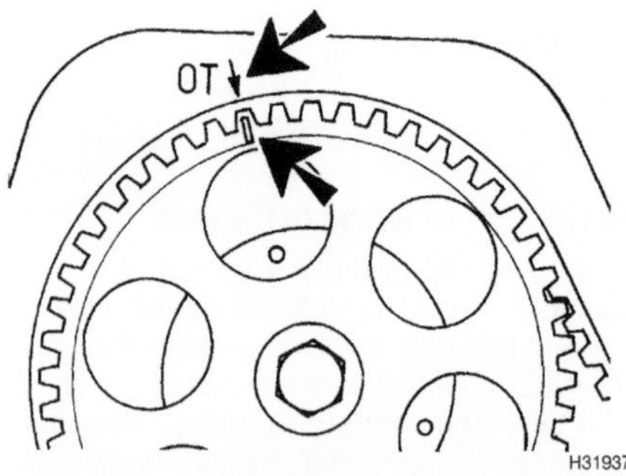

2.6a Inställningsmärken för kamaxeln – motorkoder AEK, ABF, AAM, ABS, ADZ, ADY, 2E

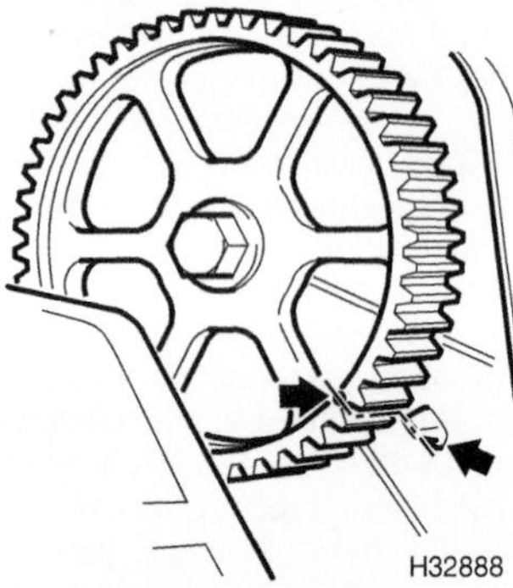

2.6b Inställningsmärken för kamaxeln – motorkod AEA

2.6c Inställningsmärken för kamaxeln – motorkoder ABU, ABD

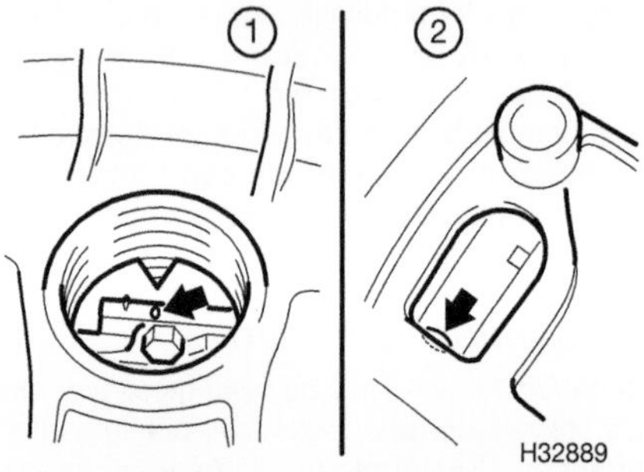

2.7 Inställningsmärken på svänghjul/ medbringarskiva – motorkoder AEK, ABF

A Svänghjul *B Medbringarskiva*

6 Kamaxelns drev är också försett med ett inställningsmärke – när detta är inriktat på liknande sätt är motorn korrekt synkroniserad, och kamremmen kan därefter monteras tillbaka och spännas **(se bilder)**.

7 Dessutom har svänghjulet/medbringarskivan på vissa motorer märken som kan observeras om ett skyddslock tas bort från växellådans balanshjulskåpa. När detta märke är inriktat mot motsvarande märke på balanshjulskåpan innebär det att cylinder nr 1 är i ÖD **(se bild)**. Observera dock att dessa märken inte kan användas om växellådan har demonterats från motorn för reparation eller renovering.

8 I följande avsnitt beskrivs hur motorn ställs in på övre dödläge för cylinder nr 1.

Inställning av ÖD för cylinder nr 1 - kamremmen monterad

Alla motorer

9 Börja med att koppla loss batteriets negativa anslutning. Koppla bort tändsystemet genom att ta loss den mittre kabeln från strömfördelaren och jorda kabeln på motorblocket med en startkabel. Ställ växellådan i neutralläge så att bilen inte kan röra sig, dra åt handbromsen och klossa bakhjulen.

10 Notera hur tändkabelanslutningen till cylinder nr 1 sitter på fördelarlocket, i förhållande till själva fördelaren. På vissa modeller har tillverkaren placerat ett märke i form av en liten skåra. Om anslutningen inte är markerad, följ tändkabeln från tändstiftet för cylinder nr 1 tillbaka till fördelarlocket (cylinder nr 1 är belägen vid motorns kamremsände). Rita en markering, med krita eller bläck, **inte** blyertspenna, på strömfördelaren strax under anslutningen.

11 Demontera strömfördelarlocket enligt beskrivning i kapitel 5B.

12 Lossa tändkablarna från tändstiften och notera i vilken ordning de var anslutna.

13 Rotera vevaxeln för hand för att föra upp en kolv till övre dödläge. Gör detta genom att använda en nyckel/hylsa på bulten som håller vevaxelns remskiva (detaljerad beskrivning finns i avsnitt 5).

14 Rotera vevaxeln i normal rotationsriktning tills strömfördelarens rotorelektrod börjar närma sig markeringen som gjorts på strömfördelaren.

> HAYNES TiPS
> ***Demontera samtliga fyra tändstift för att få motorn att gå runt lättare; se kapitel 1A för ytterligare information.***

15 Se beskrivning i avsnitt 4 och demontera de övre, yttre kamremskåporna så att kamaxelns kamremsdrev blir synligt.

16 Leta reda på inställningsmärkena på både kamaxeldrevet och den inre delen av kamremskåpan (eller ventilkåpan, efter tillämplighet) – se tillhörande illustrationer. Fortsätt att vrida vevaxeln medurs tills markeringarna är exakt inpassade mot varandra.

17 I detta läge, leta reda på inställningsmärkena på vevaxelns drev (eller remskiva, efter tillämplighet) samt kamremskåpan (eller mellanaxeln, efter tillämplighet) och kontrollera att de är korrekt inpassade; se illustrationerna i underavsnittet *Allmän beskrivning*. **Observera:** *På vissa motorer måste den yttre delen av den nedre kamremskåpan demonteras så att inställningsmärkena på vevaxeldrevet blir synliga.*

Endast motorkoder ABF och AEK

18 Leta reda på inspektionshålet på balanshjulskåpan och ta bort skyddslocket. Kanten på svänghjulet blir nu synlig, med en uppsättning inställningsmärken.

19 När kamaxelns inställningsmärken är inriktade bör märket på svänghjulet riktas in exakt mot pilen på balanshjulskåpan – se illustrationer i *Allmän beskrivning*.

Observera: *Titta rakt ovanifrån genom inspektionshålet så att inriktningen blir korrekt.*

20 På motorkod AEK, observera att mellanaxeln inte har några inställningsmärken – inriktning görs genom att man kontrollerar att mitten av rotorns elektrod är inriktad mot anslutningsmarkeringen för tändkabel nr 1 på strömfördelaren.

Alla motorer

21 Kontrollera att mitten av elektroden på strömfördelarens rotor nu är inriktad mot anslutningsmarkeringen för cylinder nr 1 på strömfördelaren. Om det är omöjligt att rikta in rotorn mot anslutning nr 1 samtidigt som kamaxelns markeringar hålls på plats, se kapitel 5B och kontrollera att strömfördelaren är korrekt installerad.

22 När alla ovanstående steg har avslutats är motorn inställd till övre dödläge för cylinder nr 1.

Varning: Om kamremmen skall demonteras, se till att vevaxelns, kamaxelns och mellanaxelns inriktning behålls för att hindra dreven från att rotera i förhållande till varandra.

Inställning av ÖD för cylinder nr 1 – kamremmen demonterad

23 Förutsättningarna för denna arbetsrutin är att kamremmen är demonterad och att inriktningen mellan kamaxel, vevaxel och, i förekommande fall, mellanaxel, inte har behållits, exempelvis efter demontering och renovering av motorn.

24 Alla motorer som behandlas i denna handbok kan ta skada av att kolvtopparna slår mot ventilhuvudena, om kamaxeln roteras när kamremmen är borta och vevaxeln är inställd på övre dödläge. Av denna anledning måste ÖD-inställningen utföras i speciell ordningsföljd enligt beskrivning i följande punkter.

25 Innan topplocket monteras, placera en nyckel och hylsa på mittbulten i vevaxelns remskiva och vrid vevaxeln i normal rotationsriktning tills alla fyra kolvarna är placerade **halvvägs ner** i respektive lopp, med kolv nr 1 i uppåtgående slag – d.v.s. cirka 90° före ÖD.

26 När topplocket och kamaxelns drev är monterade, leta reda på inställningsmärkena på kamaxeldrevet och den inre delen av kamremskåpan eller ventilkåpan, efter tillämplighet; se illustrationer i *Allmän beskrivning.*

27 Vrid kamaxeldrevet i normal rotationsriktning tills inställningsmärkena på drevet och den inre kamremskåpan (eller ventilkåpan, på motorkod ABF) är exakt inriktade.

28 *Endast* på motorkod AEK, kontrollera att mitten av rotorns elektrod är inriktad mot anslutningsmarkeringen för cylinder nr 1 på strömfördelaren; om så inte är fallet, rotera mellanaxelns drev så att de hamnar i linje.

29 Identifiera inställningsmärkena på vevaxelns drev (eller remskiva, efter tillämplighet) samt kamremskåpan (eller mellanaxeln, efter tillämplighet); se illustrationer i *Allmän beskrivning.* Placera en nyckel och hylsa på bulten till vevaxelns drev, vrid vevaxeln 90° (ett kvarts varv) i normal rotationsriktning tills iinställningsmärkena är rätt inriktade.

30 *Endast* på motorkoderna ABF och AEK; om växellådan sitter fast i motorn kan vevaxelinriktningen verifieras genom att man observerar inställningsmärkena på svänghjulet och balanshjulskåpan. Ta bort skyddslocket från inspektionshålet på kåpan och kontrollera att märkena är inriktade enligt beskrivningen punkt 7. **Observera:** *Titta rakt uppifrån genom inspektionshålet för att vara säker på att inriktningen är korrekt.*

31 Kontrollera att mitten av elektroden på strömfördelarens rotor nu är inriktad mot anslutningsmarkeringen för cylinder nr 1 på strömfördelaren. Om det är omöjligt att rikta in rotorn mot anslutning nr 1 samtidigt som kamaxelns inställningsmärken hålls på plats, se kapitel 5B och kontrollera att strömfördelaren är korrekt installerad.

32 När alla ovanstående steg har avslutats är motorn inställd på ÖD för cylinder nr 1. Kamremmen kan nu monteras enligt beskrivning i avsnitt 4

Varning: Till dess kamremmen är monterad, se till att vevaxelns, kamaxelns och mellanaxelns inriktning bevaras för att hindra att dreven roterar i förhållande till varandra.

3 Kompressionsprov

1 Om motorns prestanda försämras, eller om den misständer, och detta inte kan härledas till tänd- eller bränslesystemen, kan ett kompressionsprov ge värdefull information om motorns kondition. Om detta prov utförs regelbundet kan fel upptäckas innan symtomen blir uppenbara.

2 Motorn måste vara uppvärmd till normal driftstemperatur, batteriet fulladdat, och samtliga tändstift borttagna (kapitel 1). En medhjälpare behövs också.

3 Lossa mittkabeln från fördelarlocket och jorda den på motorblocket. Använd en startkabel eller liknande för att åstadkomma en bra anslutning.

4 Montera en kompressionsprovare i tändstiftshålet för cylinder nr 1 – helst en provare som skruvas in i tändstiftets gänga.

5 Låt medhjälparen hålla gasspjället vidöppet och dra runt motorn på startmotorn. Efter ett eller två varv bör kompressionstrycket ha byggts upp maximalt, och därefter stabiliseras. Notera det högsta värdet.

6 Upprepa provet på återstående cylindrar och notera trycket i var och en. Håll gasspjället helt öppet.

7 Varje cylinder bör ha liknande värde; en skillnad på mer än 2 bar mellan två cylindrar tyder på att något är fel. Observera att kompressionen bör öka snabbt i en frisk motor; låg kompression i första slaget följt av stegvis ökande tryck i följande slag, tyder på slitna kolvringar. Lågt kompressionsvärde i första slaget, som inte ökar i följande slag, tyder på läckande ventiler eller att topplockspackningen har gått (spricka i topplocket kan också vara en orsak). Avlagringar under ventilhuvudena kan orsaka låg kompression.

8 Titta i specifikationer i detta kapitel och jämför de avlästa värdena med dem som rekommenderas av tillverkaren.

9 Om trycket i någon cylinder är lågt bör följande test utföras för att ringa in orsaken. Häll en tesked ren olja i cylindern ifråga genom tändstiftshålet och upprepa provet.

10 Om den nya oljan får kompressionstrycket att förbättras temporärt tyder det på slitage i loppet eller kolven. Om trycket inte förbättras tyder det på läckande eller utbrända ventiler eller att topplockspackningen har gått.

11 Ett lågt värde från två intilliggande cylindrar är så gott som säkert orsakat av en trasig topplockspackning mellan de två cylindrarna. Förekomst av kylmedel i motoroljan kan bekräfta detta.

12 Om en cylinder har ett värde som är 20% lägre än de andra cylindrarna, och motorns tomgång är något ojämn, kan en sliten kamnock på kamaxeln vara orsaken.

13 Om en avläsning är ovanligt hög, beror det förmodligen på sotavlagringar i förbränningskamrarna. Om så är fallet måste topplocket demonteras och sotas.

14 Vid avslutat prov, skruva i tändstiften och anslut tändsystemet.

4 Kamrem och yttre kåpor – demontering och montering

Allmän information

1 Den primära funktionen hos den kuggade kamremmen är att driva kamaxeln/-axlarna, men den används även till att driva kylvätskepumpen eller mellanaxeln beroende på motorns specifikation. Om remmen hoppar av eller går sönder under drift störs ventilinställningen. Detta kan leda till att kolvar och ventiler kommer i kontakt med varandra, vilket kan orsaka allvarliga skador på motorn.

2 Det är därför viktigt att kamremmen alltid är korrekt spänd, och att den kontrolleras regelbundet beträffande slitage eller skador.

3 Observera att demontering av den *inre* delen av kamremskåpan beskriv som en del av demonteringen av topplocket; se avsnitt 11 längre fram i detta kapitel.

Demontering

4 Innan arbetet påbörjas skall motor och fordon försättas ur funktion på följande sätt:

a) Koppla ur tändsystemet genom att lossa centrumkabeln från strömfördelaren och jorda den på motorblocket med en förbindningskabel.

b) Avaktivera bränslesystemet genom att ta ut bränslepumpens relä från uttaget.

c) Koppla loss det elektriska kablaget från startsolenoiden vid kontaktdonet; se beskrivning i kapitel 5A.

d) Förhindra att bilen rör sig genom att dra åt handbromsen och placera klossar vid bakhjulen.

5 Åtkomsten till kamremskåporna blir bättre om luftkanalen mellan luftrenarhuset och

4.6 Demontering av transmissionskåpans yttre del (motorkod ABD på bild)

4.12 Lossa på kamremmens spänning genom att lossa spännarens mutter (vid pilen) – motorkod 2E visas

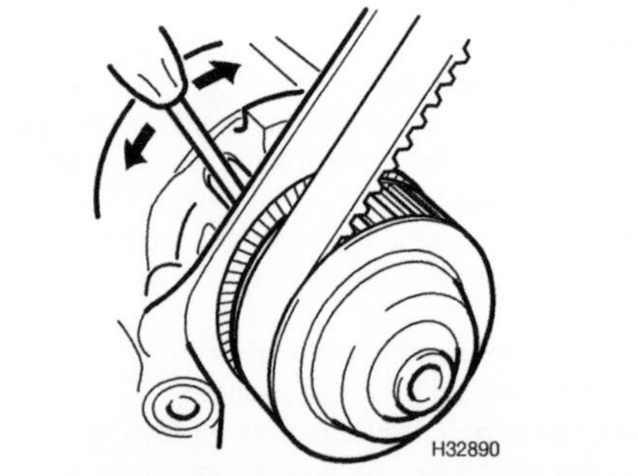

4.13 Lossa kamremmens spänning genom att rotera pumpen i riktning mot motorn - använd en skruvmejsel som hävarm

gasspjällhuset demonteras, och på samtliga motorkoder utom ABU, ABD och AEA, genom att vevhusets ventilationsslang demonteras.

6 Lossa kamremskåpans översta del genom att bända loss metallfjäderclipsen och, i förekommande fall, skruva loss fästskruvarna. Lyft bort kåpan från motorn **(se bild).**

7 Se beskrivning i avsnitt 6 och demontera den kilformade drivremmen (om sådan är monterad), demontera därefter den ribbade drivremmen.

8 Se beskrivning i avsnitt 2 och ställ in motorn på övre dödläge för cylinder nr 1 med hjälp av motorns inställningsmärken. Observera att på vissa motorer måste man först demontera den ribbade drivremmens remskiva (tillsammans med kilremmens remskiva där sådan är monterad) och kamremskåpans nedre del för att komma åt motorns inställningsmärken på vevaxelns drev – detta arbetsmoment beskrivs i nästa punkt.

9 Lossa och ta bort fästskruvarna, demontera därefter den ribbade drivremmens remskiva (tillsammans med kilremmens remskiva, om sådan är monterad) från vevaxeldrevet. När detta är gjort, kontrollera att motorn fortfarande är inställd på övre dödläge.

> **HAYNES TiPS** ***Förhindra att drivremmens remskiva roterar medan skruvarna lossas genom att lägga i den högsta växeln (manuell växellåda) eller 'PARK' (automatväxellåda) och be en medhjälpare att trycka ner fotbromsen hårt. Om detta inte är möjligt, håll fast drevet genom att vira ett stycke gummislang eller innerslang runt drevet.***

10 För alla motorkoder *utom* ABD, ABU och AEA, se kapitel 3 och demontera kylvätskepumpens remskiva så att kamremskåpans nedre del kan demonteras.

11 Ta bort fästskruvar och clips och ta bort kamremskåpans nedre del.

12 För alla motorkoder *utom* ABD och ABU, se beskrivning i avsnitt 5 och släpp kamremmens spänning genom att lossa spännarens mutter något, så att den kan svänga ut från remmen **(se bild).**

13 Endast på motorkoder ABD och ABU, lossa kylvätskepumpens fästbultar, lossa därefter kamremmens spänning genom att rotera pumpen i riktning mot motorn – använd en kraftig skruvmejsel som placeras mellan klackarna på pumpen, som hävarm **(se bild).**

14 Undersök om kamremmen har markeringar som anger dess rotationsriktning. Om inga markeringar finns kan man göra sådana markeringar själv med Tippex.

Varning: Om remmen verkar vara i gott skick och kan användas igen är det viktigt att den monteras tillbaka i samma riktning, annars kan den slitas ut snabbare vilket kan leda till motorhaveri.

15 Dra loss remmen från dreven; undvik att vrida eller vika den mer än absolut nödvändigt. Kontrollera att dreven behåller inriktningen i förhållande till de olika inställningsmärkena när kamremmen har demonterats.

Varning: Det innebär en potentiell fara att låta kamaxeln rotera när kamremmen är demonterad och motorn inställd på övre dödläge, eftersom kontakt mellan kolv och ventil kan uppstå.

16 Kontrollera kamremmen beträffande tecken på förorening från kylvätska eller smörjmedel. Om så är fallet måste källan till föroreningen identifieras innan arbetet kan fortskrida. Kontrollera om remmen är sliten eller skadad, speciellt kring remkuggarnas framkanter. Byt rem om dess skick är tvivelaktigt – kostnaden för en ny kamrem är obetydlig jämfört med kostnaderna för de reparationer som kan komma att behövas om remmen går av under drift. Om remmen har använts i mer än 5 500 mil är det klokt att byta den i förebyggande syfte oavsett skick.

17 Om kamremmen inte skall monteras tillbaka på ett tag, är det klokt att hänga en varningsetikett på ratten som påminnelse till dig själv, och andra, att inte starta motorn.

Montering

18 Kontrollera att vevaxelns, kamaxelns och, i förekommande fall, mellanaxelns inställningsmärken fortfarande är korrekt inriktade i övre dödläge för cylinder nr 1, enligt beskrivningen i avsnitt 2.

Motorkoder ABD and ABU

19 Placera kamremmen löst under vevaxelns drev och observera markeringarna för rotationsriktningen.

20 Montera kamremskåpans nedre del.

21 Montera remskivan till den ribbade drivremmen på vevaxelns drev. De förskjutna monteringshålen medger endast ett monteringsläge. Sätt därefter i och dra åt bultarna till angivet åtdragningsmoment.

22 Kontrollera att inställningsmärkena på vevaxelns remskiva och kamaxelns drev är korrekt inställda mot motsvarande referensmärken på den inre kamremskåpan; se detaljerad beskrivning i avsnitt 2.

23 Placera kamremmens kuggar i ingrepp med vevaxeldrevet, för därefter remmen på plats över kylvätskepumpens och kamaxelns drev – undvik att böja remmen bakåt eller vrida den för mycket. Se till att remmens "främre del" är spänd – d.v.s. allt slack skall vara i den sektion som passerar över kylvätskepumpens remskiva.

24 För in en kraftig skruvmejsel mellan klackarna på kylvätskepumpens hus, och använd den som en hävarm för att vrida pumpen så att remmen spänns **(se bild 4.13).**

25 Testa remmens spänning genom att hålla den mellan fingrarna på en punkt halvvägs mellan kylvätskepumpens och kamaxelns drev och vrida den; remmens spänning är korrekt när den kan vridas 90° (ett kvarts varv), men inte mer.

26 När korrekt remspänning har uppnåtts, dra åt kylvätskepumpens skruvar till angivet åtdragningsmoment.

27 Placera en hylsa/nyckel på vevaxelremskivans mittbult, rotera vevaxeln två hela varv och ställ in motorn på övre dödläge för cylinder nr 1 enligt beskrivning i avsnitt 2. Kontrollera remmens spänning igen och justera om det behövs.

Motorkod AEA

28 Kontrollera att inställningsmärkena på vevaxel- och kamaxeldreven är korrekt

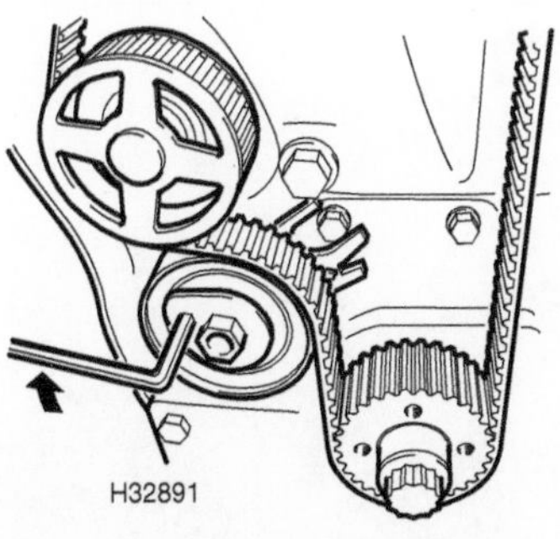

4.31a Vrid spännaren medurs med en insexnyckel tills remmen är spänd

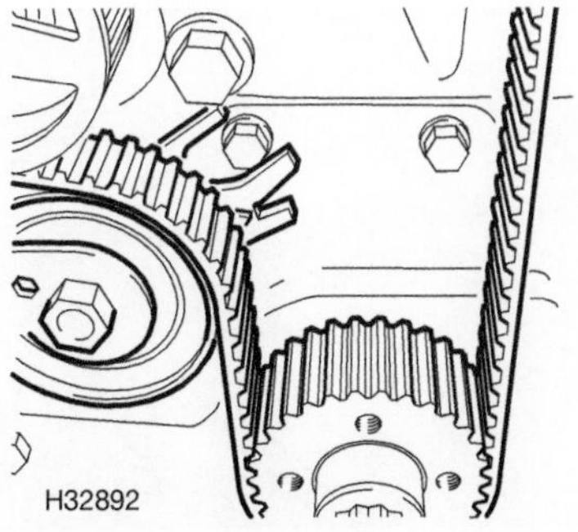

4.31b Den rörliga visaren skall vara inriktad mot skåran i remspännarens basplatta

inställda mot motsvarande referensmärken på kamremskåpans inre del; se detaljerad beskrivning i avsnitt 2.

29 Placera kamremmens kuggar i ingrepp med vevaxelns drev, för därefter remmen på plats över kylvätskepumpens och kamaxelns drev. Observera markeringarna för rotationsriktningen på remmen.

30 För remmens plana sida över remspännarvalsen – undvik att böja remmen bakåt eller vrida den för mycket. Se till att remmens "främre del" är spänd – d.v.s. allt slack ska finnas i den sektion som passerar över remspännarvalsen.

31 Spänn remmen på följande sätt: dra åt remspännarens fästbult lätt, sätt sedan in en insexnyckel i justeringshålet och vrid den excentriskt monterade spännaren medurs tills allt slack i remmen är borta. Fortsätt att vrida spännaren tills den rörliga visaren hamnar i linje med spåret i spännarens pasplatta **(se bilder)**. Avsluta med att dra åt spännarens fästbult till angivet moment.

32 Placera en skiftnyckel eller hylsnyckel på vevaxelremskivans bult, rotera vevaxeln två hela varv och ställ in motorn på övre dödläge för cylinder nr 1 enligt beskrivning i avsnitt 2. Kontrollera att remspännaren är korrekt inriktad och justera om det behövs.

33 Se beskrivning i avsnitt 5 och testa att remspännaren fungerar.

34 Montera kamremskåpans övre och nedre delar och dra åt fästskruvarna ordentligt.

35 Montera den ribbade drivremmens remskiva på vevaxelns drev, observera att de förskjutna monteringshålen endast medger ett monteringsläge, sätt därefter i och dra åt bultarna till angivet åtdragningsmoment.

Motorkoder ABF and AEK

36 Kontrollera att inställningsmärkena på svänghjulet och kamaxeldrevet är korrekt inriktade mot de motsvarande ÖD-markeringarna på balanshjulskåpan och kamremskåpans inre del/ventilkåpan; se detaljerad beskrivning i avsnitt 2.

37 Placera kamremmen löst under vevaxelns drev och observera markeringarna för rotationsriktningen.

38 Montera kamremskåpans nedre del.

39 Montera den ribbade drivremmens remskiva på vevaxelns drev, observera att de förskjutna monteringshålen endast medger ett monteringsläge, sätt därefter i och dra åt fästbultarna till angivet åtdragningsmoment.

40 Endast på motorkod AEK, se till att mellanaxeln inte har rört sig efter det att kamremmen demonterades. Kontrollera att markeringen för anslutningen till cylinder nr 1 på strömfördelaren fortfarande är inriktad mot mitten av rotorarmens elektrod (se avsnitt 2).

41 Placera kamremmens kuggar i fullt ingrepp med vevaxelns drev, manövrera därefter remmen på plats över mellanaxelns och kamaxelns drev. Observera markeringarna för rotationsriktningen.

42 För remmens plana sida över remspännarvalsen – undvik att böja remmen bakåt eller vrida den för mycket. Se till att remmens "främre del" är spänd – d.v.s. allt slack skall vara i den sektion som passerar över remspännarvalsen.

43 Spänn remmen genom att vrida den excentriskt monterade remspännaren medurs; de två hålen som är placerade på vardera sidan om spännarens nav skall användas till detta – en böjd låsringstång kan mycket väl ersätta det avsedda specialverktyget från VAG **(se bild)**.

44 På motorkod ABF (endast) skall i detta läge remspänningen kontrolleras med exakthet, och vid behov justeras enligt specifikationerna. Eftersom det innebär att ett specialverktyg för mätning av remspänning måste användas (Volkswagens verktyg nr VW 210), rekommenderar vi att detta arbete överlåts till en VAG-verkstad.

45 På endast motorkod AEK, testa remmens spänning genom att hålla den mellan fingrarna på en punkt halvvägs mellan kylvätskepumpens och kamaxelns drev och vrida den; remmens spänning är korrekt när den kan vridas 90° (ett kvarts varv), men inte mer.

46 När korrekt remspänning har uppnåtts, dra åt remspännarens låsmutter till angivet åtdragningsmoment.

47 Placera en skiftnyckel eller hylsnyckel på vevaxelremskivans mittbult, rotera vevaxeln två hela varv och ställ in motorn på övre dödläge för cylinder nr 1 enligt beskrivning i avsnitt 2. Kontrollera kamremmens spänning igen och justera om det behövs

48 Montera kamremskåpans övre del och dra åt skruvarna ordentligt.

Motorkoder AAM, ABS, 2E, ADZ och ADY

49 Kontrollera att inställningsmärket på kamaxeldrevet är korrekt inställt mot motsvarande referensmärke för ÖD på kamremskåpans inre del; se detaljerad beskrivning i avsnitt 2

50 Placera kamremmen löst under vevaxelns drev och observera markeringarna för rotationsriktningen.

51 Montera tillfälligt tillbaka den ribbade drivremmens remskiva med två av fästskruvarna – observera att de förskjutna monteringshålen endast medger ett monteringsläge.

52 Kontrollera att inställningsmärkena på vevaxelns remskiva och mellanaxelns drev fortfarande är korrekt inriktade; se detaljerad beskrivning i avsnitt 2.

53 Placera kamremmens kuggar i fullt ingrepp med vevaxelns drev, manövrera därefter remmen på plats över mellanaxelns och kamaxelns drev. Observera markeringarna för rotationsriktningen på remmen.

54 För remmens plana sida över remspännarvalsen – undvik att böja remmen bakåt eller vrida den för mycket. Se till att remmens "främre del" är spänd – d.v.s. allt slack ska vara i den sektion som passerar över remspännarvalsen.

55 Spänn remmen genom att vrida den excentriskt monterade remsträckaren medurs; de två hålen som är placerade på vardera sidan om sträckarens nav skall användas till detta – en kraftig böjd låsringstång kan mycket väl ersätta det avsedda specialverktyget från VAG **(se bild 4.43)**.

56 Testa remmens spänning genom att hålla den mellan fingrarna på en punkt halvvägs mellan kylvätskepumpens och kamaxelns drev och vrida den; remmens spänning är korrekt när den kan vridas 90° (ett kvarts varv), men inte mer.

57 När korrekt remspänning har uppnåtts, dra åt remspännarens låsmutter till angivet åtdragningsmoment.

58 Placera en skiftnyckel eller hylsnyckel på vevaxelremskivans bult och rotera vevaxeln

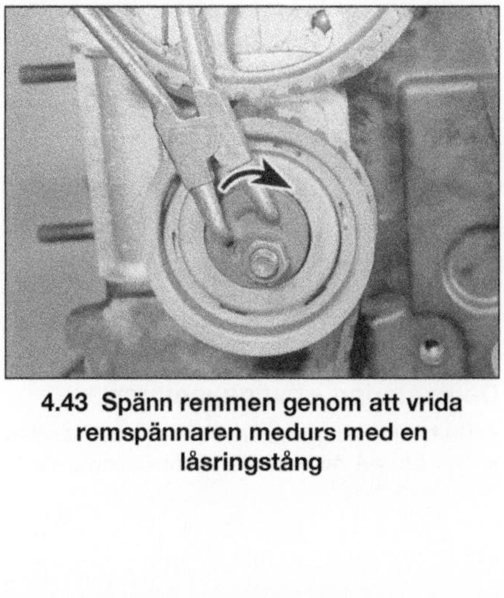

4.43 Spänn remmen genom att vrida remspännaren medurs med en låsringstång

två hela varv. Ställ in motorn på övre dödläge för cylinder nr 1 enligt beskrivning i avsnitt 2. Kontrollera att inställningsmärkena på vevaxelns remskiva och mellanaxelns och kamaxelns drev är rätt inriktade. Kontrollera kamremmens spänning igen och justera om det behövs.

59 Ta bort remskivan för den ribbade drivremmen från vevaxelns drev så att kamremskåpans nedre del kan monteras, montera därefter tillbaka remskivan. Observera att de förskjutna monteringshålen endast medger ett monteringsläge. Sätt i fästbultarna och dra åt dem till angivet moment.

Samtliga motorkoder

60 Se beskrivning i kapitel 3 och montera kylvätskepumpens remskiva, i förekommande fall.

61 Följ beskrivningen i avsnitt 6, montera och spänn drivremmen/-remmarna.

62 Koppla in tändsystemet genom att ansluta mittkabeln till strömfördelarlocket, anslut sedan bränslesystemet genom att sätta tillbaka bränslepumpens relä.

63 Avslutningsvis, se kapitel 5B och kontrollera tändinställningen; justera vid behov.

5 Kamremsspännare och drev – demontering, kontroll och montering

1 Innan arbetet påbörjas skall motor och fordon försättas ur funktion på följande sätt:

a) Koppla ur tändsystemet genom att lossa centrumkabeln från strömfördelaren och jorda den på motorblocket med en startkabel.

b) Koppla ur bränslesystemet genom att ta loss bränslepumpreläet från dess fäste.

c) Lossa det elektriska kablaget från startsolenoiden vid kontaktdonet; se beskrivning i kapitel 5A.

d) Förhindra att bilen rör sig genom att dra åt handbromsen och placera klossar vid bakhjulen.

2 Utför följande åtgärder för att bereda utrymme för komponenterna som behandlas i detta avsnitt:

a) Se beskrivning i avsnitt 6 och demontera drivremmen/drivremmarna.

b) För samtliga motorkoder utom ABU, ABD och AEA, se beskrivning i kapitel 3 och demontera kylvätskepumpens remskiva.

Kamremsspännare

Demontering – motorkoder ABD och ABU

3 Dessa motorer är inte utrustade med separata remspännare – kamremmens spänning justeras genom att kylvätskepumpens läge ändras; se detaljerad beskrivning i avsnitt 4.

Demontering – övriga motorer

4 Se beskrivningarna i avsnitten 2 och 4, ställ in motorn på övre dödläge för cylinder nr 1, och demontera kamremskåpans övre och nedre delar.

5.6 Ta bort remspännaren från pinnbulten

5 Lossa fästmuttern som sitter på navet på spännarremskivan och låt hela enheten rotera moturs, vilket lossar kamremmens spänning. Ta bort muttern och ta vara på brickan.

6 Dra loss remsträckaren från pinnbulten som den är monterad på **(se bild)**.

Kontroll

7 Torka remspännaren ren, men använd inga lösningsmedel som kan förorena lagren. Snurra spännarremskivan för hand på navet. Om remskivan sitter kärvt eller alltför glappt är det en indikation på starkt slitage, remspännaren går inte att reparera utan måste bytas.

Montering

8 Sätt spännarremskivan på pinnbulten, montera därefter brickan och muttern – dra inte åt muttern helt ännu.

9 Se beskrivning i avsnitt 4, spänn kamremmen och montera kamremskåporna.

10 På endast motorkod AEA, kan funktionen hos den halvautomatiska remspännaren testas på följande sätt. Tryck med fingret på en punkt halvvägs mellan kamaxeldrevet och vevaxeldrevet. Den rörliga visaren som sticker ut bakom remspännarvalsen bör glida undan från inställningsspåret i remsträckarens basplatta när tryck läggs an, och glida tillbaka när trycket upphör (se bilderna i avsnitt 4).

11 Koppla in tänd- och bränslesystemen genom att ansluta tändkabeln på strömfördelaren och sätta tillbaka bränslepumpens relä.

12 Se beskrivning i kapitel 5B, och kontrollera att tändinställningen fortfarande följer specificerade värden; justera om det behövs.

Kamaxelns kamremsdrev

Demontering

13 Se beskrivning i avsnitt 4, demontera kamremskåporna och ställ in motorn på övre dödläge för cylinder nr 1. Lossa remspännarens mittre mutter (eller kylvätskepumpens fästbultar på motorkoderna ABD och ABU) och rotera den moturs för att släppa på kamremmens spänning. Ta försiktigt bort kamremmen från kamaxeldrevet.

14 Kamaxeldrevet måste hållas stilla när skruven lossas; om VAGs specialverktyg inte är tillgängligt går det bra att tillverka ett provisoriskt verktyg **(se Haynes tips)**.

HAYNES TiPS

Tillverka ett verktyg för att hålla fast kamaxeldrevet enligt följande: Införskaffa två plattjärn, cirka 6 mm tjocka och 30 mm breda, eller liknande. Det ena järnet skall vara 600 mm långt, och det andra 200 mm (måtten är ungefärliga). Skruva ihop de två plattjärnen så att de utgör ett V, låt skruven sitta löst så att det kortare järnet kan svänga fritt. Sätt fast en skruv och en låsmutter i varje ände av V:et – dessa skall fungera som stödpunkter; de skall gripa i utskärningarna i drevet och bör sticka ut cirka 30 mm.

15 Håll fast drevet med verktyget. Skruva loss och ta bort fästbulten, ta vara på brickan om sådan är monterad.

16 Ta bort kamaxeldrevet från kamaxeln. Där sådan förekommer, ta bort Woodruffkilen från kilspåret.

17 Med drevet demonterat, undersök om kamaxelns oljetätning visar tecken på läckage. Se detaljerad beskrivning i avsnitt 8 vid behov, och byt tätning.

18 Torka drevets och kamaxelns tätningsytor rena.

Montering

19 Om tillämpligt, montera Woodruffkilen i kilspåret med den plana ytan uppåt. Placera drevet på kamaxeln, låt skåran i drevet gripa i Woodruffkilen. På motorer utan Woodruffkil, kontrollera att klacken i drevets nav griper i kamaxelns ände.

20 Följ beskrivningen i avsnitt 2 och kontrollera att motorn fortfarande är inställd på övre dödläge för cylinder nr 1, montera därefter kamremmen och spänn den. Montera kamremskåporna.

21 Montera vevaxelns (och i förekommande fall, vattenpumpens) remskiva/-or, sätt därefter i fästbultarna och dra åt dem till angivet åtdragningsmoment.

22 Se beskrivning i avsnitt 6, montera och spänn drivremmen/drivremmarna.

Vevaxelns kamremsdrev

Demontering

23 Se beskrivningar i avsnitten 2 och 4, demontera kamremskåporna och ställ in

5.25 Demontering av vevaxelns drev

motorn på övre dödläge för cylinder nr 1. Lossa muttern till remspännaren (eller kylvätskepumpens fästbultar på motorkoderna ABD och ABU) och rotera den moturs för att släppa på kamremmens spänning. Ta försiktigt bort kamremmen från vevaxelns drev.

24 Vevaxelns drev måste hållas stilla när bulten lossas. Om VAGs specialverktyg inte är tillgängligt, lås vevaxeln på plats genom att demontera startmotorn enligt beskrivning i kapitel 5A, så att svänghjulets startkrans blir synlig. Låt sedan en medhjälpare placera en kraftig skruvmejsel eller liknande mellan startkransens kuggar och balanshjulskåpan medan skruven till drevet lossas.

25 Ta bort bulten, ta vara på brickan och ta loss drevet **(se bild)**.

26 När drevet är demonterat, kontrollera vevaxelns oljetätning beträffande läckage. Vid behov, se detaljerad beskrivning i avsnitt 10 och byt tätningen.

27 Torka drevets och vevaxelns fogytor rena.

Montering

28 För upp drevet till vevaxeln, låt klacken på drevets insida gripa i vevaxelns ände. Sätt i bulten och dra åt den till angivet åtdragningsmoment.

29 Följ beskrivningen i avsnitt 4 och kontrollera att motorn fortfarande är inställd på övre dödläge för cylinder nr 1, montera därefter kamremmen och spänn den. Montera kamremskåporna.

30 Montera vevaxelns (och i förekommande fall, kylvätskepumpens) remskiva/-skivor, sätt därefter i fästbultarna och dra åt dem till angivet åtdragningsmoment.

31 Se beskrivning i avsnitt 6, montera och spänn drivremmen/drivremmarna.

Kylvätskepumpens kamremsdrev – endast motorkoder ABD, ABU och AEA

32 Kylvätskepumpens drev är inbyggt i själva pumpen. Drevet kan alltså inte bytas ut separat

Mellanaxelns drev

Demontering

33 Se avsnitt 4, demontera kamremskåporna och ställ in motorn på övre dödläge för cylinder nr 1. Lossa muttern i mitten på remspännaren och rotera den moturs för att släppa på kamremmens spänning. Ta försiktigt bort kamremmen från mellanaxelns drev.

34 Mellanaxelns drev måste hållas stilla när bulten lossas. Om VAGs specialverktyg inte är tillgängligt kan ett provisoriskt verktyg tillverkas med enkla medel, enligt beskrivningen av demontering av kamaxelns drev.

35 Staga mellanaxelns drev med verktyget, skruva loss och ta bort bulten, ta vara på brickan om sådan är monterad.

36 Ta bort drevet från mellanaxelns ände. I förekommande fall, ta vara på Woodruffkilen från kilspåret.

37 När drevet är demonterat, undersök mellanaxelns oljetätning beträffande tecken på läckage. Om så behövs, se beskrivning i avsnitt 9 och byt tätning.

38 Torka drevets och mellanaxelns fogytor rena.

Montering

39 I förekommande fall, montera Woodruffkilen i kilspåret med den plana ytan uppåt. För upp drevet till mellanaxeln, låt skåran i drevet gripa i Woodruffkilen.

40 Följ beskrivning i avsnitt 4, och kontrollera att motorn fortfarande är inställd på övre dödläge för cylinder nr 1. I förekommande fall, rikta in mellanaxelns drev mot inställningsmärkena på vevaxelns remskiva.

41 Dra åt drevets fästbult till angivet moment; håll fast drevet med samma metod som vid demonteringen.

42 Se beskrivning i avsnitt 4, montera och spänn kamremmen, montera därefter kamremskåporna.

43 Montera vevaxelns drivremsskiva/-skivor, sätt därefter i fästbultarna och dra åt dem till angivet moment.

44 Se beskrivning i avsnitt 6, montera och spänn drivremmen/-remmarna.

6 **Drivremmar** – demontering och montering

Allmän information

1 Beroende på bilens utförande och motortyp kan en eller två drivremmar förekomma. Båda drivs från remskivor som är monterade på vevaxeln och de driver generatorn, kylvätskepumpen och servostyrningspumpen, samt på bilar med luftkonditionering även köldmediekompressorn.

2 Remdragningen och komponenterna som de driver beror likaledes på bilens utförande och motortyp, varför kylvätskepumpen och servostyrningspumpen kan vara utrustade med remskivor som passar antingen en ribbad rem eller en kilrem.

3 Den ribbade drivremmen kan vara försedd med automatisk spännanordning beroende på dess dragning (och antalet komponenter som den driver). I annat fall spänns remmen av generatorfästena, vilka har inbyggd spännfjäder. Kilremmen spänns genom att servostyrningspumpen vrids på sitt fäste.

4 Vid monteringen måste drivremmarna spännas på korrekt sätt, för att garantera god funktion under alla förutsättningar och lång livslängd.

Kilrem

Demontering

5 Parkera bilen på plant underlag och dra åt handbromsen. Hissa upp bilens framvagn och stöd den på pallbockar – se beskrivning i *Lyftning och stödpunkter.* Koppla ifrån startsystemet genom att lossa startsolenoiden vid kontaktdonet, se kapitel 5A.

6 Vrid ratten med fullt utslag till höger, se beskrivning i kapitel 11 och demontera plastluftkanalen under den högra framskärmen.

7 Se beskrivning i kapitel 10, lossa servostyrningspumpens fästbultar och sväng pumpen på det översta fästet mot motorn.

8 Lyft av kilremmen från servostyrningspumpens remskiva och, i förekommande fall, kylvätskepumpens remskiva.

9 Undersök om remmen är sliten eller skadad, byt den vid behov.

Montering och spänning

10 Montera remmen i omvänd ordningsföljd, kontrollera att den sitter jämnt på plats i remskivorna.

11 Justera remspänningen genom att ta tag i servostyrningspumpen underifrån och dra den mot bilens front. Spänningen är korrekt när remmen kan tryckas in högst 5 mm mitt på den längsta sträckan. Dra åt servostyrningspumpens fästbultar till angivet moment.

12 Rotera vevaxeln i normal rotationsriktning två hela varv, kontrollera därefter spänningen igen och justera den om det behövs.

Ribbad drivrem

Demontering

13 Parkera bilen på plant underlag och dra åt handbromsen. Hissa upp bilens framvagn och stöd den på pallbockar – se beskrivning i *Lyftning och stödpunkter.* Koppla ifrån startsystemet genom att koppla loss startsolenoidens kablage vid kontaktdonet, se kapitel 5A.

14 Vrid ratten med fullt utslag till höger, se beskrivning i kapitel 11 och demontera plastluftkanalen under den högra framskärmen.

15 Om så är tillämpligt, demontera kilremmen enligt beskrivningen i föregående underavsnitt.

16 Kontrollera den ribbade drivremmen beträffande tillverkarens markeringar som visar rotationsriktningen. Om inga markeringar förekommer kan man göra egna markeringar med Tippex eller lite målarfärg – gör aldrig skåror i remmen.

Bilar med automatisk drivremsspännare med vals

17 Rotera spänningsanordningens vals medurs mot fjäderspänningen, så att valsen trycks bort från remmen – använd en skiftnyckel som hävarm.

Bilar med roterande automatisk drivremsspännare

18 Placera en ringnyckel på muttern i mitten av spännaren och rotera hela enheten moturs, mot fjäderspänningen.

Bilar utan automatisk drivremsspännare

19 Lossa generatorns övre och nedre bultar ett till två varv.

20 Tryck ner generatorn tills den stannar mot fjäderspänningen, så att den roterar kring dess översta fäste.

Alla bilar

21 Dra loss remmen från generatorns remskiva och lossa den från återstående remskivor.

Montering och spänning

Varning: Observera tillverkarens markeringar för rotationsriktningen på drivremmarna vid monteringen.

22 För den ribbade remmen under vevaxelns remskiva och se till att ribborna sätter sig ordentligt i spåren på remskivan.

Bilar med automatisk drivremsspännare med vals

23 Rotera spännarens vals medurs mot fjäderspänningen – använd en skiftnyckel som hävarm.

24 För remmen runt kylvätskepumpens remskiva eller remskivan till luftkonditioneringens köldmediepump (vad som är tillämpligt), montera därefter remmen över generatorns remskiva.

25 Lossa armen till spännarremskivan och låt valsen vila mot remmens plana yta.

Bilar med roterande automatisk drivremsspännare

26 Placera en ringnyckel på muttern i mitten av spännaren och rotera hela enheten moturs, mot fjäderns spänning.

27 För remmens släta sida under spännanordningens vals, montera den därefter över servostyrningspumpens och generatorns remskivor.

28 Lossa ringnyckeln och låt spännarens vals vila mot remmens släta sida.

Bilar utan automatisk drivremsspännare

29 Tryck ner generatorn flera gånger mot dess stoppläge mot fjäderns spänning, så att den roterar runt dess översta fäste, och kontrollera att den kan röra sig fritt när den släpps. Vid behov, lossa generatorns fästbultar ytterligare ett halvt varv.

30 Håll generatorn nedtryckt mot sitt ändläge, för remmen över generatorns remskiva, lossa därefter generatorn och låt den spänna remmen.

31 Koppla in startsystemet, starta motorn och låt den gå på tomgång i cirka 10 sekunder.

32 Stäng av motorn, dra först åt generatorns undre bult och därefter den övre till angivet åtdragningsmoment.

Alla modeller

33 Se beskrivning i kapitel 11 och montera plastluftkanalen på skärmens undersida.

34 I förekommande fall, se beskrivning i föregående underavsnitt och montera kilremmen.

35 Sänk ner bilen på marken, koppla in startsystemet (om det inte redan är gjort), se beskrivning i kapitel 5A.

7 Ventilkåpa – demontering och montering

Demontering

1 Försätt motorn ur funktion genom att:

a) Ta ut bränslepumpreläet från relädosan.

b) Lossa centrumkabeln från strömfördelaren och jorda den på motorblocket med en förbindningskabel.

c) Koppla loss kablaget från startsolenoiden vid kontaktdonet, se instruktioner i kapitel 5A.

Motorkoder ABU, ABD, AEA

2 Lossa vevhusets ventilationsslang från kåpan, klipp av klämman – om den är av engångstyp skall den ersättas med klämma av skruvtyp vid monteringen.

3 För att skapa bättre utrymme, lossa gasvajern från gasspjällhuset, se beskrivning i kapitel 4A.

4 Lossa och ta bort ventilkåpans tre fästbultar – ta vara på brickor och tätningar.

Motorkod AEK

5 Se kapitel 4B, demontera den övre delen av insugsgrenröret samt gasspjällhuset från motorn.

6 Bänd loss vevhusets ventilationstrycksventil från öppningen på ventilkåpan.

7 Arbeta runt kanten på ventilkåpan, lossa fästmuttrarna stegvis och ta bort dem.

Motorkoder ADY, 2E

8 Lossa vevhusets ventilationsslangar från tryckreglerventilen, som är monterad ovanpå ventilkåpan. Om klämmorna är av engångstyp, kapa dem och ersätt dem med klämmor av skruvtyp vid monteringen. Lossa och ta bort skruvarna och demontera reglerventilen.

9 På motorkod 2E kan åtkomligheten förbättras genom att tomgångsventilen demonteras; se beskrivning i kapitel 4B.

10 Arbeta runt kanten på ventilkåpan, lossa muttrarna stegvis och ta bort dem.

Motorkoder ADZ, ABS, AAM

11 Lossa vevhusets ventilationsslang från kåpan, klipp av klämmorna – om de är av engångstyp skall de ersättas med klämmor av skruvtyp vid monteringen.

12 Skapa bättre utrymme genom att lossa gasvajern från gasspjällhuset, se beskrivning i kapitel 4A.

13 Arbeta runt kanten på ventilkåpan, lossa muttrarna stegvis och ta bort dem.

Motorkod ABF

14 Se beskrivning i kapitel 5B och lossa tändkablarna från tändstiften.

15 Se kapitel 4B och demontera insugsgrenrörets övre del samt gasspjällhuset.

16 Se kapitel 1A och demontera tändstiften från topplocket.

17 Arbeta runt ventilkåpans kanter och lossa stegvis och ta bort de yttre fästskruvarna. I förekommande fall, demontera förstärkningsplåtarna från kanterna. Skruva loss de två inre fästskruvarna mellan tändstiftsbrunnarna – ta vara på brickorna.

Alla motorkoder

18 Lyft upp kåpan från topplocket; om den sitter hårt, försök inte bända i fogen med något redskap – försök istället att lossa kåpan genom att knacka lätt med en mjuk klubba runt kanten på den.

19 Där så är tillämpligt, lyft upp oljeskvalpplåten från pinnbultarna på kamaxelns lageröverfall, notera hur de är monterade.

20 Ta bort ventilkåpans packning, observera att packningen kan utgöras av flera delar beroende på motorns specifikation. Granska varje del noggrant – byt ur hela packningen om den är skadad eller sliten. **Observera:** *På motorkoderna ADZ, ABS och AAM måste packningen kastas och ersättas med en ny, oavsett skick.*

21 Rengör topplockets och ventilkåpans fogytor noggrant, ta bort alla spår av olja och den gamla packningen – var försiktig så att tätningsytorna inte skadas under arbetet.

Montering

22 Montera ventilkåpan genom att följa demonteringsrutinen men i omvänd ordningsföljd, observera följande punkter:

a) Kontrollera att packningens alla delar är korrekt placerade på topplocket, var försiktig så att de inte rubbas när kåpan sänks ner på plats.

b) Dra åt skruvarna/muttrarna på ventilkåpan till angivet åtdragningsmoment.

c) Vid anslutning av slangar som från början var fästa med klämmor av engångstyp, skall dessa ersättas med klämmor av skruvtyp vid monteringen.

23 Avslutningsvis, koppla in bränsle- och tändsystemen genom att sätta tillbaka bränslepumpens relä och ansluta centrumkabeln på strömfördelaren.

8 Kamaxelns oljetätning – byte

1 Försätt motorn ur funktion genom att:
a) Lossa bränslepumpreläet från dess fäste.
b) Lossa den mittre kabeln från strömfördelaren och jorda den på motorblocket med en förbindningskabel.
c) Lossa det elektriska kablaget från startsolenoiden vid kontaktdonet, se instruktioner i kapitel 5A.

2 Se beskrivning i avsnitt 6 och demontera drivremmen/-remmarna.

3 Se beskrivningar i avsnitten 2, 4 och 5 i detta kapitel, demontera drivremmarnas remskivor och kamremskåpan, ställ in motorn på övre dödläge för cylinder nr 1 och demontera kamremsspännaren (där tillämpligt) och kamaxeldrevet.

4 Skruva loss fästskruvarna och lyft bort den inre kamremskåpan från motorblocket – oljetätningen blir då synlig. **Observera:** *På motorkoderna ABU, ABD och AEA, går kylvätskepumpens skruvar genom kamremskåpans inre del; se beskrivning i kapitel 3 och tappa av kylvätskan från motorn och demontera kylvätskepumpen.*

5 Borra två små hål i den befintliga oljetätningen, diagonalt mitt emot varandra. Sätt i två självgängande skruvar i hålen, dra sedan i skruvarnas skallar med en tång för att dra ut oljetätningen. Var mycket försiktig så att du inte borrar in i tätningshuset eller kamaxelns tätningsyta.

6 Rengör tätningshuset och tätningsytan på kamaxeln med en luddfri trasa – undvik att använda lösningsmedel som kan tränga in i topplocket och påverka smörjningen av komponenterna. Ta bort eventuellt järnfilspån eller gjutskägg som kan orsaka tätningsläckage.

7 Smörj in läppen på den nya oljetätningen med ren motorolja och tryck den över kamaxeln tills den är placerad på sitt hus.

8 Driv tätningen rakt in i tätningshuset med hammare och en hylsa med lämplig diameter **(se bild)**. **Observera:** *Använd en hylsa som endast trycker på tätningens hårda yttre yta, och inte på den inre läppen som lätt kan skadas.*

9 Se beskrivningar i avsnitten 2, 4 och 5 i detta kapitel, montera den inre kamremskåpan och dreven, montera därefter kamremmen och spänn den. Avslutningsvis, montera kamremskåpans yttre del.

10 Se beskrivning i avsnitt 6, montera och spänn drivremmen/drivremmarna.

9 Mellanaxelns oljetätning – byte

Observera: *Detta avsnitt gäller inte motorkoderna ABU, ABD och AEA, eftersom dessa inte har någon mellanaxel.*

8.8 Driv kamaxelns oljetätning rakt in i huset med hammare och en hylsa

1 Försätt motorn ur funktion genom att:
a) Lossa bränslepumpreläet från dess fäste.
b) Lossa den mittre kabeln från strömfördelaren och jorda den på motorblocket med en förbindningskabel.
c) Lossa det elektriska kablaget från startsolenoiden vid kontaktdonet, se instruktioner i kapitel 5A.

2 Se beskrivning i avsnitt 6 och demontera drivremmen/drivremmarna.

3 Se beskrivningar i avsnitten 4 och 5 i detta kapitel, demontera drivremmarnas remskivor, den yttre kamremskåpan, kamremmen, kamremsspännaren (i förekommande fall) samt mellanaxelns drev.

4 Skruva loss fästskruvarna och lyft bort den inre kamremskåpan från motorblocket – mellanaxelns tätningsfläns blir nu synlig.

5 Se beskrivning i avsnitt 7 i kapitel 2C, demontera mellanaxelns fläns och byt axelns och flänsens oljetätningar.

6 Se beskrivning i avsnitten 4 och 5 i detta kapitel och utför följande:
a) Montera den inre kamremskåpan.
b) Montera mellanaxelns kamremsdrev.
c) Montera och spänn kamremmen.
d) Montera den yttre kamremskåpan.

7 Se beskrivning i avsnitt 6 i detta kapitel, montera och spänn drivremmen/drivremmarna.

10 Vevaxelns oljetätningar – byte

Vevaxelns främre oljetätning

1 Försätt motorn ur funktion genom att:
a) Lossa bränslepumpreläet från dess fäste.
b) Lossa den mittre kabeln från strömfördelaren och jorda den på motorblocket med en startkabel.
c) Koppla loss kablaget från startsolenoiden vid kontaktdonet, se instruktioner i kapitel 5A.

2 Se beskrivning i kapitel 1A och tappa av motoroljan.

3 Se beskrivning i *Lyftning och stödpunkter*, hissa upp bilens framvagn och stöd den på pallbockar.

4 Följ beskrivningen i kapitel 11, skruva loss skruvarna och lossa plastluftkanalen under höger framskärm.

5 Se beskrivning i avsnitt 6 och demontera drivremmen/drivremmarna.

6 Se avsnitt 4 och 5 i detta kapitel, demontera drivremmarnas remskivor, de yttre kamremskåporna, kamremmen och vevaxeldrevet.

7 Demontera oljetätningen med samma metod som beskrivits för demontering av kamaxelns oljetätning i avsnitt 8.

8 Rengör tätningshuset och tätningsytan på vevaxeln med en luddfri trasa – undvik att använda lösningsmedel som kan tränga in i vevhuset och påverka smörjningen av komponenterna. Avlägsna eventuellt järnfilspån eller gjutskägg som kan orsaka tätningsläckage.

9 Smörj in läppen på den nya oljetätningen med ren motorolja och placera den över huset **(se bild)**.

10 Driv tätningen rakt in i tätningshuset med hammare och en hylsa med lämplig diameter **(se bild)**. **Observera:** *Använd en hylsa som endast trycker på tätningens hårda yttre kant, och inte på den inre läppen som lätt kan skadas.*

11 Se beskrivningar i avsnitten 2, 4 och 5 i detta kapitel, montera vevaxelns kamremsdrev, montera därefter kamremmen och spänn den. Avslutningsvis, montera den yttre kamremskåpan och drivremmens remskiva/-skivor.

12 Resten av monteringsarbetet följer demonteringsproceduren men i omvänd ordningsföljd, enligt följande:

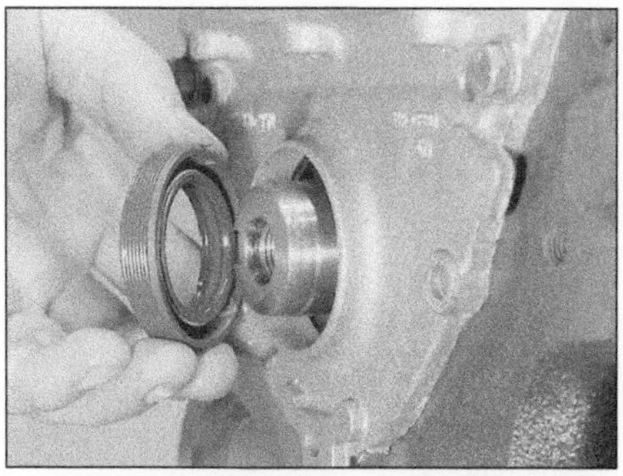

10.9 Smörj in den nya oljetätningen och placera den över huset

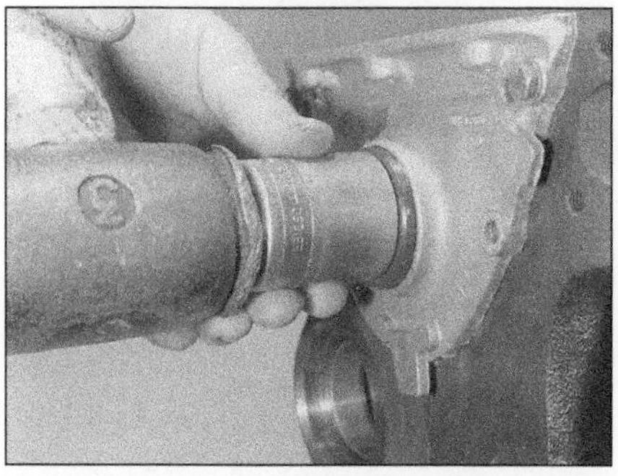

10.10 Driv den nya tätningen rakt in i huset med hammare och en hylsa

a) Se beskrivning i avsnitt 6, montera och spänn drivremmen/drivremmarna.
b) Montera luftkanalen under skärmen enligt beskrivning i kapitel 11.
c) Se beskrivning i kapitel 1A och fyll på motorolja av korrekt typ och kvantitet.
d) Återställ tänd-, bränsle- och startsystemen.

Vevaxelns främre oljetätningshus – byte av packning

13 Följ beskrivningen i punkterna 1 till 6 ovan, se därefter avsnitt 15 och demontera oljesumpen.

14 Växelvis lossa och ta bort oljetätningshusets fästbultar.

15 Lyft bort huset från motorblocket tillsammans med vevaxelns oljetätning och för bort den längs axeln med en vridrörelse.

16 Ta vara på den gamla packningen från tätningshuset på motorblocket. Om den har vittrat sönder, skrapa bort återstoden med ett knivblad, men var försiktig så att tätningsytorna inte skadas.

17 Bänd loss den gamla oljetätningen från huset med en kraftig skruvmejsel.

18 Torka rent i oljetätningshuset och undersök det beträffande tecken på skevhet eller sprickor. Lägg huset på en arbetsbänk med tätningsytan nedåt. Tryck in en ny oljetätning, använd ett träblock som press för att garantera att tätningen går in rakt i huset.

19 Smörj in vevhusets fogytor med universalfett och lägg den nya packningen på plats.

20 Täck vevaxelns ände med plasttejp för att skydda oljetätningen när den monteras.

21 Smörj in oljetätningens inre läpp med ren motorolja, placera därefter tätningen och dess hus på vevaxelns ände. För tätningen längs axeln med en vridrörelse tills huset sitter jäms med vevhuset.

22 Sätt i fästbultarna och dra åt dem växelvis till angivet åtdragningsmoment **(se bild)**.

Varning: Huset är tillverkat av lättmetall och kan bli skevt om skruvarna inte dras åt växelvis.

23 Se beskrivning i avsnitt 15 och montera oljesumpen.

24 Se beskrivningar i avsnitten 2, 4 och 5 i detta kapitel, montera vevaxelns kamremsdrev, montera därefter kamremmen och spänn den. Avslutningsvis, montera kamremskåpans yttre del och drivremmens/-remmarnas remskiva/remskivor.

25 Resten av monteringen följer demonteringen men i omvänd ordningsföljd, enligt följande:

a) Se beskrivning i avsnitt 6, montera och spänn drivremmen/drivremmarna.
b) Montera plastluftkanalen under skärmen enligt beskrivning i kapitel 11.
c) Se beskrivning i kapitel 1A och fyll på motorolja av korrekt typ och kvantitet.
d) Återställ tänd-, bränsle- och startsystemen.

10.22 Dra åt det främre oljetätningshusets fästbultar till angivet moment

10.40 Dra åt skruvarna till bakre oljetätningshuset enligt angivet åtdragningsmoment

Vevaxelns bakre oljetätning (svänghjulsänden)

26 Följ först beskrivningen i punkterna 1 till 3 ovan, se därefter avsnitt 15 och demontera oljesumpen.

27 Följ beskrivningen i kapitel 11, skruva loss skruvarna och lossa plastluftkanalen under den vänstra skärmen.

28 Se beskrivning i kapitel 7A eller B och demontera växellådan från motorn.

29 På bilar med manuell växellåda, se beskrivning i avsnitt 13 i detta kapitel och demontera svänghjulet, se därefter kapitel 6 och demontera kopplingens lamell och tryckplatta.

30 På bilar med automatväxellåda, se beskrivning i avsnitt 13 i detta kapitel och demontera medbringarskivan från vevaxeln.

31 Där så är tillämpligt, skruva loss skruvarna och lyft bort den mellanliggande plattan från motorblocket.

32 Lossa oljetätningshusets skruvar stegvis och ta bort dem.

33 Lyft upp huset från motorblocket tillsammans med vevaxelns oljetätning, och dra bort den längs axeln med en vridrörelse.

34 Ta vara på den gamla packningen på tätningshuset på motorblocket. Om den har vittrat sönder skall återstoden skrapas bort med ett knivblad. Se till att tätningsytorna inte skadas.

35 Bänd loss den gamla oljetätningen från huset med en kraftig skruvmejsel.

36 Torka rent i oljetätningshuset och kontrollera beträffande tecken på skevhet eller sprickor. Lägg huset på en arbetsbänk med fogytan nedåt. Tryck in den nya oljetätningen, pressa på tätningen med ett trästycke för att se till att den går rakt ner i huset.

37 Smörj in vevhusets tätningsyta med universalfett och lägg den nya packningen på plats.

38 Genuina VAG-oljetätningar levereras med ett skyddslock av plast; vid montering över vevaxeländen hindrar skyddslocket att oljetätningens inre läpp skadas. Om ett sådant skyddslock inte finns tillgängligt, linda in vevaxelns ände med plasttejp.

39 Smörj in den inre läppen på vevaxelns oljetätning med ren motorolja, för därefter upp tätning och hus till vevaxeländen. För tätningen längs axeln med en vridrörelse tills tätningshuset sitter jäms med vevhuset.

40 Sätt i fästbultarna och dra åt dem växelvis till angivet åtdragningsmoment **(se bild)**.

Varning: Huset är tillverkat av lättmetall och kan bli skevt om skruvarna inte dras åt växelvis.

41 Se beskrivning i avsnitt 15 och montera oljesumpen.

42 Montera den mellanliggande plattan på motorblocket, sätt därefter i och dra åt bultarna.

43 På fordon med automatväxellåda, följ beskrivningen i avsnitt 13 i detta kapitel och montera medbringarskivan på vevaxeln.

44 På bilar med manuell växellåda, se beskrivning i avsnitt 13 i detta kapitel och montera svänghjulet, se därefter kapitel 6 och montera kopplingslamell och tryckplatta.

45 Se kapitel 7A eller B, montera växellådan på motorn.

46 Återstoden av monteringsproceduren följer demonteringen, men i omvänd ordningsföljd, enligt följande:

a) Montera plastluftkanalen på skärmens undersida, följ beskrivning i kapitel 11.
b) Se beskrivning i kapitel 1A och fyll på motorolja av korrekt typ och kvantitet.
c) Återställ tänd-, bränsle- och startsystemen.

11 Topplock och grenrör – demontering, isärtagning och montering

Demontering

1 Parkera bilen på ett jämnt och hårt underlag. Se till att du har gott om arbetsutrymme runt bilen.

2 Se beskrivning i kapitel 11 och demontera motorhuven från gångjärnen.

3 Lossa batteriets negativa anslutning och placera kabeln på avstånd från batteriet. **Observera:** *Om bilen är utrustad med säkerhetskodad radio, kontrollera att du har noterat koden innan batterianslutningen lossas. Rådfråga din VAG-återförsäljare vid behov.*

4 Se beskrivning i kapitel 1A och utför följande:

a) *Tappa av motoroljan.*
b) *Tappa av kylsystemet.*

5 Se beskrivning i avsnitt 6 och demontera drivremmen/-remmarna.

6 Se beskrivning i avsnitt 2, ställ in motorn på övre dödläge för cylinder nr 1.

7 Se beskrivning i kapitel 3 och utför följande:

a) *Lossa slangklämmorna och ta bort de övre och undre kylarslangarna från anslutningarna på topplocket och vattenpumpen/termostathuset (vad som är tillämpligt).*
b) *Lossa klämmorna och koppla loss expansionskärlets och värmeenhetens inlopps- och utloppsslangar från portarna på topplocket.*

8 "Fronten" är en panelenhet som utgörs av främre stötfångare, kylare och grill, kylfläkt(ar), strålkastare, framkjol och motorhuvens låsmekanism. Även om det inte är absolut nödvändigt att demontera denna enhet, så skapas betydligt bättre utrymme runt motorn om man gör det. Demontering av fronten beskrivs i början av avsnittet om motorns demontering – se beskrivning i kapitel 2C.

9 Se beskrivning i kapitel 4D, lossa lambdasondens kablage från kabelstammen vid multikontakten (i förekommande fall).

10 Se beskrivning i kapitel 5B och kapitel 1A, och utför följande:

a) *Ta loss tändkablarna från tändstiften och strömfördelaren.*
b) *På motorkoder ABF, ABU, ABD och AEA, demontera strömfördelaren.*

11 På modeller med flerpunkts bränsleinsprutning, se kapitel 4B och demontera gasspjällhuset, insugsgrenrörets övre del (endast motorkoderna AEK och ABF), insprutningsbrygga och bränslespridare.

12 På modeller med enpunkts insprutning, se kapitel 4A, demontera gasspjällhusets luftbox och därefter gasspjällhuset.

13 Se avsnitten 2, 4 och 7 och utför följande:

a) *Demontera ventilkåpan.*
b) *Demontera de yttre kamremskåporna och lossa kamremmen från kamaxeldrevet.*

14 På motorkoder ABD, AEA och ABU, se beskrivning i avsnitt 5 och demontera kamaxeldrevet.

15 Skruva loss skruvarna och lyft bort kamremskåpans inre del(ar). Observera att på motorkoderna ABU, AEA och ABD, håller kylvätskepumpens fästbultar även den inre kamremskåpan – se kapitel 3 och demontera kylvätskepumpen från motorblocket.

16 Se beskrivning i kapitel 4A eller B, lossa kablaget från kylvätskans temperaturgivare vid kontaktdonet.

17 Se beskrivning i kapitel 4D och separera det främre (nedåtgående) avgasröret från avgasgrenrörets fläns.

18 Där så är tillämpligt, lossa varmluftsinloppsslangen från avgasgrenrörets värmesköld.

19 Skruva loss bulten som fäster röret för motoroljans mätsticka vid topplocket.

20 Skruva loss fästskruven och lossa kontaktfästet för motorns kablage från topplocket.

21 Följ åtdragningssekvensen i bild 11.37 men i omvänd ordningsföljd, lossa topplocksbultarna växelvis ett halvt varv i taget, tills alla bultar kan skruvas loss för hand.

22 Kontrollera att ingenting längre är anslutet till topplocket, lyft sedan upp topplocket från motorblocket. Ta hjälp av någon – topplocket är mycket tungt, speciellt om det demonteras tillsammans med grenrören.

23 Ta bort packningen från motorblocket, observera styrstiften. Om styrstiften sitter löst, ta bort dem och förvara dem tillsammans med topplocket så att de inte kommer bort. Kasta inte bort packningen – för vissa modeller kan den behövas som identifikation.

24 Om topplocket skall tas isär för reparation, se beskrivning i kapitel 2C.

Separering av grenrören

25 Demontering och montering av insugsgrenröret finns beskrivet i kapitel 4A eller B.

26 Växelvis lossa och ta bort fästmuttrarna från avgasgrenröret. Lyft bort grenröret från topplocket och ta vara på packningarna. Där så är tillämpligt, lossa anslutningen och separera CO-provröret från grenröret.

27 Se till att fogytorna är fullständigt rena, montera därefter avgasgrenröret och använd nya packningar. Dra åt muttrarna till angivet åtdragningsmoment.

Förberedelser för montering

28 Fogytorna på topplocket och motorblocket/vevhuset måste vara fullständigt rena innan topplocket monteras. Skrapa bort alla spår av gammal packning och sotavlagringar med en hård plast- eller träskrapa; rengör även kolvtopparna. Var väldigt försiktig vid rengöringen, eftersom aluminiumlegeringar lätt kan skadas. Se också till att sotavlagringar inte tränger in i olje- eller vattenpassagerna – detta är extra viktigt för smörjsystemet eftersom sot kan blockera oljetillförseln till motorns delar. Tejpa för vatten- olje- och skruvhålen i motorblock/vevhus med tejp och papper.

29 Undersök fogytorna på motorblock och topplock beträffande hack, djupa repor eller andra skador. Om skadorna är små kan de filas ner, men större skador måste åtgärdas med maskinslipning, om delarna inte byts ut

30 Om packningsytan på topplocket misstänks vara skev, använd en stållinjal för att kontrollera om så är fallet. Se beskrivning i del C i detta kapitel vid behov.

31 Kontrollera skicket på topplocksbultarna varje gång de lossas, särskilt gängorna. Rengör bultarna i lämpligt lösningsmedel och torka dem. Kontrollera om det finns synliga tecken på slitage eller skada, byt ut bultarna om det behövs. Mät längden på varje bult, för att se om de har töjts ut (detta är dock ingen avgörande test om alla bultar har sträckts lika mycket). Trots att Volkswagen inte anger att bultarna skall bytas ut, är det att rekommendera att byta ut samtliga bultar samtidigt när de har lossats.

32 På alla motorerna som behandlas i detta kapitel, kan skada uppstå om kolvtopparna slår på ventilhuvudena, om kamaxeln roteras när kamremmen är demonterad och vevaxeln inställd på övre dödläge. Därför måste vevaxeln ställas in på ett annat läge än övre dödläge för cylinder nr 1 innan topplocket monteras tillbaka. Placera en hylsa och nyckel på bulten i mitten av vevaxelns remskiva för att vrida vevaxeln i normal rotationsriktning, tills alla fyra kolvarnas läge är halvvägs nere i cylinderloppet, med kolv nummer 1 i uppåtgående slag – dvs 90° före övre dödläge.

Montering

33 Lägg en ny packning på motorblocket, placera den över styrtapparna. Se till att märkningen "TOP" och reservdelsnumret är placerat uppåt **(se bilder)**.

34 Ta en medarbetare till hjälp och placera topplock och grenrör mitt på motorblocket, kontrollera att styrtapparna hamnar i håligheterna i topplocket. Kontrollera att packningen är korrekt placerad innan topplockets hela vikt vilar på den.

35 Smörj in topplocksbultarnas gängor med smörjfett, smörj även in undersidorna på bultskallarna; använd smörjfett av god kvalitet och med hög smältpunkt.

36 För försiktigt in bultarna i respektive skruvhål (*låt dem inte falla ner i hålen*) och skruva in dem med fingrarna.

37 Dra åt bultarna stegvis, lite i taget, och i

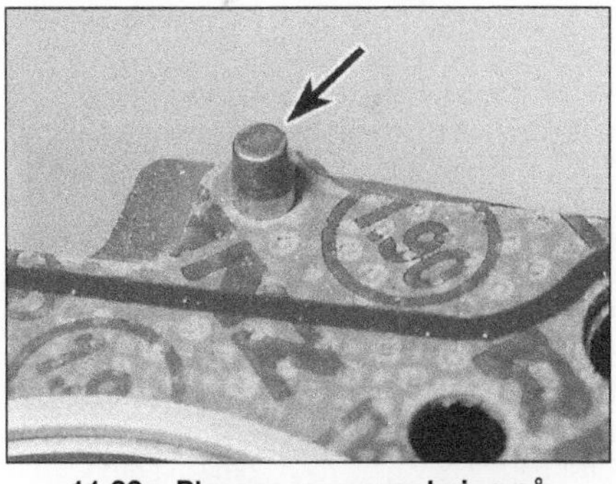

11.33a Placera en ny packning på motorblocket, lägg den över styrtapparna

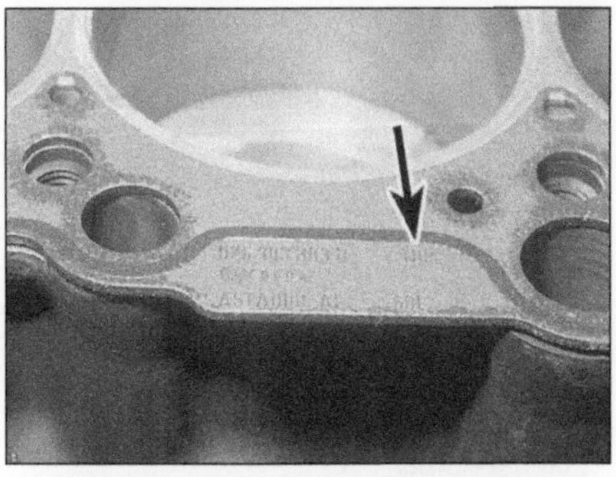

11.33b Se till att märkningen "TOP" och reservdelsnumret är placerat uppåt

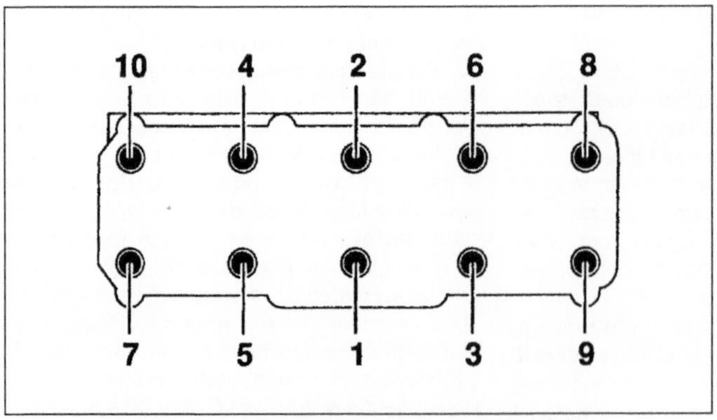

11.37 Åtdragningsföljd för topplockets bultar

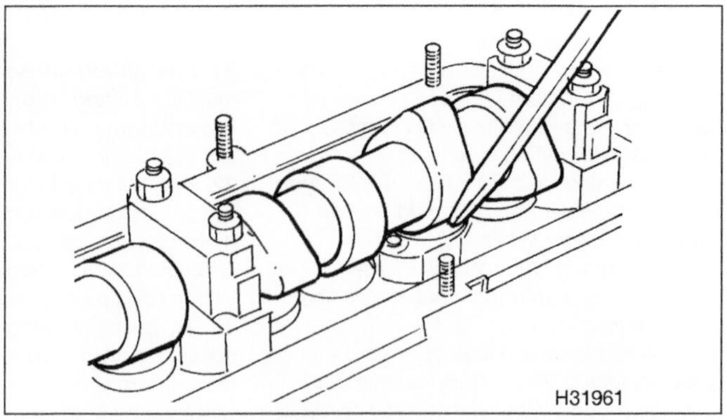

12.6 Tryck ner ventillyftaren tills den är i beröring med ventilspindeln

visad ordningsföljd, till momentet för steg 1; använd en momentnyckel och lämplig hylsa **(se bild)**. Upprepa samma förfarande i samma ordningsföljd till åtdragningsmomentet för steg 2.

38 När alla topplocksbultarna är åtdragna till angivet moment för steg 2, fortsätt att arbeta i samma ordningsföljd och vinkeldra bultarna till angiven vinkel för steg 3, med hylsnyckel och förlängare. Vi rekommenderar att ett vinkelmått används för de sista stegen, för att se till att det blir exakt. Om vinkelmått inte är tillgängligt kan vit färg användas för att göra riktmärken mellan bulthuvudet och topplocket innan bultarna dras åt; märkena kan användas för kontroll av att bultarna har dragits åt till korrekt vinkel. Upprepa proceduren för steg 4.

39 Där så är tillämpligt på motorkoder ABU, AEA och ABD, montera kylvätskepumpen med hänvisning till kapitel 3.

40 Montera kamremskåpans inre del, dra åt fästskruvarna ordentligt. På motorkoderna ABU, ABD och AEA, se beskrivning i avsnitt 5 och montera kamaxelns drev.

41 Se beskrivning i avsnitt 2 och följ förfarandet för inställning av motorn till övre dödläge på cylinder nr 1 med kamremmen demonterad. Avslutningsvis, se avsnitt 4 och montera kamremmen.

42 Återstoden av monteringsproceduren följer demonteringen, men i omvänd ordningsföljd, enligt följande:

a) Skruva fast röret till motoroljans mätsticka på topplocket, om tillämpligt.

b) Se beskrivning i kapitel 4D och anslut det främre avgasröret till grenröret.

c) På modeller med flerpunktsinsprutning, se kapitel 4B och montera bränslespridarna, insprutningsbryggan, insugsgrenrörets övre del (i förekommande fall) och gasspjällhuset.

d) På modeller med enpunktsinsprutning, se kapitel 4A och montera gasspjällhuset och luftboxen.

e) Se beskrivning i kapitel 5B och montera strömfördelaren (om tillämpligt) samt tändkablarna.

f) Se beskrivning i avsnitt 7 och montera ventilkåpan.

g) Se beskrivning i kapitel 2C och montera "fronten" (om den demonterats).

h) Anslut kylarens, expansionskärlets och värmesystemets kylvätskeslangar, se beskrivning i kapitel 3. Anslut kablaget till kylvätskans temperaturgivare.

I) Se beskrivning i avsnitt 6 och montera drivremmen/-remmarna.

j) Anslut batteriets negativa kabel.

k) Se beskrivning i kapitel 11 och montera motorhuven.

43 Avslutningsvis, se kapitel 1A och utför följande:

a) Fyll på motorns kylsystem med kylvätska av korrekt typ och mängd.

b) Fyll på motorns smörjsystem med motorolja av korrekt typ och mängd.

12 Hydrauliska ventillyftare – funktionskontroll

Varning: När de hydrauliska ventillyftarna har monterats, vänta minst 30 minuter (helst över natten) innan motorn startas, för att ge lyftarna tid att sätta sig, annars kan kolvarna slå i ventilhuvudena.

1 De hydrauliska ventillyftarna är självjusterande och kräver inget underhåll.

2 Om ventillyftarna börjar ge ifrån sig missljud kan de kontrolleras enligt följande.

3 Kör motorn tills den når normal driftstemperatur. Stäng av motorn, se därefter beskrivning i avsnitt 7 och demontera kamaxelkåpan.

4 Rotera kamaxeln genom att vrida vevaxeln med nyckel och hylsa tills den första kamnocken över cylinder nr 1 pekar uppåt.

5 Mät spelet mellan kamnockens bas och ventillyftarens topp med ett bladmått. Om spelet överskrider 0,1 mm är lyftaren defekt och måste bytas.

6 Om spelet är mindre än 0,1 mm, tryck lyftaren nedåt tills du känner att den är i beröring med ventilspindeln **(se bild)**. Använd en spatel av trä eller plast för att inte skada lyftarens yta.

7 Om ventillyftarens bana överskrider 0,1 mm tills den möter motstånd är den defekt och måste bytas.

8 Demontering och montering av hydrauliska ventillyftare beskrivs som del av renovering av topplocket – se detaljerad beskrivning i kapitel 2C.

13 Svänghjul/medbringarskiva – demontering, kontroll och montering

Allmän beskrivning

Modeller med manuell växellåda

1 Monteringen av svänghjul och komponenter i kopplingssystemet beror på vilken typ av växellåda som förekommer.

2 På bilar med femväxlad växellåda 020 är kopplingens tryckplatta infäst direkt på vevaxelns ände. Svänghjulet är därefter infäst på tryckplattan. Demontering av dessa komponenter beskrivs i kapitel 6.

3 På bilar med växellåda 02A, 085 (femväxlad) och 084 (fyrväxlad), är monteringen mer konventionell; svänghjulet är monterat på vevaxeln och tryckplattan infäst på denna. Demontering av svänghjulet beskrivs nedan.

Modeller med automatväxellåda

4 Momentomvandlarens medbringarskiva är direkt infäst på vevaxelns ände; demonteringen beskrivs nedan. Demontering av automatväxellådan och momentomvandlaren beskrivs i kapitel 7B.

Medbringarskiva

Demontering

5 Demontera växellådan enligt beskrivning i kapitel 7B.

6 Lås medbringarskivan på plats genom att skruva fast en metallbit mellan medbringarskivan och en av balanshjulskåpans monteringshål. Markera medbringarskivans läge i förhållande till vevaxeln med vit färg.

7 Lossa och ta bort medbringarskivans fästbultar och lyft bort medbringarskivan. Ta vara

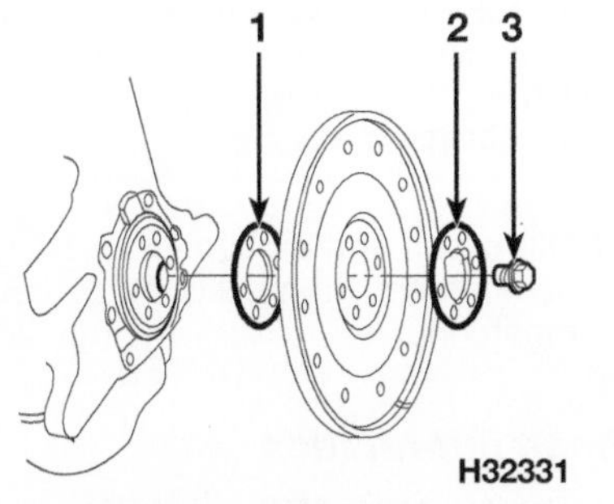

13.7 Medbringarskivans delar
1 Shims 2 Bricka 3 Bult

på brickan och shimset (om tillämpligt) **(se bild)**.

Montering

8 Montering sker i omvänd ordningsföljd, använd riktningsmarkeringarna som gjordes vid demonteringen. Använd nya bultar och dra åt dem till angivet åtdragningsmoment. Ta bort låsredskapet och montera växellådan enligt beskrivning i kapitel 7B.

Svänghjul

Demontering

9 Demontera växellåda och koppling enligt beskrivning i kapitel 7A och kapitel 6.

10 Lås svänghjulet på plats med ett provisoriskt verktyg som tillverkas av en metallbit. Skruva fast verktyget i ett av balanshjulskåpans monteringshål **(se bild)**. Markera svänghjulets läge i förhållande till vevaxeln med vit färg

11 Lossa och ta bort svänghjulets fästbultar och lyft bort svänghjulet.

Varning: Ta hjälp av någon – svänghjulet är mycket tungt.

Kontroll

12 Om svänghjulets fogyta mot kopplingen har djupa repor, är sprucken eller skadad måste svänghjulet bytas. Det kan dock vara möjligt att slipa om ytan; rådfråga en VAG-verkstad eller en specialist på motorrenoveringar.

13 Om startkransen är mycket sliten eller om kuggar saknas måste svänghjulet bytas.

Montering

14 Rengör fogytorna på svänghjulet och vevaxeln. Avlägsna alla rester av låsmassa från gängorna i vevaxelns skruvhål med en gängtapp av rätt storlek, om sådan finns tillgänglig.

> **HAYNES TiPS** ***Om en lämplig gängtapp inte finns tillgänglig kan man skära två skåror i gängorna på en av de gamla svänghjulsbultarna med en såg, och använda denna till att ta bort gammal låsmassa från gängorna.***

13.10 Lås svänghjulet på plats med ett provisoriskt verktyg

15 Om de nya svänghjulsbultarna inte levereras med behandlade gängor, skall varje bults gängor bestrykas med lämplig låsvätska **(se bild)**.

16 Placera svänghjulet på vevaxeln, använd riktningsmarkeringarna som gjordes vid demonteringen, och sätt i de nya bultarna.

17 Håll fast svänghjulet med samma metod som användes vid isärtagningen och dra åt bultarna till angivet åtdragningsmoment **(se bild)**.

18 Montera kopplingen enligt beskrivning i kapitel 6. Demontera låsverktyget och montera växellådan enligt beskrivning i kapitel 7A.

14 Motorfästen – kontroll och byte

Kontroll

1 Förbättra utrymmet genom att hissa upp bilens framvagn och stödja den på pallbockar.

2 Undersök fästgummina, leta efter sprickor eller förhårdnader och se efter om gummit har särat sig från metallen vid någon punkt; byt fästet om skador eller förslitningar upptäcks.

3 Kontrollera att fästets samtliga infästningar är hårt åtdragna; använd om möjligt en momentnyckel för kontroll.

4 Använd en stor skruvmejsel eller en kofot, kontrollera om slitage föreligger i fästet genom att försiktigt bända mot det för att upptäcka eventuellt glapp. Om detta inte är möjligt, ta hjälp av en medhjälpare som kan gunga motorn/växellådan framåt och bakåt, eller från sida till sida medan du observerar fästet. Ett visst glapp kan förväntas även hos nya delar, men för stort glapp bör vara uppenbart. Om glappet är stort, kontrollera först att fästena är korrekt åtdragna, därefter kan slitna delar bytas enligt nedanstående beskrivning.

13.17 Dra åt svänghjulets bultar till angivet åtdragningsmoment

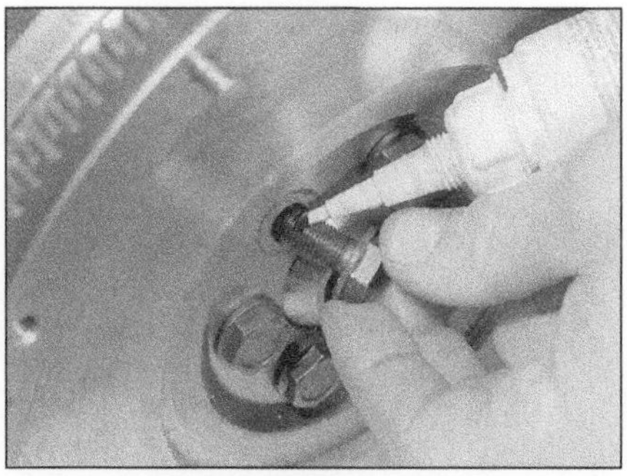

13.15 Vid behov, bestryk svänghjulets nya bultar med låsvätska

Byte

Främre motorfäste

5 Lossa batteriets negativa anslutning och placera kabeln på avstånd från batteripolen.

6 Placera en garagedomkraft under motorn så att domkraftens huvud är direkt under fogen mellan motorn och svänghjulskåpan.

7 Hissa upp domkraften tills den precis bär upp motorns tyngd från det främre motorfästet.

8 Skruva loss fästets genomgående bult.

9 På samtliga motorkoder utom ABU, ABD och AEA, se beskrivning i kapitel 5A och demontera startmotorn.

10 Skruva loss bultarna mellan fästet och svänghjulskåpan och ta bort fästbygeln.

11 Arbeta under motorfästets främre tvärbalk, ta bort fästblockets fästskruv.

12 Lyft ut fästblocket ur tvärbalkens skål.

13 Montering sker i omvänd ordningsföljd, notera följande punkter:

a) Kontrollera att styrklacken som sticker ut från motorfästets block hakar i urtaget i fästbygeln ***(se bild).***

b) Dra åt alla bultar till angivet åtdragningsmoment.

14.13 Styrklacken (vid pilen) på blocket hakar i urtaget i fästbygeln (sedd underifrån)

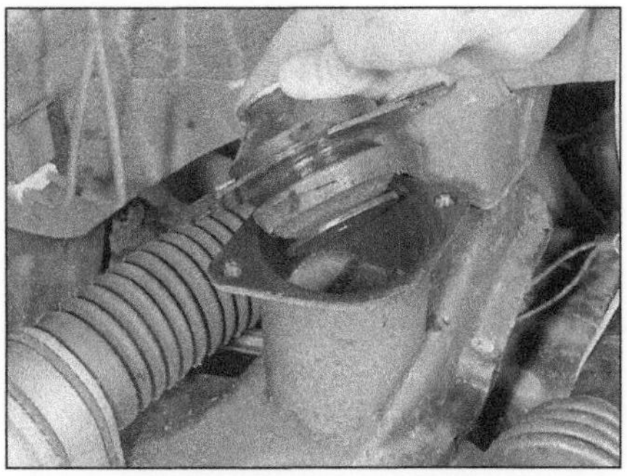

14.25 Demontering av det bakre vänstra motorfästets block

Högra bakre motorfästet

14 Lossa batteriets negativa anslutning och placera kabeln på avstånd från batteripolen.

15 Placera en lyftbalk över motorrummet och anslut den till motorns lyftöglor på topplocket. Alternativt kan en motorlyft användas. Höj upp lyftanordningen så att den precis håller upp motorns tyngd från motorfästet.

16 Skruva loss den genomgående bulten från motorfästet.

17 Skruva loss motorns fästbygel från motorblocket.

18 Skruva loss fästblocket från karossen och ta bort det från motorrummet.

19 Montering sker i omvänd ordningsföljd, notera dock följande punkter:

a) Kontrollera att styrklacken som sticker ut från fästblocket hakar i urtaget i fästbygeln.

b) Dra åt alla bultar till angivet åtdragningsmoment.

Vänstra bakre motorfästet

20 Lossa batteriets negativa anslutning och placera kabeln på avstånd från batteripolen.

21 Placera en garagedomkraft under motorn så att domkraftens huvud hamnar direkt under fogen mellan motorn och svänghjulskåpan.

22 Hissa upp domkraften tills den precis bär upp motorns tyngd från det högra bakre motorfästet.

23 Skruva loss den genomgående bulten från motorfästet.

24 Skruva loss motorfästbygeln från växellådshusets ände.

15.6 Oljesumpens bultar skruvas loss (motorn demonterad och placerad upp och ner för förtydligande)

25 Skruva loss fästblocket från karossen och ta bort det från motorrummet **(se bild)**.

26 Montering sker i omvänd ordningsföljd, notera dock följande punkter:

a) Kontrollera att styrklacken som sticker ut från blocket hakar i urtaget i fästbygeln.

b) Dra åt alla bultar till angivet åtdragningsmoment.

15 Oljesump – demontering och montering

Demontering

1 Lossa batteriets negativa anslutning och placera kabeln på avstånd från batteripolen. Se beskrivning i kapitel 1A och tappa av motoroljan. Där så är tillämpligt, skruva loss skruvarna och sänk ner kåpan under motorrummet.

2 Parkera bilen på plant underlag, dra åt handbromsen och klossa bakhjulen.

3 Hissa upp bilens framvagn, stöd den på pallbockar eller hjulramper – se *Lyftning och stödpunkter*.

4 På motorkoderna ABU, AEA och ABD, demontera det främre (nedåtgående) avgasröret enligt beskrivning i kapitel 4D.

5 För att förbättra åtkomligheten till oljesumpen, se kapitel 8 och lossa höger drivaxel från växellådans utgående fläns.

6 Arbeta runt oljesumpens utsida, lossa stegvis och ta bort fästbultarna från sumpen **(se bild)**. I förekommande fall, skruva loss och ta bort svänghjulets täckplåt från växellådan för att komma åt oljesumpens vänstra fästen.

7 Bryt fogen genom att slå på sumpen med handflatan, sänk därefter ner sumpen och ta bort den under bilen. Ta reda på och kasta oljesumpens packning. I de fall en skvalpplåt är monterad, observera att den inte kan demonteras förrän oljepumpen har skruvats loss (se avsnitt 16).

8 Medan oljesumpen är demonterad, passa på att kontrollera om oljepumpens pick-up/sil är igensatt eller söndervittrad. Vid behov, demontera pumpen enligt beskrivning i avsnitt 16, rengör eller byt silen.

Montering

9 Rengör fogytorna på motorblock/vevhus och oljesump, ta bort alla rester av tätningsmedel, torka insidan av oljesumpen med en trasa.

10 Kontrollera att oljesumpens och motorblockets/vevhusets tätningsytor är rena och torra, stryk därefter på ett lager tätningsmedel på oljesumpens och vevhusets fogytor.

11 Placera en ny packning på oljesumpens fogyta, lyft därefter upp oljesumpen och sätt i fästbultarna. Dra åt muttrarna och bultarna jämnt och växelvis till angivet åtdragningsmoment.

12 Där så är tillämpligt, montera drivaxeln, det främre avgasröret och kåpan under motorrummet.

13 Se beskrivning i kapitel 1A och fyll på motorolja av rekommenderad typ och kvantitet.

14 Anslut batterikabeln.

16 Oljepump och pickup – demontering, kontroll och montering

Allmän information

Motorkoder ABU, ABD och AEA – tidiga versioner

1 Oljepumpen och dess pick-up är monterade på vevhusets kamremsände. Pumpen drivs av vevaxeln via kedja och drev.

Motorkoder ABD, AEX, APQ, ABU, AEA och AEE, 9/97 och framåt

2 Oljepumpen sitter i vevhusets kamremsände, dess pick-up i oljesumpen. Drivning sker direkt från vevaxeln.

1,6 liters (AEK, AFT och AKS), 1,8 och 2,0 liters modeller

3 Oljepumpen och dess pick-up sitter båda i sumpen. Drivning sker från mellanaxeln, som roterar med halva vevaxelns hastighet.

Demontering

Motorkoder ABU, ABD och AEA – tidiga versioner

4 Se beskrivning i avsnitt 15 och demontera oljesumpen från vevhuset.

5 Se beskrivning i avsnitt 10 och demontera vevaxelns främre (kamremsänden) oljetätning och hus.

6 Skruva loss bultarna som fäster oljepumpen vid vevhusets ände. Där så är tillämpligt, skruva loss fästbultarna och lyft upp styrskenan **(se bild)**.

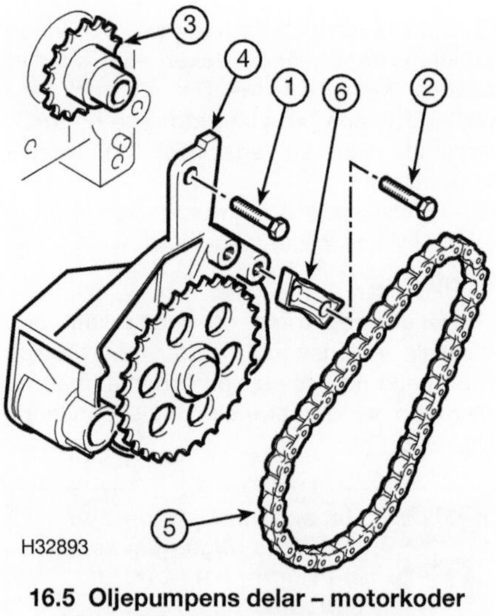

16.5 Oljepumpens delar – motorkoder ABU, ABD, AEA – tidiga versioner

1 Fästbultar	*4 Oljepumphus*
2 Styrskenans bultar	*5 Drivkedja*
3 Vevaxeldrevet	*6 Styrskena*

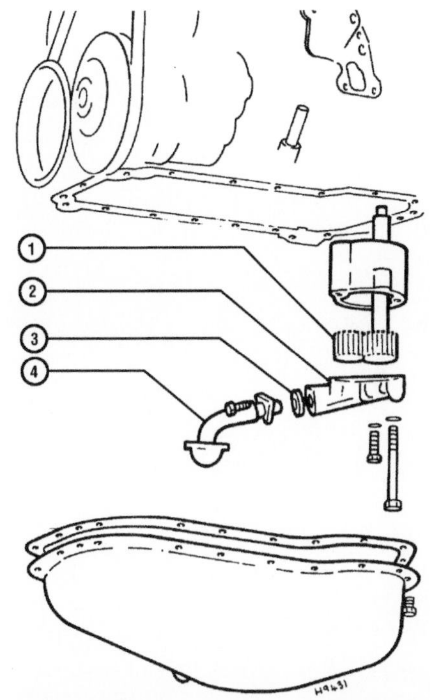

16.13 Oljepumpens delar - 1,6 (AEK, AFT och AKS), 1,8 och 2,0 liters motorer

1 Oljepumpens kugghjul
2 Oljepumpkåpa
3 O-ring
4 Oljepumpens pick-up rör

7 Skruva loss skruvarna som fäster oljepumpens pick-up rör.

8 Lossa pumpens drev från drivkedjan och demontera oljepump och pick-up rör från motorn.

Motorkoder ABD, AEX, APQ, ABU, AEA och AEE, 9/97 och framåt

9 Se beskrivning i avsnitt 15 och demontera oljesumpen från vevhuset.

10 Skruva loss bultarna som fäster pick-up röret vid vevhuset.

11 Se avsnitt 10, demontera vevaxelns främre (i kamremsänden) oljetätning och hus (oljepumpen). Innan vevaxelns kamremsdrev demonteras, kontrollera att vevaxeln fortfarande står i ÖD-läge för cylinder nr 1 - drevets fasade kugge skall vara i linje med märket "2V" på oljepumpen/oljetätningshuset. Vrid vevaxeln tre kuggar moturs från ÖD; d.v.s. den tredje kuggen till höger om den fasade ska nu vara i linje med ÖD-märket på pumpen/tätningshuset. Ta bort packningen (notera dess styrstift) och driv ut den gamla oljetätningen.

1,6 (AEK, AFT och AKS), 1,8 och 2,0 liters modeller

12 Se avsnitt 15 och demontera oljesumpen från vevhuset.

13 Skruva loss bultarna som håller oljepumpen till vevhuset **(se bild)**.

14 Sänk ner oljepumpen och pick-up röret från vevhuset. Om så är tillämpligt, ta vara på skvalpplåten.

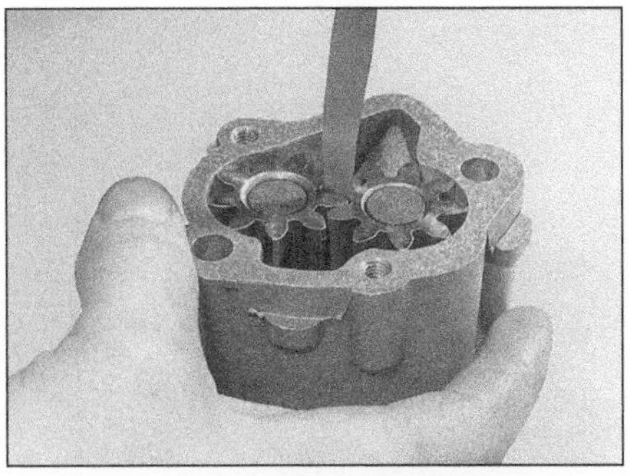

16.18 Kontroll av oljepumpens kuggspel (motorkod 2E visad)

Kontroll

Observera: *Följande gäller inte pumpar på motorer med koderna ABD, AEX, APQ, ABU, AEA eller AEE fr.o.m 9/97; om pumpen på en av dessa motorer misstänkt vara utsliten eller skadad, eller om det råder tveksamhet om dess skick, måste pumpen bytas ut som en hel enhet.*

15 Skruva loss skruvarna från flänsen och lyft av pick-up röret. Ta vara på O-ringen. Skruva loss skruvarna och ta bort oljepumpens kåpa.

16 Rengör pumpen noggrant och undersök om kugghjulens kuggar är slitna eller skadade.

17 I förekommande fall, kontrollera skicket på oljepumpens drivkedja; om länkarna verkar mycket slitna eller om de är lösa måste kedjan bytas.

18 Kontrollera pumpens kuggspel genom att föra in ett bladmått mellan kuggarna när de är i ingrepp med varandra; rotera kugghjulen mot varandra lite grann för att få maximalt spel **(se bild)**. Jämför måttet med angivet gränsvärde i specifikationerna.

19 Kontrollera pumpens axialspel på följande sätt. Placera en stållinjal tvärs över oljepumpshuset, använd därefter ett bladmått och mät spelet mellan stållinjalen och pumpen **(se bild)**. Jämför måttet med gränsvärdet i specifikationerna.

20 Om något av måtten ligger utanför angivna gränsvärden tyder det på att pumpen är sliten och behöver bytas ut.

Montering

Motorkoder ABU, ABD och AEA - tidiga versioner

21 Montera oljepumpens kåpa, sätt sedan tillbaka skruvarna och dra åt dem till angivet åtdragningsmoment.

22 Montera tillbaka pick-up röret på oljepumpen och använd en ny O-ring. Dra åt skruvarna till angivet åtdragningsmoment.

23 Lyft upp oljepumpen mot vevhusets ände. Montera drivkedjan över oljepumpens drev, placera den därefter på vevaxelns drev.

24 Sätt i pumpens fästbultar och dra åt dem för hand. Där så är tillämpligt, montera kedjans styrskena och dra åt fästbultarna till angivet åtdragningsmoment.

25 Spänn drivkedjan genom att trycka med

16.19 Kontroll av oljepumpens axialspel (motorkod 2E visad)

fingrarna på en punkt på kedjan mitt emellan de två dreven. Justera pumpens läge på fästet tills kedjans spänning ligger mellan de gränsvärden som anges i specifikationerna. Avslutningsvis, dra åt bultarna till angivet moment.

26 Skruva fast pick-up röret på vevhusets fästbygel.

27 Se beskrivning i avsnitt 10, montera vevaxelns oljetätningshus med ny packning och oljetätning.

28 Se beskrivning i avsnitt 15 och montera oljesumpen.

Motorkoder ABD, AEX, APQ, ABU, AEA och AEE, 9/97 och framåt

29 Se till att vevaxeln är placerad precis framför ÖD för cylinder nr 1 (se punkt 11 ovan), så att en av de avfasade spetsarna är överst, snarare än de plana drivytorna.

30 Placera den nya packningen på styrstiften. Titta på pumpen bakifrån, leta reda på den cirkelformade stämpeln på det inre kugghjulet och placera den i linje med det fasta märket på pumpens inre kåpa. Lägg lite olja på vevaxelns drivytor och spetsar, montera sedan pumpen. Om så behövs, rotera det inre kugghjulet lite för att ställa in det exakt mot vevaxeln.

31 När oljepumpen/tätningshuset är på plats, sätt i skruvarna och dra åt dem till angivet moment.

32 Montera en ny oljetätning enligt beskrivningen i avsnitt 10.

33 Montera pick-up röret på oljepumpen med en ny O-ring. Dra åt fästskruvarna till angivet moment.

34 Se avsnitt 15 och montera oljesumpen.

1,6 (AEK, AFT och AKS), 1,8 och 2,0 liters modeller

35 Montera oljepumpskåpan, sätt sedan i skruvarna och dra åt dem till angivet moment.

36 Montera pick-up röret på oljepumpen med en ny O-ring. Dra åt fästskruvarna till angivet moment.

37 Där så är tillämpligt, montera vevhusets skvalpplåt.

38 För upp oljepumpen mot vevhuset, sätt sedan i fästbultarna och dra åt dem till angivet moment.

39 Se avsnitt 15 och montera oljesumpen.

Kapitel 2 Del B: Reparationer med motorn kvar i bilen – dieselmotor

Innehåll

Svårighetsgrader

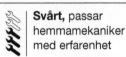

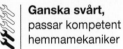

Enkelt, passar novisen med lite erfarenhet	**Ganska enkelt,** passar nybörjaren med viss erfarenhet	**Ganska svårt,** passar kompetent hemmamekaniker	**Svårt,** passar hemmamekaniker med erfarenhet	**Mycket svårt,** för professionell mekaniker

Specifikationer

Allmänt	**Kod**	**Lopp (mm)**	**Slaglängd (mm)**	**Volym (cc)**	**Kompressions-förhållande**
1,9 D modeller – indirekt insprutning:					
10/91 och framåt – 62 hk/47 kW	1Y	79,5	95,5	1896	22,5:1
1,9 SDi modeller – direkt insprutning:					
8/95 och framåt – 62 hk/47 kW	AEY	79,5	95,5	1896	19,5:1
1,9 TD modeller – indirekt insprutning ("Umwelt"):					
10/91 och framåt – 74 hk/55 kW	AAZ	79,5	95,5	1896	22,5:1
1,9 TDi modeller – direkt insprutning:					
8/93-7/96 – 86 hp/66 kW ("TDi 90")	1Z	79,5	95,5	1896	19,5:1
7/96 och framåt – 86 hk/66 kW ("TDi 90")	AHU	79,5	95,5	1896	19,5:1
6/97 och framåt – 86 hk/66 kW ("TDi 90")	ALE	79,5	95,5	1896	19,5:1
1/96 och framåt – 109 hk/81 kW ("TDi 110")	AFN	79,5	95,5	1896	19,5:1
1/96 och framåt – 109 hk/81 kW ("TDi 110")	AVG	79,5	95,5	1896	19,5:1

Kompressionstryck – minimum:	
D och TD motorer	26 bar
SDi och TDi motorer	19 bar
Tändföljd	1-3-4-2
Placering för cylinder nr 1	Kamremsänden
Kamremsspänning:	
Endast tidiga motorer – utan halvautomatisk spännare	Uppmätt värde på skalan 12-13 enheter mätt med Volkswagen verktkyg VW 210

Smörjsystem

Oljepump, typ	Monterad i oljesumpen, indirekt drivning från mellanaxeln
Normalt driftstryck	Minst 2,0 bar (vid 2000 rpm, oljetemperatur 80°C)
Oljepumpens kuggspel	0,2 mm (slitagegräns)
Oljepumpens axialspel	0,15 mm (slitagegräns)

Åtdragningsmoment

	Nm
Avgasgrenrörets muttrar	25
Generatorns fästbultar	25
Insugsgrenrörets bultar	25

Åtdragningsmoment (forts.)

	Nm
Kamaxeldrevets bult	45
Kamaxellageröverfall, muttrar	20
Kamremsspännarens låsmutter	20
Mellanaxeldrevets bult	45
Motorfästen:	
Genomgående bultar	50
Främre fästets block, bult	50
Främre fästets fästbygel, bultar	55
Bakre vänstra fästets fästbygel, bultar	25
Bakre fästets block till kaross, bultar	25
Bakre högra fästets fästbygel, bultar	25
Oljesumpens fästbultar	20
Oljepumpens fästbultar	25
Oljepumpens kåpa, skruvar	10
Oljepumpens pick-up rör, skruvar	10
Servostyrningspumpens fästbultar	25
Topplockets bultar :	
Steg 1	40
Steg 2	60
Steg 3	Vinkeldra 90°
Steg 4	Vinkeldra 90°
Ventilkåpans skruvar	10
Vevaxelns remskiva, skruvar	25
Vevaxelns främre oljetätningshus, bultar	25
Vevaxelns bakre oljetätningshus, bultar	10
Vevaxeldrevets bult:	
Steg 1	90
Steg 2	Vinkeldra 90°
Överföringshjul till kamremskåpa (endast TDi motor)	25

1 Allmän information

Hur detta kapitel används

Kapitel 2 är uppdelat i tre delar; A, B och C. Reparationer som kan utföras medan motorn är kvar i bilen beskrivs i delarna A (bensinmotorer) och B (dieselmotorer). Del C innehåller beskrivning av demontering av motor/växellåda som en enhet, och beskriver isärtagning av motorn och renoveringsrutiner.

I delarna A och B utgår beskrivningarna från att motorn är installerad i bilen, med samtliga tillbehör anslutna. Om motorn har demonterats för renovering kan de preliminära isärtagningsrutinerna, som föregår detta arbetsmoment, bortses från.

Åtkomligheten till motorrummet kan förbättras genom demontering av motorhuven och "fronten"; dessa arbeten finns beskrivna i kapitel 11 respektive 2C.

Beskrivning av motorn

I detta kapitel benämns de olika motortyperna enligt tillverkarens kodbokstäver och inte efter kapacitet. En förteckning över samtliga motorer som behandlas, tillsammans med kodbokstäver, finns i specifikationerna i början av kapitlet.

Motorerna är vattenkylda radmotorer, med enkel överliggande kamaxel och fyra cylindrar, med motorblock i gjutjärn och topplock av aluminiumlegering. Alla motorer är tvärmonterade i bilens främre del och växellådan sitter på motorns vänstra sida.

Topplocket bär upp kamaxeln/-axlarna som drivs av en kuggad kamrem. I topplocket finns också insugs- och avgasventilerna som stängs av enkla eller dubbla spiralfjädrar, och löper i styrningar som är inpressade i topplocket. Kamaxeln aktiverar ventilerna direkt via hydrauliska ventillyftare som är monterade i topplocket. Topplocket har integrerade oljekanaler som tillför olja till och smörjer ventillyftarna.

På motorkoderna AAZ, 1Y (motorer med indirekt insprutning), innehåller topplocket utbytbara virvelkammare. På SDi och TDi motorer (med direktinsprutning), är kolvtopparna specialkonstruerade så att de utgör förbränningskammare.

Vevaxeln bärs upp av fem ramlager och axialspelet styrs av ett trycklager som är monterat mellan cylinder nr 2 och 3.

Samtliga dieselmotorer är utrustade med en kamremsdriven mellanaxel som driver bromsservons vakuumpump och oljepumpen.

Kylvätskan till motorn cirkuleras av en pump som drivs av en drivrem. Mer information om kylsystemet finns i kapitel 3.

Smörjningen fördelas under tryck av en pump som drivs av mellanaxeln. Oljan tas från oljesumpen, förs genom en sil och trycks därefter genom ett yttre monterat, utbytbart filter som skruvas fast. Därifrån fördelas oljan till topplocket där den smörjer kamaxellagertapparna och de hydrauliska ventillyftarna, och även till vevhuset där den smörjer ramlagren, vevlagren, kolvtapparna och cylinderloppen. Oljemunstycken finns längst ner på varje cylinder – dessa munstycken sprutar olja på kolvarnas undersidor för att öka kylningen. En oljekylare som förses med kylvätska sänker oljans temperatur innan den återförs till motorn.

Reparationer som kan göras med motorn monterad

Följande arbetsmoment kan utföras med montern monterad:

a) Drivremmar – demontering och montering.
*b) Kamaxel/-axlar – demontering och montering.**
c) Kamaxelns oljetätning – byte.
d) Kamaxeldrev – demontering och montering.
e) Kylvätskepump – demontering och montering (se kapitel 3)
f) Vevaxelns oljetätningar – byte.
g) Vevaxeldrev – demontering och montering.
*h) Topplock – demontering och montering. **
i) Motorfästen – kontroll och byte.
j) Mellanaxelns oljetätning – byte.
k) Oljepump och pick-up rör – demontering och montering.
l) Oljesump – demontering och montering.
m) Kamrem, drev och kåpa – demontering, kontroll och montering.

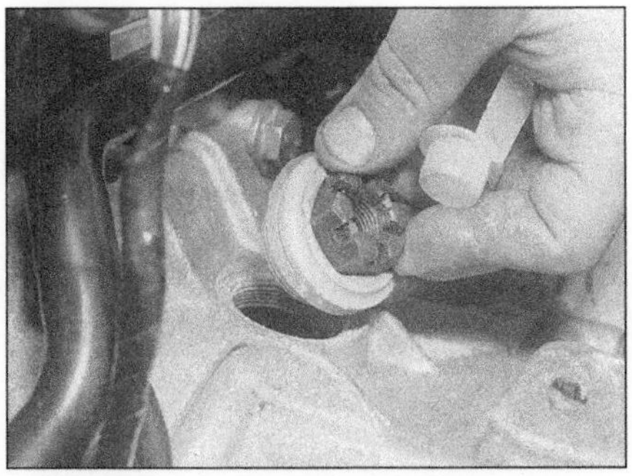

2.2a Ta bort inspektionsproppen från balanshjulskåpan

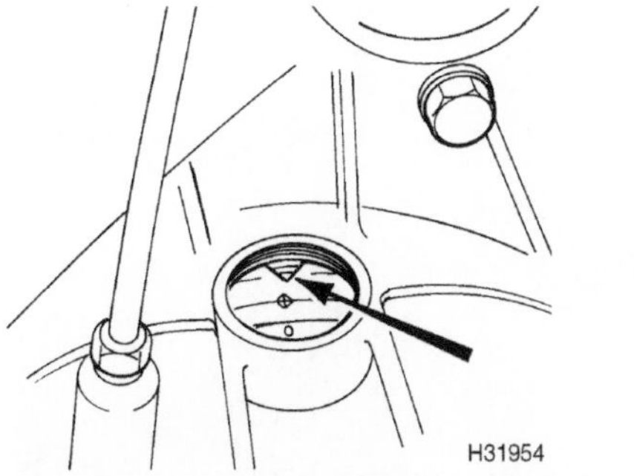

2.2b Inställningsmärke på svänghjulet (vid pilen) inriktat mot visaren på balanshjulskåpan

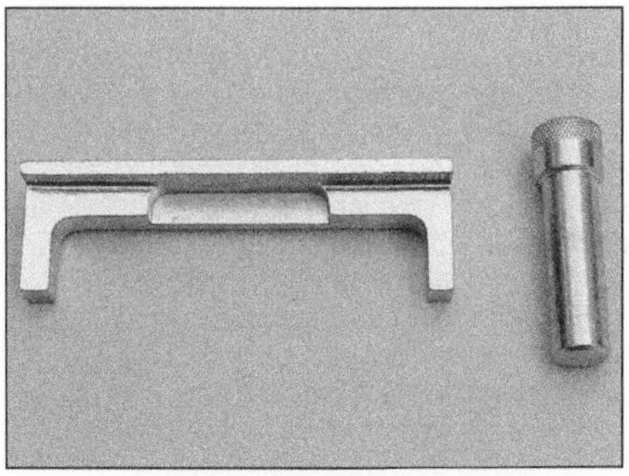

2.3 Låsverktyg för motorn

**Isärtagning av topplocket beskrivs detaljerat i kapitel 2C, inklusive beskrivning av demontering av kamaxel och ventillyftare.*

Observera: *Kolvar och vevstakar kan demonteras (efter det att topplock och oljesump har demonterats) utan att motorn behöver demonteras från bilen. Det rekommenderas dock inte. Denna typ av arbete görs enklast och bäst på en arbetsbänk, enligt beskrivning i kapitel 2C.*

2 Övre dödläge för cylinder nr 1 - inställning

1 Demontera kamaxelkåpa, drivremmar och yttre kamremskåpor enligt beskrivning i avsnitt 7, 6 och 4.

2 Demontera inspektionsproppen från växellådans balanshjulskåpa. Rotera vevaxeln medurs med en nyckel och hylsa tills inställningsmärket på svänghjulets kant är inriktat mot visaren på balanshjulskåpan **(se bilder)**.

3 För att låsa motorn i övre dödläge måste kamaxeln (inte drevet) samt bränsleinsprutningspumpens drev säkras i referensläge, med speciella låsverktyg. Provisoriska verktyg kan tillverkas men på grund av exaktheten i mätning och slipning rekommenderar vi bestämt att en sats låsverktyg lånas eller hyrs in från en VAG-verkstad, eller köps in från en välsorterad verktygstillverkare **(se bild)**.

HAYNES TiPS ***Alla motorer kräver kamaxellåsverktyget VW 2065 A; om detta inte går att få tag i, kan ett alternativ tillverkas av en 4 mm tjock metallremsa (tjockleken är viktig, längd och bredd inte lika viktiga, men bör vara ca 100 till 150 mm gånger 30 mm). Motorer med ett insprutningspumpdrev i ett stycke kräver låsstift VW 2064; om detta inte går att få tag i kan ett alternativ tillverkas av ett borr eller liknande metallstav med en diameter på 15,7 mm. Motorer med drev i två delar kräver låsstift VW 3359; om detta inte går att få tag i kan ett alternativ tillverkas av ett borr eller liknande metallstav med en diameter på 6 mm.***

4 Sätt in låsverktygets kant i skåran i kamaxelns ände **(se bild)**.

Varning: Använd inte dessa låsverktyg till att hålla fast vevaxeln, kamaxeln etc. medan fästbultar/muttrar lossas - de är inte avsedda för detta och kan gå sönder om de överbelastas. Använd endast den metod som beskrivs i relevant avsnitt.

5 Med låsverktyget fortfarande på plats, vrid kamaxeln något (genom att vrida vevaxeln medurs, som tidigare), så att låsverktyget vickar åt det ena hållet, vilket gör att verktygets ände kommer i kontakt med topplockets yta. Vid verktygets andra ände, mät spelet mellan verktygsänden och topplocket med ett bladmått.

6 Vrid kamaxeln tillbaka något, dra därefter ut bladmåttet. Idén är att nu räta ut låsverktyget genom att sätta in två bladmått, vart och ett med *halva* tjockleken av det uppmätta spelet, på var sida om kamaxeln, mellan låsverktygets båda ändar och topplocket. På detta sätt centreras kamaxeln och placerar ventilinställningen i refrensläget **(se bild)**.

7 Sätt in låsstiftet genom passningshålet i insprutningspumpens drev, och trä in den i stödfästet bakom drevet. På detta sätt låses insprutningspumpen i referensläge **(se bild)**.

8 Motorn är nu inställd i övre dödläge för cylinder nr 1.

3 Kompressionsprov

Kompressionsprov

Observera: *En speciell kompressionsprovare för dieselmotorer måste användas till detta prov.*

1 Om motorns prestanda försämras, eller om den misständer, och detta inte kan härledas till tänd- eller bränslesystemen, kan ett kompressionsprov hjälpa att diagnostisera motorns kondition. Om detta prov utförs regelbundet kan fel upptäckas innan symtomen blir uppenbara.

2 En speciell kompressionsprovare för dieselmotorer måste användas till detta prov på grund av de höga trycken. Provaren ansluts till en adapter som skruvas in i glödstiftets eller

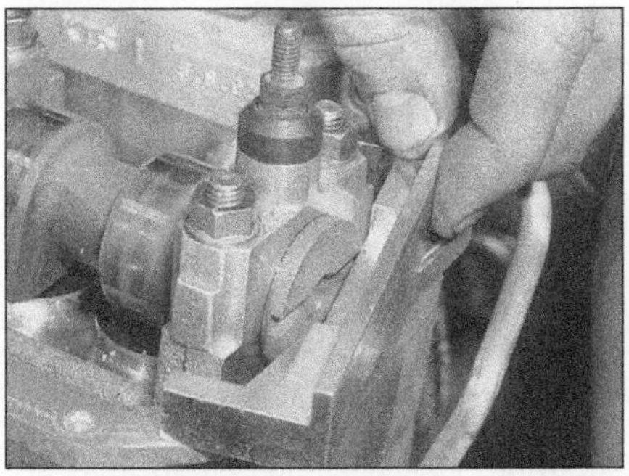

2.4 Sätt i låsverktyget i skåran i kamaxeln

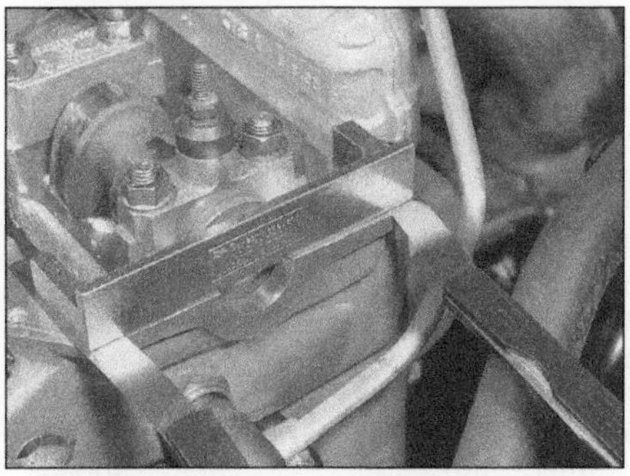

2.6 Kamaxeln centrerad och låst med hjälp av låsverktyg och bladmått

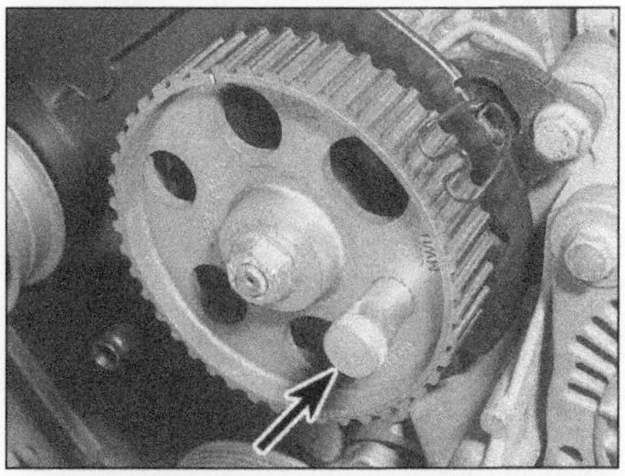

2.7 Insprutningspumpens drev låst med hjälp av ett låsstift (vid pilen): motorkod AAZ

spridarens hål. Det är förmodligen inte lönsamt att köpa en provare för enstaka tillfällen, men det kan gå att låna eller hyra en – annars bör man låta en verkstad utföra provet.

3 Om inte tillverkaren har angivit andra anvisningar för provaren bör följande punkter observeras:

a) *Batteriet måste vara i gott skick, luftfiltret rent och motorn bör ha normal driftstemperatur.*

b) *Alla spridare eller glödstift ska demonteras innan provet påbörjas. Om spridarna demonteras skall även flamskyddsbrickorna demonteras, eftersom de annars kan skjutas iväg av det höga kompressionstrycket.*

c) *Stoppsolenoiden måste kopplas loss så att motorn hindras från att gå igång, och så att inget bränsle kan matas ut.*

4 Det är inte nödvändigt att hålla ned gaspedalen under provet eftersom dieselmotorns luftinsug inte har något spjällhus.

5 VAG specificerar gränsvärden för kompressionstryck – se Specifikationer. Fråga en VAG-verkstad eller annan dieselspecialist om råd om det är tveksamt huruvida en tryckvärdesavläsning är acceptabel.

6 Orsaken till dålig kompression är svårare att fastställa på en dieselmotor än på en bensinmotor. Att hälla i lite olja i cylindrarna ("vått" prov) är inte avgörande, eftersom det finns risk för att oljan stannar kvar i virvelkammaren eller i håligheten i kolvtoppen istället för att fortsätta till ringarna. Följande kan dock användas som en grov vägledning för diagnos.

7 Varje cylinder bör ge liknande värde; en skillnad på 5 bar mellan två cylindrar pekar på att något är fel. Observera att kompressionen bör öka snabbt i en frisk motor; låg kompression i första slaget följt av stegvis ökande tryck i följande slag tyder på slitna kolvringar. Lågt kompressionsvärde i första slaget, som inte ökar med följande slag tyder på läckande ventiler eller att topplockets packning är trasig (spricka i topplocket kan också vara en orsak).

8 Ett lågt värde från två intilliggande cylindrar är så gott som säkert orsakat av att topplockspackningen är trasig mellan de två cylindrarna. Förekomst av kylvätska i motoroljan kan bekräfta detta.

9 Om kompressionsavläsningen är ovanligt hög är antagligen topplockets ytor, ventiler och kolvar belagda med sotavlagringar. Om så är fallet bör topplocket demonteras och sotas (se kapitel 2C).

"Leakdown test"

10 Vid ett s.k "leakdown test" mäts hur fort komprimerad luft som har matats in i cylindern går förlorad. Detta test är ett alternativ till ett kompressionsprov, och är på många sätt bättre eftersom luftutsläppet ger en bra indikation om var tryckförlusten äger rum (kolvringar, ventiler eller topplockspackning).

11 Den utrustning som krävs för ett leakdown test finns sannolikt inte hemma hos amatörmekanikern. Om man misstänker att kompressionen är dålig kan provet utföras på en verkstad med lämplig utrustning.

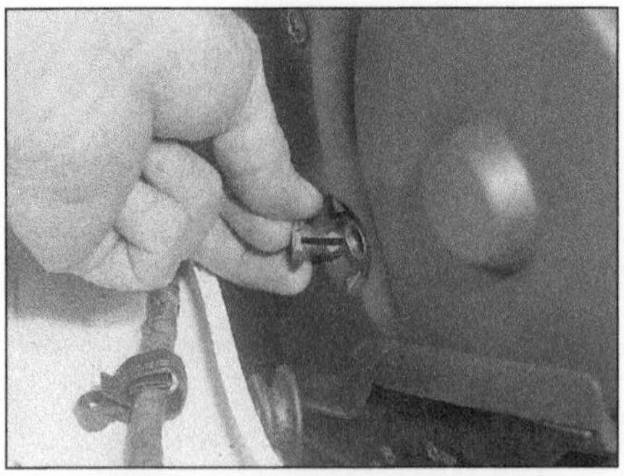

4.6 Demontera trycknitarna från transmissionskåpans övre del

4.9 Demontering av remskivorna från vevaxeln

4 Kamrem och yttre kamremskåpor – demontering och montering

Allmän information

1 Den primära funktionen hos den kuggade kamremmen är att driva kamaxeln/-axlarna, men den används även till att driva bränsleinsprutningspumpen och mellanaxeln. Om remmen hoppar av eller går sönder under drift ändras ventilinställningen, vilket kan leda till att kolvar och ventiler kommer i kontakt med varandra, med allvarliga motorskador som följd.

2 Det är därför viktigt att kamremmen alltid är korrekt spänd, och att den regelbundet undersöks med avseende på slitage och skador.

3 Observera att demontering av den *inre* delen av kamremskåpan beskrivs som en del av demontering av topplocket; se avsnitt 11 längre fram i detta kapitel.

Demontering

4 Innan arbetet påbörjas skall motor och fordon försättas ur funktion. Lossa bränsleavstängningssolenoidens kabel (se kapitel 4C) och förhindra att bilen rör sig genom att dra åt handbromsen och placera klossar vid bakhjulen.

5 Åtkomligheten till kamremskåpan förbättras om luftrenarhuset demonteras – se beskrivning i kapitel 4C.

6 Lossa kamremskåpans övre del genom att bända loss metallfjäderclipsen och, i förekommande fall, lossa trycknitarna **(se bild)**. Lyft bort kåpan från motorn.

7 Se beskrivning i avsnitt 6 och demontera drivremmen/remmarna. Skruva loss skruvarna och lyft av kylvätskepumpens remskiva.

8 Se beskrivning i avsnitt 2 och ställ in motorn på övre dödläge för cylinder nr 1 med hjälp av motorns inställningsmärken.

9 Skruva loss fästskruvarna, demontera därefter remskivan för den ribbade drivremmen (tillsammans med remskivan för kilremmen om sådan finns) från vevaxeldrevet **(se bild)**. Avsluta med att kontrollera att motorn fortfarande är inställd på övre dödläge.

HAYNES TIPS ***Förhindra att drivremmens remskiva roterar medan skruvarna lossas, genom att lägga i den högsta växeln (manuell växellåda) eller 'PARK' (automatväxellåda) och be en medhjälpare att trycka ner fotbromsen hårt. Om detta inte är möjligt, håll fast drevet genom att vira ett stycke gummislang eller innerslang runt drevet.***

10 Ta bort fästskruvar och klämmor och lyft bort kamremskåpans undre del.

11 På motorer som har ett tvådelat drev till insprutningspumpen, kontrollera att drevets låsstift är ordentligt på plats (se avsnitt 2), lossa därefter drevets yttre fästbultar med ett halvt varv. ***Varning: Lossa inte drevets mittbult, eftersom detta ändrar grundinställningen för insprutningspumpen.***

12 Se beskrivning i avsnitt 5, lossa kamremmens spänning genom att lossa remsträckarens mutter något så att den kan svängas ut från remmen.

13 På TDi motorer, lossa och ta bort skruven och demontera överföringshjulet från kamremskåpans inre del.

14 Leta efter tillverkarens rotationsriktningsmärken på kamremmen. Om inga märken förekommer kan man göra egna märken med t.ex. Tippex eller lite målarfärg – gör aldrig skåror i remmen. ***Varning: Om remmen verkar vara i gott skick och kan återanvändas är det viktigt att den monteras tillbaka åt samma håll, annars kan den slitas ut i förtid.***

15 Ta bort remmen från dreven och se till att den inte vrids eller veckas.

16 Undersök om remmen har förorenats av kylvätska eller smörjfett. Om så är fallet måste föroreningskällan identifieras innan arbetet fortsätter. Undersök om remmen är sliten eller skadad, speciellt runt kuggarnas främre kanter. Om remmens skick är tvivelaktigt skall den bytas; kostnaden för en ny rem är obetydlig jämfört med en eventuell kostnad för reparation av motorn om remmen skulle gå

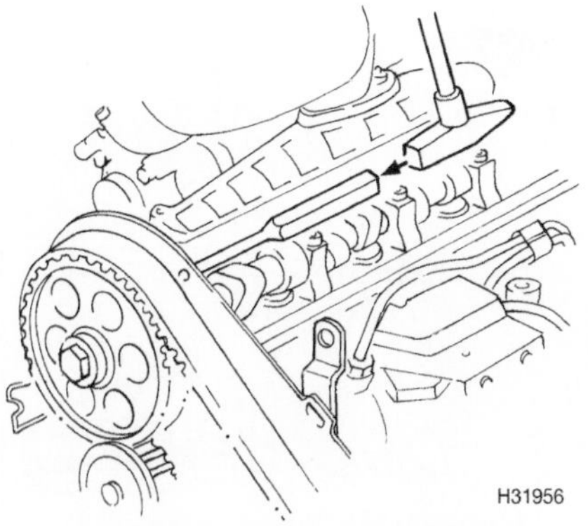

4.19 Lossa kamaxelns drev från fästet med hjälp av en pinndorn

sönder under körning. Om remmen dessutom har varit i tjänst i mer än 5 000 mil är det klokt att byta den i förebyggande syfte oavsett skicket.

17 Om kamremmen inte skall monteras tillbaka på en tid är det klokt att hänga en varningslapp på ratten som en påminnelse om att motorn inte får startas.

Montering

18 Kontrollera att vevaxeln är inställd på övre dödläge för cylinder nr 1 enligt beskrivning i avsnitt 2.

19 Se beskrivning i avsnitt 5 och lossa kamaxeldrevets bult ett halvt varv. Lossa drevet från kamaxelns avsmalnande fäste genom att försiktigt knacka på den med en pinndorn som placeras i hålet i kamremskåpans inre del **(se bild).**

20 Placera kamremmen löst under vevaxelns drev. ***Varning: Observera märkena för rotationsriktningen.***

21 Placera kamremmens kuggar i ingrepp med vevaxelns drev, manövrera därefter kamremmen på plats över kamaxelns och insprutningspumpens drev. Se till att remmens kuggar hamnar ordentligt på plats i dreven. **Observera:** *En lätt justering av kamaxeldrevets läge (och där så är tillämpligt även av insprutningspumpens drev) kan behövas för att åstadkomma detta.*

22 För remmens släta sida över mellanaxelns remskiva och remspännarens hjul – undvik att böja remmen bakåt eller att vrida den för mycket.

23 Endast på motorkod TDi, montera remspännarens hjul på kamremskåpans inre del och dra åt fästbulten till angivet åtdragningsmoment.

24 På motorer med drev i ett stycke på insprutningspumpen, ta bort låsstiftet från pumpdrevet (se avsnitt 2).

25 Kontrollera att remmens främre löpbana är sträckt – d.v.s. den slaka delen av remmen skall vara den som passerar över remspännarens hjul.

26 Spänn remmen genom att vrida den excentriskt monterade remspännaren medurs; de två hålen i sidan av spännarens nav skall användas till detta – en kraftig böjd låsringstång kan mycket väl ersätta det avsedda VAG specialverktyget **(se bilder).**

27 På motorer med halvautomatisk remspännare, vrid spännaren medurs tills hacket i mitten av spännaren är i linje med upphöjningen på den yttre delen **(se bild).**

28 Testa kamremmens spänning genom att hålla den mellan fingrarna på en punkt halvvägs mellan insprutningspumpens och kamaxelns drev och vrida den. Remmens spänning är korrekt när den kan vridas 45° (ett åttondels varv), men inte mer.

29 När korrekt remspänning har uppnåtts, dra åt remspännarens låsmutter till angivet åtdragningsmoment.

30 På motorer utan halvautomatisk remspännare måste remspänningen kontrolleras med exakthet och vid behov justeras. Då detta innebär att ett specialverktyg för mätning av remspänning måste användas (Volkswagens verktyg nr VW 210), rekommenderar vi att detta arbete överlåts till en VAG-verkstad.

31 Kontrollera i detta läge att vevaxeln fortfarande är inställd på övre dödläge för cylinder nr 1 (se avsnitt 2).

32 Se beskrivning i avsnitt 5 och dra åt kamaxeldrevets bult till angivet åtdragningsmoment.

33 På motorer med tvådelat drev till insprutningspumpen, dra åt de yttre bultarna, ta därefter bort drevets låsstift.

34 Se beskrivning i avsnitt 2 och demontera kamaxelns låsverktyg.

35 Placera en hylsnyckel eller skiftnyckel på vevaxelremskivans mittbult, rotera vevaxeln två hela varv. Ställ in motorn på övre dödläge för cylinder nr 1 enligt beskrivning i avsnitt 2. Kontrollera att låsstiftet kan sättas i insprutningspumpens drev. Kontrollera kamremmens spänning igen och justera om det behövs.

36 Montera övre och nedre delar av den yttre kamremskåpan och dra åt fästskruvarna ordentligt.

37 Där så är tillämpligt, montera kylvätskepumpens remskiva och dra åt skruvarna till angivet åtdragningsmoment.

38 Montera vevaxelns drev och dra åt skruvarna till angivet åtdragningsmoment, med samma metod som vid demonteringen. Observera att remskivans monteringshål endast medger ett enda monteringsläge.

39 Följ beskrivningen i avsnitt 6, montera och spänn drivremmen/remmarna.

40 Koppla in bränslesystemet genom att ansluta ledningen till bränsleavstängningsventilen (se kapitel 4C).

41 Avslutningsvis, se beskrivning i kapitel 4C och kontrollera insprutningspumpens inställning.

5 Kamremmens spännare och drev – demontering och montering

1 Innan arbetet påbörjas skall bränslesystemet försättas ur funktion genom att ledningen från bränsleavstängningsventilen lossas (se kapitel 4C). Hindra att bilen rör sig genom att dra åt handbromsen och placera klossar vid bakhjulen.

2 För att lättare kunna komma åt de komponenter som behandlas i detta avsnitt, se avsnitt 6 och demontera drivremmen/-remmarna.

Remspännare

Demontering

3 Se beskrivningarna i avsnitt 2 och 4, ställ in motorn i övre dödläge för cylinder nr 1 och demontera övre och nedre delar av den yttre kamremskåpan.

4.26a En låsringstång används vid spänning av kamremmen

4.26b Kamremmen korrekt monterad

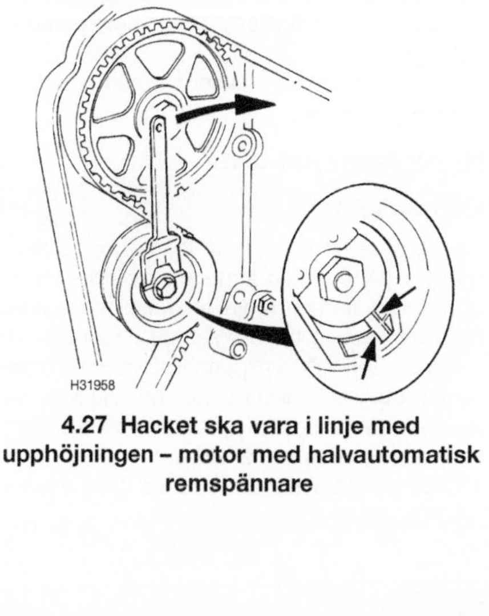

4.27 Hacket ska vara i linje med upphöjningen – motor med halvautomatisk remspännare

5.4 Demontera muttern och ta vara på brickan

5.5 Remspännaren tas bort

4 Lossa muttern vid navet på remspännaren och vrid hela enheten moturs så att kamremmens spänning slaknar. Ta loss muttern och ta vara på brickan **(se bild)**.

5 Ta bort remsträckaren från tappen som den är monterad på **(se bild)**.

Kontroll

6 Torka remspännaren ren, men använd inga lösningsmedel som kan förorena lagren. Snurra remspännarens remskiva för hand på navet. Om remskivan sitter kärvt eller alltför glappt är det en indikation på starkt slitage, remspännaren går inte att reparera utan måste bytas.

Montering

7 Sätt spännarremskivan på tappen. På motorer med halvautomatisk spännare, haka i den tvådelade änden av den bakre plattan i upphöjningen.

8 Montera därefter spännarens bricka och mutter - dra inte åt muttern helt ännu.

9 Se beskrivning i avsnitt 4, montera och spänn kamremmen.

10 På motorer med halvautomatisk spännare kan spännaren testas på följande sätt. Tryck med fingret på kamremmen vid en punkt halvvägs mellan kamaxeldrevet och bränsleinsprutningspumpens drev. Hacket i spännarens mitt bör glida undan från från upphöjningen på den yttre delen när tryck läggs an, och glida tillbaka när trycket upphör **(se bild 4.27)**.

11 Koppla in bränslesystemet genom att ansluta bränsleavstängningsventilens kablage.

12 Se beskrivning i avsnitt 4 och montera kamremskåporna.

Kamremmens drev

Demontering

13 Se beskrivning i avsnitt 2 och 4 och ställ in motorn på övre dödläge för cylinder nr 1, demontera sedan de yttre kamremskåporna. Med hänvisning till föregående underavsnitt, lossa muttern till remspännarnavet och rotera remspännaren moturs för att släppa på kamremmens spänning. Ta försiktigt bort kamremmen från kamaxeldrevet.

14 Kamaxeldrevet måste hållas stilla medan dess bult lossas; om VAGs specialverktyg inte är tillgängligt går det lika bra att använda ett provisoriskt verktyg **(se Haynes tips)**.

15 Staga kamaxeldrevet med verktyget, skruva sedan loss och ta bort bulten; ta vara på brickan om en sådan är monterad.

16 Ta bort kamaxeldrevet från kamaxelns ände **(se bild)**. I förekommande fall, ta bort Woodruffkilen från kilspåret.

17 Med drevet demonterat, kontrollera kamaxelns oljetätning beträffande tecken på läckage. Se vid behov detaljerad beskrivning i avsnitt 8 och byt tätning.

18 Torka av drevets och kamaxelns fogytor.

Montering

19 Om så är tillämpligt, montera Woodruffkilen i kilspåret med den plana ytan uppåt. Sätt drevet på kamaxeln, låt skåran i drevet gripa i Woodruffkilen. På motorer utan Woodruffkil, kontrollera att klacken i drevets mitt hakar i urtaget i kamaxelns ände.

20 Följ beskrivningen i avsnitt 2 och 4 och kontrollera att motorn fortfarande är inställd på övre dödläge för cylinder nr 1, montera därefter kamremmen och spänn den. Montera kamremskåporna.

21 Montera vevaxelns remskiva/-skivor, sätt därefter i skruvarna och dra åt dem till angivet åtdragningsmoment.

22 Se beskrivning i avsnitt 6, montera och spänn drivremmen/drivremmarna.

Vevaxelns kamremsdrev

Demontering

23 Se beskrivningar i avsnitten 2 och 4, ställ in motorn på övre dödläge för cylinder nr 1

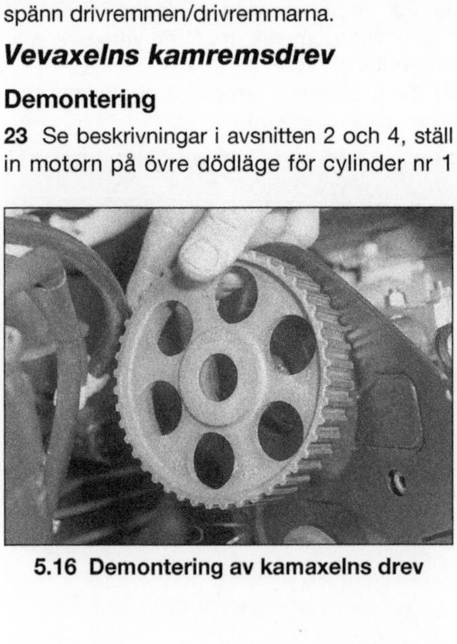

5.16 Demontering av kamaxelns drev

HAYNES TIPS

För att hålla kamaxelns drev stilla kan man tillverka ett verktyg enligt följande: införskaffa två bitar bandstål, ca 6 mm tjocka och 30 mm breda. Gör en bit 600 mm lång och den andra 200 mm lång (alla mått är ungefärliga). Skruva ihop de två bitarna så att de bildar en klyka, men låt bulten sitta lite löst så att den kortare biten kan röras fritt. I änden på båda armarna, fäst en bult med en mutter och en låsmutter - dessa får fungera som stödpunkter. De hakas i hålen i drevet och ska sticka ut ca 30 mm.

och demontera de yttre kamremskåporna. Se föregående underavsnitt och lossa muttern som sitter mitt på remspännaren och rotera den moturs för att släppa på kamremmens spänning. Ta försiktigt bort kamremmen från kamaxeldrevet.

24 Vevaxelns drev måste hållas stilla när dess bult lossas. Om VAGs specialverktyg inte är tillgängligt, lås vevaxeln på plats genom att demontera startmotorn enligt beskrivning i kapitel 5A, så att svänghjulets startkrans blir synlig. Låt en medhjälpare placera en kraftig spårskruvmejsel mellan startkransens kuggar och balanshjulskåpan medan drevets bult lossas.

25 Ta bort bulten, ta vara på brickan och lyft upp drevet **(se bild)**.

26 När drevet är demonterat, undersök om vevaxelns oljetätning läcker. Vid behov, se beskrivning i avsnitt 10 och byt tätning.

27 Torka drevets och vevaxelns fogytor rena.

Montering

28 Placera drevet på vevaxeln, låt klacken på drevets insida gripa i vevaxelns ände. Sätt i fästbulten och dra åt den till angivet moment **(se bilder)**.

29 Följ beskrivningen i avsnitt 2 och 4 och kontrollera att motorn fortfarande är inställd på övre dödläge för cylinder nr 1, montera därefter kamremmen och spänn den. Montera kamremskåporna.

30 Montera vevaxelns remskiva/-skivor.

31 Se beskrivning i avsnitt 6, montera och spänn drivremmen/drivremmarna.

5.28a Sätt in bulten i drevet . . .

5.28b . . . dra åt till momentet för steg 1 . . .

5.28c . . . och därefter till vinkeln för steg 2

5.34 Staga mellanaxelns drev och skruva loss fästbulten

Mellanaxelns drev

Demontering

32 Med hänvisning till avsnitt 2 och 4, demontera kamremskåporna och ställ in motorn på övre dödläge för cylinder nr 1. Lossa remspännarens mittmutter, och rotera den moturs för att släppa på kamremmens spänning. Ta försiktigt bort kamremmen från kamaxeldrevet.

33 Mellanaxelns drev måste hållas stilla medan dess bult lossas; om VAGs specialverktyg inte är tillgängligt kan ett provisoriskt verktyg tillverkas med enkla medel enligt beskrivning i avsnittet om demontering av kamaxelns drev.

34 Staga mellanaxelns drev med en hylsa och ett förlängningsskaft. Skruva loss bulten och ta vara på eventuell bricka **(se bild)**.

35 Ta bort drevet från mellanaxelns ände. I förekommande fall, ta vara på Woodruffkilen från kilspåret.

36 Med drevet demonterat, undersök om mellanaxelns oljetätning läcker. Om så behövs, se beskrivning i avsnitt 9 och byt ut tätningen.

37 Torka drevets och mellanaxelns fogytor rena.

Montering

38 I förekommande fall, montera Woodruffkilen i kilspåret med den plana ytan uppåt. För upp drevet till mellanaxeln, låt skåran i drevet gripa i Woodruffkilen.

39 Dra åt drevets fästbult till angivet moment; håll fast drevet med samma metod som vid demonteringen.

40 Se beskrivning i avsnitt 2, och kontrollera att motorn fortfarande är inställd på övre dödläge för cylinder nr 1. Följ beskrivningen i avsnitt 4, montera och spänn kamremmen, montera därefter kamremskåporna.

41 Montera vevaxelns remskiva/remskivor, sätt därefter i fästskruvarna och dra åt dem till angivet åtdragningsmoment.

42 Se beskrivning i avsnitt 6, montera och spänn drivremmen/-remmarna

6 Drivremmar – demontering och montering

Allmän information

1 Beroende på bilens utförande och motortyp kan det finnas en eller två drivremmar. Båda drivs från remskivor som är monterade på vevaxeln och driver generatorn, kylvätskepumpen, servostyrningspumpen, och på bilar med luftkonditionering också köldmediekompressorn.

2 Remdragningen och komponenterna som de driver beror likaledes på bilens utförande och motortyp, varför kylvätskepumpen och servostyrningspumpen kan vara utrustade med remskivor som passar antingen en ribbad rem eller en kilrem.

3 Den ribbade drivremmen kan vara försedd med automatisk spännanordning beroende på dess drift (och följaktligen antalet komponenter som den driver). I annat fall spänns remmen av generatorfästena, vilka har inbyggd spännfjäder. Kilremmen spänns genom att servostyrningspumpen vrids på sitt fäste.

4 Vid monteringen måste drivremmarna spännas på korrekt sätt, för att garantera god funktion under alla förutsättningar och lång livslängd.

Kilrem

Demontering

5 Parkera bilen på plant underlag och dra åt handbromsen. Hissa upp bilens framvagn och stöd den på pallbockar – se beskrivning i *Lyftning och stödpunkter.* Avaktivera startsystemet genom att koppla loss startsolenoiden vid kontaktdonet, se kapitel 5A.

6 Vrid ratten till fullt utslag åt höger, se beskrivning i kapitel 11 och demontera plastluftkanalen under den högra framskärmen.

7 Se beskrivning i kapitel 10, skruva loss servostyrningspumpens fästbultar och vrid pumpen mot motorn, på det övre fästet.

8 Lyft av kilremmen från servostyrningspumpens remskiva och där så är tillämpligt även från kylvätskepumpens remskiva **(se bild)**.

9 Undersök om kilremmen är sliten eller skadad och byt ut den vid behov.

Montering och spänning

10 Montera remmen i omvänd ordningsföljd, kontrollera att den sitter jämnt på plats i remskivorna.

11 Justera remspänningen genom att ta tag i servostyrningspumpen underifrån och dra den mot bilens front. Spänningen är korrekt när remmen kan tryckas in högst 5 mm mitt på den längsta sträckan. Dra åt servostyrningspumpens fästbultar till angivet moment **(se bild)**.

12 Rotera vevaxeln i normal rotationsriktning två hela varv, kontrollera därefter spänningen igen och justera den om det behövs.

6.8 Demontering av kilremmen

6.11 Pumpens fästbult dras åt

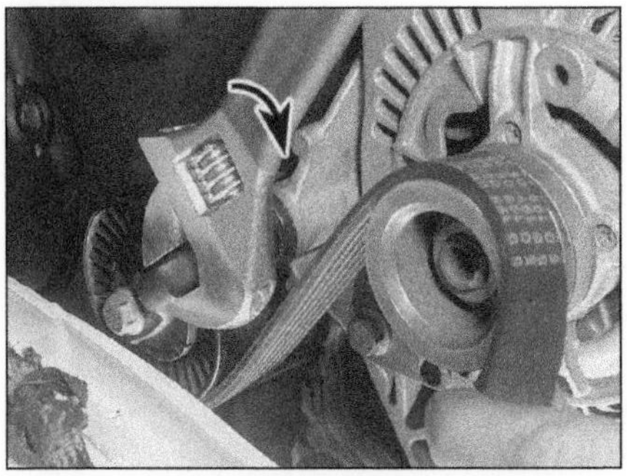

6.17 Rotera valsen medurs – använd en skiftnyckel – och ta bort remmen

Ribbad drivrem

Demontering

13 Parkera bilen på plant underlag och dra åt handbromsen. Hissa upp bilens framvagn och stöd den på pallbockar – se beskrivning i *Lyftning och stödpunkter.* Koppla ifrån startsystemet genom att lossa startsolenoidens kablage vid anslutningsdonet, se kapitel 5A.

14 Vrid ratten med fullt utslag till höger, se beskrivning i kapitel 11 och demontera plastluftkanalen under den högra framskärmen.

15 I förekommande fall, demontera kilremmen enligt beskrivningen i föregående underavsnitt.

16 Leta reda på tillverkarens markering för rotationsriktning på remmen. Om inga markeringar förekommer kan man göra egna markeringar med Tippex eller lite målarfärg – gör aldrig skåror i remmen.

Bilar med automatisk spänningsanordning med vals

17 Rotera spänningsanordningens vals medurs mot fjäderspänningen, så att valsen trycks bort från remmen – använd en skiftnyckel som hävarm **(se bild)**.

Bilar med roterande automatisk spänningsanordning

18 Placera en ringnyckel på muttern i mitten av spännanordningen och rotera hela enheten moturs, mot fjäderspänningen.

Bilar utan automatisk spänningsanordning

19 Lossa generatorns övre och nedre fästbultar ett till två varv.

20 Tryck ner generatorn tills den stannar mot fjäderspänningen, så att den roterar kring sitt översta fäste.

Alla modeller

21 Dra loss remmen från generatorns remskiva och lossa den från återstående remskivor.

Montering och spänning

Varning: Observera markeringarna på remmen som anger dess rotationsriktning

22 För den ribbade remmen under vevaxelns remskiva och se till att ribborna sätter sig ordentligt i spåren på remskivans yta.

Bilar med automatisk spänningsanordning med vals

23 Rotera spännanordningens vals medurs mot fjäderspänningen – använd en skiftnyckel som hävarm **(se bild 6.17)**.

24 För remmen runt kylvätskepumpens remskiva eller remskivan till luftkonditioneringens köldmediepump (efter tillämplighet), montera därefter remmen över generatorns remskiva.

25 Lossa armen till spännarens remskiva och låt valsen vila mot remmens plana yta.

Bilar med roterande automatisk spänningsanordning

26 Placera en ringnyckel på muttern i mitten av spänningsanordningen och rotera hela enheten moturs, mot fjäderns spänning.

27 För remmens plana sida under spännanordningens vals, lägg den därefter över servostyrningspumpens och generatorns remskivor.

28 Lossa ringnyckeln och låt spännarens vals vila mot remmens plana sida.

Bilar utan automatisk spänningsanordning

29 Tryck flera gånger ner generatorn mot dess ändläge mot fjäderns spänning, så att den roterar runt dess översta fäste, och kontrollera att den återgår fritt när den släpps. Vid behov, lossa generatorns fästbultar ytterligare ett halvt varv.

30 Håll generatorn nedtryckt mot sitt ändläge, för remmen över generatorns remskiva, släpp därefter generatorn och låt den spänna remmen.

31 Koppla in startsystemet, starta motorn och låt den gå på tomgång i cirka 10 sekunder.

32 Stäng av motorn, dra först åt generatorns nedre fästbult och därefter den övre till angivet åtdragningsmoment.

Alla modeller

33 Se beskrivning i kapitel 11 och montera plastluftkanalen på skärmens undersida.

34 I förekommande fall, se beskrivning i föregående underavsnitt och montera kilremmen.

35 Sänk ner bilen på marken, koppla in startsystemet (om det inte redan är gjort), se beskrivning i kapitel 5A.

7 Ventilkåpa – demontering och montering

Demontering

1 Försätt motorn ur funktion genom att lossa kablaget från bränsleavstängningsventilen vid kontaktdonet; se beskrivning i kapitel 4C.

2 Koppla loss vevhusets ventilationsslang och regulatorventil från ventilkåpan **(se bild)**.

3 Skruva loss och ta bort ventilkåpans tre fästmuttrar och ta vara på brickorna och tätningarna **(se bild)**.

4 Lyft upp kåpan från topplocket **(se bild)**; om den sitter hårt, försök inte bända loss den genom att sticka in ett redskap i fogen – försök istället med att knacka lätt med en mjuk klubba runt kanten på kåpan.

5 Ta vara på ventilkåpans packning **(se bild)**. Undersök packningen noggrant och byt den om den är skadad eller sliten.

7.2 Vevhusets regulatorventil

7.3 Fästmutter på kamaxelkåpan

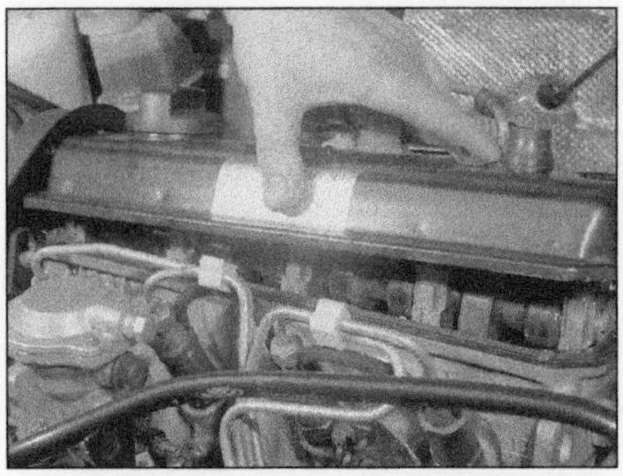

7.4 Lyft upp kåpan från topplocket

7.5 Ta vara på packningen

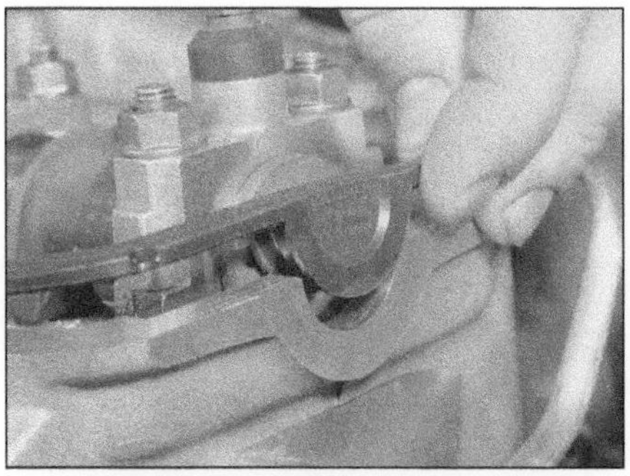

7.7 Se till att packningen är korrekt placerad på topplocket

6 Rengör topplockets och ventilkåpans fogytor grundligt, och ta bort alla spår efter olja och den gamla packningen – se till att ytorna inte skadas under arbetet.

Montering

7 Montera ventilkåpan genom att följa demonteringsrutinen men i omvänd ordningsföljd, observera följande punkter:

*a) Kontrollera att packningen sitter ordentligt på topplocket, var försiktig så att den inte rubbas när ventilkåpan sätts på plats **(se bild)**.*

b) Dra åt skruvarna/muttrarna på ventilkåpan till angivet åtdragningsmoment.

c) Vid anslutning av slangar som från början var fästa med klämmor av engångstyp skall dessa ersättas med klämmor av skruvtyp vid monteringen.

8 Avslutningsvis, koppla in bränslesystemet genom att ansluta bränsleavstängningsventilen.

8 Kamaxelns oljetätning – byte

1 Försätt motorn ur funktion genom att lossa kablaget från bränsleavstängningsventilen vid kontaktdonet; se beskrivning i kapitel 4C.

2 Se beskrivning i avsnitt 6 och demontera drivremmen/-remmarna.

3 Se beskrivningar i avsnitten 2, 4 och 5 i detta kapitel, demontera drivremmarnas remskivor och kamremskåpan, ställ in motorn på övre dödläge för cylinder nr 1 och demontera kamremsspännaren (där så är tillämpligt) samt kamaxeldrevet.

4 Skruva loss skruvarna och lyft bort den inre kamremskåpan från motorblocket.

5 Följ beskrivningen i relevant avsnitt i kapitel 2C, och utför följande:

a) Skruva loss kamaxellageröverfall nr 1 och ta bort kamaxelns oljetätning.

b) Smörj in ytan på kamaxelns nya oljetätning med ren motorolja och montera den över kamaxelns ände.

*c) Stryk på lämplig tätningsvätska på lageröverfallets tätningsyta, montera det därefter och dra åt muttrarna växelvis till angivet åtdragningsmoment **(se bild)**.*

6 Se beskrivning i avsnitt 7 och montera ventilkåpan.

7 Se beskrivningar i avsnitten 2, 4 och 5 i detta kapitel, montera den inre kamremskåpan och dreven, montera därefter kamremmen och spänn den. Avslutningsvis, montera kamremskåpans yttre del.

8 Se beskrivning i avsnitt 6, montera och spänn drivremmen/-remmarna.

9 Mellanaxelns oljetätning – byte

1 Försätt motorn ur funktion genom att lossa kablaget från bränsleavstängningsventilen vid konkaktdonet; se beskrivning i kapitel 4C.

2 Se beskrivning i avsnitt 6 och demontera drivremmen/-remmarna.

3 Se beskrivningar i avsnitten 4 och 5 i detta kapitel, demontera drivremmarnas remskivor och den yttre kamremskåpan, kamrem och kamremsspännare (där tillämpligt) samt mellanaxelns drev.

4 Skruva loss skruvarna och lyft bort den inre kamremskåpan från motorblocket – mellanaxelns tätningsfläns blir nu synlig.

5 Se beskrivning i avsnitt 7 i kapitel 2C, demontera mellanaxelns fläns och byt axelns och flänsens oljetätningar.

6 Se beskrivning i avsnitten 4 och 5 i detta kapitel och utför följande:

a) Montera den inre kamremskåpan.

b) Montera mellanaxelns kamremsdrev.

c) Montera och spänn kamremmen.

d) Montera kamremmens yttre kåpa.

7 Se beskrivning i avsnitt 6 i detta kapitel, montera och spänn drivremmen/drivremmarna.

10 Vevaxelns oljetätningar – byte

Vevaxelns främre oljetätning

1 Försätt motorn ur funktion genom att lossa kablaget från bränsleavstängningsventilen vid kontaktdonet; se beskrivning i kapitel 4C.

2 Se beskrivning i kapitel 1B och tappa av motoroljan.

8.5 Montering av lageröverfall

10.7 Demontering av främre oljetätningen med hjälp av självgängande skruvar

3 Se beskrivning i *Lyftning och stödpunkter*, hissa upp bilens framvagn och stöd den på pallbockar.

4 Följ beskrivningen i kapitel 11, skruva loss skruvarna och lossa plastluftkanalen under höger framskärm.

5 Se beskrivning i avsnitt 6 och demontera drivremmen/drivremmarna.

6 Se beskrivning i avsnitt 4 och 5 i detta kapitel, demontera drivremmarnas remskivor, de yttre kamremskåporna, kamremmen och vevaxelns drev.

7 Borra två små hål i den befintliga oljetätningen, diagonalt mitt emot varandra. Sätt i två självgängande skruvar i hålen, dra sedan i skruvarnas huvuden med två tänger för att dra ut oljetätningen **(se bild)**. Var mycket försiktig så att du inte borrar in i tätningshuset eller vevaxelns tätningsyta.

8 Rengör tätningshuset och tätningsytan på vevaxeln med en luddfri trasa – undvik att använda lösningsmedel som kan tränga in i vevhuset och påverka smörjningen av komponenterna. Avlägsna eventuellt järnfilspån eller gjutskägg som kan orsaka läckage.

9 Smörj in läppen på den nya oljetätningen med ren motorolja och tryck den över huset.

10 Driv tätningen rakt in i tätningshuset med en hammare och en hylsa med lämplig diameter. **Observera:** *Använd en hylsa som endast trycker på tätningens hårda yttre yta, och inte den inre läppen som lätt kan skadas.*

11 Se beskrivningar i avsnitten 2, 4 och 5 i detta kapitel, montera vevaxelns kamremsdrev, montera därefter kamremmen och spänn den. Avslutningsvis, montera kamremskåpans yttre del och drivremmens/drivremmarnas remskivor.

12 Resten av monteringsarbetet följer demonteringsproceduren men i omvänd ordningsföljd, enligt följande:

a) Se beskrivning i avsnitt 6, montera och spänn drivremmen/drivremmarna.

b) Montera plastluftkanalen under skärmen enligt beskrivning i kapitel 11.

c) Se beskrivning i kapitel 1B och fyll på motorolja av korrekt typ och kvantitet.

d) Återställ bränslesystemet.

Vevaxelns främre oljetätningshus – byte av packning

13 Följ beskrivningen i punkterna 1 till 6 ovan, se därefter beskrivning i avsnitt 15 och demontera oljesumpen.

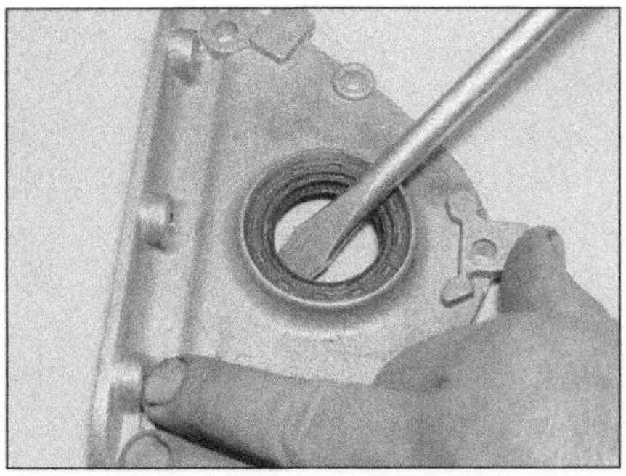

10.17 Bänd loss den gamla tätningen

10.19 Den nya packningen läggs på plats

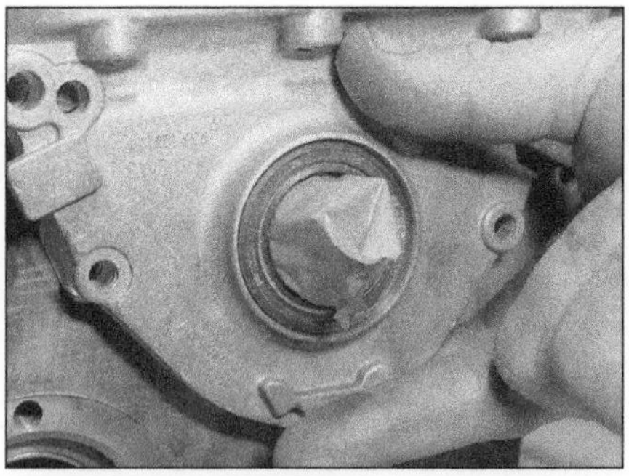

10.21 Placera tätningen och dess hus på vevaxelns ände

14 Stegvis lossa och ta bort oljetätningshusets fästbultar.

15 Lyft bort huset från motorblocket tillsammans med vevaxelns oljetätning och för bort den längs axeln med en vridrörelse.

16 Ta vara på den gamla packningen från tätningshuset på motorblocket. Om den har vittrat sönder, skrapa bort återstoden med ett knivblad. Var försiktig så att tätningsytorna inte skadas.

17 Bänd loss den gamla oljetätningen från huset med en kraftig skruvmejsel **(se bild)**.

18 Torka rent i oljetätningshuset och kontrollera om det är skevt eller har spruckit. Lägg huset på en arbetsbänk med tätningsytan nedåt. Tryck in en ny oljetätning, använd ett träblock som press så att tätningen går in rakt i huset.

19 Smörj in vevhusets tätningsyta med universalfett och lägg den nya packningen på plats **(se bild)**.

20 Linda in vevaxelns ände med plasttejp för att skydda oljetätningen när den monteras.

21 Smörj in oljetätningens inre läpp med ren motorolja, placera därefter tätningen och dess hus på vevaxelns ände. För tätningen längs axeln med en vridrörelse tills huset är jämnhögt med vevhuset **(se bild)**.

22 Sätt i bultarna och dra åt dem växelvis till angivet åtdragningsmoment.

Varning: Huset är tillverkat av lättmetall och kan bli skevt om skruvarna inte dras åt växelvis.

23 Se beskrivning i avsnitt 15 och montera oljesumpen.

24 Se beskrivningar i avsnitten 2, 4 och 5 i detta kapitel, montera vevaxelns kamremsdrev, montera därefter kamremmen och spänn den. Avslutningsvis, montera kamremskåpans yttre del och drivremmens/drivremmarnas remskivor.

25 Resten av monteringsarbetet följer demonteringsproceduren men i omvänd ordningsföljd, enligt följande:

a) Se beskrivning i avsnitt 6, montera och spänn drivremmen/drivremmarna.

b) Montera plastluftkanalen under skärmen enligt beskrivning i kapitel 11.

c) Se beskrivning i kapitel 1B och fyll på motorolja av korrekt typ och kvantitet.

d) Återställ bränslesystemet.

Vevaxelns bakre oljetätning (svänghjulsänden)

26 Följ först beskrivningen i punkterna 1 till 3 ovan, se därefter beskrivningen i avsnitt 15 och demontera oljesumpen.

27 Följ beskrivningen i kapitel 11, skruva loss skruvarna och lossa plastluftkanalen under den främre vänstra skärmen.

28 Se beskrivning i kapitel 7A eller B, vilket som gäller, och demontera växellådan från motorn.

29 På bilar med manuell växellåda, se detaljerad beskrivning i avsnitt 13 i detta kapitel och demontera svänghjulet, se därefter kapitel 6 och demontera kopplingslamellen och tryckplattan.

30 På bilar med automatväxellåda, se beskrivning i avsnitt 13 i detta kapitel och demontera medbringarskivan från vevaxeln.

31 I förekommande fall, skruva loss skruvarna och lyft bort den mellanliggande plattan från motorblocket.

32 Lossa oljetätningshusets skruvar växelvis och ta bort dem.

33 Lyft upp huset från motorblocket tillsammans med vevaxelns oljetätning, och dra bort den längs axeln med en vridrörelse.

34 Ta vara på den gamla packningen på tätningshuset på motorblocket. Om den har vittrat sönder, skrapa bort resterna med ett knivblad. Se till att inte skada tätningsytorna.

35 Bänd loss den gamla oljetätningen från huset med en kraftig skruvmejsel **(se bild)**.

36 Torka rent i oljetätningshuset och undersök om det är sprucket eller skevt. Lägg huset på en arbetsbänk med tätningsytan nedåt. Tryck in den nya oljetätningen, pressa på tätningen med ett träblock för att se till att den går rakt ner i huset **(se bild)**.

37 Smörj in vevaxelns tätningsyta med universalfett och lägg den nya packningen på plats **(se bild)**.

38 Genuina VAG-oljetätningar levereras med ett skyddslock av plast; vid montering över vevaxeländen hindrar skyddslocket att oljetätningens inre läpp skadas **(se bild)**. Täck vevaxelns ände med plasttejp om skyddslock inte är tillgängligt.

39 Smörj in den inre läppen på vevaxelns oljetätning med ren motorolja, placera därefter tätning och hus på vevaxelns ände. För tätningen längs axeln med en vridrörelse tills tätningshuset är i jämnhöjd med vevhuset **(se bild)**.

40 Sätt i skruvarna och dra åt dem växelvis till angivet åtdragningsmoment **(se bild)**.

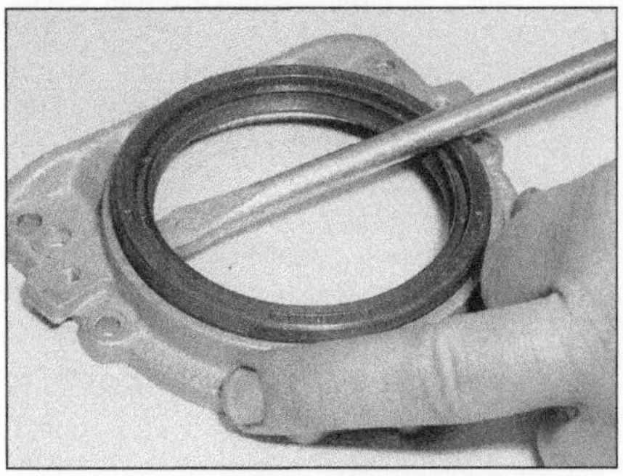

10.35 Bänd loss den gamla oljetätningen från huset

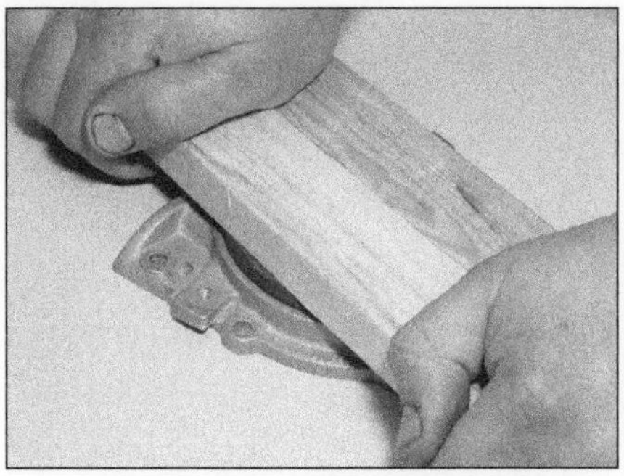

10.36 Pressa in den nya tätningen med ett träblock

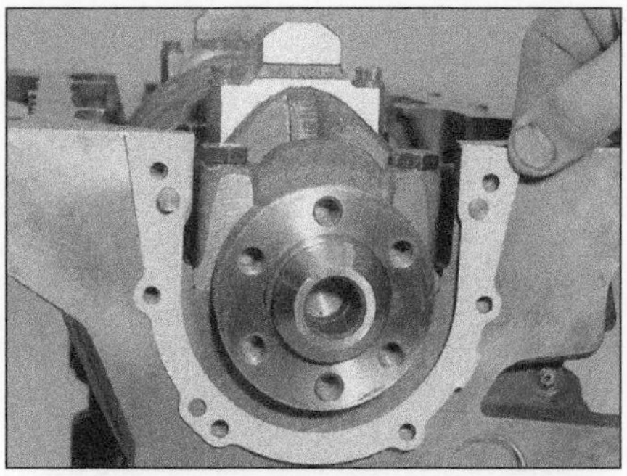

10.37 Den nya packningen till vevaxelns bakre oljetätningshus läggs på plats

10.38 Ett skyddslock av plast levereras med VAG-oljetätningar

10.39 Montering av bakre oljetätning och hus

10.40 Åtdragning av oljetätningshusets fästbultar

Varning: Huset är tillverkat av lättmetall och kan bli skevt om skruvarna inte dras åt växelvis.

41 Se beskrivning i avsnitt 15 och montera oljesumpen.

42 Montera den mellanliggande plattan på motorblocket, sätt därefter i och dra åt bultarna.

43 På bilar med automatväxellåda, följ beskrivningen i avsnitt 13 i detta kapitel och montera medbringarskivan på vevaxeln.

44 På bilar med manuell växellåda, se beskrivning i kapitel 6 och montera svänghjul, tryckplatta och kopplingslamell.

45 Se kapitel 7A eller B, montera växellådan på motorn.

46 Återstoden av monteringsproceduren följer demonteringen, men i omvänd ordningsföljd, enligt följande:

a) Montera plastluftkanalen på skärmens undersida, följ beskrivning i kapitel 11.
b) Se beskrivning i kapitel 1B och fyll på motorolja av korrekt typ och kvantitet.
c) Återställ bränslesystemet.

11 Topplock, insugs- och avgasgrenrör – demontering, isärtagning och montering

Demontering

1 Parkera bilen på ett jämnt och hårt underlag. Se till att du har gott om arbetsutrymme runt bilen.

2 Se beskrivning i kapitel 11 och demontera motorhuven från gångjärnen.

3 Lossa batteriets negativa anslutning och placera kabeln på avstånd från batteriet. **Observera:** *Om bilen är utrustad med säkerhetskodad radio, kontrollera att du har noterat koden innan batterianslutningen lossas.*

4 Se beskrivning i kapitel 1B och utför följande:

a) Tappa av motoroljan.
b) Tappa av kylsystemet.

5 Se beskrivning i avsnitt 6 och demontera drivremmen/-remmarna.

6 Se beskrivning i avsnitt 2, ställ in motorn på övre dödläge för cylinder nr 1.

7 Se beskrivning i kapitel 3 och utför följande:

a) Lossa slangklämmorna och ta bort kylarslangarna från portarna på topplocket.
b) Lossa klämmorna och lossa expansionskärlets slang samt värmesystemets tillförsel- och utloppsslangar från portarna på topplocket ***(se bild)****.*

8 "Fronten" är en panelenhet som utgörs av främre stötfångare, kylare och grill, kylfläkt(ar), strålkastare, framkjol och motorhuvens låsmekanism. Trots att det inte är absolut nödvändigt, så skapas bättre utrymme runt motorn om denna enhet demonteras. Demonteringen beskrivs i början av motorns demonteringsrutin i kapitel 2C.

9 Se beskrivning i kapitel 4C och utför följande

a) Koppla loss och ta bort bränsleslangarna från bränslespridarna och insprutningspumpens huvud.
b) Lossa spridarnas luftningsslang från bränslereturporten på insprutningspumpen.
c) Koppla loss bränslesystemets alla kablar vid kontakterna, förse varje kabel med en etikett för att underlätta vid kommande montering.

10 Se avsnitten 2, 4 och 7, och utför följande:

a) Demontera kamaxelkåpan.
b) Demontera kamremskåpans yttre delar, och lossa kamremmen från kamaxeldrevet.
c) Demontera kamremsspännaren, kamaxeldrevet och insprutningspumpens drev.

11 Skruva loss och ta bort skruvarna, lyft bort kamremskåpans inre delar **(se bilder)**.

12 Se beskrivning i kapitel 3 eller 4C (efter tillämplighet), lossa kontakten från kylvätskans temperaturgivare **(se bild)**.

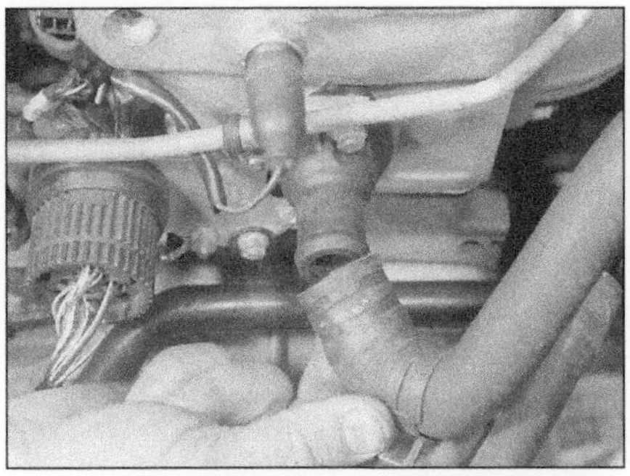

11.7 Lossa värmesystemets slangar från portarna på topplocket

11.11a Skruva loss skruvarna . . .

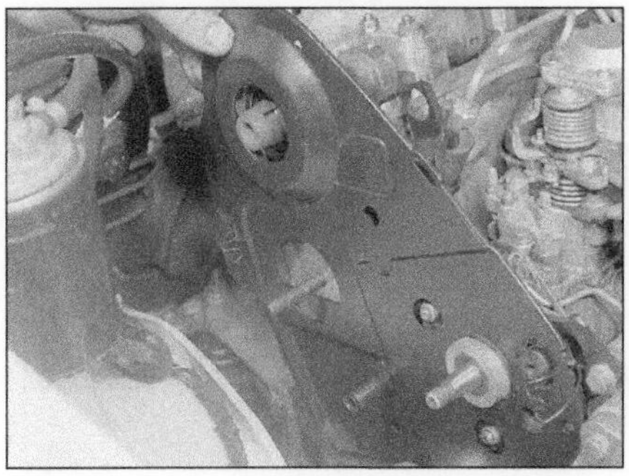

11.11b . . . och lyft bort kåpans inre delar

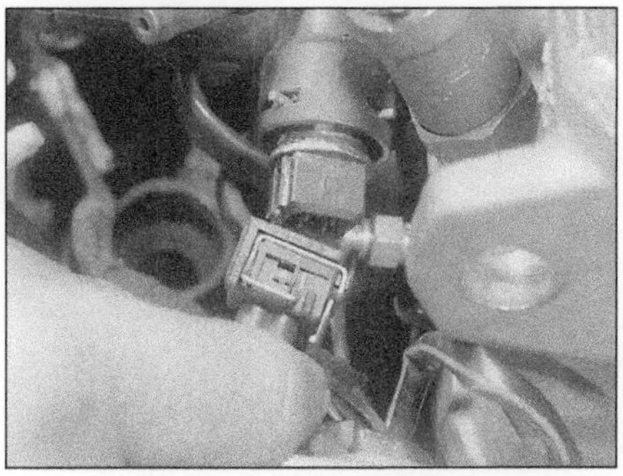

11.12 Koppla loss kontakten från kylvätskans temperaturgivare

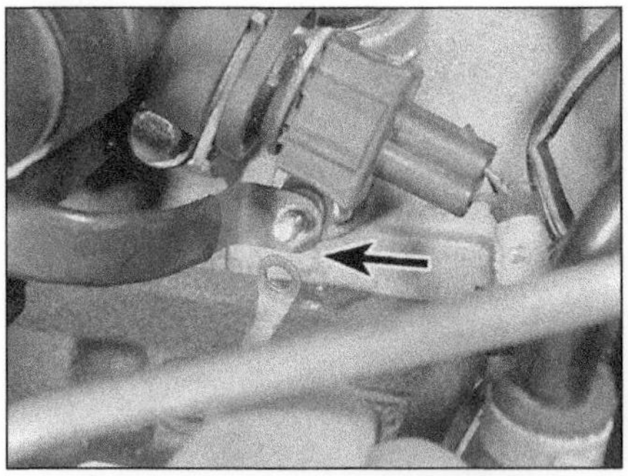

11.13 Ta loss tillförselkabeln från glödstiftet i cylinder nr 4

11.14 Kontaktfästet för motorns kablage lossas från topplocket

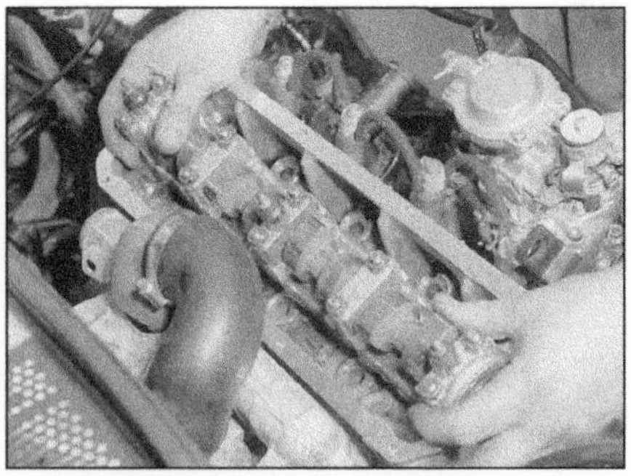

11.16 Topplocket lyfts bort från motorn

13 Se beskrivning i kapitel 4D och utför följande:

a) Skruva loss skruvarna och separera det främre (nedåtgående) avgasröret från avgasgrenrörets fläns.

b) I förekommande fall, demontera turbon från avgasgrenröret.

c) I förekommande fall, demontera EGR-ventilen och anslutande rörledningar från insugs- och avgasgrenrör.

d) Skruva loss den elektriska tillförselkabeln från glödstiftet i cylinder nr 4 ***(se bild)****.*

14 Skruva loss skruven och lossa kontaktfästet för motorns kablage från topplocket **(se bild)**.

15 Följ åtdragningssekvensen i bild 11.37a men i omvänd ordningsföljd, lossa topplocksbultarna växelvis ett halvt varv i taget, tills alla bultar kan skruvas loss för hand. Kasta bultarna – nya måste användas vid hopsättningen.

16 Kontrollera att inget fortfarande är anslutet till topplocket, lyft sedan upp topplocket från motorblocket. Ta hjälp av någon – topplocket är mycket tungt, speciellt om det demonteras tillsammans med grenrören **(se bild)**.

17 Ta bort packningen från motorblocket, notera styrstiften. Om styrsstiften sitter löst, ta bort dem och förvara dem tillsammans med topplocket så att de inte kommer bort. Kasta inte bort packningen – den kan behövas för identifikation.

18 Om topplocket skall tas isär för reparation, se beskrivning i kapitel 2C.

Separering av grenrören

19 Placera topplocket på en arbetsbänk, skruva loss och ta bort fästbultarna till insugsgrenröret. Lyft bort grenröret och ta vara på packningen.

20 Skruva först loss värmeskölden **(se bild)**, skruva därefter stegvis loss och ta bort muttrarna från avgasgrenröret. Lyft bort grenröret från topplocket och ta vara på packningarna.

21 Kontrollera att insusgs- och avgasgrenrörets tätningsytor är fullständigt rena. Montera avgasgrenröret och använd nya packningar. Kontrollera att packningarna är monterade åt rätt håll, annars kan de hindra insugsgrenrörets packning. Dra åt muttrarna till avgasgrenröret till angivet åtdragningsmoment **(se bilder)**.

22 Montera värmeskölden på pinnbultarna på avgasgrenröret, sätt sedan muttrarna på plats och dra åt dem.

23 Montera en ny packning för insugsgrenröret på topplocket, lyft därefter grenröret på plats. Sätt i bultarna och dra åt dem till angivet åtdragningsmoment **(se bilder)**.

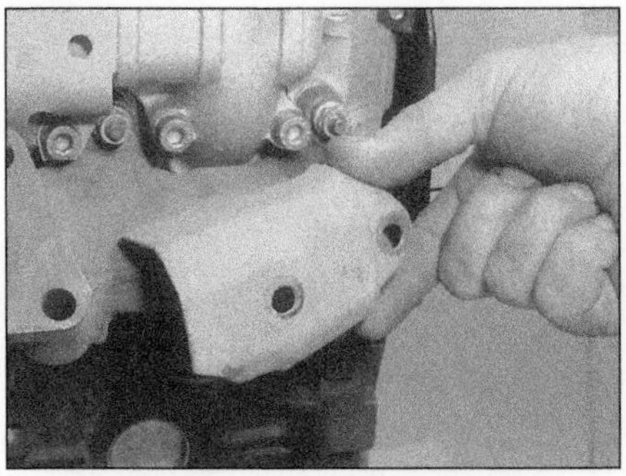

11.20 Demontera värmeskölden

11.21a Lägg avgasgrenrörets packningar på plats . . .

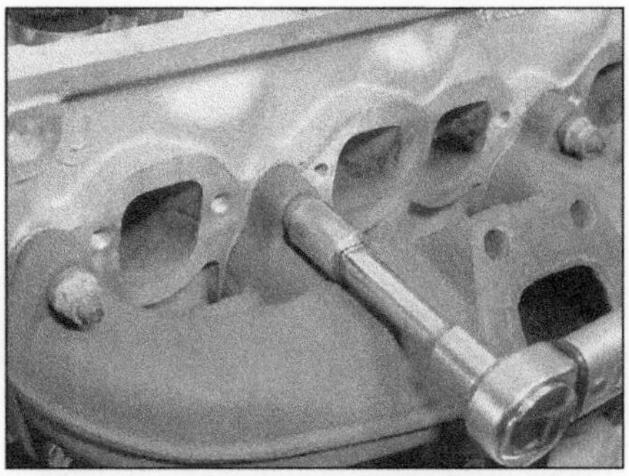

11.21b . . . och montera grenröret. Dra åt muttrarna till angivet moment

11.23a Montera en ny packning för insugsgrenröret på topplocket . . .

11.23b . . . och lyft grenröret på plats

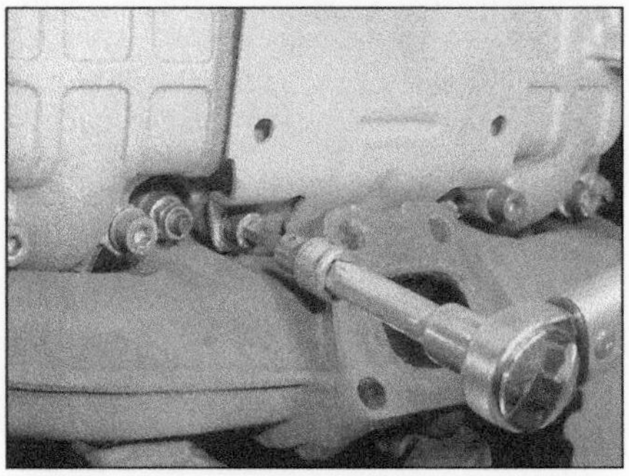

11.23c Sätt i bultarna och dra åt dem till angivet moment

Förberedelser för montering

24 Fogytorna mellan topplock och motorblock/vevhus måste vara fullständigt rena innan topplocket kan monteras. Skrapa bort alla spår av gammal packning och sotavlagringar med en hård plast- eller träskrapa; rengör även kolvtopparna. Var mycket försiktig vid rengöringen eftersom aluminiumlegeringar lätt kan ta skada. Se också till att sotavlagringar inte tränger in i olje- eller vattenkanalerna – detta är extra viktigt för smörjsystemet eftersom sot kan blockera oljetillförseln till motorns delar. Tejpa över vatten-, olje- och skruvhålen i motorblock/vevhvus med tejp och papper.

25 Undersök fogytorna mellan motorblock/vevhus och topplock beträffande skåror, djupa repor eller annan skada. Om skadorna är smärre kan de putsas bort med en smärgelduk, men observera att topplocket inte kan maskinslipas – se beskrivning i kapitel 2C.

26 Om topplockets packningsyta misstänks vara skev, använd en stållinjal för att kontrollera om så är fallet. Se beskrivning i del C i detta kapitel vid behov.

27 Rengör skruvhålen i topplocket med en lämplig gängtapp. Om en gängtapp inte är tillgänglig går det lika bra med ett provisoriskt verktyg **(se Haynes tips)**.

28 På alla motorerna som behandlas i detta kapitel, kan skada uppstå om kolvtopparna slår mot ventilhuvudena, om kamaxeln roteras när kamremmen är demonterad och vevaxeln inställd på övre dödläge. Därför måste vevaxeln ställas in på ett annat läge än övre dödläge för cylinder nr 1, innan topplocket monteras tillbaka. Placera en hylsa och nyckel bulten i mitten av vevaxelns remskiva för att vrida vevaxeln i normal rotationsriktning, tills alla fyra kolvarna är halvvägs nere i cylinderloppen, med kolv nummer 1 i uppåtgående slag – dvs 90° före övre dödläge.

HAYNES TiPS

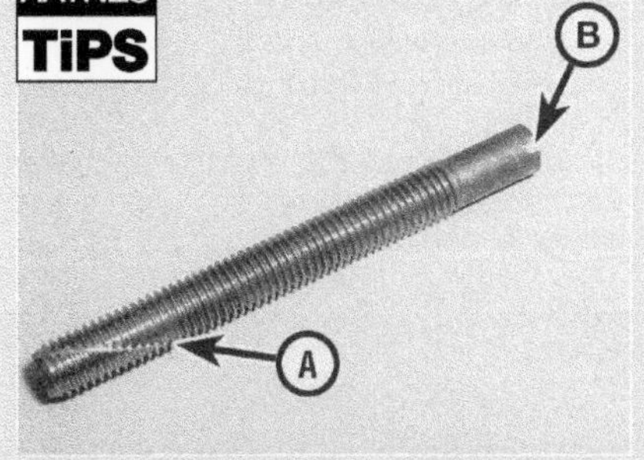

Om en gängtapp inte är tillgänglig, gör ett provisoriskt verktyg genom att skära en skåra (A) i gängorna på en gammal topplocksbult. Efter användning kan bultskallen kapas av och skaftet användas som styrstift vid montering av topplocket. Skär en skruvmejselskåra (B) i toppen på bulten, så att den kan skruvas ur.

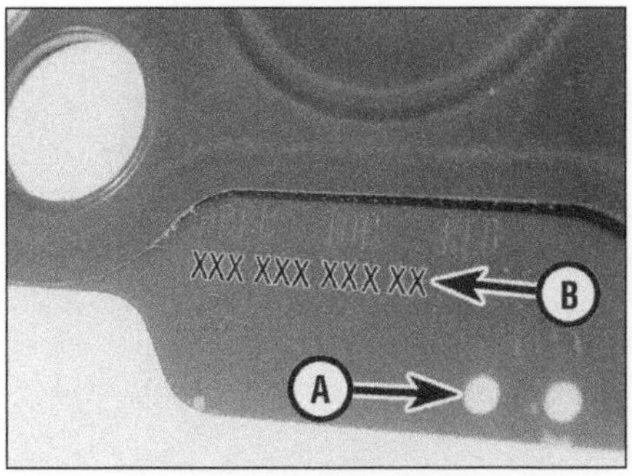

11.29 Hål på topplockspackningen (A) och reservdelsnummer (B)

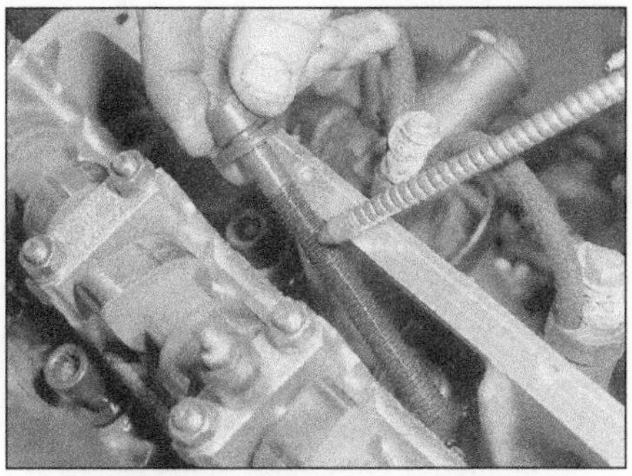

11.36 Olja bultgängorna och sätt in bultarna i respektive hål

Montering

29 Leta efter tillverkarens markeringar på den gamla topplockspackningen. Dessa finns antagligen som hål eller ett reservdelsnummer på packningens kant **(se bild)**. Om inte nya kolvar har monterats måste den nya topplockspackningen vara likadan som den gamla.

30 Om nya kolvar har monterats som en del av en motorrenovering, se avsnitt 13 i kapitel 2C innan en ny topplockspackning införskaffas och mät kolvens utstick. Köp en ny packning enligt mätningsresultatet (se beskrivning i kapitel 2C, Specifikationer).

31 Placera den nya packningen på motorblocket, över styrstiften. Se till att märkningen "TOP" och reservdelsnumret är vända uppåt.

32 Kapa skallarna på två av de gamla topplocksbultarna och skär ut en skåra som är tillräckligt stor för att rymma ett skruvmejselblad, i varje bult. Dessa kan nu användas som styrtappar för att hjälpa topplocket på plats **(se bild)**.

33 Ta en medarbetare till hjälp och placera topplock och grenrör mitt på motorblocket, kontrollera att styrstiften hamnar i håligheterna i topplocket. Kontrollera att packningen är korrekt placerad innan topplockets hela vikt vilar på den.

34 Ta bort de provisoriska styrtapparna med en skruvmejsel.

35 Smörj in gängorna och undersidan av bultskallarna på topplocksbultarna med smörjfett.

36 Olja in bultgängorna, för därefter försiktigt in bultarna i respektive bulthål (*låt dem inte falla ner i hålen*) och skruva in dem med fingrarna **(se bild)**.

37 Dra åt bultarna växelvis och i visad ordningsföljd till momentet för steg 1, använd en momentnyckel och lämplig hylsa **(se bilder)**. Upprepa samma förfarande i samma ordningsföljd till momentet för steg 2.

38 När alla topplocksbultarna är åtdragna till angivet moment för steg 2, fortsätt att arbeta i samma ordningsföljd och dra åt bultarna till vinkeln angiven för steg 3, med hylsnyckel och förlängare. Vi rekommenderar att ett vinkelmått används i detta läge i åtdragningen för att garantera exaktheten. Om ett vinkelmått inte är tillgängligt kan vit färg användas för att göra riktmärken mellan bultskallen och topplocket innan bultarna dras åt; dessa markeringar kan sedan användas för kontroll

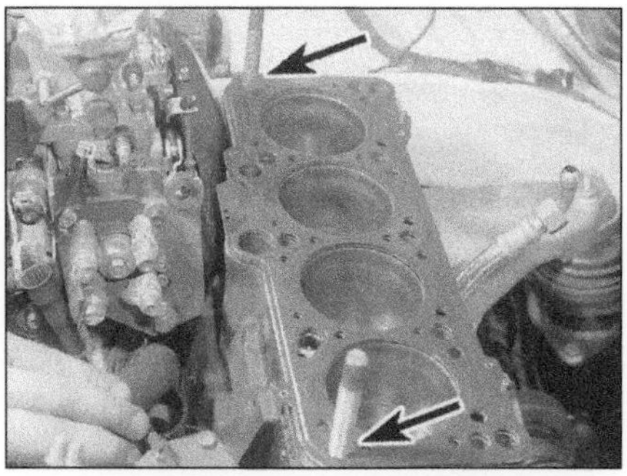

11.32 Två av de gamla bultarna (vid pilarna) används som styrtappar

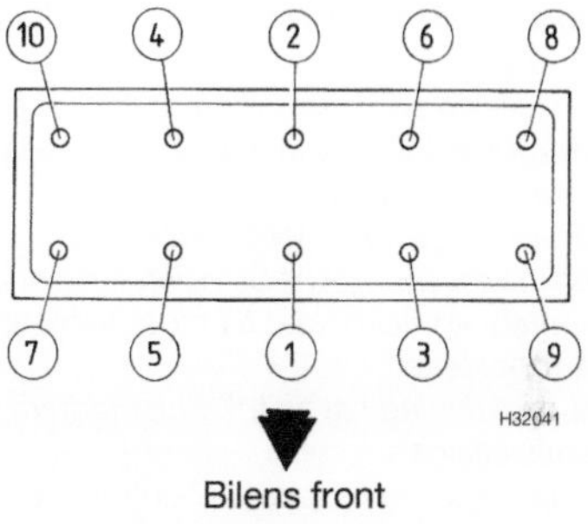

11.37a Åtdragningsordning för topplocksbultarna

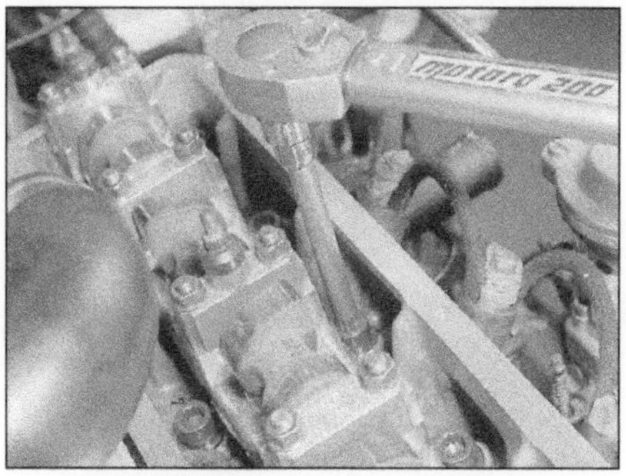

11.37b Åtdragning av bultarna med momentnyckel och hylsa

av att bultarna har dragits i korrekt vinkel. Upprepa proceduren för steg 4 **(se bild).**

39 Montera den inre kamremskåpan och dra åt fästskruvarna ordentligt.

40 Se avsnitt 2 och 5 och montera kamremsspännare och drev.

41 Se beskrivning i avsnitt 2 och ställ in motorn på övre dödläge för cylinder nr 1. Avslutningsvis, se beskrivning i avsnitt 4 och montera kamremmen och de yttre kamremskåporna.

42 Återstoden av monteringsproceduren följer demonteringen, men i omvänd ordningsföljd, enligt följande:

a) Se kapitel 4D och montera turbon (i förekommande fall), det främre avgasröret, EGR-ventilen (i förekommande fall) och kablaget till glödstiftet.

b) Se kapitel 4C och montera bränsletillförselslangarna på spridarna och insprutningspumpens huvud. Anslut alla elektriska ledningar till bränslesystemet. Sätt tillbaka avluftningsslangen på insprutningspumpens bränslereturöppning.

c) Montera kontaktfästet till motorkablaget på topplocket.

d) Se beskrivning i avsnitt 7 och montera kamaxelkåpan.

e) Se beskrivning i kapitel 2C och montera "fronten" om den varit demonterad.

f) Anslut kylarens, expansionskärlets och värmesystemets slangar, se beskrivning i kapitel 3. Anslut kablaget till kylvätskans temperaturgivare.

g) Se beskrivning i avsnitt 6 och montera drivremmen/-remmarna.

h) Anslut batteriets negativa kabel.

i) Se beskrivning i kapitel 11 och montera motorhuven.

43 Avslutningsvis, se kapitel 1B och utför följande:

a) Fyll på motorns kylsystem med kylvätska av korrekt typ och mängd.

b) Fyll på motorns smörjsystem med motorolja av korrekt typ och mängd.

Observera: *Topplockets bultar behöver inte dras åt ytterligare.*

12 Hydrauliska ventillyftare – funktionskontroll

1 De hydrauliska ventillyftarna är självjusterande och kräver inget underhåll.

2 Om de hydrauliska lyftarna börjar avge missljud kan de kontrolleras enligt följande.

3 Kör motorn tills den når normal driftstemperatur. Stäng av motorn, se därefter beskrivning i avsnitt 7 och demontera kamaxelkåpan.

4 Rotera kamaxeln genom att vrida vevaxeln med nyckel och hylsa tills den första kamnocken över cylinder nr 1 pekar uppåt.

5 Mät spelet mellan kamnockens bas och ventillyftarens topp med ett bladmått. Om spelet överskrider 0,1 mm är lyftaren defekt och måste bytas.

6 Om spelet är mindre än 0,1 mm, tryck

11.38 Vinkeldragning av en topplocksbult

lyftaren nedåt tills det känns att den är i beröring med ventilspindeln. Använd en spatel av trä eller plast för att inte skada ventillyftarens yta.

7 Om lyftaren rör sig mer än 0,1 mm innan den möter motstånd är den defekt och måste bytas.

8 Demontering och montering av hydrauliska ventillyftare beskrivs som en del av renovering av topplocket – se detaljerad beskrivning i kapitel 2C.

Varning: När hydrauliska ventillyftare har monterats, vänta minst 30 minuter (ännu bättre är att vänta över natten) innan motorn startas. Lyftarna behöver tid att sätta sig, annars kan kolvarna gå mot ventilhuvudena.

13 Svänghjul/medbringarskiva – demontering, kontroll och montering

Allmän beskrivning

1 Monteringen av svänghjul och komponenter i kopplingssystemet beror på vilken typ av växellåda som förekommer.

2 På bilar med femväxlad växellåda 020, är kopplingens tryckplatta infäst direkt på vevaxelns ände. Svänghjulet är därefter infäst på tryckplattan. Demontering av dessa komponenter beskrivs i kapitel 6.

3 På bilar med växellåda 02A, 085 (femväxlad) och 084 (fyrväxlad), är monteringen mer konventionell; svänghjulet är monterat på vevaxeln och tryckplattan fäst på svänghjulet. Demontering av svänghjulet beskrivs i avsnitt 13, kapitel 2A.

14 Motorfästen – kontroll och byte

Kontroll

1 Förbättra arbetsutrymmet genom att hissa upp bilens framvagn och stödja den på pallbockar.

2 Undersök motorfästenas gummmidelar beträffande sprickor och förhårdnader, eller om gummit har särat sig från metallen vid någon punkt; byt fästet om sådana skador eller förslitningar är synliga.

3 Kontrollera att fästets samtliga bultar/muttrar är hårt åtdragna; använd om möjligt en momentnyckel för kontroll.

4 Använd en stor skruvmejsel eller en kofot, kontrollera om slitage föreligger i fästet genom att försiktigt bända mot det för att upptäcka eventuellt glapp. Om detta inte är möjligt, ta hjälp av någon som kan gunga motorn/växellådan framåt och bakåt, eller från sida till sida medan du observerar fästet. Medan visst glapp kan förväntas även hos nya delar, bör för stort glapp vara uppenbart. Vid för stort glapp, kontrollera först att fästena är korrekt åtdragna, därefter kan slitna delar bytas enligt nedanstående beskrivning.

Byte

Främre motorfäste

5 Lossa batteriets negativa anslutning och placera kabeln på avstånd från batteripolen.

6 Placera en garagedomkraft under motorn så att domkraftens huvud hamnar direkt under fogen mellan motorn och balanshjulskåpan.

7 Hissa upp domkraften till den precis bär upp motorns tyngd och avlastar det främre motorfästet.

8 Skruva loss och ta bort den genomgående bulten från motorfästet.

9 Se beskrivning i kapitel 5A och demontera startmotorn.

10 Skruva loss och ta bort bultarna mellan motorfästet och balanshjulskåpan, och ta bort fästet **(se bilder)**.

14.10a Skruva loss bultarna mellan motorfäste och balanshjulskåpa . . .

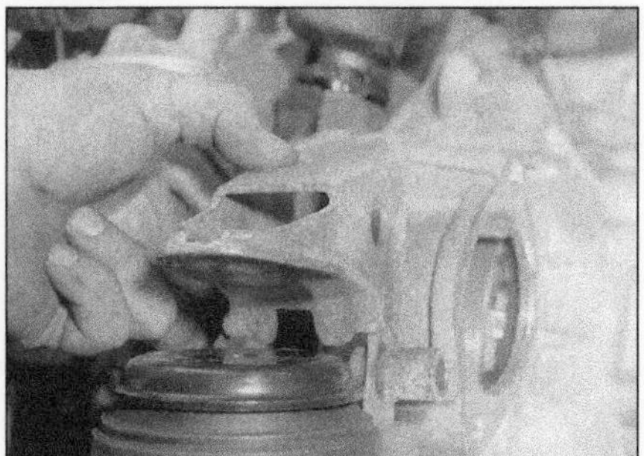

14.10b . . . och ta loss fästet

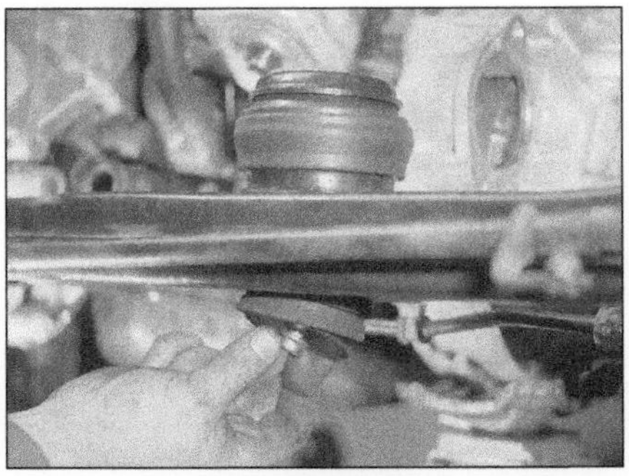

14.11 Skruva loss skruven från motorfästet

14.12 Lyft ut motorfästblocket ur skålen i tvärbalken

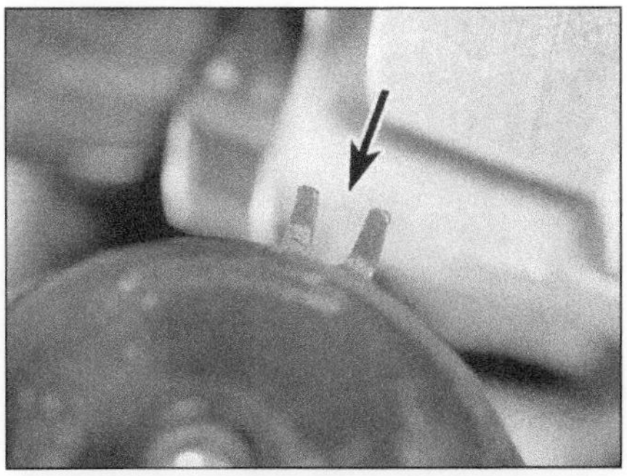

14.13 Styrklacken (vid pilen) i motorfästet hakar i urholkningen i fästbygeln

11 Arbeta under framvagnens tvärbalk, skruva loss fästskruven till motorfästet **(se bild)**.

12 Lyft ut blocket ur skålen i tvärbalken **(se bild)**.

13 Montering sker i omvänd ordningsföljd, notera följande punkter:

a) Kontrollera att styrklacken som sticker ut uppe på blocket hakar i urholkningen i fästbygeln ***(se bild)****.*

b) Dra åt alla bultar till angivet åtdragningsmoment.

Högra bakre motorfästet

14 Lossa batteriets negativa anslutning och placera kabeln på avstånd från batteripolen.

15 Placera en lyftbalk över motorrummet och anslut den till motorns lyftöglor på topplocket. Alternativt kan en motorlyft användas. Höj upp lyftanordningen så att den precis håller upp motorns tyngd och avlastar motorfästet.

16 Skruva loss och ta bort den genomgående bulten från motorfästet.

17 Skruva loss motorfästets fästbygel från motorblocket.

18 Skruva loss motorfästet från karossen och ta bort det från motorrummet.

19 Montering sker i omvänd ordningsföljd, notera dock följande punkter:

a) Kontrollera att styrklacken som sticker ut från motorfästets övre yta hakar i urholkningen i fästbygeln.

b) Dra åt alla bultar till angivet åtdragningsmoment.

Vänstra bakre motorfästet

20 Koppla loss batteriets negativa anslutning och placera kabeln på avstånd från batteripolen.

21 Placera en garagedomkraft under motorn så att domkraftens huvud hamnar direkt under fogen mellan motorn och balanshjulskåpan.

22 Hissa upp domkraften tills den precis bär upp motorns tyngd och avlastar det högra bakre motorfästet.

23 Skruva loss och ta bort den genomgående bulten från motorfästet.

24 Skruva loss motorfästets fästbygel från växellådshusets ände.

25 Skruva loss motorfästet från karossen och ta bort det från motorrummet **(se bild)**.

26 Montering sker i omvänd ordningsföljd, notera dock följande punkter:

a) Kontrollera att styrklacken som sticker ut från motorfästets övre yta hakar i urholkningen i fästbygeln.

b) Dra åt alla bultar till angivet åtdragningsmoment.

15 Oljesump – demontering, kontroll och montering

Demontering

1 Parkera bilen på plant underlag, dra åt handbromsen och placera klossar vid bakhjulen.

2 Lossa batteriets negativa anslutning och placera kabeln på avstånd från batteripolen. Se beskrivning i kapitel 1B och tappa av motoroljan. I förekommande fall, skruva loss skruvarna och sänk ned kåpan under motorrummet.

3 Hissa upp bilens framvagn, stöd den på pallbockar eller hjulramper – se *Lyftning och stödpunkter*.

4 För att förbättra åtkomligheten till oljesumpen, läs igenom beskrivning i kapitel 8 och lossa höger drivaxel från växellådans utgående fläns.

5 Arbeta runt oljesumpens utsida och växelvis lossa och ta bort fästbultarna från sumpen. I förekommande fall, skruva loss och ta bort svänghjulets täckplåt från växellådan för att komma åt oljesumpens vänstra fästen.

6 Bryt upp fogen genom att slå på oljesumpen med handflatan, sänk därefter ner sumpen och ta bort den under bilen. Ta vara på och kasta oljesumpens packning. I de fall en skvalpplåt är monterad, observera att den endast kan demonteras när oljepumpen har skruvats loss (se avsnitt 16).

7 Medan oljesumpen är demonterad, passa på att kontrollera om oljepumpens pickup/sil är igensatt eller sliten. Vid behov, demontera pumpen enligt beskrivning i avsnitt 16, rengör eller byt silen.

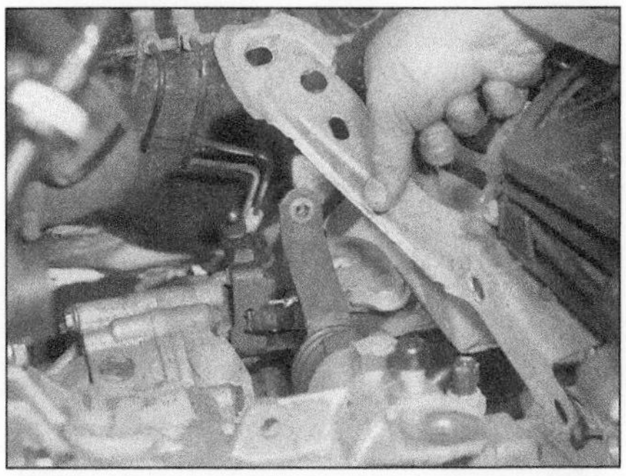

14.25 Demontering av det vänstra bakre motorfästet

Montering

8 Rengör tätningsytorna på motorblock/vevhus och oljesump från alla rester av tätningsmedel, torka insidan av oljesumpen med en ren trasa.

9 Kontrollera att oljesumpens och motorblockets/vevhusets fogytor är rena och torra, stryk därefter på ett lager lämpligt tätningsmedel på oljesumpens och vevhusets fogytor.

10 Placera en ny packning på oljesumpens tätningsyta, lyft därefter upp oljesumpen och sätt i fästbultarna. Dra åt muttrar och bultar jämnt och växelvis till angivet åtdragningsmoment.

11 I förekommande fall, montera drivaxeln och kåpan under motorrummet.

12 Se beskrivning i kapitel 1B och fyll på motorolja av rekommenderad typ och kvantitet.

13 Anslut batterikabeln.

16 Oljepump och pick-up rör – demontering och montering

Allmän information

1 Oljepumpen och dess pick-up rör är monterade i oljesumpen. Pumpen drivs av mellanaxeln som roterar med halva vevaxelns hastighet.

2 Oljepumpuppsättningen är identisk på motorkoderna ADZ, ADY, 2E, ABF, AEK, AAM och ABS – se beskrivning i kapitel 2A.

Kapitel 2 Del C:
Motor – demontering och reparationer

Innehåll

Svårighetsgrader

Enkelt, passar novisen med lite erfarenhet	**Ganska enkelt,** passar nybörjaren med viss erfarenhet	**Ganska svårt,** passar kompetent hemmamekaniker	**Svårt,** passar hemmamekaniker med erfarenhet	**Mycket svårt,** för professionell mekaniker

Specifikationer

Motorkoder

Se kapitel 2A eller B.

Topplock

Topplockets packningsyta, max skevhet:
- Motorkoder ABF, ABD, AEA, ABU ..... 0,05 mm
- Motorkoder AAZ, 1Z, 1Y, AAM, ABS, 2E, ADZ, ADY, AEK ..... 0,1 mm

Höjd (minimum):
- Motorkoder ABU, ABD, AEA ..... 135,6 mm
- Motorkoder AAM, ABS, ADZ, ADY, 2E, AEK ..... 132,6 mm
- Motorkod ABF ..... 118,1 mm
- Motorkoder AAZ, 1Y, 1Z ..... Omslipning ej möjlig

Virvelkammare, max utstick (motorkoder 1Z, 1Y, AAZ) ..... 0.07 mm

Topplockspackning

Identifikationsmärken (stansade hål), endast motorkoder AAZ, 1Z och 1Y*:
- Motorkod 1Z:
  - Kolvens utstick:
    - 0,91 till 1,00 mm ..... 1 hål
    - 1,01 till 1,10 mm ..... 2 hål
    - 1,11 till 1,20 mm ..... 3 hål
- Motorkoder 1Y, AAZ:
  - Kolvens utstick:
    - 0,66 till 0,86 mm ..... 1 hål
    - 0,87 till 0,90 mm ..... 2 hål
    - 0,91 till 1,02 mm ..... 3 hål

***Observera:** Se kapitel 2B och avsnitt 4 och 13 i detta kapitel för information.*

Ventiler

Ventilskaft, diameter:
- Insug:
  - Motorkoder AAM, ADZ, ADY:
    - Fram t.o.m. november 1994 ..... 7,97 mm
    - Fr.o.m. december 1994 ..... 6,92 ± 0,02 mm
  - Motorkoder 2E, ABS,1Y, 1Z, AAZ ..... 7,97 mm
  - Motorkod AEK:
    - Fram t.o.m november 1994 ..... 7,94 mm
    - Fr.o.m. december 1994 ..... 6,92 ± 0,02 mm
  - Motorkod ABF ..... 6,97 mm
  - Motorkod ABD:
    - Fram t.o.m. juli 1992 ..... 7,965 mm
    - Fr.o.m.augusti 1992 ..... 6,97 mm
  - Motorkoder ABU, AEA ..... 6,963 mm
- Avgas:
  - Motorkoder AAM, ADZ, ADY:
    - Fram t.o.m.november 1994 ..... 7,95 mm
    - Fr.o.m. december 1994 ..... 6,92 ± 0,02 mm
  - Motorkoder 2E, ABS, 1Y, 1Z, AAZ ..... 7,95 mm
  - Motorkod AEK:
    - Fram t.o.m. november 1994 ..... 7,95 mm
    - Fr.o.m. december 1994 ..... 6,92 ± 0,02 mm
  - Motorkod ABF ..... 6,94 mm
  - Motorkod ABD:
    - Fram t.o.m.juli 1992 ..... 7,945 mm
    - Fr.o.m. augusti 1992 ..... 6,95 mm
  - Motorkod ABU, AEA ..... 6,943 mm

Ventiler (forts.)

Ventiltallrik, maximal skevhet
(änden av ventilskaftet i jämnhöjd med styrningens topp):
Insug:
Motorkoder AAZ, 1Y, 1Z .... 1,3 mm
Alla andra motorkoder .... 1,0 mm
Avgas:
Alla motorkoder .... 1,3 mm
Ventilfjäderns fria längd:
Standard .... E/T
Servicegräns .... E/T
Ventilfjäderns skevhet, gräns .... E/T

Kamaxel

Kamhöjd:
Insug .... E/T
Avgas .... E/T
Axialspel, alla motorkoder .... 0,15 mm
Max kast, all engine codes .... 0,01 mm
Max spel:
Motorkod AAZ, 1Z, 1Y .... 0,11 mm
Alla andra motorkoder .... 0,1 mm
Kamaxelns identifikationskod:
Motorkod ABF:
Insug 051 101, 051 101A
Avgas 051 102
Motorkod AEK .... D 048
Motorkod ABD:
Fram t.o.m.september 1994 .... 030 AH
Fr.o.m. oktober 1994 .... 032 Q
Motorkod ABU 032
Motorkod AEA .... 032 N, 032 P
Motorkod 1Z .... W 028F
Motorkoder AAZ, 1Y .... W 028D
Motorkod AAM .... M 026
Motorkoder ABS, ADZ .... Q 026
Motorkod 2E .... A 026
Motorkod ADY .... D 048

Mellanaxel

Max axialspel:
Motorkoder ABF, ADZ, ADY, AAM, ABS, 2E, AEK .... 0,25 mm

Motorblock

Lopp diameter:
Motorkod ABF, ADY, 2E:
Standard .... 82,51 mm
1:a överstorlek .... 82,76 mm
2:a överstorlek .... 83,01 mm
Max slitage i loppet .... 0,08 mm
Motorkoder ADZ, AAM, ABS:
Standard .... 81,01 mm
1:a överstorlek .... 81,26 mm
2:a överstorlek .... 81,51 mm
Max slitage i loppet .... 0,08 mm
Motorkoder AAZ, 1Y, 1Z:
Standard .... 79,51 mm
1:a överstorlek .... 79,76 mm
2:a överstorlek .... 80,01 mm
Max slitage i loppet .... 0,10 mm
Motorkod AEK:
Standard .... 81,01 mm
1:a överstorlek .... 81,51 mm
Max slitage i loppet .... 0,08 mm
Motorkoder ABU, AEA:
Standard .... 76,51 mm
1:a överstorlek .... 76,76 mm
2:a överstorlek .... 77,01 mm
3:e överstorlek .... 77,26 mm
Max slitage i loppet .... 0,08 mm
Motorkod ABD:
Standard .... 75,01 mm
1:a överstorlek .... 75,26 mm
2:a överstorlek .... 75,51 mm
3:e överstorlek .... 75,76 mm
Max slitage i loppet .... 0,08 mm

Kolvar och kolvringar

Kolvdiameter:
Motorkod ABF, ADY, 2E:
Standard .... 82,485 mm
1:a överstorlek .... 82,735 mm
2:a överstorlek .... 82,985 mm
Max variation .... 0,04 mm
Motorkoder ADZ, AAM, ABS:
Standard .... 80,985 mm
1:a överstorlek .... 81,235 mm
2:a överstorlek .... 81,585 mm
Max variation .... 0,04 mm
Motorkoder AAZ, 1Y:
Standard .... 79,48 mm
1:a överstorlek .... 79,73 mm
2:a överstorlek .... 79,98 mm
Max variation .... 0,04 mm
Motorkod 1Z:
Standard .... 79,47 mm
1:a överstorlek .... 79,92 mm
2:a överstorlek .... 79,97 mm
Max variation .... 0,04 mm
Motorkod AEK:
Standard .... 80,965 mm
1st oversize .... 81,485 mm
Max variation .... 0,04 mm
Motorkoder ABU, AEA:
Standard .... 76,470 mm
1:a överstorlek .... 76,720 mm
2:a överstorlek .... 76,970 mm
3:e överstorlek .... 77,220 mm
Max variation .... 0,04 mm
Motorkod ABD:
Standard .... 74,985 mm
1:a överstorlek .... 75,235 mm
2:a överstorlek .... 75,485 mm
3:e överstorlek .... 75,735 mm
Max variation .... 0,04 mm
Kolvbult, ytterdiameter:
Motorkoder AAZ, 1Z .... 26,0 mm
Motorkod 1Y .... 24,0 mm
Alla andra motorkoder .... E/T
Spel mellan kolvring och kolvringsspår:
Motorkod ABF:
Övre kompressionsring:
Standard .... 0,02 till 0,07 mm
Servicegräns .... 0,15 mm
Andra kompressionsring:
Standard .... 0,02 till 0,07 mm
Servicegräns .... 0,15 mm
Oljeskrapring:
Standard .... 0,02 to 0,06 mm
Servicegräns .... 0,15 mm

Kolvar och kolvringar (forts.)

Motorkoder ADZ, ADY, AAM, ABS, 2E:
- Övre kompressionsring:
  - Standard ....0,02 till 0,05 mm
  - Servicegräns ....0,15 mm
- Andra kompressionsring:
  - Standard ....0,02 till 0,05 mm
  - Servicegräns ....0,15 mm
- Oljeskrapring:
  - Standard ....0,02 till 0,05 mm
  - Servicegräns ....0,15 mm

Motokod 1Z:
- Övre kompressionsring:
  - Standard ....0,06 till 0,09 mm
  - Servicegräns ....0,25 mm
- Andra kompressionsring:
  - Standard ....0,05 till 0,08 mm
  - Servicegräns ....0,25 mm
- Oljeskrapring:
  - Standard ....0,03 till 0,06 mm
  - Servicegräns ....0,15 mm

Motokoder AAZ, 1Y:
- Övre kompressionsring:
  - Standard ....0,09 till 0,12 mm
  - Servicegräns ....0,25 mm
- Andra kompressionsring:
  - Standard ....0,05 till 0,08 mm
  - Servicegräns ....0,25 mm
- Oljeskrapring:
  - Standard ....0,03 till 0,06 mm
  - Servicegräns ....0,15 mm

Motokod AEK:
- Övre kompressionsring:
  - Standard ....0,02 till 0,05 mm
  - Servicegräns ....0,15 mm
- Andra kompressionsring:
  - Standard ....0,02 till 0,05 mm
  - Servicegräns ....0,15 mm
- Oljeskrapring:
  - Standard ....0,02 till 0,05 mm
  - Servicegräns ....0,15 mm

Motokoder ABU, ABD, AEA:
- Övre kompressionsring:
  - Standard ....0,04 till 0,08 mm
  - Servicegräns ....0,15 mm
- Andra kompressionsring:
  - Standard ....0,04 till 0,08 mm
  - Servicegräns ....0,15 mm
- Oljeskrapring*:
  - Standard ....0,04 till 0,08 mm
  - Servicegräns ....0,15 mm

*__Observera:__ *På tredelad oljeskrapring kan spelet inte mätas.*

Kolvringarnas ändgap:

Motokoder ABF, ADZ, ADY, AAM, ABS, 2E, 1Z, AEK:
- Övre kompressionsring:
  - Standard ....0,20 till 0,40 mm
  - Servicegräns ....1,0 mm
- Andra kompressionsring:
  - Standard ....0,20 till 0,40 mm
  - Servicegräns ....1,0 mm
- Oljeskrapring:
  - Standard ....0,25 till 0,50 mm
  - Servicegräns ....1,0 mm

Motokoder AAZ, 1Y:
- Övre kompressionsring:
  - Standard ....0,20 till 0,40 mm
  - Servicegräns ....1,2 mm
- Andra kompressionsring:
  - Standard ....0,20 mm till 0,40 mm
  - Servicegräns ....0,6 mm
- Oljeskrapring:
  - Standard ....0,25 till 0,50 mm
  - Servicegräns ....1,2 mm

Motokoder ABU, AEA:
- Övre kompressionsring:
  - Standard ....0,20 till 0,50 mm
  - Servicegräns ....1,0 mm
- Andra kompressionsring:
  - Standard ....0,40 till 0,70 mm
  - Servicegräns ....1,0 mm
- Oljeskrapring, en del:
  - Standard ....0,25 till 0,50 mm
  - Servicegräns ....1,0 mm
- Oljeskrapring, 3-delad:
  - Standard ....0,40 till 1,40 mm
  - Servicegräns ....E/T

Motokod ABD:
- Övre kompressionsring:
  - Standard ....0,20 till 0,50 mm
  - Servicegräns ....1,0 mm
- Andra kompressionsring:
  - Standard ....0,40 till 0,60 mm
  - Servicegräns ....1,0 mm
- Oljeskrapring, en del:
  - Standard ....0,25 till 0,50 mm
  - Servicegräns ....1,0 mm
- Oljeskrapring, 3-delad:
  - Standard ....0,40 till 1,40 mm
  - Servicegräns ....E/T

Vevstakar

Längd:
- Motokoder 1Z, AAZ ....144 mm
- Motokod 1Y ....150 mm
- Alla andra motokoder ....E/T

Vevlagerspel:
- Motokod ABF, ADZ, ADY, 2E, AAM, ABS, AEK:
  - Standard ....0,05 till 0,31 mm
  - Servicegräns ....0,37 mm
- Motorkod AAZ, 1Y, 1Z:
  - Standard ....E/T
  - Servicegräns ....0,37 mm
- Motokoder ABU, ABD, AEA:
  - Standard ....E/T
  - Servicegräns ....E/T

Vevlagerskålarnas förspänning, minimum:
- Motokod ABD ....0,5 mm
- Motokod ABU, AEA ....1,5 mm
- Alla andra motokoder ....E/T

Vevaxel

Max axialkast ....E/T

Max axialspel:
- Motokoder ABF, ADZ, ADY, 2E, ABS, AAM, AEK:
  - Standard ....0,07 till 0,17 mm
  - Servicegräns ....0,25 mm
- Motokoder AAZ, 1Y, 1Z:
  - Standard ....0,07 till 0,17 mm
  - Servicegräns ....0,37 mm

Vevaxel (forts.)

Ramlagertapparnas diameter:
- Alla motokoder:
  - Standard .... 54,00 mm
  - 1:a understorlek .... 53,75 mm
  - 2:a understorlek .... 53,50 mm
  - 3:e understorlek .... 53,25 mm
  - Tolerans:
    - Motokoder ABD, AEA, ABU .... -0,022 till -0,037 mm
    - Alla andra motorkoder .... -0,022 till -0,042 mm

Ramlagerspel:
- Motokoder ABF, AAM, ABS, ADZ, ADY, 2E, AEK:
  - Standard .... 0,02 till 0,06 mm
  - Servicegräns .... 0,17 mm
- Motokoder AAZ, 1Y, 1Z, ABU, ABD, AEA:
  - Standard .... 0,03 till 0,08 mm
  - Servicegräns .... 0,17 mm

Vevlagertapparnas diameter:
- Motokod ABD:
  - Standard .... 42,00 mm
  - 1:a understorlek .... 41,75 mm
  - 2:a understorlek .... 41,50 mm
  - 3:e understorlek .... 41,25 mm
  - Tolerans .... -0,020 to -0,035 mm

Vevlagertapparnas diameter (forts.):
- Alla andra motokoder:
  - Standard .... 47,80 mm
  - 1:a understorlek .... 47,55 mm
  - 2:a understorlek .... 47,30 mm
  - 3:e understorlek .... 47,05 mm
  - Tolerans:
    - Motokoder ABU, AEA .... -0,022 till -0,037 mm
    - Alla andra motokoder .... -0,022 till -0,042 mm

Maximalt axialspel:
- Motokoder ABD, AEA, ABU:
  - Standard .... 0,07 till 0,18 mm
  - Servicegräns .... 0,20 mm

Vevlagerspel:
- Motokoder ABF, AAM, ABS, ADZ, ADY, 2E, AEK:
  - Standard .... 0,01 till 0,06 mm
  - Servicegräns .... 0,12 mm
- Motokoder AAZ, 1Y, 1Z:
  - Standard .... E/T
  - Servicegräns .... 0,08 mm
- Motokod ABD:
  - Standard .... 0,010 till 0,051 mm
  - Servicegräns .... 0,095 mm
- Motokod ABU, AEA:
  - Standard .... 0,006 till 0,047 mm
  - Servicegräns .... 0,091 mm

Åtdragningsmoment

Åtdragningsmoment	Nm
Balanshjulskåpa till motor:	
M10 bultar (endast motokod ABD, ABU, AEA)	45
M10 bultar (alla andra motokoder)	60
M12 bultar	80
"Front" till chassi, bultar	23
"Front" till skärm, skruvar	5
Kamaxellagrens överfall, muttrar - ABF motor	15
Kamaxellagrens överfall, muttrar - alla andra motorer	20
Kamaxellagrens överfall - motorkoder ABD, ABU och AEA:	
Muttrar – steg 1	6
Muttrar – steg 2	Vinkeldra ytterligare 90°
Bultar – överfall nr 5	10
Kolvens oljemunstycke/övertrycksventil	27
Mellanaxelns flänsbultar	25
Mellanaxeldrevets bult:	
Motokoder 1Y, AAZ, 1Z	45
Motokod ABF	65
Alla andra motokoder	80
Motorns tvärbalk till kaross, bultar	50
Vevaxelns ramlageröverfall, bultar:	
Motokoder 1Y, AAZ, 1Z, ADZ, ADY, AEK:	
Steg 1	65
Steg 2	Vinkeldra ytterligare 90°
Motokoder AAM, ABS, 2E, ABF	65
Motokoder ABD, ABU, AEA:	
Helgängade bultar:	
Steg 1	65
Steg 2	Vinkeldra ytterligare 90°
Delvis gängade bultar	65
Vevlageröverfall bultar/muttrar:	
Steg 1	30
Steg 2	Vinkeldra ytterligare 90°

1 Motor och växellåda, demontering – förberedelser och säkerhetsföreskrifter

Om du har bestämt att motorn skall demonteras för renovering eller större reparationer bör några förberedande åtgärder utföras.

Det är viktigt att utse en lämplig arbetsplats – tillräckligt stora ytor att arbeta och att förvara bilen på kommer att behövas. Om du inte har tillgång till verkstad eller garage behövs åtminstone en stadig, plan och ren arbetsyta.

Gör om möjligt i ordning några hyllor nära arbetsplatsen för förvaring av motorns delar och tillhörande komponenter, allt eftersom de demonteras och tas isär. På detta sätt är det lättare att hålla delarna rena och oskadda under renoveringen. Om delarna läggs ut i grupper tillsammans med skruvar etc, sparar man tid och undviker oreda när motorn ska sättas ihop igen.

Rengör motorrummet och motorn/växellådan innan motorn demonteras – detta gör det lättare att hålla verktygen rena och välorganiserade.

Se till att en medhjälpare finns tillgänglig; det är vissa moment under motordemonteringen som inte kan utföras av en person ensam. Säkerhetsaspekten är mycket viktig när man inser de potentiella riskerna som denna typ av arbete medför. Någon annan person bör alltid vara närvarande om en olycka skulle inträffa. Om det är första gången som du demonterar en motor är råd och assistans från någon som har mer erfarenhet värdefullt.

Planera arbetet i förväg. Organisera att hyra, eller köpa in, de verktyg och den utrustning som kommer att behövas. Tillgång till följande utrustning gör att demontering av motorn/växellådan kan utföras säkert och utan större svårigheter: en garagedomkraft med kapacitet för motorns och växellådans sammanlagda vikt, en komplett uppsättning blocknycklar och hylsor enligt beskrivning i slutet av denna handbok, träklossar, en stor mängd trasor och lösningsmedel för rengöring av olja, kylmedel och bränsle som har spillts. Ett antal plastbehållare för förvaring i olika storlekar är bra att ha för delar som skall förvaras tillsammans. Om någon del av utrustningen skall hyras, se till att avtala om detta i förväg. Utför allt annat arbete som kan göras i förväg. På detta sätt kan man spara både tid och pengar.

Planera att ha bilen ur funktion under en tid, speciellt om motorn skall renoveras. Läs igenom hela detta avsnitt och planera arbetet baserat på din erfarenhet och de verktyg, den tid och det arbetsutrymme som du har tillgång till. Vissa arbeten kommer att behöva utföras på en VAG-verkstad. Verkstäder har ofta mycket att göra, så det är klokt att rådgöra med dem innan motorn demonteras för att få en uppfattning om hur lång tid det kommer att ta att bygga om eller reparera komponenterna i fråga.

Gå metodiskt tillväga när anslutna yttre komponenter kopplas loss från motorn inför demonteringen. Märk kablar och slangar för att underlätta den kommande monteringen.

Var alltid ytterst försiktig när motorn/växellådan lyfts ut från motorrummet. Vårdslöshet kan leda till allvarliga skador. Om man behöver hjälp är det bättre att vänta tills hjälp finns tillgänglig än att fortsätta med arbetet på egen hand, och därmed riskera att du själv eller komponenterna skadas. Genom att planera väl och låta arbetet ta den tid det behöver skall arbetet, trots att det är omfattande, kunna utföras och fullbordas framgångsrikt och utan problem.

På samtliga modeller som behandlas i denna handbok demonteras motorn och växellådan som en komplett enhet genom bilens främre del. Detta innebär att fronten, vilket är panelen som utgör motorrummets främre del, måste demonteras. Trots att fronten är en stor sektion är det inte svårt att demontera den, och det är väl värt besväret för att kunna komma åt komponenterna så mycket bättre. Det bör noteras att motorerna ABU, ABD och AEA kan demonteras uppåt ur motorrummet utan att fronten demonteras, om man så önskar.

Observera att motorn och växellådan helst ska demonteras när bilen står med alla fyra hjulen på marken. Åtkomligheten till drivaxlarna och avgassystemets främre rör förbättras dock om bilen tillfälligt hissas upp på pallbockar.

2 Motor och växellåda – demontering, isärtagning och montering

Demontering

Alla modeller

1 Parkera bilen på plant och stadigt underlag. Se till att du får gott om plats att röra dig på.

2 Se beskrivning i kapitel 11 och demontera motorhuven från dess gångjärn.

3 Koppla loss batteriets negativa anslutning och placera kabeln på avstånd från batteriet. **Observera:** *Om bilen är utrustad med säkerhetskodad radio, kontrollera att du har en kopia av koden innan batteriet kopplas bort; se kapitel 12.*

4 Se beskrivning i kapitel 1A eller B och utför följande arbeten:

a) Om motorn skall tas isär, tappa av motoroljan.
b) Tappa av kylsystemet.
c) I förekommande fall, demontera kilremmen.
d) Demontera den ribbade drivremmen.

5 Se beskrivning i kapitel 3 och utför följande arbeten:

a) Lossa klämmorna och koppla bort kylarens övre och undre slangar från anslutningarna på topplocket, samt från termostathus/kylvätskepump (efter tillämplighet).
b) Koppla loss kylvätskeslangarna från expansionskärlet och värmeenhetens inlopps- och utloppsanslutningar vid torpedväggen.

6 På modeller med luftkonditionering, se beskrivning i kapitel 3 och utför dessutom följande:

a) Skruva loss behållaren med luftkonditioneringens köldmedium från dess fästen och låt den vila på motorns främre tvärbalk.
b) Skruva loss fästbultarna från klämmorna som fäster köldmediekondensorns tillförsel- och returrör på motorns tvärbalk.
c) Skruva loss luftkonditioneringskompressorn från motorn och låt den vila på motorns främre tvärbalk.

7 Läs beskrivningen i kapitel 11 och utför följande arbeten:

a) Demontera kåpan under motorn.
b) Ta loss skruvar och klämmor som fäster hjulhusens plastinnerskärmar i den främre kjolen.

8 "Fronten" är en panelenhet som består av främre stötfångare, kylare och grill, kylfläkt(ar), strålkastare, framkjol och motorhuvens låsmekanism. Om denna enhet demonteras skapas betydligt bättre utrymme, vilket gör att motor och växellåda kan lyftas ut ur bilen genom motorrummets främre del. Demontera fronten på följande sätt:

a) Koppla loss kablaget vid multikontakten. Kontakten har bajonettfattning; vrid på huset för att lossa de båda halvorna och dra isär dem. Ta vara på den inre tätningen om den har lossnat och täck över kontakthuset med en plastpåse för att hindra att smuts tränger in. Lossa elkablaget från alla metallklämmor.
b) Se beskrivning i kapitel 11 och lossa motorhuvens låsvajer från låsmekanismen.
c) Ta loss frontpanelens infästningar vid följande punkter: två flänsskruvar på de övre kanterna ovanför strålkastarna, fyra skruvar (två på varje sida) bakom dimljuset/reflektorpanelerna, som är iskruvade i chassispårens ändar.
d) Lyft bort fronten från bilen och stöd den på ett skynke; luta enheten framåt när den demonteras för att undvika att spilla kylvätska som eventuellt finns kvar i kylaren. **Observera:** *På modeller med luftkonditionering är kompressorn fortfarande kopplad till köldmediekondensorn genom tillförsel- och returrören och demonteras tillsammans med hela fronten.*

Varning: Se till att inte vecka köldmedieslangarna.

Bensinmotorer

9 Se beskrivning i kapitel 4D, lossa lambdasondens kablage från kabelstammen vid multikontakten.

10 Lossa den mittersta (största) tändkabeln från anslutningen på strömfördelarlocket och knyt upp den så att den är ur vägen för motorn.

11 Se beskrivning i kapitel 9 och lossa bromsservons vakuumslang från anslutningen på inloppsröret.

12 På bilar med avgasåtercirkulation (EGR), se beskrivning i kapitel 4D och lossa vakuumslangarna från anslutningarna på EGR-ventilen, bromsservons vakuumslang, luftinloppsslangen och, i förekommande fall, insprutningspumpen. Notera noggrant hur slangarna sitter för att underlätta kommande montering.

13 På modeller med avgasreningssystem med kolkanister, se beskrivning i kapitel 4D och koppla loss vakuumslangen från anslutningen på spjällhuset. Notera anslutningspunkterna noggrant för att underlätta vid kommande montering.

Modeller med enpunktsinsprutning

14 Se beskrivning i kapitel 4A och utför följande arbeten:

a) Tryckutjämna bränslesystemet.
b) Demontera kanalerna mellan avgasgrenröret och luftrenaren samt mellan gasspjällhusets luftbox och luftrenaren från motorrummet.
c) Demontera luftboxen från gasspjällhuset; notera hur vakuumslangarna är anslutna för att underlätta vid kommande montering.
d) Koppla loss gasvajern från gasspjällhusets kamskiva.
e) Lossa bränsletillförsel- och returslangarna från gasspjällhuset – observera säkerhetsanvisningarna i början av kapitel 4A.

Modeller med flerpunktsinsprutning

15 Se beskrivning i kapitel 4B och utför följande arbeten:

a) Tryckutjämna bränslesystemet.
b) Lossa klämmorna och demontera kanalerna mellan avgasgrenröret och luftrenaren samt mellan gasspjällhuset och luftmängdsmätaren från motorrummet.
c) Lossa gasvajern från gasspjällhusets kamskiva.
d) Lossa bränsletillförsel- och returslangarna från gasspjällhuset – observera säkerhetsanvisningarna i början av kapitel 4B.

16 På modeller med automatväxellåda behövs extra utrymme vid demontering av motor och växellåda som en enhet. Demontera den ribbade drivremmens remskivor från vevaxeln och där så behövs, kylvätskepumpen för att åstadkomma detta – se beskrivning i kapitel 2A.

Dieselmotorer

Varning: Vid isärtagning av någon del av luftintagssystemet på en turbomotor, se till att inga främmande föremål kan komma in i luftinloppet; täck över öppningen med ett plastskynke och fäst med en gummisnodd. Turbons kompressorblad kan skadas allvarligt om skräp kommer in i systemet.

17 Se beskrivning i kapitel 9 och lossa bromsservons vakuumslang från vakuumpumpen på motorblocket.

18 På bilar med avgasåtercirkulation (EGR), se beskrivning i kapitel 4D och lossa vakuumslangarna från anslutningarna på EGR-ventilen, bromsservons vakuumslang, luftinloppsslangen och, i förekommande fall, insprutningspumpen. Notera noggrant hur slangarna är anslutna för att underlätta vid kommande montering.

19 Se beskrivning i kapitel 4C och utför följande arbeten:

a) Skruva loss och ta bort banjobultarna, lossa därefter bränsletillförsel- och returslangarna från insprutningspumpen.
b) Lossa klämman och koppla bort bränslespridarnas avluftningsslang från öppningen på bränslereturanslutningen.

Motorkoder AAZ, 1Y

c) Lossa klämmorna och demontera inloppsluftslangen från luftrenaren, vevhusventilationens slang och insugsgrenröret (motorkod 1Y) eller turbons inlopp (motorkod AAZ) – efter tillämplighet.
d) Lossa gasvajern från insprutningspumpen.
e) I förekommande fall, lossa kallstartsgasvajern från insprutningspumpen.

Motorkod 1Z

f) Lossa klämmorna och demontera inloppsluftslangen från luftmängdsmätaren, turbons inlopp och vevhusventilationens slang.
g) Lossa klämmorna och demontera tillförsel- och returslangarna som löper från turbon till laddluftskylaren och tillbaka. Kablaget till kylvätskans temperaturgivare måste lossas vid kontakten.
h) Lossa vakuumslangen från anslutningen på wastegatens tryckklocka på turbons sida; se beskrivning i kapitel 4D.

Alla modeller

20 Isolera motorns elnät från bilen vid kontakten som är monterad på ett fäste i motorblockets växellådsände. Kontakten har bajonettfattning; vrid huset för att sära på halvorna, och dra isär dem. Ta vara på den inre tätningen om den har lossnat. Täck över kontaktens hus med en plastpåse för att undvika att den blir smutsig **(se bild)**.

21 Se beskrivning i kapitel 5A och lossa kablaget från generator, startmotor och solenoid.

22 Se beskrivning i kapitel 5B och kapitel 4A, B eller C, identifiera de delar av tänd- och bränslesystemens elektriska kablage som fortfarande är anslutna till givare och reglage på motorn, som inte tillhör motorns kabelstam. Dessa delar isoleras inte vid motorns kablagekontakt utan måste lossas individuellt. Märk varje kontaktdon för att underlätta vid kommande montering.

2.20 Multikontakt till motorns elnät

23 På bilar med servostyrning, se beskrivning i kapitel 10 och utför följande arbeten:

a) Lossa fästskruvarna och lossa klämmorna som fäster tillförsel- och returrören vid motorns tvärbalk.
b) Skruva loss skruvarna från servostyrningsvätskans behållare och sänk ner den från batterihyllan, låt den vila på motorns tvärbalk.
c) Skruva loss servostyrningspumpen tillsammans med dess fästbyglar från motorn, häng den från motorns tvärbalk med ståltråd eller ett kraftigt buntband. ***Observera:*** *Servostyrningsslangarna kan förbli anslutna till pump och behållare, hydraulvätskan behöver alltså inte tappas av från systemet.*

24 På modeller med manuell växellåda, se beskrivning i kapitel 7A och utför följande arbeten:

a) Uppe på växellådshuset, lossa kablaget från hastighetsmätardrivningens transduktor och backljuskontakten.
b) Lossa växelväljarmekanismen från växellådan.
c) Modeller med vajerdriven koppling: Se beskrivning i kapitel 6 och lossa kopplingsvajern från urkopplingsmekanismen på växellådans framsida.
d) Modeller med hydrauliskt driven koppling: Se beskrivning i kapitel 6, demontera kopplingens slavcylinder från växellådan.

25 På modeller med automatväxellåda, se beskrivning i kapitel 7B och utför följande arbeten:

a) Lossa växelväljarvajern från växelväljarspaken ovanpå växellådan.
b) Kläm ihop kylvätskeslangarna som går till kylaren för växellådsoljan, lossa därefter klämmorna och lossa även slangarna från anslutningarna på kylaren.
c) Lossa kablaget från växellådan vid kontaktdonen; märk upp varje kontakt för att underlätta kommande montering.

26 Se beskrivning i kapitel 8 och separera drivaxlarna från växellådans differentials utgående axlar.

27 Se beskrivning i kapitel 4D, skruva loss det främre (nedåtgående) avgasröret från

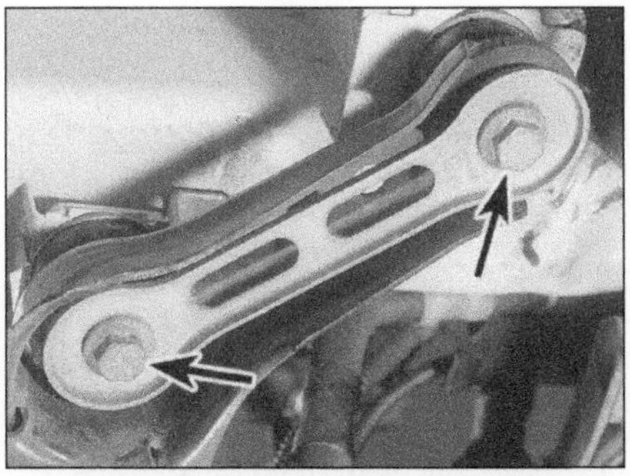

2.32 Främre tvärbalkens fästbultar (vänster sida visad)

2.33 Bilen stödd på pallbockar med motor och växellåda demonterade

grenröret (eller turbon på motorkoder AAZ och 1Z). Ta vara på packningen och kasta den.

28 Skruva loss motorns och växellådans jordflätor från karossen.

29 Se beskrivning i kapitel 2A, lossa och ta bort de genomgående bultarna från alla tre motorfästena.

30 Anslut en lyftbalk/motorlyft till lyftöglorna vid topplockets framsida. Höj lyften något och tippa motorn mot motorrummets bakre del så att det främre motorfästet höjs över den främre tvärbalken.

31 Skruva loss fästbultarna och ta bort startmotorn; se beskrivning i kapitel 5A. Demontera det främre motorfästets fästbygel.

32 Arbeta under bilens främre del, lossa och ta bort bultarna, sänk därefter ner den främre tvärbalken till marken tillsammans med servostyrningspumpen. Skruva loss skruven underifrån och ta bort motorfästets gummiblock **(se bild)**.

33 Gör en sista kontroll för att se att ingenting längre är anslutet till motorn, rulla långsamt lyften bort från bilen, och manövrera ut motor och växellåda genom motorrummets främre del. Vrid något på motor och växellåda när enheten kommer ut så att motorns kamremsände kommer ut först. Styr remskivorna förbi innerskärmen för att undvika skador på lackeringen **(se bild)**.

Isärtagning

34 Placera motor och växellåda på ett stadigt, plant underlag och använd träblock som kilar för att hålla enheten stilla.

Manuell växellåda

35 Växellådan är infäst på motorn med en kombination av skruvar och pinnbultar som är gängade i motorblocket och balanshjulskåpan – antalet infästningar beror på typ av växellåda och bilens utförande. Observera att två av dessa infästningar även fungerar som upphängningar för startmotorn och det främre motorfästet.

36 Börja längst ner, ta loss alla skruvar och muttrar, dra försiktigt bort växellådan från motorn, och låt den vila stadigt på träblock. Samla ihop styrstiften om de är tillräckligt lösa för att kunna tas bort. ***Varning: Var försiktig så att växellådan inte tippar innan den ingående axeln har lossats helt från kopplingslamellen.***

37 Se beskrivning i kapitel 6, demontera urkopplingsmekanism, tryckplatta och lamellcentrum.

Automatväxellåda

38 Skruva loss hasplåten under behållaren för växellådsoljan.

39 Skruva loss skyddsplattan från balanshjulskåpans undersida för att komma åt medbringarskivans bakre yta.

40 Markera momentomvandlarens läge i förhållande till medbringarskivan med krita eller märkpenna. Ta bort de tre muttrarna som fäster medbringarskivan vid momentomvandlaren; dra runt motorn med hylsa och nyckel placerad på vevaxeldrevet för att rotera medbringarskivan och komma åt muttrarna i tur och ordning.

41 Växellådan är infäst på motorn med en kombination av skruvar och pinnbultar med muttrar som är gängade i motorblocket och balanshjulskåpan – antalet infästningar beror på typ av växellåda och bilens utförande. Observera att två av dessa infästningar även fungerar som upphängningar för startmotorn.

42 Börja längst ner, ta bort alla skruvar och muttrar, dra försiktigt bort växellådan från motorn, och låt den vila stadigt på träblock. Samla ihop styrstiften om de är tillräckligt lösa för att kunna tas bort. ***Varning: Var försiktig så att momentomvandlaren inte glider loss från växellådans ingående axel – håll den på plats när växellådan tas bort.***

43 Placera en ribba tvärs över öppningen i balanshjulskåpan och sätt fast den med buntband för att hålla momentomvandlaren på plats i dess hus.

Montering

44 Om motor och växellåda inte har tagits isär, gå till punkt 50.

Manuell växellåda

45 Smörj högtemperaturfett på splinesen på växellådans ingående axel. Använd inte för mycket fett eftersom det kan förorena lamellcentrum. Lyft försiktigt upp växellådan till motorblocket, styr in tapparna i hålen i motorblocket.

46 Montera balanshjulskåpans skruvar och muttrar, dra åt dem för hand för att fästa växellådan på plats. **Observera:** *Dra inte åt dem för att tvinga ihop motorn och växellådan.* Kontrollera att balanshjulskåpans och motorblockets tätningsytor fogas samman jämnt och obehindrat, innan bultar och muttrar dras åt till angivet åtdragningsmoment.

Automatväxellåda

47 Ta bort ribban från balanshjulskåpan. Kontrollera att drivklackarna på momentomvandlarens nav är ordentligt i ingrepp med urtagen i det inre hjulet på växellådans oljepump.

48 Lyft försiktigt upp växellådan mot motorblocket, passa in styrstiften i hålen i motorblocket. Observera markeringarna som gjordes vid demonteringen så att momentomvandlaren och medbringarskivan riktas in korrekt.

49 Sätt i svänghjulskåpans bultar och muttrar, dra åt dem för hand för att fästa växellådan på plats. **Observera:** *Dra inte åt dem för att tvinga ihop motorn och växellådan.* Kontrollera att balanshjulskåpans och motorblockets tätningsytor fogas samman jämnt och obehindrat, innan bultar och muttrar dras åt till angivet åtdragningsmoment.

Alla modeller

50 Se beskrivning i kapitel 5A, montera startmotorn tillsammans med det främre motorfästet och dra åt fästbultarna till angivet åtdragningsmoment.

51 Anslut kranen på en motorlyft till lyftöglorna på topplocket och höj upp motor och växellåda från marken.

52 Rulla motorlyften till bilen och, med hjälp en assistent, styr in motor och växellåda genom motorrummets främre del. Vrid enheten något så att växellådshuset kommer in först, styr därefter remskivorna förbi karossen.

53 Rikta in motorfästbyglarna mot fästpunkterna på karossen. Observera att riktningsklackarna sticker ut från metallskivorna som är fästa ovanpå varje motorfäste; dessa måste gripa i urtagen motorfästbyglarnas undersidor – se beskrivning i kapitel 2A eller B.

54 Lyft motorns främre tvärbalk på plats. Stryk lite ren motorolja på fästbultarnas gängor, sätt därefter i dem och dra åt dem till angivet åtdragningsmoment. ***Varning: Kontrollera att ingen tyngd vilar på tvärbalken innan bultarna har dragits åt.***

55 Montera det främre motorfästets gummiblock i skålen den främre tvärbalken, sätt därefter i fästbulten genom balkens undersida och dra åt den till angivet åtdragningsmoment.

56 Sänk ner motor och växellåda på plats, kontrollera att styrklackarna på det främre motorfästet griper i urtaget i fästbygeln. Sätt i de främre och bakre motorfästenas genomgående bultar och dra åt dessa för hand.

57 Ta bort motorlyften från lyftöglorna.

58 Hjälp motor och växellåda att sätta sig i motorfästena genom att gunga enheten fram och tillbaka, dra därefter år de genomgående bultarna till angivet åtdragningsmoment.

59 Se beskrivning i kapitel 8 och anslut drivaxlarna till växellådan.

60 Återstoden av monteringen följer demonteringsordningen i omvänd ordningsföljd, och notera följande punkter:

a) *Se till att alla delar av kablaget följer dess ursprungliga dragning. Använd nya buntband för att fästa kablaget på plats, och se till att det inte kommer i närheten av varma delar eller hamnar så att det kan skava mot något.*

b) *På modeller med manuell växellåda, se beskrivning i kapitel 7A och anslut växelspaksmekanismen till växellådan, kontrollera att växelspaksmekanismen fungerar som den skall. Vid behov, justera växelstag/vajrar.*

c) *På modeller med hydraulisk koppling, se beskrivning i kapitel 6 och montera slavcylindern, lufta sedan kopplingens hydraulsystem.*

d) *På modeller med vajerdriven koppling, se beskrivning i kapitel 6 och anslut vajern till växellådan, kontrollera därefter att den automatiska justeringsmekanismen fungerar.*

e) *På modeller med automatväxellåda, se beskrivning i kapitel 7B och anslut växelväljarvajern till växellådan, kontrollera därefter (och justera vid behov) att växelväljarmekanismen fungerar som den skall.*

f) *Se beskrivning i kapitel 11 och montera fronten på bilen; kontrollera att alla kablageanslutningar görs på korrekt sätt och dra åt infästningarna till angivna åtdragningsmoment.*

g) *Kontrollera att alla slangar är korrekt dragna och fästa med korrekta slangklämmor, om tillämpligt. Om de ursprungliga slangklämmorna var av typen som ska klämmas ihop, så skall de inte användas igen, utan ersättas med slangklämmor av skruvtyp vid monteringen om inte annat angivits.*

h) *Fyll på kylsystemet enligt beskrivning i kapitel 1A eller B*

i) *Fyll på motorolja av lämplig kvalitet och mängd, enligt beskrivning i kapitel 1A eller B.*

Dieselmotorer

j) *Motorkoder 1Y och AAZ: se kapitel 4D, efter det att kallstartgasvajern har anslutits till insprutningspumpen, kontrollera och vid behov justera kallstartsgasvajerns funktion.*

Bensinmotorer

k) *Se beskrivning i kapitel 4A eller B, anslut gasvajern och justera den vid behov.*

Alla modeller

61 När motorn startas för första gången, kontrollera beträffande luft-, kylvätske-, smörjfetts- och bränsleläckage från grenrör och slangar etc. Om motorn har renoverats, läs även säkerhetsanvisningarna i avsnitt 14 innan motorn startas.

3 Motorrenovering – information

Det är mycket lättare att ta isär och arbeta på en motor om den är monterad på ett portabelt motorstativ. Sådana stativ kan ibland hyras från en verktygsuthyrningsfirma. Innan motorn monteras på stativet skall svänghjulet demonteras så att stativets bultar kan skruvas in i änden på motorblocket/vevhuset.

Om ett stativ inte är tillgängligt kan motorn tas isär på en stadig arbetsbänk eller på golvet. Var försiktig så att motorn inte tippas eller tappas vid arbete utan stativ.

Om du skall införskaffa en renoverad motor måste alla yttre komponenter demonteras först, så att de kan överföras till ersättningsmotorn (på exakt samma sätt som om du skulle utföra en fullständig renovering själv). Komponenterna är följande:

Bensinmotorer

a) *Servostyrningspump (kapitel 10) – om tillämpligt.*

b) *Luftkonditioneringskompressor (kapitel 3) – om tillämpligt.*

c) *Generator (inklusive fästen) och startmotor (kapitel 5A).*

d) *Tändsystemskomponenter och högspänningskomponenter, inklusive samtliga givare, strömfördelare, tändkablar och tändstift (kapitel 1 och 5).*

e) *Bränsleinsprutningssystemets komponenter (kapitel 4A och B)*

f) *Samtliga elektriska kontakter, aktiverare och givare, samt elektriska kablage (kapitel 4A och B, kapitel 5B).*

g) *Inloppsrör och avgasgrenrör (kapitel 2C).*

h) *Oljesumpens mätsticka och rör (kapitel 2C)*

i) *Motorfästen (kapitel 2A och B).*

j) *Svänghjul/medbringarskiva (kapitel 2C)*

k) *Kopplingskomponenter (kapitel 6) – manuell växellåda.*

Dieselmotorer

a) *Servostyrningspump (kapitel 10) – om tillämpligt.*

b) *Luftkonditioneringskompressor (kapitel 3) – om tillämpligt.*

c) *Generator (inklusive fästen) och startmotor (kapitel 5A).*

d) *Glödstift/förvärmningssystemets komponenter (kapitel 4D)*

e) *Bränslesystemets samtliga komponenter, inklusive insprutningspump, alla givare och reglage (kapitel 4C)*

f) *Vakuumpump (kapitel 2B)*

g *Samtliga elektriska kontakter, reglage och givare, samt elektriska kablage (kapitel 4A och B, kapitel 5B).*

h) *Insugs- och avgasgrenrör och där så är tillämpligt turbon (kapitel 2C).*

i) *Motoroljemätsticka och rör (kapitel 2C)*

j) *Motorfästen (kapitel 2A och B).*

k) *Svänghjul/medbringarskiva (kapitel 2C)*

l) *Kopplingskomponenter (kapitel 6) – manuell växellåda.*

Observera: *Vid demontering av externa komponenter från motorn, var noga med att uppmärksamma detaljer som kan vara av nytta eller viktiga vid monteringen. Notera hur packningar, tätningar, distansbrickor, stift, brickor, skruvar och andra smådetaljer är monterade.*

Om du ska anskaffa ett s.k "shortblock" (motor som består av motorblock/vevhus, vevaxel, kolvar och vevstakar monterade), måste även topplock, oljesump och skvalpplåt, oljepump, kamrem (tillsammans med spännare och kåpor), kylvätskepump, termostathus, kylvätskeutloppskrökar, oljefilterhus och i förekommande fall oljekylare demonteras.

Om du planerar en fullständig renovering kan motorn tas isär och de inre komponenterna demonteras i nedanstående ordning.

a) *Insugs- och avgasgrenrör*

b) *Kamrem, drev och spännare*

c) *Topplock*

d) *Svänghjul/medbringarskiva*

e) *Oljesump*

f) *Oljepump*

g) *Kolvar/vevstakar*

h) *Vevaxel*

Innan arbetet med isärtagning och renovering börjar, se till att alla verktyg som kommer att behövas finns till hands. En mer detaljerad beskrivning finns i avsnittet *Verktyg och arbetsutrymmen.*

4 Topplock – isärtagning, rengöring, kontroll och hopsättning

Observera: *Nya eller renoverade topplock kan köpas från originaltillverkaren samt från motorrenoveringsspecialister. Det bör påpekas att vissa specialistverktyg behövs för att genomföra isärtagning och kontroll, och nya komponenter kan vara svåra att få tag på. Det kan därför vara mer praktiskt och ekonomiskt för hemmamekanikern att köpa ett renoverat topplock än att ta isär, granska och renovera det existerande.*

Beträffande DOHC-motorn (motorkod ABF), gäller det i detta avsnitt beskrivna tillvägagångssättet såväl insugs- som avgaskamaxeln, om inte annat anges.

Isärtagning

1 Demontera topplocket från motorblocket och separera insugsgrenröret och avgasgrenröret från det, enligt beskrivning i del A eller B av detta kapitel.

4.6 Förvara komponentgrupper tillsammans i märkta plastpåsar eller askar

2 På dieselmotorer, demontera bränslespridarna och glödstiften enligt beskrivning i kapitel 4C och kapitel 5C.

3 Se beskrivning i kapitel 3 och demontera kylvätskeutloppets krök tillsammans med dess packning/O-ring.

4 Där så är tillämpligt, skruva loss kylvätskegivaren och oljetrycksvakten från topplocket.

5 Se beskrivning i kapitel 2A eller B och demontera kamremsdrevet från kamaxeln.

6 Det är viktigt att komponentgrupper förvaras tillsammans efter demontering och, om de fortfarande är användbara, monteras i samma grupp. Om delarna monteras tillbaka godtyckligt leder detta till snabbare slitage vilket leder till att de går sönder i förtid. Placera komponentgrupper i plastpåsar eller förvaringslådor för att kunna hålla ordning på dem – förse dem med etiketter efter respektive monteringsläge, dvs 'avgas nr 1', 'insug nr 2', etc **(se bild)**. (Observera att cylinder nr 1 är närmast kamremmen i motorn.)

7 Kontrollera att tillverkarens identifikationsmärken är synliga på kamaxelns lageröverfall; tillverka egna märken med en ritsspets eller körnare om inga märken är synliga.

8 Muttrarna till kamaxelns lageröverfall måste skruvas loss växelvis och i rätt ordningsföljd för att undvika att kamaxeln tyngs ned, enligt följande:

Motorkoder AAZ, 1Y, 1Z (diesel), ABU, AEA, ABD och AEK

9 Lossa först muttrarna från lageröverfall nr 5, 1 och 3, därefter vid lageröverfallen 2 och 4. Lossa muttrarna växelvis och diagonalt ett halvt varv åt gången tills de kan tas bort för hand. **Observera:** *Kamaxelns lageröverfall är numrerade 1 till 5 från kamremsänden.*

Motorkoder ADZ, ADY, AAM, ABS och 2E

10 Lossa först muttrarna från lageröverfall 1 och 3, därefter från 2 och 5. Lossa muttrarna växelvis och diagonalt ett halvt varv åt gången tills de kan tas bort för hand. **Observera:** *Kamaxelns lageröverfall är numrerade 1 till 5 från kamremsänden – inget lageröverfall är monterat vid cylinder nr 4* ***(se bild)***.

Motorkod ABF

11 Vid insugskamaxeln, lossa först muttern från lageröverfall 5 och 7 samt det ytterligare lageröverfall som sitter bredvid drivkedjans drev, därefter vid lageröverfall 6 och 8. Lossa muttrarna växelvis och diagonalt ett halvt varv åt gången tills de kan tas bort för hand. Vid avgaskamaxeln, lossa först muttrarna från lageröverfall 1 och 3 plus de ytterligare lageröverfallen som är placerade vid drivkedjans och kamremmens drev, därefter vid lageröverfall 2 och 4. Lossa muttrarna växelvis och diagonalt ett halvt varv åt gången tills de kan tas bort för hand. **Observera:** *Avgaskamaxelns lageröverfall är numrerade 1 till 4 från kamremsänden – insugskamaxelns överfall är numrerade 5 till 8 från samma ände* ***(se bild)***.

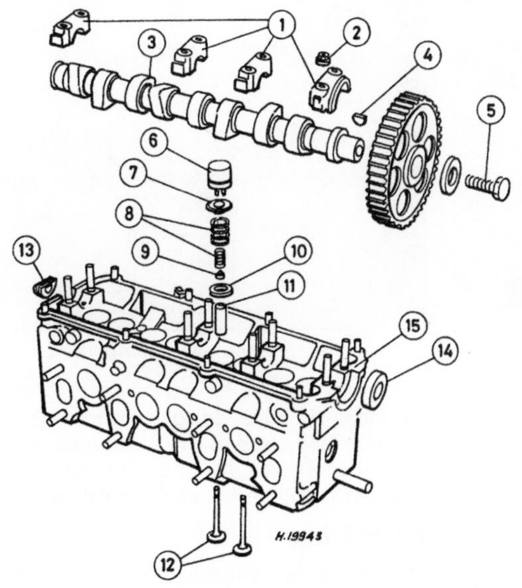

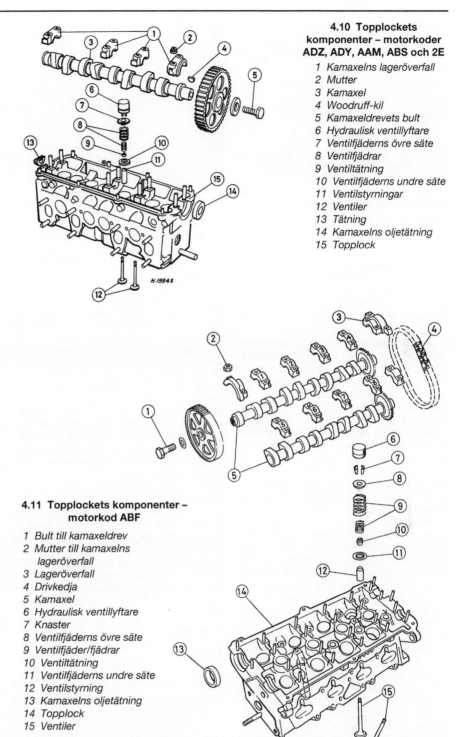

4.10 Topplockets komponenter – motorkoder ADZ, ADY, AAM, ABS och 2E

1 Kamaxelns lageröverfall
2 Mutter
3 Kamaxel
4 Woodruff-kil
5 Kamaxeldrevets bult
6 Hydraulisk ventillyftare
7 Ventilfjäderns övre säte
8 Ventilfjädrar
9 Ventiltätning
10 Ventilfjäderns undre säte
11 Ventilstyrningar
12 Ventiler
13 Tätning
14 Kamaxelns oljetätning
15 Topplock

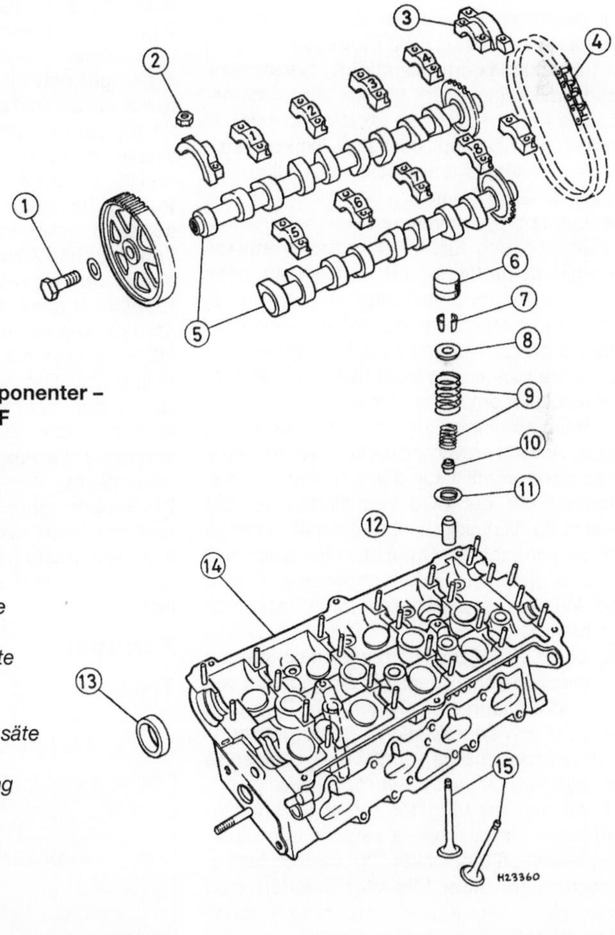

4.11 Topplockets komponenter – motorkod ABF

1 Bult till kamaxeldrev
2 Mutter till kamaxelns lageröverfall
3 Lageröverfall
4 Drivkedja
5 Kamaxel
6 Hydraulisk ventillyftare
7 Knaster
8 Ventilfjäderns övre säte
9 Ventilfjäder/fjädrar
10 Ventiltätning
11 Ventilfjäderns undre säte
12 Ventilstyrning
13 Kamaxelns oljetätning
14 Topplock
15 Ventiler

4.15a Ventilfjäderkompressorns skänklar korrekt placerade på det övre fjädersätet . . .

4.15b . . . och på ventilhuvudet

4.18 Demontering av virvelkammare (dieselmotorer)

Alla motorkoder

12 Ta bort oljetätningen från kamaxeln vid kamdrevsänden (avgaskamaxeln på motorkod ABF) och kasta den; en ny tätning måste användas vid hopsättningen.

13 Lyft försiktigt upp kamaxeln från topplocket; luta den inte och stöd båda ändarna när den demonteras så att lagertapparna och nockarna inte skadas. På motorkod ABF, lyft ut båda kamaxlarna samtidigt, tillsammans med drivkedjan. Märk ut kedjans rotationsriktning för att kontrollera att den monteras åt samma håll när topplocket sätts ihop senare – använd lite färg till detta, märk inte kedjan med ritspenna eller körnare.

14 Lyft upp de hydrauliska ventillyftarna från deras lopp och förvara dem med ventilens kontaktyta nedåt för att undvika att oljan rinner ut. Notera var varje ventillyftare är monterad, eftersom de måste monteras tillbaka på samma ventil vid hopsättningen – snabbare slitage som leder till förtida defekter blir resultatet om de monteras fel.

15 Vänd på topplocket och låt det vila på ena sidan. Använd en ventilfjäderkompressor, tryck ihop varje ventil i tur och ordning, ta bort knastret när det övre ventilfjädersätet har tryckts ner tillräckligt långt på ventilskaftet så att det kan frigöras. Om fjädersätet sitter fast, knacka lätt på fjäderkompressorns övre skänkel med en plastklubba för att lossa den **(se bilder)**.

16 Lossa ventilfjäderkompressorn och ta bort det övre fjädersätet, ventilfjädern/fjädrarna och det nedre fjädersätet. **Observera:** *Beroende på ålder och specifikation kan motorerna ha koncentriska dubbla ventilfjädrar, eller enkla ventilfjädrar utan nedre ventilfjädersäte.*

17 Använd en tång för att ta bort ventiltätningen. Ta bort själva ventilen från packningssidan på topplocket. Om ventilen fastnar i styrningen, slipa försiktigt ändytan med finkornigt slippapper. Upprepa denna procedur på övriga ventiler.

18 På motorerna 1Y och AAZ, om virvelkamrarna är svårt nedsotade eller brända och behöver bytas, sätt i ett dorn genom varje spridarhål och driv försiktigt ut virvelkamrarna med en klubba **(se bild)**.

Observera: *På dieselmotorer fram till oktober 1993 med en topplockspackning av fiber, måste en topplockspackning av metall användas vid hopsättningen – under sådana förhållanden **måste** nya virvelkammare också monteras för att matcha den nya packningstypen – se beskrivning i kapitel 2B.*

Rengöring

19 Använd ett lämpligt fettlösande medel, avlägsna alla spår av oljeavlagringar från topplocket, var extra noggrann med lagren, de hydrauliska ventillyftarnas lopp, ventilstyrningar och oljekanaler. Skrapa bort alla rester av gammal packning från fogytorna, se till att ytorna inte repas eller skadas. Om slippapper används får det inte vara finare än nr 100. Vänd på topplocket och använd ett trubbigt knivblad till att skrapa bort alla sotrester från förbränningskamrarna och öppningarna. ***Varning: Slipa inte ner ventilsätets tätningsyta. Rengör slutligen hela topplocket med lämpligt lösningsmedel för att avlägsna all smuts.***

20 Rengör ventiltallrik och skaft med en fin stålborste. Om ventilen är mycket sotig, skrapa bort det mesta av avlagringarna med en trubbig kniv först och använd därefter en stålborste. ***Varning: Holka inte ur ventilens tätningsyta.***

21 Rengör grundligt resten av komponenterna med lösningsmedel och låt dem torka helt. Kasta oljetätningarna, eftersom nya tätningar måste monteras när topplocket sätts ihop.

Kontroll

Topplock

Observera: *På dieselmotorer (motorkoderna 1Z, 1Y, AAZ) kan topplock och ventiler inte renoveras (men ventilerna kan slipas in); nya delar eller utbytesdelar måste anskaffas.*

22 Undersök noggrant om topplocket är sprucket eller på annat sätt skadat **(se bild)**. Var speciellt noggrann med ytorna runt monteringshål, ventilsäten och tändstiftsbrunnar. Om sprickor förekommer mellan ventilsätena uppger Volkswagen att topplocket kan användas under förutsättning att sprickorna inte är bredare än 0,5 mm. Allvarligare skador innebär att topplocket måste bytas.

23 Måttlig gropbildning eller rimliga brännskador på ventilsätena kan repareras genom att ventilerna slipas in vid hopsättningen, enligt beskrivning senare i detta kapitel. Svårt slitna eller skadade ventilsäten kan återställas med hjälp av fräsning; detta är ett högst specialiserat arbete som omfattar precisionsslipning och exakta vinkelmått och det skall därför överlämnas till en specialist på topplocksrenovering.

24 Använd en stållinjal och bladmått för att kontrollera att topplocket inte är skevt. Ta ett mått på längden på både insugsgrenrörets och avgasgrenrörets anliggningsytor. Ta flera mått tvärs över topplockspackningens yta för att beräkna skevheten i alla dimensioner **(se bild)**. Jämför måtten med värdena som angivits i specifikationerna. På bensinmotorer, om topplocket är skevt jämfört med specifikationen, kan det vara möjligt att reparera det genom att eventuella ojämnheter på ytan slipas ned med ett finkornigt slippapper.

25 Tillverkaren anger en minsta topplockshöjd (som mäts mellan topplockets

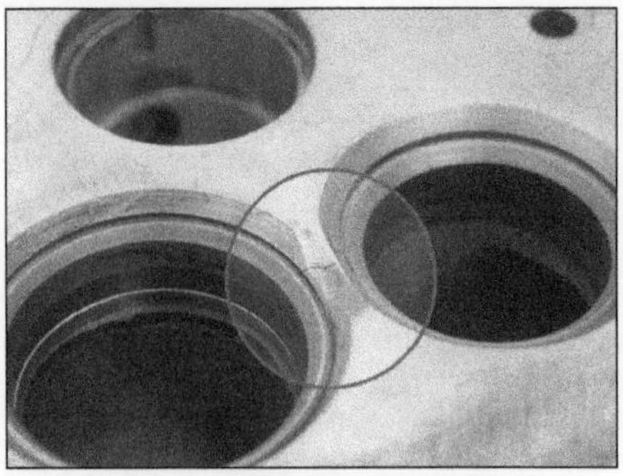

4.22 Leta efter sprickor mellan ventilsätena

4.24 Topplockets packningsyta kontrolleras för skevhet

4.26 Kamaxelns identifikationsmärken

4.30 Kontrollera kamaxelns axialspel med en mätklocka

packningsyta och topplockskåpans packningsyta) – denna återfinns i specifikationerna. Om omslipning av topplocket skall utföras av en specialist bör följande uppmärksammas:

a) *Minimivärdet för topplockets höjd måste följas (om sådant är angivet).*

b) *Ventilsätena behöver slipas om för att passa topplockets nya höjd, annars kan kontakt uppstå mellan ventil och kolvtopp.*

c) *Innan ventilsätena kan fräsas om, kontrollera att det finns tillräckligt mycket material kvar på topplocket så att reparationen kan utföras; om alltför mycket material avlägsnas kan ventilskaftet sticka ut för mycket ovanför ventilstyrningens överdel, vilket hindrar de hydrauliska ventillyftarna att arbeta ordentligt. Rådfråga en specialist på topplocksrenovering eller en slipverkstad.* **Observera:** *Beroende på motorns typ kan det bli nödvändigt att skaffa nya ventiler med kortare ventilskaft – kontrollera hos en VAG-verkstad.*

Kamaxel

26 Kamaxeln identifieras genom markeringar som är stämplade på axelns sida, mellan insugs- och avgasnockarna – se ytterligare detaljer i Specifikationer **(se bild).**

27 Gör en okulär granskning av kamaxeln beträffande slitage på nockarna och lagertapparna. Normalt skall ytorna vara jämna med matt glans; leta efter repor, urholkningar eller gropbildning samt om ytorna verkar glänsa för mycket – vilket är tecken på att slitage har börjat att uppstå. Kamaxeln slits snabbt så snart den härdade ytan har skadats, så byt alltid slitna delar. **Observera:** *Om dessa symptom är synliga på kamaxelnockarnas toppar, undersök då motsvarande lyftare, vilken förmodligen också är sliten.*

28 Där så är tillämpligt, undersök strömfördelarens drivväxel beträffande tecken på slitage eller skador. Slack i drivningen som orsakas av slitna kuggar påverkar tändningsinställningen.

29 Om de slipade ytorna på kamaxeln verkar missfärgade eller "blånade" beror det antagligen på överhettning, troligtvis orsakat av smörjmedelsbrist. Detta kan ha gjort kamaxeln skev, så mät eventuellt kast enligt följande: placera kamaxeln mellan två V-block och mät kastet vid den mittersta axeltappen med en mätklocka. Om resultatet överskrider specificerat värde bör man överväga att byta kamaxel.

30 För att mäta kamaxelns axialspel, montera kamaxeln temporärt på topplocket, montera därefter de första och sista lageröverfallen och dra åt muttrarna enligt åtdragningsmomentet för det första steget (på motorkoderna ABD, ABU och AEA, montera endast det tredje lageröverfallet) – se beskrivning i *"Hopsättning"*. Förankra en mätklocka på topplocket vid änden närmast kamaxelns remskiva och rikta in indikatorns mätspets med kamaxelns axel. Tryck kamaxeln åt det ena hållet i topplocket så långt det går, låt därefter mätklockans mätspets vila på kamaxelns ände och nollställ klockans visare. Tryck kamaxeln så långt det går åt andra hållet i topplocket och utför mätningen. Bekräfta avläsningen genom att trycka tillbaka kamaxeln till dess ursprungsläge och kontrollera att klockan visar noll igen **(se bild)**. **Observera:** *De hydrauliska ventillyftarna får inte vara monterade på topplocket medan denna mätning utförs.*

31 Kontrollera att värdet för kamaxelns axialspel ligger inom gränsvärdena som angivits i Specifikationer. Det är osannolikt att kraftigare slitage endast är begränsat till en enda komponent, varför man bör överväga att byta kamaxel, topplock och lageröverfall; rådfråga en specialist på topplocksrenovering.

32 Skillnaden mellan ytterdiametern hos kamaxelns lagerytor och innerdiametern som formas av lageröverfallen och topplocket måste nu mätas, detta mått kallas lagerspel.

33 Tillverkaren har inte angivit måtten för kamaxelns lagertappar, varför lagerspelet inte kan mätas med mikrometer och cylinderloppsmätare eller invändigt skjutmått, som är brukligt i andra fall.

34 Mät istället lagerspelet med hjälp av Plastigage. Plastigage är ett mjukt plastmaterial i tunna remsor med ungefär samma diameter som en synål. Klipp till längder av Plastigage efter behov, lägg dem på kamaxelns lagertappar, sätt tillfälligt tillbaka lageröverfallen och dra åt. Plastigageremsorna plattas till och trycks ut åt sidorna; spelet kan fastställas genom att man mäter breddökningen med kortet som medföljer Plastigagesatsen.

35 Nedanstående punkter förklarar mätningsproceduren steg för steg, observera att en liknande metod används för att mäta vevaxelns lagerspel; se bilderna i avsnitt 11 för ytterligare information.

36 Kontrollera att topplockets, lageröverfallens och kamaxelns lagerytor är fullständigt rena och torra. Lägg kamaxeln i rätt läge i topplocket.

37 Placera en Plastigageremsa ovanpå var och en av kamaxelns lagertappar.

38 Smörj in varje lageröverfall med lite silikonsläppmedel, placera dem därefter i rätt läge över kamaxeln och dra åt muttrarna enligt angivet åtdragningsmoment – se beskrivning i *Hopsättning* längre fram i detta avsnitt. **Observera:** *I de fall åtdragningsmoment beskrivs i flera steg, dra endast åt till det första steget. Vrid inte kamaxeln medan lageröverfallen är på plats eftersom det påverkar måtten.*

39 Demontera försiktigt lageröverfallen igen, lyft dem rakt upp från kamaxeln för att undvika att rubba Plastigageremsan. Remsan bör ligga kvar på kamaxelns lageryta, tillplattad till en jämn korvliknande form. Om den trasas sönder när lageröverfallet demonteras, rengör komponenterna och upprepa förfarandet, använd lite mer släppmedel på lageröverfallet.

40 Håll kortet som medföljer Plastigagesatsen mot varje lagertapp och jämför bredden på den tillplattade Plastigageremsan med markeringarna på kortet, använd detta för att fastställa lagerspelet.

41 Jämför kamaxelns lagerspel med värdena som anges i Specifikationer; om några värden ligger utanför de angivna gränsvärdena bör kamaxel och topplock bytas. Observera att underdimensionerade kamaxlar med lageröverfall kan anskaffas från en VAG-verkstad, dock endast som del av ett utbytestopplock.

42 På motorkod ABF skall mätning av lagerspel utföras på båda kamaxlarna.

43 Avslutningsvis, ta bort lageröverfall och kamaxel, ta bort alla spår av Plastigage och silikonsläppmedel.

Ventiler och tillhörande delar

Observera: *För alla motorer gäller att ventiltallrikarna inte kan fräsas om (möjligen kan de slipas in med slippasta); nya eller utbytesdelar måste anskaffas.*

44 Granska varje ventil noggrant beträffande tecken på slitage. Undersök ventilskaften beträffande spårbildning, repor eller varierande diameter; mät diametern vid flera punkter längs skaftet med en mikrometer **(se bild på nästa sida)**.

45 Ventiltallrikarna får inte vara spruckna, ha gropbildningar eller vara brända. Observera att en lätt gropbildning på ventiltallriken kan åtgärdas genom inslipning av ventilerna vid ihopsättningen, enligt beskrivning längre fram i detta avsnitt.

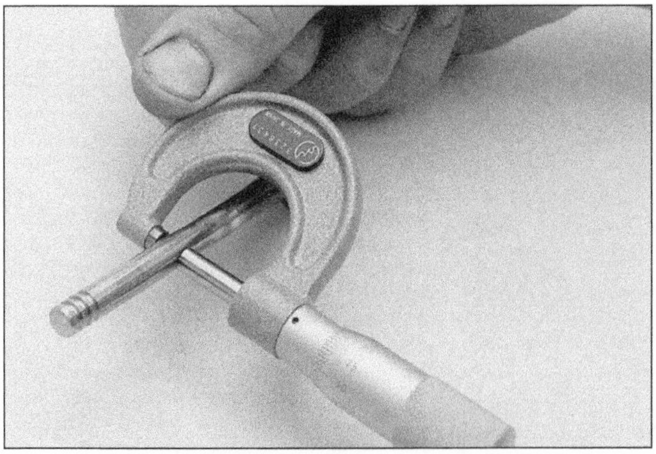

4.44 Mät ventilskaftets diameter med en mikrometer

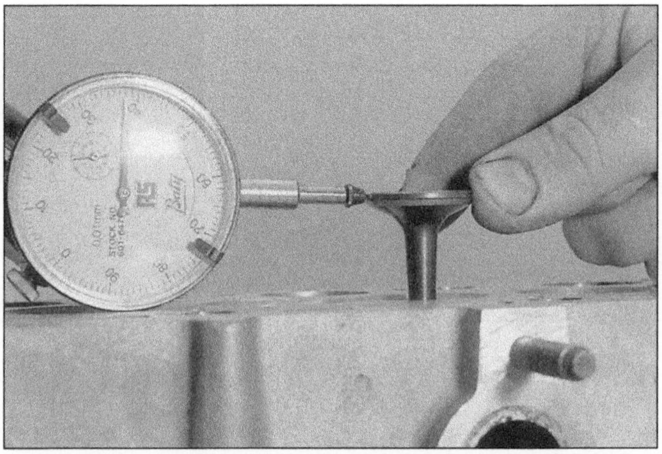

4.49 Mät ventilens skevhet i dess styrning med en mätklocka

46 Kontrollera att ventilskaftets topp är fri från alltför kraftig gropbildning eller inbuktning, vilket kan orsakas av defekta hydrauliska ventillyftare.

47 Placera ventilerna i ett V-block och använd en mätklocka för att mäta kastet vid ventiltallriken. Tillverkaren har inte angivit ett maximivärde, men ventilen bör bytas om kastet verkar alltför stort.

48 Sätt i varje ventil i respektive styrning i topplocket och placera en mätklocka mot kanten på ventiltallriken. När ytan på ventilskaftets ände är jäms med ventilstyrningens överdel, mät ventilens maximala skevhet i dess styrning genom att vicka ventilen från sida till sida **(se bild)**.

49 Om måttet inte motsvarar angivet gränsvärde bör ventil och ventilstyrning bytas tillsammans. **Observera:** *Ventilstyrningar har presspassning i topplocket och demontering av styrningarna kräver tillgång till en hydraulisk press. Av denna anledning är det klokt att överlåta detta arbete till en bilverkstad eller specialist på topplocksrenovering.*

50 Mät den fria längden hos varje ventilfjäder med ett skjutmått. Eftersom tillverkaren inte har angivit några värden är det enda sättet att kontrollera fjäderns längd att jämföra den med en ny fjäder. Observera att ventilfjädrar brukar bytas vid större renoveringsarbeten av motorn **(se bild)**.

51 Placera varje fjäder på ett plant underlag mot en vinkelhake **(se bild)**. Kontrollera fjäderns vinkelräthet visuellt; om fjädern verkar skev skall den bytas.

52 Mätning av ventilfjäderns förspänning innebär att ventilen måste tryckas ihop med en angiven kraft, och längdminskningen mäts. Detta kan vara svårt att utföra i den egna verkstaden varför uppgiften bör överlåtas till en bilverkstad. I bästa fall kan försvagade ventilfjädrar bidra till att öka motorljudet i bilen, medan det i värsta fall kan orsaka dålig kompression, varför defekta delar bör bytas.

Hopsättning

Varning: Om inte samtliga delar som skall användas är nya så skall delarna behållas i respektive komponentgrupper – blanda inte ihop delarna mellan cylindrar och kontrollera att delarna som monteras installeras i respektive ursprungslägen.

53 För att åstadkomma en gastät tätning mellan ventilerna och deras säten är det nödvändigt att slipa eller polera in ventilerna. För detta arbete behövs finkornig/grov slippasta och ett slipverktyg – detta kan antingen bestå av ett skaft och sugkopp, eller vara automatiskt och drivas av ett roterande elverktyg.

54 Stryk en liten mängd *finkornig* slippasta på ventiltallrikens tätningsyta. Vänd på topplocket så att förbränningskamrarna är vända uppåt, och placera ventilen i korrekt styrning. Fäst slipredskapet vid ventiltallriken och slipa ventiltallriken i sätet med en fram- och återgående rörelse. Lyft ventilen ibland för att sprida ut slippastan **(se bild)**.

55 Fortsätt proceduren tills beröringen mellan ventil och säte ger en obruten matt grå ring av likformig bredd på båda ytorna. Upprepa proceduren på återstående ventiler.

56 Om ventiler och säten har så kraftig gropbildning att en grövre slippasta måste användas, kontrollera först att tillräckligt material återstår på båda delarna så att arbetet överhuvud taget kan genomföras – om för lite material finns kvar skjuter ventilskaften ut alltför långt över respektive styrning, vilket hindrar de hydrauliska ventillyftarnas rörelse. Fråga en mekanisk verkstad eller specialist på topplocksrenovering om råd.

57 Med förutsättning att reparationen kan genomföras, arbeta vidare och följ beskrivningen i de föregående styckena, men använd först den grövre slippastan för att åstadkomma en matt yta på ventil och ventilsäte. Tvätta sen bort den grova slippastan med lösningsmedel och upprepa med finkornig slippasta för att uppnå korrekt ytfinish.

58 När samtliga ventiler har slipats in skall alla spår efter slippastan avlägsnas från topplock och ventiler med lösningsmedel. Låt sedan alla delar torka helt.

59 Vid behov på dieselmotorer (endast motorkod 1Y och AAZ), montera nya

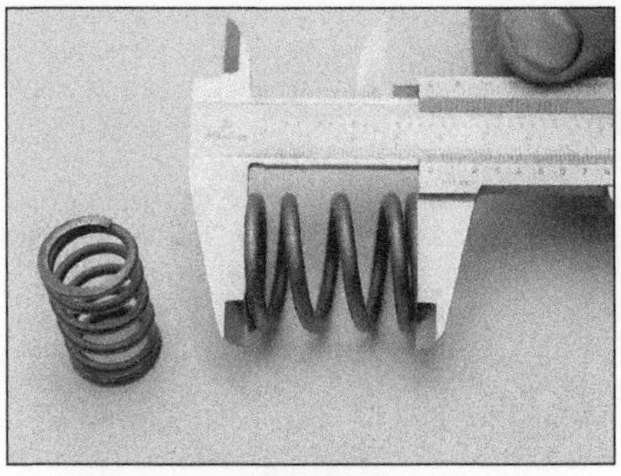

4.50 Mät den fria längden hos varje ventilfjäder

4.51 Kontrollera ventilfjäderns vinkelräthet

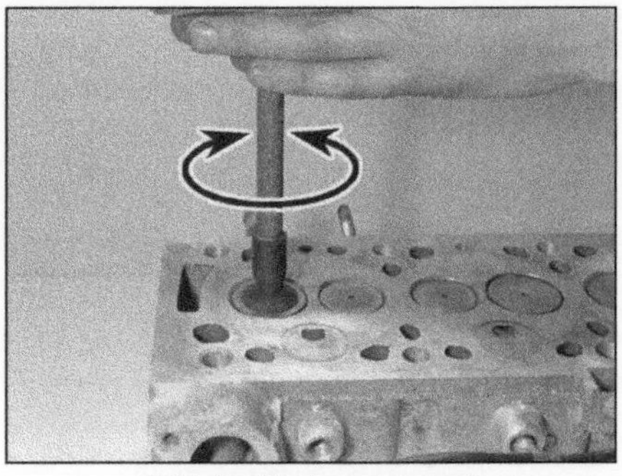

4.54 Inslipning av ventil

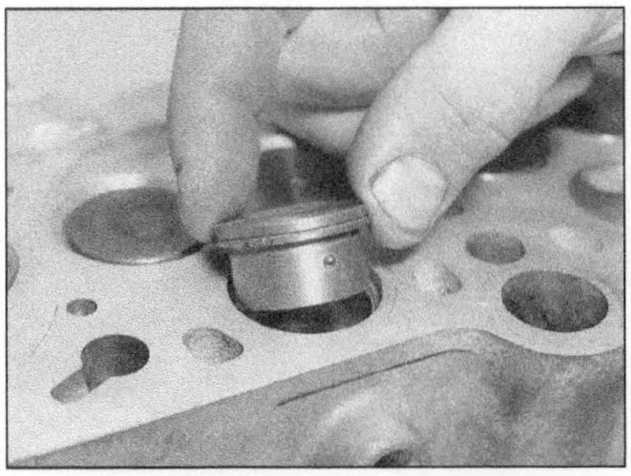

4.59a Montering av virvelkammare (motorkoder 1Y och AAZ)

4.59b Virvelkammarens brunn

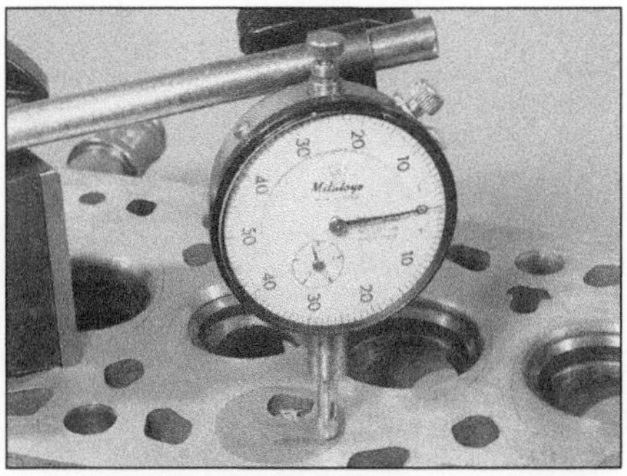

4.60 Mätning av virvelkammarens utstick med mätklocka

virvelkammare genom att driva in dem rakt in i respektive brunn med en klubba – använd ett träblock för att skydda virvelkammarens yta. Observera styrutrymmena på kammarens sida och motsvarande spår i huset **(se bilder)**.

60 Avslutningsvis måste virvelkammarens utstick från topplockets yta mätas med en mätklocka. Jämför måttet med angivet gränsvärde i specifikationerna **(se bild)**. Om gränsen har överskridits finns risk för att kolven slår emot kammaren, i så fall bör man söka råd från en verkstad eller en specialist på topplocksrenovering.

61 Vänd på topplocket och placera det på ett ställ eller ett träblock. Om så är tillämpligt, montera först det nedre fjädersätet med den konvexa sidan mot topplocket **(se bild)**.

62 Montera en ventil åt gången, smörj in ventilskaftet med ren motorolja och sätt in den i styrningen. Montera ett av plastskydden, som levererats tillsammans med den nya ventiltätningen, över ventilskaftet - detta skyddar ventiltätningen under monteringen **(se bilder)**.

63 Doppa den nya ventiltätningen i ren motorolja och tryck den försiktigt över ventilen och ovanpå ventilstyrningen - se till att ventiltätningen inte skadas när den dras över ventilskaftet. Använd en lämpligt lång hylsa för att trycka den på plats **(se bilder)**.

64 Placera ventilfjädern/ventilfjädrarna över ventilskaftet **(se bild)**. I de fall ett nedre fjädersäte är monterat, kontrollera att fjädrarna placeras rakt på sätets trappformade yta. **Observera:** *Beroende på ålder och utförande kan vissa motorer ha antingen koncentriska dubbla ventilfjädrar,* ***eller*** *enkla ventilfjädrar utan fjädersäten.*

65 Montera det övre fjädersätet över fjäderns överdel med en ventilfjäderkompressor, tryck ihop fjädrarna tills det övre fjädersätet har tryckts förbi knastrens spår i ventilskaftet. Montera knastret med lite fett för att hålla ihop båda knasterhalvorna i spåren **(se bilder på nästa sida)**. Lossa fjäderkompressorn långsamt och kontrollera att knastret sitter kvar på plats när fjädern sträcks. När de är korrekt placerade bör det övre sätet tvinga ihop knastrets halvor, och hålla dem säkert fast i spåren på ventilskaftet.

66 Upprepa proceduren på återstående ventiler. För att komponenterna ska "sätta sig" efter monteringen, slå på änden av varje ventilskaft med en plastklubba, placera ett träblock emellan för att skydda ventilskaftet. Innan arbetet fortsätter, kontrollera att knastren hålls kvar i rätt läge i ventilskaftets ände av det övre fjädersätet.

67 Smörj ren motorolja på sidorna på de hydrauliska ventillyftarna och montera dem på

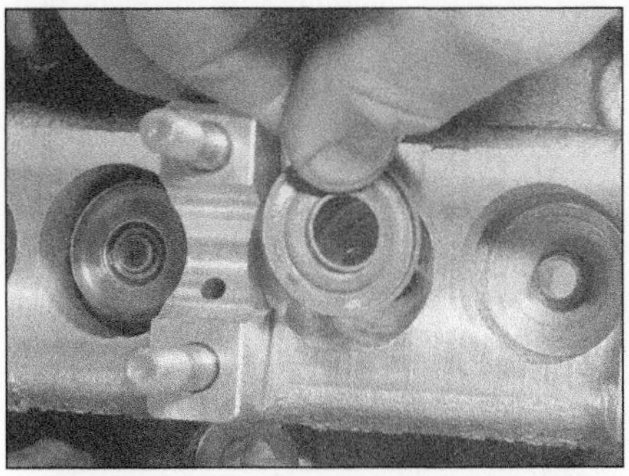

4.61 Montera det nedre fjädersätet med den konvexa sidan mot topplocket

4.62a Smörj in ventilskaftet med ren motorolja och sätt in ventilen i styrningen

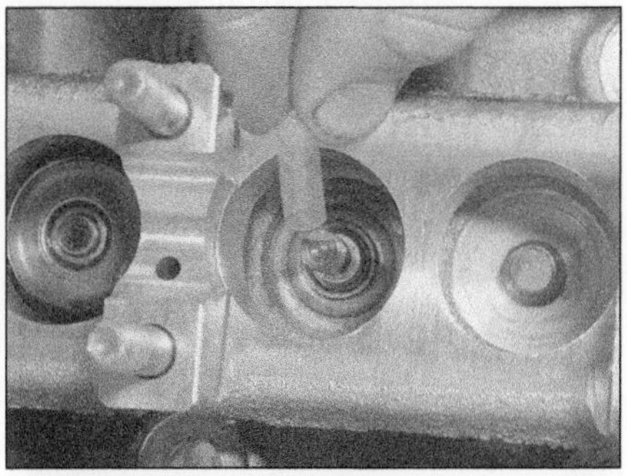

4.62b Montera ett av plastskydden över ventilskaftet

4.63a Montera den nya ventiltätningen över ventilen

4.63b Använd en lång hylsa för att trycka ned oljetätningen

4.64 Montering av ny ventilfjäder

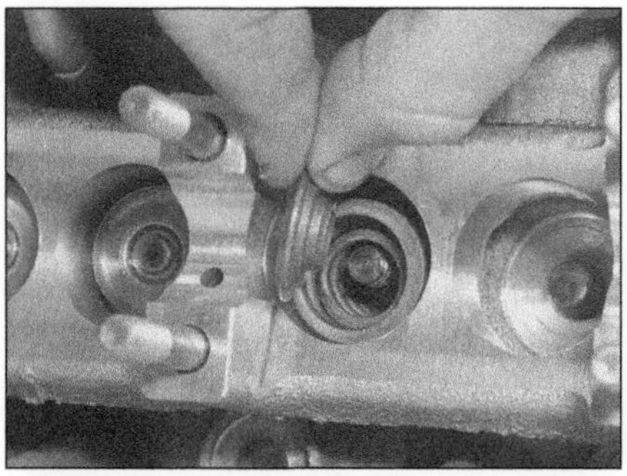

4.65a Montera det övre fjädersätet över ventilfjädern

4.65b Använd lite fett för att hålla ihop knasterhalvorna i spåret

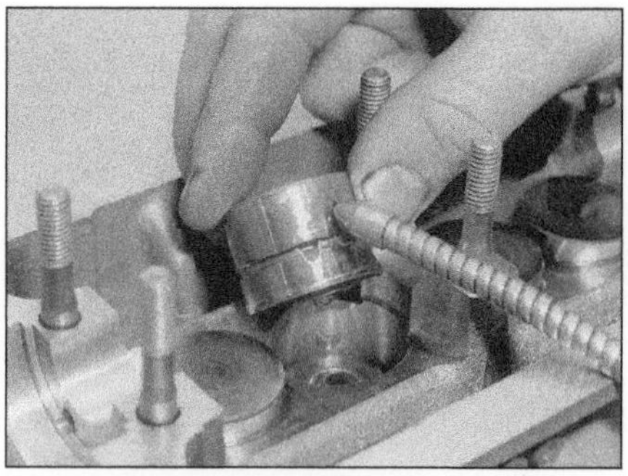

4.67 Montera ventillyftarna i respektive lopp i topplocket

plats i respektive lopp i topplocket. Tryck ned dem tills de når ventilerna, smörj därefter kontaktytorna på kamaxelnockarna **(se bild)**.

68 Smörj kamaxelns och topplockets lagerytor med ren motorolja, sänk därefter försiktigt ned kamaxeln på plats i topplocket. Stöd axelns ändar när den sätts in för att undvika skador på kamnockar och lagertappar **(se bilder)**.

69 På motorkod ABF, placera drivkedjan på inlopps- och avgaskamaxlarna (observera noteringen om rotationsriktningen som gjordes tidigare) så att inställningsmärkena riktas in enligt bilden. Sänk ned kamaxlar och kedja på topplocket, se till att märkena förblir inriktade **(se bild)**.

70 På alla motorkoder utom ABD, AEA, ABU och ABF, vrid kamaxeln så att nockarna för cylinder nr 1 pekar uppåt.

71 På dieselmotorer (motorkoder 1Z, 1Y och AAZ), se kapitel 2B, smörj in läppen på kamaxelns nya oljetätning med ren motorolja och placera den över kamaxelns ände. För tätningen längs kamaxeln tills den placeras i den undre delen av sitt hus i topplocket **(se bild)**.

72 Olja in de övre ytorna på kamaxelns lagertappar, sätt därefter lageröverfallen på plats. Se till att de monteras åt rätt håll och på korrekt plats, sätt därefter på och dra åt muttrarna enligt följande:

Observera: *På samtliga motorer måste nya muttrar användas till lageröverfallen.*

Motorkod ABF

73 På lageröverfallen har ett hörn slipats bort; dessa avfasade hörn måste monteras mot topplockets insugssida **(se bild)**.

74 Montera överfall nr 6 och 8 över insugskamaxeln, och dra åt muttrarna växelvis och diagonalt till angivet åtdragningsmoment.

75 Montera återstående överfall på insugskamaxeln och dra åt muttrarna till angivet åtdragningsmoment.

76 Montera överfall nr 2 och 4 på avgaskamaxeln och dra åt muttrarna till angivet åtdragningsmoment.

77 Smörj fogytorna på återstående överfall med tätningsvätska och placera dem över avgaskamaxeln, montera därefter och dra åt muttrarna till angivet åtdragningsmoment **(se bild 4.87)**.

Motorkoder ABU, AEA och ABD

78 Lageröverfallen är stämplade med respektive cylindernummer, de har också en avlång klack på ena sidan. När de är monterade korrekt bör numren kunna läsas från topplockets avgassida, och klackarna skall vara riktade mot topplockets insugssida **(se bild)**.

79 Montera överfall nr 2 och 4 över kamaxeln, och dra åt muttrarna växelvis och

4.68a Smörj kamaxelns lager med ren motorolja . . .

4.68b . . . sänk därefter ned kamaxeln på plats i topplocket

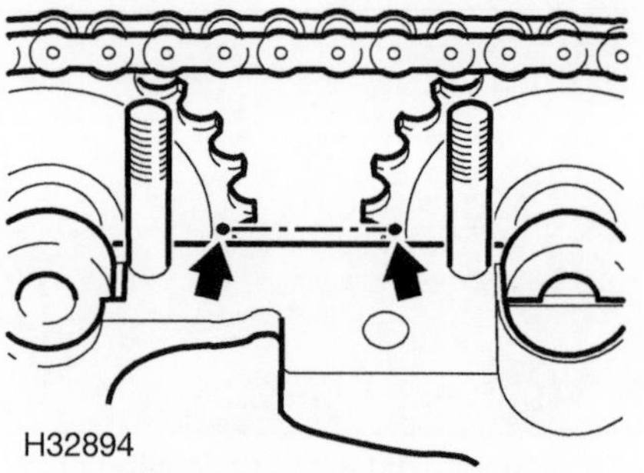

4.69 På motorkod ABF, se till att inställningsmärkena förblir inriktade

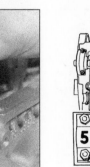

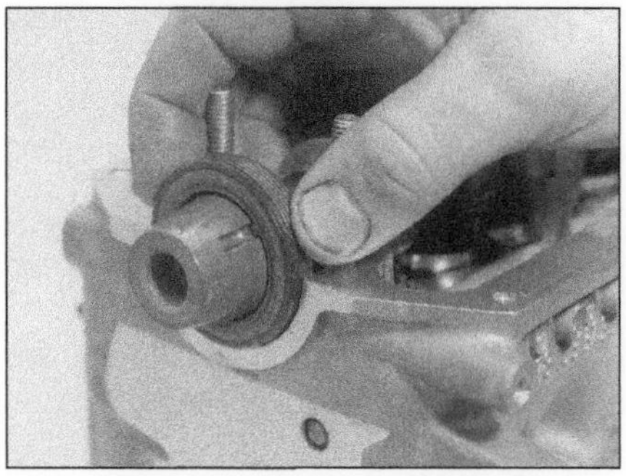

4.71 Montering av kamaxelns oljetätning (motorkoder 1Z, 1Y, och AAZ)

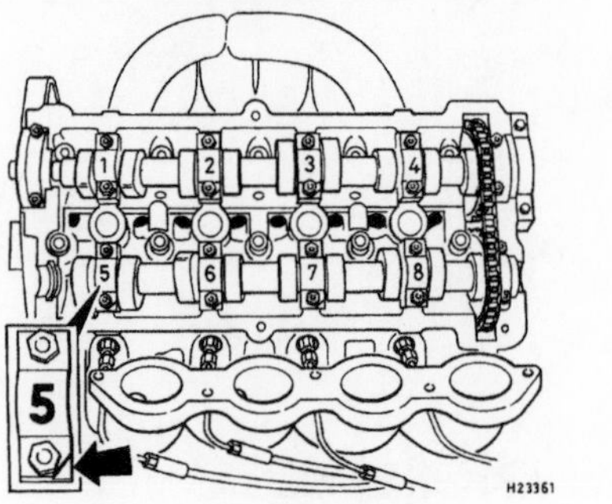

4.73 Ett hörn har slipats bort (vid pil) - motorkod ABF

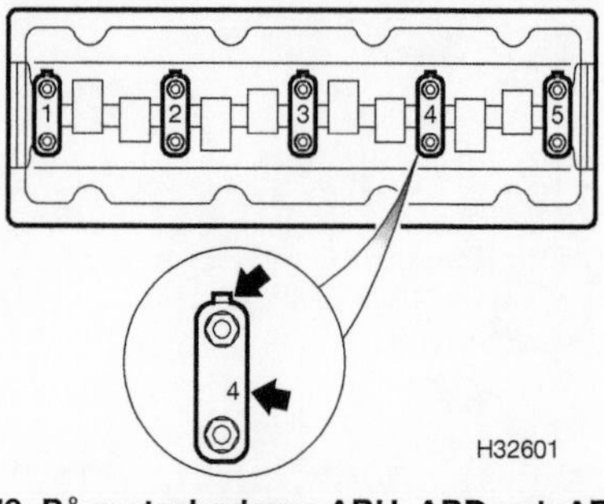

4.78 På motorkoderna ABU, ABD och AEA, ska kamaxelns lageröverfall monteras enligt bilden

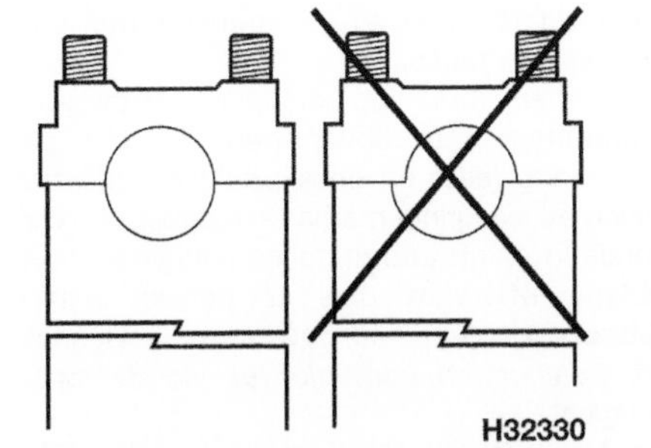

4.85 På motorkoderna AAM, ABS, 2E, ADZ, ADY, AAZ, 1Y, 1Z och AEK, är lageröverfallens hål borrade excentriskt

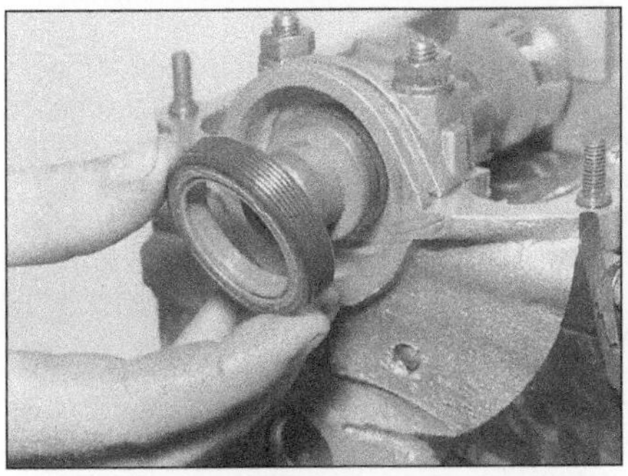

4.88 Montering av ny oljetätning på kamaxeln

diagonalt till åtdragningsmomentet som anges för steg 1.

80 Smörj anliggningsytorna på överfall nr 1 och 5 med tätningsvätska och montera dem därefter, tillsammans med överfall nr 3 över kamaxeln och dra åt muttrarna till åtdragningsmomentet som anges för steg 1 **(se bild 4.87)**.

81 Dra åt samtliga lageröverfall till angivet åtdragningsmoment för steg 2, montera därefter bultarna till lageröverfall nr 5 och dra åt dem till angivet åtdragningsmoment.

Motorkoder AAM, ABS, 2E, ADZ och ADY

82 Lageröverfallens monteringshål är borrade excentriskt; kontrollera att de är monterade åt rätt håll **(se bild 4.85)**.

83 Montera överfall nr 2 och 5 över kamaxeln och dra åt muttrarna växelvis och diagonalt till angivet åtdragningsmoment.

84 Smörj in anliggningsytorna på överfall nr 1 med tätningsvätska och placera överfall nr 1 och 3 över kamaxeln, montera därefter och dra åt muttrarna till angivet åtdragningsmoment **(se bild 4.87)**.

Motorkoder AAZ, 1Y, 1Z (dieselmotorer) och AEK

85 Lageröverfallens monteringshål är borrade excentriskt; kontrollera att överfallen monteras åt rätt håll **(se bild)**.

86 Montera överfall nr 2 och 4 över kamaxeln och dra åt muttrarna växelvis och diagonalt till angivet åtdragningsmoment.

87 Smörj in anliggningsytorna på överfall nr 1 med tätningsvätska, montera det därefter, tillsammans med överfall nr 3 och 5 över

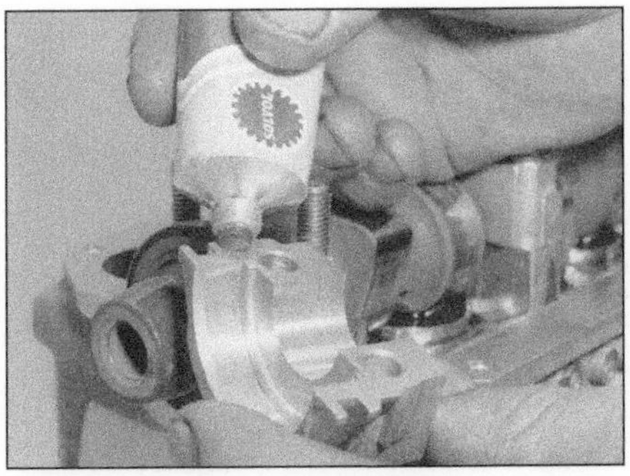

4.87 Tätningsytan på överfall nr 1 smörjs med tätningsvätska

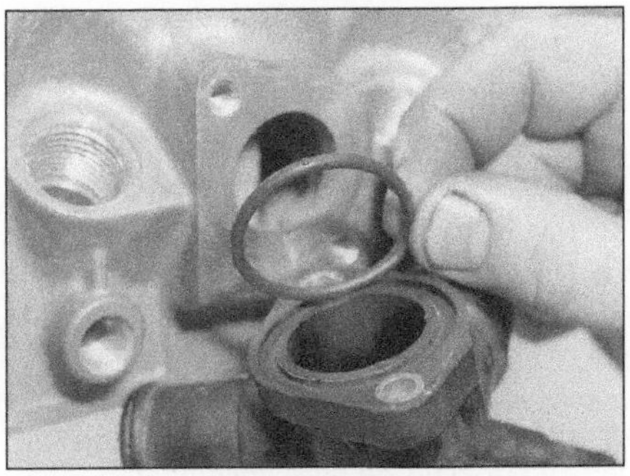

4.89 Montera kylvätskeutloppets böj med ny packning/O-ring

kamaxeln och dra åt muttrarna till angivet åtdragningsmoment **(se bild)**.

Alla motorkoder utom AAZ, 1Y och 1Z (dieselmotorer)

88 Se beskrivning i kapitel 2A eller B, vilket som gäller, smörj läppen på kamaxelns nya oljetätning med ren motorolja och placera den över kamaxelns ände. Driv in tätningen rakt i huset med en klubba och en lång hylsa med lämplig diameter tills tätningen vilar mot det invändiga stoppläget – tvinga den inte längre in **(se bild)**.

Alla motorkoder

89 Montera kylvätskeutloppets böj, med ny packning/O-ring om så behövs **(se bild)**.

90 Montera kylvätskans temperaturgivare och oljetryckskontakten.

91 Se beskrivning i kapitel 2A eller B och utför följande arbeten:

a) Montera kamremsdrevet på kamaxeln.
b) Montera insugs- och avgasgrenrör tillsammans med nya packningar.

92 På dieselmotorer, montera bränslespridare och glödstift (se kapitel 4C och 5C).

93 Se beskrivning i kapitel 2A eller B, montera topplocket på motorblocket.

5 Kolvar och vevstakar – demontering och kontroll

Demontering

1 Se beskrivning i del A eller B i detta kapitel och demontera topplock, svänghjul, oljesump och skvalpplåt, oljepump och pick-up rör.

2 Granska cylinderloppens överdelar. Om du hittar vändkanter vid den punkt där kolvarna når övre dödläge måste dessa avlägsnas, annars kan kolvarna skadas när de trycks ut ur loppen. Vändkanterna avlägsnas lämpligen med en skrapa eller en kantbrotsch.

3 Ritsa kolvens nummer på kolvtoppen för att underlätta monteringen; observera att nr 1 är vid motorns kamremsände.

4 Använd bladmått och mät spelet mellan vevlagret och vevtappen vid varje vevstake, anteckna måtten (vevlagerspelet).

5 Där så är tillämpligt, skruva loss fästskruven och ta bort kolvkylmunstyckena från respektive monteringshål. På motorkoderna 2E och ABF innehåller munstyckena en tryckreducerventil, var försiktig så att den inte skadas vid demonteringen **(se bilder)**.

6 Vrid vevaxeln tills kolvarna nr 1 och 4 är i nedre dödläge. Om de inte är märkta skall vevlageröverfallen och vevstakarna märkas med respektive kolvnummer, använd en körnare eller ritsspets **(se bild på nästa sida)**. Observera hur lageröverfallen är monterade i förhållande till vevstaken; det kan vara svårt att se tillverkarens markeringar i detta läge, så märk båda med riktningspilar så att de kan monteras tillbaka i korrekt läge. Skruva loss lageröverfallens skruvar/muttrar ett halvt varv åt gången tills de kan tas bort för hand. Ta vara på den undre lagerskålen och tejpa fast den på överfallet så att den inte kommer bort. Observera att om lagerskålarna skall återanvändas måste de monteras på samma vevstake.

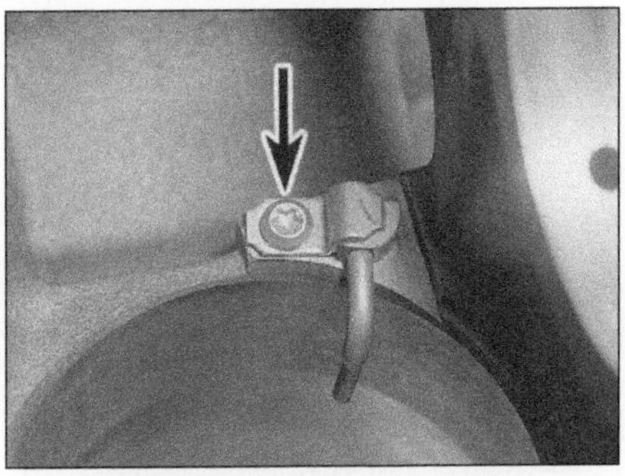

5.5a Skruva loss skruven från kolvkylmunstycket (vid pilen) . . .

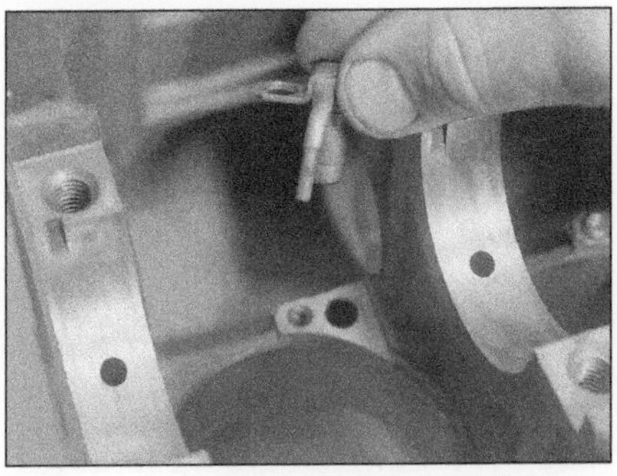

5.5b . . . och ta bort munstycket från dess monteringshål

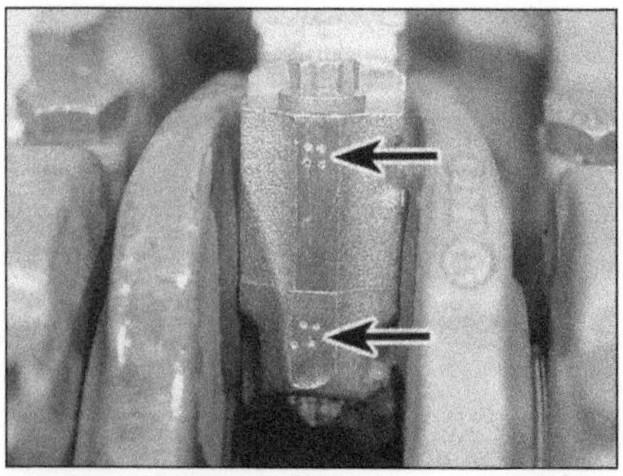

5.6 Märk vevlageröverfallen och vevstakarna med respektive kolvnummer (vid pilarna)

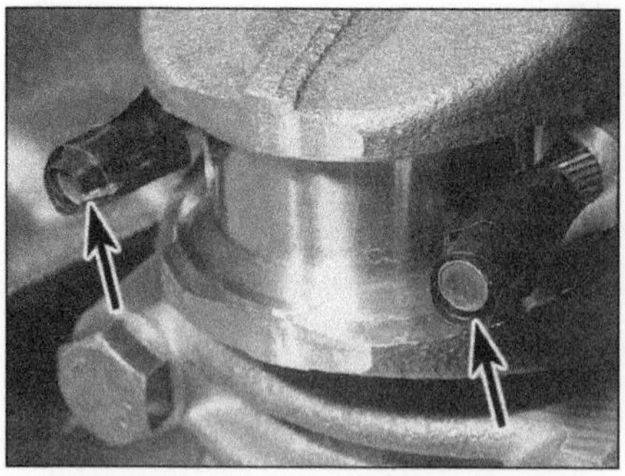

5.7 Täck bultarnas gängor med tejp

7 På vissa motorer sitter överfallsbultarna kvar i vevstaken; i så fall skall bultarnas gängor lindas in med isoleringstejp så att de inte repar vevtapparna när kolvarna demonteras från respektive cylinderlopp **(se bild)**.

8 Driv ut kolvarna från loppets överdel genom att trycka på undersidan av kolvkronan med ett hammarskaft eller liknande. När kolv och vevstake visar sig, ta vara på den övre lagerhalvan och tejpa fast den på vevstaken så att det inte kommer bort.

9 Vrid vevaxeln ett halvt varv, arbeta sedan enligt ovanstående beskrivning och demontera kolvar och vevstakar nr 2 och 3. Kom ihåg att hålla ihop komponenterna i respektive cylindergrupp medan de är isärtagna.

10 Placera en liten spårskruvmejsel i demonteringsspåret och bänd loss kolvtappens låsringar från varje kolv. Tryck ut kolvtappen och separera kolven från vevstaken **(se bilder)**. Kasta låsringarna eftersom nya delar måste användas vid hopsättningen. Om kolvtappen visar sig vara svår att demontera kan kolven värmas upp med varmt vatten till 60°C – expansionen gör att de två delarna kan separeras.

Kontroll

11 Innan kontroll av kolvarna kan börja måste de befintliga kolvringarna demonteras med en kolvringstång, eller ett gammalt bladmått om ett sådant verktyg inte finns tillgängligt. Demontera alltid de övre kolvringarna först och dra ut dem över kolvtopparna. Ringarna är sköra och kan gå sönder om de sträcks ut för mycket. De är också mycket vassa – skydda ögon och händer. Kasta ringarna när de tas bort eftersom nya delar måste användas när motorn sätts ihop **(se bild)**.

12 Använd en del av en gammal kolvring för att skrapa ur sotavlagringar från ringspåren, men var försiktig så att spårkanterna inte skadas eller repas.

13 Skrapa försiktigt bort alla spår av sotavlagringar från kolvtoppen. Använd en stålborste (eller en fin slipduk) när största delen av avlagringarna har skrapats bort. Var försiktig så att inte metallen avlägsnas från kolven eftersom den är ganska mjuk. **Observera:** *Se till att bevara markeringarna för kolvnumren som gjordes vid demonteringen.*

14 När alla sotavlagringar har avlägsnats skall kolvar/vevstakar rengöras med fotogen eller lämpligt lösningsmedel, och torkas noggrant. Se till att oljereturhålen i ringspåren i kolven är rena.

15 Undersök varje kolv beträffande tecken på slitage eller skador. Normalt kolvslitage syns som en jämn vertikal nötning på kolvens mantel och något glapp i spåret hos den översta kolvringen. Onormalt slitage måste kontrolleras grundligt så att man kan avgöra om delen kan återanvändas och vad som kan ha orsakat slitaget.

16 Repbildning på kolvmanteln kan vara en indikation på att motorn har utsatts för överhettning, vilket kan bero på otillräcklig kylning eller smörjning, eller onormalt höga förbränningstemperaturer. Brännmärken på manteln visar att genomblåsning har skett, vilket kan ha orsakats av slitna cylinderlopp eller kolvringar. Brända ytor på kolvtopparna är ofta en indikation på förtändning, spikning eller detonation. I extrema fall kan kolvtoppen ha smält under sådana omständigheter. Gropbildning i kolvtoppen indikerar att kylvätska har läckt in i förbränningskammaren och/eller vevhuset. Problem som orsakar dylika symptom måste åtgärdas innan motorn tas i bruk igen, annars kommer samma skador att uppstå på nytt.

17 Kontrollera kolvar, vevstakar, kolvtappar och lageröverfall beträffande sprickor. Lägg vevstakarna på en plan yta och granska dem för att se om de verkar skeva eller vridna. Om skicket är tveksamt bör man låta mäta delarna på en mekanisk verkstad. Kontrollera kolvtapparna beträffande slitage och sprickor.

18 Mät diametern på alla fyra kolvarna med en mikrometer vid en punkt 10 mm från mantelns undre kant, i rät vinkel mot kolvtappen **(se bild)**. Jämför måtten med angivna värden i specifikationerna. Om kolvens diameter skiljer sig från toleransen för storleken i fråga måste kolven bytas.

Observera: *Om motorblocket har borrats om vid en tidigare renovering kan kolvar av överdimension ha monterats. Notera måtten och använd dem för att kontrollera kolvspelen när cylinderloppen mäts längre fram i detta kapitel.*

19 Håll en ny kolvring i dess spår och mät spelet mellan ring och spår med ett bladmått **(se bild)**. Observera att ringarna är olika breda, så använd rätt ring till rätt spår. Jämför måtten de som anges i specifikationerna; om

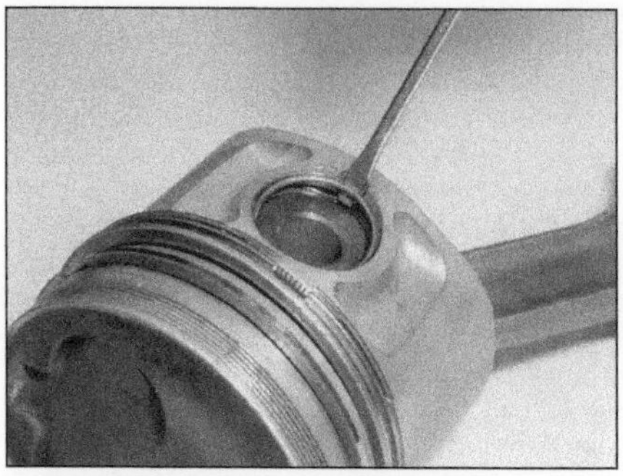

5.10a Placera en liten skruvmejsel i spåret och bänd loss kolvtappens låsringar

5.10b Tryck ut kolvtappen och separera kolven från vevstaken

5.11 Kolvringarna kan demonteras med ett gammalt bladmått

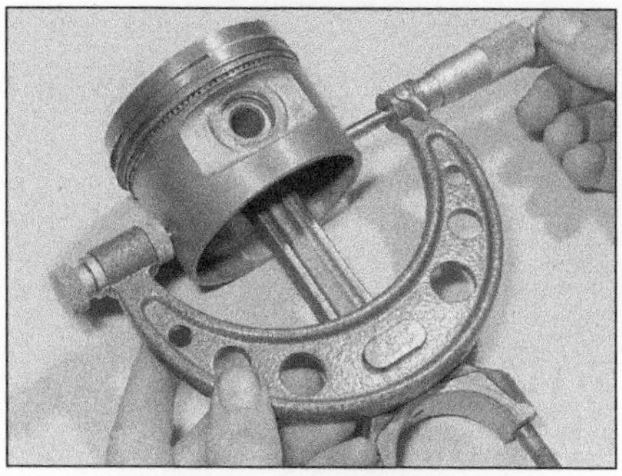

5.18 Mät diametern på alla fyra kolvarna med en mikrometer

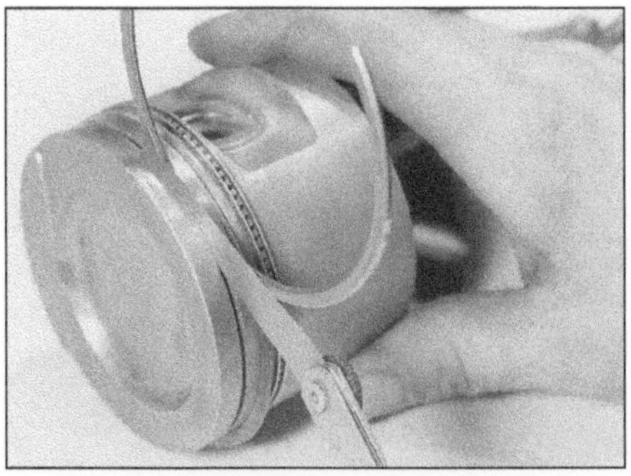

5.19 Mät spelet mellan kolvring och spår med ett bladmått

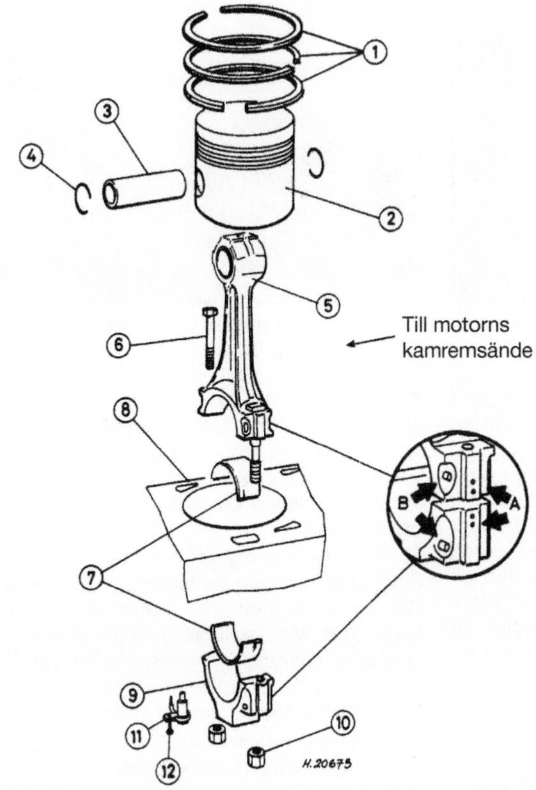

5.21 Kolvens delar (motorkod ABF visas - övriga motorkoder är liknande)

1 Kolvringar
2 Kolv
3 Kolvtapp
4 Låsring
5 Vevstake
6 Vevlageröverfallets bult
7 Vevlagerskål
8 Motorblock
9 Vevlageröverfall
10 Vevlageröverfallets mutter
11 Oljemunstycke för kolvkylning
12 Oljemunstyckets fästskruv
A Identifikationsmärken på vevstake/lageröverfall (cylindernummer)
B Riktningsmärken på vevstake/lageröverfall (mot kamremsänden)

spelet ligger utanför toleransen skall kolven bytas. Bekräfta detta genom att kontrollera kolv-ringens bredd med en mikrometer.

20 Använd invändiga/utvändiga skjutmått och mät kolvtappsbussningens innerdiameter och kolvtappens ytterdiameter. Subtrahera det senare måttet från det första måttet för att få fram spelet. Om detta mått ligger utanför angivet värde måste kolven och vevstakens bussning brotschas och en ny kolvtapp installeras. Vänd dig till en mekanisk verkstad som har den utrustning som krävs för att kunna tackla denna typ av arbete.

21 Kolvens riktning i förhållande till vevstaken måste vara korrekt när de två delarna sätts ihop. Kolvtoppen är markerad med en pil (vilken lätt kan vara skymd av sotavlagringar); denna måste peka i riktning mot motorns kamremsände när kolven är monterad i loppet. Såväl vevstaken som dess lager-överfall har inslipade håligheter nära anligg-ningsytorna - dessa håligheter måste båda vara riktade i samma riktning som pilen på kolvtoppen (dvs mot motorns kamremsände) när de är korrekt monterade **(se bild)**. Sätt ihop de båda komponenterna så att detta krav uppfylls. **Observera:** *På vissa motorer är vevstakens storände försedd med excentriska pinnbultar som placeras i hålen i lager-överfallen.*

22 Smörj in kolvtappen och kolvtapps-bussningen med ren motorolja. För in tappen i kolven och låt den gripa i vevstakens kolv-tappsbussning. Montera två nya låsringar på vardera sidan om kolvtappen så att deras öppna ändar är riktade ett halvt varv (180°) från demonteringsspåret i kolven. Upprepa samma förfarande på återstående kolvar.

6 Vevaxel - demontering och kontroll

Demontering

1 Observera: *Om inget arbete skall utföras på kolvar och vevstakar behöver topplock och kolvar inte demonteras. Kolvarna kan istället tryckas upp tillräckligt långt i cylinderloppen så att de inte vidrör vevtapparna. Vi rekom-menderar att ett motorställ används.*

2 Se beskrivning i kapitel 2A eller B och utför följande arbeten:

a) Demontera kamremsdrevet från vevaxeln.
b) Demontera kopplingens delar och svänghjulet.
c) Demontera oljesumpen, skvalpplåten, oljepumpen och dess pick-up rör.
d) Demontera de främre och bakre oljetätningarna och deras hus.

3 Demontera kolvarna och vevstakarna enligt beskrivning i avsnitt 5 (se Observera ovan).

4 Utför en kontroll av vevaxelns axialspel enligt följande. **Observera:** *Detta arbete kan endast utföras när vevaxeln är monterad i motorblocket/vevhuset, men kan röras fritt.* Placera en mätklocka så att mätsonden är i linje med vevaxeln och berör en fixerad punkt på vevaxelns ände. Tryck vevaxeln längs dess axel så långt det går och nollställ klockan. Tryck vevaxeln åt det andra hållet så långt det går och notera värdet för axialspelet som visas på mätklockan **(se bild)**. Jämför resultatet med värdet som anges i speci-fikationerna och fastställ huruvida nya tryckbrickor (axiallager) behöver monteras

5 Om ingen mätklocka finns tillgänglig kan ett bladmått användas. Tryck först vevaxeln så långt det går mot motorns svänghjulsände, använd därefter ett bladmått för att mäta spelet mellan ramlagertappen på cylinder nr 2 och ramlagrets tryckbricka **(se bild)**. Jämför resultaten med angivet värde i specifikat-ionerna.

6 Observera tillverkarens identifikationsmärken

6.4 Vevaxelns axialspel mäts med indikatorklocka

6.5 Mät vevaxelns axialspel med bladmått

6.6 Tillverkarens identifikationsmärken på ramlageröverfall (vid pilen)

6.8 Vevaxeln lyfts upp ur vevhuset

6.13 Använd en mikrometer för att mäta diametern på varje ramlagertapp

på ramlageröverfallen. Siffran avser läget i vevhuset räknat från motorns kamremsände **(se bild)**.

7 Lossa ramlageröverfallens bultar ett kvarts varv åt gången, tills de kan tas bort för hand. Slå lätt på överfallen med en mjuk klubba för att frigöra dem från vevhuset. Ta vara på de undre lagerskålarna och tejpa fast dem på överfallet så att de inte kommer bort. Märk dem med märkfärg för att underlätta identifikationen, men de får inte repas på något sätt.

8 Lyft försiktigt ut vevaxeln och var försiktig så att de övre lagerskålarna inte rubbas. Ta gärna hjälp av en medarbetare, eftersom vevaxeln är ganska tung. Sätt ner den på ett plant och rent underlag, stöd den med träklossar så att den inte rullar **(se bild)**.

9 Ta bort de övre lagerskålarna från vevhuset och tejpa fast dem på respektive överfall. Ta bort de två tryckbrickorna på var sida om vevtapp nummer 3.

10 När lagerskålarna är demonterade, notera urtagen i lageröverfallen och vevhuset – i dessa placeras flikarna som sticker ut från lagerskålarna, så att de inte kan monteras på fel sätt.

Kontroll

11 Tvätta vevaxeln med lämpligt lösningsmedel och låt den torka. Spola igenom oljehålen ordentligt för att säkerställa att de inte är blockerade – använd en piprensare eller nålborste om det behövs. Ta bort eventuella vassa kanter från kanten på hålet, som annars kan skada de nya lagren när de monteras.

12 Undersök ramlager och vevtappar noggrant; om det finns tydliga tecken på ojämnt slitage, sprickor, repor eller gropbildning skall vevaxeln slipas om på en verkstad, och monteras tillbaka på motorn med lager av understorlek.

13 Använd en mikrometer för att mäta diametern på varje ramlagertapp **(se bild)**. Genom att göra ett antal mätningar av varje lagertapps yta avslöjas eventuellt ojämnt slitage. Skillnader i diameter, mätt vid 90 graders intervall, indikerar att tappen ej är rund. Skillnader i diameter mätt i tappens längdriktning indikerar att tappen är konisk. Om slitage upptäcks måste vevaxeln slipas om av en verkstad varefter lager av understorlek kommer att behövas, (se avsnittet *"Hopsättning"*)

14 Kontrollera oljetätningens tappar vid vardera änden på vevaxeln. Om de verkar alltför repade eller skadade kan de orsaka läckage hos nya tätningar när motorn sätts ihop. Det kan gå att reparera tappen; rådfråga en VAG-verkstad.

15 Mät vevaxelns axialkast genom att placera en mätklocka på det mellersta ramlagret och rotera axeln i V-block. Det högsta värdet som mätklockan visar är axialkastet. Vidta säkerhetsåtgärder för att skydda lagertapparna och oljetätningens ytor från skada under denna procedur. Tillverkaren har inte angivit ett maximivärde för axialkast men värdet 0,05 mm kan användas som en grov riktlinje. Om axialkastet överskrider detta värde bör man överväga att byta vevaxeln – rådfråga en VAG-verkstad eller annan specialist på motorrenoveringar.

16 Se beskrivning i avsnitt 9 beträffande kontroll av ram- och vevlagren.

7 **Mellanaxel** – demontering och montering

Observera: *Detta avsnitt gäller inte motorkoderna ABU, ABD och AEA.*

Demontering

1 Se beskrivning i kapitel 1A eller B och utför följande arbeten:

a) Demontera kamremmen.

b) Demontera mellanaxelns drev.

2 Innan axeln demonteras skall axialspelet kontrolleras. Förankra en mätklocka på motorblocket med mätsonden i linje med mellanaxeln. Tryck in axeln i motorblocket så långt det går, nollställ mätklockan och dra ut axeln åt det andra hållet så långt det går. Anteckna det högsta värdet och jämför siffran med värdet som anges i specifikationerna – byt axeln om axialspelet överskrider denna gräns **(se bild)**.

3 Lossa fästbultarna och ta bort mellanaxelns fläns. Ta vara på O-ringen och tryck ut oljetätningen **(se bilder)**.

4 Ta bort mellanaxeln från motorblocket och undersök drivväxeln vid axelns ände; om kuggarna visar tecken på alltför kraftigt slitage eller är skadade på annat sätt, bör axeln bytas.

7.2 Kontrollera mellanaxelns axialspel med en mätklocka

7.3a Skruva loss fästbultarna (vid pilarna) . . .

7.3b . . . och ta bort mellanaxelns fläns

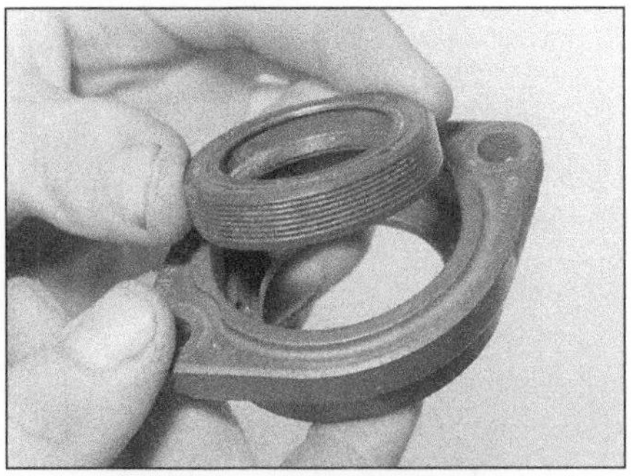

7.3c Tryck ut oljetätningen . . .

5 Om oljetätningen har läckt, undersök om axelns anliggningsytor är repade eller skadade.

Montering

6 Smörj in mellanaxelns lagerytor och drivväxeln med rikligt med olja, för därför försiktigt in axeln i motorblocket och låt tappen i dess främre ände gripa tag i stödlagret.

7 Tryck in en ny oljetätning i huset i mellanaxelns fläns och montera en ny O-ring på flänsens inre tätningsyta.

8 Smörj in tätningens inre läpp med ren motorolja och för fläns och tätning över mellanaxelns ände. Kontrollera att O-ringen är i korrekt läge, sätt därefter i flänsens fästbultar och dra åt dem till angivet åtdragningsmoment. Kontrollera att mellanaxeln kan rotera fritt.

9 Se beskrivning i kapitel 2A eller B och utför följande arbeten:

a) *Montera kamremsdrevet på mellanaxeln och dra åt mittbulten till angivet åtdragningsmoment.*

b) *Montera kamremmen. Där så är tillämpligt på bensinmotorer, följ instruktionerna för inställning av mellanaxelns drev för att säkerställa att inställningen av fördelarens drev behålls.*

8 Motorblock/vevhus – rengöring och kontroll

Rengöring

1 Demontera alla externa komponenter och elektriska kontakter/givare från motorblocket. Vid fullständig rengöring av motorblocket skall frostpluggarna helst demonteras. Borra ett litet hål i pluggarna och för in en självgängande skruv i hålet. Dra ut pluggarna en och en genom att dra i skruven med en tång, eller använd en glidhammare.

2 Skrapa bort alla rester av packning och tätningsvätska från motorblocket/vevhuset, var försiktigt så att tätningsytorna inte skadas.

3 Ta bort alla oljekanalspluggar (där sådana finns). Pluggarna sitter ofta mycket hårt, de kan behöva borras ut och hålen gängas om. Använd nya pluggar när motorn sätts ihop.

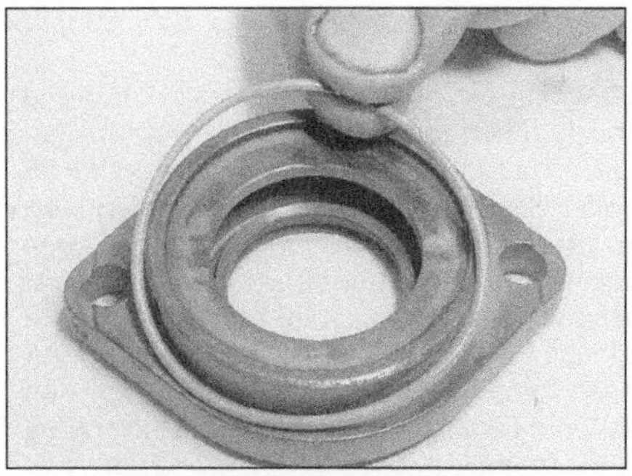

7.3d . . . och ta vara på O-ringen

4 Om motorblocket/vevhuset är mycket smutsigt bör det rengöras med ångtvätt. Rengör därefter alla oljehål och oljekanaler ytterligare en gång. Spola alla passager med varmt vatten tills bara rent vatten kommer ut. Torka noggrant och stryk ett tunt lager olja över alla anliggningsytor och cylinderlopp för att hindra uppkomst av rost. Använd tryckluft, om sådan finns tillgänglig, för att påskynda torkningsprocessen, och för att blåsa igenom alla oljehål och oljekanaler.

⚠ *Varning: Bär skyddsglasögon vid arbete med tryckluft!*

5 Om gjutdelarna inte är särskilt smutsiga kan det räcka att rengöra dem med varmt såpvatten och en styv borste. Ta gott om tid på dig och var noggrann. Oavsett vilken rengöringsmetod som används, se till att oljehål och oljekanaler rengörs mycket noga och att alla detaljer torkas väl. Slutligen skall cylinderloppen skyddas enligt ovanstående beskrivning för att hindra uppkomst av rost.

6 Alla gängade hål måste vara rengjorda för att korrekta åtdragningsmoment skall uppnås vid hopsättningen. För in en gängtapp i varje hål för att avlägsna rost, korrosion, gängtätning eller slam, och för att renovera skadade gängor **(se bild)**. Avsluta om möjligt med tryckluft för att blåsa hålen helt rena. **Observera:** *Var extra noga med att avlägsna all rengöringsvätska från gängade hål. Blocket kan spricka av hydraulisk verkan om en bult skruvas in i ett hål som innehåller vätska.*

7 Stryk på lämpligt tätningsmedel på de nya oljekanalpluggarna och sätt in dem i hålen i motorblocket. Dra åt dem hårt.

8 Om motorn inte skall sättas ihop genast, täck över den med en stor plastsäck för att hålla den ren; skydda alla anliggningsytor och cylinderlopp enligt ovanstående beskrivning för att hindra att rost uppstår.

Kontroll

9 Gör en visuell kontroll av motorblocket beträffande sprickor och korrosion. Leta efter skadade gängor i de gängade hålen. Om inre vattenläckage har inträffat tidigare kan det vara klokt att låta en renoveringsspecialist kontrollera motorblock/vevhus med specialutrustning. Om defekter upptäcks måste de repareras om så är möjligt, annars måste enheten bytas ut.

10 Kontrollera varje cylinderlopp beträffande repor eller slitage. Tecken på skador av detta slag bör dubbelkontrolleras med en granskning av kolvarna; se avsnitt 5 i detta kapitel. Om skadan har upptäckts i ett tidigt stadium går blocket eventuellt att reparera genom en omborrning. Rådfråga hos en mekanisk verkstad innan du fortsätter med arbetet.

11 För att erhålla en exakt värdering av slitaget i cylinderloppen, måste deras diameter mätas vid ett antal punkter enligt följande. Sätt i en cylinderloppsmätare i cylinderlopp nr 1 och gör tre mätningar i linje med vevaxeln; en mätning överst i loppet, cirka 10 mm under vändkanten, en mätning i mitten av loppet och en vid en punkt cirka 10 mm från loppets botten. **Observera:** *Placera motorblocket rakt på en arbetsbänk under mätningsproceduren, felaktiga resultat kan erhållas om mätningarna görs när motorn är monterad i ett motorställ.*

12 Rotera cylinderloppsmätaren ett kvarts varv (90°), så att den hamnar i rät vinkel mot vevaxeln och upprepa mätningarna enligt beskrivningen i punkt 11 **(se bild)**. Anteckna alla sex måtten och jämför dem med angivna

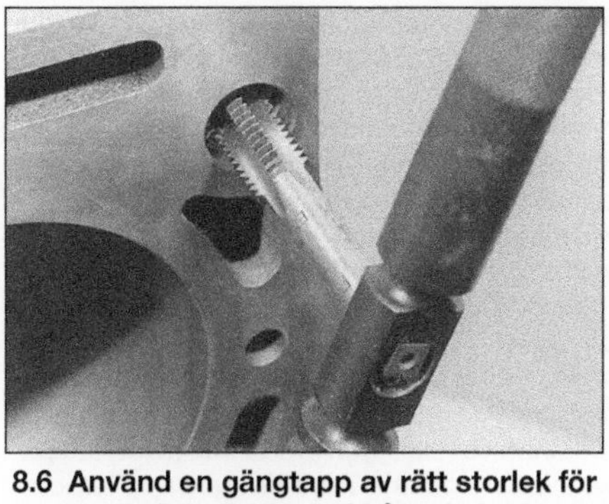

8.6 Använd en gängtapp av rätt storlek för att rengöra gängorna i hålen i blocket

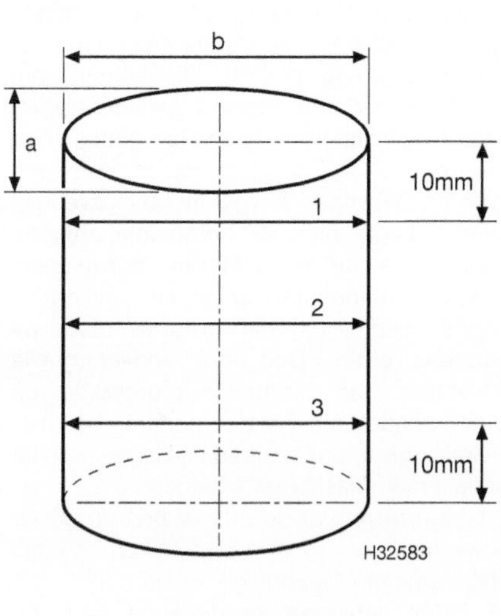

8.12 Punkter för mätning av cylinderloppet

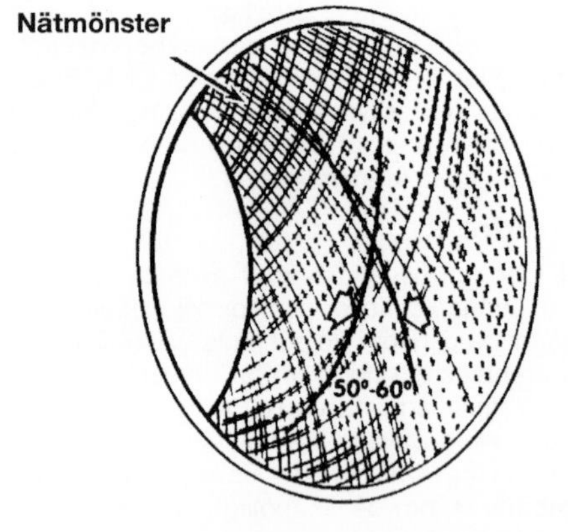

8.17 Heningsmönster i cylinderlopp

värden i specifikationerna. Om skillnaden i diameter mellan två cylindrar överskrider gränsvärdet, eller om någon cylinder överskrider maximivärdet för cylinderloppsdiametern, måste *alla fyra* cylindrarna borras om och förses med kolvar av överstorlek vid monteringen. Observera att obalans som kan uppstå om inte alla fyra cylindrarna borras om samtidigt gör motorn obrukbar.

13 Använd måtten av kolvarnas diameter som togs tidigare (se avsnitt 5) för att beräkna spelet mellan kolv och cylinderlopp. Tillverkaren har inte tillhandahållit några värden, så rådfråga en VAG-verkstad eller specialist på motorrenovering.

14 Placera motorblocket på en plan arbetsyta med vevhuset nedåt. Använd en stållinjal och bladmått för att mäta skevheten hos topplockets anliggningsytor i båda planen. Tillverkaren har inte angivit ett maxvärde men värdet 0,05 mm kan användas som en grov riktlinje. Om det uppmätta värdet inte stämmer med detta riktmått kan det gå att maskinslipa ned ytorna – rådfråga en VAG-verkstad.

15 Innan motorn kan sättas ihop måste cylinderloppen henas. Denna procedur innebär användning av ett slipverktyg som åstadkommer fina repor i cylinderloppet. Detta medför att kolvringarna kan bottna vilket resulterar i god tätning mellan kolv och cylinder. Det finns två typer av heningsverktyg som är tillgängliga för hemmamekanikern, båda drivs av en elektrisk borrmaskin. "Flaskborst"-henaren är en styv cylindrisk borste med slipstenar som är fästa på borstens strån. Den mer konventionella ythenaren har slipstenar monterade på fjäderspända ben. För den oerfarne hemmamekanikern uppnås tillfredsställande resultat enklast med "flaskborst"-metoden.

Observera: *Om du inte är beredd på att tackla hening av cylinderlopp kan en verkstad utföra arbetet till en rimlig kostnad.*

16 Utför heningen på följande sätt; du behöver ett av de heningsverktyg som beskrivs ovan, en elektrisk borr/tryckluftsborr, flera rena trasor, heningsolja och ett par skyddsglasögon.

17 Montera heningsverktyget i borrens chuck. Smörj in cylinderloppet med heningsolja och placera heningsverktyget i det första cylinderloppet, tryck ihop stenarna så att det får plats. Sätt igång borren och för verktyget upp och ner i loppet så att ett finmönstrat nätmönster bildas på ytan. Reporna bör helst bildas i 50 till 60 graders vinkel **(se bild)**, men vissa kolvringstillverkare kan ange en annorlunda vinkel; kontrollera anvisningarna som levereras tillsammans med de nya ringarna.

⚠ ***Varning: Bär skyddsglasögon för att skydda ögonen från skräp som kan virvla från heningsverktyget.***

18 Använd rikligt med olja under heningen. Ta inte bort mer material än vad som är nödvändigt för att uppnå önskad ytfinish. Dra inte bort heningsverktyget från cylinderloppet när det fortfarande roterar; fortsätt med den upp- och nedåtgående rörelsen tills chucken har stannat, ta därefter bort verktyget medan chucken roteras för hand, i normal rotationsriktning.

19 Torka bort olja och filspån med en trasa och fortsätt till nästa cylinderlopp. När samtliga fyra lopp har henats, rengör hela motorblocket grundligt med varmt tvålvatten för att avlägsna alla spår efter heningsolja och skräp. Blocket kan anses rent när en ren trasa som fuktats med ny motorolja inte blir grå när den dras längs cylinderloppet.

20 Stryk på ett lätt lager motorolja på anliggningsytorna och cylinderloppen för att undvika att rost uppstår. Förvara blocket i en plastsäck tills det skall sättas ihop.

9 Ramlager och vevlager – kontroll och urval

Kontroll

1 Trots att ramlager och vevlager ska bytas ut vid en motorrenovering skall de gamla lagren behållas för detaljgranskning, då de kan innehålla värdefull information om motorns kondition **(se bild)**.

2 Lagerfel kan uppstå vid brist på smörjning, förekomst av smuts eller andra främmande ämnen, överbelastning av motorn, eller korrosion. Oavsett vilket problem som har orsakat lagerfel måste detta åtgärdas innan motorn sätts ihop, för att undvika att problemet uppstår igen.

3 Ta loss lagerskålarna från motorblocket/vevhuset, ramlageröverfallen, vevstakarna och vevstakarnas lageröverfall. Lägg ut dem på en ren yta i ungefär samma läge som de hade i motorn. På detta sätt kan problem som har uppstått i lagren jämföras med motsvarande vevaxeltapp. Vidrör inte lagerytan på någon av skålarna med fingrarna, eftersom den ömtåliga ytan då kan repas.

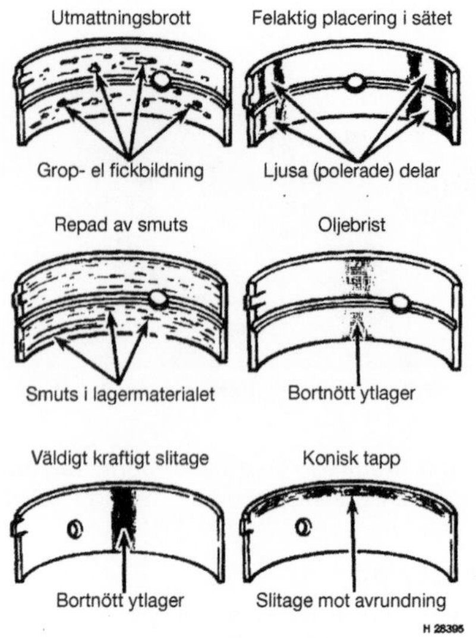

9.1 Vanliga lagerdefekter

4 Smuts eller andra partiklar kan komma in i motorn på ett antal olika sätt. Det kan vara kvarlämnat i motorn efter en hopsättning, det kan tränga in genom filter eller vevhusventilationen. Det kan komma med oljan och därifrån in i lagren. Metallrester från maskinbearbetningar och från normalt motorslitage förekommer ofta. Slipmedel finns ofta kvar i motorns detaljer efter en motorrenovering, speciellt om delarna inte har blivit ordentligt rengjorda på korrekt sätt. Vilken orsaken än är, återfinns sådana främmande ämnen mycket ofta i det mjuka lagermaterialet där de är lätta att upptäcka. Stora partiklar kan inte bäddas in i lagret utan repar och urholkar både lager och lagertapp. Det bästa sättet att förebygga denna orsak till lagerfel är att rengöra samtliga delar mycket grundligt och att hålla allting absolut rent vid hopsättning av motorn. Täta och regelbundna byten av motorolja och oljefilter rekommenderas också.

5 Flera samverkande orsaker kan finnas till brist på smörjning (eller smörjningshaveri). Överhettning (vilket tunnar ut oljan), överbelastning (vilket pressar ut oljan från lagerytan) och oljeläckage (orsakat av för stort lagerspel, slitage i oljepumpen eller höga varvtal) bidrar till smörjningsproblemen. Igensatta oljepassager, vilket ofta beror på felaktigt inriktade oljehål i en lagerskål, kan också hindra oljan från att tränga in i lagret, och därmed förstöra det. När brist på smörjning orsakar lagerfel trycks lagermaterialet bort från lagrets stålunderlag. Temperaturen kan bli så hög att stålunderlaget blir blått av överhettning.

6 Körvanor har definitivt en inverkan på lagrets livslängd. Full gas vid låga varvtal (överbelastning av motorn) lägger stor belastning på lagren vilket ofta pressar ut oljehinnan. Denna sorts belastning gör att lagret böjer sig, vilket åstadkommer en fin sprickbildning i lagret (utmattning). Till slut kommer bitar av lagermaterialet att lossna från stålunderlaget.

7 Om bilen körs huvudsakligen korta sträckor kan detta leda till korrosion i lagren beroende på att motorn inte producerar tillräckligt mycket värme för att avlägsna vattenkondens och korrosiva gaser. Dessa substanser ansamlas i motoroljan och bildar där syra och slam. När motoroljan passerar lagren i motorn angriper syran lagermaterialet vilket leder till korrosion.

8 Felaktig montering av lagren när motorn sätts ihop leder också till problem. Lager med för tät passning lämnar inte utrymme för tillräckligt lagerspel vilket resulterar i oljebrist. Smuts eller främmande ämnen som har fastnat bakom lagerskålarna skapar upphöjda punkter på lagret som i sin tur leder till lagerhaveri.

9 Rör inte lagerytan på någon av skålarna med fingrarna under hopsättningen, eftersom den ömtåliga ytan då kan repas eller förorenas.

10 I början av detta avsnitt påpekades att lagerskålarna bör bytas som en rutinåtgärd vid motorrenovering; att undlåta att göra det innebär falsk ekonomi.

Urval - ramlager och vevlager

11 Ramlager och vevlager till de motorer som beskrivs i detta kapitel finns tillgängliga i standardstorlekar och ett antal understorlekar som passar omslipade vevaxlar - se information i specifikationerna.

12 Ramlagerspelet måste kontrolleras när vevaxeln har monterats med nya lager. Denna procedur beskrivs i avsnitt 11.

10 Motorrenovering - hopsättning

1 Innan hopsättningen påbörjas, kontrollera att alla nya reservdelar har införskaffats, och att alla nödvändiga verktyg finns tillgängliga. Läs först beskrivningen av hela proceduren för att förstå vad arbetet omfattar, och för att se till att allt material som behövs för hopsättningen av motorn finns till hands. Förutom vanliga verktyg och material kommer även gänglås att behövas. En tub med lämpligt tätningsmedel behövs också till fogytor som monteras utan packningar. Vi rekommenderar att tillverkarens egna produkter används, eftersom de är speciellt framtagna för ändamålet; produkterna nämns vid namn i varje avsnitt där de behövs.

2 För att spara tid och undvika problem rekommenderas att hopsättning av motorn sker i följande ordningsföljd:

a) Vevaxel
b) Kolvar/vevstakar
c) Oljepump (se kapitel 2A eller B)
d) Oljesump (se kapitel 2A eller B)
e) Svänghjul (se kapitel 2A eller B)
f) Topplock och packning (se kapitel 2A eller B)
g) Kamremsspännare, drev och kamrem, (se kapitel 2A eller B)
h) Motorns externa delar och tillbehör
i) Drivremmar, remskivor och spännare

3 I detta läge måste samtliga motordelar vara absolut rena och torra, och alla eventuella fel ska ha åtgärdats. Delarna skall läggas ut (eller placeras i separata behållare) på en absolut ren arbetsyta.

11 Vevaxel - montering och kontroll av spel

1 Montering av vevaxeln utgör det första steget i hopsättningen av motorn efter renovering. I detta läge förutsätts det att vevaxel, motorblock/vevhus och lager är rengjorda, undersökta och reparerade eller utbytta.

2 Placera motorblocket på en ren och plan arbetsyta med vevhuset uppåt. Skruva loss lageröverfallen och lossa dem försiktigt från vevhuset; lägg ut dem i ordning så att hopsättningen kan ske i rätt ordningsföljd. Om lagerskålarna fortfarande sitter på plats, demontera dem från överfall och vevhus och torka av de invändiga ytorna med en ren trasa - de måste hållas alldeles rena.

3 Rengör den bakre ytan på de nya lagerskålarna med en trasa och lägg dem på ramlagerlägena. Kontrollera att flikarna på skålarna hakar i urtagen och att oljehålen är korrekt inriktade **(se bild).** Hamra inte eller på annat sätt tvinga lagerskålarna på plats. Det är ytterst viktigt att lagerytorna hålls fria från skador och föroreningar.

4 Torka av de nymonterade lagerskålarna och vevaxeltapparna en sista gång med en ren trasa. Kontrollera att oljehålen i vevaxeln är fria från smuts; om smuts får vara kvar i detta läge blir den inbäddad i de nya lagren när motorn startas.

5 Lägg vevaxeln i vevhuset, var försiktig och se till att lagerskålarna inte rubbas.

Kontroll av ramlagerspel

6 När vevaxel och lager monteras måste ett spel finnas mellan dem för att smörjningen skall kunna cirkulera. Detta spel är omöjligt att kontrollera med bladmått varför Plastigage skall användas. Plastigage är en mjuk plastremsa som kläms mellan lagerskålarna och lagertapparna när lageröverfallen dras åt. Breddökningen indikerar sedan storleken på spelet.

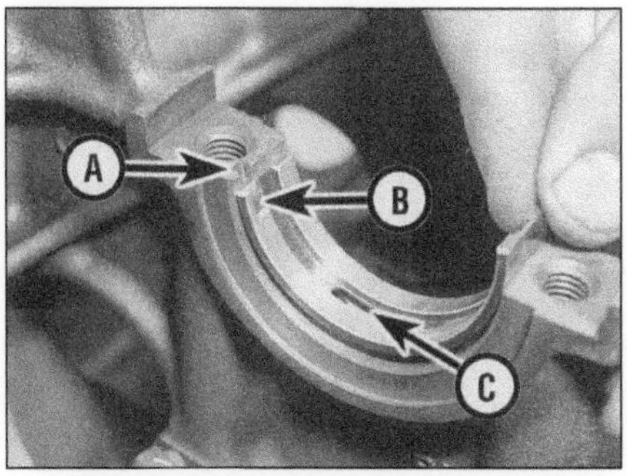

11.3 Korrekt monterade lagerskålar
A Urtag i lagerläge
B Flik på lagerskål
C Oljehål

7 Klipp till fem längder Plastigagetråd, lite kortare än vevaxeltappens längd. Lägg en bit på varje tapp, i linje med axeln **(se bild).**

8 Torka av de bakre ytorna på de nya undre ramlagerskålarna och montera dem på ramlageröverfallen, kontrollera igen att flikarna hamnar korrekt **(se bild).**

9 Torka av lagerskålarnas främre ytor och smörj dem med lite silikonsläppmedel - så att Plastigagetråden inte fastnar på skålen. Montera överfallen på lagerlägena, använd tillverkarens markeringar som riktlinjer. Kontrollera att de är riktade åt rätt håll - överfallen ska monteras så att urtagen för lagerskålarnas flikar är på samma sida som de i lagerlägena.

10 Arbeta från det mittersta lageröverfallet, dra åt bultarna ett halvt varv i taget tills samtliga är åtdragna till korrekt åtdragningsmoment *för det första steget*. Låt inte vevaxeln rotera alls medan Plastigageremsan är på plats. Skruva växelvis loss lageröverfallen och ta bort dem, se till att Plastigageremsan inte rubbas.

11 Plastigageremsan kan nu mätas med hjälp av skalan på det medföljande kortet **(se bild på nästa sida).** Använd korrekt skala - såväl imperiska tum som den metriska skalan finns på kortet. Denna mätning visar värdet för ramlagerspelet - jämför det med värdet som anges i specifikationerna. Om spelet ligger

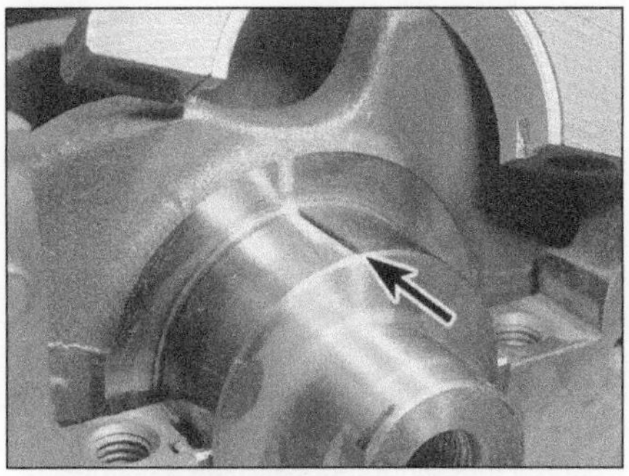

11.7 Lägg en bit Plastigage på varje tapp, i linje med vevaxeln

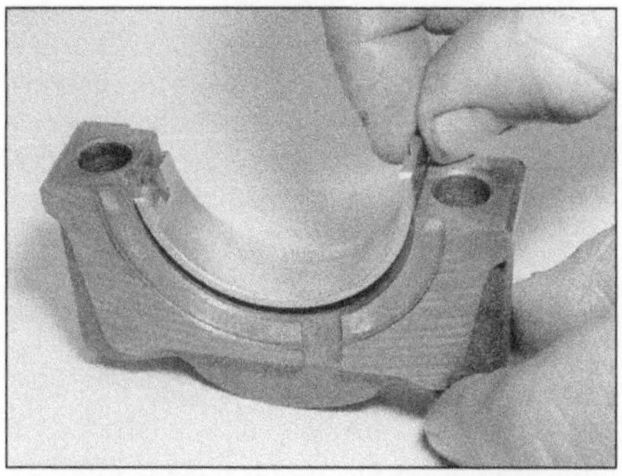

11.8 Montera de nya ramlagerskålarnas undre delar på ramlageröverfallen

11.11 Mät Plastigageremsan med hjälp av skalan på kortet

utanför toleransvärdena kan det bero på att smuts eller skräp har fastnat under lagrets yta; försök i så fall att rengöra dem igen och upprepa kontrollen. Om resultatet fortfarande är oacceptabelt, gör en ny kontroll av lagertapparnas diameter och lagerstorlekarna. Observera att om Plastigageremsan är tjockare i den ena änden kan tapparna vara koniska och därför behöva slipas om.

12 När du har försäkrat dig om att spelen är korrekta, ta bort resterna av Plastigage från tapparna och lagerytorna. Använd en mjuk skrapa av plast eller trä eftersom metall kan skada ytorna.

Vevaxel – slutlig montering

13 Lyft ut vevaxeln från vevhuset. Torka av lagerytorna i vevhuset och på lageröverfallen. Montera tryckbrickorna (axiallagren) på vardera sidan om ramlagerläge nr 3, mellan cylinder nr 2 och 3. Använd lite fett för att hålla dem på plats; kontrollera att de hamnar ordentligt på plats i urtagen, med oljespåren riktade utåt.

14 Bestryk lagerskålarna i vevhuset rikligt med ren motorolja.

15 Sänk ned vevaxeln på plats så att vevtapparna till cylindrarna nr 2 och 3 är i övre dödläge; vevtapparna till cylindrarna nr 1 och 4 är då i undre dödläge, redo för montering av kolv nr 1.

16 Smörj de undre lagerskålarna i ramlageröverfallen med ren motorolja, montera därefter tryckbrickorna på vardera sidan om lageröverfall nr 3; se till att fliken som sticker ut från brickan hakar i urtaget i lageröverfallets sida **(se bild)**. Kontrollera att flikarna på skålarna fortfarande är i ingrepp med motsvarande urtag i överfallen.

17 Montera ramlageröverfallen i korrekt ordningsföljd och riktning – lageröverfall nr 1 skall vara vid motorns kamremsände och lagerskålarnas knasterlägen i ramlagerlägena och överfall måste vara bredvid varandra **(se bild)**. Sätt i lageröverfallens bultar och dra åt dem för hand.

18 Arbeta från det mellersta lageröverfallet och utåt, dra åt bultarna till angivna åtdragningsmoment. Om åtdragningsmomentet är i flera steg skall alla bultarna först dras åt till det första steget, upprepa därefter proceduren i samma ordningsföljd för följande steg **(se bild)**.

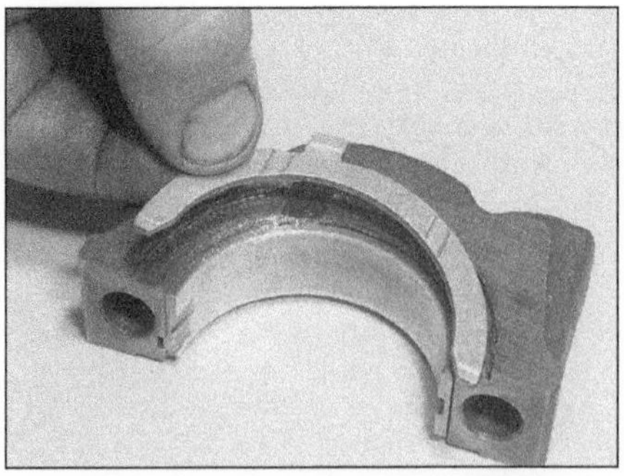

11.16 Montering av tryckbricka (axiallager) på lageröverfall nr 3

19 Montera vevaxelns bakre oljetätningshus tillsammans med ny oljetätning; se beskrivning i del A eller B (vad som är tillämpligt) i detta kapitel.

20 Vrid vevaxeln för hand för att kontrollera att den roterar fritt. Om något motstånd är kännbart, kontrollera ramlagerspelen enligt ovanstående beskrivning.

21 Utför kontroll av vevaxelns axialspel enligt beskrivningen i början av avsnitt 6. Om vevaxelns tryckytor har kontrollerats och nya axiallager är monterade, bör axialspelet stämma med angivna värden.

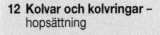

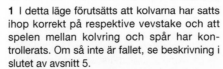

12 Kolvar och kolvringar – hopsättning

1 I detta läge förutsätts att kolvarna har satts ihop korrekt på respektive vevstake och att spelen mellan kolvring och spår har kontrollerats. Om så inte är fallet, se beskrivning i slutet av avsnitt 5.

2 Innan nya kolvringar kan monteras skall deras ändgap kontrolleras med ringarna monterade i cylinderloppen.

3 Lägg ut kolvenheterna och de nya kolvringarna på en ren arbetsyta så att komponenterna kan hållas ihop i respektive grupper såväl under som efter ändgapskontrollen. Placera vevhuset på sidan på arbetsytan, så att det går att komma åt loppens övre och undre delar.

4 Placera den översta ringen i den första cylindern och pressa ner den i loppet med hjälp av kolven. Detta garanterar att ringen går in rakt i cylindern. Placera ringen längst ner i cylinderloppet, vid slutet av kolvens rörelsebana. Se till att ringen sitter rakt i loppet genom att trycka kraftigt på kolvkronan.

5 Mät gapet mellan kolvringens ändar med ett bladmått; ett blad av rätt storlek ska precis kunna föras genom gapet med minimalt motstånd **(se bild)**. Jämför måttet med angivet värde i Specifikationer. Försäkra dig om att du har korrekt ring innan du konstaterar att ändgapet inte är korrekt. Upprepa förfarandet för samtliga tolv ringar.

6 Om nya ringar monteras är det osannolikt att ändgapen är för små. Om ett mått befinns

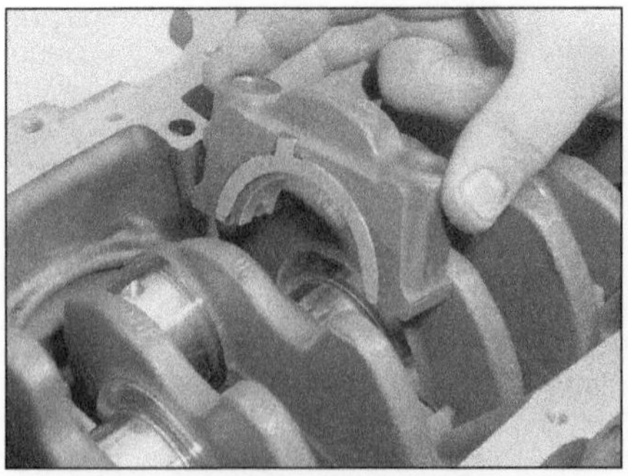

11.17 Ett ramlageröverfall sätts på plats

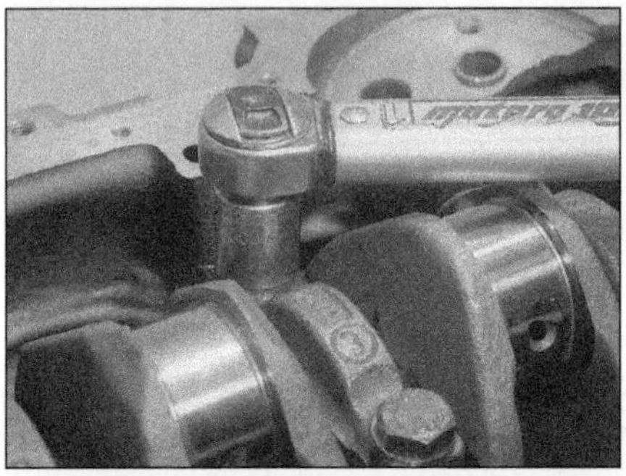

11.18 Dra åt lageröverfallens bultar till angivna åtdragningsmoment

vara underdimensionerat måste det korrigeras, annars föreligger risken att ringändarna kommer i kontakt med varandra under drift vilket kan resultera i skador på motorn. Ändgapet korrigeras genom att man filar ner ringändarna med en fil som är fastskruvad i ett skruvstycke. Placera ringen över filen så att båda ändarna är i beröring med filens ytor. För ringen längs filen och avlägsna små materialmängder åt gången. Var försiktig – kolvringar är vassa och kan lätt gå sönder. Kom ihåg att hålla ringar och kolvar förvarade i rätt ordningsföljd.

7 När samtliga kolvringars ändgap har kontrollerats kan de monteras på kolvarna. Montera den undre ringen först (oljeskrapring), och fortsätt uppåt. Observera att oljeskrapringen består av två ringar som åtskiljs av en expanderring. Observera även att de båda kompressionsringarna är olika i genomskärning och måste monteras i rätt spår och

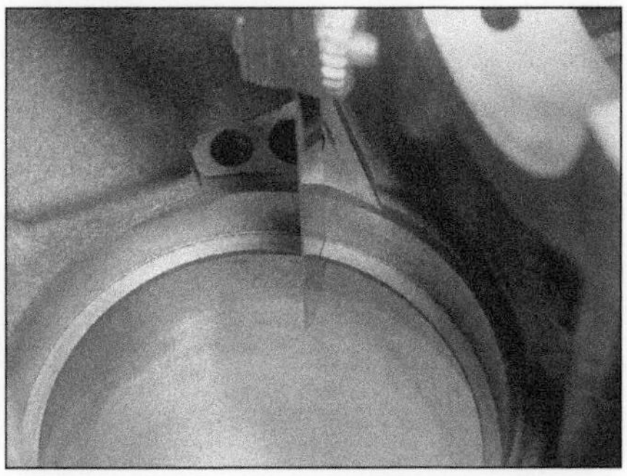

12.5 Mätning av kolvringarnas ändgap med ett bladmått

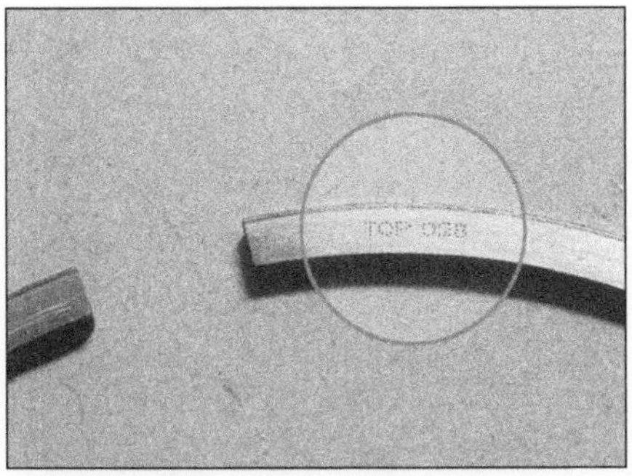

12.7 Kolvringens "TOP"-markering

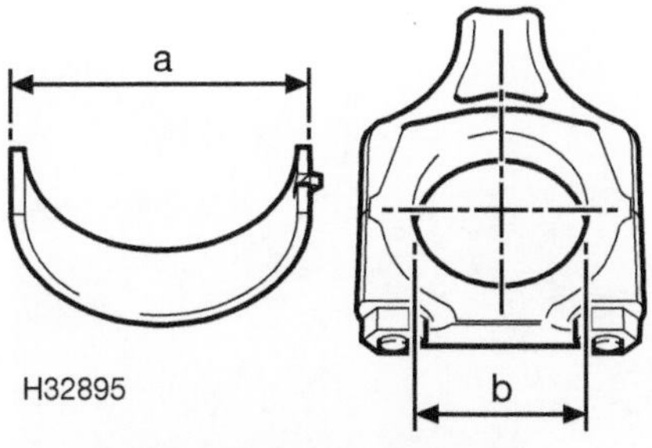

13.11 Mått för beräkning av vevlagerskålens förspänning (motorkoderna ABU, ABD och AEA)

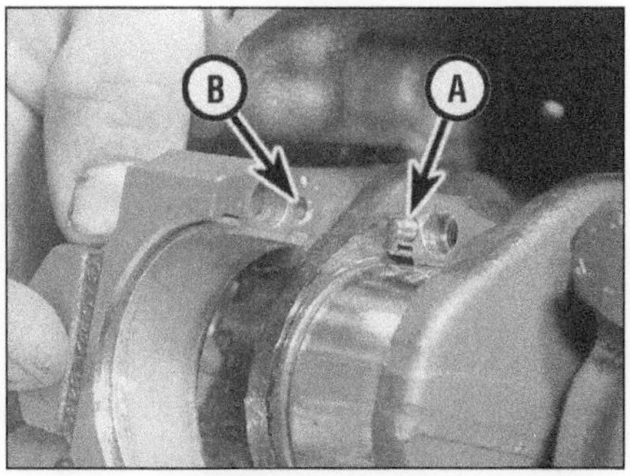

13.19 Montering av vevlageröverfall
A Stift B Styrhål

med rätt sida uppåt, använd ett kolvringsverktyg. Båda kompressionsringarna har instämplade märken på ena sidan för att markera vilken sida som skall vändas uppåt. Kontrollera att dessa märken är riktade uppåt när ringarna monteras **(se bild)**.

8 Fördela ändgapen runt kolven med 120 graders mellanrum. **Observera:** *Följ alltid de instruktioner som medföljer nya kolvringar.*

13 Kolvar och vevstakar – montering och kontroll av vevlagerspel

Kontroll av vevlagerspel

Observera: *I detta läge förutsätts det att vevaxeln är monterad på motorn enligt beskrivning i avsnitt 11.*

1 I likhet med ramlagren (avsnitt 11), måste det finnas ett spel mellan vevlagertappen och dess lagerskålar för att oljan ska kunna cirkulera. Någon av nedanstående två metoder kan användas för kontroll av spelet.

2 Placera motorblocket på en ren och plan arbetsyta med vevhuset uppåt. Placera vevaxeln så att vevtapparna nr 1 och 4 är i undre dödläge.

3 Den första metoden, vilken är minst exakt, innebär att vevlageröverfallen monteras på vevstakarna, med lagerskålarna på plats. **Observera:** *Det är viktigt att lageröverfallen är korrekt riktade, se noteringar i avsnitt 5. Den invändiga diametern som utgörs av det ihopsatta vevlagret mäts med invändiga skjutmått. Diametern på respektive vevaxeltapp dras ifrån lagrets innerdiameter, varvid resultatet som erhålls utgör vevlagrets spel.*

4 Den andra metoden utförs med hjälp av produkten 'Plastigage' (se avsnitt 11) och är mycket mer noggrann än ovanstående metod. Rengör alla fyra vevtapparna med en ren trasa. När vevtappar nr 1 och 4 är i undre dödläge placeras en Plastigageremsa på varje vevtapp.

5 Montera de övre vevlagerskålarna på vevstakarna och kontrollera att styrflikarna och urtagen är i korrekt ingrepp. Montera kolv/vevstake temporärt på vevaxeln; montera vevlageröverfallen och använd tillverkarens märken för att säkerställa att de är monterade åt rätt håll – se beskrivning i *"Slutlig montering"*.

6 Dra åt lageröverfallets bultar/muttrar enligt nedanstående beskrivning. Se till att Plastigageremsan inte rubbas eller att vevstaken roteras under åtdragningsproceduren.

7 Ta isär delarna utan att rotera vevstakarna. Använd Plastigageskalan för att fastställa huruvida vevlagerspelet stämmer med de värden som anges i specifikationerna.

8 Om spelet skiljer sig märkbart från de angivna värdena kan lagerskålarna ha fel storlek (eller vara utslitna, om det är originalskålarna som har återanvänts). Kontrollera att inget smuts eller skräp har fastnat mellan lagerskålarna och överfallen när spelet uppmättes. Gör en ny kontroll av vevtapparnas diameter. Observera att om Plastigageremsan är bredare i den ena änden, är vevtapparna eventuellt koniska. När problemet har faststsällts, montera nya lagerskålar eller låt slipa om vevtapparna till en angiven underdimension, vad som är tillämpligt.

9 Skrapa slutligen noggrant bort alla spår av Plastigage från vevaxel och lagerskålar. Använd en trä- eller plastskrapa som är tillräckligt mjuk för att inte repa lagerytorna.

Endast motorkoder ABU, ABD och AEA

10 Förspänningen hos vevlagerskålarna fastställs på följande sätt. Montera vevlageröverfallen temporärt på vevstakarna (utan lagerskålarna), använd därefter ett invändigt skjutmått eller en cylinderloppsmätare och mät innerdiametern av vevlagret (dimension "a").

11 Mät nu lagerskålens *ytterdiameter* med mikrometer eller skjutmått (dimension "b"). Förspänningen erhålls om man subtraherar dimension "a" från dimension "b" **(se bild)**. Jämför det erhållna värdet med angivet värde i Specifikationer – om det är lägre än minimigränsen måste lagerskålen bytas.

Slutlig montering av kolvar och vevstakar

12 Observera att nedanstående procedur förutsätter att vevaxelns ramlageröverfall är monterade på plats (se avsnitt 11).

13 Kontrollera att lagerskålarna är korrekt monterade enligt beskrivning i början av detta avsnitt. Om nya lagerskålar monteras, se till att torka bort alla spår av skyddande fett med fotogen. Torka lagerskålar och vevstakar torra med en luddfri trasa.

14 Smörj in cylinderloppen, kolvarna och kolvringarna med ren motorolja. Lägg ut varje kolv/vevstake i rätt ordningsföljd på en arbetsyta. På motorer där pinnbultarna sitter fast i vevstakarna, sätt korta gummislangbitar över skruvarnas gängor, eller tejpa över dem, för att skydda cylinderloppen under hopsättningen.

15 Börja med kolv/vevstake nr 1. Se till att kolvringarna fortfarande är monterade med intervall enligt beskrivningen i avsnitt 12, kläm därefter fast dem på plats med en kolvringskompressor.

16 Placera kolven/vevstaken överst i cylinder nr 1. Sänk ner vevstaken först och se samtidigt till att skydda pinnbultarna och cylinderloppen.

17 Kontrollera att kolvarna är placerade rätt i respektive cylinder – kolvtoppen, vevstakarna och vevlageröverfallen har markeringar som skall peka i riktning mot motorns kamremsände när kolven är installerad i loppet – se beskrivning i avsnitt 5.

18 Knacka på kolvtoppen med ett hammarskaft för att föra in hela enheten i cylinderloppet, tills kolvtoppens överdel är i jämnhöjd med cylinderns övre kant.

19 Kontrollera att lagerskålen fortfarande är korrekt installerad. Smörj in vevtappen och båda lagerskålarna med rikligt med ren motorolja. Knacka ner kolven/vevstaken i loppet och på vevtappen – se till att inte repa cylinderloppet när detta görs. Montera vevlageröverfallet och dra åt dess muttrar/bultar med fingrarna först **(se bild)**. Observera att placeringen av lageröverfallet i förhållande till vevstaken måste vara korrekt när de två komponenterna monteras. Såväl vevstaken som dess motsvarande lageröverfall har inslipade håligheter nära respektive anliggningsyta – dessa håligheter måste båda riktas åt samma håll som pilen på kolvtoppen (dvs mot motorns kamremsände) när de är korrekt installerade – se ytterligare detaljer i bilderna i avsnitt 5. **Observera:** *På vissa*

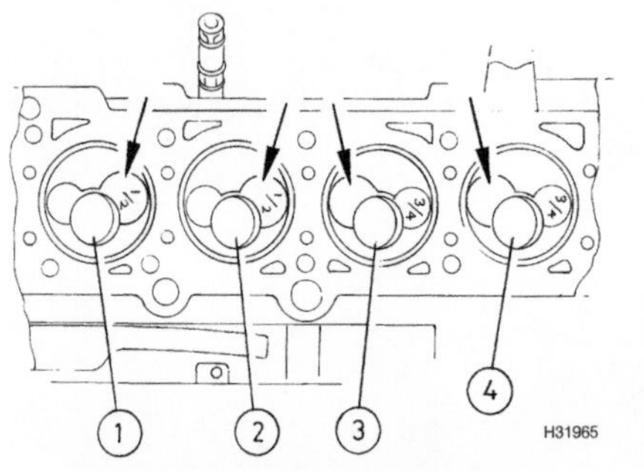

13.20 Kolvarnas placering och monteringsordning (motorkod 1Z)

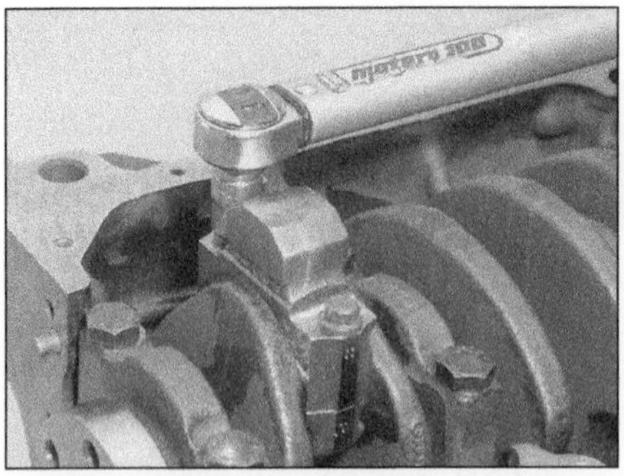

13.21a Vevlageröverfallets bultar dras först åt till momentet för steg 1 . . .

13.21b . . . och därefter till vinkeln för steg 2

motorer är vevstakarnas lagerhållare försedda med snedställda tappar som passar in i hålen i lageröverfallen.

20 På motorkod 1Z är kolvtopparna speciellt utformade för att förbättra motorns förbränningsegenskaper. Följaktligen skiljer sig kolvarna nr 1 och 2 från kolvar nr 3 och 4. Vid korrekt montering måste de större kamrarna för insugsventilerna på kolv 1 och 2 vara vända mot motorns svänghjulsände, och de större kamrarna för insugsventilerna på kolv 3 och 4 måste vara vända mot motorns kamremsände. Nya kolvar är försedda med siffermarkeringar på kolvtopparna som typindikation - 1/2 innebär kolv 1 eller 2, 3/4 innebär kolv 3 eller 4 **(se bild)**.

21 Arbeta växelvis runt varje lageröverfall och dra åt muttrarna ett halvt varv åt gången till angivet åtdragningsmoment **(se bild)**.

22 Montera de tre återstående kolv-/vevstaksenheterna på samma sätt.

23 Rotera vevaxeln för hand. Kontrollera att den roterar fritt; viss stelhet kan förväntas om nya delar har monterats men den får inte kärva på något sätt.

Endast motorkoder 1Z, 1Y och AAZ (dieselmotorer)

24 Om nya kolvar skall monteras eller om en ny grundmotor skall installeras, måste kolvtopparnas utstick över motorblocket vid övre dödläge mätas för att fastställa vilken typ av topplockspackning som skall monteras.

25 Vänd motorblocket (så att vevhuset är riktat nedåt) och vila det på en motorställning eller på träblock. Förankra en mätklocka på motorblocket och nollställ den på topplockspackningens kontaktyta på motorblocket. Vila klockans mätsond på kolvtopp nr 1 och vrid vevaxeln långsamt för hand så att kolven når och därefter passerar övre dödläge. Mät och anteckna det högsta värdet vid övre dödläge.

26 Upprepa mätningen vid kolv nr 4, vrid därefter vevaxeln ett halvt varv (180°) och gör nya mätningar vid kolvarna nr 2 och 3.

27 Om måtten varierar mellan de olika kolvarna, ta det högsta värdet och använd det för att fastställa typen av topplockspackning som skall användas - se ytterligare information i Specifikationer.

28 Observera att om originalkolvarna har monterats tillbaka ska en topplockspackning av samma typ som ursprungspackningen monteras; se beskrivning i kapitel 2B beträffande hur olika typer av topplockspackningar kan identifieras.

14 Motor - första start efter renovering

1 Montera återstoden av motorns delar i den ordningsföljd som angivits i avsnitt 10 i detta kapitel, se beskrivningar i del A eller B efter behov. Montera motorn (och växellådan) i bilen enligt beskrivning i avsnitt 2 i detta kapitel. Gör en dubbel kontroll av motoroljans och kylvätskans nivåer och en slutlig kontroll att alla anslutningar har gjorts. Kontrollera att inga verktyg eller trasor är kvarglömda i motorrummet.

Bensinmotorer

2 Demontera tändstiften, se beskrivning i kapitel 1A.

3 Motorn måste sättas ur funktion så att den kan dras runt med startmotorn utan att starta – koppla ifrån bränslepumpen genom att lossa dess relä från reläpanelen; se beskrivning i tillämplig del av kapitel 4.

Varning: Om bilen är försedd med katalysator innebär det en potentiell skaderisk att immobilisera motorn genom att koppla ur tändsystemet utan att först koppla ur bränslesystemet, eftersom oförbränt bränsle kan tillföras katalysatorn.

4 Vrid runt motorn med startmotorn tills oljetrycklampan slocknar. Om lampan inte släcks efter det att motorn dragits runt i flera sekunder, kontrollera motoroljans nivå och att oljefiltret är ordentligt monterat. Förutsatt att detta är i sin ordning, kontrollera oljetryckskontaktens kabeldragning – fortsätt inte förrän du har konstaterat att oljan pumpas runt i motorn med tillräckligt tryck.

5 Montera tändstiften och anslut bränslepumpens relä.

Dieselmotorer

6 Lossa den elektriska kabeln från bränsleavstängningsventilen vid insprutningspumpen – se beskrivning i kapitel 4C.

7 Vrid runt motorn med startmotorn tills oljetryckslampan slocknar.

8 Om lampan inte släcks efter det att motorn dragits runt i flera sekunder, kontrollera motoroljans nivå och att oljefiltret är ordentligt monterat. Förutsatt att detta är i sin ordning, kontrollera oljetryckskontaktens kabeldragning - fortsätt inte förrän du har konstaterat att oljan pumpas runt i motorn med tillräckligt tryck.

9 Anslut bränsleavstängningsventilens kabel.

Alla modeller

10 Starta motorn. Eftersom bränslesystemets delar har rubbats kan det ta lite längre tid än vanligt.

11 Låt motorn gå på tomgång. Kontrollera att inga läckage av bränsle, vatten eller olja föreligger. Bli inte orolig om motorn luktar bränt eller om rök kommer från delar som värms upp och bränner bort oljerester.

12 Om allt verkar bra, fortsätt att låta motorn gå på tomgång tills man kan känna att varmt vatten cirkulerar genom den övre slangen.

13 På dieselmotorer, kontrollera insprutningspumpens inställning och motorns tomgångsvarvtal, enligt beskrivning i kapitel 4C och kapitel 1B.

14 Efter några minuter bör olje- och kylvätskenivåerna kontrolleras på nytt och påfyllning göras vid behov.

15 På samtliga motorer som beskrivs i detta kapitel, gäller att topplocksbultarna INTE behöver efterdras efter det att motorn har körts igång efter hopsättning.

16 Om nya kolvar, kolvringar eller vevlager har monterats, skall motorn behandlas som ny och köras in under bilens första 100 mil. Ge inte motorn full gas under denna tid och överbelasta den inte på låga varvtal på någon växel. Det rekommenderas att olja och filter byts vid slutet av inkörningsperioden.

Kapitel 3
Kyl-, värme- och ventilationssystem

Innehåll

Svårighetsgrader

Enkelt, passar novisen med lite erfarenhet	**Ganska enkelt,** passar nybörjaren med viss erfarenhet	**Ganska svårt,** passar kompetent hemmamekaniker	**Svårt,** passar hemmamekaniker med erfarenhet	**Mycket svårt,** för professionell mekaniker

Specifikationer

Allmänt

Expansionskärlets trycklock öppnar vid . . . . 1,3 till 1,5 bar

Termostat

Öppnar vid:
- 1,4 och 1,6 liters modeller:
  - Börjar öppna vid . . . . 84°C
  - Helt öppen vid . . . . 98°C
- Alla övriga modeller:
  - Börjar öppna vid . . . . 85°C
  - Helt öppen vid . . . . 105°C

Elektrisk(a) kylfläkt(ar)

Aktiveringstemperatur:
- Steg 1 hastighet:
  - Slår på vid . . . . 92 till 97°C
  - Slår av vid . . . . 84 till 91°C
- Steg 2 hastighet:
  - Slår på vid . . . . 99 till 105°C
  - Slår av vid . . . . 91 till 98°C
- Steg 3 hastighet (i förekommande fall – se avsnitt 5):
  - Slår på vid . . . . 110 till 115°C
  - Slår av vid . . . . 105 till 110°C

Åtdragningsmoment

Åtdragningsmoment	Nm
Generatorns fästbygel, muttrar	30
Kylvätskepump – 1,6 liter (AEK motor), 1,8, 1,9 och 2,0 liters modeller:	
Fästbultar	10
Remskivebultar	25
kylvätskepumpens/termostathusets fästbultar/nitar:	
steg 1	20
steg 2	Vinkeldra ytterligare 90°
Kylfläktens fästmuttrar	10
Kylfläktens termostatkontakt	35
Kylarens fästbultar	10
Temperaturmätarens givare (16-ventils modeller)	10
Termostatkåpans bultar	10

1 Allmän beskrivning och säkerhetsåtgärder

Allmän beskrivning

Kylsystemet är ett trycksatt system som består av en vattenpump, en crossflow kylare av aluminium, en elektrisk kylfläkt och en termostat.

Systemet fungerar på följande sätt. Den kalla kylvätskan från kylaren passerar genom slangen till kylvätskepumpen där den pumpas ut runt motorblocket och topplocket. När cylinderlopp, förbränningsrum och ventilsäten är kylda når kylvätskan fram till termostatens underdel som är stängd i detta skede. Kylvätskan passerar genom värmeelementet och återvänder genom motorblocket till kylvätskepumpen.

När motorn är kall cirkulerar kylvätskan bara genom motorblocket, topplocket, expansionskärlet och värmeelementet. När kylvätskan når en förinställd temperatur öppnar termostaten och kylvätskan går då tillbaka till kylaren. När kylvätskan cirkulerar genom kylaren kyls den ned av den inrusande luften när bilen rör sig framåt. Luftflödet kompletteras av en eller flera elektriska kylfläktar vid behov. När kylvätskan når kylaren blir den nedkyld och kretsloppet börjar på nytt.

En eller flera elektriska kylfläktar är monterade på kylarens baksida, de styrs av en termostatkontakt. Vid en förinställd temperatur aktiveras fläkten/fläktarna.

Se avsnitt 11 beträffande information om luftkonditioneringssystemet.

Säkerhetsåtgärder

Varning: Ta aldrig av påfyllningslocket till expansionskärlet eller hantera någon del av kylsystemet medan motorn är varm - risken för skållning är stor. Om påfyllningslocket till expansionskärlet måste avlägsnas innan motor och kylare har hunnit svalna helt (detta rekommenderas dock inte), måste trycket i kylsystemet lättas gradvis. Täck över locket med en trasa för att undvika brännskador och vrid locket långsamt tills ett väsande ljud hörs. När ljudet har upphört, vilket visar att trycket har minskat, fortsätt att vrida locket långsamt tills det kan tas bort. Om det väsande ljudet fortsätter, vänta tills det avtar innan locket skruvas bort helt. Stå alltid på avstånd från påfyllningsöppningen och skydda händerna.

Se till att frostskyddsvätska aldrig kommer i kontakt med huden eller bilens lackering. Skölj omedelbart bort spilld vätska med stora mängder vatten. Förvara aldrig frostskyddsvätska i öppna behållare och lämna den inte i pölar på garagegolv eller uppfart. Barn och djur kan lockas av den söta lukten, men förtäring av frostskyddsvätska kan få dödlig utgång.

Kylfläkten kan aktiveras om motorn är varm, men avstängd. Se till att inte löst sittande kläder, händer eller långt hår kommer i vägen för rörliga delar vid arbete i motorrummet.

Se föreskrifter i avsnitt 11 om arbete utförs på modeller med luftkonditionering.

2 Kylsystemets slangar - losskoppling och byte

Observera: *Se varningarna i avsnitt 1 i detta kapitel innan arbetet påbörjas.*

1 Om kontrollerna som beskrivits i kapitel 1 avslöjar en defekt slang skall den bytas enligt följande.

2 Tappa först av kylsystemet (se kapitel 1). Om kylvätskan inte skall bytas kan den återanvändas om den tappas av i ett rent kärl.

3 För att koppla loss en slang, lossa slangens fästklämmor och flytta dem längs slangen, förbi inlopps-/utloppsanslutningen **(se bild)**. Lossa slangen försiktigt. Slangarna kan visserligen demonteras med lätthet när de är nya eller varma, men **försök inte** lossa någon del av systemet medan det är varmt.

4 Observera att kylarens inlopps- och utloppsanslutningar är ömtåliga; var inte hårdhänt när slangarna kopplas loss. Om en slang visar sig vara svår att ta bort, försök att lossa den genom att rotera slangänden på anslutningen.

HAYNES TiPS ***Om ingenting annat hjälper, kapa slangen med en skarp kniv, och skär igenom den så att den kan skalas av i två delar. Trots att detta kan tyckas vara en kostsam metod om slangen annars är felfri, är det att föredra framför att köpa en ny kylare.***

5 När en slang ska monteras, trä först på klämmorna på slangen, manövrera därefter slangen på plats. Om originalklämmorna var av engångstyp rekommenderar vi att klämmor av skruvtyp används vid montering av slangen. Om slangen är stel, använd lite tvålvatten som smörjmedel, eller gör slangen mjukare genom att lägga den i varmt vatten.

6 För nu slangen på plats, se till att den dras korrekt, dra därefter varje klämma längs slangen tills den passerar över den utspärrade änden av inlopps-/utloppsanslutningen, fäst sedan slangen på plats med klämman.

7 Se kapitel 1 och fyll på kylsystemet.

8 Kontrollera alltid noggrant om det förekommer läckage så snart någon del i kylsystemet har rubbats.

3 Kylare - demontering, kontroll och montering

HAYNES TiPS ***Om orsaken till att kylaren skall demonteras är läckage, kom ihåg att smärre läckor ofta kan åtgärdas med kylartätning, medan kylaren sitter kvar på plats i bilen.***

Demontering

1 Lossa batteriets negativa anslutning.

2 Tappa av kylsystemet enligt beskrivning i kapitel 1.

3 Demontera den främre stötfångaren enligt beskrivning i kapitel 11.

4 Demontera båda strålkastarna enligt beskrivning i kapitel 12.

5 Lossa klämmorna och ta bort kylarslangarna från kylaren **(se bilder)**.

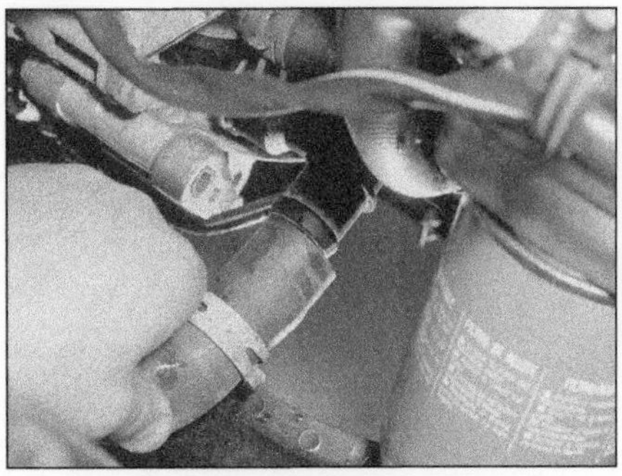

2.3 Lossa termostathusets slang (1,9 liters dieselmodell visas)

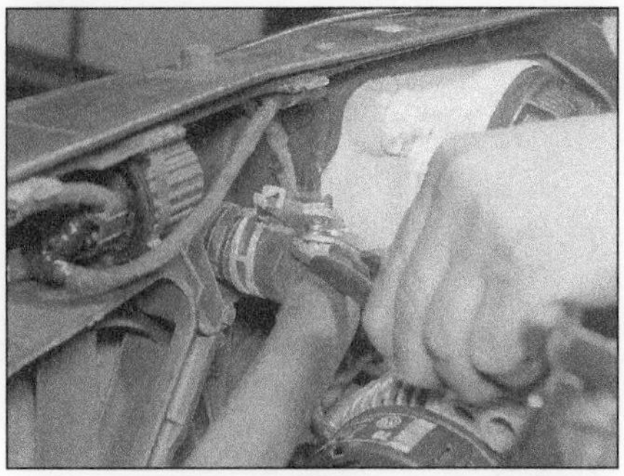

3.5a Lossa fästklämmorna och ta bort den övre . . .

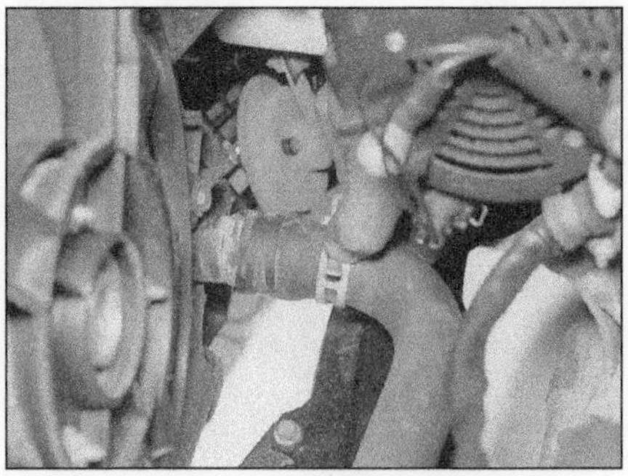

3.5b . . . och undre slangen från kylaren

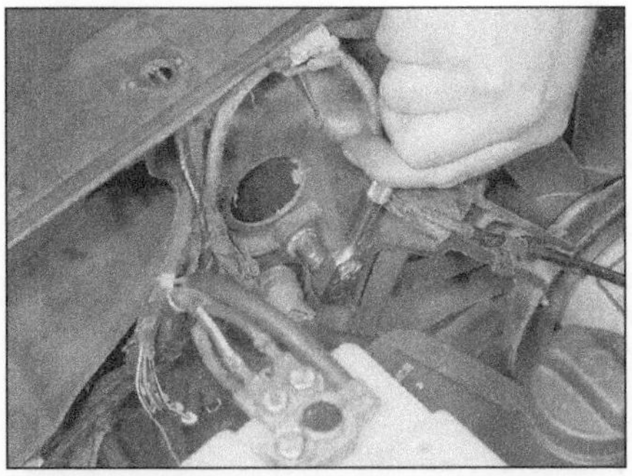

3.8a En av kylarens fästbultar skruvas loss

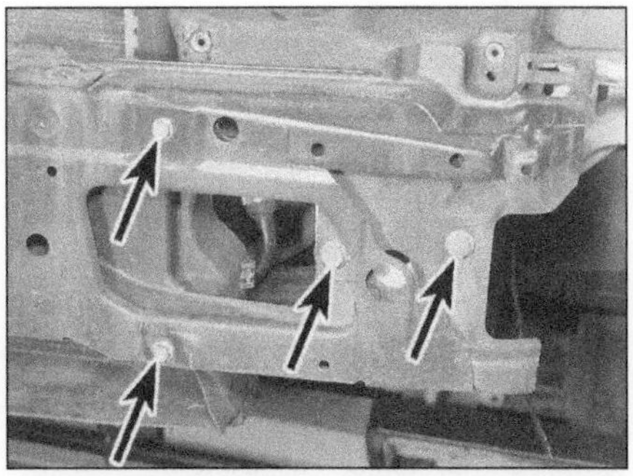

3.8b På vissa modeller måste bultarna tas bort (de vänstra bultarna vid pilarna) . . .

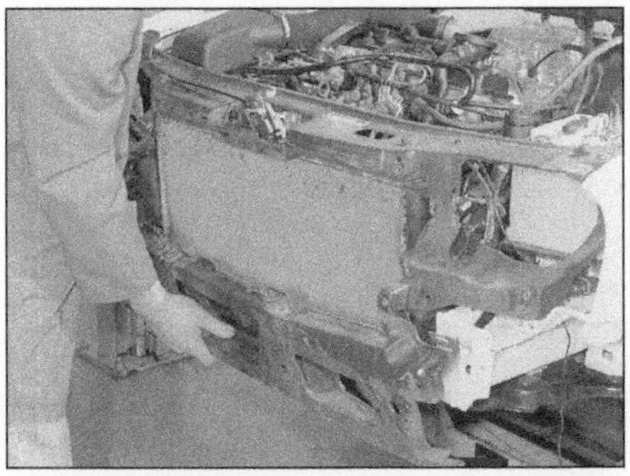

3.8c . . . och tvärbalken demonteras från bilen för att kylaren ska kunna demonteras

3.8d Kylaren demonteras

6 Lossa kablaget från kylfläktens kontakt på kylarens vänstra del.
7 På modeller som är utrustade med luftkonditionering skall följande åtgärder utföras för att skapa utrymme för demontering av kylaren. Skruva loss muttrarna och lossa luftkonditioneringens vätskebehållare/torkarenhet från fästet. Lossa köldmedierören från samtliga klämmor, lossa därefter skruvarna och flytta kondensorn framåt så långt det går, se till att köldmedierören inte belastas. **Koppla inte loss** köldmedierören från kondensorn (se varningstexten i avsnitt 11).
8 På samtliga modeller, skruva loss och ta bort de fyra fästbultarna från kylarens baksida, lyft därefter ut kylaren från bilen. På vissa modeller måste tvärbalken skruvas loss från bilens front för att kylaren ska kunna tas ut **(se bilder)**.

Kontroll

9 Om kylaren har tagits bort på grund av stopp i kylaren ska den spolas baklänges enligt beskrivning i kapitel 1. Rengör kylarlamellerna från smuts och skräp med tryckluft (se i så fall till att ögonen skyddas) eller en mjuk borste. Var försiktig, eftersom lamellerna är vassa och också lätt kan ta skada.
10 Vid behov kan man låta en kylarspecialist "flödestesta" kylaren för att konstatera om det förekommer någon inre blockering.
11 Läckande kylare måste repareras av en specialist. Försök inte att på egen hand svetsa eller löda samman en läckande kylare eftersom det kan leda till motorskador.
12 I nödsituationer kan mindre läckage i kylaren temporärt åtgärdas med kylartätning enligt tillverkarens instruktioner. Kylaren behöver då inte demonteras.
13 Om kylaren ska skickas iväg för reparation, eller bytas ut, måste även kylfläktens termostatkontakt demonteras.

Montering

14 Sätt tillbaka kylaren på sin plats, sätt tillbaka bultarna och dra åt dem till angivet moment. Där så är tillämpligt, montera tvärbalken och dra åt samtliga bultar ordentligt.
15 På modeller med luftkonditionering, placera kondensorn på plats och dra åt fästbultarna ordentligt. Sätt fast behållarens/torkarens muttrar och kontrollera att alla köldmedierör är säkert fästa med klämmor.
16 Anslut slangarna till kylaranslutningarna och dra åt ordentligt med respektive klämmor.
17 Anslut kablaget till kylfläktens kontakt.
18 Montera strålkastarna och den främre stötfångaren enligt beskrivning kapitel 11 och 12.
19 Avslutningsvis, anslut batteriet och fyll på kylsystemet enligt beskrivning i kapitel 1.

4 Termostat - demontering, kontroll och montering

Demontering

1 Koppla loss batteriets negativa anslutning.
2 Tappa av kylsystemet enligt beskrivning i kapitel 1.

1,4 liters och 1,6 liters modeller (utom AEK, AFT och AKS)

3 På dessa modeller är termostathuset monterat på topplockets vänstra sida.
4 Lossa klämmorna och koppla loss kylvätskeslangen från termostathuset.
5 Lossa och ta bort de båda bultarna och demontera kåpan från termostathuset.
6 Ta vara på tätningsringen och ta bort termostaten från huset. Kasta tätningsringen; en ny tätningsring skall användas vid monteringen.

1,6 liters modeller (AEK, AFT och AKS) och samtliga 1,8, 1,9 och 2,0 liters modeller

7 På dessa modeller är termostaten placerad längst ned på vattenpumpens hus som sitter på motorns främre högra sida.
8 På modeller med servostyrning, demontera pumpens drivrem enligt beskrivning i kapitel 1. Skruva loss bultarna som fäster servostyrningspumpens fästbygel på motorn och placera pumpen på avstånd från motorn. Den hydrauliska slangen, eller röret, behöver inte demonteras från pumpen.
9 Dra ut fjäderklämman och koppla loss kylvätskeslangen från termostathuset.
10 Skruva loss de två fästbultarna och demontera termostatkåpan från kylvätskepumpens hus **(se bild)**.
11 Ta vara på tätningsringen och ta bort termostaten. Kasta tätningsringen; ny tätningsring skall användas vid monteringen **(se bild)**.

4.10 Skruva loss bultarna och ta bort termostathuset

4.11 Ta vara på tätningsringen och ta bort termostaten från huset, notera åt vilket håll den var monterad

Kontroll

12 Termostaten kan kontrolleras på ett enkelt sätt om man sänker ned den med snöre i ett kärl som är fyllt med vatten. Värm vattnet tills det börjar koka – termostaten ska öppnas när vattnet kokar. Byt termostat om detta inte sker.

13 Använd om möjligt en termometer för att fastställa termostatens exakta öppningstemperatur; jämför siffrorna med angivna värden i Specifikationer. Öppningstemperaturen finns även angiven på termostaten.

14 En termostat som inte stängs när vattnet svalnar måste också bytas.

Montering

1,4 liters och 1,6 liters motorer (utom AEK, AFT och AKS)

15 Montering sker i omvänd ordningsföljd, notera dock följande punkter:

a) Kontrollera att termostaten är korrekt placerad i huset, montera därpå den nya tätningsringen.
b) Dra åt termostatkåpans bultar till angivet åtdragningsmoment.
c) Avslutningsvis, fyll på kylsystemet enligt beskrivning i kapitel 1.

1,6 liters modeller (AEK, AFT och AKS motorer) och samtliga 1,8, 1,9 och 2,0 liters modeller

Varning: Om fjäderklämman som håller plastkröken till termostatkåpan av någon anledning har rubbats, undersök den noggrant (och O-ringstätningen) och byt ut dessa om det råder någon tvekan om deras skick.

16 Montering sker i omvänd ordningsföljd, notera dock följande punkter:

a) Kontrollera att termostaten är korrekt placerad i huset, montera därpå den nya tätningsringen.
b) Dra åt kåpans bultar till angivet åtdragningsmoment.
c) På modeller med servostyrning, dra åt fästbygelns bultar till angivet åtdragningsmoment (se kapitel 10) och montera drivremmen enligt beskrivning i kapitel 1.
d) Fyll på kylsystemet – se kapitel 1

5 Elektrisk kylfläkt – kontroll, demontering och montering

Kontroll

1 Kylfläktens strömtillförsel kommer från tändningslåset, kylfläktens styrenhet (monterad på det vänstra, främre fjäderbenstornet), reläet(-erna) och en säkring/smältsäkringar (se kapitel 12). Kretsen avslutas med kylfläktens termostatkontakt som är monterad i kylarens vänstra del. Kylfläkten har två hastighetslägen; termostatkontakten innehåller i själva verket två kontakter, en för hastighetsläge 1 och en för läge 2. **Observera:** *På vissa modeller som är utrustade med luftkonditionering finns även en andra kontakt (monterad i en av kylvätskans utloppshus/slangar på topplocket). Denna kontakt styr hastighetsläge 3 på kylfläkten.* Kylfläktens krets kontrolleras på följande sätt, observera att nedanstående kontroll skall utföras på såväl hastighetskretsen för steg 1 som för steg 2 (se kopplingsscheman i slutet av kapitel 12). **Observera:** *På modeller med dubbla kylfläktar, om endast en fläkt fungerar har drivremmen mellan fläktarna gått sönder.*

2 Om en fläkt inte tycks fungera, kontrollera först säkringen/smältsäkringarna. Om de är felfria, kör motorn tills normal driftstemperatur uppnås, och låt sedan motorn gå på tomgång. Om fläkten inte aktiveras inom några minuter, stäng av motorn och lossa kabelskon från kylfläktens kontakt. Koppla ihop båda kontakterna i kabelskon med en bit kabel och slå på tändningen. Om fläkten fungerar nu är troligen kontakten defekt och bör bytas.

3 Om strömbrytaren verkar fungera kan motorn kontrolleras genom att dess kontaktdon kopplas loss och 12 volts spänning direktansluts. Om motorn är defekt måste den bytas ut, eftersom inga reservdelar finns.

4 Om fläkten fortfarande inte fungerar, undersök ledningarna i fläktkretsen (kapitel 12). Kontrollera varje ledning beträffande kontinuitet och kontrollera att alla anslutningar är rena och fria från korrosion.

5 Om inga fel har upptäckts på säkringen/smältsäkringarna, kablaget, fläktens kontakt eller motor, är sannolikt kylfläktens styrenhet defekt. Låt en VW-verkstad undersöka styrenheten, om den är defekt skall den bytas.

Demontering

6 Demontera kylaren enligt beskrivning i avsnitt 3. Lossa kablaget från baksidan av kylfläktens motor **(se bild)**.

7 Tryck ut stiften från mitten av fästena på fläktens fästring och lossa ringen från höljet **(se bild)**.

8 Skruva loss motorns fästmuttrar och demontera kylfläkten från bilens främre del **(se bilder)**. På modeller med dubbla kylfläktar, när motorn demonteras, lossa den från drivremmen som kopplar ihop fläktarna och ta bort drivremmen. Om så behövs, skruva loss fästmuttrarna och ta bort den andra fläkten. Inga reservdelar finns till motorn varför hela enheten måste bytas om den är defekt.

Montering

9 Montering sker i omvänd ordning, dra åt kylfläktens muttrar till angivet moment. På

5.6 Koppla loss kablaget från kylfläkten . . .

5.7 . . . och ta sedan bort fläktens fästring

5.8a Fläktens fästmuttrar baktill på kåpan

5.8b På modeller med dubbla kylfläktar, lossa drivremmen från fläktens remskiva . . .

5.8c . . . och demontera fläkten från bilen

modeller med dubbla fläktar, undersök fläktens drivrem beträffande skador eller slitage innan den monteras, byt drivrem om det behövs.

10 Montera kylaren enligt beskrivning i avsnitt 3, starta därefter motorn och kör den tills den uppnår normal driftstemperatur. Fortsätt att låta motorn gå och kontrollera att kylfläkten aktiveras och fungerar korrekt.

6 Kylsystemets elektriska kontakter/givare - kontroll, demontering och montering

Elfläktens termostatkontakt

Kontroll

1 Kontroll av kontakten finns beskrivet i avsnitt 5, som del av testrutinen för hela kylfläkten.

Demontering

2 Kontakten är placerad på kylarens vänstra sida. Både motor och kylare bör ha svalnat innan kontakten demonteras.

3 Koppla loss batteriets negativa anslutning.

4 Tappa antingen av kylsystemet till under kontaktens nivå (enligt beskrivning i kapitel 1), eller var beredd med en lämplig plugg när kontakten demonteras och plugga snabt igen hålet. Om den senare metoden används, se till att kontaktens hål inte skadas, använd inte heller en plugg som kan efterlämna smutspartiklar i kylsystemet.

5 Koppla loss kablaget från kontakten.

6 Skruva försiktigt loss kontakten från kylaren.

Montering

7 Montering sker i omvänd ordningsföljd, smörj in kontaktens gängor med lämplig tätningsvätska och dra åt den till angivet åtdragningsmoment. Avslutningsvis, fyll kylsystemet enligt beskrivning i kapitel 1 eller toppa upp efter behov enligt beskrivning i *Veckokontroller*.

8 Starta motorn och låt den gå tills den når normal driftstemperatur, fortsätt att låta motorn gå, och kontrollera att kylfläkten aktiveras och fungerar korrekt.

Givare till kylvätskans temperaturmätare

Observera: *På samtliga modeller utom 2,0 liters motorn med 16 ventiler, är givaren integrerad med temperaturgivarenheten till bränslesystemet/förvärmningssystemet.*

Kontroll

9 Kylvätskans temperaturmätare är monterad på instrumentpanelen, den får stabiliserad spänningstillförsel från instrumentpanelens tillförsel (via tändningslåset och en säkring), och dess jord kontrolleras av givaren.

10 Givaren är inskruvad i topplockets vänstra del på 2,0 liters 16-ventils motorer, medan den sitter fast i kylvätskeutloppets böj på topplockets främre del på alla andra modeller. Givaren innehåller en termistor som består av en elektronisk komponent vars elektriska resistans minskar enligt ett förinställt värde allt eftersom temperaturen stiger. När kylvätskan är kall är givarens resistans hög, strömflödet genom mätaren reduceras och mätarnålen pekar mot den "kalla" änden av skalan. Om givaren är defekt måste den bytas.

11 Om fel uppstår i mätaren ska de övriga instrumenten kontrolleras först. Om dessa inte heller fungerar ska strömtillförseln till instrumentpanelen kontrolleras. Om avläsningarna är oregelbundna kan felet ligga i instrumentpanelen. Om endast temperaturmätaren är defekt ska den kontrolleras på följande sätt.

12 Om mätarnålen är kvar i det 'kalla' (nedre) området på skalan, trots att motorn är varm, koppla bort kontaktdonet från givaren och jorda temperaturmätarens kablage (se *Kopplingsscheman*) mot topplocket. Om nålen gör utslag när tändningen slås på visar det att givarenheten är defekt och måste bytas. Om nålen fortfarande inte ger utslag, demontera instrumentpanelen (kapitel 12) och kontrollera att ledningen mellan givare och mätare är strömförande, samt att mätaren får ström. Om ledningen är strömförande och felet fortfarande uppträder, är mätaren defekt och måste bytas.

13 Om mätarnålen är kvar i det 'varma' området på skalan, trots att motorn är kall, skall givarledningen kopplas bort. Om nålen då flyttas till det 'kalla' området på skalan när tändningen slås på är givaren defekt och bör bytas. Om nålen fortfarande inte rör sig ska resten av kretsen kontrolleras enligt tidigare beskrivning.

Demontering

14 Tappa antingen av kylsystemet till under givarens nivå (enligt beskrivning i kapitel 1), eller var beredd med en lämplig plugg när kontakten demonteras och plugga igen hålet efter kontakten. Om den senare metoden används, se till att kontaktens hål inte skadas, använd inte heller en plugg som kan efterlämna smutspartiklar i kylsystemet.

15 Koppla loss batteriets negativa anslutning.

16 Koppla loss kablaget från givaren.

17 På 2,0 liters 16-ventils motorer, skruva loss givaren från topplockets ände och ta vara på tätningsbrickan.

18 På alla övriga modeller, tryck ned givaren och dra ut dess fästklämma. Ta bort givaren från kylvätskeböjen och ta vara på tätningsringen.

Montering

19 På 2,0 liters 16-ventilsmotorer, montera en ny tätningsbricka på givaren och montera tillbaka den på topplocket, dra åt den till angivet åtdragningsmoment.

20 På övriga modeller, sätt en ny tätningsring på givaren. Tryck in givaren helt i kylvätskeböjen och fäst den på plats med klämman.

21 Anslut kablaget och fyll kylsystemet enligt beskrivning i kapitel 1 eller toppa upp efter behov enligt beskrivning i *Veckokontroller*.

Temperaturgivare för kylvätskan i bränsleinsprutnings-/förvärmningssystemet

22 På samtliga modeller utom 2,0 liters 16-ventils motorn, är givaren kombinerad med givaren för kylvätsketemperaturmätaren (se ovan). Överlåt till en VW-verkstad att testa denna givare.

23 På 2,0 liters 16-ventils motorer är en separat givare monterad, som är inskruvad i topplockets vänstra del. Överlåt till en VW-verkstad att testa denna givare. Demontering och montering av givaren görs enligt ovanstående beskrivning för givaren för kylvätska.

7 Kylvätskepump - demontering och montering

Demontering

1,4 liters och 1,6 liters modeller (utom AEK, AFT och AKS motorer)

1 Tappa av kylsystemet enligt beskrivning i kapitel 1.

2 Demontera kamremmens inre kåpa enligt beskrivning i relevant del av kapitel 2.

3 Ta bort kylvätskepumpen från motorblocket. Kasta tätningsringen, en ny tätningsring måste användas vid monteringen. Observera att pumpen inte kan repareras. Om den är defekt måste den bytas.

1,6 liters modeller (AEK, AFT och AKS) och alla 1,8, 1,9 och 2,0 liters modeller

Observera: *Nya pinnbultar/bultar till kylvätskepump/termostathus skall användas vid monteringen.*

4 Tappa av kylsystemet enligt beskrivning i kapitel 1.

5 Demontera generatorn enligt beskrivning i avsnitt 5.

6 På modeller med servostyrning skall servostyrningspumpen demonteras enligt beskrivning i kapitel 10.

7 På modeller som är utrustade med luftkonditionering, skruva loss kompressorn från fästbygeln och placera den på avstånd från motorn. **Observera:** *Lossa inte köldmedierören från kompressorn (se Varningar i avsnitt 11).*

8 Skruva loss fästbultarna och demontera remskivan från vattenpumpen **(se bilder på nästa sida)**.

9 Skruva loss muttrarna som fäster generatorns fästbygel på motorblockets sida och ta bort fästbygeln.

10 Lossa fästklämmorna och koppla loss kylvätskeslangarna från baksidan av vattenpumpens hus och termostathuset.

11 Skruva loss pinnbultarna/bultarna som fäster kylvätskepumpen/termostathuset vid motorblocket och ta bort hela huset från motorn. **Observera:** *På vissa motorer måste en eller flera bultar som fäster kamremskåpan*

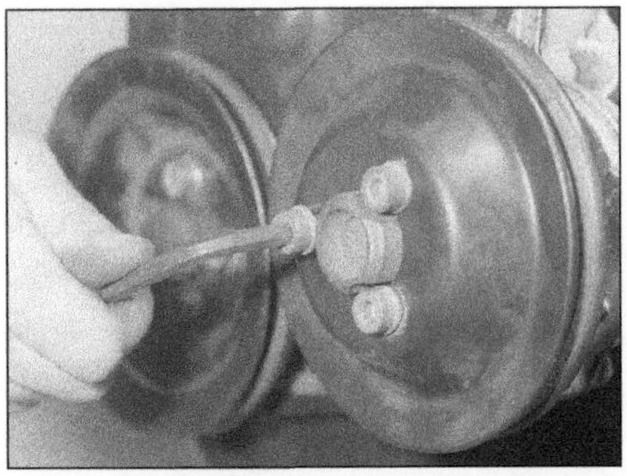

7.8a På 1,6 (AEK, AFT och AKS), 1,8, 1,9 och 2,0 liters modeller, lossa bultarna . . .

vid huset lossas (se kapitel 2). Ta vara på tätningsringen som är monterad mellan hus och block och kasta den; en ny tätningsring skall användas vid monteringen **(se bilder)**.

12 Placera hela huset på en arbetsbänk, skruva loss fästbultarna och demontera pumpen från huset. Kasta packningen, en ny packning skall användas vid monteringen **(se bild)**. Observera att pumpen inte kan repareras. Om den är defekt skall den bytas.

Montering

1,4 liters och 1,6 liters modeller (utom AEK, AFT och AKS)

13 Placera en ny tätningsring på pumpens baksida och placera pumpen i motorblocket.

14 Montera kamremmens inre kåpa enligt beskrivning i relevant del av kapitel 2.

15 Avslutningsvis, fyll på kylsystemet enligt beskrivning i kapitel 1.

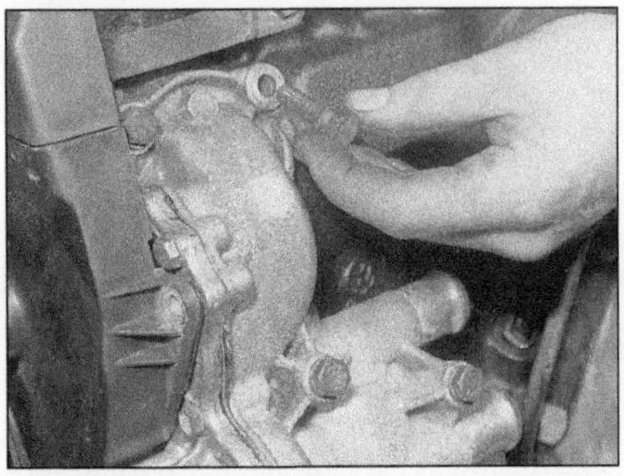

7.11a Lossa och ta bort bultarna/pinnbultarna . . .

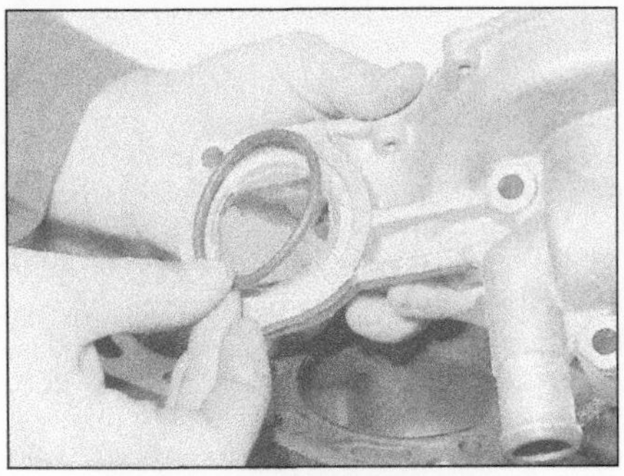

7.11c Ta vara på tätningsringen

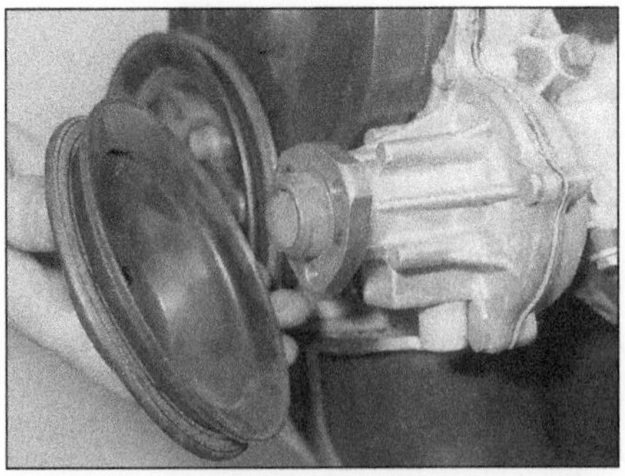

7.8b . . . och demontera remskivan från kylvätskepumpen

1,6 liters modeller (AEK, AFT och AKS) och alla 1,8, 1,9 och 2,0 liters modeller

16 Kontrollera att pumpens och husets anliggningsytor är rena och torra, placera en ny packning på huset.

17 Montera kylvätskepumpen på huset och dra åt bultarna jämnt till angivet åtdragningsmoment.

18 Montera en ny tätningsring i fördjupningen i huset och montera huset på motorblocket. Montera pinnbultarna/bultarna (vilket som gäller) och dra åt dem till åtdragningsmomentet för steg 1 och därefter till angiven vinkel för steg 2.

19 Anslut kylvätskeslangarna till huset och dra åt klämmorna ordentligt.

20 Montera generatorfästet på motorn och dra åt muttrarna till angivet åtdragningsmoment.

21 Montera remskivan på kylvätskepumpen och dra åt bultarna till angivet moment (detta kan utföras när drivremmen är monterad och sträckt).

7.11b . . . demontera därefter kylvätskepumpen/termostathuset från motorblocket

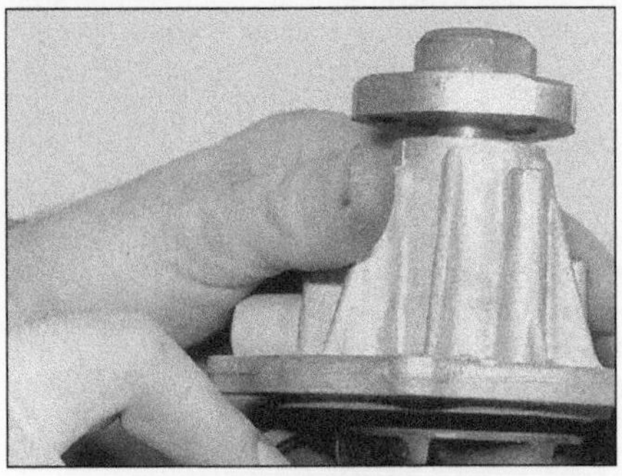

7.12 Lossa bultarna och demontera pump och packning från huset

22 Om så är aktuellt, montera servostyrningspumpen enligt beskrivning i kapitel 10 samt luftkonditioneringskompressorn.

23 Montera generatorn enligt beskrivning i kapitel 5.

24 Avslutningsvis, fyll på kylsystemet enligt beskrivning i kapitel 1.

8 Värme- och ventilationssystem - allmän beskrivning

1 Värme/ventilationssystemet består av en fläktmotor med fyra hastigheter (monterad i passagerarutrymmet), luftventiler i ansiktsnivå i mitten och varje ände av instrumentbrädan, samt luftkanaler till de främre och bakre golvutrymmena.

2 Styrenheten, som är placerad i instrumentbrädan, styr klaffventiler för att blanda och styra luften som strömmar genom värme/ventilationssystemets olika delar. Klaffventilerna är placerade i luftfördelarhuset, vilket fungerar som en central fördelarenhet och fördelar ut luften till de olika kanalerna och luftventilerna.

3 Kall luft sugs in i systemet genom grillen i motorhuvens bakre del. På vissa modeller (beroende på utförande) är ett pollenfilter monterat på ventilationsinloppet för att filtrera bort damm, sot, pollen och sporer från den inkommande luften.

4 Luftflödet, som vid behov kan förstärkas av fläkten, strömmar vidare till de olika kanalerna beroende på hur reglagen är inställda. Gammal luft avlägsnas genom kanaler i bilens bakre del. Vid behov av varmluft strömmar kalluften över värmeväxlaren som värms av motorns kylvätska.

5 Om så önskas kan lufttillförseln utifrån stängas av, varefter luften inne i bilen återcirkuleras. Denna funktion, som hindrar obehagliga lukter att komma in i bilen, skall dock bara användas under korta perioder, eftersom återanvänd luft snart blir ofräsch.

6 Vissa modeller har uppvärmda framsäten. Värmen kommer från elektriskt uppvärmda mattor i sittdyna och ryggstöd (se kapitel 12). Temperaturen regleras automatiskt av en termostat och kan inte justeras.

9 Värme/ventilationskomponenter - demontering och montering

Modeller utan luftkonditionering

Värme/ventilationssystemets reglageenhet

1 Lossa batteriets negativa anslutning.

2 Demontera cigarettändaren/reglagepanelen på instrumentbrädan enligt beskrivning i avsnitt 11, kapitel 12.

9.4a Lossa klämman från vajerhöljet

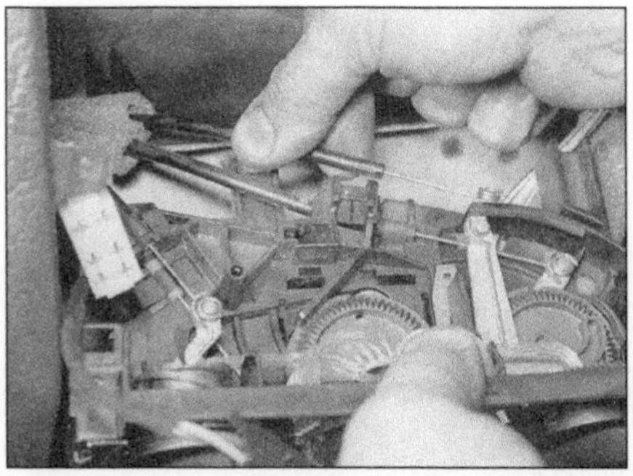

9.4b Lossa vajern från reglageenheten

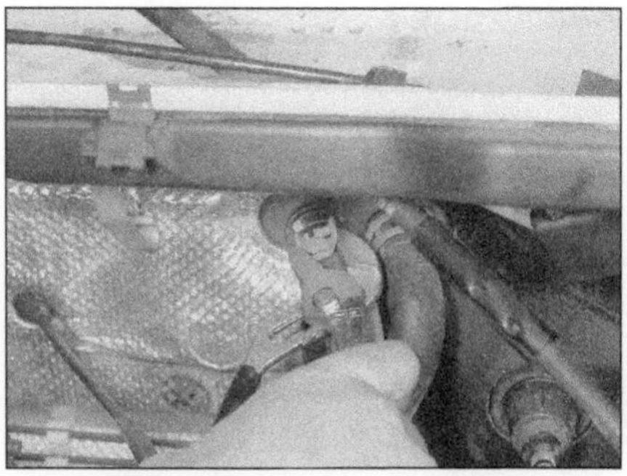

9.15a Lossa slangklämmorna . . .

3 Ta bort reglageenheten från instrumentbrädan och koppla loss dess kontaktdon.

4 Lossa reglagevajrarna och frigör varje vajer från reglageenheten. Notera hur varje vajer är monterad och hur den är dragen – för att undvika problem vid monteringen, sätt en etikett på varje vajer när den lossas. Höljena lossas helt enkelt genom att klämmorna lyfts bort **(se bilder)**.

5 Montering sker i omvänd ordningsföljd. Kontrollera att vajrarna från reglagen blir korrekt dragna och anslutna på reglagepanelen, enligt noteringarna som gjordes före demonteringen. Sätt fast klämmorna på höljena och kontrollera att varje ratt och spak fungerar som den skall innan panelen monteras tillbaka i instrumentbrädan.

Värme/ventilationssystemets reglagevajrar

6 Demontera systemets reglageenhet från instrumentbrädan enligt beskrivningen i punkterna 1 till 4, lossa aktuell vajer från enheten.

7 Skruva loss fästskruvarna till hyllan i instrumentbrädan på passagerarsidan. Flytta hyllan nedåt för att lossa dess övre klämmor, ta bort den från instrumentbrädan.

8 Lossa klämmorna och demontera isoleringen som sitter under huset till luftfördelar-/fläktmotorhuset.

9 Följ vajern bakom instrumentbrädan, notera hur den är dragen, och lossa vajern från spaken på luftfördelar-/fläktmotorhuset. Observera att infästningsmetoden är likadan som vid reglageenheten.

10 Montera den nya vajern och kontrollera att den blir korrekt dragen och fri från veck och blockeringar.

11 Anslut vajern till reglageenheten och luftfördelar-/fläktmotorhuset, kontrollera att höljet fästs ordentligt på plats med en klämma.

12 Kontrollera att reglagen fungerar som de ska, montera därefter tillbaka reglageenheten enligt tidigare beskrivning i detta avsnitt. Sätt sedan tillbaka isoleringen och instrumentbrädans hylla.

Värmeelement

13 Skruva loss expansionskärlets lock (observera Varningen i avsnitt 1) för att släppa ut eventuellt tryck i kylsystemet, skruva därefter tillbaka locket ordentligt.

14 Kläm ihop båda värmeslangarna så nära torpedväggen som möjligt för att minimera kylvätskeförlusten. Alternativt kan kylsystemet tappas av enligt beskrivning i kapitel 1.

15 Lossa fästklämmorna och koppla loss slangarna från värmeelementets anslutningar som är belägna mitt på torpedväggen i motorrummet **(se bilder)**.

16 Demontera instrumentbrädan enligt beskrivning i kapitel 12.

17 Lossa fästmuttrarna och frigör jordanslutningsblocket och jordflätan från såväl vänstra som högra sidan av instrumentbrädans ram **(se bild)**.

18 Lossa plastclipsen som fäster säkringsdosan/reläpanelen vid underdelen av instrumentbrädans ram. Haka loss säkringsdosans/reläpanelens gångjärnsstift och flytta undan den från instrumentbrädans ram.

19 Skruva loss mittenskruven från klämman som sitter på tröskelns klädselpanel på passagerarsidan och lossa därefter klämman. Tryck ned den främre änden av klädselpanelen för att lossa dess nedre kant från tröskeln, dra därefter panelen uppåt och ta bort den från bilen.

20 Lossa skruven som fäster klädselpanelen i passagerarsidans fotbrunn och ta bort panelen från bilen.

21 Markera konturerna av de yttre fästbultarna som håller fast instrumentbrädans ram, i förhållande till dörrstolparna, som hjälp till monteringen.

22 Lossa kabelhärvan från eventuella klämmor som fäster den vid instrumentbrädans ram.

23 Lossa och ta bort muttrarna och bultarna som fäster de mittersta fästbyglarna till ramen, samt de två bultarna som fäster ramen vid pedalfästet **(se bilder)**.

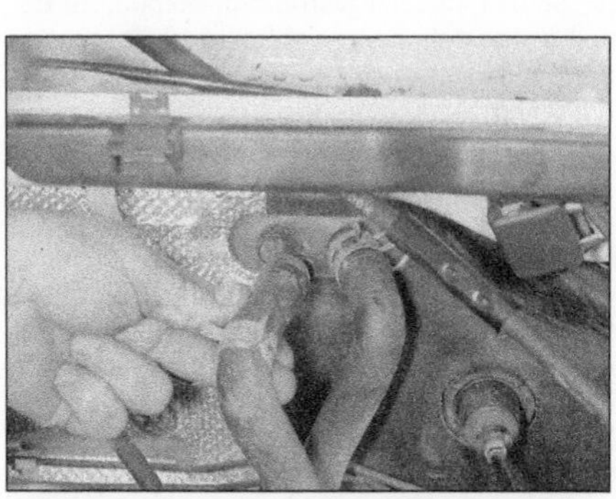

9.15b . . . och lossa kylvätskeslangarna från anslutningarna på värmeelementet

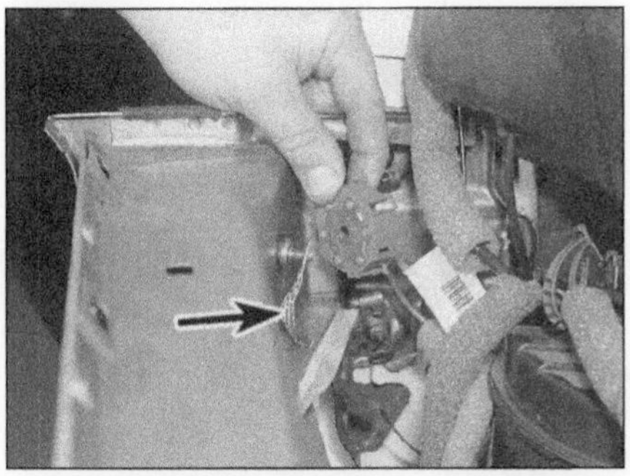

9.17 Lossa muttern och frigör jordanslutningsblocket och jordkabeln (vid pilen) från instrumentbrädans ram

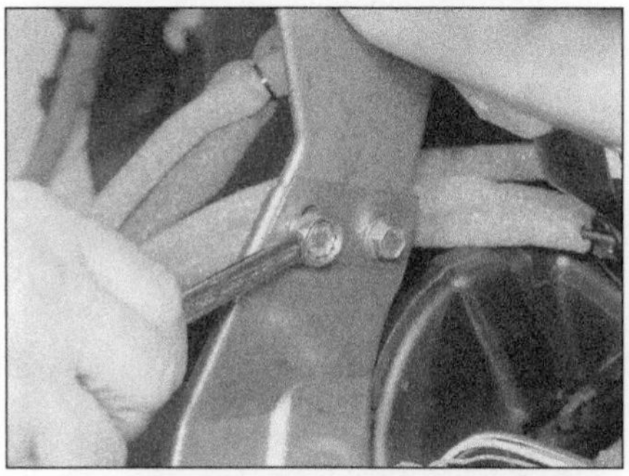

9.23a Skruva loss bultarna som fäster instrumentbrädans ram vid det undre fästet . . .

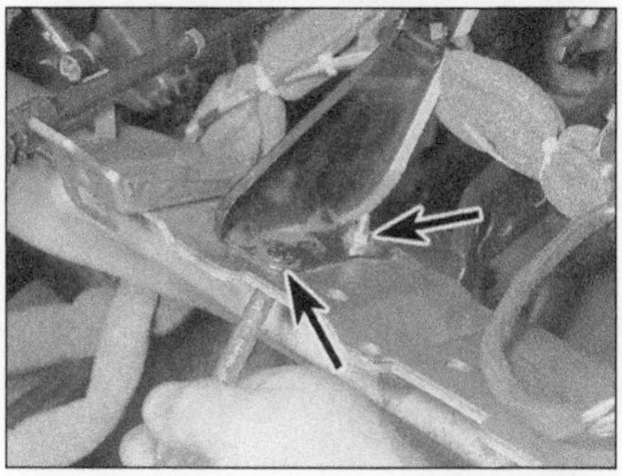

9.23b . . . samt muttrarna (vid pilarna) som fäster ramen vid det övre fästet

9.24a Lossa bultarna (vid pilarna) som fäster ramen vid dörrstolparna . . .

9.24b . . . och ta bort ramen från bilen

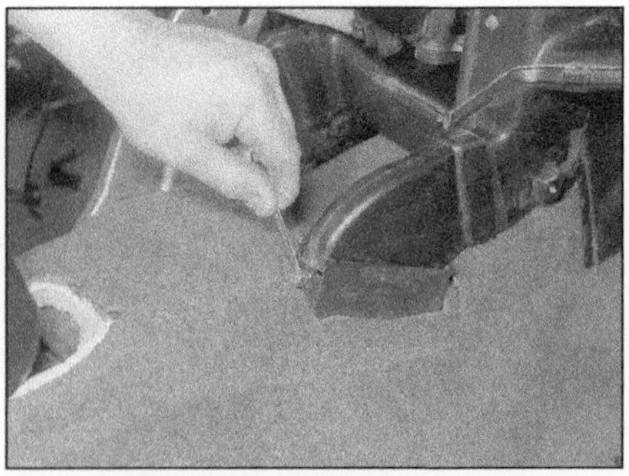

9.25a Lossa fästskruven . . .

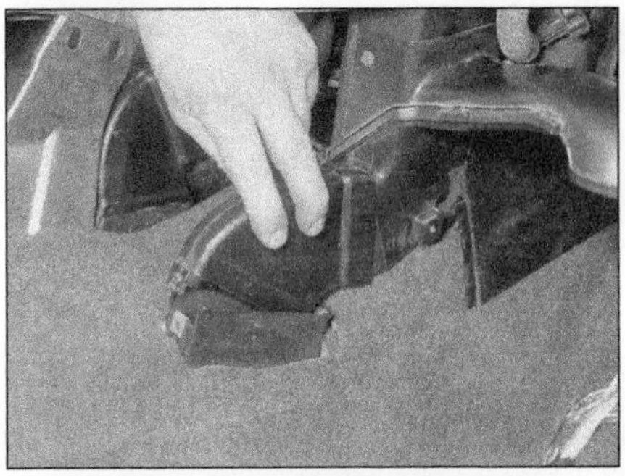

9.25b . . . och ta loss det bakre fotutrymmets luftkanal

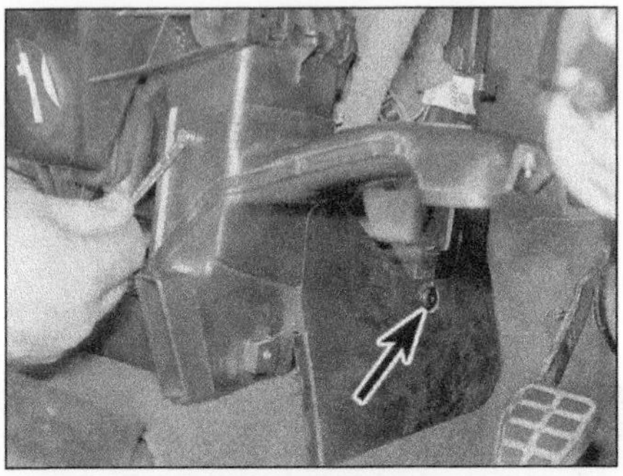

9.26a Skruva loss fästskruven och ta bort fästet (vid pilen) . . .

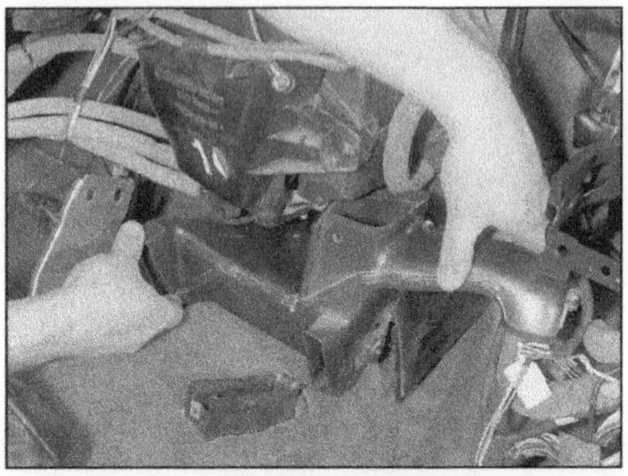

9.26b . . . och demontera det främre fotutrymmets luftkanal

24 Ta hjälp av en medarbetare, lossa de fyra bultarna som fäster ramen vid dörrstolparna, lyft därefter ramen bakåt och ta bort den från bilen **(se bilder)**.

25 Skruva loss skruvarna och demontera de anslutande delarna av det bakre fotutrymmets luftkanaler, som sitter längst ned på luftfördelningshuset **(se bilder)**.

26 Ta bort skruven och fästet och ta bort det främre fotutrymmets luftkanal från luftfördelningshuset **(se bilder)**.

27 Lossa klämman och frigör ledningskontakten från luftfördelningshusets sida. Koppla loss ledningskontakten samt de andra kontakterna som är kopplade till fläktmotorn och resistorn **(se bilder)**.

28 Arbeta i motorrummet, skruva loss de tre muttrarna som håller luftfördelnings-/fläktmotorhuset på plats, två muttrar fäster luftfördelningshuset på torpedväggen och en mutter håller fläktmotorhuset på plats. **Observera**: *Muttrarna är dolda bakom torpedväggens ljudisolering; man måste leta noggrant för att upptäcka åtkomsthålen.*

29 Ta ut luftfördelnings-/fläktmotorhuset från dess plats inne i kupén **(se bild)**. **Observera:** *Håll värmepaketets anslutningar uppåt när värmeelementet demonteras, för att förhindra att kylvätska spills ut. Torka upp eventuellt spilld kylvätska omedelbart och torka av ytan med en fuktig trasa för att hindra att fläckar uppstår.*

30 Ta vara på tätningen som är monterad

9.27a Koppla loss kontakten från luftfördelningshusets sida . . .

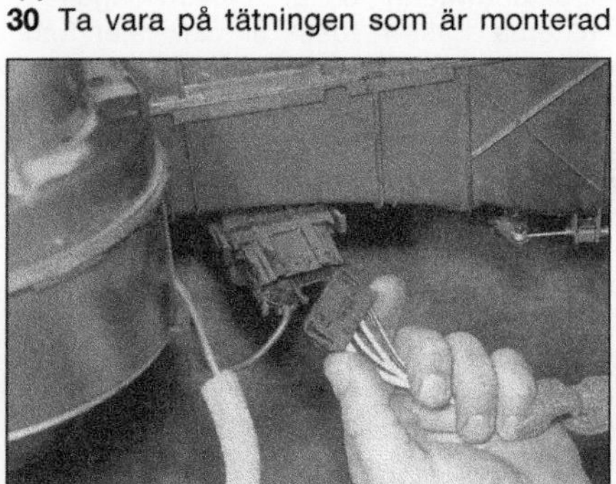

9.27b . . . och lossa kablaget från fläktmotorns resistor

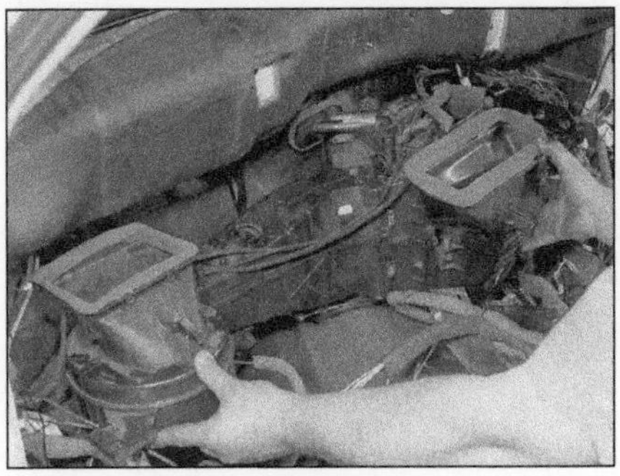

9.29 Luftfördelnings-/fläktmotorhuset demonteras

9.31a Lossa klämmorna . . .

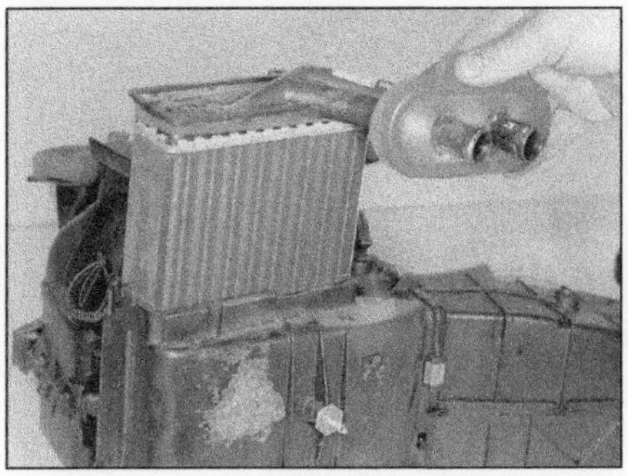

9.31b . . . och ta bort värmepaketet från huset

mellan värmeelementets anslutning och torpedväggen; tätningen bör bytas om den verkar skadad eller sliten.

31 Lossa klämmorna och ta bort värmepaketet från luftfördelningshuset **(se bilder)**.

32 Montering sker i omvänd ordningsföljd, notera dock följande punkter:

a) *Kontrollera att värmepaketet sätts säkert på plats med klämmorna.*

b) *Före monteringen, kontrollera att skumgummitätningarna ovanpå husen är i gott skick, sätt därefter tillbaka tätningen på värmepaketets anslutningar.*

c) *Vid åtdragningen av muttrarna till luftfördelnings-/fläktmotorhuset, låt en medhjälpare hålla upp enheten helt, så att en lufttät tätning åstadkoms mellan husen och torpedväggen.*

d) *Manövrera instrumentbrädans ram på plats och sätt alla muttrar på plats. Rikta in bultarna i sidorna med markeringarna som gjordes före demonteringen och dra åt alla bultar ordentligt.*

e) *Avslutningsvis, fyll på kylsystemet enligt beskrivning i kapitel 1.*

Värmefläktens motor

33 Lossa batteriets negativa anslutning.

34 Skruva loss skruvarna från instrumentbrädans hylla på passagerarsidan. Flytta hyllan nedåt för att lossa de övre klämmorna så att den kan tas bort från instrumentbrädan **(se bild)**.

35 Lossa klämmorna och ta bort isoleringen som sitter under luftfördelnings-/fläktmotorhuset.

36 Koppla loss motorns ledningskontakter från resistorn och jordningsblocket på instrumentbrädans ram.

37 Lossa klämman, rotera därefter motorn och sänk ned den genom husets underdel **(se bild)**.

38 Montering sker i omvänd ordningsföljd, se till att motorn fästs ordentligt på plats med klämmorna.

Värmefläktmotorns resistor

39 Följ arbetsbeskrivningen i punkterna 33 till 35.

40 Lossa ledningskontakterna från resistorn, lossa därefter klämmorna och ta bort resistorn från huset **(se bilder)**.

41 Montering sker i omvänd ordningsföljd.

Modeller med luftkonditionering

Observera: *Nedanstående beskrivning gäller endast manuellt styrda luftkonditioneringssystem. När detta skrivs finns ingen information tillgänglig beträffande det automatiska "Climatronic"-systemet.*

Värmesystemets reglageenhet

42 Se beskrivningen i punkterna 1 till 5.

Värmepaket

43 På modeller som är utrustade med luftkonditionering kan värmepaketet inte demonteras utan att luftkonditioneringskretsen öppnas (Se avsnitt 11). Detta arbete måste därför överlåtas till en VW-verkstad.

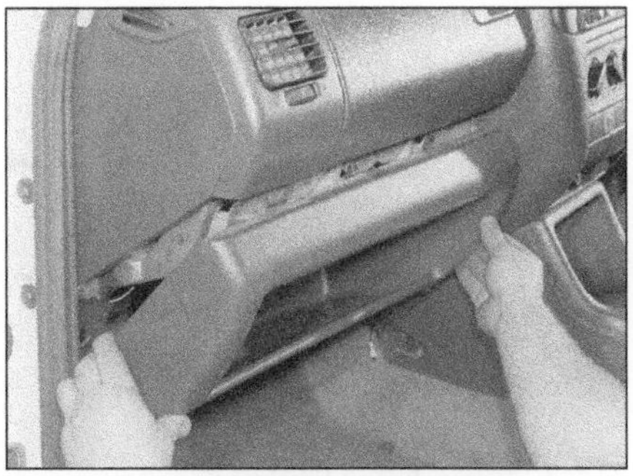

9.34 Hyllan på passagerarsidan demonteras

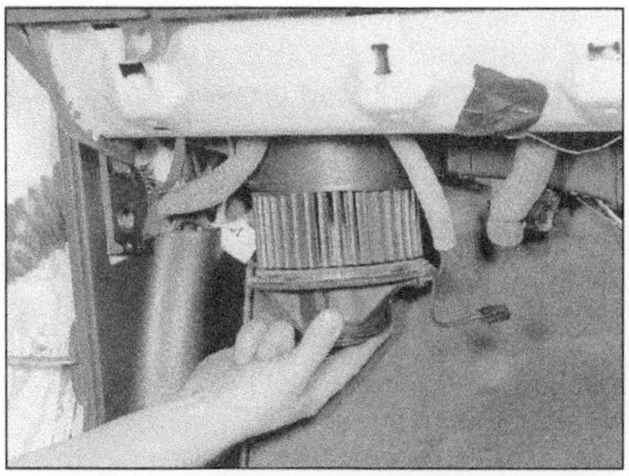

9.37 Demontering av värmefläktens motor

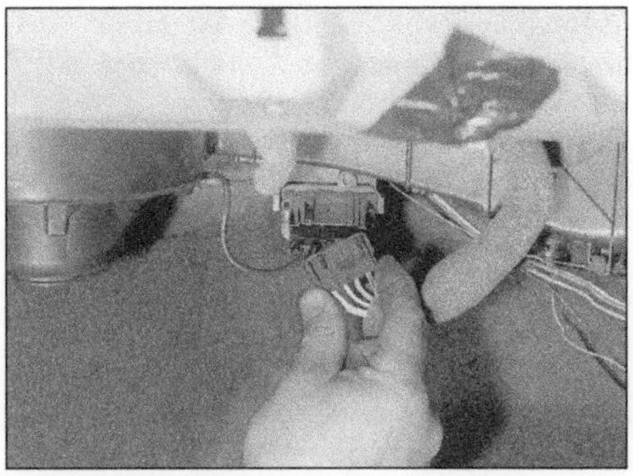

9.40a Lossa ledningskontakterna . . .

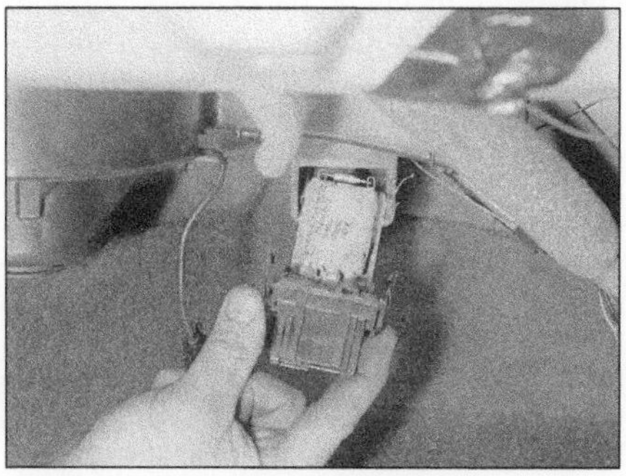

9.40b . . . lossa därefter klämmorna och ta bort resistorn

Värmefläktens motor

44 Utför arbetet enligt beskrivningen i punkterna 33 till 35.

45 Koppla loss kontaktdonet från motorn, skruva sedan loss skruvarna och sänk ned motorn från dess plats.

46 Montering sker i omvänd ordningsföljd.

Värmefläktmotorns resistor

47 På modeller utrustade med krockkudde på passagerarsidan, demontera krockkudden enligt beskrivning i kapitel 12.

48 På modeller som inte har krockkudde på passagerarsidan, demontera handskfacket enligt beskrivning i kapitel 11, avsnitt 28.

49 Koppla loss kontaktdonet, lossa därefter skruven och demontera resistorn från huset.

50 Montering sker i omvänd ordningsföljd.

10 Värme/ventilationssystemets luftventiler och hus – demontering och montering

Luftventiler

1 Samtliga ventiler kan försiktigt manövreras ut från respektive läge med en liten spårskruvmejsel, men se till att inte skada ventilhuset **(se bild)**.

2 Vid monteringen, manövrera ventilen försiktigt på plats och kontrollera att den griper i styrtapparna ordentligt.

Ventilhus på förarsidan

3 Demontera ljusströmbrytaren enligt beskrivning i kapitel 12.

4 Demontera ventilen enligt beskrivning i punkt 1.

5 skruva loss skruvarna och demontera ventilhuset från instrumentbrädan.

6 Montering sker i omvänd ordningsföljd.

Ventilhus på passagerarsidan

7 Demontera ventilen enligt beskrivning i punkt 1.

8 skruva loss skruvarna och demontera ventilatorhuset från instrumentbrädan.

9 Montering sker i omvänd ordningsföljd.

Mellersta ventilhuset

10 Demontera radio/kassettenheten enligt beskrivning i kapitel 12.

11 Lossa och ta bort skruvarna från ventilhuset och ta bort huset från instrumentbrädan.

12 Montering sker i omvänd ordningsföljd.

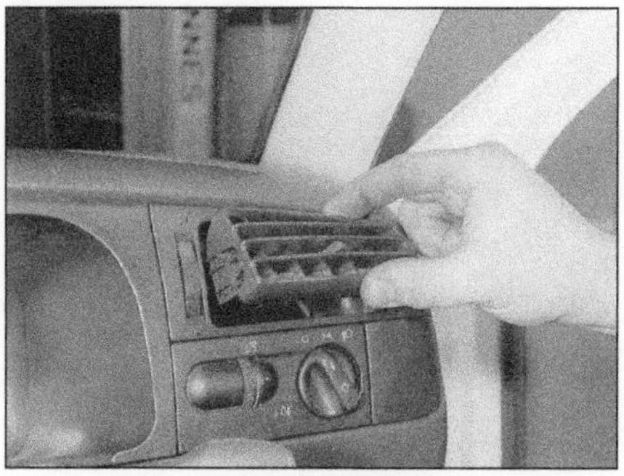

10.1 Ventil på instrumentbrädan demonteras

11 Luftkonditioneringssystem – allmän beskrivning och säkerhetsåtgärder

Allmän beskrivning

Vissa modeller är utrustade med luftkonditionering. Med luftkonditionering kan temperaturen sänkas inne i bilen och luften avfuktas vilket höjer avimningshastigheten och ökar komforten.

Kylningssidans funktion kan liknas vid ett vanligt kylskåp. Köldmediet sugs in i en remdriven kompressor och passerar genom en kondensor, monterad på kylarens framsida, där den kyls ned och omvandlas till vätska. Vätskan fortsätter genom en expansionsventil till en förångare, där den omvandlas från vätska under högt tryck till gas under lågt tryck. Denna förändring åtföljs av en temperatursänkning som kyler ned förångaren. Köldmediet återförs till kompressorn, och förloppet börjar om på nytt.

Luften som sugs genom förångningskärlet leds till luftfördelarenheten där den blandas med varmluft som strömmar genom värmepaketet för att uppnå önskad temperatur i passagerarkupén.

Systemets uppvärmningssida fungerar på samma sätt som på modeller utan luftkonditionering (se avsnitt 8).

Systemdriften styrs elektroniskt av kylvätskans temperaturgivare (se avsnitt 6), samt tryckkontakter som sitter inskruvade i kompressorns högtrycksledning. Eventuella problem med detta system bör överlåtas till en VW-verkstad.

Säkerhetsåtgärder

Varning: Kylningskretsen innehåller köldmedium i vätskeform (freon) och det är farligt för en lekman som inte förfogar över specialistkunskap och -utrustning, att koppla bort någon del av systemet. Köldmediet kan vara hälsovådligt och får endast hanteras av specialister. Stänk på huden kan orsaka frostskador. Köldmediet är inte giftigt i sig, men bildar en giftig gas i närheten av eldslåga (inkl. cigaretter). Okontrollerade utsläpp av köldmedium är farligt, och utgör en potentiell fara för miljön. Använd inte luftkonditioneringen om systemet innehåller för liten mängd köldmedium, eftersom det kan skada kompressorn.

Vid arbete med luftkonditioneringssystemet eller med komponenter som är anslutna till systemet är det viktigt att vidta speciella säkerhetsåtgärder. Om, av någon anledning, systemet behöver kopplas bort ska denna uppgift överlåtas till en VW-verkstad eller annan specialist.

12 Luftkonditioneringssystemets komponenter – demontering och montering

Varning: Köldmediekretsen får inte öppnas. Läs igenom säkerhetsåtgärderna i avsnitt 11.

1 Den enda åtgärd som enkelt kan utföras utan avtappning av köldmediet är byte av kompressorns drivrem. Detta finns beskrivet i kapitel 1. Alla övriga åtgärder måste utföras av VW-verkstad eller annan luftkonditioneringsspecialist.

2 Om så behövs kan kompressorn skruvas loss och flyttas åt sidan, utan att de mjuka slangarna behöver koppas loss, efter det att drivremmen tagits bort.

Kapitel 4 Del A: Bränslesystem – bensinmotor med enpunkts insprutning

Innehåll

Svårighetsgrader

Enkelt, passar novisen med lite erfarenhet	**Ganska enkelt,** passar nybörjaren med viss erfarenhet	**Ganska svårt,** passar kompetent hemmamekaniker	**Svårt,** passar hemmamekaniker med erfarenhet	**Mycket svårt,** för professionell mekaniker

Specifikationer

Systemtyp

1,4 liters modeller (ABD motor)	Bosch MonoMotronic 1.2.3R
1,6 liters modeller (ABU motor)	Bosch MonoMotronic 1.2.3
1,6 liters modeller (AEA motor)	Bosch MonoMotronic 1.3
1,8 liters modeller	Bosch MonoMotronic

Bränslesystem

Bränslepump	Elektrisk, nedsänkt i bränsletanken
Bränslepumpens matningskapacitet	1000 cm^3/ min (batterispänning 12,5 V)
Reglerat bränsletryck	0,8 till 1,2 bar
Tomgångsvarvtal – ej justerbart, elektroniskt styrt:	
ABD, ABU, AEA motorer	750-850 rpm
AAM motor	700-1025 rpm, beroende på styrenhet
ABS motor	700-1000, beroende på styrenhet
ADZ motor	700-900 rpm
ANN, ANP motorer	775-975 rpm
Snabb tomgång – ej justerbar, elektriskt styrd	2500-288 rpm
Max motorvarvtal	6300 rpm (elektronisk styrning)
CO-halt – ej justerbar, elektroniskt styrd	max 0,5% vid tomgång
Bränslespridarnas elektriska motstånd	1,2 - 1,6 ohm vid 15°C

Rekommenderat bränsle

Lägsta oktantal	95 RON (ABU, ABD och AAM motorer kan använda 91 RON där detta finns tillgängligt, men det kan innebära något försämrade prestanda)

Åtdragningsmoment

Åtdragningsmoment	Nm
Bränslerör till gasspjällhus, banjobultar (motorkod ABD)	25
Bränsletankens fästband, bultar	25
Bränslespridarens lock/tempgivare för inloppsluften, skruv	5
CO-teströrets fästbygel till insugsgrenröret	20
Gasspjällhusets fästskruvar (motorkoder AAM, ABS, ADZ)	10
Gasspjällhusets fästskruvar (motorkoder ABU, AEA, ABD)	15
Gasspjällhusets luftbox, fästskruv	10
Gasspjällets lägesmodul, skruvar	6
Insugsgrenrörets fästbultar	25
Insugsgrenrörets värmare, fästskruvar	10
Lambdasond (motorkoder AAM, ABS, ADZ)	50
Lambdasond (motorkoder ABU, AEA, ABD)	55
Varmluftsplatta till insugsgrenrör	25

1 Allmän beskrivning och säkerhetsåtgärder

Allmän beskrivning

Bosch Mono-Motronic är ett självständigt motorstyrningssystem som styr såväl bränsleinsprutningen som tändningen. I detta kapitel behandlas endast komponenterna i bränsleinsprutningssystemet – se kapitel 5B för information om tändsystemet.

Bränsleinsprutningssystemet omfattar bränsletank, elektrisk bränslepump, bränslefilter, bränsletillförsel- och returledningar, gasspjällhus med en integrerad elektronisk bränslespridare, och en elektronisk styrenhet (ECU) med tillhörande givare, aktiverare och kablage.

Bränslepumpen levererar ett konstant bränsleflöde genom ett kassettfilter till gasspjällhuset vid ett något högre tryck än vad som erfordras. Bränsletryckregulatorn (sammanbyggd med spjällhuset) upprätthåller ett konstant bränsletryck vid bränslespridaren och returnerar överskottsbränsle till tanken via returröret. Detta konstantflödessystem ser också till att bränslets temperatur reduceras och därmed förångningen.

Bränslespridaren öppnas och stängs av den elektroniska styrenheten (ECU), vilken beräknar insprutningens inställning och varaktighet beroende på motorns varvtal, gasspjällets läge och öppningstakt, inloppsluftens temperatur, kylvätskans temperatur, bilens hastighet och syrehalten i avgaserna – information som sänds från de olika givarna som är monterade på motorn.

Inloppsluften sugs in i motorn genom luftrenaren vilken innehåller en utbytbar pappersfilterinsats. Inloppstemperaturen regleras av en vakuumstyrd ventil som är monterad i luftrenaren där den inkommande luften blandas med varmluft som strömmar över avgasgrenröret.

Tomgångsvarvtalet styrs dels av en elektronisk gasspjällägesmodul som är monterad på gasspjällhusets sida, och dels av tändsystemet som utövar fininställning av tomgångsvarvtalet genom att ändra tändinställningen. Manuell justering av motorns tomgångsvarvtal är sålunda inte nödvändig.

Kallstarter och tomgång (och bränsleekonomi) förbättras av ett elektriskt värmeelement som är monterat på insugsgrenrörets undersida; detta förhindrar att kondensation bildas av bränsleförångning när motorn är kall. Värmeelementet strömsätts genom ett relä som i sin tur styrs av ECU.

Syrehalten i avgaserna övervakas ständigt av ECU via lambdasonden, som är monterad i avgasröret. ECU använder denna information till att modifiera insprutningsinställning och varaktighet för att uppnå ett optimalt luft/bränsleförhållande – detta gör att manuell justering av CO-halten i tomgångsavgaserna inte är nödvändig. Alla modeller är dessutom utrustade med katalysator – se detaljerad beskrivning i kapitel 4D.

ECU styr också avdunstningssystemet med kolkanister – se beskrivning i kapitel 4D.

Man bör notera att Bosch Mono-Motronic motorstyrningssystem endast kan feldiagnostiseras med speciell elektronisk testutrustning. Problem med systemdriften bör därför överlåtas till en VAG-verkstad för bedömning. När felet har identifierats kan en eller flera aktuella komponenter demonteras och monteras enligt beskrivningarna i nedanstående avsnitt.

Observera: *I detta kapitel beskrivs bilarna oftare med respektive motorkod än med motorns kapacitet – se förteckning över motorkoderna i kapitel 2A.*

Säkerhetsanvisningar

⚠ ***Varning: Bensin är ett mycket farligt och explosivt ämne – var alltid ytterst försiktig vid arbete på någon del av systemet.***

Rök aldrig och använd aldrig öppen låga eller nakna glödlampor när du arbetar med fordonet. Observera att gasdrivna hushållsanordningar med tändlåga, som varmvattenberedare och torktumlare också kan innebära brandrisk - kom ihåg detta när du arbetar på en plats där det finns sådana anordningar. En lämplig brandsläckare skall alltid förvaras i nära anslutning till arbetsplatsen, och se till att du känner till hur den skall användas innan arbetet påbörjas. Använd alltid skyddsglasögon vid arbete med bränslesystemet och skölj omedelbart bort eventuellt bränsle som spillts på huden med tvål och vatten. Observera att bränsleångor är lika farliga som flytande bränsle; ett kärl som har tömts på flytande bränsle innehåller fortfarande bränsleångor och utgör en potentiell brandfara.

Många arbetsmoment som beskrivs i detta kapitel innebär att bränslerör skall kopplas loss, vilket kan leda till spillt bränsle. Innan arbetet påbörjas, läs igenom varningen ovan samt informationen i avsnittet "Säkerheten främst!" i början av denna handbok.

Ett visst bränsletryck finns alltid kvar i bränslesystemet långt efter det att motorn har stängts av. Detta tryck måste släppas ut på ett kontrollerat sätt innan arbete med komponenter i bränslesystemet kan påbörjas - se detaljerad beskrivning i avsnitt 9.

Var alltid noga med renligheten vid arbete med bränslesystemet - om smuts kommer in i bränslesystemet kan det leda till igensättning och därmed sämre drift.

För att skydda dig själv och utrustningen, rekommenderas för många arbetsmoment i detta kapitel att batteriets negativa anslutning kopplas bort. För det första undanröjer det risken för oavsiktliga kortslutningar som kan orsakas när arbete utförs på bilen, och för det andra förhindrar det skada på elektroniska komponenter (t.ex. givare, aktiverare, styrenheter) vilka är speciellt känsliga för strömvågor som orsakas av att kablage lossas eller ansluts medan de är strömförande.

Man bör dock notera att många motorstyrningssystem som beskrivs i detta kapitel (och i kapitel 5B) har förmåga att "lära sig", vilket gör att systemet kan anpassa sig till motorns driftsegenskaper med tiden. Sådan "inlärd" information förloras när batteriet kopplas ifrån och systemet behöver därefter en viss ny "inlärningstid" av motorns egenskaper. Symptom på detta kan vara (temporärt) ojämn tomgång, reducerad accelerationsrespons och eventuellt en marginell ökning av bränsleförbrukningen till dess att systemet har anpassat sig på nytt. Anpassningstiden beror på hur ofta bilen används och vilka körförhållanden som är aktuella.

2 Luftrenare och inloppssystem – demontering och montering

Demontering

1 Lossa slangklämmorna och koppla loss luftkanalen från luftrenaren.

2 Lyft bort plastlocket, skruva loss fästskruven **(se bild)** och lyft bort gasspjällhusets luftbox, ta vara på tätningen.

3 Koppla loss vakuumslangarna från vakuumkontakten till inloppsluftens temperaturregulator, notera i vilken ordning de är monterade.

4 Haka loss gummiöglorna från klackarna på chassit.

5 Dra luftrenaren mot motorn och ta bort luftinloppsslangen från öppningen på innerskärmen.

6 Lyft ut luftrenaren från motorrummet.

7 Bänd loss klämmorna och lyft upp locket från luftrenaren. Ta bort filtret från luftrenaren (se kapitel 1A).

8 På modeller med rund luftrenare, bänd loss klämmorna och lyft upp locket från luftrenaren

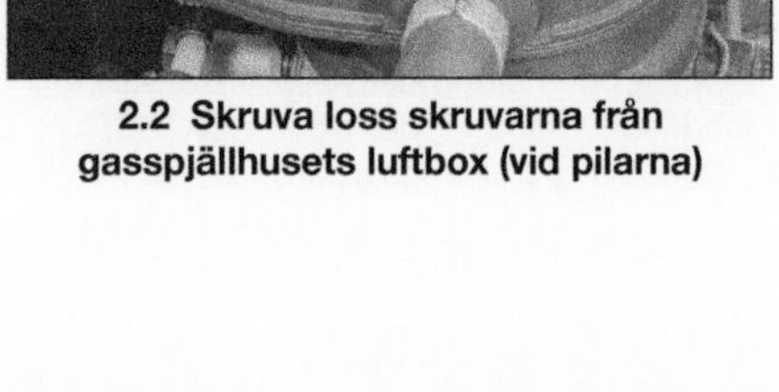

2.2 Skruva loss skruvarna från gasspjällhusets luftbox (vid pilarna)

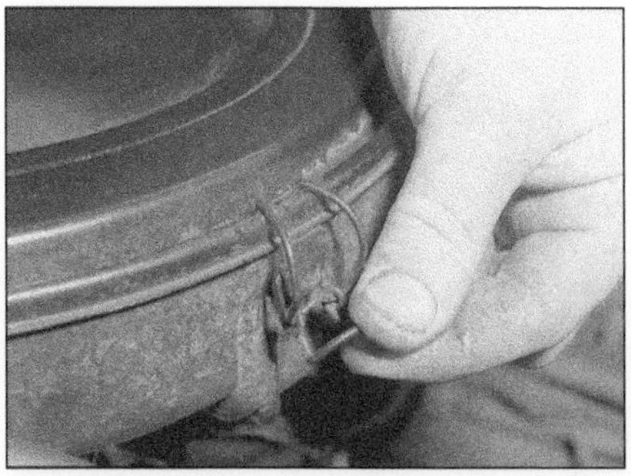

2.8 På modeller med rund luftrenare, bänd loss klämmorna från luftrenarens lock

(se bild). Ta ut filtret, skruva loss muttrarna och lyft upp luftrenaren från gasspjällhuset.

Montering

9 Montera luftrenaren i omvänd ordningsföljd.

3 Temperaturregulator för inloppsluft – demontering och montering

Demontering

1 Lossa vakuumslangarna från temperaturregulatorn, notera i vilken ordning de är monterade.

2 Demontera gasspjällhusets luftbox/luftrenare enligt beskrivning i avsnitt 2.

3 Bänd loss metallplattan **(se bild)** och demontera temperaturregulatorn från spjällhusets luftbox/luftrenare. Ta vara på packningen.

Montering

4 Montera regulatorn i omvänd ordningsföljd.

4 Gasvajer – demontering, montering och justering

Demontering

1 Demontera gasspjällhusets luftbox/luftrenare enligt beskrivning i avsnitt 2.

2 Vid gasspjällhuset, koppla loss gasvajern (innervajern) från gasspjällets kamskiva **(se bild)**.

3 Ta loss justeringsklämman och ta bort vajerhöljet från fästbygeln **(se bild 4.2)**.

4 Se beskrivning i kapitel 11 och demontera instrumentbrädans klädselpaneler under rattstången.

5 Arbeta under instrumentbrädan, tryck ner gaspedalen något och lossa gasvajerns ände från pedalens förlängningsarm.

6 Vid punkten där vajern går igenom torpedväggen, skruva loss locket från den tvådelade genomföringen så att vajern kan röra sig fritt.

7 Lossa vajern från dess klämmor och för ut den genom genomföringen i torpedväggen.

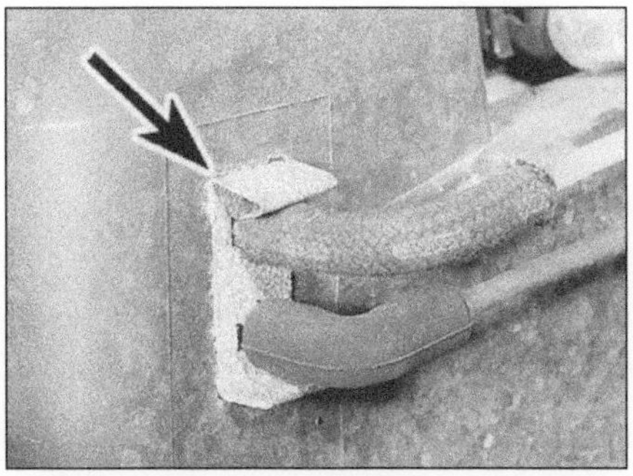

3.3 Temperaturregulatorns metallplatta (vid pilen) - luftrenare monterad på skärmen visad

Montering

8 Montera gasvajern i omvänd ordningsföljd.

Justering

Bilar med manuell växellåda

9 Vid gasspjällhuset, fixera vajerhöljets läge i dess fästbygel genom att placera en metallklämma i en av skårorna, så att gasspjället hålls vidöppet när pedalen trycks ner.

Bilar med automatväxellåda

10 På bilar med automatväxellåda, placera ett 15 mm tjockt träblock mellan gaspedalen och stoppklacken på golvet, håll därefter ned gaspedalen mot träblocket.

11 Vid gasspjällhuset, fixera vajerhöljets läge i dess fäste genom att placera metallklämman i en av skårorna, så att när gaspedalen trycks ned helt (mot träblocket) hålls gasspjället vidöppet.

12 Ta bort träblocket och släpp upp gaspedalen. Se beskrivning i kapitel 7B och använd en kontinuitetsprovare, kontrollera att kickdownkontakten stänger när gaspedalen är nedtryckt förbi läget för full acceleration, strax innan den möter stoppklacken på golvet.

5 Bosch Mono Motronic motorstyrningssystem – demontering och montering

Observera: *Se säkerhetsanvisningarna i avsnitt 1 innan arbetet med bränslesystemet påbörjas.*

Gasspjällhus

Demontering

1 Se beskrivning i avsnitt 2 och demontera luftrenaren/gasspjällhusets luftbox.

2 Se beskrivning i avsnitt 9 och släpp ut trycket i bränslesystemet, lossa därefter batteriets negativa anslutning och placera kabeln på avstånd från batteripolen.

3 Lossa bränsletillförsel- och returslangarna från portarna på gasspjällhusets sida. Observera pilarna som markerar bränsleflödets riktning och märk slangarna på motsvarande sätt **(se bild)**.

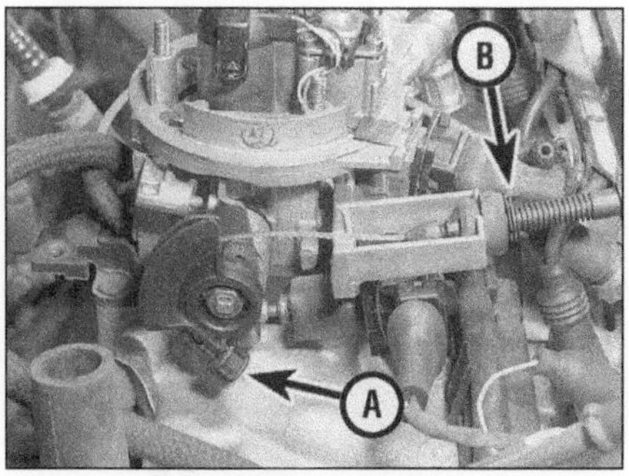

4.2 Gasvajerns anslutning vid gasspjällhuset

A Gasspjällets kamskiva
B Justeringsklämma

4 Koppla loss kablaget från gasspjällhuset vid kontakterna, märk ledningarna med etiketter för att underlätta kommande montering.

5 Se beskrivning i avsnitt 4 och lossa gasvajern från gasspjällhuset.

6 Skruva loss de genomgående bultarna och lyft bort gasspjällhuset från insugsgrenröret, ta vara på packningen.

Montering

7 Montering sker i omvänd ordningsföljd; byt samtliga packningar där så är tillämpligt. Avslutningsvis, kontrollera och justera vid behov gasvajern. Om gasspjällhusets undre del har bytts (med inbyggd gasspjällspotentiometer) på bil med elektronisk styrning för automatväxellåda, måste den nya potentiometern matchas med växellådans ECU. Be en VAG-verkstad om råd eftersom detta arbetsmoment kräver tillgång till speciell testutrustning.

Bränslespridare

Demontering

8 Se beskrivning i avsnitt 2 och demontera luftrenaren/gasspjällhusets luftbox.

9 Se beskrivning i avsnitt 9 och tryckutjämna bränslesystemet, lossa därefter batteriets negativa anslutning och placera kabeln på avstånd från batteriet.

10 Lossa kablaget från spridaren vid kontaktdonet/-donen, märk ledningarna med etiketter för att underlätta kommande montering.

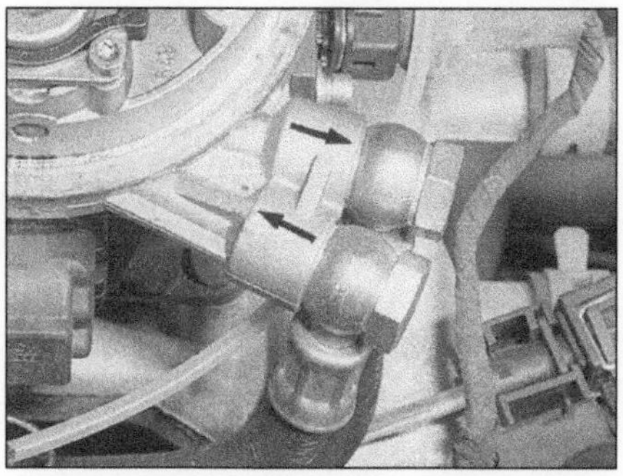

5.3 Gasspjällhusets bränsletillförsel- och returanslutningar (motorkod ABD på bild)

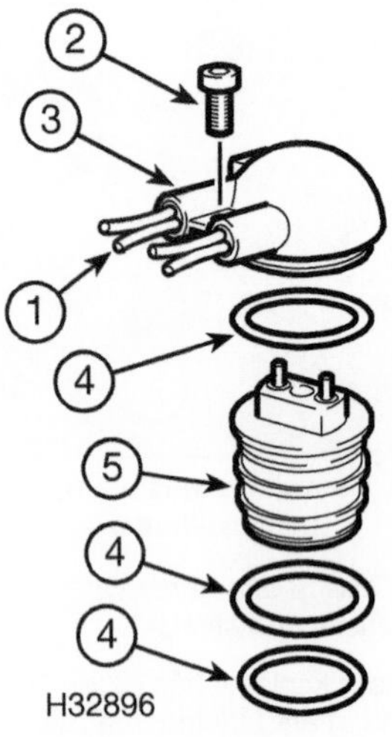

5.11 Bränslespridarens delar (motorkod ABD visas)

1 Kablageanslutning
2 Skruv
3 Spridarens lock/hus till inloppsluftens temperaturgivare
4 O-ringstätningar
5 Bränslespridare

11 Skruva loss skruven och lyft upp spridarens lock/huset till inloppsluftens temperaturgivare **(se bild)**.
12 Lyft ut spridaren från gasspjällhuset, ta vara på O-ringstätningarna.
13 Kontrollera spridarens elektriska motstånd med en multimeter och jämför resultatet med specifikationerna.

Montering

14 Montera spridaren genom att följa demonteringsproceduren i omvänd ordningsföljd, byt samtliga O-ringar. Dra åt skruven till angivet åtdragningsmoment.

Temperaturgivare för inloppsluft

15 Temperaturgivaren för inloppsluften är inbyggd i bränslespridarens lock. Demontering beskrivs i föregående avsnitt. Kontrollera givarens elektriska motstånd med en multimeter med motståndsmätningsfunktion **(se bild 5.11)**.

Bränsletryckregulator

Demontering

16 Om bränsletryckregulatorns funktion är tvivelaktig, ta isär enheten enligt nedanstående beskrivning, kontrollera därefter att de interna komponenterna är rena, hela och ordentligt monterade.
17 Demontera luftrenaren/gasspjällhusets luftbox, se beskrivning i avsnitt 2.
18 Se beskrivning i avsnitt 9 och tryckutjämna bränslesystemet, koppla sedan loss batteriets negativa anslutning och placera kabeln på avstånd från batteriet.
19 Se beskrivning i aktuellt underavsnitt, skruva loss skruven och lyft av spridarlocket/temperaturgivaren.
20 Skruva loss skruvarna och lyft av bränsletryckregulatorns fästram **(se bild)**.
21 Lyft ut den övre kåpan, fjädern och membranet.
22 Rengör samtliga komponenter noggrant, undersök membranet beträffande sprickor eller andra skador – byt det vid behov.

Montering

23 Sätt ihop tryckregulatorn genom att följa isärtagningsproceduren i omvänd ordningsföljd.

Gasspjällets lägesmodul

Demontering

24 Koppla loss batteriets negativa anslutning och placera kabeln på avstånd från batteriet. Demontera luftrenaren/gasspjällhusets luftbox, se avsnitt 2.
25 Se beskrivning i avsnitt 4 och lossa gasvajern från gasspjällhuset.
26 Koppla loss kontakten från sidan av gasspjällets lägesmodul.
27 Skruva loss fästskruvarna och lyft bort modulen från gasspjällhuset tillsammans med gasvajerns fästbygel.

Montering

28 Montering sker i omvänd ordningsföljd. Observera att om en ny modul har monterats måste tomgångskontaktens justering kontrolleras – fråga en VAG-verkstad om råd eftersom detta arbetsmoment kräver tillgång till speciell testutrustning.

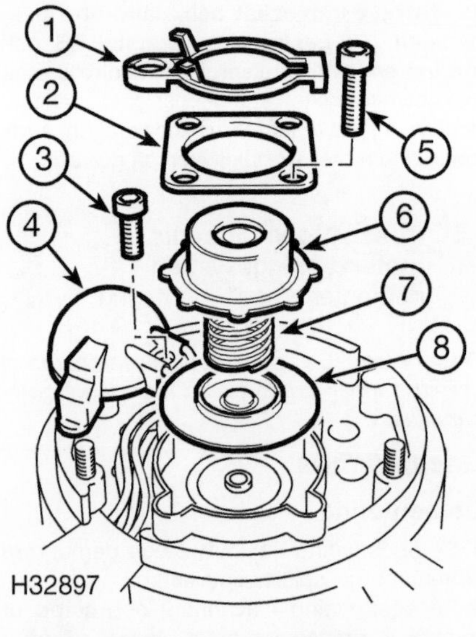

5.20 Bränsletryckregulatorns delar

1 Vajerstyrning	*5 Skruvar*
2 Fästram	*6 Övre kåpa*
3 Spridarens fästskruv	*7 Fjäder*
4 Spridarens lock	*8 Membran*

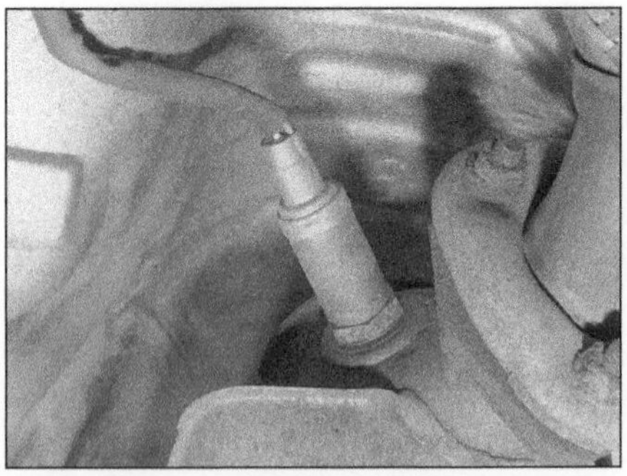

5.33 Lambdasond (motorkod ABD på bild)

Gasspjällspotentiometer

29 Se aktuellt underavsnitt och demontera gasspjällhuset. Gasspjällspotentiometern är inbyggd i gasspjällhusets undre del och kan inte bytas ut separat.
30 Om en ny underdel till spjällhuset (med gasspjällspotentiometer) har monterats på en bil med elektronisk styrning av automatväxellådan, måste potentiometern matchas med växellådans ECU. Fråga en VAG-verkstad om råd eftersom detta arbetsmoment kräver tillgång till speciell testutrustning.

Tomgångskontakt

31 Se aktuellt underavsnitt och demontera gasspjällets lägesmodul. Tomgångskontakten är inbyggd i modulen och kan inte bytas ut separat.
32 Om en ny spjällägesmodul har monterats behöver justeringen av tomgångskontakten kontrolleras – fråga en VAG-verkstad om råd eftersom detta arbetsmoment kräver tillgång till speciell testutrustning.

Lambdasond

Demontering

33 På motorkoderna ABU, ABD och AEA, är lambdasonden inskruvad i avgasröret i den främre änden av den första ljuddämparen/katalysatorn. På motorkoderna AAM, ABS och ADZ, är lambdasonden inskruvad i avgasgrenröret **(se bild)**. Se information i kapitel 4D.
34 Koppla loss batteriets negativa anslutning och placera kabeln på avstånd från batteriet, lossa därefter kablaget från lambdasonden vid kontakten som är belägen nära det högra motorfästet.
35 Observera: *Eftersom en ledning måste förbli ansluten till sonden efter det att den har lossats, skall en skårad hylsa användas för att ta bort sonden, om blocknyckel med korrekt storlek inte finns tillgänglig.* Arbeta under bilen, lossa och ta bort sonden, se till att sondens spets inte skadas vid demonteringen.

Montering

36 Stryk lite antikärvningsfett på sondens gängor – undvik att smutsa ner sondspetsen.
37 Montera sonden i huset och dra åt till korrekt åtdragningsmoment. Anslut kablaget.

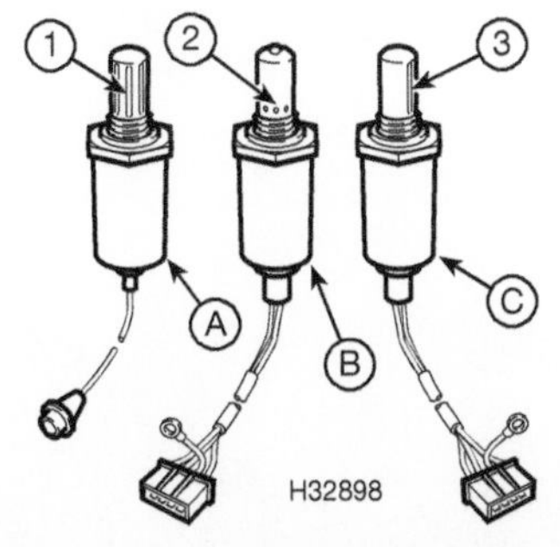

5.37 Lambdasond, olika versioner

A Kall sond – monterad t o m 09/94 på bil med manuell växellåda och katalysator
B Varm sond – monterad t o m 09/94 på bil utan katalysator (på vissa marknader)
C Varm sond – monterad fr o m 10/94 på bil med automatväxellåda och katalysator
1 Många skåror
2 Borrhål
3 Få skåror

Observera att typen av lambdasond som är monterad beror på bilens utförande **(se bild)**.

Kylvätskans temperaturgivare

Demontering

38 Koppla loss batteriets negativa anslutning och placera kabeln på avstånd från batteriet, se därefter beskrivning i kapitel 3 och tappa av cirka en fjärdedel av kylvätskan från motorn.

39 På motorkoderna ABD, AEA och ABU är temperaturgivaren placerad på topplockets vänstra sida, under värmeenhetens kylvätskekrök **(se bild)**. På motorkoderna AAM, ABS och ADZ är givaren monterad på den övre kylvätskekröken, på topplockets framsida.

40 Skruva loss/lossa givaren från dess hus och ta vara på tätningsbrickan/-brickorna och O-ringen – var beredd på att en viss mängd kylvätska rinner ut.

Montering

41 Montera givaren i omvänd ordningsföljd, använd nya tätningsbrickor och ringar där så är tillämpligt. Se beskrivning i kapitel 1A och fyll på kylsystemet.

Elektronisk styrenhet (ECU)

42 Se kapitel 4C, avsnitt 13.

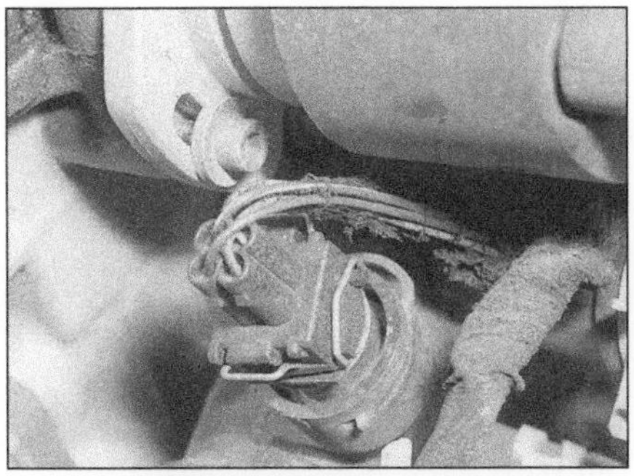

5.39 Kylvätskans temperaturgivare (motorkod ABD på bild)

6 Bränslefilter – demontering och montering

Observera: *Se säkerhetsanvisningarna i avsnitt 1 innan arbetet med bränslesystemet påbörjas.*

Demontering

1 Bränslefiltret är monterat i bränsletillförselröret, framför bränsletanken. Filtret är åtkomligt från bilens undersida.

2 Se beskrivning i avsnitt 9 och släpp ut trycket i bränslesystemet.

3 Parkera bilen på plant underlag, dra åt handbromsen, lägg i ettans växel (manuell växellåda) eller 'P' (automatväxellåda) och klossa framhjulen. Hissa upp bilens bakvagn, stöd den på pallbockar och demontera hjulen; se *Lyftning och stödpunkter*.

4 Lossa slangklämmorna och koppla loss bränsleledningarna i båda ändarna av filtret **(se bild)**. Om klämmorna är av typen som kläms ihop, skall de kapas av och ersättas med klämmor av skruvtyp vid monteringen.

5 Lossa filtrets klämma/ta bort kåpans fäste (vilket som gäller) och sänk ner filtret från fästet.

Montering

6 Montering sker i omvänd ordningsföljd. Observera flödespilens riktning på sidan av filterhuset – den måste peka mot motorn när filtret är monterat **(se bild)**.

6.4 Slangklämmor till bränsleledningar (vid pilarna)

7 Bränslepump och tankarmatur – demontering och montering

Observera: *Läs säkerhetsanvisningarna i avsnitt 1 innan arbetet med bränslesystemet påbörjas.*

Varning: Undvik direkt hudkontakt med bränslet – använd skyddskläder och handskar vid hantering av bränslesystemets komponenter. Arbetsplatsen måste vara väl ventilerad så att bränsleångor inte kan ansamlas.

Allmän beskrivning

1 Bränslepump och tankarmatur är sammanbyggda i en enhet som är monterad ovanpå bränsletanken. Man kommer åt enheten genom en lucka i bagageutrymmets golv. Enheten sticker in i bränsletanken och vid demontering av enheten lämnar man således en öppning i tanken som exponerar dess innehåll mot atmosfären.

Demontering

2 Tryckutjämna bränslesystemet (avsnitt 9).

3 Kontrollera att bilen är parkerad på plant underlag, lossa batteriets negativa anslutning och placera kabeln på avstånd från batteriet.

4 Se beskrivning i kapitel 11 och demontera klädseln från bagageutrymmets golv.

5 Lossa och ta bort åtkomstluckans skruvar och lyft upp luckan från golvet **(se bild)**.

6 Lossa kablagekontakten från pumpen/tankarmaturen **(se bild)**.

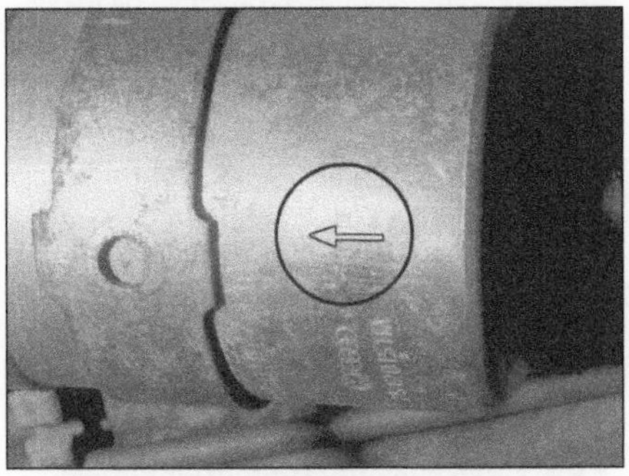

6.6 Observera flödespilens riktning på filterkåpans sida

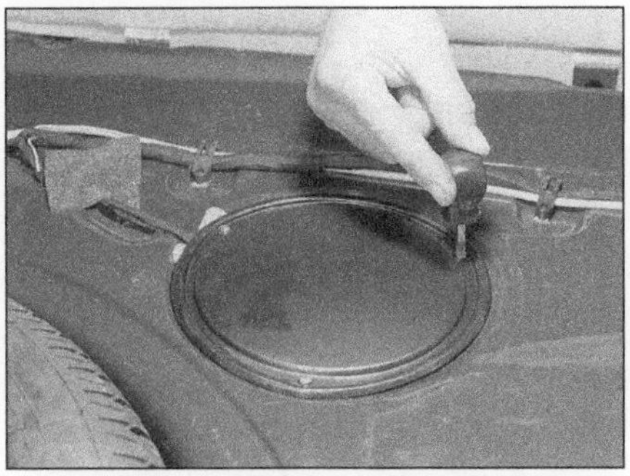

7.5 Skruva loss åtkomstluckans skruvar och lyft upp luckan från golvplåten

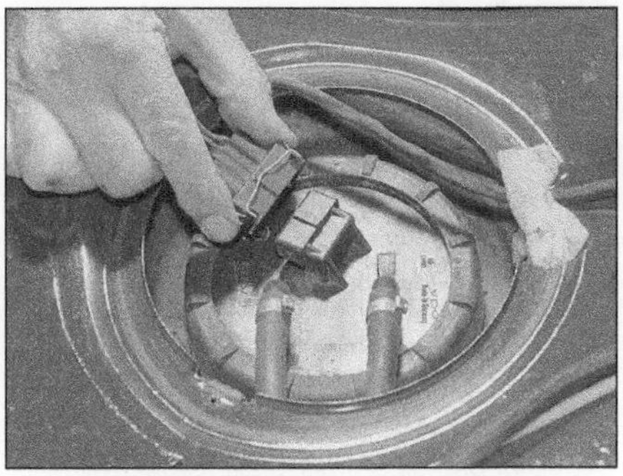

7.6 Lossa kablagekontakten från pumpen/tankarmaturen

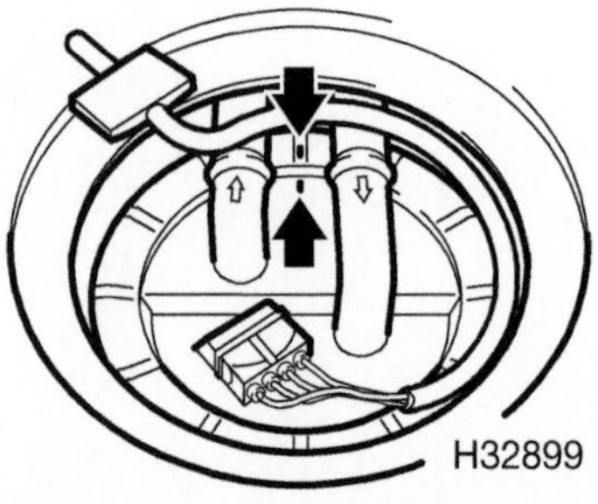

7.13a Pilmarkeringarna på tankarmaturen och på bränsletanken skall vara inpassade mot varandra

7 Placera ut trasor runt tillförsel- och returslangarna för att absorbera eventuellt spillt bränsle, lossa därefter slangklämmorna och ta bort dem från öppningarna på tankarmaturen. Notera pilmarkeringarna på tillförsel- och returslangarnas öppningar – märk bränsleslangarna med etiketter för att underlätta vid kommande montering.

8 Skruva loss plastringen och lyft bort den. Använd en polygriptång till att hålla fast i och rotera plastringen. Vrid pumpen/tankarmaturen åt vänster för att lossa den från bajonettfattningen och lyft ut den, håll enheten över bränslenivån i tanken tills överskottsbränslet har runnit ut. Ta vara på gummitätningen.

9 Demontera pumpen/armaturen från bilen och lägg den på en bit absorberande kartong eller trasa. Undersök flottören i änden av armaturens arm, leta efter hål och kontrollera om bränsle har kommit in – byt enheten om den verkar skadad.

10 Pumpens pick-up som är integrerad i enheten är fjäderspänd, så att den alltid drar bränsle från tankens lägsta del. Kontrollera att pick-up röret kan röra sig fritt under fjäderns spänning i förhållande till tankarmaturen.

11 Undersök om gummitätningen från bränsletankens öppning verkar sliten – byt ut den vid behov.

12 Kontrollera tankarmaturens flottörarm och spår; tvätta bort eventuellt smuts och skräp som kan ha ansamlats och leta efter brott i spåret.

Montering

13 Montera tankarmaturen genom att följa demonteringsprocessen i omvänd ordningsföljd:

a) Pilmarkeringarna på armaturen och bränsletanken skall vara inpassade mot varandra.

b) Smörj in tanköppningens gummitätning med rent bränsle innan den monteras.

c) När den är korrekt installerad skall pumpens/armaturens flottörarm peka mot bilens främre vänstra sida.

d) Anslut bränsleslangarna till respektive öppningar – observera pilarna för flödesriktningen **(se bilder)**.

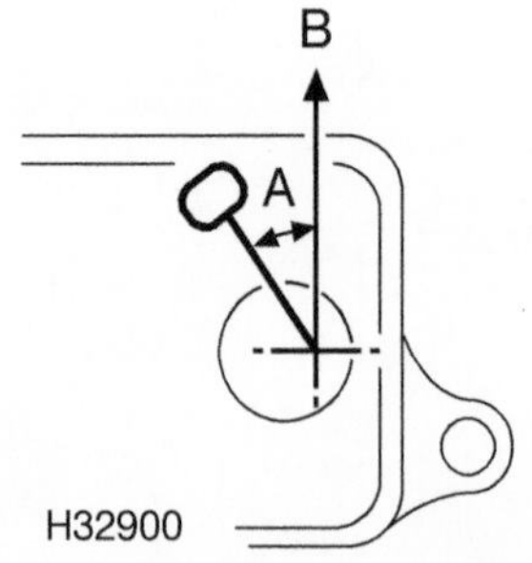

7.13b När enheten är korrekt installerad skall flottörarmen peka enligt ovan

A Flottörarmens placering *B Mot bilens front*

8 Bränsletank – demontering och montering

Observera: *Läs säkerhetsanvisningarna i avsnitt 1 innan arbetet med bränslesystemet påbörjas.*

Demontering

1 Innan bränsletanken demonteras måste så mycket bränsle som möjligt tappas av från tanken. Bränsletanken har ingen avtappningsplugg, varför det är bäst att utföra arbetet när tanken är så gott som tom.

2 Lossa batteriets negativa anslutning och placera kabeln på avstånd från batteriet. Använd en handpump och sug upp kvarvarande bränsle från tankens botten.

3 Se beskrivning i avsnitt 7 och utför följande arbeten:

a) Koppla loss kablaget ovanpå pumpen/tankarmaturen vid multikontakten.

b) Lossa bränsletillförsel- och returslangarna från pump-/givarenheten.

4 Placera en garagedomkraft mitt under tanken. Lägg ett träblock mellan domkraftens huvud och tanken för att undvika att tankens yta skadas. Hissa upp domkraften tills den bär upp tankens tyngd.

5 Arbeta under det högra hjulhuset, lossa och ta bort skruvarna som fäster tankens påfyllningshals inne i hjulhuset. Öppna tankluckan och lossa gummitätningsflänsen från karossen.

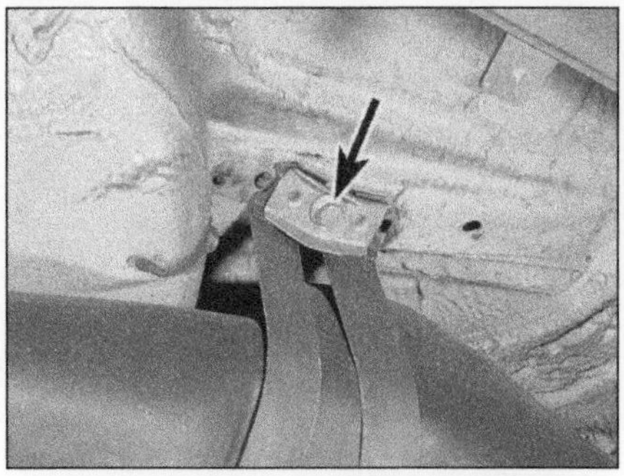

8.6 Skruva loss bultarna från byglarna som fäster tanken (vid pilen)

7.13c Anslut bränsleslangarna på respektive öppningar – observera pilarna för flödesriktningen

6 Skruva loss bultarna från tankens fästbyglar **(se bild)**, håll fast tanken med ena handen när den lossas från fästena.

7 Sänk ner domkraft och tank under bilen; lossa kolkanisterns ventilationsrör från öppningen på påfyllningshalsen när den blir synlig. Lokalisera jordflätan och lossa den från anslutningen vid påfyllningshalsen.

8 Om tanken är förorenad med avlagringar eller vatten, demontera pump-/givarenheten (se avsnitt 7) och skölj ur tanken med rent bränsle. Tanken består av formsprutat syntetmaterial och skall bytas om den skadas. I vissa fall kan det dock gå att reparera smärre läckor eller småskador. Rådfråga en specialist innan du försöker reparera bränsletanken på egen hand.

Montering

9 Montering sker i omvänd ordningsföljd, notera dock följande punkter:

a) Kontrollera att gummifästena är ordentligt monterade när tanken lyfts på plats och var mycket noga med att kontrollera att ingen av slangarna kläms fast mellan tanken och bilens kaross.

b) Kontrollera att rör och slangar är korrekt dragna och att de hålls säkert på plats med respektive klämmor.

c) Koppla jordflätan till dess anslutning på påfyllningshalsen.

d) Dra åt bultarna till tankens fästband till angivet åtdragningsmoment.

e) Avslutningsvis, fyll på tanken med bränsle och undersök mycket noggrant om det förekommer något läckage innan bilen tas ut på vägen.

9 Bränsleinsprutningssystem – tryckutjämning

Observera: *Läs säkerhetsanvisningarna i avsnitt 1 innan arbetet med bränslesystemet kan påbörjas.*

Varning: Nedanstående tillvägagångssätt lättar endast på trycket i bränslesystemet - kom ihåg att det fortfarande

finns kvar bränsle i systemets komponenter, vidtag därför nödvändiga säkerhetsåtgärder innan någon del lossas.

1 I detta avsnitt definieras bränslesystemet som en bränslepump som är monterad i tanken, bränslefilter, bränslespridare, bränsletryckregulator monterad i gasspjällhuset samt metallrör och slangar mellan dessa komponenter. Samtliga delar innehåller bränsle som är trycksatt när motorn är i gång och/eller medan tändningen är på. Trycket kvarstår under en viss tid efter det att tändningen har stängts av, och måste släppas ut innan någon av dessa komponenter rubbas för reparation eller underhåll. Helst skall motorn få svalna fullständigt innan arbetet påbörjas.

2 Se beskrivning i kapitel 12 och leta reda på bränslepumpens relä. Ta loss reläet från huset, låt sedan motorn gå runt några sekunder. Motorn tänder och går eventuellt en stund, men fortsätt att dra runt den tills den stannar. Bränslespridaren bör ha öppnat tillräckligt många gånger medan motorn drogs runt för att trycket skall ha reducerats betydligt.

3 Lossa batteriets negativa anslutning.

4 Placera ett lämpligt kärl under den aktuella anslutningen som skall lossas och var beredd med en stor trasa för att suga upp eventuellt bränsle som inte hamnar i kärlet.

5 Lossa anslutningen eller muttern (vad som gäller) långsamt för att undvika att trycket släpps ut plötsligt, och placera trasan runt anslutningen för att fånga upp utsprutande bränsle. När trycket har reducerats, lossa bränsleröret och sätt i pluggar för att minimera bränsleförlusten och för att undvika att smuts tränger in i bränslesystemet.

10 Insugsgrenrör – demontering och montering

Observera: *Läs säkerhetsanvisningarna i avsnitt 1 innan arbetet med bränslesystemet påbörjas.*

Demontering

1 Lossa batteriets negativa anslutning och placera kabeln på avstånd från batteriet, se därefter beskrivningen i kapitel 1 och tappa av kylvätskan från motorn.

2 Se beskrivning i avsnitt 5 och demontera gasspjällhuset från insugsgrenröret. Ta bort och kasta packningen och där så är tillämpligt, demontera den mellanliggande flänsen.

3 Lossa klämmorna och demontera kylvätskeslangarna från insugsgrenröret.

4 Se beskrivning i kapitel 9 och koppla loss bromsservons vakuumslang från öppningen på insugsgrenröret.

5 På motorkoderna ABU, AEA och ABD, skall följande arbeten utföras:

a) *Skruva loss skruvarna och lyft ut varmluftsplattan.*

b) *Skruva loss skruvarna och lossa CO-provröret från insugsgrenröret.*

6 Lossa kablaget från insugsgrenrörets värmare vid kontaktdonet.

7 Lossa växelvis och ta bort insugsgrenrörets muttrar och skruvar, lossa därefter grenröret från topplocket.

8 Kontrollera slutligen att ingenting fortfarande är anslutet till grenröret, manövrera därefter ut det från motorrummet och ta vara på packningen. Vid behov, skruva loss skruvarna och lyft ut värmeenheten **(se bild)**.

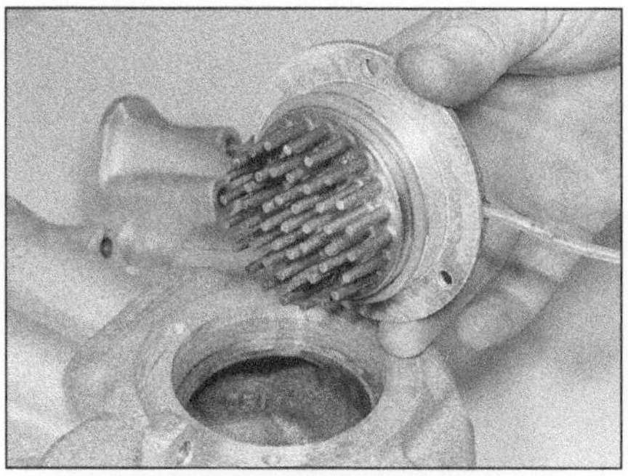

10.8 Skruva loss skruvarna och lyft ut värmeenheten från insugsgrenröret

Montering

9 Montering sker i omvänd ordningsföljd, notera dock följande punkter:

a) *Kontrollera att fogytorna mellan insugsgrenröret och topplocket är rena och torra. Montera grenröret med en ny packning och dra åt muttrarna till angivet åtdragningsmoment.*

b) *Kontrollera att alla aktuella slangar har anslutits i respektive ursprungsläge och att de hålls säkert på plats (vid behov) med klämmor.*

c) *Montera gasspjällhuset enligt beskrivning i avsnitt 5.*

d) *Avslutningsvis, fyll på kylsystemet enligt beskrivning i kapitel 1.*

11 Bränsleinsprutningssystem – kontroll och justering

1 Om fel uppstår i bränsleinsprutningssystemet, kontrollera först att alla kontaktdon är ordentligt anslutna och fria från korrosion. Kontrollera därefter att felet inte beror på dåligt underhåll, d.v.s. kontrollera att luftfiltret är rent, att tändstiften är i gott skick och att elektrodavstånden är rätt, att cylinderkompressionen är korrekt, att tändinställningen är rätt och att motorns ventilationsslangar inte är blockerade eller skadade. Se information i kapitel 1 del A, kapitel 2 del A och kapitel 5 del B.

2 Om felkällan inte uppenbaras vid dessa kontroller bör bilen tas till en VAG-verkstad med lämplig specialutrustning för test. Ett diagnosuttag finns i bilens motorstyrningssystem, till vilket en speciell elektronisk testutrustning kan anslutas. Testutrustningen kan på elektroniskt sätt "fråga ut" motorstyrningssystemets ECU och komma åt dess interna felminne. På detta sätt kan fel identifieras snabbt och enkelt, även om felet endast uppträder då och då. Att testa samtliga systemkomponenter en efter en och försöka lokalisera felet genom eliminering, är en tidskrävande uppgift som antagligen inte leder till några uttömmande svar (speciellt om felet uppträder sporadiskt). Risken är också stor att ECUs interna delar skadas.

3 En erfaren hemmamekaniker som är utrustad med en exakt varvräknare och noggrant kalibrerad avgasanalysinstrument kan kontrollera avgasens CO-halt och motorns tomgångsvarvtal; om dessa värden inte stämmer med specificerade värden måste bilen överlåtas till en VAG-verkstad med specialutrustning för kontroll. Varken luft/bränsleblandningen (avgasens CO-halt) eller motorns tomgångsvarvtal kan justeras manuellt; felaktiga värden pekar på att fel föreligger i bränsleinsprutningssystemet.

12 Blyfri bensin – allmän information och användning

Observera: *Informationen i det här avsnittet gäller i skrivande stund och gäller bara bensin som förtillfället är tillgänglig i Sverige. Kontrollera med en VAG-återförsäljare för mer aktuell information. Om du reser utomlands, kontakta en motororganisation för råd om vilken typ av bensin som finns tillgänglig i det land du ska resa till och dess lämplighet för din bil.*

1 Bränslet som rekommenderas av VAG anges i specifikationerna i början av kapitlet.

2 RON och MON är olika teststandards: RON står för Research Octane Number (skrivs också RM), medan MON står för Motor Octane Number (skrivs också MM).

Kapitel 4 Del B:
Bränslesystem – bensinmotor med flerpunkts insprutning

Innehåll

Svårighetsgrader

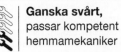

Enkelt, passar novisen med lite erfarenhet	**Ganska enkelt,** passar nybörjaren med viss erfarenhet	**Ganska svårt,** passar kompetent hemmamekaniker	**Svårt,** passar hemmamekaniker med erfarenhet	**Mycket svårt,** för professionell mekaniker

Specifikationer

Systemtyp

1,4 liters modeller (AEX och APQ motorer)	Bosch Motronic MP 9.0
1,6 liters modeller (AEE motor)	Magneti Marelli 1AV
1,6 liters modeller (AEK motor)	Bosch Motronic M 2.9
1,6 liters modeller (AFT och AKS motorer)	Simos 4S2
2,0 liters 8V motorer (2E motor)	Digifant
2,0 liters 8V motorer (ADY, AGG och AKR motorer)	Simos 4S
2,0 liters 8V motorer (ATU, AWF och AWG motorer)	Bosch Motronic M 5.9
2,0 liters 16 V motorer (ABF motor)	Digifant 3.0

Bränslesystem

Bränslepump	Elektrisk, nedsänkt i bränsletanken
Bränslepump, kapacitet	1100 cm^3/ min (batterispänning 12,6 V)
Reglerat bränsletryck	2,5 bar
Tomgångsvarvtal (icke justerbart, elektronisk styrning):	
AEX och APQ motorer	650-750 rpm
AEE motor	600-700 rpm (tidiga modeller), 830-930 rpm (senare modeller)
AEK, ATU, AWF och AWG motorer	800-880 rpm
AFT och AKS motorer	790-890 rpm
2E motor	770-870 rpm
ADY, AGG och AKR	750-850 rpm
ABF motor	775-875 rpm
Snabbtomgång – ej justerbar, elektronisk styrning:	
AFT och AKS motorer	Ej tillgängligt
Alla andra motorer	2500-2800 rpm
CO-halt – ej justerbar, elektronisk styrning	max 0,5% vid tomgång
Bränslespridarnas elektriska motstånd:	
Motorkoder ADY, 2E, ABF	15-20 ohm
Motorkod AEK	14-21,5 ohm

Rekommenderat bränsle

Lägsta oktantal (alla modeller)	95 RON

Åtdragningsmoment

Åtdragningsmoment	Nm
Bultar mellan övre och nedre insugsgrenrör (ABF och AEK)	20
Gasspjällhusets genomgående bultar (M6-bultar)	10
Gaspjällhusets genomgående bultar (M8-bultar)	20
Insugsgrenrörets temperaturgivare (motorkod AEK)	10
Insugsgrenrör till topplock	25
Lambdasond	50
Skruv mellan insprutningsbryggans övre och nedre del (ABF, 2E)	10

1 Allmän beskrivning och säkerhetsanvisningar

Allmän beskrivning

Bosch Motronic, Digifant, Magneti Marelli och Simos systemen är självständiga motorstyrningssystem som styr såväl bränsleinsprutning som tändning. I detta kapitel behandlas endast komponenterna i bränsleinsprutningssystemet – se kapitel 5B för information om komponenterna i tändsystemet.

Bränsleinsprutningssystemet består av en bränsletank, en elektrisk bränslepump, ett bränslefilter, rörledningar för bränsletillförsel samt returrör, ett gasspjällhus, en bränsleinsprutningsbrygga, en bränsletryckregulator, fyra elektroniska bränslespridare och en elektronisk styrenhet (ECU) tillsammans med tillhörande givare, aktiverare och kablage. Komponenternas utformning varierar mellan olika system – se detaljerade beskrivningar i de aktuella avsnitten.

Bränslepumpen levererar ett konstant bränsleflöde via ett kassettfilter till bränsleinsprutningsbryggan vid ett något högre tryck än vad som erfordras – bränsletryckregulatorn upprätthåller ett konstant bränsletryck till spridarna och returnerar överskottsbränsle till tanken via returröret. Detta konstantflödessystem hjälper också till att hålla bränsletemperaturen nere och därmed minska förångningen.

Bränslespridarna öppnas och stängs av den elektroniska styrenheten (ECU), vilken beräknar insprutningstillfälle och -varaktighet beroende på motorns varvtal, vevaxelns läge, gasspjällets läge och öppningstakt, insugsgrenrörets undertryck (eller inloppsluftens flöde, beroende på systemtyp), inloppsluftens temperatur, kylvätskans temperatur, bilens hastighet och syrehalten i avgaserna – information som sänds från de olika givarna som är monterade på och runt motorn. Se beskrivning i de aktuella avsnitten beträffande de olika komponenterna som används i varje system.

Inloppsluften dras in i motorn genom luftrenaren, som innehåller ett utbytbart pappersfilter. Inloppstemperaturen regleras av en vakuumstyrd ventil som är monterad i luftrenaren där den inkommande luften blandas med varmluft som strömmar över avgasgrenröret.

Tomgångsvarvtalet styrs dels av en elektronisk gasspjällägesmodul som är monterad på gasspjällhusets sida och dels av tändsystemet som utövar finjustering av tomgångsvarvtalet genom att ändra tändinställningen. Manuell justering av motorns tomgångsvarvtal är sålunda varken nödvändig eller möjlig.

Syrehalten i avgaserna övervakas ständigt av ECU via lambdasonden, som är monterad i avgasröret. ECU använder denna information till att modifiera insprutningsinställning och varaktighet för att uppnå ett optimalt luft/bränsleförhållande – detta leder till att manuell justering av CO-halten i tomgångsavgaserna varken är nödvändig eller möjlig. Alla modeller är dessutom utrustade med en katalysator – se beskrivning i kapitel 4D.

ECU styr dessutom, i förekommande fall, driften av ett bränsleavdunstningssystem med kolkanister, se beskrivning i kapitel 4D.

Man bör notera att samtliga motorstyrningssystem som beskrivs i detta kapitel endast kan felsökas med speciell elektronisk testutrustning. Problem med systemdriften bör därför överlåtas till en VAG-verkstad för bedömning. När felet har identifierats kan en eller flera aktuella komponenter demonteras och monteras enligt beskrivningar i nedanstående avsnitt.

Observera: *I detta kapitel beskrivs bilarna oftare med respektive motorkod än med motorns kapacitet – se förteckning över motorkoderna i kapitel 2A.*

Säkerhetsanvisningar

Varning: Bensin är ett ytterst farligt och explosivt ämne. Försiktighet vid hantering av bensin kan inte nog betonas.

Rök aldrig och använd aldrig öppen låga eller nakna glödlampor när du arbetar med fordonet. Observera att gasdrivna hushållsanordningar med tändlåga, som varmvattenberedare och torktumlare också kan också innebära brandrisk – kom ihåg detta när du arbetar på en plats där det finns sådana anordningar. En brandsläckare skall alltid förvaras i nära anslutning till arbetsplatsen, se till att du vet hur den skall användas innan arbetet påbörjas. Använd alltid skyddsglasögon vid arbete med bränslesystemet och skölj omedelbart bort eventuellt bränsle som spillts på huden med tvål och vatten. Observera att bränsleångor är lika farliga som flytande bränsle; ett kärl som har tömts på flytande bränsle innehåller fortfarande bränsleångor och utgör en potentiell explosionsrisk.

Många arbetsmoment som beskrivs i detta kapitel innebär att bränslerör skall kopplas loss, vilket kan leda till att bränsle rinner ut. Innan arbetet påbörjas, se informationen i avsnittet "Säkerheten främst!" i början av denna handbok.

Ett visst bränsletryck finns alltid kvar i bränslesystemet långt efter det att motorn har stängts av. Detta tryck måste släppas ut på ett kontrollerat sätt innan arbete med komponenter i bränslesystemet påbörjas – se avsnitt 10.

Var alltid noga med renligheten vid arbete med komponenter i bränslesystemet – om smuts kommer in i bränslesystemet kan det leda till igensättning och därmed sämre drift.

För att skydda dig själv och utrustningen rekommenderas för många arbetsmoment i detta kapitel att batteriets negativa anslutning kopplas bort. För det första undanröjer det risken för oavsiktliga kortslutningar som kan orsakas av att arbete utförs på bilen, och för det andra förhindrar det att skada uppstår på elektroniska komponenter (t ex givare, aktiverare, styrenheter) vilka är speciellt känsliga för strömvågor som orsakas av att kablage lossas eller ansluts medan de är strömförande.

Man bör dock notera att många motorstyrningssystem som beskrivs i detta kapitel (och i kapitel 5B) har förmåga att "lära sig", vilket gör att systemet kan anpassa sig till motorns driftsegenskaper med tiden. Sådan "inlärd" information förloras när batteriet kopplas ifrån och systemet behöver därefter en viss ny "inlärningstid" av motorns egenskaper. Under denna period kan man erfara (temporärt) ojämn tomgång, reducerad accelerationsrespons och eventuellt en marginell ökning av bränsleförbrukningen, till dess att systemet har anpassat sig på nytt. Anpassningstiden beror på hur ofta bilen används och vilka körförhållanden som är aktuella.

2 Luftrenare och inloppssystem - demontering och montering

Demontering

1 Lossa klämmorna och koppla loss luftkanalen från luftrenaren.

2 Där så är tillämpligt, lossa klämman och ta loss varmluftskanalen längst ner på luftrenaren.

3 På alla motorkoder utom ABF, se beskrivning i avsnitt 5, 6 eller 7 och demontera luftmängdsmätaren från luftrenaren. ***Varning: Luftmängdsmätaren är ömtålig och måste hanteras varsamt.***

4 Koppla loss vakuumslangarna från inloppsluftens temperaturregulatorkontakt, notera i vilken ordningsföljd de är monterade.

5 Haka loss gummiöglorna från klackarna på chassit.

6 Dra luftrenaren mot motorn och ta bort luftinloppsslangen från öppningen på innerskärmen.

7 Lyft ut luftrenaren från motorrummet och ta vara på gummifästena.

8 Bänd upp klämmorna och lyft upp locket från luftrenaren. Ta ut filtret (se beskrivning i kapitel 1A).

Montering

9 Montera luftrenaren i omvänd ordningsföljd.

3 Temperaturreglersystem för inloppsluft - beskrivning och komponentbyte

Allmän beskrivning

1 Inloppsluftens temperaturreglersystem består av en temperaturstyrd vakuumkontakt monterad i luftrenarhuset, en vakuumstyrd klaffventil samt flera längder vakuumslang som sammankopplar komponenterna. Kontakten känner av inloppsluftens temperatur och öppnas när en förinställd undre gräns har nåtts. Den styr därefter insugsgrenrörets vakuum till klaffventilen som öppnas och låter den varma luften som tas från området kring avgasgrenröret blandas med den inkommande luften.

Komponentbyte

Temperaturkontakt

2 Se beskrivning i avsnitt 2, lossa klämmorna och ta bort locket från luftrenaren.

3 Koppla loss vakuumslangarna från temperaturkontakten, notera i vilken ordning de är monterade.

4 Bänd loss metallklämman från temperaturkontaktens öppningar, tryck därefter in kontakten i luftrenarens överdel. Ta vara på packningen.

5 Montera temperaturkontakten i omvänd ordningsföljd.

Klaffventil

6 Klaffventilen är integrerad med luftrenarens nederdel och kan inte bytas separat.

4 Gasvajer - demontering, montering och justering

Observera: *Se säkerhetsanvisningarna i avsnitt 1 innan arbete med komponenterna i bränslesystemet påbörjas.*

Demontering

1 Demontera gasspjällhusets luftbox/luftrenaren enligt beskrivning i avsnitt 2.

2 Vid gasspjällhuset, bänd loss klämman och lossa gasvajern (innervajern) från gasspjällets kamskiva **(se bilder)**.

3 Demontera metallklämman och ta loss vajerhöljet från fästbygeln **(se bilder)**.

4 Se beskrivning i kapitel 11 och demontera instrumentbrädans paneler under rattstången.

5 Tryck ned gaspedalen något, och lossa gasvajerns ände från pedalens förlängning.

6 Vid punkten där vajern går igenom torpedväggen, skruva loss locket från den tvådelade genomföringen så att vajern kan röra sig fritt.

7 Lossa vajern från dess klämmor och för ut den genom genomföringen i torpedväggen.

Montering

8 Montera gasvajern i omvänd ordningsföljd.

Justering

Bilar med manuell växellåda

9 Vid gasspjällhuset, fixera vajerhöljets läge i dess fäste genom att placera metallklämman i en av styrskårorna, så att gasspjället hålls vidöppet när gaspedalen trycks ner helt.

Bilar med automatväxellåda

10 På bilar med automatväxellåda, placera ett 15 mm tjockt träblock mellan gaspedalen och stoppklacken på golvet, håll därefter ner gaspedalen mot träblocket.

11 Vid gasspjällhuset, fixera vajerhöljets läge i fästbygeln genom att placera metallklämman i en av styrskårorna, så att gasspjället hålls vidöppet när gaspedalen trycks ner helt (mot träblocket).

12 Ta bort träblocket och släpp upp gaspedalen. Se beskrivning i kapitel 7B, använd en kontinuitetsprovare och kontrollera att kickdownkontakten stänger när gaspedalen är nedtryckt förbi läget för full acceleration, strax innan den möter stoppklacken på golvet.

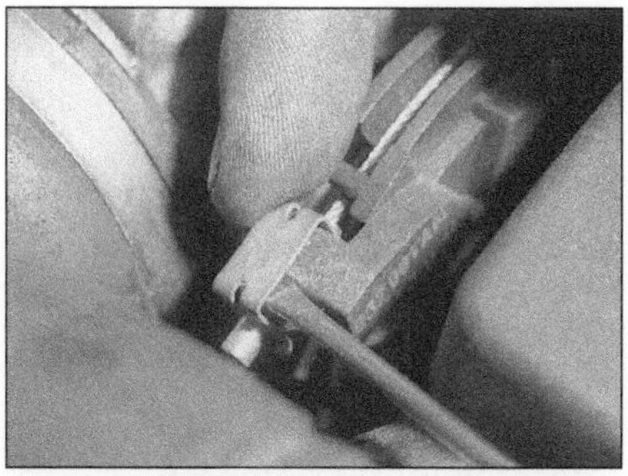

4.2a Vid spjällhuset, bänd loss klämman . . .

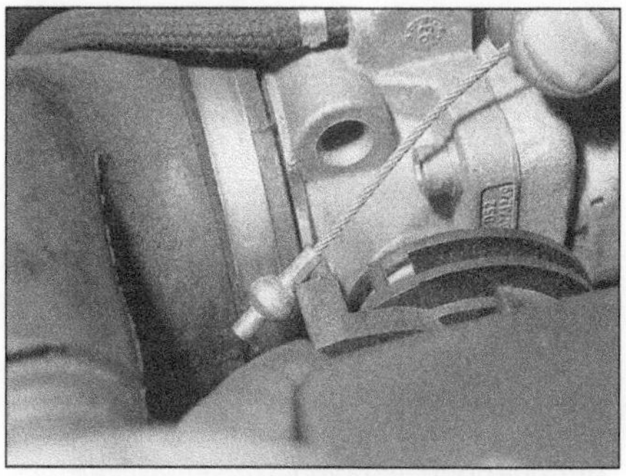

4.2b . . . och lossa innervajern från gasspjällets kamskiva (motorkod 2E på bild)

5 Bosch Motronic motorstyrsystem - demontering och montering av komponenter

Observera: *Se säkerhetsanvisningarna i avsnitt 1 innan arbetet med komponenter i bränslesystemet påbörjas.*

Luftmängdsmätare

Demontering

1 Koppla loss batteriets negativa anslutning och placera kabeln på avstånd från batteriet.

2 Se beskrivning i avsnitt 2, lossa klämmorna

4.3a Demontera metallklämman . . .

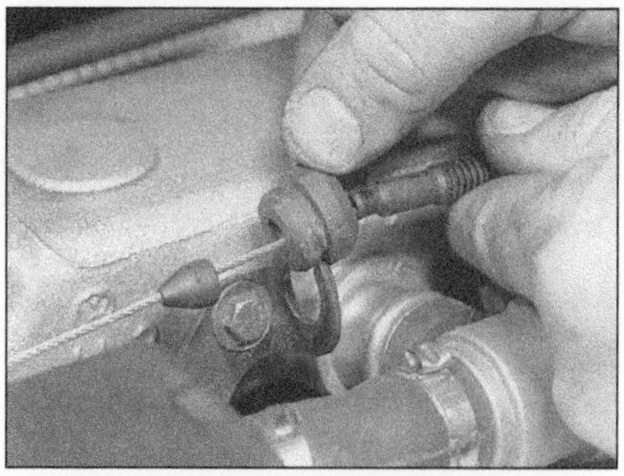

4.3b . . . och ta loss vajerns hölje från fästet (motorkod 2E på bild)

och ta bort luftkanalen från luftmängdsmätaren på luftrenarhusets baksida.

3 Lossa kablagekontakten från luftmängdsmätaren.

4 Skruva loss skruvarna och ta bort mätaren från luftrenarhuset. Ta vara på O-ringen.

Varning: Hantera luftmängdsmätaren varsamt – dess inre delar kan lätt skadas.

Montering

5 Montering sker i omvänd ordningsföljd. Byt O-ringen om den verkar skadad.

Gasspjällspotentiometer

Demontering

6 Koppla loss batteriets negativa anslutning och placera kabeln på avstånd från batteriet.

7 Lossa kablagekontakten från potentiometern.

8 Skruva loss fästskruvarna och lyft upp potentiometern från gasspjällhuset. Ta vara på O-ringen.

Montering

9 Montering sker i omvänd ordningsföljd, notera dock följande punkter:

a) Byt O-ringen om den verkar skadad.

b) Kontrollera att potentiometerdrivningen är i ingrepp med gasspjällaxelns förlängare.

c) På modeller med automatväxellåda måste potentiometern matchas med växellådans elektroniska styrenhet (ECU) – detta arbete kräver tillgång till speciell elektronisk testutrustning, fråga en VAG-verkstad om råd.

Insugsgrenrörets temperaturgivare

Demontering

10 Givaren är inskruvad i den högra delen av grenrörets över del.

11 Lossa batteriets negativa anslutning och placera kabeln på avstånd från batteriet. Lossa kablagekontakten från givaren.

12 Skruva loss givaren från grenröret med en lämplig nyckel.

Montering

13 Montering sker i omvänd ordningsföljd, notera angivet åtdragningsmoment.

Tomgångsstabiliseringsventil

Demontering

14 Ventilen är monterad på en fästbygel baktill på grenrörets överdel.

15 Koppla loss batteriets negativa anslutning och placera kabeln på avstånd från batteriet. Lossa kablagekontakten från givaren.

16 Lossa klämmorna och koppla loss inloppsluftkanalens slang samt ljuddämparens slang från öppningarna på tomgångsstabiliseringsventilen.

17 Lossa fästbygelns klämma och demontera ventilen från grenröret.

Montering

18 Montering sker i omvänd ordningsföljd.

Hastighetsgivare

19 Hastighetsgivaren är monterad på växellådan – se kapitel 7A, avsnitt 6.

Kylvätskans temperaturgivare

Demontering

20 Temperaturgivaren för kylvätskan sitter i kylvätskeutloppets krök, på topplockets framsida (se beskrivning i kapitel 3).

21 Koppla loss batteriets negativa anslutning och placera kabeln på avstånd från batteriet, lossa därefter kablagekontakten från givaren.

22 Se beskrivning i kapitel 3 och tappa av cirka en fjärdedel av kylvätskan från motorn.

23 Ta bort klämman och lyft ut givaren från kylvätskekröken – var beredd på ett visst kylvätskespill. Ta vara på O-ringen.

Montering

24 Montera givaren i omvänd ordningsföljd, använd en ny O-ring. Se beskrivning i kapitel 1A och fyll på kylsystemet.

Varvtalsgivare

Demontering

25 Varvtalsgivaren är monterad på motorblockets framsida, nära fogytan mellan motorblocket och växellådans balanshjulskåpa. Vid behov, tappa av motoroljan och demontera oljefilter och kylare för att förbättra åtkomligheten – se beskrivning i kapitel 2A.

26 Lossa batteriets negativa anslutning och placera kabeln på avstånd från batteriet, lossa därefter kablagekontakten från givaren.

27 Skruva loss fästskruven och ta bort givaren från motorblocket.

Montering

28 Montera givaren i omvänd ordningsföljd.

Gasspjällhus

29 Se beskrivning i avsnitt 4 och lossa gasvajern från gasspjällets kamskiva.

30 Lossa klämmorna och ta loss inloppsluftens kanaler från gasspjällhuset.

31 Lossa batteriets negativa anslutning och placera kabeln på avstånd från batteriet, lossa därefter kablagekontakten från gasspjällspotentiometern.

32 Koppla loss vakuumslangen från öppningen på gasspjällhuset, lossa därefter kabelstammen från styrklämman.

33 Lossa och ta bort de genomgående bultarna, lyft därefter bort gasspjällhuset från insugsgrenröret. Ta bort packningen och kasta den.

34 Vid behov, se aktuellt underavsnitt och demontera gasspjällspotentiometern.

Montering

35 Montering sker i omvänd ordningsföljd, observera följande punkter:

a) Använd en ny packning mellan gasspjällhuset och insugsgrenröret.

b) Observera angivet åtdragningsmoment vid montering av gasspjällhusets genomgående bultar.

c) Kontrollera att alla vakuumslangar och elektriska kontakter är säkert monterade.

d) Se beskrivning i avsnitt 4, kontrollera gasvajern och justera den om så behövs.

Bränslespridare och insprutningsbrygga

Observera: *Se säkerhetsanvisningarna i avsnitt 1 innan arbetet med komponenter i bränslesystemet påbörjas.*

Demontering

36 Lossa batteriets negativa anslutning och placera kabeln på avstånd från batteriet.

37 Se aktuellt avsnitt i detta kapitel och demontera gasspjällhuset, se därefter avsnitt 12 och demontera insugsgrenrörets övre del.

38 Lossa spridarnas kablagekontakter och märk dem med etiketter för att underlätta vid kommande montering.

39 Se beskrivning i avsnitt 10 och släpp ut trycket i bränslesystemet.

40 Lossa vakuumslangen från öppningen ovanpå bränsletryckregulatorn.

41 Lossa klämmorna och koppla loss bränsletillförsel- och retursIangar från insprutningsbryggans ände. Notera *noggrant* hur slangarna sitter – tillförselslangen är märkt med en vit pil och retursIangen med en blå pil.

42 Skruva loss skruvarna från insprutningsbryggan, lyft därefter försiktigt bort röret från

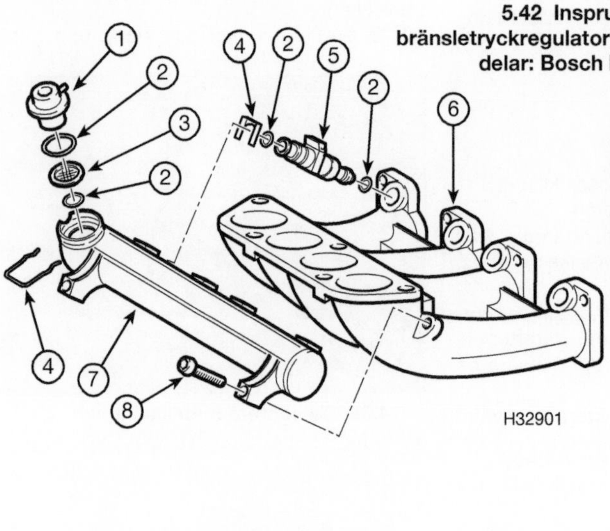

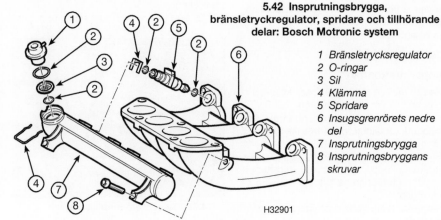

5.42 Insprutningsbrygga, bränsletryckregulator, spridare och tillhörande delar: Bosch Motronic system

1 Bränsletrycksregulator
2 O-ringar
3 Sil
4 Klämma
5 Spridare
6 Insugsgrenrörets nedre del
7 Insprutningsbrygga
8 Insprutningsbryggans skruvar

inloppsröret tillsammans med spridarna. Ta vara på spridarnas undre O-ringar från inloppsröret **(se bild)**.

43 Spridarna kan demonteras en och en från insprutningsbryggan genom att man tar bort aktuell metallklämma och därefter spridaren från röret. Ta vara på spridarnas övre O-ringar.

44 Vid behov, demontera bränsletryck-regulatorn, se beskrivning i aktuellt avsnitt.

45 Kontrollera den elektriska resistansen i spridaren med en multimeter och jämför med angivet värde i Specifikationer.

Observera: *Om man misstänker att en bränslespridare är defekt är det värt besväret att försöka en behandling med en bra spridar-rengörare innan man dömer ut spridaren.*

Montering

46 Montera bränslespridare och insprut-ningsbrygga i omvänd ordningsföljd, och notera följande punkter:

a) Byt spridarnas O-ringar om de verkar slitna eller skadade.
b) Kontrollera att spridarnas klämmor är säkert på plats.
c) Försäkra dig om att bränsletillförsel- och returslangarna blir korrekt anslutna – se förklaring av färgkoder i avsnittet "Demontering".
d) Använd en ny packning vid montering av insugsgrenrörets övre del.
e) Kontrollera att alla vakuumanslutningar och elektriska anslutningar sitter fast ordentligt och på rätt platser.
f) Leta mycket noga efter eventuellt bränsleläckage innan bilen körs igen.

Bränsletryckregulator

Observera: *Se säkerhetsanvisningarna i avsnitt 1 innan arbetet med komponenter i bränslesystemet påbörjas.*

Demontering

47 Lossa batteriets negativa anslutning och placera kabeln på avstånd från batteriet.

48 Ta bort skruvarna och lyft bort skydds-plåten från regulatorhuset.

49 Se beskrivning i avsnitt 10 och släpp ut trycket i bränslesystemet.

50 Koppla loss vakuumslangen från öppningen uppe på bränsletryckregulatorn.

51 Lossa klämman och koppla loss bränsle-tillförselslangen från insprutningsbryggans ände **(se bild 5.42)**. Största delen av bränslet kan då rinna ut. Var beredd på bränslespillet – placera en liten behållare och några trasor under regulatorhuset. **Observera:** *Tillförsel-slangen är märkt med en vit pil.*

52 Ta bort klämman från regulatorhusets sida och lyft upp regulatorn, ta vara på O-ringarna och silplattan.

53 Kontrollera silplattan beträffande föro-reningar, rengör den med rent bränsle om så behövs.

Montering

54 Montera bränsletryckregulatorn i omvänd ordningsföljd, och notera följande punkter:

a) Byt O-ringar om de verkar slitna eller skadade.
b) Kontrollera att regulatorns klämma är ordentligt på plats.
c) Montera regulatorns vakuumslang säkert.

Lambdasond

Demontering

55 Lambdasonden är inskruvad i avgasröret på katalysatorns framsida. Se beskrivning i kapitel 4D.

56 Lossa batteriets negativa anslutning och placera den på avstånd från batteriet, lossa därefter kablaget från lambdasonden vid kontakten som är belägen nära det högra motorfästet.

57 Arbeta under bilen, lossa och ta bort sonden, se till att sondens spets inte skadas vid demonteringen. **Observera:** *Eftersom en ledning fortfarande är ansluten till sonden efter det att den har lossats, behövs en skårad hylsa för att ta bort sonden, om en blocknyckel av korrekt storlek inte finns tillgänglig.*

Montering

58 Stryk lite antikärvningsfett på sondens gängor – undvik att smutsa ner sondens spets.

59 Montera sonden på huset och dra åt den till angivet åtdragningsmoment. Anslut kablaget.

6 Simos motorstyrsystem – demontering och montering av komponenter

Observera: *Se säkerhetsanvisningarna i avsnitt 1 innan arbetet med komponenter i bränslesystemet påbörjas.*

Luftmängdsmätare

Demontering

1 Lossa batteriets negativa anslutning och placera kabeln på avstånd från batteriet.

2 Se beskrivning i avsnitt 2, lossa klämmorna och koppla loss luftkanalen från luft-mängdsmätaren på luftrenarhusets baksida.

3 Koppla loss kablagets kontaktdon från luft-mängdsmätaren.

4 Skruva loss skruvarna och ta bort mätaren från luftrenarhuset. Ta vara på O-ringen.

Varning: Hantera luftmängdsmätaren varsamt – dess inre delar kan lätt skadas.

Montering

5 Montering sker i omvänd ordningsföljd. Byt O-ringen om den verkar skadad.

Gasspjällspotentiometer

6 Gasspjällspotentiometern är en del av gasspjällhuset – se beskrivning i tillämpligt avsnitt.

Insugsgrenrörets temperaturgivare

Demontering

7 Givaren är monterad i luftrenarhusets sida.

8 Lossa batteriets negativa anslutning och placera kabeln på avstånd från batteriet. Lossa kablagekontakten från givaren.

9 Dra ut klämman och ta bort givaren från huset.

Montering

10 Montering sker i omvänd ordningsföljd.

Hastighetsgivare

11 Hastighetsgivaren är monterad på växel-lådan – se kapitel 7A, avsnitt 6.

Kylvätskans temperaturgivare

Demontering

12 Temperaturgivaren för kylvätskan är monterad i kylvätskeutloppets krök, på topp-lockets framsida (se beskrivning i kapitel 3).

13 Lossa batteriets negativa anslutning och placera kabeln på avstånd från batteriet, lossa därefter kablagekontakten från givaren.

14 Se beskrivning i kapitel 3 och tappa av cirka en fjärdedel av kylvätskan från motorn.

15 Ta bort fästklämman och lyft ut givaren från kylvätskekröken – var beredd på att en viss mängd kylvätska rinner ut. Ta vara på O-ringen.

Montering

16 Montera givaren i omvänd ordningsföljd, använd en ny O-ring. Se beskrivning i kapitel 1A och fyll på kylsystemet.

Varvtalsgivare

Demontering

17 Varvtalsgivaren är monterad på motor-blockets framsida, intill fogen mellan motor-blocket och växellådans balanshjulskåpa. Om så behövs, tappa av motoroljan och demontera oljefiltret (i förekommande fall även oljekylaren) för att förbättra åtkomligheten, se beskrivning i kapitel 2A.

18 Lossa batteriets negativa anslutning och placera kabeln på avstånd från batteriet, lossa därefter kablagekontakten från givaren.

19 Skruva loss fästskruven och ta bort givaren från motorblocket.

Montering

20 Montera givaren i omvänd ordningsföljd.

Gasspjällhus

21 Se beskrivning i avsnitt 4 och lossa gas-vajern från gasspjällets kamskiva.

22 Lossa klämmorna och koppla loss inloppsluftens kanaler från gasspjällhuset.

23 Lossa batteriets negativa anslutning och placera kabeln på avstånd från batteriet, lossa därefter kontakten från potentiometern som är monterad på gasspjällhusets baksida.

24 Lossa vakuumslangen från öppningen på spjällhuset, lossa därefter kabelstammen från styrklämman.

25 Se kapitel 3 och tappa av cirka en fjärde-del av kylvätskan från motorn. Lossa klämmorna och koppla loss kylvätske-slangarna från öppningarna på gasspjäll-husets nederdel, gör en noggrann notering av hur de är monterade.

26 Lossa vakuumslangen från avdunstningssystemets kolkanister från anslutningen ovanpå gasspjällhuset.

27 Skruva loss de genomgående bultarna, lyft därefter bort gasspjällhuset från insugsgrenröret. Ta bort packningen och kasta den.

Montering

28 Montering sker i omvänd ordningsföljd, observera följande punkter:

a) Använd en ny packning mellan gasspjällhuset och insugsgrenröret.
b) Observera angivet åtdragningsmoment vid montering av gasspjällhusets genomgående bultar.
c) Kontrollera att kylvätskeslangarna är säkert monterade – slangen från topplocket ansluts till öppningen som är längst bort från insugsgrenröret.
d) Kontrollera att alla vakuumslangar och elektriska kontakter är säkert anslutna.
e) Se beskrivning i kapitel 1A och fyll på kylsystemet.
f) Kontrollera och vid behov justera gasvajern.

Bränslespridare och bränsleinsprutningsbrygga

Observera: *Se säkerhetsanvisningarna i avsnitt 1 innan arbetet med komponenter i bränslesystemet påbörjas.*

Demontering

29 Lossa batteriets negativa anslutning och placera kabeln på avstånd från batteriet.

30 Lossa spridarnas kablagekontakter och märk dem med etiketter för att underlätta vid kommande montering.

31 Se beskrivning i avsnitt 10 och släpp ut trycket i bränslesystemet.

32 Koppla loss vakuumslangen från öppningen ovanpå bränsletryckregulatorn.

33 Lossa klämmorna och koppla loss bränsletillförsel- och returslangar från insprutningsbryggans ände. Notera *noggrant* hur slangarna är monterade för att underlätta vid kommande montering.

34 Skruva loss insprutningsbryggans skruvar, lyft därefter försiktigt bort bryggan från insugsgrenröret tillsammans med spridarna. Ta vara på spridarnas insatser och de undre O-ringarna från insugsgrenröret.

35 Bränslespridarna kan demonteras en och en från insprutningsbryggan genom att man tar bort aktuell metallklämma och därefter drar ut spridaren. Ta vara på spridarnas övre O-ringar.

36 Om så behövs, demontera bränsletryckregulatorn, se beskrivning i aktuellt avsnitt.

37 Kontrollera den elektriska resistansen i spridaren med en multimeter och jämför med angivet värde i Specifikationer. **Observera:** *Om man misstänker att en spridare är defekt är det värt besväret att försöka en behandling med en bra spidarrengörare innan man dömer ut spridaren.*

Montering

38 Montera spridare och insprutningsbrygga i omvänd ordningsföljd, och notera följande punkter:

a) Byt spridarnas O-ringar om de verkar slitna eller skadade.
b) Kontrollera att spridarnas klämmor är säkert på plats.
c) Kontrollera att bränsletillförsel- och returslangarna är ordentligt anslutna enligt noteringarna som gjordes vid demonteringen – bränslereturanslutningen är monterad nedåt.
d) Kontrollera att alla vakuumanslutningar och elektriska anslutningar har anslutits på säkert och korrekt sätt.
e) Avslutningsvis, gör en grundlig kontroll av eventuellt bränsleläckage innan bilen körs igen.

Bränsletryckregulator

Observera: *Se säkerhetsanvisningarna i avsnitt 1 innan arbetet med komponenter i bränslesystemet påbörjas.*

Demontering

39 Lossa batteriets negativa anslutning och placera kabeln på avstånd från batteriet.

40 Se beskrivning i avsnitt 10 och släpp ut trycket i bränslesystemet.

41 Koppla loss vakuumslangen från öppningen ovanpå bränsletryckregulatorn.

42 Lossa klämman och koppla loss bränsletillförselslangen från insprutningsbryggans ände. Största delen av bränslet i insprutningsbryggan rinner därmed ut. Var beredd på bränslespillet – placera ett kärl och några trasor under anslutningen. **Observera:** *Anslutningen för returröret är riktad nedåt.*

43 Ta bort klämman från regulatorhusets sida och lyft ut regulatorn, ta vara på O-ringarna och silplattan.

44 Kontrollera silplattan beträffande föroreningar, rengör den med rent bränsle om så behövs.

Montering

45 Montera bränsletryckregulatorn i omvänd ordningsföljd, och notera följande punkter:

a) Byt O-ringar om de verkar slitna eller skadade.
b) Kontrollera att regulatorns klämma är ordentligt på plats.
c) Anslut regulatorns vakuumslang säkert.

Lambdasond

Demontering

46 Lambdasonden är inskruvad i avgasröret framför katalysatorn. Se beskrivning i kapitel 4D.

47 Lossa batteriets negativa anslutning och placera kabeln på avstånd från batteriet, lossa därefter kablaget från lambdasonden vid kontakten som sitter nära det högra motorfästet.

48 Arbeta under bilen, skruva loss och ta bort sonden, men se till att sondens spets inte skadas vid demonteringen. **Observera:** *Eftersom en ledning fortfarande är ansluten till sonden efter det att den har lossats, behövs en skårad hylsa för att ta bort sonden, om blocknyckel med korrekt storlek inte finns tillgänglig.*

Montering

49 Stryk litet antikärvningsfett på sondens gängor – undvik att smutsa ner sondens spets.

50 Montera sonden i huset på röret och dra åt den till angivet åtdragningsmoment. Anslut kablaget.

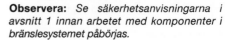

7 Digifant motorstyrsystem – demontering och montering av komponenter

Observera: *Se säkerhetsanvisningarna i avsnitt 1 innan arbetet med komponenter i bränslesystemet påbörjas.*

Luftmängdsmätare (endast motorkod 2E)

Observera: *Luftmängdsmätare förekommer inte på motorkod ABF. Motorbelastningen övervakas av givaren för grenrörstryck (MAP-givaren), vilken är integrerad i ECU och därför inte kan bytas separat.*

Demontering

1 Lossa batteriets negativa anslutning och placera kabeln på avstånd från batteriet.

2 Se beskrivning i avsnitt 2, lossa klämmorna och koppla loss luftkanalen från luftmängdsmätaren på luftrenarhusets baksida.

3 Lossa kablagekontakten från luftmängdsmätaren **(se bild).**

4 Skruva loss skruvarna och ta bort mätaren från luftrenarhuset. Ta vara på tätningen.

Varning: Hantera luftmängdsmätaren varsamt – dess inre delar kan lätt skadas.

Montering

5 Montering sker i omvänd ordningsföljd. Byt O-ringen om den verkar skadad. **Observera:** *Avslutningsvis måste luftmängdsmätaren matchas elektroniskt med Digifantsystemets elektroniska styrenhet (ECU) – detta arbete kräver tillgång till speciell elektronisk testutrustning, fråga en VAG-verkstad om råd.*

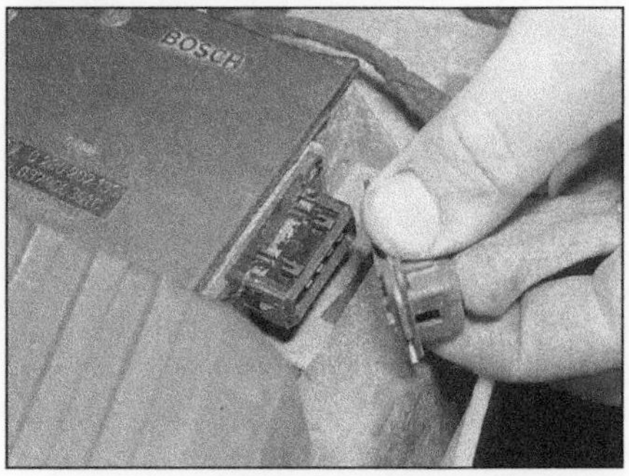

7.3 Koppla loss kontakten från luftmängdsmätaren (endast motorkod 2E)

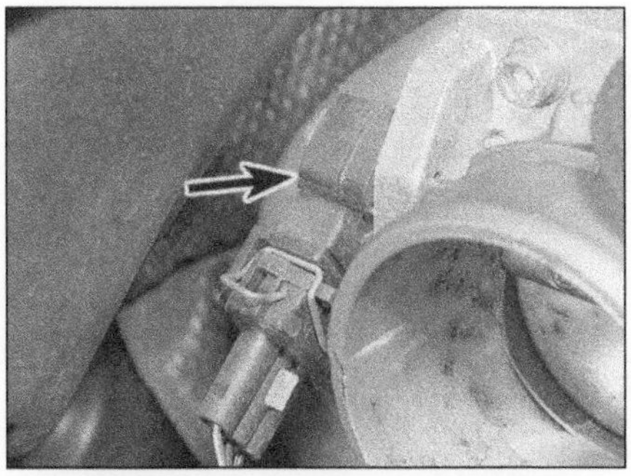

7.7 Lossa kontakten (vid pilen) från gasspjällspotentiometern (inloppsluftkanalen demonterad i bilden för tydlighet)

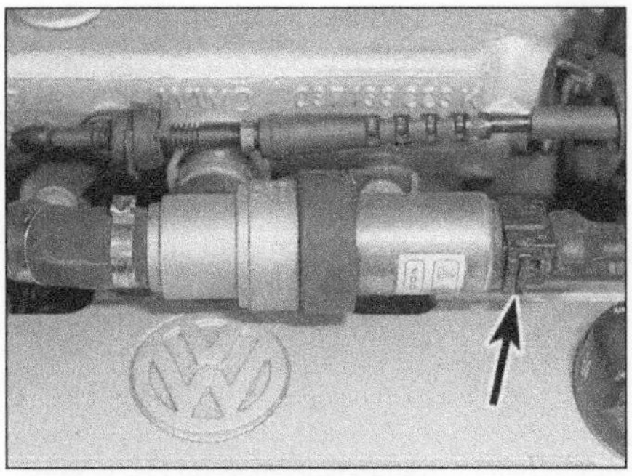

7.16 Tomgångsstabiliseringsventilens kontakt (vid pilen)

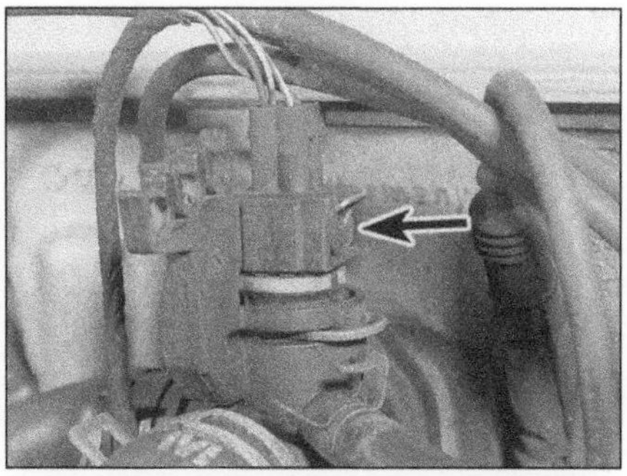

7.22 Lossa kablagekontakten (vid pilen) från temperaturgivaren till kylvätskan (motorkod 2E på bild)

Gasspjällspotentiometer

Demontering

6 Lossa batteriets negativa anslutning och placera kabeln på avstånd från batteriet.

7 Lossa kablagekontakten från potentiometern **(se bild)**.

8 Skruva loss skruvarna och lyft ut potentiometern från gasspjällhuset. I förekommande fall, ta vara på O-ringen.

Montering

9 Montering sker i omvänd ordningsföljd, observera följande punkter:

a) I förekommande fall, byt O-ringen om den verkar skadad.

b) Kontrollera att potentiometerdrivningen är i ingrepp med gasspjällsaxelns förlängare.

c) Avslutningsvis måste potentiometern matchas elektroniskt med Digifantsystemets elektroniska styrenhet (ECU) – detta arbete kräver tillgång till speciell elektronisk testutrustning, fråga en VAG-verkstad om råd.

d) På modeller med automatväxellåda måste potentiometern matchas med växellådans elektroniska styrenhet (ECU) – detta arbete kräver tillgång till speciell elektronisk testutrustning, fråga en VAG-verkstad om råd.

Temperaturgivare för inloppsluft

Demontering

10 På motorkod 2E är givaren integrerad i luftmängdsmätaren och kan inte bytas separat.

11 På motorkod ABF är givaren placerad i inloppsluftkanalen, nedströms luftrenaren.

12 Lossa batteriets negativa anslutning och placera kabeln på avstånd från batteriet. Lossa kablagekontakten från givaren.

13 Ta bort klämman och ta loss givaren från huset. Ta vara på O-ringen.

Montering

14 Montering sker i omvänd ordningsföljd. Byt O-ring om den verkar sliten eller skadad.

Tomgångsstabiliseringsventil

Demontering

15 Ventilen är monterad på en fästbygel på insugsgrenröret, ovanför kamaxelkåpan. På motorkod ABF, skruva loss skruvarna och lyft ut skyddsplattan.

16 Lossa batteriets negativa anslutning och placera kabeln på avstånd från batteriet. Lossa kablagekontakten från ventilen **(se bild)**.

17 Lossa klämman och koppla loss inloppsluftkanalens slang från anslutningen på tomgångsstabiliseringsventilen.

18 Lossa fästbygelns klämma och ta försiktigt bort ventilen från insugsgrenröret.

Montering

19 Montering sker i omvänd ordningsföljd.

Hastighetsgivare

20 Hastighetsgivaren är monterad på växellådan – se beskrivning i kapitel 7A.

Kylvätskans temperaturgivare

Demontering – motorkod 2E

21 Temperaturgivaren för kylvätskan är monterad i kylvätskeutloppets krök, på topplockets framsida (se beskrivning i kapitel 3).

22 Lossa batteriets negativa anslutning och placera kabeln på avstånd från batteriet, lossa därefter kablagekontakten från givaren **(se bild)**.

23 Se beskrivning i kapitel 3 och tappa av cirka en fjärdedel av kylvätskan från motorn.

24 Ta bort klämman och lyft ut givaren från kylvätskekröken – var beredd på att en viss mängd kylvätska rinner ut. Ta vara på O-ringen.

Demontering – motorkod ABF

25 Temperaturgivaren för kylvätskan är monterad på topplockets sida, nedanför och till vänster om strömfördelaren.

26 Lossa batteriets negativa anslutning och placera kabeln på avstånd från batteriet, lossa därefter kablagekontakten från givaren.

27 Se beskrivning i kapitel 3 och tappa av cirka en fjärdedel av kylvätskan från motorn.

28 Skruva loss givaren och ta vara på tätningsbrickan.

Montering

29 Montera givaren i omvänd ordningsföljd, använd en ny O-ring/tätningsbricka. Se beskrivning i kapitel 1A och fyll på kylsystemet.

Varvtalsgivare

Demontering

30 Varvtalsgivaren är monterad på motorblockets framsida, intill fogen mellan motorblocket och växellådans svänghjulskåpa.

31 Lossa batteriets negativa anslutning och placera kabeln på avstånd från batteriet, lossa därefter kablagekontakten från givaren.

32 Skruva loss skruven och ta bort givaren från motorblocket.

Montering

33 Montera givaren i omvänd ordningsföljd.

Kallstartsventil (motorkod 2E t.o.m. 07/93)

Demontering

34 Se beskrivning i avsnitt 10 och släpp ut trycket i bränslesystemet.

35 Lossa batteriets negativa anslutning och placera kabeln på avstånd från batteriet.

36 Lossa kablagekontakten från kallstartsventilen.

37 Lossa klämman och dra loss bränsleslangen från anslutningen på kallstartsventilens baksida.

38 Skruva loss skruven och ta bort kallstartsventilen från insugsgrenröret. Ta reda på packningen och kasta den.

Montering

39 Montera kallstartsventilen i omvänd ordningsföljd och använd en ny packning.

Gasspjällhus

40 Se beskrivning i avsnitt 4 och lossa gasvajern från gasspjällets kamskiva.

41 Lossa klämmorna och koppla loss inloppsluftens kanaler från spjällhuset.

42 Lossa batteriets negativa anslutning och placera kabeln på avstånd från batteriet, lossa därefter kablagekontakten från gasspjällspotentiometern.

43 Lossa vakuumslangarna från anslutningarna på gasspjällhuset och notera hur de är monterade. Lossa därefter kablarna från styrklämman.

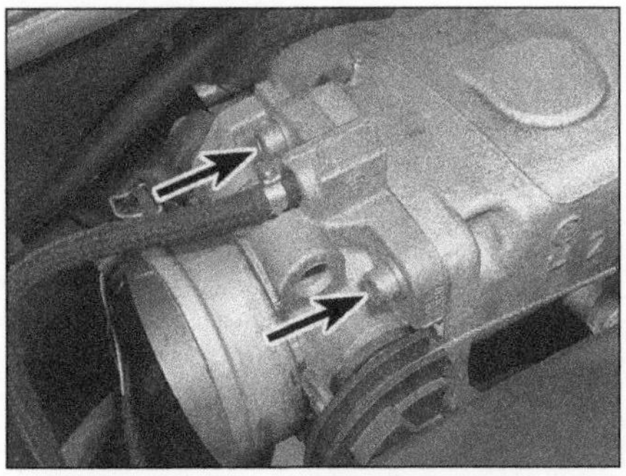

7.44 Gasspjällhusets övre genomgående bultar (vid pilarna)

44 Skruva loss de övre och undre genomgående bultarna **(se bild)**, lyft därefter bort gasspjällhuset från insugsgrenröret. Ta bort packningen och kasta den.

45 Vid behov, se aktuellt avsnitt och demontera gasspjällspotentiometern.

Montering

46 Montering sker i omvänd ordningsföljd, observera följande punkter:

a) Använd en ny packning mellan gasspjällhuset och insugsgrenröret.

b) Observera angivet åtdragningsmoment när du sätter tillbaka gasspjällhusets genomgående bultar.

c) Kontrollera att alla vakuumslangar och elektriska kontakter är ordentligt anslutna.

d) Se beskrivning i kapitel 1A och fyll på kylsystemet.

e) Se beskrivning i avsnitt 4, kontrollera och vid behov justera gasvajern.

Bränslespridare och bränsleinsprutningsbrygga

Observera: *Se säkerhetsanvisningarna i avsnitt 1 innan arbetet med komponenter i bränslesystemet påbörjas.*

Demontering

47 Lossa batteriets negativa anslutning och placera kabeln på avstånd från batteriet.

48 Se beskrivning i aktuellt avsnitt i detta kapitel och demontera gasspjällhuset.

49 På motorkod ABF, se beskrivning i avsnitt 12 och demontera insugsgrenrörets övre del.

50 Koppla loss spridarnas kablage vid multikontakten.

51 Se beskrivning i avsnitt 10 och släpp ut trycket i bränslesystemet.

52 Lossa vakuumslangen från anslutningen ovanpå bränsletryckregulatorn.

53 Lossa klämmorna och koppla loss bränsletillförsel- och returslangar från insprutningsbryggans ände. Notera *noggrant* hur slangarna sitter – tillförselslangen är färgkodad svart/vit och returslangen blå.

54 Skruva loss skruvarna från insprutningsbryggan, lyft därefter försiktigt bort bryggan från insugsgrenröret tillsammans med spridarna. Ta vara på spridarnas undre O-ringar från grenröret.

55 Skruva loss fästskruvarna och lyft av den övre delen av insprutningsbryggan från den nedre delen; ta vara på och kasta packningen.

56 Spridarna kan nu försiktigt tryckas loss från insprutningsbryggan en och en. Ta vara på spridarnas övre O-ringar.

57 Vid behov, demontera bränsletryckregulatorn, se beskrivning i aktuellt avsnitt.

58 Kontrollera den elektriska resistansen i spridaren med en multimeter och jämför med angivet värde i Specifikationer.

Observera: *Om man misstänker att en bränslespridare är defekt, är det värt besväret att försöka en behandling med en bra spridarrengörare innan man dömer ut spridaren.*

59 Montera spridarna på insprutningsbryggan, observera att håligheterna i sidan på varje spridare måste riktas in mot klackarna i insprutningsbryggans undre del. Fukta de nedre O-ringarna med ren motorolja innan de monteras.

60 Montera insugsgrenrörets övre del tillsammans med en ny packning och dra åt skruven till angivet åtdragningsmoment.

Montering

61 Montera bränslespridare och insprutningsbrygga i omvänd ordningsföljd, och notera följande punkter:

a) Byt spridarnas O-ringar om de verkar slitna eller skadade.

b) Kontrollera att spridarnas klämmor är säkert på plats.

c) Kontrollera att bränsletillförsel- och retursslangarna ansluts korrekt – se information om färgkoder i avsnittet "Demontering".

d) På motorkod ABF, använd en ny packning vid montering av insugsgrenrörets övre del på den nedre delen.

e) Kontrollera att alla vakuumanslutningar och elektriska anslutningar ansluts korrekt och säkert.

f) Avslutningsvis, leta noggrant efter eventuellt bränsleläckage innan bilen börjar köras igen.

Bränsletryckregulator

Observera: *Se säkerhetsanvisningarna i avsnitt 1 innan arbetet med komponenter i bränslesystemet påbörjas.*

Demontering

62 Lossa batteriets negativa anslutning och placera kabeln på avstånd från batteriet.

63 Se beskrivning i avsnitt 10 och släpp ut trycket i bränslesystemet.

64 Lossa vakuumslangen från öppningen uppe på bränsletryckregulatorn.

65 Lossa klämman och koppla loss bränsletillförselslangen från insprutningsbryggans ände. Största delen av bränslet i insprutningsbryggan rinner därmed ut. Var beredd på bränslespillet – placera en liten behållare och några trasor under bränsletryckregulatorns hus.

66 Ta bort klämman från regulatorhusets sida och lyft ut regulatorn, ta vara på O-ringen.

Montering

67 Montera bränsletryckregulatorn i omvänd ordningsföljd, och notera följande punkter:

a) Byt O-ringar om de verkar slitna eller skadade.

b) Kontrollera att regulatorns klämma är ordentligt på plats.

c) Anslut regulatorns vakuumslang ordentligt.

Lambdasond

Demontering

68 Lambdasonden är inskruvad i avgasröret på katalysatorns framsida. Se beskrivning i kapitel 4D.

69 Lossa batteriets negativa anslutning och placera kabeln på avstånd från batteriet, lossa därefter kablaget från lambdasonden vid kontakten som sitter nära det högra bakre motorfästet.

70 Arbeta under bilen, lossa och ta bort sonden, se till att sondens spets inte skadas vid demonteringen. **Observera:** *Eftersom en ledning fortfarande är ansluten till sonden efter det att den har lossats måste en skårad hylsa användas för att ta bort sonden, om inte en blocknyckel av korrekt storlek finns tillgänglig.*

Montering

71 Stryk lite antikärvningsfett på sondens gängor – undvik att smutsa ner sondens spets.

72 Montera sonden på huset och dra åt den till angivet åtdragningsmoment. Anslut kablaget.

Elektronisk styrenhet (ECU)

73 Se kapitel 4C, avsnitt 13.

8 Bränslefilter – byte

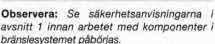

Observera: *Se säkerhetsanvisningarna i avsnitt 1 innan arbetet med komponenter i bränslesystemet påbörjas.*

Se beskrivning i kapitel 4A, avsnitt 6.

9 Bränslepump och tankarmatur – demontering och montering

Observera: *Se säkerhetsanvisningarna i avsnitt 1 innan arbetet med komponenter i bränslesystemet påbörjas.*

Se beskrivning i kapitel 4A, avsnitt 7.

10 Bränsleinsprutningssystem – tryckutjämning

Observera: *Se säkerhetsanvisningarna i avsnitt 1 innan arbetet med komponenter i bränslesystemet påbörjas.*

Se beskrivning i kapitel 4A, avsnitt 9.

11 Bränsletank - demontering och montering

Observera: *Se säkerhetsanvisningarna i avsnitt 1 innan arbetet med komponenter i bränslesystemet påbörjas.*

Se beskrivning i kapitel 4A, avsnitt 8.

12 Insugsgrenrör - demontering och montering

Observera: *Se säkerhetsanvisningarna i avsnitt 1 innan arbetet med komponenter i bränslesystemet påbörjas.*

AEK, AFT, AKS, ATU, AWF och AWG motorer

Demontering

1 Se beskrivning i avsnitt 10 och släpp ut trycket i bränslesystemet. Lossa därefter batteriets negativa anslutning och placera kabeln på avstånd från batteriet.

2 Se beskrivning i avsnitt 2 och lossa luftinloppskanalen från gasspjällhuset.

3 Se beskrivning i avsnitt 5 och demontera gasspjällhuset från insugsgrenrörets överdel.

4 Skruva loss skruvarna och lyft bort skyddsplåten från bränsletryckregulatorn.

5 Lossa kabelstammen från insugsgrenrörets temperaturgivare (se avsnitt 5).

6 Lossa bromsservons vakuumslang från anslutningen på grenröret.

7 Skruva loss de genomgående bultarna, ta sedan isär insugsgrenrörets övre och nedre delar. **Observera:** *Skruva loss skruven från stödfästet mellan grenrörets övre del och topplocket.* Kontrollera att ingenting längre är anslutet till grenrörets övre del, lyft därefter ut det från motorrummet. Ta vara på packningen.

8 Se beskrivning i avsnitt 5 och demontera bränsleinsprutningsbryggan och bränslespridarna. **Observera:** *Insprutningsbryggan kan flyttas åt sidan med bränsleledningarna fortfarande anslutna, men undvik att belasta dem.*

9 Lossa växelvis och ta bort bultarna mellan insugsgrenröret och topplocket. Lyft bort grenröret från topplocket och ta vara på packningen.

Montering

10 Montera insugsgrenröret i omvänd ordningsföljd, notera dock följande punkter:

a) Använd nya packningar till insugsgrenröret.

b) Dra åt bultarna mellan insugsgrenröret och topplocket och mellan de övre och nedre delarna av grenröret till angivna åtdragningsmoment.

c) Kontrollera att alla vakuumanslutningar och elektriska anslutningar är korrekt och säkert utförda.

d) Avslutningsvis, leta noggrant efter eventuellt bränsleläckage innan bilen körs igen.

AEX, APQ, AEE, 2E, ADY, AGG och AKR motorer

Demontering

11 Se beskrivning i avsnitt 10 och släpp ut trycket i bränslesystemet. Lossa därefter batteriets negativa anslutning och placera kabeln på avstånd från batteriet.

12 Se beskrivning i avsnitt 2 och lossa luftinloppskanalen från gasspjällhuset.

13 Se beskrivning i avsnitt 5 och demontera gasspjällhuset från insugsgrenröret.

14 Koppla loss kablaget från temperaturkontakten på insugsgrenrörets sida.

15 Koppla loss bromsservons vakuumslang från anslutningen på grenröret.

16 Se beskrivning i avsnitt 6 och demontera insprutningsbrygga och bränslespridare. **Observera:** *Insprutningsbryggan kan flyttas åt sidan med bränsleledningarna fortfarande anslutna, men undvik att belasta dem.*

17 Lossa växelvis och ta bort bultarna mellan insugsgrenröret och topplocket. Lyft ut grenröret från topplocket och ta vara på packningen.

Montering

18 Montering sker i omvänd ordningsföljd, notera dock följande punkter:

a) Använd en ny packning mellan grenröret och topplocket.

b) Dra åt bultarna mellan grenrör och topplock till angivet åtdragningsmoment.

c) Kontrollera att alla vakuumanslutningar och elektriska anslutningar är korrekt och säkert anslutna.

d) Avslutningsvis, leta noggrant efter eventuellt bränsleläckage innan bilen körs igen.

ABF motor

Demontering

19 Se beskrivning i avsnitt 10 och släpp ut trycket i bränslesystemet. Lossa batteriets negativa anslutning och placera kabeln på avstånd från batteriet.

20 Se beskrivning i avsnitt 2 och koppla loss luftinloppskanalen från gasspjällhuset.

21 Se beskrivning i avsnitt 5 och demontera gasspjällhuset och tomgångsstabiliseringsventilen från insugsgrenrörets överdel.

22 Koppla loss bromsservons vakuumslang från anslutningen på grenrörets sida.

23 Skruva loss de genomgående bultarna, separera grenrörets övre och nedre delar. Kontrollera att ingenting längre är anslutet till grenrörets överdel och lyft därefter ut den från motorrummet. Ta vara på packningen.

24 Se beskrivning i avsnitt 5 och demontera insprutningsbrygga och bränslespridare.

25 Lossa växelvis och och ta bort bultarna mellan insugsgrenröret och topplocket. Lyft bort grenröret från topplocket och ta vara på packningen.

Montering

26 Montera insugsgrenröret i omvänd ordning, notera dock följande punkter:

a) Använd nya packningar till grenröret.

b) Dra åt bultarna mellan grenrör och topplock och mellan de övre och nedre delarna av grenröret till angivet åtdragningsmoment.

c) Kontrollera att alla vakuumanslutningar och elektriska anslutningar är korrekt och säkert utförda.

d) Avslutningsvis, leta noggrant efter eventuellt bränsleläckage innan bilen körs igen.

13 Bränsleinsprutningssystem - kontroll och justering

1 Om ett fel uppstår i bränsleinsprutningssystemet, kontrollera först att alla kontakter är ordentligt anslutna och fria från korrosion. Kontrollera därefter att felet inte beror på dåligt underhåll, kontrollera t.ex. att luftfiltret är rent, att tändstiften är i gott skick och att elektrodavstånden är rätt, att kompressionen är korrekt, att tändinställningen är rätt och att motorns ventilationsslangar inte är blockerade eller skadade, se mer detaljerad information i kapitel 1A, kapitel 2 del A och kapitel 5B.

2 Om felkällan inte uppenbaras vid dessa kontroller bör bilen tas till en VAG-verkstad med lämplig specialutrustning för att testas. Ett diagnosuttag finns inmonterat i bilens motorstyrningssystem, till vilket en speciell elektronisk testutrustning kan anslutas. Testutrustningen kan på elektronisk väg "fråga ut" motorns styrsystem (ECU) och komma åt dess interna felminne. På detta sätt kan fel identifieras snabbt och enkelt, även om felet endast uppträder då och då. Att testa samtliga systemkomponenter en efter en för att lokalisera ett fel genom eliminering, är en tidskrävande uppgift som antagligen inte leder till några uttömmande svar (speciellt om felet uppträder dynamiskt) och metoden innebär en stor risk att ECUs inre delar skadas.

3 En erfaren hemmamekaniker som är utrustad med en exakt varvräknare och noggrant kalibrerad avgasanalysinstrument kan kontrollera avgasernas CO-halt och motorns tomgångsvarvtal. Om dessa värden inte stämmer med specificerade värden måste bilen överlåtas till en VAG-verkstad med specialutrustning för kontroll. Varken luft/bränsleblandningen (avgasens CO-halt) eller motorns tomgångsvarvtal kan justeras manuellt; felaktiga värden pekar på att fel föreligger i bränsleinsprutningssystemet.

14 Blyfri bensin – allmän information och användning

Observera: *Informationen i det här avsnittet gäller i skrivande stund och gäller bara bensin som förtillfället är tillgänglig i Sverige. Kontrollera med en VAG-återförsäljare för mer aktuell information. Om du reser utomlands, kontakta en motororganisation för råd om vilken typ av bensin som finns tillgänglig i det land du ska resa till och dess lämplighet för din bil.*

1 Bränslet som rekommenderas av VAG anges i specifikationerna i början av kapitlet.

2 RON och MON är olika teststandards: RON står för Research Octane Number (skrivs också RM), medan MON står för Motor Octane Number (skrivs också MM).

Kapitel 4 Del C: Bränslesystem – dieselmotor

Innehåll

Svårighetsgrader

Enkelt, passar novisen med lite erfarenhet	**Ganska enkelt,** passar nybörjaren med viss erfarenhet	**Ganska svårt,** passar kompetent hemmamekaniker	**Svårt,** passar hemmamekaniker med erfarenhet	**Mycket svårt,** för professionell mekaniker

Specifikationer

Systemtyp

1Y motor – 1,9 D modell	Indirekt insprutning via en mekanisk pump, ej turbo, EGR *
AEY motor – 1,9 SDi modell	Direkt insprutning via mekanisk pump under styrning av elektronisk motorstyrning, ej turbo, EGR
AAZ ("Umwelt") motor – 1,9 TD modell	Indirekt insprutning via mekanisk pump, lågtrycks turbo, EGR *
1Z, AHU och ALE motorer – 1,9 TDi 90 modeller	Direkt insprutning via mekanisk pump, turbo och laddluftskylare, EGR
AFN och AVG motorer – 1,9 TDi 110 modeller	Direkt insprutning via mekanisk pump under styrning av elektronisk motorstyrning, turbo (variabel geometri) och laddluftskylare, EGR

*** Observera:** *EGR (avgasåtercirkulation) endast på motorer tillverkade efter 8/94.*

Bränslesystem

Tändföljd	1-3-4-2 (cylinder nr 1 vid kamremsänden)	
Tomgångsvarvtal – helt uppvärmd motor:		
1Y och AAZ motorer	900 ± 30 rpm	
AEY, AFN och AVG motorer	875-950 rpm *	
1Z och AHU motorer	860-940 rpm *	
ALE motor	850-950 rpm *	
Snabbtomgångsvarvtal – kall motor:		
1Y och AAZ motorer	1050 ± 50 rpm	
Alla andra motorer	Ej tillämpligt *	
Max varvtal utan belastning:		
1Y och AAZ motorer fram t.o.m. 09/94	5200 ± 100 rpm	
1Y och AAZ motorer fr.o.m. 10/94	5050 ± 100 rpm	
AEY motor	4950-5150 rpm *	
1Z, AHU, ALE, AFN och AVG motorer	4800-5200 rpm *	
* *Ej justerbart, elektroniskt styrt.*		
Avgasernas opacitet (röktäthet):		
1Y motor	2,01m^{-1}/20% max.	
AAZ, 1Z, AHU, ALE, AFN och AVG motorer	2,01m^{-1} max.	
AEY motor	2,51m^{-1} max.	
Statisk insprutningsinställning:		
Vevaxelposition	Cylinder nr 1@ ÖD, kompressionstakt	
Pumpkolvens rörelse:	**Tolerans vid kontroll**	**Inställningsvärde**
1Y motor fram t.o.m. 09/94	0,83-0,97 mm	0,90 ± 0,02 mm
AAZ motor fram t.o.m. 09/94	0,73-0,83 mm	0,80 ± 0,02 mm
1Y och AAZ motorer fr.o.m. 10/94	Låsstift 3359 måste passa hålen i pumpdrev och pump	
AEY, 1Z, AHU, ALE, AFN och AVG motorer	Endasts dynamisk inställning	Ej tillämpligt

Bränslesystem (forts)

Dynamisk insprutningsinställning °FÖD:	**Tolerans vid kontroll**	**Inställningsvärde**
1Y motor fram t.o.m. 09/94	12-14	13 ± 0.2
AAZ motor fram t.om. 09/94	9,5-11,5	10,5 ± 0,2
1Y och AAZ motorer fr.o.m. 10/94	Endast statisk inställn.	Ej tillämpligt
AEY, 1Z, AHU, ALE, AFN och AVG motorer	Volkswagen felkodsläsare VW 1551 eller systemtestare VW 1552 behövs	

Bränslespridare

Typ:		
1Y motor	Pintle, enstegsspridare	
AAZ motor	Pintle, tvåstegsspridare *	
AEY, 1Z, AHU, ALE, AFN och AVG motorer	Hål, tvåstegsspridare *	
Öppningstryck:	**Standard**	**Minimum**
1Y motor	130-138 bar	120 bar
AAZ motor (1:a steg)	150-158 bar	140 bar
AEY, 1Z, AHU, AFN och AVG motorer	190-200 bar	170 bar
ALE motor	220-230 bar	200 bar
Munstycke läckage:		
1Y och AAZ motorer	110 bar i 10 sekunder	
AEY, 1Z, AHU, ALE, AFN och AVG motorer	150 bar i 10 sekunder	

* **Observera:** *Defekta tvåstegs spridare måste bytas ut – service, tryckinställning eller reparationer kan ej utföras*

Turboladdare

Typ	Garrett eller KKK
Max laddtryck:	
AAZ motor	0,60 till 0,83 bar vid 4000 rpm
1Z, AHU och ALE motorer	0,50 till 0,65 bar vid 3500 till 4000 rpm
AFN och AVG motorer	1,65 till 2,20 bar vid 3000 rpm

Åtdragningsmoment

	Nm
Bränsleavstängningssolenoid	40
Bränsletankens fästband, bultar	25
ECU fästen	10
Givare för insprutningstid	25
Insprutningspump till bakre fästbygel, bultar	25
Insprutningspump till främre fästbygel, bultar	25
Insprutningspumpens bränsleanslutning, låsmuttrar	20
Insprutningspumpens bränsletillförsel och retur, banjobultar	25
Insprutningspumpens drev	45
Insprutningspumpens fördelningshus, bränsleanslutningar	25
Insprutningspumpens inställningsplugg	15
Insprutningspumpens övre kåpa, skruvar (motorkod 1Z)	10
Laddluftskylare, fästbultar	10
Spridare – AEY, 1Z, AHU, ALE, AFN och AVG motorer (SDi och TDi modeller):	
Fästbult	20
Spridare – 1Y och AAZ motorer (D och TD modeller)	70
Spridarnas bränslerörsanslutningar	25
Tomgångshöjarens mutter	20

1 Allmän information och säkerhetsanvisningar

Allmän beskrivning

Motorkoder AAZ och 1Y

Bränslesystemet består av en bränsletank, en insprutningspump, ett bränslefilter monterat i motorrummet med en integrerad vattenavskiljare, bränsletillförsel- och returrör samt fyra bränslespridare.

Insprutningspumpen drivs med halva vevaxelns hastighet av kamaxelns kamrem. Bränslet dras från bränsletanken genom filtret med hjälp av insprutningspumpen, vilken därefter fördelar bränslet under mycket högt tryck till bränslespridarna via separata tillförselrör.

Spridarna är fjäderbelastade mekaniska ventiler som öppnar när trycket av det tillförda bränslet överskrider en specifik gräns. Bränslet sprutas därefter från spridarens munstycke in i cylindern via en virvelkammare (indirekt insprutning). Motorkod AAZ är utrustad med tvåstegsspridare som öppnar stegvis allt eftersom bränsletrycket stiger; denna effekt förbättrar motorns förbränningsegenskaper.

Den grundläggande insprutningsinställningen fastställs av insprutningspumpens läge på fästbygeln. När motorn är i gång justeras inställningen (insprutning tidigare eller senare) av själva insprutningspumpen och påverkas främst av gaspedalens läge och motorns varvtal.

Motorn stängs av med en solenoiddriven avstängningsventil som avbryter bränsleflödet till insprutningspumpen när den avaktiveras.

På modeller som är registrerade före oktober 1994, kan motorns tomgångsvarvtal vid kallstart ökas manuellt med hjälp av en kallstartsvajer som styrs via ett reglage på instrumentbrädan. Från och med oktober 1994 ersattes kallstartsvajern av en automatisk tomgångshöjare, som är monterad på sidan av insprutningspumpen.

Man bör notera att fr.o.m. oktober 1994 är insprutningspumpen utrustad med ett elektroniskt system för självdiagnostik och fellagring. Underhåll av detta system är endast möjligt med speciell elektronisk testutrustning. Problem med systemdriften bör därför överlåtas till en VAG-verkstad för bedömning. När felet har identifierats kan en eller flera aktuella komponenter demonteras och monteras enligt beskrivningarna i nedanstående avsnitt.

TD modellen (motorkod AAZ) har en turboladdare fastskruvad direkt på avgasgrenröret. Till skillnad från de flesta turboladdare, som är effektorienterade enheter, är den här laddaren designad för att ge ett lågt laddtryck, med målsättningen att förse motorn med ett överskott av syre hela tiden, för att åstadkomma ren förbränning.

AEY, 1Z, AHU, ALE, AFN och AVG motorer (SDi och TDi motorer)

Direktinsprutningen styrs elektroniskt av ett motorstyrningssystem bestående av en elektronisk styrenhet (ECU) med tillhörande givare, aktiverare och kablage.

Den grundläggande insprutningsinställningen fastställs mekaniskt av insprutningspumpens läge på fästbygeln. Dynamisk inställning och insprutningsvaraktighet styrs av ECU och beror på information om motorns varvtal, gasspjällets läge och öppningshastighet, inloppsluftens flöde, inloppsluftens temperatur, kylvätskans temperatur, bränslets temperatur, omgivande atmosfärstryck (altitud) samt insugsgrenrörets undertryck som tas emot från de olika givarna på och runt motorn. "Closed loop"-styrning av insprutningsinställningen uppnås med hjälp av en nållyftsgivare som är monterad på spridare nr 3. På SDi modeller (motorkod AEY) finns ett vakuumstyrt gasspjäll på insugsgrenröret för att öka vakuumet när motorns varvtal är mindre än 2200 rpm.

Tvåstegsinsprutare används, vilket förbättrar motorns förbränningsegenskaper, ger tystare körning och bättre avgasutsläpp.

ECU styr också driften av EGR-systemet (avgasåtercirkulation) avgasreningssystemet (kapitel 4D), turbons laddtrycksstyrning (avsnitt 13) och glödstiftsstyrningssystemet (kapitel 4D).

Man bör notera att feldiagnostik av motorstyrningssystemet endast är möjlig med speciell elektronisk testutrustning. Problem med systemdriften bör därför överlåtas till en VAG-verkstad för bedömning. När felet har identifierats kan en eller flera aktuella komponenter demonteras och monteras enligt beskrivningarna i nedanstående avsnitt.

På TDi modeller (motorkod 1Z, AHU, ALE, AFN och AVG) är en turboladdare fastskruvad direkt på avgasgrenröret för att förbättra motorns prestanda. Turbon använder avgasernas energi till att driva en turbin som trycker in mer luft i insugsgrenröret. Om det finns mer luft kan mer bränsle förbrännas och motorn kan därmed ge mer effekt. För att maximera fördelarna med en turbo, har dessa modeller också en luftkyld värmeväxlare kallad laddluftkylare (eller intercooler), som kyler ner den trycksatta luften och därmed gör den tätare (mer syre för samma volym) än vad annars skulle vara fallet. De kraftigare motorerna (motorkoderna AFN och AVG) har turbo med variabel geometri, där turbinbladens lutning och vinkel varierar beroende på motorns hastighet och belastning, för att ge snabb respons vid låga motorvarv genom att bibehålla gasernas hastighet genom enheten och för att reducera baktryck i avgassystemet

Observera: *I detta kapitel anges bilarna oftare med respektive motorkod än med motorns kapacitet – se förteckning över motorkoderna i kapitel 2B.*

Säkerhetsanvisningar

Många arbetsmoment som beskrivs i detta kapitel innebär att bränslerör skall lossas vilket kan leda till bränslespill. Innan arbetet påbörjas, se nedanstående Varningar samt informationen i avsnittet *Säkerheten främst!* i början av denna handbok.

Varning: Vid arbete på komponenter i bränslesystemet, undvik att huden kommer i direkt kontakt med diesel - bär skyddskläder och handskar vid hantering av bränslesystemets komponenter. Kontrollera att arbetsplatsen är väl ventilerad för att undvika att dieselångor bildas.

Bränslespridarna arbetar vid extremt höga tryck och bränslestrålen som bildas vid munstycket kan tränga igenom huden, vilket även kan få dödlig utgång. Vid arbete med spridare under tryck, var mycket noggrann med att inte utsätta någon kroppsdel för bränslestrålar. Det rekommenderas att all form av tryckprov utförs av specialist på dieselsystem.

Dieselbränsle får under inga omständigheter komma i kontakt med kylvätskeslangar - torka bort diesel som spills av misstag omedelbart. Slangar som har förorenats med bränsle under längre perioder bör bytas. Dieselsystem är speciellt känsliga för föroreningar av smuts, luft och vatten. Var alltid noga med renligheten vid arbete med komponenter i bränslesystemet för att undvika att smuts tränger in. Rengör ytorna kring bränsleanslutningarna innan de lossas. Förvara isärtagna komponenter i slutna behållare för att undvika föroreningar och att kondensation bildas. Använd bara luddfria trasor och rent bränsle till rengöring av komponenterna. Undvik att använda tryckluft vid rengöring av komponenter som sitter kvar i bilen.

2 **Luftrenare** – demontering och montering

Demontering

1 Lossa slangklämmorna och koppla loss luftkanalen från luftrenaren (motorkoder AAZ och 1Y) eller luftmängdsmätaren (SDi, TDi modeller) **(se bild)**.

2 Haka loss gummiöglorna från klackarna på chassit **(se bild)**.

3 Dra luftrenaren mot motorn och ta loss luftinloppsslangen från öppningen på innerskärmen.

4 Lyft ut luftrenaren från motorrummet. På SDi och TDi modeller, separera luftmängdsmätaren från luftrenaren genom att skruva loss skruvarna. Luftmängdsmätaren är ömtålig och måste hanteras varsamt.

5 Bänd loss klämmorna och lyft upp locket från luftrenaren. Ta bort luftfiltret från luftrenaren (se detaljerad beskrivning i kapitel 1B).

Montering

6 Montera luftrenaren i omvänd ordningsföljd. Placera monteringsstiftet i urtaget i innerskärmen **(se bild)**.

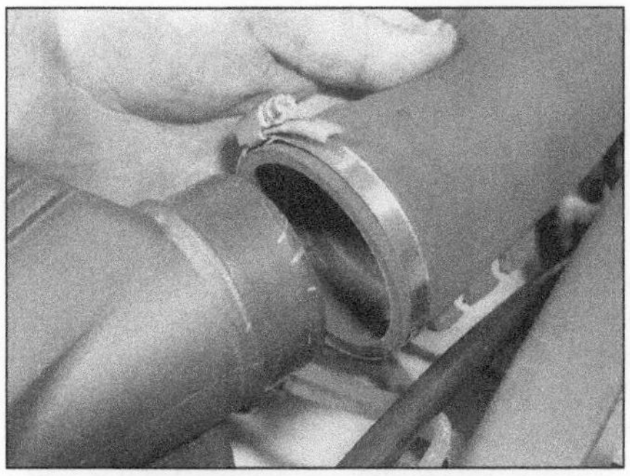

2.1 Lossa slangklämmorna och ta loss luftkanalen från luftrenaren

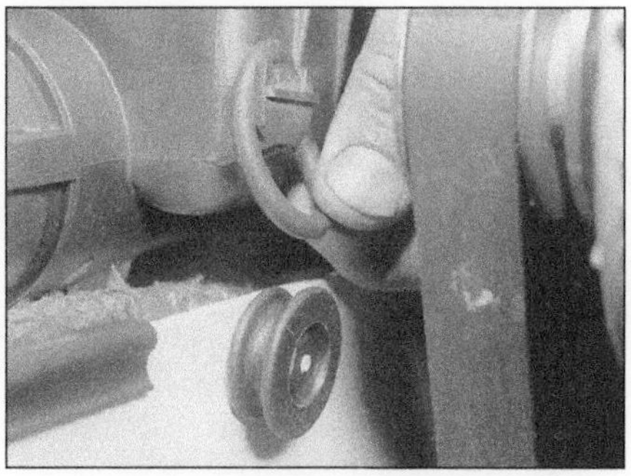

2.2 Haka loss gummiöglorna från klackarna på chassit

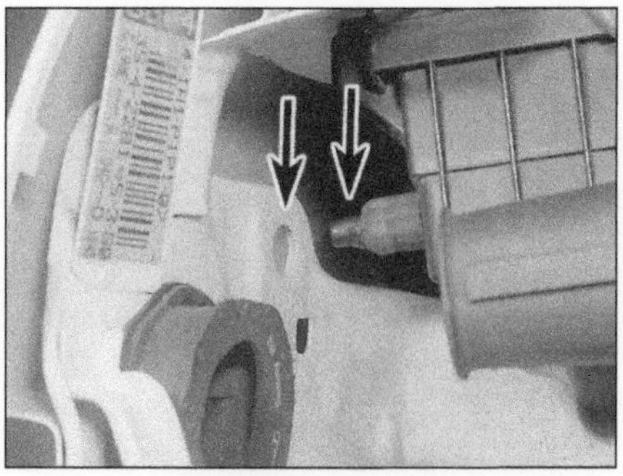

2.6 Placera monteringsstiftet i hålet i innerskärmen (vid pilarna)

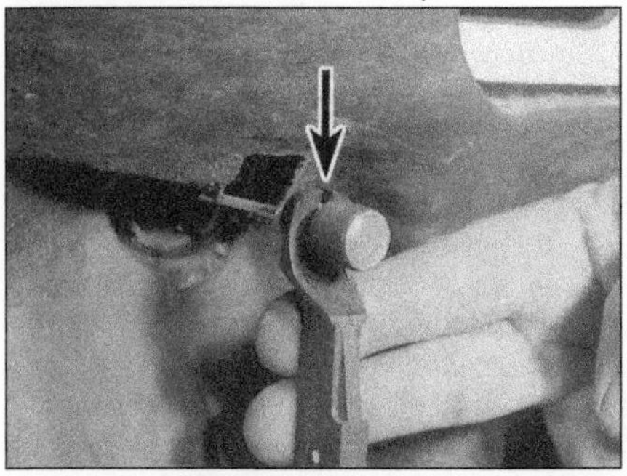

3.3 Lossa gasvajerns ände (vid pilen) från pedalens förlängning

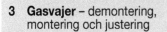

3.5 Lossa gasvajern från armen på insprutningspumpen

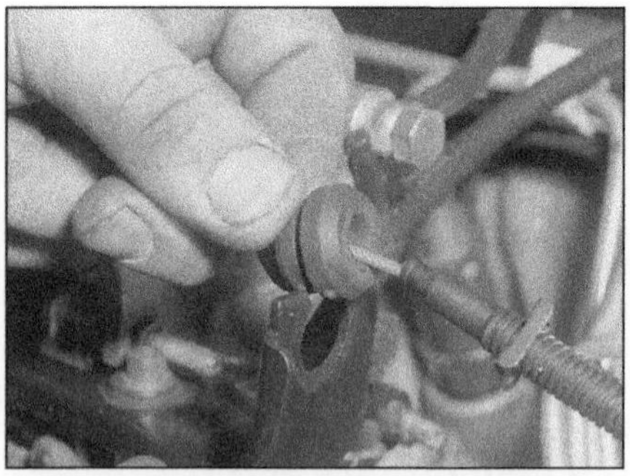

3.6 För gummigenomföringen bakåt och ta loss vajerhöljet från fästet

3 Gasvajer – demontering, montering och justering

1 Detta avsnitt gäller endast motorkoderna 1Y och AAZ; SDi och TDi modellerna är utrustade med en elektronisk gasspjällägesgivare (se avsnitt 13).

Demontering

2 Se beskrivning i kapitel 11 och demontera instrumentbrädans paneler under rattstången.
3 Tryck ner gaspedalen något och lossa gasvajerns ände från pedalens förlängning **(se bild)**.
4 Vid punkten där vajern går igenom torpedväggen, skruva loss locket från den tvådelade genomföringen så att vajern kan röra sig fritt.
5 Arbeta i motorrummet, ta bort klämman och lossa änden av gasvajern (innervajern) från insprutningspumpens arm **(se bild)**.
6 För gummigenomföringen bakåt och ta loss gasvajerns hölje från fästet **(se bild)**.
7 Lossa vajern från dess fästklämmor och för ut den genom genomföringen i torpedväggen.

Montering

8 Montera gasvajern i omvänd ordningsföljd.

Justering

9 Vid bränsleinsprutningspumpen, fixera vajerhöljets läge i dess fästbygel genom att föra in metallklämman i en av styrskårorna, så att gasspjället hålls vidöppet när gaspedalen är fullt nedtryckt.

4 Gasvajer för kallstart (CSA) – demontering, montering och justering

Demontering

1 Arbeta i motorrummet vid insprutningspumpen, lossa låsskruven och koppla loss CSA-vajern från insprutningspumpens arm.
2 Bänd loss klämman och ta bort vajern från fästet på insprutningspumpens sida. Ta vara på brickan.
3 Lossa vajern från klämmorna som håller den på plats i motorrummet.
4 Se beskrivning i kapitel 11, demontera klädselpanelerna under rattaxeln för att kunna komma åt instrumentbrädans insida.
5 Dra ut kallstartknappen så att den bakre ytan blir synlig, bänd loss klämman och ta loss knappen från innervajern.
6 Skruva loss muttern så att vajern lossnar från instrumentbrädan.
7 För vajern genom genomföringen i torpedväggen och dra in den i kupén.

Montering

8 Montera CSA-vajern i omvänd ordningsföljd.

Justering

9 Tryck in kallstartknappen till läget för "helt avstängd".
10 Trä CSA-vajern genom hålet i armen på insprutningspumpen. Håll insprutningspumpens kallstartsarm i stängt läge, dra därefter i innervajern så att den blir spänd och dra åt låsskruven.
11 Testa kallstartknappen från kupén och kontrollera att det går att flytta insprutningspumpens arm hela vägen.
12 Tryck in kallstartknappen till läget för "helt avstängd", starta därefter motorn och kontrollera tomgångsvarvtalet enligt beskrivningen i kapitel 1B.
13 Dra ut kallstartknappen helt och kontrollera att tomgångsvarvtalet ökar till cirka 1050 rpm. Justera vajern vid behov.

5 Bränsletankens armatur – demontering och montering

1 Bränsletankens armatur är monterad ovanpå bränsletanken och kan nås genom en lucka som finns i bagageutrymmets golv. Enheten ger en variabel spänningssignal som driver bränslemätaren som är monterad på instrumentbrädan och tjänstgör även som en anslutningspunkt för bränsletillförsel- och retursIangarna.
2 Armaturen sticker in i bränsletanken och när den demonteras måste innehållet i tanken exponeras mot ytterluften.

Varning: Vid arbete på komponenter i bränslesystemet, undvik att huden kommer i direkt kontakt med diesel – bär skyddskläder och handskar vid hantering av bränslesystemets komponenter. Kontrollera att arbetsplatsen är väl ventilerad för att undvika att dieselångor bildas.

Demontering

3 Kontrollera att bilen är parkerad på plant underlag, lossa därefter batteriets negativa anslutning och placera kabeln på avstånd från batteriet.
4 Ta bort klädseln från bagageutrymmets golv.
5 Skruva loss golvluckans skruvar och lyft bort luckan från golvet **(se bild)**.
6 Koppla loss kontakten från armaturen **(se bild)**.
7 Placera trasor runt tillförsel- och returslangarna för att absorbera eventuellt spillt bränsle, lossa därefter slangklämmorna och ta loss dem från anslutningarna på armaturen **(se bild)**. Observera tillförsel- och returpilarna

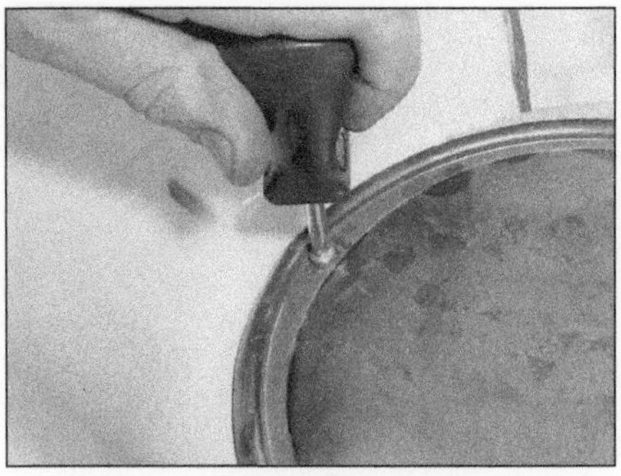

5.5 Skruva loss luckans skruvar och lyft bort luckan från golvet

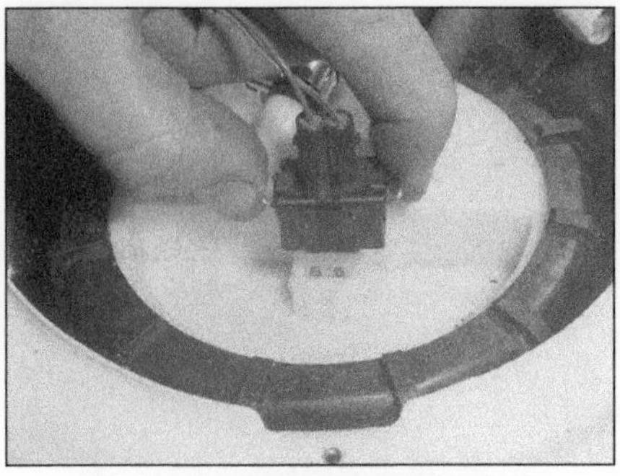

5.6 Lossa kablagekontakten från armaturen

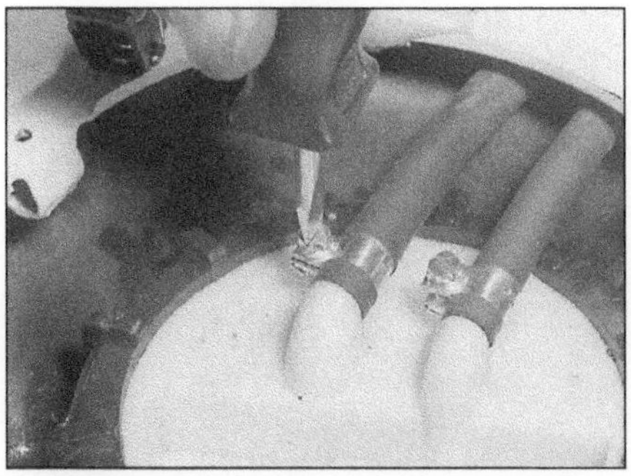

5.7 Lossa slangklämmorna och koppla loss bränsleledningarna från armaturen

på anslutningarna - märk slangarna för att underlätta vid kommande montering.

8 Skruva loss plastringen **(se Haynes tips)**. Där så är tillämpligt, vrid armaturen åt vänster för att lossa den från bajonettfattningen och lyft ut den. Håll den över bränslenivån i tanken tills överskottsbränslet har runnit ut. Ta vara på gummitätningen **(se bilder)**.

9 Demontera armaturen från bilen och lägg den på en absorberande trasa eller kartongbit. Undersök flottören i änden av armen - byt armaturen om den verkar skadad.

10 Pick-up röret som sitter i armaturen är fjäderbelastad, så att den alltid drar bränsle från tankens lägsta del. Kontrollera att röret kan röra sig fritt under fjäderspänningen i relation till armaturen.

11 Ta vara på gummitätningen från bränsletankens öppning och undersök om den är sliten - byt den om så behövs **(se bild 5.8c)**.

12 Kontrollera tankarmaturens flottörarm och spår; torka bort eventuellt smuts och skräp och leta efter avbrott i spåret **(se bild)**.

Elektrisk specifikation för tankarmaturen tillhandahålls inte av tillverkaren, funktionen hos flottör och spår kan dock kontrolleras genom att man ansluter en multimeter som är inställd på resistansmätningsfunktionen, tvärs över tankarmaturens anslutningspunkter. Resistansen bör variera när flottörarmen rör sig upp och ned, och en kretsbrottsavläsning indikerar att tankarmaturen är defekt och bör bytas.

Montering

13 Montera tankarmaturen i omvänd ordningsföljd, notera följande punkter:

a) Pilmarkeringarna på armaturen och bränsletanken skall passas in mot varandra **(se bild).**

b) Stryk rent bränsle på gummitätningen innan den sätts tillbaka.

6 Bränsletank – demontering och montering

Observera: *Se säkerhetsanvisningarna i avsnitt 1 innan arbetet med bränslesystemet påbörjas.*

Demontering

1 Innan bränsletanken demonteras måste allt bränsle tappas av från tanken. Bränsletanken har ingen avtappningsplugg, varför det är bäst att utföra arbetet när tanken är så gott som tom.

2 Lossa batteriets negativa anslutning och placera kabeln på avstånd från batteriet. Använd en handpump och sug upp kvarvarande bränsle från tankens botten.

3 Se beskrivning i avsnitt 5 och utför följande arbeten:

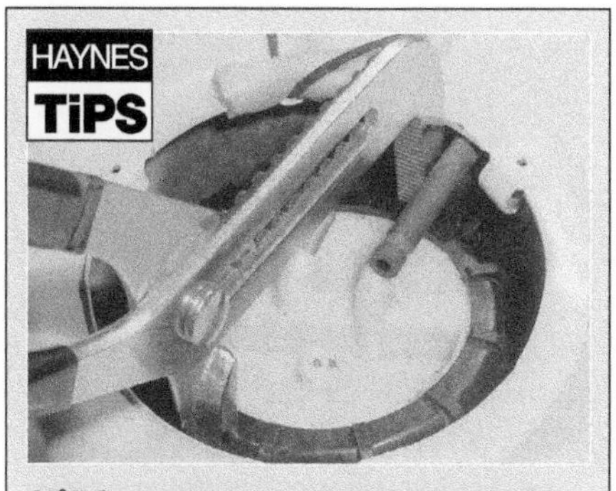

Håll fast och rotera plastringen med en vattenpumptång

a) Lossa kablaget ovanpå pumpen/ tankarmaturen vid multikontakten.

b) Lossa bränsletillförsel- och retursIangarna från tankarmaturen.

4 Placera en garagedomkraft mitt under tanken. Lägg ett trästycke mellan domkraftens huvud och tanken för att undvika att tankens yta skadas. Hissa upp domkraften tills den bär upp tankens tyngd (se *Lyftning och stödpunkter*).

5 Arbeta inuti det högra bakre hjulhuset, skruva loss skruvarna som fäster tankens påfyllningshals inne i hjulhuset. Öppna tankluckan och ta bort gummitätningsflänsen från karossen.

6 Skruva loss skruvarna från tankens fästband, håll fast tanken med en hand när den lossas från dess fästen.

7 Sänk ner domkraft och tank under bilen; lossa ventilationsslangen (-slangarna) från öppningen på påfyllningshalsen när den blir synlig. Leta reda på jordflätan och lossa den från anslutningen vid påfyllningshalsen.

8 Om tanken är förorenad med avlagringar eller vatten, demontera tankarmaturen (se avsnitt 5) och skölj ur tanken med rent bränsle. Tanken består av formsprutat syntetmaterial och skall bytas om den skadas. I vissa fall kan det dock gå att reparera smärre läckor eller småskador. Rådfråga en specialist innan du försöker reparera bränsletanken på egen hand.

Montering

9 Montering sker i omvänd ordningsföljd, notera dock följande punkter:

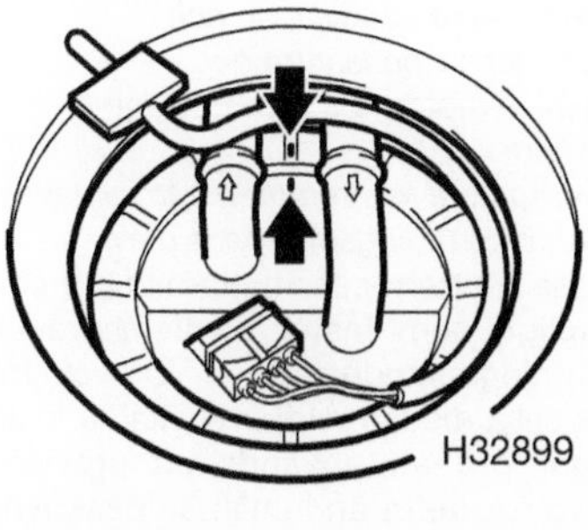

5.13 Pilmarkeringarna på armaturen och bränsletanken skall riktas in mot varandra

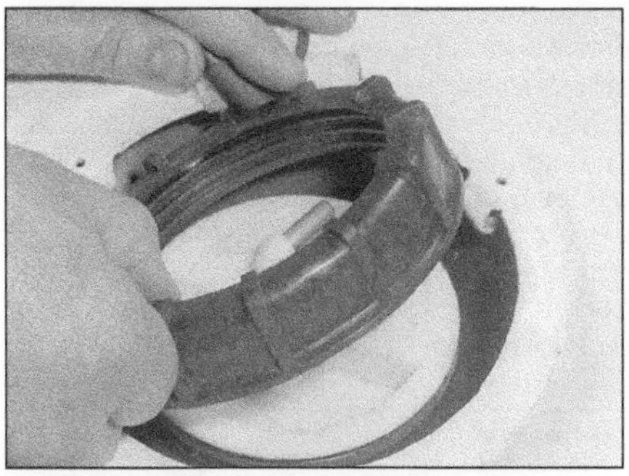

5.8a Skruva loss plastringen och ta ut den

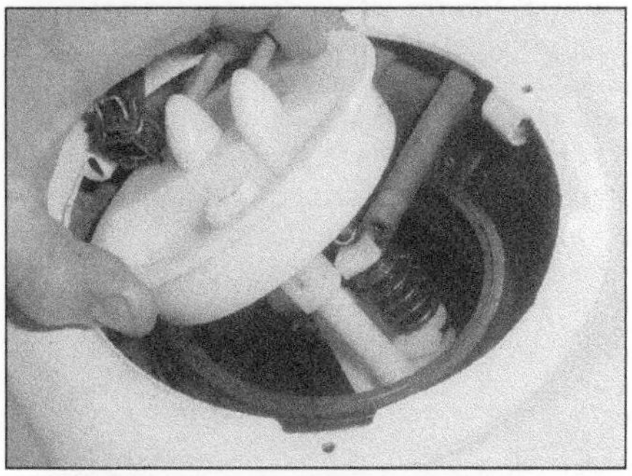

5.8b Lyft bort tankarmaturen . . .

5.8c . . . och ta vara på gummitätningen

5.12 Leta efter avbrott i spåret

7.4 Fäst en tvåarmad avdragare på insprutningspumpens drev

7.5a Ta bort drevet . . .

7.5b . . . och ta vara på Woodruffkilen

a) Kontrollera att gummifästena är rätt placerade när tanken lyfts på plats och försäkra dig om att ingen av slangarna kläms fast mellan tanken och karossen.

b) Kontrollera att rör och slangar är korrekt dragna och att de hålls säkert på plats med respektive klämmor.

c) Anslut jordledningen till dess anslutningsplats på påfyllningshalsen.

d) Dra åt bultarna till tankens fästband till angivet åtdragningsmoment.

e) Fyll på tanken med bränsle och leta noggrant efter tecken på läckage innan bilen körs på vägen igen.

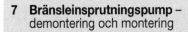

7 Bränsleinsprutningspump – demontering och montering

Observera: *På SDi och TDi modeller måste inställningen för pumpens insprutningsstart kontrolleras och vid behov justeras efter monteringen. Insprutningsstarten styrs av bränsleinsprutningens ECU och påverkas av flera andra motorparametrar, inklusive kylvätsketemperatur och motorns varvtal och läge. Trots att justeringen utförs mekaniskt kan kontrollen endast utföras av en VAG-verkstad, eftersom speciell elektronisk testutrustning måste anslutas till bränsleinsprutningens ECU.*

Demontering

1 Lossa batteriets negativa anslutning och placera kabeln på avstånd från batteriet.

2 Se kapitel 2B och utför följande:

a) Demontera luftrenaren (och luftmängdsmätaren på SDi och TDi motorer) samt tillhörande kanaler.

b) Demontera ventilkåpan och kamremskåpans yttre del.

c) Ställ in motorn på övre dödläge för cylinder nr 1.

d) Demontera kamremmen från kamaxelns och insprutningspumpens drev.

3 Lossa muttern eller bultarna (vad som är tillämpligt) som fäster kamremsdrevet på insprutningspumpens axel. Drevet måste hållas stilla medan muttern/bultarna lossas – det går bra att använda ett provisoriskt verktyg för detta ändamål; se beskrivning i avsnitt 5 i kapitel 2B. ***Varning: På motorkoderna AAZ och 1Y fr.o.m. 10/94, består drevet av en tvådelad enhet som är fäst med tre bultar – under inga omständigheter får muttern som sitter i mitten av axeln lossas eftersom insprutningens grundinställning då ändras.***

7.6a Lossa bränslerörsanslutningarna på insprutningspumpens baksida

7.6b Lyft bort bränslerörsenheten från motorn

4 Fäst en tvåarmad avdragare på pumpdrevet, dra gradvis åt avdragaren tills den spänner hårt om drevet **(se bild)**.

Varning: Hindra att skada uppstår på insprutningspumpens axel genom att placera en metallbit mellan axelns ände och avdragarens mittbult.

5 Knacka hårt på avdragarens mittbult med en hammare för att lossa drevet från axeln. Ta bort avdragaren, ta därefter bort drevet och ta vara på Woodruffkilen **(se bilder)**.

6 Använd ett par nycklar, lossa bränslerörsanslutningarna på pumpens baksida och vid bränslespridarnas ändar, lyft därefter bort bränslerörsenheten från motorn **(se bilder)**.

Varning: Var beredd på att bränsle kan läcka ut , placera en liten behållare under anslutningen som skall lossas, och lägg ut gamla trasor under för att fånga upp diesel som rinner ut. Var försiktig så att inte rören belastas när de demonteras.

7 Täck över öppna rör och anslutningar för att undvika att smuts tränger in eller alltför stort bränsleläckage uppstår **(se Haynes tips 1)**.

8 Lossa banjobultarna från bränsletillförsel- och returanslutningarna vid portarna på pumpen, vidtag även här åtgärder för att minimera bränsleförlusten. Täck över öppna rör och anslutningar för att undvika att smuts tränger in, samt att alltför stort bränsleläckage uppstår **(se Haynes tips 2)**.

HAYNES TIPS

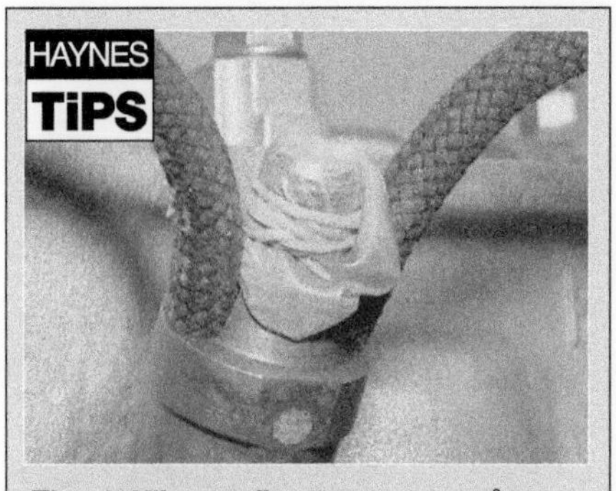

Tips 1: Klipp av fingertopparna på ett par gamla gummihandskar och sätt fast dem över bränsleanslutningarna med gummisnoddar.

HAYNES TIPS

Tips 2: Placera en kort slangbit över banjobulten (vid pilen) så att hålen är täckta, skruva därefter tillbaka bulten i anslutningen på insprutningspumpen.

7.9 Lossa spridarnas avluftningsslang från bränslereturanslutningen (vid pilen)

7.17 Ta bort insprutningspumpens bakre skruv

7.28 Dra åt insprutningspumpens hjul, med ett provisoriskt verktyg

9 Koppla loss spridarnas avluftningsslang från anslutningen på bränslereturröret **(se bild)**.

10 Se beskrivning i avsnitt 12 och lossa kablaget från avstängningsventilen.

11 D och TD modeller: Se beskrivning i avsnitt 3 och 4, lossa CSA-vajern samt gasvajern från insprutningspumpen.

12 SDi och TDi modeller: Lossa kablaget från bränsleavstängningsventilen/ventilen för insprutningsstart samt mängdjusteringsmodulen vid kontakterna. Märk vajrarna med etiketter för att underlätta vid kommande montering.

13 Samtliga motorkoder utom AAZ och 1Y efter 10/94: Om den befintliga insprutningspumpen skall monteras tillbaka, markera förhållandet mellan insprutningspumpen och det främre fästet med en penna eller en ritsspets. Detta ger en ungefärlig inställning av insprutningen när pumpen monteras tillbaka.

Motorkoder AAZ och 1Y fr.o.m. 10/94

14 Lossa elkablaget från följande komponenter, förse dem med etiketter för att underlätta vid kommande montering:

a) Insprutningsstartventil.
b) Givare för insprutningsperiod.
c) Motorkod AAZ: Avstängningsventil för laddtrycksförstärkning.
d) Motorkod 1Y: Stoppventil för full acceleration.
e) Bilar utan luftkonditionering: Reglage för tomgånghöjning.

15 På senare modeller där insprutningspumpens ledningar inte är försedda med individuella kontaktdon, lossa motorkablagets multikontakt från fästet och skruva loss jordanslutningen.

Observera: *Nya insprutningspumpar levereras inte med hus till kablagets multikontakter. Om pumpen skall bytas skall de aktuella kontaktstiften tryckas ut från befintligt kontakthus, så att stiften från den nya pumpen kan sättas in.*

16 På modeller med luftkonditionering, lossa vakuumslangen från tomgångshöjningsreglaget.

Samtliga modeller

17 Skruva loss bulten som håller insprutningspumpen till den bakre fästbygeln **(se bild)**. ***Varning: Lossa inte bultarna till insprutningspumpens fördelningshus då detta kan ge allvarliga skador på pumpen.***

18 Skruva loss de tre muttrarna/bultarna som håller insprutningspumpen till den främre fästbygeln. Observera att om fixeringsbultar används, hålls på två yttre bultarna på plats med metallfästen. Stöd pumpen när den sista infästningen lossas.

19 Kontrollera att ingenting längre är anslutet till insprutningspumpen, lyft därefter bort den från motorn.

Montering

20 Lyft upp insprutningspumpen till motorn, sätt därefter in bulten mellan insprutningspumpen och den bakre fästbygeln och dra åt till angivet åtdragningsmoment.

21 Sätt i bultarna mellan insprutningspumpen och den främre fästbygeln och dra åt dem till angivet åtdragningsmoment. **Observera:** *På SDi och TDi modeller och på motorkoderna AAZ och 1Y före 10/94, är monteringshålen avlånga för att möjliggöra justering – om en ny pump skall monteras skall den installeras på sådant sätt att bultarna först är i mitten av hålen för att ge största möjliga justeringsmöjlighet för pumpens inställning. Alternativt, om den befintliga pumpen skall monteras tillbaka skall passmärkena som gjordes vid demonteringen användas.*

22 På SDi och TDi modeller och på motorkoderna AAZ och 1Y fr.o.m. 10/94, om en ny pump monteras, skall den nya pumpen "primas" genom att en liten tratt monteras på bränslereturrörets anslutning och håligheten fylls med ren diesel. Lägg ut rena, torra trasor runt anslutningen för att absorbera eventuellt bränslespill.

23 Anslut spridarnas tillförselrör till spridarna och insprutningspumpens fördelningshus, dra därefter åt anslutningarna till korrekt åtdragningsmoment med ett par nycklar.

24 Anslut bränsletillförsel- och returrören till pumpen och dra åt banjobultarna till angivet åtdragningsmoment, använd nya tätningsbrickor. **Observera:** *Innerdiametern på banjobulten till bränslereturröret är mindre än innerdiametern för bränsletillförselröret och är märkt **"OUT"**.*

25 Tryck fast spridarnas avluftningsslang på porten för returslangens anslutning.

26 Montera kamremsdrevet på insprutningspumpens axel, kontrollera att Woodruffkilen är korrekt på plats. Montera brickan och fästmuttern/-bultarna (vad som gäller), och dra bara åt dem för hand tills vidare.

27 Lås insprutningspumpens drev på plats genom att sätta in ett stag eller en bult genom dess inställningshål och in i hålet i pumpens främre fästbygel. Kontrollera att drevet endast har ett minimalt spel när det har låsts på plats.

28 Se beskrivning i kapitel 2B, montera kamremmen, kontrollera därefter och justera inställningen mellan insprutningspumpen och kamaxeln. Spänn därefter kamremmen och dra åt insprutningspumpens drev till angivet åtdragningsmoment **(se bild)**. Montera kamremskåpans yttre del, med ny packning om så behövs.

29 Återstoden av monteringsproceduren följer demonteringen, men i omvänd ordningsföljd, notera följande punkter:

a) Anslut alla elektriska ledningar på pumpen med hjälp av etiketterna som sattes på vid demonteringen. Vid montering av ny pump på motorkoderna AAZ och 1Y fr.o.m. 10/94, trycks pumpens kontaktstift in i respektive lägen i motorkablagets befintliga multikontakt.
b) D och TD modeller: Anslut gasvajern och CSA-vajern på pumpen och justera dem vid behov.
c) Montera luftrenaren (och luftmängdsmätaren på SDi och TDi modeller) och tillhörande kanaler.
d) Anslut batteriets negativa kabel.

SDi och TDi modeller

30 Insprutningsstarten måste nu kontrolleras dynamiskt och vid behov justeras av en VAG-verkstad, se Observera i början av detta avsnitt.

D och TD modeller

31 Utför följande arbeten:

a) Endast motorkoderna AAZ och 1Y före 10/94: Kontrollera insprutningspumpens statiska inställning enligt beskrivning i avsnitt 10, och justera vid behov.
b) Kontrollera och vid behov justera motorns tomgångsvarvtal enligt beskrivning i kapitel 1B.

c) *Kontrollera och vid behov justera det maximala motorvarvtalet utan belastning, enligt beskrivning i avsnitt 8.*

d) *Endast modeller före 10/94: Kontrollera och vid behov justera motorns förhöjda tomgångsvarvtal enligt beskrivning i avsnitt 9.*

8 Max motorvarvtal – kontroll och justering

Observera: *Detta avsnitt gäller inte SDi och TDi modeller.* ***Varning: Läs säkerhetsanvisningarna i avsnitt 1 innan arbetet påbörjas. Detta arbete bör inte utföras om kamremmen inte är i gott skick.***

1 Starta motorn, dra åt handbromsen och ställ växellådan i neutralläge, låt sedan en medhjälpare trycka ner gaspedalen helt.

2 Använd en varvräknare för dieselmotorer, kontrollera att max motorvarvtal följer angivet värde i Specifikationer. ***Varning: Låt inte bilen gå med max motorvarvtal mer än 2 till 3 sekunder.***

3 Vid behov, justera det maximala motorvarvtalet genom att lossa låsmuttern och rotera justerskruven **(se bild)**.

4 Avsluta med att dra åt låsmuttern.

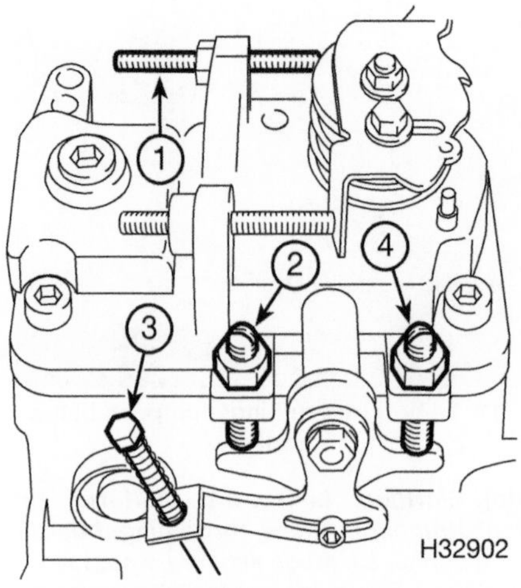

8.3 Insprutningspumpens justerpunkter (motorkoder AAZ och 1Y)

1 Justerskruv för max. motorvarvtal
2 Stoppskruv för min. tomgångsvarvtal
3 Justerskruv för tomgångsvarvtal
4 Stoppskruv för max. tomgångsvarvtal

9 Snabbtomgångsvarvtal – kontroll och justering

Observera: *Detta avsnitt gäller inte SDi och TDi modeller. Se säkerhetsanvisningarna i avsnitt 1 innan arbetet påbörjas.*

1 Se beskrivning i kapitel 1B, kontrollera och vid behov justera motorns tomgångsvarvtal.

2 Dra ut kallstartsreglaget i instrumentbrädan helt och använd en varvräknare för dieselmotorer för att kontrollera att tomgångsvarvtalet ökar till det värde som anges i Specifikationer.

3 Vid behov, justera inställningen genom att lossa låsmuttern och rotera justerskruven **(se bild 8.3)**.

4 Avsluta med att dra åt låsmuttern.

10 Bränsleinsprutningspumpens inställning – kontroll och justering

Observera: *På SDi och TDi modeller kan insprutningspumpens inställning endast testas och justeras med speciell testutrustning. Kontakta därför en VAG-verkstad.*

Observera: *Se säkerhetsanvisningarna i avsnitt 1 innan arbetet påbörjas.*

Kontroll

1 Lossa batteriets negativa anslutning och placera kabeln på avstånd från batteriet.

2 Se beskrivning i kapitel 2B, ställ in motorn på övre dödläge för cylinder nr 1 och kontrollera därefter ventilinställningen, justera vid behov. Avsluta med att ställa in motorn på övre dödläge för cylinder nr 1 igen.

3 På baksidan av insprutningspumpen, skruva loss pluggen från pumphuvudet och ta vara på tätningen **(se bild)**.

4 Använd en lämplig gängad adapter och skruva in en mätklocka i pumphuvudet **(se bild)**. Förinställ klockan med en avläsning på cirka 2,5 mm.

5 Placera en hylsa och nyckel på vevaxelbulten och rotera vevaxeln sakta moturs; mätklockan kommer att indikera en rörelse – fortsätt att vrida vevaxeln tills rörelsen upphör.

6 Nollställ mätklockan med en förinställning på cirka 1 mm.

7 Rotera nu vevaxeln medurs för att föra tillbaka motorn till övre dödläge för cylinder nr 1. Observera avläsningen på mätklockan och jämför den med angivet värde i Specifikationer.

8 Om avläsningen ligger inom gränsvärdena som angivits i Specifikationer, demontera mätklockan och sätt tillbaka pluggen i pumphuvudet. Använd en ny tätning och dra åt pluggen till angivet åtdragningsmoment.

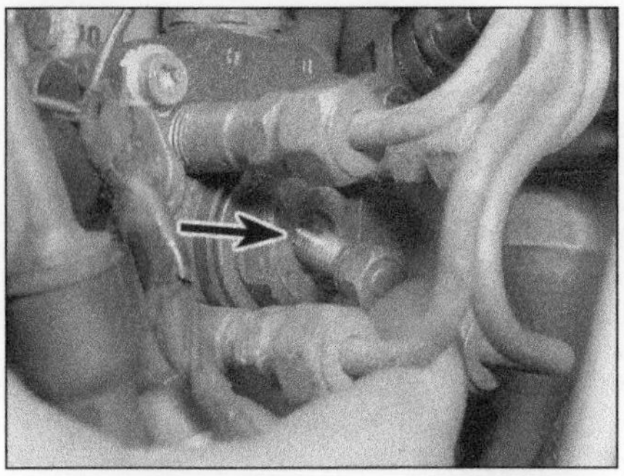

10.3 Skruva loss pluggen (vid pilen) från pumphuvudet och ta vara på tätningen

9 Om avläsningen ligger utanför angivna gränsvärden, fortsätt enligt beskrivningen i nästa avsnitt.

Justering

10 Lossa på pumpens skruvar vid de främre och bakre fästbyglarna (se avsnitt 7).

11 Rotera pumpen tills "inställningsvärdet" (se Specifikationer) syns på mätklockan.

12 Avslutningsvis, dra åt pumpens bultar till angivet åtdragningsmoment.

13 Ta bort mätklockan och sätt tillbaka pluggen i pumphuvudet. Använd den nya tätningen och dra åt pluggen till angivet åtdragningsmoment.

11 Bränslespridare – allmän beskrivning, demontering och montering

Varning: Var mycket försiktig vid arbete med bränslespridare. Utsätt aldrig händerna eller någon annan kroppsdel för bränslestrålar eftersom det höga driftstrycket kan få bränslet att tränga genom huden, vilket kan få dödlig utgång. Amatörmekanikern rekommenderas starkt att låta allt arbete som omfattar kontroll av spridare utföras av en VAG-verkstad eller annan specialist på bränsleinsprutning. Se säkerhetsanvisningarna i avsnitt 1 i detta kapitel innan arbetet påbörjas.

Allmän beskrivning

1 Bränslespridare slits med tiden och det är rimligt att förvänta att de behöver renoveras eller bytas ut efter ungefär 10 000 mil. Exakt kontroll, renovering och kalibrering av spridarna bör överlåtas till specialist. En defekt spridare som orsakar knackning eller rökutveckling kan lokaliseras utan isärtagning enligt följande beskrivning.

2 Låt motorn gå på snabbtomgång. Lossa varje spridaranslutning i tur och ordning, placera en trasa runt anslutningen för att fånga upp spillt bränsle, var försiktig så att huden inte utsätts för bränslestrålen. När anslutningen på den defekta spridaren har lossats upphör knackandet eller rökbildningen.

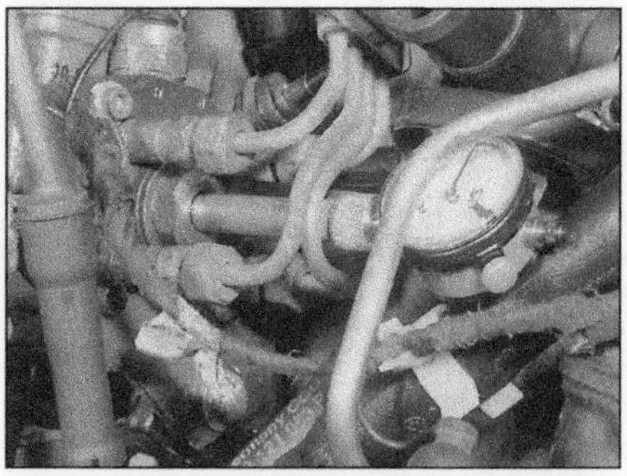

10.4 Använd en gängad adapter och skruva in en mätklocka i pumphuvudet

11.6 Spridaren demonteras från topplocket

Demontering

Observera: *Var försiktig så att smuts inte tränger in i spridare eller bränslerör under arbetet. Tappa inte spridarna och var noga med att inte skada nålarna längst ut på spridarna. De här enheterna är precisionstillverkade med ytterst små toleranser och får inte hanteras vårdslöst.*

3 Lossa batteriets negativa anslutning och täck över generatorn med ett rent skynke eller en plastpåse för att undvika att bränsle spills på den.

4 Rengör spridarna och röranslutningarnas muttrar noggrant, och lossa returröret från spridaren.

5 Torka av röranslutningarna, lossa därefter anslutningsmuttern som fäster respektive rör vid varje spridare samt respektive anslutningsmutter som fäster rören vid insprutningspumpens baksida (rören demonteras tillsammans); allt efter som varje pumpanslutningsmutter lossas, håll fast adaptern med en lämplig öppen nyckel för att undvika att adaptern skruvas loss från pumpen. När anslutningsmuttrarna är lossade demonteras insprutningsrören från motorn. Täck över spridare och röranslutningar för att undvika att smuts tränger in i systemet.

HAYNES TIPS ***Klipp av fingertopparna på ett par gamla handskar och sätt fast dem över bränsleanslutningarna med gummisnoddar***

Motorkoder 1Y och AAZ

6 Skruva loss varje spridare med en 27 mm djup hylsa eller fast nyckel och ta bort den från topplocket **(se bild)**.

7 Ta ut värmesköldsbrickorna och kasta dem – nya brickor ska användas vid monteringen **(se bild)**.

Motorkoder AEY, 1Z, AHU, ALE, AFN och AVG

8 Koppla loss nållyftsgivarens kablage från spridare nr 3 **(se bild)**.

9 Skruva loss fästbulten och ta vara på den skålade brickan, hållaren och fästkragen **(se bild)**. Notera noggrant hur alla delar sitter för att underlätta monteringen. Ta ut spridaren från topplocket och ta vara på värmesköldsbrickan – nya brickor måste användas vid monteringen. Om en spridare sitter fast hårt beror det förmodligen på sotavlagringar runt spridarens brunn; använd då ett särskilt verktyg för demontering av spridare eller en glidhammare.

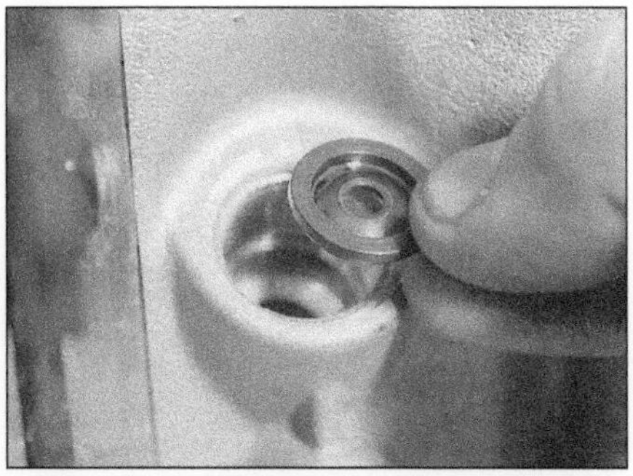

11.7 Ta vara påvärmesköldsbrickan – D och TD modeller

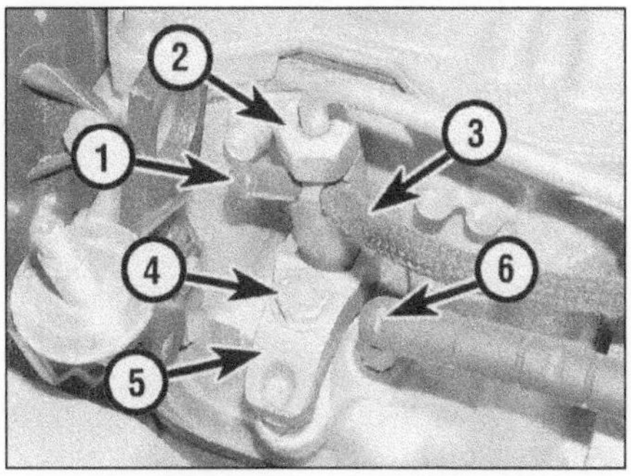

11.9 Insprutare nr 1 – SDi och TDi motorer

1 *Ändplugg*	5 *Hållare*
2 *Anslutningsmutter*	6 *Glödstiftets kontaktdon*
3 *Överflödesrör*	
4 *Fästbult*	

Varning: Försök aldrig tvinga ut spridaren genom att dra runt motorn på startmotorn; den kan skjutas ut med en sådan kraft att den kan orska skador, för att inte nämna risken att själva spridaren tar skada.

Montering

Motorkoder 1Y och AAZ

10 Montera nya värmesköldsbrickor i topplocket; observera att de måste monteras rättvända, enligt bilden **(se bild)**.

11 Skruva in spridaren på plats och dra åt den till angivet åtdragningsmoment **(se bild)**.

Motorkoder AEY, 1Z, AHU, ALE, AFN och AVG

12 Sätt in spridaren tillsammans med en ny värmesköldsbricka. Se till att spridaren med nållyftsgivaren placeras i cylinder nr 3.

13 Sätt tillbaka fästkragen och hållaren och fäst på plats med bulten och den skålade brickan; dra åt till angivet åtdragningsmoment.

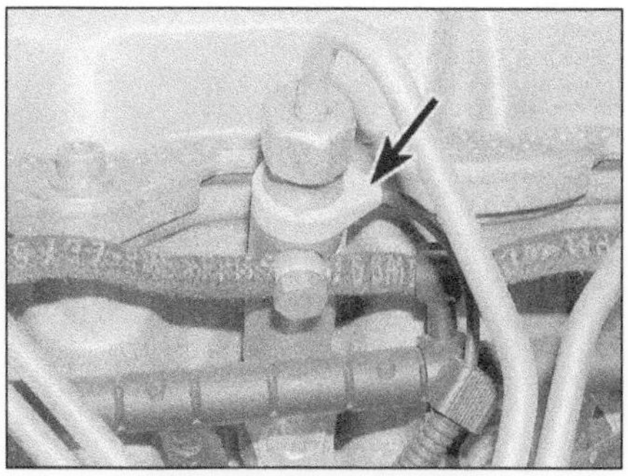

11.8 Spridare nr 3 (nållyftsgivaren vid pilen) – SDi och TDi motorer

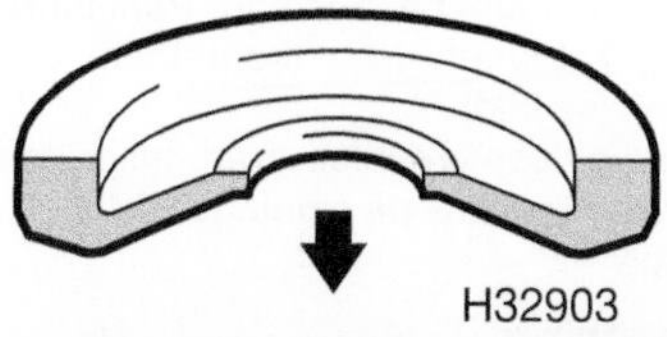

11.10 Värmesköldsbrickan måste monteras med den konvexa sidan vänd nedåt (pilen pekar mot topplocket) – D och TD modeller

11.11 Skruva spridaren på plats och dra åt den till angivet åtdragningsmoment

14 Anslut nållyftsgivarens kablage till spridare nr 3.

Alla motorer

15 Montera bränsleрören och dra åt anslutningsmuttrarna till angivet åtdragningsmoment. Placera ut eventuella klämmor på rören enligt tidigare gjorda noteringar.

16 Anslut returröret ordentligt på spridaren.

17 Anslut batteriets negativa kabel (se kapitel 5A), starta sedan motorn och kontrollera att den går normalt.

12 Bränsleavstängningsventil – demontering och montering

Observera: *Se säkerhetsanvisningarna i avsnitt 1 innan arbetet med bränslesystemet påbörjas.*

Demontering

1 Bränsleavstängningsventilen är placerad på insprutningspumpens baksida.

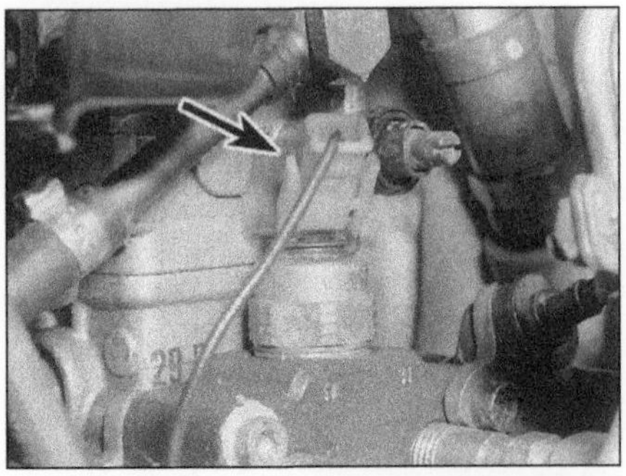

12.2 Kontakt till bränsleavstängningsventil (vid pilen)

2 Lossa batteriets negativa anslutning och placera kabeln på avstånd från batteriet. Lossa kablaget från kontakten ovanpå ventilen **(se bild)**.

3 Skruva loss ventilen från insprutningspumpen. Ta vara på tätningsbricka, O-ring och kolv.

Montering

4 Montering sker i omvänd ordningsföljd. Använd en ny tätningsbricka och O-ring.

13 Diesel motorstyrsystem (SDi, TDi modeller) - demontering och montering av komponenter

Observera: *Se säkerhetsanvisningarna i avsnitt 1 innan arbetet med bränslesystemet påbörjas.*

Gasspjällägesgivare

Demontering

1 Lossa batteriets negativa anslutning och placera kabeln på avstånd från batteriet.

2 Se beskrivning i kapitel 11 och demontera instrumenetbrädans paneler under rattstången för att kunna komma åt pedalerna.

3 Lossa klämman från änden av gaspedalspindeln, ta därefter bort spindeln och ta vara på bussning och fjäder.

4 Lyft bort gaspedalen från pedalfästet, lossa pedalen från lägesgivarvajerns kamskiva.

5 Lossa lägesgivaren från kablaget vid kontakten.

6 Skruva loss skruven som fäster lägesgivarens fäste vid pedalfästet.

7 Demontera givaren från pedalfästet, lossa därefter infästningarna och ta bort den från fästbygeln.

8 Skruva loss spindelmuttern och dra loss vajerns kamskiva från spindeln.

Montering

9 Montering sker i omvänd ordningsföljd, notera följande punkter:

a) *Vajerns kamskiva måste monteras på lägesgivarens spindel enligt måtten på bilden* **(se bild)**.

b) *Avslutningsvis måste lägesgivarens justering verifieras elektroniskt med speciell testutrustning – rådfråga en VAG-verkstad om detta.*

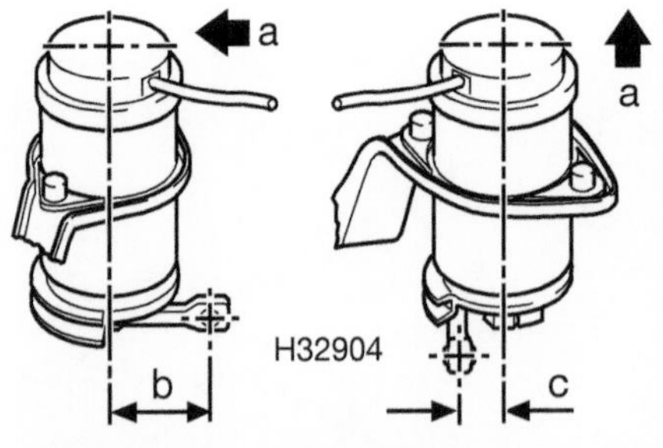

13.9 Montering av gasspjällägesgivarens kamskiva

A Mot bilens front
B 41 ± 0,5 mm C 22 ± 0,5 mm

Temperaturgivare för kylvätskan

Demontering

10 Lossa batteriets negativa anslutning och placera kabeln på avstånd från batteriet, se därefter beskrivning i kapitel 3 och tappa av cirka en fjärdedel av kylvätskan från motorn.

11 Givaren är monterad på det översta kylvätskeutloppets krök, framtill på topplocket. Lossa kablaget från den vid kontakten.

12 Ta bort klämman och ta bort givaren från dess hus, ta vara på O-ringen – var beredd på att kylvätska kan rinna ut.

Montering

13 Montera temperaturgivaren i omvänd ordning, använd en ny O-ring. Se beskrivning i kapitel 1B och fyll på kylsystemet.

Inloppsluftens temperaturgivare

Demontering

14 Lossa batteriets negativa anslutning och placera kabeln på avstånd från batteriet.

15 På SDi modeller (motorkod AEY), är givaren monterad på den elektroniska styrenheten (ECU). Se punkt 51-59 nedan.

16 På TDi modeller (motorkod 1Z, AHU, ALE, AFN och AVG) är givaren monterad i luftkanalen mellan laddluftskylaren och insugsgrenröret **(se bild)**. Koppla loss kablaget från givaren vid kontaktdonet, ta bort fästklämman och ta ut givaren från huset; ta vara på O-ringen.

Montering

17 Montering sker i omvänd ordningsföljd, använd en ny O-ring.

Signalgivare för motorns varvtal

Demontering

18 Signalgivaren för motorns varvtal är monterad på motorblockets främre del, bredvid fogen mellan motorblocket och växellådans balanshjulskåpa.

19 Lossa batteriets negativa anslutning och placera den på avstånd från batteriet, lossa därefter kablagekontakten från givaren.

20 Skruva loss fästskruven och ta bort givaren från motorblocket.

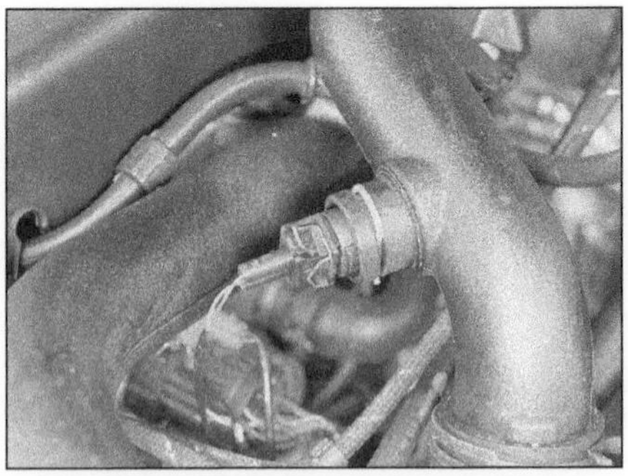

13.16 Inloppsluftens temperaturgivare i laddluftskylarens/insugsgrenrörets luftkanal

Montering

21 Montera givaren i omvänd ordningsföljd.

Luftmängdsmätare

Demontering

22 Lossa batteriets negativa anslutning och placera kabeln på avstånd från batteriet.

23 Se beskrivning i avsnitt 2, lossa klämmorna och lossa även luftkanalen från luftmängdsmätaren vid luftrenarhusets baksida.

24 Lossa kablagekontakten från luftmängdsmätaren.

25 Skruva loss skruvarna och ta bort mätaren från luftrenarhuset. Ta vara på O-ringen.

Varning: Handskas varsamt med luftmängdsmätaren – de inre delarna är ömtåliga och kan lätt skadas.

Montering

26 Montering sker i omvänd ordningsföljd. Byt O-ring om den verkar skadad.

Givare för grenrörstryck

27 Givaren för grenrörstrycket är integrerad i den elektroniska styrenheten (ECU) och kan inte bytas som en separat enhet.

Givare för absolut tryck (atmosfärstryck)

Modeller fram till 08/94

28 Givaren är monterad bakom instrumentbrädan, ovanför reläpanelen. Se beskrivning i kapitel 11 och demontera de aktuella delarna av instrumentbrädan för att skapa bättre arbetsutrymme.

29 Lossa batteriets negativa anslutning och placera kabeln på avstånd från batteriet. Lossa givaren från dess fäste och koppla sedan loss från kablaget vid kontakten.

Modeller fr o m 08/94

30 Givaren är integrerad i den elektroniska styrenheten (ECU) och kan inte bytas som en separat enhet.

Laddtrycksventil

Demontering

31 Laddtrycksventilen är monterad på innerskärmen, bakom luftrenarhuset.

32 Lossa batteriets negativa anslutning och placera kabeln på avstånd från batteriet. Lossa kablaget från ventilen vid kontakten.

33 Koppla loss vakuumslangarna från anslutningarna på laddtrycksventilen, notera hur de är monterade för att underlätta vid kommande montering.

34 Skruva loss fästskruven och lyft upp ventilen från innerskärmen.

Bränsletemperaturgivare, insprutningsstartventil, bränslemängdsjusteringsmodul

35 Även om de kan tyckas vara separata enheter, är dessa komponenter i själva verket en integrerad del av bränslepumpen. Om någon av dem är defekt måste hela pumpenheten bytas ut. Service av dessa komponenter är endast möjlig med särskild elektronisk testutrustning. Problem med systemets drift måste därför överlämnas till en VAG-återförsäljare för bedömning.

Gasspjällhus – endast SDi motor (motorkod AEY)

Demontering

36 Se avsnitt 2, lossa klämman och koppla loss luftkanalen från gasspjällhuset.

37 Koppla loss slangen från vakuumkapseln på gasspjällhuset.

38 Skruva loss fästskruvarna och ta ut gasspjällhuset från insugsgrenröret. Ta vara på O-ringen.

Montering

39 Montering sker i omvänd ordningsföljd. Byt ut O-ringen om den är skadad.

Gasspjällsmotor – endast SDi modeller (motorkod AEY)

Demontering

40 Gasspjällsmotorn sitter på höger innerskärm, bredvid luftrenaren.

41 Koppla loss kablaget från motorn.

42 Koppla loss vakuumslangarna, skruva sedan loss skruvarna och ta bort motorn.

Montering

43 Montering sker i omvänd ordningsföljd.

Kontakter på kopplings- och bromspedal

Demontering

44 Kontakterna på pedalerna är fästa med klämmor på fästbyglar ovanför respektive pedal.

45 Bromspedalskontakten fungerar som en säkerhetsanordning, i det fall problem skulle uppstå med gasspjällägesgivaren. Om bromspedalskontakten trycks in medan gaspedalen hålls i ett konstant läge, sjunker motorns varvtal till tomgång. En defekt eller feljusterad bromspedalskontakt kan därför orsaka driftsproblem.

46 När kopplingspedalskontakten aktiveras minskar insprutningspumpen tillfälligt bränsletillförseln medan kopplingen är urkopplad, för att ge mjukare växling.

47 För att demontera någon av kontakterna, se först kapitel 11 och demontera klädselpanelerna kring rattstången, så att du kommer åt pedalerna ordentligt.

48 Lossa aktuell kontakt från fästet och koppla loss kontaktdonet.

Montering

49 Montering sker i omvänd ordning. Justeringen av kontakterna måste kontrolleras elektroniskt med hjälp av särskild testutrustning – kontakta en VW-återförsäljare.

Nållyftsgivare

50 Givaren sitter ihop med bränslespridare nr 3. Se avsnitt 11 för information om demontering och montering.

Elektronisk styrenhet (ECU)

Varning: Enheten är kodad och bör inte demonteras utan att man först har rådfrågat en VW-återförsäljare, annars kan det hända att den inte fungerar korrekt efter monteringen. Vänta alltid minst 30 sekunder eftet det att motorn har slagits av innan ECU-kablaget kopplas loss. När kablaget har kopplast loss, är alla inlärda värden raderade, men eventuella felkoder som har lagrats finns kvar i minnet. När kablaget har kopplats in igen måste grundinställningarna göras om av en VW-återförsäljare med särskild testutrustning. Observera också att om ECU byts ut måste identifieringen av den nya enheten föras över till immobiliserns styrenhet (där tillämpligt) av en VW-återförsäljare.

Demontering

51 Den här enheten sitter i mitten av plenumkammaren bakom torpedväggen, under en av vindrutetorkarmotorns plastpaneler.

52 Demontera först torkararmarna efter behov, enligt beskrivningen i kapitel 12 – det kan hända att man bara behöver lyfta den inre änden av förarsidans täckpanel för att demontera/montera ECU.

53 I motorrummet, ta loss gummitätningen längst upp på torpedväggen, skruva sedan loss fästskruvarna och ta bort plastpanelen från vindrutetorkarmotorn på passagerarsidan. Lossa sedan antingen fästena till förarsidans plastpanel och lyft upp dess inre ände, eller demontera förarsidans torkararm och ta bort panelen helt.

54 Kontrollera att tändningen är avslagen (ta ut nyckeln). Koppla loss batteriets negativa kabel och placera den på avstånd från batteripolen. Observera: Om bilen har en säkerhetskodad radio, se till att ha koden nedskriven innan du kopplar ifrån batteriet; se kapitel 12 för ytterligare information.

55 Beroende på modell, år och utrustningsnivå, kan ECU ha en skyddande plastkåpa; om så är fallet, skruva loss fästskruven (-skruvarna) och/eller muttern (muttrarna) och ta bort kåpan, som kanske också måste lossas från några klämmor.

56 Om ECU sitter på en fästbygel, skruva loss fästskruven (-skruvarna) och/eller muttern (muttrarna), lossa den från eventuella klämmor och ta ut hela enheten. Koppla loss eventuella tillbehör som är monterade på enheten.

57 Lossa låsklämman eller armen på varje ECU-kontaktdon och koppla loss dem med stor försiktighet. På de flesta modeller finns det ett enda stort kontaktdon, men i vissa fall finns det två separata kontaktdon som ska kopplas loss.

58 Ta ut ECUn tillsammans med fästbygeln (där tillämpligt). Om fästbygeln är en separat del kan man sedan skruva loss fästskruvarna och ta bort den från ECUn.

Montering

59 Montering sker i omvänd ordning. Se till att enheten sätts ordentligt på plats och att dess fästen och kontaktdon sätts tillbaka säkert och på rätt sätt. Håll i åtanke det som nämndes ovan – ECUn kommer inte att fungera som den ska förrän den har kodats in.

14 Bränsleinsprutningspumpens elektriska delar (D, TD) – demontering och montering

Observera: *Detta avsnitt gäller endast senare modeller, tillverkade fr.o.m. 10/94.*

Observera: *Om insprutningspumpens kablage inte har separata kontaktdon, lossa kabelhärvans multikontakt från fästbygeln och skruva loss jordanslutningen. Nya insprutningspumpar levereras inte med hus för kabelhärvans multikontakt. Om individuella komponenter ska bytas ut måste därför aktuella kontaktstift tryckas ut ur det befintliga kontakthuset, så att de från den nya komponenten kan stickas in.*

Observera: *Var mycket noga med att inte låta smuts eller vatten komma in i pumpen.*

Insprutningsstartventil

Demontering

1 Den här ventilen sitter fastskruvad i pumpens bakre ände. Koppla loss kablaget från ventilen vid kontaktdonet (se anmärkning ovan), skruva sedan loss fästskruvarna. Ta loss ventilen från huset och ta vara på O-ringstätningarna.

Montering

2 Montering sker i omvänd ordning, använd nya O-ringar.

Givare för insprutningsperiod

Demontering

3 Den här givaren sitter fastskruvad i pumpens bakre ände. Koppla loss kablaget från den vid kontaktdonet (se anmärkning ovan), skruva sedan loss givaren från huset och ta vara på tätningsringen.

Montering

4 Montera givaren i omvänd ordning, med en ny tätningsring.

Avstängningsventil för laddtrycksberikning (motorkod AAZ)

Demontering

5 Den här solenoidventilen sitter inskruvad i en separat enhet framtill på pumpen. Koppla loss dess kabel, skruva sedan loss ventilen och ta vara på tätningsringen.

Montering

6 Montera ventilen i omvänd ordningsföljd, använd en ny tätningsring.

Fullgasstoppventil (motorkod 1Y)

7 Den här solenoidventilen sitter inskruvad i pumpens övre yta, intill gasvajern. Koppla loss ventilens kablage, skruva sedan loss ventilen och ta vara på tätningsringen.

Tomgångshöjare (modeller utan luftkonditionering)

Observera: *Tomgångshöjaren på bilar med luftkonditionering aktiveras pneumatiskt.*

Demontering

9 Tomgångshöjaren sitter på en separat fästbygel på pumpens sida mot motorn. För att ta bort den, koppla loss dess kablage, skruva sedan loss fästmuttern och lossa den skruv som klämmer fast ändfästet på vajern. Dra av ändfästet från vajern och dra ut tomgångshöjaren.

Montering

10 Montering sker i omvänd ordning. Justera tomgångshöjaren enligt följande:

Justering

11 Med kall motor, flytta tomgångsarmen för hand så att den kommer i kontakt med justerskruven för snabbtomgång (4 i bild 8.3); dra åt skruven som klämmer ihop ändfästet på vajern så att det inte finns något slack i vajern. Om så behövs, lossa klämman i änden av vajern, ta bort slacket och dra åt klämman igen.

15 **Laddluftskylare** – allmän information, demontering och montering

Allmän information

1 När turboladdaren komprimerar inloppsluften blir luften också uppvärmd, vilket gör att den expanderar. Om inloppsluften kan kylas ner, kan en större volym pressas in och motorn kan då ge mer effekt.

2 Laddluftskylaren, som också kallas intercooler, är en "luftkylare" som används till att kyla ner den komprimerade inloppsluften innan den går in i motorn.

3 Den komprimerade luften från turboladdaren, som i normala fall skulle matas direkt in i insugsgrenröret, leds istället runt motorn till laddluftskylaren. Laddluftskylaren är monterad framtill i motorrummet, i luftflödet bakom och under den ena strålkastaren. Den uppvärmda luften som går in i enheten kyls ner av luften som flödar över laddluftkylarens fenor, ungefär som den vanliga kylaren. Den kalla luften leds sedan tillbaka till insugsgrenröret.

Demontering

4 För att komma åt laddluftskylaren kan man behöva demontera stötfångaren enligt beskrivningen i kapitel 11, och den vänstra strålkastaren enligt beskrivning i kapitel 12, avsnitt 7. Även om det inte är absolut nödvändigt, kan åtkomligheten förbättras ytterligare om hjulhusets inre panel och kåpan under motorrummet också demonteras.

5 I motorrummet, lossa slangklämmorna från luftslangarna som leder till och från laddluftskylaren, och koppla loss slangarna vid den punkt där de försvinner under innerskärmen. På vissa modeller används stora fjäderklämmor, som lossas genom att man trycker ihop fjäderändarna – en polygriptång av något slag kan användas till detta.

6 Under framvagnen, skruva loss fästskruvarna och ta loss luftkanalen från laddluftskylarens framsida.

7 Leta reda på laddluftskylarens infästningar. Det finns två bultar längst ner och en mutter och en bult upptill. Skruva loss muttern och de två bultarna och ta bort dem.

8 Lossa slangklämmorna och koppla loss kvarvarande slangar från laddluftskylaren. Lyft ut kylaren under bilen; var försiktig så att inte fenorna skadas. Ta vara på gummimuffarna från de tre fästpunkterna.

9 Undersök om laddluftskylaren är skadad eller om luftslangarna är spruckna.

Montering

10 Montering sker i omvänd ordning. Se till att luftslangarnas klämmor sätts tillbaka och dras åt ordentligt, för att förhindra luftläckor.

Kapitel 4 Del D: Avgassystem och avgasrening

Innehåll

Svårighetsgrader

Enkelt, passar novisen med lite erfarenhet	**Ganska enkelt,** passar nybörjaren med viss erfarenhet	**Ganska svårt,** passar kompetent hemmamekaniker	**Svårt,** passar hemmamekaniker med erfarenhet	**Mycket svårt,** för professionell mekaniker

Specifikationer

Åtdragningsmoment	**Nm**
Anslutningsrör mellan EGR-ventil och avgasgrenrör	25
Avgassystemets klämbultar	25
Bultar mellan avgassystemets fästbygel och kaross	40
Bultar mellan turbo och avgasgrenrör:	
Motorkod AAZ	45
Motorkod 1Z, AHU, ALE, AFN och AVG	35
Klamma mellan EGR-ventil och avgasgrenrörets anslutningsrör	
Motorkod 1Y	10
Muttrar mellan främre (nedåtgående) avgasrör och turbo	25
Turbons oljereturrör, anslutning vid turbo	40
Turbons oljereturrör, banjobult vid motorblock	
Motorkod AAZ	50
Motorkod 1Z, AHU, ALE, AFN och AVG	30
Turbons oljetillförselrör, anslutning vid turbo	25

1 Allmän information

Avgasreningssystem

Samtliga bensinmotorer kan köras på blyfri bensin. De styrs av motorstyrningssystem vilka är inställda för att ge den bästa kompromissen mellan körbarhet, bränsleförbrukning och avgasutsläpp. Dessutom är ett antal andra system inbyggda i bränslesystemet för att reducera skadliga avgasutsläpp: ett vevhusventilationssystem som reducerar lösgöring av föroreningar från motorns smörjsystem, katalysator som reducerar avgasföroreningar och ett bränsleförångningssystem som reducerar utsläpp av kolväten i gasform från bränsletanken.

Samtliga dieselmotorer är också utrustade med ett vevhusventilationssystem. Dessutom är alla modellerna utrustade med en katalysator och ett avgasåterföringssystem (EGR) för att reducera avgasutsläppen.

Vevhusventilation

För att kunna reducera utsläppen av oförbrända kolväten från vevhuset ut i atmosfären är motorn förseglad. Vevhusgaser och oljeångor sugs från vevhuset, genom en nätavskiljare, in i inloppstrumman för att sedan förbrännas som vanligt av motorn.

Vid förhållanden med högt undertryck i inloppsröret (tomgång, fartminskning) sugs gaserna ut ur vevhuset. Vid förhållanden med lågt undertryck i grenröret (acceleration, körning med fullt gaspådrag) tvingas gaserna ut ur vevhuset av det (relativt) högre vevhustrycket. Om motorn är sliten gör det höjda trycket i vevhuset (beroende på ökad genomblåsning) att en viss del av gaserna leds tillbaka vid alla grenrörsförhållanden. På vissa motorer styr en tryckregleringsventil (monterad på kamaxelkåpan) gasflödet från vevhuset.

Avgasrening - bensinmotorer

Alla modeller är utrustade med en katalysator i avgassystemet för att minimera föroreningsmängden som släpps ut i atmosfären. Bränslesystemet är av typen "closed loop", där en lambdasond i avgassystemet sänder kontinuerlig information till den elektroniska styrenheten (ECU), vilket ger ECUn möjlighet att justera luft/bränsleblandningen för optimal förbränning.

Lambdasonden har en inbyggd värmare som, via lambdasondens relä, styrs av ECUn för att snabbt kunna värma sondens spets till en effektiv arbetstemperatur. Sondspetsen är syrekänslig och den sänder varierande spänning till ECUn beroende på syrehalten i avgaserna. Om luft/bränsleblandningen är för fet har avgaserna låg syrehalt, så sonden sänder en lågspänningssignal; spänningen stiger sedan allt eftersom blandningen blir magrare och mängden syre i avgaserna ökar. Den högsta omvandlingseffektiviteten för alla ofta förekommande föroreningsämnen får man om luft/bränsleblandningen hålls vid det kemiskt korrekta förhållandet för fullständig förbränning av bensin – 14,7 delar (vikt) luft till 1 del bränsle ("stökiometriskt" förhållande). Sondens utgående spänning förändras avsevärt vid denna punkt. ECU använder signalförändringen som en referenspunkt och korrigerar inloppsblandningen av luft/bränsle i enlighet med denna genom att ändra bränslespridarnas öppningstid. Detaljerad beskrivning av demontering och montering av lambdasonden ges i kapitel 4A eller 4B.

Avgasrening – dieselmotorer

En oxideringskatalysator är monterad i avgassystemet på alla modeller med dieselmotor. Denna avlägsnar en stor del av kolväten i gasform, koloxider och fraktioner som förekommer i avgaserna.

Ett avgasåterföringssystem (EGR) är monterat på samtliga modeller med dieselmotorer. Detta system reducerar nivån av kväveoxider som alstras vid förbränningen genom att återföra en andel av avgaserna tillbaka in i insugsgrenröret, vid vissa motordriftsförhållanden, via en kolvventil. Systemet styrs elektroniskt av glödstiftstyrmodulen på motorkoderna 1Y och AAZ, eller av motorstyrningssystemets ECU på SDi och TDi modeller.

Bränsleförångningssystem – bensinmotorer

Samtliga bensinmotorer är utrustade med ett bränsleförångningssystem som skall minimera utsläppen av oförbrända kolväten i atmosfären. Bränsletankens påfyllningslock är tätat och en kolkanister är monterad under bilens högra framskärm för att samla upp bensinångor som genereras i tanken. Ångorna lagras där tills de kan dras från kanistern (denna process styrs av bränsleinsprutnings-/tändsystemets ECU) via en eller flera avluftningsventiler, in i inloppskanalen för normal förbränning i motorn.

För att kontrollera att motorn arbetar korrekt när den är kall, och/eller går på tomgång, och för att skydda katalysatorn från påverkan av en alltför fet blandning, öppnar ECUn inte avluftningsventilen förrän motorn har värmt upp och är under belastning; ventilens solenoid slår då till och från för att låta ångorna passera in i inloppskanalen.

Avgassystem

Avgassystemet omfattar avgasgrenrör, en eller två ljuddämpare (beroende på modell och utförande), katalysator, ett antal fästbyglar och en serie anslutande rör.

2.3 Lossa kablaget från avluftningsventilen (vid pilen)

På TD och TDi modeller är en turbo monterad på avgasgrenröret – se beskrivning i avsnitt 6.

2 Bränsleförångningssystem – allmän beskrivning och byte av komponenter

Allmän beskrivning

1 Bränsleförångningssystemet består av en avluftningsventil, en kolkanister med aktivt kol och en serie anslutande vakuumslangar.

2 Avluftningsventilen är monterad på en fästbygel bakom luftrenarhuset och kolkanistern är monterad på ett fäste inuti det högra främre hjulhuset.

Komponentbyte

Avluftningsventil

3 Kontrollera att tändningen är avslagen, lossa därefter kablaget från avluftningsventilen vid kontakten **(se bild)**.

4 Lossa klämmorna och dra loss vakuumslangarna från portarna på avluftningsventilen. Notera hur slangarna är monterade för att underlätta vid kommande montering.

5 Dra ut avluftningsventilen ur dess fästring och ta bort den från motorrummet.

6 Montering sker i omvänd ordningsföljd.

Kolkanister

7 Kolkanistern är placerad i hjulhuset. Lossa vakuumslangarna från kanistern och notera till vilka öppningar de var anslutna. Tryck ned låsfliken på sidan av fästbandet och lyft ut kanistern från hjulhuset.

8 Montering sker i omvänd ordningsföljd.

3 Vevhusventilationssystem – allmän beskrivning

Vevhusventilationssystemet består av en serie slangar som ansluter vevhusets ventilator till kamaxelkåpans ventilator och luftintaget, en tryckreglerande ventil (i förekommande fall) och en oljeavskiljare.

Komponenterna i detta system kräver ingen tillsyn annat än regelbunden kontroll av att slangen/slangarna inte är blockerade eller skadade.

4 Avgasåterföring (EGR) – allmän beskrivning och byte av komponenter

Allmän beskrivning

1 EGR-systemet består av en EGR-ventil, en EGR-solenoid (motorkoderna 1Y och AAZ) eller en moduleringsventil (SDi och TDi modeller) och en serie anslutande vakuumslangar.

2 EGR-ventilen är monterad på en flänsskarv vid insugsgrenröret och är ansluten till en andra flänsskarv på avgasgrenröret med ett halvstyvt rör.

3 EGR-solenoiden/modulatorventilen är monterad på en fästbygel på det högra fjäderbenstornet, bakom luftrenaren.

Komponentbyte

EGR-ventil

4 Lossa vakuumslangen från porten uppe på EGR-ventilen.

5 Skruva loss bultarna som fäster det halvstyva anslutningsröret på EGR-ventilens fläns **(se bild)**. Ta bort packningen från skarven och kasta den. (På motorkod 1Y, lossa spännbulten och ta loss det halvstyva röret från EGR-ventilen).

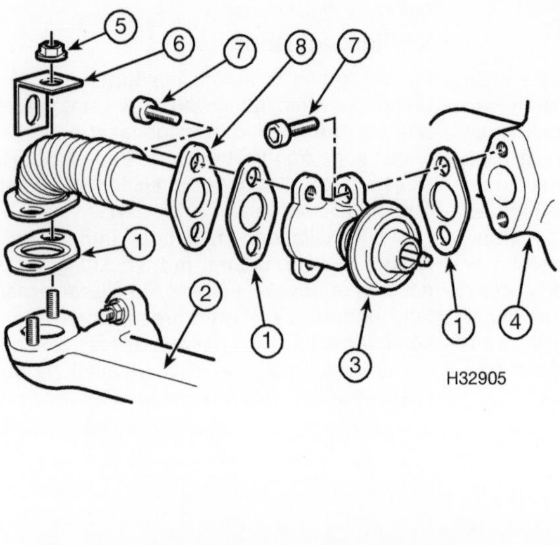

4.5 EGR-ventil och tillhörande komponenter – motorkod 1Z

1 Packningar
2 Avgasgrenrör
3 EGR-ventil
4 Insugsgrenrör
5 Mutter
6 Oljetillförselrörets fästbygel
7 Skruv
8 Halvstyvt rör

6 Ta bort bultarna som fäster EGR-ventilen vid insugsgrenrörets fläns och lyft bort EGR-ventilen. Kasta packningen.

7 Montering sker i omvänd ordningsföljd, observera följande punkter:

(a) Använd nya packningar och självlåsande muttrar.

(b) Vid anslutning av det halvstyva röret, sätt i bultarna löst och se till att röret inte belastas innan bultarna dras åt till angivet åtdragningsmoment.

EGR-solenoid/moduleringsventil

8 Kontrollera att tändningen är avstängd, lossa därefter kablaget från ventilen vid kontakten.

9 Lossa klämmorna och dra loss vakuumslangarna från ventilanslutningarna. Notera *noggrant* hur de är monterade för att underlätta vid kommande montering.

10 Skruva loss skruvarna och lyft bort ventilen.

11 Montering sker i omvänd ordningsföljd.

Varning: Kontrollera att vakuumslangarna är korrekt monterade; förbränning och alstring av avgasrök kan påverkas dramatiskt av ett felaktigt fungerande EGR-system.

5 Avgasgrenrör - demontering och montering

Demontering av avgasgrenröret beskrivs som del av isärtagning av topplocket, se kapitel 2 del A eller B, efter tillämplighet.

6 Turboaggregat - demontering och montering

Allmän information

1 Turboaggregatet är monterat direkt på avgasgrenröret. Smörjning sker via ett speciellt oljetillförselrör som löper från motorns oljefilterfäste. Oljan returneras till oljesumpen via ett oljereturrör som ansluts till motorblockets sida. Turboaggregatet har en

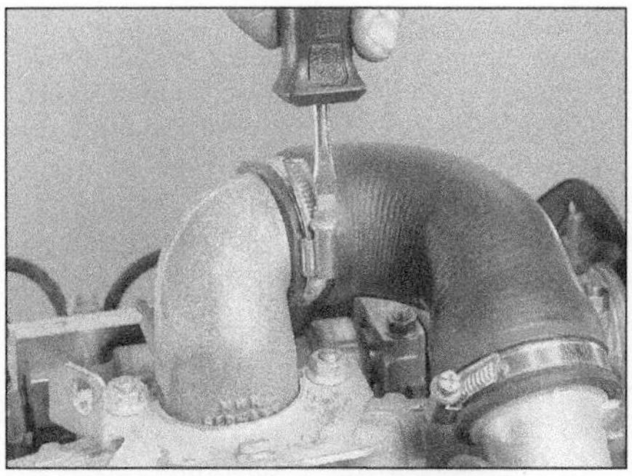

6.4a Lossa slangklämmorna . . .

inre "wastegate"-ventil med en tryckklocka som används för att styra laddtrycket till inloppsröret.

2 Turboaggregatets inre komponenter roterar med extremt höga varvtal och är därför mycket känsliga för föroreningar; stor skada kan orsakas av små smutskorn, speciellt om de kommer i vägen för de ömtåliga turbinbladen.

Varning: Rengör noggrant området kring alla oljerörsanslutningar innan de lossas, för att hindra att smuts tränger in. Förvara de isärtagna komponenterna i en sluten behållare för att undvika förorening. Täck över turbons luftinloppskanaler för att hindra att skräp tränger in och använd bara luddfria trasor vid rengöring.

Varning: Låt inte motorn gå när turbons luftinloppsslang är losskopplad; undertrycket vid inloppet kan stegras mycket snabbt om motorns varvtal ökas och främmande föremål kan sugas in och kastas ut med mycket högt fart.

Motorkod AAZ

Demontering

3 Lossa batteriets negativa anslutning och placera kabeln på avstånd från batteriet.

4 Lossa klämmorna och demontera kanalerna mellan turbon och insugsgrenröret **(se bilder)** och mellan luftrenaren och turbon.

5 Koppla loss vakuumslangarna från wastegatetryckklockans membranhus; notera anslutningsordning och färgkoder för att underlätta vid kommande montering.

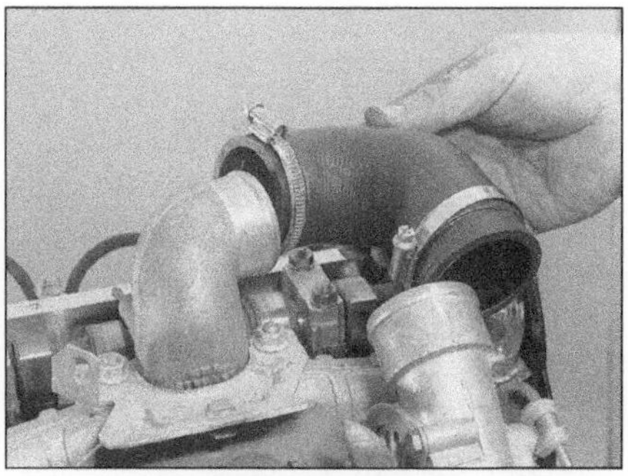

6.4b . . . och demontera kanalen mellan turbon och insugsgrenröret

6 Lossa anslutningarna och koppla loss oljetillförsel- och returrören från turbon **(se bilder)**. Ta vara på tätningsbrickorna och kasta dem - nya brickor skall användas vid monteringen. Frigör tillförselröret från klämman på insugsgrenröret.

7 Ta bort muttrarna och koppla loss det främre avgasröret från turbons utlopp. Ta bort packningen och kasta den - en ny packning skall användas vid monteringen **(se bilder)**. Lossa fästena och demontera det främre (nedåtgående) avgasröret från stödfästet på grenröret.

8 Skruva loss bultarna mellan turbon och avgasgrenröret. **Observera:** *Den nedersta bulten är svår att komma åt; använd en universalknut och förlängare för att underlätta demonteringen.* Kasta bultarna och använd nya vid monteringen.

9 Lyft bort turbon från avgasgrenröret.

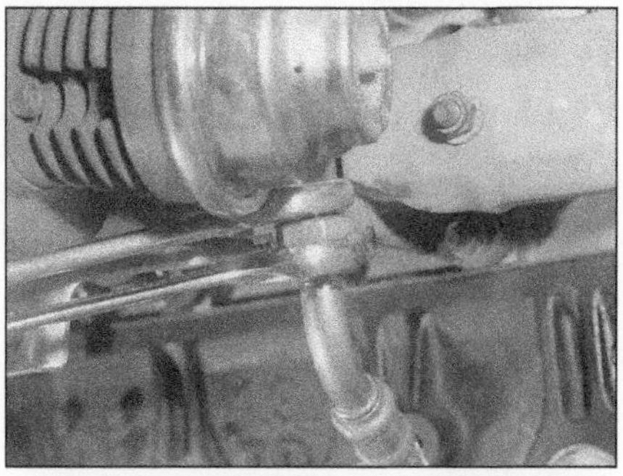

6.6a Lossa oljereturröret från turbon

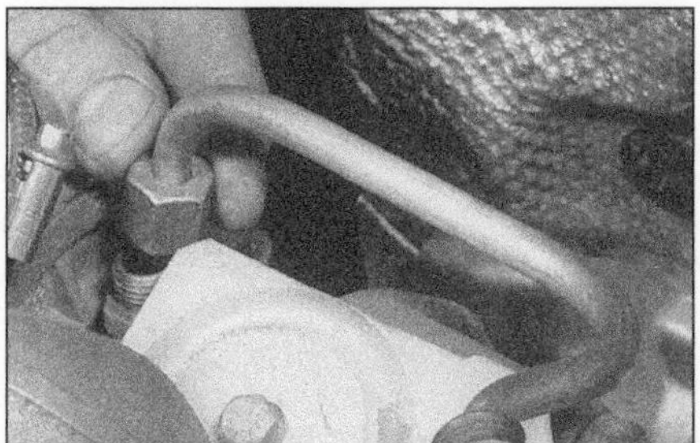

6.6b Lossa oljetillförselröret från turbon

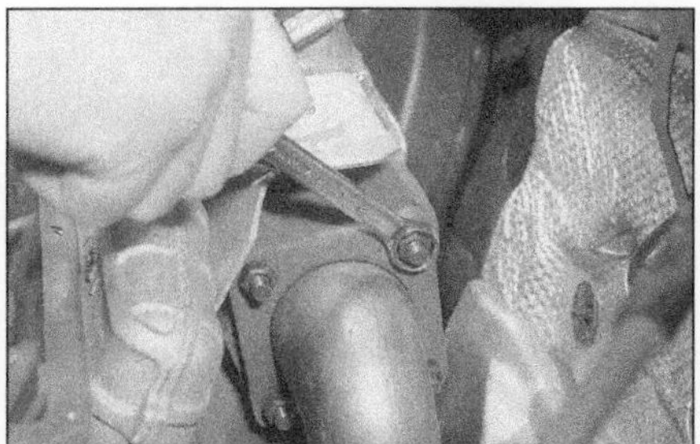

6.7a Skruva loss muttrarna och lossa det främre avgasröret från turbons utlopp

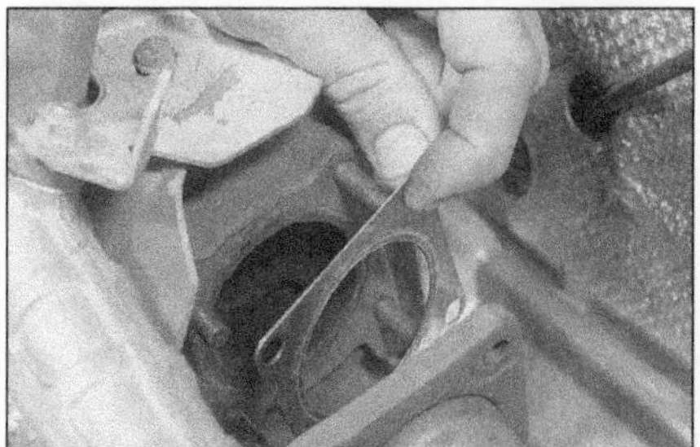

6.7b Ta bort packningen och kasta den

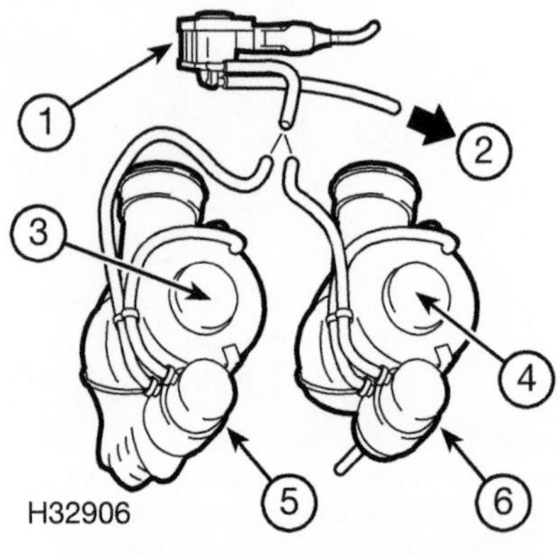

6.10 Anslutningar för wastegatens vakuumslangar - motorkod AAZ

1 Tvåvägsventil
2 Till vakuumpump
3 Turboaggregat (Garrett)
4 Turboaggregat (KKK)
5 Wastegate
6 Wastegate tryckklocka

Montering

10 Montera turboaggregatet genom att följa demonteringsproceduren i omvänd ordning, notera följande punkter:

a) Lyft upp turbon till avgasgrenröret, sätt på och dra åt muttrarna till det främre avgasröret för hand.
b) Stryk högtemperaturfett på huvud och gängor till de nya bultarna mellan turbon och avgasgrenröret, sätt dem sedan på plats och dra åt dem till angivet åtdragningsmoment.
c) Dra åt det främre avgasrörets muttrar till angivet åtdragningsmoment.
d) Prima oljetillförselröret och porten på turbon med ren motorolja innan anslutningen görs, dra åt till angivet åtdragningsmoment.
e) Dra åt oljereturanslutningen till angivet åtdragningsmoment.
f) Anslut vakuumslangarna till wastegatens tryckklocka enligt noteringarna som gjordes vid demonteringen ***(se bild).***
g) Låt motorn gå i cirka en minut när den startas för första gången efter monteringen, för att ge oljan tid att cirkulera i turbinaxellagren.

Motorkod 1Z, AHU och ALE

Demontering

11 Lossa batteriets negativa anslutning och placera kabeln på avstånd från batteriet. Lossa klämmorna och demontera kanalen mellan turbon och insugsgrenröret och mellan luftrenaren och turbon.

12 Lossa vakuumslangarna från membranhuset till wastegatens tryckklocka; notera anslutningsordning och färgkoder för att underlätta vid kommande montering.

13 Demontera muttrarna och lossa avgasrörets främre del från turbons utlopp. Ta vara på packningen och kasta den – ny packning skall användas vid monteringen.

14 Lossa först anslutningarna och därefter oljetillförsel- och returrören från turbon. Ta vara på tätningsbrickorna och kasta dem – nya brickor skall användas vid monteringen. Frigör tillförselröret från klämman vid inloppsröret.

15 Demontera skruvarna och ta bort avgasrörets främre del från fästet vid topplocket.

16 Lossa och ta bort båda skruvarna mellan turbon och inloppsröret uppifrån, arbeta därefter under avgasgrenröret, lossa och ta bort muttern. Kasta skruvarna eftersom nya skruvar skall användas vid monteringen.

17 Lyft bort turbon från avgasgrenröret.

Montering

18 Montera turbon genom att följa demonteringsproceduren men i omvänd ordningsföljd, notera följande punkter:

a) Lyft upp turbon till avgasgrenröret, montera och dra åt muttrarna till avgasrörets främre del för hand.
b) Montera muttern mellan avgasgrenröret och turbon och dra åt den till angivet åtdragningsmoment.
c) Stryk högtemperaturfett på huvud och gängor till de nya bultarna mellan turbon och avgasgrenröret, montera dem därefter och dra åt dem till angivet åtdragningsmoment.
d) Dra åt muttrarna till avgasrörets främre del till angivet åtdragningsmoment.
e) Prima oljeinloppsöppningen till oljetillförselröret och turbon med ren motorolja innan anslutningen utförs och dras åt till angivet åtdragningsmoment.
f) Dra åt oljereturanslutningen till angivet åtdragningsmoment.
g) Anslut vakuumslangarna till wastegateventilens tryckklocka enligt de noteringar som gjordes innan demonteringen ***(se bild).***
h) Låt motorn gå i cirka en minut när den startas för första gången efter monteringen för att ge oljan tid att cirkulera i turbinaxelns lager.

Motorkod AFN och AVG

Demontering

19 Koppla loss batteriets negativa anslutning och placera kabeln på avstånd från batteriet. Demontera motorkåpan. Lossa klämmorna och ta bort kanalerna mellan turbon och laddluftskylaren och mellan luftrenaren och turbon.

20 Dra bort laddtrycksventilens vakuumslang från wastegateventilens membranhus.

21 Lossa anslutningen och koppla loss oljetillförselröret från turboaggregatet. Ta vara på O-ringen från röret och släng den – en ny måste användas vid monteringen. Skruva loss fästmuttern och bulten och lossa matningsröret från fästbygeln på insugsgrenröret.

22 Skruva loss muttrarna och koppla loss det främre avgasröret från turboaggregatets utlopp. Ta bort och kasta packningen – en ny måste användas vid monteringen.

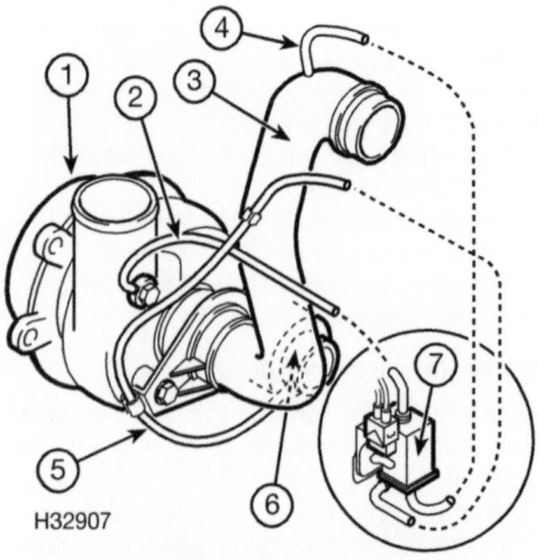

6.18 Anslutningar för wastegatens vakuumslangar - motorkod 1Z

1 Turboaggregat
2 Slang med röd färgkodning
3 Inloppsslang
4 slang med svart färgkodning
5 Slang med blå färgkodning
6 Wastegate tryckklocka
7 Slang med röd färgkodning

23 Skruva loss turbons fästbygel från turbon och topplocket.

24 Skruva loss de två bultarna från oljereturanslutningen längst ner på turboaggregatet. När turbon tas bort, ta reda på och släng packningen – en ny måste användas vid hopsättningen.

25 Skruva loss de två muttrarna mellan turbon och grenröret underifrån, skruva sedan loss fästmuttern ovanifrån. Kasta muttrarna, nya måste användas vid montering.

26 Lyft bort turbon från avgasgrenröret.

Montering

27 Montera turboaggregatet genom att följa monteringsproceduren i omvänd ordning, notera följande punkter:

a) Lägg högtemperaturfett på gängorna på turbons och avgasgrenrörets pinnbultar.
b) Sätt turbon på plats mot avgasgrenröret och fäst med den övre muttern, som endast ska dras åt för hand tills vidare.
c) Arbeta underifrån, sätt de två muttrarna mellan turbon och grenröret på plats och dra åt dem till angivet moment.
d) Använd en ny packning, sätt i de två bultarna till oljereturanslutningen längst ner på turboaggregatet och dra åt dem till angivet moment.
e) Sätt tillbaka turbons fästbygel på topplocket och turbon.
f) Dra åt turbons/avgasgrenrörets övre mutter till angivet åtdragningsmoment.
g) Placera en ny packning över turbons pinnbultar, sätt sedan ihop det främre avgasröret och dra åt muttrarna till angivet moment.
h) Prima turbons oljeinloppsport med ren motorolja. Sätt en ny O-ring på

oljetillförselröret, anslut det till turbon och dra åt till angivet moment. Fäst oljetillförselröret vid fästbygeln på insugsgrenröret.

i) Anslut vakuumslangen till wastegateventilens tryckklocka.

j) När motorn startas efter monteringen, låt den gå på tomgång i ca en minut, så att oljan får tid att cirkulera runt turbinaxellagren.

7 Avgassystem - allmän beskrivning och byte av komponenter

Allmän beskrivning

1 På motorkoderna ABU, AEA, ABD, AAM och 1Y består avgassystemet av det främre (nedåtgående) avgasröret, katalysatorn, den mellersta ljuddämparen och det bare röret som innehåller den bakre ljuddämparen. En flexibel koppling är monterad i det främre röret uppströms anslutningsflänsen till katalysatorn.

2 På alla övriga modeller består avgassystemet av det främre (nedåtgående) avgasröret, katalysatorn, det mellersta röret och den bakre delen som innehåller den mellersta och den bakre ljuddämparen. På TD och TDi modeller sitter en flexibel koppling monterad i det främre röret nedströms avgasgrenrörets fläns.

3 På samtliga modeller är hela systemet upphängt med gummifästen, vilka sitter fast i bilens undersida med metallfästen.

Demontering

4 Varje sektion av avgassystemet kan demonteras separat, alternativt kan hela systemet demonteras som en enda enhet.

5 Vid demontering av hela, eller del av systemet, lyft upp både fram- och bakvagn och stöd bilen på pallbockar (se *Lyftning och stödpunkter*). Alternativt kan bilen placeras över en inspektionsgrop eller på en bilramp.

Främre avgasrör

6 Placera träblock som stöd under katalysatorn. Om så är tillämpligt, se beskrivning i kapitel 4A eller 4B och demontera lambdasonden från avgasröret.

7 Skruva loss muttrarna som fäster det främre avgasröret vid katalysatorn. Skruva loss bultarna och ta vara på tätningskonan från skarven.

8 Lossa muttrarna och separera det främre röret från avgasgrenröret. Ta vara på packningen och ta bort det främre röret under bilen. **Observera:** *På motorkod ABD fr o m 10/94, är katalysatorn inbyggd i det främre röret och de måste därför demonteras som en enhet.*

Katalysator

9 Skruva loss muttrarna som fäster det främre avgasröret vid katalysatorn. Skruva loss bultarna och ta vara på tätningskonan från skarven.

10 Skruva loss bultarna till klamman mellan katalysatorn och det mellersta röret.

11 Frigör katalysatorn från det mellersta röret och ta bort den under bilen. **Observera:** *På motorkod ABD fr o m 10/94, är katalysatorn inbyggd i det främre röret och de måste därför demonteras som en enhet.*

Mellanrör

12 Lossa bultarna och ta bort klamman från skarven mellan mellanröret och det bakre röret samt från skarven mellan mellanröret och katalysatorn.

13 Lossa mellanröret från det bakre röret och från katalysatorn och demontera det under bilen.

Bakre avgasrör

14 Lossa klämringsbultarna och lossa det bakre röret vid skarven.

15 Haka loss det bakre röret från dess monteringsgummin och demontera det från bilen. **Observera:** *I vissa fall kan ljuddämparna i det bakre röret skäras loss från avgassystemet med en såg och bytas individuellt; rådfråga en VAG-verkstad eller annan specialist på avgassystem.*

Komplett system

16 Lossa det främre avgasröret från grenröret enligt beskrivning i punkterna 6, 7 och 8.

17 Ta hjälp av en medarbetare, lossa systemet från samtliga gummifästen och manövrera ut systemet under bilen.

Värmesköld(ar)

18 Värmesköldarna är infästa på karossens undersida med muttrar, bultar och klämmor. Varje värmesköld kan demonteras när respektive avgasrörssektion är demonterad. Observera att om skölden skall demonteras för att bereda åtkomst till en komponent som är monterad bakom skölden, kan det i vissa fall räcka att muttrarna och/eller bultarna tas bort och skölden sänks ned, utan att avgassystemet behöver rubbas.

Montering

19 Varje sektion monteras i omvänd ordningsföljd, notera följande punkter.

a) Se till att alla spår efter korrosion har avlägsnats från flänsarna, och byt samtliga packningar.

b) Undersök alla gummiupphängningar beträffande tecken på skador eller slitage, byt ut dem vid behov.

c) Byt ut tätningskonan i skarven mellan katalysatorn och det främre avgasröret.

d) På skarvar som är infästa med klammor, smörj tätningsytorna med fogpasta för avgassystem för att säkerställa lufttäta skarvar. Dra åt klammornas muttrar jämnt och växelvis till angivet åtdragningsmoment så att spelet mellan klammans halvor är lika stort på båda sidor.

e) Innan avgassystemets fästen dras åt, kontrollera att samtliga gummiupphängningar är korrekt placerade och att det finns tillräckligt spelrum mellan avgassystemet och bilens underrede.

8 Katalysator - allmän beskrivning och säkerhetsanvisningar

1 Katalysatorn är en enkel och tillförlitlig anordning som inte kräver något underhåll. Det finns dock ett antal fakta som bilägaren bör uppmärksamma om katalysatorn ska fungera ordentligt under dess livslängd.

Bensinmotorer

a) ANVÄND INTE blyad bensin i en bil som är utrustad med katalysator. Blyet lägger sig över ytan på ädelmetallerna vilket reducerar deras effektivitet och leder till att katalysatorn så småningom förstörs.

b) Håll alltid bränsle- och tändsystemen i god kondition i enlighet med tillverkarens underhållsschema.

c) Om motorn börjar misstända ska bilen inte köras alls (eller åtminstone så lite som möjligt) förrän felet är åtgärdat.

d) Bilen får INTE knuffas eller bogseras igång eftersom katalysatorn då dränks av oförbränt bränsle, vilket leder till att den överhettar när motorn startar.

e) STÄNG INTE av motorn vid höga varvtal.

f) I vissa fall kan en svavelluktande odör (som påminner om ruttna ägg) uppstå från avgaserna. Detta är vanligt i bilar som är utrustade med katalysator. När bilen har gått några hundra mil bör problemet försvinna. Bränsle av låg kvalitet med hög svavelhalt förvärrar detta tillstånd.

g) En katalysator som används i en väl underhållen och välkörd bil bör hålla mellan 7 000 och 16 000 mil – om katalysatorn ej längre är effektiv ska den bytas.

Bensin- och dieselmotorer

h) ANVÄND INGA tillskott i bränsle eller olja – sådana kan innehålla ämnen som kan skada katalysatorn.

i) FORTSÄTT INTE att köra bilen om motorn bränner olja så att den lämnar blå rök efter sig.

j) Kom ihåg att katalysatorn arbetar vid mycket höga temperaturer. När bilen har körts länge skall den INTE PARKERAS över torra underlag som torrt gräs eller högar med vissna löv.

k) Kom ihåg att katalysatorn är ÖMTÅLIG, slå inte på den med verktyg vid underhållsarbeten.

Kapitel 5 Del A: Start- och laddningssystem

Innehåll

Svårighetsgrader

Enkelt, passar novisen med lite erfarenhet	**Ganska enkelt,** passar nybörjaren med viss erfarenhet	**Ganska svårt,** passar kompetent hemmamekaniker	**Svårt,** passar hemmamekaniker med erfarenhet	**Mycket svårt,** för professionell mekaniker

Specifikationer

Allmänt

Elsystem	12 volt, negativ jord

Startmotor

Styrka:	
Motorkoder ABU, ABD	12V, 0,9 kW
Alla övriga motorkoder	12V, 1,1 kW

Batteri

Typ	36 till 110 Ah (beroende på modell och marknad)

Generator

Minsta borstlängd	5 mm (tolerans +1 mm, -0 mm)

Åtdragningsmoment

Åtdragningsmoment	Nm
Batteriets fästbygelplatta, skruv	20
Batteriets hylla, skruvar	15
Batteripolernas bultar	5
Generatorns fästbultar	25
Servostyrningsslangens styrning till startmotor	
Alla motorkoder utom ABU och ABD	20
Startmotorns fästbultar:	
Motorkoder ABU, ABD	20
Alla motorkoder utom ABU, ABD:	
Undre bult	45
Övre bult	60
Pinnbult	60

1 Allmän beskrivning och säkerhetsanvisningar

Allmän beskrivning

Motorns elektriska system består huvudsakligen av laddnings- och startsystemen. Eftersom de står i nära relation med motorfunktionerna, behandlas komponenterna i dessa system separat från de andra elektriska funktionerna, såsom ljus, instrument, etc. (vilka behandlas i Kapitel 12). För bensinmotorer, se beskrivning i del B i detta kapitel beträffande tändsystemet och för dieselmotorer, se del C för information om förvärmningssystemet.

Bilarna har 12-volts elsystem med negativ jordning.

Originalbatteriet är den typ av batteri som kräver föga eller inget underhåll (underhållsfritt). Batteriet laddas av generatorn, som drivs av vevaxeln via en rem.

Startmotorn är av den föringreppade typen med en inbyggd solenoid. Vid start för solenoiden drevet i ingrepp mot svänghjulets startkrans innan motorn går igång. När motorn har startat förhindrar en envägskoppling startmotorarmaturen från att drivas av motorn tills drevet kopplas bort från startkransen.

Säkerhetsanvisningar

Ytterligare detaljer om de olika systemen finns i de olika avsnitten i detta kapitel. Även om vissa reparationsinstruktioner anges, är den vanligaste åtgärden i allmänhet att man byter den aktuella komponenten.

Den ägare vars intresse sträcker sig utöver komponentbyte kan införskaffa Haynes bok *Bilens elektriska och elektroniska system*.

Det är viktigt att vara extra försiktig när man arbetar med elsystemet, för att undvika att skada halvledarkomponenter (dioder och transistorer) eller rentav skada sig själv. Förutom säkerhetsföreskrifterna i avsnittet *Säkerheten främst!* i början av boken bör man observera följande anvisningar när man arbetar på elsystemet:

Ta alltid av ringar, klockor etc. innan du börjar arbeta på elsystemet. Även om batteriet inte är anslutet kan kapacitiv urladdning ske om man jordar en komponents positiva pol. Detta kan ge en stöt eller brännskada.

Förväxla aldrig batteriets anslutningar. Komponenter som generator, elektroniska styrenheter eller andra komponenter som innehåller halvledare kan annars få permanenta skador.

Om motorn startas med startkablar och ett externt batteri måste man koppla samman batteriernas *positiva poler med varandra* och de *negativa med varandra* (se *Starthjälp*). Detta gäller även när du ansluter en batteriladdare.

Koppla aldrig loss batteriets anslutningar, generatorn, någon annan elektrisk kabel eller testinstrument när motorn är på.

Låt inte motorn dra runt generatorn när den inte är elektriskt ansluten.

"Testa" aldrig generatorn genom att slå gnistor med kabeln mot chassit.

Använd aldrig en ohmmeter som har en handvevad generator för ledningsprovning.

Se alltid till att koppla loss batteriets negativa kabel innan du påbörjar något arbete med elsystemet.

Innan man använder elektrisk svetsutrustning på bilen måste man koppla loss batteriet, generatorn och komponenter som styrenheten för bränsleinsprutningen/ tändningen. På så sätt undviker man risken för skador på dessa komponenter.

Varning: Vissa radio/kassettbandspelare som monteras som standard av VAG har en inbyggd säkerhetskod för att avskräcka tjuvar. Om strömkällan till enheten bryts aktiveras säkerhetssystemet. Även om strömkällan ansluts på en gång igen, kommer enheten inte att fungera förrän korrekt kod har knappats in. Därför, om du inte känner till koden, koppla inte ifrån batteriets negativa anslutning och ta inte heller ut radion/kassettbandspelaren ur bilen. Kontakta din VAG-återförsäljare om du är osäker på om din ljudanläggning har en säkerhetskod eller inte.

2 Batteri - kontroll och laddning

Standard- och lågunderhållsbatteri - kontroll

1 Om bilen körs förhållandevis få mil per år är det klokt att kontrollera elektrolytens specifika vikt var tredje månad för att fastställa batteriets skick. Kontrollera med en syraprovare (batteriprovare) och jämför resultaten med nedanstående tabell.

	Lufttemperatur	
	Över 25°C	**Under 25°C**
Fullt laddat	1,210 till 1,230	1,270 till 1,290
70% laddat	1,170 till 1,190	1,230 till 1,250
Helt urladdat	1,1,050 till 1,070	1,110 till 1,130

Observera att avläsningar av värden för specifik vikt förutsätter en elektrolyttemperatur på 15°C. För var tionde grad under 15°C subtraheras 0,007; för var tionde grad över 15°C adderas 0,007.

2 Om batteriets skick är tveksamt bör den specifika vikten kontrolleras i varje battericell. En skillnad på 0,040 eller mer mellan celler tyder på förlust av elektrolyt eller att batteriplattorna har försämrats.

3 Om värdet för specifik vikt skiljer sig 0,040 eller mer ska batteriet bytas. Om variationen mellan cellerna är tillfredsställande men batteriet är urladdat, ska det laddas enligt beskrivning längre fram i detta avsnitt.

Underhållsfritt batteri - kontroll

4 Ett underhållsfritt batteri är "förseglat" och det går därför inte att mäta elektrolyten i varje enskild cell och det går inte heller att fylla på elektrolyt. Konditionen hos ett sådant batteri kan endast kontrolleras med en batteriindikator eller en voltmeter.

5 Vissa modeller kan ha ett underhållsfritt batteri med en inbyggd indikator. Indikatorn är monterad ovanpå batteriet och den indikerar batteriets kondition med hjälp av färgkoder. Om indikatorn visar grönt är batteriet väl laddat. Om indikatorn är mörkare och till slut blir svart, kräver batteriet laddning (se nedan). Om indikatorn visar klar/gul färg är elektrolytnivån för låg för att batteriet ska kunna användas igen och det måste bytas. **Försök inte** ladda eller starta ett batteri med startkablar om indikatorn visar klar/gul färg.

6 Vid kontroll av batteriet med en voltmeter: anslut voltmetern över batteriet och notera spänningen. Denna test ger endast exakt resultat om batteriet inte har utsatts för laddning av något slag under de senaste sex timmarna. Om så inte är fallet, tänd strålkastarna i 30 sekunder, vänta sedan fyra till fem minuter efter det att strålkastarna släckts innan batteriet testas. Alla övriga elkretsar måste vara avstängda, så kontrollera att dörrar och baklucka är stängda när testen utförs.

7 Om spänningen är under 12,2 volt är batteriet urladdat. Mellan 12,2 och 12,4 volt indikerar att batteriet är delvis urladdat.

8 Om batteriet ska laddas, demontera det från bilen och ladda enligt beskrivning längre fram i detta avsnitt.

Standard- och lågunderhållsbatteri - laddning

Observera: *Följande punkter är endast avsedda som en guide. Se alltid tillverkarens rekommendationer (återfinns oftast på en etikett på batteriet) innan batteriet laddas.*

9 Ladda batteriet med en styrka likvärdig med 10% av batteriets kapacitet (för ett 45 Ah batteri, ladda med 4,5 A) och fortsätt ladda tills vikten inte stiger ytterligare under en period av fyra timmar.

10 Alternativt kan en långtidsladdare (som laddar med 1,5 A) användas över natten.

11 Extra snabba laddare, som sägs ladda batteriet på 1-2 timmar, rekommenderas inte. Batteriplattorna kan överhettas och batteriet därmed skadas allvarligt.

12 Elektrolytens temperatur får aldrig överskrida 37,8°C när batteriet laddas.

Underhållsfritt batteri - laddning

Observera: *Följande punkter är endast avsedda som en guide. Se alltid tillverkarens rekommendationer (återfinns oftast på en etikett på batteriet) innan batteriet laddas.*

13 Denna typ av batteri behöver längre tid att laddas upp än ett standardbatteri – tiden som går åt beror på hur urladdat batteriet är. Det kan ta upp till tre dagar.

14 En likströmsladdare behöver, när den är ansluten, ställas in på 13,9 till 14,9 volt med en laddningsström under 25 amp. Med denna metod bör batteriet vara användbart inom tre timmar, med en spänning på 12,5 volt om batteriet är delvis urladdat. Om full laddning behövs kan det ta väsentligt längre tid.

15 Om batteriet är totalt urladdat (under 12,2 volt) bör det laddas upp av en Fordverkstad eller annan bilelektrisk verkstad eftersom laddningsnivån är högre, vilket kräver konstant övervakning.

3 Batteri - demontering och montering

Demontering

1 Observera: *Om bilen är utrustad med säkerhetskodad radio, kontrollera att du har antecknat koden innan batteriets anslutning lossas; se sista stycket i avsnitt 1.*

2 Lossa batteribygelns skruv och koppla loss batteriets negativa anslutning.

3 Lossa plastkåpan och koppla loss batteriets positiva anslutning på samma sätt.

4 Längst ner på batteriet, skruva loss fästskruven och lyft bort bygelplattan **(se bild)**.

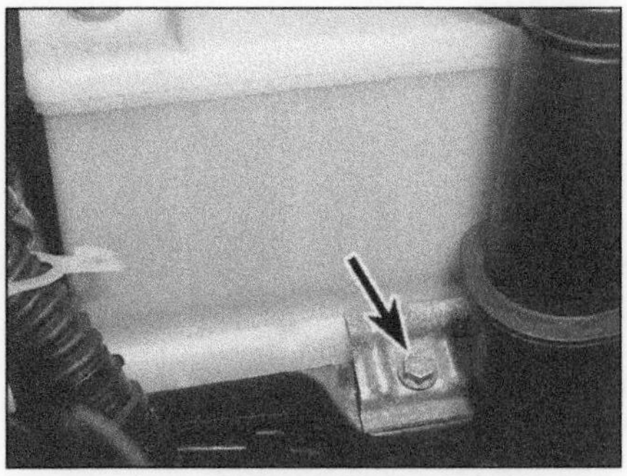

3.4 Skruv till batteriets bygelplatta (vid pilen)

5 Demontera batteriet från motorrummet.
6 För att demontera batterihyllan, skruva först loss skruvarna från servostyrningens vätskebehållare (om tillämpligt). Lägg behållaren på innerskärmen och se till att inte belasta vätskeslangarna.
7 Skruva loss de fyra fästskruvarna **(se bild)**, lyft därefter bort batterihyllan och lossa kablaget från dess klämmor på undersidan när de blir åtkomliga.

Montering

8 Montera batteriet i omvänd ordningsföljd. Dra åt skruvarna till batteriets hylla och bygelplatta till angivet åtdragningsmoment.

4 Generator/laddningssystem - test i bilen

Observera: *Läs avsnittet "Säkerheten främst!" i början av boken samt avsnitt 1 i detta kapitel innan arbetet påbörjas.*
1 Om laddningslampan inte tänds när tändningen slås på, kontrollera först att generatorns ledningar är säkert anslutna. Om dessa är tillfredsställande, kontrollera att glödlampan i varningslampan är hel och att lamphållaren är oskadd och sitter säkert på plats i instrumentpanelen. Om lampan fortfarande inte tänds skall kontroll göras av anslutningsledningen från generatorn till glödlampsfästet. Om allt verkar tillfredsställande är det fel på generatorn. Byt generator eller ta med generatorn till en bilelektriker för test och reparation.
2 Om laddningslampan tänds medan motorn är igång, slå av motorn och kontrollera att drivremmen har korrekt spänning (se kapitel 2A eller B), och att generatorns anslutningar sitter säkert. Om allt verkar tillfredsställande, undersök generatorborstarna och släpringarna enligt beskrivning i avsnitt 8. Om problemet fortsätter att uppstå skall generatorn bytas eller tas med till en bilelektriker för test och reparation.
3 Om generatorns effekt är tvivelaktig, trots att varningslampan fungerar korrekt, kan regulatorspänningen kontrolleras på följande sätt.
4 Anslut en voltmeter över batteripolerna och starta motorn.
5 Öka motorns varvtal tills voltmetern visar cirka 12 till 13 volt, dock inte högre än 14 volt.
6 Sätt på så många elektriska förbrukare som möjligt (t.ex. strålkastare, bakrutedefroster och värmefläkt), och kontrollera att generatorn håller regulatorspänningen på cirka 13 till 14 volt.
7 Om regulatorspänningen inte överensstämmer med angivet värde kan problemet bero på att generatorborstarna är slitna, svaga borstfjädrar, defekt spänningsregulator, defekt diod, trasig faslindning, eller slitna eller skadade släpringar. Generatorborstar och släpringar kan kontrolleras (se avsnitt 6), men om problemet fortsätter att uppstå, bör generatorn bytas ut eller lämnas till en bilelektriker för test och reparation.

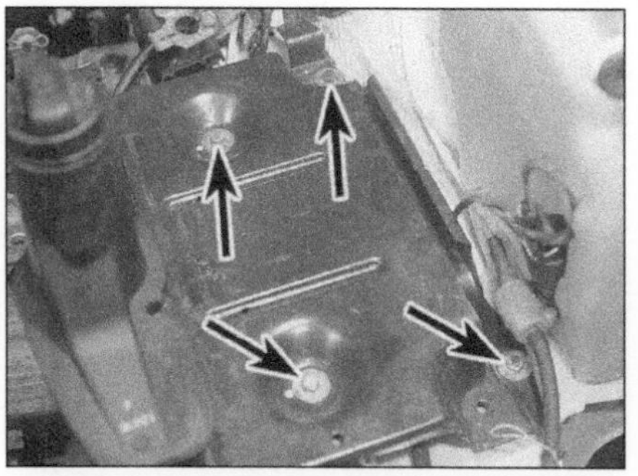
3.7 Skruvar till batterihyllan (vid pilarna)

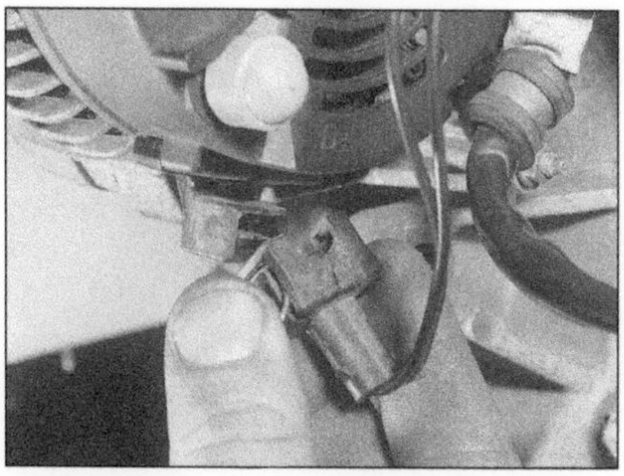
5.3 Koppla loss avkänningskabeln från generatorn

5 Generator - demontering och montering

Demontering

1 Lossa batteriets negativa anslutning och placera kabeln på avstånd från batteriet.
2 Se beskrivning i kapitel 2A eller B och ta bort drivremmen från generatorns remskiva.
3 Koppla loss avkänningskabeln från generatorn vid kontaktdonet **(se bild)**.
4 Ta bort skyddshatten, skruva loss och ta bort mutter och brickor, lossa därefter elkabeln från generatorn vid skruvanslutningen. I förekommande fall, skruva loss och ta bort kabelstyrningen **(se bilder)**.
5 Skruva loss de undre och därefter de övre skruvarna, lyft därefter bort generatorn från dess fäste **(se bild)**. I förekommande fall, vrid spännarens hjul ur vägen för att kunna komma åt den nedre fästbulten.
6 Se beskrivning i avsnitt 6 om demontering av borsthållaren/spänningsregulatorn krävs.

Montering

7 Montering sker i omvänd ordningsföljd. Se beskrivning i kapitel 2A eller B, vilket som gäller, beträffande montering och spänning av drivremmen.
8 Avslutningsvis, dra åt generatorns bultar till angivet åtdragningsmoment.

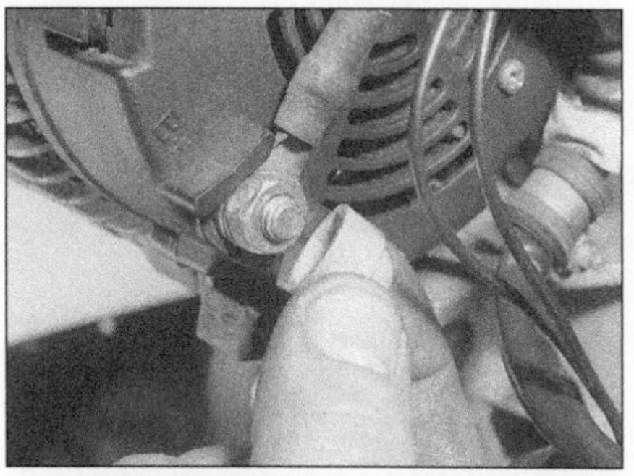
5.4a Ta bort skyddshatten . . .

5.4b . . . lossa och ta bort mutter och brickor, lossa därefter elkabeln

5.4c I förekommande fall, skruva loss och ta bort kabelstyrningen

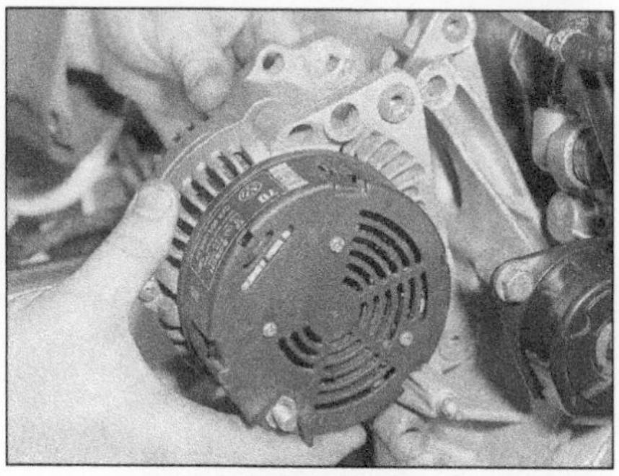
5.5 Lyft bort generatorn från dess fäste (dieselmotor på bilden)

6.3a Skruva loss skruvarna (vid pilarna) . . .

6.3b . . . bänd därefter loss klämmorna . . .

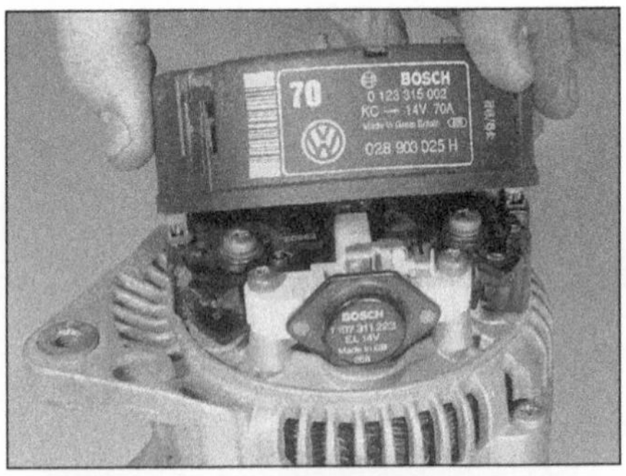

6.3c . . . och lyft bort plastkåpan från generatorn

6 Generator – byte av borsthållare/regulatormodul

1 Demontera generatorn enligt beskrivning i avsnitt 5.

2 Placera generatorn på en ren arbetsyta med remskivan nedåt.

3 Skruva loss skruvarna, bänd därefter loss klämmorna och lyft bort plastkåpan från generatorns baksida **(se bilder)**.

4 Skruva loss borsthållarens/spänningsregulatorns skruvar och lyft bort enheten från generatorn **(se bilder)**.

5 Mät borstkontakternas fria längd – gör mätningen från tillverkarens emblem (A) som är inetsat på borstkontaktens sida, till den grundaste delen på borstens böjda yta (B). Jämför värdet med specifikationerna; byt enhet om borstarna är slitna under minimigränsen **(se bild)**.

6 Kontrollera släpringarnas ytor vid generatoraxelns ände **(se bild)**. Om de är alltför slitna, brända eller har gropbildningar bör byte övervägas; rådfråga en bilelektriker.

7 Sätt ihop generatorn genom att följa demonteringsproceduren i omvänd ordningsföljd. Avslutningsvis, se beskrivning i avsnitt 5 och montera generatorn.

6.4a Skruva loss borsthållarens/ spänningsregulatorns skruvar . . .

7 Startsystem – kontroll

Observera: *Läs säkerhetsanvisningarna i avsnittet "Säkerheten främst!" och i avsnitt 1 i detta kapitel innan arbetet påbörjas.*

1 Om startmotorn inte går i gång när tändningsnyckeln vrids till rätt läge kan orsaken vara någon av följande:

a) Batteriet är defekt.

b) Någonstans i de elektriska anslutningarna mellan kontakt, solenoid, batteri och startmotor har ett fel uppstått som gör att ström inte kan passera från batteriet via startmotorn till jord.

c) Solenoiden är defekt.

d) Startmotorn har en mekanisk eller elektrisk defekt.

2 Tänd strålkastarna för att kontrollera batteriet. Om de försvagas efter några sekunder betyder det att batteriet är urladdat – ladda batteriet enligt beskrivning i avsnitt 2, eller byt batteri. Om strålkastarna lyser med ett starkt sken, vrid om tändningsnyckeln och observera strålkastarna. Om de försvagas betyder det att strömmen når fram till startmotorn – felet måste följaktligen finnas i startmotorn. Om strålkastarna fortsätter att lysa med starkt sken (och inget klickande ljud kan höras från startmotorns solenoid), tyder det på att ett fel föreligger i den elektriska kretsen eller i solenoiden – se följande stycken. Om startmotorn går runt sakta när startnyckeln vrids om, och batteriet är i gott skick, tyder det antingen på att startmotorn är defekt eller att det finns ett stort motstånd någonstans i kretsen.

3 Om det kan misstänkas att ett kretsfel föreligger, lossa batterianslutningarna (inklusive jordanslutningen till karossen), startmotorns/solenoidens kablage, samt jordanslutningen till motorn/växellådan. Rengör anslutningarna mycket noga och sätt tillbaka dem, använd därefter en voltmeter eller testlampa för att kontrollera att det finns full batterispänning i batteriets positiva anslutning på solenoiden och att jordanslutningen är god. Stryk polfett/vaselin kring batteripolerna för att hindra att korrosion uppstår – korroderade anslutningar tillhör de vanligaste orsakerna till fel i elektriska system.

4 Om batteriet och samtliga anslutningar är i gott skick, kontrollera elkretsen genom att lossa ledningen från solenoidanslutningen. Anslut en voltmeter eller testlampa mellan ledningen och en god jordanslutning (t.ex. batteriets negativa anslutning), och kontrollera att ledningen är strömförande när startnyckeln vrids till "start"-läge. Om så är fallet är kretsen

6.4b . . . och lyft bort enheten från generatorn

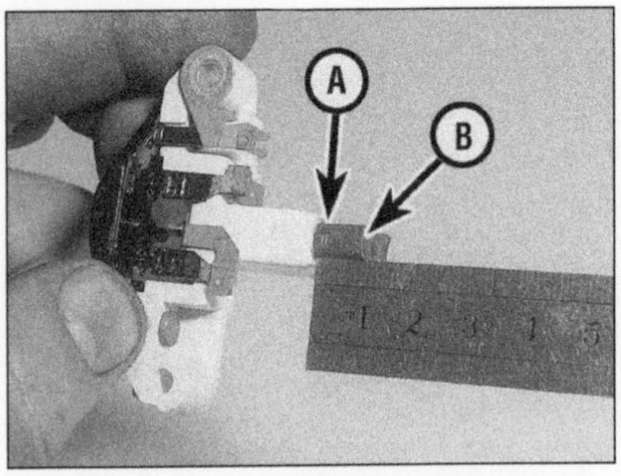

6.5 Mät borstkontakternas fria längd – för A och B, se text

6.6 Kontrollera släpringarnas ytor (vid pilarna) vid generatoraxelns ände

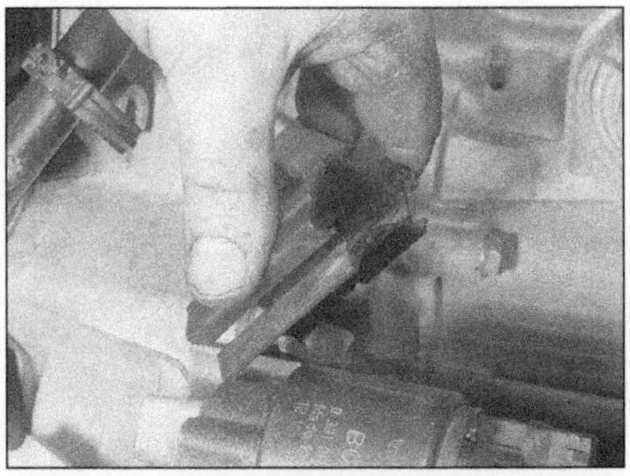

8.3a Demontera kabelstyrningen ovanför solenoidhuset . . .

8.3b . . . och lossa solenoidens kabel vid kontakten

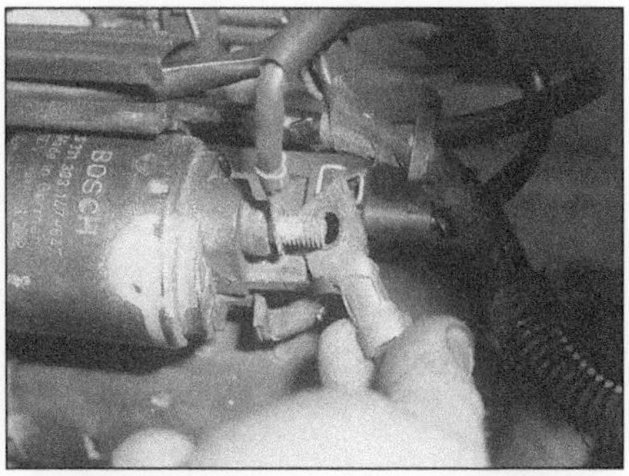

8.5 Ta bort mutter och bricka från elkabelpolen och ta bort de elektriska kablarna

felfri - om inte så kan ledningarna i kretsen kontrolleras enligt beskrivning i kapitel 12.

5 Solenoidanslutningarna kan också kontrolleras genom att man ansluter en voltmeter eller testlampa mellan den positiva batterianslutningen på solenoidens startmotorsida och jord. När tändningslåset vrids till "start"-läge, skall en avläsning kunna göras eller testlampan tändas, vilket som är aktuellt. Om avläsning inte kan göras eller testlampan inte tänds, är solenoiden defekt och bör bytas.

6 Om krets och solenoid befinns vara felfria måste felet finnas i startmotorn. Börja kontrollen av startmotorn genom att demontera den (se avsnitt 8), och undersöka borstarna. Om felet inte ligger hos borstarna måste motorns lindningar vara defekta. I så fall är det eventuellt möjligt att låta en specialist på startmotorer renovera den, men kontrollera först om reservdelar finns tillgängliga, och vad de kostar, innan du går vidare. Det kan vara mer ekonomiskt att anskaffa en ny motor eller en utbytesmotor.

8 **Startmotor** - demontering och montering

På motorkoder ABU, ABD och AEA, är startmotorn fastskruvad på växellådans svänghjulskåpa, på motorns baksida. På alla övriga motorkoder är startmotorn placerad på balanshjulskåpan på motorns framsida och delar fästbultar med det främre motorfästets fästbygel.

Observera: *Demontering av den främre motorfästbygeln innebär att motorn måste stödas antingen med en lyftbalk eller en motorlyft medan fästet är demonterat - se beskrivning i kapitel 2A eller B.*

Demontering

Alla motorkoder utom ABU, ABD, AEA

1 Lossa batteriets negativa anslutning och placera kabeln på avstånd från batteriet.

2 Se beskrivning i kapitel 2A eller B och demontera den främre motorfästbygeln från startmotorn.

3 Haka loss kablagekontakten från kabelstyrningen ovanför solenoidhuset, demontera därefter kabelstyrningen. Lossa solenoidens kabel vid kontakten **(se bilder)**.

4 Där så är tillämpligt, lossa servostyrningsslangens styrning från startmotorns fästen.

5 På solenoidhusets baksida, skruva loss mutter och bricka från elkabelpolen och ta loss kablarna **(se bild).**

6 Skruva loss startmotorns övre bult, skruva sedan loss muttern från pinnbulten under startmotorn.

7 För ut startmotorn och solenoiden genom öppningen i svänghjulskåpan **(se bild)**.

Motorkoder ABU, ABD, AEA

8 Lossa batteriets negativa anslutning och placera kabeln på avstånd från batteriet.

9 Lossa solenoidens tillförselkabel vid kontakten.

10 På solenoidhusets baksida, skruva loss och ta bort mutter och bricka från elkabelpolen och ta bort kabeln.

11 Skruva loss startmotorns bultar, för sedan ut startmotorn och solenoiden genom öppningen i svänghjulskåpan.

8.7 För ut startmotorn och solenoiden genom öppningen i balanshjulskåpan

Montering

12 Montera startmotorn genom att följa demonteringsproceduren i omvänd ordningsföljd. Dra åt fästbultarna till angivet åtdragningsmoment. Där så är tillämpligt, se beskrivning i kapitel 2A eller B och montera den främre motorfästbygeln.

9 **Startmotor** - kontroll och renovering

Om startmotorn antas vara defekt bör den demonteras från bilen och överlämnas till en bilelektriker för kontroll. I många fall kan nya startmotorborstar monteras till en rimlig kostnad. Kontrollera dock först kostnaden för reparation, eftersom det kan visa sig vara mer ekonomiskt att införskaffa en ny motor eller en utbytesmotor.

Kapitel 5 Del B: Tändsystem – bensinmotor

Innehåll

Svårighetsgrader

Enkelt, passar novisen med lite erfarenhet	**Ganska enkelt,** passar nybörjaren med viss erfarenhet	**Ganska svårt,** passar kompetent hemmamekaniker	**Svårt,** passar hemmamekaniker med erfarenhet	**Mycket svårt,** för professionell mekaniker

Specifikationer

Tändningsinställning – ej justerbar, elektroniskt styrd

Tolerans vid kontroll:	
ABD, ABU och AEA motorer	2-7°FÖD vid tomgång
AEX, APQ och AEE motorer	3-8° FÖD vid tomgång
AEK, ATU, AWF och AWG motorer	0-15° FÖD varierande vid tomgång
AFT, AKS motorer	Ej tillgängligt
AAM, ABS, ADZ, ANN och ANP motorer	4-8° FÖD vid tomgång
2E motor	4-8° FÖD vid 2000-2500 rpm
ADY, AGG och AKR motorer	5-15° FÖD varierande vid tomgång
ABF motor	3-9° FÖD varierande vid tomgång
Inställningsvärden:	
ABD, ABU och AEA motorer	5±1° FÖD vid tomgång
AEX, APQ, AEE, AAM, ABS, ADZ, ANN och ANP motorer	6±1° FÖD vid tomgång
2E motor	6±1° FÖD vid 2000-2500 rpm
Övriga motorer	Ej tillämpligt

Tändspole

Resistans, primärlindning	0,5 till 1,2 ohm
Resistans, sekundärlindning	3 till 4 k ohm

Tändstift

Se kapitel 1A Specifikationer

Åtdragningsmoment

	Nm
Bult till strömfördelarens bygelplatta	25
Bultar till strömfördelarens bygel (endast motorkoder ABF, ABU, ABD, AEA)	10
Knacksensorns fästbult	20

1 Allmän information

Bosch, Magneti Marelli, Digifant och Simos system är oberoende motorstyrningssystem, vilka styr såväl bränsleinsprutningen som tändningen. Detta kapitel behandlar endast tändsystemets komponenter – se beskrivning i kapitel 4A eller B för information om bränsleinsprutningssystemet och dess komponenter.

Tändsystemet består av fyra tändstift, fem tändkablar, strömfördelaren, en elektronisk tändspole och en elektronisk styrenhet (ECU) samt tillhörande givare, aktiverare och kablage. Komponenternas layout varierar mellan olika system men driften är huvudsakligen den samma.

Driften fungerar i huvudsak på följande sätt: ECUn tillför spänning till tändspolens ingångssteg, vilket strömför primärlindningarna i spolen. Spänningstillförseln avbryts då och då av ECUn, vilket leder till att primärmagnetfältet kollapsar, vilket i sin tur inducerar en mycket större spänning i sekundärspolen, kallad högspänning. Denna spänning skickas, av strömfördelaren via högspänningskablarna (tändkablarna), till tändstiftet i cylindern som då är i sitt tändningsslag. Tändstiftets elektroder bildar ett elektrodgap som är tillräckligt litet för att högspänningen ska kunna bilda en båge tvärs över, och den resulterande gnistan tänder luft/bränsleblandningen i cylindern. Inställningen av denna händelseföljd är mycket kritisk och regleras helt och hållet av ECUn.

ECUn beräknar och styr tändningsinställning och kamvinkel först och främst beroende på information om motorns varvtal, vevaxelns läge och insugsgrenrörets undertryck (eller inloppsluftens flöde, beroende på systemtyp) som tas emot från givare monterade på och kring motorn.

Andra parametrar som påverkar tändtidpunkten är gasspjällets läge och öppningsgrad, inloppsluftens temperatur, kylvätskans temperatur och, på vissa system, motorns knackning. På samma sätt övervakas dessa via givare som är monterade på motorn.

På system med knackstyrning är en eller flera knacksensorer monterade på motorblocket – dessa sensorer kan känna av motorns förtändning (eller 'spikning') innan det kan höras. Om spikning sker sänker ECUn stegvis tändningen i den cylinder som förtänder tills förtändningen upphör. ECUn höjer därefter stegvis tändningen igen tills den är återställd till normalt läge, eller tills förtändning sker igen.

Styrning av tomgångsvarvtalet sker dels med hjälp av en elektronisk gasspjällägesmodul som är monterad på sidan av gasspjällhuset, och dels av tändsystemet, vilket utövar finjustering av tomgångsvarvtalet genom att ändra tändningsinställningen. Följaktligen behövs ingen manuell justering av motorns tomgångsvarvtal, vilket inte heller är möjligt.

På vissa system kan ECUn utföra multipla tändcykler vid kallstart. Medan motorn dras runt tänds varje tändstift flera gånger per tändningsslag tills motorn startar. Detta förbättrar motorns kallstartsprestanda väsentligt.

Det bör noteras att omfattande feldiagnostik av alla motorstyrningssystem som beskrivs i detta kapitel endast är möjlig med speciell elektronisk testutrustning. Problem med systemdriften som inte kan fastställas med hjälp av de grundläggande riktlinjerna i avsnitt 2 bör därför överlåtas till en VAG-verkstad för bedömning. När felet en gång har identifierats skall procedurerna för demontering/montering som beskrivs i nedanstående avsnitt möjliggöra byte av en eller flera komponenter efter behov.

Observera: *I detta kapitel nämns bilar enligt motorkod och inte efter motorns volym – se beskrivning i kapitel 2A beträffande motorkoder.*

2 Tändsystem – test

Varning: Var mycket försiktig vid arbete på systemet när tändningen är på; man kan få en stark elektrisk stöt från motorns tändsystem. Personer med inopererad pacemaker bör hålla sig borta från tändkretsar, komponenter och testutrustning. Slå alltid av tändningen innan en komponent lossas eller ansluts, samt vid användning av en multimeter för kontroll av motståndet.

Allmänt

1 De flesta problem i tändsystemet uppstår oftare på grund av lösa eller smutsiga anslutningar eller överslag (oavsiktlig jordanslutning) av högspänning som orsakas av smuts, fukt eller skadad isolering, än på grund av en defekt komponent. Undersök **alltid** kablaget innan en elektrisk komponent döms ut och arbeta metodiskt för att eliminera alla möjligheter innan det beslutas att en komponent är trasig.

2 Den gamla vanan att kontrollera gnistbildning genom att hålla den strömförande delen av en tändkabel nära motorn är ej att rekommendera; risken är stor att man kan få en elektrisk stöt och tändspolen kan skadas. Försök likaledes **aldrig** att 'diagnostisera' misständning genom att dra loss en tändkabel åt gången.

Motorn startar inte

3 Om motorn inte drar runt alls eller endast mycket sakta, kontrollera batteriet och startmotorn. Anslut en voltmeter över batteriets anslutningar (mätarens positiva mätspets till batteriets positiva anslutning), lossa tändspolens tändkabel från strömfördelarlocket och jorda den, observera därefter spänningsavläsningen som visas när motorn dras runt på startmotorn i (ej mer än) tio sekunder. Om avläsningen är lägre än 9,5 volt, kontrollera först batteriet, startmotorn och laddningssystemen (se kapitel 5A).

4 Om motorn dras runt med normal hastighet men ändå inte startar, kontrollera högspänningskretsen genom att ansluta en tändningslampa (följ tillverkarens instruktioner) och dra runt motorn på startmotorn. Om tändningslampan blinkar når spänningen fram till tändstiften varför dessa bör kontrolleras först. Om lampan inte blinkar, kontrollera först själva tändkablarna och därefter strömfördelarlock, kolborstar och rotorarm enligt beskrivningen i kapitel 1.

5 Om gnista uppstår skall bränslesystemet kontrolleras beträffande defekter – se relevant avsnitt i kapitel 4 för ytterligare information.

6 Om fortfarande ingen gnista uppstår måste problemet finnas i motorstyrningssystemet. I sådant fall skall bilen överlämnas till en VAG-verkstad för närmare bedömning.

Motorn misständer

7 Om motorn misständer oregelbundet tyder det på antingen en lös anslutning eller ett intermittent fel på primärkretsen, eller ett högspänningsfel på tändspolens sida av rotorarmen.

8 När tändningen är avstängd, kontrollera noggrant om systemets alla anslutningar är rena och säkert fästa. Om utrustning finns tillgänglig skall lågspänningskretsarna kontrolleras enligt ovan.

9 Kontrollera att tändspolen, strömfördelarlocket och tändkablarna är rena och torra. Kontrollera själva kablarna och tändstiften (genom att ersätta dem om så behövs), och slutligen strömfördelarlocket, kolborstarna och rotorarmen enligt beskrivning kapitel 1.

10 Regelbunden misständning beror sannolikt på ett fel i strömfördelarlocket, tändkablarna eller på tändstiften. Använd en tändningslampa (se punkt 4 ovan) för att kontrollera om det finns högspänningsförsörjning vid alla kabalar.

11 Om ingen högspänning finns i en särskild kabel, ligger problemet i den kabeln eller i strömfördelarlocket. Om högspänning finns i alla kablarna ligger problemet i tändstiften; undersök dem och byt tändstift om deras skick är tveksamt.

12 Om ingen högspänningsförsörjning föreligger, kontrollera tändspolen; dess sekundärlindningar kan gå sönder vid hög belastning.

Övriga problem

13 Problem med systemets drift som inte kan fastställas med ovanstående tester bör överlåtas till en VAG-verkstad för bedömning.

3 Tändspole – demontering och montering

Demontering

1 Tändspolen sitter under ventilationspanelen baktill i motorrummet.

2 Lossa batteriets negativa anslutning och placera kabeln på avstånd från batteriet.

3 Koppla loss tändkabeln från tändspolen vid kontakten **(se bild)**.

4 Lossa lågspänningskabeln från tändspolen vid multikontakten **(se bild)**.

5 Lossa och ta bort skruvarna och demontera tändspolen.

3.3 Lossa tändkabeln från tändspolen vid kontakten

3.4 Lossa lågspänningskabeln från tändspolen vid multikontakten

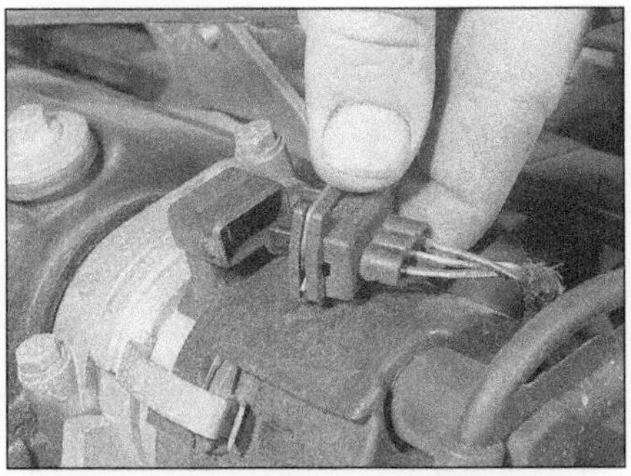

4.5 Lossa Hallgivarens kabel från strömfördelaren vid kontakten

Montering

6 Montering sker i omvänd ordningsföljd.

4 Strömfördelare – demontering, kontroll och montering

Demontering

1 Lossa batteriets negativa anslutning och placera kabeln på avstånd från batteriet.
2 Ställ in motorn på övre dödläge för cylinder nr 1, se beskrivning i avsnitt 2 i kapitel 2A.
3 Vid behov, lossa alla fem tändkablarna från strömfördelarlocket, förse dem med etiketter för att underlätta vid kommande montering.
4 I förekommande fall, skruva loss skruvarna och lyft upp skyddskåpan.
5 Lossa Hallgivarens kabel från strömfördelaren vid kontakten **(se bild)**.
6 Skruva loss skruvarna/bänd loss klämmorna (vilket som gäller), lyft därefter bort strömfördelarlocket. Kontrollera i detta läge att mitten av rotorns elektrod är inriktad mot markeringen för cylinder nr 1 på strömfördelaren **(se bilder)**.
7 Markera förhållandet mellan strömfördelaren och flänsen på drivväxelns hus genom att rista in pilar på var och en.
8 Om fördelaren är monterad på topplocket, skruva loss klämbultarna, ta därefter bort strömfördelaren från topplocket och ta vara på tätningarna. I förekommande fall, ta vara på shims och brickor, notera hur de är monterade för att underlätta vid kommande montering. **Observera:** *På motorkod ABF är rotorarmen fastlimmad på strömfördelarens axel – se avsnitt 7.*
9 Om fördelaren är monterad på motorblocket, skruva loss bulten, lyft bort bygelplattan och ta bort strömfördelaren från motorblocket **(se bild)**. Ta vara på O-ringen.

Kontroll

10 Ta vara på O-ringstätningen/-tätningarna från strömfördelarens botten och undersök dem. Byt O-ringar om de på något sätt verkar slitna eller skadade.
11 Undersök tänderna på strömfördelarens drev beträffande tecken på slitage eller skador. Glapp i drivningen kan påverka tändningsinställningen. Byt strömfördelaren om drevets tänder verkar slitna eller hackiga.

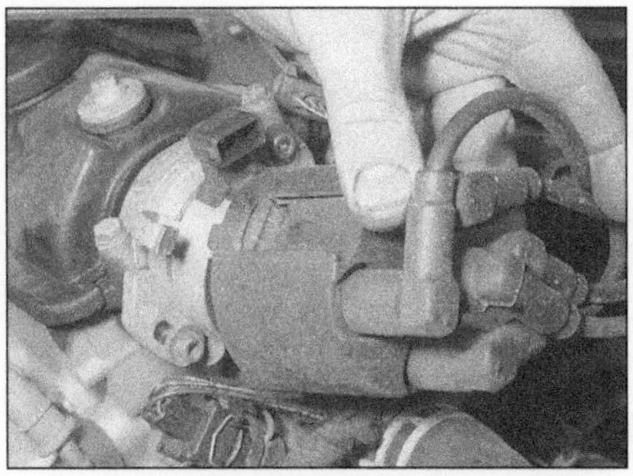

4.6a Strömfördelarlocket demonteras (motorkod ABD på bild)

Montering

12 Före monteringen, kontrollera att motorn fortfarande är inställd i övre dödläge för cylinder nr 1.

Fördelare på topplocket

13 Sätt strömfördelaren på plats och sätt i klämbulten löst. Man kan behöva rotera axeln något för att den ska haka i kamaxelns drivväxel. Vrid på strömfördelaren så att passmärkena som gjordes vid demonteringen riktas in.
14 Axeln är inpassad i rätt vinkel när mitten på rotorns elektrod pekar direkt mot markeringen för cylinder nr 1 på strömfördelarhuset.

Fördelare på motorblocket

15 På motorkoderna 2E, AEK, AAM, ABS, och ADZ, kontrollera i detta läge att drivtungan på oljepumpens axel är i linje med det gängade hålet som är beläget bredvid fördelarens öppning **(se bild)**.
16 På motorkod ADY, kontrollera i detta läge att oljepumpaxelns drivtunga är i linje med vevaxeln **(se bild)**.
17 Sätt strömfördelaren på plats, sätt därefter dit bygelplattan och fästbulten löst. Man kan behöva rotera axeln något för att den ska haka i mellanaxelns drivväxel. Rotera fördelaren så att inställningsmärkena som gjordes vid demonteringen hamnar i linje.
18 Axeln är inpassad i rätt vinkel när mitten på rotorarmens elektrod pekar direkt mot markeringen för cylinder nr 1 på fördelarhuset. Det kan ta några försök innan det här blir rätt, eftersom de spiralformade drivväxlarna gör inpassningen svår att bedöma. Dra åt fördelarens bygelbult till angivet åtdragningsmoment. **Observera:** *Om det verkar omöjligt att få rätt passning, kontrollera att mellanaxelns drev är korrekt inpassat mot vevaxelns remskiva – se beskrivning i kapitel 2A.*

4.15 Tungan på oljepumpens axel är i linje med det gängade hålet (vid pilen), vid strömfördelarens monteringsöppning

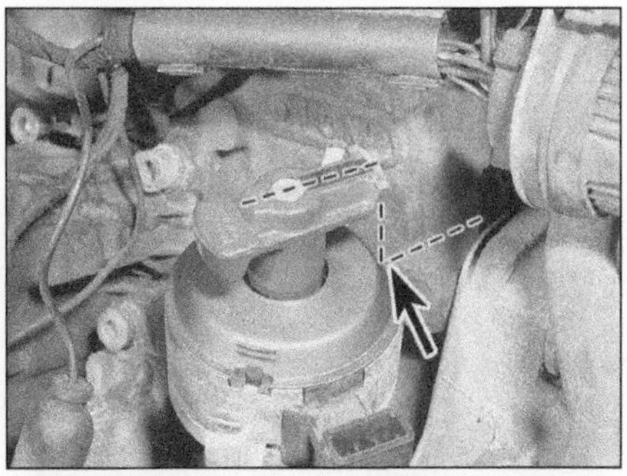

4.6b Mitten av rotorns elektrod är inriktad mot markeringen för cylinder nr 1 (vid pilen)

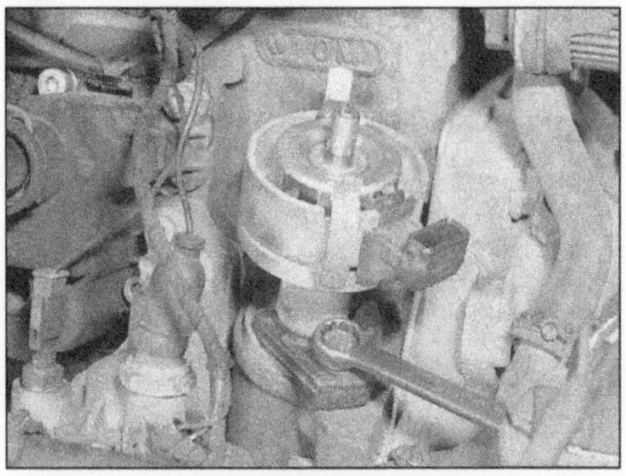

4.9 Skruva loss bulten, lyft därefter bort bygelplattan (motorkod 2E på bild)

Samtliga motorkoder

19 Montera strömfördelarlocket och tryck klämmorna hårt på plats/dra åt skruvarna (vilket som gäller).
20 Anslut Hallgivarens kablage till strömfördelaren.
21 I förekommande fall, montera skyddskåpan och dra åt skruvarna ordentligt.

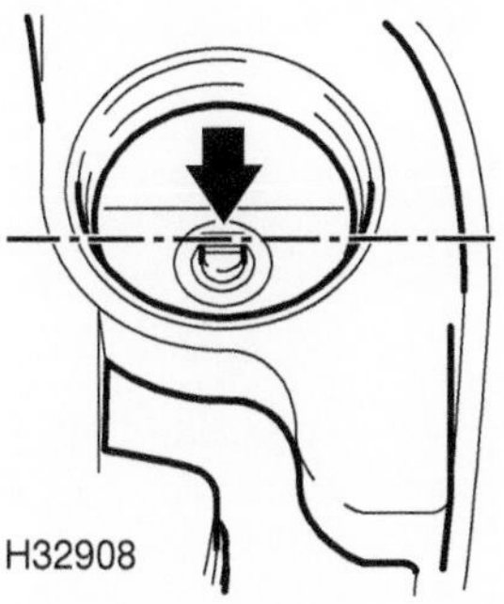

4.16 Tungan på oljepumpens axel är i linje med vevaxeln (motorkod ADY)

22 Arbeta från anslutning nr 1 och anslut tändkablarna mellan tändstiften och strömfördelarlocket. Observera att tändföljden är 1-3-4-2.

23 Montera centrumkabeln mellan spolen och den mittersta anslutningen på strömfördelarlocket.

24 Nu måste tändningsinställningen kontrolleras och vid behov justeras - se anmärkningarna i avsnitt 5.

5 Tändningsinställning - kontroll och justering

Tändningsinställningen styrs av motorstyrningssystemets ECU och kan inte justeras manuellt om man inte har tillgång till speciell elektronisk testutrustning. Något grundvärde kan inte anges eftersom inställninge ändras kontinuerligt för att styra motorns tomgångsvarvtal (se beskrivning i avsnitt 1).

Bilen måste överlåtas till en VAG-verkstad om inställningen behöver kontrolleras eller justeras.

6 Tändsystemets givare/sensorer - demontering och montering

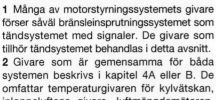

1 Många av motorstyrningssystemets givare förser såväl bränsleinsprutningssystemet som tändsystemet med signaler. De givare som tillhör tändsystemet behandlas i detta avsnitt.

2 Givare som är gemensamma för båda systemen beskrivs i kapitel 4A eller B. De omfattar temperaturgivaren för kylvätskan, inloppsluftens givare, luftmängdsmätaren, varvtals-/ÖD-givare, gasspjällets potentiometer, tomgångskontakten och insugsgrenrörets givare för undertryck.

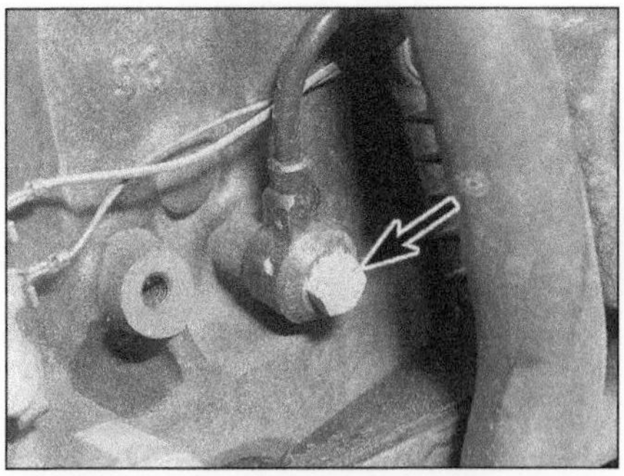

6.6 Skruva loss bulten (vid pilen) och lyft bort sensorn

Knacksensor

Demontering

3 Lossa batteriets negativa anslutning och placera kabeln på avstånd från batteriet.

4 På motorkoderna ADY, AEK och 2E är knacksensorn placerad på motorblockets framsida, under tändstift nr 2. På motorkoderna ABU, ABD och AEA är knacksensorn monterad på motorblockets baksida, under tändstift nr 3. På motorkod ABF finns två knacksensorer - båda är monterade på motorblockets framsida, den första under tändstift nr 1 och den andra under tändstift nr 4.

5 Lossa kablaget från sensorn vid kontakten.

6 Skruva loss fästbulten och lyft bort sensorn **(se bild)**.

Montering

7 Montering sker i omvänd ordningsföljd, notera dock att sensorns drift påverkas om fästbulten inte dras åt till korrekt åtdragningsmoment.

Halleffektsgivare för cyl nr 1

8 Denna givare är integrerad i strömfördelaren. Givaren kan demonteras och bytas

7.2 Dra loss rotorarmen från strömfördelaraxelns ände (motorkod 2E på bild)

separat, men strömfördelaren måste tas isär. Det rekommenderas därför att detta arbete överlåtes till en bilelektriker.

7 Rotorarm - byte

1 Se beskrivning i avsnitt 4 och demontera strömfördelarlocket och dess skyddskåpa (i förekommande fall).

2 Dra loss rotorarmen från strömfördelaraxelns ände **(se bild)**. **Observera:** *På motorkod ABF är rotorarmen fastlimmad på strömfördelaraxeln - demontering av rotorarmen innebär att den förstörs. Det rekommenderas att en VAG-verkstad utför detta arbete, för att risken för ytterligare skador på fördelaraxelns lager ska undvikas.*

3 Undersök strömfördelaraxelns kontakter och rengör dem om det behövs.

4 Montering sker i omvänd ordningsföljd - kontrollera att rotorarmens inpassningsklack hakar i hångheten i strömfördelaraxeln innan fördelarlocket monteras.

Kapitel 5 Del C: Förvärmningssystem – dieselmotor

Innehåll

Svårighetsgrader

Enkelt, passar novisen med lite erfarenhet	**Ganska enkelt,** passar nybörjaren med viss erfarenhet	**Ganska svårt,** passar kompetent hemmamekaniker	**Svårt,** passar hemmamekaniker med erfarenhet	**Mycket svårt,** för professionell mekaniker

Specifikationer

Glödstift

Elektrisk resistans	
Motorkoder AAZ, 1Y	1,5 ohm (cirka)
Motorkod 1Z	Ej tillämpligt
Strömförbrukning:	
Motorkoder AAZ, 1Y	8 amp (per glödstift)
Motorkod 1Z	Ej tillämpligt

Åtdragningsmoment

	Nm
Glödstift till topplock (motorkod 1Z)	15
Glödstift till topplock (motorkoder 1Y, AAZ)	25

1 Allmän beskrivning

För att förbättra kallstarter är dieselmotorer försedda med ett förvärmningssystem som omfattar fyra glödstift, en styrenhet för glödstiften, en varningslampa som är monterad på instrumentbrädan och anslutande kablage.

Glödstiften kan liknas vid elektriska värmeelement i miniatyr, inkapslade i en metalldosa med en sond i den ena änden och en elektrisk anslutning i den andra änden. Ett glödstift är inskruvat i varje virvelkammare/inloppskanal, glödstiftets sond är placerad direkt i vägen för den inkommande bränslestrålen. När glödstiftet strömförs värms bränslestrålen som passerar över stiftet vilket gör att den uppnår maximal förbränningstemperatur snabbare när den når fram till cylindern.

Förvärmningsperiodens längd bestäms av glödstiftens styrenhet, vilken övervakar motorns temperatur via temperaturgivaren för kylvätskan, och varierar förvärmningstiden för att stämma med rådande förhållanden.

En varningslampa som är monterad på instrumentbrädan informerar föraren om att förvärmning sker. Lampan släcks när motorn har förvärmts tillräckligt så att den skall kunna startas, men strömmen tillförs fortfarande glödstiften under ytterligare en stund tills motorn har startats. Om inga försök görs att starta motorn stängs strömtillförseln till glödstiften av så att batteriet inte skall laddas ur och glödstiften brännas ut. Observera att på vissa modeller kan varningslampan även tändas under normal körning om ett fel uppstår i förvärmningssystemet.

Generellt sett utlöses förvärmningen genom att startnyckeln vrids till läge nr 2. Vissa modeller har dock ett förvärmningssystem som aktiveras när förardörren öppnas. Se ytterligare information i bilens instruktionsbok.

När motorn har startats fortsätter glödstiften att vara aktiva under ytterligare en stund. Detta förbättrar bränsleförbränningen medan motorn värms upp, vilket leder till mjukare körning och reducerade avgasutsläpp.

2 Glödstiftens styrenhet – demontering och montering

1 På motorkod 1Z styrs förvärmningssystemet av ECUn i motorstyrningssystemet – se beskrivning i kapitel 4C.

Demontering

2 Styrenheten för glödstiften är placerad bakom instrumentbrädan, över relädosan – se beskrivning i kapitel 11 och demontera klädseln för att kunna komma åt styrenheten.

3 Lossa batteriets negativa anslutning och placera kabeln på avstånd från batteriet.

4 Lossa kablaget från styrenheten vid kontakten.

5 Skruva loss skruvarna och lyft bort styrenheten från dess fäste.

Montering

6 Montering sker i omvänd ordningsföljd.

3 Glödstift – kontroll, demontering och montering

Kontroll

1 Om systemet inte fungerar väl är den bästa kontrollen att ersätta misstänkta delar med nya delar. Vissa inledande kontroller kan dock göras enligt beskrivning i nedanstående punkter.

2 Anslut en voltmeter eller en 12 volts testlampa mellan glödstiftets tillförselkabel och en god jordningspunkt på motorn.

Varning: Se till att den strömförande anslutningen hålls på avstånd från motor och kaross.

3 Låt en medhjälpare aktivera förvärmningssystemet (med tändningsnyckeln eller genom att öppna förardörren, vilket som är aktuellt) och kontrollera att batterispänning tillförs glödstiftets elektriska anslutning. (Observera att spänningen sjunker till noll när förvärmningen upphör).

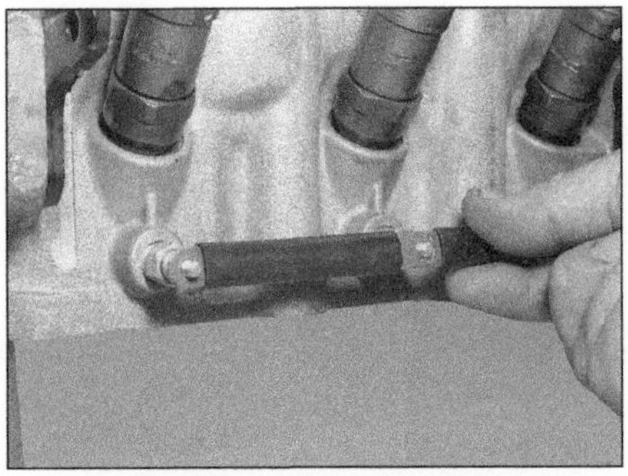

3.10 Ta bort muttrar och brickor från glödstiftsanslutningen. Lyft bort strömskenan (bussen)

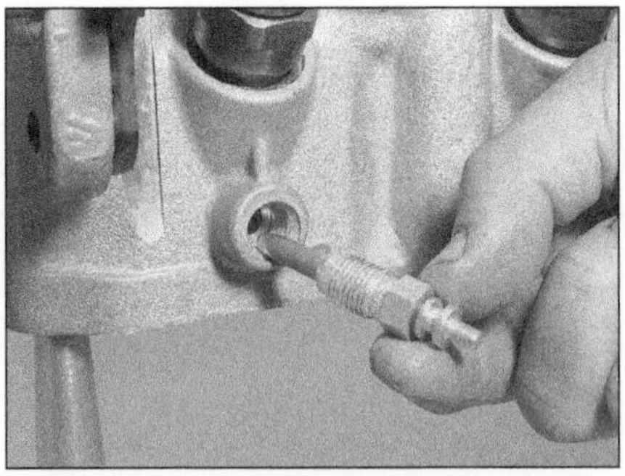

3.11 Lossa glödstiftet och ta bort det

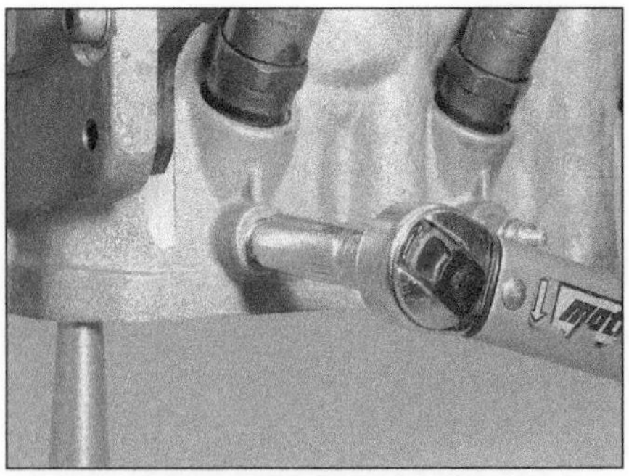

3.13 Dra åt glödstiftet till angivet åtdragningsmoment

4 Om glödstiftet inte tillförs någon spänning kan antingen glödstiftets relä (i förekommande fall) eller tillförselkabeln vara defekt.

5 Lokalisera det defekta glödstiftet genom att först lossa batteriets negativa anslutning och placera kabeln på avstånd från batteriet.

6 Se beskrivning i nästa underavsnitt och koppla loss tillförselkablen från glödstiftets anslutning. Mät den elektriska resistansen mellan glödstiftets anslutning och motorns jordanslutning. Om det avlästa värdet är högre än några få ohm tyder det på att glödstiftet är defekt.

7 Om en lämplig amperemeter finns till hands, anslut den mellan glödstiftet och dess tillförselkabel och mät den stadiga strömförbrukningen (bortse från den första strömvågen som är cirka 50% högre). Jämför resultatet med specifikationerna – hög strömförbrukning (eller ingen strömförbrukning alls) tyder på att glödstiftet är defekt.

8 Avslutningsvis, demontera glödstiften och granska dem visuellt enligt beskrivning nedan.

Demontering

9 Lossa batteriets negativa anslutning och placera kabeln på avstånd från batteriet.

10 Skruva loss och ta bort muttrar och brickor från glödstiftsanslutningen. Lyft bort strömskenan **(se bild)**.

11 Lossa glödstiftet och ta bort det **(se bild)**.

12 Undersök om glödstiftets sond är skadad. Om sonden är svårt bränd eller sotig tyder det på att en bränslespridare är defekt; se ytterligare beskrivning i kapitel 4C.

Montering

13 Montering sker i omvänd ordningsföljd; dra åt glödstiftet till angivet åtdragningsmoment **(se bild)**.

Kapitel 6
Koppling

Innehåll

Svårighetsgrader

Enkelt, passar novisen med lite erfarenhet	**Ganska enkelt,** passar nybörjaren med viss erfarenhet	**Ganska svårt,** passar kompetent hemmamekaniker	**Svårt,** passar hemmamekaniker med erfarenhet	**Mycket svårt,** för professionell mekaniker

Specifikationer

Kopplingsmekanism

Växellåda 084 och 085	Självjusterande vajer
Växellåda 020, kodbokstäver CYY och CQB	Hydraulisk
Alla andra 020 och 02K växellådor	Självjusterande vajer
Växellåda 02A	Hydraulisk

Åtdragningsmoment	Nm
Hydraulrörens anslutningar	20
Bultar mellan svänghjul och tryckplatta (endast 020 växellåda)	20
Muttrar mellan huvudcylinder och torpedvägg	25
Bultar mellan tryckplatta och vevaxel (endast 020 växellåda):	
Steg 1	60
Steg 2	Vinkeldra ytterligare 90°
Bultar mellan tryckplatta och svänghjul:	
084, 085 växellåda	25
02A växellåda	20
Bultar mellan slavcylinder och växellåda	25

1 Allmän information

Modeller med manuell växellåda är utrustade med ett pedalaktiverat kopplingssystem av enkel torrlamelltyp. När kopplingspedalen trycks ner påverkas urtrampningslagret antingen mekaniskt via en vajer eller hydrauliskt via huvud- och slavcylindrar. Urtrampningsmekanismen överför kraft till tryckplattans solfjäder vilken då rör sig bort från svänghjulet och släpper lamellcentrum. Monteringen av svänghjulet och kopplingssystemets delar beror på vilken typ av växellåda som är monterad.

På modeller med växellåda 020 eller 02K omfattar kopplingssystemet kopplingspedalen, urtrampningskomponenterna, tryckplatta och lamellcentrum. Observera att kopplingens tryckplatta är infäst direkt på vevaxelns fläns - det skålade svänghjulet är därefter monterat på tryckplattan.

På modeller som med växellåda 02A, 085 och 084 är layouten mer konventionell - svänghjulet är monterat på vevaxeln med tryckplattan fastskruvad på svänghjulet. I detta fall beskrivs demonteringen av svänghjulet i kapitel 2A.

Hydraulvätskan som används i kopplingssystemet är den samma som används i bromssystemet, varför huvudcylindern tillförs vätska från ett rör på bromsvätskebehållaren. Kopplingens hydraulsystem måste förseglas innan arbete på någon av dess komponenter kan påbörjas, och efter avslutat arbete måste systemet fyllas på och luftas för att avlägsna eventuella luftbubblor. Detaljerad beskrivning finns i avsnitt 2 i detta kapitel.

2 Hydraulsystem - avtappning, påfyllning och luftning

Varning: Hydraulvätska är giftig; tvätta genast bort spilld vätska från bar hud. Uppsök läkare om hydraulvätska har svalts eller kommit i ögonen. Vissa typer av hydraulvätska är lättantändliga och kan antändas vid kontakt med heta komponenter; vid arbete med hydraulsystemet är det säkrast att utgå ifrån att vätskan är lättantändlig och vidta samma brandsäkerhetsåtgärder som vid hantering av bensin. Hydraulvätska tvättar effektivt bort färg och angriper även många typer av plast. Om hydraulvätska spills på lackerade ytor

skall det tvättas bort omedelbart med stora mängder rent vatten. Hydraulvätska är även hygroskopisk, d.v.s. den kan absorbera fukten i luften vilket gör den oanvändbar. Gammal hydraulvätska kan vara förorenad och skall aldrig återanvändas. Använd alltid hydraulvätska av rekommenderad kvalitet vid påfyllning, och kontrollera att den kommer från en ny, förseglad behållare.

Allmän beskrivning

1 När ledningarna i kopplingens hydraulsystem lossas för utförande av underhåll eller reparationer, tränger alltid en viss mängd luft in i systemet. Förekomst av luft i ett hydraulsystem ger en viss grad av elasticitet i systemet. Detta ger dålig pedalrörelse och minskat spel i pedalen, vilket leder till mindre effektiva växelbyten, och eventuellt kopplingsfel. Därför måste hydraulrören klämmas ihop med slangklämmor innan arbetet påbörjas. Efter avslutat arbete skall hydraulvätska fyllas på och systemet luftas för att avlägsna eventuella luftbubblor.

2 För att stoppa vätsketillförseln till slavcylindern, följ det hårda röret från punkten där det går in i kopplingshuset till den punkt där det ansluts till den mjuka hydraulslangen. Montera en bromsslangklämma på den mjuka slangen och dra åt den ordentligt **(se bild)**.

3 I motsats till bromssystemet kan kopplingens hydraulsystem inte luftas bara genom att kopplingspedalen pumpas och den utsprutande vätskan fångas upp i ett kärl som är anslutet till luftningsröret. Systemet måste trycksättas externt och det effektivaste sättet att åstadkomma detta är att använda en bromsluftningssats. Dessa satser, som är mycket effektiva, kan införskaffas från en vanlig biltillbehörsbutik. Nedanstående avsnitt beskriver hur kopplingssystemet luftas med hjälp av en bromsluftningssats.

Luftning

4 Leta reda på slavcylinderns luftningsnippel vid änden av slavcylinderhuset. Ta bort skyddslocket.

5 Placera en polygonnyckel över luftningsnippelns huvud, men lossa den inte ännu. Anslut en bit genomskinlig slang över luftningsnippeln och placera den andra änden i en ren burk **(se bild)**. Fyll burken med hydraulvätska och se till att slangen hela tiden mynnar under vätskeytan.

6 Följ tillverkarens anvisningar och häll hydraulvätskan i verktygets luftningskärl.

7 Skruva loss locket till bilens vätskebehållare, och anslut matarslangen i verktyget till behållaren.

8 Anslut tryckslangen till en tryckluftskälla – reservdäcket fungerar bra.

Varning: Kontrollera att trycket i däcket inte överskrider det maxtryck som anges av tillverkaren av luftningssatsen; släpp ut lite luft för att reducera trycket om så behövs. Öppna luftventilen försiktigt och låt lufttryck och vätsketryck jämna ut sig. Innan arbetet fortsätter, kontrollera att det inte förekommer något läckage.

2.2 En bromsslangklämma används till att klämma ihop kopplingsslangen

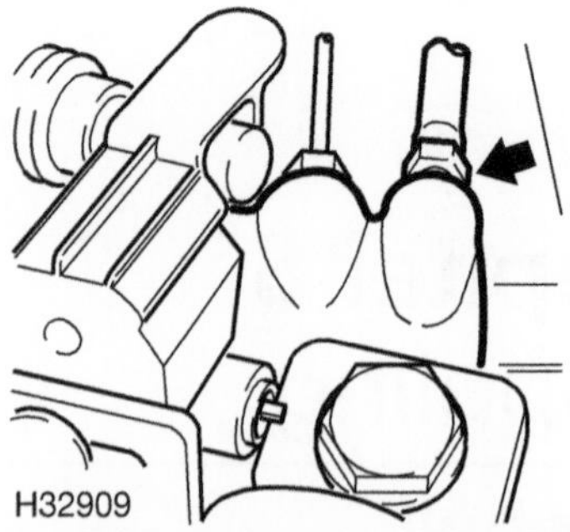

2.5 Slang ansluten till slavcylinderns luftningsnippel (vid pilen)

9 Lossa luftningsrörets nippel tills vätska och luftbubblor kan ses flöda genom röret och in i behållaren. Låt hydraulvätskan flöda i en jämn ström tills det inte längre finns några luftbubblor i vätskan; håll ett öga på vätskenivån i kärlet och bilens vätskebehållare – om vätskenivån sjunker för lågt kan luft tränga in i systemet och därvid förstöra hela syftet med proceduren. När kärlet skall fyllas på, stäng av tryckluften, lossa locket och fyll på rätt mängd ren vätska från en ny behållare – vätskan som samlats i kärlet får inte återanvändas. Upprepa denna procedur tills vätskan som kommer ut inte innehåller några luftbubblor.

10 Pumpa slutligen med kopplingspedalen flera gånger för att kontrollera att den känns bra och att spelet är korrekt. Om du inte känner ett jämnt, fast motstånd genom hela pedalvägen, är det troligt att det fortfarande finns luft i systemet – upprepa luftningsproceduren tills pedalen känns normal igen.

11 Sänk trycket i luftningssatsen och demontera den från bilen. I detta läge kommer vätskebehållaren att vara ”överfull”; överflödet skall avlägsnas med en ren pipett tills nivån når MAX-markeringen.

12 Dra åt luftningsrörets nippel med en blocknyckel och ta bort kärlet. Sätt på skyddslocket.

13 Kontrollera avslutningsvis kopplingspedalens rörelse, den skall kännas fast och jämn, inte ”svampig” eller sladdrig, vilket i så fall indikerar att ytterligare luftning kan behövas.

14 Slutligen, testa bilen med en körtur och kontrollera kopplingen genom att växla upp och ned genom växlarna, köra iväg från stillastående och starta i backe.

3 **Huvudcylinder** – demontering och montering

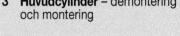

Observera: *Läs varningen i början av avsnitt 2 beträffande riskerna vid arbete med hydraulvätska.*

Demontering

1 Se beskrivning i kapitel 11 och demontera instrumentbrädans klädselpaneler under rattstången.

2 Separera huvudcylinderns tryckstång från kopplingspedalen genom att föra in en spårmejsel i vart och ett av de två hålen på vardera sidan om kopplingspedalen. Tryck in båda flikarna och dra bort tryckstången från pedalen tillsammans med styrklämman.

3 Skruva loss huvudcylinderns fästmuttrar.

4 Arbeta i motorrummet, kläm ihop hydraulslangen som leder från hydraulvätskebehållaren till huvudcylindern med en bromsslangklämma, enligt beskrivning i avsnitt 2. Kläm ihop tillförselslangen till slavcylindern på samma sätt.

5 Placera en liten behållare under huvudcylindern, lossa därefter anslutningen och koppla loss hydraulröret. ***Varning: Var beredd på att en viss mängd hydraulvätska kan spillas ut.***

6 När fästmuttrarna har tagits bort kan huvudcylindern lyftas ut ur motorrummet och avlägsnas från bilen. Ta vara på packningen och kasta den; en ny packning måste användas vid monteringen.

Montering

7 Montera huvudcylindern i omvänd ordningsföljd, notera dock följande:

a) Dra åt huvudcylinderns muttrar till angivet åtdragningsmoment.

b) Dra åt samtliga hydraulrörsanslutningar till angivet åtdragningsmoment.

c) Montera en ny packning mellan huvudcylindern och torpedväggen.

d) Kontrollera att huvudcylinderns tryckstång och dess styrklämma placeras korrekt i urtaget i kopplingspedalen **(se bild)**.

8 Avslutningsvis, lufta hydraulsystemet enligt beskrivning i avsnitt 2.

4 **Slavcylinder** – demontering och montering

Observera: *Läs varningen i början av avsnitt 2 beträffande riskerna vid arbete med hydraulvätska.*

Demontering

1 Se beskrivning i kapitel 7A och skruva loss växlingsvajerns/väljarvajerns fäste ovanpå växellådans hus.

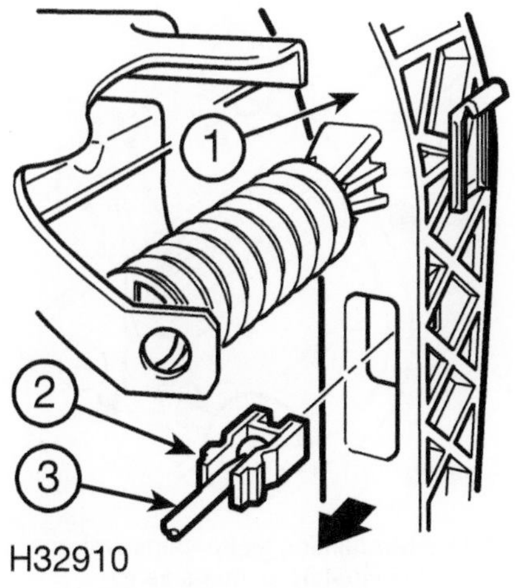

3.7 Kontrollera att huvudcylinderns tryckstång och dess styrklämma placeras korrekt i urtaget i kopplingspedalen

1 Kopplingspedal
2 Styrklämma
3 Huvudcylinderns tryckstång

2 Kläm ihop slavcylinderns hydraulslang med en bromsrörsklämma, enligt beskrivning i avsnitt 2.

3 Placera en liten behållare under slavcylinderns ände, lossa därefter anslutningen och ta bort hydraulröret. ***Varning: Var beredd på att hydraulvätska kan spillas ut.***

4 Skruva loss fästbultarna och demontera därefter slavcylindern.

Montering

5 Montera slavcylindern i omvänd ordningsföljd, notera dock följande:

a) Dra åt slavcylinderns fästbultar till angivet åtdragningsmoment.
b) Dra åt samtliga hydraulrörsanslutningar till angivet åtdragningsmoment.
c) Kontrollera att änden av slavcylinderns tryckstång griper i kopplingens urtrampningsarm när den förs in i växellådshuset.
d) Se beskrivning i kapitel 7A och montera växlingsvajerns/väljarvajerns fäste ovanpå växellådans hus.

6 Avslutningsvis, lufta hydraulsystemet enligt beskrivning i avsnitt 2.

5 Kopplingsvajer – demontering, montering och kontroll

Demontering

Växellåda 084 och 085

1 Börja med att kontrollera vajerns självjusteringsmekanism enligt beskrivningen nedan; om urtrampningsarmen inte kan flyttas enligt instruktionerna, efter återställning, måste vajern bytas ut.

2 Arbeta i motorrummet, lossa vajerhöljet från urtrampningsarmen, haka sedan loss innervajerns ändbeslag från ankarfästet på växellådshuset **(se bild)**. Lossa vajern från eventuella fästklämmor.

3 Ta loss gummitätningen längst upp på torpedväggen, skruva sedan loss fästskruvarna och ta bort vindrutetorkarmotorns båda täckpaneler; demontera torkararmarna efter behov, enligt beskrivning i kapitel 12 – det kan hända att man bara behöver lyfta änden av förarsidans täckpanel för att ta bort/sätta tillbaka vajern. Beroende på kopplingsvajerns dragning, kan man också behöva lossa torkarmotorns/länkagets fästen så att vajern kan tas loss och sättas tillbaka.

4 Koppla loss batteriets negativa kabel och placera den på avstånd från batteripolen. **Observera:** *Om bilen har säkerhetskodad radio, se till att du har skrivit upp koden innan du kopplar ifrån batteriet; se kapitel 12 för mer information.*

5 Inne i bilen, demontera instrumentbrädans paneler under rattstången (kapitel 11, avsnitt 30), demontera sedan säkringsdosan/reläplattan (kapitel 12, avsnitt 3).

6 Haka loss innervajern från urtaget längst upp på kopplingspedalen. Knyt fast ett snöre i änden av innervajern, tryck sedan ut vajern ur dess muff och framåt in i plenumkammaren.

7 Gå nu tillbaka till motorrummet, dra kopplingsvajern genom tätningsmuffarna och in i plenumkammaren, sedan genom plenumkammaren och in i motorrummet; notera noggrant exakt hur den är dragen. Knyt loss snöret och ta bort vajern. Låt snöret ligga kvar.

Växellåda 020 och 02K

Observera: *I följande text nämns ett låsband av plast som medföljer alla nya vajrar. Om ett låsband inte längre sitter på kopplingsvajern, kan man tillverka ett av buntband eller en bit kabel. En medhjälpare behövs också.*

8 Kontrollera vajerns självjusteringsmekanism enligt beskrivningen nedan; om urtrampningsarmen inte kan flyttas enligt instruktionerna, efter återställning, måste vajern bytas ut.

9 Trampa ner kopplingspedalen helt minst fem gånger. I motorrummet, dra ned låsbandet till toppen av justeringsmekanismens damask. Ta tag upptill och nedtill på självjusteringsmekanismen och tryck ihop den – låt samtidigt en medhjälpare haka ändarna av låsbandet över klackarna som sticker ut på mekanismens sidor **(se bild)**. Om mekanismen inte kan tryckas ihop är den defekt och vajern måste bytas ut.

10 Lyft upp urtrampningsarmen och dra ut låsplattan, följd av metallplattan och gummibufferten, och koppla loss innervajern från den. På vissa dieselmodeller är dämpvikten också säkrad av lås- och metallplattan. På alla modeller, lossa vajern från eventuella fästklämmor.

11 Följ beskrivningen i punkt 3 till 5 ovan.

12 För in en stor skruvmejsel mellan rattstången och kopplingspedalen och tryck på fjädern i pedaländen; linda in fjädern i en gammal handduk för att hindra den från att flyga av. Trampa på kopplingspedalen och bänd loss fjädern från pedalen, nedåt i riktning mot torpedväggen.

13 Demontera vajern enligt beskrivningen i pnkt 6 och 7.

Montering

Observera: *Ta helst hjälp av någon vid monteringen. Koppla inte fast någon annan vajer (som t.ex. gasvajern) i kopplingsvajern, eftersom självjusteringsmekanismen då inte längre kommer att fungera.*

Växellåda 084 och 085

14 Knyt fast snöret i innervajerns ände och smörj vajerhöljet med lite WD40 eller liknande för att hjälpa den att passera genom tätningsmuffarna. Dra sedan igenom vajern, och var försiktig så att inte innervajern får några veck (det kan påverka självjusteringsmekanismens funktion). Låt en assistent guida vajern genom torpeden genom att dra in snöret i kupén. För vajern genom tätningsmuffen och in i plenumkammaren, under torkarmotorn/-länkaget och in i den andra muffen, därefter in i kupén och ned till pedalen. Knyt loss snöret.

15 Smörj in kopplingsvajerns nippel med molybdendisulfidfett och haka fast den i urtaget i kopplingspedalen. Se till att vajerhöljet placeras korrekt.

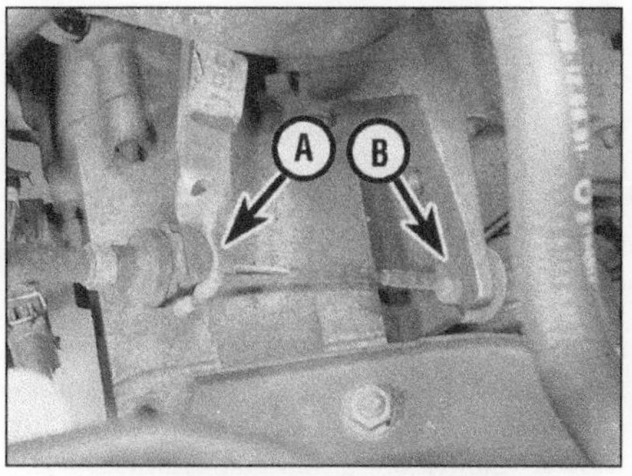

5.2 Kopplingsvajerns montering (växellåda 084 och 085)
A Urtrampningsarm B Ankarfäste

5.9 Tryck ihop självjusteringsmekanismen med hjälp av låsbandet

16 Återvänd till motorrummet och kontrollera att vajern har dragits rätt, utan skarpa böjar eller veck. Haka fast innervajerns ändbeslag i ankarfästet på växellådshuset och fäst vajerhöljet i urtrampningsarmen.

17 Tryck ned kopplingspedalen helt minst fem gånger och kontrollera att självjusteringsmekanismen fungerar enligt beskrivningen nedan.

18 Om allt fungerar som det ska, fäst vajern i de hållare som finns, gå sedan till kupén och sätt tillbaka säkringsdosan/reläplattan och instrumentbrädespanelerna som tagits bort för demonteringen. Anslut sedan batteriet.

Växellåda 020 och 02K - spänd vajer

Observera: *Vajern monteras med självjusteringsmekanismen ihoptryckt, låst med plastbandet.*

19 Utför momenten som beskrivs i punkterna 14 och 15 ovan.

20 Återgå till motorrummet och kontrollera att vajern har dragits korrekt, utan skarpa böjar eller veck någonstans. För innervajern genom fästbygeln på växellådshuset och in i kopplingens urtrampningsarm. Placera justeringsmekanismens nedre ände i fästbygeln på växellådshuset; var försiktig så att inte vajerns plasthölje skadas **(se bild)**.

21 Sätt ihop vajerändbeslagen; se till att låsplattan monteras korrekt så att den håller ihop delarna. Sätt fast vajern med klämmorna.

22 Tryck ihop självjusteringsmekanismen så mycket att en medhjälpare kan haka loss låsbandet; fäst låsbandet i vajern så att den inte tappas bort.

23 Återgå till kupén, placera säkringsdosan/reläplattan i dess vänstra fäste och dra upp kopplingspedalen till viloläget, för sedan fjädern mellan pedalen och säkringsdosan/reläplattan så att fjäderns främre ände hamnar i urtaget och dess bakre ände vilar på pedalens utstickande klack. Tryck försiktigt ned pedalen och tryck samtidigt fjädern på plats tills den sitter den ska.

24 Tryck ned kopplingspedalen helt minst fem gånger och kontrollera att självjusteringsmekanismen fungerar enligt beskrivningen nedan.

25 Montera alla andra delar som har demonterats för åtkomlighet, enligt punkt 18 nedan

Växellåda 020 och 02K - vajern ej spänd

Observera: *Följande beskrivning gäller om vajern monteras med självjusteringsmekanismen **ej** hoptryckt, d.v.s. **inte** låst med låsbandet. En medhjälpare kommer att behövas.*

26 Utför de åtgärder som beskrivs i punkt 14 och 15 ovan.

27 I motorrummet, dra ned låsbandet till toppen av självjusteringsmekanismens gummidamask. Låt en medhjälpare ta tag i änden av innervajern (vid växellådan), dra den

5.20 Montera justeringsmekanismen i fästet på växellådshuset

så långt det går och hålla fast den medan självjusteringsmekanismens plasthus flyttas fram och tillbaka flera gånger, tills mekanismen kan pressas ihop så mycket att medhjälparen kan haka fast ändarna av låsbandet i klackarna som sticker ut på sidorna (se bild 5.9).

28 Anslut vajern till kopplingens urtrampningsarm enligt beskrivning i punkt 21 ovan, montera sedan fjädern enligt beskrivning i punkt 23.

29 Tryck ihop självjusteringsmekanismen så mycket att medhjälparen kan haka loss låsbandet; fäst låsbandet i vajern så att det inte tappas bort.

30 Tryck ned kopplingspedalen helt minst fem gånger och kontrollera att vajerns självjusteringsmekanism fungerar enligt beskrivningen nedan.

31 Montera övriga komponenter som har tagits bort för åtkomlighet, se punkt 18.

Vajerns självjusteringsmekanism - kontroll av funktion och återställning

Växellåda 084 och 085

32 Sitt i förarsätet, trampa ned kopplingspedalen helt (från viloläget till golvet) minst fem gånger.

33 Flytta över till motorrummet, dra urtrampningsarmen **framåt**, d.v.s i **motsatt** riktning mot dess normala rörelse, så långt det går; urtrampningsarmen ska kunna flyttas ungefär tio mm.

34 Om urtrampningsarmen inte kan röras enligt ovan, tryck först ned kopplingspedalen flera gånger. Om ingen förbättring sker, kontrollera att självjusteringsmekanismen inte har slutat fungera på grund av inkorrekt arbetsmetod (t.ex. anslutning under spänning). För att göra detta, koppla loss vajerhöljet från urtrampningsarmen (pil "A" i bild 5.34), låt sedan en medhjälpare trycka ned kopplingen helt till golvet **(se bild)**. Tryck vajerhöljet mot torpedväggen (pil "B"), tills självjusteringsmekanismen under gummidamasken "C" kan tryckas ihop helt. Sätt tillbaka vajerhöljet i urtrampningsarmen, tryck sedan ned kopplingspedalen helt minst fem gånger och kontrollera att urtrampningsarmen nu kan röras så som beskrivs ovan.

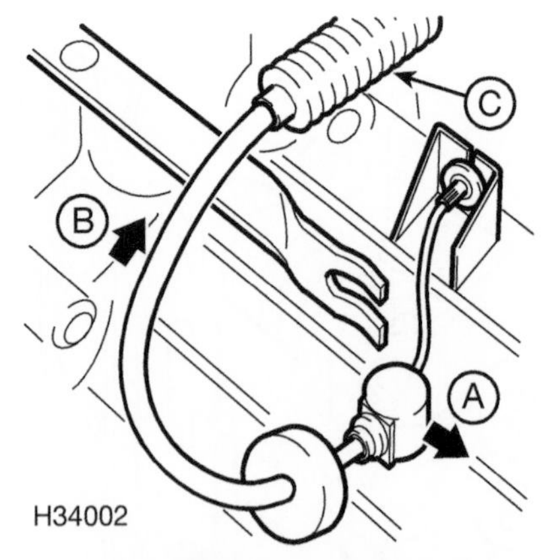

5.34 Återställning av kopplingsvajerns självjusteringsmekanism - växellåda 084 och 085
A, B och C - se texten

35 Om urtrampningsarmen inte kan röras enligt beskrivningen, även efter det att självjusteringsmekanismen har återställts, måste vajern bytas ut om man ska undvika att kopplingen slirar och att kopplingens komponenter slits ut i förtid.

Växellåda 020 och 02K

36 Sitt i förarsätet, tryck ned kopplingspedalen helt (från viloläge till golvet) **minst** fem gånger.

37 I motorrummet, tryck kopplingens urtrampningsarm nedåt, d.v.s. i motsatt riktning mot dess normala rörelse, så långt det går; armen ska kunna röras fritt ca tio mm.

38 Om urtrampningsarmen inte kan röras enligt beskrivningen, trampa ned kopplingspedalen helt flera gånger. Om detta inte medför någon förbättring, kontrollera att vajerns självjusteringsmekanism inte har slutat fungera på grund av inkorrekt arbetsmetod (t.ex. att man har dragit i vajerhöljet vid monteringen). För att göra detta, montera en motorbalk över motorrummet, med en krok eller liknande anordning som är lång nog att hålla urtrampningsarmen. Låt en medhjälpare trycka ned kopplingspedalen helt till golvet och hålla den där, medan urtrampningsarmen, nu i sitt operativa läge, säkras i denna position genom att kroken från motorbalken ansluts. Dra sedan tillbaka pedalen till viloläget.

39 Ta tag i innervajerns ände (vid växellådan) och dra ned den så långt det går tills självjusteringsmekanismen kan tryckas ihop. Låt urtrampningsarmen återgå till sitt viloläge, försiktigt, tryck sedan ned kopplingspedalen helt minst fem gånger och kontrollera att urtrampningsarmen nu kan röras fritt så som beskrivs.

40 Om urtrampningsarmen inte kan röras enligt beskrivningen, även efter det att självjusteringsmekanismen har återställts, måste vajern bytas ut om man ska undvika att kopplingen slirar och att kopplingens komponenter slits ut i förtid.

6 Kopplingssystemets delar - demontering och montering

Varning: Damm som uppstår från allmänt slitage på kopplingen och som finns på kopplingens komponenter kan innehålla asbest, vilket är hälsovådligt. Blås INTE bort dammet med tryckluft och andas inte in det. Använd INTE bensin eller bensinbaserat lösningsmedel för att tvätta bort dammet. Speciell rengöring för bromssystem eller rödsprit bör användas för att spola ned dammet i en lämplig behållare. När kopplingens komponenter har torkats rena med rena trasor skall de smutsiga trasorna och rengöringsmedlet placeras i en tillsluten och märkt behållare.

Observera: *Trots att vissa kopplingsbelägg ej längre innehåller asbest är det säkrast att förutsätta att de gör det, och vidta lämpliga säkerhetsåtgärder.*

Allmän beskrivning

1 Hur svänghjulets och kopplingens komponenter är monterade beror på vilken typ av växellåda bilen har.

2 På bilar med växellåda 020 eller 02K är kopplingens tryckplatta fastskruvad direkt på vevaxelns ände. Det kupade svänghjulet är därefter infäst på tryckplattan. Demontering av dessa komponenter beskrivs i nedanstående punkter.

3 På bilar med växellåda 02A, 085 eller 084 är layouten mer traditionell; svänghjulet är monterat på vevaxeln med tryckplattan är fastskruvad i svänghjulet. Demontering av svänghjulet beskrivs i kapitel 2A eller B, medan demontering av kopplingens komponenter beskrivs i nedanstående punkter.

Demontering

Växellåda 020/02K

4 Demontera växellådan (se kapitel 7A).

5 Innan svänghjulets bultar skruvas loss måste svänghjulet låsas på plats - ett provisoriskt verktyg för att låsa svänghjulet kan enkelt tillverkas av metallbitar **(se bild)**.

6.5 Provisoriskt verktyg för att hålla svänghjulet på plats

6 Lossa svänghjulets bultar växelvis, lyft därefter bort svänghjulet från tryckplattan och ta vara på lamellcentrum.

7 Bänd loss fjäderklämman och lyft bort urtrampningsplattan.

8 Spärra tryckplattan genom att skruva fast en metallbit mellan den och ett av balanshjulskåpans hål **(se bild)**.

9 Lossa tryckplattans bultar växelvis innan de tas bort för hand. Ta vara på mellanplattan.

10 Lyft bort tryckplattan från vevaxelns fläns.

Växellåda 02A, 084 och 085

11 Se beskrivning i kapitel 7A demontera växellådan från motorn.

12 Lossa urtrampningslagret från urtrampningsarmen och undersök om det är slitet eller skadat. Snurra lagret för hand och lyssna på kullagret; och lagret fastnar eller låter för mycket bör det bytas.

13 Spärra tryckplattan på plats genom att

6.8 Spärra tryckplattan med hjälp av en metallbit

skruva fast en metallbit mellan den och ett av balanshjulskåpans bulthål **(se bild 6.8)**.

14 Lossa tryckplattans bultar växelvis tills de kan tas bort för hand. Lyft bort tryckplattan och ta vara på lamellcentrum.

Montering

Växellåda 020/02K

15 Om en ny tryckplatta skall monteras, torka bort skyddsfettet (endast) från friktionsytan. Lyft upp tryckplattan till vevaxelns fläns tillsammans med mellanplattan och sätt i nya fästbultar. Stryk på lämplig låsvätska på bultarnas gängor om de inte levereras färdigbestrukna **(se bilder)**.

16 Håll tryckplattan stilla med metoden som beskrivs för demonteringen och dra åt bultarna växelvis till angivet åtdragningsmoment **(se bild)**.

17 Montera urtrampningsplattan och fäst den på plats med fjäderklämman **(se bilder)**. Stryk

6.15a Lyft upp tryckplattan till vevaxelns fläns . . .

6.15b . . . tillsammans med mellanplattan . . .

6.15c . . . och sätt i nya bultar

6.16 Dra åt tryckplattans bultar växelvis till angivet åtdragningsmoment

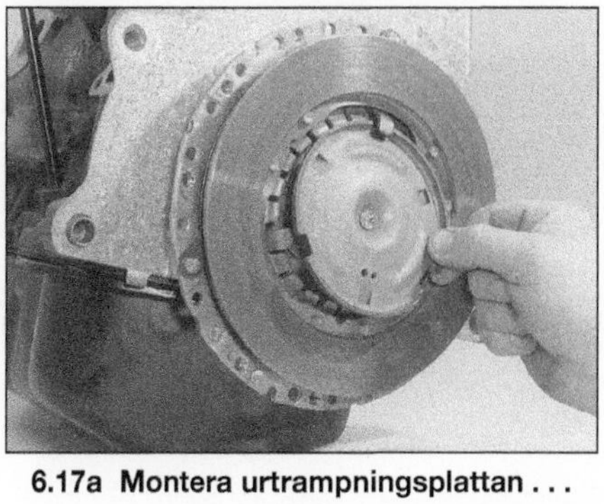

6.17a Montera urtrampningsplattan . . .

6.17b . . . och fäst den på plats med en fjäderklämma

6.19a Montera lamellcentrum, med det fjäderspända navet utåt

6.19b Kontrollera att styrstiften (vid pilen) griper i . . .

högtemperaturfett på mitten av urtrampningsplattan.

18 Smörj in lamellcentrums splines med högtemperaturfett - se till att friktionsytorna inte smutsas ned.

19 Placera lamellcentrum mot tryckplattan med det fjäderbelastade navet utåt, lyft därefter upp svänghjulet och kontrollera att styrstiften griper i urtagen i tryckplattans kant **(se bilder)**. Sätt i nya bultar till svänghjulet – dra bara åt dem för hand i detta läge.

20 Centrera lamellcentrum med ett skjutmått; kontrollera att gapet är lika stort mellan lamellcentrums ytterkant och svänghjulets innerkant runt hela omkretsen **(se bild)**.

21 Dra åt svänghjulets bultar diagonalt och växelvis till angivet åtdragningsmoment. Kontrollera igen att lamellcentrum är centrerat.

22 Se beskrivning i kapitel 7A och montera växellådan.

Växellåda 02A, 084 och 085

23 Smörj in lamellcentrums splines med högtemperaturfett - se till att friktionsytorna inte smutsas ned.

24 Om en ny tryckplatta skall monteras, torka bort skyddsfettet (endast) från friktionsytan. Lyft upp lamellcentrum mot tryckplattan med det fjäderspända navet utåt, lyft därefter upp svänghjulet och kontrollera att styrstiften griper i urtagen i tryckplattans kant. Sätt i nya bultar till svänghjulet - dra bara åt dem för hand i detta läge.

25 Centrera lamellcentrum med ett skjutmått; kontrollera att spelet är lika stort mellan lamellcentrums ytterkant och tryckplattans innerkant runt hela omkretsen.

26 Dra åt tryckplattans bultar diagonalt och växelvis till angivet åtdragningsmoment. Kontrollera igen att lamellcentrum är centrerat.

27 Montera urtrampningslagret på urtrampningsarmen.

28 Se beskrivning i kapitel 7A och montera växellådan.

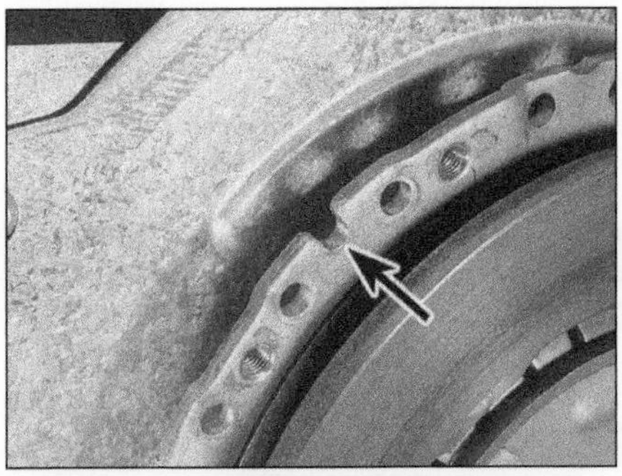

6.19c . . . urtagen i tryckplattans kant (vid pilen)

6.20 Centrera lamellcentrum med ett skjutmått

Kapitel 7 Del A:
Manuell växellåda

Innehåll

Svårighetsgrader

Enkelt, passar novisen med lite erfarenhet	**Ganska enkelt,** passar nybörjaren med viss erfarenhet	**Ganska svårt,** passar kompetent hemmamekaniker	**Svårt,** passar hemmamekaniker med erfarenhet	**Mycket svårt,** för professionell mekaniker

Specifikationer

Motor	**Växellåda**	**Kodbokstäver**
1,4 liters modeller (motorkod ABD), 10/91-8/92	084 (4-växlad)	APY
1,4 liters modeller (motorkod ABD), 10/91-8/92	085 (5-växlad)	CCK
1,4 liters modeller (motorkod ABD, AEX eller APQ), 8/92 och framåt	084 (4-växlad)	CED
1,4 liters modeller (motorkod ABD), 8/92-5/94	085 (5-växlad)	CEC eller CHX
1,4 liters modeller (motorkod ABD), 5/94-9/94	085 (5-växlad)	CKR
1,4 liters modeller (motorkod ABD, AEX eller APQ), 9/94 och framåt	085 (5-växlad)	CWM
1,4 liters modeller (motorkod AEX), 8/95-5/96	02K (4-växlad)	CZK
1,4 liters modeller (motorkod AEX eller APQ), 5/96 och framåt	02K (4-växlad)	DGM
1,4 liters modeller (motorkod ABD eller AEX), 5/95-5/96	02K (5-växlad)	CZA
1,4 liters modeller (motorkod AEX eller APQ), 5/96 och framåt	02K (5-växlad)	DGL
1,6 liters/74 hk modeller (motorkod ABU), 10/91-5/94	085 (5-växlad)	CHL
1,6 liters/74 hk modeller (motorkod ABU), 5/94-9/94	085 (5-växlad)	CNU
1,6 liters/74 hk modeller (motorkod ABU, AEA or AEE), 9/94-on	085 (5-växlad)	CWR
1,6 liters/74 hk modeller (motorkod ABU, AEA or AEE), 8/92-5/96	02K (5-växlad)	CHW
1,6 liters/74 hk modeller (motorkod AEA eller AEE), 5/95-5/96	02K (5-växlad)	CYZ
1,6 liters/74 hk modeller (motorkod AEA eller AEE), 10/94-10/95	02K (5-växlad)	CHV
1,6 liters/74 hk modeller (motorkod AEE), 5/96-on	02K (5-växlad)	DGH
1,6 liters/99 hk modeller (motorkod AEK eller AFT), 10/94-5/96	02K (5-växlad)	CJF
1,6 liters/99 hk modeller (motorkod AFT eller AKS), 5/96 och framåt	02K (5-växlad)	DGG
1,8 liters/74 hk modeller (motorkod AAM), 10/91-8/92	020 (5-växlad)	ATH
1,8 liters/74 hk modeller (motorkod AAM), 8/92-5/96	020 (5-växlad)	CHD
1,8 liters/74 hk modeller (motorkod AAM eller ANN), 5/96 och framåt	020 (5-växlad)	DFP
1,8 liters/86 hk modeller (motorkod ABS), 10/91-8/92	020 (5-växlad)	APW
1,8 liters/86 hk modeller (motorkod ABS eller ADZ), 8/92-5/96	020 (5-växlad)	CHB eller CHD
1,8 liters/86 hk modeller (motorkod ADZ eller ANP), 5/96 och framåt	020 (5-växlad)	DFN eller DFP

Motor	Växellåda	Kodbokstäver
1,9 liters/62 hk modeller (motorkod 1Y), 10/91-8/92	020 (5-växlad)	4T0
1,9 liters/62 hk modeller (motorkod 1Y), 8/92-5/96	020 (5-växlad)	CHC
1,9 liters/62 hk modeller (motorkod AEY), 9/95-5/96	020 (4-växlad)	CYY
1,9 liters/62 hk modeller (motorkod AEY), 8/95-5/96	020 (5-växlad)	CQB
1,9 liters/62 hk modeller (motorkod AEY), 5/96 och framåt	020 (4-växlad)	DMM
1,9 liters/62 hk modeller (motorkod AEY), 5/96 och framåt	020 (5-växlad)	DFW
1,9 liters/62 hk modeller (motorkod AEY), 5/96 och framåt	020 (5-växlad)	DFX
1,9 liters/74 hk modeller (motorkod AAZ), 10/91-8/92	020 (5-växlad)	ATH
1,9 liters/74 hk modeller (motorkod AAZ), 8/92-5/96	020 (5-växlad)	CHD
1,9 liters/74 hk modeller (motorkod AAZ), 5/96 och framåt	020 (5-växlad)	DFP
1,9 liters/86 hk modeller (motorkod 1Z), 11/93 och framåt	02A (5-växlad)	ASD
1,9 liters/86 hk modeller (motorkod 1Z, AHU or ALE), 2/94 och framåt	02A (5-växlad)	CTN
1,9 liters/109 hk modeller (motorkod AFN or AVG), 9/95 och framåt	02A (5-växlad)	CYP
2,0 liters/114 hk modeller (motorkod 2E), 10/91-8/92	020 (5-växlad)	AMC
2,0 liters/114 hk modeller (motorkod 2E or ADY), 8/92-5/96	020 (5-växlad)	CHE
2,0 liters/114 hk modeller (motorkod AGG), 5/96 och framåt	020 (5-växlad)	DFQ
2,0 liters/147 hk modeller (motorkod ABF), 10/92-1/93	02A (5-växlad)	CGN
2,0 liters/147 hk modeller (motorkod ABF), 1/93 och framåt	02A (5-växlad)	CDA

Utväxling – växellåda 084

1:a	3,455:1
2:a	1,840:1
3:e	1,132:1
4:e	0,813:1
Back	3,384:1
Slutväxel:	
10/91 till 8/92	4,063:1
8/92 och framåt	4,267:1

Utväxling – växellåda 085

1:a	3,455:1
2:a	1,958:1
3:e	1,250:1
4:e	0,891:1
5:e	0,740:1
Back	3,384:1
Slutväxel:	
1,4 liters modeller	4,063:1
1,6 liters modeller	3,875:1

Utväxling – växellåda 020 & 02K	1,4 l	1,6 l/74hk CHV	1,6 l/74hk CHW	1,6 l/74hk CYZ, DGH	1,6 l/99hk
1:a	3,455:1	3,455:1	3,455:1	3,455:1	3,455:1
2:a	1,944:1	1,944:1	1,944:1	1,944:1	1,944:1
3:e	1,286:1	1,207:1	1,370:1	1,286:1	1,370:1
4:e	0,969:1	0,882:1	1,032:1	0,939:1	1,032:1
5:e	0,805:1	0,712:1	0,850:1	0,745:1	0,850:1
Back	3,167:1	3,167:1	3,167:1	3,167:1	3,167:1
Slutväxel	3,941:1	3,941:1	3,941:1	3,941:1	3,941:1

Utväxling – växellåda 020 & 02K växellådor	4-växlad	5-växlad, Diesel, 1,8 l/74hk	5-växlad, 1,8 l/86hk CHD, DFP	5-växlad, 1,8 l/86hk (övriga)	5-växlad, 2,0 l
1:a	3,455:1	3,455:1	3,455:1	3,455:1	3,455:1
2:a	1,750:1	1,944:1	1,944:1	1,944:1	1,944:1
3:e	1,065:1	1,286:1	1,286:1	1,370:1	1,286:1
4:e	0,750:1	0,909:1	0,909:1	1,032:1	0,969:1
5:e	-	0,745:1	0,745:1	0,850:1	0,805:1
Back	3,167:1	3,167:1	3,167:1	3,167:1	3,167:1
Slutväxel:					
1,4 liters modeller	4,250:1	-	-	-	-
1,8 liters/74 hk modeller	-	3,667:1	-	-	-
1,8 liters/86 hk modeller	-	-	3,667:1	3,667:1	-
1,9 liters/62 hk modeller	3,667:1	3,667:1	-	-	-
1,9 liters/74 hk modeller	-	3,667:1	-	-	-
2,0 liters/114 hk modeller	-	-	-	-	3,667:1

Utväxling – växellåda 02A

	Diesel ASD	Diesel CTN	Diesel CYP	2,0 liters/147 hk
1:a	3,300:1	3,778:1	3,778:1	3,300:1
2:a	1,944:1	2,118:1	2,063:1	1,944:1
3:e	1,308:1	1,360:1	1,348:1	1,308:1
4:e	0,917:1	0,971:1	0,967:1	1,029:1
5:e	0,717:1	0,756:1	0,744:1	0,837:1
Back	3,060:1	3,600:1	3,600:1	3,060:1
Slutväxel:				
Diesel	3,158:1			
2,0 liters/147 hk modeller	3,684:1			

Smörjmedel
Se slutet av *Veckokontroller*

Volymer
Se kapitel 1

Åtdragningsmoment

	Nm
Kopplingens sköld	15
Motorns främre tvärbalk till kaross, bultar	50
Växellådans balanshjulskåpa till motor, M10 bultar	60
Växellådans balanshjulskåpa till motor, M12 bultar	80

1 Allmän beskrivning

Den manuella växellådan är monterad på tvären i motorrummet, fastskruvad direkt på motorn. Fördelen med detta montage är att drivningssträckan till framhjulen blir kortast möjlig, dessutom är växellådan placerad mitt i luftströmmen genom motorrummet vilket optimerar kylningen. Växellådans hus är tillverkat av aluminium.

Drivkraften från vevaxeln överförs via kopplingen till växellådans ingående axel som är försedd med splines för kopplingens lamellcentrum.

Samtliga växlar framåt är synkroniserade. När en växel har valts överförs rörelsen från den golvmonterade växelspaken till växellådan antingen via ett växelväljarstag eller växelväljarvajrar, beroende på vilken typ av växellåda som är monterad. Dessa i sin tur aktiverar en serie väljargafflar inuti växellådan vilka är placerade i skårorna på synkroniseringshylsorna. Hylsorna, som sitter på växellådans axlar men kan glida axiellt via splinesförsedda nav, trycker synkroniseringsringarna i kontakt med respektive kugghjul. De koniska ytorna mellan synkroniseringsringarna och kugghjulen fungerar som en friktionskoppling som fortlöpande matchar synkroniseringshylsans varvtal (och därmed växellådsaxelns) med kugghjulets. Klokuggarna på synkroniseringsringens utsida hindrar synkroniseringshylsans ring från att gripa i kugghjulet tills deras varvtal är exakt lika; härigenom kan mjuka växelbyten åstadkommas och oljud och mekaniskt slitage orsakat av snabba växelbyten undvikas.

Drivkraft överförs till differentialens kronhjul, som roterar differentialens hus och planetväxlar, vilket i sin tur driver solhjul och drivaxlar. Rotationen av planetväxeln på respektive axel låter bilens inre hjul rotera med lägre hastighet än det yttre hjulet vid körning i kurva.

De olika växellådorna monterade på de bilmodeller som behandlas i den här boken kan identifieras enligt följande:

a) Växellåda 084: den tresiffriga typkoden finns på differentialhusets vänstra sida, framför drivaxeln och under backljuskontakten, medan bokstavskoden är markerad (tillsammans med den femsiffriga datumkoden uppe på balanshjulskåpan, intill skyddskåpan som täcker svänghjulets ÖD-markeringar.

b) Växellåda 085: den tresiffriga typkoden finns på differentialhusets vänstra sida, bakom drivaxeln, medan bokstavskoden är markerad (tillsammans med den femsiffriga datumkoden) uppe på balanshjulskåpan, intill skyddskåpan som täcker svänghjulets ÖD-markeringar.

c) Växellåda 020 och 02K: typkoden finns på differentialhusets vänstra sida, under och bakom drivaxeln, medan bokstavskoden är instämplad (tillsammans med den femsiffriga datumkoden) i balanshjulskåpans undersida.

Observera: *Växellåda 02A är i stort sett identisk med 020/02K; den enda skillnaden är placering av och antal motorfästpunkter i balanshjulskåpan.*

d) Växellåda 02A: den tresiffriga typkoden finns på differentialhusets vänstra sida, ovanför och bakom drivaxeln, medan bokstavskoden (tillsammans med den femsiffriga datumkoden) är markerad uppe på växellådshuset, bredvid kopplingens slavcylinder.

Observera: På alla modeller återfinns bokstavskoden också på VIN-plåten och bilens dataetikett (se avsnittet *Bilens identifikationsnummer*).

2 Växellänkage – justering

084, 085, 020/02K växellådor

1 Om växlingsfunktionen inte fungerar tillfredsställande när växellådan har monterats, följ beskrivningen i nedanstående punkter.

2 Se beskrivning i kapitel 11 och demontera knoppen och damasken från växelspaken så att justerkragen blir synlig.

3 Lägg i ettans växel, spänn därefter växelväljarmekanismen genom att försiktigt trycka växelspaken till vänster.

4 Mät spelet mellan växelspakens stopp och spakhusets sida **(se bild)**.

5 Om spelet är större än 1,5 mm, lossa justerkragens klämbult och rotera kragen tills korrekt spel har uppnåtts **(se bild 2.4)**.

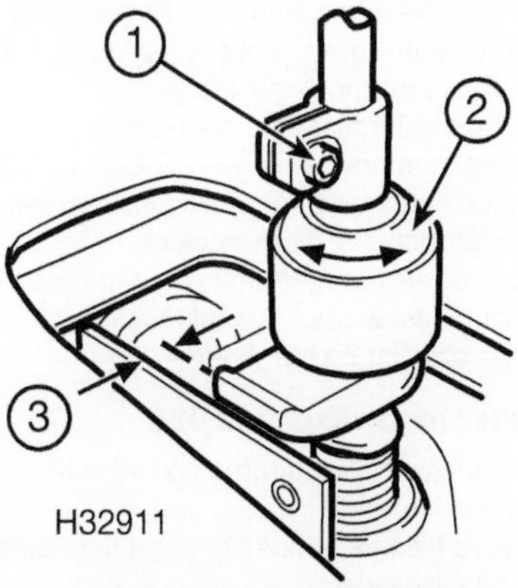

2.4 Växelspakens justerkrage (växellådorna 084, 085, 020/02K)

1 Klämbult
2 Justerkrage
3 Spel mindre än 1,5 mm

6 Avsluta med att dra åt klämbulten. Sätt tillbaka växelspakens damask och knopp.

Växellåda 02A

7 För att kunna justera växelväljar- och växlingsvajrar med precision krävs fininställda jiggar för att ställa in växelspaken i referensläge. Det rekommenderas därför att detta arbete överlåts till en VAG-verkstad.

3 Manuell växellåda - demontering och montering

Demontering

1 Parkera bilen på ett stadigt och plant underlag. Se till att du får en tillräckligt stor yta att röra dig på. Dra åt handbromsen och klossa bakhjulen.

2 Hissa upp bilens framvagn och stöd den på pallbockar (se *Lyftning och stödpunkter*).

3 Se beskrivning i kapitel 11 och demontera motorhuven från gångjärnen.

4 Lossa batteriets negativa anslutning och placera kabeln på avstånd från batteriet. **Observera:** *Om bilen är utrustad med säkerhetskodad radio, kontrollera att du har koden antecknad innan batteriets anslutning lossas. Se kapitel 5A, avsnitt 1.*

5 "Fronten" utgörs av främre stötfångare, kylare och grill, en eller flera kylfläktar, strålkastare, främre kjol och motorhuvens låsmekanism. Trots att det inte är absolut nödvändigt att ta bort fronten får man avsevärt bättre åtkomlighet till motorn om den demonteras. Det är relativt enkelt att demontera fronten, och detta beskrivs i avsnittet om demontering av motorn - se kapitel 2C.

6 Ytterligare arbetsutrymme kan åstadkommas på motorkoderna ABU, AEA och ABD genom att det främre avgasröret demonteras; se beskrivning i kapitel 4D.

7 På modeller med växellåda av typen 020/02K, 084 eller 085, se beskrivning i kapitel 6 och lossa kopplingsvajern från växellådans urtrampningsarm.

8 Skruva loss jordflätan från växellådan.

9 Se beskrivning i avsnitten 5 och 6, och koppla loss kablaget från hastighetsmätarens transduktor och backljuskontakten.

10 Placera en garagedomkraft under växellådan och hissa upp den tillräckligt så att vikten precis vilar på domkraften.

Modeller med växellåda 02A

11 Lossa växelväljarvajrarna från växellådans växelarmar **(se bild)**.

12 Skruva loss vajrarnas fästbygel som sitter upptill på växellådshuset.

13 Se beskrivning i kapitel 6 och demontera slavcylindern från växellådans hus. Placera en 35 mm M8 bult genom hålet ovanför slavcylinderns öppning för att hålla kopplingens urtrampningsarm på plats.

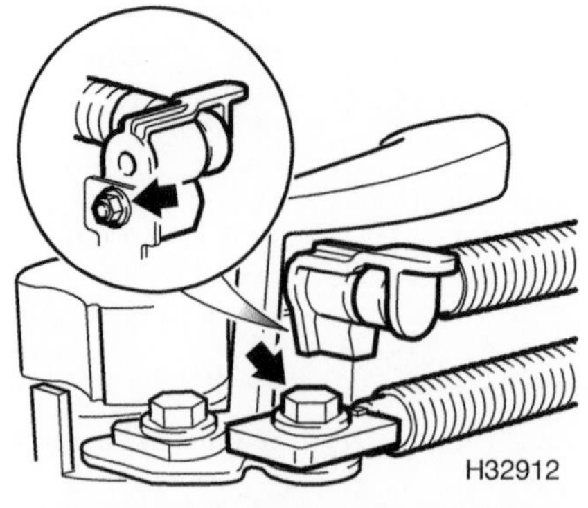

3.11 Lossa växelväljarvajrarna (vid pilarna) från växellådans växelarmar (02A)

Modeller med växellåda 084, 085 eller 020/02K

14 Lossa det längre av de två växelväljarstagen med dämparvikten från armen vid växellådan; öppna plastklämman och dra loss kulleden **(se bild)**.

15 Koppla loss den kortare av de två växelväljarstagen med dämparvikten från armen vid växellådan och växelväljaraxeln; dra loss låsstiften för att separera delarna **(se bild)**.

Alla modeller

16 På motorkoderna ABU, ABD och AEA, se beskrivning i kapitel 5A och demontera startmotorn.

17 Se beskrivning i kapitel 2A eller B och utför följande arbeten:

a) Skruva loss och demontera det främre motorfästets fästbygel från växellådans balanshjulskåpa (stötta motorn med någon typ av motorlyft).

b) Skruva loss och ta bort det bakre motorfästets fästbygel från växellådan och karossen ***(se bild)****.*

18 På modeller med växellåda av typ 084, 085 eller 020/02K, skruva loss och ta bort reläarmens stödfäste från växellådans bakre del **(se bild)**

19 Där så är tillämpligt, skruva loss kopplingens skyddsplåt under växellådans balanshjulskåpa.

20 Se beskrivning i kapitel 8 och skruva loss drivaxlarna från växellådans utgående axlar. Häng upp drivaxlarna så högt som möjligt med buntband eller ståltråd. Vrid ratten till vänster med fullt utslag.

21 Starta nedifrån och arbeta runt växellådans balanshjulskåpa och skruva loss alla bultar utom den översta.

22 Skruva loss bultarna, sänk därefter ned motorns främre tvärbalk från bilen.

23 Kontrollera att ingenting fortfarande är anslutet till växellådan innan den separeras från motorn.

24 Skruva loss den sista bulten från balanshjulskåpan och dra loss växellådan från motorn **(se bilder)**.

25 När samtliga styrtappar är utanför respektive monteringshål, sänk ned växellådan från motorrummet med hjälp av domkraften.

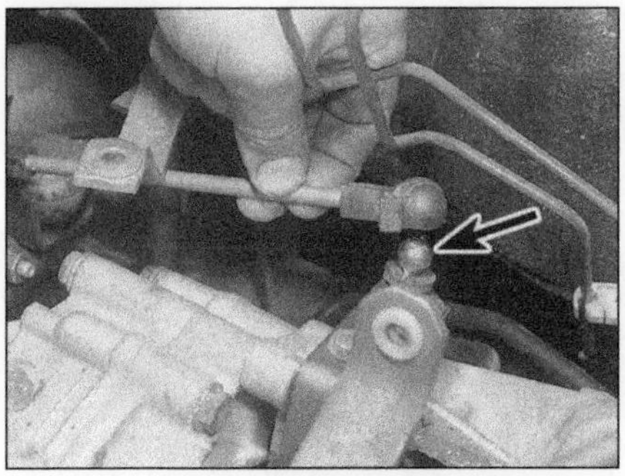

3.14 Lossa växelväljarstaget från växelarmen (vid pilen)

3.15 Dra loss låsstiften för att separera växelväljaraxelns delar

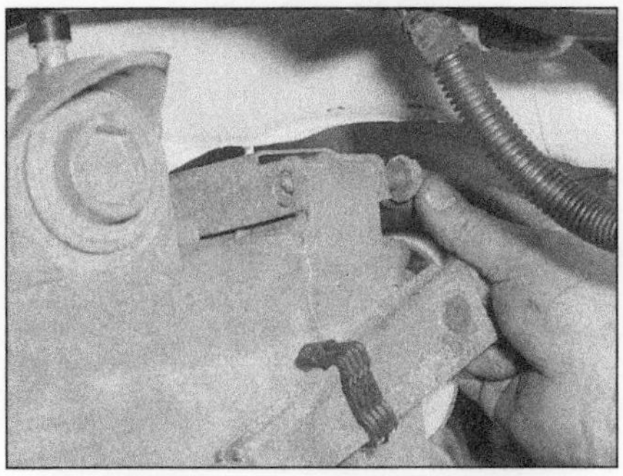

3.17 Skruva loss den bakre vänstra motorfästbygeln från växellådan

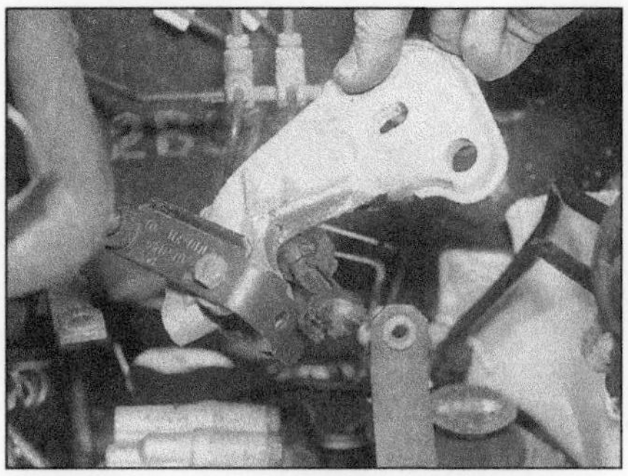

3.18 Demontera reläarmens stödfäste

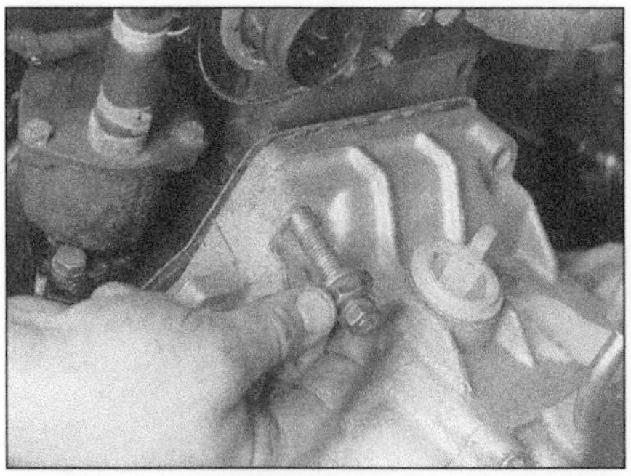

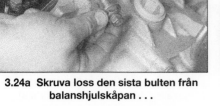

3.24a Skruva loss den sista bulten från balanshjulskåpan . . .

Varning: Stöd växellådan hela tiden så att den vilar stadigt på domkraftens huvud. Håll växellådan plan tills den ingående axeln är helt demonterad från kopplingens lamellcentrum.

Montering

26 I huvudsak följer monteringen av växellådan demonteringsproceduren i omvänd ordning, notera dock följande punkter:

a) Bestryk splines i lamellcentrum med högtemperaturfett; se till att friktionsytorna inte smutsas ned.

b) Vid montering av motorns främre tvärbalk, dra åt bultarna till angivet åtdragningsmoment innan motorns tyngd får vila på balken.

c) Dra åt balanshjulskåpans bultar till angivet åtdragningsmoment.

d) Se beskrivning i kapitel 2A eller B (vilket som gäller) och dra åt motorfästets bultar till angivet åtdragningsmoment .

e) På modeller som är utrustade med växellåda av typ 02A, se beskrivning i kapitel 6 och montera slavcylindern, lufta därefter hydraulsystemet.

f) På modeller som är utrustade med växellåda av typ 084, 085 eller 020/02K, se beskrivning i kapitel 6 och montera kopplingsvajern.

g) Avslutningsvis, se beskrivning i avsnitt 2 och kontrollera växellänkagets justering.

4 Manuell växellåda, renovering - allmän beskrivning

Renovering av en manuell växellåda är en komplicerad (och ofta dyr) uppgift för hemmamekanikern. En sådan uppgift kräver specialutrustning. En renovering innebär att man tar isär och sätta ihop många små komponenter, man måste mäta toleranser med precision och vid behov justera dem med shims och distanser. Växellådans inre komponenter är ofta svåra att få tag på och kan även visa sig vara mycket dyra. Därför är det bäst att låta en specialist reparera växellådan om den går

3.24b . . . och dra loss växellådan från motorn (växellåda 020 på bild)

sönder eller utvecklar missljud; alternativt kan en renoverad utbytesenhet införskaffas.

Trots allt är det inte omöjligt för en erfaren amatörmekaniker att renovera en växellåda, förutsatt att specialverktyg finns att tillgå och att arbetet utförs på ett metodiskt sätt så att ingenting blir bortglömt.

Verktygen som behövs för en renovering omfattar invändiga och utvändiga låsringstänger, lageravdragare, en glidhammare, en uppsättning pinndorn, mätklocka (indikatorklocka), och eventuellt en hydraulpress. Dessutom kommer en robust arbetsbänk och ett skruvstäd att behövas.

Vid isärtagning av växellådan bör noggranna anteckningar föras över hur varje komponent sitter, så att monteringen skall kunna utföras lättare och med precision.

Innan växellådan tas isär är det en fördel om man har en idé om var problemet ligger. Vissa problem kan relateras till specifika områden i växellådan, vilket kan underlätta komponentgranskning och byte. Mer detaljerad information återfinns i avsnittet *Felsökning* i slutet av denna handbok.

5 Backljuskontakt - kontroll, demontering och montering

Kontroll

1 Kontrollera att startnyckeln står i "OFF"-läge.

2 Koppla loss kablaget från backljuskontakten vid anslutningsdonet. Kontakten är placerad ovanpå växellådshuset på växellådor av typ 020/02K och 02A, och under växellådshuset på växellådor av typ 084 och 085.

3 Anslut sonderna på en kontinuitetsprovare, eller multimeter inställd på motståndsmätningsfunktionen, över backljuskontaktens poler.

4 Kontakterna är normalt öppna, så provaren/multimetern bör visa öppen krets i alla växellägen utom i backväxel. När backväxeln läggs i bör kontakterna stängas och provaren/multimetern sålunda visa kortslutning.

5 Om kontakten verkar vara öppen hela tiden eller kortsluten, eller fungera oregelbundet, bör den bytas ut.

Demontering

6 Kontrollera att startnyckeln står i "OFF"-läge.

7 Koppla loss kablaget från backljuskontakten vid anslutningsdonet **(se bild)**

8 Lossa kontakten med en ringnyckel och ta bort den från växellådans hus. Ta vara på tätningsringen **(se bild)**

Montering

9 Montera kontakten i omvänd ordningsföljd.

6 Hastighetsmätardrivning - demontering och montering

Allmän beskrivning

1 Samtliga växellådor är försedda med en elektronisk hastighetsmätartransduktor. Denna anordning mäter slutväxelns rotationshastighet och konverterar denna information till en elektrisk signal, vilken därefter sänds till hastighetsmätarenheten i instrumentpanelen. På vissa modeller används signalen även som indata av motorstyrningssystemets ECU.

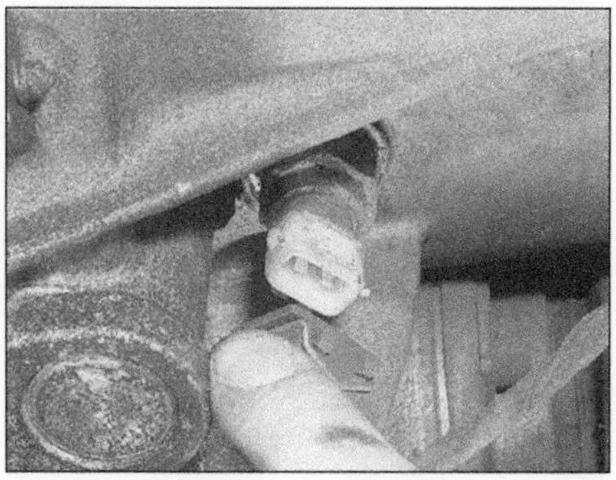

5.7 Lossa kablaget från backljuskontakten vid kontaktdonet (växellåda 084 på bild)

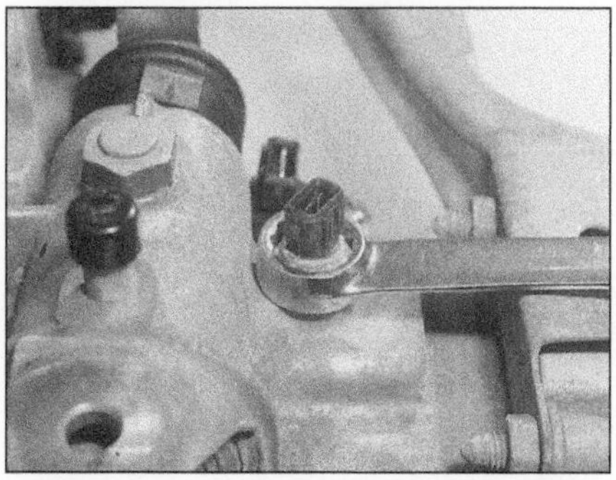

5.8 Lossa kontakten med en ringnyckel och ta bort den från växellådshuset

Demontering

2 Kontrollera att startnyckeln står i "OFF"-läge.

3 Ta reda på hastighetstransduktorn ovanpå växellådans hus. Lossa kablaget från transduktorn vid anslutningsdonet.

4 Skruva loss transduktorns fästskruv med en insexnyckel och ta bort enheten från växellådshuset **(se bilder)**.

5 Ta vara på tätningsringen.

Montering

6 Montera transduktorn i omvänd ordningsföljd.

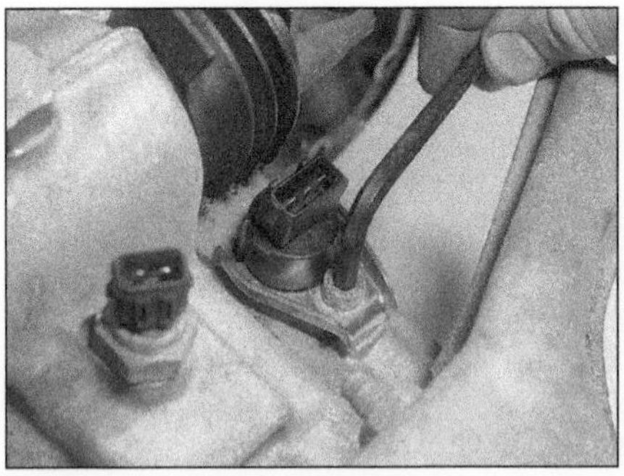

6.4a Skruva loss transduktorns skruv med en insexnyckel . . .

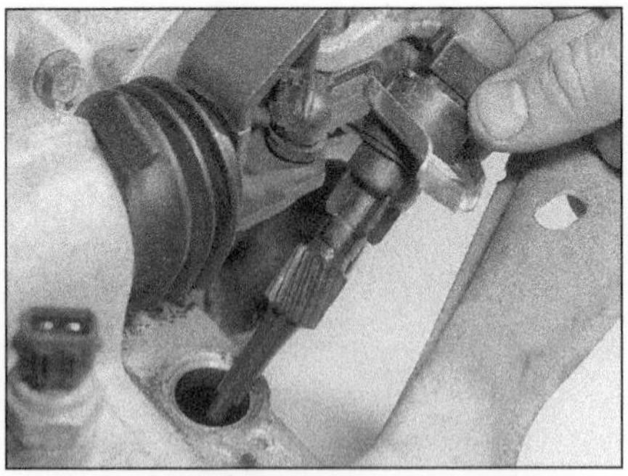

6.4b . . . och ta bort enheten från växellådshuset (växellåda 020/02K)

Kapitel 7 Del B:
Automatväxellåda

Innehåll

Svårighetsgrader

Enkelt, passar novisen med lite erfarenhet	**Ganska enkelt,** passar nybörjaren med viss erfarenhet	**Ganska svårt,** passar kompetent hemmamekaniker	**Svårt,** passar hemmamekaniker med erfarenhet	**Mycket svårt,** för professionell mekaniker

Specifikationer

Motor	**Växellåda**	**Bokstavskod**
1,6 liters/99 hk modeller (motorkoder AEK & AFT), 1/95-1/97	01M	CKX eller DKR
1,6 liters/99 hk modeller (motorkoder AFT & AKS), 1/97-11/99	01M	DLV eller DNR
1,6 liters/99 hk modeller (motorkoder AFT & AKS), 11/99-on	01M	EPK eller EPL
1,8 liters/74 hk modeller (motorkod AAM), 12/91-12/92	096	CFD
1,8 liters/74 hk modeller (motorkod AAM), 1/93-12/94	096	CFK
1,8 liters/74 hk modeller (motorkod AAM), 1/95-1/97	01M	CKX eller DKR
1,8 liters/74 hk modeller (motorkoder AAM & ANN), 1/97 och framåt	01M	DLV
1,8 liters/86 hk modeller (motorkod ABS), 12/91-12/92	096	CFD
1,8 liters/86 hk modeller (motorkod ABS), 1/93-12/93	096	CFK
1,8 liters/86 hk modeller (motorkod ABS), 1/94-7/94	096	CRR
1,8 liters/86 hk modeller (motorkoder ABS & ADZ), 8/94-12/94	096	CSK
1,8 liters/86 hk modeller (motorkod ADZ), 1/95-1/97	01M	CKX, CKY eller DKR
1,8 liters/86 hk modeller (motorkoder ADZ & ANP), 1/97 och framåt	01M	DLV, DNR eller DLW
1,9 liters/86 hk modeller (motorkoder 1Z & AHU), 1/95-1/97	01M	CKZ
1,9 liters/86 hk modeller (motorkoder AHU & ALE), 1/97-10/99	01M	DLX
1,9 liters/86 hk modeller (motorkod ALE), 11/99 och framåt	01M	EPP
1,9 liters/109 hk modeller (motorkod AFN), 1/96-1/97	01M	DAB
1,9 liters/109 hk modeller (motorkoder AFN & AVG), 1/97-11/99	01M	DMB
1,9 liters/109 hk modeller (motorkoder AFN & AVG), 11/99 och framåt	01M	EPN
2,0 liters/115 hk modeller (motorkod 2E), 12/91-12/92	096	CFC
2,0 liters/115 hk modeller (motorkod 2E), 1/93-7/93	096	CFH
2,0 liters/115 hk modeller (motorkod 2E), 8/93-7/94	096	CNK
2,0 liters/115 hk modeller (motorkoder 2E & ADY), 8/94-12/94	096	CNP
2,0 liters/115 hk modeller (motorkoder ADY & AGG), 1/95-1/97	01M	CLK, CLA eller DKS
2,0 liters/115 hk modeller (motorkoder ADY & AGG), 1/97-12/99	01M	DLY, DNS eller DLZ
2,0 liters/115 hk modeller (motorkoder ATU & AWF), 12/99 och framåt	01M	EPR

Utväxling - växellåda 096	Fram till 12/92	12/92 till 12/94
1:a	2,714:1	2,714:1
2:a	1,551:1	1,441:1
3:e	1,000:1	1,000:1
4:e	0,679:1	0,743:1
Back	2,111:1	2,884:1
Slutväxel:		
1,8 liters modeller	4,529:1	4,529:1
2,0 liters modeller	4,222:1	4,222:1

Utväxling - växellåda 01M	Alla andra koder	Kod EPN
1:a	2,714:1	2,714:1
2:a	1,441:1	1,551:1
3:e	1,000:1	1,000:1
4:e	0,742:1	0,679:1
Back	2,884:1	2,111:1
Slutväxel:		
1,6 och 1,8 liters modeller	4,529:1	-
1,9 liters (Diesel) modeller	3,273:1	3,273:1
2,0 liters modeller	4,222:1	-

Smörjmedel .... Se slutet av *Veckokontroller*

Volymer .... Se kapitel 1

Åtdragningsmoment	Nm
Växelväljarvajer till växellådans väljararm, låsbult	25
Momentomvandlarens sköldplåt	15
Momentomvandlare till medbringarskiva, bultar	60
Växellådans balanshjulskåpa till motor, M10 bultar	60
Växellådans balanshjulskåpa till motor, M12 bultar	80

För motor/växellådsfästen, se specifikationerna i kapitel 2A

1 Allmän beskrivning

Växellåda 096

Automatväxellådan 096 monterad fram till december 1994 har fyra framåtväxlar och en back. De automatiska växlingarna styrs elektroniskt snarare än hydrauliskt, som på de tidigare konventionella typerna. Fördelen med elektronisk styrning är att den ger snabbare växlingsrespons. En kickdown funktion finns också, för att ge snabbare accelerationsrespons när så behövs.

Växellådan består av tre huvudenheter – den hydrokinetiska momentomvandlaren, som är direkt kopplad till motorn; slutväxelenheten som innefattar differentialen; och planetväxeln, med sina flerskiviga kopplingar och bromsband. Slutväxeln smörjs separat, medan växellådan smörjs med automatväxellådsolja (ATF). En oljekylare och ett filter sitter på utsidan för att underlätta underhållet.

Momentomvandlaren innehåller en automatisk låsfunktion som eliminerar risken för att den ska slira i de två högsta växlarna; detta är bra för prestanda och ekonomi. Utöver de normala alternativen till manuellt val av växelposition, erbjuder växellådan ett "sport"-läge och ett "ekonomi"-läge. I sportläget sker uppväxlingen senare, för att dra full fördel av motorns kraft, medan ekonomiläget (standardläget) innebär att uppväxlingarna sker så snabbt som möjligt för att ge bästa möjliga ekonomi. På tidiga modeller väljs läget med en brytare på mittkonsolen (intill växelväljaren); på modeller tillverkade efter januari 1993 tog man bort den här brytaren och införde istället automatiskt lägesval beroende på gaspedalens manövrering – snabba pedalrörelser gör att sportläget läggs i av den mer sofistikerade programmeringen i växellådans ECU, tillsammans med modifierade växelväljarkomponenter i växellådan. Långsammare pedalrörelser får växellådan att återgå till ekonomiläget.

En annan funktion i den här växellådan är ett lås på växelväljaren, med vilket växelväljaren kan ställas i läge "P" eller "N" när motorn går, under ungefär 5 km/tim. Under dessa förhållanden kan man bara komma ur "P" eller "N" genom att trampa ner bromspedalen.

Växellåda 01M

01M växellådan monterad fr.o.m januari 1995 är väldigt lik 096 i konstruktion och allmänna funktioner, men dess prestanda har förbättrats med ett antal finjusteringar.

Momentomvandlarens låsfunktion har utökats till alla framåtväxlar, för att ge bättre bränsleekonomi. Den elektroniska styrenheten har nu s.k "fuzzy logic", som tillåter oändligt varierande växlingspunkter beroende på förarens krav och körförhållandena, för maximal prestanda eller ekonomi. Sport- och ekonomilägena bestäms av gasspjällets läge och hastighet, så som beskrivs ovan för den senare 096. På det här sättet kan växlingarna göras ekonomiskt, men full acceleration finns alltid tillgänglig när så behövs. En annan förbättring är att man inkluderat en växlingskarta för lutning, vilkt gör att styrenheten kan välja det mest passande utväxlingsförhållandet för att matcha lutningen och motoreffekten vid körning uppför, och för att tillåta lämplig motorbroms vid körning nerför.

Alla växellådor

Ett feldiagnossystem finns i styrenheten, men analys kan endast göras med särskild utrustning. Om ett problem skulle uppstå i växellådans elektriska system, kommer automatisk växling att fortsätta, men växlingarna blir märkbart ryckiga. Om automatväxlingen fallerar kan växellägena väljas manuellt. I båda fallen är det viktigt att felet undersöks och åtgärdas så fort som möjligt. Om man väntar kommer problemen bara att bli värre.

På grund av behovet av specialutrustning, komplexiteten i många av delarna och vikten av absolut renlighet när man servar en automatväxellåda, är det jobb en hemmamekaniker kan utföra begränsat (detta gäller särskilt växellåda 01M). Reparationer av slutväxelns differential rekommenderas inte heller. De flesta omfattande reparationer bör överlämnas till en VW-återförsäljare, som har den utrustning som behövs för feldiagnos och reparationer. Informationen i det här kapitlet är därför begränsad till en beskrivning av demontering och montering av växellådan som en hel enhet. Demontering, montering och justering av växelväljarvajern beskrivs också.

Om problem skulle uppstå med växellådan, kontakta en VW-återförsäljare eller en växellådsspecialist innan växellådan tas ut ur bilen, eftersom stor del av felsökningen görs med växellådan på plats.

De olika växellådorna som är monterade på de bilmodeller som behandlas i den här boken kan identifieras enligt följande:

a) *Växellåda 096: Båda identifieringskoderna återfinns uppe på växellådshuset; den tresiffriga typkoden under växelväljaren och bokstavskoden (tillsammans med den femsiffriga datumkoden) uppe på balanshjulskåpan, intill skyddskåpan som täcker drivplattans ÖD-märken.*

b) *Växellåda 01M: Båda identifieringskoderna finns uppe på växellådshuset; den tresiffriga typkoden intill oljekylaren, och bokstavskoden (tillsammans med den femsiffriga datumkoden) ovanför startmotorns monteringsfläns.*

Observera: *På alla modeller finns växellådans bokstavskod även på VIN-plåten och bilens dataetikett (se avsnittet "Bilens identifikationsnummer").*

Elektronisk styrenhet (ECU)

På bilar tillverkade före januari 1993 sitter styrenheten under mattan i den högra fotbrunnen; på modeller tillverkade efter detta datum sitter den under baksätet på vänster sida.

Innan demontering av ECU, koppla loss batteriets negativa ledare (på alla modeller).

På modeller tillverkade före januari 1993, dra undan mattan för att komma åt ECU; man kan också behöva demontera sätet (se kapitel 11). Ta loss ECU, lossa sedan kontaktdonets klämma och vrid försiktigt loss kontaktdonet. ECU kan nu demonteras. **Observera:** *ABS styrenhet sitter på samma plats, så försäkra dig om att du tar loss rätt enhet.*

På senare modeller, lyft upp baksätets vänstra sittdyna och lossa ECU från fästena. Lossa fästklämman och vrid loss kontaktdonet, ta sedan ut ECU ur bilen.

På alla modeller sker montering i omvänd ordning mot demonteringen. Anslut kontaktdonet korrekt och se till att det sitter fast ordentligt.

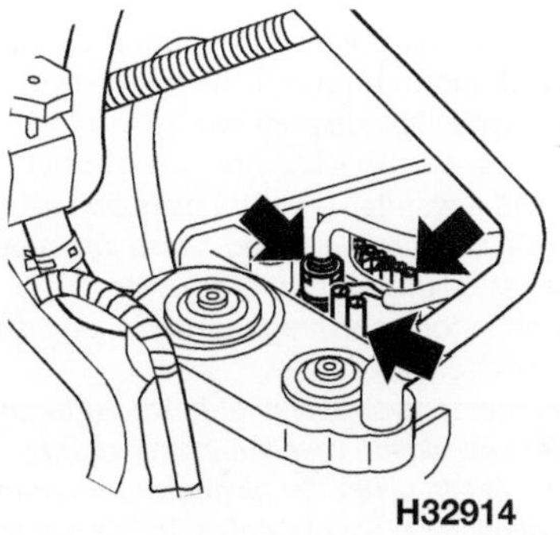

2.6a Koppla loss flervägskontaktdonen (vid pilarna) . . .

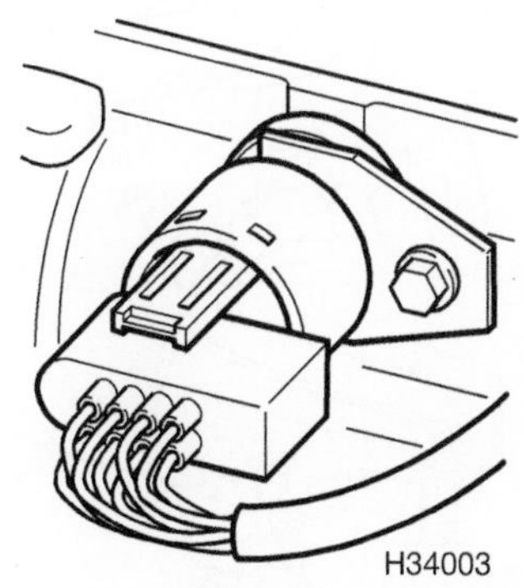

2.6b . . . och flerfunktionskontakten

2 Automatväxellåda - demontering och montering

Demontering

1 Parkera bilen på ett stadigt och plant underlag. Se till att du får en tillräckligt stor yta att röra dig på. Dra åt handbromsen och klossa bakhjulen.

2 Lossa batteriets negativa anslutning och placera kabeln på avstånd från batteriet. **Observera:** *Om bilen har säkerhetskodad radio, kontrollera att du har koden antecknad innan batteriets anslutning lossas, se kapitel 5A, avsnitt 1.* Hissa upp bilens framvagn och stöd den på pallbockar (se *Lyftning och stödpunkter*).

3 "Fronten" utgörs av främre stötfångare, kylargrill (senare modeller), en eller flera kylfläktar, strålkastare, främre kjol och motorhuvens låsmekanism. Trots att det inte är absolut nödvändigt att ta bort fronten, skapar man avsevärt bättre åtkomlighet till motorn om den demonteras. Det är relativt enkelt att demontera fronten – se avsnitt 2 i kapitel 2C.

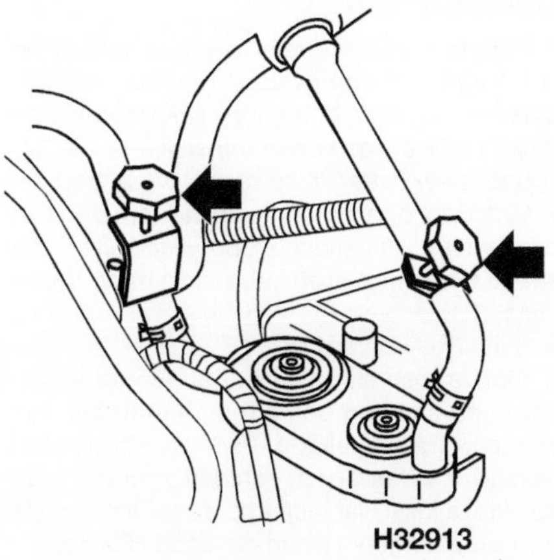

2.8 Kläm ihop kylslangarna som leder till och från kylaren för växellådsoljan (slangklämmor vid pilarna)

4 Lyft upp framvagnen och stöd den på pallbockar (se *Lyftning och stödunkter*). Se till att skapa tillräckligt med utrymme för att växellådan ska kunna tas ut under bilen.

5 Koppla loss hastighetsmätardrivningens vajer från växellådan, eller koppla loss hastighetsmätargivaren.

6 Koppla loss alla kontaktdon från växellådan, märk upp dem om så behövs för att underlätta återanslutningen **(se bilder)**. Ta bort flerfunktionskontakten.

7 Placera växelväljaren i läge "P", koppla sedan loss växelväljarvajern från armen på växellådan genom att skruva loss den ansatsförsedda fästbulten. Ta loss vajerns fästklämma och flytta undan vajern.

8 Kläm ihop automatväxellådans oljekylarslangar så nära kylaren som möjligt **(se bild)**, koppla sedan loss slangarna från kylaren.

9 Koppla loss kylarfläktens kontaktdon.

10 Skruva loss och ta bort de övre fästbultarna mellan motorn och växellådan.

11 Motorns vikt måste nu stöttas medan motorns/växellådans fästen demonteras. För att göra detta, anslut en lyftanordning till motorn och höj upp den precis så mycket att den tar upp motorns vikt. Alternativt, stötta motorn säkert underifrån, men var då försiktig så att inte sumpen skadas. Man kan också använda ett motorstöd liknande det VW-mekaniker använder.

12 Demontera startmotorn enligt beskrivning i kapitel 5A och flytta den ur vägen (lämna kablaget anslutet).

13 Skruva loss kylvätskans expansionskärl och flytta det åt sidan, utan att koppla loss slangarna.

14 Skruva loss och ta bort det vänstra motor-/växellådsfästet.

15 Skruva loss och ta bort växellådsoljesumpens skyddsplatta.

16 Lossa och ta bort det främre motor-/växellådsfästet.

17 Skruva loss flänsbultarna och lossa vänster och höger drivaxel från växellådans drivflänsar. Du måste förmodligen demontera vänster drivaxel helt (se kapitel 8). Häng upp höger drivaxel så högt det går med buntband eller kabel. Vrid ratten till fullt utslag åt höger.

18 Se kapitel 10 och separera den vänstra

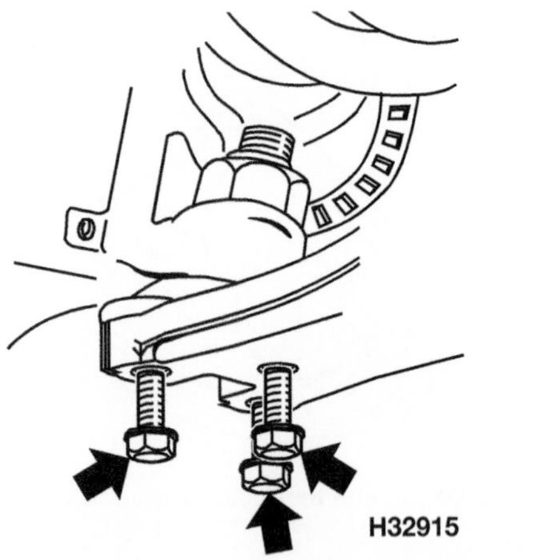

2.18 Bultar mellan länkarm och spindelled (vid pilarna)

länkarmen från den nedre spindelleden **(se bild)**.

19 Arbeta under motorn, skruva loss och ta bort vibrationsdämparvikten (om monterad) från styrväxelns kryssrambalk. Stöd vikten säkert när de fyra fästbultarna skruvas loss, och var beredd på att ta upp den avsevärda vikten när den lossas.

20 Skruva loss och ta bort momentomvandlarhusets nedre täckplåt.

21 Arbeta genom startmotoröppningen och skruva loss bultarna mellan momentomvandlaren och drivplattan en i taget. När en bult har lossats, vrid vevaxeln med hjälp av en hylsnyckel på vevaxeldrevet för att exponera nästa bult. Upprepa tills alla bultar är lossade.

22 Sänk ner motorlyftanordningen/domkraften så långt det går, men se hela tiden till att motorns vikt är stöttad. Placera en domkraft (garagedomkraft om tillgänglig) under växellådan för att bära upp dess vikt när den separeras från motorn.

23 Skruva loss och ta bort de nedre fästbultarna mellan motorn och växellådan.

24 Kontrollera att alla fästen och anslutningar har lossats ordentligt från växellådan. Ta hjälp av någon för att guida och stötta växellådan under demonteringen.

25 Dra bort växellådan från motorn och sänk ner den så att den kan tas fram under bilens front. Växellådan sitter på styrstift på motorn, och om den sitter fast på dessa kan man behöva knacka på och bända växellådan försiktigt för att få loss den från motorn.

⚠ ***Varning: Stöd växellådan för att försäkra att den förblir stadig på domkraften. Se till att momentomvandlaren sitter kvar på sin axel i momentomvandlarhuset.***

26 När växellådan har demonterats, skruva fast en lämplig bjälke och distans tvärs över momentomvandlarhusets framsida, för att hålla momentomvandlaren på plats.

Montering

27 I huvudsak följer monteringen av växellådan demonteringen i omvänd ordning, notera dock följande punkter:

a) När växellådan sätts ihop med motorn, se till att styrstiften sitter på plats och att växellådan är i linje med dessa innan den skjuts på plats mot motorn. När momentomvandlaren monteras, se till att drivstiften i mitten av momentomvandlarnavet hakar i urtagen i det inre hjulet i växellådans oljepump.

b) Dra åt alla fästbultar till angivna moment.

c) Fyll på växellådsolja och slutväxelolja av specificerad typ och kvalitet.

d) Anslut och justera växelväljarvajern enligt beskrivning i avsnitt 4.

e) Låt kontrollera framhjulsinställningen vid första möjliga tillfälle.

3 Automatväxellåda, renovering - allmän beskrivning

Om ett fel uppstår är det viktigt att fastställa om det är ett elektriskt, mekaniskt eller hydrauliskt fel, innan reparationsarbetet kan planeras. Att ställa diagnos kräver ingående kunskaper om växellådans funktion och konstruktion, liksom tillgång till speciell testutrustning, vilket ligger utanför denna handboks område. Därför är det nödvändigt att problem med automatväxellådan överlåts till en VW-verkstad för felsökning och bedömning.

Observera att en defekt växellåda inte bör demonteras förrän bilen har undersökts av en VW-verkstad, eftersom feldiagnosen oftast utföras med växellådan på plats.

4 Växelväljarvajer - demontering, montering och justering

Demontering

1 Koppla loss batteriets negativa anslutning och lägg kabeln på avstånd från batteripolen. **Observera:** *Om bilen har säkerhetskodad radio, se till att ha koden uppskriven innan du kopplar ifrån batteriet, se kapitel 5A, avsnitt 1.*

2 Lyft upp och stötta framvagnen på pallbockar (se *Lyftning och stödpunkter*). Se till att skapa tillräckligt stort arbetsutrymme under bilen.

3 Ställ växelväljaren i läge "P".

4 Skruva loss skruvstiftet i änden av växelväljarens handtag och lyft av handtaget från spaken. På växellåda 096 är skruvstiftet insmort med låsvätska, och detta gör det svårt att skruva loss. När stiftet har tagits loss måste gängorna rengöras innan det sätts tillbaka.

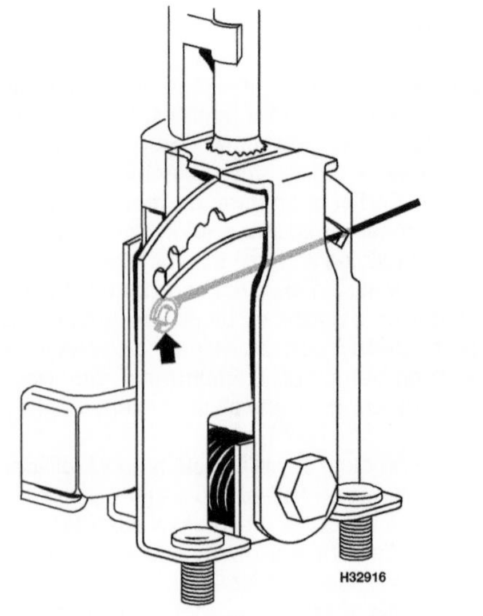

4.6 Bänd loss låsringen och lossa vajern (vid pilen) från växelmekanismen

5 Lossa och lyft upp växelväljarkåpan från mittkonsolen. Stick in handen under kåpan och koppla loss kablaget från lägesväljarkontakten (endast tidig 096) och belysningslampan.

6 Bänd loss låsringen och lossa vajern från växelmekanismen **(se bild)**.

7 Dra bort vajern från växelväljarhuset, arbeta sedan längs vajern och lossa den från fästklämmorna. Notera hur vajern är dragen för att underlätta monteringen.

8 I vajerns växellådsände, lossa låsbulten och ta loss vajern från växellådans väljaraxel.

Montering

9 Montera växelväljarvajern genom att följa demonteringsproceduren i omvänd ordningsföljd. Använd en ny låsring när vajern monteras på växelväljaren.

10 På växellåda 096, när skruvstiftet sätts tillbaka på växelväljarens handtag, försäkra dig om att gängorna är rena, lägg sedan på lite låsvätska och dra åt stiftet ordentligt.

11 Innan anslutningen vid växellådans väljaraxel dras åt, justera vajern enligt beskrivningen nedan.

Justering

12 Flytta växelväljaren till 'P'-läge.

13 Vid växellådan, lossa vajerns låsbult på sidan av väljaraxelns arm. Tryck upp väljaraxeln mot dess ändstopp, vilket motsvarar läge "P", dra sedan åt låsbulten till angivet moment.

14 Kontrollera att växelväljaren fungerar som den skall genom att föra den genom alla växellägen och kontrollera att varje växel kan väljas snabbt och mjukt.

Kapitel 8
Drivaxlar

Innehåll

Svårighetsgrader

Enkelt, passar novisen med lite erfarenhet	**Ganska enkelt,** passar nybörjaren med viss erfarenhet	**Ganska svårt,** passar kompetent hemmamekaniker	**Svårt,** passar hemmamekaniker med erfarenhet	**Mycket svårt,** för professionell mekaniker

Specifikationer

Typ	Stålaxlar med inre och yttre CV-knutar av typen "kula och bur" (senare modeller med automatväxellåda har en inre drivknut av tripodtyp)

Åtdragningsmoment	**Nm**
Drivaxelns mutter:	
2,0 liters (GT specifikation) modeller:	
Tidiga modeller:	
Steg 1	90
Steg 2	Vinkeldra ytterligare 45°
Senare modeller (med modifierade navsplines):	
Steg 1	200
Lossa muttern helt, dra därefter till:	
Steg 2	50
Steg 3	Vinkeldra ytterligare 30°
Alla övriga modeller	265
Hjulbultar	110
Inre CV-knutens fästbultar	45
Länkarmens spindelled, fästbultar	Se specifikationerna i kapitel 10

1 Allmän beskrivning

Drivkraft överförs från differentialen till framhjulen via två drivaxlar i stål av olika längd. Den högra drivaxeln är längre än den vänstra, beroende på växellådans placering.

Båda drivaxlarna har splines på de yttre ändarna för att ta emot hjulnaven, samt är gängade så att varje nav kan fästas med en stor mutter. Den inre änden på varje drivaxel är fastskruvad på växellådans drivflänsar.

Drivknutar av CV-typ är monterade i ändarna på drivaxlarna, för att säkerställa jämn och effektiv kraftöverföring vid alla tänkbara vinklar, allt efter som fjädringen rör hjulen upp och ned eller vrids från sida till sida av styrningen. På modeller med manuell växellåda och på tidiga modeller med automatväxellåda är både de inre och de yttre knutarna av typen "kula och bur" (lagerhus med kulor som rör sig i lagerbanor). På senare modeller med automatväxellåda är de yttre knutarna av denna typ, medan de inre är av typen tripod.

2 Drivaxlar – demontering och montering

Observera: *En ny mutter till drivaxeln behövs vid monteringen.*

Demontering

Observera: *På senare modeller med automatväxellåda, med inre knut av tripodtyp (se avsnitt 3, punkt 1), kan man behöva skruva loss främre och bakre motor-/växellådsfästen och lyfta motorn något för att skapa tillräckligt mycket utrymme för demontering av den vänstra drivaxeln (se kapitel 2).*

1 Demontera hjulsidan/navkapseln (vilket som är tillämpligt) och lossa drivaxelns fästmutter när bilen står på hjulen **(se bild)**. Lossa även hjulmuttrarna.

2 Klossa bakhjulen, dra åt handbromsen, hissa upp bilens framvagn och stöd den på pallbockar. Demontera det främre hjulet.

3 Skruva loss bultarna som fäster den inre drivknuten vid växellådans fläns och, där så behövs, ta vara på fästplattorna under bultarna. Stöd drivaxeln genom att hänga upp

2.1 När bilen står på alla fyra hjulen, demontera hjulsida/navkapsel och lossa drivaxelns mutter

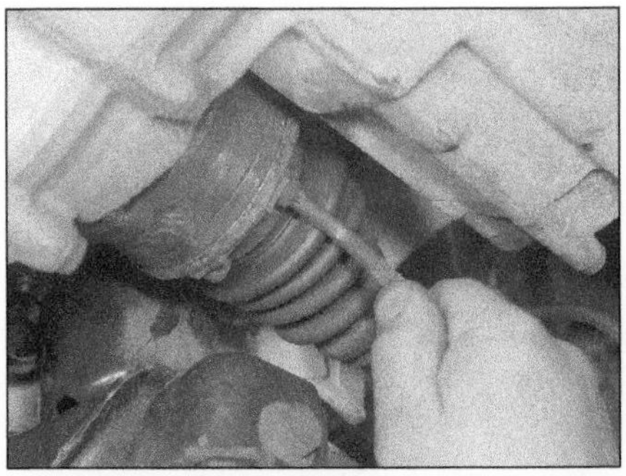

2.3a Skruva loss den inre drivknutens fästbultar . . .

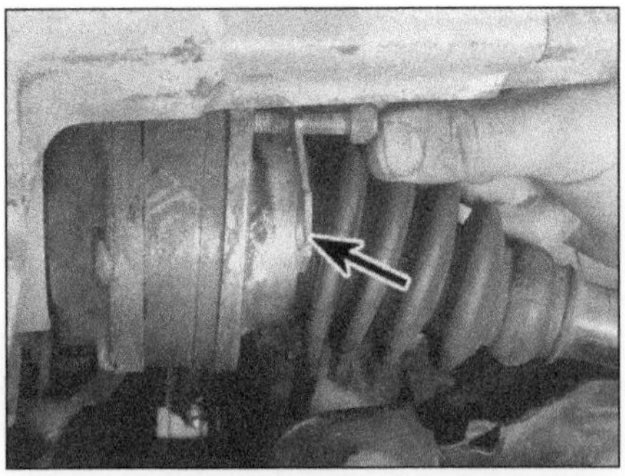

2.3b . . . och ta bort dem tillsammans med fästplattorna (vid pilen)

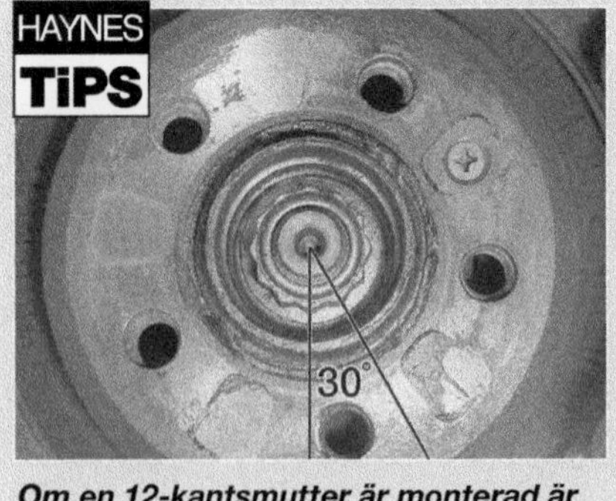

Om en 12-kantsmutter är monterad är vinkeln mellan uddarna på muttern 30°. Om en vinkelmätare inte finns tillgänglig kan vinkeln mätas genom att märken görs på navet och närmaste udd på muttern, och att muttern dras åt så dess markering flyttas med rätt antal uddar.

den med ståltråd eller snöre – låt den inte hänga ner under egen tyngd – det kan skada knuten **(se bilder)**.

4 Rita en linje runt änden på länkarmen med en lämplig markeringspenna för att markera hur spindelleden skall vara monterad. Skruva loss spindelledens bultar och demontera plattan från länkarmens överdel. **Observera:** *På vissa modeller är spindelledens inre bulthål slitsat; på dessa modeller kan den inre bulten lossas medan fästplattan och skruven är kvar på plats i armen, och spindelleden lossad från skruven.*

5 Skruva loss drivaxelns mutter och (där så behövs) demontera dess bricka.

6 Dra hjulnavet utåt och ta bort drivaxelns yttre drivknut från navet. Den yttre knuten kan sitta mycket hårt, knacka ut knuten ur navet med en mjuk klubba. Om knuten fortfarande inte lossnar från navet måste knuten pressas ut med ett lämpligt verktyg som skruvas fast på navet.

7 Manövrera ut drivaxeln under bilen och (i förekommande fall) ta vara på packningen från den inre drivknutens ände. Kasta packningen – en ny packning skall användas vid monteringen.

8 ***Låt inte bilen vila på hjulen när den ena eller båda drivaxlarna är demonterad(e), eftersom det kan leda till att hjullagret/-lagren skadas.*** Om bilen absolut måste flyttas, sätt temporärt in drivaxelns yttre ände i navet och dra åt axelns fästmutter; i detta fall måste drivaxelns inre ände stödjas, exempelvis genom att den hängs upp med ett snöre från bilens underrede. ***Låt inte drivaxeln hänga ner under sin egen vikt då detta kan skada knuten.***

Montering

9 Kontrollera att kontaktytorna mellan växellådans fläns och den inre knuten är rena och torra. Där så behövs, montera en ny packning på knuten (dra bort skyddsfolien och tryck packningen på plats).

10 Kontrollera att den yttre knuten och navets splines är rena och torra. På alla modeller utom senare 2,0 liters modeller (GT specifikation), avlägsna alla spår efter låsvätska från båda splinessatserna och stryk på en droppe lämplig låsvätska på den yttre knutens splines (VW rekommenderar vätska nr D 185 400 A2 – som kan anskaffas från VW-återförsäljare). ***Observera:*** *På senare 2,0 liters modeller (GT specifikation), har navsplinesen modifierats (topparna på splinesen har planats ut för att undvika kuggspel i drivaxeln), varför de yttre knutarnas splines* ***inte*** *skall bestrykas med låsvätska.*

11 Manövrera drivaxeln på plats och försätt den yttre knuten i ingrepp med navet. Kontrollera att gängorna är rena och bestryk kontaktytan på drivaxelns nya mutter med olja. Sätt på brickan (i förekommande fall) och muttern och använd den till att dra knuten fullständigt på plats.

12 Sätt i bultarna till den undre spindelleden och dra åt dem till angivet åtdragningsmoment; använd markeringarna som gjordes vid demonteringen så att spindelleden placeras korrekt.

13 Rikta in drivaxelns inre knut med växellådans fläns och sätt i fästbultarna och (i förekommande fall) plattorna. Dra åt bultarna till angivet åtdragningsmoment.

14 Kontrollera att den yttre knuten dras in på sin rätta plats, montera därefter hjulet och sänk ner bilen på marken.

15 På tidiga 2,0 liters modeller där de yttre knutarnas splines har bestrukits med låsvätska, dra åt drivaxelns mutter till momentet för steg 1 och därefter till vinkeln för steg 2 **(se Haynes Tips)**.

16 På senare 2,0 liters modeller (GT specifikation) med modifierade nav, dra först åt drivaxelns mutter till angivet moment för steg 1. Lossa sedan muttern helt, dra åt den till åtdragningsmomentet för steg 2, och slutligen till vinkeln som anges för steg 3. Om en vinkelmätare inte finns tillgänglig kan vinkeln mätas genom att märken görs på navet och drivaxelns mutter och att muttern sedan dras åt så att den flyttas med motsvarigheten till en "kant" (se Haynes tips).

17 På alla övriga modeller, dra åt drivaxelns mutter till angivet åtdragningsmoment.

18 När drivaxelns mutter har dragits åt, dra åt hjulmuttrarna till angivet åtdragningsmoment och montera hjulsidan/navkapseln.

3 Drivaxlarnas gummidamasker – byte

1 Demontera drivaxeln från bilen enligt beskrivning i avsnitt 2. Fortsätt enligt beskrivningen i tillämpligt avsnitt nedan. På modeller med automatväxellåda kan drivaxlar med knut av tripodtyp identifieras genom formen på denna inre drivknut. Skruvhålen till drivaxelns fästbultar är placerade i flikar som skjuter ut från knuten, vilket ger den ett sexpunkters stjärnliknande utseende, i motsats till de som har kulor och lagerbanor i ett lagerhus med ett jämnt cirkelformat utseende **(se bild)**.

Senare modeller med automatväxellåda – med inre CV-knut av tripodtyp

Damask till yttre drivknut

2 Sätt fast drivaxeln i ett skruvstycke med mjuka käftar och lossa de båda klämmorna som fäster den yttre drivknutens damask. Vid behov kan klämmorna kapas.

3 För gummidamasken längs axeln så att drivknuten blir synlig, ta bort överskottsfettet.

4 Använd en mjuk klubba och knacka bort knuten från drivaxelns ände.

5 Ta bort låsringen från spåret i drivaxeln och ta bort axiallagret och den kupade brickan, notera åt vilket håll de är monterade.

6 Ta bort gummidamasken från drivaxeln och kasta den.

7 Rengör noggrant drivknuten (-knutarna) med fotogen eller lämpligt lösningsmedel, och torka ordentligt. Utför en okulär granskning enligt följande.

8 Vrid den inre splinesade delen från sida till sida för att göra den ena kulan efter den andra synlig överst i spåret. Kontrollera om kulorna

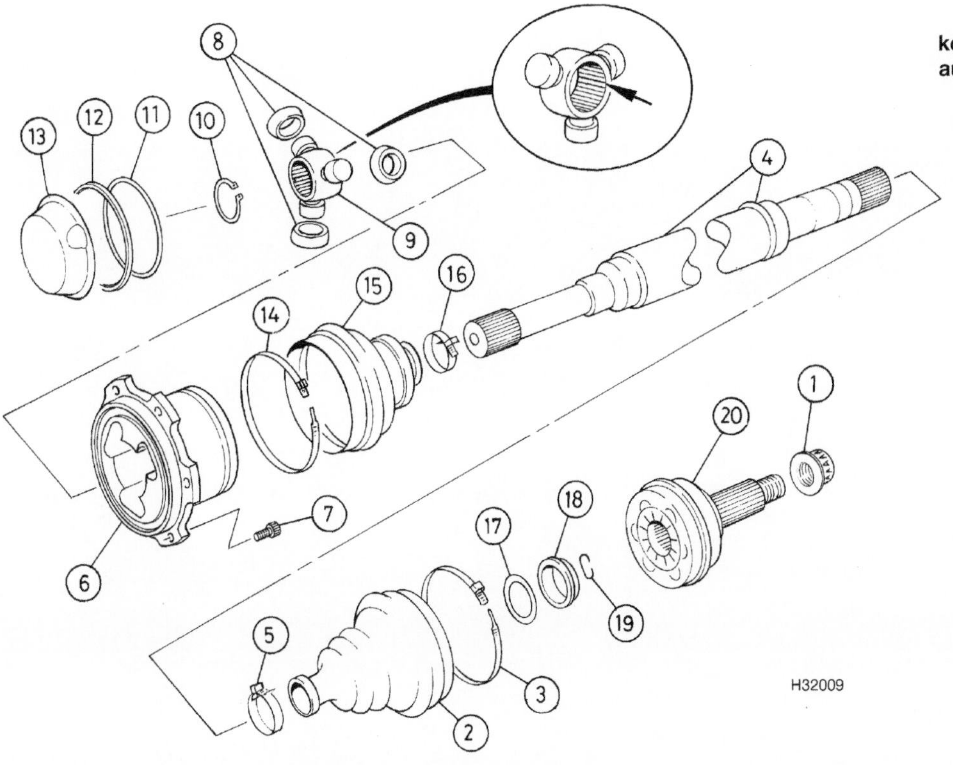

3.1 Sprängskiss av drivaxelns komponenter - senare modell med automatväxellåda och inre drivknut av tripodtyp

1 Navmutter
2 Damask
3 Damaskens yttre fästklämma
4 Drivaxel
5 Damaskens inre fästklämma
6 Inre CV-knut
7 Bultar mellan drivaxel och växellådsfläns
8 Tripodrullar
9 Tripod
10 Låsring
11 Tätning (original)
12 Tätning (reparation)
13 Metallkåpa
14 Damaskens inre fästklämma
15 Damask
16 Damaskens yttre fästklämma
17 Kupad bricka
18 Axiallager
19 Låsring
20 Yttre CV-knut

är spruckna, nötta eller visar tecken på gropbildning.

9 Undersök kulspåren på både inre och yttre delar. Om spåren är förstorade så passar kulorna inte längre i dem. Kontrollera samtidigt lagerbanorna beträffande slitage eller sprickor mellan banorna.

10 Om, vid granskning, det visar sig att någon av drivknutens komponenter är skadad eller sliten måste hela drivknuten bytas. Om knuten är i tillfredsställande skick, anskaffa ny damask och klämmor, låsring till drivknuten och fett av korrekt typ. Fett levereras ofta tillsammans med reparationssatsen för drivknutar - om så inte är fallet kan ett molybdendisulfidbaserat smörjfett av god kvalitet användas.

11 Tejpa över splinesen på drivaxelns ände för att skydda den nya damasken när den förs på plats.

12 För den nya damasken över drivaxelns ände, ta därefter bort skyddstejpen.

13 Sätt på den kupade brickan, se till att den konvexa sidan placeras innerst, följt av axiallagret.

14 Montera en ny låsring på drivaxeln, knacka därefter knuten på plats tills låsringen är i ingrepp med dess spår. Kontrollera att knuten är säkert fäst med låsringen.

15 Fyll knuten med smörjfett av angiven kvalitet. Arbeta in fettet i lagerbanorna medan knuten vrids runt, och fyll gummidamasken med eventuellt överskottsfett.

16 För damasken över knuten och kontrollera att damaskens läppar är korrekt placerade på såväl drivaxel som drivknut. Lyft damaskens yttre tätningsläpp för att utjämna lufttrycket i damasken.

17 Montera den stora metallklämman på damasken. Dra åt klämman så hårt som möjligt och placera hakarna på klämman i respektive spår. Spänn damaskens klämma genom att försiktigt trycka ihop klämmans upphöjda del. Utan tillgång till ett specialverktyg går det bra att använda sidavbitare, men se till att klämman inte kapas av. Fäst den lilla klämman på samma sätt.

18 Kontrollera att drivknuten kan röra sig fritt åt alla håll, montera därefter drivaxeln på bilen enligt beskrivning i avsnitt 2.

Damask till inre drivknut

19 I skrivande stund finns inga reservdelar tillgängliga för den inre drivknuten, inklusive damasken, och ingen information om hur knuten tas isär. Hör efter med närmaste VW-återförsäljare beträffande aktuell information om reservdelar. Om damasken nu finns tillgänglig, ta med drivaxeln till VW-verkstaden som kan montera den för en rimlig summa.

Alla övriga modeller

Damask till yttre drivknut

20 Se information i ovanstående punkter 2 till 18.

Damask till inre drivknut

21 En hydraulpress och ett antal specialverktyg krävs för demontering och montering av den inre drivknuten. Det rekommenderas därför att byte av damask överlåtes till en VW-verkstad.

4 Drivaxel, renovering - allmän beskrivning

1 Om någon av kontrollerna som beskrivs i kapitel 1 uppdagar slitage i någon av drivknutarna, demontera först hjulsidan/navkapseln och kontrollera att drivaxelns mutter är ordentligt åtdragen.

2 Om muttern är åtdragen, sätt tillbaka navkapseln/hjulsidan. Upprepa denna kontroll på den andra drivaxelmuttern.

3 Provkör bilen och lyssna efter metalliska klickande ljud från bilens främre del när den körs långsamt i en cirkel med ratten i fullt utslag. Om ett klickande ljud kan höras tyder det på slitage i den yttre drivknuten. Det innebär att knuten måste bytas; renovering kan inte utföras.

4 Om vibration känns i bilen vid acceleration är det möjligt att de inre drivknutarna är slitna.

5 För att kontrollera om knutarna är slitna måste drivaxeln tas isär. Den yttre drivknuten kan demonteras och kontrolleras medan arbete på den inre knuten bör överlåtas till en VW-verkstad (se avsnitt 3); om slitage eller glapp upptäcks måste den berörda knuten bytas.

Kapitel 9
Bromssystem

Innehåll

Svårighetsgrader

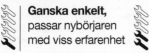

Enkelt, passar novisen med lite erfarenhet	**Ganska enkelt,** passar nybörjaren med viss erfarenhet	**Ganska svårt,** passar kompetent hemmamekaniker	**Svårt,** passar hemmamekaniker med erfarenhet	**Mycket svårt,** för professionell mekaniker

Specifikationer

Främre bromsar

Bromsskiva, diameter:	
Modeller med bensinmotor:	
1,4 och 1,6 liters modeller	239 mm
1,8 liters modeller:	
CL och GL modeller	239 mm
GT modeller	256 mm
2,0 liters modeller	280 mm
Modeller med dieselmotor	239 mm
Bromsskiva, tjocklek (ny):	
Modeller med bensinmotor:	
1,4 och 1,6 liters modeller	12 mm
1,8 liters modeller:	
CL och GL modeller	12 mm
GT modeller	20 mm
2,0 liters modeller	22 mm
Modeller med dieselmotor	12 mm
Bromsskiva, tjocklek (minimum):	
Bensinmotorer:	
1,4 och 1,6 liters modeller	10 mm
1,8 liters modeller:	
CL och GL modeller	10 mm
GT modeller	18 mm
2,0 liters modeller	20 mm
Modeller med dieselmotor	10 mm
Skivans radialkast, max	0,1 mm
Bromsklossarnas tjocklek (alla modeller)	Se kapitel 1

Bakre trumbromsar

Trummans diameter:	
Ny	200 mm
Max diameter	201 mm
Max ovalitet	0,1 mm
Bromsbackarnas belägg, tjocklek	Se kapitel 1

Bakre skivbromsar

Bromsskiva, diameter	226 mm
Bromsskiva, tjocklek:	
Ny	10 mm
Minimum	8 mm
Max radialkast	0,1 mm
Bromsklossarnas tjocklek	Se kapitel 1

Åtdragningsmoment

	Nm
ABS hjulsensor, fästbultar	10
Främre bromsok:	
VW bromsok, bultar	25
Girling bromsok:	
Styrstiftsbultar	35
Fästbygelbultar	125
Huvudcylinderns fästmuttrar	20
Bakre bromsok:	
Styrstiftets bultar	35
Fästbygelbultar	65
Bakre hjulcylinderns bultar	10
Hjulbultar	110
Servoenhetens fästmuttrar	20

1 Allmän beskrivning

Bromssystemet är servoassisterat och indelat i två av varandra oberoende hydrauliska kretsar. Hydraulsystemets konstruktion innebär att varje krets driver en främre och en bakre broms från en dubbel huvudcylinder. Under normala förhållanden arbetar båda kretsarna i samverkan. Om en av hydraulkretsarna faller ifrån finns dock full bromskraft kvar på de återstående två hjulen.

De flesta modeller med motorer med stor volym har skivbromsar både fram och bak som standard; alla övriga modeller är utrustade med skivbromsar fram och trumbromsar bak. Låsningsfria bromsar (ABS) är monterade som standard på vissa modeller och erbjuds som alternativ på de flesta andra modeller (se beskrivning i avsnitt 22 beträffande ABS-drift).

De främre skivbromsarna aktiveras av bromsok med en glidande kolv, vilken kontrollerar att lika tryck läggs an på varje bromskloss.

På modeller med bakre trumbromsar har trumbromsarna främre och bakre bromsbackar, vilka drivs av hjulcylindrar med dubbla kolvar. En självjusterande mekanism är inbyggd för att automatiskt kompensera för slitaget på bromsbackarna.

På modeller med bakre skivbromsar drivs bromsarna av bromsok med glidande kolv, som också innehåller mekaniska handbromsmekanismer.

En tryckutjämnande konstruktion är inbyggd i bromssystemet. Detta förhindrar att bakhjulen låser vid hård inbromsning. Systemet styrs av antingen en enkel lastavkännande bromsregulator som är länkad till bakaxeln, eller av ett par tryckkänsliga ventiler som är inskruvade i huvudcylinderns utloppsportar; en ventil monterad i vardera bakre bromsröret.

Handbromsen utgör en oberoende mekanisk metod att anlägga de bakre bromsarna.

Observera: *När service utförs på någon del av systemet, arbeta noggrant och metodiskt. Var också ytterst noggrann med renligheten vid renovering av delar i hydraulsystemet. Byt alltid delar (i axelsatser där så är tillämpligt) om de är i tveksamt skick, och använd endast genuina VW-reservdelar, eller åtminstone reservdelar av känt god kvalitet. Observera varningarna i kapitlet "Säkerheten främst!" samt på andra ställen i detta kapitel beträffande riskerna med asbestdamm och bromsvätska.*

2 Bromssystem - luftning

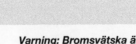

Varning: Bromsvätska är giftig; tvätta genast bort spilld vätska från bar hud. Uppsök läkare om bromsvätska råkar sväljas eller kommer i ögonen. Vissa typer av bromsvätska är lättantändliga och kan antändas vid kontakt med heta komponenter. Vid arbete med hydraulsystemet är det säkrast att utgå ifrån att vätskan ÄR lättantändlig och vidta samma brandsäkerhetsåtgärder som vid hantering av bensin. Bromsvätska tar effektivt bort färg och angriper även många typer av plast. Om bromsvätska spills på lackerade ytor skall det tvättas bort omedelbart med stora mängder rent vatten. Bromsvätska är även hygroskopisk, d.v.s. den kan absorbera fukten i luften vilket gör den oanvändbar. Gammal bromsvätska kan vara förorenad och skall aldrig återanvändas. Använd alltid bromsvätska av rekommenderad kvalitet vid påfyllning. Kontrollera att den kommer från en ny, förseglad behållare.

Allmänt

1 Korrekt drift av ett hydraulsystem är endast möjlig efter det att all luft har avlägsnats från systemet och dess delar; detta uppnås genom luftning av systemet.

2 Under luftningsproceduren skall bara ren, ny bromsvätska av rekommenderad typ och kvalitet användas; återanvänd *aldrig* gammal vätska som har tömts ur systemet vid luftning. Se till att tillräckligt mycket vätska finns till hands innan luftningen påbörjas.

3 Om det finns risk för att vätskan som redan finns i systemet är felaktig, måste bromskomponenterna och kretsen spolas igenom fullständigt med ny vätska av korrekt typ och kvalitet, och nya tätningar ska monteras i hela systemet.

4 Om bromsvätskan i systemet har minskat, eller om luft har läckt in i systemet, se till att felet åtgärdas innan arbetet fortsätter.

5 Parkera bilen på jämnt och plant underlag, stäng av motorn och lägg i ettans växel eller backväxeln, klossa hjulen och lossa handbromsen.

6 Kontrollera att alla rör och slangar är ordentligt fastsatta, alla anslutningar åtdragna och luftningsnipplar stängda. Torka rent runt luftningsnipplarna.

7 Skruva loss locket till huvudcylindern och fyll på huvudcylinderns behållare till MAX-markeringen; sätt tillbaka locket löst och kom ihåg att vätskenivån ska hållas över MIN-markeringen under hela proceduren, annars finns risk för att ytterligare luft kommer in i systemet.

8 Ett antal olika typer av bromsluftningssatser för amatörmekaniker finns att köpa i biltillbehörsbutiker. Om möjligt rekommenderar vi att någon av dessa satser används, eftersom de underlättar arbetet och minskar risken att luft och vätska som släppts ut dras tillbaka in i systemet. Om en sådan sats inte finns tillgänglig ska den vanliga (tvåmans-) metoden användas. Metoden beskrivs i detalj nedan.

9 Om en luftningssats ska användas, förbered bilen enligt tidigare beskrivning och följ tillverkarens anvisningar – tillvägagångssätten kan variera. I stora drag utförs luftningen enligt beskrivningen nedan.

10 Oavsett metod ska samma ordningsföljd följas (punkterna 11 och 12) som en försäkran om att all luft avlägsnas från systemet.

Ordningsföljd vid luftning av bromsar

11 Om systemet endast är delvis frånkopplat och lämpliga säkerhetsåtgärder har vidtagits för att minimera vätskeförlusten, bör det vara möjligt att endast lufta en del av systemet (d.v.s. primär- eller sekundärkretsen).

12 Om hela systemet skall luftas bör det göras i följande ordningsföljd:

a) Höger bakbroms.
b) Vänster bakbroms.
c) Höger frambroms.
d) Vänster frambroms.

⚠ *Varning: På modeller med ABS-bromsar får hydraulenhetens luftningsskruvar inte öppnas under några omständigheter.*

Luftning – grundmetod (två personer)

13 Ta fram en ren (ganska stor) glasburk, en bit plast- eller gummislang av lämplig längd som ska sitta tätt över luftningsnippeln, samt en ringnyckel som passar luftningsnippeln. En medarbetare behövs för detta arbetsmoment.

14 Ta bort dammskyddet från den första luftningsnippeln i ordningen **(se bild)**. Placera nyckeln och slangen över luftningsnippeln. Placera den andra änden av slangen i glasburken och häll i så mycket vätska att slangänden mynnar under vätskenivån.

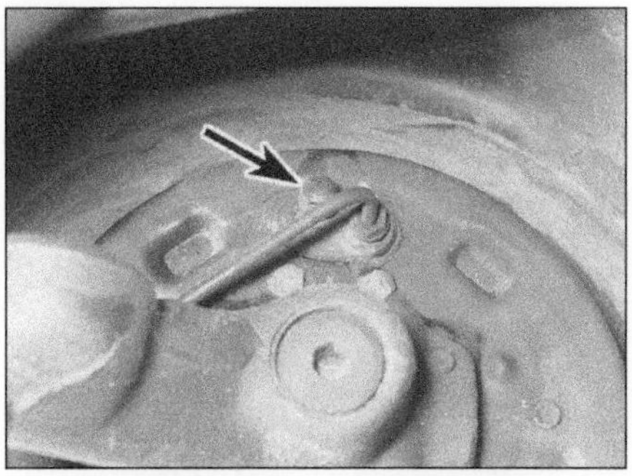

2.14 Dammskydd (vid pilen) över luftningsnippel på bromsskölden - modeller med trumbromsar bak

15 Håll hela tiden ett öga på vätskenivån i behållaren och kontrollera att nivån hela tiden ligger över 'MIN'-markeringen medan bromsarna luftas.

16 Låt medarbetaren trycka ned bromspedalen ett antal gånger för att bygga upp trycket, stanna den sista gången med pedalen nedtryckt.

17 Behåll trycket på pedalen, lossa luftningsnippeln (genom att vrida den cirka ett varv) och låt bromsvätska rinna ner i glasburken. Låt medhjälparen behålla trycket på pedalen hela tiden och följa pedalen, om så behövs, ända ner tills den stannar, och inte släppa upp den förrän han blir tillsagd. När vätskan slutar att rinna ska nippeln dras åt igen, låt sedan medarbetaren släppa upp bromspedalen långsamt. Kontrollera vätskenivån i behållaren på nytt, fyll på vid behov.

18 Upprepa momenten i punkt 16 och 17 tills det inte syns några luftbubblor längre i den vätska som rinner ut. Om huvudcylindern har tappats av och fyllts på och luften avlägsnas från den första nippeln i ordningen, vänta cirka fem sekunder mellan cyklerna så att kanalerna i huvudcylindern kan fyllas.

19 När inga fler luftbubblor är synliga, dra åt nippeln ordentligt, ta bort slang och nyckel och sätt tillbaka dammskyddet. Dra inte åt luftningsnippeln för hårt.

20 Upprepa proceduren på återstående luftningsnipplar, tills all luft har avlägsnats från systemet och bromspedalen känns fast igen.

Luftning – med hjälp av backventil

21 Som namnet antyder består satsen av ett slangstycke med monterad backventil, för att hindra att utdriven luft och vätska dras tillbaka in i systemet igen; vissa satser innefattar en genomskinlig behållare som kan placeras så att det är lättare att se luftbubblorna flyta från slangöppningen.

22 Satsen ansluts till luftningsnippeln, som sedan öppnas. Användaren kan då sätta sig på förarplatsen, trycka ned bromspedalen och långsamt släppa upp den. Upprepa momentet tills vätskan som rinner ut inte innehåller mer luftbubblor **(se bild)**.

2.22 Luftning av bromsok bak med hjälp av backventil

23 Observera att när man använder färdiga satser kan luftningen underlättas så mycket att det är lätt att glömma att hålla ett öga på nivån i vätskebehållaren. Kontrollera att nivån är åtminstone över MIN-markeringen hela tiden.

Luftning – med hjälp av lufttrycksanordning

24 Denna typ av anordning drivs oftast av lufttrycket från reservhjulet. Observera dock att trycket i reservhjulet troligen måste reduceras till en lägre än normal nivå för att undvika för högt tryck i luftningssatsen. Följ instruktionerna som medföljer satsen.

25 Metoden innebär att en vätskefylld behållare under tryck ansluts till huvudcylinderns behållare. Luftningen görs genom att man helt enkelt öppnar varje luftningsnippel (i angiven ordningsföljd) och låter vätskan rinna ut under lagom tryck tills vätskan som kommer ut är utan bubblor.

26 Fördelen med denna metod är att den stora vätskebehållaren innebär en ytterligare säkerhet mot att luft dras tillbaka in i systemet medan luftningen pågår.

27 Luftning med lufttrycksanordning är speciellt effektiv vid luftning av "svåra" system, eller vid luftning av hela system vid rutinmässigt byte av vätska.

Alla metoder

28 När luftningen är avslutad och pedalen känns fast igen, torka bort eventuellt utspilld vätska, dra åt luftningsnipplarna ordentligt och sätt tillbaka dammskydden.

29 Kontrollera bromsvätskenivån i huvudcylinderns behållare; fyll på vid behov (se *Veckokontroller*).

30 Kassera all hydraulvätska som har släppts ut ur systemet; den kan inte återanvändas.

31 Kontrollera hur bromspedalen känns. Om pedalrörelsen känns "svampig" finns det antagligen fortfarande luft kvar i systemet och ytterligare luftning behöver då utföras. Om luftningsproceduren har upprepats flera gånger och bromspedalen fortfarande inte känns bra, är det möjligt att problemet orsakas av slitna tätningar i huvudcylindern.

3 Bromsrör och slangar - byte

Observera: *Innan arbetet påbörjas, se säkerhetsanvisningar i början av avsnitt 2 beträffande risker vid arbete med bromsvätska*

1 Om ett rör eller en slang skall bytas ut, försök att minimera förlusten av bromsvätska genom att ta loss huvudcylinderns lock och därefter dra åt det igen över en bit plastfolie för att åstadkomma en lufttät tätning. Alternativt kan slangar klämmas åt med lämpliga bromsslangklämmor och röranslutningar kan pluggas igen (om man är försiktig så att inte smuts kommer in i systemet) eller förses med lock omedelbart efter det att rören har lossats. Placera en liten behållare eller några trasor under anslutningen som skall lossas för att fånga upp spilld vätska.

2 Om en böjlig slang skall lossas, skruva loss bromsrörets anslutningsmutter innan du lossar fjäderklämman som håller slangen till fästbygeln.

3 För att skruva loss anslutningsmuttrarna är det bäst att använda en bromsrörsnyckel av rätt storlek; dessa kan anskaffas från de flesta biltillbehörsbutiker. Alternativt kan en tättslutande, öppen nyckel användas, men om muttrarna sitter hårt eller har rostat kan dess plana sidor bli avrundade om nyckeln slinter. Om detta händer är en självlåsande tång det enda sättet att skruva loss en hårt åtdragen anslutning, men så måste förstås röret och de skadade muttrarna bytas ut före monteringen. Rengör alltid anslutningen och ytan kring den innan den lossas. Om en komponent med flera anslutningar skall lossas, notera noggrant hur alla anslutningar sitter innan de tas loss.

4 Om ett bromsrör skall bytas, kan det anskaffas i rätt längd och med anslutna muttrar och ändflänsar från en VW-verkstad. Röret behöver endast böjas efter originalrörets form innan det monteras i bilen. Alternativt kan de flesta biltillbehörsbutiker tillverka bromsrör från satser. Detta kräver dock att originalröret mäts ytterst noggrant, för att garantera att utbytesröret får rätt längd. Den säkraste lösningen är normalt att ta med originalröret till butiken som mall.

5 Dra inte åt muttrarna för hårt vid monteringen. Det är inte nödvändigt att använda särskilt stor kraft för att åstadkomma en god anslutning.

6 Kontrollera att rör och slangar är korrekt dragna och utan veck, samt att de är ordentligt fastsatta i respektive klämmor eller fästen. När monteringen är avslutad, ta abort plastfolien från behållaren och lufta systemet enligt beskrivning i avsnitt 2. Tvätta bort spilld bromsvätska och gör en kontroll beträffande läckage innan bilen tas i bruk.

4 Främre bromsklossar - byte

Varning: Kom ihåg att byta BÅDA bromsklossarna på samma gång - ALDRIG på endast ett hjul eftersom det kan orsaka ojämn bromsverkan. Observera att dammet som uppstår vid slitage av beläggen kan innehålla asbest, vilket är farligt för hälsan. Blås aldrig ut bromsdamm med tryckluft och ANDAS ALDRIG in dammet. En godkänd ansiktsmask bör användas vid arbete på bromsarna. ANVÄND INTE bensin eller annan bensinbaserad produkt för rengöring av bromsdelar; använd endast bromsrengöringsvätska eller rödsprit.

1 Dra åt handbromsen, hissa upp bilens framvagn, stöd den på pallbockar. Demontera de främre hjulen.

2 Följ kablaget från bromsklossarnas slitagevarnare (i förekommande fall) bakåt från bromsklossarna och lossa det från kontakten. Observera hur kablaget har dragits och frigör det från eventuella klämmor. Fortsätt enligt beskrivningen under aktuell underrubrik.

VW bromsok

3 Förbättra åtkomligheten genom att skruva loss fästbultarna och demontera skyddsplåten från bromsoket.

4 Skruva loss bromsokets två fästbultar, lyft bort bromsoket från bromsklossar och nav och knyt fast det mot fjäderbenet med en ståltråd eller liknande **(se bild)**. Låt inte oket hänga ner på bromsslangen utan stöd.

5 Ta bort de båda bromsklossarna från hjulspindeln och ta vara på fjädrarna – notera hur de är monterade. Observera att fjädrarna är olika och inte utbytbara.

6 Mät först tjockleken på varje bromskloss (inklusive fästplattan). Om någon av klossarna har en tjocklek som underskrider gränsvärdet måste alla fyra klossarna bytas. Om bromsbeläggen är förorenade med olja eller fett finns inget tillfredsställande sätt att rengöra dem. Om något av bromsbeläggen har slitits ojämnt eller är nedsmutsad med olja eller fett skall orsaken undersökas och åtgärdas innan monteringen. Nya bromsklossatser finns att köpa hos VW-verkstäder.

7 Om bromsklossarna är i användbart skick, rengör dem noggrant med en ren, fin borste eller liknande. Var speciellt uppmärksam på metallplattans sidor och bakdel. Rengör spåren i belägget (i förekommande fall), och ta bort stora smutspartiklar eller annat som kan vara inbäddade i beläggen. Rengör försiktigt bromsklossarnas säten i bromsoket/fästbygeln.

8 Innan beläggen monteras, kontrollera att distanserna kan glida fritt in i bromsokens bussningar och att de har en tät passning. Borsta bort damm och smuts från bromsok och kolv, men andas *inte* in det eftersom det är farligt för hälsan. Undersök dammskyddet runt kolven beträffande skador, samt kolven beträffande tecken på vätskeläckage, korrosion eller skador. Om någon av dessa komponenter behöver tillsyn, se beskrivning i avsnitt 10.

9 Om nya bromsklossar skall monteras måste bromsokets kolv tryckas in i cylindern för att skapa utrymme för dem. Använd antingen en tving eller liknande verktyg, eller använd lämpliga träbitar som hävarmar. Förutsatt att huvudcylinderns behållare inte är överfull med bromsvätska bör ingen vätska spillas ut, men håll ett öga på vätskenivån när kolven dras tillbaka. Om vätskenivån stiger över MAX-nivån bör överskottsvätskan pumpas bort eller sprutas ut genom ett plaströr som är anslutet till luftningsnippeln (se avsnitt 2). **Observera:** *Sug inte upp vätskan med munnen eftersom den är giftig; använd en pump eller en gamma trasa.*

10 Montera de nya fjädrarna på navet, se till att de är korrekt placerade och montera bromsklossarna, kontrollera att själva belägget ligger an mot bromsskivan. Där så är aktuellt, ska den bromskloss som är försedd med slitagevarnare monteras som den inre klossen **(se bilder)**.

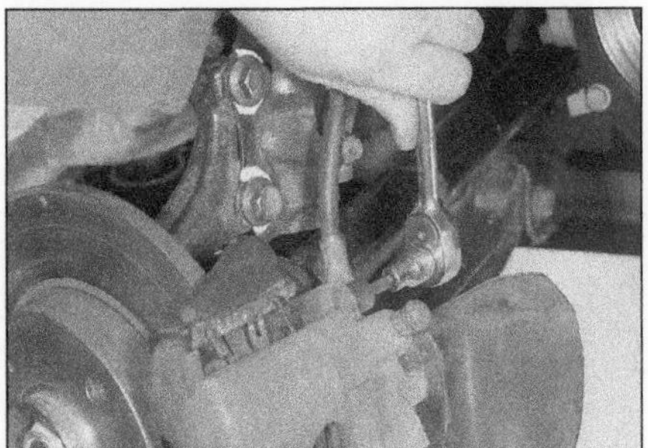

4.4 Fästbultarna lossas på ett VW bromsok

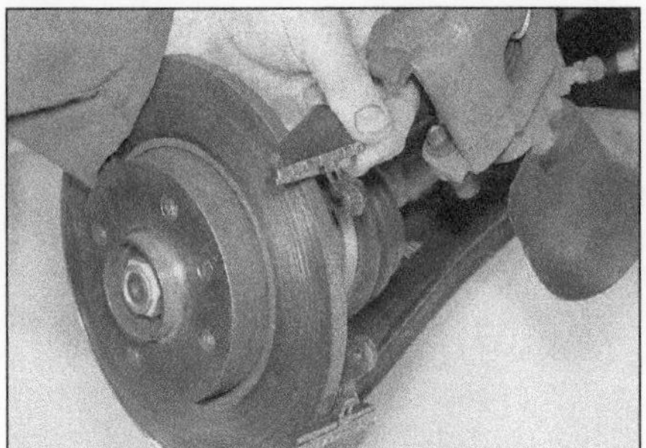

4.10a Montera fjädrarna på navet, se till att de är korrekt placerade . . .

4.10b . . . och montera bromsklossarna med friktionsmaterialet mot bromsskivan

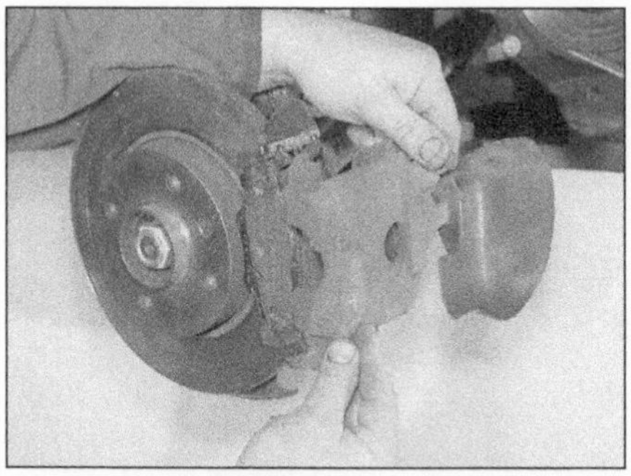

4.11 Med bromsklossar och fjädrar korrekt monterade, för tillbaka bromsoket på plats

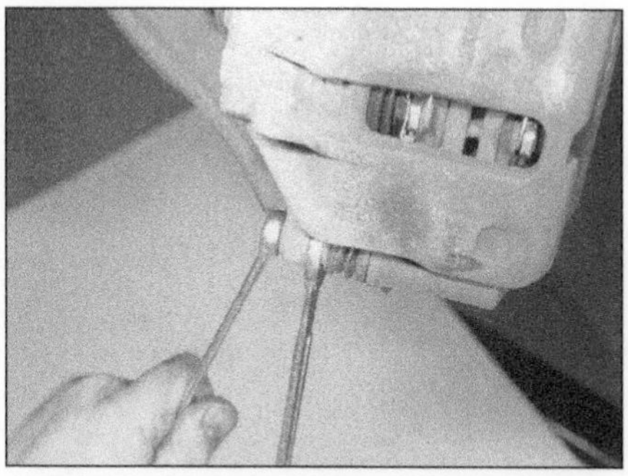

4.18 Det nedre styrstiftets bult lossas på Girling bromsok – håll fast styrstiftet så som visas

4.19a Sväng bromsoket uppåt . . .

4.19b . . . ta vara på shimset från bromsokets kolv . . .

4.20 . . . och ta bort bromsklossarna från bromsokets fästbygel

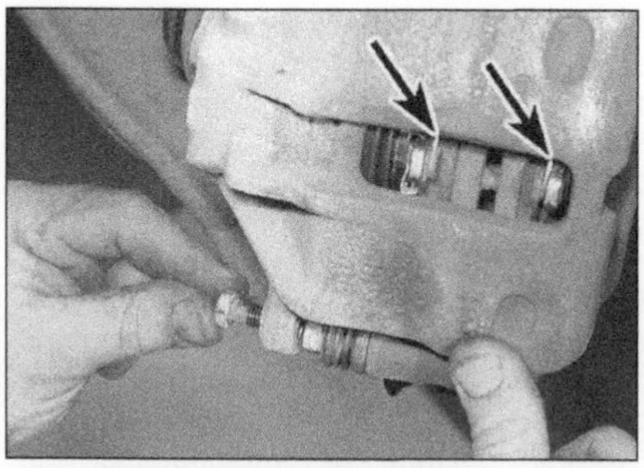

4.23 Kontrollera att fjädrarna (vid pilarna) är korrekt monterade, sätt sedan i den nya styrstiftsbulten

11 Placera bromsoket över bromsklossarna och för eventuellt slitagevarnarkablage genom bromsokets öppning **(se bild)**.

12 Tryck bromsoket på plats tillräckligt långt så att det går att sätta i okets fästbultar. Dra åt bultarna till angivet åtdragningsmoment. **Observera:** *Tryck inte alltför hårt på bromsoket, eftersom det kan deformera bromsklossarnas fjädrar, vilket leder till att missljud uppstår från bromsarna.*

13 Anslut kontakterna till bromsklossarnas slitagevarnare och kontrollera att kablaget är korrekt draget. Där så behövs, montera skyddsplåten på bromsoket.

14 Tryck ner bromspedalen upprepade gånger tills beläggen har tryckts i fast kontakt med bromsskivan och normalt (oassisterat) pedaltryck har återställts.

15 Upprepa ovanstående procedur på det andra främre bromsoket.

16 Montera hjulen, sänk ner bilen på marken och dra åt hjulbultarna till angivet åtdragningsmoment.

17 Nya bromsbelägg är inte helt effektiva förrän de har slitit in sig. Var beredd på detta och undvik hårda inbromsningar så mycket det går under de första hundra kilometerna efter byte av bromsklossar.

Girling bromsok

18 Skruva loss bulten från bromsokets nedre styrstift. Använd en tunn öppen nyckel för att hindra själva styrstiftet från att vrida sig **(se bild)**. Kasta styrstiftets bult – en ny måste användas vid monteringen.

19 När det undre styrstiftets bult är borttagen, sväng bromsoket uppåt tills det går fritt från bromsklossarna och oket. Ta bort shimset från bromsokets kolv **(se bilder)**.

20 Ta bort de två bromsklossarna från bromsokets fäste **(se bild)**.

21 Undersök bromsklossarna och bromsoket enligt beskrivning i ovanstående punkter 6 till 9, men ersätt "distanser och bussningar" med "styrstift".

22 Sätt in bromsklossarna i bromsoket och kontrollera att friktionsmaterialet på varje kloss är placerat mot bromsskivan. Observera att bromsklossen med slitagevarnarens kablage skall monteras innerst.

23 Montera shimset på bromsokskolven. Sväng ner bromsoket på plats och för slitagevarnarens kablage genom bromsokets öppning. Om gängorna på den nya bulten till styrstiftet inte redan är bestrukna med låsvätska skall en lämplig gänglåsvätska strykas på. Tryck bromsoket på plats och kontrollera att bromsklossarnas fjädrar hamnar korrekt på oket. Sätt i styrstiftets bult och dra åt den till angivet åtdragningsmoment medan styrstiftet hålls fast med en öppen nyckel **(se bild)**.

24 Om så är tillämpligt, anslut kontakterna till bromsklossarnas slitagevarnare och se till att dra kablaget rätt.

25 Tryck ned bromspedalen flera gånger tills bromsklossarna ligger an ordentligt mot bromsskivan och normalt (oassisterat) pedaltryck har återställts.

26 Upprepa ovanstående procedur på det andra främre bromsoket.

27 Montera hjulen, sänk ner bilen på marken och dra åt hjulbultarna till angivet åtdragningsmoment.

28 Kontrollera bromsvätskans nivå enligt beskrivning *i Veckokontroller.*

5 Bakre bromsklossar – byte

Observera: *Se varningen i början av avsnitt 4 innan detta arbetsmoment påbörjas.*

1 Klossa framhjulen, lyft därefter upp bilens bakvagn och stöd den på pallbockar. Demontera bakhjulen.

2 Lossa handbromsens vajer och ta loss den från bromssadeln enligt beskrivning i avsnitt 19.

3 Skruva loss bultarna till bromsokets styrstift, använd en tunn öppen nyckel för att hindra att styrstiften vrider sig **(se bild)**. Kasta styrstiftens bultar – nya måste användas vid monteringen.

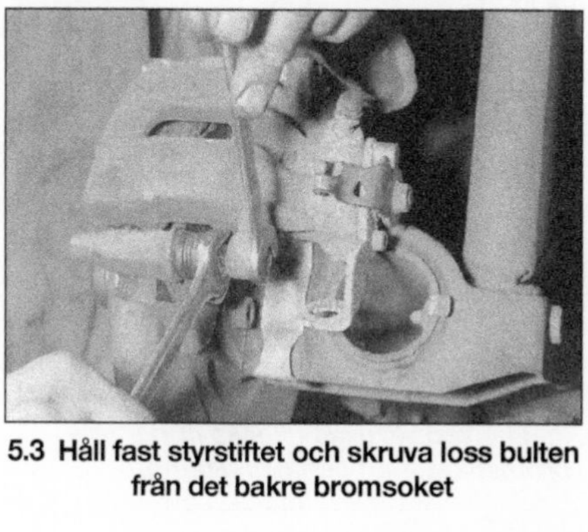

5.3 Håll fast styrstiftet och skruva loss bulten från det bakre bromsoket

5.4 Lyft undan bromsoket uppåt . . .

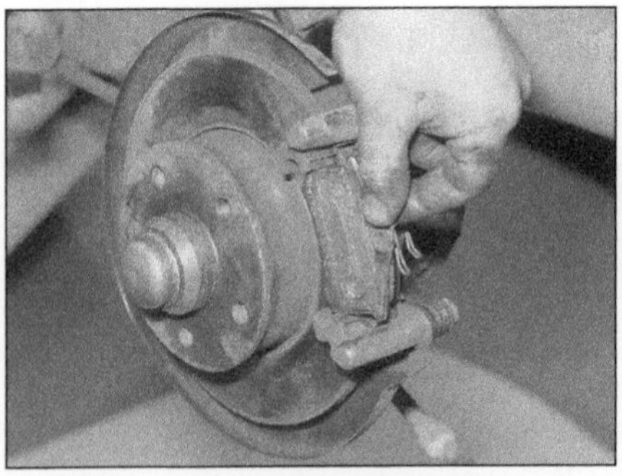

5.5a . . . demontera beläggen . . .

5.5b . . . och fjädrarna från bromsokets fäste

4 Lyft upp bromsoket från bromsklossarna och bind fast oket i fjäderbenet med en ståltråd **(se bild)**. Låt inte bromsoket hänga fritt från bromsslangen.

5 Ta bort de två bromsklossarna från bromsoket och ta vara på fjädrarna från fästbygeln, notera hur de är monterade **(se bilder)**.

6 Mät först bromsklossarnas tjocklek på varje bromskloss (inklusive metalldelen). Om någon av klossarna har en tjocklek som underskrider gränsvärdet måste **alla fyra** beläggen bytas. Om bromsbeläggen är förorenade med olja eller fett finns inget tillfredsställande sätt att rengöra dem. Om någon av bromsklossarna slitits ojämnt eller är nedsmutsad med olja eller fett måste orsaken undersökas och åtgärdas innan monteringen. Nya bromsklossasr finns att köpa hos VW-verkstäder.

7 Om bromsklossarna är i användbart skick, rengör dem noggrant med en ren, fin stålborste eller liknande. Var speciellt uppmärksam på metallplattans sidor och bakdel. Rengör spåren i belägget (i förekommande fall), och ta bort större smutspartiklar eller liknande som kan vara inbäddade i beläggen. Rengör försiktigt bromsklossarnas säten i bromsoket/fästbygeln.

8 Innan bromsklossarna monteras, kontrollera att styrstiften kan glida fritt i bromsokets fäste och kontrollera att styrstiftens gummidamasker är oskadda. Borsta bort damm och smuts från bromsok och kolv, men andas **inte** in dammet eftersom det är farligt för hälsan. Undersök dammskyddet runt kolven beträffande skador, samt kolven beträffande tecken på vätskeläckage, korrosion eller skador. Om någon av dessa komponenter behöver tillsyn, se beskrivning i avsnitt 11.

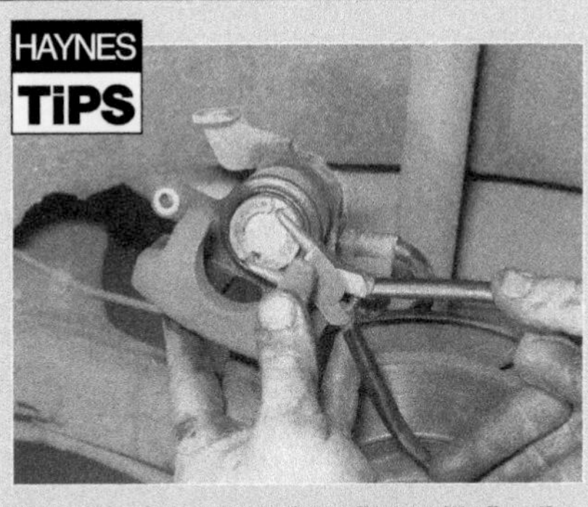

Om specialverktyg inte finns tillgängligt kan kolven skruvas tillbaka in i bromsoket med en låsringstång.

9 Om nya bromsklossar skall monteras måste bromsokets kolv tryckas in i loppet genom att man roterar den medurs **(se Haynes Tips)**. Förutsatt att huvudcylinderns behållare inte är överfull med hydraulvätska bör ingen vätska spillas ut, men håll ett öga på vätskenivån när kolven dras tillbaka. Om vätskenivån stiger över "MAX"-nivån bör överskottsvätskan pumpas bort eller ledas ut genom en plaströr anslutet till luftningsnippeln (se avsnitt 2). **Observera:** *Sug inte upp vätskan med munnen eftersom den är giftig; använd en gammal bollspruta eller liknande.*

10 Montera fjädrarna på bromsokets fästbygel, kontrollera att de fästs korrekt. Montera bromsklossarna i fästbygeln, kontrollera att friktionsmaterialet på varje belägg ligger an mot bromsskivan.

11 För tillbaka bromsoket över klossarna.

12 Om gängorna på de nya styrstiftsbultarna inte är förbehandlade med låsvätska vid leverans skall lämplig låsvätska strykas på gängorna. Tryck in bromsoket på plats och sätt i bultarna, dra åt dem till angivet åtdragningsmoment medan styrstiftet hålls fast men en öppen nyckel.

13 Tryck ner bromspedalen upprepade gånger tills klossarna ligger an ordentligt mot bromsskivan och normalt (oassisterat) pedaltryck har återställts.

14 Upprepa ovanstående procedur på det andra bakre bromsoket.

15 Anslut handbromsens vajrar till bromsoken och justera handbromsen enligt beskrivning i avsnitt 17.

16 Montera hjulen, sänk ner bilen på marken och dra åt hjulbultarna till angivet åtdragningsmoment.

17 Kontrollera bromsvätskenivån enligt beskrivning i *Veckokontroller*.

18 Nya bromsbelägg är inte helt effektiva förrän de har arbetats in. Var beredd på detta och undvik hårda inbromsningar så mycket det går under de första hundra kilometerna efter byte av bromsklossar.

6 Bakre bromsbackar - byte

Observera: *Se varning i början av avsnitt 4 innan detta arbetsmoment påbörjas.*

1 Demontera bromstrumman enligt beskrivning i avsnitt 9.

2 Arbeta försiktigt och vidta nödvändiga säkerhetsåtgärder, avlägsna alla spår av bromsdamm från bromstrumman och bromsbackarna.

3 Mät friktionsmaterialets tjocklek på flera ställen; om något av beläggen är slitet under angivet gränsvärde måste **alla fyra** backarna bytas tillsammans. Backarna bör också bytas om de är nedsmutsade med olja eller fett; de kan inte rengöras när de har blivit förorenade.

4 Om någon av bromsbackarna har slitits ojämnt eller smutsats ned med olja eller fett, undersök och åtgärda orsaken innan bromsklossarna monteras.

5 För att byta bromsbackar, följ beskrivningen nedan. Om allt är som det ska, montera bromstrumman enligt beskrivning i avsnitt 9.

6 Notera hur bromsbackarna och fjädrarna är monterade och märk backarna, om det behövs, för att underlätta monteringen.

7 Använd en tång och ta bort hållfjädrarnas skålar genom att trycka ner dem och vrida dem ett kvarts varv (90°). När skålarna är borta, lyft av fjädrarna och ta bort stiften **(se bilder)**.

8 Dra ut backarna en i taget från den undre pivåpunkten för att släppa på returfjäderns spänning, lossa därefter den undre returfjädern från båda bromsbackarna **(se bild)**.

9 Lossa båda bromsbackarnas övre delar från respektive lägen i hjulcylindrarna, var försiktig så att hjulcylindrarnas tätningar inte skadas, och lossa handbromsvajern från den ledande bromsbacken. Bromsbacksenheten kan därefter manövreras ur sitt läge och bort från bromsskölden. Tryck inte ner bromspedalen förrän bromsarna är ihopsatta; linda en kraftig gummisnodd runt hjulcylinderkolvarna för att hålla dem kvar **(se bilder)**.

10 Anteckna hur de olika delarna är

6.7a Demontera fjäderskålen med en tång . . .

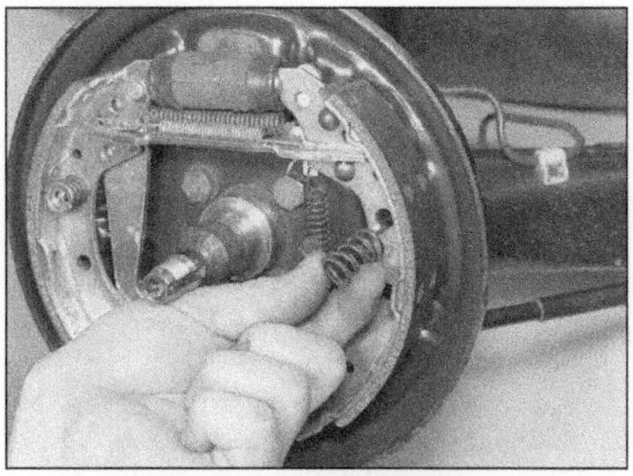

6.7b . . . ta bort fjädern . . .

6.7c . . . och ta bort stiftet från bromssköldens baksida

6.8 Haka loss backarna från den undre pivåpunkten och demontera den undre returfjädern

6.9a Lossa bromsbackarna från hjulcylindern. Observera gummibandet (vid pilen) för att hålla kvar kolvarna

6.9b Lossa sedan handbromsvajern och demontera bromsbacksenheten

monterade **(se bild)**, haka därefter loss den övre returfjädern och lossa justerkilens fjäder.

11 Haka loss spännfjädern och demontera trycklänken från den ledande bromsbacken tillsammans med kilen.

12 Undersök alla delarna beträffande tecken på skada eller slitage och byt ut vid behov. Alla returfjädrar bör bytas oavsett deras skick. Det går visserligen att anskaffa separata belägg (utan backar) från VW-verkstäder, men det är bättre att byta bromsbackana komplett med belägg, såvida man inte har den erfarenhet och de verktyg som behövs för att montera nya belägg på de gamla backarna.

13 Vik undan gummiskydden och kontrollera hjulcylindern beträffande vätskeläckage eller annan skada; kontrollera att båda cylinderkolvarna kan röra sig fritt. Se avsnitt 12 om så behövs, för information om renovering av hjulcylindern.

14 Lägg lite bromsfett på kontaktytorna på trycklänken och handbromsens hävarm.

15 Haka fast fjädern i den ledande bromsbacken. Haka fast trycklänken i fjäderns motsatta ände och sväng sedan trycklänken på plats på den ledande bromsbacken **(se bilder)**.

16 Montera kilen mellan den ledande bromsbacken och trycklänken, se till att den monteras åt rätt håll **(se bild)**.

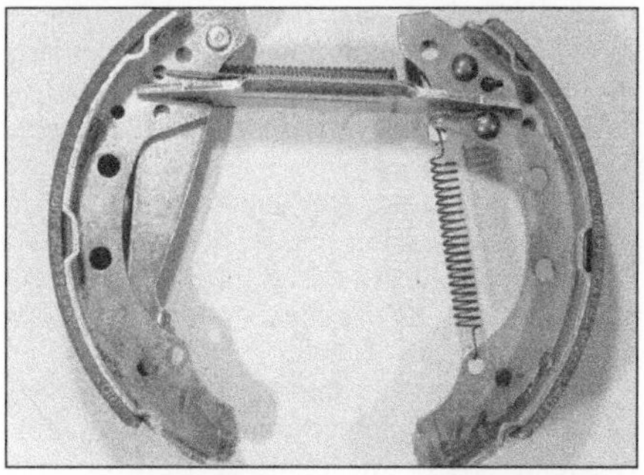

6.10 Före isärtagningen, anteckna hur bromsbackarnas delar är monterade

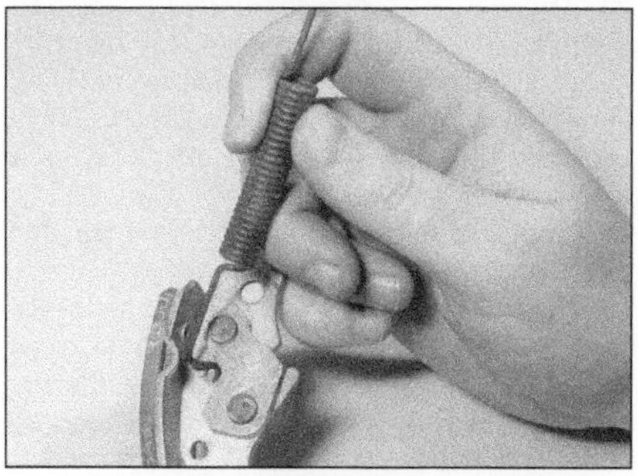

6.15a Haka fjädern i den ledande bromsbacken . . .

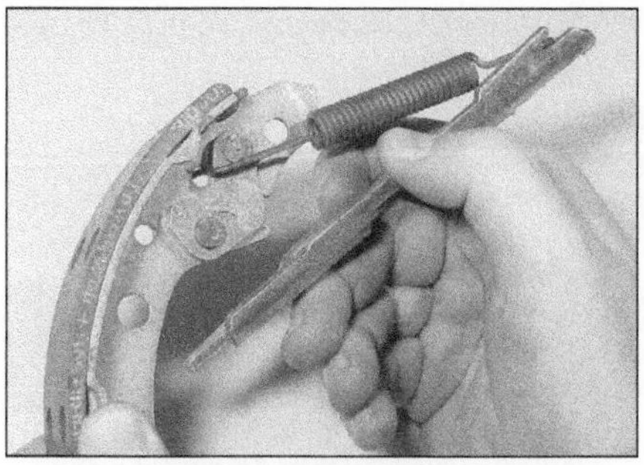

6.15b . . . låt trycklänken gripa i fjäderns motsatta ände . . .

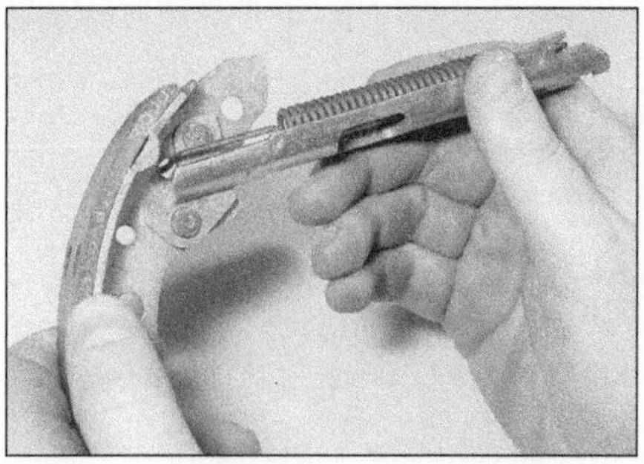

6.15c . . . och sväng trycklänken på plats på bromsbacken

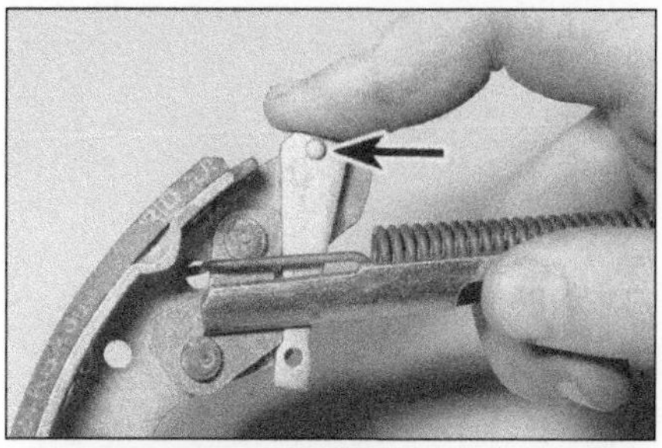

6.16 Sätt kilen på plats, dess upphöjda punkt (vid pilen) ska vändas bort från bromsbacken

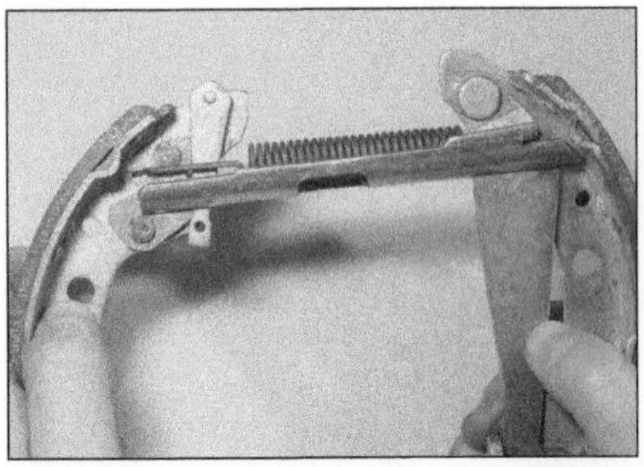

6.17a Placera den släpande bromsbacken i trycklänken . . .

17 Placera handbromsarmen som sitter på den släpande bromsbacken i trycklänken, och montera den övre returfjädern med en tång **(se bilder)**.

18 Montera fjädern på kilen och haka den på den ledande bromsbacken **(se bild)**.

19 Före monteringen, rengör bromsskölden och stryk ett tunt lager högtemperaturbromsfett eller antikärvningsmedel på samtliga ytor på bromsskölden som berör bromsbackarna, speciellt hjulcylinderns kolvar och den undre pivåpunkten. Låt inte smörjfettet smutsa ner friktionsmaterialet.

20 Ta bort gummibandet som sitter på hjulcylindern och lyft upp bromsbackarna.

21 Anslut handbromsvajern på handbromsarmen och placera bromsbackarnas övre ändar i urtagen i hjulcylindern.

22 Montera den nedre returfjädern på bromsbackarna, manövrera därefter bromsbackarnas underdel upp på det undre ankarfästet.

23 Knacka på bromsbackarna för att centrera dem mot bromsskölden, montera därefter backarnas stift och fjädrar och fäst dem på plats med fjäderskålarna.

24 Montera bromstrumman enligt beskrivning i avsnitt 9.

25 Upprepa ovanstående moment på den andra bromsen.

26 När båda sidornas bromsbackar har bytts, justera spelet mellan belägg och trumma genom att upprepade gånger trycka ner bromspedalen tills normalt (oassisterat) pedaltryck har återställts.

27 Kontrollera och vid behov justera handbromsen enligt beskrivning i avsnitt 17.

7.3 Bromsskivans tjocklek mäts med mikrometer

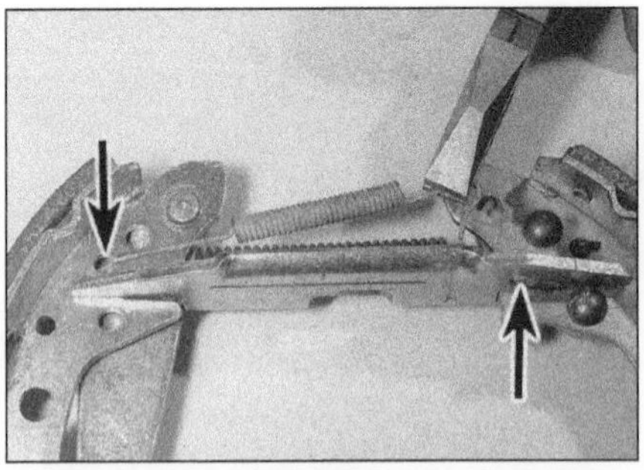

6.17b . . . och haka den övre returfjädern på plats i den släpande bromsbacken och trycklänken (vid pilarna)

28 Avslutningsvis, kontrollera bromsvätskenivån enligt beskrivning i *Veckokontroller*.

29 Nya bromsbackar är inte helt effektiva förrän de har arbetats in. Var beredd på detta och undvik hårda inbromsningar så mycket det går under de första hundra kilometerna efter byte av bromsbackar.

7 Främre bromsskiva – kontroll, demontering och montering

Observera: *Innan arbetet påbörjas, se anvisningen i början av avsnitt 4 beträffande riskerna med asbestdamm.*

Kontroll

Observera: *Om en av bromsskivorna är i behov av byte skall BÅDA skivorna bytas samtidigt, så att bilen inte drar snett vid inbromsning. Nya bromsklossar bör också monteras.*

1 Dra åt handbromsen, hissa upp bilens framvagn och stöd den på pallbockar. Demontera det aktuella framhjulet.

2 Rotera bromsskivan långsamt så att hela ytan på varje sida kan undersökas; demontera bromsklossarna om mer utrymme behövs för att se insidan. Lätta repor är normalt på ytan som är i kontakt med bromsbeläggen, men om djupa repor eller sprickor upptäcks måste skivan bytas.

3 Det är normalt att finna en avlagringskant av rost och bromsdamm runt skivans ytterkant; den kan skrapas bort om så behövs. Om en upphöjd ås har bildats på grund av starkt slitage på ytan som berörs av bromsbelägget, måste skivans tjocklek mätas med en mikrometer **(se bild)**. Gör mätningar på flera ställen runt skivan, innanför och utanför den beläggberörda ytan. Om skivan på något ställe har slitits under angivet minimivärde måste skivan bytas.

7.8 Skruva loss skruven och demontera den främre bromsskivan

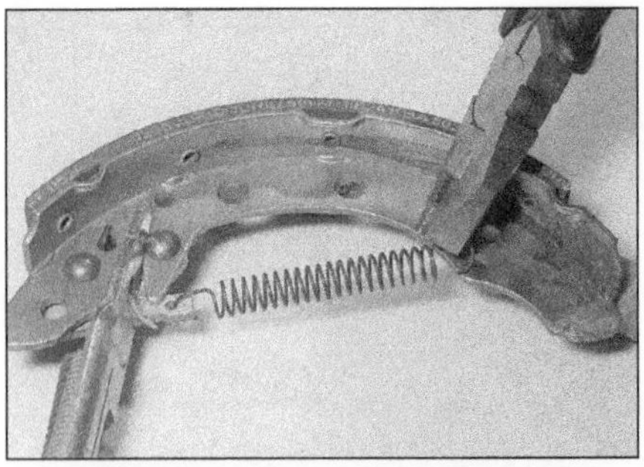

6.18 Montera fjädern på kilen och haka den på den ledande bromsbacken

4 Om man misstänker att bromsskivan är skev kan radialkastet kontrolleras. Använd antingen en mätklocka som monteras på lämplig fast punkt, medan skivan roteras långsamt, eller använd bladmått för att mäta (vid flera punkter runt hela skivan) spelet mellan skivan och en fast punkt, exempelvis bromsokets fästbygel. Om de uppmätta värdena överskrider de angivna maximivärdena är skivan skev och måste bytas; det är dock värt besväret att först kontrollera om hjullagret är i gott skick (kapitel 1 och/eller 10). Om radialkastet är för stort måste bromsskivan bytas.

5 Undersök om bromsskivan har sprickor, speciellt runt hjulbultarnas hål, och leta också efter andra skador eller slitage. Byt den vid behov.

Demontering

6 På modeller med VWs bromsok fram, demontera bromsklossarna (se avsnitt 4).

7 På modeller med Girling bromsok fram, skruva loss de två bultarna som fäster bromsokets fästbygel vid hjulspindeln, för därefter bort bromsoket från skivan. Häng upp bromsoket med ståltråd eller snöre i fjäderbenet för att undvika att belasta bromsslangen.

8 Markera förhållandet mellan bromsskiva och nav med krita eller märkpenna, ta därefter loss skruven som fäster bromsskivan vid navet och demontera skivan **(se bild)**. Knacka lätt på skivans baksida med en mjuk klubba om den sitter hårt.

Montering

9 Montering sker i omvänd ordningsföljd. Notera följande punkter:

a) Kontrollera att kontaktytorna på bromsskiva och nav är rena och plana.

b) Rikta in (om tillämpligt) de markeringar som gjordes vid demonteringen och dra åt bromsskivans skruv ordentligt.

c) Om en ny skiva monteras, använd ett lämpligt lösningsmedel för att torka av eventuell skyddsbeläggning från skivan innan bromsoket monteras.

d) *På modeller med Girling bromsok, för bromsoket på plats över bromsskivan, kontrollera att bromsklossarna passerar på varsin sida om skivan. Dra åt bultarna till bromsokets fästbygel till angivet åtdragningsmoment.*

e) *På modeller med VW bromsok, montera bromsklossarna enligt beskrivning i avsnitt 4.*

f) *Montera hjulen, sänk ner bilen på marken och dra åt hjulbultarna till angivet åtdragningsmoment. Avslutningsvis, tryck ned bromspedalen upprepade gånger tills normalt (oassisterat) pedaltryck är återställt.*

8 Bakre bromsskiva - kontroll, demontering och montering

Observera: *Innan arbetet påbörjas, se anvisningen i början av avsnitt 4 beträffande riskerna med asbestdamm.*

Kontroll

Observera: *Om en av bromsskivorna är i behov av byte skall BÅDA skivorna bytas samtidigt, så att bilen inte drar snett vid inbromsning. Nya bromsklossar bör då också monteras.*

1 Klossa framhjulen, hissa upp bilens bakvagn och stöd den på pallbockar. Demontera det aktuella bakhjulet.

2 Undersök bromsskivan enligt beskrivning i avsnitt 7.

Demontering

3 Skruva loss de två bultarna som håller bromsokets fästbygel på plats, för därefter bort bromsoket från bromsskivan. Häng upp bromsoket med ståltråd eller snöre i fjäderbenet för att undvika att belasta bromsslangen.

4 Med hjälp av hammare och en stor spårmejsel, knacka försiktigt och bänd loss locket från bromsskivans mitt.

5 Ta bort saxsprinten från muttern och demontera låsskyddet. Kasta bort saxsprinten - en ny måste användas vid monteringen.

6 Skruva loss navmuttern, ta därefter loss den tandade brickan och demontera det yttre lagret från bromsskivans mitt.

7 Bromsskivan kan nu föras bort från axeln.

Montering

8 Om en ny bromsskiva skall monteras, använd ett lämpligt lösningsmedel för att torka bort eventuell skyddsyta från skivan. Om så är aktuellt, montera lagerbanorna, inre lager och oljetätning enligt beskrivning i kapitel 10, och smörj in det yttre lagret grundligt med smörjfett.

9 Lägg lite fett på oljetätningen och sätt enheten försiktigt på axeln.

10 Montera det yttre lagret och den tandade brickan, se till att tanden hakar i spåret i axeln.

11 Sätt navmuttern på plats, dra åt den tills den precis vidrör brickan medan bromsskivan roteras för att justera in lagren. Lossa gradvis muttern tills ett läge hittas där det är möjligt att flytta brickan från sida till sida med en skruvmejsel. **Observera:** *Det skall bara behövas lite kraft att flytta brickan.* När lagret är korrekt injusterat, lås det med en ny saxsprint.

12 Montera dammskyddet på bromsskivans mitt, driv in det ordentligt på plats.

13 Manövrera bromsoket på plats över bromsskivan, och se till att bromsklossarna passerar på varsin sida om skivan. Dra åt bromsokets fästbultar till angivet åtdragningsmoment.

14 Montera hjulet, sänk ner bilen på marken och dra åt hjulmuttrarna till angivet åtdragningsmoment.

9 Bakre bromstrumma - demontering, kontroll och montering

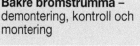

Observera: *Innan arbetet påbörjas, se anvisningen i början av avsnitt 6 beträffande riskerna med asbestdamm.*

Demontering

1 Klossa framhjulen, lyft upp bakvagnen och stöd den på pallbockar. Demontera det aktuella bakhjulet.

2 Använd en hammare och en stor spårmejsel, knacka försiktigt och bänd loss dammskyddet från bromstrumman **(se bild)**. Kasta dammskyddet om det förstörs vid demonteringen.

3 Ta bort saxsprinten från navmuttern och demontera låsbrickan **(se bild)**. Kasta bort saxsprinten - en ny måste användas vid monteringen.

4 Lossa och ta bort navmuttern, för därefter bort den tandade brickan och demontera det yttre lagret **(se bilder)**.

5 Det bör nu vara möjligt att dra bort bromstrumman från axeltappen för hand **(se bild)**. Det kan vara svårt att ta bort trumman beroende på att navlagret har en snäv passning på axeln, eller på grund av att bromsbackarna kärvar invändigt i trumman. Om lagret sitter hårt, knacka på trummans ytterkant med en plastklubba eller använd en universalavdragare, som fästs på trumman med hjulbultarna, för att dra loss den. Om bromsbackarna kärvar, kontrollera först att handbromsen är fullständigt lossad, fortsätt därefter enligt följande.

6 Se beskrivning i avsnitt 17, lossa handbromsens justering fullständigt för att åstadkomma maximalt fritt spel i vajern.

7 Stick in en skruvmejsel i ett av hjulbultshålen i bromstrumman och bänd upp kilen så

9.2 Bänd loss dammskyddet från bromstrumman

9.3 Ta bort saxsprinten och låsbrickan

9.4a Skruva loss muttern och ta bort brickan

9.4b Ta bort det yttre lagret

9.5 Bromstrumman demonteras

9.7a Stick in en skruvmejsel genom ett av bulthålen i bromstrumman . . .

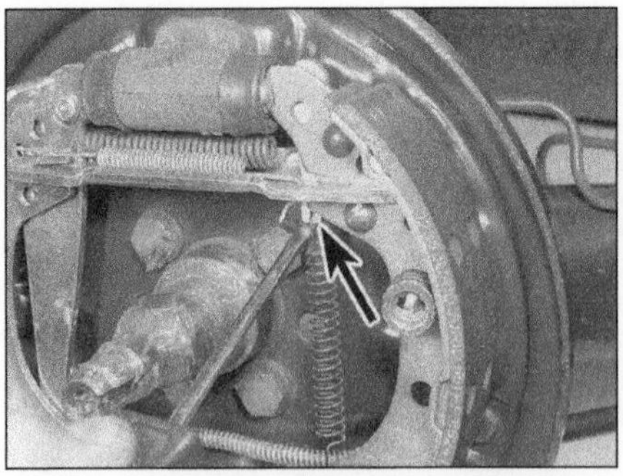

9.7b . . . och bänd kilen (vid pilen) uppåt

att bromsbackarna dras tillbaka helt **(se bilder)**. Bromstrumman kan nu demonteras.

Kontroll

Observera: *Om en av bromstrummorna är i behov av byte måste BÅDA trummorna bytas, så att bilen inte drar snett vid inbromsning. Nya bromsbackar bör också monteras.*

8 Arbeta försiktigt och ta bort allt bromsdamm från bromstrumman, men undvik att andas in dammet då det är hälsovådligt.

9 Rengör trummans utsida och kontrollera om den visar tydliga tecken på slitage eller skador, som sprickor runt bulthålen. Byt ut trumman om så behövs.

10 Granska trummans insida noggrant. Lätt repning av friktionsytan är normalt, men om djupa repor upptäcks måste bromstrumman bytas. Det är normalt att finna en avlagringskant av rost och bromsdamm kring trummans innerkant; denna bör skrapas bort så att ytan blir jämn och kan poleras med finkornigt (120 till 150) slippapper. Om kanten däremot är ett resultat av att trummans friktionsyta har slitits ner, måste trumman bytas.

11 Om man misstänker att bromstrumman har slitits för mycket eller är skev, måste dess innerdiameter mätas vid flera punkter med en invändig mikrometer. Ta måtten parvis, det andra måttet i rät vinkel mot det första, och jämför båda måtten för att kontrollera om trumman är skev. Förutsatt att trummans innerdiameter inte blir större än angivet maxmått, kan det vara möjligt att förbättra trummans yta genom slipning; om det inte går att genomföra måste trummorna på båda sidor bytas. Observera att om en trumma skall slipas måste båda trummorna bearbetas, så att samma diameter erhålls på båda sidor.

Montering

12 Om en ny bromstrumma skall monteras, använd lämpligt lösningsmedel för att avlägsna eventuell skyddsbeläggning på trummans insida. Vid behov, montera lagerbanor, innerlager och oljetätning enligt beskrivning i kapitel 10, och smörj in det yttre lagret ordentligt.

13 Före monteringen, dra tillbaka bromsbackarna helt genom att lyfta upp kilen.

14 Bestryk trummans oljetätning med smörjfett och placera försiktigt hela enheten på axeltappen.

15 Montera det yttre lagret och den tandade brickan, kontrollera att tanden hakar i spåret i axeln.

16 Sätt på navmuttern, dra åt den tills den precis vidrör brickan medan bromstrumman roteras för att justera in lagren. Lossa gradvis muttern tills ett läge hittas där det är möjligt att flytta brickan från sida till sida med en skruvmejsel. **Observera:** *Det skall bara behövas lite kraft att flytta brickan.* När navmutern är korrekt placerad, sätt tillbaka låsbrickan och fäst muttern med en ny saxsprint.

17 Montera dammskyddet på bromstrumman, driv in det ordentligt på plats.

18 Tryck ner fotbromsen flera gånger för att aktivera självjusteringsmekanismen.

19 Upprepa ovanstående procedur på den andra bromsen (vid behov), kontrollera därefter och, om det behövs, justera handbromsens vajer enligt beskrivning i avsnitt 17.

20 Avslutningsvis, montera hjulet/hjulen, sänk ner bilen på marken och dra åt hjulbultarna till angivet åtdragningsmoment.

10 Främre bromsok – demontering, renovering och montering

Observera: *Innan arbetet påbörjas, se anvisningen i början av avsnitt 2 beträffande faran med bromsvätska, samt varningen i början av avsnitt 4 beträffande faran med asbestdamm.*

Demontering

1 Dra åt handbromsen, hissa därefter upp bilens framvagn och stöd den på pallbockar. Demontera det aktuella hjulet.

2 Minimera vätskeförlusten genom att ta loss locket till huvudcylinderns behållare och skruva tillbaka locket igen över en bit plastfolie, för att åstadkomma en lufttät tätning. Alternativt, använd en bromsslangklamma eller liknande för att klämma ihop slangen.

3 Rengör området kring bromsslangens anslutning, lossa därefter muttern från anslutningen

4 Demontera bromsklossarna enligt beskrivning i avsnitt 4.

5 På modeller med VW bromsok, skruva loss bromsoket från bromsslangens ände och demontera det från bilen.

6 På modeller med Girling bromsok, skruva loss det övre styrstiftets bult – använd en tunn öppen nyckel för att hindra att själva styrstiftet roterar, skruva därefter loss bromsoket från bromsslangen och demontera den från bilen. Kasta bulten till styrstiftet – en ny bult måste användas vid monteringen.

Renovering

7 Placera bromsoket på en arbetsbänk, torka bort damm och smuts, men *undvik att andas in dammet eftersom det är hälsovådligt.*

8 Ta bort den delvis utskjutande kolven från bromsoket och demontera dammtätningen.

HAYNES TiPS **Om kolven inte kan tas bort för hand kan den tryckas ut genom att man blåser med tryckluft i bromsslangens anslutningshål. Endast ett svagt tryck behövs, använd t.ex. från en fotpump. När kolven trycks ut, var försiktig så att fingrarna inte fastnar mellan kolven och bromsoket.**

9 Använd en liten skruvmejsel och dra bort kolvens hydraultätning, var försiktig så att inte loppet i oket skadas **(se bild)**.

10 Rengör alla delarna noggrant med T-sprit eller ren bromsvätska som rengöringsmedel. Använd aldrig mineralbaserade lösningsmedel som bensin eller fotogen eftersom de angriper systemets gummidetaljer. Torka delarna på en gång med tryckluft eller en ren, luddfri trasa. Blås igenom vätskepassagerna med tryckluft.

11 På VW bromsok, ta bort distanserna från bromsokets bussningar.

12 På Girling bromsok, ta bort styrstiften från bromsokets fästbygel och demontera gummidamaskerna.

13 Undersök alla delarna och byt delar som är slitna eller skadade. Kontrollera speciellt cylinderlopp och kolv; dessa bör bytas (observera att detta innebär byte av den kompletta enheten) om de är repade, slitna eller korroderade på något sätt. Kontrollera på samma sätt skicket hos distanserna/styrstiften och respektive bussningar/lopp (vilket som är relevant); båda distanserna/stiften bör vara oskadda och (när de har rengjorts) ha en ganska snäv passning i respektive lopp. Om

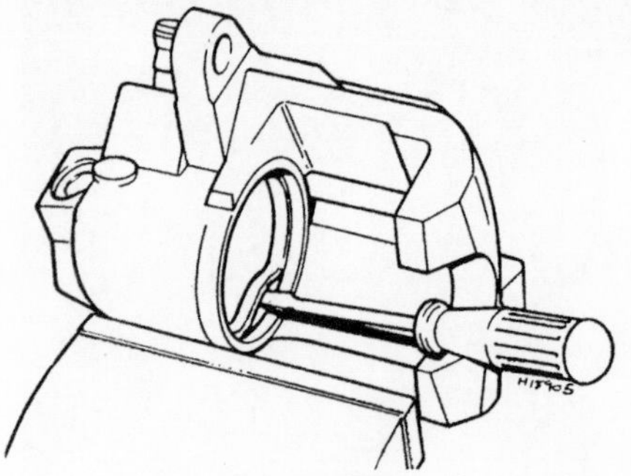

10.9 Ta bort kolvens tätning – var försiktig så att inte loppets yta repas

skicket hos någon av dessa detaljer är tveksamt ska delen bytas.

14 Om enheten kan användas igen skall en lämplig reparationssats anskaffas; komponenterna kan köpas från VW-verkstäder i olika kombinationer.

15 Gummitätningar, dammskydd och lock som har rubbats vid isärtagningen skall bytas rutinmässigt; dessa skall aldrig återanvändas.

16 Vid ihopsättningen, kontrollera att alla delarna är rena och torra.

17 Blötlägg kolven och den nya (vätske-) tätningen i ren hydraulvätska. Stryk på ren vätska på cylinderloppets yta.

18 Montera den nya kolvtätningen, använd endast fingrarna (inga verktyg) och manövrera ner den i cylinderloppets spår. Montera det nya dammskyddet på kolven och montera kolven i cylinderloppet med en vridande rörelse; kontrollera att kolven går rakt in i loppet. Tryck in kolven helt i loppet, tryck därefter in dammskyddet i bromsoket.

19 På VW bromsok, smörj in distanserna med smörjfett från reparationssatsen, eller kopparpasta, och sätt in distanserna i bussningarna.

20 På Girling bromsok, smörj in styrstiften med smörjfett från reparationssatsen, eller kopparpasta, och montera de nya damaskerna. Montera styrstiften på bromsokets fästbygel och kontrollera att damaskerna är korrekt placerade i spåren på både hylsa och fästbygel.

Montering

21 Skruva fast bromsoket helt på slanganslutningen.

22 Montera bromsklossarna (se avsnitt 4).

23 Dra åt bromsrörets anslutningsmutter.

24 Demontera bromsslangklämman eller plastfolien, vilket som använts, och lufta bromssystemet enligt beskrivning i avsnitt 2. Förutsatt att de rekommenderade säkerhetsåtgärderna har vidtagits för att minimera vätskeförlusten, bör det bara vara nödvändigt att lufta den aktuella frambromsen.

25 Montera hjulet, sänk därefter ner bilen på marken och dra åt hjulbultarna till angivet åtdragningsmoment.

11 Bakre bromsok – demontering, renovering och montering

Observera: *Innan arbetet påbörjas, se anvisningen i början av avsnitt 2 om faran med bromsvätska, samt varningen i början av avsnitt 4 beträffande faran med asbestdamm.*

Demontering

1 Klossa framhjulen. Hissa därefter upp bilens bakvagn och stöd den på pallbockar. Demontera det aktuella bakhjulet

2 Minimera vätskeförlusten genom att ta loss locket till huvudcylinderns behållare och skruva tillbaka locket igen över en bit plastfolie, för att åstadkomma en lufttät tätning. Alternativt, använd en bromsslangklämma eller liknande för att klämma ihop slangen.

3 Rengör ytan runt bromsslanganslutningen och skruva sedan loss anslutningsmuttern.

4 Demontera bromsklossarna enligt beskrivning i avsnitt 5.

5 Skruva loss bromsoket från slangens ände och demontera det från bilen.

Renovering

Observera: *Det går inte att renovera bromsokets handbromsmekanism. Om mekanismen är defekt eller om vätska läcker från handbromsens tätning, måste bromsoket bytas.*

6 Placera bromsoket på en arbetsbänk, torka bort allt damm och smuts men undvik att andas in dammet eftersom det är hälsovådligt.

7 Bänd loss dammskyddet från bromsokets lopp med en liten skruvmejsel, men var försiktig så att inte kolven skadas.

8 Ta ut kolven från bromsoksloppet genom att vrida den moturs. Detta kan åstadkommas med en lämplig låsringstång som placeras i bromsokets kolvspår. När kolven kan vridas fritt men inte kommer ut längre kan den dras ut för hand.

> **HAYNES TiPS** ***Om kolven inte kan tas bort för hand kan den tryckas ut genom att man blåser med tryckluft i bromsslangens anslutningshål. Endast ett svagt tryck behövs, använd t.ex. en fotpump. När kolven trycks ut, var försiktig så att fingrarna inte fastnar mellan kolven och bromsoket.***

9 Dra ut kolvens hydrauliska tätning (tätningar) med en liten skruvmejsel, var försiktig så att inte bromsoksloppet skadas.

10 Ta bort styrstiften från bromsokets fästbygel och demontera styrhylsornas damasker.

11 Undersök alla bromsokets delar enligt beskrivning i avsnitt 10, punkterna 10 till 16, och byt delar efter behov. Observera att handbromsens mekanismen **inte** får tas isär.

12 Blötlägg kolven och den nya (vätske-) tätningen i ren bromsvätska. Stryk på ren vätska på cylinderloppets yta. Montera den nya tätningen/tätningarna med fingrarna (använd inte verktyg) och för ner den i cylinderloppsspåret (-spåren).

13 Sätt den nya dammtätningen i kolvspåret och montera kolven. Vrid kolven medurs med samma metod som vid isärtagningen tills den är helt intryckt i bromsokets lopp.

14 Tryck in dammtätningen på plats i oket.

15 Smörj in styrstiften med smörjfett från reparationssatsen, eller med kopparpasta. Montera damaskerna på styrstiften och montera stiften på bromsokets fästbygel, kontrollera att damaskerna är korrekt placerade i spåren på både stiften och bromsokets fästbygel.

16 Före monteringen, fyll bromsoket med ny bromsvätska genom att lossa luftningsnippeln och pumpa ut vätskan med bromspedalen genom bromsoket tills inga bubblor finns kvar i vätskan som kommer ut genom anslutningsöppningen.

Montering

17 Skruva fast bromsoket helt på slanganslutningen.

18 Montera bromsklossarna enligt beskrivning i punkterna 10 till 12 i avsnitt 5.

19 Dra åt bromsrörets anslutningsmutter.

20 Ta bort bromsslangklämman eller plastfolien, vilket som har använts, och lufta bromssystemet enligt beskrivning i avsnitt 2. Observera att, förutsatt att de rekommenderade säkerhetsåtgärderna har vidtagits för att minimera vätskeförlusten, bör det bara vara nödvändigt att lufta den aktuella bromsen.

21 Anslut handbromsens vajer till bromsoket och justera handbromsen enligt beskrivning i avsnitt 17.

22 Montera hjulet, sänk ner bilen på marken och dra åt hjulbultarna till angivet moment. Avslutningsvis, kontrollera bromsvätskans nivå enligt beskrivning i *Veckokontroller.*

12 Hjulcylinder bak – demontering, renovering och montering

Observera: *Innan arbetet påbörjas, se anvisningen i början av avsnitt 2 beträffande faran med bromsvätska, samt varningen i början av avsnitt 6 beträffande faran med asbestdamm.*

Demontering

1 Demontera bromstrumman enligt beskrivning i avsnitt 9.

2 Med hjälp av en tång, haka försiktigt loss returfjädern från bromsbacken och demontera den från båda bromsbackarna. Dra bort backarnas övre ändar från hjulcylindern för att lossa dem från kolvarna.

3 Minimera vätskeförlusten genom att ta bort locket från huvudcylinderns behållare och sedan sätta tillbaka locket igen över en bit plastfolie, för att åstadkomma en lufttät tätning. Alternativt kan man använda en bromsslangklämma eller liknande verktyg för att klämma ihop slangen vid närmaste lämpliga punkt vid hjulcylindern.

4 Rengör ytan runt bromsrörets anslutning på hjulcylinderns bakre del och skruva loss anslutningsmuttern. Ta försiktigt ut röret från hjulcylindern och plugga igen eller tejpa över dess ände för att undvika att smuts tränger in. Torka omedelbart bort eventuellt spilld vätska.

5 Skruva loss hjulcylinderns båda fästbultar från bromssköldens baksida och demontera cylindern, se till att inte få bromsvätska på bromsklossarnas belägg.

Renovering

6 Borsta bort smuts och damm från hjulcylindern, undvik att andas in dammet.

7 Dra ut gummidammskydden från cylinderns ändar.

8 Kolvarna skjuts vanligen ut av fjädertrycket, men om så inte är fallet, knacka cylinderänden på ett trästycke, eller blås med svag tryckluft – t.ex. från en fotpump – i hydraulvätskans anslutningshål för att avlägsna kolvarna från cylinderloppen.
9 Kontrollera kolvytorna och respektive lopp beträffande repbildning, eller tecken på metallkontakt. Om sådana skador förekommer måste hela hjulcylindern bytas.
10 Om kolvar och lopp är i gott skick, kasta tätningarna och införskaffa en reparationssats som innehåller alla delar som kan bytas ut.
11 Demontera tätningarna från kolvarna och observera åt vilket håll de var monterade. Smörj in de nya kolvtätningarna med ren bromsvätska och montera dem på kolvarna med den större diametern vänd inåt.
12 Doppa kolvarna i ren bromsvätska och montera dem i cylindern.
13 Sätt kolvarna i cylinderloppen med en vridande rörelse.
14 Montera dammtätningarna och kontrollera att kolvarna kan röra sig fritt i loppen.

Montering

15 Kontrollera att bromssköldens och hjulcylinderns kontaktytor är rena, sära därefter på bromsbackarna och manövrera hjulcylindern på plats.
16 Anslut bromsröret och skruva in anslutningsmuttern några varv för att vara säker på att gängan är i ingrepp.
17 Sätt i de två fästbultarna till hjulcylindern och dra åt dem till angivet moment. Dra sedan åt bromsrörets anslutningsmutter helt.
18 Ta bort bromsslangklämman eller plastfolien, vad som gäller.
19 Kontrollera att bromsbackarna är korrekt placerade i cylinderkolvarna, montera därefter försiktigt den övre returfjädern; använd en skruvmejsel till att töja fjädern på plats.
20 Montera bromstrumman enligt beskrivning i avsnitt 9.
21 Lufta bromssystemet enligt beskrivning i avsnitt 2. Förutsatt att de rekommenderade åtgärderna har vidtagits för att minimera vätskeförlusten, bör det bara vara nödvändigt att lufta den aktuella bakre bromsen

13 Huvudcylinder – demontering, renovering och montering

Observera: *Innan arbetet påbörjas, se anvisningen i början av avsnitt 2 beträffande faran med bromsvätska.*

Demontering

1 Lossa batteriets negativa anslutning. Vid behov, förbättra åtkomligheten till huvudcylindern genom att demontera luftkanalen enligt beskrivning i aktuell del av kapitel 4.
2 Ta bort locket från huvudcylinderns behållare och pumpa ut bromsvätskan från behållaren. **Observera:** *Sug inte ut vätskan med munnen eftersom den är giftig; använd en pump eller en gammal bollspruta.* Alternativt, öppna en luftningsnippel i systemet och pumpa försiktigt ut vätskan genom ett plaströr anslutet till nippeln (se avsnitt 2). Lossa kablagekontakten från nivågivaren för bromsvätskan.
3 Torka rent runt bromsrörsanslutningarna på huvudcylinderns sida, och placera absorberande trasor under röranslutningarna för att fånga upp eventuellt spilld vätska. Notera hur anslutningarna är monterade, skruva därefter loss anslutningsmuttrarna och ta försiktigt bort rören. Plugga igen eller tejpa över rörändarna och huvudcylinderns öppningar, för att minimera förlusten av bromsvätskan, och för att hindra att smuts tränger in i systemet. Tvätta omedelbart bort eventuellt spilld vätska med kallt vatten.
4 Skruva loss och ta bort de båda muttrarna och brickorna som fäster huvudcylindern vid vakuumservon, ta därefter bort enheten från motorrummet. Ta bort O-ringen från huvudcylinderns baksida och kasta den.

Renovering

5 Om huvudcylindern är defekt måste den bytas. VW tillhandahåller inte några reparationssatser, varför cylindern måste behandlas som en sluten enhet.
6 De enda delar som kan bytas är tätningarna till vätskebehållaren. Om dessa visar tecken på slitage, dra loss behållaren och ta bort de gamla tätningarna. Smörj de nya tätningarna med ren bromsvätska och tryck in dem i huvudcylinderns öppningar. Manövrera vätskebehållaren på plats och tryck in den helt.

Montering

7 Avlägsna alla spår av smuts från huvudcylinderns och servons kontaktytor, och montera en ny O-ring i spåret på huvudcylindern.
8 Montera huvudcylindern på servon och kontrollera att servons tryckstång förs in i mitten av huvudcylinderns lopp. Montera huvudcylinderns muttrar och brickor och dra åt dem till angivet åtdragningsmoment.
9 Torka av bromsrörens anslutningar, montera dem därefter på huvudcylinderns öppningar och dra åt dem hårt.
10 Fyll huvudcylinderns behållare med ny vätska och lufta hela bromssystemet enligt beskrivning i avsnitt 2.

14 Bromspedal – demontering och montering

Demontering

1 Lossa batteriets negativa anslutning.
2 Demontera bromsljuskontakten enligt beskrivning i avsnitt 21.
3 Därefter måste bromspedalen lossas från kulan på vakuumservons tryckstång. För upp handen bakom pedalen och dra försiktigt ut pedalklämmornas klackar tills pedalen kan dras loss från tryckstångens kula.
4 På modeller med manuell växellåda, demontera kopplingspedalens centreringsfjäder.
5 Haka försiktigt loss bromspedalens returfjäder från pedalfästet.
6 Ta bort den högra klämman från pedalens axel, för därefter axeln åt vänster tills bromspedalen har lossats från den högra änden. **Observera:** *På vissa modeller måste man lossa kablagets plastfäste från instrumentbrädans ram för att kunna komma åt klämman.*
7 Demontera pedalen under instrumentbrädan och ta vara på returfjädern.
8 Rengör alla delarna noggrant och byt ut delar som är slitna eller skadade.

Montering

9 Före monteringen, stryk universalfett på axelns och pedalens bärytor.
10 Montera returfjädern och manövrera pedalen på plats.
11 För axeln på plats. Kontrollera att de plana delarna på axelns ände är vertikalt placerade och sätt fast axelns klämma, kontrollera att den sitter säkert på plats. Vid behov, kläm fast kablagets fäste på plats.
12 Haka fast returfjädern på fästet, håll fast servons tryckstång och kläm tillbaka pedalen på tryckstångens kula. Se till att pedalen sitter säkert fäst med sin fjäderklämma.
13 Där så är tillämpligt, montera kopplingspedalens centreringsfjäder.
14 Montera bromsljuskontakten enligt beskrivning i avsnitt 21 och anslut batteriet.

15 Vakuumservo – kontroll, demontering och montering

Kontroll

1 Testa servoenhetens funktion genom att trycka ner fotbromsen flera gånger för att jämna ut vakuumet i servon, starta därefter motorn medan bromspedalen är hårt nedtryckt. När motorn startar bör bromspedalen ge med sig märkbart när vakuumet byggs upp. Låt motorn gå i minst två minuter och stäng därefter av den. När bromspedalen nu trycks ner bör den kännas normal, men om den trycks ned flera gånger bör den kännas hårdare och pedalbanan bör minska med varje nedtryckning.
2 Om servon inte fungerar enligt ovanstående beskrivning, kontrollera först servons backventil enligt beskrivning i avsnitt 16. På dieselmotorer, kontrollera även vakuumpumpens funktion – se avsnitt 25.
3 Om servon fortfarande inte fungerar som den ska är den defekt. Servoenheten går inte att reparera – om den är defekt måste den bytas.

Demontering

Observera: *På vänsterstyrda bilar utrustade med ABS kan vakuumservon inte demonteras förrän hydraulenheten har demonterats (se avsnitt 23). Därför bör demontering och montering av servon på dessa modeller överlåtas till en VW-verkstad.*

4 Demontera huvudcylindern enligt beskrivning i avsnitt 13.
5 På modeller med manuell växellåda 02A, demontera kopplingens huvudcylinder enligt beskrivning i kapitel 6.
6 På modeller med ABS-bromsar, demontera bromspedalens lägesgivare enligt beskrivning i avsnitt 23.
7 På samtliga modeller, demontera värmeskölden (där sådan förekommer) från servons framsida, ta därefter försiktigt ut vakuumslangen från servons tätningsmuff.
8 Arbeta inifrån bilen och demontera bromsljuskontakten enligt beskrivning i avsnitt 21.
9 Skruva loss de fyra muttrarna som fäster servon på pedalfästet. Arbeta därefter från motorrummet och manövrera ut servon från dess plats, observera packningen som är monterad på enhetens baksida. När servon tas bort måste tryckstångskulan lossas från bromspedalens fjäderklämma (se punkt 3 i avsnitt 14).

Montering

10 Undersök om servovakuumslangens tätningsmuff är sliten eller skadad och byt den om det behövs.
11 Montera en ny packning på servons baksida och sätt tillbaka enheten i motorrummet.
12 Inne i kupén, kontrollera att servons tryckstång är i korrekt ingrepp med bromspedalen, och kläm fast pedalen på tryckstångens kula. Kontrollera att pedalen är säkert infäst, sätt därefter på servons muttrar och dra åt dem till angivet åtdragningsmoment.
13 För försiktigt tillbaka vakuumslangen på plats i servon och se till att tätningsmuffen inte rubbas. Om sådan förekommer, montera värmeskölden på servon.
14 På modeller med ABS-bromsar, montera bromspedalens lägesgivare enligt beskrivning i avsnitt 23.
15 Montera huvudcylindern enligt beskrivning i avsnitt 13 i detta kapitel. I förekommande fall, montera även kopplingscylindern enligt beskrivning i kapitel 6.
16 Montera bromsljuskontakten enligt beskrivning i avsnitt 21.
17 Avslutningsvis, starta motorn och kontrollera beträffande luftläckage vid vakuumslangens anslutning till servon; kontrollera bromssystemets funktion.

16 Vakuumservons backventil - demontering, kontroll och montering

1 Backventilen är placerad i vakuumslangen som löper från insugsgrenröret till bromsservon. Om ventilen behöver bytas bör den kompletta slang-/ventilenheten bytas.

Demontering

2 Ta försiktigt ut vakuumslangen från servon och se till att inte rubba genomföringen.
3 Observera hur slangen är dragen, lossa därefter klämman och koppla loss slangens motsatta ände från insugsgrenröret/pumpen och demontera den från bilen.

Kontroll

4 Undersök om backventil eller vakuumslang visar tecken på skador, och byt ut efter behov.
5 Testa ventilen genom att blåsa luft igenom den i båda riktningarna, luften skall endast kunna flöda genom ventilen i en riktning – när luften kommer från ventilens servoände. Byt ut ventilen om detta inte är fallet
6 Undersök servons gummimuff beträffande tecken på skador eller slitage, och byt den om det behövs.

Montering

7 Kontrollera att tätningsmuffen är korrekt monterad på servon.
8 För in slanganslutningen på plats i servon och var försiktig så att gummimuffen inte skadas eller rubbas.
9 Se till att dra slangen korrekt och anslut den till insugsgrenröret/pumpen, dra åt dess klämma hårt.
10 Starta motorn och kontrollera att inte anslutningen mellan backventilen och servon visar tecken på luftläckage.

17 Handbroms - justering

1 Vid kontroll av handbromsens justering, trampa först ner fotbromsen hårt flera gånger för att skapa korrekt spel mellan bromsback och bromstrumma/bromskloss och bromsskiva, dra därefter åt och lossa handbromsen flera gånger.
2 Dra åt handbromsspaken med normal kraft tills den är helt ansatt. Räkna antalet "klick" från spärrmekanismen. Om handbromsen är korrekt inställd bör det vara cirka 4 till 7 klick innan handbromsen är fullt åtdragen. Om så inte är fallet, justera den på följande sätt.
3 Demontera den bakre delen av mittkonsolen enligt beskrivning i kapitel 11 för att komma åt handbromsspaken. **Observera:** *På vissa modeller kan man komma åt handbromsens justermuttrar genom att helt enkelt demontera askkoppen från mittkonsolens bakre ände* **(se bild)**.
4 Klossa framhjulen, lyft upp bilens bakvagn och stöd den på pallbockar. Fortsätt enligt beskrivningen under aktuell rubrik.

Modeller med trumbromsar bak

5 Med handbromsen inställd på det fjärde hacket på spärrmekanismen, lossa låsmuttrarna och rotera justermuttrarna lika mycket tills det är svårt att vrida båda bakre hjulen/trummorna. Lossa därefter handbromsspaken helt och kontrollera att hjulen roterar fritt. Kontrollera justeringen genom att dra åt handbromsen helt, räkna antalet "klick" från handbromsens spärrmekanism och gör en omjustering om det behövs.
6 När justeringen är avslutad, håll i justermuttrarna och dra åt låsmuttrarna hårt. Montera mittkonsolen/askkoppen.

Modeller med skivbromsar bak

7 Med handbromsen helt lossad, lossa dess låsmuttrar och justermuttrar lika mycket tills båda bakre bromsokens handbromsarmar ligger mot respektive stopp.
8 Från detta läge, dra åt båda justermuttrarna tills båda handbromsarmarna precis lämnar stoppen på oken. Kontrollera att avståndet mellan bromsokets handbromsram och dess stopp är mindre än 1,5 mm, och gapet ska vara lika stort på båda sidor **(se bild)**.

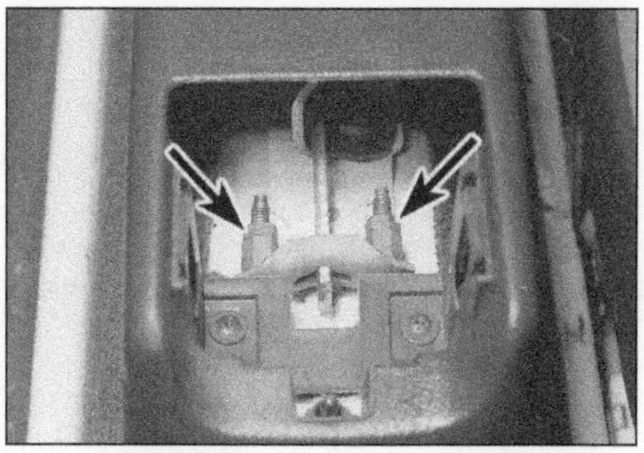

17.3 Låsmuttrar och justermuttrar till handbromsens vajer (vid pilarna)

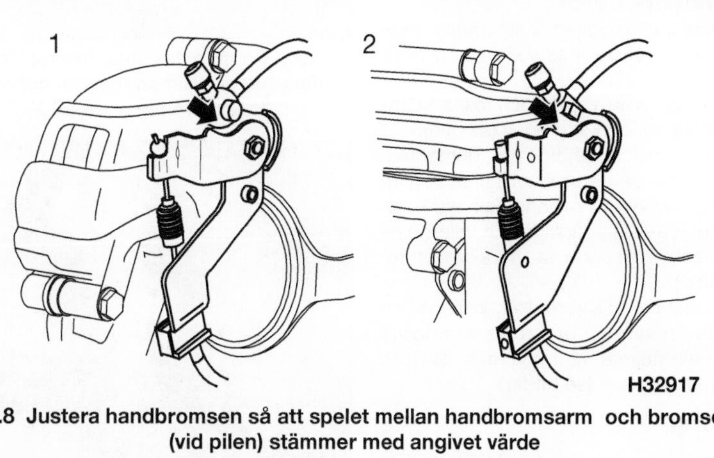

17.8 Justera handbromsen så att spelet mellan handbromsarm och bromsok (vid pilen) stämmer med angivet värde

1 Modeller t.o.m. 1995 (10:e tecknet i VIN-numret = O till S)
2 1996 års modeller och framåt (10:e tecknet i VIN-numret = T till V)

Kontrollera att båda hjulen/skivorna roterar fritt, kontrollera därefter justeringen genom att dra åt handbromsen helt, räkna antalet "klick" från handbromsens spärrmekanism och gör en om justering om det behövs.

9 När justeringen är avslutad, håll i justermuttrarna och dra åt låsmuttrarna hårt. Montera mittkonsolen/askkoppen.

18 Handbromsspak - demontering och montering

Demontering

1 Demontera mittkonsolens bakre del enligt beskrivning i kapitel 11, för att komma åt handbromsspaken.

2 Skruva loss både låsmuttrarna och justermuttrarna till handbromsvajrarna, och lossa vajrarna från kompensatorplattan **(se bild)**.

3 Lossa kontaktdonet från varningslampans kontakt, skruva sedan loss fästmuttrarna och demontera spaken från bilen.

Montering

4 Montering sker i omvänd ordningsföljd. Innan mittkonsolen monteras, justera handbromsen enligt beskrivning i avsnitt 17.

19 Handbromsvajrar - demontering och montering

Demontering

1 Demontera mittkonsolens bakre del enligt beskrivning i kapitel 11 för att komma åt handbromsspaken. Handbromsvajern består av två delar, en till vänster och en till höger, som är länkade med en kompensatorplatta. Varje del kan demonteras separat.

2 Lossa aktuell låsmutter och justermutter för att åstadkomma maximalt fritt spel i vajern, och lossa vajern från kompensatorplattan.

3 Klossa framhjulen, lyft upp bilens bakvagn och stöd den på pallbockar.

4 Under bilen, lossa vajerhöljets främre ände från karossen och ta loss vajern från dess styrning.

5 Arbeta längs hela vajern och lossa klämmorna; notera hur den är dragen **(se bild)**.

6 På modeller med trumbromsar, demontera bromsbackarna på den aktuella sidan enligt beskrivning i avsnitt 6. Använd hammare och pinndorn och knacka försiktigt ut vajerhöljet från bromsskölden, och ta ut vajern under bilen **(se bild)**.

7 På modeller med skivbromsar, lossa vajern från handbromsarmen på bromsoket, lossa därefter vajerhöljets klämma och ta loss vajern från bromsoket **(se bilder)**.

Montering

8 Montering sker i omvänd ordningsföljd. Innan mittkonsolen monteras, justera handbromsen enligt beskrivning i avsnitt 17.

20 Bakre bromsarnas tryckregleringsventiler - demontering och montering

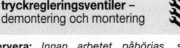

Observera: *Innan arbetet påbörjas, se anvisningen i början av avsnitt 2 beträffande riskerna med bromsvätska.*

Demontering

Observera: *Senare modeller (fr.o.m. februari 1995) som är utrustade med ABS-bromsar har inga tryckregleringsventiler på de bakre bromsarna - denna funktion styrs automatiskt av ABS-enheten.*

Tryckavkännande ventiler - 1,4 liters modeller

1 På 1,4 liters modeller är de tryckreglerande ventiler av tryckberoende typ. Beroende på modell är ventilerna antingen fastskruvade på huvudcylinderns utloppsöppningar, eller på bromsrörens T-stycken (där främre och bakre bromsrör förenas), vilka sitter på torpedväggen. Demontering utförs på följande sätt.

2 Minimera vätskeförlusten genom att ta bort locket till huvudcylinderns behållare och sätta tillbaka det över en bit plastfolie, för att åstadkomma en lufttät tätning.

3 Torka av ytan runt reglerventilens bromsrörsanslutningar och placera absorberande trasor under röranslutningarna för att fånga upp spilld vätska.

4 Skruva loss muttrarna som ansluter bromsrören till reglerventilernas ändar och ta försiktigt bort rören. Plugga eller tejpa igen rörändarna.

5 Skruva loss ventilerna och plugga eller tejpa igen huvudcylinderns/T-styckets öppningar

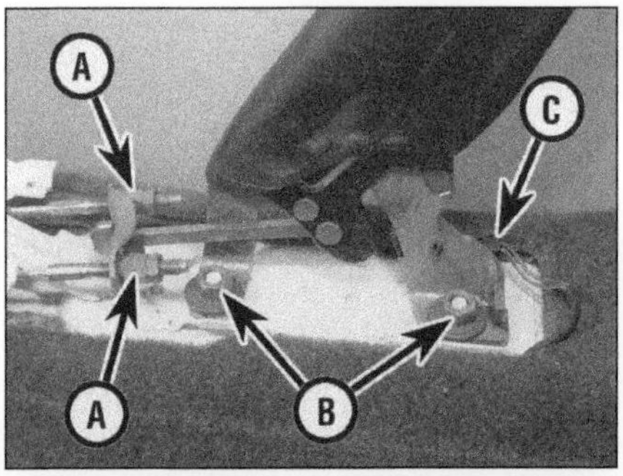

18.2 Handbromsvajerns låsmuttrar och justermuttrar (A), spakens fästmuttrar (B) och kablage till varningslampans kontakt (C)

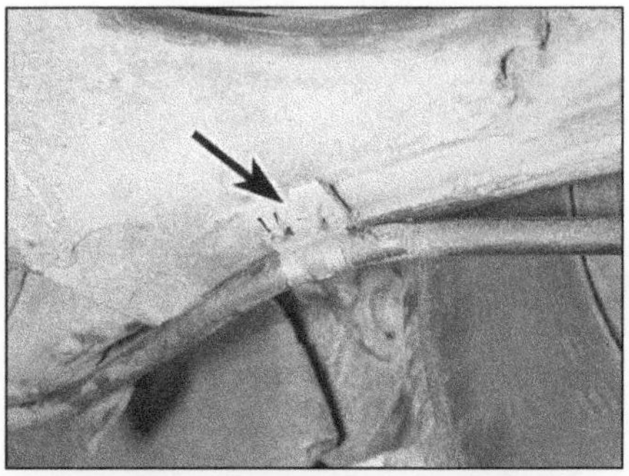

19.5 Lossa klämmorna (vid pilen) och demontera handbromsvajern från länkarmen

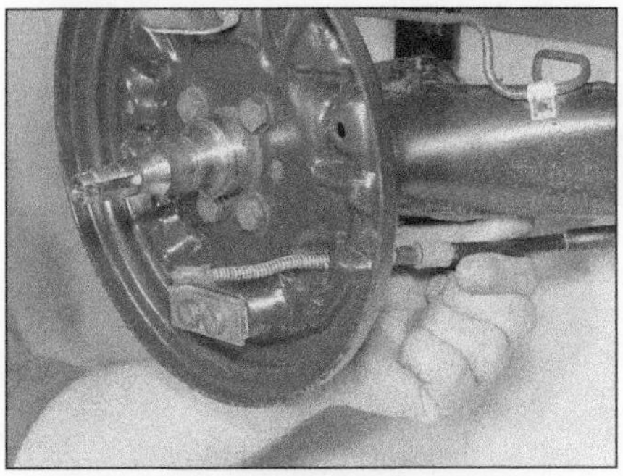

19.6 På modeller med trumbromsar, demontera bromsbackarna och lossa vajern från bromsskölden

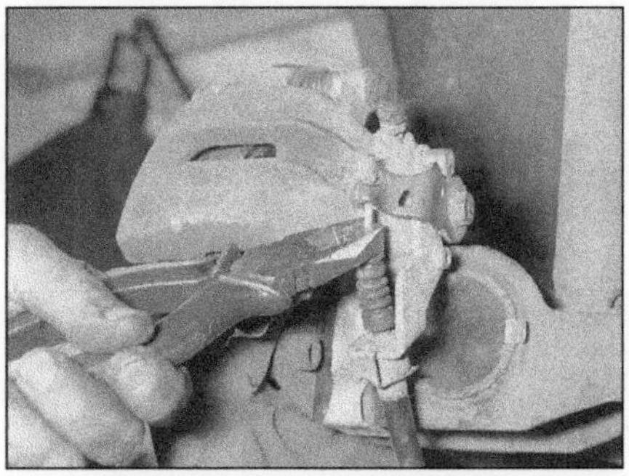

19.7a På modeller med skivbromsar, lossa vajern från armen på bromsoket . . .

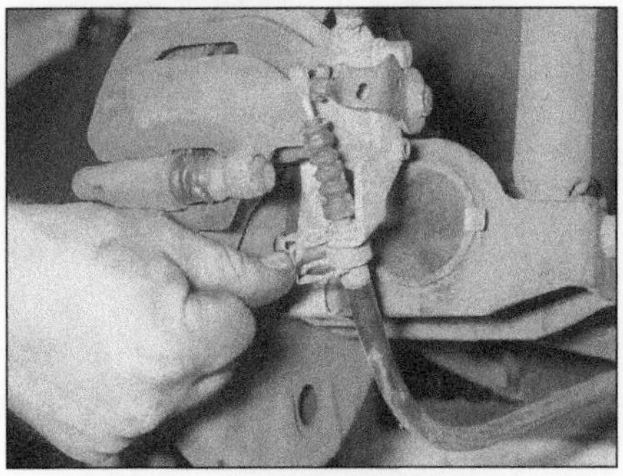

19.7b . . . ta bort fästklämman . . .

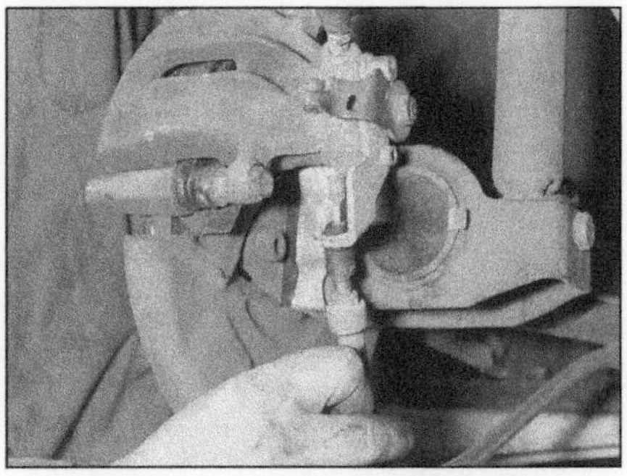

19.7c . . . och lösgör vajern från bromsokets fästbygel

(vilket som gäller) för att minimera förlusten av bromsvätska och för att undvika att smuts kommer in i systemet. Tvätta omedelbart bort eventuellt spilld vätska med kallt vatten.

Lastavkännande ventiler - övriga modeller

6 På samtliga modeller utom 1,4 liters motorn är tryckregleringsventilen på de bakre bromsarna av lastavkännande typ. Ventilen är monterad bredvid bakaxeln och ansluten till axeln genom en fjäder **(se bild)**. Allt eftersom bilens belastning ändras så rör sig upphängningen i relation till bilens kaross och ändrar spänningen i fjädern. Fjädern justerar därpå den tryckreglerande ventilens arm så att korrekt tryck styrs ut till de bakre bromsarna, lämpligt för bilens belastning.

7 Minimera vätskeförlusten genom att ta bort locket till huvudcylinderns behållare och sätta tillbaka det över en bit plastfolie, för att åstadkomma en lufttät tätning.

8 Skruva loss muttern och bulten som fäster ventilen på axeln.

9 Torka av ytan runt bromsröranslutningarna på ventilen och placera absorberande trasor under röranslutningarna för att fånga upp eventuell överskottsvätska. Gör identifikationsmärken på bromsrören; dessa märken kan användas vid monteringen för att kontrollera att varje rör blir korrekt anslutet.

10 Lossa muttrarna och ta loss bromsrören från ventilen. Plugga eller tejpa igen rörändarna och ventilens öppningar för att minimera förlusten av bromsvätska och för att undvika att smuts kommer in i systemet. Tvätta omedelbart bort eventuellt spilld vätska med kallt vatten.

11 Skruva loss skruvarna och demontera tryckregleringsventilen och fjädern under bilen.

Montering

Tryckavkännande ventiler - 1,4 liters modeller

12 Montering sker i omvänd ordningsföljd, kontrollera att ventilerna och röranslutningsmuttrarna är säkert åtdragna. Avsluta med att lufta hela bromssystemet enligt beskrivning i avsnitt 2.

Lastavkännande ventiler - övriga modeller

13 Montering sker i omvänd ordningsföljd. Notera följande punkter.

a) Om en ny ventil skall monteras, ställ in fjäderjusteringsbulten i samma läge som på den gamla ventilen och dra åt den hårt.

b) Kontrollera att bromsrören är korrekt anslutna till ventilen och att respektive muttrar är ordentligt åtdragna.

c) Lägg smörjfett på fjäderns ändar före monteringen.

d) Lufta hela bromssystemet enligt beskrivning i avsnitt 2.

e) Avslutningsvis, ta med bilen till en VW-verkstad för att låta kontrollera, och vid behov justera, ventilfunktionen.

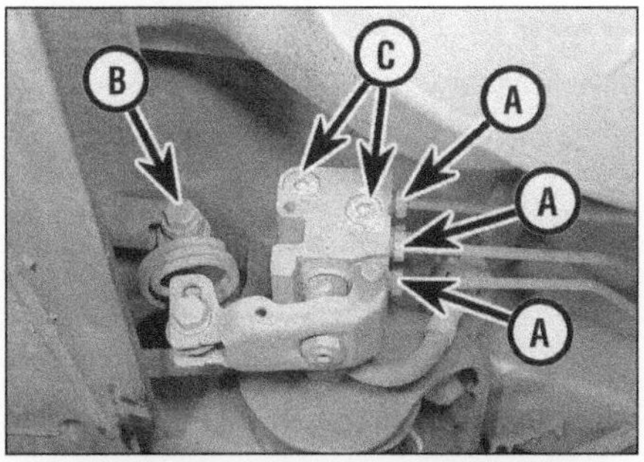

20.6 Bromsrörsanslutningar till lastavkännande tryckregleringsventil (A), fjäderbult (B) och fästbultar (C)

21 Bromsljuskontakt - demontering och montering

Demontering

1 Bromsljuskontakten är placerad på pedalfästet bakom instrumentbrädan.

2 Tryck in låsknapparna och lossa säkringsdosans lock under instrumentbrädans nedre del på förarsidan. Bänd försiktigt ut den övre kanten av instrumentbrädans nedre panel, skruva sedan loss panelens alla skruvar. Ta försiktigt bort panelen nedåt för att lossa den från instrumentbrädan och ta ut den ur bilen.

3 Stick in handen bakom instrumentbrädan och lossa kablageanslutningen från kontakten.

4 Vrid kontakten ett kvarts varv (90°) och lossa den från fästet.

Montering

5 Före monteringen, dra ut bromsljuskontaktens kolv helt.

6 Tryck ner bromspedalen helt och håll kvar den medan kontakten sätts på plats. Fäst kontakten på plats genom att vrida den ett kvarts varv (90°) och släpp upp pedalen.

7 Anslut kablagekontakten och kontrollera att bromsljusen fungerar. Bromsljusen bör tändas när bromspedalen har tryckts ner cirka 5 mm. Om kontakten inte fungerar som den skall är den defekt och måste bytas; kontakten kan inte justeras.

8 Sätt tillbaka instrumentbrädans nedre panel.

22 Låsningsfria bromsar (ABS) - allmän beskrivning

Observera: *På modeller som är utrustade med antispinnsystem har ABS-enheten dubbla funktioner och styr såväl ABS-systemet som antispinnsystemet (EDL - elektronisk diffbroms).*

ABS-systemet finns som tillval på samtliga modeller som behandlas i denna handbok. Systemet har ett hydraulblock (som innehåller de hydrauliska solenoidventilerna och tryckutjämnarna), den eldrivna returpumpen och fyra hjulgivare (en givare monterad på varje hjul), den elektroniska styrenheten (ECU) och bromspedalens lägesgivare. Syftet med systemet är att förhindra att ett eller flera hjul låser sig vid hård inbromsning. Detta uppnås genom att bromsen automatiskt släpps från hjulet som håller på att låsas, varpå bromsen läggs an på nytt.

Solenoiderna styrs av ECUn, som tar emot signaler från de fyra hjulgivarna, vilka övervakar rotationshastigheten på varje hjul. Genom att jämföra dessa signaler kan ECUn fastställa hastigheten med vilken bilen färdas. Den använder denna hastighet för att fastställa när ett hjul saktar ner med onormal hastighet, jämfört med bilens hastighet, och kan därför känna av när ett hjul håller på att låsa. Under normal drift fungerar systemet på samma sätt som ett bromssystem utan ABS. Dessutom informerar också bromspedalens lägesgivare (som är monterad på vakuumservon) ECUn om hur hårt bromspedalen trycks ner.

Om ECUn känner av att ett hjul håller på att låsa, aktiverar den aktuell solenoidventil i modulatorblocket, som i sin tur isolerar bromsoket på det hjul som håller på att låsa från huvudcylindern, och därigenom stänger av hydraultrycket.

Om hjulets rotationshastighet fortsätter att minska i onormal hastighet aktiverar ECUn den elektriskt drivna returpumpen, vilken pumpar tillbaka bromsvätskan till huvudcylindern och därmed lättar på trycket på bromsoket så att bromsen lossas. När hjulets rotationshastighet återgår till normal hastighet stannar pumpen; solenoidventilen öppnas vilket låter trycket i den huvudcylindern återgå till bromsoket, vilket gör att bromsen läggs an på nytt. Denna cykel upprepas upp till 10 gånger per sekund.

När solenoidventilerna och returpumpen aktiveras skapas pulser i hydraulkretsen. När ABS-systemet fungerar kan dessa pulser kännas i bromspedalen.

ABS-systemets drift är fullständigt beroende av elektriska signaler. För att undvika att systemet svarar på felaktiga signaler övervakar en inbyggd säkerhetskrets alla signaler som tas emot av ECUn. Om en felaktig signal eller låg batterispänning upptäcks, stängs ABS-systemet automatiskt av, och en varningslampa tänds på instrumentpanelen för att informera föraren att ABS-systemet inte fungerar. Normala bromsfunktioner bör dock fortfarande finnas.

Om ett fel uppstår i ABS-systemet skall bilen köras till en VW-verkstad för feldiagnos och reparation.

23 Låsningsfria bromsar (ABS) - demontering och montering av delar

Hydraulenhet

1 Demontering och montering av hydraulenheten bör överlåtas till en VW-verkstad. Var mycket noggrann så att ingen vätska spills

från enheten när rören lossas. Om vätska spills ut kan luft komma in i enheten och orsaka luftfickor vilket gör att hydraulsystemet inte kan fungera korrekt.

Elektronisk styrenhet (ECU)

Demontering

2 På bilar som är tillverkade före januari 1993 är styrenheten placerad under mattan i det högra främre golvutrymmet; på bilar som är tillverkade mellan januari 1993 och februari 1995 är den placerad under baksätet på bilens högra sida. På bilar som är tillverkade efter februari 1995 är styrenheten monterad på hydraulenhetens nederdel; på dessa modeller kan styrenheten inte demonteras utan att hydraulenheten först demonteras (se punkt 1). Före demontering på de tidigare modellerna skall batteriets negativa anslutning lossas.

3 På bilar som är tillverkade före januari 1993, vik undan mattan för att komma åt ECUn; observera att det kan bli nödvändigt att demontera sätet (se kapitel 11) för att skapa utrymme. Lossa ECUn, lossa sedan kontaktdonets klämma och ta försiktigt loss kontaktdonet. ECUn kan nu demonteras.

4 På modeller tillverkade mellan januari 1993 och februari 1995, lyft upp baksätets högra sittdyna och lossa ECUn från dess fästen. Lossa klämman och dra försiktigt ut kontakten, demontera därefter ECUn från bilen.

Montering

5 Montering sker i omvänd ordningsföljd. Kontrollera att ECUns kablagekontakt blir korrekt och säkert ansluten.

Givare på framhjul

Demontering

6 Klossa bakhjulen, dra åt handbromsen hårt, lyft upp bilens framvagn och stöd den på pallbockar. Demontera aktuellt framhjul.

7 Följ ledningen bakåt från givaren till kontakten, lösgör den från alla klämmor och koppla loss den från kabelhärvan.

8 Skruva loss bulten som fäster givaren vid navet och givaren och ledningen från bilen.

Montering

9 Före monteringen, bestryk givarens spets med ett tunt lager universalfett (VW rekommenderar G 000 650 smörjpasta – finns att köpa från närmaste återförsäljare).

10 Kontrollera att givarens och navets kontaktytor är rena, montera därefter givaren på navet. Sätt i bulten och dra åt den till angivet åtdragningsmoment.

11 Se till att givarens ledning dras korrekt och fäst den med de nödvändiga klämmorna, anslut den till kontakten.

12 Montera hjulet, sänk därefter ner bilen på marken och dra åt hjulbultarna till angivet åtdragningsmoment.

Givare på bakhjul

Demontering

13 Klossa framhjulen, lyft upp bilens bakvagn och stöd den på pallbockar. Demontera det aktuella hjulet.

14 Demontera givaren enligt beskrivning i punkterna 7 och 8.

Montering

15 Montera givaren enligt beskrivning i punkterna 9 till 12.

Främre reluktorringar

16 De främre reluktorringarna sitter på hjulnavets baksida. Undersök om ringarna saknar några tänder, eller om tänderna är skadade. Om ringen behöver bytas måste hela navet tas isär och lagren bytas ut enligt beskrivning i kapitel 10.

Bakre reluktorringar

17 De bakre reluktorringarna är inpressade i bromsskivans insida. Undersök om ringarna saknar några tänder, eller om tänderna är skadade, och byt ut vid behov. Om ett byte är nödvändigt, demontera trumman/skivan enligt beskrivning i avsnitt 8 eller 9. Ta med den till en VW-verkstad som har tillgång till de specialverktyg som krävs för att ta bort den gamla ringen och pressa dit en ny ring.

Bromspedalens lägesgivare

Demontering

18 Jämna ut vakuumet i servon genom att trycka ner bromspedalen flera gånger. Även om det inte är absolut nödvändigt, rekommenderar vi att du demonterar huvudcylindern (se avsnitt 13) för att förbättra åtkomligheten.

19 Lossa batteriets negativa anslutning. Följ ledningen bakåt från lägesgivaren och lossa ledningen vid kontakten.

20 Använd en liten skruvmejsel och bänd försiktigt loss givarens klämma, dra därefter bort givaren från vakuumservons framsida. Ta vara på tätningsring och låsring.

Montering

21 Om en ny givare skall monteras, notera färgen på distansen som är monterad på originalgivaren, och montera en distans med samma färg på den nya givaren. Detta är viktigt för ABS-systemets funktion.

22 Montera den nya låsringen i spåret på vakuumservons framsida, placera dess ändgap över servosensorns nedre styrskåra.

23 Montera den nya tätningsringen på givaren och smörj in den med olja för att underlätta installationen.

24 Montera givaren på vakuumservon, rikta in givarens styrhack mot servons övre spår. Tryck in givaren i rätt läge tills den klickar på plats, och kontrollera att den hålls fast med låsringen.

25 Anslut givarens ledning och därefter batteriets negativa anslutning.

24.5 Kontrollera vid monteringen att spåret (vid pilen) är korrekt inriktat mot drevet

24 Vakuumpump (dieselmotorer) – demontering och montering

Demontering

1 Lossa fästklämman och koppla loss vakuumslangen från pumpens överdel.

2 Skruva loss fästbulten och ta bort pumpens fästbygel från motorblocket.

3 Ta bort vakuumpumpen från motorblocket och ta vara på O-ringen. Kasta O-ringen – en ny måste användas vid monteringen.

Montering

4 Montera den nya O-ringen på vakuumpumpen och olja in den för att underlätta monteringen.

5 För vakuumpumpen på plats och kontrollera att spåret i pumpdrevet är inriktat mot medbringaren på drevet **(se bild)**.

6 Montera fästbygeln och skruva fast skruven ordentligt.

7 Anslut vakuumslangen till pumpen och fäst den med klämman.

25 Vakuumpump (dieselmotorer) – test och renovering

1 Funktionen hos bromssystemets vakuumpump kan testas med en vakuummätare.

2 Koppla loss vakuumröret från pumpen och anslut mätaren till pumpens anslutning med en slang av lämplig längd.

3 Starta motorn och låt den gå på tomgång, mät därefter vakuumet som pumpen genererar. Som riktlinje gäller att efter en minut bör det uppmätta värdet visa ett minimum av cirka 500 mm Hg. Om mätvärdet ligger väsentligt under detta värde är pumpen sannolikt defekt. Rådfråga dock först en VW-verkstad innan pumpens döms ut.

4 Det går inte att renovera vakuumpumpen eftersom huvuddelarna till pumpen inte lagerförs separat; den enda reservdelen som finns att få är pumpkåpans tätningsring. Om pumpen är defekt måste hela enheten bytas ut.

Kapitel 10
Fjädring och styrning

Innehåll

Svårighetsgrader

Enkelt, passar novisen med lite erfarenhet	**Ganska enkelt,** passar nybörjaren med viss erfarenhet	**Ganska svårt,** passar kompetent hemmamekaniker	**Svårt,** passar hemmamekaniker med erfarenhet	**Mycket svårt,** för professionell mekaniker

Specifikationer

Främre fjädring

Typ	Oberoende, med MacPherson fjäderben med spiralfjädrar och teleskopiska stötdämare. Krängningshämmare på de flesta modeller.

Bakre fjädring

Typ	Tvärgående Torsionaxel med länkarmar. Fjäderben med teleskopiska stötdämpare. Krängningshämmare på vissa modeller.

Styrning

Typ	Kuggstångsstyrning. Servostyrning standard på vissa modeller, tillval på vissa.

Hjulsinställning och styrvinklar*

**Kontakta din VW-återförsäljare för senaste rekommendationer.*

Framhjul:	
Cambervinkel:	
2,0 liters modeller:	
GT specifikation	-40' ± 20'
L, CL och GL specifikation	-36' ± 20'
Alla andra modeller:	
GT specifikation	-36' ± 20'
L, CL och GL specifikation	-30' ± 20'
Max skillnad mellan sidorna (alla modeller)	20'
Castervinkel:	
2,0 liters modeller:	
GT specifikation	3° 25' ± 30'
L, CL och GL specifikation	1° 50' ± 30'
Alla andra modeller:	
GT specifikation	1° 50' ± 30'
L, CL och GL specifikation	1° 45' ± 30'
Max skillnad mellan sidorna (alla modeller)	30'
Toe-inställning	0° ± 10'

Hjulinställning och styrvinklar (forts)

Bakhjul:	
Cambervinkel	-1°30' ± 10'
Max skillnad mellan sidor	20'
Toe-inställning	20' ± 10'

Hjul

Typ	Pressat stål eller lättmetall (beroende på utförande)
Storlek:	
Hjul	5.5J x 13, 6J x 14, 6J x 15 eller 6.5J x 15
Reservhjul	3.5J x 14 eller 3.5J x 15

Däck

Lufttryck	se *Veckokontroller*
Storlekar:*	
Hjul:	
5.5J x 13 fälgar	175/70 R 13
6J x 14 fälgar	185/60 R 14, 195/60 R 14 eller 175/65 R 14
6J x 15 fälgar	195/50 R 15 eller 185/55 R 15
6.5J x 15 fälgar	195/50 R 15 eller 205/50 R 15
Reservhjul:	
3.5J x 14 fälgar	105/70 R 14
3.5J x 15 fälgar	115/70 R 15

**Se instruktionsboken, eller rådfråga VW-verkstad eller lämplig däckverkstad beträffande korrekt storlek för din bil.*

Åtdragningsmoment

	Nm
Framvagnsupphängning	
Fjäderben till hjulspindelbult, mutter	60
Fjäderbenets fjädersäte, fästmutter:	
2,0 liters modeller (GT specifikation)	60
Alla övriga modeller	40
Fjäderbenets övre fästmuttrar	60
Framvagnsramens fästbultar:	
Steg 1	70
Steg 2	Vinkeldra ytterligare 90°
Krängningshämmarlänk, mutter	25
Länkarmens bakre fästbult:	
Steg 1	70
Steg 2	Vinkeldra ytterligare 90°
Länkarmens ledbult:	
Steg 1	50
Steg 2	Vinkeldra ytterligare 90°
Länkaramens spindelled:	
2,0 liters modeller (GT specifikation):	
Fästbultar	35
Fästmutter	45
Alla övriga modeller:	
Fästbultar	35
Klämbultens mutter	50
Bakvagnsupphängning	
Bakaxel:	
Ledbultar	80
Fästbygelbultar	70
Bromssköld/axeltapp, fästbultar	60
Fjäderben:	
Övre fästets undre mutter	15
Övre fästets övre mutter	25
Undre fästets bult	70
Fjäderplatta, mutter	15
Styrning	
Mellanaxelns klämbultar	30
Mellanaxelns anslutningsstycke, muttrar	25
Servostyrningspump:	
Vridfäste och fästbygel, bultar	25
Fästbultar	25
Tillförselrör, anslutningsbult	30
Remskivans fästbultar	25

Åtdragningsmoment

	Nm
Styrning (forts)	
Styrväxel:	
Fästmuttrar	30
Servostyrningsrörens anslutningsmuttrar	30
Rattens mutter	50
Styrled:	
Fästmutter	35
Låsmutter	50
Hjul	
Hjulbultar	110

1 Allmän beskrivning

Den oberoende främre upphängningen är av typen MacPherson fjäderben, med spiralfjädrar och teleskopiska stötdämpare. Fjäderbenen är infästa i tvärmonterade länkarmar, med invändiga gummibussningar och spindelleder av kultyp vid de yttre ändarna. De främre hjulspindlarna, som bär upp hjullager, bromsok och nav/skiva, är infästa på fjäderbenen och anslutna till länkarmarna via spindellederna. En krängningshämmare är monterad på de flesta modeller. Krängningshämmaren är gummilagrad och ansluten till båda länkarmarna.

Den bakre upphängningen består av en Torsionaxel med fjäderben. På modeller med större motor är en krängningshämmare inbyggd i bakaxeln; den är ansluten till båda bakre länkarmarna och är placerad strax bakom axelns tvärbalk.

Rattstången har en kardanknut, och den är ansluten till styrväxeln via en andra kardanknut.

Styrväxeln är monterad på framvagnsramen, och den är ansluten till styrarmarna via styrstagen, som har styrleder i ändarna. Styrarmarna sticker ut bakåt från hjulspindlarna.

Servoassisterad styrning finns som standard på vissa modeller och som tillval på övriga modeller. Det hydrauliska styrsystemet trycksätts av en remdriven pump, som drivs via vevaxelremskivan.

2 Främre hjulspindel - demontering och montering

Observera: *Vid monteringen behövs en ny mutter till drivaxeln, nya muttrar till bultarna mellan fjäderben och hjulspindel, och en ny mutter till styrleden.*

Demontering

1 Demontera hjulsidan/navkapseln och lossa drivaxelns fästmutter medan bilen står på marken. Lossa även hjulbultarna

2 Klossa bakhjulen, dra åt handbromsen hårt, hissa därefter upp bilens framvagn och stöd den på pallbockar. Demontera framhjulet.

3 Skruva loss drivaxelns fästmutter och ta bort eventuell bricka.

4 På modeller med ABS-bromsar, demontera hjulgivaren enligt beskrivning i kapitel 9.

5 Om hjullagren skall demonteras, demontera då först bromsskivan enligt beskrivning i kapitel 9. Om så inte är fallet, demontera bromsklossarna på modeller med VW bromsok, eller skruva loss de två bultarna som fäster bromsoket på navet på modeller med Girling bromsok, och ta bort bromsoket från skivan (se kapitel 9). Bind upp bromsoket i spiralfjädern med snöre eller ståltråd för att undvika att belasta bromsslangen.

6 Lossa på muttern som fäster den yttre styrleden vid hjulspindeln, men låt den sitta kvar med några gängvarv. Lossa styrledens skaft med en spindelledsavdragare **(se bild)**. Ta bort muttern helt när skaftet har lossats.

7 Använd en lämplig markeringspenna och rita runt länkarmens ände, och markera spindelledens korrekta monteringsläge. Skruva loss spindelledens fästbultar och demontera fästplattan från länkarmen **(se bild)**. **Observera:** *På de flesta modeller är hålet till spindelledens inre fästbult skårat; på dessa modeller kan den invändiga bulten lossas, fästplattan och skruven lämnas på plats i armen, och spindelleden därefter lossas från bulten.*

8 Använd en lämplig markeringspenna och rita konturen runt varje bult som sitter mellan fjäderbenet och hjulspindeln, så att deras placering på fjäderbenet markeras. Skruva sedan loss bultar och muttrar **(se bild)**.

9 Lösgör hjulspindeln från fjäderbenet, dra därefter loss hjulspindeln utåt och ta bort drivaxelns yttre drivknut från hjulspindeln **(se bild)**. Den yttre knuten sitter mycket hårt – knacka ut knuten från navet med en mjuk

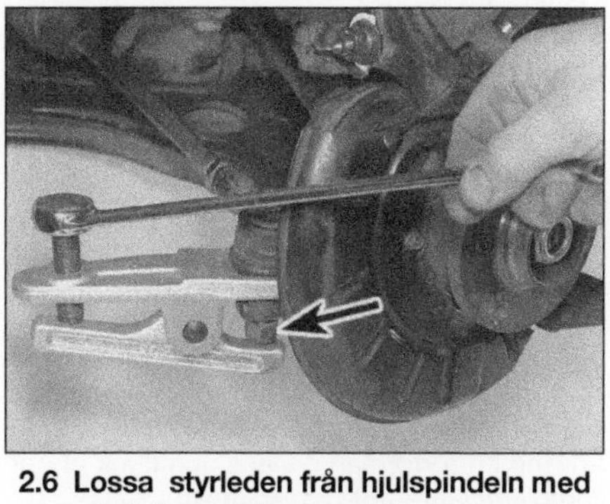

2.6 Lossa styrleden från hjulspindeln med en spindelledsavdragare. Låt muttern sitta kvar (vid pilen) för att skydda gängorna

2.7 Ta loss fästplattan från länkarmen

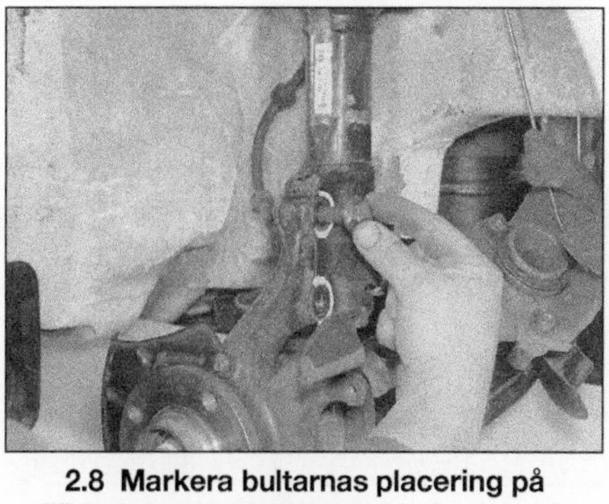

2.8 Markera bultarnas placering på fjäderbenet, ta sedan loss bultarna och muttrarna

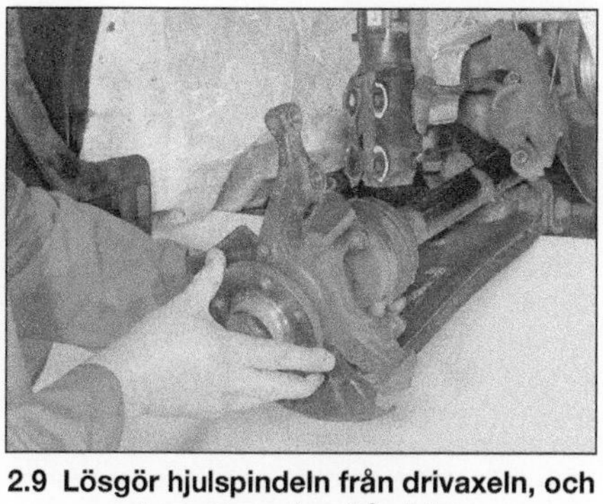

2.9 Lösgör hjulspindeln från drivaxeln, och demontera den från bilen

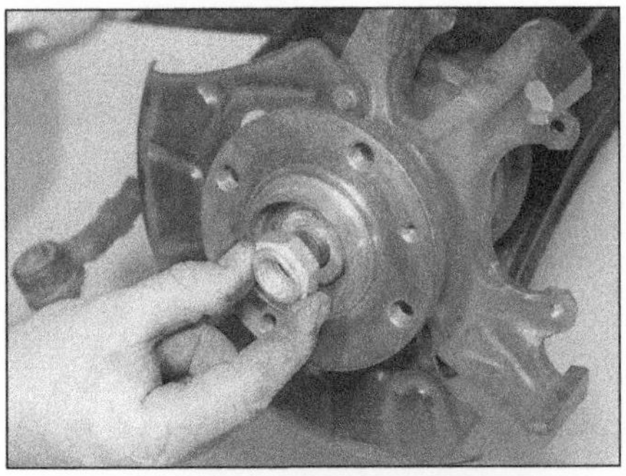

2.12 Montera brickan och drivaxelns mutter, använd muttern till att dra in knuten på plats fullständigt

klubba. Om knuten trots allt inte lossnar från navet måste den tryckas ut med en lämplig avdragare som skruvas på hjulnavet.

Montering

10 Observera att samtliga självlåsande muttrar som lossas vid demonteringen måste ersättas med nya. Dessa muttrar har gängor som är förbehandlade med låsvätska (bara effektivt en gång), och omfattar mutter till drivaxeln, mutter till styrleden, och muttrar till bultarna mellan fjäderbenet och hjulspindeln.

11 Kontrollera att den yttre knutens och hjulnavets splines är rena och torra. På alla modeller utom senare 2,0 liters (GT specifikation), ta bort all låsvätska från splinesen (på båda delarna), och lägg på en sträng lämplig låsvätska på knutens splines (VW rekommenderar låsvätska nr D 185 400 A2 - kan köpas från VW-återförsäljare). **Observera:** *På senare 2,0 liters modeller (GT specifikation), har hjulnavets splines modifierats (splinestopparna har planats ut för att minska ryck från drivaxeln) och låsvätska bör **inte** strykas på de yttre knutarnas splines.*

12 För in navet på plats och låt det haka i drivknuten. Kontrollera att gängorna är rena och stryk olja på den nya drivaxelmutterns kontaktyta. Sätt på eventuell bricka och därefter muttern, använd muttern till att dra in knuten på plats fullständigt **(se bild)**.

13 Låt hjulspindeln haka i fjäderbenet medan spindelleden riktas in mot länkarmen.

14 Sätt i bultarna mellan fjäderben och hjulspindel och sätt dit de nya muttrarna. Rikta in bultarna med märkena som gjordes före demonteringen och dra åt dem till angivet åtdragningsmoment.

15 Sätt i bultarna till länkarmens spindelled. Rikta in spindelleden mot märkena som gjordes före demonteringen, dra därefter åt bultarna till angivet åtdragningsmoment.

16 Placera styrleden i hjulspindeln, sätt därefter på ny fästmutter och dra åt den till angivet åtdragningsmoment.

17 Om så är aktuellt, montera bromsskivan på hjulnavet, se beskrivning i kapitel 9.

18 På modeller med VW bromsok, montera bromsklossarna. På modeller med Girling bromsok, för bromsoket på plats över bromsskivan, sätt därefter i bultarna och dra åt dem till angivet åtdragningsmoment (se kapitel 9).

19 Vid behov, montera ABS-hjulgivaren enligt beskrivning i kapitel 9.

20 Kontrollera att den yttre knuten har dragits in fullständigt och sitter på plats, montera därefter hjulet och sänk ner bilen på marken.

21 Dra åt drivaxelns mutter på korrekt sätt enligt beskrivning i avsnitt 2 i kapitel 8, dra därefter åt hjulbultarna till angivet åtdragningsmoment. **Observera:** *Avslutningsvis är det klokt att låta kontrollera och vid behov justera cambervinkeln.*

3 Främre navlager - byte

Observera: *Hjullagret har dubbla lagerbanor och är slutet, förjusterat och försmort, och avsett att hålla under bilens hela livslängd utan underhåll eller reparationer. Dra aldrig åt drivaxelns mutter hårdare än angivet åtdragningsmoment för att försöka "justera" lagret.*

Observera: *Enheten bör helst tas isär och sättas ihop med hjälp av en hydraulisk press; om ett sådant verktyg inte finns till hands går det dock att använda ett stort bänkskruvstäd och distanser (exempelvis stora hylsor). Lagrets inre banor har presspassning i hjulnavet; om den inre banan sitter kvar på hjulnavet när det trycks ut ur hjulspindeln behövs en särskild lageravdragare för att avlägsna den.*

1 Demontera hjulspindeln enligt beskrivning i avsnitt 2.

2 Stöd hjulspindeln säkert på block eller i ett skruvstäd. Använd en rörformad distans som endast vilar på navflänsens inre ände, tryck ut navflänsen ur lagret. Om lagrets utvändiga inre bana sitter kvar i navet, ta bort denna med en lageravdragare (se ovan). Om så behövs, lossa fästskruvarna och demontera ABS-rotorn från navet. Montera den nya rotorn och dra åt skruvarna ordentligt.

3 Ta bort lagrets låsring/låsringar från hjulspindeln **(se bild)**.

4 Stöd hjulspindelns yttre yta på säkert sätt. Använd en rörformad distans och tryck ut det kompletta lagret från hjulspindeln.

5 Rengör navet och hjulspindeln noggrant, ta bort alla spår efter smuts och fett, och polera bort eventuella filspån och kanter som kan ställa till problem vid ihopsättningen. Undersök om delarna har sprickor eller andra tecken på slitage eller skador och byt ut delar efter behov. Byt ut låsringen oavsett dess synliga skick.

6 Vid ihopsättningen, stryk på ett tunt lager molybdendisulfidfett (VW rekommenderar Molycote - kan köpas från närmaste VW-återförsäljare) på den yttre lagerbanan och hjulspindelns lageryta.

7 Stöd hjulspindeln på säkert sätt och placera lagret i navet. Tryck in lagret helt på plats och kontrollera att det trycks rakt in i hjulnavet, använd en rörformad distans som endast vilar på lagrets ytterbana.

8 När lagret väl är på plats skall det fästas på plats med en eller flera nya låsringar - se till att dessa hamnar korrekt placerade i hjulspindelns spår.

9 Stöd navflänsens yttre yta på säkert sätt, och placera innerbanan på hjulspindelns lager över navflänsens ände. Tryck fast lagret på hjulnavet med en rörformad distans som endast vilar på lagrets innerbana, tills det sitter mot hjulnavets ansats. Kontrollera att navflänsen roterar fritt och torka bort eventuell olja eller fett.

10 Montera hjulspindeln enligt beskrivning i avsnitt 2.

4 Främre fjäderben - demontering, renovering och montering

Observera: *Nya övre och undre fästmuttrar till fjäderbenet behövs vid monteringen.*

Demontering

1 Klossa bakhjulen, dra åt handbromsen, hissa upp framvagnen och stöd den på pallbockar. Demontera aktuellt hjul.

2 Använd en lämplig markeringspenna och rita konturen runt varje bult mellan fjäderben och hjulspindel så att deras lägen på fjäderbenet markeras. Skruva loss bultar och muttrar och lossa bromsslangen från fjäderbenet **(se bild)**.

3 Lossa plastkåpan (där sådan förekommer) från fjäderbenets övre fäste, skruva sedan loss den övre fästmuttern och ta vara på

3.3 Främre hjullagrets låsring tas bort

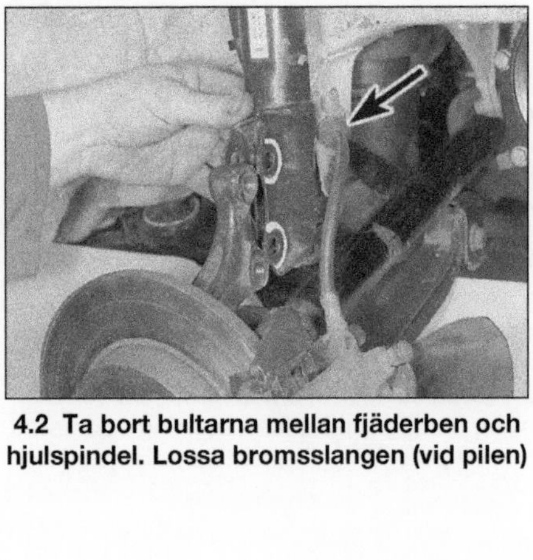

4.2 Ta bort bultarna mellan fjäderben och hjulspindel. Lossa bromsslangen (vid pilen)

4.3a Lyft upp plastkåpan . . .

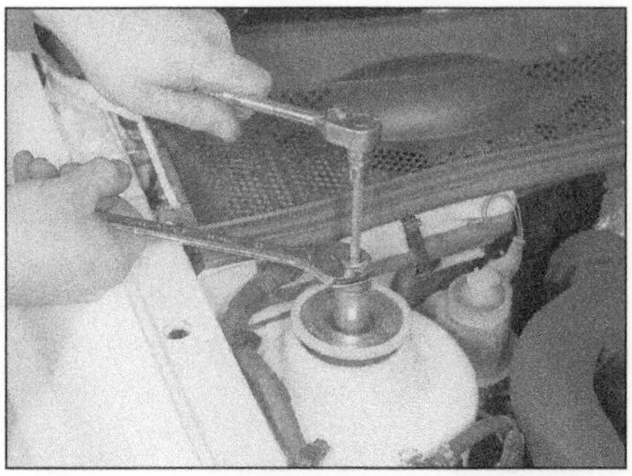

4.3b . . . skruva loss fjäderbenets övre fästmutter . . .

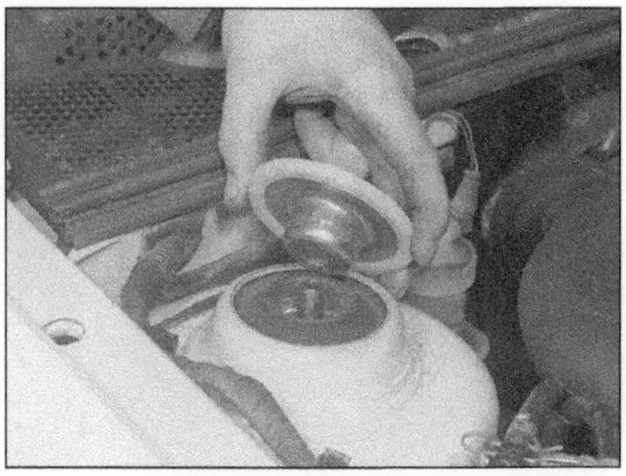

4.3c . . . och lyft bort stötdämparbussningen

stötdämparbussningen. Man kan behöva hålla fast kolvstången med en lämplig sexkantnyckel för att hindra att den roterar när muttern lossas **(se bilder)**.

4 Frigör fjäderbenet från hjulspindeln och ta ut det under hjulhuset. Vid behov, ta vara på bussningen längst upp på fjäderbenet.

Renovering

Varning: Innan framfjädern demonteras måste ett lämpligt verktyg anskaffas för att hålla spiralfjädern ihoptryckt. Justerbara fjäderkompressorer finns i handeln och rekommenderas för arbete av detta slag. Försök aldrig att ta isär ett fjäderben utan ett sådant verktyg, det kan lätt orsaka personskador eller skador på komponenter.

5 När fjäderbenet är demonterat från bilen, tvätta bort all utvändig smuts och montera det upprätt i ett skruvstycke.

6 Montera fjäderkompressorn och tryck ihop fjädern tills allt tryck har upphört på det övre fjädersätet. Fortsätt enligt beskrivning under aktuell rubrik.

2,0 liters modeller (GT specifikation)

7 Skruva loss fjädersätets fästmutter medan kolvstången hålls fast med en lämplig sexkantnyckel, demontera därefter lager och övre fjädersäte.

8 Demontera spiralfjädern och för därefter bort kolvstångens damask och anslagsgummi.

9 När fjäderbenet är fullständigt isärtaget, kontrollera samtliga delar beträffande slitage, skador eller deformation. Kontrollera också att lagret inte kärvar. Byt ut komponenter efter behov.

10 Kontrollera stötdämparen beträffande tecken på vätskeläckage. Undersök om kolvstången visar tecken på gropbildning och kontrollera även om själva stötdämparhuset är skadat. Håll stötdämparen upprätt och kontrollera dess funktion genom att flytta kolven genom ett fullständigt slag, och därefter genom korta slag på 50 till 100 mm. I båda fallen skall motståndet som då kan kännas vara jämnt och kontinuerligt. Om motståndet är ryckigt eller ojämnt, eller om det finns synliga tecken på slitage eller skador måste stötdämparen bytas ut.

11 Om spiralfjäderns kondition är tvivelaktig, ta försiktigt bort fjäderkompressorerna och undersök om fjädern är skev eller sprucken. Byt fjädern om den är skadad eller skev, eller om dess kondition är på minsta sätt tvivelaktig.

12 Undersök alla övriga komponenter beträffande tecken på skada eller slitage och byt alla komponenter som är i tvivelaktigt skick.

13 För på anslagsgummit och damasken på kolvstången.

14 Montera spiralfjädern på fjäderbenet och kontrollera att dess ände är korrekt placerad mot fjädersätets stopp.

15 Montera övre fjädersäte och lager och skruva fast muttern. Dra åt muttern till angivet åtdragningsmoment medan kolvstången hålls fast.

Alla övriga modeller

Observera: *En speciell skårad hylsa behövs för att ta bort och sätta tillbaka muttern till det övre fjädersätet; alternativ till VWs specialverktyg finns att köpa hos vissa verktygstillverkare (t.ex. Sykes Pickavant)* **(se Haynes tips)**.

16 Med den skårade hylsan, lossa och ta bort muttern från det övre fjädersätet och lyft bort fjäderfäste, övre fjädersäte och bricka.

HAYNES TiPS

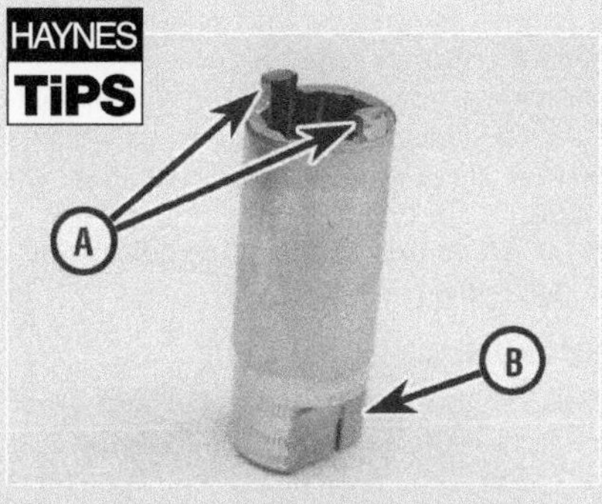

Om VWs specialverktyg inte finns till hands kan ett provisoriskt verktyg tillverkas av en djup 13 mm hylsa. Skär hylsans nedre ände så att två kuggar blir kvar (A) som kan gripa i skårorna i fjäderbenets mutter, och fila ned hylsans övre ände (B) så att den kan hållas fast med en öppen nyckel.

17 Lyft bort spiralfjädern och demontera anslagsgummit och gummidamasken från kolvstången.

18 Kontrollera fjäderbenets komponenter enligt beskrivning i punkterna 9 till 12.

19 Sätt ihop fjäderbenet genom att följa bilderna, börja med **bild 4.19a**. Se till att arbetet utförs i rätt ordning och läs texten under varje bild **(se bilder)**.

Montering

20 Kontrollera att bussningen (där sådan förekommer) sitter på plats uppe på fjäderbenet, manövrera därefter fjäderbenet på plats och låt det haka i hjulspindeln.

21 Se till att fjäderbenets övre ände är korrekt placerad, sätt därefter i bultarna mellan fjäderben och hjulspindel och sätt på nya muttrar.

22 Montera monteringsplattan ovanpå fjäderbenet och sätt dit den nya muttern. Dra åt

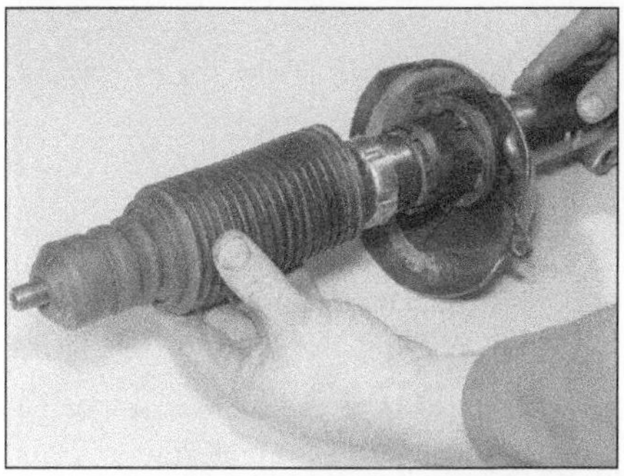

4.19a Trä anslagsgummit och damasken på kolvstången . . .

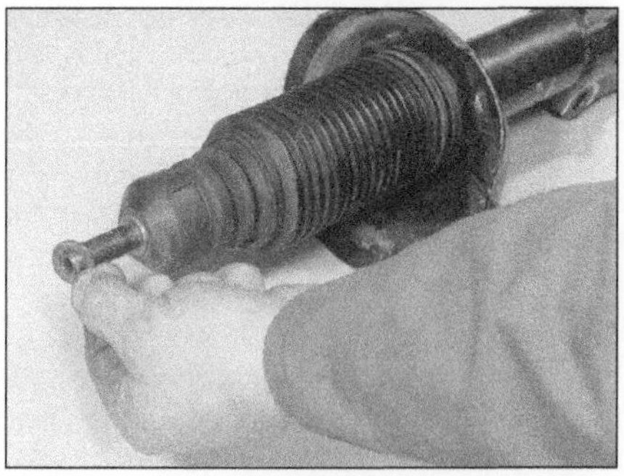

4.19b . . . och sätt brickan på kolvstången (forts. på nästa sida)

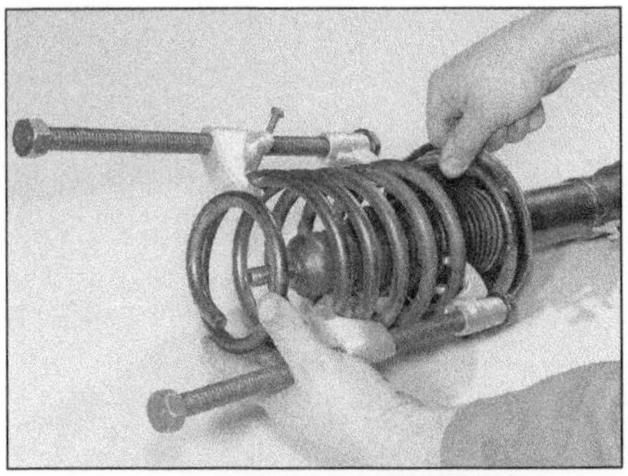

4.19c Montera fjädern på fjäderbenet . . .

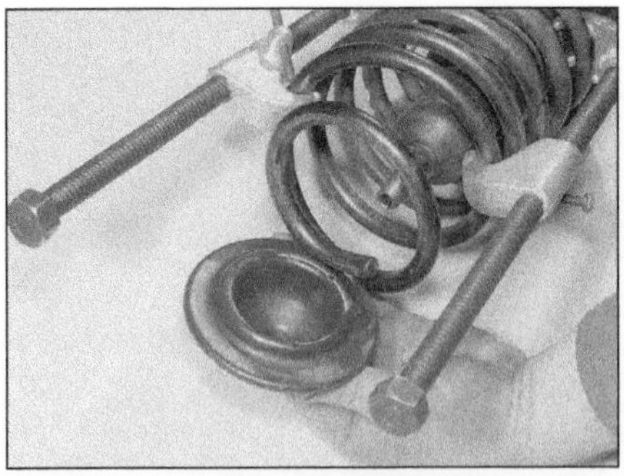

4.19d . . . och montera det övre fjädersätet överst på fjädern

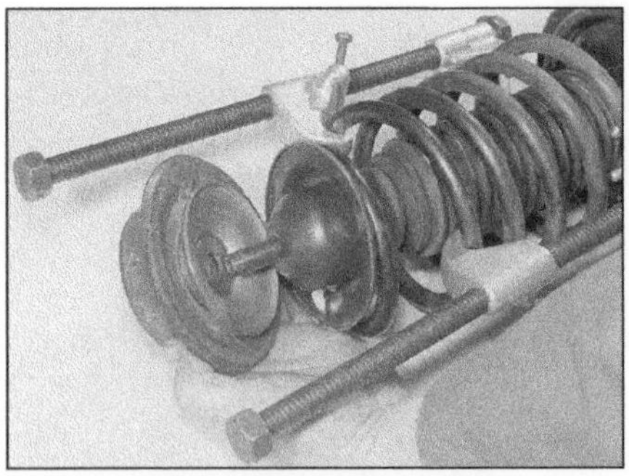

4.19e Sätt fjäderfästet på plats . . .

4.19f . . . och skruva fast den skårade muttern på kolvstången

4.19g Dra åt den skårade muttern till angivet åtdragningsmoment . . .

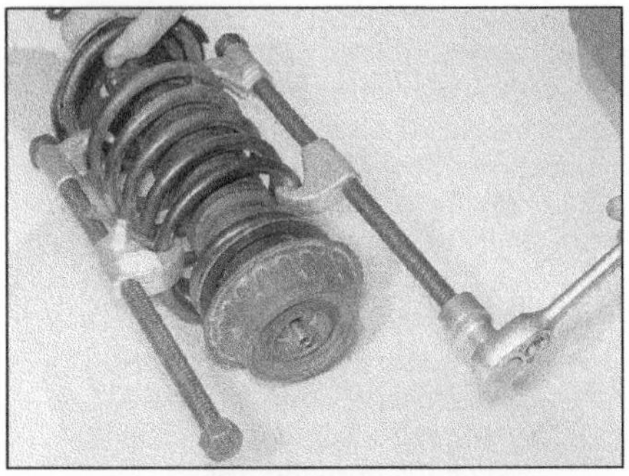

4.19h . . . och lossa försiktigt fjäderkompressorn. Se till att fjäderns ändar är korrekt placerade mot stoppen på sätena

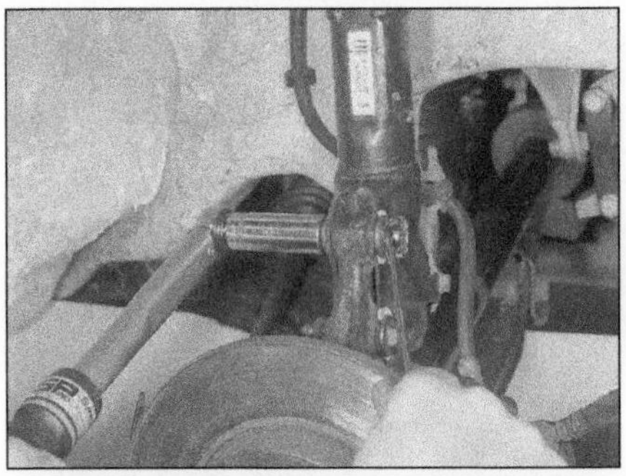

4.23 Rikta in bultarna mellan fjäderben och hjulspindel med hjälp av märkena och dra åt bultarna till angivet moment

muttern till angivet åtdragningsmoment och (i förekommande fall) montera kåpan.

23 Rikta in bultarna mellan fjäderben och hjulspindel med märkena som gjordes vid demonteringen, och dra åt muttrarna till angivet moment **(se bild)**. Kläm fast bromsslangen på fjäderbenet.

24 Montera hjulet och dra åt hjulbultarna till angivet åtdragningsmoment.

Observera: *Låt helst kontrollera och eventuellt justera cambervinkeln efter avslutat arbete.*

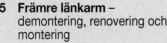

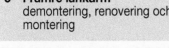

5 Främre länkarm – demontering, renovering och montering

Observera: *En ny ledbult och bakre fästbult kommer att behövas vid monteringen.*

Demontering

1 Klossa bakhjulen, dra åt handbromsen hårt, lyft därefter upp framvagnen och stöd den på pallbockar. Demontera aktuellt framhjul.

2 På 2,0 liters modeller (GT specifikation), skruva loss muttern (eller muttern och bulten i förekommande fall) som fäster krängningshämmarlänken vid den undre länkarmen, och lossa länken från armen.

3 På alla övriga modeller, demontera krängningshämmarlänken enligt beskrivning i avsnitt 8.

4 På samtliga modeller, använd en lämplig markeringspenna och rita konturen på länkarmens ände, så att du markerar spindelledens monterade läge. Skruva sedan loss spindelledens fästbultar och lyft bort fästplattan från länkarmens övre del.

5 Skruva loss länkarmens ledbult och bakre fästbult.

6 Sänk ner armen från sitt läge och demontera den under bilen.

Renovering

7 Rengör grundligt den undre länkarmen och ytan kring dess fästen. Avlägsna alla spår av smuts och underredsbehandling, kontrollera därefter beträffande sprickor, skevhet eller andra tecken på slitage eller skador och var speciellt noggrann med ledbultarnas och de bakre fästbultarnas bussningar. Om någon av bussningarna behöver bytas bör den undre länkarmen tas med till en VW-verkstad eller annan verkstad som förfogar över lämplig utrustning. En hydraulpress och lämpliga distanser krävs för att man ska kunna trycka ut bussningarna ur armen och installera de nya bussningarna.

Montering

8 Manövrera den undre länkarmen på plats och låt den gripa i spindelleden.

9 Sätt i en ny ledbult och en ny bakre fästbult.

10 Placera fästplattan ovanpå länkarmen, sätt därefter i bultarna till spindelleden. Rikta in spindelleden mot märkena som gjordes före demonteringen och dra åt bultarna till angivet åtdragningsmoment.

11 Dra åt bulten till den undre länkarmens bakre fäste till angivet moment för steg 1, därefter till vinkeln för steg 2 **(se bild)**. Dra bara åt ledbulten lite grann i detta läge.

12 På 2,0 liters modeller (GT specifikation), sätt tillbaka krängningshämmarlänkens mutter (eller mutter och bult) och dra åt den till angivet åtdragningsmoment.

13 På alla övriga modeller, montera tillbaka

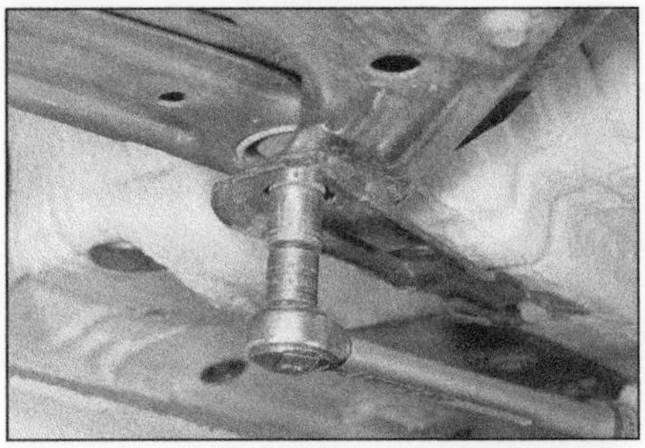

5.11 Den undre länkarmens bakre fäste dras åt till angivet åtdragningsmoment

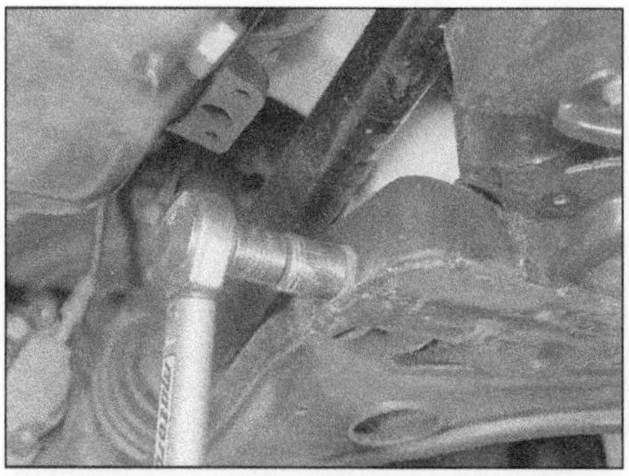

5.14 Dra åt länkarmens ledbult till angivet moment

6.11 Dra åt spindelledens bultar till angivet moment

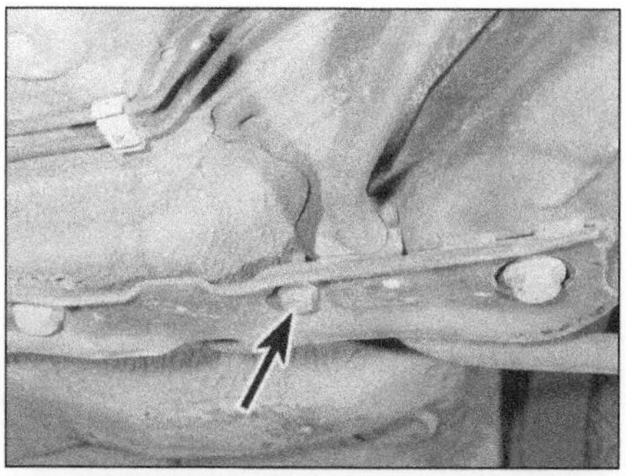

7.3 Bult (vid pilen) och fästbygel mellan krängningshämmare och framvagnsram

krängningshämmarlänkarna enligt beskrivning i avsnitt 8.

14 Montera hjulet, sänk därefter ner bilen och dra åt hjulbultarna till angivet åtdragningsmoment. Gunga bilen så att de rubbade komponenterna sätter sig ordentligt i respektive lägen, dra därefter åt bulten till den undre länkarmen till angivet åtdragningsmoment för steg 1, och därefter till vinkeln för steg 2 **(se bild)**. **Observera:** *Efter avslutat arbete är det en bra idé att låta kontrollera, och eventuellt justera, cambervinkeln.*

6 Främre länkarmens spindelled - demontering och montering

Observera: *En ny fästmutter/klämbultsmutter kommer att behövas vid monteringen.*

Demontering

1 Placera klossar vid bakhjulen, dra åt handbromsen hårt, lyft därefter upp framvagnen och stöd den på pallbockar. Demontera det aktuella framhjulet.

2 Skruva loss bultarna som fäster den inre drivaxelknuten vid växellådans fläns. Stöd drivaxeln genom att hänga upp den med ståltråd eller snöre - låt den inte hänga ned av sin egen tyngd.

3 Använd en lämplig markeringspenna och rita konturen på länkarmens ände, så att du markerar spindelledens monterade läge. Skruva därefter loss spindelledens fästbultar och lyft bort fästplattan från länkarmens övre del. **Observera:** *På de flesta modeller är hålet till spindelledens inre fästbult slitsat; på dessa modeller kan den inre bulten lossas medan fästplattan och skruven sitter kvar på plats i armen, varpå spindelleden lossas från bulten.*

4 Dra hjulspindeln utåt och lossa spindelleden från den undre länkarmen.

5 På 2,0 liters modeller (GT specifikation), lossa spindelledens fästmutter och skruva loss den tills den är belägen i nivå med slutet av gängorna på spindelledens skaft. Lossa spindelleden från hjulspindeln med en avdragare, skruva därefter loss muttern och ta bort spindelleden från bilen.

6 På alla övriga modeller, skruva loss muttern och ta bort spindelledens klämbult från hjulspindeln. Frigör spindelledens skaft från hjulspindeln och demontera den från bilen.

7 Kontrollera att spindelleden kan röra sig fritt utan att kärva. Kontrollera även att spindelledens damask inte visar tecken på slitage och att den inte är sprucken eller har delat sig. Byt slitna eller skadade delar vid behov.

Montering

8 På 2,0 liters modeller (GT specifikation), montera spindelleden på hjulspindeln och sätt på en ny mutter. Dra åt muttern till angivet åtdragningsmoment. Spindelledens skaft kan hållas fast med en insexnyckel om så behövs för att den inte skall rotera.

9 På alla övriga modeller, för in spindelleden i hjulspindeln och sätt i klämbulten. Montera en ny mutter på klämbulten och dra åt den till angivet åtdragningsmoment.

10 Rikta in spindelleden mot länkarmen och skjut in den på plats.

11 Sätt i spindelledens fästbultar. Rikta in spindelleden mot märkena som gjordes innan demonteringen, dra sedan åt bultarna till angivet åtdragningsmoment **(se bild)**.

12 Rikta in drivaxelns inre knut mot växellådans fläns och dra åt bultarna till angivet åtdragningsmoment (se kapitel 8).

13 Montera hjulet, sänk ner bilen på marken och dra åt hjulbultarna till angivet moment.

7 Främre krängningshämmare - demontering och montering

Demontering

1 Klossa bakhjulen, dra åt handbromsen hårt, hissa därefter upp framvagnen och stöd den på pallbockar. Demontera båda framhjulen.

2 Demontera båda krängningshämmarlänkarna enligt beskrivning i avsnitt 8.

3 Gör passmärken mellan bussningarna och krängningshämmaren, lossa därefter båda bultarna från krängningshämmarens fästbyglar **(se bild)**.

4 Demontera båda fästbyglarna från framvagnsramen och ta ut krängningshämmaren under bilen. Demontera bussningarna från krängningshämmaren.

5 Undersök krängningshämmarens delar noggrant beträffande tecken på slitage eller skada, var speciellt noga med bussningarna. Byt ut slitna delar efter behov.

Montering

6 Montera gummibussningarna på krängningshämmaren, rikta in dem mot märkena som gjordes innan demonteringen. Rotera varje bussning så att dess skåra är riktad bakåt.

7 Lyft upp krängningshämmaren och för den på plats. Montera fästbyglarna, kontrollera att ändarna är korrekt placerade i hakarna på framvagnsramen, och sätt i bultarna. Kontrollera att bussningarnas märken fortfarande är inriktade mot märkena på krängningshämmaren, dra därefter åt fästbyglarnas bultar.

8 Montera krängningshämmarlänkarna enligt beskrivning i avsnitt 8.

9 Montera hjulen, sänk ner bilen på marken och dra åt hjulbultarna till angivet moment.

8 Främre krängningshämmarlänk - demontering och montering

Demontering

2,0 liters modeller (GT specifikation)

1 Dra åt handbromsen hårt, lyft upp bilens framvagn och stöd den på pallbockar.

2 Lossa och ta bort muttern (eller muttern och bulten) som fäster krängningshämmarlänken på den undre länkarmen och lossa länken från armen **(se bild)**.

3 Skruva loss krängningshämmarlänkens

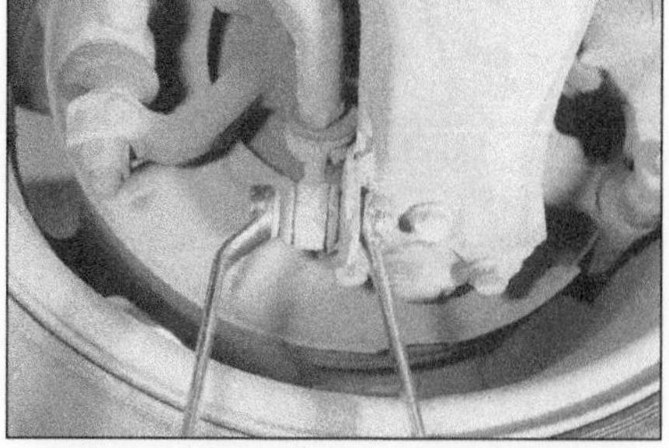

8.2 Skruva loss muttern (eller muttern och bulten) som fäster krängningshämmarlänken på den undre länkarmen

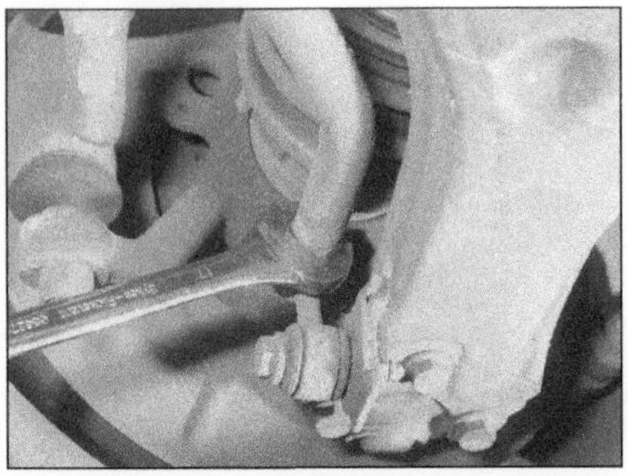

8.3 Skruva loss länken från krängningshämmarens ände

övre spindelled från krängningshämmarens ände och ta bort länken från bilen **(se bild)**.

4 På tidiga modeller (före april 1992), kontrollera att varje spindelled kan röra sig fritt utan tecken på kärvning. Kontrollera också att spindelledernas damasker inte visar några tecken på förslitning och att de inte är spruckna. På senare modeller (fr.o.m april 1992), undersök spindelleden enligt beskrivning och granska den undre bussningen beträffande tecken på skador eller förslitning. Byt slitna eller skadade delar efter behov.

Alla övriga modeller

5 Dra åt handbromsen hårt, lyft därefter upp bilens framvagn och stöd den på pallbockar.

6 Skruva loss och ta bort muttern och brickan som fäster krängningshämmarlänken vid den undre länkarmen. Ta bort den undre gummibussningen, notera åt vilket håll den sitter.

7 Lossa länken från krängningshämmarens ände och demontera den från länkarmen, tillsammans med den övre bussningen.

8 Undersök om bussningarna är skadade eller slitna och byt ut dem om det behövs. Krängningshämmarlänkens bussning kan tryckas ut ur länken. Bestryk den nya bussningen med diskmedel för att underlätta monteringen, och tryck in den på plats.

Montering

2,0 liters modeller (GT specifikation)

9 Skruva fast krängningshämmarlänkens övre spindelled i krängningshämmarens ände och dra åt den ordentligt.

10 Sätt på den undre muttern (eller muttern och bulten) och dra åt den till angivet åtdragningsmoment. Sänk ner bilen på marken.

Alla övriga modeller

11 Smörj in länkens gummi med diskmedel för att underlätta vid monteringen.

12 Montera den övre gummibussningen på länken, kontrollera att dess koniska sida är vänd mot den undre länkarmen.

13 Manövrera länken på plats och placera den på svängarmens ände.

14 Montera den undre gummibussningen med dess koniska sida vänd mot den undre länkarmen, montera därefter brickan med kragen vänd bort från gummibussningen.

15 Sätt på länkens fästmutter och dra åt den till angivet åtdragningsmoment, sänk därefter ner bilen till marken.

9 **Bakre nav** - demontering och montering

Det bakre navet är inbyggt i bromstrumman/skivan. Se beskrivning i kapitel 9 beträffande demontering och montering.

10 **Bakre navlager** - byte

1 Demontera den bakre bromstrumman/skivan (vilket som gäller) enligt beskrivning i kapitel 9.

2 På modeller med skivbromsar, bänd loss täckringen från navets baksida.

3 På samtliga modeller, använd en spårmejsel och bänd ut oljetätningen från navets baksida, notera åt vilket håll den är monterad.

4 Demontera det inre lagret från trumman/skivan.

5 Stöd navet och knacka ut det yttre lagrets ytterbana från sin plats **(se bild)**.

6 Vänd på trumman/skivan och knacka ut det inre lagrets ytterbana från sin plats.

7 Rengör navet noggrant och ta bort alla spår av smuts och fett, polera bort eventuella filspån eller kanter som kan ställa till problem vid monteringen. Undersök navets yta och leta efter sprickor eller andra tecken på slitage eller skada och byt ut det om så behövs. Lagren och oljetätningen måste bytas när helst de har rubbats, eftersom demontering av lager och tätningar sannolikt skadar de yttre banorna. Införskaffa nya lager, en oljetätning och en liten mängd specialfett från närmaste VW-återförsäljare.

8 Vid ihopsättningen, smörj ett tunt lager ren motorolja på utsidan av varje lagers ytterbana för att underlätta monteringen.

9 Stöd navet på ett säkert sätt och placera den yttre lagerbanan i navet. Knacka den yttre banan på plats och kontrollera att det går rakt in i navet, använd en lämplig rörformad distans som endast vilar på banans ytterkant **(se bild)**.

10 Vänd på trumman/skivan och montera den inre lagerbanan på samma sätt.

11 Kontrollera att de båda yttre lagerbanorna sitter korrekt i navet och torka av dem.

12 Fyll de båda koniska rullagren med fett och bestryk också de yttre banorna med fett **(se bild)**.

13 Montera det koniska rullagret på det inre lagrets yttre bana.

14 Tryck in oljetätningen i navets baksida, med tätningsläppen vänd inåt **(se bild)**. Placera tätningen så att den är i jämnhöjd med navytan, eller tills dess läpp ligger an mot navets baksida. Om det behövs kan tätningen knackas på plats med en lämpligt rörformad dorn som endast vilar mot tätningens hårda ytterkant.

15 På modeller med skivbromsar, tryck fast en ny täckring på navets baksida.

16 Vänd på trumman/skivan, montera det koniska rullagret på den yttre banan och sätt fast den tandade brickan.

17 Fyll navlagren med fett och montera bromstrumman/skivan enligt beskrivning i kapitel 9.

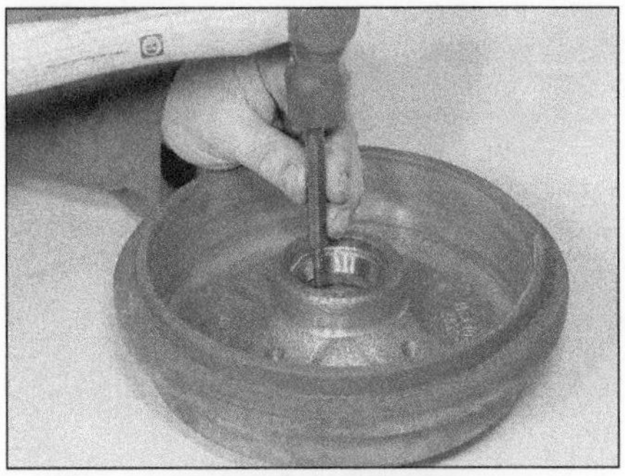

10.5 Driv ut de yttre lagerbanorna med hammare och dorn

10.9 Driv in de yttre banorna med en hylsa som endast vilar på lagerbanans ytterkant

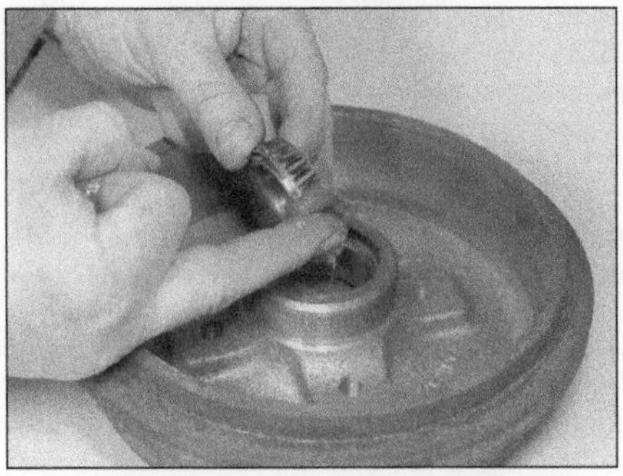

10.12 Fyll de koniska rullagren med fett innan de monteras på navet

10.14 Smörj in tätningens läppar och tryck in den i navets baksida

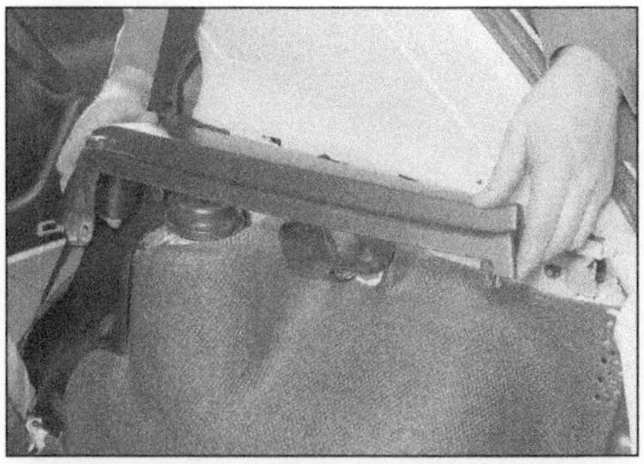

12.2 Demontera lastutrymmets klädsel för att komma åt fjäderbenets fäste (Golf)

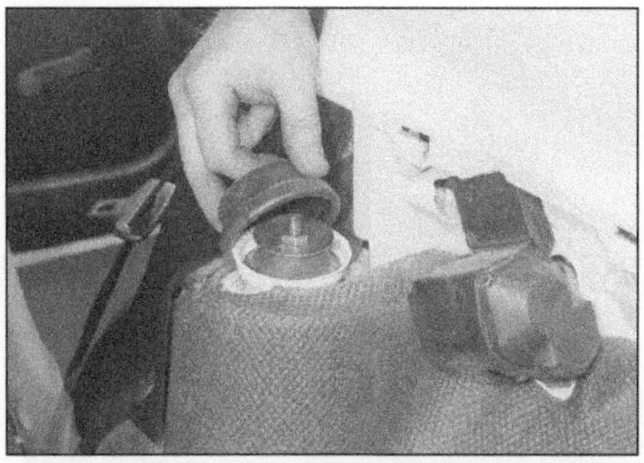

12.5 Ta bort täcklocket från fjäderbenets fäste

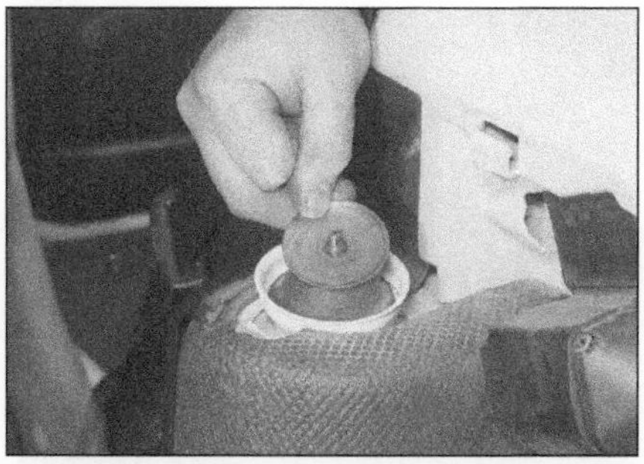

12.6 Skruva loss fästets övre mutter och ta bort den kupade brickan

11 Bakre axeltapp – demontering och montering

Demontering

1 Klossa framhjulen, lyft sedan upp bilens bakvagn och stöd den på pallbockar. Demontera aktuellt bakhjul.

Modeller med trumbromsar

2 Demontera bromstrumman enligt beskrivning i kapitel 9.

3 Minimera vätskeförlusten genom att ta bort locket till huvudcylinderns behållare och sätta tillbaka det igen över en bit plastfolie, för att åstadkomma en lufttät tätning. Använd alternativt en bromsslangtång eller liknande för att klämma ihop slangen vid närmaste lämpliga punkt till den aktuella hjulcylindern.

4 Torka bort alla spår av smuts runt bromsrörsanslutningen på hjulcylinderns baksida och skruva loss anslutningsmuttern. Ta försiktigt ut röret från hjulcylindern och plugga eller tejpa över dess ändar för att undvika att smuts tränger in. Torka omedelbart bort eventuellt spilld vätska.

5 Skruva loss bultarna som håller bromsskölden på plats, och ta bort den tillsammans med axeltappen.

6 Undersök axeltappens yta beträffande tecken på skador, såsom repbildning, och byt den om det behövs. Försök inte att räta ut axeltappen.

Modeller med skivbromsar

7 Demontera bromsskivan enligt beskrivning i kapitel 9.

8 Skruva loss bultarna som håller bromsskivans bromssköld på plats och demontera den tillsammans med axeltappen.

9 Undersök om axeltappen är repig eller på annat sätt skadad, och byt den om det behövs. Försök inte att räta ut axeltappen.

Montering

Modeller med trumbromsar bak

10 Kontrollera att axelns, axeltappens och bromssköldens kontaktytor är rena och torra. Kontrollera om bromsskölden är skadad eller sliten, och avlägsna eventuellt skägg med en fin fil eller polerduk.

11 Lyft upp axeltappen och bromsskölden, och montera brickorna och fästbultarna. Observera att brickorna är kupade och skall monteras med den konkava sidan mot bromsskölden. Dra åt bultarna till angivet åtdragningsmoment.

12 Lossa bromsröret, torka av det och anslut det till hjulcylinderns baksida. Dra åt bromsrörets anslutningsmutter ordentligt.

13 Ta bort bromsslangtången eller plastfolien, montera därefter bromstrumman enligt beskrivning i kapitel 9.

14 Lufta bromssystemet enligt beskrivning i kapitel 9. Förutsatt att säkerhetsåtgärder har vidtagits för att minimera bromsvätskeförlusten, bör det räcka att lufta endast den aktuella bakre bromsen.

Modeller med skivbromsar bak

15 Montera axeltappen och bromsskölden enligt beskrivning i punkterna 10 och 11.

16 Montera bromsskivan enligt beskrivning i kapitel 9.

12 Bakre fjäderben – demontering, renovering och montering

Demontering

1 Klossa framhjulen, lyft upp bilens bakvagn och stöd den på pallbockar. Demontera aktuellt bakhjul.

2 För att förbättra åtkomligheten på Golf-modellen, vik ryggstödet framåt, ta därefter bort bagageutrymmets täckpanel. Lossa muttrarna och demontera klädselpanelen från bagageutrymmets sida **(se bild)**.

3 För att förbättra åtkomligheten på Vento, lossa klädselpanelen på vänster dörrstolpe, börja längst ner, och ta bort den från stolpen. Skruva loss fästskruven längst upp på den bakre stolpens klädselpanel. Lossa den bakre änden av panelen från stolpen, skjut sedan panelen framåt för att haka loss dess klämmmor. Upprepa denna procedur på bilens högra sida, lossa därefter försiktigt hatthyllans klädsel och ta bort den från bilen.

4 På Golf Variant (kombi) vik baksätets ryggstöd framåt, lossa därefter ventilationspanelen från panelen i bagageutrymmet.

5 På alla modeller, ta bort täcklocket från det övre fjäderbensfästet **(se bild)**.

6 Skruva loss det övre fästets övre mutter och ta bort den kupade brickan. Notera åt vilket håll den är monterad **(se bild)**.

7 Skruva loss den undre muttern och lyft bort täckplattan, den övre stötdämparbussningen och den kupade brickan. Notera hur varje komponent är monterad **(se bilder)**.

8 Under bilen, skruva loss fjäderbenets nedre

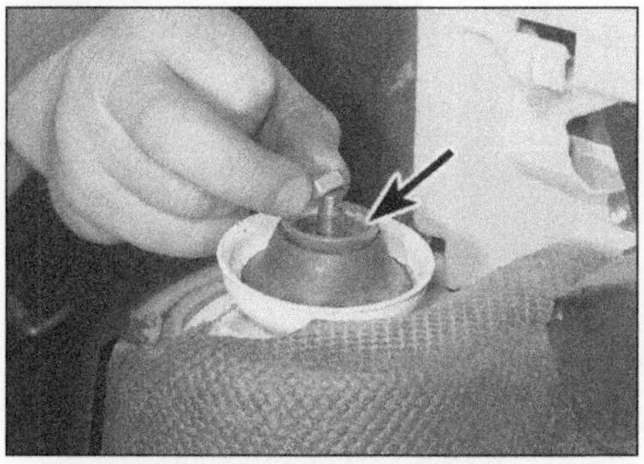

12.7a Skruva loss den undre muttern och lyft bort täckplattan (vid pilen) . . .

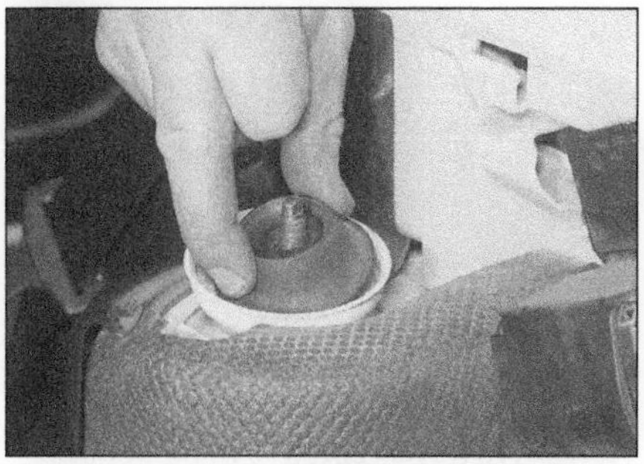

12.7b . . . följt av den övre bussningen . . .

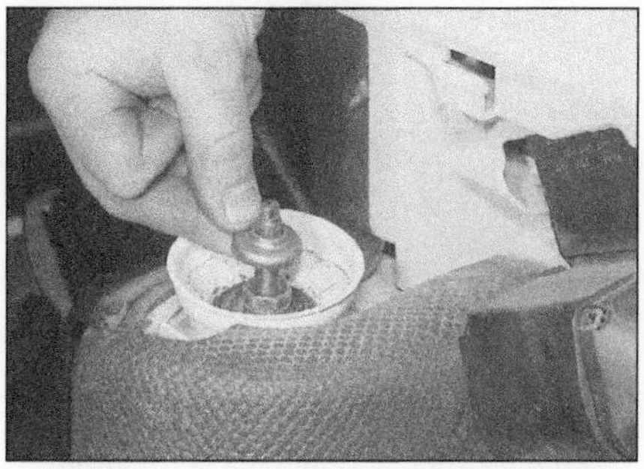

12.7c . . . och den kupade brickan

12.8a Frigör fjäderbenets undre del från länkarmen . . .

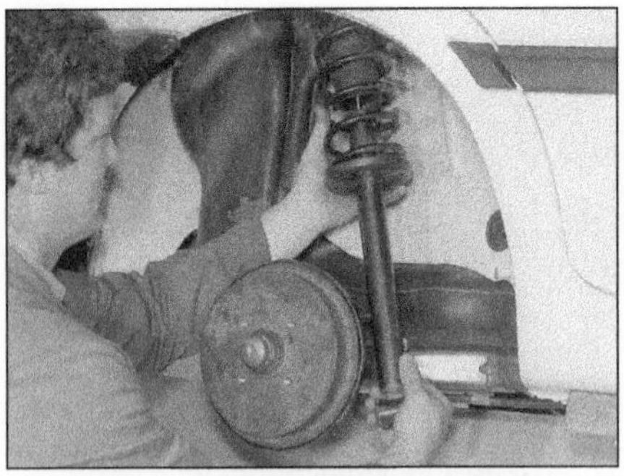

12.8b . . . ta bort fjäderbenet från hjulhuset . . .

12.8c . . . och ta vara på den undre bussningen från fjäderbenets övre ände

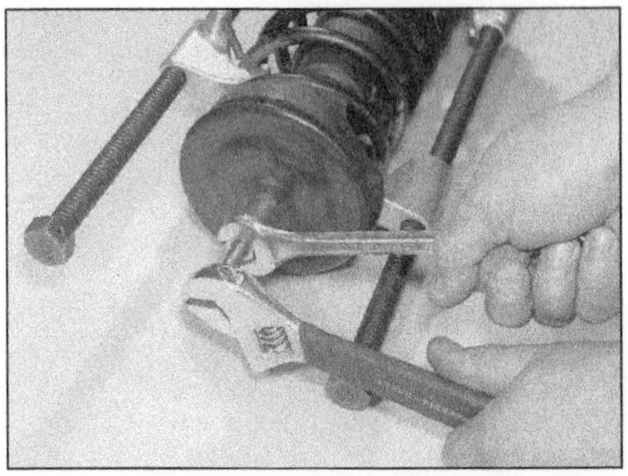

12.11 Håll stötdämparens kolvstång stilla med en öppen nyckel medan muttern till fjäderns fästplatta lossas

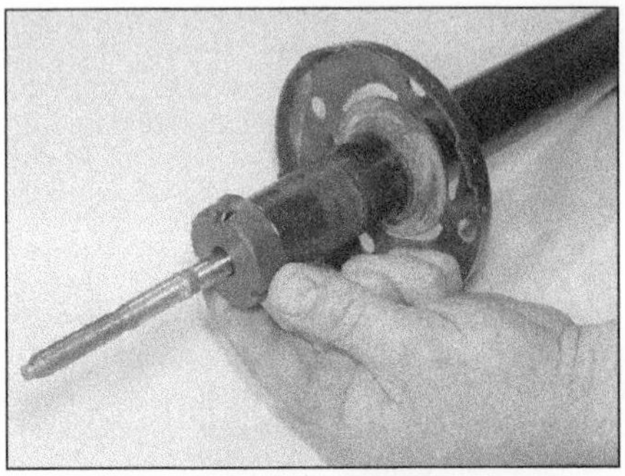

12.14a Kontrollera att fjädersätet är ordentligt fastklämt på fjäderbenet . . .

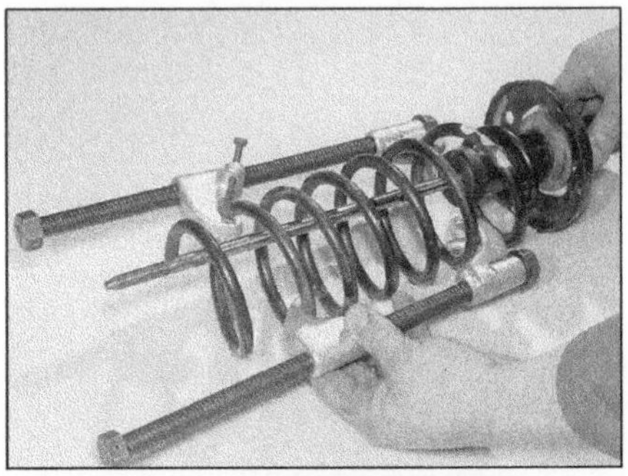

12.14b . . . och montera fjädern, kontrollera att den hamnar åt rätt håll

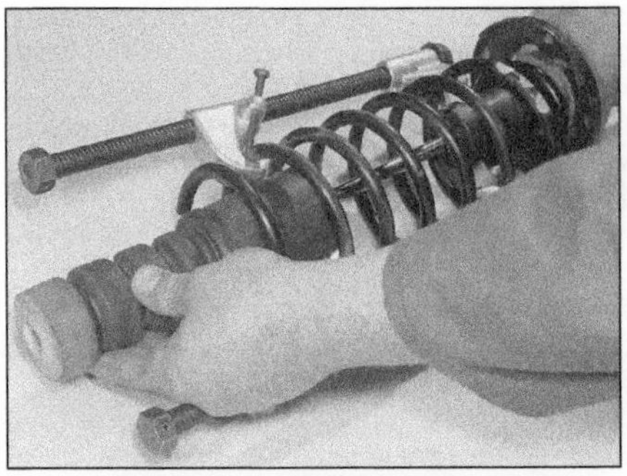

12.14c Trä på anslagsgummit och dammskyddet . . .

12.14d . . . och brickan på kolvstången

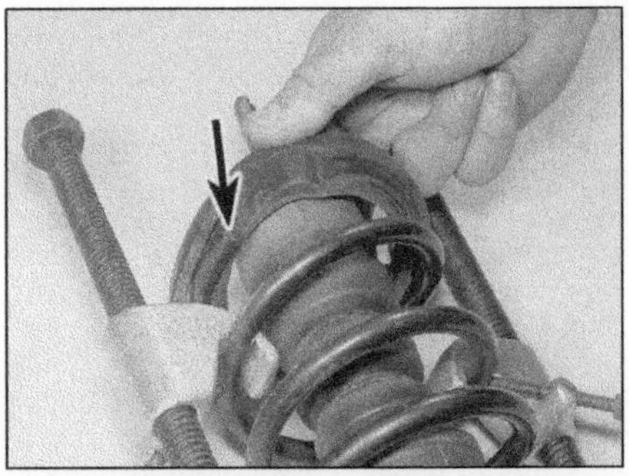

12.14e Montera gummifjädersätet och kontrollera att det hamnar korrekt över fjäderns ände (vid pilen) . . .

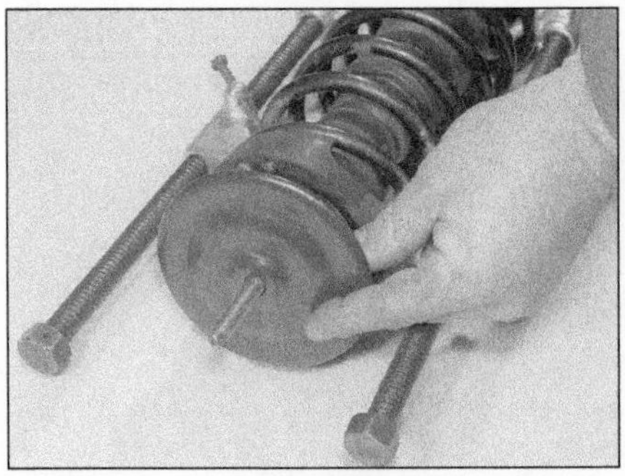

12.14f . . . och sätt tillbaka fästplattan

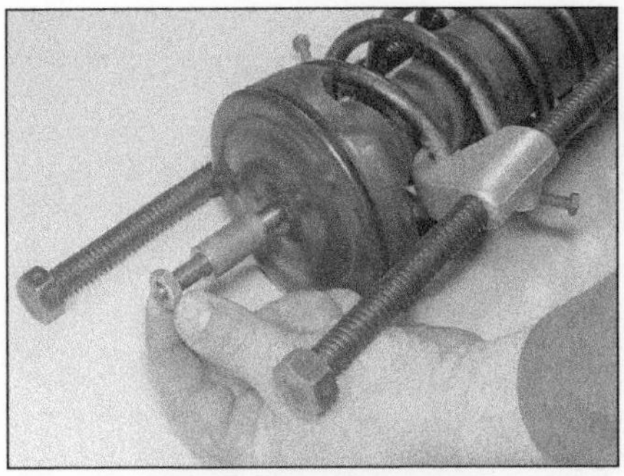

12.14g Trä på distansen, sätt dit muttern och dra åt den till angivet åtdragningsmoment

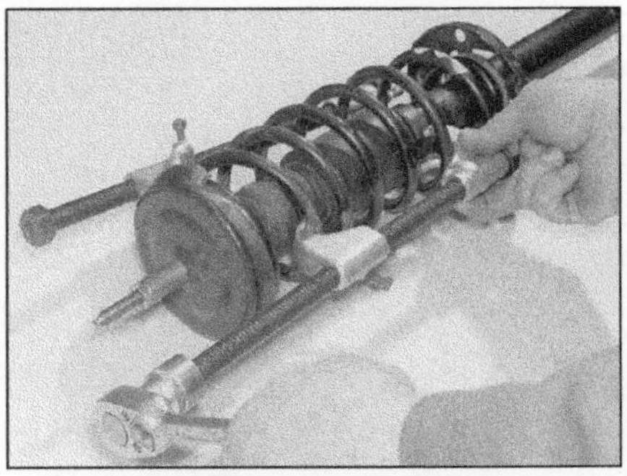

12.14h Lossa försiktigt fjäderkompressorerna och se till att fjäderns ändar är korrekt placerade

fästmutter och bult och ta ut fjäderbenet. Ta vara på den undre stötdämparbussningen från fjäderbenets övre ände **(se bilder)**.

Renovering

Varning: Innan fjäderbenet tas isär måste ett lämpligt verktyg anskaffas för att hålla spiralfjädern ihoptryckt. Justerbara fjäderkompressorer finns i handeln och rekommenderas för arbete av detta slag. Försök aldrig att ta bort en fjäder utan ett sådant verktyg, det kan lätt orsaka materiella eller personskador.

Golf och Vento

9 När fjäderbenet är demonterat från bilen, tvätta bort all utvändig smuts och montera därefter fjäderbenet upprätt i ett skruvstycke.

10 Montera fjäderkompressorn och tryck ihop fjädern tills all spänning har avlastats från det övre fjädersätet.

11 Skruva loss muttern från fjäderns fästplatta medan fjäderbenets kolvstång hålls fast med en öppen nyckel. Ta sedan bort distansen, fjäderns fästplatta, gummifjädersätet och brickan från fjäderbenet **(se bild)**.

12 Demontera fjädern och ta vara på anslagsgummit och dammskyddet.

13 Kontrollera fjäderbenets komponenter enligt beskrivning i punkterna 9 till 12 i avsnitt 4.

14 Vid ihopsättningen av fjäderbenet, följ bilderna och börja med **bild 12.14a**. Se till att arbetet utförs i rätt ordningsföljd och läs noggrant texten under bilderna **(se bilder)**.

Golf Variant

15 Utför arbetsmomenten som beskrivits i punkterna 9 och 10.

16 Skruva loss muttern till fjäderns fästplatta medan fjäderbenets kolvstång hålls fast med en insexnyckel, demontera därefter fästplattan och gummifjädersätet.

17 Lyft bort fjädern och demontera anslagsgummit.

18 Kontrollera fjäderbenets komponenter enligt beskrivningen i punkterna 9 till 12 i avsnitt 4.

19 Vid ihopsättningen, montera fjäder och anslagsgummi på fjäderbenet, montera därefter gummifjädersätet och kontrollera att det hamnar korrekt mot fjäderns ände. Montera fästplattan och dra åt muttern till angivet åtdragningsmoment.

Montering

20 Montera den undre stötdämparbussningen i fjäderbenets övre ände och manövrera fjäderbenet på plats. Kontrollera att fjäderbenets övre ände är korrekt placerad, sätt i den undre bulten och dra åt dess mutter för hand så länge.

21 Arbeta inifrån bilen, sätt tillbaka brickan, den övre stötdämparbussningen och täckplattan. Observera att bussningen ska monteras med dess koniska och räfflade yta nedåt, och täckplattan med dess konvexa yta mot gummit.

22 Montera det övre fästets undre mutter, och dra åt den till angivet åtdragningsmoment.

23 Montera den kupade brickan med dess konvexa yta nedåt, sätt därefter tillbaka den övre muttern och dra åt den till angivet åtdragningsmoment **(se bild)**. Montera de klädselpaneler som tagits bort tidigare.

24 Montera hjulet, sänk ner bilen på marken och dra åt hjulbultarna till angivet åtdragningsmoment.

25 När bilen står på marken, gunga den så att fjäderbenet får sätta sig ordentligt på plats, dra därefter åt det undre fästets bult till angivet åtdragningsmoment.

13 Bakre krängningshämmare - demontering och montering

Den bakre krängningshämmaren (där sådan förekommer) löper längs hela bakaxeln. Den är en inbyggd del av axeln och kan inte demonteras. Om krängningshämmaren skadas, vilket dock är osannolikt, måste hela axelenheten bytas.

14 Bakaxel - demontering och montering

Demontering

1 Klossa framhjulen, lyft sedan upp bilens bakvagn och stöd den på pallbockar. Demontera båda bakhjulen.

2 Se beskrivning i kapitel 9, och lossa handbromsvajerns justermutter helt.

3 På modeller med trumbromsar bak, lossa båda vajrarna från handbromsarmen. Under bilen, följ vajrarna hela vägen och lossa dem från alla klämmor som håller dem till underredet.

4 På modeller med skivbromsar bak, lösgör ändarna av handbromsvajrarna (innervajer) från handbromsarmarna på oken. Ta sedan bort fästklämmorna och lossa vajrarna från oken. Följ vajrarna och lossa dem från fästklämmorna på axeln.

5 På modeller med ABS-bromsar, koppla loss systemets hjulgivare vid kontakterna och lösgör dem från eventuella fästklämmor så att de kan demonteras tillsammans med axeln.

6 Se beskrivning i kapitel 9. På modeller med tryckavkännande bromsregleringsventiler, följ bromsrören bakåt från bromsoket/bromsskölden till respektive anslutningar som är belägna strax framför bakaxeln. På modeller med lastavkännande bromsregleringsventil, avlägsna alla spår av smuts från ventilen och märk rören för att kunna identifiera dem. På alla modeller, lossa anslutningsmuttrarna och koppla loss rören. Plugga igen rörändarna för att minimera vätskeförlusten och för att undvika att det kommer in smuts i systemet.

12.23 Kontrollera att det övre fästets alla delar är korrekt placerade och dra åt den övre muttern till angivet moment

Ta bort alla klämmor som fäster rörets bakre del vid underredet.

7 Kontrollera en sista gång att alla berörda komponenter har demonterats och placerats så att de inte hindrar demonteringen, placera därefter en garagedomkraft i mitten under bakaxeln. Hissa upp domkraften tills den bär upp axelns tyngd.

8 Använd en lämplig markeringspenna och markera bultarnas läge på fästbygeln.

9 Skruva loss och ta bort bult och mutter från det nedre fjäderbensfästet, både på höger och vänster sida.

10 Skruva loss bultarna från axelns fästbygel, och sänk försiktigt ner domkraft och axel från dess läge och ta ut axeln under bilen. **Observera:** *Lossa inte axelns ledbultar om det inte är absolut nödvändigt; om bultarna skall lossas, gör i så fall riktmärken mellan fästbygeln och axeln innan de lossas. Vid monteringen, kontrollera att fästbyglarna placeras korrekt i förhållande till axeln, dra därefter åt ledbultarna till angivet moment.*

11 Kontrollera axelfästena beträffande tecken på skador eller förslitning. Om byten behöver utföras bör uppgiften överlåtas till en VW-verkstad som förfogar över de specialverktyg som krävs för att trycka ut de gamla bussningarna och installera nya.

Montering

12 Höj upp bakaxeln till rätt position och sätt i fästbyglarnas bultar

13 Sätt fjäderbensfästenas bultar och muttrar på plats och dra åt dem för hand.

14 Placera axeln så att fästbygelbultarna hamnar mitt i skårorna. Låt en medhjälpare sätta i en lämplig hävarm mellan den vänstra fästbygeln och bänd bussningen inåt tills endast ett litet spel återstår mellan bussningens innerkant och fästbygeln. Håll axeln på plats i detta läge och dra åt fästbygelns bultar till angivet moment.

15 Återstoden av monteringen följer demonteringen i omvänd ordningsföljd, notera dock följande punkter:

a) Kontrollera att bromsrör, handbromsvajrar och kablage (i förekommande fall) är korrekt dragna och fästa på plats med respektive klämmor.

b) Dra åt bromsrörens anslutningsmuttrar ordentligt.

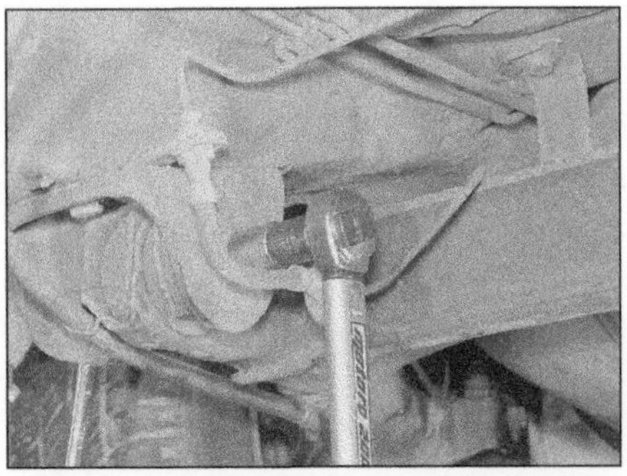

14.15a När bilen står på marken, dra åt bakaxelns ledbultar . . .

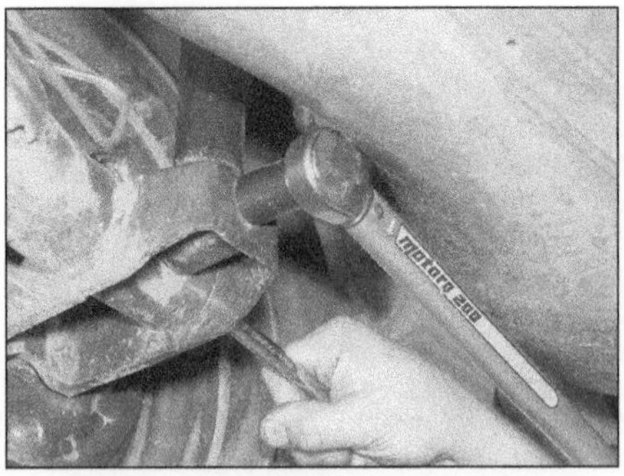

14.15b . . . samt fjäderbenens nedre fästbultar till angivet moment

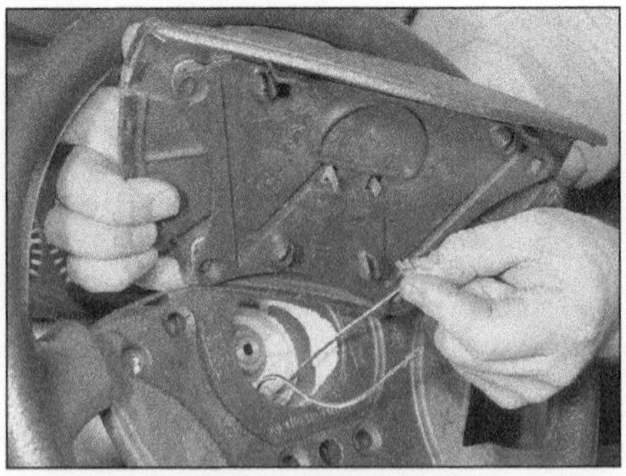

15.2 På modell utan krockkudde, bänd loss signalhornets täckplatta och lossa kontakterna

15.3 Skruva loss muttern . . .

c) Justera handbromsvajern enligt beskrivning i kapitel 9.

d) Avslutningsvis, sänk ner bilen på marken och lufta bromssystemet enligt beskrivning i kapitel 9.

*e) Lossa axelns ledbultar, gunga sedan bilen så att alla delar får sätta sig på plats. Dra åt bultarna till de nedre fjäderbensfästena samt axelns ledbultar till angivna åtdragningsmoment **(se bilder)**.*

15 Ratt - demontering och montering

Demontering

1 Rikta framhjulen rakt framåt och lås upp rattlåset genom att sätta i startnyckeln.

Modeller utan krockkudde

2 Bänd loss signalhornets täckplatta från rattnavet och lossa kontakterna från signalhornet **(se bild)**.

3 Skruva loss rattens fästmutter **(se bild)**.

4 Märk ratten och rattstången i förhållande till varandra, lyft därefter bort ratten från rattstångens splines **(se bild)**. Om den sitter fast väldigt hårt, knacka upp den med handflatan nära mitten, eller vrid den från sida till sida medan den dras uppåt så att den lossnar från rattstången.

Modeller med krockkudde

5 Demontera krockkudden från ratten enligt beskrivning i kapitel 12.

6 Skruva loss fästskruvarna och ta bort övre och undre rattstångskåpa.

7 Följ ledningen bakåt från krockkuddens kontakt i ratten och lossa den vid kontaktdonet.

8 Demontera ratten enligt beskrivning i punkt 3 och 4 ovan.

9 När ratten är demonterad, rotera kontaktringen något så att dess kontaktdon hamnar längst ner (ratten i läge rakt fram); på detta sätt låses kontaktenheten i ett centralt läge och kan inte vridas.

Montering

Modeller utan krockkudde

10 Montering sker i omvänd ordningsföljd, rikta in markeringarna som gjordes vid demonteringen. Dra åt rattmuttern till angivet åtdragningsmoment.

Modeller med krockkudde

11 Sätt ratten på plats, se till att kontaktdonet är i rätt läge, och låt ratten haka i rattstången.

12 Sätt tillbaka rattens mutter och dra åt den till angivet åtdragningsmoment.

13 Anslut kontaktenhetens anslutningsdon och kontrollera att kablaget är korrekt draget.

14 Montera rattstångskåporna och dra åt skruvarna ordentligt.

15 Montera krockkudden enligt beskrivning i kapitel 12.

16 Rattstång - demontering, kontroll och montering

Observera: *Nya skruvar till rattstången och nya muttrar till mellanaxelns fästplatta skall användas vid monteringen.*

Demontering

1 Lossa batteriets negativa anslutning.

2 Demontera ratten enligt beskrivning i avsnitt 15.

3 Demontera rattstångens kombinationsbrytare enligt beskrivning i kapitel 12, avsnitt 4.

4 Tryck in låsknapparna och lossa säkringsdosans lock under instrumentbrädans nedre panel på förarsidan. Bänd försiktigt loss den smala panelen längst upp på instrumentbrädans nedre panel. Skruva därefter loss den nedre panelens alla fästskruvar, dra panelen försiktigt nedåt för att lossa den från instrumentbrädan och ta ut den ur bilen **(se bilder)**.

15.4 . . . och dra loss ratten från rattstångens splines

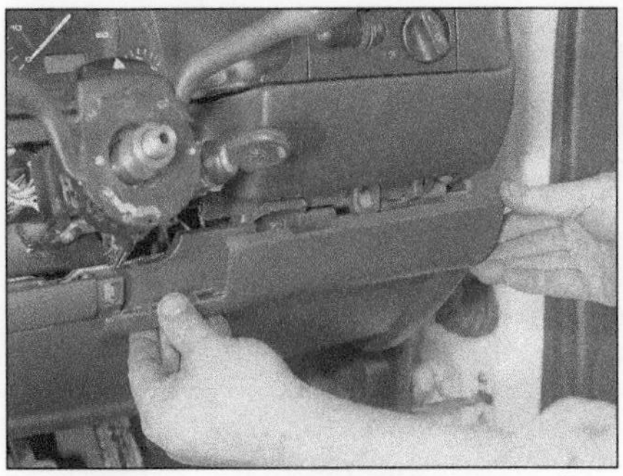

16.4a Lossa den mindre panelen

16.4b Skruva loss skruvarna och demontera den undre delen av instrumentbrädan

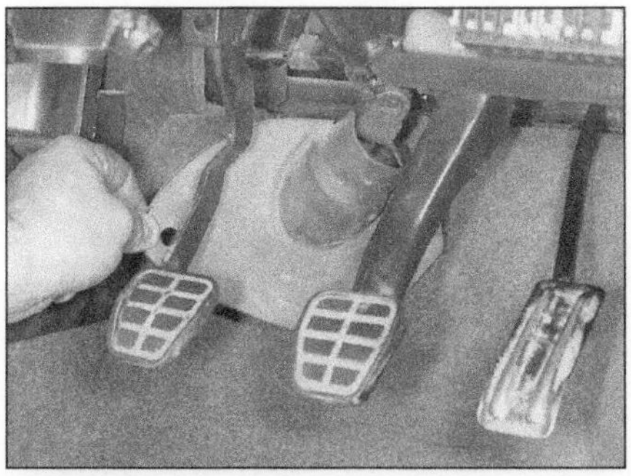

16.6 Bänd loss klämman och demontera skyddskåpan längst ner på rattstången

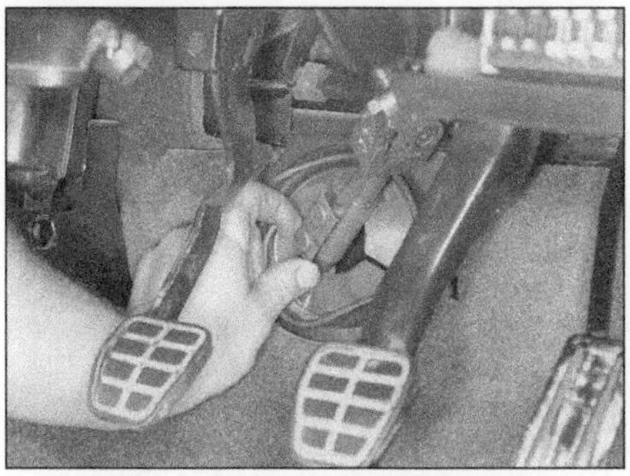

16.7b . . . ta bort fästplattan . . .

5 Koppla loss kontaktdonet från tändningslåset, frigör därefter kablaget från dess klämmor på rattstången.

6 Bänd loss klämman och ta bort skyddskåpan längst ner på rattstången **(se bild)**.

7 Skruva loss muttrarna från mellanaxelns skarvstycke och ta bort fästplattan. För skarvstycket uppåt, ta isär mellanaxelns halvor och ta vara på skarvstycket **(se bilder)**.

8 Rattstången är fäst med brytbultar. Bultarna kan lossas med hammare och lämplig huggmejsel, knacka på bultskallarna tills de kan skruvas loss för hand **(se bild)**. Alternativt, borra ett hål i mitten av varje bultskalle och ta bort dem med en skruvutdragare.

9 Dra rattstången uppåt och bort från torpedväggen så att den undre klämman kan lossas, ta ut rattstången ur bilen **(se bild)**.

Kontroll

10 Rattstången har en teleskopisk säkerhetsfunktion. Vid en frontalkollision kollapsar stången och hindrar att föraren skadas av ratten. Innan rattstången monteras, undersök rattstång och fästen beträffande tecken på skador och deformation, byt ut den vid behov.

11 Undersök om rattstångsbussningarna är glappa. Om bussningarna är skadade eller glappar, måste hela rattstången bytas ut som en enhet. Undersök mellanaxelns knut enligt beskrivning i avsnitt 18.

Montering

12 Sätt rattstången på plats och kläm åt den nedre fästklämman hårt i torpedväggen.

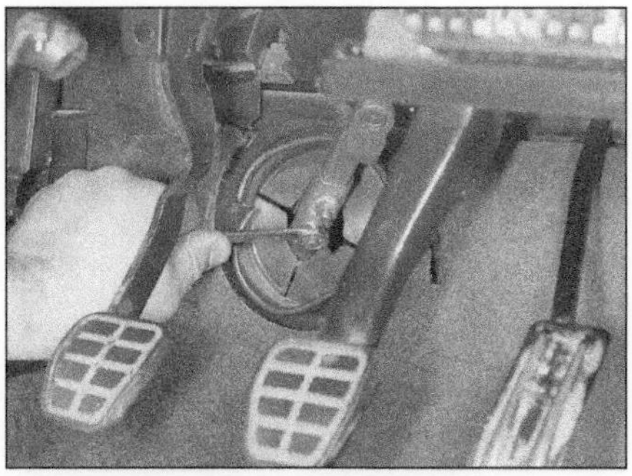

16.7a Skruva loss båda muttrarna . . .

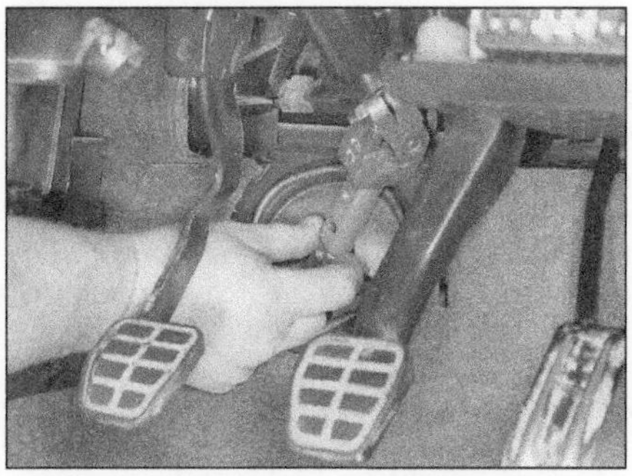

16.7c . . . och ta bort skarvstycket som håller ihop mellanaxelns halvor

13 Sätt i de nya brytbultarna och dra åt dem jämnt tills deras skallar vrids av **(se bilder)**.

14 Placera mellanaxelns skarvstycke på axelns övre del, rikta därefter in axelns halvor och förena dem med skarvstycket. Sätt dit fästplattan och de nya muttrarna och dra åt dem till angivet åtdragningsmoment.

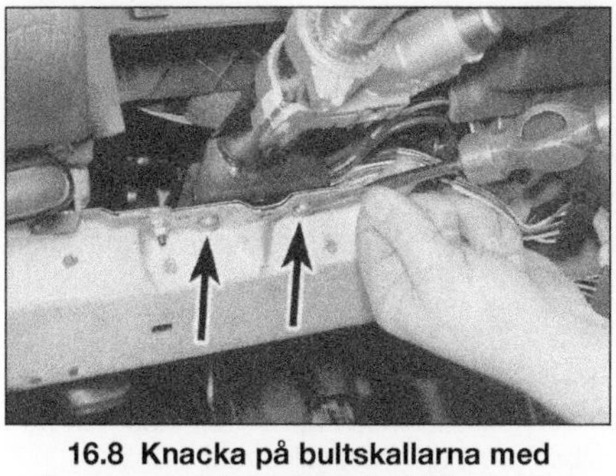

16.8 Knacka på bultskallarna med hammare och huggmejsel tills de kan skruvas bort för hand

16.13a Fäst rattstången på plats med nya bultar . . .

15 Sätt tillbaka skyddskåpan längst ner på rattstången och fäst med klämman.

16 Kontrollera att kablaget är korrekt draget och fäst det på plats med klämmorna på rattstången. Anslut tändningslåsets kablage.

17 Montera instrumentbrädans undre panel, dra åt dess skruvar hårt och fäst sedan den smalare täckpanelen och säkringsdosans lock med klämmorna.

18 Montera kombinationsbrytarna enligt beskrivning i kapitel 12.

19 Montera ratten enligt beskrivning i avsnitt 15.

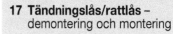

17 Tändningslås/rattlås – demontering och montering

Observera: *En ny bult kommer att behövas till låset vid monteringen.*

Demontering

1 Lossa batteriets negativa anslutning. Sätt in startnyckeln i låset och vrid den så att rattlåset lossas.

2 Demontera ratten enligt beskrivning i avsnitt 15.

3 Skruva loss skruvarna och demontera övre och undre rattstångskåpor.

4 Lossa kablagekontakterna från rattaxelns kombinationsbrytare. Lossa skruvarna och demontera båda brytarna.

5 Använd en lämplig avdragare och dra försiktigt loss den splinesförsedda kragen från

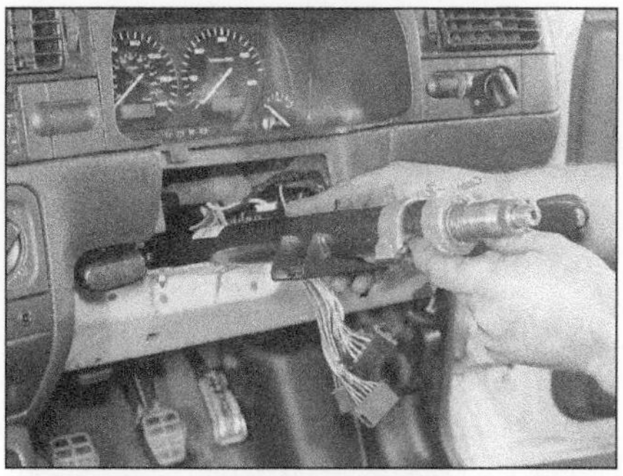

16.9 Lyft ut rattstången och ta ut den ur bilen

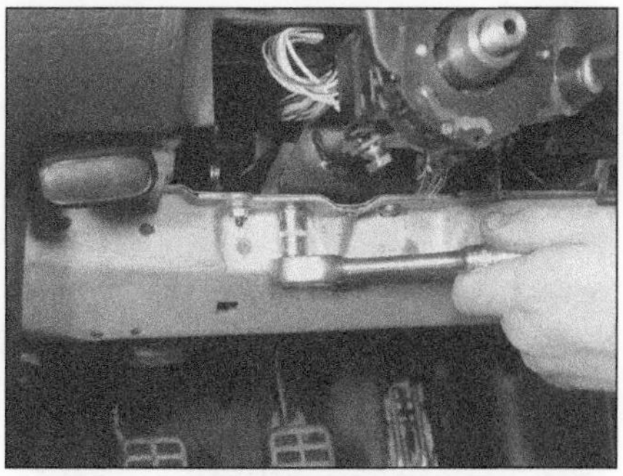

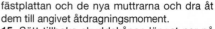

16.13b . . . och dra åt båda bultarna tills deras skallar vrids av

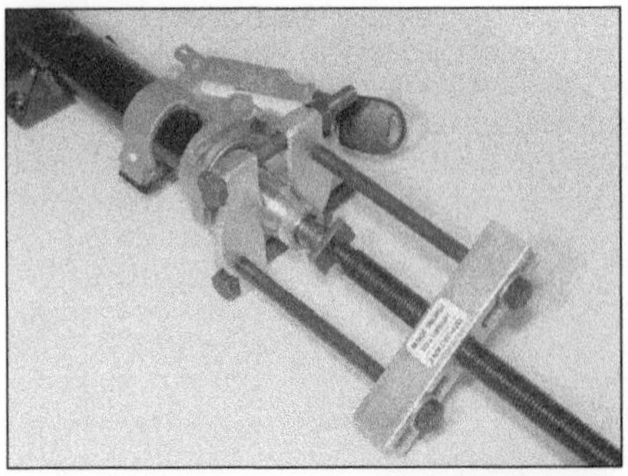
17.5 Dra loss den splinesförsedda kragen från rattstången med en lämplig avdragare (rattstången demonterad för tydlighet)

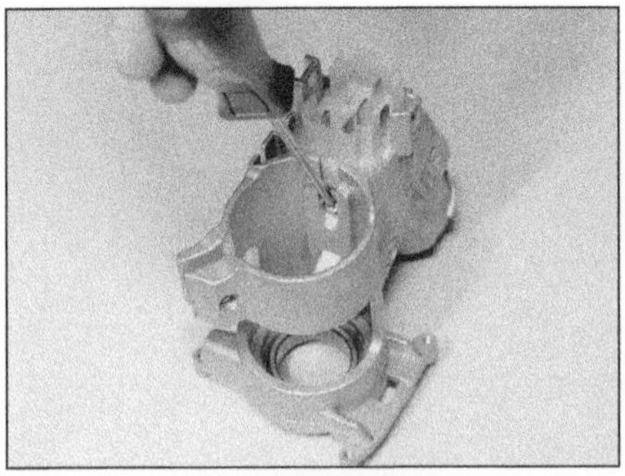
17.8a Lossa skruven . . .

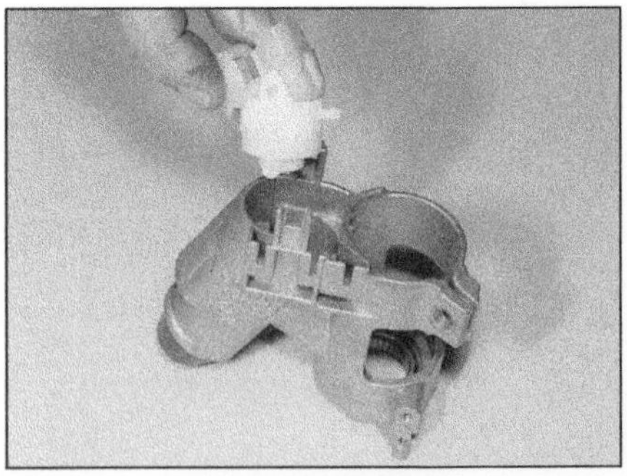
17.8b . . . och demontera tändningslåset från låshuset

rattstångens övre ände och ta vara på fjädern **(se bild)**.

6 Låset är infäst med en brytbult vid monteringen. Brytbultar kan lossas med hammare och lämplig huggmejsel – knacka på bultskallarna tills de kan skruvas loss för hand. Alternativt, borra ett hål i mitten av varje bultskalle och ta bort dem med en skruv-utdragare.

7 Koppla loss kontaktdonet, för därefter låsenheten uppåt och ta bort den från rattstången.

8 När låsenheten är bortmonterad, lossa skruven och demontera tändningslåset från enheten **(se bilder)**.

9 Vid byte av låscylinder, borra försiktigt ett hål, 3 mm i diameter, i låshusets sida vid den punkt som visas i **bild 17.9.** Tryck in låskolven och ta bort cylindern från låshuset. För den nya cylindern på plats, och kontrollera att den hålls ordentligt på plats av kolven. **Observera:** *Att byta låscylinder kan vara ett besvärligt arbete, som helst bör överlåtas till en VW-verkstad. Om hålet inte borras med precision kan hela låsenheten förstöras.*

Montering

10 Montera tändningslåset (om det har demonterats) på låsenheten, kontrollera att det är rätt placerat i förhållande till låscylindern och dra åt fästskruven.

11 Placera låsenheten på rattstången, rikta in den med klacken på stången och sätt i en ny skruv. Dra endast åt skruven för hand i detta läge, och anslut kontaktdonet.

12 Montera fjädern överst på rattstången och montera den splinesförsedda kragen på axeln. Lägg en bricka över kragens ände, sätt därefter på muttern och använd denna till att trycka in kragen helt på rattstångens axel **(se bilder)**. När kragen är ordentligt på plats, skruva loss muttern och ta bort brickan.

13 Kontrollera att rattstångens lås fungerar. Om det fungerar, dra åt bulten tills dess skalle går av.

14 Anslut kontaktdonen till kombinationsbrytarna och dra åt brytarnas fästskruvar ordentligt.

15 Montera rattstångskåporna, montera därefter ratten enligt beskrivning i avsnitt 15. Avslutningsvis, anslut batteriet och kontrollera att brytarna fungerar.

18 Rattstångens mellanaxel – demontering och montering

Observera: *Nya muttrar för mellanaxelns skarvstycke, samt en ny mutter till klämbulten kommer att behövas vid monteringen.*

Demontering

1 Klossa bakhjulen, dra åt handbromsen hårt, lyft därefter upp framvagnen och stöd den på pallbockar. Rikta framhjulen rakt framåt.

2 Lossa gummidamasken från torpedväggen, kapa därefter buntbandet och lossa damasken från styrväxeln. Dra damasken nedåt så att du kommer åt mellanaxeln. **Observera:** *Om så behövs kan man även komma åt axeln inifrån bilen. Bänd då loss klämman och ta bort skyddskåpan längst ner på rattstången (se avsnitt 16).*

3 Skruva loss muttrarna från mellanaxelns skarvstycke och ta bort fästplattan. Dra skarvstycket uppåt, ta isär mellanaxelns halvor och ta vara på skarvstycket.

4 Demontera gummidamasken från styrväxeln.

5 Använd en hammare och körnare, vit färg eller liknande, och markera det exakta förhållandet mellan mellanaxelns kardanknut och styrväxelns drev. Skruva loss bygelbulten som fäster knuten vid drevet, frigör därefter mellanaxelns undre del från styrväxeln och demontera den från bilen.

6 Märk ut det exakta förhållandet mellan mellanaxelns övre knut och rattstången. Skruva loss bygelskruven och muttern, lossa därefter mellanaxelns övre halva från rattstångens splines and demontera den från bilen.

7 Kontrollera mellanaxelns knutar beträffande tecken på kärvande lager eller fri rörelse. Om någon av knutarna är skadad måste den bytas. Byt axelns damask om den visar tecken på skador eller förslitning.

Montering

8 Kontrollera att framhjulen fortfarande är riktade rakt framåt och att ratten är i korrekt läge.

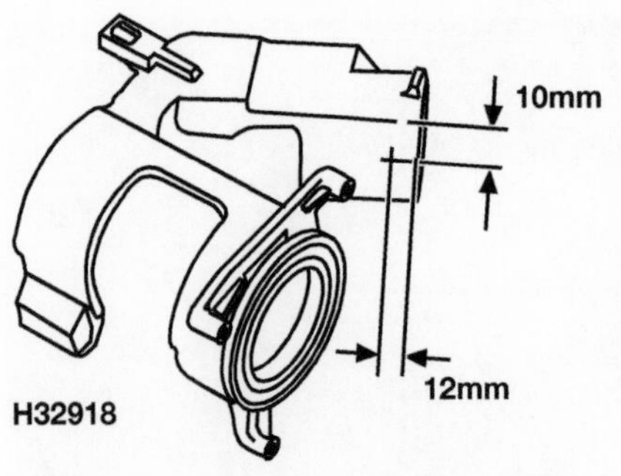

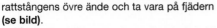

17.9 Borra ett 3 mm hål vid den visade punkten för att synliggöra låscylinderkolven

17.12a Montera fjädern och den splinesförsedda kragen överst på rattstången . . .

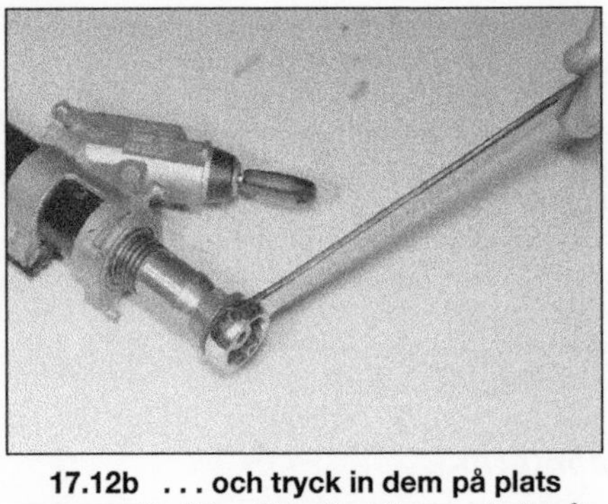
17.12b . . . och tryck in dem på plats genom att sätta dit rattmuttern och dra åt den ordentligt

9 Rikta in markeringarna som gjordes vid demonteringen, låt mellanaxelns övre del gripa i rattstångens splines. Sätt i bygelskruven och en ny mutter, dra åt den till angivet åtdragningsmoment.
10 För gummidamasken på plats.
11 Manövrera mellanaxelns undre del på plats, rikta in märkena som gjordes före demonteringen och låt den gå i ingrepp med styrväxeldrevets splines. Sätt i bygelbulten och dra åt den till angivet åtdragningsmoment.
12 För mellanaxelns skarvstycke på plats på den övre axelhalvan, rikta därefter in de båda halvorna och sätt ihop dem med skarvstycket. Sätt fästplattan på plats och sätt på de nya muttrarna, dra åt dem till angivet åtdragningsmoment.
13 Sätt gummidamasken på rätt plats i torpedväggen, placera den därefter på styrväxeln och fäst den på plats med ett nytt buntband. Sänk ner bilen på marken.

19 Styrväxel - demontering, renovering och montering

Observera: *Nya fästbultar till framvagnsramen, muttrar till styrlederna, muttrar till styrväxeln, och muttrar till mellanaxelns skarvstycke, kommer att behövas vid monteringen*

Demontering

1 Klossa bakhjulen, dra åt handbromsen hårt, lyft upp framvagnen och stöd den på pallbockar. Demontera framhjulen.
2 På båda sidor, skruva loss muttern som håller den yttre styrleden till hjulspindeln, och ta loss styrleden med en spindelledsavdragare.
3 Lossa gummidamasken från torpedväggen, klipp därefter av buntbandet och lossa damasken från styrväxeln. Dra damasken nedåt för att komma åt mellanaxeln. **Observera:** *Om så behövs kan man även komma åt axeln inifrån bilen. Bänd då loss klämman och ta bort skyddskåpan längst ner på rattstången (se avsnitt 16).*
4 Skruva loss muttrarna från mellanaxelns skarvstycke och ta bort fästplattan. Dra skarvstycket uppåt, ta isär mellanaxelns halvor och ta vara på skarvstycket. Demontera gummidamasken.
5 Placera en domkraft och ett träblock under motorn, för att lyfta upp motorns tyngd. Alternativt kan en motorlyft eller motorbalk anslutas till motorns lyftöglor.
6 På modeller med manuell växellåda, om så behövs, skruva loss bultarna som fäster växellänkagets led vid styrväxelns överdel (se kapitel 7A).
7 Försäkra dig om att motorn/växellådan är väl stöttad, skruva sedan loss alla fästbultar från framvagnsramen.

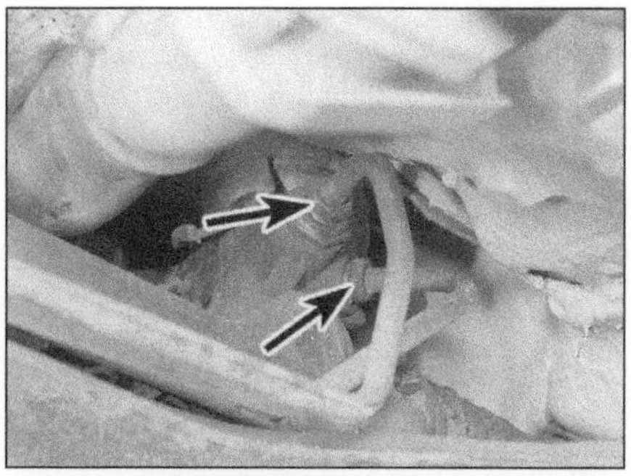

19.11 Röranslutningar till servoassisterad styrväxel (vid pilarna)

Manuell styrväxel

8 Skruva loss styrväxelns fästmuttrar och demontera fästbyglarna.
9 Sänk ner framvagnsramen något och manövrera ut styrväxeln mot ramens bakre del. Ta bort fästgummina från styrväxeln, kontrollera om de är skadade eller slitna och byt ut dem om det behövs. **Observera:** *Om styrväxeln skall vara demonterad under en längre tid, lyft tillbaka motorn på plats och sätt tillbaka framvagnsramens bultar.*

Servoassisterad styrväxel

10 Använd bromsslangklämmor och kläm ihop både tillförsel- och returslangarna nära styrservons vätskebehållare. Detta minimerar vätskeförlusten vid kommande arbetsmoment.
11 Märk anslutningarna för att garantera att de sätts ihop korrekt vid monteringen, skruva därefter loss tillförsel- och returrörsanslutningarnas muttrar från styrväxeln. Var beredd på vätskespill och placera ett lämpligt kärl under rören medan muttrarna skruvas loss **(se bild)**. Koppla loss båda rören och ta vara på tätningsringarna. Plugga igen rörändarna och styrväxelns öppningar för att undvika att vätska läcker ut och att smuts kommer in i hydraulsystemet.
12 Demontera styrväxeln enligt beskrivning i punkterna 8 och 9.

Renovering

13 Kontrollera styrväxeln beträffande tecken på slitage eller skador och kontrollera att kuggstången kan röra sig fritt hela vägen, utan tecken på kärvning eller alltför stort spel mellan styrväxelns drev och kuggstång. Styrväxeln kan inte repareras; om den är defekt måste hela enheten bytas. De enda komponenter som kan bytas enskilt är styrväxeldamaskerna, styrlederna och styrstagen. Byte av styrled och styrväxeldamask beskrivs längre fram i detta kapitel. Byte av styrstag bör överlåtas till en VW-verkstad eftersom det är en besvärlig uppgift som kräver specialverktyg om arbetet skall utföras korrekt och säkert.

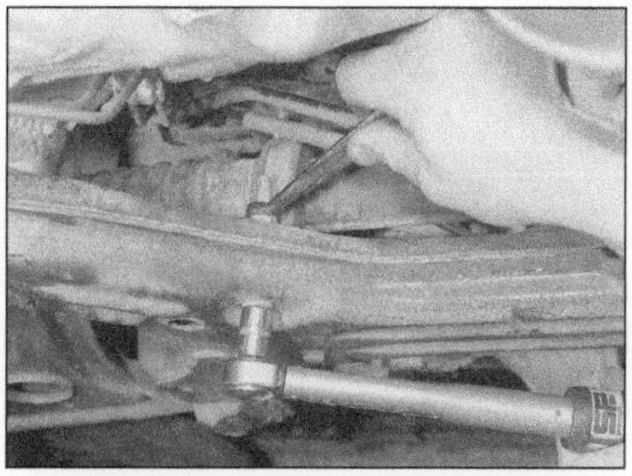

19.15 Dra åt muttrarna till styrväxelns bygelskruvar till angivet åtdragningsmoment

Montering

Manuell styrväxel

14 Montera gummifästena på styrväxeln och manövrera enheten på plats på framvagnsramen.
15 Montera fästbyglarna, sätt på de nya muttrarna och dra åt dem till angivet åtdragningsmoment **(se bild)**.
16 Höj försiktigt upp framvagnsramen på plats och montera de nya skruvarna. Dra åt framvagnsramens bultar till åtdragningsmomentet för steg 1, gå därefter runt och dra åt samtliga bultar till angiven vinkel för steg 2.
17 Placera mellanaxelns skarvstycke på axelns övre halva, rikta in axelns båda halvor och sätt ihop dem med skarvstycket. Sätt dit fästplattan och de nya muttrarna, dra åt dem till angivet åtdragningsmoment.
18 Placera gummidamasken i torpedväggen, placera den därefter på styrväxeln och fäst den på plats med ett nytt buntband.
19 Anslut styrlederna till hjulspindlarna och montera de nya muttrarna, dra åt dem till angivet åtdragningsmoment.
20 Montera framhjulen och sänk ner bilen på marken. Avslutningsvis, kontrollera och vid behov justera framhjulsinställningen enligt beskrivning i avsnitt 24.

Servoassisterad styrväxel

21 Montera styrväxeln enligt beskrivning i punkterna 14 och 15.
22 Torka rent runt tillförsel- och returrörens anslutningar, montera dem därefter i respektive ursprungslägen på styrväxeln, och dra åt anslutningsmuttrarna till angivna åtdragningsmoment. Kontrollera att rören är korrekt dragna och att de hålls ordentligt på plats av alla klämmor.
23 Utför arbetsmomenten enligt beskrivning i punkterna 16 till 20.

20 Styrväxelns gummidamasker - byte

1 Demontera styrlederna enligt beskrivning i avsnitt 23.
2 Märk damaskens monterade läge på styrstaget, lossa därefter klämman (-orna) och för

bort damasken från styrväxelns hus och från styrstagsänden.

3 Rengör styrstaget och styrväxelns hus noggrant, använd finkornigt slippapper för att polera bort eventuell korrosion, järnspån eller skarpa kanter som kan skada den nya damaskens tätningsläppar vid monteringen. Skrapa bort allt fett från den gamla damasken och stryk det på den inre styrleden. (Detta förutsätter att fettet inte har läckt ut eller förorenats om den gamla damasken var skadad. Vid tvivel, använd nytt smörjfett).

4 För försiktigt den nya damasken över styrstagsänden och placera den på styrväxelns hus. Rikta in damaskens yttre kant mot märket som gjordes på styrstaget innan demonteringen. Kontrollera att damasken inte är vriden, lyft därefter upp damaskens yttre tätningsläpp för att jämna ut lufttrycket i damasken.

5 Fäst den på plats med en ny fästklämma (eller klämmor). Om klämmor av engångstyp används skall dessa dras åt så hårt som möjligt och hakarna placeras i klämmans spår. Avlägsna eventuellt slack i damaskens klämma genom att noggrant trycka ihop dess upphöjda del. Om inte tillgång finns till specialverktyg kan en sidavbitare användas, men se till att inte kapa klämman.

6 Montera styrleden enligt beskrivning i avsnitt 23.

21 Servostyrningssystem – luftning

1 När motorn är avstängd, fyll på servostyrningsvätska av rekommenderad typ i behållaren tills den blir full.

2 Vrid ratten långsamt med fullt utslag åt båda hållen flera gånger för att få bort eventuella luftbubblor i vätskan, fyll därefter på nivån i vätskebehållaren. Upprepa denna procedur tills vätskenivån i behållaren inte sjunker längre.

3 Låt en medhjälpare starta motorn medan du håller ett öga på servovätskans nivå. Var beredd att fylla på mer vätska när motorn startar eftersom vätskenivån kan sjunka snabbt. Servovätskans nivå måste alltid hållas över "MIN"-markeringen.

4 Håll motorn igång och låt den gå på tomgång, vrid ratten långsamt två eller tre gånger cirka 45° till vänster och till höger om mitten, vrid därefter ratten två gånger åt båda sidorna med fullt utslag. Håll inte kvar ratten vid fullt utslag eftersom det utgör en belastning på hydraulsystemet. Upprepa denna procedur tills det inte längre finns några luftbubblor i servostyrningsvätskans behållare.

5 Om ovanliga ljud kan höras från vätskerören när ratten vrids tyder det på att det fortfarande finns kvar luft i systemet. Kontrollera detta genom att rikta framhjulen rakt framåt och stänga av motorn. Om vätskenivån i behållaren stiger, finns det fortfarande luft i systemet och ytterligare luftning behöver utföras.

6 När all luft har avlägsnats från servostyrningens hydraulsystem, stäng av motorn och låt systemet svalna. När det är svalt, kontrollera att vätskenivån i behållaren är vid maxmarkeringen, fyll på ytterligare servostyrningsvätska om det behövs.

22 Servostyrningspump – demontering och montering

Observera: *Nya tätningsbrickor till tillförselrörets skruv kommer att behövas vid monteringen*

Demontering

1 Lossa bultarna från servostyrningspumpens remskiva. Följ beskrivningen i kapitel 1, lossa spänningen i drivremmen och haka loss drivremmen från pumpens remskiva.

2 Kläm ihop både tillförsel- och returslangarna med bromsslangklämmor eller liknande nära servostyrningens vätskebehållare. På detta sätt minimeras vätskeförlusten under följande arbetsmoment. Fortsätt enligt beskrivning under respektive rubrik.

1,4 liters och 1,6 liters modeller (utom AEK, AFT och AKS motorer)

3 Skruva loss fästbultarna och ta bort remskivan från servostyrningspumpen, notera åt vilket håll den är monterad.

4 Lossa klämman och koppla loss vätsketillförselslangen från pumpen. Om en klämma av engångstyp var monterad skall denna kapas och ersättas med en klämma av skruvtyp vid monteringen. Lossa anslutningsbulten och koppla loss matningsröret från pumpen – kasta tätningsbrickorna, nya måste användas vid monteringen. Var beredd på visst vätskespill när rör och slangar lossas, plugga igen slang-/rörändar och pumpanslutningar för att minimera vätskeförlusten och för att förhindra att det kommer in smuts i systemet.

5 Skruva loss de tre bultarna som fäster servostyrningspumpen vid dess fäste, och demontera pumpen från motorrummet.

1,6 liters modeller (AEK, AFT och AKS motorer) och samtliga 1,8, 1,9 och 2,0 liters modeller

6 Utför arbetsmomenten som beskrivs i punkterna 3 och 4.

7 Skruva loss servostyrningspumpens ledbult och justerbult, och demontera pump och svängfäste från huvudfästet. Vid behov, skruva loss pumpens fästbultar och separera pumpen från dess fäste; fästet kan också skruvas loss från motorn.

Montering

1,4 liters och 1,6 liters modeller (utom AEK, AFT och AKS motorer)

8 Före montering, se till att pumpen är primad genom att spruta in hydraulvätska genom tillförselslangens anslutning och rotera pumpaxeln.

9 För in pumpen på plats och sätt i fästbultarna; dra åt dem till angivet åtdragningsmoment.

10 Placera en ny tätningsbricka på var sida om matningsrörets anslutning, sätt därefter i anslutningsbulten och dra åt den till angivet åtdragningsmoment. Sätt tillbaka tillförselslangen på pumpen och dra åt dess klämma ordentligt. Ta bort bromsslangklämman som användes för att minimera vätskeförlusten.

11 Montera pumpens remskiva, se till att den placeras åt rätt håll och sätt i remskivans fästbultar.

12 Montera drivremmen på pumpens remskiva och spänn den enligt beskrivning i kapitel 1. När remmen är spänd, dra åt remskivans bultar till angivet åtdragningsmoment.

13 Avslutningsvis, lufta hydraulsystemet enligt beskrivning i avsnitt 21.

1,6 liters modeller (AEK, AFT och AKS motorer) och samtliga 1,8, 1,9 och 2,0 liters modeller

14 Om så är aktuellt, montera fästet på motorn och dra åt dess bultar till angivet åtdragningsmoment.

15 Sätt ihop pump och svängfäste och dra åt bultarna till angivet åtdragningsmoment.

16 Prima pumpen enligt beskrivning i punkt 8.

17 Flytta pumpen på plats och sätt i ledbult och justerbult, men dra endast åt dem löst i detta läge.

18 Utför arbetsmomenten som beskrivs i punkterna 10 till 13.

23 Styrled – demontering och montering

Observera: *En ny fästmutter till styrleden kommer att behövas vid monteringen.*

Demontering

1 Dra åt handbromsen, lyft därefter upp framvagnen och stöd den på pallbockar. Demontera det aktuella framhjulet.

2 Om styrleden skall återanvändas, använd en stållinjal och en ritsspets, eller liknande, för att markera förhållandet till styrstaget.

3 Håll styrstaget och lossa styrledens låsmutter ett kvarts varv. Flytta inte låsmuttern från detta läge eftersom detta tjänar som ett lämpligt referensmärke vid monteringen.

4 Skruva loss muttern som fäster styrleden vid hjulspindeln, och lossa styrledens koniska skaft med en spindelledsavdragare.

23.9 Dra åt styrledens mutter till angivet åtdragningsmoment

5 Skruva loss styrleden från styrstagsänden, och räkna det **exakta** antalet varv som behövs för att göra detta.

6 Räkna antalet synliga gängor mellan styrledens ände och låsmuttern och notera denna siffra.

7 Rengör noggrant styrleden och gängorna. Byt styrled om dess rörelse är slapp eller alltför stel, om den är alltför sliten eller på något sätt skadad; undersök noggrant pinnbultens avsmalnande del och gängor. Om styrledens damask är skadad måste hela styrleden bytas; damask finns inte tillgänglig som separat del.

Montering

8 Skruva fast styrleden i styrstaget med samma antal varv som noterades vid demonteringen. Styrledens ände bör nu vara ett kvarts varv från låsmuttern, med passmärkena som gjordes vid demonteringen (om tillämpligt) inriktade.

9 Montera styrleden på hjulspindeln, montera därefter en ny fästmutter och dra åt den till angivet åtdragningsmoment **(se bild)**.

10 Montera hjulet, sänk därefter ner bilen på marken och dra åt hjulbultarna till angivet åtdragningsmoment.

11 Kontrollera och vid behov justera framhjulets toe-inställning enligt beskrivning i avsnitt 24, dra därefter åt styrledens låsmutter till angivet åtdragningsmoment.

24 Hjulinställning och styrvinklar - allmän information

Definitioner

1 Ett fordons styrnings- och fjädringsgeometri definieras med hjälp av tre inställningar - alla vinklar uttryckta i grader (toe-inställningen kan också uttryckas i mm). Styraxeln definieras som en tänkt linje genom fjäderbenets axel, förlängd ner till marken där så behövs.

2 Camber (hjullutning)
Camber är vinkeln mellan hjulet och en vertikal linje dragen genom hjulets mitt och däckets kontaktyta med marken, sett framifrån eller bakifrån. "Positiv" camber är när hjulen lutar utåt från linjen upptill; "negativ" camber är när de lutar något inåt.

3 Cambervinkeln är justerbar och kan kontrolleras med en särskild cambervinkelmätare.

4 Caster (axellutning)
Caster är vinkeln mellan styraxeln och en vertikal linje genom hjulets mitt och ner till däckets kontaktyta med marken, sett från sidan. "Positiv" caster är när styraxeln lutar så att den kommer i kontakt med marken framför vertikallinjen; "negativ" caster är när den kommer i kontakt med marken bakom vertikallinjen.

5 Castervinkeln kan inte justeras - värdena lämnas endast som referensvärde. Värdet kan dock kontrolleras med ett särskilt mätverktyg. Om det avlästa värdet skiljer sig väsentligt från specificerat värde bör bilen kontrolleras noggrant av en auktoriserad verkstad, eftersom felet kan orsakas av slitage eller skada på delar i kaross eller hjulupphängning.

6 Toe-inställning (hjulskränkning)
Toe är skillnaden, sett ovanifrån, mellan linjer som dras genom hjulens mitt och bilens mittlinje. "Toe-in" är när hjulen pekar inåt, mot varandra i framkant, medan "toe-ut" är när de pekar utåt, från varandra.

7 Framhjulens toe-inställning justeras genom att man skruvar höger styrstag in eller ut i styrleden, för att helt enkelt ändra på styrstagets längd.

8 Bakhjulens toe-inställning kan inte justeras - värdena lämnas endast som referens. Toe-inställningen kan dock kontrolleras, och om det avlästa värdet skiljer sig väsentligt från specificerat värde bör bilen kontrolleras noggrant av en lämplig verkstad, eftersom felet kan orsakas av slitage eller skada på delar i kaross eller hjulupphängning.

Kontroll och justering

Framhjulens toe-inställning

9 Vid kontroll av framhjulsinställning krävs både specialutrustning och kunskap om hur man använder densamma, varför det rekommenderas att kontroll och justering överlåts till en VW-verkstad eller annan expert. Observera att de flesta däckverkstäder förfogar över avancerad kontrollutrustning.

10 Vid kontroll av toe-inställning måste ett speciellt mätinstrument användas. Två typer av mätare förekommer och de kan anskaffas från biltillbehörsbutiker. Den ena typen mäter avståndet mellan hjulens främre och bakre invändiga kanter, enligt ovanstående beskrivning, när bilen står stilla. Den andra typen mäter däckets kontaktytas verkliga läge i förhållande till vägytan, när bilen är i rörelse. Detta uppnås genom att bilen skjuts eller körs så att framhjulet kör över en plåt, vilken då rör sig något enligt däckets släpning, och visar denna rörelse på en skala. Båda typerna har såväl fördelar som nackdelar, men de kan ge tillfredsställande resultat om de används noggrant och på rätt sätt.

11 Kontrollera att styrningen är riktad rakt framåt när mätningen utförs.

12 Om justering behöver utföras, dra åt handbromsen, lyft upp framvagnen och stöd den stadigt på pallbockar (se *Lyftning och stödpunkter*). Vrid ratten så långt det går åt vänster, och notera antalet gängor som syns på det högra styrstaget. Vrid därefter ratten så långt det går åt höger och notera hur många gängor som syns på det vänstra styrstaget. Om lika många gängor är synliga på båda sidor, ska efterföljande justering göras lika på båda sidor. Om fler gängor är synliga på ena sidan, måste man kompensera för detta vid justeringen.

13 Rengör styrstagens gängor; om de är korroderade, lägg på lite rostolja innan justeringen påbörjas. Lossa gummidamaskernas yttre klämmor, vik undan damaskerna och stryk på smörjfett. På detta sätt försäkrar man sig om att båda damaskerna är fria och inte blir vridna eller dragna när respektive styrstag roterar.

14 Håll fast styrstaget med en lämplig nyckel och lossa styrledens låsmutter helt. Ändra styrstagens längd genom att skruva dem in i eller ut ur styrlederna. Rotera styrstaget med en öppen nyckel monterad på styrstagets plana ytor; förkortning av styrstagen (att skruva in dem i styrlederna) reducerar toe-in/ökar toe-ut

15 När inställningen är korrekt, håll fast styrstaget och dra åt styrledens låsmutter till angivet åtdragningsmoment. Om, efter justeringen, rattens ekrar inte längre är horisontella när hjulen är riktade rakt framåt, demontera ratten och sätt tillbaka den igen (se avsnitt 15).

16 Kontrollera att toe-inställningen är rätt justerad genom att sänka ner bilen till marken och kontrollera inställningen på nytt; gör en ny justering om det behövs. Kontrollera att gummidamaskerna är korrekt placerade och inte vridna eller belastade, och fäst dem på plats med klämmorna; där så behövs, använd en ny klämma (se avsnitt 20).

Bakhjulens toe-inställning

17 Kontrollproceduren för bakre toe-inställning är densamma som för framhjulens toe-inställning som beskrivits i punkt 10. Denna inställning kan inte justeras – se punkt 8.

Framhjulens cambervinkel

18 Kontroll och justering av framhjulens cambervinkel bör överlåtas till en VW-verkstad eller annan verkstad som har lämplig utrustning. Observera att de flesta däckverkstäder förfogar över avancerad kontrollutrustning. Justering utförs genom att man lossar på bultarna mellan fjäderbenet och hjulspindeln och placerar om hjulspindeln.

Kapitel 11
Kaross och detaljer

Innehåll

Svårighetsgrader

Enkelt, passar novisen med lite erfarenhet	**Ganska enkelt,** passar nybörjaren med viss erfarenhet	**Ganska svårt,** passar kompetent hemmamekaniker	**Svårt,** passar hemmamekaniker med erfarenhet	**Mycket svårt,** för professionell mekaniker

Specifikationer

Åtdragningsmoment

Åtdragningsmoment	Nm
Framsätets fästbult, mutter	8
Motorhuvslåsets bultar	12
Dörrfönsterglasens klammor, muttrar	10
Dörrfönsterglasets regulator, fästbultar	10
Dörrgångjärnens bultar	36
Dörrgångjärnens pinnbultar	23
Dörrhandtagets fästbult	8
Dörrlåsens fästbultar	8
Dörrstoppets pivåbult, mutter	7

1 Allmän beskrivning

Karossen är tillverkad av sektioner av pressad stålplåt, och finns som 3- och 5-dörrars Golf, 4-dörrars Vento och 5-dörrars Golf Variant. De flesta delarna är sammansvetsade, men vissa detaljer har limmats; framskärmarna är infästa med bultar.

Motorhuv, dörr och vissa ömtåliga paneler är tillverkade av zinkbelagd metall och skyddas dessutom med en slagtålig grundfärd före sprutlackering.

Plastmaterial har använts i stor utsträckning, huvudsakligen i interiören, men även i utvändiga komponenter. De främre och bakre stötfångarna samt frontgrillen är formgjutna i ett syntetmaterial som är såväl starkt som lätt. Plastkomponenter, t.ex. hjulhusens innerskärmar, är monterade på bilens underrede för att förstärka karossens motståndskraft mot korrosion.

2 Underhåll – kaross och underrede

Karossens tillstånd är det som mest påverkar fordonets värde. Underhåll är enkelt, men måste utföras regelbundet. Försummas detta, särskilt efter mindre skada, kan detta leda till större rostangrepp och stora reparationskostnader. Det är också viktigt att man håller kontroll på delar som inte är direkt synliga, t.ex. undersidan, insidan av hjulhusen samt undre delen av motorrummet.

Det grundläggande underhållet för karossen innebär tvättning – företrädesvis med mycket vatten från en slang. Det är viktigt att smuts som samlats på bilen spolas bort på ett sådant sätt att inte eventuella partiklar skadar lacken. Hjulhus och underrede kräver rengöring på samma sätt – smutsansamlingar kan hålla kvar fukt och utgöra risk för rostangrepp. Paradoxalt nog är det bäst att tvätta underrede och hjulhus då de redan är blöta och leran fortfarande är mjuk. Vid mycket våt väderlek rengörs ofta underredet automatiskt och detta är ett bra tillfälle för kontroll.

Det är också lämpligt att med jämna mellanrum, utom på fordon med vaxbaserat underredsskydd, rengöra underredet med ångtvätt, inklusive motorrummet. Detta underlättar kontroll beträffande mindre skador. Ångtvätt kan fås på många ställen och det tvättar effektivt bort oljeansamlingar el.dyl. Om ångtvätt inte är tillgänglig, finns en del utmärkta avfettningsmedel på marknaden, som kan läggas på med en pensel. Smutsen kan sedan helt enkelt spolas av. Notera att dessa metoder inte skall användas på bilar med vaxbaserat underredsskydd, eftersom detta då också löses upp. Sådana fordon skall inspekteras årligen, helst strax före vintern, då underredet bör tvättas rent och alla eventuella skador på underredsskyddet bättras på. Helst skall ett helt nytt lager läggas på, och vaxbaserade produkter för hålrum bör också övervägas som extra säkerhet mot rostangrepp, om sådant skydd inte ombesörjts av tillverkaren.

När lacken har tvättats, torka den torr med sämskskinn för bästa finish. Ett lager vax ger ökat skydd mot kemiska föroreningar i luften. Om glansen har mattats eller oxiderats, använd ett kombinerat rengörings-/polermedel för att återställa glansen. Detta kräver lite arbete, men orsaken till att lacken har blivit matt är förmodligen att bilen inte har tvättats regelbundet. Man måste vara försiktig med metalliclacker, eftersom polermedel utan slipmedel måste användas. Kontrollera att alla ventilationshål i dörrar och på andra ställen är öppna så att eventuellt vatten kan rinna ut. Blanka detaljer bör behandlas på samma sätt som lacken. Vindrutor och andra rutor kan hållas rena med hjälp av ett speciellt glasrengöringsmedel. Använd aldrig vax, eller annat polermedel för lack eller kromglans, på glas.

3 Underhåll - klädsel och mattor

Mattorna bör borstas eller dammsugas regelbundet för att hållas fria från smuts. Om de är mycket fläckiga, ta ut dem ur bilen för rengöring och se till att de är torra innan de läggs tillbaka. Säten och klädsel kan hållas rena med fuktig trasa eller speciellt rengöringsmedel. Blir de fläckiga (vilket ofta händer på ljusa färger), använd lite rengöringsmedel och en mjuk nagelborste. Glöm inte att hålla taket rent på samma sätt som klädseln. Om rengöringsmedel används inuti bilen, använd inte för mycket. Överskott kan gå in i sömmar och stoppade detaljer och då orsaka fläckar, lukt eller t.o.m. röta. Om bilen av någon anledning blir rejält blöt invändigt är det värt att torka ur den ordentligt, särskilt mattorna. *Lämna dock inte kvar olje- eller elektriska värmare i fordonet för detta ändamål.*

4 Mindre karosskador - reparation

Reparation av mindre repor i lacken

Om repan är ytlig och inte tränger ner till metallen är reparationen enkel. Gnugga området med vax som innehåller färg, eller en mycket fin polerpasta, för att ta bort lös färg från repan, och rengör kringliggande partier från vax. Skölj området med rent vatten.

Lägg på bättringsfärg eller lackfilm med en fin pensel; fortsätt att lägga på tunna lager färg tills repan är utfylld. Låt färgen torka minst två veckor, jämna sedan ut den mot kringliggande partier med hjälp av vax innehållande färg eller mycket fint polermedel, s.k. rubbing. Vaxa till sist ytan.

Om repan har gått igenom färgskiktet i plåten och orsakat rost, krävs en annan teknik. Ta bort lös rost från botten av repan med en pennkniv, lägg sedan på rostförebyggande färg för att förhindra att rost bildas igen. Fyll sedan ut repan med en lämplig spackelmassa och en spackel av gummi eller plast. Om så behövs kan spacklet tunnas ut med cellulosathinner (enligt tillverkarens anvisningar), så att du får en mycket tunn pasta som är idealisk för smala repor. Innan spacklet härdar, linda en bit mjuk bomullstrasa runt fingertoppen. Doppa fingret i thinner och stryk snabbt över repan; detta gör att ytan på spacklet blir något urholkad. Repan kan sedan målas över enligt beskrivning ovan.

Reparation av bucklor i karossen

Om en djup buckla har uppstått i karossen, är den första uppgiften att få ut den, så att karossformen blir nästan den ursprungliga. Det finns ingen anledning att försöka återställa den ursprungliga ytan helt, eftersom metallen är skadad och området har sträckt sig – den kan inte återställas till sin ursprungliga form. Det är bättre att räta ut plåten tills den är ca 3 mm lägre än omgivande partier. Om bucklan är mycket grund från början lönar det sig inte alls att försöka få ut den. Om undersidan på bucklan är åtkomlig, kan den hamras ut försiktigt från baksidan med hjälp av en plast- eller träklubba. Håll samtidigt ett lämpligt trästycke på utsidan som mothåll så att inte en större del av karossen trycks utåt.

Är bucklan på ett ställe där plåten är dubbel, eller om den av annan anledning inte är åtkomlig bakifrån, måste man förfara på annat sätt. Borra flera små hål genom plåten inom det skadade området, speciellt i den djupare delen. Skruva sedan i långa självgängande skruvar så att de får gott grepp i plåten. Nu kan bucklan rätas ut genom att man drar i de isatta skruvarna med en tång.

Nästa steg är att ta bort färgen från det skadade området och några centimeter runt omkring. Detta uppnås bäst med hjälp av en stålborste eller slipskiva i borrmaskin, även om det också kan göras för hand med hjälp av slippapper. Förbered ytan för spackling genom att repa den med en skruvmejsel eller liknande. Man kan också borra små hål i området; detta ger gott fäste för spacklet.

Se vidare avsnittet om spackling och sprutning.

Reparationer av rost- och andra hål i karossen

Ta bort all färg från det berörda området och några centimeter runt omkring med hjälp av slippapper eller en stålborste i en borrmaskin. Några slippapper och en slipkloss gör annars jobbet lika effektivt. När färgen är borttagen kan man bedöma skadans omfattning och avgöra om en ny karossdel behövs (om det är möjligt) eller om den gamla kan repareras. Nya karossdetaljer är inte så dyra som man många gånger tror och det går ofta snabbare och bättre att sätta på en ny del än att försöka laga stora områden med rostskador.

Ta bort alla detaljer i det skadade området utom sådana som erfordras för att återställa ursprunglig form på den skadade karosspanelen (t.ex. strålkastarhus). Använd sedan en plåtsax eller ett bågfilsblad och ta bort lös eller kraftigt korroderad metall. Knacka in hålkanten lite för att åstadkomma en fördjupning för spacklet.

Stålborsta den berörda ytan för att ta bort eventuella rostrester från ytan runt omkring. Måla sedan med rostskyddande färg; om baksidan av det angripna området är åtkomligt, behandla även den.

Innan utfyllnad kan göras måste något slags stöd läggas i hålet. Detta kan göras med hjälp av aluminium- eller plastnät, eller aluminiumtejp.

Aluminium- och plastnät, eller glasfibermatta, är förmodligen det bästa materialen för stora hål. Klipp ut en bit som täcker hålet, placera den så att kanterna är under den omgivande karossplåtens nivå. Den kan hållas på plats med flera klickar spackel.

Aluminiumtejp kan användas för små och mycket smala hål. Dra loss en bit och forma den till ungefär samma storlek och form som hålet, dra loss skyddspapperet (om sådant finns) och placera tejpen över hålet; flera lager kan användas om ett inte är tillräckligt. Tryck till kanten på tejpen med ett skruvmejselskaft eller liknande för att den skall fästa ordentligt.

Karossreparationer - spackling och sprutning

Innan detta avsnitt används, se tidigare anvisningar beträffande reparation av bucklor, djupa repor, rosthål och andra hål.

Många typer av spackel förekommer, men generellt fungerar de reparationssatser som består av grundmassa och en tub härdare bäst. En bred flexibel spackel av plast eller nylon är ovärderlig för att forma spacklet efter karossens konturer.

Blanda lite spackel på en skiva – mät härdaren noggrant (följ tillverkarens anvisning), annars kommer spacklet att härda för snabbt eller för långsamt. Stryk på spacklet; dra spackelspaden över ytan så att spacklet antar samma kontur som den ursprungliga. Så snart formen någorlunda överensstämmer med den tänkta, avbryt arbetet - jobbar man för länge blir massan kladdig och fastnar på spackelspaden. Stryk på tunna lager med 20 minuters mellanrum tills området har byggts upp så att det är något för högt.

Så snart spacklet har härdat kan överskottet tas bort med fil eller annat lämpligt verktyg. Därefter skall allt finare slippapper användas, börja med nr 40 och sluta med nr 400 våtslippapper. Använd alltid någon form av slipkloss - annars blir inte ytan plan. Under det avslutande skedet skall våtslippapperet då och då sköljas i vatten. Detta garanterar en mycket jämn yta.

Området kring "bucklan" bör nu bestå av ren metall, som i sin tur omges av den "fransiga" kanten av den orörda lacken. Skölj ytan med rent vatten tills allt damm efter slipningen har försvunnit.

Spruta hela området med ett tunt lager grundfärg - då framträder eventuella ojämnheter i ytan. Åtgärda dessa ojämnheter med filler eller finspackel och jämna på nytt till ytan med slippapper. Om finspackel används kan det blandas med thinner, så att man får en riktigt tunn massa, perfekt för att fylla små hål.

Upprepa sprutnings- och spacklingsproceduren tills du är nöjd med ytan och utjämningen runt om skadan. Rengör området med rent vatten och låt det torka helt.

Ytan är nu klar för slutbehandling. Sprutning av färgskikt måste ske i en varm och torr, drag- och dammfri miljö. Dessa villkor kan uppfyllas om man har en stor arbetslokal, men om man ska arbeta utomhus måste man vara ytterst noga med val av dag. Arbetar man inomhus kan man binda dammet genom att hälla vatten på golvet. Om den reparerade ytan begränsar sig till en panel, maskera omkringliggande partier; detta hjälper till att begränsa effekten av färgnyansskillnad. Detaljer som kromlister, dörrhandtag etc., måste också maskeras. Använd riktig maskeringstejp och flera lager tidningspapper.

Innan sprutningen påbörjas, skaka flaskan omsorgsfullt, gör sedan ett sprutprov (t.ex. på en gammal konservburk) tills du behärskar tekniken. Täck området med ett tjockt lager grundfärg; lagret skall byggas upp av flera tunna lager, inte av ett tjockt. Slipa ytan med våtslippapper nr 400 tills den är helt slät. Under slipningen skall området vattenbegjutas och papperet emellanåt sköljas i vatten. Låt ytan torka innan den sprutas igen.

Spruta på färglagret, bygg även nu upp tjockleken med flera tunna lager. Börja spruta mitt i området och arbeta utåt med en cirkelrörelse. Fortsätt arbeta utåt tills hela området och ca 50 mm utanför har täckts. Ta bort maskeringen 10 till 15 minuter efter det att sprutningen har avslutats.

Låt det nya färgskiktet torka minst två veckor, bearbeta sedan ytan med vax innehållande färg eller mycket fin polerpasta, s.k. rubbing. Jämna ut kanterna mot den omgivande lackeringen. Vaxa slutligen bilen.

Plastdetaljer

Fler och fler detaljer av plast används vid tillverkningen (t.ex. stötfångare, spoilers och i vissa fall hela karossdetaljer). Reparation av mer omfattande skada på sådana detaljer har inneburit att man antingen överlåter arbetet till en specialist, eller byter detaljerna. Sådana reparationer är i regel inte lönsamma att göra själv, eftersom utrustning och material är dyra. Tekniken går dock ut på att man gör ett spår längs sprickan i plastdetaljen med hjälp av en roterade fil i borrmaskinen. Den skadade detaljen svetsas sedan samman med hjälp av en varmluftspistol som värmer och smälter ihop plasttillsatsmaterial i sprickan. Överskottsplast kan sedan tas bort och området poleras till en jämn yta. Det är mycket viktigt att man använder tillsatsmaterial av rätt plast eftersom dessa detaljer kan göras av en rad olika material (t.ex. polykarbonat, ABS, polypropylen).

Mindre omfattande skador (skavning, mindre sprickor etc) kan repareras genom att man använder en tvåkomponents epoxyprodukt. Dessa produkter används efter blandning på samma sätt som spackel. Produkten härdar på 20–30 minuter och är då färdig för slipning och målning.

Om man byter en hel detalj, eller har reparerat med epoxy, återstår problemet att hitta en lämplig färg som kan användas på den plast det är fråga om. Tidigare var det omöjligt att använda en och samma färg till alla detaljer p.g.a skillnaden i materialets egenskaper. Standardfärg binder inte tillfredsställande till plast eller gummi. Nu är det dock möjligt att köpa en speciell färgsats, som består av förbehandling, grundfärg och färg, och normalt medföljer kompletta instruktioner. Metoden går i korthet ut på att man först lägger på förbehandlingen, låter den torka i 30 minuter, sedan läggs grundfärgen på och den får torka i drygt en timme innan till sist färglagret läggs på. Resultatet blir en korrekt finish där färgen överensstämmer och skikten kan böja sig med plast- och gummidetaljer. Detta klarar normalt inte en standardfärg.

5 Större karosskador - reparation

Där större skador har inträffat, eller om stora partier måste bytas p.g.a dåligt underhåll, behöver hela paneler svetsas fast; detta överlåts bäst åt fackmannen. Om skadan beror på en kollision måste man också kontrollera att kaross och chassi inte har blivit skeva. Beroende på konstruktionens principer kan hela bilens styrka och form påverkas av en skada på endast en del. Sådant arbete kan endast göras av en verkstad med speciella jiggar. Om karosseriet inte riktas upp kan det vara farligt att köra bilen eftersom den inte uppför sig normalt. Dessutom kan belastningar orsakas på komponenter som styrning, fjädring och transmission. Onormalt slitage, speciellt på däck, eller haveri, blir följden.

6 Främre stötfångare - demontering och montering

Demontering

1 Dra åt handbromsen, lyft upp bilens framvagn och stöd den på pallbockar (se *Lyftning och stödpunkter*)

2 Använd en lämplig skruvmejsel, lossa försiktigt kylargrillens övre och undre fästen, demontera därefter grillen framåt och bort från bilen **(se bilder)**.

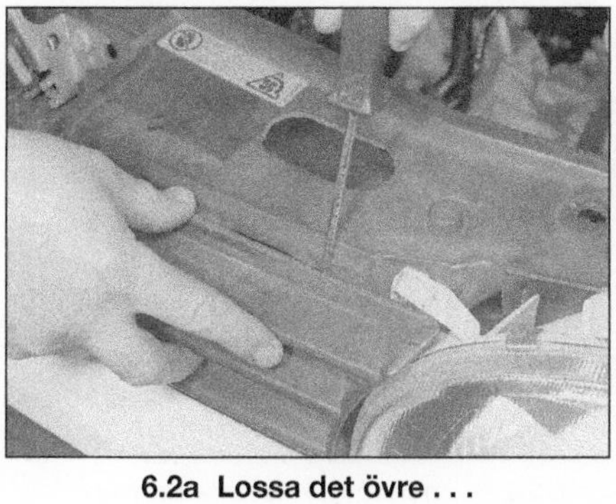

6.2a Lossa det övre . . .

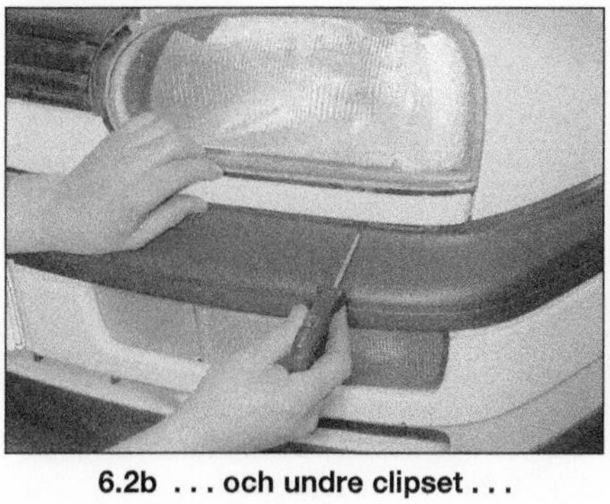

6.2b . . . och undre clipset . . .

6.2c . . . dra därefter grillen framåt och bort från bilen

6.3 Demontera fästena (vid pilarna) som fäster innerskärmen vid stötfångaren

6.4a Skruva loss stötfångarens tre övre skruvar (vid pilarna) . . .

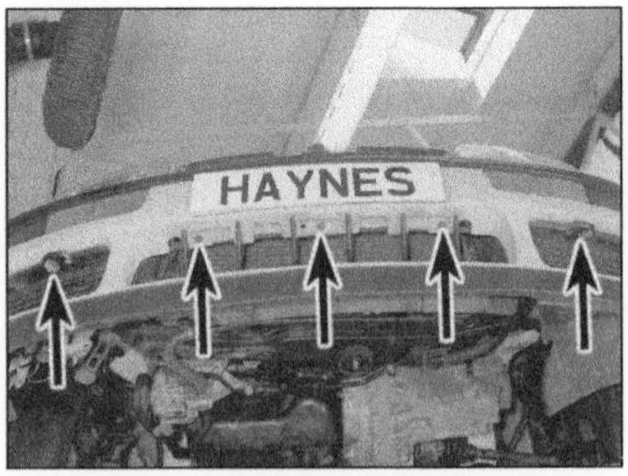

6.4b . . . och fem undre skruvar (vid pilarna)

3 Tryck ut mittstiften från fästena som håller hjulhusens innerskärmar vid stötfångaren. Observera att nya fästen kommer att behövas vid monteringen om inte mittstiften sparas **(se bild)**. Skruva även loss skruvarna som fäster innerskärmarna vid stötfångaren.

4 Arbeta runt stötfångaren och skruva loss dess åtta skruvar **(se bilder)**.

5 Lossa kablagekontakterna från främre blinkers och (i förekommande fall) dimljusen och ta loss kablaget från de berörda klämmorna så att lamporna kan demonteras tillsammans med stötfångaren.

6 På modeller som har strålkastarspolare, demontera spolarmunstyckena enligt beskrivning i kapitel 12.

7 Lossa försiktigt stötfångarens båda ändar och dra sedan loss stötfångaren framåt från bilen.

Montering

8 Montering sker i omvänd ordningsföljd, kontrollera att stötfångarens ändar förs in i skenorna när den monteras.

7 Bakre stötfångare - demontering och montering

Demontering

1 Förbättra åtkomligheten genom att klossa framhjulen, hissa upp bilens bakvagn och ställa den på pallbockar (se *Lyftning och stödpunkter*)

2 Skruva loss bultarna som håller stötfångarens undre kant på plats.

3 Bänd försiktigt ut täcklocken från stötfångarens överkant för att komma åt de övre fästskruvarna **(se bild)**.

4 skruva loss de övre skruvarna och dra bort stötfångaren bakåt från bilen. Kontrollera stötfångarens stötdämpare som är monterade på bilens bakdel, beträffande tecken på skador eller deformation och byt dem vid behov **(se bilder)**.

Montering

5 Montering sker i omvänd ordningsföljd, kontrollera att stötfångarens ändar förs in i skenorna när den monteras.

8 Motorhuv - demontering, montering och justering

Demontering

1 Öppna motorhuven och låt en medhjälpare stötta den. Markera konturen för varje gångjärn med en blyerts- eller spritpenna för att underlätta vid monteringen.

2 Lossa muttern och lösgör jordflätan från motorhuvens vänstra bult **(se bilder)**.

3 Lossa spolarslangen från vindrutespolarens munstycken och, i förekommande fall, lossa kablaget från spolarmunstyckenas värmeelement **(se bilder)**.

4 Skruva loss motorhuvens fästbultar och med hjälp av en medhjälpare, lyft försiktigt bort motorhuven. Förvara motorhuven ur vägen på en säker plats.

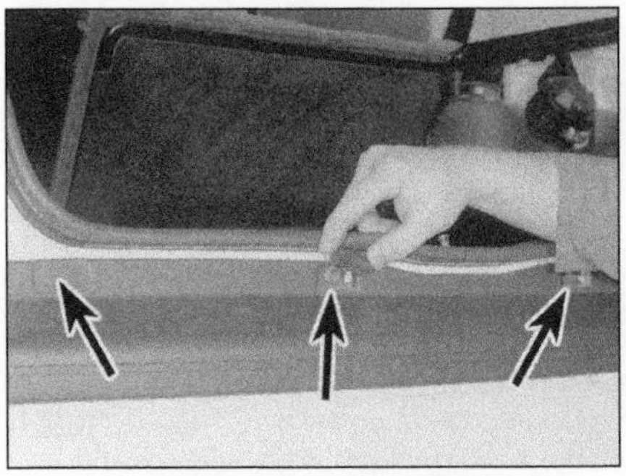

7.3 Bänd loss täcklocken från stötfångarens övre kant för att komma åt skruvarna (vid pilarna)

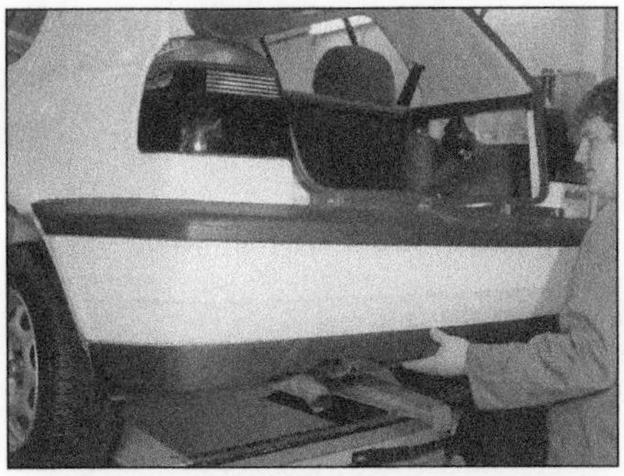

7.4a Demontera den bakre stötfångaren från bilen . . .

7.4b . . . och undersök stötfångarens stötdämpare

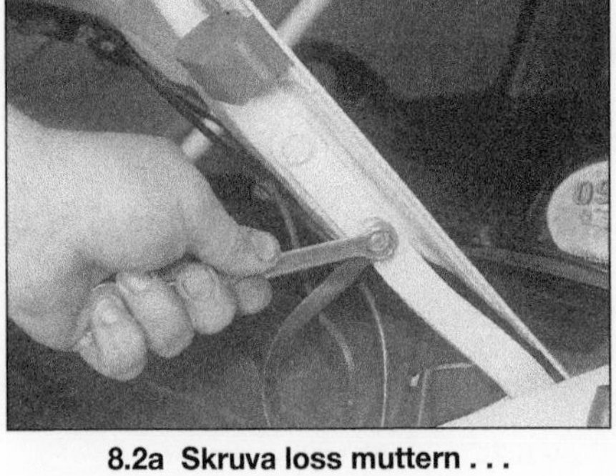

8.2a Skruva loss muttern . . .

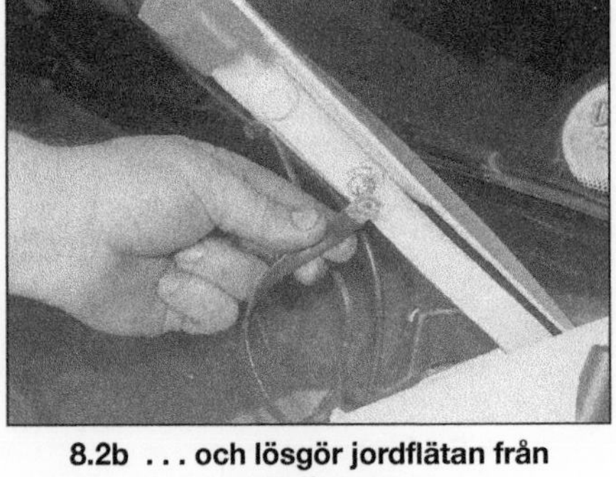

8.2b . . . och lösgör jordflätan från motorhuven

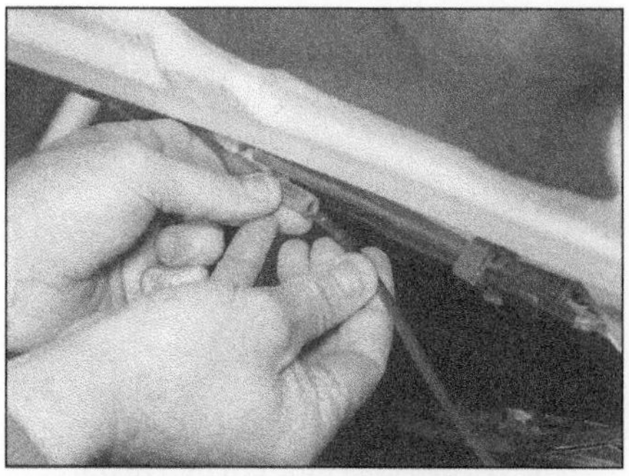

8.3a Lossa spolarslangen från vindrutespolarens munstycken . . .

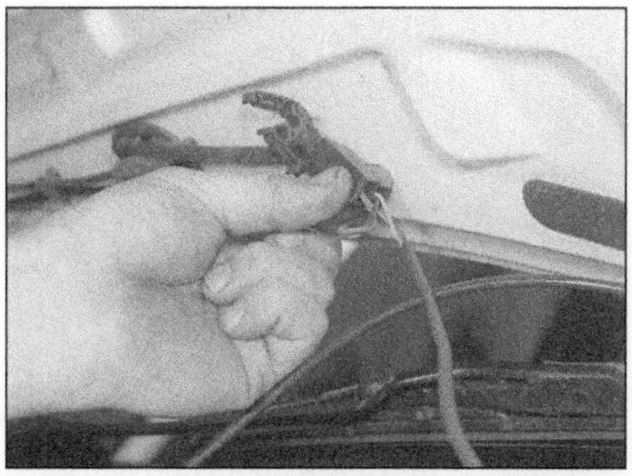

8.3b . . . och på modeller med uppvärmda spolarmunstycken, lossa även kontakterna

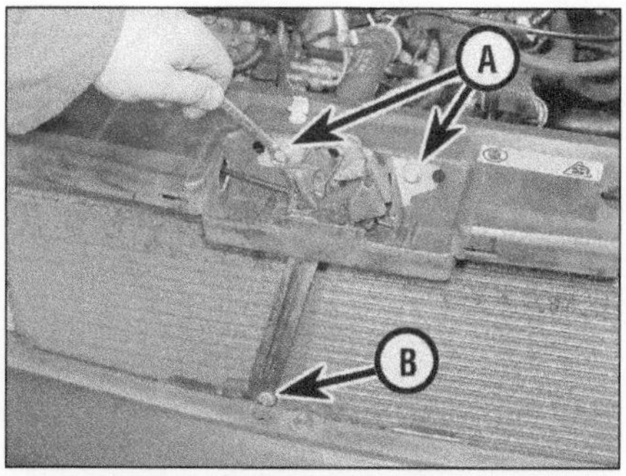

10.2 Skruva loss låsets fästbultar (A) samt stödfjäderns fästbult (B) . . .

5 Kontrollera motorhuvens gångjärn beträffande tecken på slitage och glapp vid ledpunkterna, och byt delar vid behov. Varje gångjärn är infäst vid karossen med två bultar; observera att jordledningen är ansluten till det vänstra gångjärnet. Markera gångjärnets placering på karossen och lossa därefter bultarna och ta bort gångjärnet från bilen. Vid monteringen, rikta in det nya gångjärnet med passmärkena och dra åt bultarna ordentligt.

Montering och justering

6 Ta hjälp av en medhjälpare, lyft upp motorhuven och sätt i fästbultarna löst. Rikta in gångjärnen med märkena som gjordes vid demonteringen, dra därefter åt bultarna hårt. Anslut jordflätan och dra åt dess mutter ordentligt.

7 Stäng motorhuven och kontrollera att den ligger rätt i förhållande till omgivande paneler. Vid behov, lossa gångjärnsbultarna och gör en ny inpassning av motorhuven. När motorhuven är korrekt placerad och riktad, dra åt gångjärnsbultarna ordentligt. Kontrollera att motorhuvens fästen och spärrar fungerar tillfredsställande.

9 **Motorhuvens låsvajer** – demontering och montering

Demontering

1 Markera hur huvlåset är placerat på tvärbalken med en lämplig märkpenna, skruva sedan loss huvlåsets två bultar. Lösgör låset från tvärbalken, lossa vajerhöljet från låsarmen och lossa innervajern från själva låset.

2 Arbeta längs hela vajern, notera hur den är dragen och lossa den från klämmor och buntband. Knyt fast ett snöre i vajeränden.

3 Inne i bilen, skruva loss skruvarna som fäster motorhuvens spärrhandtag vid bilen.

4 Lossa vajergenomföringen från torpedväggen, och dra ut handtag och vajer. När vajern har dragits igenom, knyt upp snöret och lämna det på plats i bilen; snöret kan sedan användas till att dra tillbaka vajern på plats vid monteringen.

Montering

5 Knyt fast snörets inre ände i vajeränden, använd sedan snöret till att dra igenom vajern till motorrummet. Ta loss snöret när vajern har dragits igenom.

6 Sätt spärrhandtaget på plats och dra åt dess skruvar ordentligt. Sätt gummigenomföringen på plats i torpedväggen.

7 Kontrollera att vajern är korrekt dragen och fäst vid samtliga klämmor.

8 Montera huvlåset enligt beskrivning i avsnitt 10.

10 **Motorhuvslås** – demontering och montering

Demontering

1 Öppna motorhuven. Använd en lämplig skruvmejsel till att försiktigt lossa kylargrillens övre och undre fästen, luta därefter grillen framåt och bort från bilen.

2 Markera hur huvlåset är placerat på tvärbalken med en lämplig märkpenna, lossa därefter och ta bort låsets båda fästbultar **(se bild)**.

3 Skruva loss fästbulten till låsets stödfjäder och ta bort stödfjädern från motorhuvens tvärbalk **(se bild)**.

4 Lossa vajerhöljet från låsarmen, lossa därefter innervajern från låsfästet och demontera låset från bilen **(se bilder)**.

Montering

5 Före monteringen, avlägsna alla spår efter gammal låsvätska från motorhuvens fästbultar och gängor i karossen.

6 Placera innervajern i låsfästet och anslut vajerhöljet till armen. Placera låset på tvärbalken.

7 Stryk på lämplig låsvätska (VW rekommenderar låsvätska D 185 400 A2 – finns hos VW-återförsäljare) på fästbultarnas gängor.

8 Rikta in låset med märkena som gjordes före monteringen, sätt i bultarna och dra åt dem till angivet åtdragningsmoment.

9 Montera stödfjädern och dra åt fästbultarna ordentligt.

10 Fäst kylargrillen på plats och kontrollera att låset fungerar väl, utan tecken på kärvning. Kontrollera att motorhuven kan låsas och öppnas utan problem. Om justering behövs, lossa huvlåsets fästbultar och justera låsets läge tills det passar. När låset fungerar väl, dra åt bultarna till angivet åtdragningsmoment.

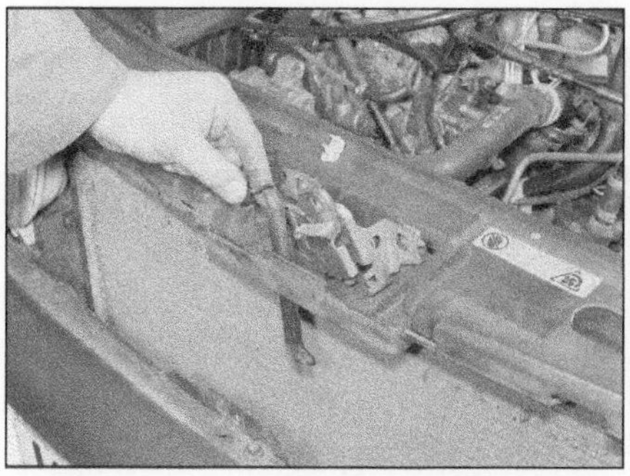

10.3 . . . och demontera stödfjädern från låset

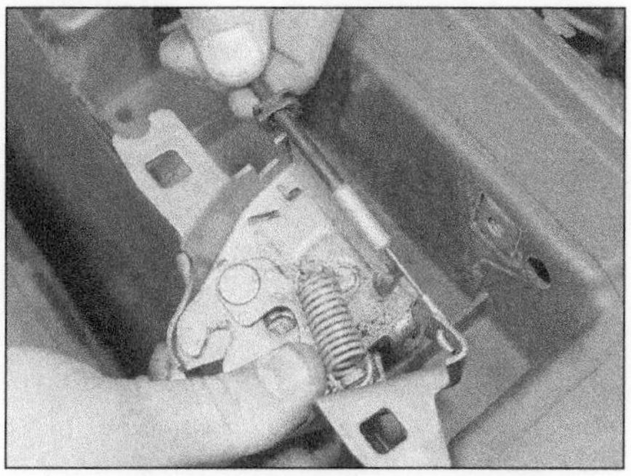

10.4a Lossa vajern från låsets baksida . . .

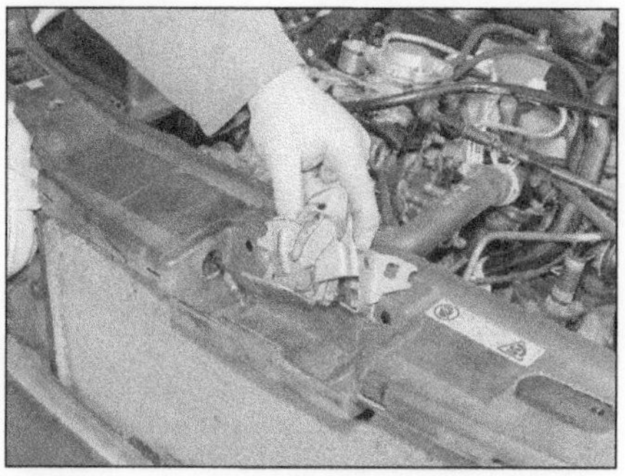

10.4b . . . och demontera huvlåset från bilen

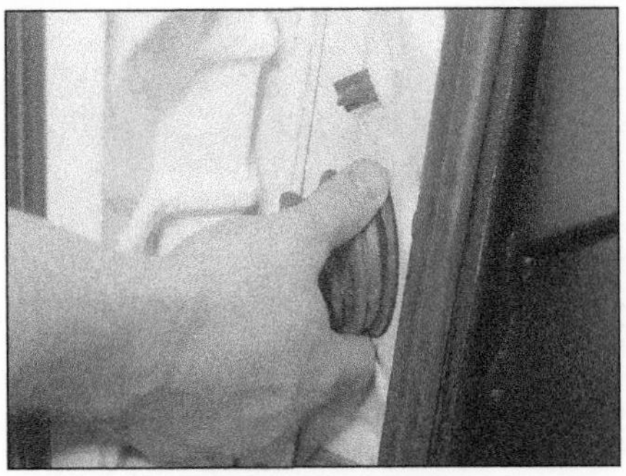

11.2a Vrid kontakten . . .

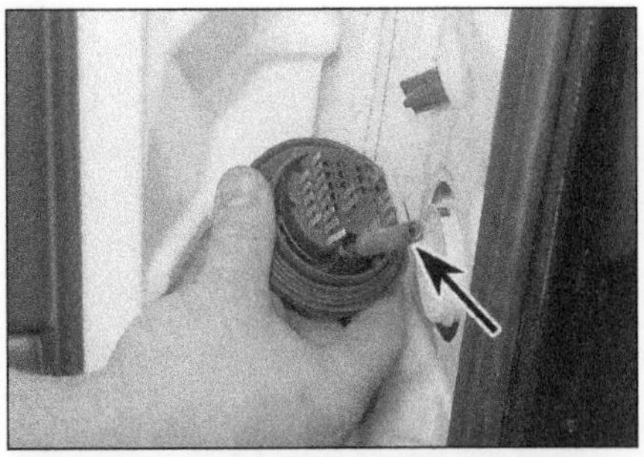

11.2b . . . och lossa kontakten och (i förekommande fall) centrallåsets vakuumrör (vid pilen) från stolpen

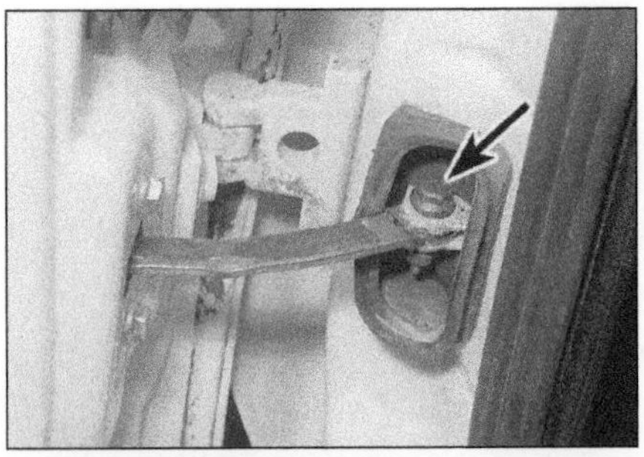

11.3 Skruva loss muttern och ta bort ledbulten (vid pilen) som fäster dörrstoppet vid stolpen

11 Dörr - demontering, montering och justering

Demontering

1 Lossa batteriets negativa anslutning.

2 Öppna dörren och lossa kablagedamasken från dörrstolpen, rotera därefter kontakten moturs och ta bort den från dörrstolpen. På modeller som är utrustade med centrallås, lossa även vakuumröret som passerar genom kontakten **(se bilder)**.

3 Skruva loss muttern och ledbulten som fäster dörrstoppet vid dörrstolpen **(se bild)**.

4 Två typer av gångjärn kan förekomma. Där så är möjligt, skruva loss de båda pinnbultarna från gångjärnen och, med hjälp av en medhjälpare, lyft dörren uppåt och bort från gångjärnsstiften. Om inga pinnbultar finns på gångjärnen, rita först en markering runt gångjärnets kontur. Låt en medhjälpare hålla dörren, skruva sedan loss bultarna som fäster gångjärnen på dörren och demontera dörren från bilen **(se bild)**.

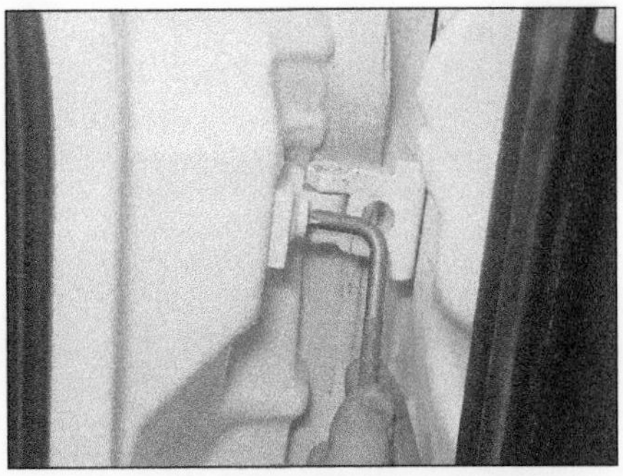

11.4 Om inga pinnbultar finns på gångjärnen, skruva loss bultarna som håller gångjärnen till dörren

5 Kontrollera gångjärnen beträffande tecken på slitage eller skador. Om byte behövs, markera gångjärnets/gångjärnens läge, skruva loss bultarna och ta bort gångjärnen från bilen. Montera ett eller flera nya gångjärn och rikta in dem med passmärkena som gjordes innan demonteringen, dra åt bultarna lätt.

Montering

6 På modeller där pinnbultar förekommer på gångjärnen, stryk universalfett på gångjärnsstiften och montera därefter, med hjälp av en medhjälpare, dörren på bilen. När dörren är korrekt på plats, dra åt pinnbultarna till angivet åtdragningsmoment.

7 På alla övriga modeller, lyft upp dörren till bilen och sätt i gångjärnens bultar. Rikta in gångjärnen mot märkena som gjordes före demonteringen och dra åt bultarna till angivet åtdragningsmoment.

8 På samtliga modeller, rikta in dörrstoppet mot dess fäste och montera ledbult och mutter och dra åt till angivet moment.

9 Anslut dörrens ledningskontakt, kontrollera att den är korrekt ansluten och fäst den på plats. Vid behov, anslut även centrallåsets slang och kontrollera att slanganslutningen är ordentligt ihoptryckt så att slangens ände är i linje med den färgade linjen.

10 Vik tillbaka gummidamasken på plats och se till att den är korrekt placerad på stolpen.

11 Kontrollera dörrens riktning och justera den vid behov, anslut sedan batteriet. Om lackeringen runt gångjärnen har skadats, måla den skadade ytan med lämplig bättringsfärg för att undvika rostbildning.

Justering

12 Stäng dörren och kontrollera att den är ordentligt inriktad mot omgivande karosspaneler. Om så behövs kan en lätt justering utföras genom att man lossar gångjärnets bultar och justerar om gångjärn/dörr efter behov. När dörren är i rätt läge, dra åt gångjärnsbultarna till angivet åtdragningsmoment. Om lackeringen runt gångjärnen har skadats, måla den skadade ytan med lämplig bättringsfärg för att undvika rostbildning.

12 Dörrklädsel - demontering och montering

Demontering

Framdörr

1 Lossa batteriets negativa anslutning och öppna dörren.

2 Bänd försiktigt loss och ta bort backspegelns invändiga klädsel **(se bild)**.

3 Skruva loss dörrlåsets invändiga knopp från sin stång **(se bild)**.

4 På modeller med manuella fönsterhissar, skjut bort distansen från fönsterveven för att lossa klämman. Dra loss fönsterveven från axeln och ta bort distansen **(se bilder)**.

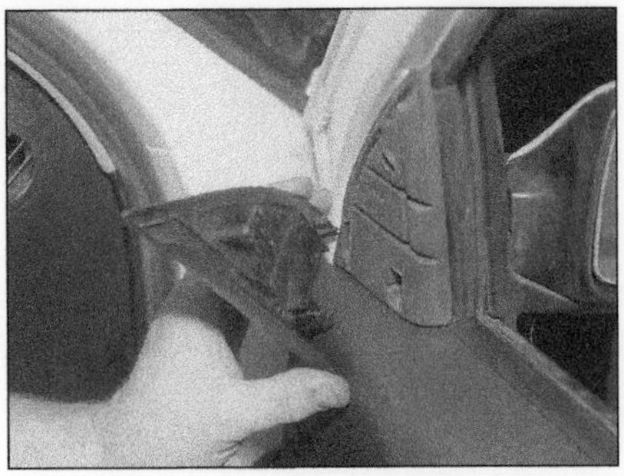

12.2 Ta loss backspegelns inre klädselpanel från dörren . . .

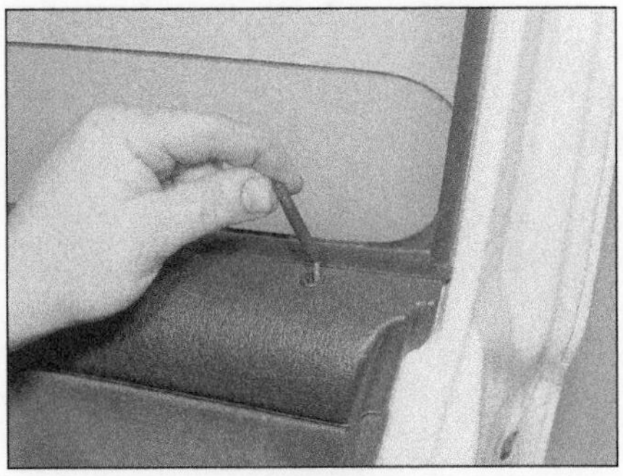

12.3 . . . och skruva loss dörrlåsets knopp från stången

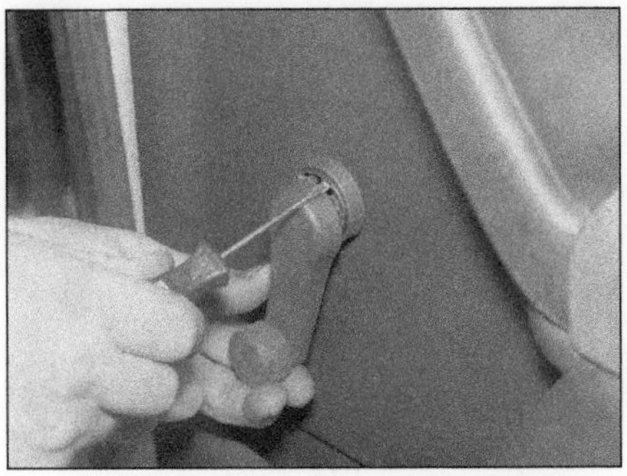

12.4a På modell med manuella fönsterhissar, skjut bort distansen från veven . . .

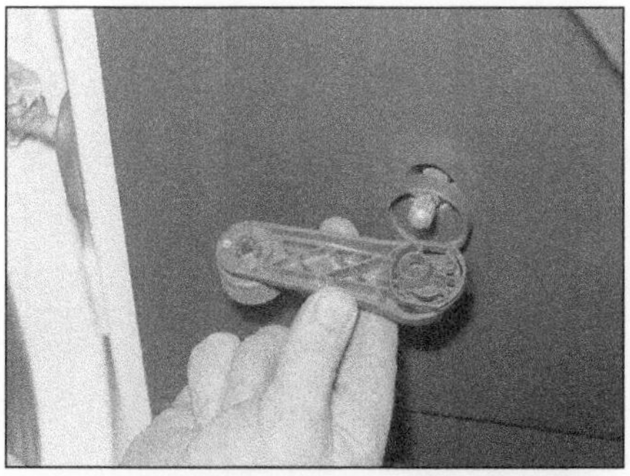

12.4b . . . och demontera handtag och distans från dörren

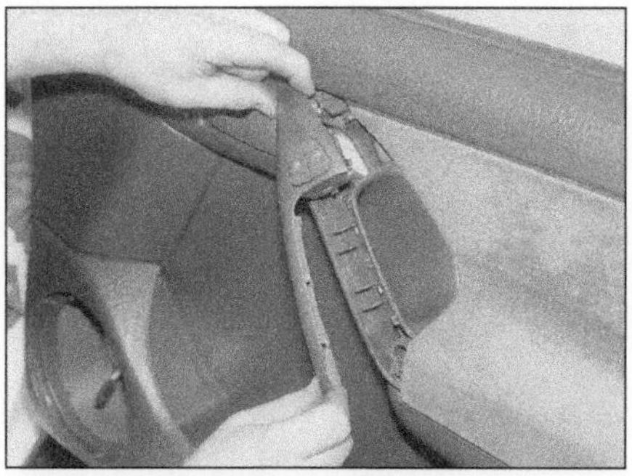

12.5a Lossa klädseln över handtaget från dörren . . .

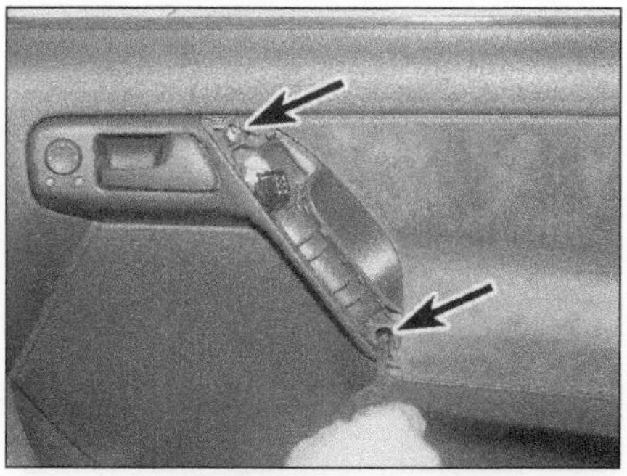

12.5b . . . skruva sedan loss skruvarna från dörrens klädsel (vid pilarna)

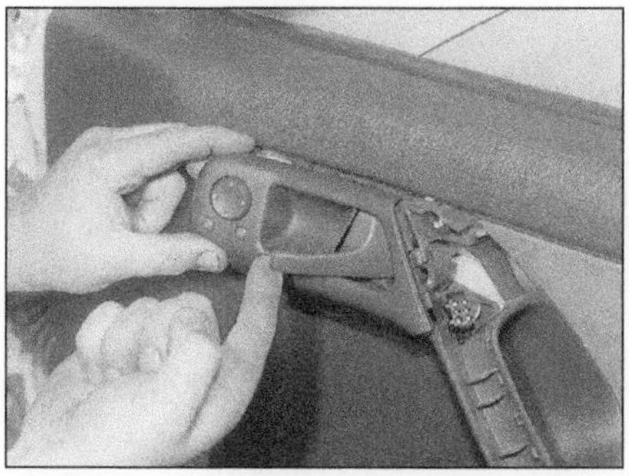

12.6 Ta bort kåpan som sitter runt låshandtaget

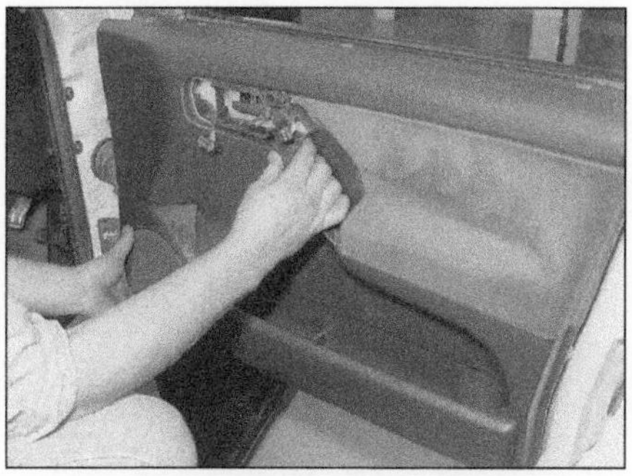

12.7a Lossa klädseln från tryckknapparna och demontera den från dörren . . .

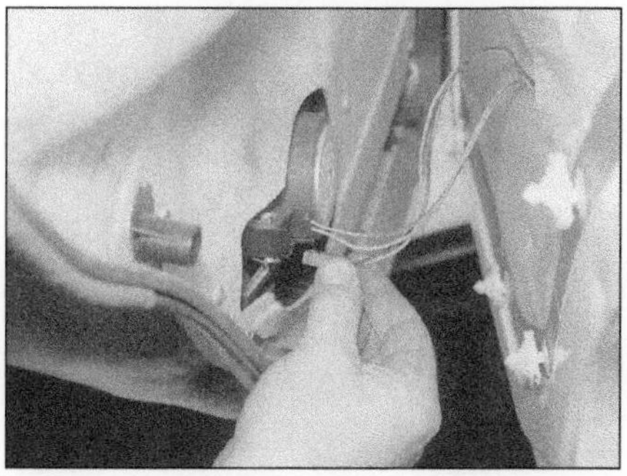

12.7b . . . och lossa högtalarens kablage när du kommer åt

5 Lossa försiktigt den övre panelen på armstödets handtag och ta bort den från bilen. Om det behövs, lossa kontakten när den går att komma åt. Skruva loss skruvarna som fäster armstödet vid dörren **(se bilder)**.

6 Lossa klädselkåpan runt låshandtaget, lossa kontakten (i förekommande fall) när kåpan demonteras **(se bild)**.

7 Lossa dörrklädselns tryckknappar, bänd försiktigt mellan panel och dörr med en spårmejsel. Arbeta runt panelens utsida, och när samtliga tryckknappar har lossats, för bort panelen från dörren och lossa kontakten från högtalaren när den blir tillgänglig **(se bilder)**.

Bakdörr

8 Lossa batteriets negativa anslutning och demontera klädseln enligt beskrivning i punkterna 3 till 7.

Montering

9 Montera klädseln i omvänd ordning. Före monteringen, kontrollera om någon av tryckknapparna till klädseln skadades vid demonteringen och byt i så fall ut dessa.

13 Dörrhandtag och låskomponenter - demontering och montering

Demontering

Inre dörrhandtag

1 Demontera dörrens klädsel enligt beskrivning i avsnitt 12.

2 Lossa handtagets undre klämma med en lämplig skruvmejsel, för därefter handtaget framåt ut ur dörren och frigör det från länkstaget **(se bild)**.

Yttre dörrhandtag

Observera: *Arbetet kan utföras utan att den inre dörrklädseln demonteras.*

3 Om arbete skall utföras på den främre dörren, sätt in nyckeln i låset.

4 Skruva loss handtagets fästbult från dörrens bakre kant, flytta därefter handtaget framåt och sväng det ur vägen. På framdörren, vrid nyckeln ett kvarts varv (90°) medan handtaget demonteras, för att lossa handtaget från låsarmen **(se bilder)**.

5 Ta vara på handtagets tätningar och låsklämman och undersök om de är skadade eller slitna - byt ut dem vid behov **(se bilder på nästa sida)**.

Observera: *Tappa inte ner klämman i dörren; om klämman faller ner måste hela klädseln demonteras för att den skall kunna hämtas upp.*

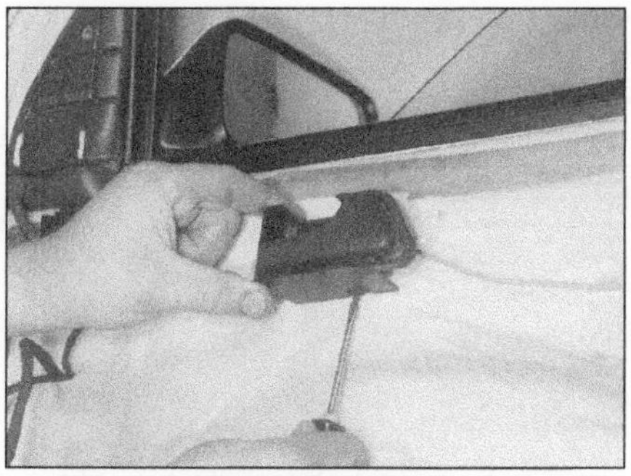

13.2 Lossa klämman och demontera innerhandtaget från dörren och länkstaget

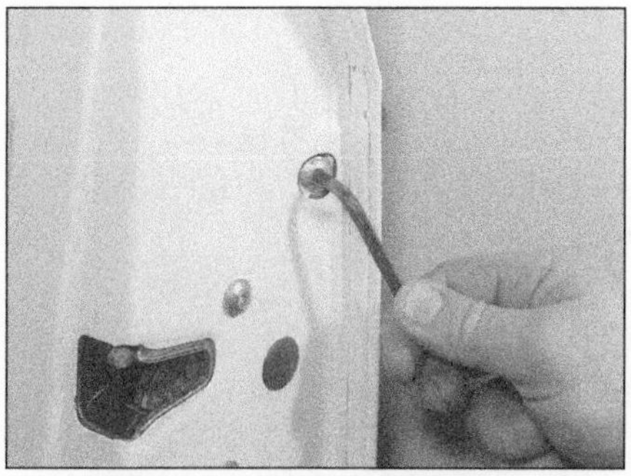

13.4a Skruva loss fästbulten . . .

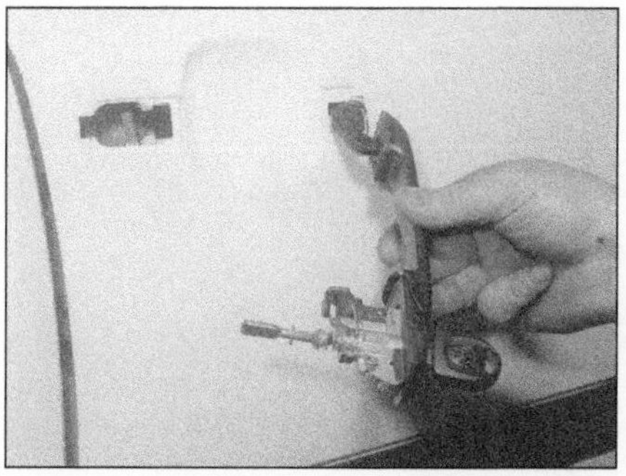

13.4b . . . och sväng ut ytterhandtaget från dörren

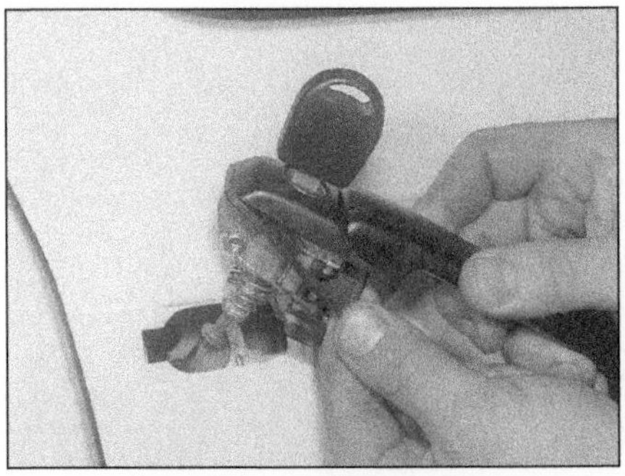

13.5a Ta vara på handtagets gummitätningar . . .

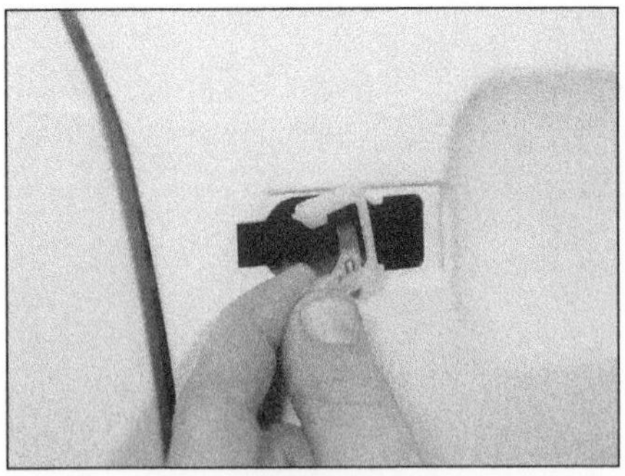

13.5b . . . och ta bort handtagets klämma från dörren

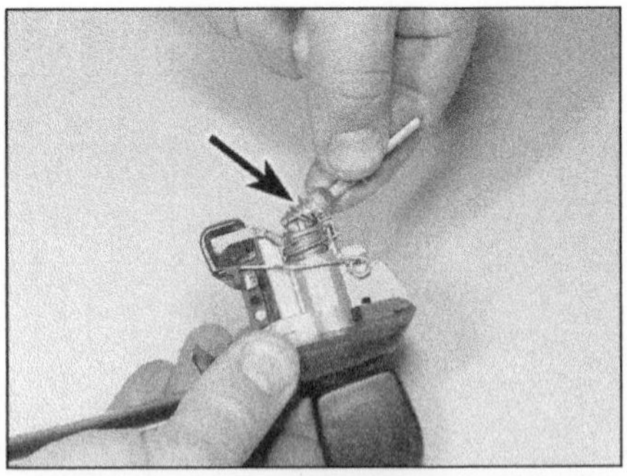

13.7 haka loss länkstaget från låscylinderns bakre del och ta vara på fjädern (vid pilen)

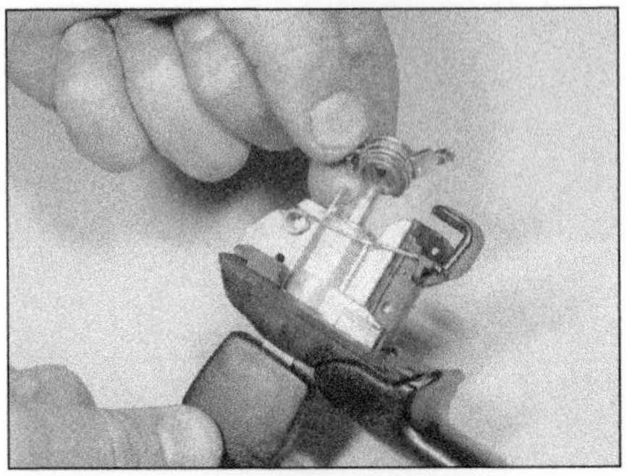

13.8a Lossa kopplingen och fjädern . . .

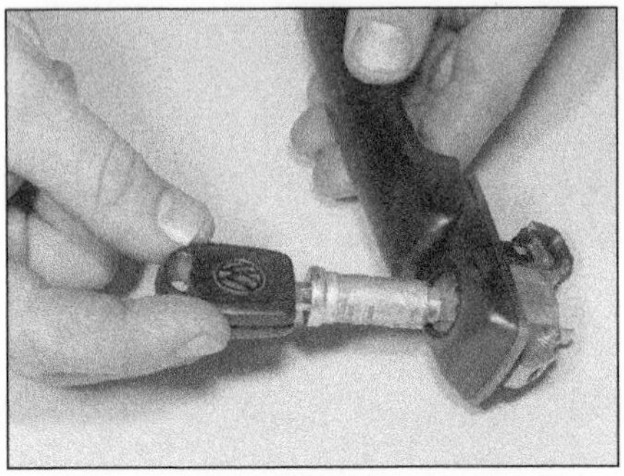

13.8b . . . och ta bort låscylindern från handtaget . . .

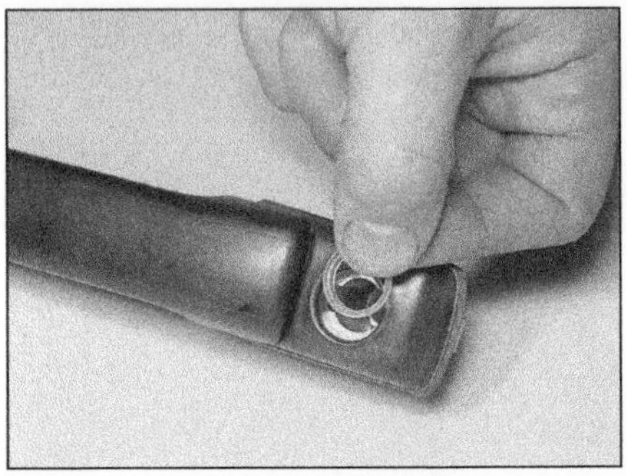

13.8c . . . tillsammans med tätningsringen

Framdörrens låscylinder

6 Demontera det utvändiga dörrhandtaget enligt beskrivning i punkterna 3 till 5.

7 När nyckeln sitter i låset, haka loss länkstaget från låscylinderns bakre del och ta vara på fjädern **(se bild)**.

8 Notera hur de är monterade och lossa koppling och fjäder från cylinderns bakre del, ta bort låscylindern från handtaget. Ta vara på tätningsringen från handtaget och byt den om den är skadad **(se bilder)**.

Framdörrens lås

9 Kontrollera att fönsterrutan är helt stängd, och demontera därefter det invändiga dörrhandtaget enligt beskrivning i punkterna 1 och 2.

10 Bänd försiktigt ut dörrklädselns klämmor från dörrens bakre kant, ta därefter bort den isolerande plastpanelen från dörren för att kunna komma åt låset.

11 Demontera det utvändiga handtaget enligt beskrivning i punkterna 3 till 5.

12 På modeller utrustade med centrallås, lossa vakuumröret från låset och koppla även loss kablaget från centrallåselementet **(se bild)**.

13 På samtliga modeller, skruva loss låsets fästbultar, lossa därefter låset från länkstaget och ta bort låset från dörren **(se bilder)**. Observera att på vissa modeller kan man behöva lossa skruvarna från fönsterregulatorn och lossa styrskenan från dörren (se avsnitt 14) för att få tillräckligt utrymme att demontera låset.

Bakdörrens lås

14 Utför arbetet som beskrivits i ovanstående punkter 9 till 12 **(se bild)**.

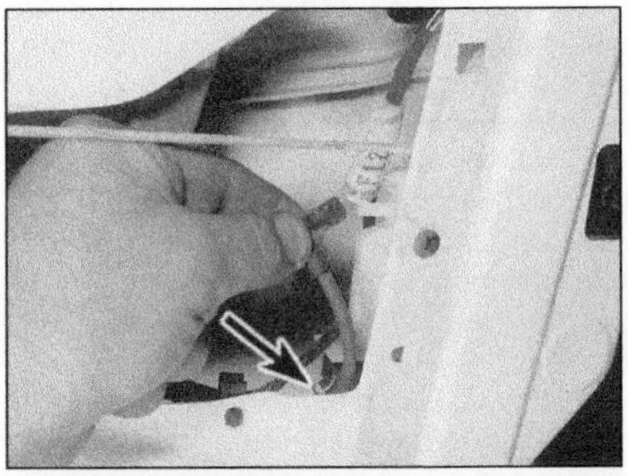

13.12 På modeller med centrallås, lossa vakuumröret och kontakten (vid pilen) från låselementet

15 Tryck ut stiftet från mitten av den inre låsknappens rörliga länk och frigör länken från dörren. Ta vara på stiftet och lossa länken från länkstaget **(se bilder)**.

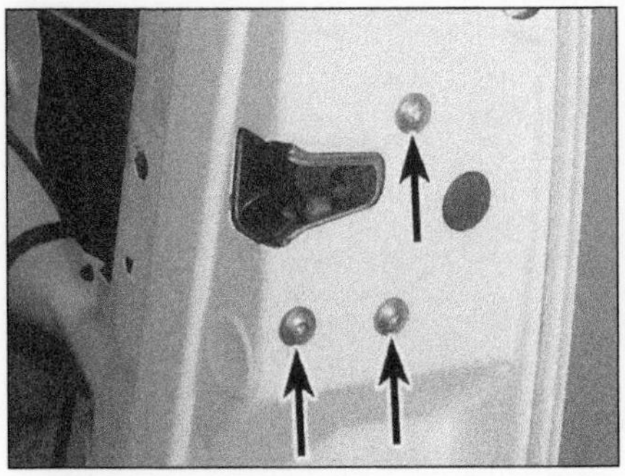

13.13a Skruva loss de tre fästbultarna (vid pilarna) . . .

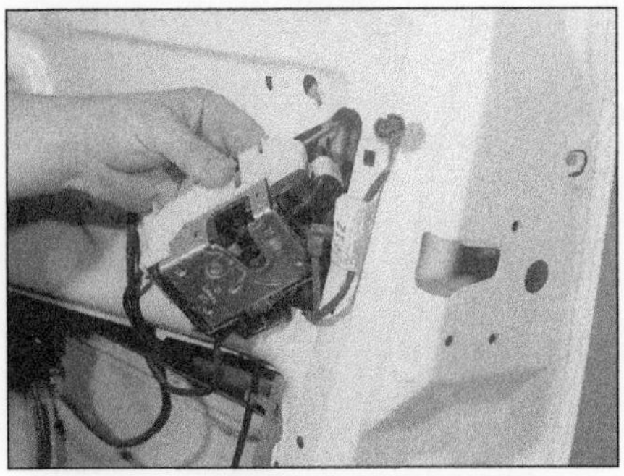

13.13b . . . och lirka ut låset ur dörren

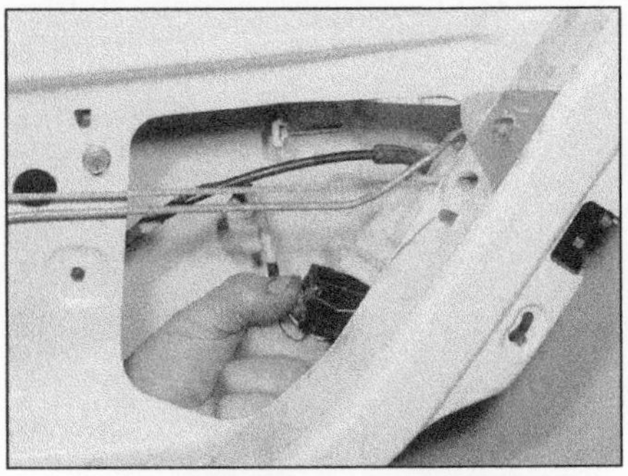

13.14 Koppla loss kontakten från det bakre dörrlåsets centrallåselement

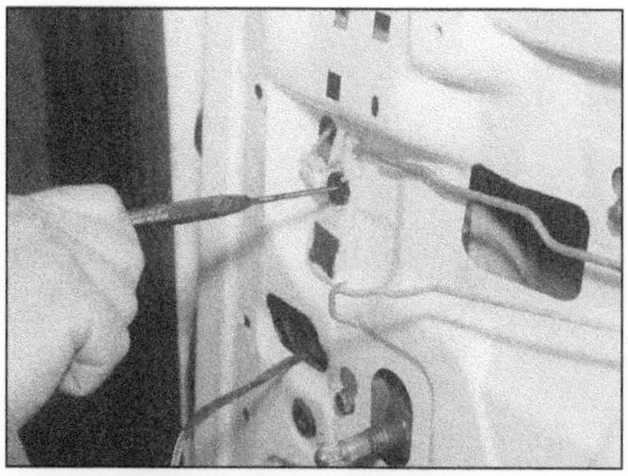

13.15a Tryck ut stiftet . . .

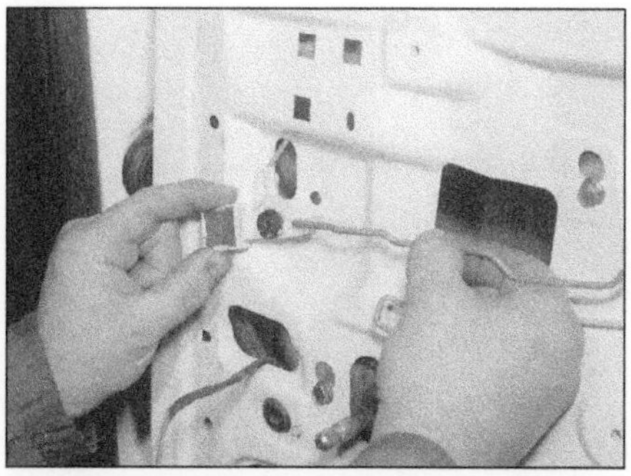

13.15b . . . frigör därefter kopplingslänken från dörren och lossa den från länkstaget

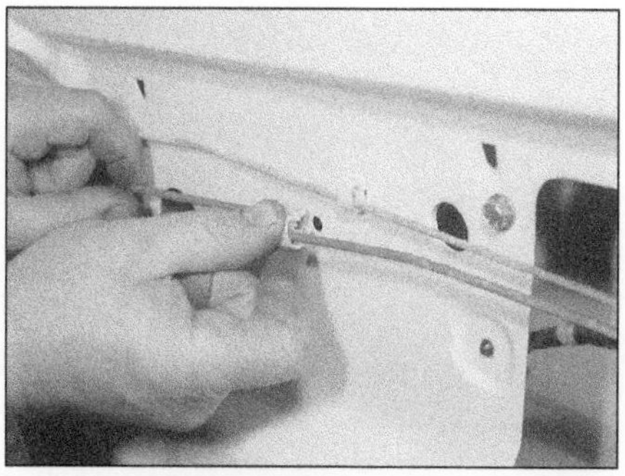

13.16 Ta bort styrklämmorna som håller båda länkstagen vid dörren

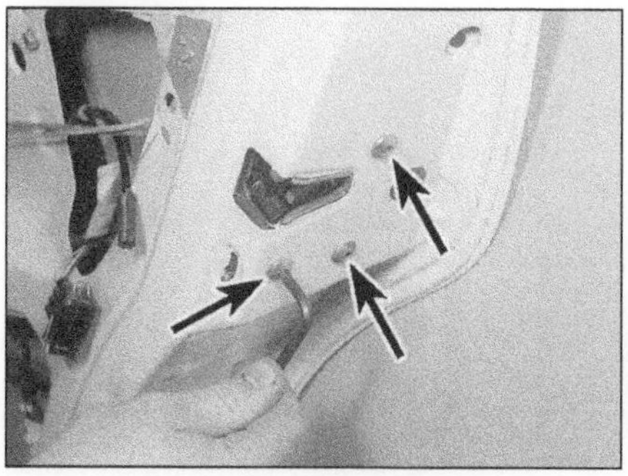

13.17a Skruva loss bultarna (vid pilarna) . . .

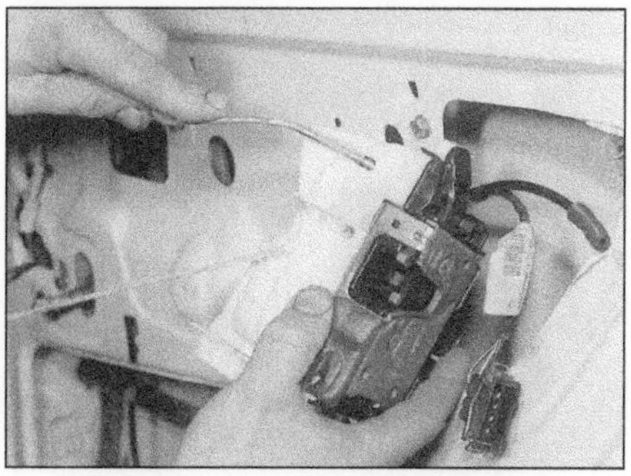

13.17b . . . och demontera lås och länkstag från dörren

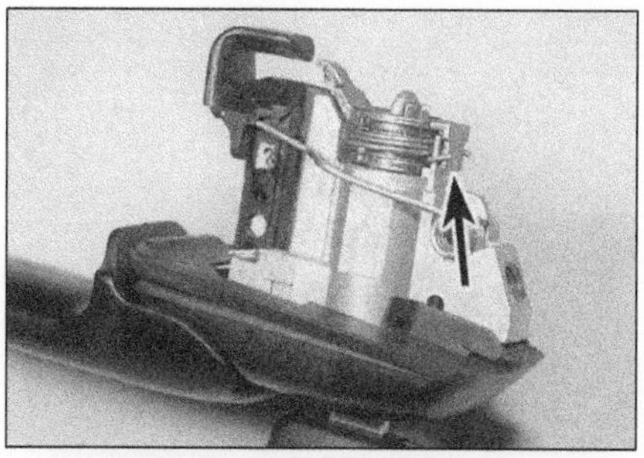

13.24 Vid monteringen, kontrollera att kopplingsfjäderns ändar är korrekt placerade över handtagets flik (vid pilen)

16 Ta loss länkstagets styrklämmor från dörren **(se bild)**.

17 Skruva loss låsets fästbultar och lirka ut lås och länkstag från dörren. Vid behov, lossa länkstagen från låset och notera hur de är monterade; länkstagen har olika form och är inte utbytbara **(se bilder)**.

Montering

Inre dörrhandtag

18 Sätt fast handtaget i länkstaget och sätt tillbaka det på sin ursprungliga plats. Kontrollera att handtaget fungerar korrekt, montera därefter klädseln enligt beskrivning i avsnitt 12.

Yttre dörrhandtag

19 Montera låsets klämma på dörren och montera tätningarna på handtagets baksida. **Observera:** *Tappa inte ned klämman i dörren; om klämman faller ned måste hela dörrklädseln demonteras för att den skall kunna hämtas upp.*

20 Haka låsets främre länk på plats, och sätt därefter tillbaka handtagets bakdel på plats. På den främre dörren, vrid nyckeln ett kvarts varv (90°) medan handtaget fästs på plats, så att handtaget griper tag i låsarmen.

21 Kontrollera att handtaget fungerar korrekt, sätt sedan i fästbulten och dra åt den till angivet åtdragningsmoment.

Framdörrens låscylinder

22 Smörj låscylinderns utsida och låsplattorna med lämpligt smörjmedel (VW rekommenderar låsfett G 000 400 – kan köpas från VW-verkstad).

23 Montera tätningsringen på handtaget och sätt in cylindern.

24 Montera koppling och fjäder på cylindern, se till att de är korrekt placerade, kontrollera därefter att låset fungerar ordentligt **(se bild)**.

25 Montera fjädern på länkstaget och haka fast staget över låsets baksida.

26 Montera det utvändiga handtaget enligt beskrivning i punkterna 19 till 21.

Framdörrens lås

27 Före monteringen, lossa justerskruven (Torx); på vänsterdörren är skruven högergängad och på högerdörren är den vänstergängad.

28 Manövrera låset på plats och låt det haka i länkstaget.

29 Sätt i låsets bultar och dra åt dem till angivet åtdragningsmoment. Vid behov, anslut vakuumröret och kablagekontakten (kontakterna) på låset.

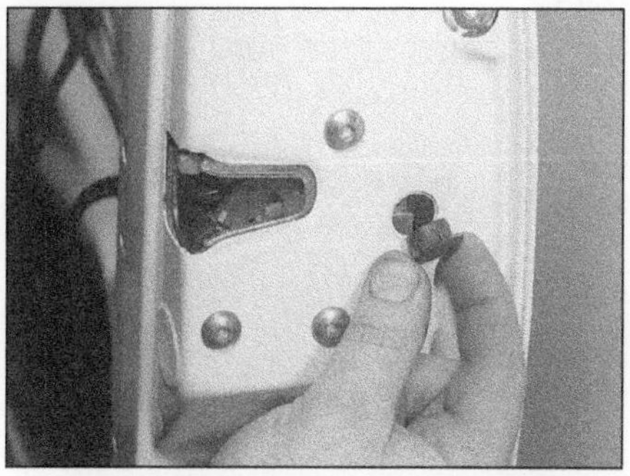

13.31a Ta loss gummipluggen från dörrens bakre kant . . .

30 Montera det utvändiga handtaget enligt beskrivning i punkterna 19 till 21.

31 Ta bort gummipluggen från dörren för att komma åt justerskruven. Dra åt skruven till 3 Nm (se punkt 27) och sätt sedan tillbaka gummipluggen **(se bilder)**.

32 Vid behov, sätt i bultarna till fönsterhissens styrskena och justera enligt beskrivning i avsnitt 14.

33 Kontrollera att lås och handtag fungerar ordentligt, tryck därefter fast plastisoleringspanelen på dörren. Tryck sedan fast klädselns klämmor.

34 Montera det invändiga dörrhandtaget enligt beskrivning i punkt 18.

Bakdörrens lås

35 Montera länkstagen på låset och kontrollera att de sitter ordentligt.

36 Före monteringen, lossa justerskruven (Torx); på den vänstra dörren är skruven

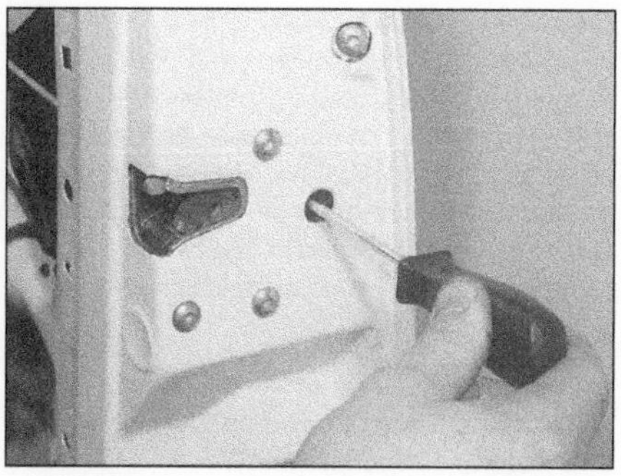

13.31b . . . och justera låset enligt beskrivning i texten

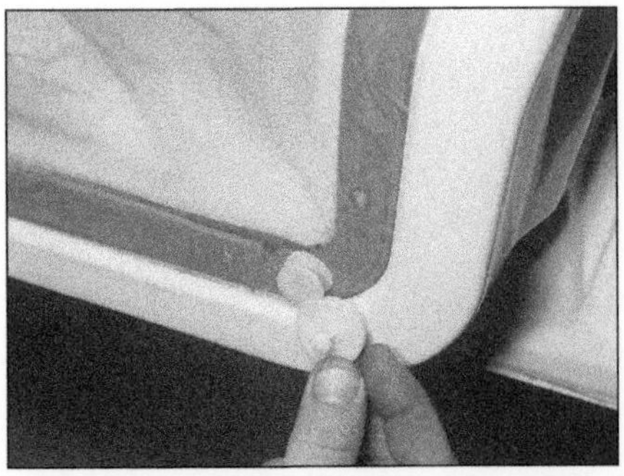

14.2a Ta bort dörrklädselns clips från fästena . . .

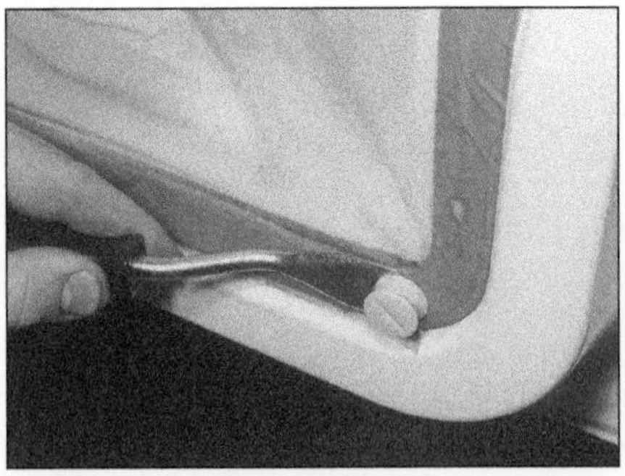

14.2b . . . och bänd försiktigt loss fästena från dörren

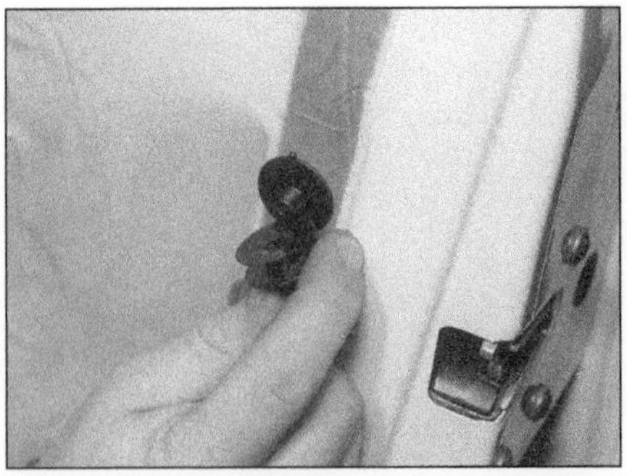

14.2c Ta bort klädselns clips från det övre fästet . . .

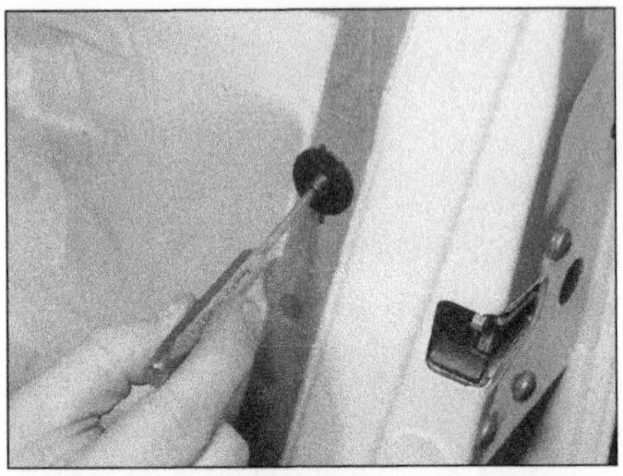

14.2d . . . och tryck därefter ut stiftet och lossa fästet från dörren

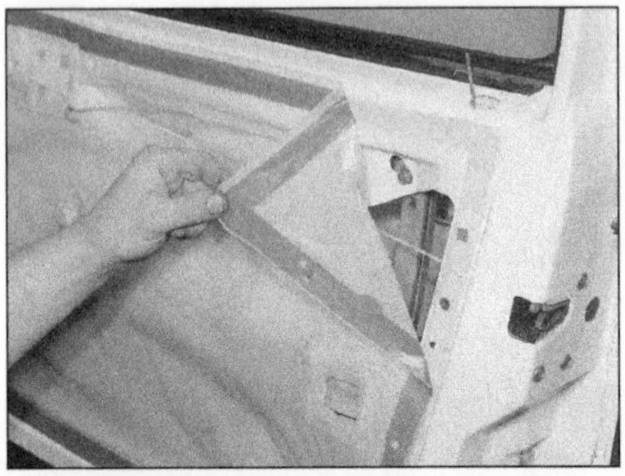

14.2e När alls clips och fästen har tagits bort, lossa plastisoleringen från dörren

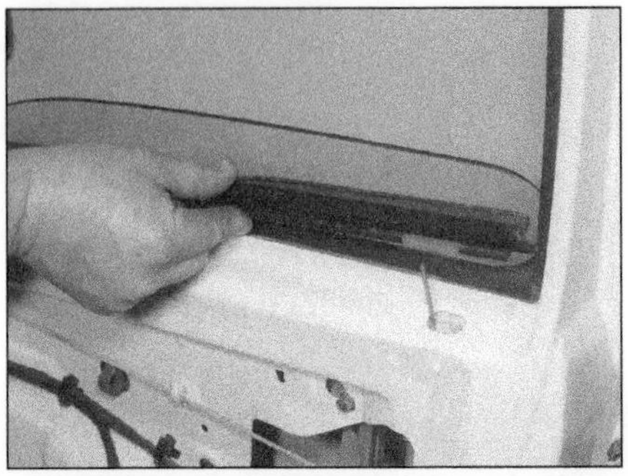

14.4 Lossa den inre tätningslisten upptill på dörren

högergängad och på den högra dörren är den vänstergängad.

37 Manövrera låset på plats och dra åt skruvarna till angivet åtdragningsmoment. Om så är aktuellt, anslut vakuumröret och kontakten/kontakterna till låset.

38 Fäst länkstaget till länken och kläm fast länken i dörren. Fäst länken på plats med stiftet.

39 Utför arbetet enligt beskrivning i punkterna 30 till 34 men uteslut delen om bultarna till styrskenan.

14 Dörrutor och fönsterhissmekanism – demontering och montering

Demontering

1 Demontera det invändiga handtaget enligt beskrivning i avsnitt 13.

2 Bänd försiktigt ut klädseln från dörren. Skala försiktigt bort plastisoleringspanelen från dörren och ta bort den. Om isoleringen är sönderriven eller skadad måste en ny användas vid monteringen; eventuellt skadade clips måste också bytas **(se bilder)**. Fortsätt att arbeta enligt beskrivning under respektive rubrik.

Främre dörruta

3 Placera fönsterrutan så att fönsterrutans klammor på hissmekanismen kan nås genom öppningen i dörrpanelen.

4 Ta försiktigt bort fönsterrutans inre tätningslist från dörren **(se bild)**.

14.5a Lossa klammans muttrar . . .

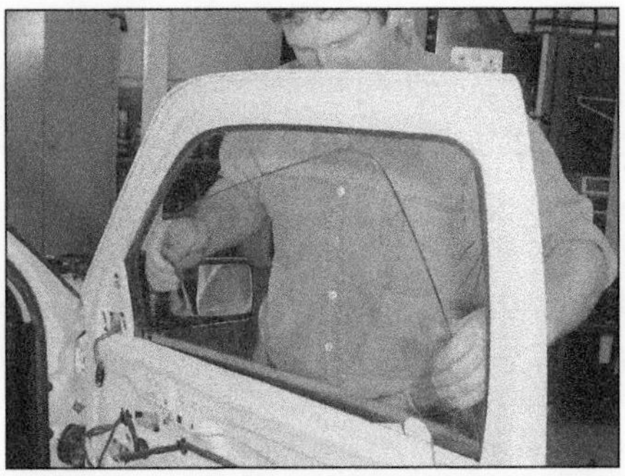

14.5b . . . och frigör därefter rutan och manövrera ut den från dörren

5 Lossa muttrarna till rutans klammor och lossa klammorna från rutan, ta sedan ut rutan uppåt och ut genom öppningen **(se bilder)**.

Bakre dörruta

6 Arbeta enligt beskrivningen i punkterna 3 och 4.

7 Sänk fönsterrutan, lossa de övre och undre skruvarna och demontera fönsterrutans styrskena från dörren **(se bilder)**.

8 Lossa muttrarna till rutans klammor och ta försiktigt ut rutan genom fönsteröppningen **(se bilder)**.

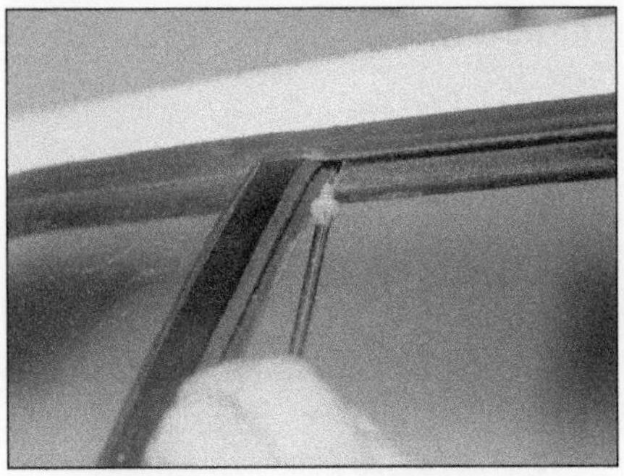

14.7a Lossa den övre skruven . . .

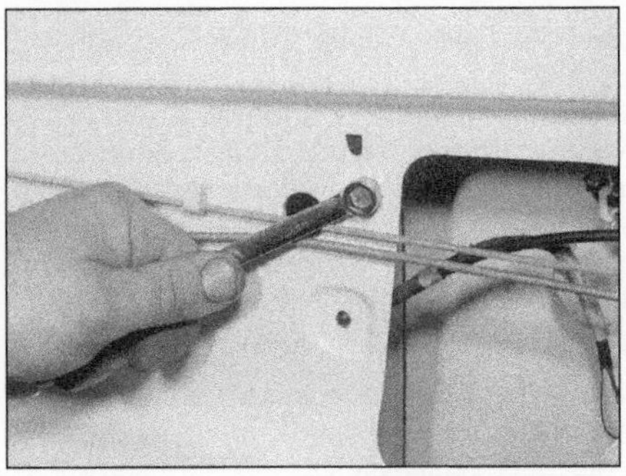

14.7b . . . och den undre skruven

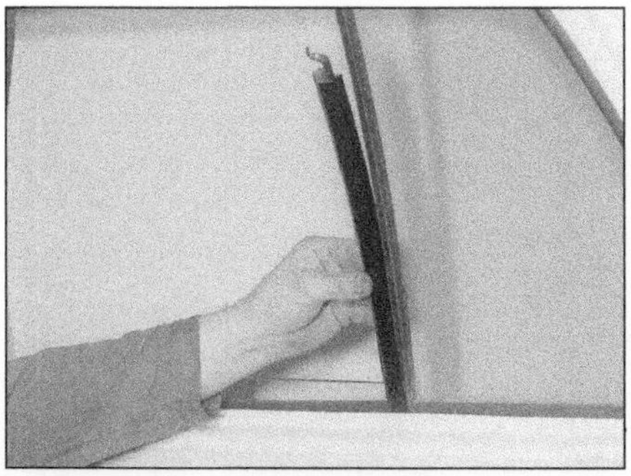

14.7c Demontera fönstrets styrskena från bakdörren

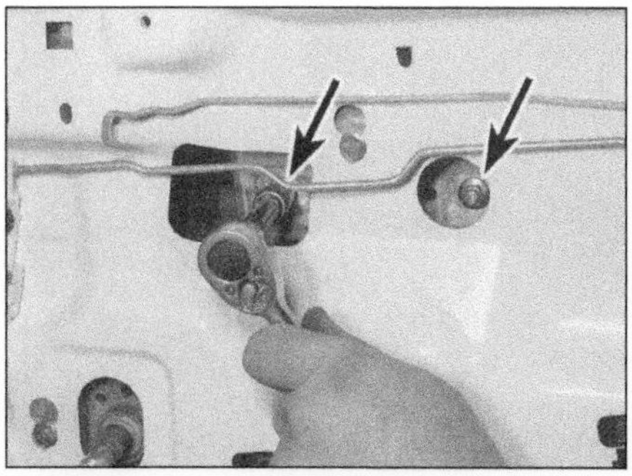

14.8a Lossa klammornas muttrar (vid pilarna) . . .

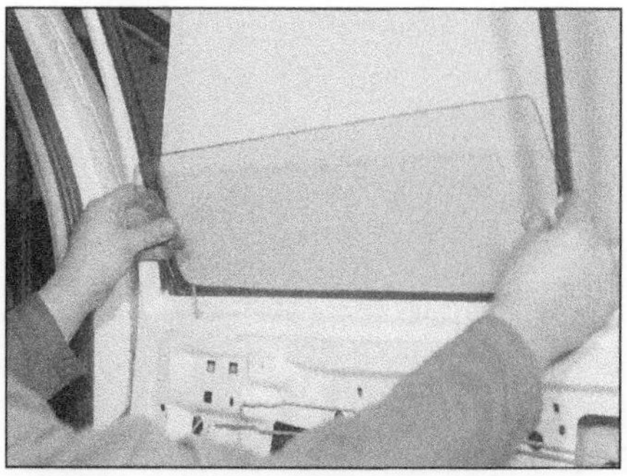

14.8b . . . och manövrera ut rutan från bakdörren

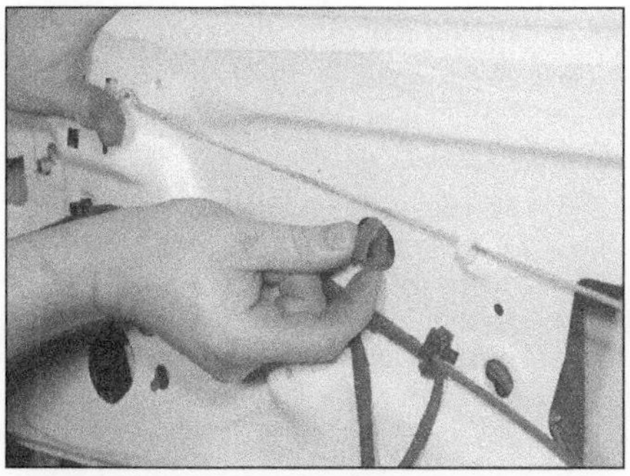

14.11 Lossa klämman som fäster fönstermekanismens vajrar på framdörren

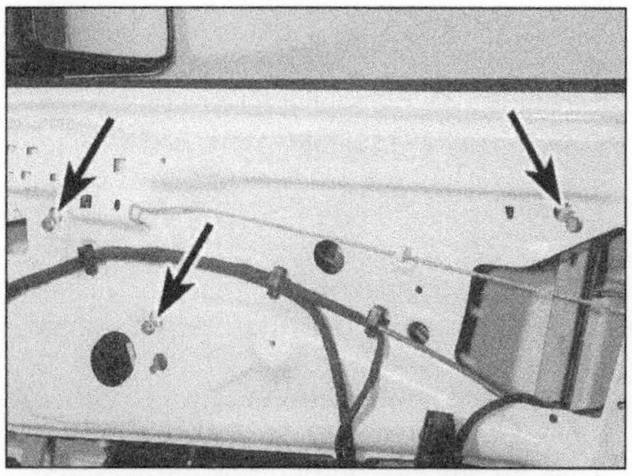

14.12a Lossa de övre bultarna från mekanism och styrskenor (vid pilarna) . . .

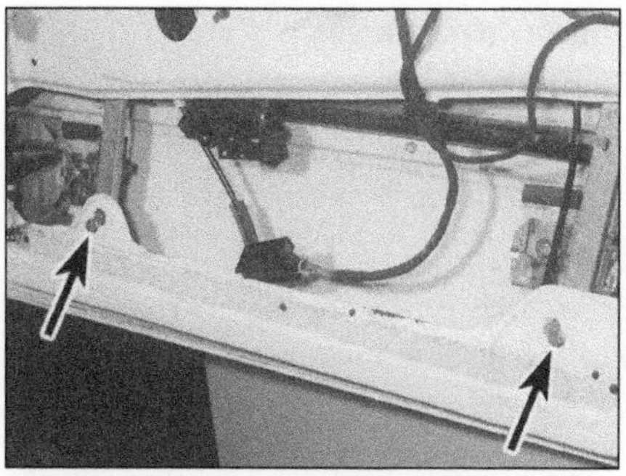

14.12b . . . ta sedan bort de undre bultarna från styrskenorna (vid pilarna) . . .

9 Vid behov kan den fasta fönsterrutan därefter lossas från tätningslisten och demonteras från dörren.

Fönsterhissmekanism, fram

10 Demontera fönsterrutan enligt ovanstående beskrivning.

11 Lossa klämman och frigör hissmekanismens vajrar från dörren **(se bild)**. På modeller med elektriska fönsterhissar, lossa kablagekontakten från mekanismens motor.

12 Lossa bultarna som sitter överst på fönstermekanismens styrskenor och ta bort de undre bultarna från styrskenorna. Lossa även bulten som fäster fönstermekanismen på dörren **(se bilder)**.

13 Lyft upp fönstermekanismen något för att lossa den från dörren, manövrera den därefter nedåt och ut genom dörröppningen **(se bild)**.

Fönsterhissmekanism, bak

14 Demontera fönsterrutan enligt beskrivning i ovanstående stycke.

15 På modeller med elektriska fönsterhissar, lossa kablagekontakten från fönstermekanismens motor.

16 Lossa bultarna från mekanism och styrskena och lirka ut mekanismen genom öppningen i dörren **(se bilder)**.

Montering

Främre dörruta

17 Manövrera fönsterrutan på plats och sätt in den i mekanismens klammor. Kontrollera att rutan är ordentligt på plats och skruva lätt åt klammornas muttrar.

18 Montera den inre tätningslisten på dörrens övre kant.

19 Kontrollera att fönsterrutan kan röra sig mjukt och lätt och att den kan stängas fullständigt. Vid behov, lossa klammornas muttrar och placera om rutan. När fönsterrutan fungerar som den ska, dra åt klammornas muttrar till angivet åtdragningsmoment.

20 När fönstret fungerar ordentligt, tryck in plastisoleringen på plats, kontrollera att den sitter ordentligt och montera clipsen. Montera den invändiga klädseln enligt beskrivning i avsnitt 12.

Bakre dörruta

21 Om så är aktuellt, sätt den fasta rutan på plats och se till att den hamnar rätt i tätningslisten.

22 Manövrera rutan på plats, sätt fast den i klammorna och dra åt muttrarna lätt.

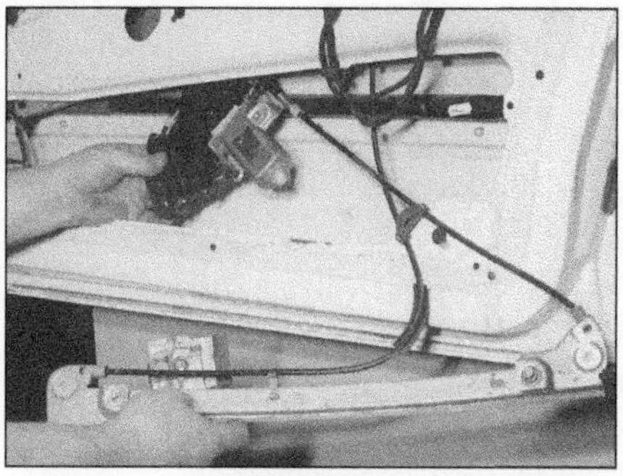

14.13 . . . och ta ut mekanismen från dörren

23 Montera styrskenan i dörren, passa in rutan i skenan och dra åt skruvarna ordentligt.

24 Utför momenten som beskrivs i punkterna 19 och 20.

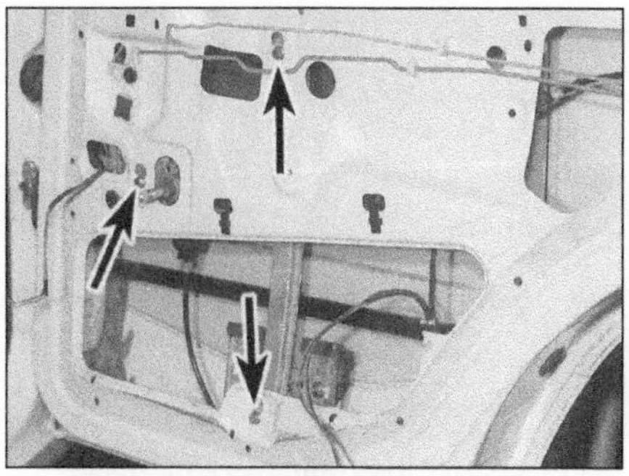

14.16a Lossa bultarna (vid pilarna) . . .

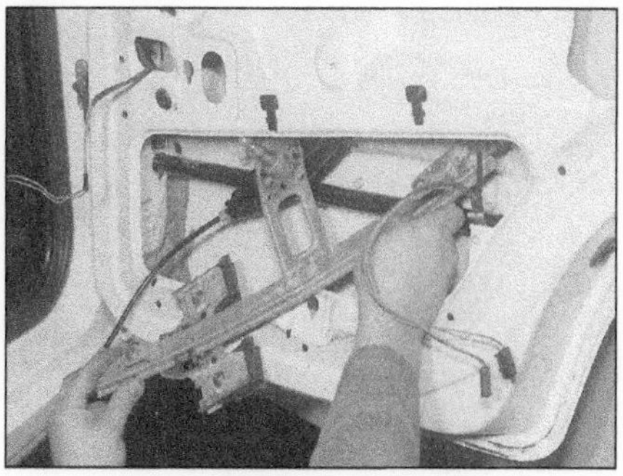

14.16b . . . och ta ut mekanismen ur bakdörren

15.3a På Golf Variant, lyft upp mittstiften på bakluckans klädselclips . . .

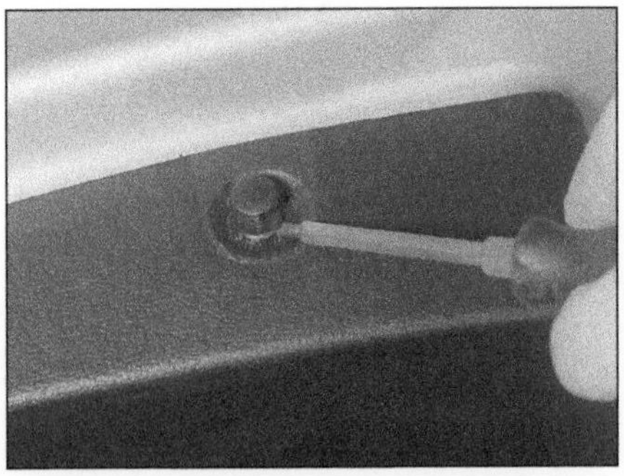

15.3b . . . bänd därefter loss clipsen . . .

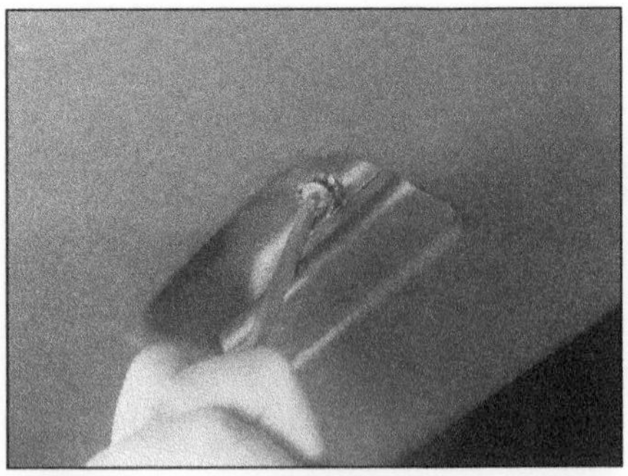

15.3c . . . och lossa skruven och ta bort klädseln

Fönsterhissmekanism, fram

25 Sätt in mekanismen på plats i dörren, sätt sedan i fästbultarna och dra åt alla fästen till angivna åtdragningsmoment. Vid behov, anslut kontakten till mekanismens motor.

26 Kläm fast mekanismens vajrar på plats och montera rutan enligt ovanstående beskrivning.

Fönsterhissmekanism, bak

27 För in mekanismen på plats i dörren, sätt sedan i fästbultarna och dra åt alla fästen till angivet åtdragningsmoment. Vid behov, anslut kablagekontakten till mekanismens motor.

28 Montera rutan enligt ovanstående beskrivning.

15 Baklucka och gasfjädrar (Golf och Golf Variant) - demontering och montering

Demontering

Baklucka

1 Öppna bakluckan och lossa sedan batteriets negativa anslutning.

2 På Golf (kombikupé), skruva loss skruven från bakluckans klädsel och lossa sedan clipsen runt klädselpanelen, bänd försiktigt mellan klädseln och bakluckan med en spårmejsel. Arbeta runt klädselns ytterkant, lossa alla clips och ta bort panelen.

3 På Golf Variant, arbeta runt ytterkanten på bakluckans klädselpanel och ta bort samtliga clips; ta bort ett clips genom att lyfta upp mittenstiftet och därefter försiktigt bända loss clipset från sitt läge. Skruva loss panelens fästskruv, lossa hela panelen och ta bort den från bakluckan **(se bilder)**.

4 Koppla loss kontakterna som sitter bakom klädseln och frigör spolarslangen från bakluckans torkarmotor **(se bild)**. Koppla också loss kontakterna från anslutningarna till bakrutans uppvärmning och ta bort genomföringarna från bakluckan.

5 Knyt ett snöre i kablagets båda ändar, notera exakt hur kablaget är draget, lossa sedan kablagets gummigenomföringar från bakluckan och ta bort kablaget. När kablagets ände kommer fram, knyt loss snöret och låt det hänga kvar i bakluckan; det kan användas för att dra kablaget på rätt plats vid monteringen.

6 Använd en lämplig markeringspenna och rita konturerna runt varje gångjärn för att markera dess läge på bakluckan.

7 Låt en medhjälpare stötta bakluckan, använd en liten spårmejsel för att lyfta fjäderclipsen och dra loss gasfjädrarna från kulledsfästena på bakluckan. Skruva loss bultarna som fäster gångjärnen vid bakluckan och demontera bakluckan från bilen **(se bild)**. Vid behov, ta vara på packningarna som är monterade mellan bakluckan och gångjärnet.

8 Kontrollera gångjärnen beträffande tecken på slitage eller skador och byt dem vid behov. Gångjärnen är infästa på bilen med muttrar eller bultar (beroende på modell) som kan nås om takklädseln lossas från klädselremsan och viks undan. Vid monteringen, kontrollera att gångjärnets packning är i gott skick, och fäst gångjärnet ordentligt på plats.

Gasfjädrar

9 Stöd bakluckan i öppet läge med ett kraftigt trästycke eller en medhjälpare.

10 Använd en liten skruvmejsel för att lyfta fjäderclipset och dra loss gasfjädern från kulledsfästet på luckan **(se bild)**. Höj upp det andra clipset och lossa fjädern från kulleden på karossen, demontera den från bilen.

Montering

Baklucka

11 Montering sker i omvänd ordningsföljd, gångjärnen skall riktas in mot märkena som gjordes innan demonteringen.

12 Avslutningsvis, stäng bakluckan och kontrollera att den är korrekt inriktad mot omgivande paneler. Vid behov kan en lätt justering göras genom att bultarna lossas och bakluckan placeras om i gångjärnen. På Golf Variant, följ nedanstående beskrivning om bakluckans buffertar behöver justeras.

13 Bänd försiktigt loss fäststiften och demontera bufferten från bakluckan. Ta bort gummidynan från bufferten för att komma åt bygelskruven, lossa därefter skruven och justera den gängade hylsan för att åstadkomma ett 3 mm spel enligt bilden. Sätt tillbaka gummidynan och dra ut buffertskenan, tryck därefter tillbaka den tills klackarna griper i skårorna i skenan. Avståndet mellan gummi och buffert bör vara

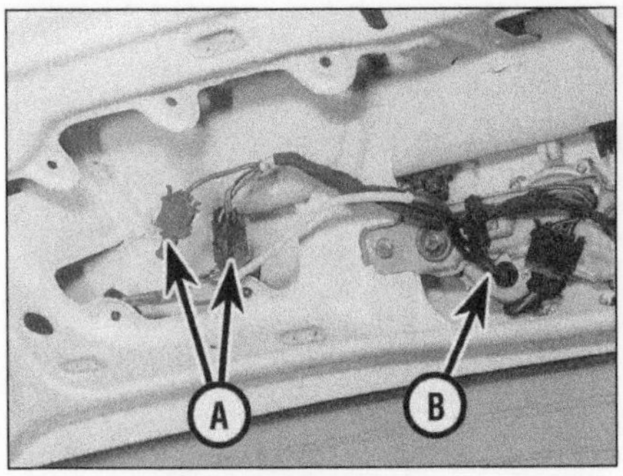

15.4 Lossa kablagekontakterna (A) och frigör spolarslangen (B) från torkarmotorn

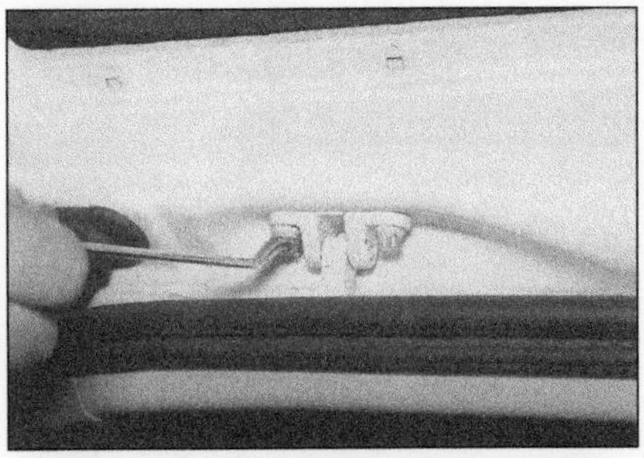

15.7 Skruva loss bultarna som fäster gångjärnen vid bakluckan och demontera bakluckan från bilen

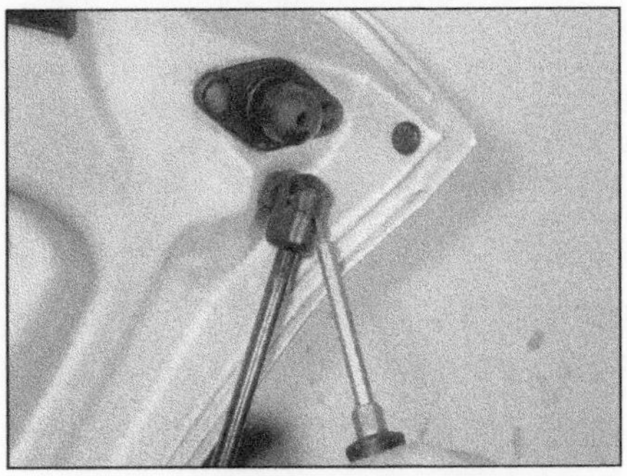

15.10 Lossa försiktigt fjäderclipset och lösgör gasfjädern från bakluckan

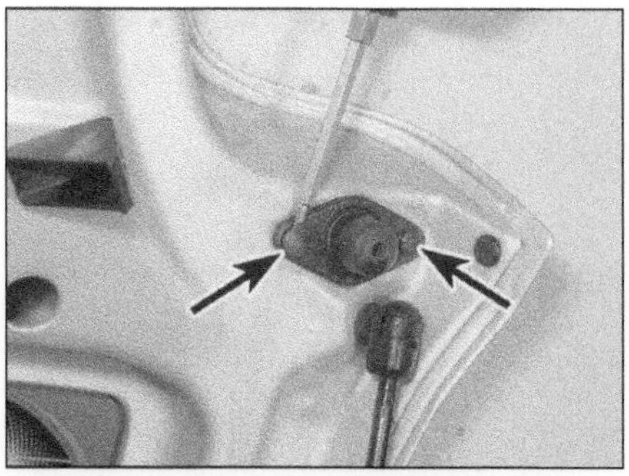

15.13a På Golf Variant är bakluckans buffertar infästa med två stift (vid pilarna)

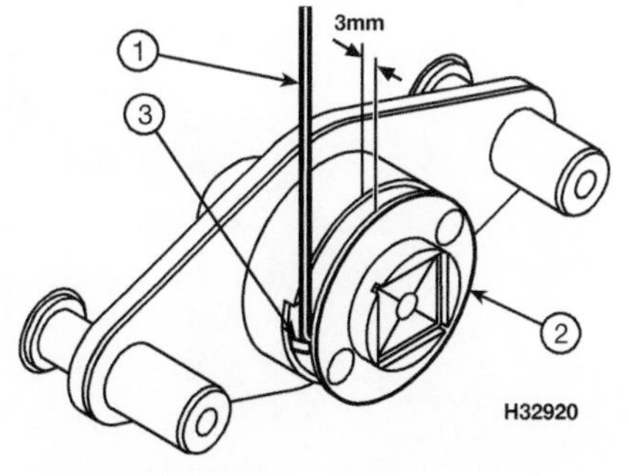

15.13b Justering av bakluckans buffert
1 3 mm insexnyckel 3 Distans
2 Gängad hylsa

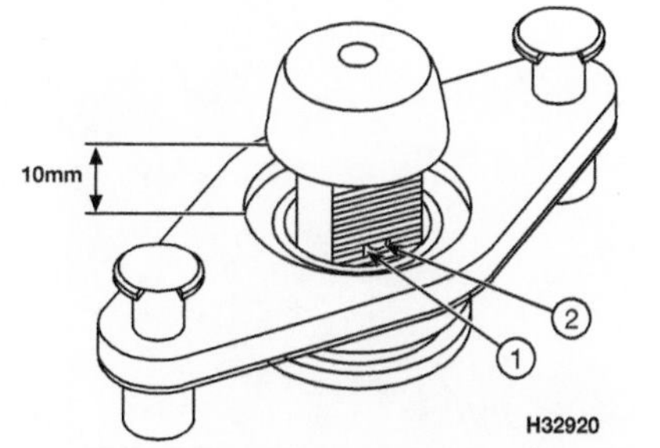

15.13c Justering av bakluckans buffert
1 Klackar 2 Skåror

som på bilden **(se bilder)**. Montera bufferten på bakluckan och fäst den på plats med stiften. Stäng bakluckan på låsets andra spärr, öppna den därefter igen och gör en ny inställning av bufferten. Demontera gummidynan och komplettera justeringen genom att dra åt bygelskruven lätt (1 till 2 Nm), sätt sedan tillbaka gummidynan igen.

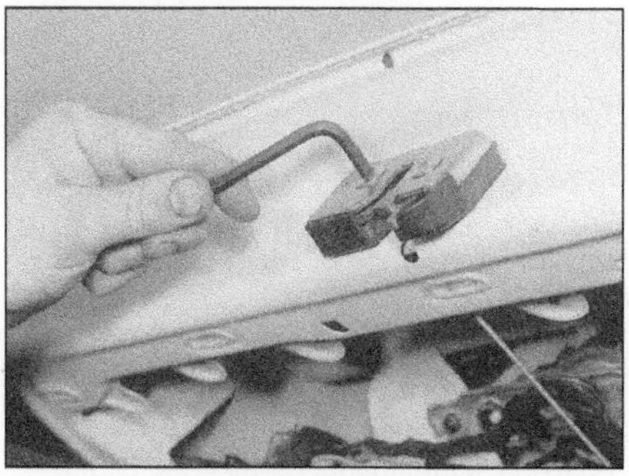

16.1a Lossa skruvarna . . .

Gasfjädrar

14 Montering sker i omvänd ordning, se till att stödfjädern är ordentligt infäst med clipsen.

16 Bakluckans låskomponenter (Golf och Golf Variant) – demontering och montering

Demontering

Bakluckans lås

1 Öppna bakluckan och lossa låsets skruvar. Lossa låsets länkstag från knappen och demontera låset, lossa kablagekontakten när låset tas bort **(se bilder)**.

Bakluckans låsknapp - Golf

2 Demontera bakluckans klädsel enligt beskrivning i punkt 2 i avsnitt 15.

3 Lossa länkstaget/-stagen från handtaget och, i förekommande fall, lossa kablaget från kontakten **(se bild)**.

4 Från bakluckans utsida, skruva loss skruvarna som håller listen kring bakluckans låsknapp på plats och ta bort listen från bakluckan **(se bilder)**.

5 Lossa clipsen och demontera låsknappen från bakluckan **(se bild)**.

Bakluckans handtag - Golf Variant

6 Demontera bakluckans klädsel enligt beskrivning i punkt 3 i avsnitt 15.

7 Lossa länkstagen från handtaget och, i förekommande fall, lossa kontaktdonet från låskontakten **(se bild)**.

8 Skruva loss fästmuttrarna/-bultarna (vad som gäller) och demontera handtaget från bakluckan. Ta vara på handtagets tätning (om sådan förekommer) och undersök om den är skadad - byt ut den om så behövs.

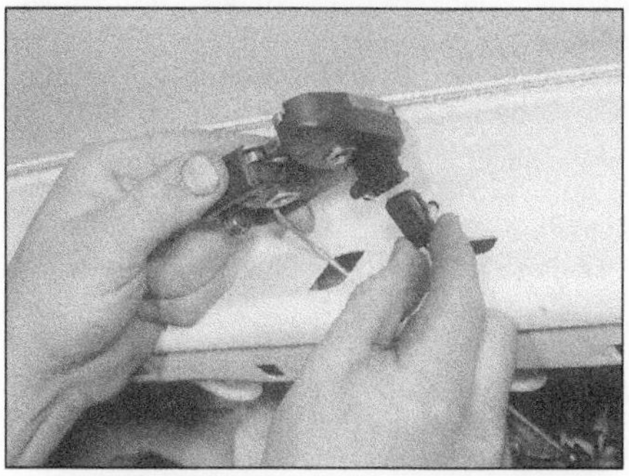

16.1b . . . och demontera låset från kablagekontakt och länkstag

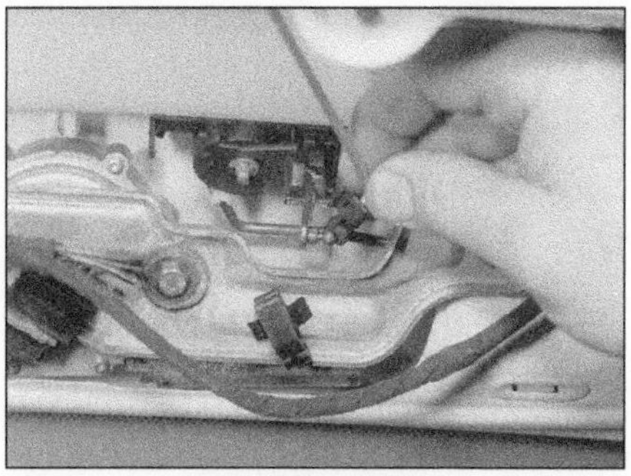

16.3 Lossa clipsen och frigör länkstagen från låsknappen

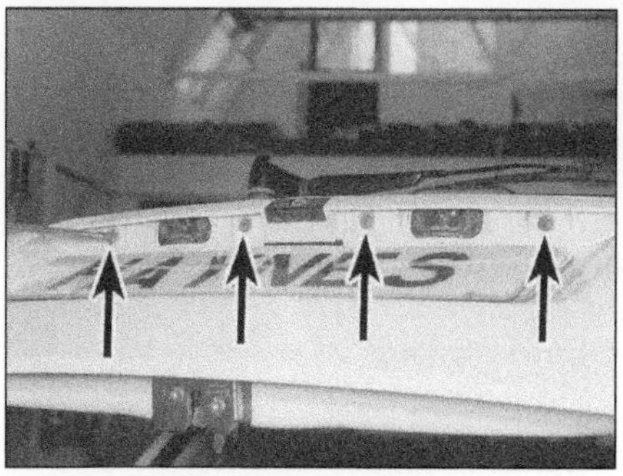

16.4a Lossa skruvarna (vid pilarna) . . .

16.4b . . . och ta bort låsknappens list

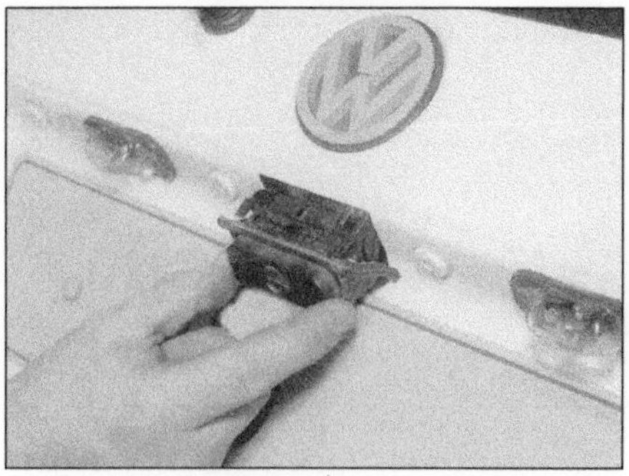

16.5 Lossa clipsen och ta bort låsknappen

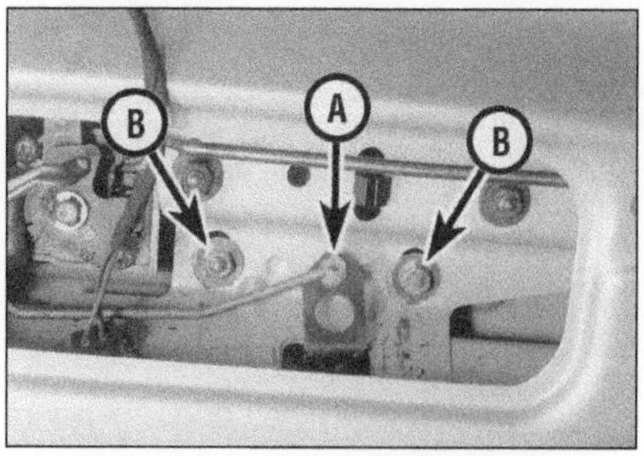

16.7 Länkstag (A) och muttrar (B) till bakluckans lås - Golf Variant

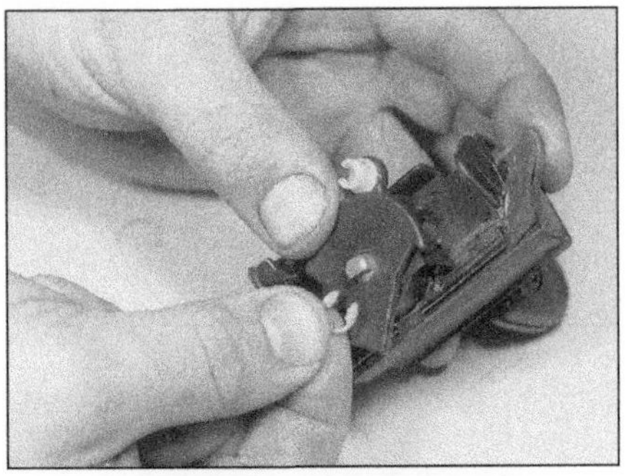

16.10a Demontera clipset från låsknappens baksida . . .

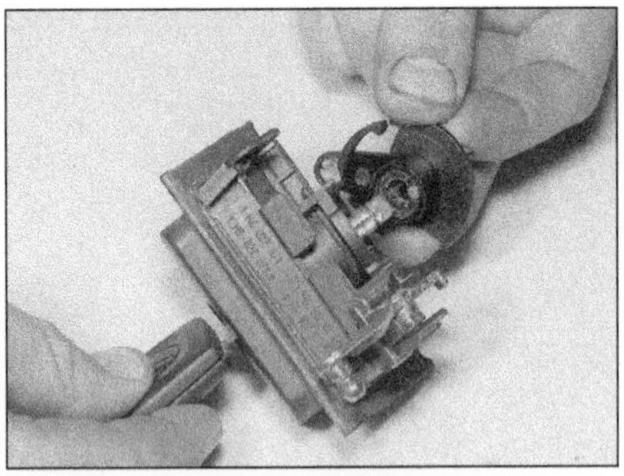

16.10b . . . lyft bort länkstagets skiva . . .

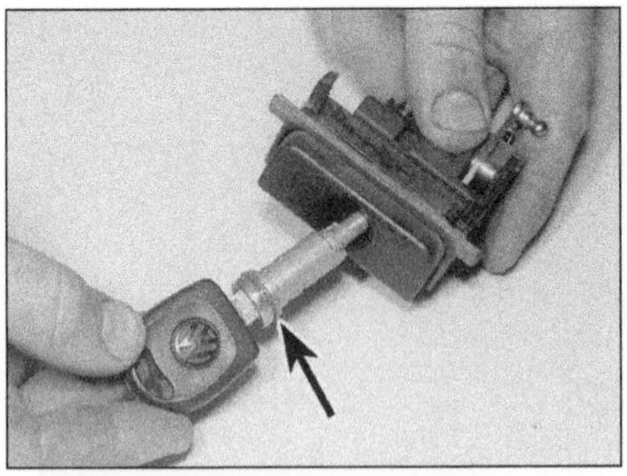

16.10c . . . och ta bort låscylinder och tätningsring (vid pilen)

Bakluckans låscylinder - Golf

9 Demontera bakluckans låsknapp enligt föregående beskrivning.

10 Sätt in nyckeln i låset, bänd sedan försiktigt loss clipset och ta bort länkstagets skiva, notera hur den är monterad. Ta bort låscylindern från knappen och ta vara på tätningsringen. Kontrollera tätningsringen beträffande tecken på slitage eller skador, byt tätningsring om det behövs **(se bilder)**.

Bakluckans låscylinder - Golf Variant

11 Demontera bakluckans handtag enligt tidigare beskrivning.

12 Ta loss clips och länkstagsfäste från handtagets baksida. Sätt in nyckeln i låset och vrid den till vertikalt läge, ta bort låscylindern från handtaget. Ta vara på cylinderns tätning; byt den om den är skadad.

Montering

13 Montering sker i omvänd ordningsföljd. Innan klädseln monteras, kontrollera att låsets komponenter fungerar bra samt (där så är aktuellt) centrallåssystemet.

17 Bagagelucka och gasfjädrar (Vento) - demontering och montering

Demontering

Bagagelucka

1 Öppna bagageluckan, lossa därefter batteriets negativa anslutning.

2 Lossa plastkåporna från bagageluckan för att komma åt bakljusen. Koppla loss kontakterna från lyktorna och knyt ett snöre i varje kabelände. Notera hur kablaget är draget, lossa kablagets genomföringar från bagageluckan och ta bort kablaget. När änden på kablaget kommer fram, lossa snöret och lämna det på plats i bagageluckan; det kan användas vid monteringen för att dra kablaget på plats.

3 Rita konturen av varje gångjärn med en lämplig markeringspenna, skruva sedan loss gångjärnens fästbultar och demontera bagageluckan från bilen.

4 Undersök om gångjärnen är slitna eller skadade och byt dem vid behov; gångjärnen är infästa på bilen med bultar.

Gasfjädrar

5 Stötta bagageluckan i öppet läge. Använd en liten spårmejsel, lyft fjäderclipset och dra loss gasfjädern från dess övre fäste **(se bild)**. Upprepa proceduren för det undre gasfjäderfästet och demontera gasfjädern från bilen.

Montering

Bagagelucka

6 Montering sker i omvänd ordningsföljd, rikta in gångjärnen mot märkena som gjordes före demonteringen.

7 Avslutningsvis, stäng bagageluckan och kontrollera dess passning mot omgivande karosspaneler. Vid behov kan en lätt justering göras om man lossar bultarna och justerar om bagageluckan på dess gångjärn.

Gasfjädrar

8 Montering sker i omvänd ordningsföljd, kontrollera att gasfjädern är säkert infäst med clipsen.

18 Bagageluckans låskomponenter (Vento) - demontering och montering

Demontering

Bagageluckans lås

1 Öppna bagageluckan och lossa låsets fästskruvar. Demontera låset, koppla loss dess kontakt och haka loss låset från länkstaget när det tas bort.

Bagageluckans låscylinder

2 Lossa plastkåpan från bagageluckan för att komma åt låscylinderns baksida **(se bild)**.

3 Lossa länkstaget från låscylindern, lossa därefter länkstagets kulled från dess anslutning **(se bild)**.

4 Skruva loss de två skruvarna och ta bort låscylindern från bagageluckan **(se bild)**. Ta vara på låscylinderns tätningsring.

5 Sätt in nyckeln i låset, bänd försiktigt loss clipset och ta bort låscylinder och tätningsring. Kontrollera tätningsringarna beträffande tecken på slitage eller skada och byt dem vid behov.

Montering

Bageluckans lås

6 Anslut kontakten och fäst länkstaget

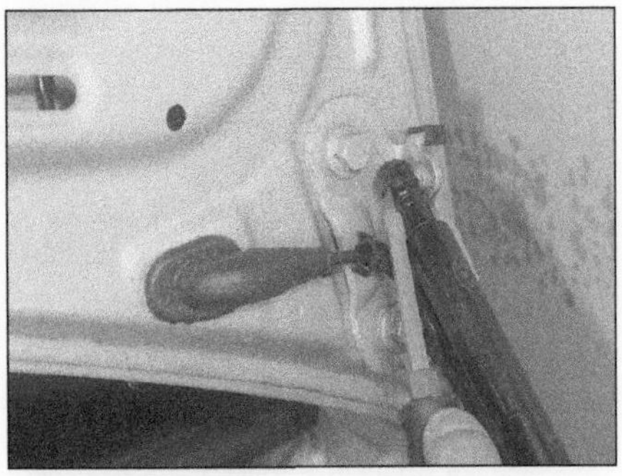

17.5 Lyft försiktigt bort clipset och lossa gasfjädern från dess övre fäste

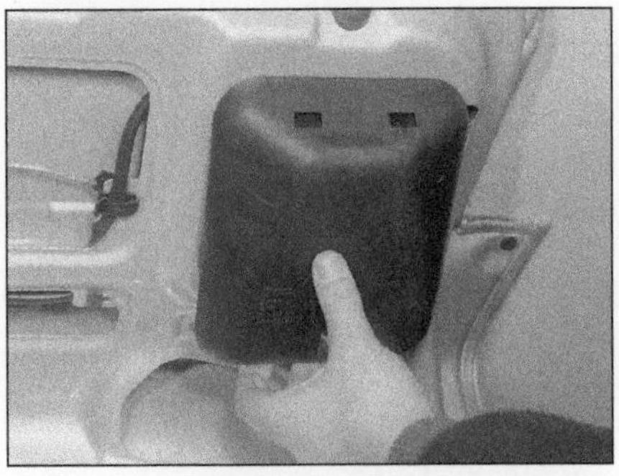

18.2 Lossa plastkåpan från bakluckan för att komma åt låset

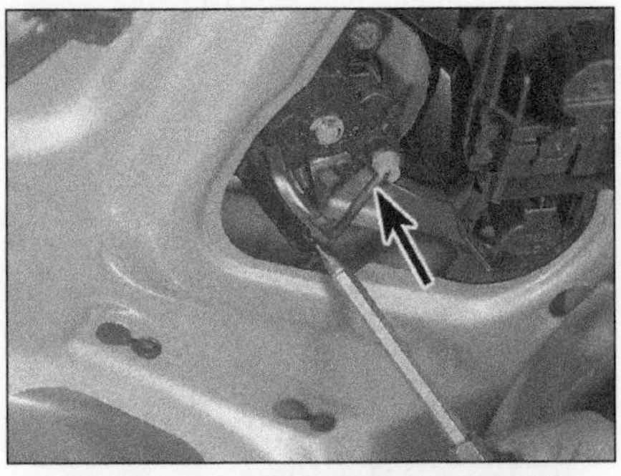

18.3 Bänd loss länkstagets kulled från låset och lossa länkstaget (vid pilen)

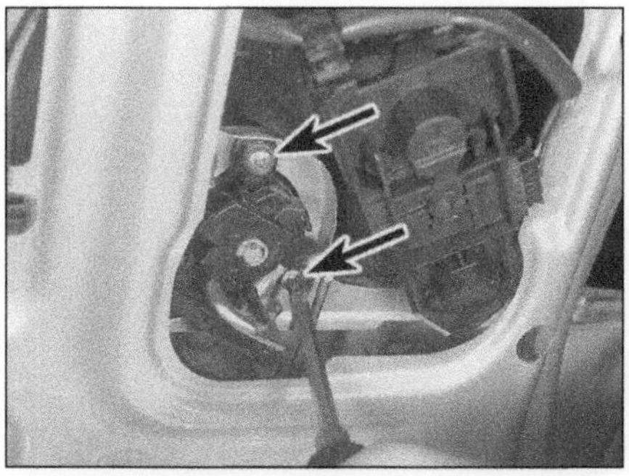

18.4 Skruva loss de två skruvarna (vid pilarna) och demontera låscylindern

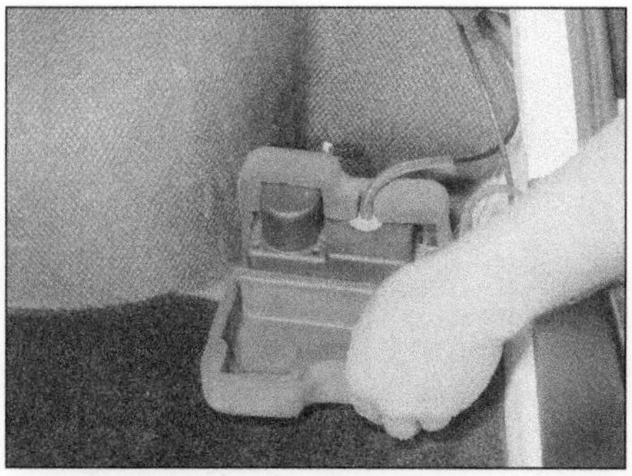

19.3a Demontera isoleringspackningen runt centrallåsets pump . . .

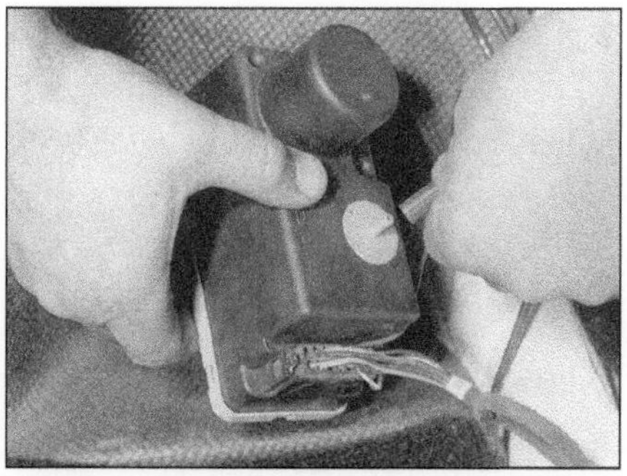

19.3b . . . lossa därefter vakuumröret och kontakten och demontera pumpen från bilen

ordentligt. Placera låset på plats på bakluckan och dra åt bultarna ordentligt.

Bagageluckans låscylinder

7 Montera tätningsringen på låscylindern och för den på plats i sitt hus. Fäst cylindern på plats med clipset och kontrollera därefter att låscylindern fungerar som den ska.

8 Montera tätningsringen på låscylindern. Sätt in låset i bagageluckan, sätt i skruvarna och dra åt dem ordentligt.

9 Fäst länkstagets kulled på plats på låscylindern och anslut länkstaget ordentligt. Kontrollera att låset fungerar som det ska, montera därefter tillbaka plastkåpan på bakluckan.

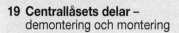

19 Centrallåsets delar - demontering och montering

Demontering

Centrallåsets tryckpump

1 Drivpumpen i centrallåssystemet är placerad i bagageutrymmet; på Golf och Golf Variant är den placerad till höger och i Vento till vänster. Innan den demonteras skall batteriets negativa anslutning lossas.

2 Haka loss fästremmen och lossa därefter pumpen från karossen.

3 Demontera isoleringspackningen runt pumpen, koppla sedan loss kablagekontakten och vakuumröret från pumpen och demontera pumpen från bilen **(se bilder)**.

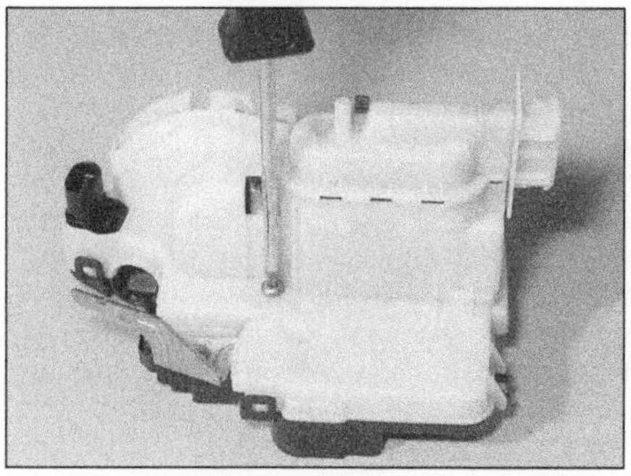

19.5a Skruva loss skruven och ta loss lägesgivaren . . .

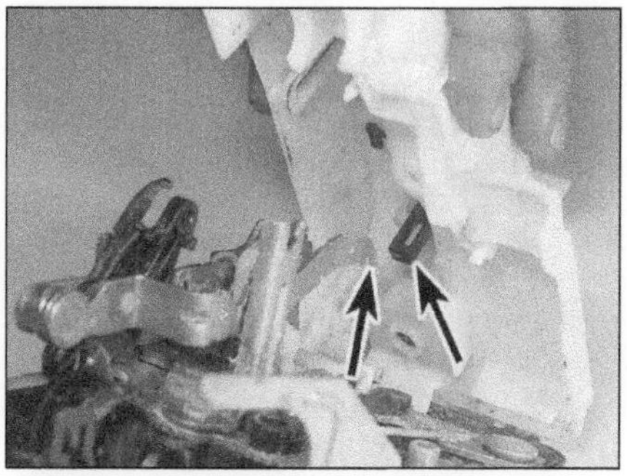

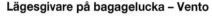

19.5b . . . och notera hur kolven griper i låsspaken (vid pilarna)

Dörrlåsets lägesgivare

4 Demontera dörrlåset enligt beskrivning i avsnitt 13.

5 Vrid låsspärren till "låst" läge, skruva sedan loss lägesgivarens fästskruv. Lossa clipset och demontera lägesgivaren från låset, notera hur kolven griper i låsspaken **(se bilder)**.

Framdörrlåsets mikrokontakt

6 Demontera dörrlåsets lägesgivare enligt beskrivning i punkterna 4 och 5.

7 Lossa clipsen och för bort mikrokontakten **(se bild)**.

Lägesgivare på baklucka - Golf och Golf Variant

8 Demontera bakluckans klädsel enligt beskrivning i punkterna 1 till 3 i avsnitt 15.

9 Lossa vakuumröret från lägesgivaren och frigör dess länkstag från låset/länkaget (vilket som gäller).

10 Skruva loss fästskruvarna och demontera lägesgivare och länkstag från bakluckan **(se bild)**.

Lägesgivare på bagagelucka - Vento

11 Lossa vakuumröret från lägesgivaren och frigör dess länkstag från låset/länkaget (vilket som gäller).

12 Skruva loss fästskruvarna och demontera lägesgivare och länkstag från bakluckan.

Tankluckans låsmekanism

13 Där så behövs, skruva loss fästskruvarna, ta bort clipsen och demontera bagageutrymmets sidoklädsel för att komma åt låsmekanismen till bränslepåfyllningsluckan.

14 Skruva loss låsmekanismens fästskruvar. Demontera låsmekanismen och koppla loss dess vakuumslang när denna blir åtkomlig **(se bild)**.

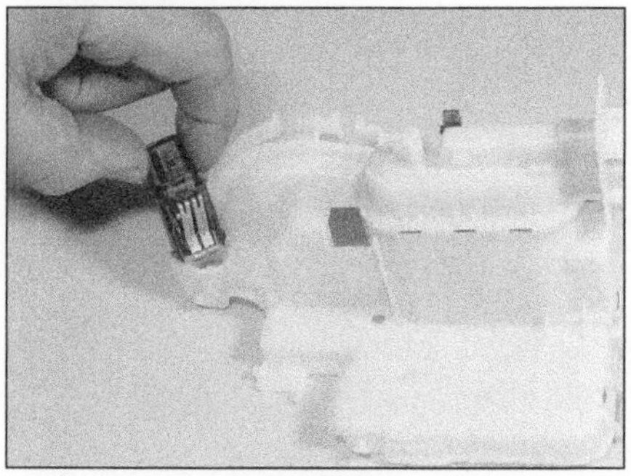

19.7 Mikrokontakten till framdörrens lås demonteras

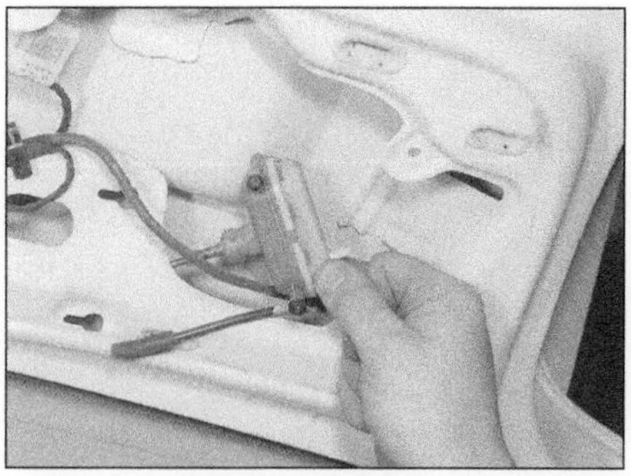

19.10 Lägesgivaren till bakluckans lås demonteras

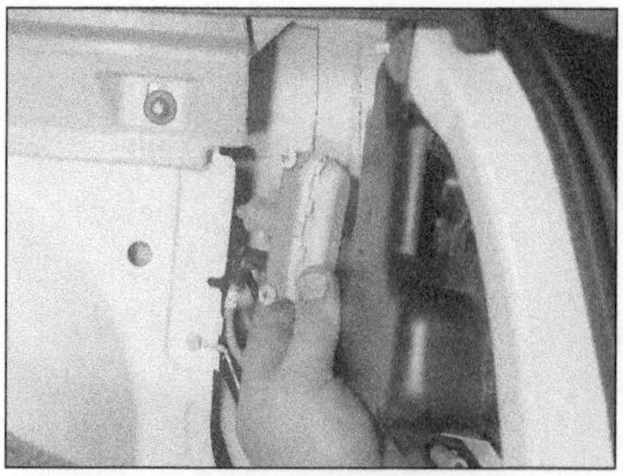

19.14 Låsmekanismen till tankluckan demonteras

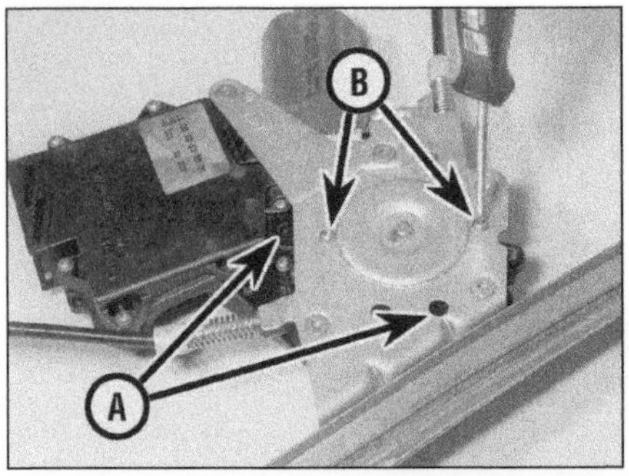

20.3 Skruva loss två av de små skruvarna från motorn (A) och skruva fast dem i hålen (B) för att fästa basplattan på mekanismen

Montering

15 Montering följer demonteringsproceduren men i omvänd ordningsföljd, kontrollera att alla anslutningar av vakuumrör är ordentligt gjorda. Avslutningsvis, kontrollera att samtliga delar i centrallåssystemet fungerar ordentligt.

20 Elfönsterhissar - demontering och montering av komponenter

Fönsterhissreglage

1 Se beskrivning i kapitel 12.

Fönsterhissmotorer

Demontering

2 Demontera fönsterhissmekanismen enligt beskrivning i avsnitt 14.

3 Skruva loss två av de små Torxskruvarna från motorn och skruva fast dem i hålen som visas på bilden för att fästa basplattan på mekanismen **(se bild)**.

4 Skruva loss resten av de små skruvarna, och skruva därefter bort de fem större Torxskruvarna. Separera motorn från mekanismen och ta vara på shimset; basplattan sitter kvar på mekanismen **(se bild)**. Se till att motorn hålls ren.

Montering

5 Om en ny motor skall monteras, ta bort monteringskåpan.

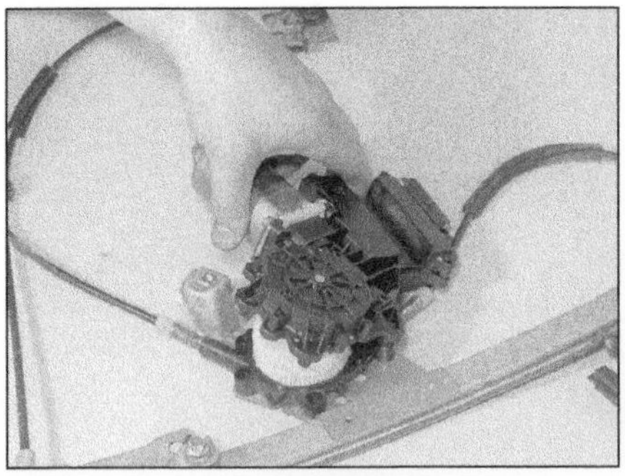

20.4 Skruva loss återstående skruvar och lyft försiktigt bort fönsterhissmotorn från mekanismen

6 Se till att motorns drivkomponenter är välsmorda (VW rekommenderar smörjfett G 000 450 02 - finns att köpa hos en VW-verkstad) och fria från damm och smuts.

7 Kontrollera att mekanism och basplatta är rena och sätt shimset på motorns axel. Passa försiktigt in motorn och låt den gripa i mekanismen.

8 Sätt i motorns fästskruvar, dra endast åt dem löst i detta läge. Skruva därefter loss de två skruvarna som håller basplattan och montera dem på motorn. När alla skruvarna sitter löst på sina platser, gå runt och dra åt alla större skruvar i den ordning som visas i bilden **(se bild)**. Dra därefter åt samtliga mindre skruvar.

9 Montera fönsterhissmekanismen enligt beskrivning i avsnitt 14.

21 Utvändiga backspeglar - demontering och montering

Demontering

Manuellt styrd spegel

1 Demontera dörrens klädsel enligt beskrivning i avsnitt 12.

2 Ta loss isoleringen från dörren, lossa därefter skruven och spegelns justeringsmekanism.

3 Skruva loss spegelns fästskruvar och demontera spegeln från dörren.

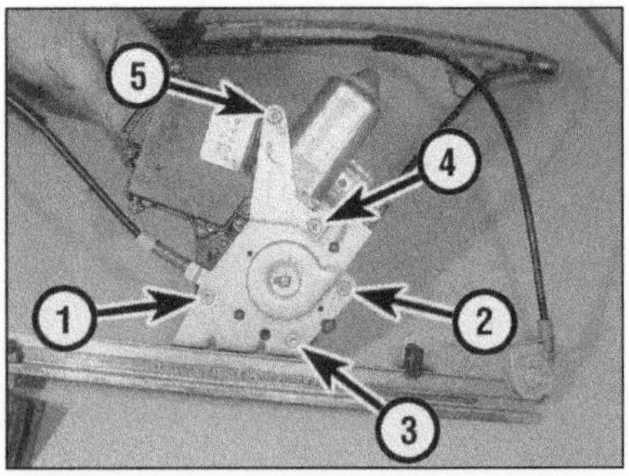

20.8 Vid monteringen, dra åt de större skruvarna i den ordningsföljd som visas i bilden

Elstyrd spegel

4 Demontera dörrens klädsel enligt beskrivning i avsnitt 12 och lossa spegelns kontaktdon **(se bild)**.

5 Demontera spegelns isolering från dörramen, lossa därefter skruvarna och demontera spegeln från dörren. Ta vara på gummitätningen från spegeln - tätningen måste bytas om den visar tecken på skador eller förslitning **(se bilder)**.

Spegelglas

Observera: *Spegelglaset är fäst på motorn. Om glaset demonteras utan VWs specialverktyg (nummer 800-200) är det troligt att glaset kommer att gå sönder.*

6 Stick in en bred kil av plast eller trä mellan spegelglaset och huset och bänd försiktigt loss spegelglaset från motorn. Var försiktig

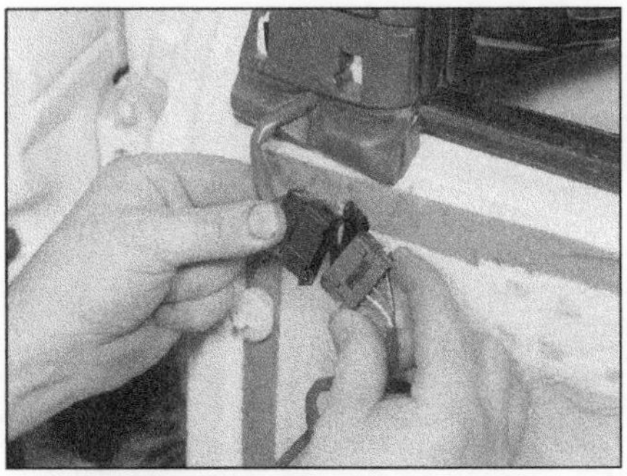

21.4 Koppla loss backspegelns kontaktdon . . .

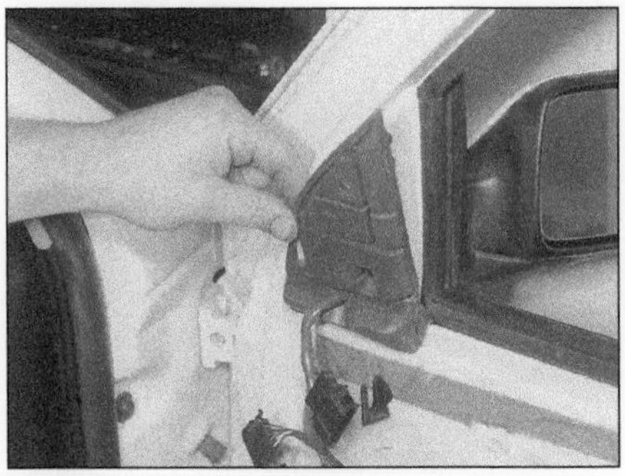

21.5a . . . och ta bort isoleringspanelen från dörren

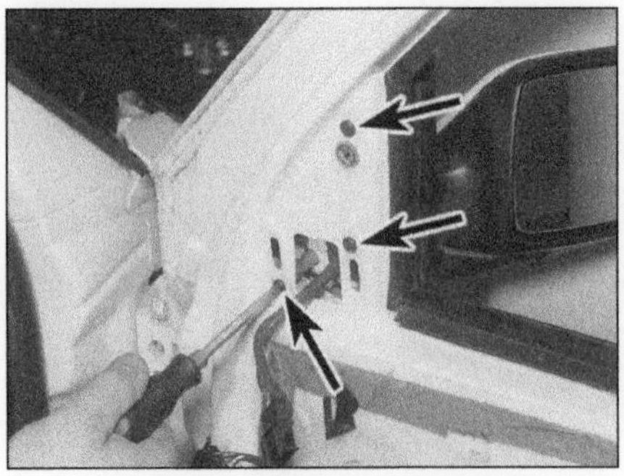

21.5b Skruva loss de tre skruvarna (vid pilarna) . . .

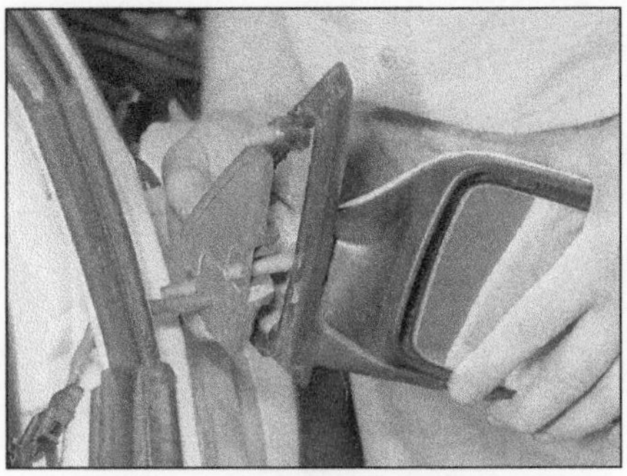

21.5c . . . och lyft bort spegel och gummitätning från dörren

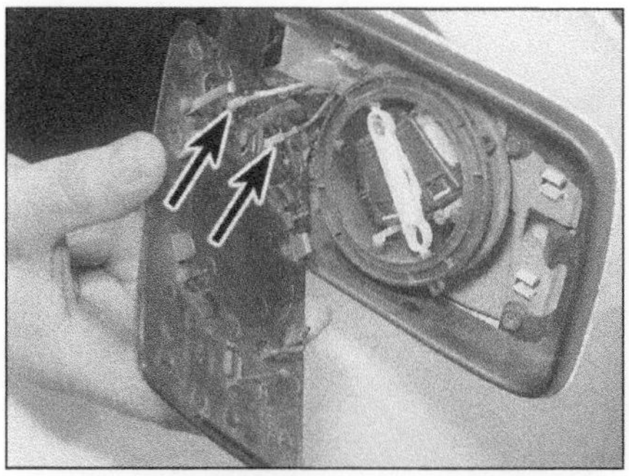

21.7 Demontera glaset från spegeln och lossa kontaktdonen (vid pilarna)

när glaset demonteras; ta inte i för hårt eftersom glaset lätt kan gå sönder.

7 Demontera glaset från spegeln och, där så behövs, lossa kontaktdonen från spegelns värmeelement **(se bild)**.

Spegelns reglage (eldriven spegel)

8 Se beskrivning i kapitel 12.

Motor till eldriven spegel

9 Demontera spegelglaset enligt tidigare beskrivning.

10 Lossa skruvarna och demontera motorn, lossa kontakten när den blir synlig **(se bild)**.

Montering

11 Montering sker i omvänd ordning mot demonteringen.

22 Vindruta, bakruta och fasta sidorutor - allmän beskrivning

Dessa rutor är tätt infästa med gummilister kring öppningen i karossen, och limmade på plats med speciallim. Att byta fasta rutor är en komplicerad, smutsig och tidskrävande uppgift. Utan lång erfarenhet är det svårt att uppnå säker och vattentät passning. Dessutom kan arbetet medföra en ökad olycksrisk - speciellt när det handlar om laminerade rutor. Eftersom riskerna är stora rekommenderar vi att ägaren överlåter detta arbete till en VW-verkstad eller annan specialist.

23 Soltak - allmän beskrivning

Soltakets glidmekanism är komplicerad och expertkunskaper krävs för att reparera, byta ut eller justera komponenter i soltaket. Vid demontering av soltaket måste först takklädseln demonteras, vilket är ett tidskrävande och svårt arbete som inte skall underskattas. Vi rekommenderar därför att kontakt tas med en VW-verkstad vid problem med soltaket.

På modeller med eldrivet soltak, om soltakets motor inte fungerar, kontrollera först

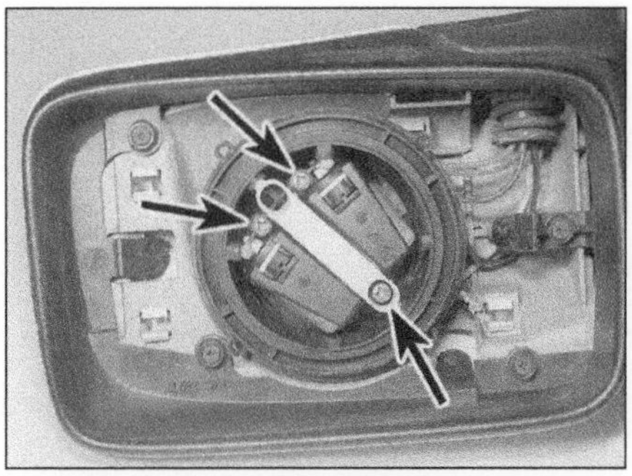

21.10 Skruvar till backspegelns motor (vid pilarna)

om säkringen är hel. Om felet inte kan spåras och åtgärdas kan soltaket öppnas och stängas manuellt genom att man vrider motorns axel med en insexnyckel (en lämplig nyckel levereras tillsammans med bilen, den bör sitta under soltakets motor). För att komma åt motorn, lossa kåpans bakre del och för kåpan bakåt för att frigöra den från takklädseln. Ta loss insexnyckeln, vrid axelns kåpa ur vägen och sätt i sexkantsnyckeln. Vrid nyckeln för att flytta soltaket till önskat läge.

24 Karossens utvändiga detaljer - demontering och montering

Hjulhusens innerskärmar och underredets paneler

1 Olika plastskydd är monterade under bilen som är infästa med olika typer av skruvar, muttrar och clips. Att demontera dem är relativt enkelt efter en närmare kontroll. Arbeta metodiskt runt panelen ifråga och skruva loss skruvarna och lossa clipsen tills panelen har lossats och kan tas bort från bilens undersida. De flesta clips som används på bilen, utom fästena som används för att fästa innerskärmarna på plats, kan helt enkelt bändas loss. Innerskärmarnas clips lossas genom att man trycker ut mittstiftet och därefter tar bort den yttre delen; nya clips kan behövas vid monteringen om inte mittstiften kan tas tillvara.

2 Vid monteringen, byt ut de clips som har gått sönder vid demonteringen, och se till att

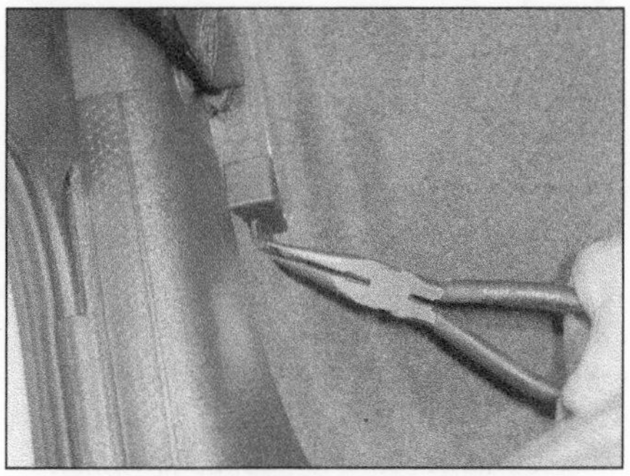

25.2 Dra loss kilen och ta bort ändpluggen längst bak på stolens yttre styrskena

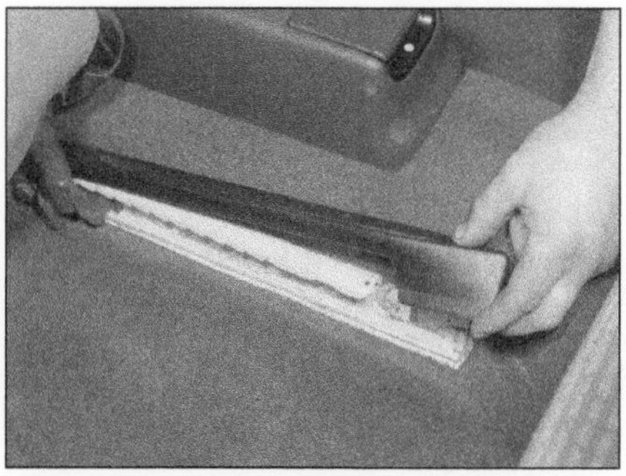

25.1 Lossa täcklisten från stolens inre skena

fästa panelen ordentligt med samtliga clips och skruvar.

Lister och emblem

3 Karossens olika lister och emblem är infästa med specialtejp. Demontering kräver att listen/emblemet värms upp så att limmet mjukas upp, därefter skärs detaljen bort från karossen. Eftersom det är lätt hänt att detta arbete medför skador på bilens lackering rekommenderar vi att arbetet överlåts till en VW-verkstad.

25 Säten - demontering och montering

Demontering

Framsäten

1 Dra sätet framåt och lossa täcklisten från stolens inre skena **(se bild)**. På vissa modeller är täcklisten fäst med ett clips; clipset lossas genom att dess mittstift trycks ut innan den yttre delen bänds loss; om mittstiftet inte kan tas tillvara måste hela clipset bytas vid monteringen.

2 Lossa ändpluggen från den yttre skenan genom att dra ut kilen, och ta bort pluggen från skenan **(se bild)**.

3 Dra stolen bakåt och ta bort fjäderclipset framtill på stolens mittre styrskena **(se bild)**.

4 Dra stolen bakåt så långt det går, lossa den från de yttre styrskenorna och ta ut den ur bilen. Ta vara på plaststyrbitarna från varje

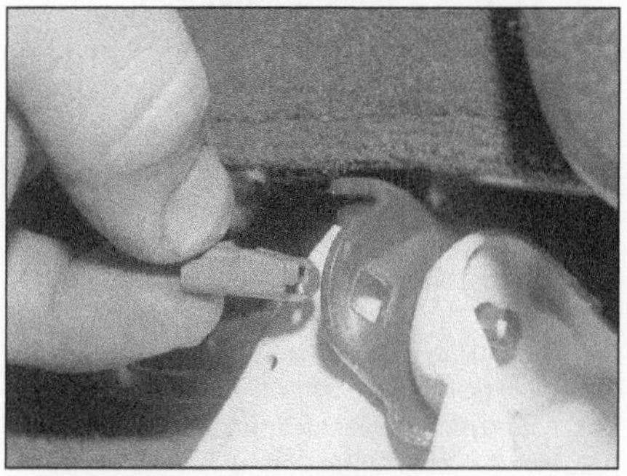

25.3 Ta bort fjäderclipset från den främre delen av stolens mittre styrskena

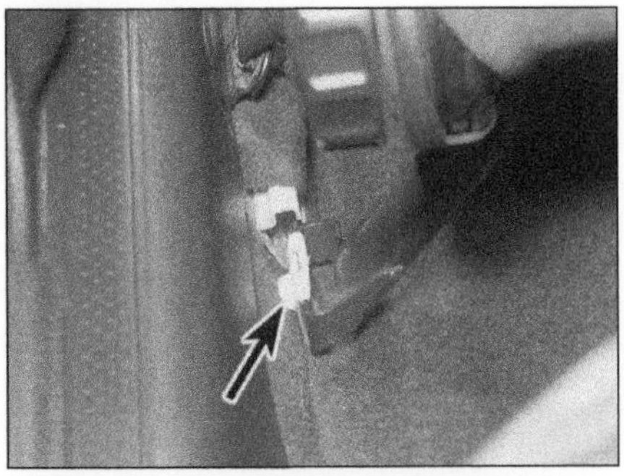

25.4 Dra stolen bakåt ur skenan och ta vara på styrbiten (vid pilen) från stolen

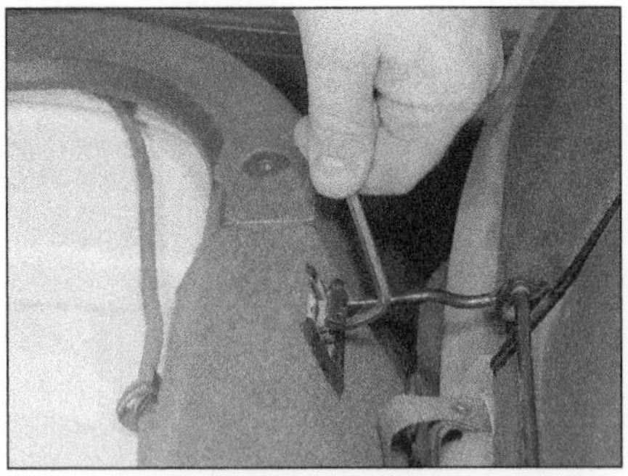

25.5 Lossa gångjärnets skruvar och ta bort dynan från bilen

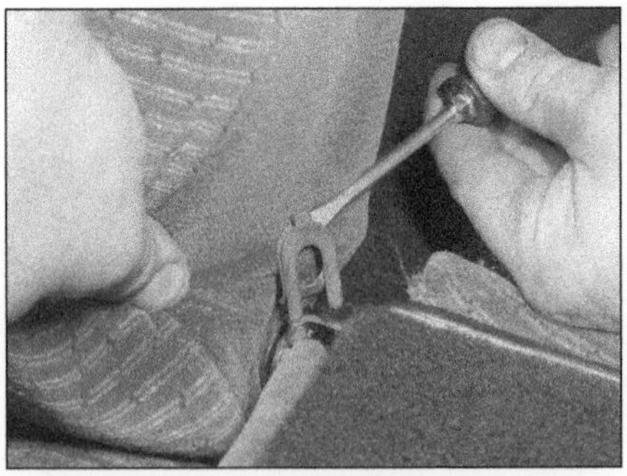

25.7 Bänd loss clipset från det mellersta gångjärnets led

stolstyrning och byt dem om de är skadade eller slitna **(se bild)**.

Baksäte

5 Lyft upp dynan/dynorna från baksätet, skruva loss gångjärnsskruvarna och ta bort dynan/dynorna från bilen **(se bild)**.

6 Fäll ner baksätets ryggstöd.

7 Bänd försiktigt loss clipset från det mellersta gångjärnets led **(se bild)**.

8 Använd en liten spårmejsel och lossa det yttre gångjärnets clips, lyft därefter dynan uppåt så att ledstiftet kan lossas **(se bild)**. Lossa ryggstödet från det mittersta gångjärnet och ta ut det från bilen. Demontera det motsatta ryggstödet på samma sätt.

Montering

Framsäten

9 Före monteringen, undersök stolarnas främre och bakre styrbitar beträffande slitage eller skador och byt dem om det behövs. Monteringen följer i övrigt demonteringen i omvänd ordning. Kontrollera att stoljusteringsarmen griper tag i den mittre styrskenans låskolv när stolen monteras tillbaka **(se bild)**.

Baksäte

10 Montering sker i omvänd ordningsföljd. Kontrollera att ryggstöden är säkert fästa i upprätt läge.

26 Främre säkerhetsbältenas bältessträckare - allmän beskrivning

De flesta modeller som behandlas i denna handbok är utrustade med bältessträckare för de främre säkerhetsbältena. Systemet är konstruerat så att det omedelbart sträcker bältet vid en plötslig frontalkollision, och därvid minskar skaderisken för de som färdas i framsätet. Varje framstol är försedd med detta system, bältessträckaren är placerad bakom tröskelns klädselpanel.

Bältessträckaren utlöses vid frontal krock om stöten är kraftigare än ett förutbestämt

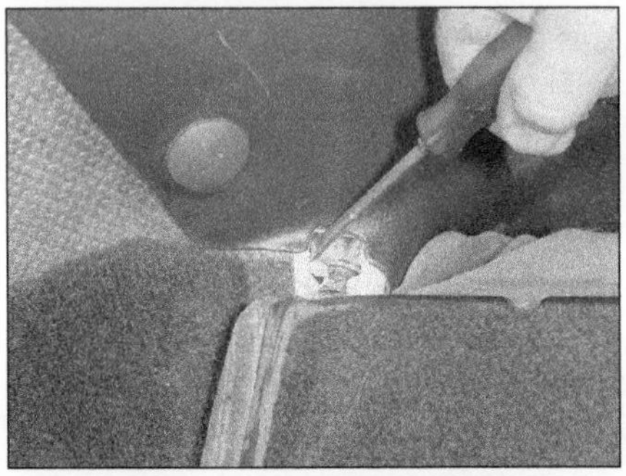

25.8 Lossa det yttre gångjärnets clips och demontera ryggstödet från bilen

värde. Mindre sammanstötningar, inklusive påkörningar bakifrån, utlöser inte systemet.

Vid utlösning av systemet drar den explosiva gasen i systemet in och låser säkerhetsbältet via en vajer som påverkar bältesrullen. Detta hindrar att säkerhetsbältet rör sig och passageraren hålls alltså ordentligt på plats i stolen. När bältessträckaren en gång är utlöst blir säkerhetsbältet låst permanent och hela enheten måste bytas ut.

När reparationsarbeten utförs på bilen finns en risk att bältessträckaren kan utlösas oavsiktligt, det rekommenderas därför bestämt att allt arbete som omfattar bältessträckarsystemet överlåts till en VW-verkstad. Observera följande varningar innan något arbete överhuvudtaget utförs på de främre säkerhetsbältena.

Varning: Utsätt inte bältessträckarmekanismen för temperaturer som överskrider 100°C.

Om bältessträckarmekanismen tappas måste den bytas, även om inga synliga skador har uppstått.

Låt inga lösningsmedel komma i kontakt med bältessträckarmekanismen.

Försök inte att öppna bältessträckarmekanismen eftersom den innehåller explosiv gas.

Bältessträckare måste "laddas ur" innan de kan kasseras, detta måste dock överlåtas till en VW-verkstad.

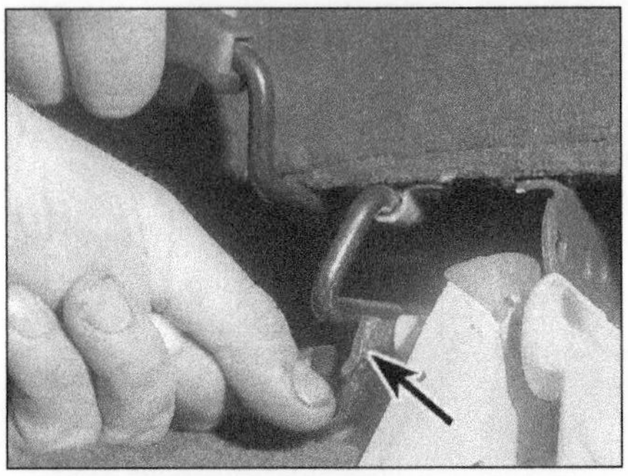

25.9 Vid monteringen, kontrollera att stoljusteringsarmen griper tag i den mittre styrskenans låskolv (vid pilen)

27 Säkerhetsbältenas komponenter - demontering och montering

Demontering

Varning: Se först avsnitt 26 beträffande modeller som är utrustade med bältessträckare; bältessträckaren får absolut inte separeras från bältesrullen.

Främre säkerhetsbälten - 4- och 5-dörrars modeller

1 Skruva loss den mittre skruven från clipset på tröskelns klädselpanel och ta bort clipset. Tryck neråt på den främre panelen för att lossa dess nedre kant från tröskeln, dra den sedan uppåt och ta bort den från bilen. Fäll

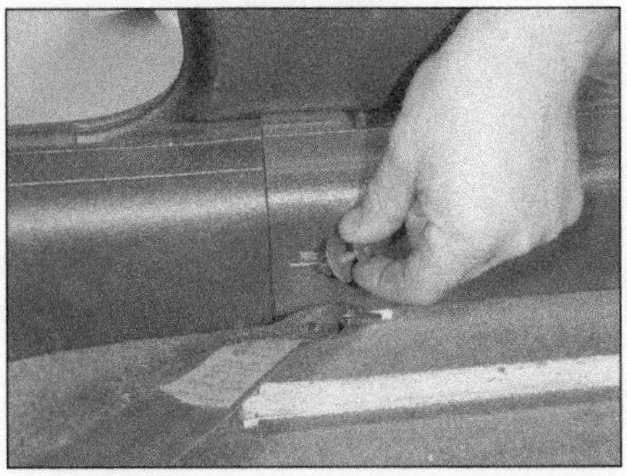

27.1a Skruva loss mittenskruven och lossa fästet från tröskelns klädselpanel . . .

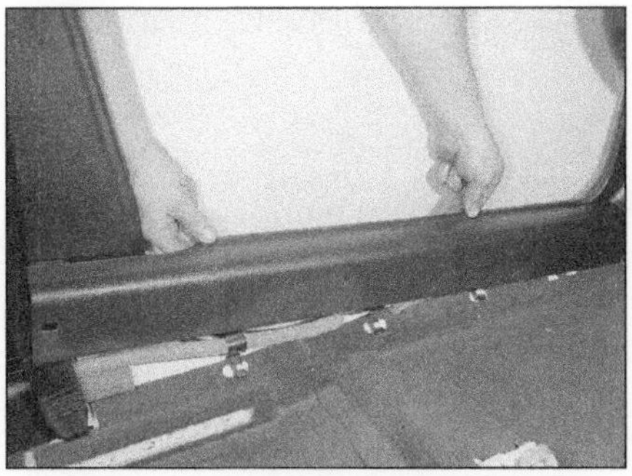

27.1b . . . lossa därefter den främre panelen och demontera den från bilen

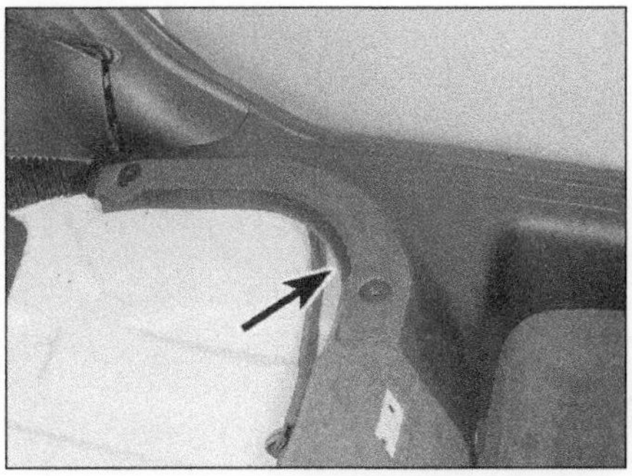

27.1c Lossa först fästena och därefter clipset (vid pilen) . . .

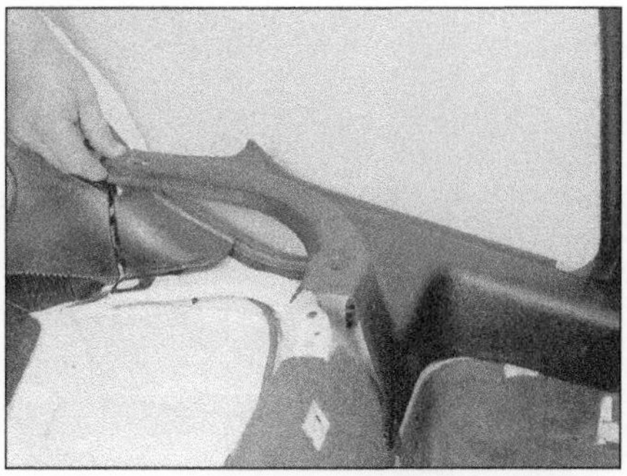

27.1d . . . och demontera den bakre panelen från tröskeln

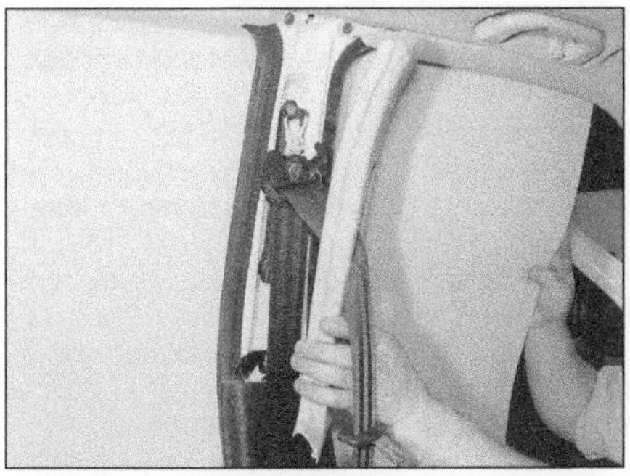

27.2 Lossa dörrstolpens övre klädsel

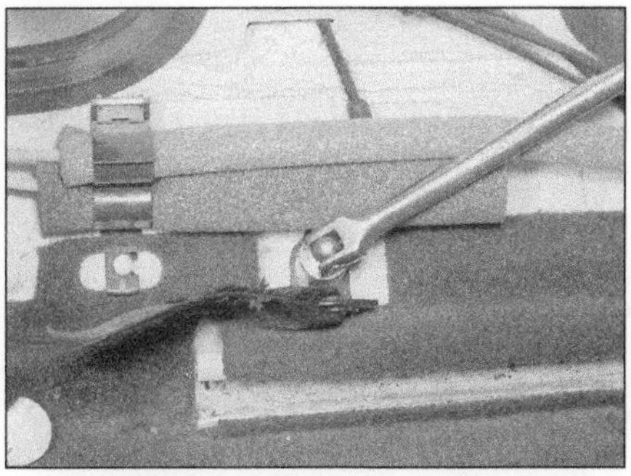

27.3 Skruva loss bulten som fäster säkerhetsbältet på golvet . . .

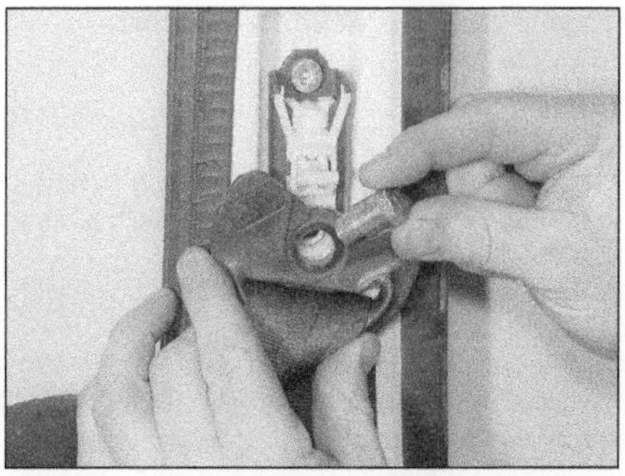

27.4 . . . samt den övre bulten som fäster säkerhetsbältet vid stolpen

upp baksätets sittdyna och skruva loss fästena som håller den bakre delen av tröskelpanelen på plats. Arbeta genom öppningen i sätesramen, lossa clipset genom att tvinga det framåt och demontera tröskelpanelens bakre del **(se bilder)**.

2 Lossa nu dörrstolpens övre klädselpanel, börja i dess nedre ände och lossa den från stolpen **(se bild)**.

3 Skruva loss säkerhetsbältets nedre fästbult och ta loss säkerhetsbältet från den nedre infästningen **(se bild)**. Därefter kan stolpens övre klädselpanel tas bort helt.

4 Skruva loss bulten från säkerhetsbältets övre fäste och frigör bältet från dörrstolpen **(se bild)**.

5 Skruva loss den nedre klädselpanelens fästskruv och ta bort panelen från stolpen **(se bilder)**.

6 Skruva loss skruvarna och demontera bältesstyrningen från dörrstolpen **(se bild)**.

Den undre klädseln kan därefter demonteras.

7 På modeller med bältessträckare, skruva loss sträckarens fästmutter. Detta avaktiverar bältessträckaren och gör det säkert att demontera säkerhetsbältet.

8 Skruva loss bältesrullens fästbult och demontera säkerhetsbältet från bilen. På modeller med bältessträckare, lossa bältessträckaren från sin klämma när bältet demonteras. Vid behov, lossa fästbulten och demontera höjdjusteringsmekanismen från dörrstolpen **(se bilder)**.

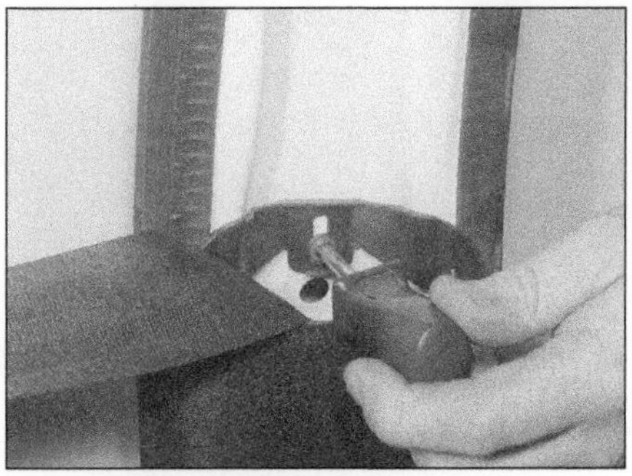

27.5a Skruva loss skruven . . .

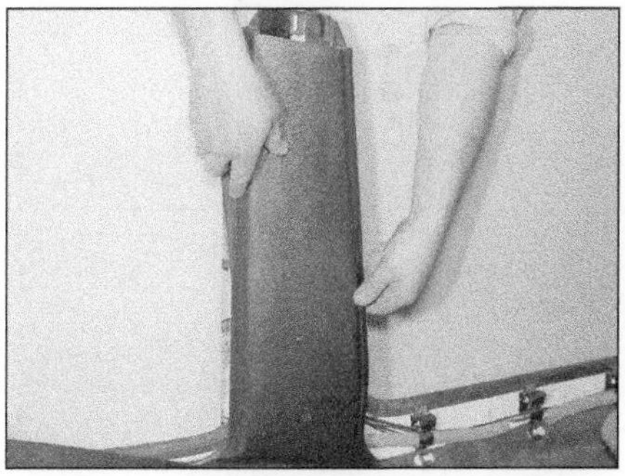

27.5b . . . och ta loss den undre klädseln från stolpen

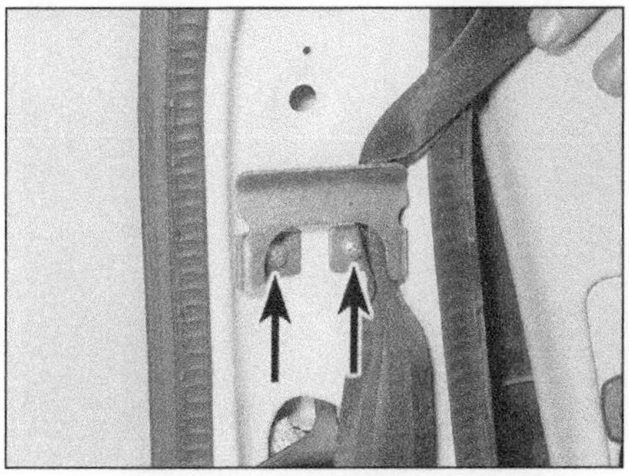

27.6 Lossa skruvarna och demontera bältesstyrningen från dörrstolpen

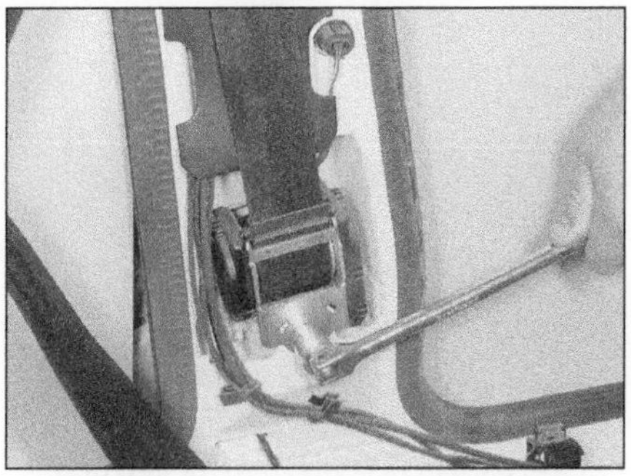

27.8a Skruva loss bältesrullens bult och demontera säkerhetsbältet från bilen

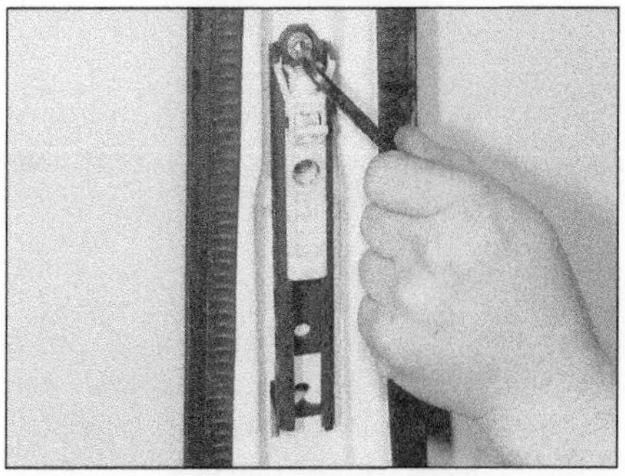

27.8b Höjdjusteringsmekanismen är infäst på stolpen med en bult

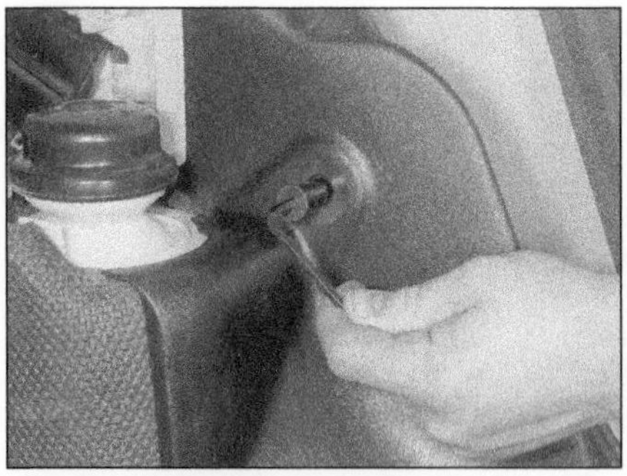

27.22a På 5-dörrars modeller, skruva loss baksätets spärrstift . . .

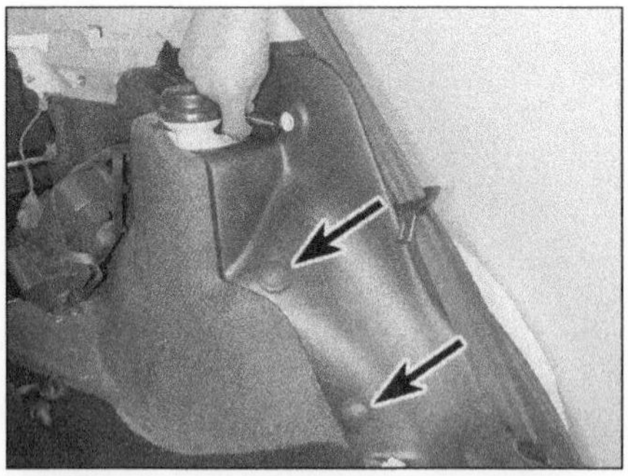

27.22b . . . skruva därefter loss fästena (vid pilarna) . . .

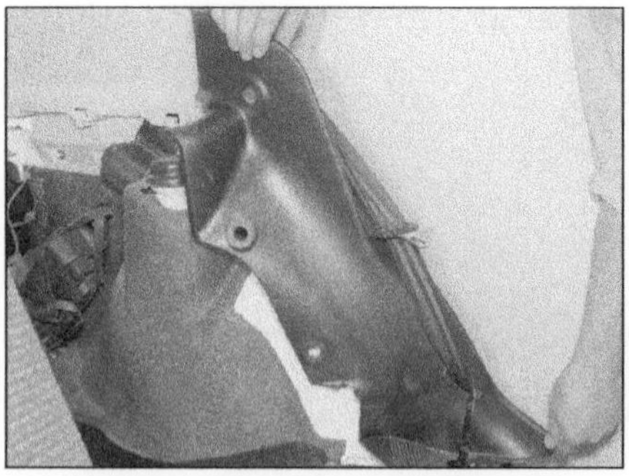

27.22c . . . och ta bort baksätets sidoklädselpanel

Främre säkerhetsbälten - 3-dörrars modeller

9 Demontera aktuellt ryggstöd i baksätet enligt beskrivning i avsnitt 25.

10 Demontera tröskelklädseln och dörrstolpens övre klädsel enligt beskrivning i punkterna 1 till 3.

11 Lossa och ta bort ryggstödets spärrstift baktill på baksätets sidoklädsel.

12 Skruva loss fästskruvarna från framkanten på baksätets sidoklädsel och bänd loss sidoklädselpanelens fästclips. Kontrollera att alla fästen har lossats och ta sedan ut panelen ur bilen.

13 På modeller med bältessträckare, skruva loss bältessträckarens fästmutter. Detta avaktiverar bältessträckaren och gör det säkert att demontera säkerhetsbältet.

14 Skruva loss bulten/bultarna och ta loss säkerhetsbältets undre fästesskena från golvet. Lossa skenan från bältet och ta ut den ur bilen.

15 Demontera säkerhetsbältet enligt beskrivning i punkterna 7 och 8.

Främre säkerhetsbältets spänne - alla modeller

16 Demontera stolen enligt beskrivning i avsnitt 25.

17 Skruva loss bulten som håller bältesspännet vid stolen och ta ut spännet.

Baksätets sidobälte - Golf

18 På 3-dörrars modeller, demontera baksätets klädsel enligt beskrivning i punkterna 9 till 12.

19 På 5-dörrars modeller, demontera tröskelns klädsel och lossa dörrstolpens övre klädsel enligt beskrivning i punkterna 1 och 2.

20 Från bagageutrymmet, fäll ner baksätet, skruva sedan loss fästmuttrarna som håller den aktuella sidoklädseln. Lossa klädseln från den bakre stolpens klädselpanel och ta ut den ur bilen. Där så behövs, lossa bagageutrymmets belysning från klädselpanelen när den demonteras.

21 Skruva loss säkerhetsbältes nedre fästbult.

22 På 5-dörrars modeller, lossa och ta bort ryggstödets spärrstift från karossen, skruva sedan loss fästena och ta bort klädseldelen från sätet **(se bilder)**.

23 Skruva loss de tre fästmuttrarna från underkanten på den bakre stolpens klädsel, lossa därefter skruven längst upp på panelen. Lossa klädselpanelens bakkant från stolpen och för panelen mot bilens front så att de övre clipsen lossnar **(se bilder)**.

24 Skruva loss säkerhetsbältets övre fästbult och lösgör bältet från den bakre stolpen **(se bild)**. Ta vara på eventuell distans bakom bältets ankarfäste.

25 Skruva loss bältesrullens fästbult och ta loss rullen från stolpen, ta sedan ut hela säkerhetsbältet ur bilen **(se bild)**. Vid behov, skruva loss fästbulten och demontera höjdjusteringsmekanismen från stolpen (där sådan förekommer).

Baksätets sidobälte - Vento

26 Demontera tröskelns klädsel och lossa dörrstolpens övre klädselpanel enligt beskrivning i punkterna 1 och 2.

27 Skruva loss fästskruven upptill på den bakre stolpens klädselpanel. Lossa panelens bakkant, skjut sedan panelen försiktigt framåt för att lossa de andra fästclipsen.

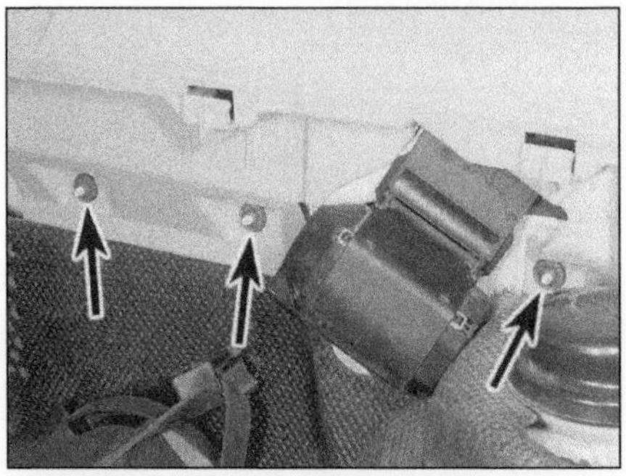

27.23a Skruva loss de nedre fästmuttrarna (vid pilarna) . . .

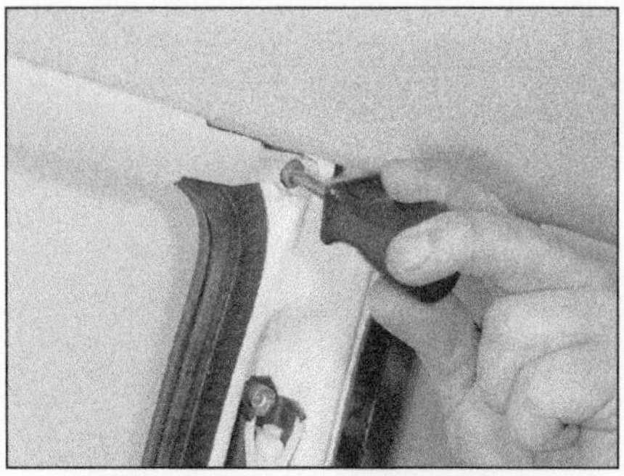

27.23b . . . och den övre skruven . . .

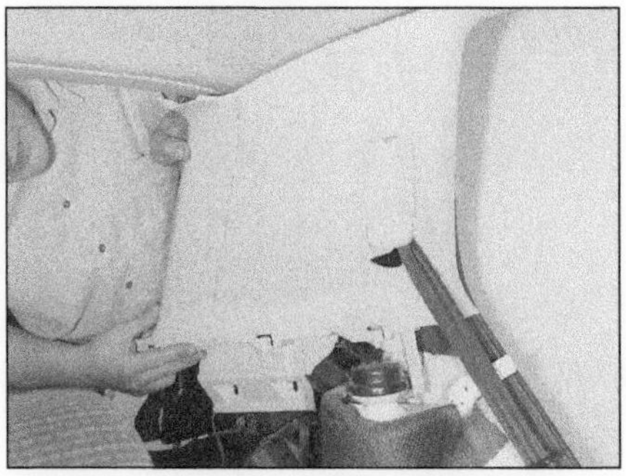

27.23c . . . lossa därefter den bakre stolpens klädsel och demontera den från bilen

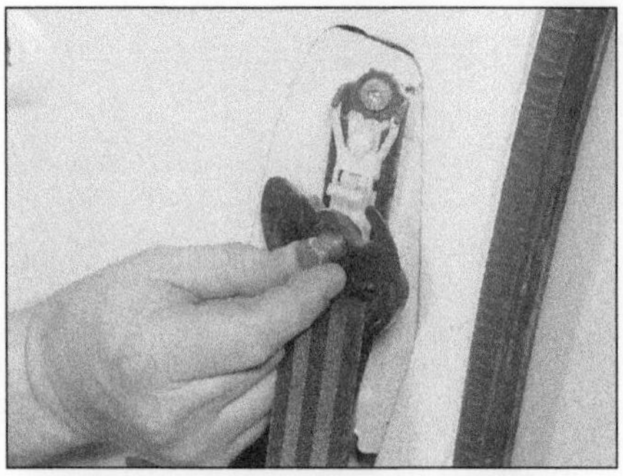

27.24 Skruva loss den övre bulten och lösgör bältet från stolpen . . .

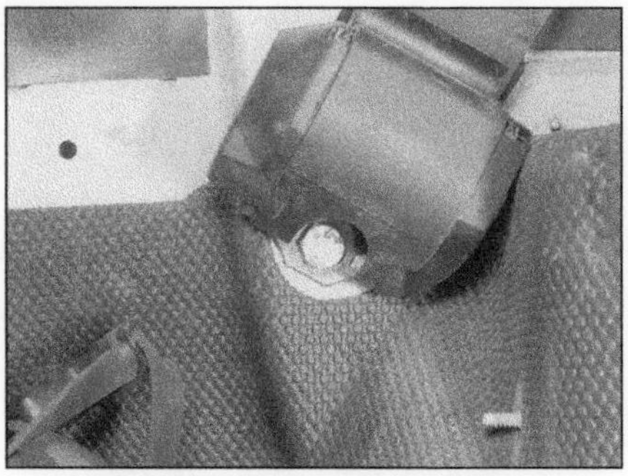

27.25 . . . skruva därefter loss bältesrullens skruv och demontera hela säkerhetsbältet från bilen

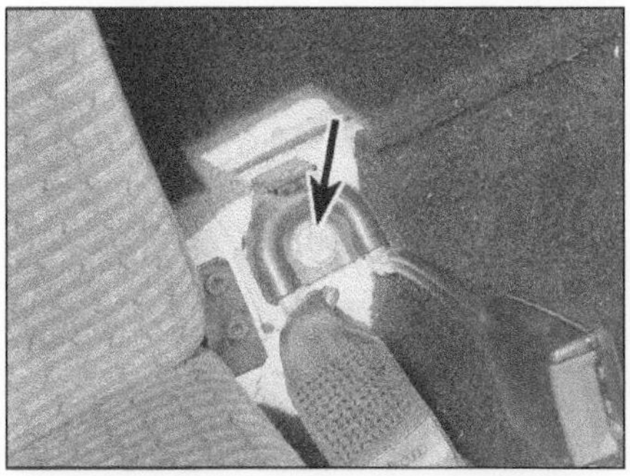

27.35 Baksätets mittre bälte och spännen är fästa på golvet med en enda bult (vid pilen)

28 Demontera säkerhetsbältet enligt beskrivning i punkterna 21 till 25.

Baksätets sidobälte - Golf Variant

29 Demontera baksätet enligt beskrivning i avsnitt 25.
30 Bänd loss täckpluggarna på sidostödskenan i bagageutrymmet för att komma åt skruvarna. Lossa skruvarna och demontera stödskenan från bilen.
31 Skruva loss muttrar och skruvar från bagageutrymmets sidoklädsel och ta bort dess fästclips. Kontrollera att samtliga fästen har tagits loss, ta därefter försiktigt loss klädseln och demontera den från bagageutrymmet.
32 Demontera tröskelns klädsel och lossa dörrstolpens övre klädsel enligt beskrivning i punkterna 1 och 2.
33 Skruva loss skruven längst upp på den bakre stolpens klädselpanel. Lossa panelens bakkant från stolpen och för den framåt så att clipsen lossnar.
34 Demontera säkerhetsbältet enligt beskrivning i punkterna 21 till 25.

Baksätets mittre bälte och spännen

35 Fäll baksätets sittdyna framåt, skruva sedan loss och ta bort bult och brickor som fäster det mittre bältet och/eller spännena på golvet, och demontera hela enheten **(se bild)**.

Montering

36 Monteringen följer demonteringsproceduren i omvänd ordningsföljd. Kontrollera att säkerhetsbältenas bultar dras åt hårt och att alla klädselpaneler som har rubbats fästs ordentligt med respektive clips. Vid montering av de övre klädselpanelerna, kontrollera att höjdjusteringsarmarna hakar i säkerhetsbältets övre fästbult ordentligt.

28 Innerklädsel - demontering och montering

Klädselpaneler

Observera: *Specifika detaljer för många av innerklädselns paneler behandlas i avsnitt 27.*
1 De invändiga klädselpanelerna är antingen infästa med skruvar eller olika typer av tryckknappar eller clips.
2 Kontrollera att inga andra klädselpaneler är monterade över den som skall demonteras; vanligen måste man följa en viss ordning, vilken blir uppenbar vid en närmare granskning.
3 Ta bort alla synliga fästen, exempelvis skruvar. Om klädselpanelen inte lossnar när det är gjort är den fäst med dolda clips eller tryckknappar. Dessa är vanligen placerade runt panelens kanter och kan bändas loss; observera dock att de går sönder ganska lätt, varför några nya bör finnas till hands. Det bästa sättet att lossa sådana clips utan tillgång till korrekt verktyg är att använda en stor spårskruvmejsel. Observera att i många fall måste även den närliggande dörrlisten bändas loss för att klädseln skall lossna.
4 Vid demontering av en klädselpanel, ta **aldrig** i onödigt hårt, eftersom det kan resultera i skador på klädseln; kontrollera alltid att samtliga fästen har lossats och att andra eventuella komponenter har demonterats innan klädselpanelen tas bort.
5 Montering sker i omvänd ordning mot demonteringen. Montera clips/tryckknappar genom att trycka fast dem på plats och kontrollera att alla komponenter som rubbats är korrekt infästa för att undvika irriterande vibrationsljud.

Handskfack

6 Skruva loss skruvarna från instrumentbrädans hylla på passagerarsidan. Flytta hyllan nedåt så att dess övre clips lossas och demontera den från instrumentbrädan **(se bild)**.

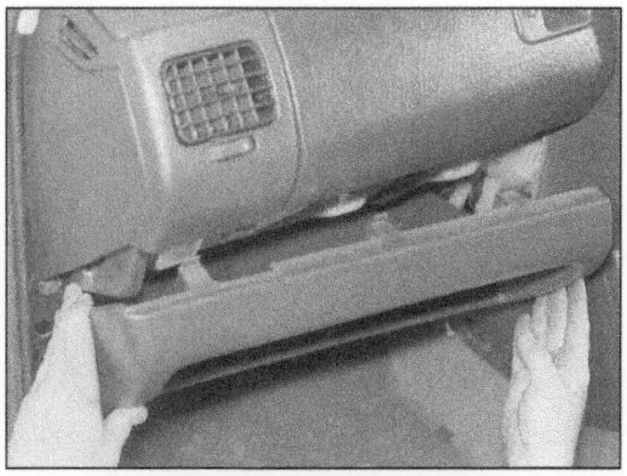

28.6 Skruva loss skruvarna och demontera hyllan under instrumentbrädan på passagerarsidan

7 Öppna handskfackets lock och skruva loss de fem skruvarna (två inuti handskfacket och tre längs underkanten). Dra ut handskfacket ur instrumentbrädan, lossa kontakten från handskfackets belysning (om sådan förekommer) när den blir åtkomlig **(se bilder)**.
8 Montering sker i omvänd ordningsföljd.

Mattor

9 Mattan i kupén består av ett stycke och är infäst längs kanterna med skruvar eller clips, vanligen samma sorts fästen som används för infästning av de olika klädselpanelerna.
10 Demontering och montering av mattan är ganska enkelt men mycket tidskrävande, eftersom alla omgivande komponenter måste demonteras först, som stolarna, mittkonsolen och säkerhetsbältenas nedre ankarfästen.

Takklädsel

11 Takklädseln är infäst på taket och kan endast demonteras när alla detaljer, som handtag, solskydd, soltak (i förekommande fall) vindruta och bakre sidorutor samt anslutande klädselpaneler har demonterats, och tätningslisterna har bänts loss från dörrens, bakluckans och soltakets öppningar.
12 Observera att demontering av takklädseln kräver omfattande skicklighet och erfarenhet om arbetet skall utföras utan skador, varför detta arbete bör överlåtas till en expert.

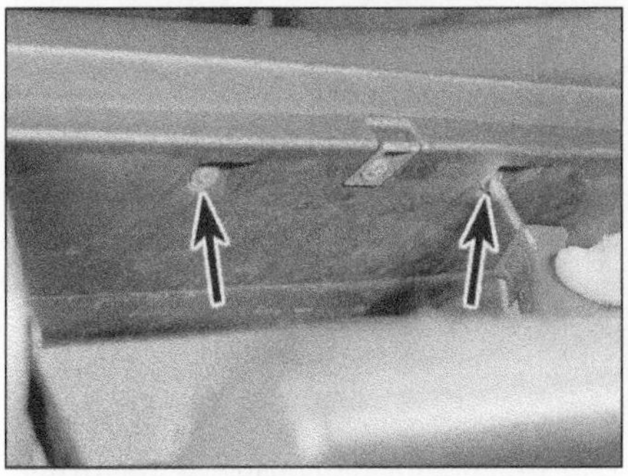

28.7a Skruva loss skruvarna från handskfackets insida (vid pilarna) . . .

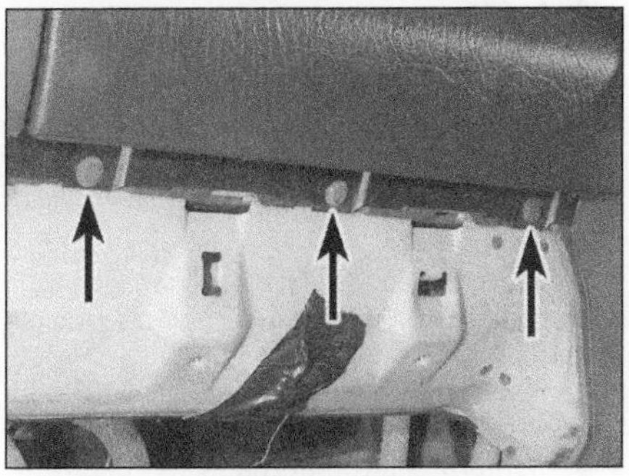

28.7b . . . och de som sitter längs underkanten (vid pilarna)

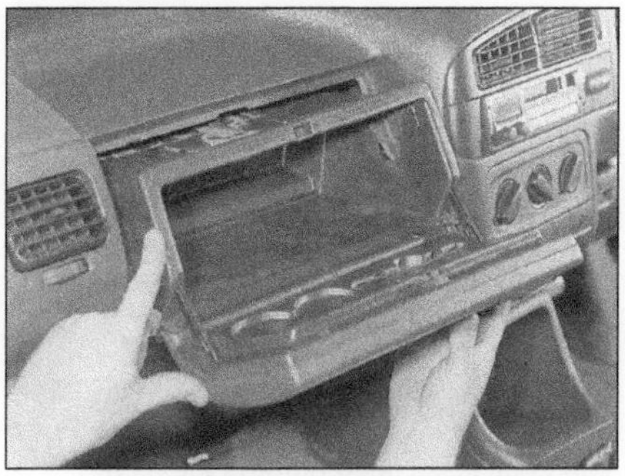

28.7c Ta ut handskfacket från instrumentbrädan

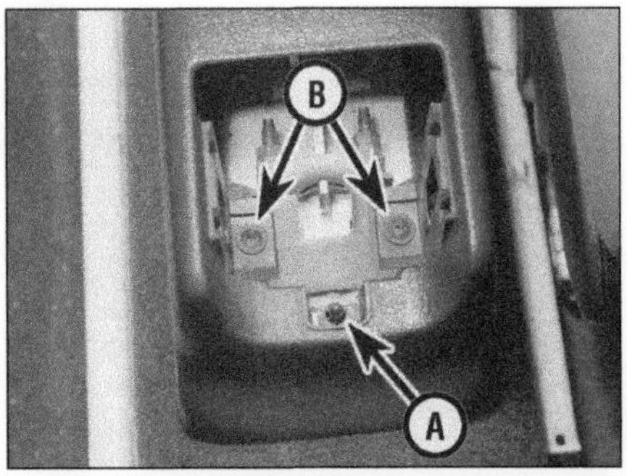

29.1a Lossa belysningslampan (A) och skruva loss skruvarna (B) . . .

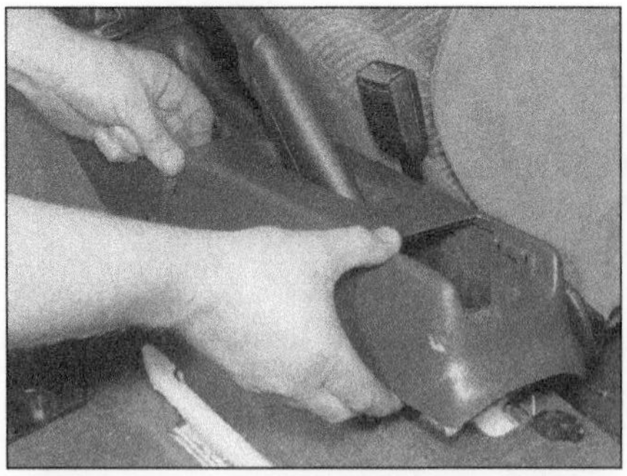

29.1b . . . och demontera mittkonsolens bakre del

29.3a På modeller med manuell växellåda, lossa växelspakens damask . . .

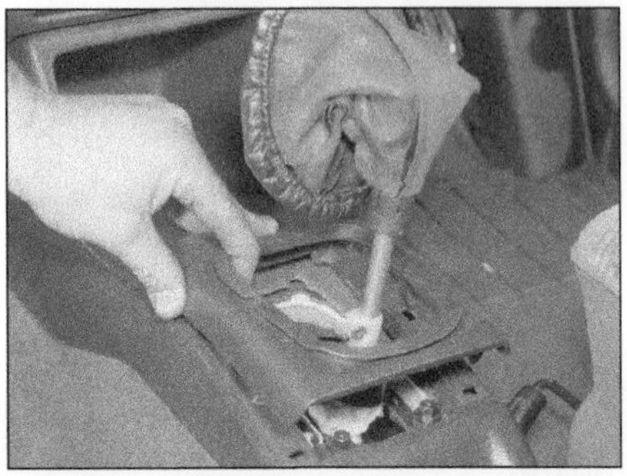

29.3b . . . och ta loss damaskens panel från mittkonsolens främre del

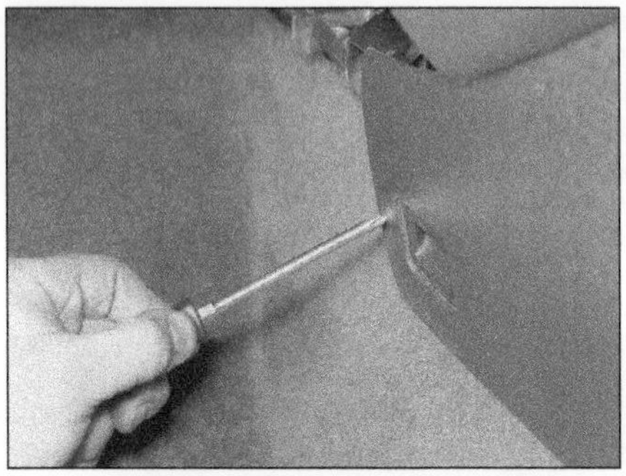

29.5a Skruva loss skruvarna från mittkonsolens framkant . . .

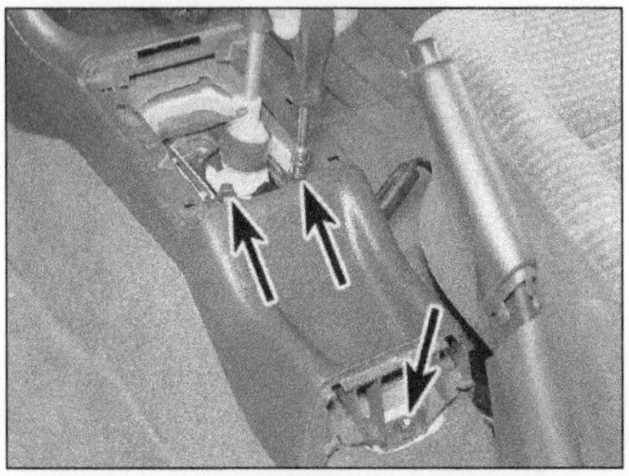

29.5b . . . lossa därefter muttrarna från den bakre delen (vid pilarna)

29 Mittkonsol - demontering och montering

Demontering

1 På modeller med enklare utförande, demontera askkoppen från mittkonsolens bakre del och lossa askkoppsbelysningen (i förekommande fall) från konsolen. Skruva loss de två skruvarna som sitter bakom askkoppen och lyft bort mittkonsolens bakre del uppåt och bort från handbromsspaken **(se bilder)**.

2 På mer påkostade modeller, skruva loss och ta bort fästskruvarna och fästena som sitter på sidan av och längst ner på förvaringsfacket, lossa sedan handbromsspakens damask och ta bort den bakre delen av mittkonsolen från bilen.

3 På modeller med manuell växellåda, lossa växelspakens damask från konsolen, lossa därefter damaskens panel och lyft upp den över växelspaken **(se bilder)**.

4 På modeller med automatväxellåda, lossa skruven och demontera handtaget från växelväljarspaken. Lossa försiktigt växelväljarspakens lägespanel från mittkonsolen och för bort den från spaken. Koppla loss kontaktdonet från programkontakten (om sådan förekommer) när den blir åtkomlig.

5 På samtliga modeller, skruva loss fästskruvarna på konsolens framkant, på båda sidor, och lossa fästmuttrarna **(se bilder)**.

6 Lyft upp konsolens bakre del och dra den bakåt för att lossa den från instrumentbrädan. Manövrera ut konsolens främre del från sin plats och ta ut den ur bilen. Koppla loss allt kablage från den allt eftersom kontakterna bilr åtkomliga. Ta vara på distanserna från konsolens pinnbultar **(se bild)**.

Montering

7 Montering sker i omvänd ordningsföljd, kontrollera att alla fästen blir ordentligt åtdragna.

30 Instrumentbräda - demontering och montering

HAYNES TiPS ***Förse varje kablagekontakt med en etikett när den lossas från respektive komponent. Etiketterna underlättar vid monteringen, när kablaget dras och matas igenom öppningarna i instrumentbrädan.***

Demontering

1 Koppla loss batteriets negativa anslutning.

2 Demontera mittkonsolen enligt beskrivning i avsnitt 29.

3 Demontera rattstången enligt beskrivning i kapitel 10.

4 Demontera instrumentpanelen, cigarettändaren och radio/kassettbandspelaren enligt beskrivning i kapitel 12. Demontera även de främre (övre) diskanthögtalarna från instrumentbrädan.

5 På modeller som är utrustade med krockkudde på passagerarsidan, demontera airbagen enligt beskrivning i kapitel 12.

6 På modeller utan krockkudde på passagerarsidan, demontera handskfacket enligt beskrivning i avsnitt 28.

7 På modeller med dieselmotor, demontera kallstartgasvajern (i förekommande fall) enligt beskrivning i kapitel 4C.

8 Tryck in låsknapparna och lossa säkringsdosans lock från instrumentbrädans undersida på förarplatsen.

9 Bänd försiktigt loss listen längst upp på den nedre instrumentbrädespanelen på förarsidan. Skruva sedan loss panelens fästskruvar och dra den försiktigt nedåt för att lossa den från instrumentbrädan, ta sedan ut den ur bilen.

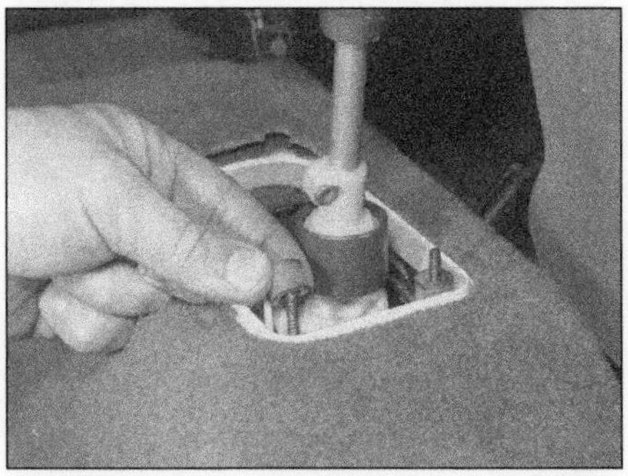

29.6 Demontera mittkonsolens främre del och ta vara på distanserna från pinnbultarna

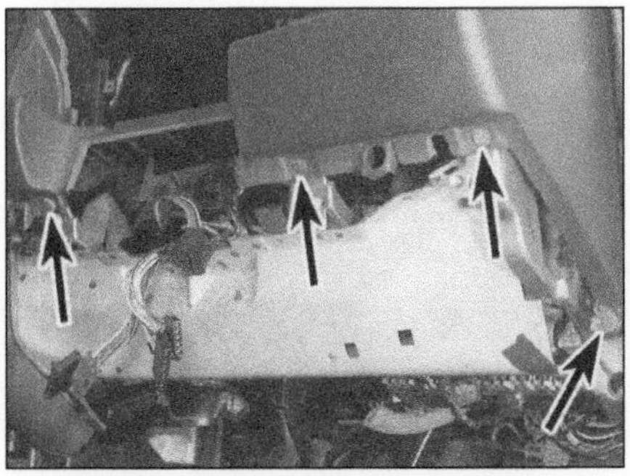

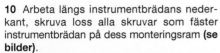

30.10a Skruva loss skruvarna på förarsidan (vid pilarna) . . .

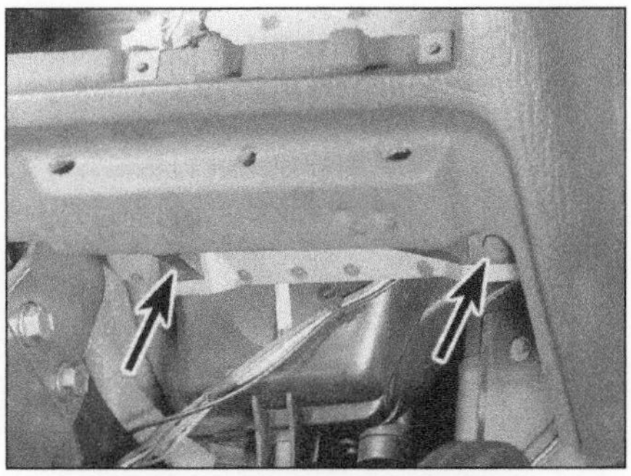

30.10b . . . skruvarna i mitten (vid pilarna) . . .

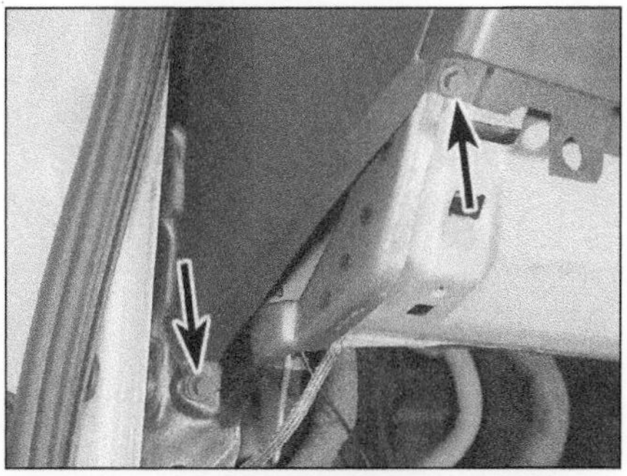

30.10c . . . och på passagerarsidan (vid pilarna)

10 Arbeta längs instrumentbrädans nederkant, skruva loss alla skruvar som fäster instrumentbrädan på dess monteringsram **(se bilder)**.

11 Demontera båda vindrutetorkararmarna enligt beskrivning i kapitel 12.

12 Skruva loss fästskruvarna från vindrutetorkarmotorns kåpa och dra ut fästena. Lossa gummitätningen längst upp på torpedväggen och lossa därefter kåpans båda halvor från vindrutan och ta bort dem från bilen.

13 Skruva loss instrumentbrädans två fästmuttrar som sitter under mitten av vindrutan. Vid behov, demontera torkarmotorn (se kapitel 12) för att lättare komma åt muttrarna.

14 Inne i bilen, lyft försiktigt bort instrumentbrädan från torpedväggen. När den dras ut, lossa kablaget från klämmorna på instrumentbrädans baksida, och notera hur det är draget (se **Haynes Tips** i början av detta avsnitt). Demontera instrumentbrädan från bilen **(se bild)**. Ta vara på tätningsgenomföringarna som sitter på instrumentbrädans pinnbultar; byt dem om de verkar slitna eller skadade.

Montering

15 Monteringen sker i omvänd ordningsföljd, observera följande punkter:

a) Placera tätningsgenomföringarna på instrumentbrädans pinnbultar och sätt in instrumentbrädan på plats. Ta hjälp av etiketterna som gjordes vid demonteringen och se till att kablaget dras korrekt och fästs ordentligt med instrumentbrädans clips.

b) Fäst instrumentbrädan på plats och se till att alla kablagekontakter har förts igenom respektive öppning, montera därefter alla instrumentbrädans fästen och dra åt dem ordentligt.

c) Avslutningsvis, anslut batteriet och kontrollera att alla elektriska komponenter och reglage fungerar som de ska.

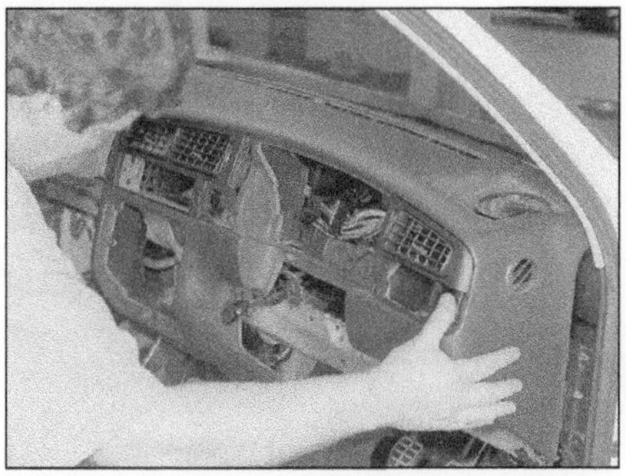

30.14 Demontera instrumentbrädan och ta ut den ur bilen

Kapitel 12
Karossens elsystem

Innehåll

Svårighetsgrader

Enkelt, passar novisen med lite erfarenhet	**Ganska enkelt,** passar nybörjaren med viss erfarenhet	**Ganska svårt,** passar kompetent hemmamekaniker	**Svårt,** passar hemmamekaniker med erfarenhet	**Mycket svårt,** för professionell mekaniker

Specifikationer

Elsystem	12 volt, negativ jord
Säkringar	Se kopplingsscheman i slutet av kapitlet
Åtdragningsmoment	**Nm**
Krockkudde	7

1 Allmän beskrivning och säkerhetsåtgärder

Varning: Läs säkerhetsanvisningarna i avsnittet "Säkerheten främst!" i början av boken samt i kapitel 5 innan arbete med elsystemet påbörjas.

Elsystemet är av typen 12 volt med negativ jord. Strömtillförsel till samtliga lysen och all elektrisk utrustning kommer från ett bly/syrabatteri som laddas av en generator.

Detta kapitel behandlar reparations- och underhållsåtgärder för de olika elektriska komponenterna som inte är direkt associerade med motorn. Information om batteriet, generatorn och startmotorn återfinns i kapitel 5.

Lossa alltid batteriets negativa anslutning innan arbete med det elektriska systemet påbörjas för att förhindra att kortslutning och/eller brand uppstår.

2 Felsökning – allmän information

Observera: *Läs säkerhetsanvisningarna i avsnittet "Säkerheten främst!" samt i kapitel 5 innan arbetet påbörjas. Följande tester avser de större elsystemen, och bör inte användas för tester av ömtåliga elkretsar (exempelvis ABS), särskilt där elektroniska styrenheter (ECU) används.*

Allmänt

1 En typisk elkrets består av en elektrisk komponent, reglage/brytare, reläer, motorer, säkringar, smältsäkringar eller kretsbrytare i anslutning till komponenten i fråga, samt ledningar och kontakter som länkar komponenten till såväl batteriet som chassit. Som hjälp till att upptäcka fel i ett elektriskt system återfinns elektriska kopplingsscheman i slutet av denna handbok.

2 Innan felsökningen kan börja bör man studera ett kopplingsschema över kretsen ifråga för att få god överblick över de komponenter som omfattas av den aktuella kretsen. Antalet möjliga felkällor kan reduceras genom att man kontrollerar om andra komponenter i samma krets fungerar eller inte. Om flera komponenter eller kretsar slutar att fungera samtidigt är problemet sannolikt relaterat till en gemensam säkring eller jordanslutning.

3 Elektriska problem har ofta enkla orsaker, som lösa eller korroderade kontakter, defekt jordanslutning, trasig säkring, eller defekt relä (se beskrivning i avsnitt 3 beträffande reläer). Gör en okulär granskning av samtliga säkringar, kablar och kontakter i kretsen innan komponenterna testas. Följ kopplingsschemat för att fastställa vilka kontakter som måste kontrolleras för att felkällan ska kunna ringas in.

4 Följande verktyg behövs för felsökning i elsystemet: kretstestare eller voltmeter (en 12 volts glödlampa med testkablar kan också användas för vissa tester), testlampa (ibland kallad kontinuitetstestare), ohmmeter (för att mäta resistans), ett batteri och en uppsättning testkablar. En förbindningskabel, helst med inbyggd kretsbrytare eller säkringar, kan användas till att koppla förbi misstänkta kablar eller elkomponenter. Innan man börjar lokalisera problemet med testinstrument bör man studera kopplingsschemat för att se var anslutningarna skall göras.

5 När källan till ett intermittent ledningsfel skall lokaliseras (ofta beroende på dåliga eller smutsiga anslutningar, eller skadad kabelisolering), kan en "vicktest" utföras på ledningarna, vilket helt enkelt innebär att ledningarna vickas lite för hand för att man ska kunna se om felet uppstår när de rubbas. Det bör vara möjligt att begränsa felorsaken till en speciell ledningssektion. Denna testmetod kan användas tillsammans med andra metoder som beskrivs i följande underavsnitt.

6 Förutom problem som orsakas av dåliga anslutningar kan två grundfel uppstå i en elektrisk krets – kretsbrott eller kortslutning.

7 Problem med kretsbrott orsakas av ett brott någonstans i kretsen vilket hindrar att strömmen flödar. Ett kretsbrott gör att komponenten i fråga slutar att fungera, men resulterar inte i en trasig säkring.

8 Kortslutning i en krets innebär att strömmen i kretsen har möjlighet att ta en annan väg än den tänkta, den försvinner alltså någon annanstans, oftast till jord. Kortslutningsfel orsakas vanligen av ett fel i kabelisoleringen, så att en matarkabel kan vidröra en annan kabel, eller en jordad komponent, exempelvis karossen. Ett kortslutningsfel resulterar normalt i att den relevanta säkringen går sönder.

Att hitta ett kretsbrott

9 Vid felsökning av kretsbrott skall en av kablarna på en kretstestare, eller voltmeter, anslutas till antingen batteriets negativa anslutning eller till en god jordanslutning.

10 Anslut den andra kabeln till ett kontaktdon i den testade kretsen, helst nära batteriet eller säkringen.

11 Slå på kretsen, och kom ihåg att vissa kretsar endast är strömförande när tändningsnyckeln står i ett speciellt läge.

12 Om spänning föreligger (indikeras av att testlampan tänds, eller av en voltmeteravläsning), betyder det att den delen av kretsen, mellan det aktuella kontaktdonet och batteriet, är felfri.

13 Fortsätt att kontrollera återstoden av kretsen på samma sätt.

14 När man kommer till en punkt där spänning inte föreligger, måste felet ligga mellan den punkten och föregående strömbärande testpunkt. De flesta problem kan spåras till en trasig, korroderad eller lös anslutning.

Att hitta en kortslutning

15 Vid felsökning av kortslutning, koppla först bort alla eltillbehör som drar ström från kretsen (exempelvis glödlampor, motorer, värmeelement, etc).

16 Demontera den aktuella säkringen och anslut en kretstestare eller voltmeter till säkringsanslutningarna.

17 Slå på kretsen, och kom ihåg att vissa kretsar endast är strömförande när tändningsnyckeln förs till ett speciellt läge.

18 Om spänning föreligger (indikeras av att testlampan tänds, eller av en voltmeteravläsning), betyder det att kortslutning föreligger.

19 Om spänning inte föreligger men säkringen ändå går sönder vid belastning, tyder det på att felet föreligger i själva komponenten.

Att hitta ett jordningsfel

20 Batteriets negativa anslutning är anslutet till "jord" - metallen i motorn/växellådan och bilkarossen – och de flesta system är kopplade så att de endast tar emot positiv strömtillförsel, strömmen återvänder sedan via metallen i bilens kaross. Detta betyder att komponentens infästning och karossen utgör delar av elkretsen. Lösa eller korroderade fästen kan därför orsaka en mängd elektriska fel, från totalhaveri i en krets till förbryllande småfel. Speciellt kan lampor lysa svagt (särskilt om en annan krets som delar samma jordningspunkt är igång), motorer (t.ex. en torkarmotor eller kylfläktens motor) kan gå långsamt, och en krets funktion kan ha en uppenbarligen orelaterad inverkan på en annan krets. Observera att på många fordon används jordfläta mellan vissa komponenter, såsom motorn/växellådan och karossen, vanligen där det inte finns någon kontakt metall-till-metall mellan komponenterna beroende på gummifästen etc.

21 För att kontrollera om en komponent är ordentligt jordad, lossa batteriet och anslut en kabel från en ohmmeter till en bekräftat god jordanslutning. Anslut den andra kabeln till ledningen eller jordanslutningen som skall testas. Resistansvärdet bör vara noll; annars bör anslutningen kontrolleras på följande sätt.

22 Om en jordanslutning misstänks vara defekt, ta isär anslutningen och rengör den så att du får ren metall på både kaross och kontakt, eller på anliggningsytan på komponentens jordanslutning. Se till att alla spår av smuts och korrosion avlägsnas, använd därefter en kniv för att skrapa bort all lackering, så att en ren anslutning metall-tillmetall kan göras. Dra åt anslutningarna ordentligt, och om en kabelkontakt monteras tillbaka skall räfflade brickor användas mellan anslutning och kaross för att garantera en ren och säker anslutning. När anslutningen är gjord, förhindra framtida korrosion genom att lägga på ett lager vaselin eller silikonbaserat fett, eller genom att regelbundet spraya på rostskydd eller ett vattenavvisande smörjmedel.

3 Säkringar och reläer – allmän beskrivning

Huvudsäkringar

1 Säkringarna är placerade bakom en lucka i instrumentbrädans undre del på förarsidan.

2 Tryck in de två knapparna och lossa locket från instrumentbrädan **(se bild)**.

3 Huvudsäkringarna är placerade i en rad under reläerna. En förteckning över vilka kretsar som skyddas av respektive säkring finns på baksidan av säkringsdosans lucka (en sådan lista finns även i anslutning till kopplingsschemana i slutet av detta kapitel). På vissa modeller (beroende på utförande) finns ytterligare säkringar i separata hållare antingen ovanför reläerna eller i motorrummet.

4 När en säkring skall demonteras, stäng först av den aktuella kretsen (eller tändningen), dra därefter ut säkringen ur uttaget **(se bild)**. Tråden i säkringen skall vara synlig; om säkringen är trasig är tråden avbruten eller smält.

5 Ersätt alltid en säkring med en ny säkring av samma styrka; använd aldrig en säkring med annan styrka än den ursprungliga säkringen.

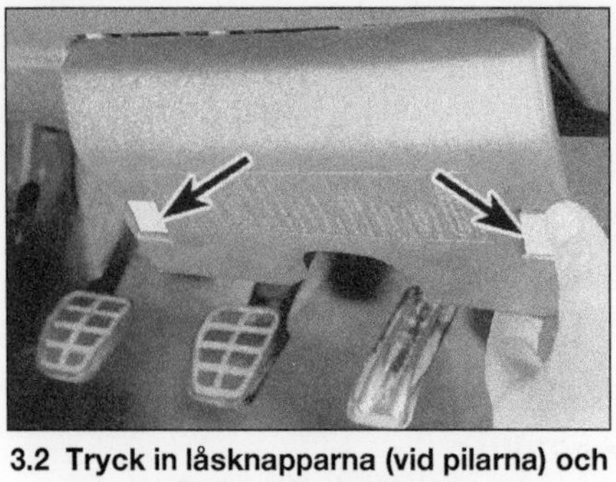

3.2 Tryck in låsknapparna (vid pilarna) och ta bort säkringsdosans lucka under instrumentbrädan

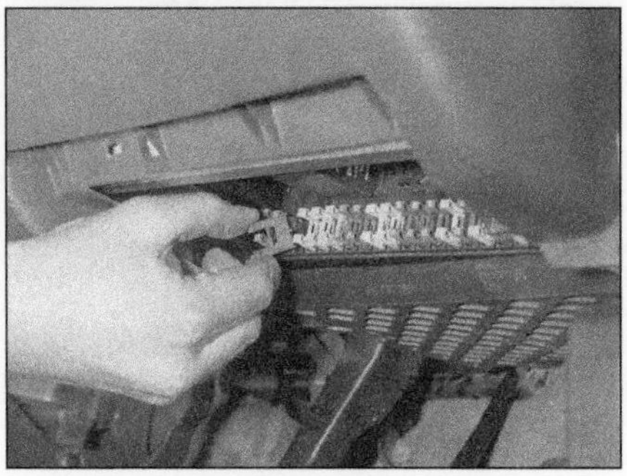

3.4 Säkring demonteras

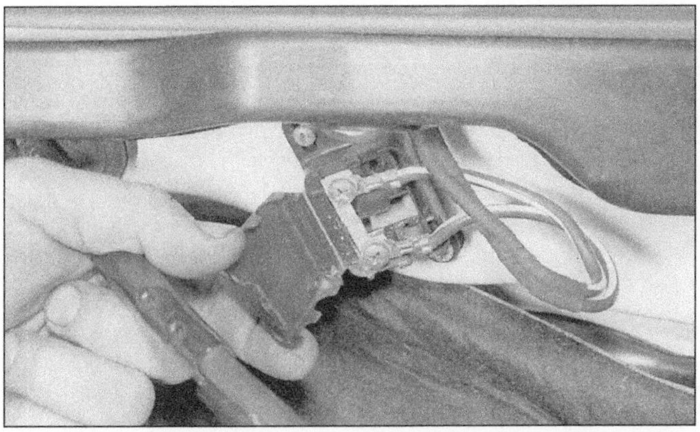

3.8 Smältsäkring till glödstift i dieselmotor (tidig modell på bild)

4.3 Lossa skruvarna och demontera rattstångskåporna

Byt aldrig ut en trasig säkring mer än en gång utan att ta reda på vad som orsakade problemet. Styrkan finns instämplad på säkringen, men säkringarna är också färgkodade för att de lättare ska kännas igen.

6 Om en ny säkring går sönder på en gång måste man alltid ta reda på orsaken innan den byts ut på nytt. Den mest sannolika orsaken är kortslutning till jord på grund av defekt isolering. Om en säkring skyddar mer än en krets, försök att isolera defekten genom att aktivera varje krets i tur och ordning (om möjligt) tills säkringen går sönder igen. Ha alltid ett reservlager av säkringar med varje aktuell styrka i bilen, det bör sitta en reserv av varje styrka längst ner i säkringsdosan.

Smältsäkringar

7 På dieselmotorer skyddas glödstiftens strömkrets av en smältsäkring. På alla tidiga modeller, såväl bensin- som dieseldrivna, skyddas även kylarfläktens strömkrets av en smältsäkring (se Kopplingsscheman beträffande placering).

8 Kontrollera att tändningen är avstängd innan smältsäkringen demonteras. Om det gäller glödstiftens smältsäkring, kontrollera även att förardörren är helt stängd - dörrkontakten driver glödstiftssystemet. Lossa locket för att komma åt metallänken; om den har gått är den trasig eller smält. Skruva loss skruvarna och dra ut smältsäkringen **(se bild)**.

9 Montera den nya smältsäkringen (observera informationen i punkterna 5 och 6), dra åt skruvarna ordentligt och sätt tillbaka locket.

Reläer

10 Reläerna sitter bakom säkringsdosans lucka under instrumentbrädan på förarsidan - se sidan 12•17.

11 För att komma åt reläerna, tryck in knapparna och lossa säkringsdosans lucka. Bänd försiktigt loss täcklisten längst upp på instrumentbrädans undre panel på förarsidan, skruva sedan loss klädselpanelens skruvar. Dra klädselpanelen försiktigt nedåt för att lossa den från instrumentbrädan och ta ut den ur bilen. Lossa clipsen och sänk ned säkringsdosan under instrumentbrädan.

12 Om ett fel uppstår i en krets eller i ett system som styrs av ett relä och reläets funktion är tvivelaktig, aktivera systemet. Om reläet fungerar skall ett klickande ljud höras när reläet slår till. Om så är fallet är det möjligt att felet finns i någon av systemkomponenterna eller i systemets ledningar. Om reläet inte slår till får det antingen ingen huvudström eller också kommer inte ställströmmen fram, men det kan också bero på att reläet i sig självt är defekt. Reläet kan testas genom att det byts ut mot ett som har bekräftad god funktion, men var försiktig - medan vissa reläer är identiska till utseende och funktion kan andra se likadana ut men utföra olika funktioner.

13 Vid byte av reläer, kontrollera först att den aktuella kretsen är frånslagen. Reläet kan därefter helt enkelt dras ut från uttaget och ett nytt tryckas på plats.

14 Vid monteringen, kontrollera att säkringsdosan hålls på plats med clipset, montera därefter instrumentbrädans nedre panel.

4 Kontakter, brytare och reglage - demontering och montering

Observera: *Koppla loss batteriets negativa anslutning innan någon kontakt eller något reglage kan demonteras, anslut batteriets kabel när kontakten/reglaget har monterats tillbaka.*

Tändningslås/rattlås

1 Se beskrivning i kapitel 10.

Brytare på rattstången

2 Demontera ratten enligt beskrivning i kapitel 10.

3 Skruva loss skruvarna och demontera rattstångens övre och nedre kåpor **(se bild)**.

4 Skruva loss de tre fästskruvarna, koppla sedan loss kontaktdonen och ta bort brytarna från rattstången **(se bilder)**.

5 Montering sker i omvänd ordningsföljd.

4.4a Skruva loss skruvarna (vid pilarna) . . .

4.4b . . . och ta bort aktuell kombinationsbrytare

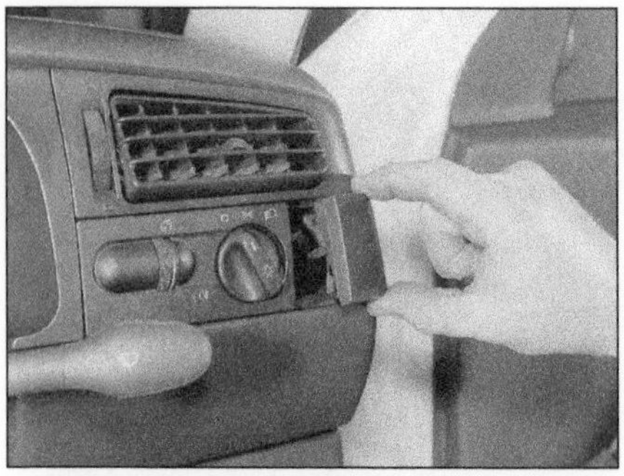

4.6 Ta loss plattan som sitter bredvid belysningsreglaget . . .

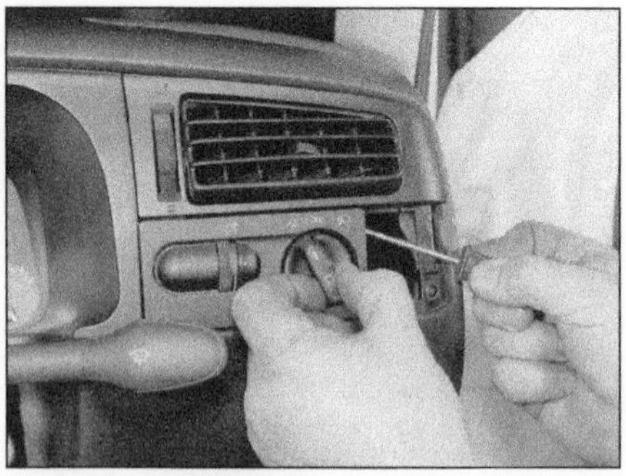

4.7a . . . tryck därefter in fästklacken och ta bort reglaget . . .

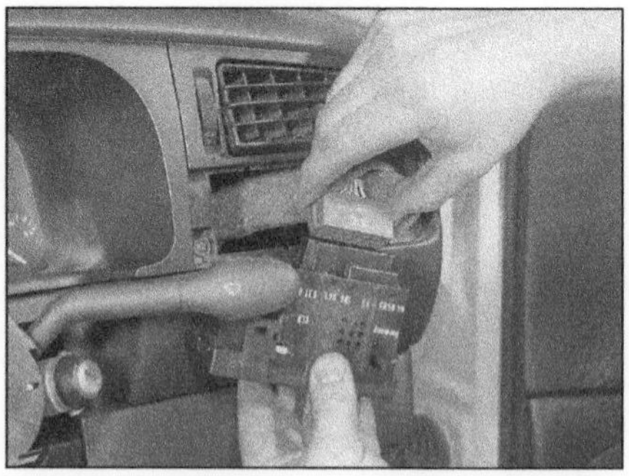

4.7b . . . och koppla loss kontaktdonet

Reglage för lysen (inklusive dimmer för instrumentpanel och brytare för strålkastarnivå)

6 Bänd försiktigt loss täckplattan på sidan om reglaget med en spårskruvmejsel och ta bort den från instrumentbrädan **(se bild)**.

Observera: *På modeller med ABS eller airbag innehåller plattan varningslampor; kontakterna från lamporna måste då kopplas loss när plattas tas ut.*

7 Stick in ett lämpligt verktyg genom öppningen i instrumentbrädan, tryck in belysningsreglagets fästklack och ta ut reglaget. Koppla loss kontakten/kontakterna och ta ut reglaget från instrumentbrädan **(se bilder)**.

8 Där så är aktuellt, lossa clipsen och ta bort instrumentpanelens dimmer/strålkastarnivåbrytaren från belysningsreglaget.

9 Montering sker i omvänd ordningsföljd.

Brytare till eluppvärmd bakruta

10 Använd en lämplig spårmejsel och bänd försiktigt loss täckpluggen bredvid kontakten (pluggen täcker ett kontaktdon i diagnossystemet).

11 Bänd försiktigt ut bakrutevärmens brytare och lossa dess kontaktdon när det blir åtkomligt **(se bild)**.

12 Vid monteringen, anslut kablagekontakten ordentligt, fäst därefter kontakten i instrumentbrädan. Kontrollera att kontakten fungerar som den skall, montera därefter tillbaka pluggen.

Förarens reglage för de bakre fönsterhissarna

13 Demontera brytaren till den eluppvärmda bakrutan enligt föregående beskrivning.

14 Bänd försiktigt loss fönsterhissreglaget och lossa dess kablage när det blir åtkomligt.

15 Montering sker i omvänd ordningsföljd.

Luftkonditioneringssystemets reglage (modeller med standardreglage för värme/ventilation)

Observera: *På modeller med Climatronic automatiska luftkonditioneringssystem, försök inte att demontera reglagen från styrmodulen; modulen bör behandlas som en sluten enhet. Om något reglage inte fungerar bör man rådfråga en VW-verkstad.*

16 Se beskrivning i punkterna 10 till 12.

Värmefläktens reglage (modeller med standardreglage för värme/ventilations)

17 Detta reglage är inbyggt i värmereglagepanelen och kan inte demonteras separat.

Reglage till framsätets uppvärmning

18 Använd en lämplig spårmejsel och bänd försiktigt loss den lilla plattan bredvid reglaget. **Observera:** *På modeller med Climatronic automatiska luftkonditioneringssystem innehåller plattan en temperaturgivare, koppla loss kontaktdonet från givaren när plattan demonteras.*

19 Bänd försiktigt loss reglaget och koppla loss kontaktdonet.

20 Montering sker i omvänd ordningsföljd.

Dörrmonterade reglage till elfönsterhissar

21 Lossa försiktigt den övre klädseldelen från dörrens armstödshandtag och koppla loss kontaktdonet.

22 Tryck in clipsen och demontera reglaget från klädseln.

23 Montering sker i omvänd ordningsföljd.

Reglage till elstyrd backspegel

24 Lossa försiktigt den övre klädseldelen från dörrens armstödshandtag och lossa eventuellt kontaktdon till elfönsterhissen.

25 Lossa försiktigt klädseln runt det invändiga handtaget och lossa kontaktdonet från backspegelns reglage.

26 Lossa clipsen och tryck ut reglaget från klädseln.

27 Montering sker i omvänd ordningsföljd.

Kontakt till handbromsens varningslampa

28 Demontera mittkonsolens bakre del enligt beskrivning i kapitel 11 för att komma åt handbromsens spak.

29 Koppla loss kontaktdonet från handbromskontakten, ta därefter loss kontakten från handbromsspakens fäste **(se bild)**.

30 Montering sker i omvänd ordningsföljd. Kontrollera att kontakten fungerar ordentligt innan mittkonsolen monteras tillbaka.

Bromsljuskontakt

31 Se beskrivning i kapitel 9.

Kontakter till innerbelysning

32 Öppna dörren och demontera gummikåpan från kontakten.

33 Bänd försiktigt loss kontakten och ta bort den, koppla loss dess kontaktdon när det blir åtkomligt. Knyt fast ett snöre i kabeln så att den inte kan dras in i dörrstolpen.

34 Montering sker i omvänd ordningsföljd.

Kontakt till bagageutrymmesbelysning

35 Kontakten till bagageutrymmets belysning är inbyggd i bakluckan.

36 Demontera låset (se kapitel 11).

37 Lossa kontaktens clips och demontera kontakten från låset.

4.11 Demontering av brytare till bakrutans uppvärmning

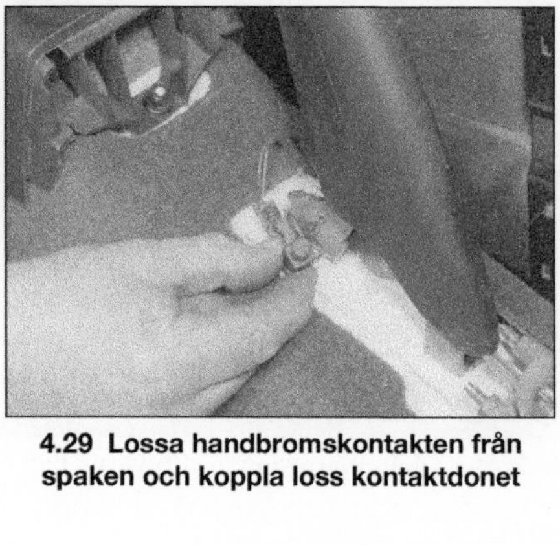

4.29 Lossa handbromskontakten från spaken och koppla loss kontaktdonet

5.2 Ta bort kåpan från strålkastarens baksida . . .

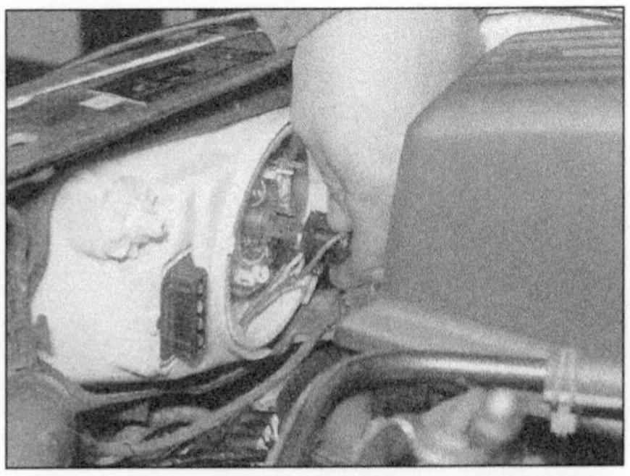

5.3 . . . och koppla loss kontaktdonet från glödlampan

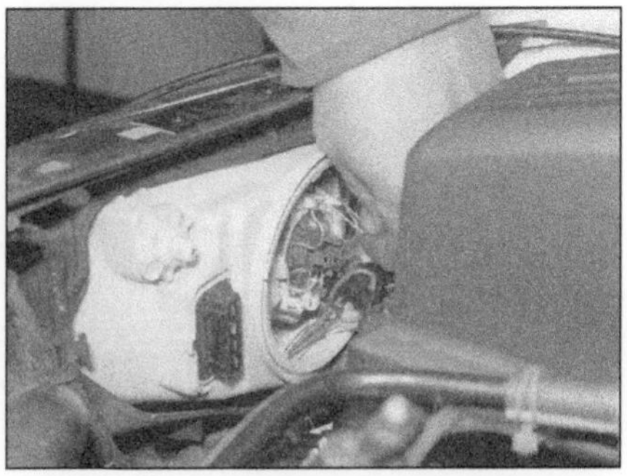

5.4a Haka loss glödlampans klämma . . .

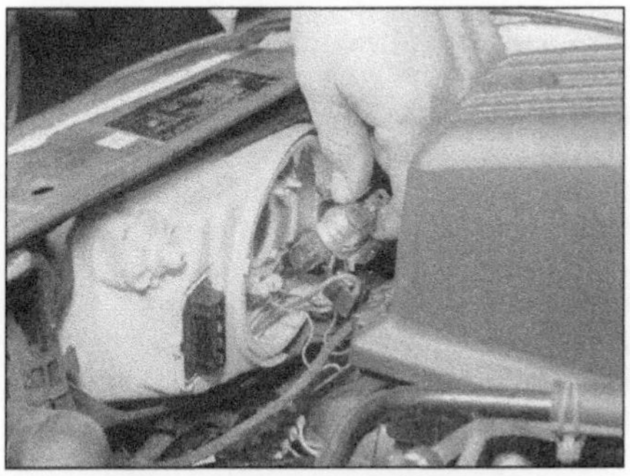

5.4b . . . och ta ut glödlampan

38 Montering sker i omvänd ordningsföljd.

Brytare till elektriskt soltak

39 Bänd försiktigt loss kupébelysningsmodulen från takkonsolen med en lämplig skruvmejsel. Lossa kontaktdonen och demontera modulen.

40 Lossa clipsen och ta loss soltakets brytare från belysningsmodulen.

41 Montering sker i omvänd ordningsföljd.

5 Glödlampor (yttre lysen) - byte

Allmänt

1 Följande punkter bör uppmärksammas när helst en glödlampa skall bytas:

a) Lossa batteriets negativa anslutning innan arbetet påbörjas.

b) Kom ihåg att om lampan nyligen har varit i bruk är glödlampan mycket varm.

c) Kontrollera alltid glödlampans kontakter och hållare, och se till att metallernas beröringsytor är rena mellan glödlampa och dess strömförande delar och jordningen. Avlägsna korrosion och smuts innan den nya glödlampan monteras.

d) När glödlampor med bajonettfattning monteras, kontrollera att de strömförande kontakterna ligger ordentligt an mot glödlampans kontaktytor.

e) Kontrollera alltid att den nya glödlampan är av korrekt styrka och att den är fullständigt ren innan den monteras; detta gäller speciellt glödlampor till strålkastare/dimljus (se nedan).

Strålkastare

2 I motorrummet, ta bort kåpan från strålkastarens baksida och ta vara på tätningen. På modell med en rund kåpa, vrid kåpan moturs, och på modell med en oval kåpa, tryck in fästclipsen **(se bild)**.

3 Koppla loss kontaktdonet från glödlampan **(se bild)**.

4 Haka loss glödlampans fästklämma och ta ut glödlampan **(se bilder)**.

5 Använd en pappershandduk eller ren trasa vid hantering av den nya glödlampan, för att undvika att beröra glaset med fingrarna; fukt och fett från huden kan få den här glödlampstypen att mörkna och gå sönder i förtid. Om glaset vidrörs oavsiktligt skall det torkas rent med rödsprit.

6 Montera den nya glödlampan, kontrollera att dess låsflikar hamnar korrekt i urtagen i strålkastaren, och lås den på plats med fästklämman.

7 Koppla in kontaktdonet och sätt tillbaka kåpan.

Främre parkeringsljus

8 Ta bort kåpa och tätning från strålkastarens baksida (se punkt 2).

9 Ta ut parkeringsljusets glödlampshållare från strålkastaren. Glödlampan har bajonettfattning och demonteras genom att den trycks in och vrids moturs **(se bilder)**.

10 Montering sker i omvänd ordningsföljd, se till att kåpan fästs ordentligt på plats.

Främre blinkers

11 Bänd loss reflexen med hjälp av en spårskruvmejsel och ta bort den från bilen **(se bild)**.

12 Lossa blinkerslyktans clips och ta bort hela lyktan från stötfångaren **(se bild)**.

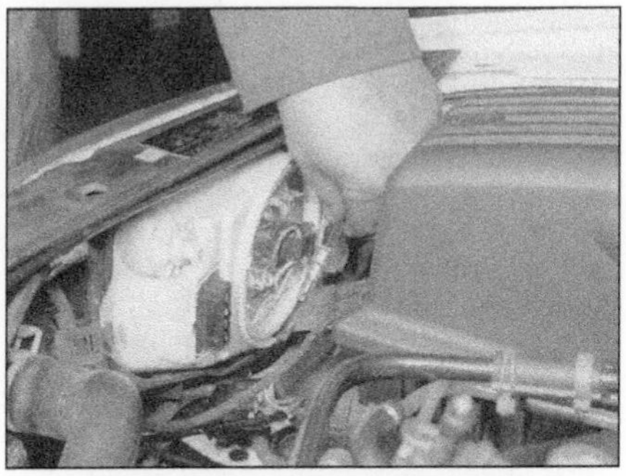

5.9a Ta ut parkeringsljusets glödlampshållare från strålkastaren . . .

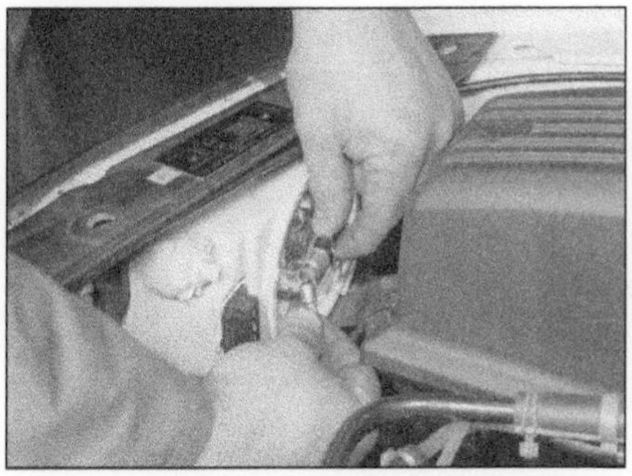

5.9b . . . och ta loss glödlampan genom att trycka in och vrida den moturs

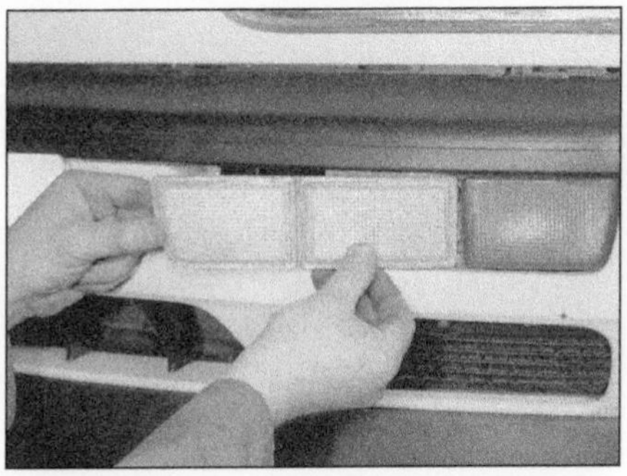

5.11 Demontering av främre reflex från stötfångaren (modell utan dimljus visas)

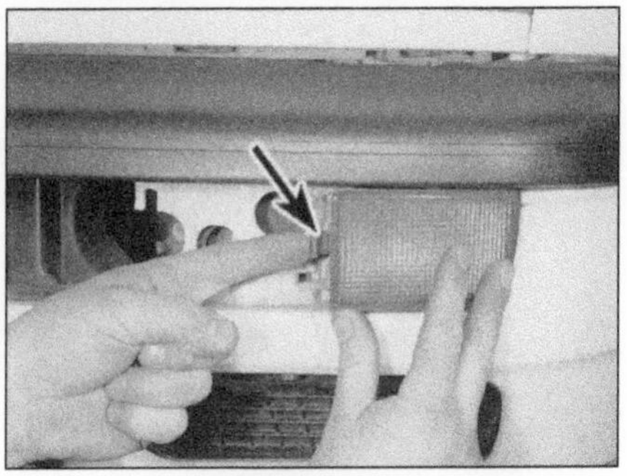

5.12 Tryck in fästclipset (vid pilen) och ta ut blinkerslyktan

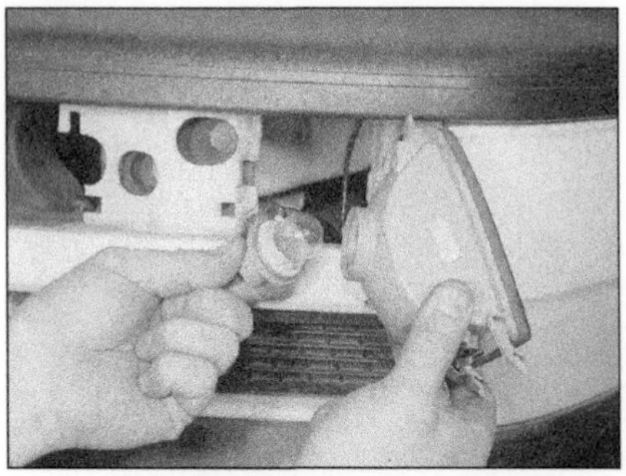

5.13 Vrid glödlampshållaren moturs och demontera den från lyktan

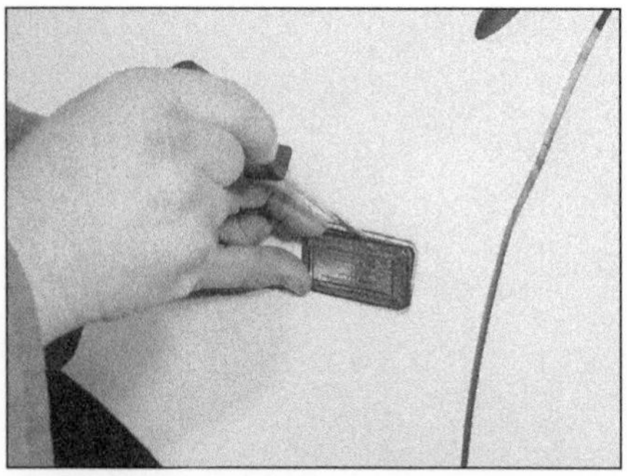

5.15 Lossa försiktigt sidoblinkersglaset från framskärmen med en skruvmejsel

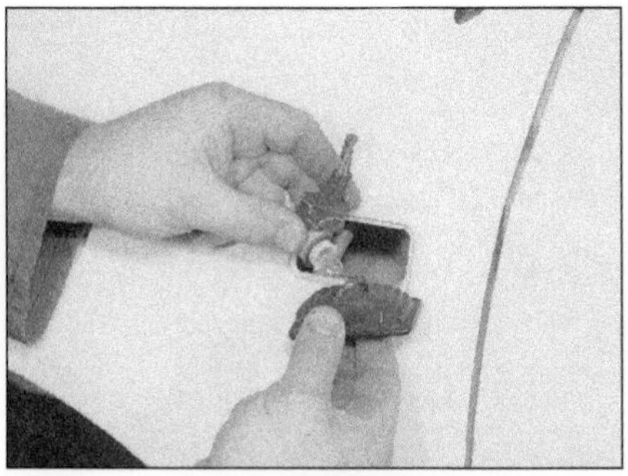

5.16 Vrid glödlampshållaren moturs för att ta loss den från lyktan

13 Vrid glödlampshållaren moturs och ta ut den från lyktans baksida **(se bild)**. Glödlampan har bajonettfattning i hållaren och kan demonteras genom att den trycks in och vrids moturs.

14 Montering sker i omvänd ordningsföljd, kontrollera att lyktan och reflexen sitter fast ordentligt med clipsen.

Sidoblinkers

15 Bänd försiktigt ut överkanten på lampglaset från framskärmen, var mycket försiktig så att lackeringen på skärmen inte skadas **(se bild)**.

16 Ta loss lampan från skärmen och ta ut glödlampshållaren genom att vrida den moturs **(se bild)**. Glödlampan trycks in i hållaren och kan enkelt demonteras genom att den dras ut från glödlampshållaren.

17 Montering sker i omvänd ordningsföljd.

Dimljus fram

18 Placera en spårskruvmejsel mellan blinkerslyktan och reflexen och bänd försiktigt loss reflexen från stötfångaren.

19 Skruva loss dimljusets skruvar och ta bort lyktan från stötfångaren.

20 Vrid kåpan på baksidan av dimljuset moturs så att den lossnar från lyktan.

21 Koppla loss glödlampans kablage från kåpan, lossa därefter fjäderklämman och ta bort dimljusets glödlampa.

22 Använd en pappershandduk eller ren trasa vid hantering av den nya glödlampan, för att undvika att beröra glaset med fingrarna; fukt och fett från huden kan få denna typ av glödlampa att mörkna och gå sönder i förtid. Om glaset vidrörs oavsiktligt skall det torkas rent med rödsprit.

23 Sätt i den nya glödlampan, kontrollera att den är korrekt placerad och fäst den med fjäderklämman.

24 Anslut glödlampans kablage till kåpan och montera kåpan på enhetens baksida.

25 Montera dimljuset på stötfångaren och dra åt dess skruvar ordentligt. Innan reflexen monteras, kontrollera att dimljusets ljusstråle är korrekt inriktad. Vid behov kan dimljusets riktning justeras med justerskruven som sitter bredvid den undre fästskruven. När ljusstrålen är korrekt riktad, sätt tillbaka reflexen.

Baklyktor

26 Inne i bagageutrymmet, lossa plastkåpan (där sådan förekommer) för att kunna komma åt baksidan av baklyktorna **(se bild)**.

27 Lossa spärrhakarna och frigör glödlampshållaren från baklyktans baksida **(se bild)**.

28 Den aktuella glödlampan kan sedan tas ut, samtliga glödlampor har bajonettfattning. Observera att styrtapparna på broms-/bakljusets glödlampa är förskjutna för att undvika felmontering.

29 Montering sker i omvänd ordningsföljd, kontrollera att glödlampshållaren är ordentligt infäst.

Registreringsskyltsbelysning

30 Skruva loss fästskruvarna och ta bort linsen från bakluckan. Ta vara på linsens packning och byt ut den om den är i dåligt skick **(se bilder)**.

31 Glödlampan trycks in i hållaren och kan enkelt demonteras genom att den dras ut från glödlampshållaren **(se bild)**.

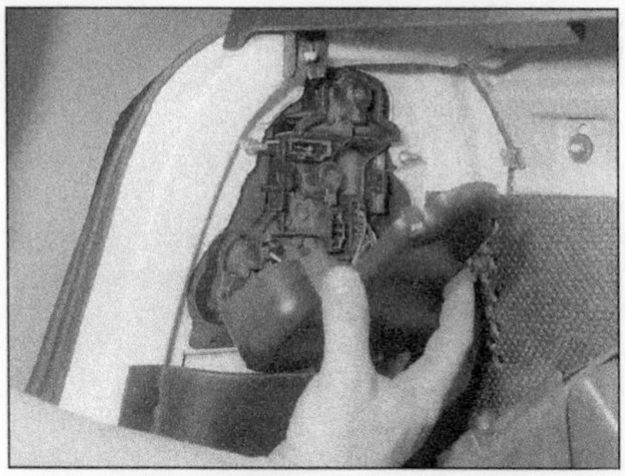

5.26 Lossa plastkåpan från baklyktans baksida . . .

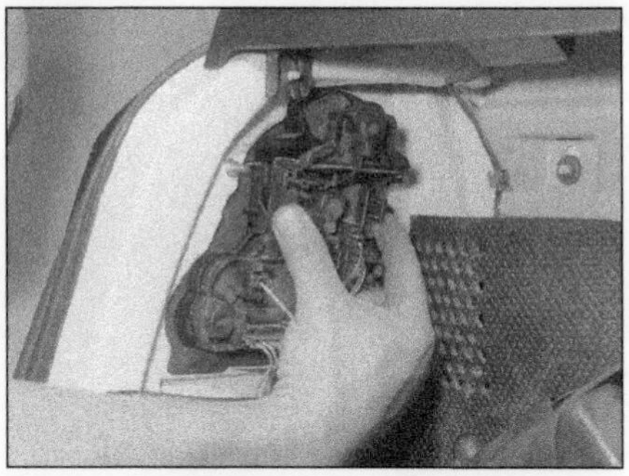

5.27 . . . tryck därefter in spärrhakarna och ta bort glödlampshållaren

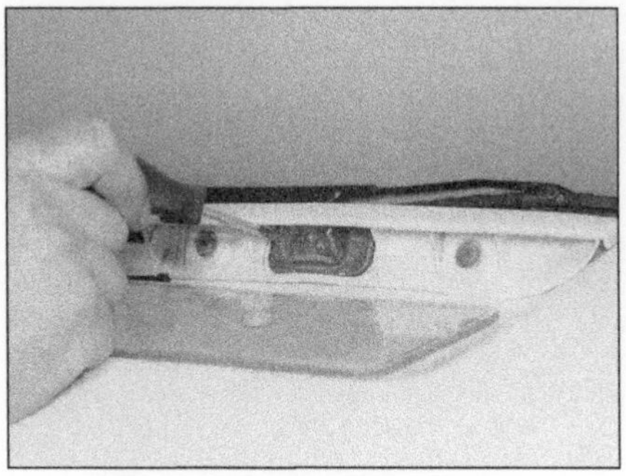

5.30a Skruva loss skruvarna . . .

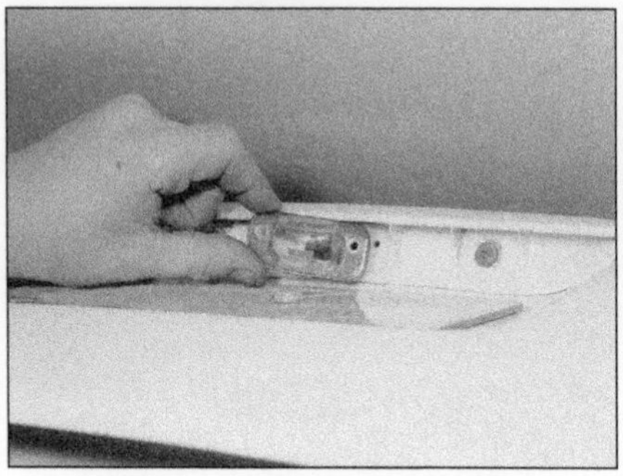

5.30b . . . och ta bort linsen från skyltbelysningen (Golf på bild)

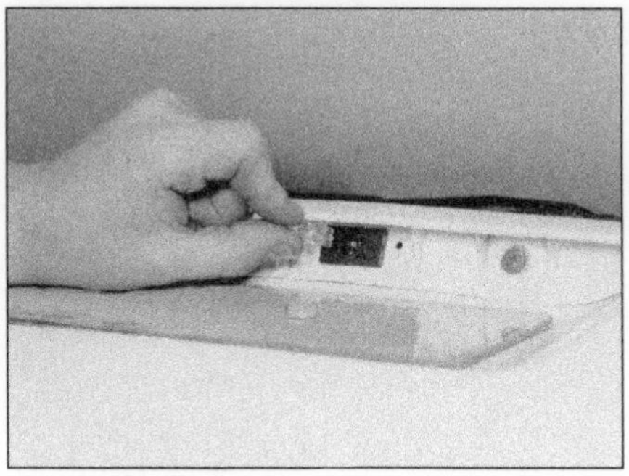

5.31 Glödlampan till registreringsskyltsbelysningen trycks in i hållaren

32 Tryck in den nya glödlampan på plats och montera tätning och lins. Dra inte åt linsens skruvar för hårt eftersom plasten lätt kan gå sönder.

6 Glödlampor (innerbelysning) - byte

Allmänt

1 Se beskrivning i avsnitt 5, punkt 1.

Kupélampa

2 Använd en liten spårskruvmejsel och bänd försiktigt loss linsen, lossa glödlampan från kontakterna.

3 Sätt i en ny glödlampa, kontrollera att den hålls fast av kontakterna, fäst linsen på plats.

Läslampa, fram

4 Bänd försiktigt loss kupébelysningsmodulen från den främre takkonsolen med en lämplig skruvmejsel. Koppla loss kontaktdonen och ta ner modulen.

5 Vrid läslampans glödlampshållare moturs och ta ut den. Glödlampan kan enkelt demonteras genom att den dras ut från lamphållaren.

6 Tryck in den nya glödlampan på plats och montera hållaren i lampan.

7 Anslut kontaktdonet och fäst modulen på plats i takkonsolen.

Läslampa, bak

8 Bänd försiktigt loss läslampan från stolpen med en lämplig skruvmejsel. Lossa kontaktdonen och demontera lampan.

9 Vrid glödlampshållaren moturs och ta loss den från lampans baksida. Glödlampan kan enkelt dras ut från glödlampshållaren.

10 Tryck in den nya glödlampan på plats och montera hållaren i lampan.

11 Anslut kontaktdonet och fäst lampan på plats.

Bagageutrymmesbelysning

12 Se beskrivning ovan i punkterna 2 och 3.

Instrumentbelysning/varningslampor

13 Demontera instrumentpanelen enligt beskrivning i avsnitt 9.

14 Vrid den aktuella glödlampshållaren moturs och ta bort den från instrumentpanelens baksida **(se bild)**.

15 Samtliga glödlampor är inbyggda i respektive hållare. Var noga med att glödlamporna har rätt styrka, samma som de som demonterades; detta är speciellt viktigt när det gäller tändnings-/laddningslampan.

16 Sätt in glödlampshållaren på instrumentpanelens baksida och montera sedan instrumentpanelen enligt beskrivning i avsnitt 9.

Handskfacksbelysning

17 Öppna handskfacket. Använd en liten spårmejsel och bänd försiktigt loss lampan i överkant och ta bort den. Lossa glödlampan från dess kontakter.

18 Sätt i den nya glödlampan, kontrollera att kontakterna håller fast den ordentligt och sätt tillbaka lampan på plats.

Kassettförvaringsbelysning

19 Dra ut förvaringsboxen från instrumentbrädan och lossa dess kontaktdon.

20 Använd en liten skruvmejsel, lossa försiktigt klämmorna och ta bort den bakre kåpan från förvaringsboxen. Demontera glödlampan från dess hållare.

21 Montering sker i omvänd ordningsföljd.

Cigarettändar-/askkoppsbelysning

22 På modeller som är utrustade med manuella standardreglage för värme-/ventilationssystemet, bänd försiktigt loss den omgivande panelen från reglagen. Skruva loss de fyra skruvarna och lossa styrenheten från reglagepanelens baksida.

23 På modeller som är utrustade med det automatiska värmesystemet "Climatronic", stick försiktigt in en skruvmejsel mellan panelens underkant och reglagen och lossa försiktigt panelen. Skruva loss de fyra skruvarna och lossa den elektroniska styrenheten från reglagepanelens baksida.

24 Demontera askkoppen, lossa därefter de båda skruvarna från reglagepanelen på instrumentbrädan.

25 Dra ut reglagepanelen från instrumentbrädan tills cigarettändarens baksida blir åtkomlig. Lossa glödlampshållaren från tändaren och ta bort glödlampan.

26 Montering sker i omvänd ordningsföljd.

Värmereglagepanelens belysning

27 Dra ut värmereglagepanelen enligt beskrivning i avsnitt 9 i kapitel 3 så att panelens baksida blir åtkomlig. Observera att panelen inte behöver demonteras fullständigt, och reglagevajrarna kan sitta kvar.

28 Koppla loss kontaktdonet, lossa därefter glödlampshållaren från reglagepanelens baksida **(se bilder)**.

29 Lossa den omgivande sargen från glödlampan och dra försiktigt ut glödlampan från dess hållare.

30 Montering sker i omvänd ordningsföljd.

Belysning för brytare/reglage

31 Samtliga brytare/reglage är försedda med belysningsglödlampor; vissa är även försedda med en glödlampa som visar när kretsen i fråga är aktiverad. Dessa glödlampor är inbyggda i själva brytaren och kan inte anskaffas separat. Vid byte av glödlampa måste därefter hela brytarenen bytas ut.

7 Strålkastare och lyktor - demontering och montering

Observera: *Koppla loss batteriets negativa anslutning innan någon lampa demonteras; anslut batteriet efter det att lampan har monterats tillbaka.*

Strålkastare

1 Använd en lämplig skruvmejsel, bänd försiktigt loss kylargrillens övre och undre hållklackar, dra sedan grillen framåt och bort från bilen.

2 Koppla loss kontaktdonet från strålkastarens baksida **(se bild på nästa sida)**.

3 Skruva loss strålkastarens skruvar och ta

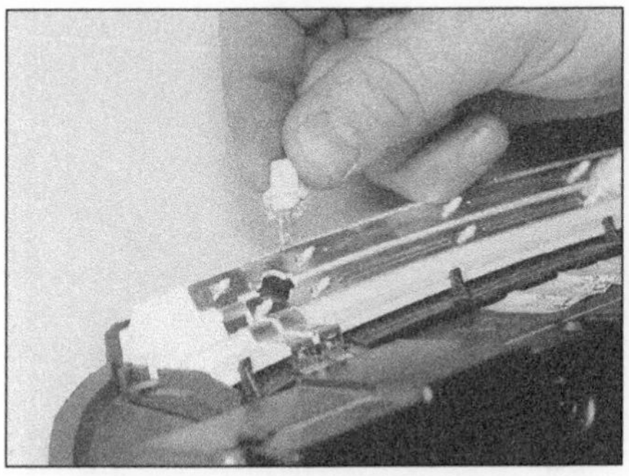

6.14 En glödlampshållare tas bort från instrumentpanelen

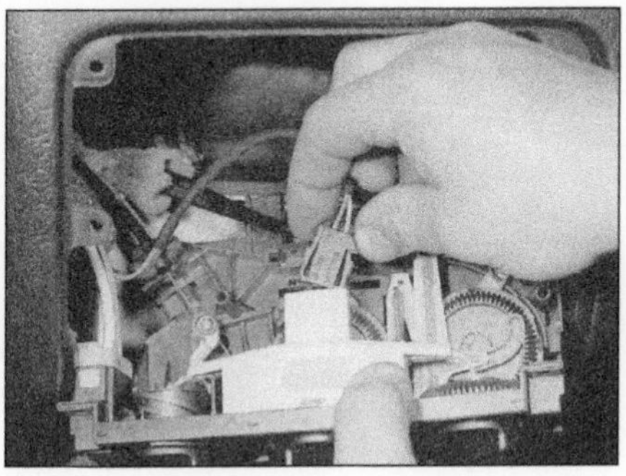

6.28a Koppla loss kontaktdonet . . .

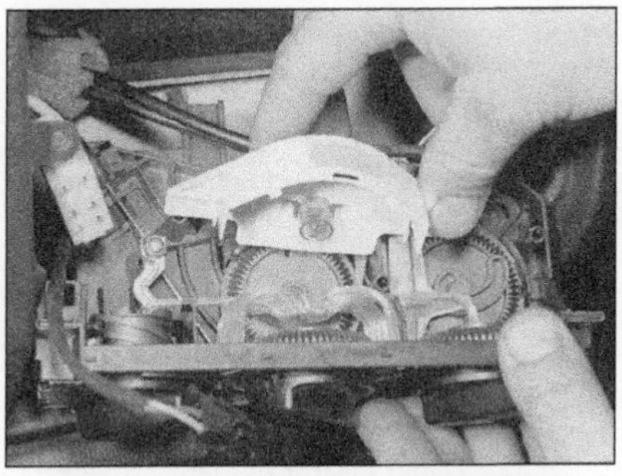

6.28b . . . och och ta loss lamphållaren från värmereglagepanelens baksida

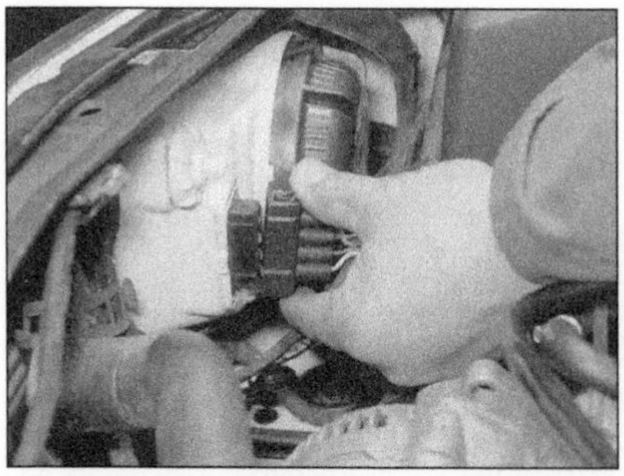

7.2 Lossa strålkastarens kontakt

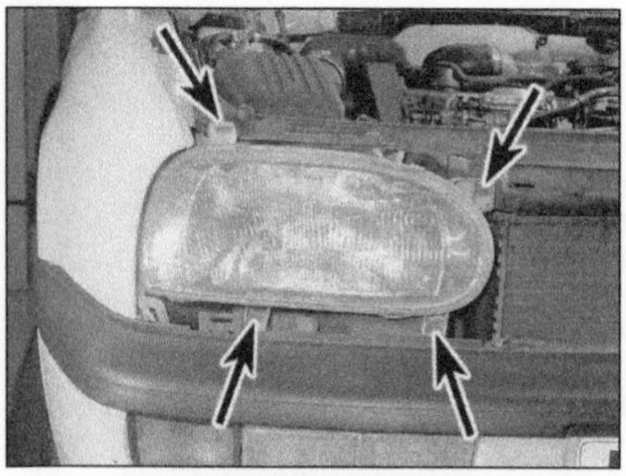

7.3a Skruva loss skruvarna (vid pilarna) . . .

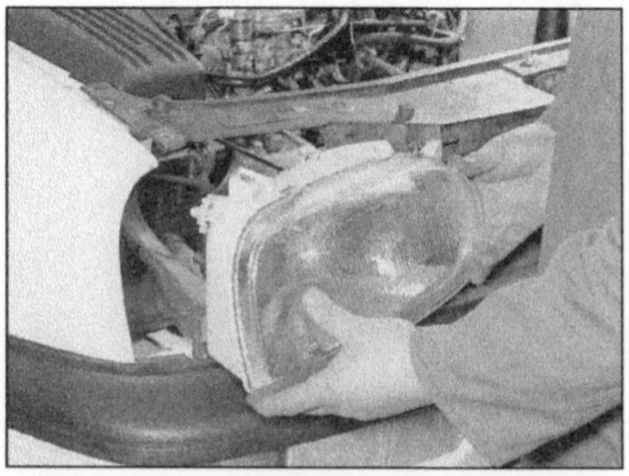

7.3b . . . och demontera strålkastaren från bilen

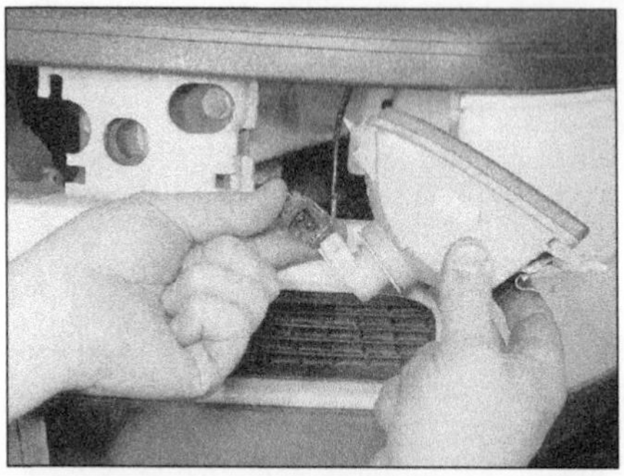

7.7 Demontering av främre blinkerslykta

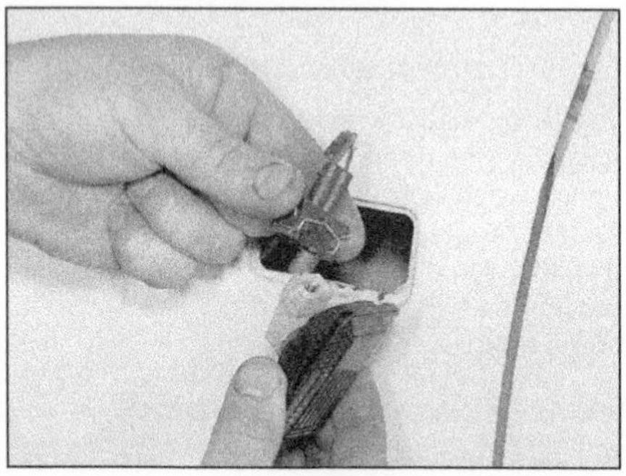

7.9 Demontering av sidoblinkers

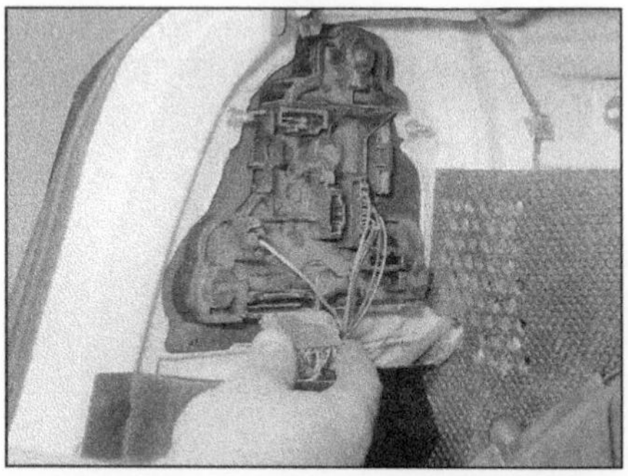

7.15 Lossa kontaktdonen från lyktans baksida . . .

bort strålkastaren från bilen **(se bilder)**. På modeller som är utrustade med strålkastarjusteringssystem måste kontakten lossas från justersystemets motor när strålkastaren demonteras.

4 På modeller med strålkastarjusteringssystem, om så behövs, vrid justersystemets motor moturs för att lossa motorn från strålkastarens baksida, och dra loss motorn rakt ut för att lossa dess kulled. Vid montering, rikta in motorns kulled mot lyktans urtag och fäst den på plats. Koppla in motorn i strålkastaren och vrid den medurs för att fästa den på plats.

5 Montering sker i omvänd ordningsföljd. Avslutningsvis, kontrollera strålkastarens inställning enligt beskrivningen i avsnitt 8.

Främre blinkers

6 Placera en spårmejsel mellan blinkers och reflex och bänd försiktigt loss reflexen från stötfångaren.

7 Tryck in blinkerslyktans clips och ta ut lyktan från stötfångaren, koppla loss kontaktdonet **(se bild)**.

8 Montering sker i omvänd ordningsföljd, kontrollera att blinkerslyktan och reflektorn är ordentligt infästa med klämmorna.

Sidoblinkers fram

9 Bänd försiktigt loss överkanten på sidoblinkerslampan från framskärmen, använd en lämplig plastkil och var försiktig så att inte lackeringen på skärmen skadas. Koppla loss kontaktdonet **(se bild)**. Knyt fast ett snöre i ledningen så att den inte försvinner in i skärmen.

10 Montering sker i omvänd ordningsföljd.

Dimljus fram

11 Placera en skruvmejsel mellan blinkerslyktan och reflexen och bänd försiktigt loss reflexen från stötdämparen.

12 Skruva loss dimljusets skruvar, ta därefter bort lyktan från stötfångaren och koppla loss den från kontakten.

13 Montera dimljuset på stötfångaren och dra åt skruvarna ordentligt. Innan reflexen sätts tillbaka, kontrollera att dimljuset är korrekt inställt. Vid behov kan dimljusets riktning justeras med justerskruven som sitter bredvid den undre fästskruven. När ljusstrålen är korrekt inställd, sätt tillbaka reflexen.

Baklyktor

14 Inne i bagageutrymmet, lossa plastkåpan (om sådan förekommer) för att komma åt baklyktans baksida.

15 Koppla loss kontaktdonen från glödlampshållaren **(se bild)**.

16 Skruva loss baklyktans fästmuttrar och ta bort lyktan från bilen. Ta vara på gummitätningen från lyktans baksida; om tätningen visar tecken på skador eller förslitning måste den bytas **(se bilder)**.

17 Montering sker i omvänd ordningsföljd, dra åt muttrarna ordentligt.

Registreringsskyltsbelysning

18 Skruva loss skruvarna och ta bort linsen från bakluckan. Ta ut linsens tätning, undersök den och byt ut den om den är sliten eller skadad.

19 Ta bort lampan och koppla loss den från kontaktdonet.

20 Montering sker i omvänd ordningsföljd. Dra inte åt linsens skruvar för hårt eftersom plasten lätt kan spricka.

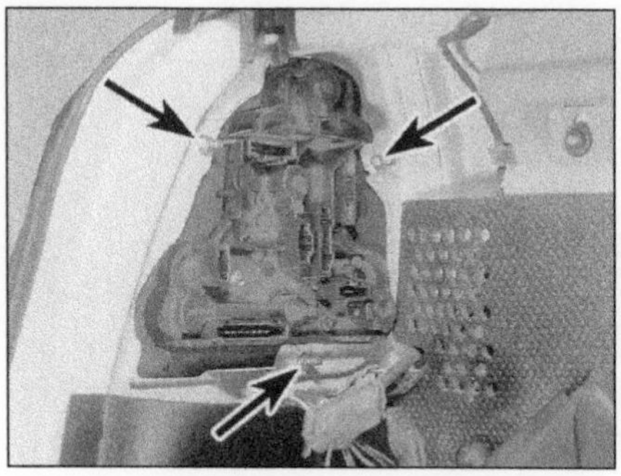

7.16a . . . skruva sedan loss muttrarna (vid pilarna) . . .

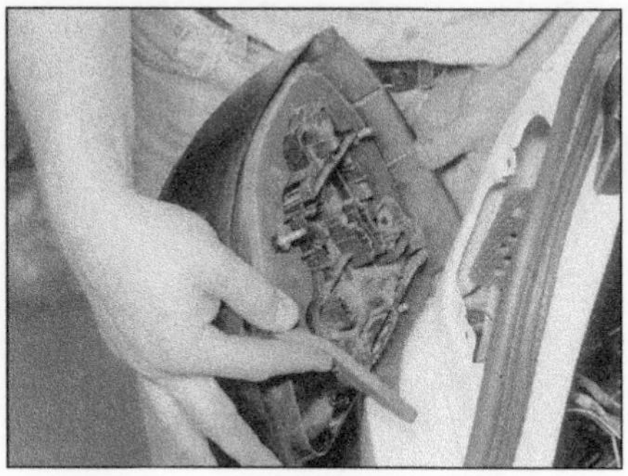

7.16b . . . och ta bort baklyktan och gummitätningen från bilen

9.2 På modeller utan uppvärmda framsäten, ta loss plattan på sidan om instrumentpanelen

9.4 Skruva loss de båda skruvarna (vid pilarna) och demontera instrumentpanelens kåpa

9.5a Skruva loss de båda skruvarna (vid pilarna) . . .

8 Strålkastarinställning - allmän beskrivning

Exakt strålkastarinställning kan endast utföras med särskild inställningsutrustning och bör därför överlåtas till en VW-verkstad eller annan lämpligt utrustad verkstad.

Som referens kan strålkastarna justeras med justeranordningarna som sitter uppe på strålkastarna. Den yttre justeraren ändrar ljusstrålens horisontalläge medan den inre justeraren ändrar ljusstrålens vertikalläge.

Vissa modeller har ett elektriskt strålkastar-justeringssystem som styrs via ett reglage på instrumentbrädan. På dessa modeller, kontrollera att reglaget är inställt i 'OFF'-läge innan strålkastarjustering utförs.

9 Instrumentpanel - demontering och montering

Demontering

1 Lossa batteriets negativa anslutning.

2 Demontera därefter belysningsreglaget och reglaget till framsätesvärmen enligt beskrivning i avsnitt 4. På modeller som inte har framsätesvärme, bänd försiktigt loss plattan (som är monterad istället för reglaget till sätesvärmen) från sidan av instrumentpanelen **(se bild)**.

3 Skruva loss skruvarna och ta bort rattstångskåporna.

4 Skruva loss de två fästskruvarna och demontera instrumentpanelens kåpa från instrumentbrädan **(se bild)**.

5 Skruva loss instrumentpanelens fästskruvar (en på var sida), ta därefter försiktigt bort instrumentpanelen från instrumentbrädan och koppla loss kontakten/kontakterna från panelens baksida **(se bilder)**.

Montering

6 Montering sker i omvänd ordningsföljd, kontrollera att kablaget är ordentligt inkopplat

9.5b . . . ta bort instrumentpanelen från instrumentbrädan . . .

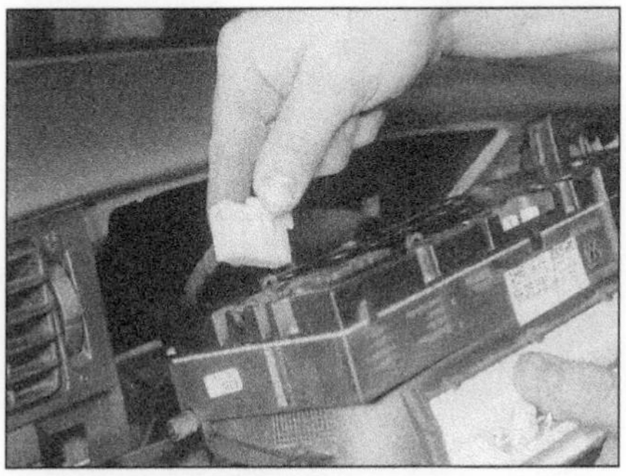

9.5c . . . och koppla loss kontaktdonet

på panelens baksida. Avslutningsvis, anslut batteriet och kontrollera att instrumentpanelens varningslampor fungerar korrekt.

10 Instrumentpanelens delar - demontering och montering

I skrivande stund finns inga enskilda delar tillgängliga för instrumentpanelen, varför den måste behandlas som en sluten enhet. Om något av instrumenten utvecklar ett fel skall panelen demonteras enligt beskrivning i avsnitt 9 och tas med till en VW-verkstad för kontroll. På verkstaden finns den diagnostiska provare som behövs för att kunna lokalisera felet, därefter kan beslut fattas om lämplig åtgärd.

11 Cigarettändare - demontering och montering

Demontering

1 Lossa batteriets negativa anslutning.

2 På modeller med manuella standardreglage för värme-/ventilationssystemet, bänd försiktigt loss den omgivande panelen från reglagen. Skruva loss de fyra skruvarna och lossa själva reglagemodulen från reglagepanelens baksida **(se bilder)**.

3 På modeller med det automatiska värmesystemet "Climatronic", stick försiktigt in en skruvmejsel mellan panelens underkant och reglagen och lossa försiktigt panelen. Skruva loss de fyra skruvarna och lossa själva

11.2a Demontera den omgivande panelen från värmereglagen . . .

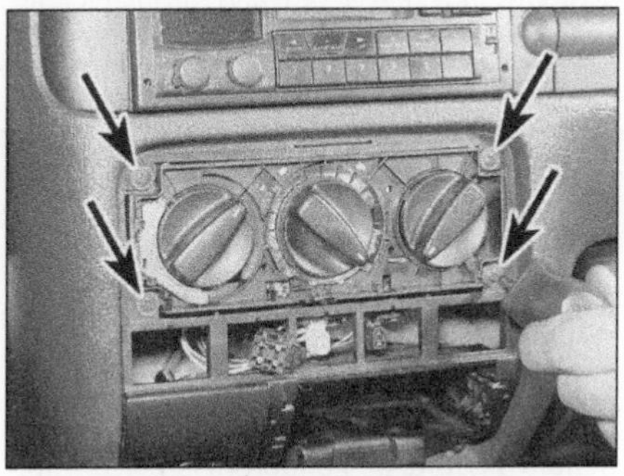

11.2b . . . och skruva loss de fyra skruvarna (vid pilarna)

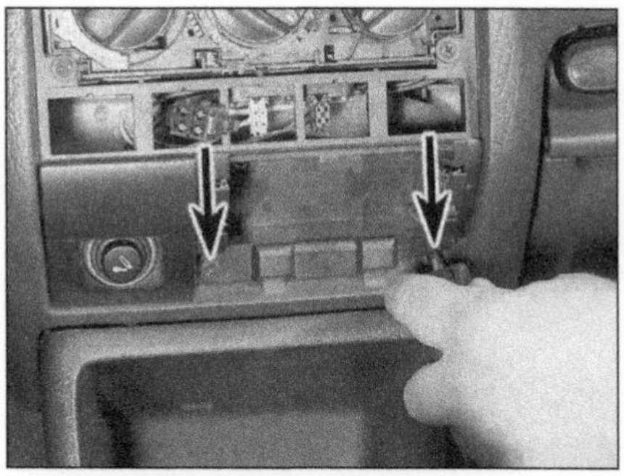

11.5 Skruva loss de två skruvarna (vid pilarna) . . .

11.6a . . . och dra ut reglagepanelen från instrumentbrädan

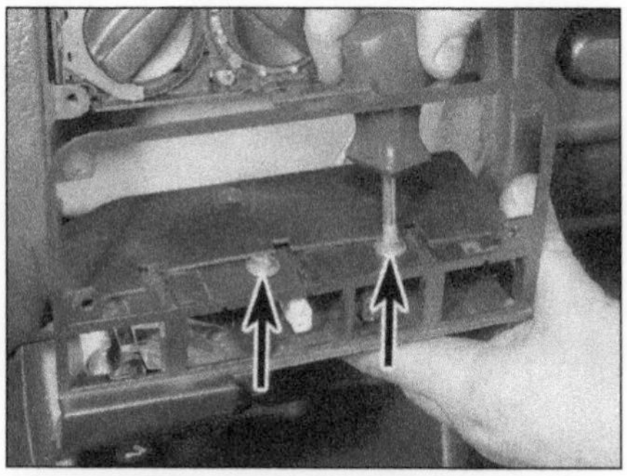

11.6b Skruva loss skruvarna som fäster diagnossystemets kontakter (vid pilarna)

11.6c Koppla loss cigarettändarens kablage och ta bort reglagepanelen

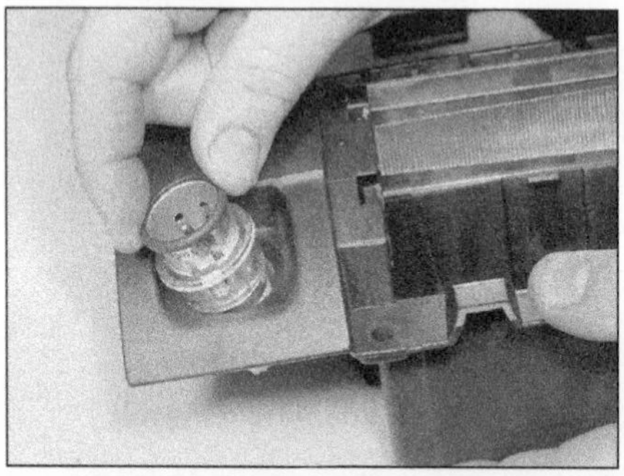

11.7 Tryck ner fästflikarna och tryck ut tändaren från reglagepanelen

reglagemodulen från reglagepanelens baksida.

4 Bänd loss täckpluggarna och demontera reglaget/reglagen från instrumentbrädan enligt beskrivning i avsnitt 4.

5 Demontera askkoppens/cigarettändarens insats, skruva därefter loss de två skruvarna som fäster panelen på instrumentbrädan **(se bild)**.

6 Ta bort reglagepanelen från instrumentbrädan och skruva loss skruvarna som fäster diagnossystemets kontakter vid panelen. Lossa kontaktdonet från cigarettändaren, lossa därefter kablaget från panelen och demontera reglagepanelen från instrumentbrädan **(se bilder)**.

7 Lossa glödlampshållaren från tändaren, tryck därefter ner fästflikarna och tryck ut tändaren från panelen **(se bild)**.

Montering

8 Montering sker i omvänd ordningsföljd, kontrollera att alla kontaktdon ansluts ordentligt.

12 Signalhorn - demontering och montering

Demontering

1 Signalhornet/-hornen sitter bakom den främre stötfångaren. Förbättra åtkomligheten genom att dra åt handbromsen, lyfta upp bilens framvagn och ställa den på pallbockar (se *Lyftning och stödpunkter*).

2 Skruva loss fästbulten och demontera signalhornet, lossa dess kontaktdon när detta blir möjligt.

Montering

3 Montering sker i omvänd ordningsföljd.

13 Torkararm - demontering och montering

Demontering

1 Aktivera torkarmotorn och stäng därefter av den så att torkararmarna återgår till viloläge.

2 Sätt fast en tejpbit på rutan längs torkarbladets kant för att underlätta monteringen.

3 Bänd loss kåpan till torkararmens spindelmutter och skruva loss muttern. Lyft upp torkarbladet från rutan och dra loss torkararmen från spindeln. Vid behov kan armen bändas loss från spindeln med en lämplig spårskruvmejsel **(se bild)**.

Observera: *Om båda torkararmarna skall demonteras på samma gång bör de märkas så att de kan skiljas åt; armarna är inte utbytbara.*

Montering

4 Kontrollera att torkararmen och spindelns splines är rena och torra, montera därefter armen på spindeln och rikta in torkarbladet mot tejpbiten som fästes vid demonteringen. Sätt på spindelns mutter, dra åt den ordentligt och sätt tillbaka mutterns kåpa.

14 Vindrutetorkarnas motor och länkage - demontering och montering

Demontering

1 Lossa batteriets negativa anslutning.

2 Demontera torkararmarna enligt beskrivning i föregående avsnitt.

3 Lossa gummilisten från överkanten på motorrummets torpedvägg **(se bild)**.

4 Skruva loss skruvarna till torkarmotorkåpans fästen och dra ut fästena. Lossa plastkåpans båda halvor från vindrutan och demontera dem från bilen **(se bilder)**.

5 Koppla loss kontaktdonet från torkarmotorn och lossa kablaget från dess klämmor **(se bild)**.

6 Skruva loss de tre muttrarna/bultarna från torkarmotorn och manövrera ut motor och

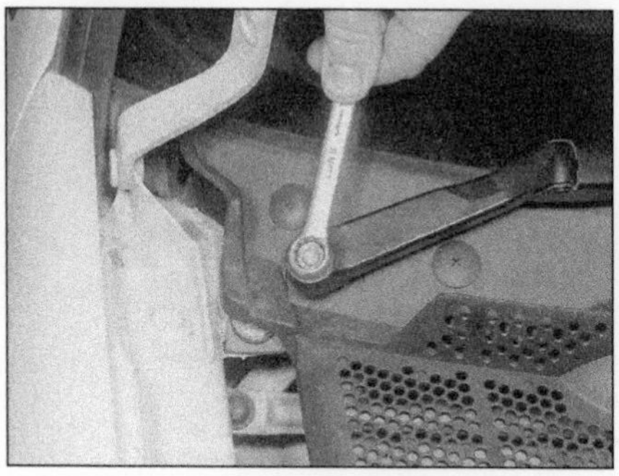

13.3 Skruva loss muttern och demontera torkararmen från spindeln

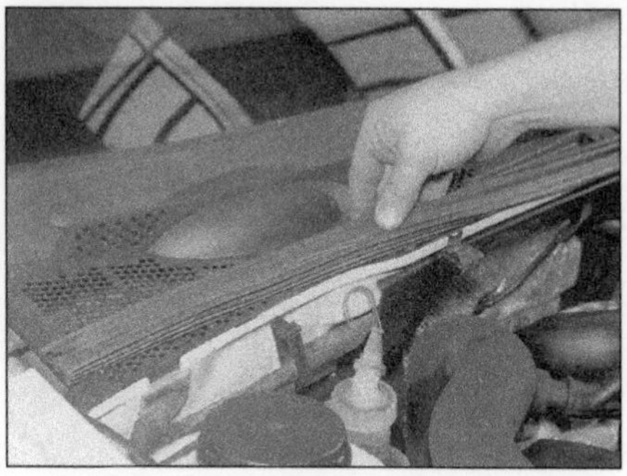

14.3 Lossa gummilisten och ta bort den från torpedväggen

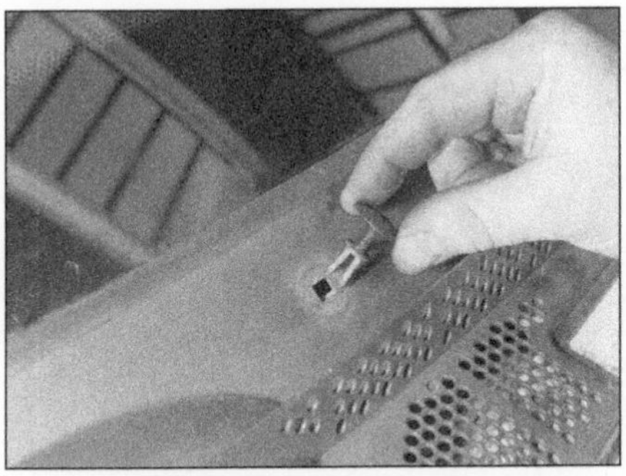

14.4a Skruva loss skruvarna från kåpans fästen och dra ut fästena

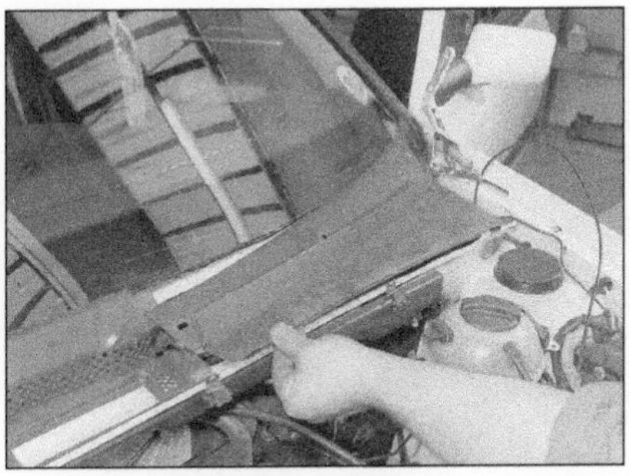

14.4b Demontera först den ena halvan av torkarmotorns kåpa . . .

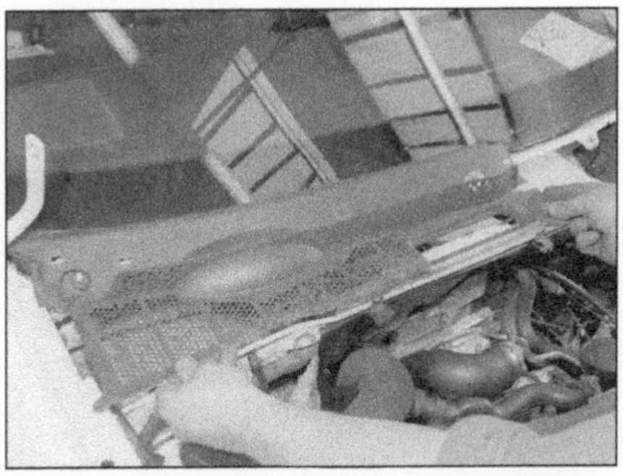

14.4c . . . och sedan den andra halvan

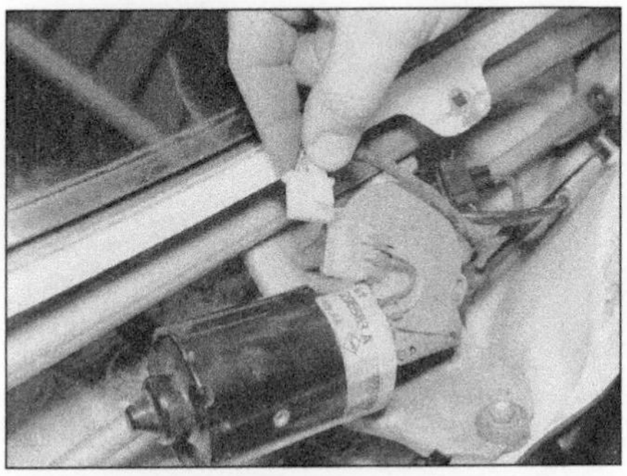

14.5 Koppla loss kontaktdonet från torkarmotorn och lossa kablaget från dess klämmor

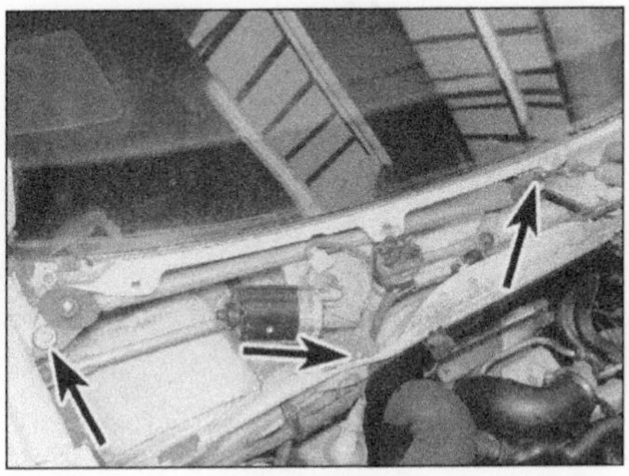

14.6a Skruva loss muttrarna och bultarna (vid pilarna) . . .

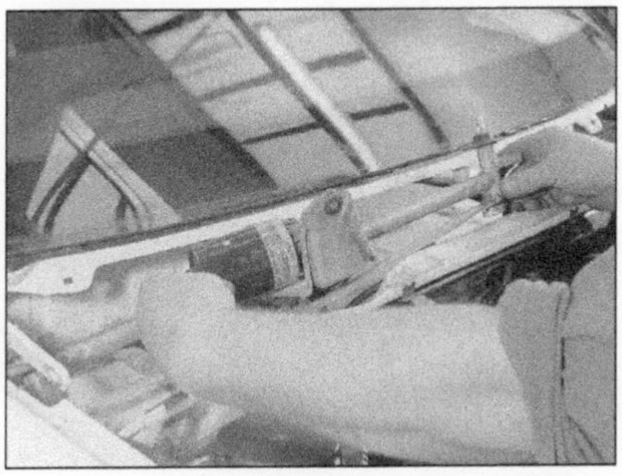

14.6b . . . och ta ut torkarmotor och länkage

länkage från sin plats **(se bilder)**. Ta vara på brickor och distanser från motorns monteringsgummin, kontrollera om de är slitna eller skadade och byt ut dem om så behövs.

7 Vid behov, märk ut förhållandet mellan motoraxeln och länkarmen, skruva därefter loss muttern från motorns spindel. Frigör torkarlänkaget från spindeln, skruva sedan loss de tre skruvarna från motorn och separera motor och länkage.

Montering

8 Om så är aktuellt, sätt ihop motor och länkage och dra åt motorns bultar hårt. Placera länkarmen på motorns axel, rikta in märkena som gjordes vid demonteringen, dra åt muttern hårt.

9 Kontrollera att monteringsgummina är på plats, manövrera därefter tillbaka motorn på plats i bilen. Montera distanser och brickor och dra åt motorns muttrar/bultar hårt.

10 Anslut kontaktdonet och fäst kablaget i klämmorna.

11 Montera torkarmotorns kåpor i bilen och fäst dem på plats med klämmorna.

12 Montera först gummilisten på torpedväggen och därefter torkararmarna.

15 Bakrutans torkarmotor – demontering och montering

Demontering

1 Demontera torkararmen enligt beskrivning i avsnitt 13.

2 Skruva loss muttern från torkarmotorns axel och ta bort brickan **(se bild)**.

3 På Golf (kombikupé), skruva loss skruven från bakluckans klädsel, lossa därefter klädselpanelens klämmor, bänd försiktigt mellan klädsel och baklucka med en skruvmejsel. Arbeta runt klädselns kanter och ta bort klädseln när klämmorna är lossade **(se bilder)**.

4 På Golf Variant, arbeta runt kanten på bakluckans klädsel och demontera klämmorna; demontera klämmorna genom att lyfta upp mittstiften och sedan försiktigt bända loss dem. Skruva loss skruven från klädseln, lossa därefter klädseln och ta bort den från bakluckan.

5 På samtliga modeller, lossa bakluckans spolarslang från torkarmotorns baksida, koppla sedan loss kontaktdonet. Frigör kablaget från klämmorna **(se bilder på nästra sida)**.

6 Skruva loss bultarna från torkarmotorn och

15.2 Skruva loss muttern och ta bort brickan från torkarmotorns axel

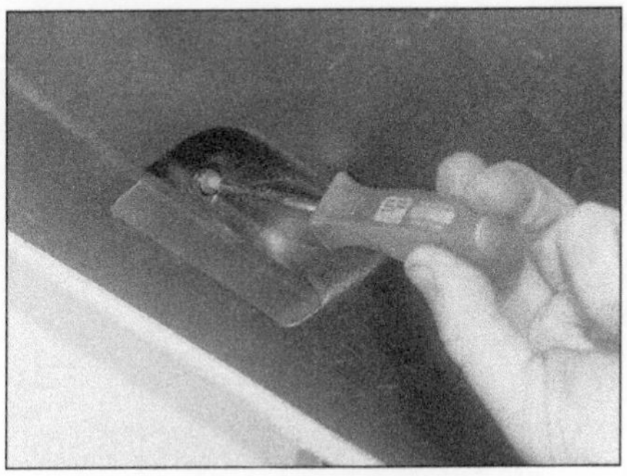

15.3a På Golf, skruva loss skruven . . .

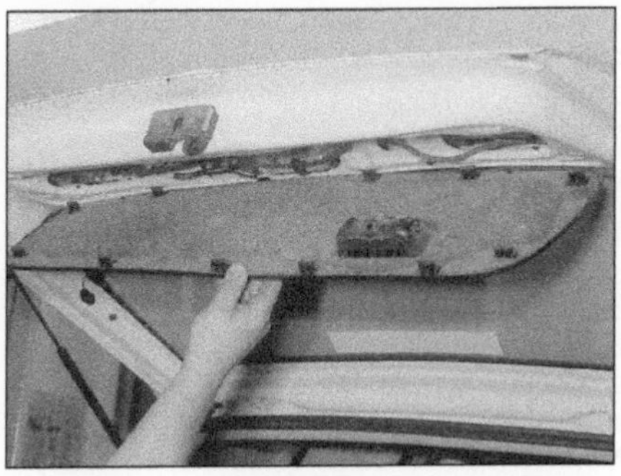

15.3b . . . och ta bort klädseln från bakluckan

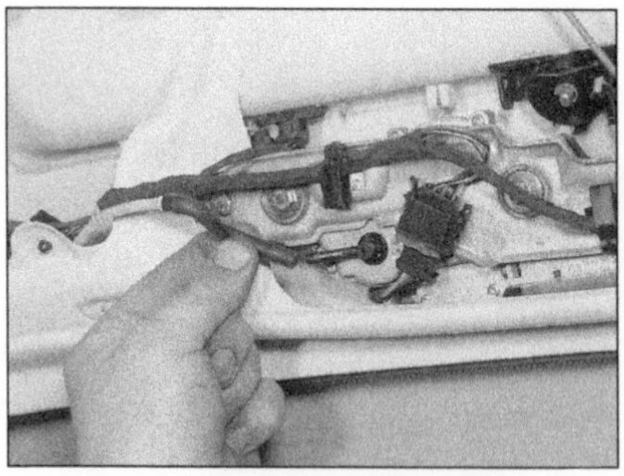

15.5a Koppla loss spolarslangen . . .

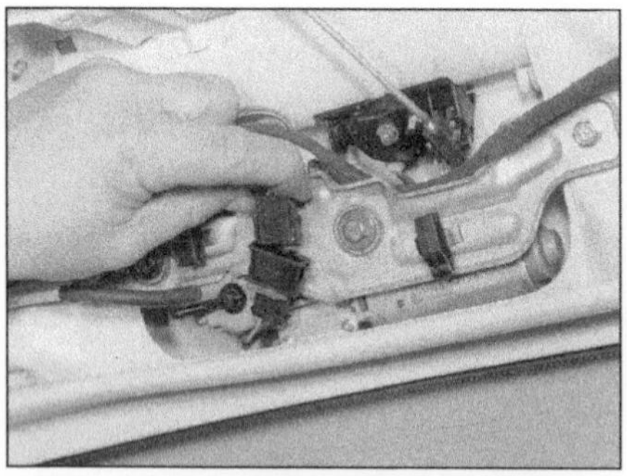

15.5b . . . och kontaktdonet från motorn och lösgör kablaget från klämmorna

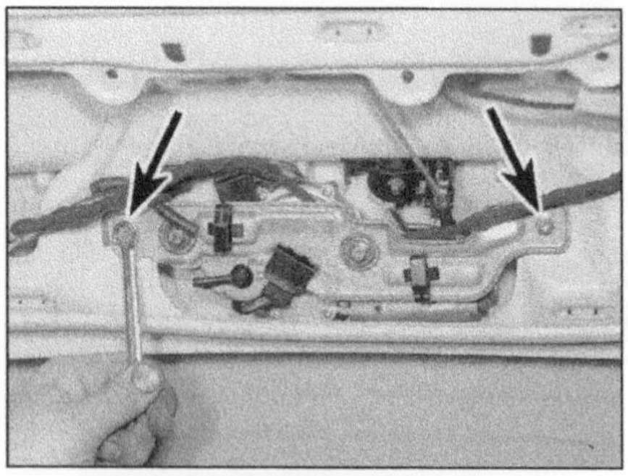

15.6a Skruva loss båda bultarna (vid pilarna) . . .

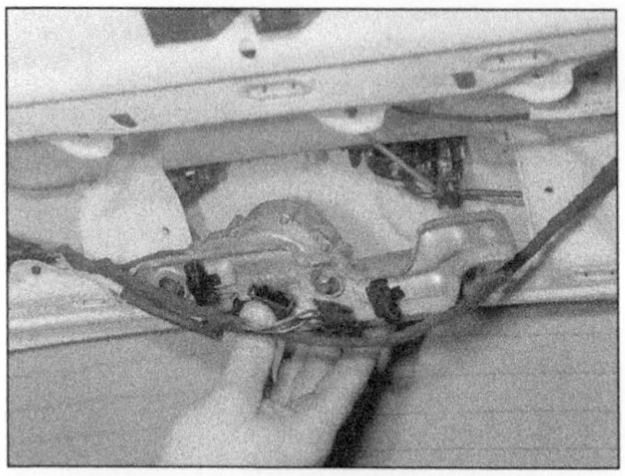

15.6b . . . och demontera motorn

15.6c Ta vara på gummitätningen från bakluckan

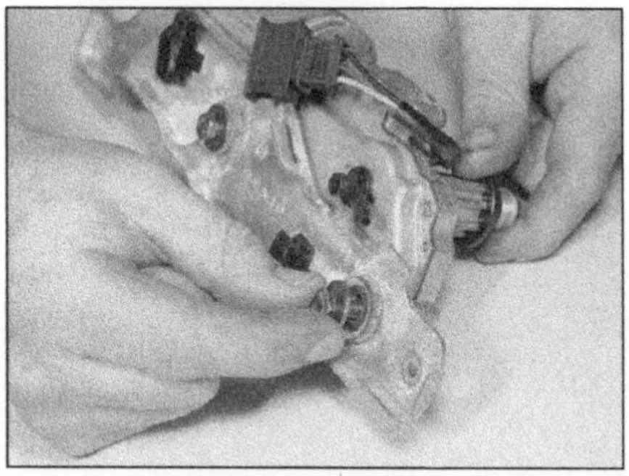

15.7a Skruva loss båda bultarna, separera motorn från fästet . . .

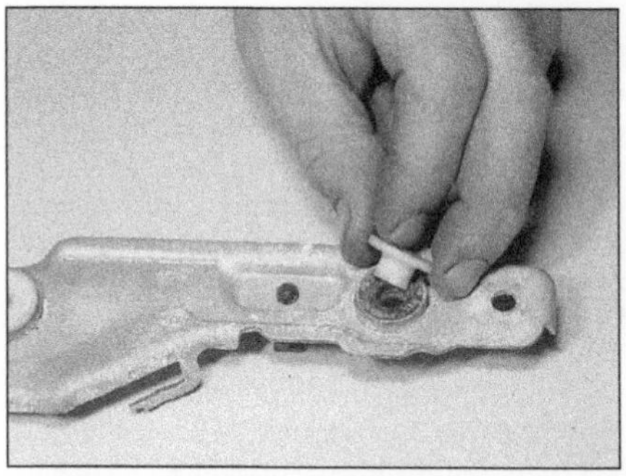

15.7b . . . och ta vara på distanserna från bussningarna

demontera hela enheten från bakluckan. Ta loss gummitätningen från bakluckan och byt ut den om den inte är i bra skick **(se bilder)**.

7 Om så behövs, skruva loss fästbultarna, separera motorn från dess fästbygel och ta vara på distanser och monteringsgummin **(se bilder)**. Kontrollera om gummidelarna är åldrade eller skadade och byt ut dem om så är fallet.

Montering

8 Om så är aktuellt, montera motorn på fästet och kontrollera att gummistycken och distanser är korrekt placerade, dra därefter åt bultarna hårt.

9 Montera gummitätningen på bakluckan och sätt hela enheten på plats i bakluckan. Montera motorns bultar och dra åt dem hårt.

10 Anslut kontaktdonet och spolarslangen.

11 Montera klädseln på bakluckan och se till att den blir ordentligt infäst med samtliga clips.

12 Placera brickan på torkaraxeln, sätt dit muttern och dra åt ordentligt.

13 Montera torkararmen enligt beskrivning i avsnitt 13 och anslut batteriet.

16 Vindrute-/bakrutespolarsystem - demontering och montering av komponenter

Spolarvätskebehållare

1 Demontera batteriet enligt beskrivning i kapitel 5.

2 Koppla loss kontaktdonet och slangen/slangarna från spolarpumpen.

3 Skruva loss muttrarna uppe på behållaren och lyft upp behållaren från sin plats. På modeller med strålkastarspolare måste kontaktdonet och spolarslangen lossas från strålkastarpumpen när behållaren tas ut. Tvätta bort eventuellt spilld vätska med kallt vatten.

4 Montering sker i omvänd ordningsföljd, kontrollera att spolarslangen/slangarna blir ordentligt anslutna.

Spolarpump

5 Töm ut behållarens innehåll, eller var beredd på att det spills ut när pumpen demonteras.

6 Demontera batteriet enligt beskrivning i kapitel 5.

7 Lossa kontaktdonet och spolarslangen/slangarna från pumpen.

8 Ta försiktigt bort pumpen från behållaren och ta vara på tätningen. Tvätta bort eventuellt spilld vätska med kallt vatten.

9 Montering sker i omvänd ordningsföljd, använd en ny tätning om den befintliga visar tecken på skador eller åldrande. Fyll på behållaren och kontrollera att inte pumpens tätning läcker.

Vindrutans spolarmunstycken

10 Öppna motorhuven och koppla loss spolarslangen från munstycket. Vid behov, lossa även kontaktdonet från munstycket. Ta försiktigt ut munstycket från motorhuven, var försiktig så att lackeringen inte skadas.

11 Vid monteringen, anslut munstycket på slangen och fäst den på plats i motorhuven; anslut även eventuellt kontaktdon. Kontrollera att munstycket fungerar som det skall. Vid behov, justera munstycksöppningen med en nål, rikta strålen mot en punkt strax ovanför mitten av ytan som täcks av torkarna.

Bakrutans spolarmunstycke

12 Lossa kåpan från torkararmens axel för att komma åt spolarmunstycket, lossa munstycket från axelns mitt **(se bild)**.

13 Vid monteringen, kontrollera att munstycket är ordentligt infäst. Kontrollera att munstycket fungerar som det skall. Vid behov, justera munstycksöppningen med en nål, rikta strålen mot en punkt strax ovanför mitten av ytan som täcks av torkaren.

16.12 Demontering av spolarmunstycket från bakluckan

17 Strålkastarspolare - demontering och montering av komponenter

Spolarvätskebehållare

1 Se beskrivning i avsnitt 16.

Spolarpump

2 Demontera spolarvätskebehållaren enligt beskrivning i avsnitt 16.

3 Ta försiktigt loss pumpen från behållaren och ta vara på dess tätning. Tvätta bort eventuellt spilld vätska med kallt vatten.

4 Montering sker i omvänd ordningsföljd, använd en ny tätning om den befintliga visar tecken på skador eller förslitning. Montera behållaren och kontrollera pumptätningen beträffande läckage.

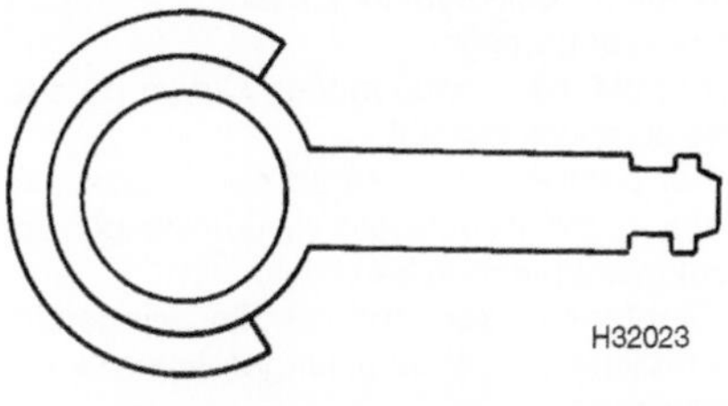

18.4 Radiodemonteringsverktyg (VW nr 3316) behövs för demontering av radio/kassettspelare på senare modeller (fr.o.m. 1994)

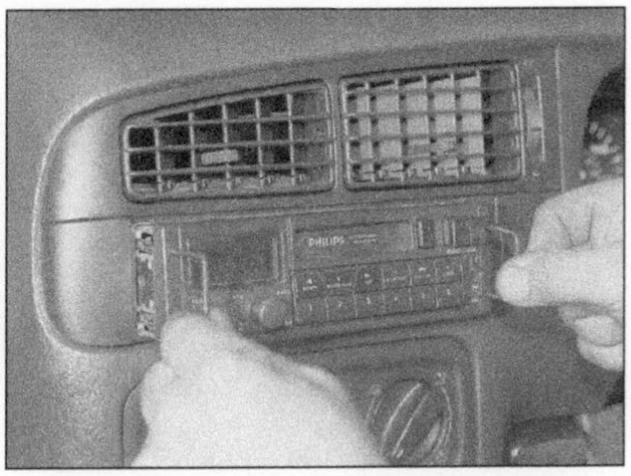

18.3a På tidiga modeller (före 1994), placera demonteringsverktygen i rätt läge . . .

Spolarmunstycken

5 På sedanmodeller (Vento), bänd loss täckkåpan från spolarmunstycket och lossa munstycket från stötfångaren.

6 På Golf eller Golf Variant, lossa kåpan ovanpå munstycket, skruva loss skruvarna och demontera munstycket från stötfångaren.

7 Montering sker i omvänd ordningsföljd, kontrollera att munstyckena är korrekt riktade mot strålkastarna.

18 Radio/kassettbandspelare - demontering och montering

Observera: *Nedanstående anvisningar gäller radio/kassettbandspelare som VW monterar som standardutrustning i bilarna. Demontering och montering för anläggningar som inte tillhör standardutrustningen varierar något.*

Demontering

Tidiga modeller (före 1994)

1 För radio/kassettspelare monterade före 1994 behövs två speciella DIN verktyg vid demonteringen, som finns i de flesta billtillbehörsbutiker. Alternativt kan ett verktyg tillverkas av 3 mm tråd, exempelvis svetstråd.

2 Lossa batteriets negativa anslutning.

3 Placera verktygen i spåren på varje sida om apparaten och tryck tills de klickar på plats. Radio/kassettspelaren kan därefter dras ut från instrumentbrädan och kontaktdon och antennanslutning kopplas bort **(se bilder)**.

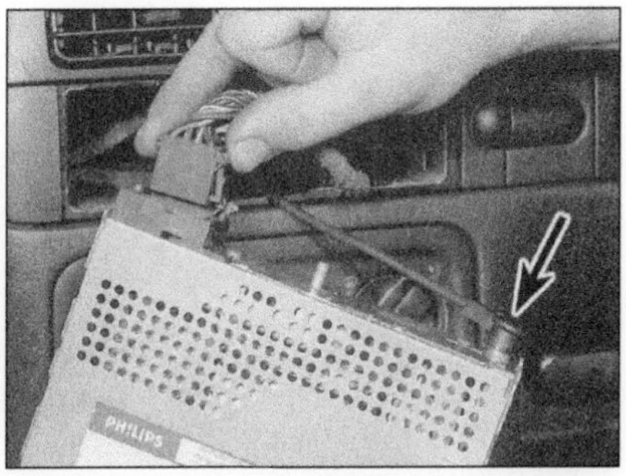

18.3b . . . ta ut radion/kassettspelaren och lossa dess kontaktdon och antennkabel (vid pilen)

Senare modeller (fr.o.m. 1994)

4 Radio/kassettspelare som monterades fr.o.m. 1994 har annorlunda fästen, och VWs speciella radiodemonteringsverktyg (nr 3316) krävs för demontering av apparaten **(se bild)**.

5 För in verktygen i spåren på varje sida om apparaten tills de klickar på plats. Dra radion rakt ut från dess plats, och koppla loss kablage och antenn när de blir åtkomliga. Lossa demonteringsverktygen genom att trycka in styrklackarna på sidorna.

Montering

6 Anslut kablage och antenn, tryck därefter in apparaten i instrumentbrädan tills fästklackarna klickar på plats.

19 Högtalare - demontering och montering

Främre övre (diskant) högtalare

1 Bänd försiktigt ut högtalargallret från instrumentbrädans överdel, var försiktig så att ingen av delarna repas **(se bild)**.

2 Bänd loss högtalaren från sitt läge och lossa kontaktdonet **(se bild)**.

3 Montering sker i omvänd ordningsföljd, kontrollera att högtalaren är korrekt placerad.

Främre undre (bas) högtalare

4 Använd en skruvmejsel och bänd försiktigt loss högtalargallret från dörren **(se bild)**.

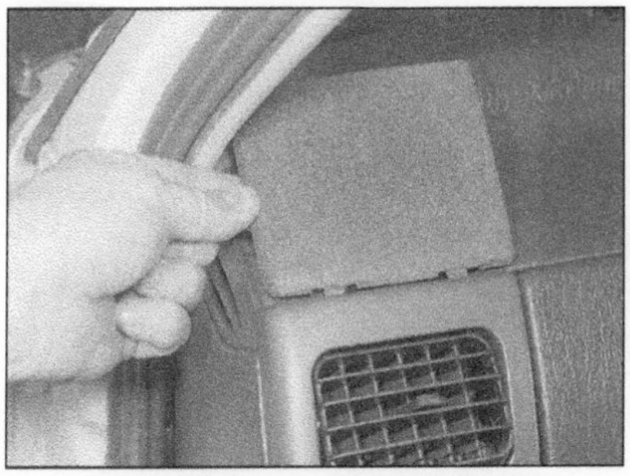

19.1 Lossa högtalargallret från instrumentbrädan . . .

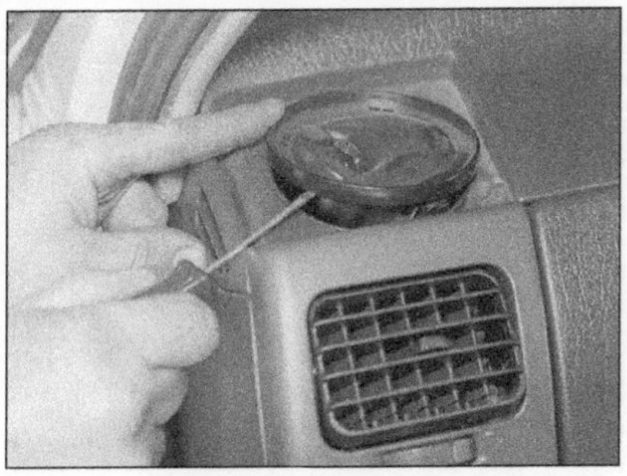

19.2 . . . och bänd försiktig loss högtalaren

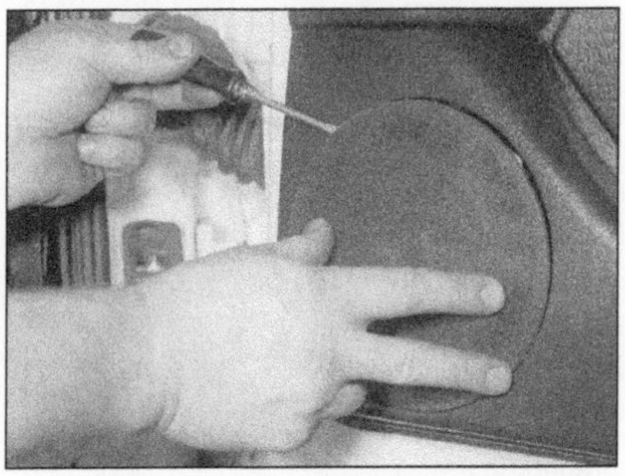

19.4 Bänd loss högtalargallret

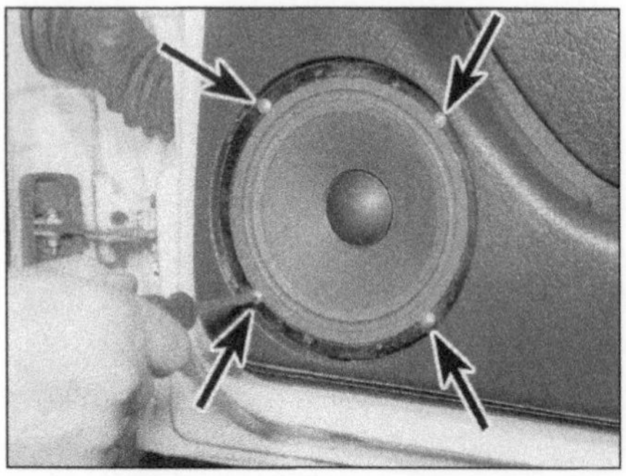

19.5a Skruva loss de fyra skruvarna och ta bort högtalaren från dörren . . .

19.5b . . . och koppla loss kontakten

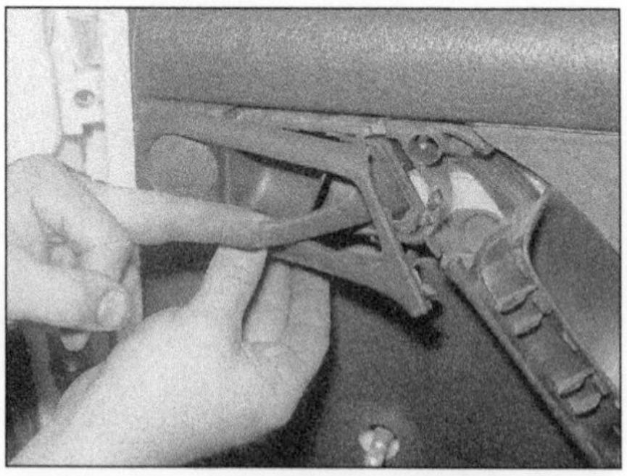

19.8a På 4- och 5-dörrars modeller, lossa infattningen runt innerhandtaget

5 Skruva loss fästskruvarna och demontera högtalaren från dörren, koppla loss kontaktdonet när det blir åtkomligt **(se bilder)**.

6 Montering sker i omvänd ordningsföljd, kontrollera att högtalaren är korrekt placerad.

Bakre övre (diskant) högtalare

7 På 3-dörrars modeller, bänd försiktigt loss högtalaren från klädseln och lossa den från kontaktdonet.

8 På alla övriga modeller, lossa den övre klädseln från dörrens armstödshandtag och ta ut den ur bilen. Koppla loss eventuellt kontaktdon när det blir åtkomligt. Lossa infattningen runt dörrens innerhandtag och ta ut den ur bilen, lossa kontaktdonet när det blir åtkomligt. Lossa högtalaren och demontera den från klädseln **(se bilder)**.

9 Montering sker i omvänd ordningsföljd.

Bakre undre (bas) högtalare

10 Se beskrivning i punkterna 4 till 6.

20 Radioantenn - demontering och montering

Skärmmonterad antenn

Demontering

1 Öppna motorhuven, lossa fästmuttrarna och lossa jordanslutningen från motorhuvens och skärmens vänstra sida.

2 Lossa skruven (skruvarna) och ta loss sidoklädselpanelen från den vänstra fotbrunnen för att komma åt antennkabelns anslutning. Separera antennkabelns båda halvor.

3 Lossa fästskruven baktill på vänster hjulhus innerskärm, lossa därefter fästena och demontera innerskärmen; fästena lossas genom att mittstiftet trycks ut. Om mittstiften inte tas om hand måste nya fästen användas vid monteringen.

4 Dra antennkabeln och jordledningen genom hjulhuset, notera hur de är dragna.

5 Skruva loss muttern som fäster antennens fäste på plats, dra sedan bort fästet från antennen.

6 För antennen nedåt och bort från sin plats, ta vara på genomföringen från skärmen. Kontrollera om genomföringen är sliten eller skadad och byt den om det behövs.

Montering

7 Placera genomföringen i skärmen och sätt i antennen så att den sitter stadigt. Sätt fästet på plats och dra åt muttern hårt.

8 Mata igenom antennkabeln och jordledningen genom respektive öppningar i skärmen.

9 Inne i bilen, anslut antennkabelns båda halvor och montera klädseln i fotbrunnen.

10 Anslut jordledningen på motorhuven och skärmen, och dra åt muttrarna ordentligt.

11 Kontrollera att antennen fungerar som den ska, montera därefter hjulhusets innerskärm och se till att den hålls säkert på plats med fästen och skruv.

Takmonterad antenn

Demontering

12 Öppna bakluckan (där så behövs) och bänd försiktigt ut listen som håller den bakre delen av takklädseln vid taket. Lossa försiktigt takklädseln tills det går att komma åt antennens mutter samt antennkabel och kontatkdon.

13 Koppla loss antennkabel och kontaktdon, lossa sedan muttern och demontera antennen från taket. Ta vara på antennens tätningsgenomföring.

Montering

14 Vid monteringen, placera tätningsgenomföringen och antennen i hålet i taket.

15 Sätt tillbaka muttern och dra åt den ordentligt.

16 Anslut antennkabel och kontaktdon, montera därefter tillbaka takklädselns list.

21 Farthållarsystem - demontering och montering av komponenter

1 Farthållarsystemet är ett vakuumdrivet system; huvudkomponenterna är en vakuumpump, en elektronisk styrenhet (ECU) och en positionsgivare för gaspedalen. Dessutom finns ett reglage som är inbyggt i den vänstra kombinationsbrytaren, och en eller två ventilkontakter på kopplings- och/eller bromspedalen **(se bild)**.

Vakuumpump

2 Demontera vindrutespolarvätskans behållare enligt beskrivning i avsnitt 16 för att komma åt pumpen.

3 Koppla loss kontaktdonet, skruva därefter loss pumpens fästbult.

4 För pumpen bakåt så att den lossnar från fästpiggarna. Koppla loss vakuumslangen och demontera pumpen från bilen.

5 Montering sker i omvänd ordningsföljd, kontrollera att vakuumslangen är ordentligt ansluten.

Elektronisk styrenhet (ECU)

6 Farthållarens ECU är placerad bakom instrumentbrädans nedre panel på förarsidan.

19.8b Koppla loss kontaktdonet . . .

19.8c . . . och lossa klämmorna och ta ut högtalaren

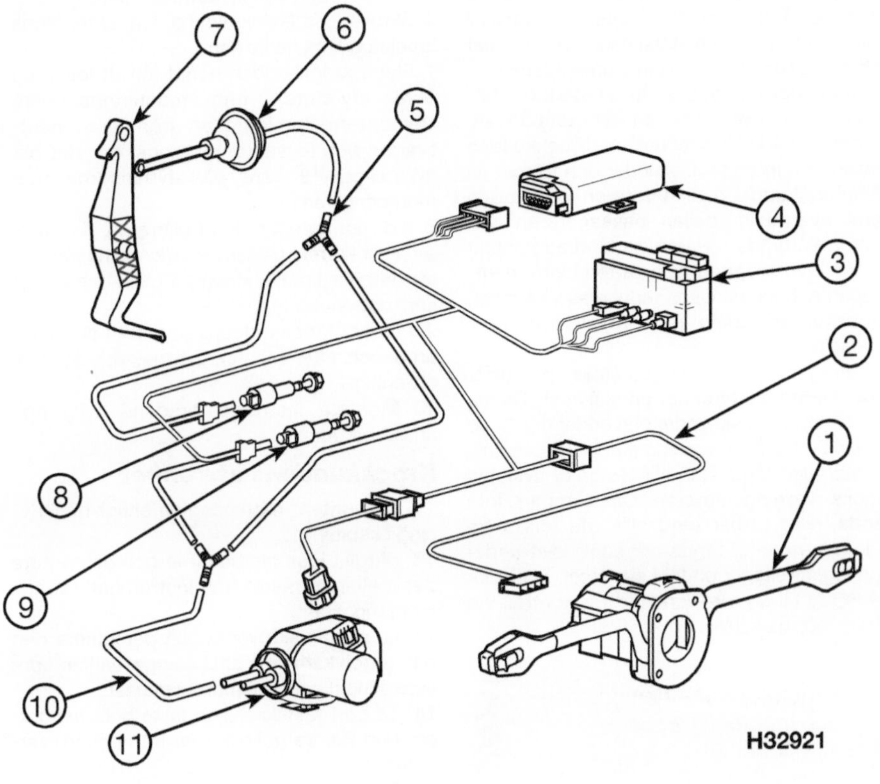

21.1 Farthållarsystemets komponenter

1 *Reglage på rattstången*
2 *Kablage*
3 *Säkrings-/relädosa*
4 *Elektronisk styrenhet (ECU)*
5 *Vakuumslanganslutning*
6 *Gaspedalens positionsgivare*
7 *Gaspedal*
8 *Kopplingspedalens ventilkontakt*
9 *Bromspedalens ventilkontakt*
10 *Vakuumslang*
11 *Vakuumpump*

Börja med att koppla loss batteriets negativa anslutning.

7 Tryck in låsknapparna och lossa säkringsdosans lucka från instrumentbrädans nedre panel på förarsidan.

8 Bänd försiktigt loss täcklisten längst upp på instrumentbrädans nedre klädselpanel, skruva sedan loss panelens skruvar. Dra panelen försiktigt nedåt så att den lossnar från instrumentbrädan och ta ut den ur bilen.

9 Skruva loss muttern som fäster ECUns fästbygel på instrumentbrädan och koppla loss dess kontaktdon. **Observera:** *På modeller med stöldlarm måste även kontakterna till larmsystemets ECU lossas, eftersom den är monterad på samma platta som farthållarens ECU.*

10 Lossa fästklackarna och demontera ECUns monteringsplatta bakom instrumentbrädan

11 Skruva loss skruvarna och separera ECUn från monteringsplattan.

12 Montering sker i omvänd ordningsföljd, kontrollera att kontaktdonen blir ordentligt anslutna.

Gaspedalens positionsgivare

13 Demontera den undre panelen från instrumentbrädan framför förarplatsen enligt beskrivning i punkterna 7 och 8.

14 För in handen bakom instrumentbrädan och lossa vakuumslangen från positionsgivaren.

15 Bänd försiktigt loss enhetens stag från ledbultens kulled.

16 Skruva loss muttern som fäster positionsgivaren vid fästbygeln och manövrera ut hela enheten under instrumentbrädan

17 Montering sker i omvänd ordningsföljd. Se till att enhetens stag fästs ordentligt på kulleden. Innan instrumentbrädans klädsel monteras tillbaka, justera positionsgivaren på följande sätt.

18 Vrid justerhylsan en liten bit moturs och lossa den från enhetens framsida. Justera gasvajern enligt beskrivning i kapitel 4, för därefter över justerhylsan mot enhetens hus tills ett spel på cirka 1 mm uppstår i staget. Håll hylsan i detta läge och vrid den något medurs för att låsa fast den i rätt läge. När spelet i positionsgivarens stag är korrekt justerat, sätt tillbaka klädselpanelen.

Ventilkontakt på pedal

19 Demontera instrumentbrädans undre panel framför förarplatsen enligt beskrivning i punkterna 7 och 8.

20 Lossa kontaktdonet och dra loss vakuumslangen från kontakten.

21 Demontera kontakten från fästet på pedalen.

22 Vid monteringen, skruva fast ventilkontakten i pedalfästet. När kontakten är på plats, dra tillbaka pedalen till viloläge; därmed justeras kontaktens läge automatiskt.

23 Anslut vakuumslang och kontaktdon, montera sedan instrumentbrädans undre panel.

Reglage

24 Systemets reglage är en del av den vänstra kombinationsbrytaren. Se beskrivning i avsnitt 4 för demontering och montering.

22 Stöldlarm - allmän beskrivning

Observera: *Nedanstående information gäller endast larmsystem som monteras som standardutrustning av VW.*

Vissa modeller i serien är försedda med ett larmsystem som standardutrustning. Larmsystemet har kontakter på alla dörrarna (inklusive bakluckan), motorhuven och tändningslåset. Om bakluckan, motorhuven eller någon av dörrarna öppnas, eller om tändningslåset vrids om medan larmet är aktiverat, börjar signalhornet att ljuda och varningsblinkers att blinka. Larmet innehåller även en startspärrfunktion som försätter tändningen (bensinmotorer) eller bränsletillförseln (dieselmotorer) ur funktion medan larmet är utlöst.

Larmet aktiveras av bilnyckeln i förar- eller passagerardörrens lås. Håll helt enkelt nyckeln i låsläge tills varningslampan nära förardörrens lås börjar att blinka. Larmsystemet börjar att övervaka de olika kontakterna i systemet cirka 30 sekunder senare.

Om larmet är aktiverat och bakluckan låses upp, stängs det låsets kontakt automatiskt av, men dörrarnas och motorhuvens kontakter förblir aktiva. När bakluckan stängs och låses igen, aktiveras kontakten på nytt.

Om ett fel skulle uppstå i larmsystemet bör bilen köras till en VW-verkstad för kontroll. På verkstaden har de speciella diagnostiska instrument som snabbt kan spåra eventuella fel i systemet.

23 Framsätesvärme – demontering och montering av komponenter

Värmeelement

1 På modeller som är försedda med sätesvärme i framsätena finns ett värmeelement monterat i såväl sits som ryggstöd. Byte av ett värmeelement innebär att stolklädseln/stoppningen tas bort, det gamla värmeelementet demonteras, det nya värmeelementet klistras på plats och stoppningen/klädseln sätts tillbaka. Demontering och montering av klädseln kräver stor skicklighet och erfarenhet om resultatet skall bli bra, varför detta arbete bör överlåtas till en VW-verkstad. I praktiken är det mycket svårt för amatörmekanikern att klara av detta arbete utan att klädseln blir förstörd.

Reglage

2 Se beskrivning i avsnitt 4.

24 Krockkuddar – allmän beskrivning och säkerhetsanvisningar

⚠ ***Varning: Lossa batteriets negativa anslutning innan något arbete utförs på krockkuddarna. När arbetet är avslutat, se till att ingen finns i bilen när batteriet ansluts.***

Observera att en krockkudde inte får utsättas för högre temperaturer än 90°C. När krockkudden har demonterats, se till att den förvaras åt rätt håll för att undvika att den blåses upp av misstag.

Låt inte lösnings- eller rengöringsmedel komma i kontakt med krockkudden. Den kan endast rengöras med en fuktig trasa.

Såväl krockkuddar som styrenhet är känsliga för stötar. Om någon av dem tappas måste de bytas ut.

Lossa kontakten till krockkuddarnas styrenhet innan bågsvetsningsutrustning används på bilen.

Vissa modeller i serien har krockkudde både på förarplatsen och på passagerarplatsen som standardutrustning; på andra modeller finns de som tillval. Modeller som har krockkudde på förarplatsen har ordet AIRBAG instämplat på enheten, som sitter mitt i ratten. Modeller som även har krockkudde på passagerarsidan har likaledes ordet AIRBAG instämplat på instrumentbrädan. Systemet består av en luftkudde (tillsammans med gasgenerator) som är monterad i ratten/instrumentbrädan, en stötsensor, en styrenhet och en varningslampa på instrumentpanelen.

Krockkudden utlöses vid en stark frontalkollision som överskrider en förbestämd kraft, beroende på kollisionspunkten. Krockkudden blåses upp inom millisekunder och formar en säkerhetskudde mellan föraren och ratten samt eventuellt mellan passageraren och instrumentbrädan. På så vis hindras kontakt mellan överkroppen och ratten/instrumentbrädan och skaderisken reduceras väsentligt. Krockkudden töms på luft så gott som omedelbart.

Varje gång tändningen slås på utför krockkuddens styrenhet en självtest. Denna test tar cirka tre sekunder och under denna tid är krockkuddens varningslampa på instrumentbrädan tänd. När självtesten är avslutad släcks varningslampan. Om lampan inte tänds, eller förblir tänd efter de första tre sekunderna eller tänds när som helst under körning, föreligger ett fel i systemet. Bilen bör då köras till en VW-verkstad för kontroll vid första möjliga tillfälle.

25 Krockkuddar – demontering och montering av komponenter

Observera: *Läs varningarna i avsnitt 24 innan nedanstående arbete utförs.*

1 Lossa batteriets negativa anslutning, fortsätt därefter enligt beskrivningen under respektive rubrik.

Krockkudde på förarsidan

Observera: *Nya fästskruvar till krockkudden kommer att behövas vid monteringen.*

2 Skruva loss krockkuddens båda fästskruvar från rattens baksida, vrid ratten för att komma åt skruvarna.

3 Ställ ratten i riktning rakt framåt, lyft därefter försiktigt bort krockkudden från ratten och lossa kontakten från krockkuddens baksida. Observera att krockkudden inte får stötas eller tappas och den bör förvaras på korrekt sätt med själva kudden vänd uppåt.

4 Vid montering, anslut kontaktdonet och placera krockkudden i ratten, se till att ledningen inte kommer i kläm. Sätt i de nya skruvarna och dra åt dem hårt. Anslut batteriet.

Krockkudde på passagerarsidan

5 Skruva loss fästskruvarna till hyllan i instrumentbrädan på passagerarsidan. Flytta hyllan nedåt för att lossa de övre fästclipsen och ta bort den från instrumentbrädan

6 Skruva loss fästskruvarna som sitter längs krockkuddens nedre kant.

7 Flytta krockkudden nedåt för att lossa de övre styrstiften från monteringsramen. Demontera krockkudden från instrumentbrädan och lossa kontaktdonet när det blir åtkomligt. Ta vara på styrningarna från monteringsramen.

8 Vid monteringen, kontrollera att styrningarna blir korrekt placerade i monteringsramen, för därefter krockkudden på plats och anslut kontaktdonet.

9 Placera krockkuddens styrstift i styrningarna och sätt i fästskruvarna, dra åt dem ordentligt.

10 Montera instrumentbrädans hylla och anslut batteriet.

Krockkuddens styrenhet

11 Demontera mittkonsolen enligt beskrivning i kapitel 11.

12 Skruva loss fästbultarna och demontera det mellersta fästet från instrumentbrädans monteringsram.

13 Lossa fästskruvarna och demontera den bakre golvkanalens anslutningsstycken som sitter längst ner på luftfördelarhuset.

14 Ta bort fästskruv och fäste och demontera den främre golvkanalen från luftfördelarhuset.

15 Tryck in clipset och lossa kontaktdonet från styrenheten.

16 Skruva loss muttrarna som fäster styrenhetens fäste vid golvet och demontera enheten från bilen. Observera att det kan bli nödvändigt att kapa mattan för att komma åt muttrarna.

17 Vid behov, skruva loss muttrarna och separera fästet från styrenheten.

18 Montering sker i omvänd ordningsföljd, kontrollera att kontaktdonet blir ordentligt anslutet.

Kontaktenhet till krockkuddens kablage

19 Demontera ratten enligt beskrivning i kapitel 10.

20 Skruva loss de tre skruvarna och demontera kontaktenheten från ratten, men var mycket noga med att inte rotera enheten.

21 Vid monteringen, placera enheten på ratten och dra åt skruvarna ordentligt. Om en ny kontaktenhet skall monteras, kapa buntbandet som är monterat för att hindra att enheten roteras oavsiktligt.

22 Montera ratten enligt beskrivningen i kapitel 10.

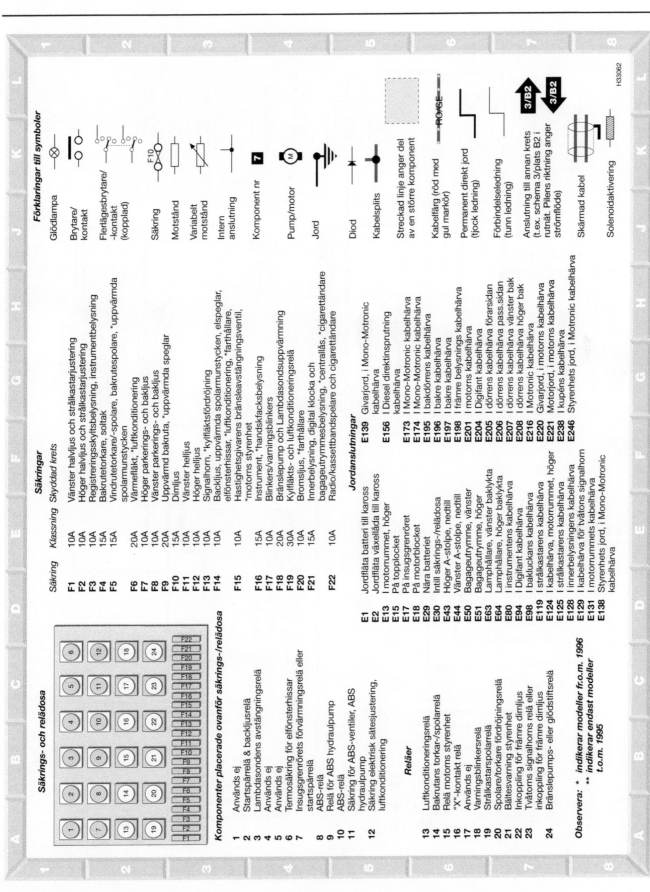

Säkrings- och relädosa

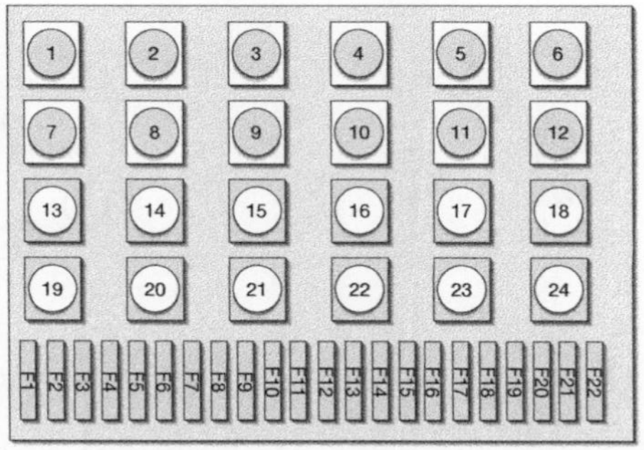

Komponenter placerade ovanför säkrings-/relädosa

1	Används ej
2	Startspärrelä & backljusrelä
3	Lambdasondens avstängningsrelä
4	Används ej
5	Används ej
6	Termosäkring för elfönsterhissar
7	Insugsgrenrörets förvärmningsrelä eller startspärrelä
8	ABS-relä
9	Relä för ABS hydraulpump
10	ABS-relä
11	Säkring för ABS-ventiler, ABS hydraulpump
12	Säkring elektrisk sätesjustering, luftkonditionering

Reläer

13	Luftkonditioneringsrelä
14	Bakrutans torkar-/spolarrelä
15	Relä motorns styrenhet
16	"X"-kontakt relä
17	Används ej
18	Varningsblinkersrelä
19	Strålkastarspolarrelä
20	Spolare/torkare fördröjningsrelä
21	Bältesvarning styrenhet
22	Inkoppling för främre dimljus
23	Tvåtorns signalhorns relä eller inkoppling för främre dimljus
24	Bränslepumps- eller glödstiftsrelä

***Observera:* * indikerar modeller fr.o.m. 1996**
***** indikerar endast modeller t.o.m. 1995***

Säkringar

Säkring	*Klassning*	*Skyddad krets*
F1	10A	Vänster halvljus och strålkastarjustering
F2	10A	Höger halvljus och strålkastarjustering
F3	10A	Registreringsskyltsbelysning, instrumentbelysning
F4	15A	Bakrutetorkare, soltak
F5	15A	Vindrutetorkare/-spolare, bakrutespolare, *uppvärmda spolarmunstycken
F6	20A	Värmefläkt, *luftkonditionering
F7	10A	Höger parkerings- och bakljus
F8	10A	Vänster parkerings- och bakljus
F9	20A	Uppvärmd bakruta, *uppvärmda speglar
F10	15A	Dimljus
F11	10A	Vänster helljus
F12	10A	Höger helljus
F13	10A	Signalhorn, *kylfläktsfördröjning
F14	10A	Backljus, uppvärmda spolarmunstycken, elspeglar, elfönsterhissar, *luftkonditionering, *farthållare,
F15	10A	Hastighetsgivarens bränsleavstängningsventil, *motorns styrenhet
F16	15A	Instrument, *handskfacksbelysning
F17	10A	Blinkers/varningsblinkers
F18	20A	Bränslepump och Lambdasondsuppvärmning
F19	30A	Kylfläkts- och luftkonditioneringsrelä
F20	10A	Bromsljus, *farthållare
F21	15A	Innerbelysning, digital klocka och bagageutrymmesbelysning, *centrallås, *cigarettändare
F22	10A	Radio/kassettbandspelare och cigarettändare

Jordanslutningar

E1	Jordfläta batteri till kaross
E2	Jordfläta växellåda till kaross
E13	I motorrummet, höger
E15	På topplocket
E17	På insugsgrenröret
E18	På motorblocket
E29	Nära batteriet
E30	Intill säkrings-/relädosa
E43	Höger A-stolpe, nedtill
E44	Vänster A-stolpe, nedtill
E50	Bagageutrymme, vänster
E51	Bagageutrymme, höger
E63	Lamphållare, vänster baklykta
E64	Lamphållare, höger baklykta
E80	I instrumentens kabelhärva
E94	I Digifant kabelhärva
E98	I bakluckans kabelhärva
E119	I strålkastarens kabelhärva
E124	I kabelhärva, motorrummet, höger
E125	I strålkastarens kabelhärva
E128	I innerbelysningens kabelhärva
E129	I kabelhärva för tvåtons signalhorn
E131	I motorrummets kabelhärva
E138	Styrenhets jord, i Mono-Motronic kabelhärva
E139	Givarjord, i Mono-Motronic kabelhärva
E156	I Diesel direktinsprutning kabelhärva
E173	I Mono-Motronic kabelhärva
E174	I Mono-Motronic kabelhärva
E195	I bakdörrens kabelhärva
E196	I bakre kabelhärva
E197	I bakre kabelhärva
E198	I främre belysnings kabelhärva
E201	I motorns kabelhärva
E204	I Digifant kabelhärva
E205	I dörrens kabelhärva förarsidan
E206	I dörrens kabelhärva pass.sidan
E207	I dörrens kabelhärva vänster bak
E208	I dörrens kabelhärva höger bak
E216	I Motronic kabelhärva
E220	Givarjord, i motorns kabelhärva
E221	Motorjord, i motorns kabelhärva
E238	I kupéns kabelhärva
E246	Styrenhets jord, i Motronic kabelhärva

Förklaringar till symboler

Glödlampa
Brytare/ kontakt
Flerlägesbrytare/ -kontakt (kopplad)
Säkring
Motstånd
Variabelt motstånd
Intern anslutning
Komponent nr
Pump/motor
Jord
Diod
Kabelsplits
Streckad linje anger del av en större komponent
Kabelfärg (röd med gul markör)
Permanent direkt jord (tjock ledning)
Förbindelseledning (tunn ledning)
Anslutning till annan krets (t.ex. schema 3/plats B2 i rutnät. Pilens riktning anger strömflöde)
Skärmad kabel
Solenoidaktivering

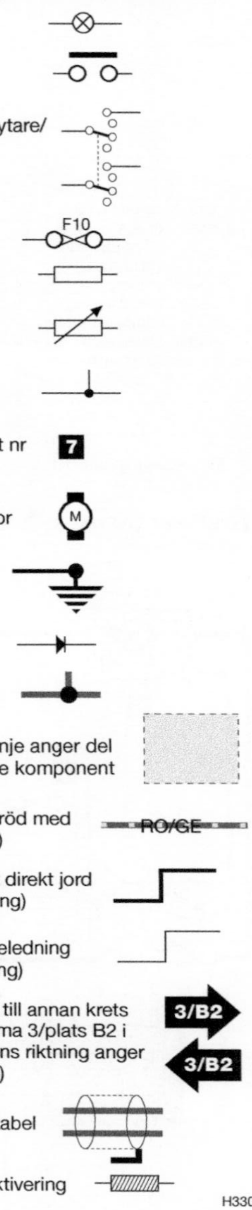

H33062

Kopplingsschema 1: Information om kopplingsscheman

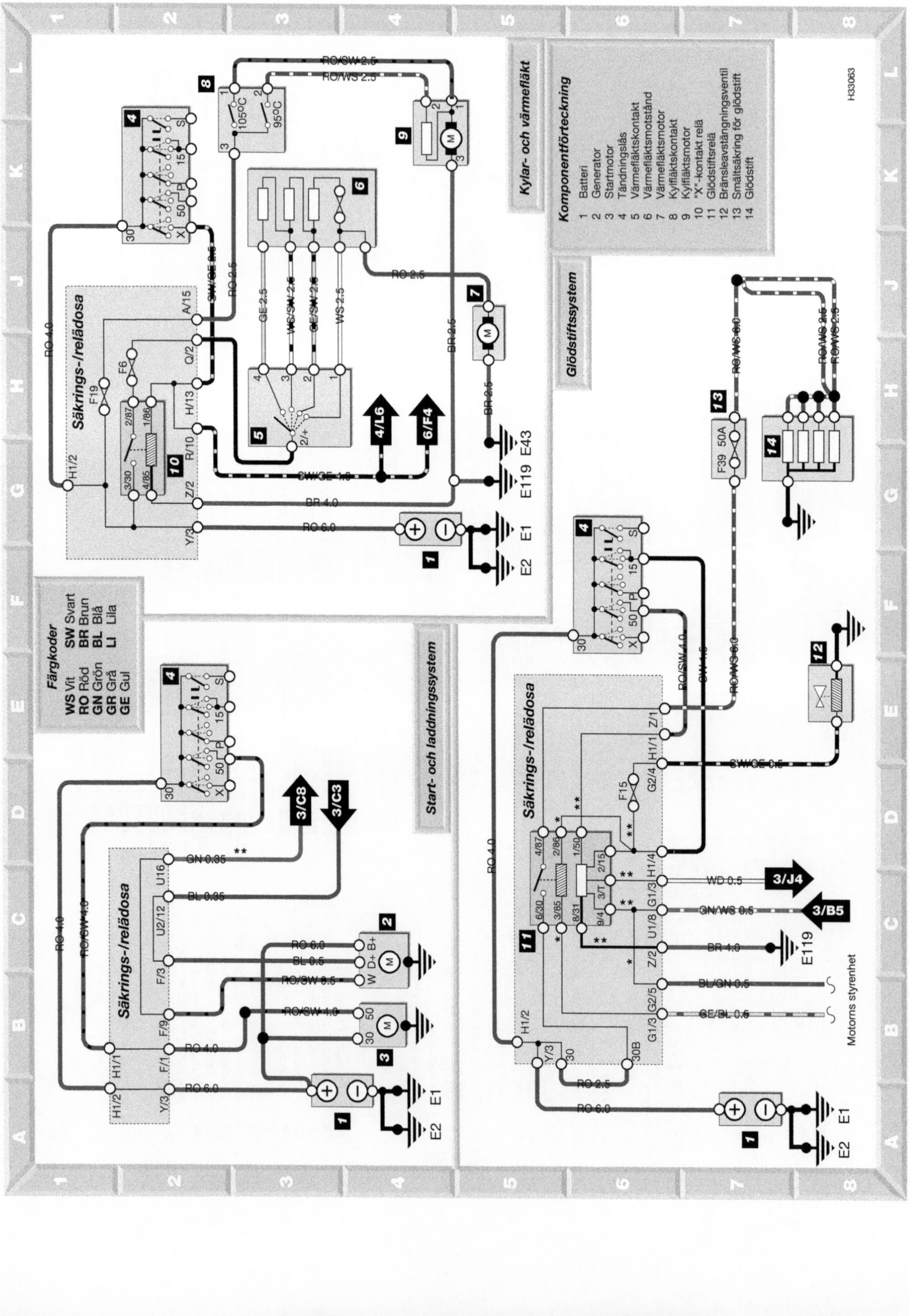

Kopplingsschema 2: Typiskt start- och laddningssystem

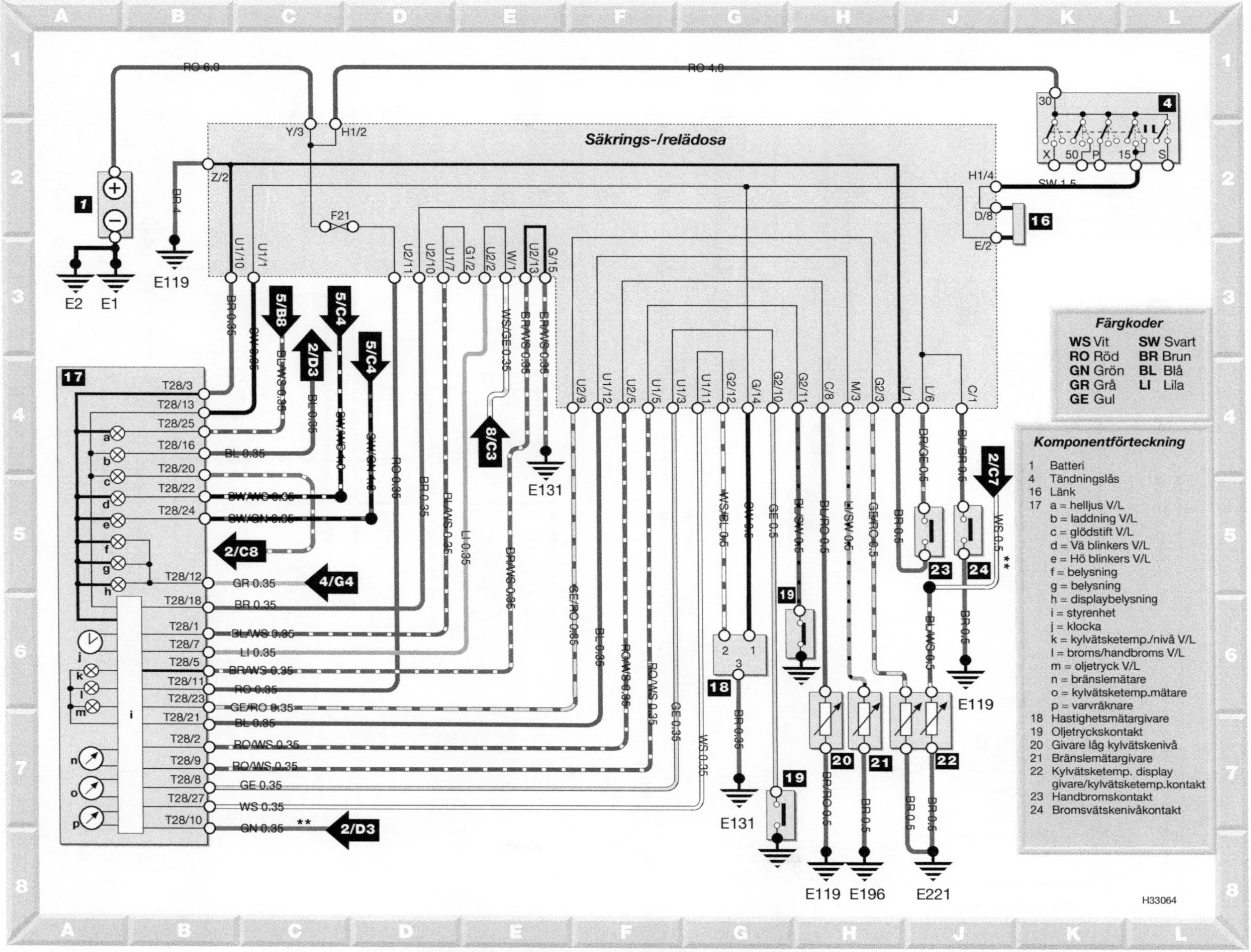

Säkrings-/relädosa
Färgkoder
WS Vit
SW Svart
RO Röd
BR Brun
GN Grön
BL Blå
GR Grå
LI Lila
GE Gul
Komponentförteckning
1 Batteri
4 Tändningslås
16 Länk
17 a = helljus V/L
b = laddning V/L
c = glödstift V/L
d = Vä blinkers V/L
e = Hö blinkers V/L
f = belysning
g = belysning
h = displaybelysning
i = styrenhet
j = klocka
k = kylvätsketemp./nivå V/L
l = broms/handbroms V/L
m = oljetryck V/L
n = bränslemätare
o = kylvätsketemp.mätare
p = varvräknare
18 Hastighetsmätargivare
19 Oljetryckskontakt
20 Givare låg kylvätskenivå
21 Bränslemätargivare
22 Kylvätsketemp. display givare/kylvätsketemp.kontakt
23 Handbromskontakt
24 Bromsvätskenivåkontakt
H33064

Kopplingsschema 3: Typiska varningslampor och mätare

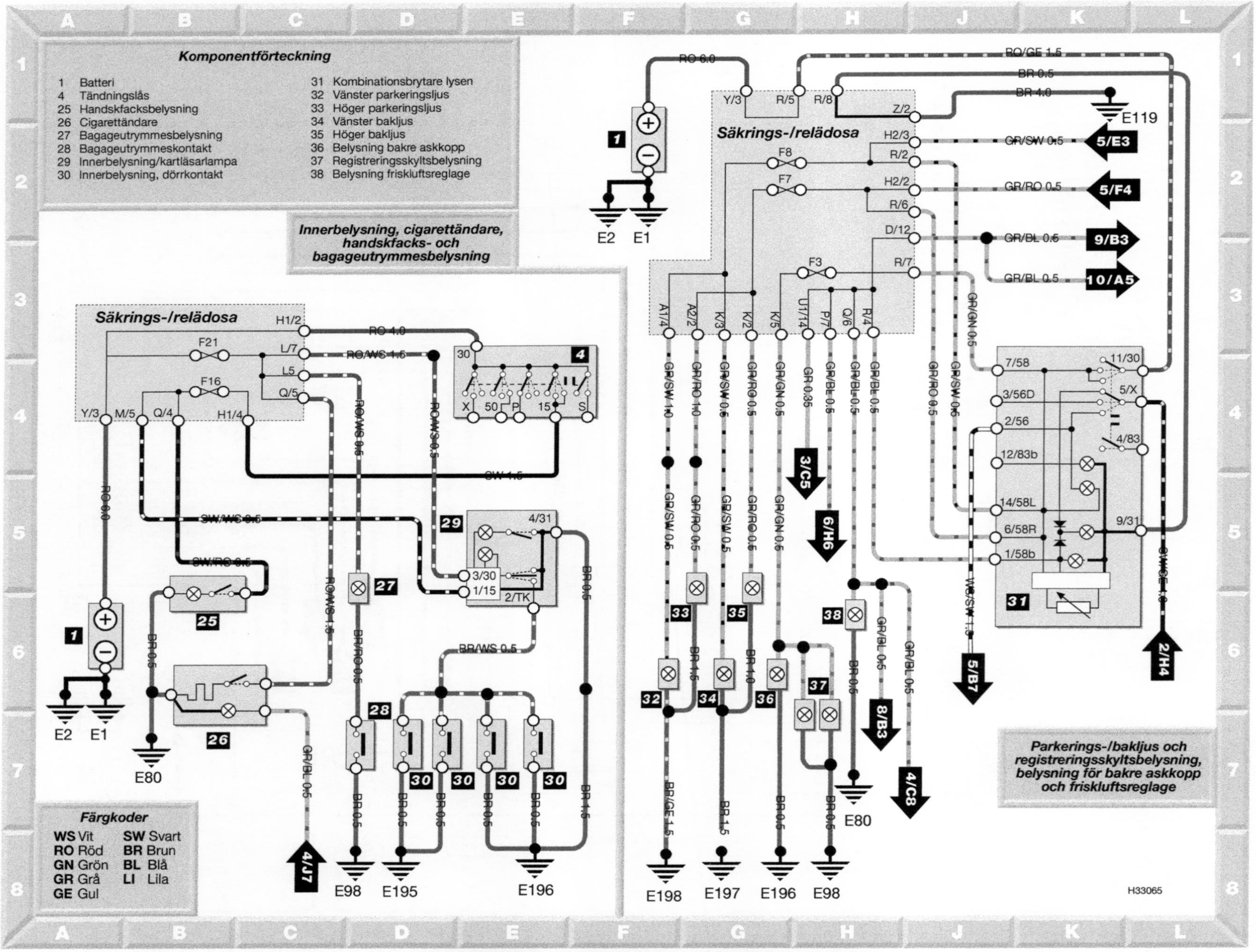

Komponentförteckning
1 Batteri
4 Tändningslås
25 Handskfacksbelysning
26 Cigarettändare
27 Bagageutrymmesbelysning
28 Bagageutrymmeskontakt
29 Innerbelysning/kartläsarlampa
30 Innerbelysning, dörrkontakt
31 Kombinationsbrytare lysen
32 Vänster parkeringsljus
33 Höger parkeringsljus
34 Vänster bakljus
35 Höger bakljus
36 Belysning bakre askkopp
37 Registreringsskyltsbelysning
38 Belysning friskluftsreglage
Innerbelysning, cigarettändare, handskfacks- och bagageutrymmesbelysning
Säkrings-/relädosa
Parkerings-/bakljus och registreringsskyltsbelysning, belysning för bakre askkopp och friskluftsreglage
Färgkoder
WS Vit
RO Röd
GN Grön
GR Grå
GE Gul
SW Svart
BR Brun
BL Blå
LI Lila
H33065

Kopplingsschema 4: Typisk inre belysning och yttre ljus

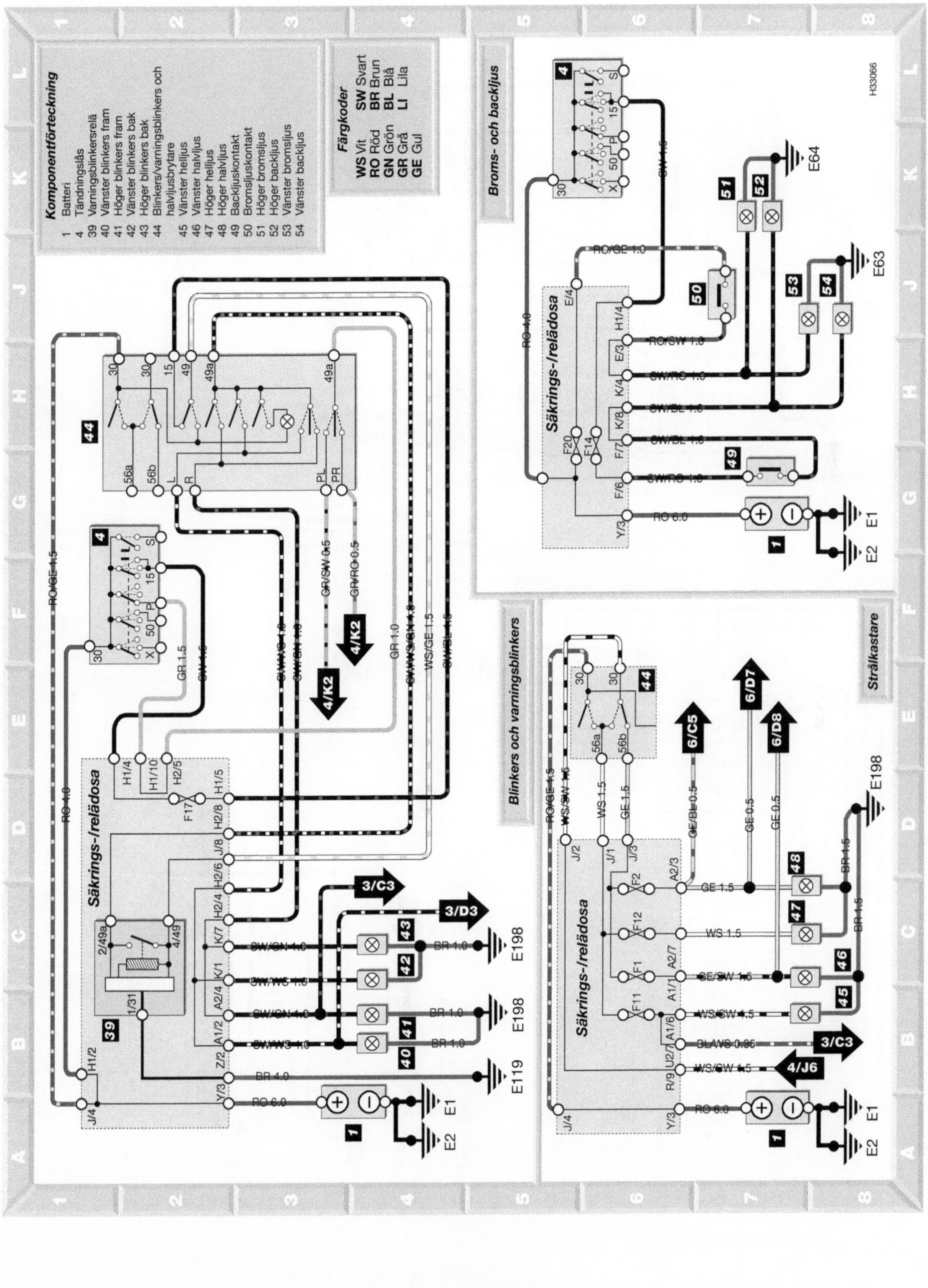

Kopplingsschema 5: Typiska yttre ljus forts.

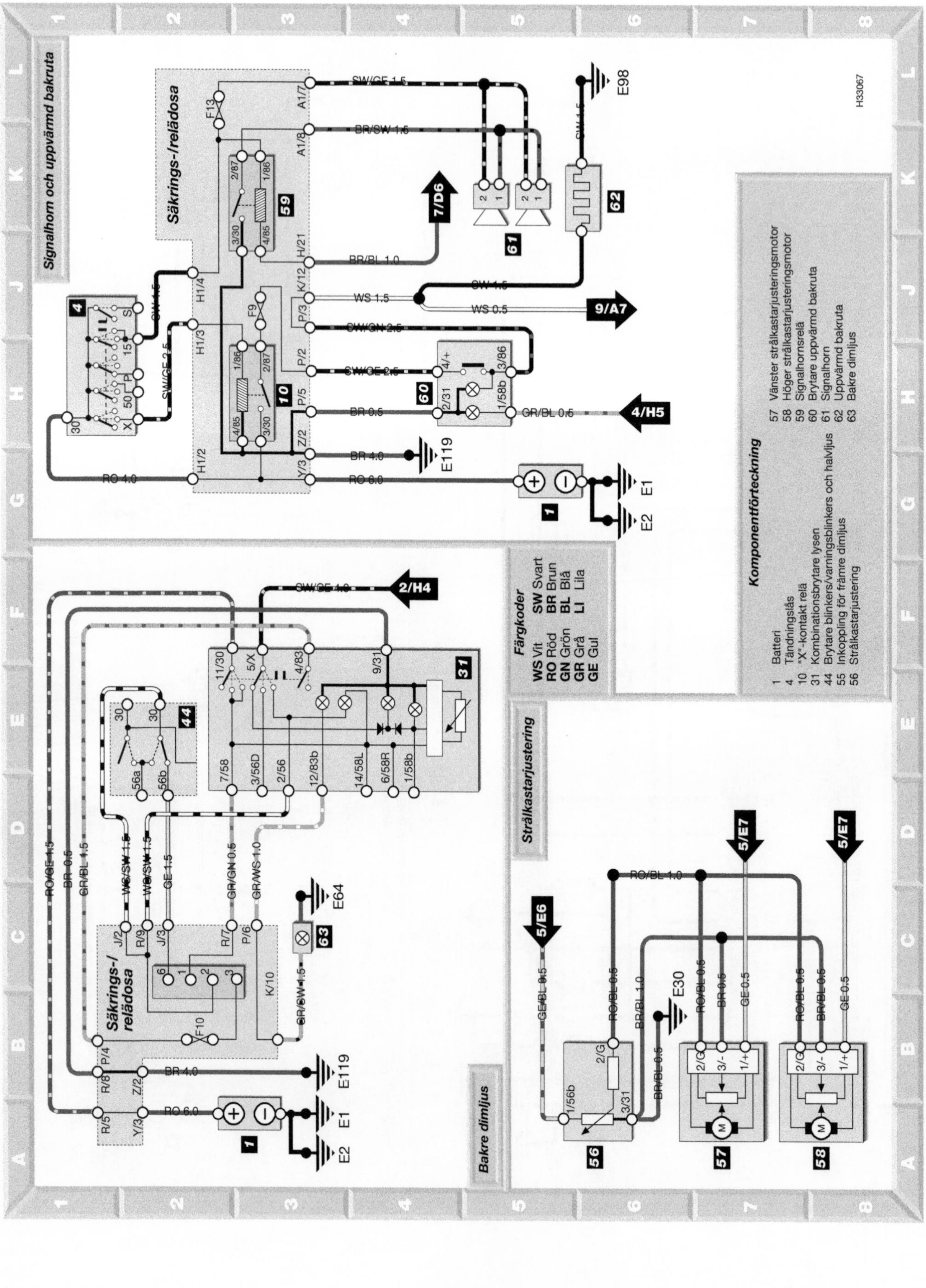

Kopplingsschema 6: Typiska yttre ljus och uppvärmd bakruta

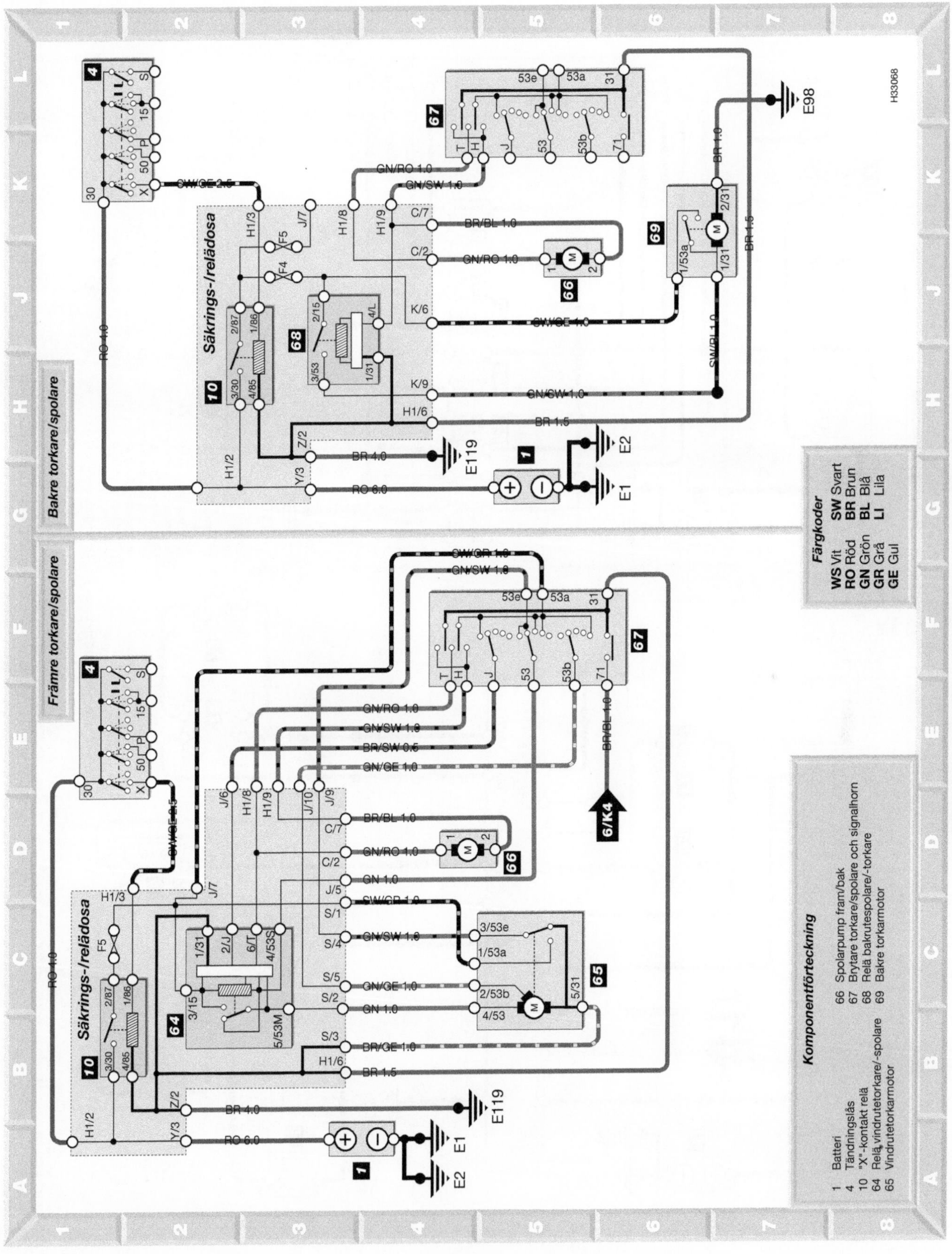

Komponentförteckning

1 Batteri
4 Tändningslås
10 "X"-kontakt relä
64 Relä vindrutetorkare/-spolare
65 Vindrutetorkarmotor
66 Spolarpump fram/bak
67 Brytare torkare/spolare och signalhorn
68 Relä bakrutespolare/-torkare
69 Bakre torkarmotor

Färgkoder

WS Vit	**SW** Svart		
RO Röd	**BR** Brun		
GN Grön	**BL** Blå		
GR Grå	**LI** Lila		
GE Gul			

Kopplingsschema 7: Typiska vindrute- och bakrutetorkare/-spolare

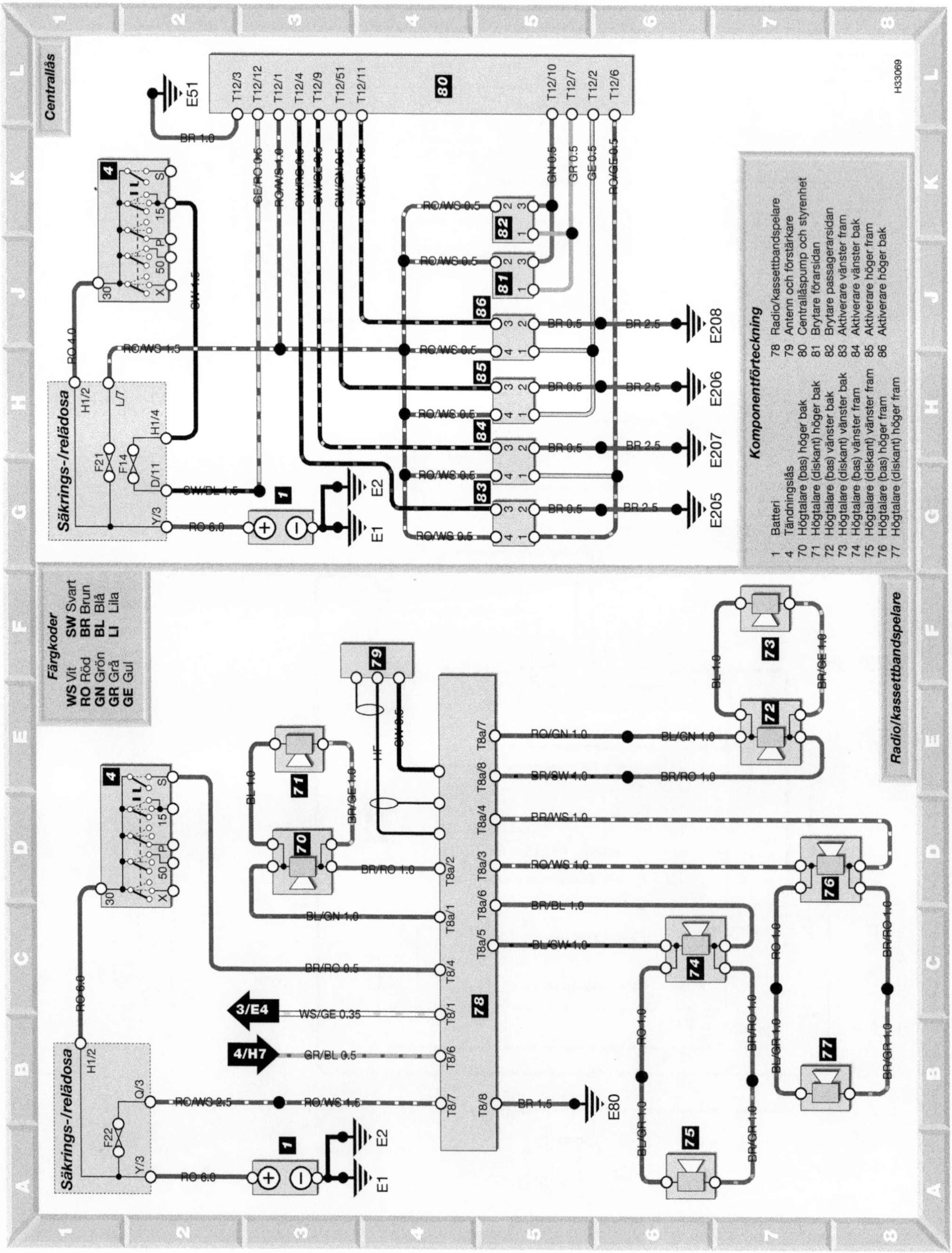
Centrallås
Radio/kassettbandspelare
Säkrings-/relädosa
Färgkoder
WS Vit
RO Röd
GN Grön
GR Grå
GE Gul
SW Svart
BR Brun
BL Blå
LI Lila
Komponentförteckning
1 Batteri
4 Tändningslås
70 Högtalare (bas) höger bak
71 Högtalare (diskant) höger bak
72 Högtalare (bas) vänster bak
73 Högtalare (diskant) vänster bak
74 Högtalare (bas) vänster fram
75 Högtalare (diskant) vänster fram
76 Högtalare (bas) höger fram
77 Högtalare (diskant) höger fram
78 Radio/kassettbandspelare
79 Antenn och förstärkare
80 Centrallåspump och styrenhet
81 Brytare förarsidan
82 Brytare passagerarsidan
83 Aktiverare vänster fram
84 Aktiverare vänster bak
85 Aktiverare höger fram
86 Aktiverare höger bak
H33069

Kopplingsschema 8: Typisk radio/kassettbandspelare och centrallås

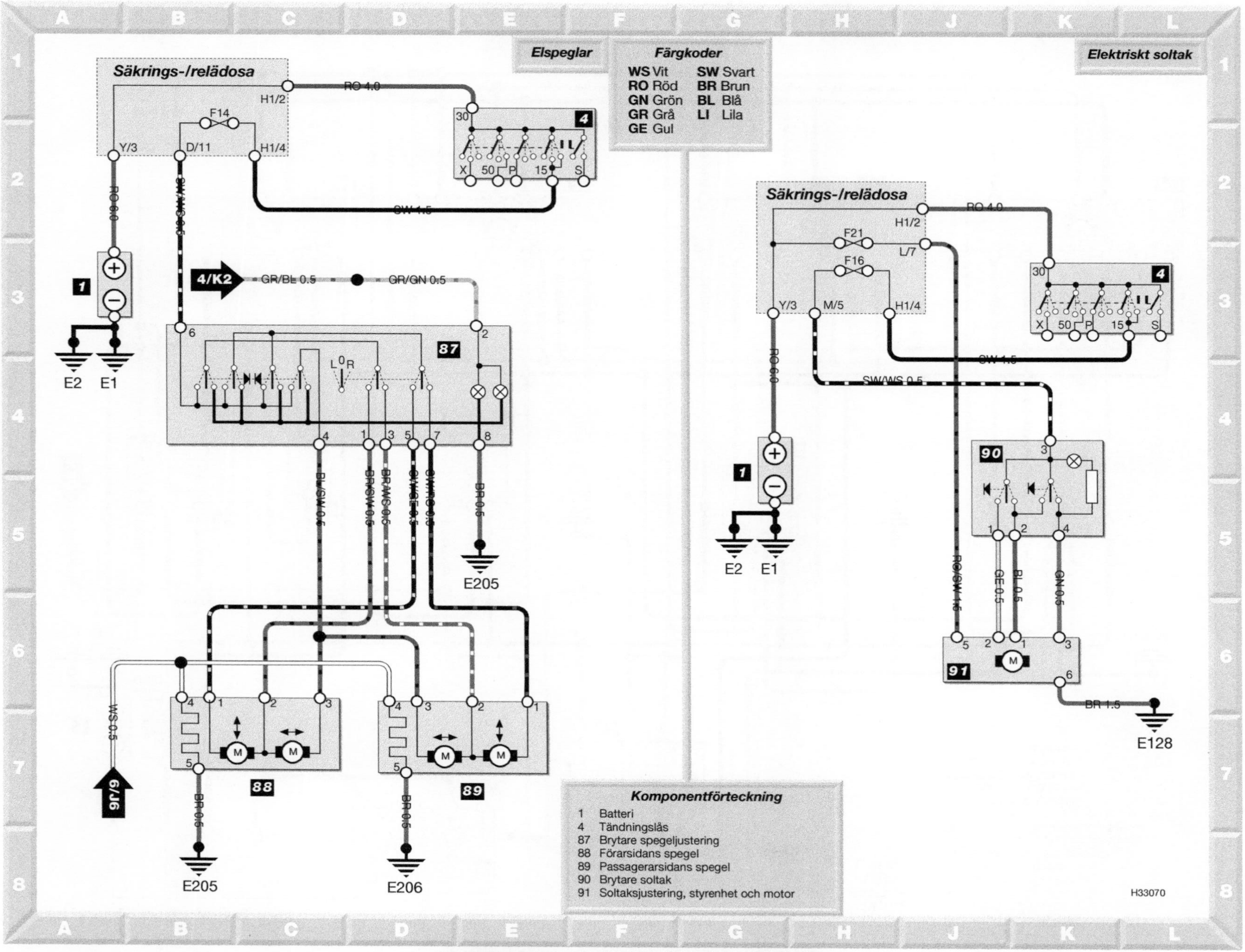

Kopplingsschema 9: Typiska elspeglar och soltak

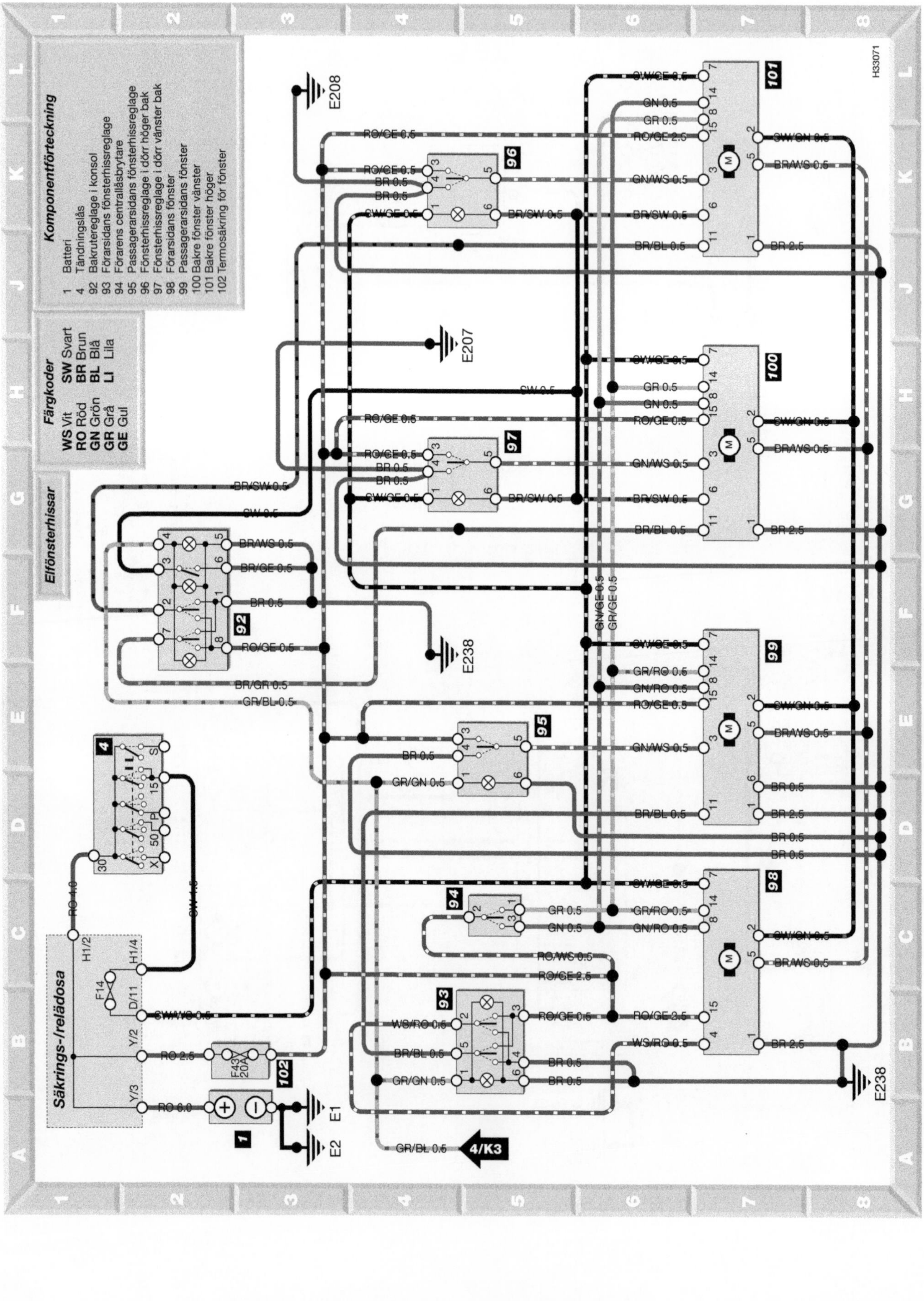
Elfönsterhissar
Komponentförteckning
1 Batteri
4 Tändningslås
92 Bakrutereglage i konsol
93 Förarsidans fönsterhissreglage
94 Förarens centrallåsbrytare
95 Passagerarsidans fönsterhissreglage
96 Fönsterhissreglage i dörr höger bak
97 Fönsterhissreglage i dörr vänster bak
98 Förarsidans fönster
99 Passagerarsidans fönster
100 Bakre fönster vänster
101 Bakre fönster höger
102 Termosäkring för fönster
Färgkoder
WS Vit
RO Röd
GN Grön
GR Grå
GE Gul
SW Svart
BR Brun
BL Blå
LI Lila
Säkrings-/relädosa
H33071

Kopplingsschema 10: Elfönsterhissar

Mått och vikter

Observera: *Angivna mått är ungefärliga och kan variera från modell till modell. Se tillverkarens anvisningar beträffande exakta mått.*

Mått

Total längd:	
Golf	4020 mm
Vento	4380 mm
Golf Variant	4340 mm
Total bredd:	
Exkl speglar	1695 mm
Inkl speglar	1890 mm
Total höjd (utan last):	
Golf och Vento	1425 mm
Golf Variant:	
Med takskenor	1470 mm
Utan takskenor	1430 mm
Axelavstånd	2475 mm

Vikter

Tjänstevikt	1000 till 1265 kg*
Max bruttovikt **	1500 till 1725 kg*
Max taklast:	
Golf och Vento	75 kg
Golf Variant	85 kg
Max släpvagnsvikt**	
Bromsad släpvagn	800 till 1200 kg*
Obromsad släpvagn	500 till 600 kg*
Max kultryck	50 kg

**Beroende på modell och utförande.*
***Kontrollera exakta rekommendationer hos VW-återförsäljare.*

Inköp av reservdelar

Reservdelar kan erhållas från många källor, t.ex. auktoriserade VW-verkstäder, tillbehörsbutiker och grossister. För att vara säker på att alltid få rätt delar är det ofta nödvändigt att ange bilens chassinummer (VIN-nummer). Om det är möjligt är det också fördelaktigt att ta med den gamla delen vid inköp av en ny. Vissa komponenter, som startmotorer och generatorer, kan ibland erhållas som utbyte; alla delar som lämnas in måste naturligtvis vara rena.

Vårt råd när det gäller inköp av reservdelar är följande:

Auktoriserade VW-verkstäder

Detta är den bästa källan för reservdelar och kan vara det enda ställe där vissa delar är tillgängliga (t.ex. emblem, klädseldetaljer, vissa karossdelar etc.). Det är också det enda ställe där du ska köpa reservdelar om fordonet har giltig garanti, för att denna inte ska förverkas.

Tillbehörsbutiker

Dessa är i allmänhet mycket bra leverantörer av material som behövs för rutinmässigt underhåll (olje- luft- och bränslefilter, tändstift, glödlampor, drivremmar, oljor och smörjfett, bromsbelägg, bättringsfärg, etc). Denna typ av reservdelar som säljs i en erkänt bra affär håller samma standard som delarna som används av biltillverkaren.

Grossister

Bra grossister lagerhåller viktiga delar med hög omsättning, och kan ibland leverera enskilda delar som behövs vid renovering av större enheter. Många hanterar också arbeten som omborrning av motorblock, omslipning och balansering av vevaxlar etc.

Däck- och avgasspecialister

Dessa firmor kan vara oberoende, eller medlemmar av en lokal eller nationell kedja. De erbjuder ofta konkurrensmässiga priser men det lönar sig att införskaffa flera prisförslag innan man fattar beslut. Vid kontroll av priser, fråga vad som tillkommer - exempelvis tillkommer ofta montering av ny ventil och hjulbalansering utöver priset på ett nytt däck.

Övriga inköpsställen

Var försiktig med material som kan erhållas från marknader, tillfälliga försäljningsställen och liknande. Sådana artiklar behöver inte nödvändigtvis vara av dålig kvalitet, men möjligheten till kompensation om de visar sig vara dåliga är liten. När det gäller delar där säkerheten är viktig, t.ex. bromsklossar, föreligger inte bara risken för ekonomisk förlust, utan också för olyckor som kan leda till skador eller till och med dödsfall.

Begagnade reservdelar, eller delar från bilskrotfirmor, kan visa sig vara bra inköp i vissa fall, men sådana inköp ska helst bara göras av mycket erfarna hemmamekaniker.

Bilens identifikationsnummer

Mindre modelländringar, som ligger helt utanför de stora modellbytena, pågår kontinuerligt hos bilfabrikanterna. Dessa modelländringar publiceras dock aldrig. Reservdelsförteckningar sammanställs på numerisk basis, och det är viktigt att uppge bilens olika identifikationsnummer för att få tag i rätt reservdelar.

När du beställer reservdelar, lämna alltid så utförlig information som möjligt. Ange modellår, kaross- och motornummer alltefter behov.

VIN-plåten är placerad i motorrummet, fastnitad på fronten på höger sida **(se bild)**.

Chassinumret återfinns på karossen, längs torpedväggens överkant och syns tydligt när motorhuven är öppen **(se bild)**.

Motornumret är placerat på motorblocket (på vissa modeller även på en etikett på kamremskåpan) och finns på följande ställen:

a) 1,4 och 1,6 liters bensinmotorer (utom AEK-motorn) – instansat på motorblockets svänghjulsände, direkt ovanför svänghjulet.

b) 1,6 liters AEK motor samt 1,8 och 2,0 liters bensinmotorer med 8 ventiler – instansat på motorblockets framsida, direkt under topplockets fogyta.

c) 2,0 liters bensinmotorer med 16 ventiler – instansat på motorblockets framsida, direkt ovanför vevhusventilationen.

d) 1,9 liters dieselmotorer – instansat på motorblockets framsida, mellan insprutningspumpen och vakuumpumpen.

Observera: *Motornumrets första del anger motorkoden – t.ex. "AAZ".*

VIN-plåten sitter i motorrummet, på höger sida på frontbalken

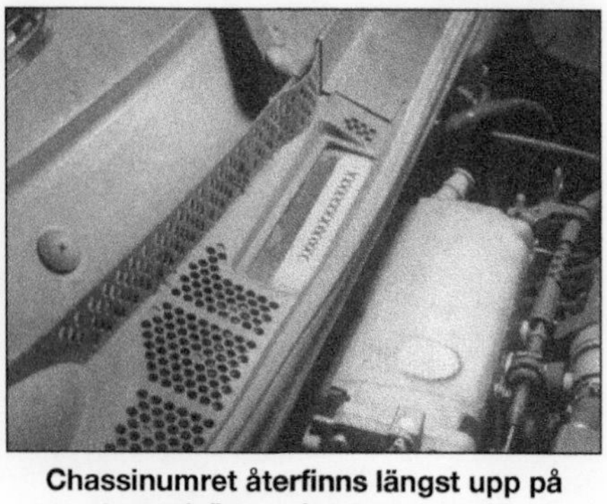

Chassinumret återfinns längst upp på torpedväggen i motorrummet

När service-, reparationsarbeten eller renovering utförs på bilen eller dess komponenter, är det viktigt att observera följande instruktioner. Detta för att reparationen ska utföras så effektivt och fackmannamässigt som möjligt.

Tätningsytor och packningar

När två komponenter ska separeras vid anliggningsytan, stick aldrig in skruvmejslar eller liknande mellan ytorna för att skilja dem åt. Detta kan orsaka skada som kan leda till oljeläckage, kylvätskeläckage etc. efter hopsättningen. Sära på komponenterna genom att knacka längs fogen med en mjuk hammare. Observera att detta dock inte är lämpligt när komponenterna är sammanfogade med styrstift.

När en packning används mellan två ytor, se till att den byts vid hopsättning. Montera den torrt om inte annat anges. Se till att ytorna är rena och torra och att gammal packning är helt borttagen. Vid rengöring av en tätningsyta, använd ett verktyg som inte skadar ytan och ta bort grader och ojämnheter med bryne eller en fin fil.

Se till att gängade hål rengörs med borste och håll dem fria från tätningsmedel då sådant används, om inte annat anges.

Se till att alla öppningar, kanaler och rör är fria och blås igenom dem, helst med tryckluft.

Oljetätningar

Oljetätningar kan demonteras genom att man bänder ut dem med en bred skruvmejsel eller liknande. Alternativt kan man skruva in ett antal självgängande skruvar i tätningen och använda dessa som hållare för tänger eller liknande avdragningsverktyg.

När en oljetätning demonteras, antingen för sig eller som en del av en enhet, bör den bytas.

Den mycket fina tätningsläppen skadas lätt och kan inte täta om ytan den ligger an mot inte är helt ren och fri från grader, spår och gropar. Om tätningsytan inte kan återställas bör komponenten bytas.

Skydda tätningsläpparna från ytor och kanter som kan skada den under montering. Använd tejp eller en konisk hylsa, om möjligt. Smörj tätningsläppen med olja före montering och för dubbla tätningsläppar, fyll utrymmet mellan läpparna med fett.

Om inte annat anges måste tätningarna monteras med tätningsläppen mot smörjmedlet som ska tätas.

Använd en rörformad dorn eller ett träblock av lämplig storlek för att montera tätningen. Om tätningshuset är försett med skuldra, driv tätningen mot den. Om huset saknar skuldra bör tätningen monteras så att den går jäms med husets yta.

Skruvgängor och infästningar

Muttrar, bultar och skruvar som kärvar är ett vanligt problem när en komponent har börjat rosta. Om man använder krypsmörjmedel eller rostlösningsvätska kan dessa problem oftast lösas om man dränker in delen som kärvar en stund innan man försöker lossa den. Man kan också använda en slagskruvmejsel. Om ingen av dessa metoder hjälper kan man värma försiktigt eller använda en bågfil eller en mutterspräckare.

Pinnbultar demonteras i allmänhet genom att man drar ihop två muttrar på den gängade delen, varefter man använder en nyckel på den nedre muttern för att skruva loss pinnbulten. Pinnbultar eller skruvar som har brutits av under fästytan kan ibland demonteras med en lämplig skruvutdragare. Se alltid till att alla gängade bottenhål är helt fria från olja, fett, vatten och andra vätskor innan skruven eller pinnbulten skruvas i. I annat fall kan huset spricka på grund av den hydrauleffekt som uppstår när skruven skruvas i.

När man drar åt en kronmutter för att montera en saxpinne måste man dra åt till angivet moment (när det finns angivet) varefter man drar åt tills nästa urtag för saxpinnen. Lossa aldrig muttern för att passa in saxpinnen om inte detta anges i instruktionen.

Vid kontroll av åtdragningsmoment för en mutter eller bult bör man lossa den omkring ett kvarts varv varefter man drar åt den med föreskrivet åtdragningsmoment. Denna metod gäller dock inte när vinkeldragning har använts.

För vissa skruvförband, i synnerhet topplocksbultar eller -muttrar, specificeras inga åtdragningsmoment för de senare stegen av en åtdragning, utan man vinkeldrar istället. Vanligtvis dras bultarna/muttrarna åt med ett tämligen lågt åtdragningsmoment i rätt åtdragningsföljd, varefter de vinkeldras i ytterligare ett eller flera steg.

Låsmuttrar, låsbleck och brickor

Alla fästelement som roterar mot en komponent eller ett hus under åtdragningen skall alltid ha en bricka mellan sig och komponenten.

Fjäder- och låsbrickor bör alltid bytas när de används på kritiska komponenter såsom lageröverfall. Låsbleck som viks över för att hålla en mutter eller bult ska alltid bytas.

Självlåsande muttrar kan återanvändas vid mindre viktiga detaljer, under förutsättning att ett motstånd känns då låsdelen går över skruvgängan. Självlåsande muttrar tenderar dock att förlora sin effekt efter långvarig användning och de bör då bytas rutinmässigt.

Saxpinnar måste alltid bytas och rätt storlek i förhållande till hålet måste förstås användas.

När man upptäcker gänglåsningsmedel på gängorna på en enhet som skall användas igen, bör man göra ren den med en stålborste och lösningsmedel. Applicera nytt gänglåsningsmedel vid montering.

Specialverktyg

Vissa arbeten i denna handbok förutsätter användning av specialverktyg, som en press, två- eller trebent avdragare, fjäderkompressor etc. När så är möjligt beskrivs och visas lämpliga lättåtkomliga alternativ till tillverkarens specialverktyg. I vissa fall är inga alternativ möjliga, och det har varit nödvändigt att använda tillverkarens verktyg. Detta har gjorts med tanke på säkerhet såväl som på resultatet av reparationen. Om du inte är mycket skicklig och har stora kunskaper om det moment som beskrivs, försök aldrig använda annat än specialverktyg när sådant anges i anvisningarna. Det föreligger inte bara risk för kroppsskada, utan kostbara skador kan också uppstå på komponenterna.

Miljöhänsyn

När du gör dig av med använd motorolja, bromsvätska, frostskyddsvätska etc., vidta nödvändiga åtgärder för att skydda miljön. Häll t.ex. inte någon av ovan nämnda vätskor i det vanliga avloppssystemet, eller helt enkelt på marken. På de flesta ställen finns miljöstationer som tar emot miljöfarligt avfall, t.ex. på bensinstationer. Om du inte kan göra dig av med avfallet på lämpligt sätt, kontakta berörd myndighet i din kommun.

Det stiftas ständigt nya, strängare lagar gällande utsläpp av miljöfarliga ämnen från motorfordon. De mest nytillverkade bilarna har justersäkringar monterade över de mest avgörande justeringspunkterna för bränslesystemet. Dessa är monterade främst för att undvika att okvalificerade personer justerar bränsle/luftblandningen och därmed riskerar en ökning av giftiga utsläpp. Om sådana justersäkringar påträffas under reparationsarbete, ska de, där så är möjligt, sättas tillbaka eller förnyas enligt tillverkarens anvisningar eller aktuell lagstiftning.

Den domkraft som följer med bilen skall endast användas för hjulbyten - se *Hjulbyte* i början av denna handbok. När annan typ av arbete skall utföras, hissa alltid upp bilen med en garagedomkraft, och komplettera alltid domkraften med pallbockar placerade under bilens lyftpunkter.

Vid användning av garagedomkraft eller pallbockar, placera alltid domkraftens huvud, eller pallbocken, under en av de aktuella lyftpunkterna.

När bilens framvagn skall hissas upp, placera en domkraft med ett träblock under den förstärkta upphöjda delen framtill under bottenplattan, cirka 150 cm innanför tröskelkanten **(se bild)**. **Hissa inte** upp bilen under tröskelbalken, oljesumpen eller någon av delarna i styrsystemet eller upphängningen. När bilen är upphissad skall en pallbock placeras under tröskelns lyftpunkt. Placera ett träblock med en skåra på domkraftens huvud för att hindra att bilen vilar på tröskelbalken; passa in tröskelbalken mot skåran i träblocket så att bilens tyngd får en jämn fördelning över träblockets yta.

När bilens bakvagn skall hissas upp, placera domkraften med ett träblock under sidobalkens förstärkta del, placerad strax innanför tröskelbalken **(se bild)**. **Hissa inte** upp bilen med domkraften placerad under bottenplattan eller axeln. När bilen är upphissad bör en pallbock placeras under bilens lyftpunkt på tröskelbalken. Placera ett träblock med en skåra ovanpå domkraften enligt beskrivningen i föregående stycke.

Arbeta aldrig under, bredvid eller i närheten av en upphissad bil om den inte är ordentligt stödd med pallbockar.

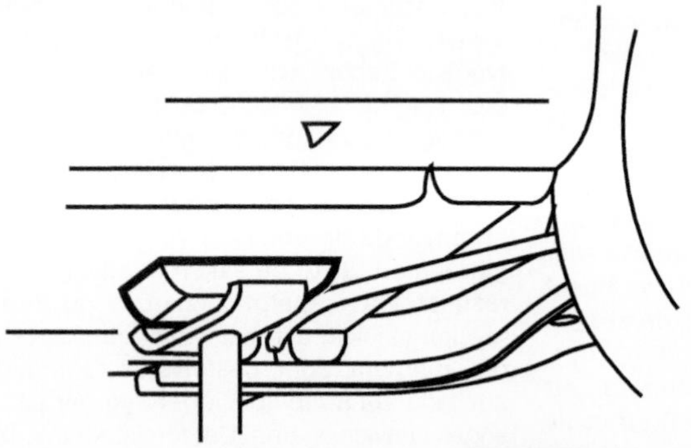

H32922

När bilens framvagn skall hissas upp, placera domkraften under den förstärkta delen i golvplattan

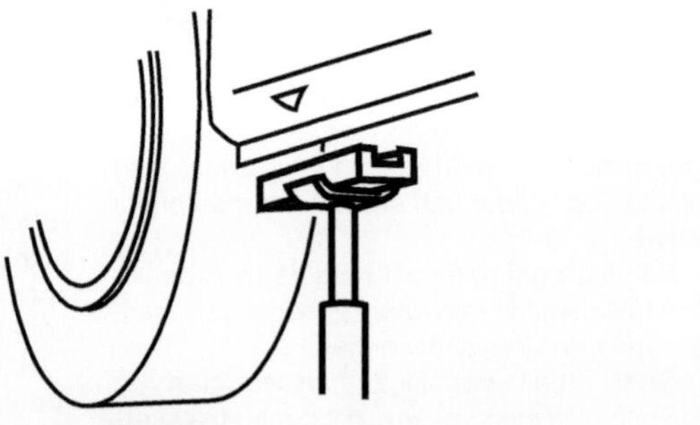

H32923

När bilens bakvagn skall hissas upp, placera domkraften under den förstärkta delen precis innanför tröskeln

Inledning

En uppsättning bra verktyg är ett grundläggande krav för var och en som överväger att underhålla och reparera ett motorfordon. För de ägare som saknar sådana kan inköpet av dessa bli en märkbar utgift, som dock uppvägs till en viss del av de besparingar som görs i och med det egna arbetet. Om de anskaffade verktygen uppfyller grundläggande säkerhets- och kvalitetskrav kommer de att hålla i många år och visa sig vara en värdefull investering.

För att hjälpa bilägaren att avgöra vilka verktyg som behövs för att utföra de arbeten som beskrivs i denna handbok har vi sammanställt tre listor med följande rubriker: *Underhåll och mindre reparationer, Reparation och renovering* samt *Specialverktyg*. Nybörjaren bör starta med det första sortimentet och begränsa sig till enklare arbeten på fordonet. Allt eftersom erfarenhet och självförtroende växer kan man sedan prova svårare uppgifter och köpa fler verktyg när och om det behövs. På detta sätt kan den grundläggande verktygssatsen med tiden utvidgas till en reparations- och renoveringssats utan några större enskilda kontantutlägg. Den erfarne hemmamekanikern har redan en verktygssats som räcker till de flesta reparationer och renoveringar och kommer att välja verktyg från specialkategorin när han känner att utgiften är berättigad för den användning verktyget kan ha.

Underhåll och mindre reparationer

Verktygen i den här listan ska betraktas som ett minimum av vad som behövs för rutinmässigt underhåll, service och mindre reparationsarbeten. Vi rekommenderar att man köper blocknycklar (ring i ena änden och öppen i den andra), även om de är dyrare än de med öppen ände, eftersom man får båda sorternas fördelar.

- ☐ *Blocknycklar - 8, 9, 10, 11, 12, 13, 14, 15, 17 och 19 mm*
- ☐ *Skiftnyckel - 35 mm gap (ca.)*
- ☐ *Tändstiftsnyckel (med gummifoder)*
- ☐ *Verktyg för justering av tändstiftens elektrodavstånd*
- ☐ *Sats med bladmått*
- ☐ *Nyckel för avluftning av bromsar*
- ☐ *Skruvmejslar:*
  Spårmejsel - 100 mm lång x 6 mm diameter
  Stjärnmejsel - 100 mm lång x 6 mm diameter
- ☐ *Kombinationstång*
- ☐ *Bågfil (liten)*
- ☐ *Däckpump*
- ☐ *Däcktrycksmätare*
- ☐ *Oljekanna*
- ☐ *Verktyg för demontering av oljefilter*
- ☐ *Fin slipduk*
- ☐ *Stålborste (liten)*
- ☐ *Tratt (medelstor)*

Reparation och renovering

Dessa verktyg är ovärderliga för alla som utför större reparationer på ett motorfordon och tillkommer till de som angivits för *Underhåll och mindre reparationer*. I denna lista ingår en grundläggande sats hylsor. Även om dessa är dyra, är de oumbärliga i och med sin mångsidighet - speciellt om satsen innehåller olika typer av drivenheter. Vi rekommenderar 1/2-tums fattning på hylsorna eftersom de flesta momentnycklar har denna fattning.

Verktygen i denna lista kan ibland behöva kompletteras med verktyg från listan för *Specialverktyg*.

- ☐ *Hylsor, dimensioner enligt föregående lista*
- ☐ *Spärrskaft med vändbar riktning (för användning med hylsor)* **(se bild)**
- ☐ *Förlängare, 250 mm (för användning med hylsor)*
- ☐ *Universalknut (för användning med hylsor)*
- ☐ *Momentnyckel (för användning med hylsor)*
- ☐ *Självlåsande tänger*
- ☐ *Kulhammare*
- ☐ *Mjuk klubba (plast/aluminium eller gummi)*
- ☐ *Skruvmejslar:*
  Spårmejsel - en lång och kraftig, en kort (knubbig) och en smal (elektrikertyp)
  Stjärnmejsel - en lång och kraftig och en kort (knubbig)
- ☐ *Tänger:*
  Spetsnostång/plattång
  Sidavbitare (elektrikertyp)
  Låsringstång (inre och yttre)
- ☐ *Huggmejsel - 25 mm*
- ☐ *Ritspets*
- ☐ *Skrapa*
- ☐ *Körnare*
- ☐ *Purr*
- ☐ *Bågfil*
- ☐ *Bromsslangklämma*
- ☐ *Avluftningssats för bromsar/koppling*
- ☐ *Urval av borrar*
- ☐ *Stållinjal*
- ☐ *Insexnycklar (inkl Torxtyp/med splines)* **(se bild)**
- ☐ *Sats med filar*
- ☐ *Stor stålborste*
- ☐ *Pallbockar*
- ☐ *Domkraft (garagedomkraft eller stabil pelarmodell)*
- ☐ *Arbetslampa med förlängningssladd*

Specialverktyg

Verktygen i denna lista är de som inte används regelbundet, är dyra i inköp eller som måste användas enligt tillverkarens anvisningar. Det är bara om du relativt ofta kommer att utföra tämligen svåra jobb som många av dessa verktyg är lönsamma att köpa. Du kan också överväga att gå samman med någon vän (eller gå med i en motorklubb) och göra ett gemensamt inköp, hyra eller låna verktyg om så är möjligt.

Följande lista upptar endast verktyg och instrument som är allmänt tillgängliga och inte sådana som framställs av biltillverkaren speciellt för auktoriserade verkstäder. Ibland nämns dock sådana verktyg i texten. I allmänhet anges en alternativ metod att utföra arbetet utan specialverktyg. Ibland finns emellertid inget alternativ till tillverkarens specialverktyg. När så är fallet och relevant verktyg inte kan köpas, hyras eller lånas har du inget annat val än att lämna bilen till en auktoriserad verkstad.

- ☐ *Ventilfjäderkompressor* **(se bild)**
- ☐ *Ventilslipningsverktyg*
- ☐ *Kolvringskompressor* **(se bild)**
- ☐ *Verktyg för demontering/montering av kolvringar* **(se bild)**
- ☐ *Honingsverktyg* **(se bild)**
- ☐ *Kulledsavdragare*
- ☐ *Spiralfjäderkompressor (där tillämplig)*
- ☐ *Nav/lageravdragare, två/tre ben* **(se bild)**
- ☐ *Slagskruvmejsel*
- ☐ *Mikrometer och/eller skjutmått* **(se bilder)**
- ☐ *Indikatorklocka* **(se bild)**
- ☐ *Stroboskoplampa*
- ☐ *Kamvinkelmätare/varvräknare*
- ☐ *Multimeter*

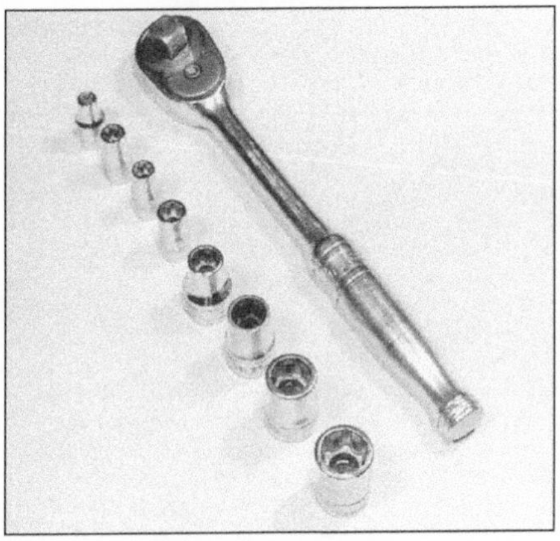

Hylsor och spärrskaft

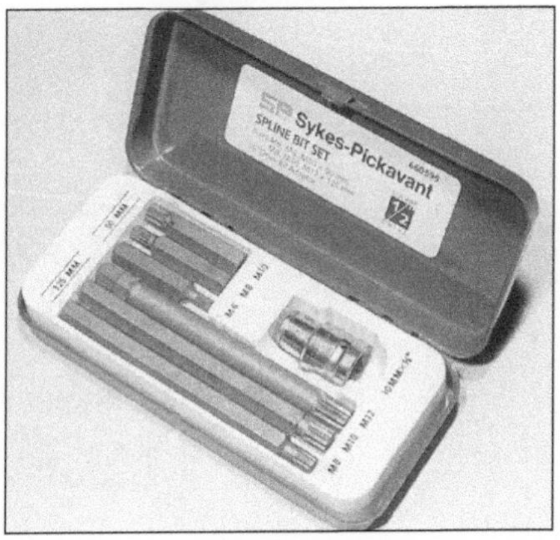

Bits med splines

Verktyg och arbetsutrymmen

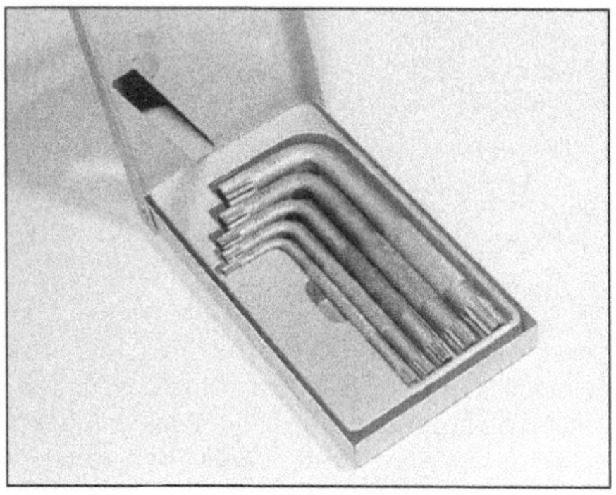

Nycklar med splines

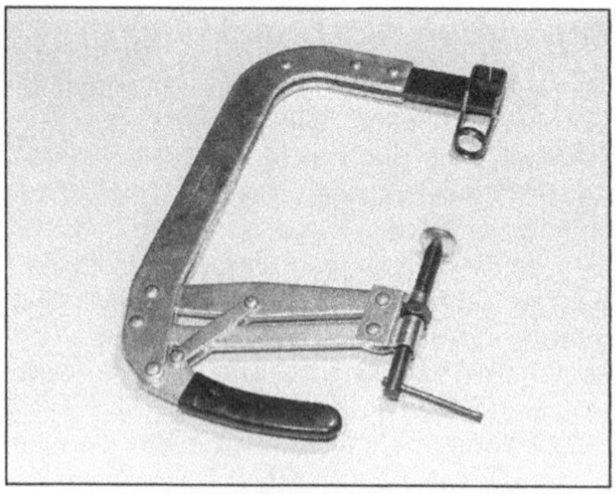

Ventilfjäderkompressor (ventilbåge)

Kolvringskompressor

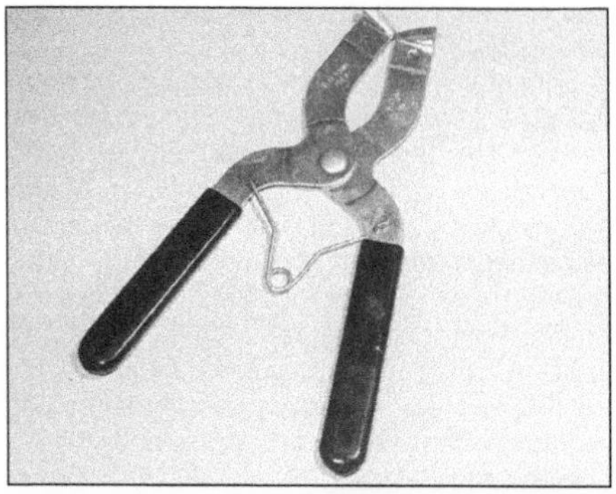

Verktyg för demontering och montering av kolvringar

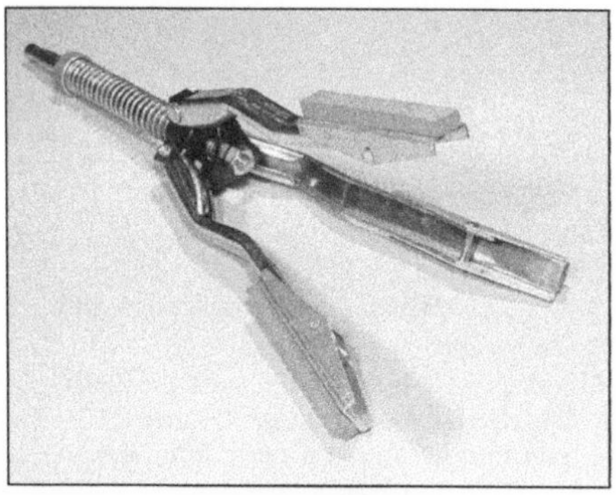

Honingsverktyg

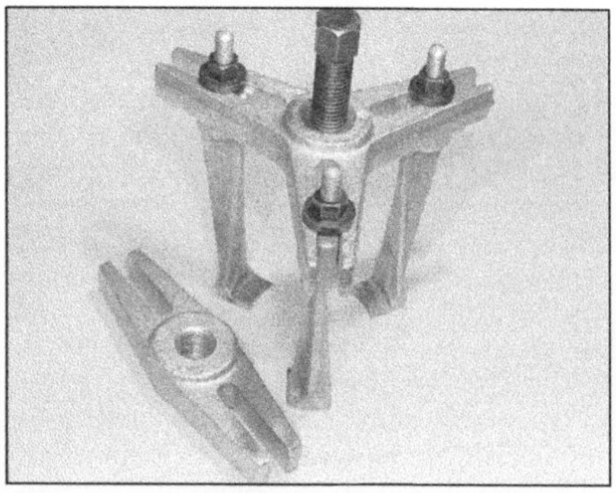

Trebent avdragare för nav och lager

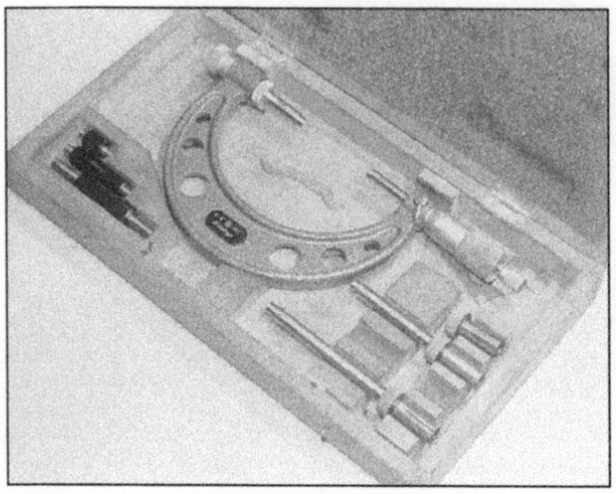

Mikrometerset

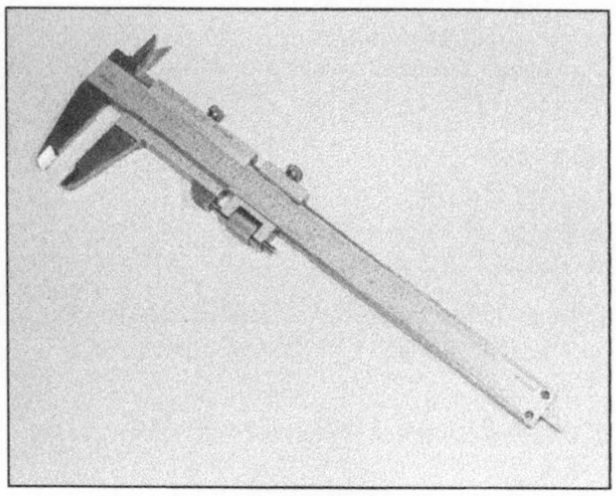

Skjutmått

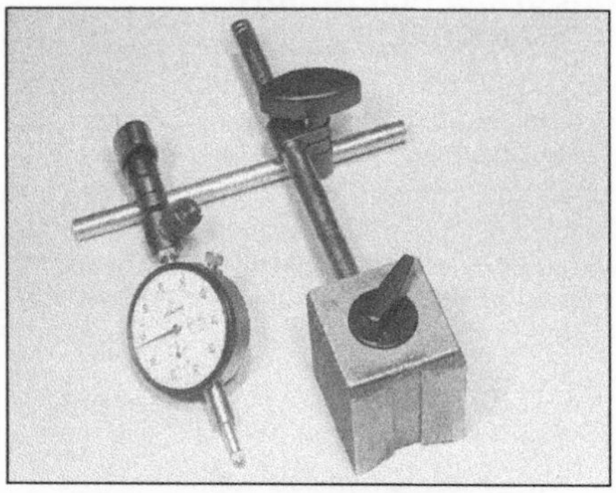

Indikatorklocka med magnetstativ

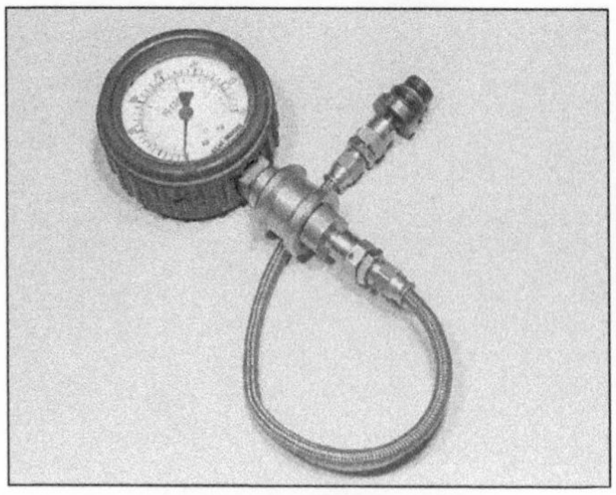

Kompressionsmätare

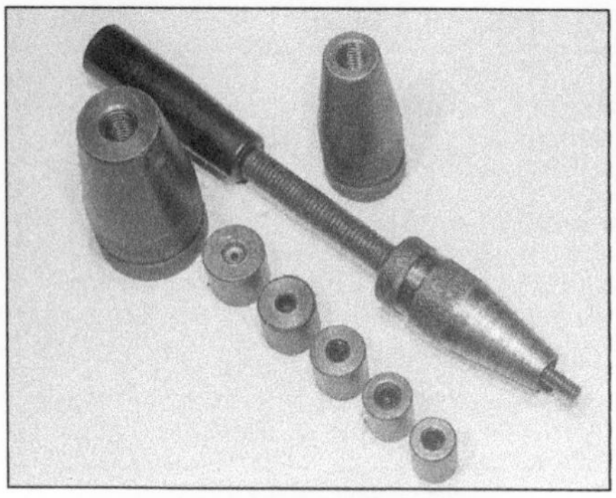

Centreringsverktyg för koppling

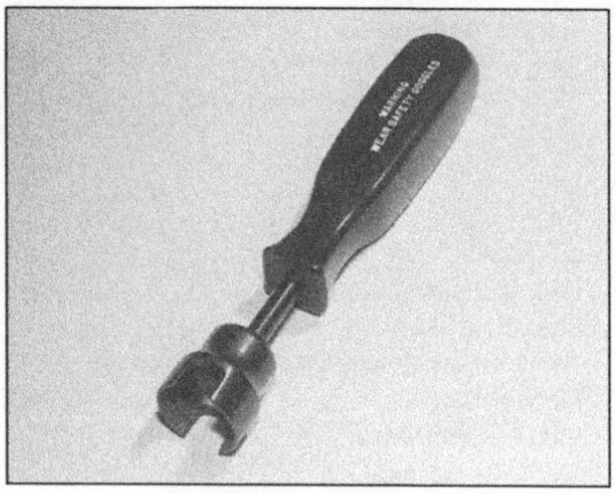

Demonteringsverktyg för bromsbackarnas fjäderskålar

☐ *Kompressionsmätare* **(se bild)**
☐ *Handmanövrerad vakuumpump och mätare*
☐ *Centreringsverktyg för koppling* **(se bild)**
☐ *Verktyg för demontering av bromsbackarnas fjäderskålar* **(se bild)**
☐ *Sats för montering/demontering av bussningar och lager* **(se bild)**
☐ *Bultutdragare* **(se bild)**
☐ *Gängverktygssats* **(se bild)**
☐ *Lyftblock*
☐ *Garagedomkraft*

Inköp av verktyg

När det gäller inköp av verktyg är det i regel bättre att vända sig till en specialist som har ett större sortiment än t ex tillbehörsbutiker och bensinmackar. Tillbehörsbutiker och andra försöljningsställen kan dock erbjuda utmärkta verktyg till låga priser, så det kan löna sig att söka.

Det finns gott om bra verktyg till låga priser, men se till att verktygen uppfyller grundläggande krav på funktion och säkerhet. Fråga gärna någon kunnig person om råd före inköpet.

Vård och underhåll av verktyg

Efter inköp av ett antal verktyg är det nödvändigt att hålla verktygen rena och i fullgott skick. Efter användning, rengör alltid verktygen innan de läggs undan. Låt dem inte ligga framme sedan de använts. En enkel upphängningsanordning på väggen för t ex skruvmejslar och tänger är en bra idé. Nycklar och hylsor bör förvaras i metalllådor. Mätinstrument av skilda slag ska förvaras på platser där de inte kan komma till skada eller börja rosta.

Lägg ner lite omsorg på de verktyg som används. Hammarhuvuden får märken och skruvmejslar slits i spetsen med tiden. Lite polering med slippapper eller en fil återställer snabbt sådana verktyg till gott skick igen.

Arbetsutrymmen

När man diskuterar verktyg får man inte glömma själva arbetsplatsen. Om mer än rutinunderhåll ska utföras bör man skaffa en lämplig arbetsplats.

Vi är medvetna om att många ägare/mekaniker av omständigheterna tvingas att lyfta ur motor eller liknande utan tillgång till garage eller verkstad. Men när detta är gjort ska fortsättningen av arbetet göras inomhus.

Närhelst möjligt ska isärtagning ske på en ren, plan arbetsbänk eller ett bord med passande arbetshöjd.

En arbetsbänk behöver ett skruvstycke. En käftöppning om 100 mm räcker väl till för de flesta arbeten. Som tidigare sagts, ett rent och torrt förvaringsutrymme krävs för verktyg liksom för smörjmedel, rengöringsmedel, bättringslack (som också måste förvaras frostfritt) och liknande.

Ett annat verktyg som kan behövas och som har en mycket bred användning är en elektrisk borrmaskin med en chuckstorlek om minst 8 mm. Denna, tillsammans med en sats spiralborrar, är i praktiken oumbärlig för montering av tillbehör.

Sist, men inte minst, ha alltid ett förråd med gamla tidningar och rena luddfria trasor tillgängliga och håll arbetsplatsen så ren som möjligt.

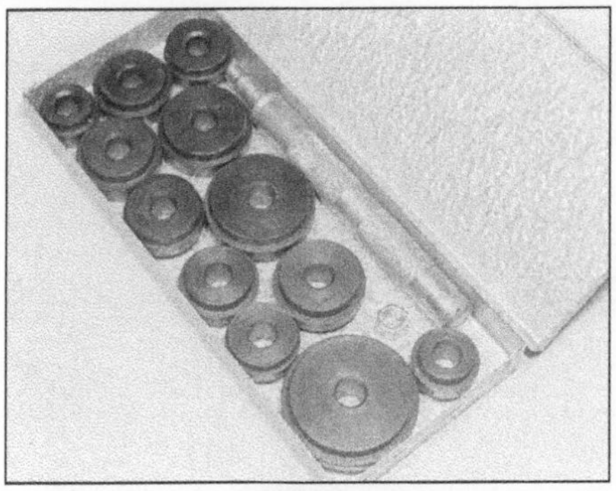

Sats för demontering och montering av lager och bussningar

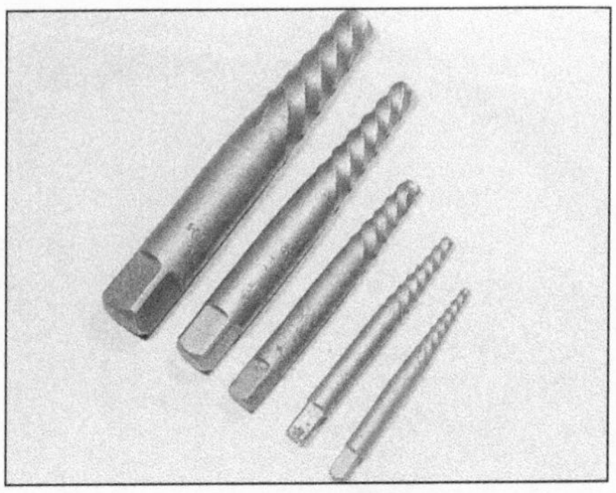

Bultutdragare

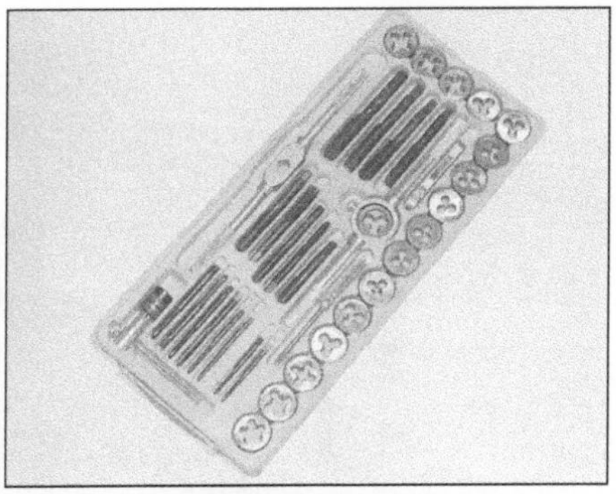

Gängverktygssats

Kontroller inför bilbesiktningen

Det här avsnittet är till för att hjälpa dig att klara bilbesiktningen. Det är naturligtvis inte möjligt att undersöka ditt fordon lika grundligt som en professionell besiktare, men genom att göra följande kontroller kan du identifiera problemområden och ha en möjlighet att korrigera eventuella fel innan du lämnar bilen till besiktning. Om bilen underhålls och servas regelbundet borde besiktningen inte innebära några större problem.

I besiktningsprogrammet ingår kontroll av nio huvudsystem – stommen, hjulsystemet, drivsystemet, bromssystemet, styrsystemet, karosseriet, kommunikationssystemet, instrumentering och slutligen övriga anordningar (släpvagnskoppling etc).

Kontrollerna som här beskrivs har baserats på Svensk Bilprovnings krav aktuella vid tiden för tryckning. Kraven ändras dock kontinuerligt och särskilt miljöbestämmelserna blir allt strängare.

Kontrollerna har delats in under följande fem rubriker:

1 Kontroller som utförs från förarsätet

2 Kontroller som utförs med bilen på marken

3 Kontroller som utförs med bilen upphissad och med fria hjul

4 Kontroller på bilens avgassystem

5 Körtest

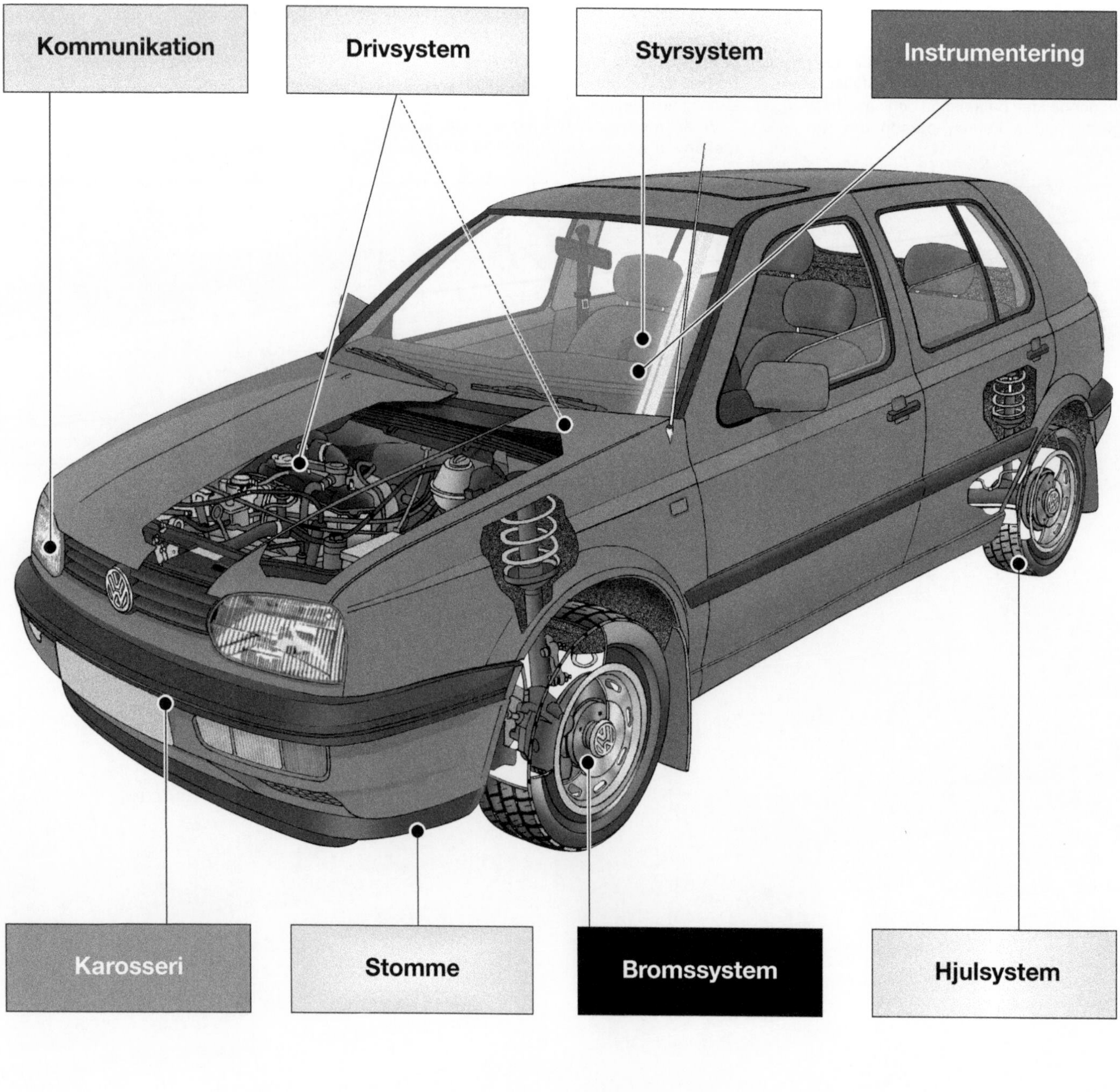

Besiktningsprogrammet

Vanliga personbilar kontrollbesiktigas första gången efter tre år, andra gången två år senare och därefter varje år. Åldern på bilen räknas från det att den tas i bruk, oberoende av årsmodell, och den måste genomgå besiktning inom fem månader.

Tiden på året då fordonet kallas till besiktning bestäms av sista siffran i registreringsnumret, enligt tabellen nedan.

Slutsiffra	Besiktningsperiod
1	*november t.o.m. mars*
2	*december t.o.m. april*
3	*januari t.o.m. maj*
4	*februari t.o.m. juni*
5	*maj t.o.m. september*
6	*juni t.o.m. oktober*
7	*juli t.o.m. november*
8	*augusti t.o.m. december*
9	*september t.o.m. januari*
0	*oktober t.o.m. februari*

Om fordonet har ändrats, byggts om eller om särskild utrustning har monterats eller demonterats, måste du som fordonsägare göra en registreringsbesiktning inom en månad. I vissa fall räcker det med en begränsad registreringsbesiktning, t.ex. för draganordning, taklucka, taxiutrustning etc.

Efter besiktningen

Nedan visas de system och komponenter som kontrolleras och bedöms av besiktaren på Svensk Bilprovning. Efter besiktningen erhåller du ett protokoll där eventuella anmärkningar noterats.

Har du fått en 2x i protokollet (man kan ha max 3 st 2x) behöver du inte ombesiktiga bilen, men är skyldig att själv åtgärda felet snarast möjligt. Om du inte åtgärdar felen utan återkommer till Svensk Bilprovning året därpå med samma fel, blir dessa automatiskt 2:or som då måste ombesiktigas. Har du en eller flera 2x som ej är åtgärdade och du blir intagen i en flygande besiktning av polisen, blir dessa automatiskt 2:or som måste ombesiktigas. I detta läge får du även böta.

Om du har fått en tvåa i protokollet är fordonet alltså inte godkänt. Felet ska åtgärdas och bilen ombesiktigas inom en månad.

En trea innebär att fordonet har så stora brister att det anses mycket trafikfarligt. Körförbud inträder omedelbart.

Kommunikation

- **Vindrutetorkare**
- **Vindrutespolare**
- **Backspegel**
- **Strålkastarinställning**
- **Strålkastare**
- **Signalhorn**
- **Sidoblinkers**
- **Parkeringsljus fram bak**
- **Blinkers**
- **Bromsljus**
- **Reflex**
- **Nummerplåts-belysning**
- **Övrigt**

Vanliga anmärkningar:
Felaktig ljusbild
Skadad strålkastare
Ej fungerande parkeringsljus
Ej fungerande bromsljus

Drivsystem

- **Avgasrening, EGR-system (-88)**
- **Avgasrening**
- **Bränslesystem**
- **Avgassystem**
- **Avgaser (CO, HC)**
- **Kraftöverföring**
- **Drivknut**
- **Elförsörjning**
- **Batteri**
- **Övrigt**

Vanliga anmärkningar:
Höga halter av CO
Höga halter av HC
Läckage i avgassystemet
Ej fungerande EGR-ventil
Skadade drivknutsdamasker
Löst batteri

Styrsystem

- **Styrled**
- **Styrväxel**
- **Hjälpstyrarm**
- **Övrigt**

Vanliga anmärkningar:
Glapp i styrleder
Skadade styrväxeldamasker

Instrumentering

- **Hastighetsmätare**
- **Taxameter**
- **Varningslampor**
- **Övrigt**

Karosseri

- **Dörr**
- **Skärm**
- **Vindruta**
- **Säkerhetsbälten**
- **Lastutrymme**
- **Övrigt**

Vanliga anmärkningar:
Skadad vindruta
Vassa kanter
Glappa gångjärn

Stomme

- **Sidobalk**
- **Tvärbalk**
- **Golv**
- **Hjulhus**
- **Övrigt**

Vanliga anmärkningar:
Rostskador i sidobalkar, golv och hjulhus

Hjulsystem

- **Däck**
- **Stötdämpare**
- **Hjullager**
- **Spindelleder**
- **Länkarm fram bak**
- **Fjäder**
- **Fjädersäte**
- **Övrigt**

Vanliga anmärkningar:
Glapp i spindelleder
Utslitna däck
Dåliga stötdämpare
Rostskadade fjädersäten
Brustna fjädrar
Rostskadade länkarms-infästningar

Bromssystem

- **Fotbroms fram bak rörelseres.**
- **Bromsrör**
- **Bromsslang**
- **Handbroms**
- **Övrigt**

Vanliga anmärkningar:
Otillräcklig bromsverkan på handbromsen
Ojämn bromsverkan på fotbromsen
Anliggande bromsar på fotbromsen
Rostskadade bromsrör
Skadade bromsslangar

1 Kontroller som utförs från förarsätet

Handbroms

☐ Kontrollera att handbromsen fungerar ordentligt utan för stort spel i spaken. För stort spel tyder på att bromsen eller bromsvajern är felaktigt justerad.

☐ Kontrollera att handbromsen inte kan läggas ur genom att spaken förs åt sidan. Kontrollera även att handbromsspaken är ordentligt monterad.

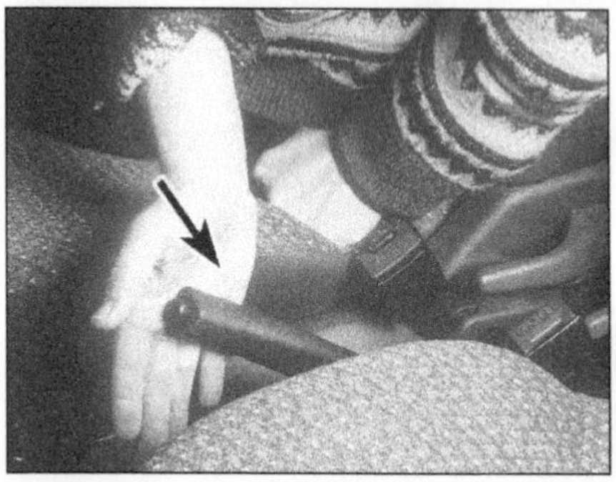

Fotbroms

☐ Tryck ner bromspedalen och håll den nedtryckt i ca 30 sek. Kontrollera att den inte sjunker ner mot golvet, vilket tyder på fel på huvudcylindern. Släpp pedalen, vänta ett par sekunder och tryck sedan ner den igen. Om pedalen tar långt ner måste broms-arna justeras eller repareras. Om pedalens rörelse känns "svampig" finns det luft i bromssystemet som då måste luftas.

☐ Kontrollera att bromspedalen sitter fast ordentligt och att den är i bra skick. Kontrollera även om det finns tecken på oljeläckage på bromspedalen, golvet eller mattan eftersom det kan betyda att packningen i huvudcylindern är trasig.

☐ Om bilen har bromsservo kontrolleras denna genom att man upprepade gånger trycker ner bromspedalen och sedan startar motorn med pedalen nertryckt. När motorn startar skall pedalen sjunka något. Om inte kan vakuumslangen eller själva servoenheten vara trasig.

Ratt och rattstång

☐ Känn efter att ratten sitter fast. Undersök om det finns några sprickor i ratten eller om några delar på den sitter löst.

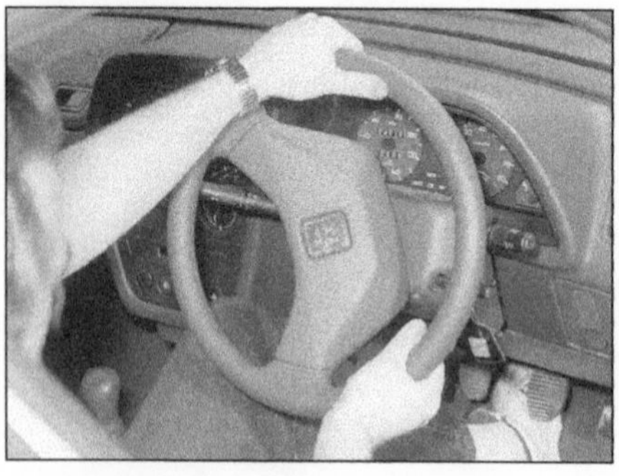

☐ Rör på ratten uppåt, nedåt och i sidled. Fortsätt att röra på ratten samtidigt som du vrider lite på den från vänster till höger.

☐ Kontrollera att ratten sitter fast ordentligt på rattstången, vilket annars kan tyda på slitage eller att fästmuttern sitter löst. Om ratten går att röra onaturligt kan det tyda på att rattstångens bärlager eller kopplingar är slitna.

Rutor och backspeglar

☐ Vindrutan måste vara fri från sprickor och andra skador som kan vara irriterande eller hindra sikten i förarens synfält. Sikten får inte heller hindras av t.ex. ett färgat eller reflekterande skikt. Samma regler gäller även för de främre sidorutorna.

☐ Backspeglarna måste sitta fast ordentligt och vara hela och ställbara.

Säkerhetsbälten och säten

Observera: *Kom ihåg att alla säkerhetsbälten måste kontrolleras - både fram och bak.*

☐ Kontrollera att säkerhetsbältena inte är slitna, fransiga eller trasiga i väven och att alla låsmekanismer och rullmekanismer fungerar obehindrat. Se även till att alla infästningar till säkerhetsbältena sitter säkert.

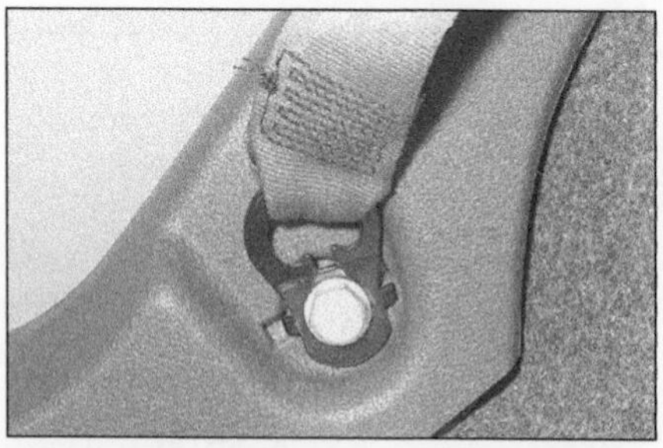

☐ Framsätena måste vara ordentligt fastsatta och om de är fällbara måste de vara låsbara i uppfällt läge.

Dörrar

☐ Framdörrarna måste gå att öppna och stänga från både ut- och insidan och de måste gå ordentligt i lås när de är stängda. Gångjärnen ska sitta säkert och inte glappa eller kärva onormalt.

2 Kontroller som utförs med bilen på marken

Registreringsskyltar

☐ Registreringsskyltarna måste vara väl synliga och lätta att läsa av, d v s om bilen är mycket smutsig kan det ge en anmärkning.

Elektrisk utrustning

☐ Slå på tändningen och kontrollera att signalhornet fungerar och att det avger en jämn ton.

☐ Kontrollera vindrutetorkarna och vindrutespolningen. Svephastigheten får inte vara extremt låg, svepytan får inte vara för liten och torkarnas viloläge ska inte vara inom förarens synfält. Byt ut gamla och skadade torkarblad.

☐ Kontrollera att strålkastarna fungerar och att de är rätt inställda. Reflektorerna får inte vara skadade, lampglasen måste vara hela och lamporna måste vara ordentligt fastsatta. Kontrollera även att bromsljusen fungerar och att det inte krävs högt pedaltryck för att tända dem. (Om du inte har någon medhjälpare kan du kontrollera bromsljusen genom att backa upp bilen mot en garageport, vägg eller liknande reflekterande yta.)

☐ Kontrollera att blinkers och varningsblinkers fungerar och att de blinkar i normal hastighet. Parkeringsljus och bromsljus får inte påverkas av blinkers. Om de påverkas beror detta oftast på jordfel. Se också till att alla övriga lampor på bilen är hela och fungerar som de ska och att t.ex. extraljus inte är placerade så att de skymmer föreskriven belysning.

☐ Se även till att batteri, elledningar, reläer och liknande sitter fast ordentligt och att det inte föreligger någon risk för kortslutning

Fotbroms

☐ Undersök huvudbromscylindern, bromsrören och servoenheten. Leta efter läckage, rost och andra skador.

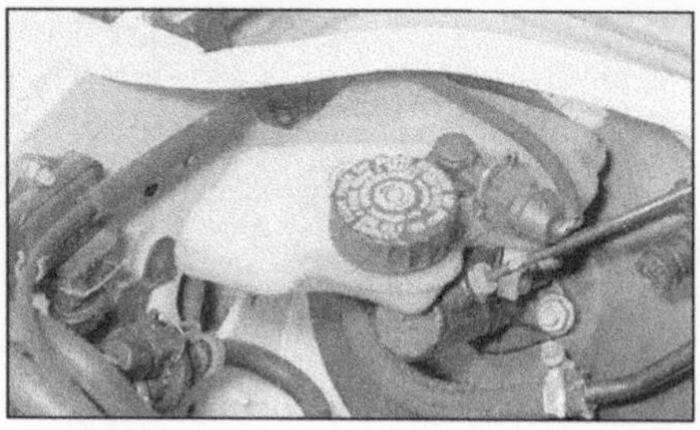

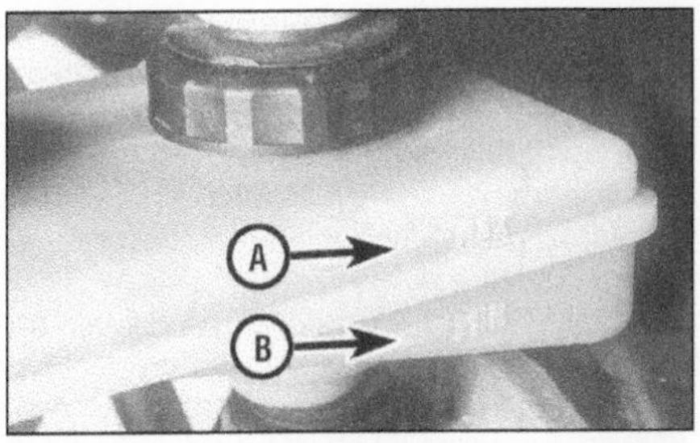

□ Bromsvätskebehållaren måste sitta fast ordentligt och vätskenivån skall vara mellan max- (A) och min- (B) markeringarna.

□ Undersök båda främre bromsslangarna efter sprickor och förslitningar. Vrid på ratten till fullt rattutslag och se till att bromsslangarna inte tar i någon del av styrningen eller upphängningen. Tryck sedan ner bromspedalen och se till att det inte finns några läckor eller blåsor på slangarna under tryck.

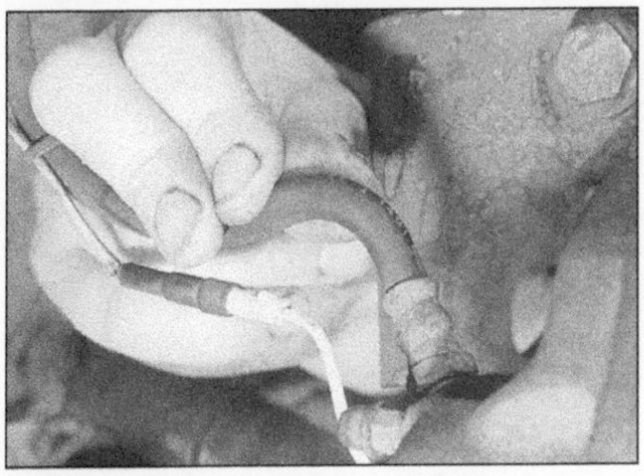

Styrning

□ Be någon vrida på ratten så att hjulen vrids något. Kontrollera att det inte är för stort spel mellan rattutslaget och styrväxeln vilket kan tyda på att rattstångslederna, kopplingen mellan rattstången och styrväxeln eller själva styrväxeln är sliten eller glappar.

□ Vrid sedan ratten kraftfullt åt båda hållen så att hjulen vrids något. Undersök då alla damasker, styrleder, länksystem, rörkopplingar och anslutningar/fästen. Byt ut alla delar som verkar utslitna eller skadade. På bilar med servostyrning skall servopumpen, drivremmen och slangarna kontrolleras.

Stötdämpare

□ Tryck ned hörnen på bilen i tur och ordning och släpp upp. Bilen skall gunga upp och sedan gå tillbaka till ursprungsläget. Om bilen

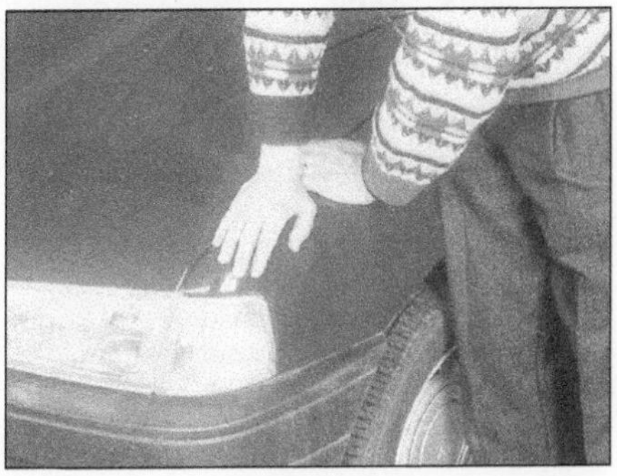

fortsätter att gunga är stötdämparna dåliga. Stötdämpare som kärvar påtagligt gör också att bilen inte klarar besiktningen. (Observera att stötdämpare kan saknas på vissa fjädersystem.)

□ Kontrollera också att bilen står rakt och ungefär i rätt höjd.

Avgassystem

□ Starta motorn medan någon håller en trasa över avgasröret och kontrollera sedan att avgassystemet inte läcker. Reparera eller byt ut de delar som läcker.

Kaross

□ Skador eller korrosion/rost som utgörs av vassa eller i övrigt farliga kanter med risk för personskada medför vanligtvis att bilen måste repareras och ombesiktas. Det får inte heller finnas delar som sitter påtagligt löst.

□ Det är inte tillåtet att ha utskjutande detaljer och anordningar med olämplig utformning eller placering (prydnadsföremål, antennfästen, viltfångare och liknande).

□ Kontrollera att huvlås och säkerhetsspärr fungerar och att gångjärnen inte sitter löst eller på något vis är skadade.

□ Se också till att stänkskydden täcker däckens slitbana i sidled.

3 Kontroller som utförs med bilen upphissad och med fria hjul

Lyft upp både fram- och bakvagnen och ställ bilen på pallbockar. Placera pallbockarna så att de inte tar i fjäderupphängningen. Se till att hjulen inte tar i marken och att de går att vrida till fullt rattutslag. Om du har begränsad utrustning går det naturligtvis bra att lyfta upp en ände i taget.

Styrsystem

□ Be någon vrida på ratten till fullt rattutslag. Kontrollera att alla delar i styrningen går mjukt och att ingen del av styrsystemet tar i någonstans.

□ Undersök kuggstångsdamaskerna så att de inte är skadade eller att metallklämmorna glappar. Om bilen är utrustad med servostyrning ska slangar, rör och kopplingar kontrolleras så att de inte är skadade eller

läcker. Kontrollera också att styrningen inte är onormalt trög eller kärvar. Undersök länkarmar, krängningshämmare, styrstag och styrleder och leta efter glapp och rost.

□ Se även till att ingen saxpinne eller liknande låsmekanism saknas och att det inte finns gravrost i närheten av någon av styrmekanismens fästpunkter.

Upphängning och hjullager

□ Börja vid höger framhjul. Ta tag på sidorna av hjulet och skaka det kraftigt. Se till att det inte glappar vid hjullager, spindelleder eller vid upphängningens infästningar och leder.

□ Ta nu tag upptill och nedtill på hjulet och upprepa ovanstående. Snurra på hjulet och undersök hjullagret angående missljud och glapp.

□ Om du misstänker att det är för stort spel vid en komponents led kan man kontrollera detta genom att använda en stor skruvmejsel eller liknande och bända mellan infästningen och komponentens fäste. Detta visar om det är bussningen, fästskruven eller själva infästningen som är sliten (bulthålen kan ofta bli uttänjda).

□ Kontrollera alla fyra hjulen.

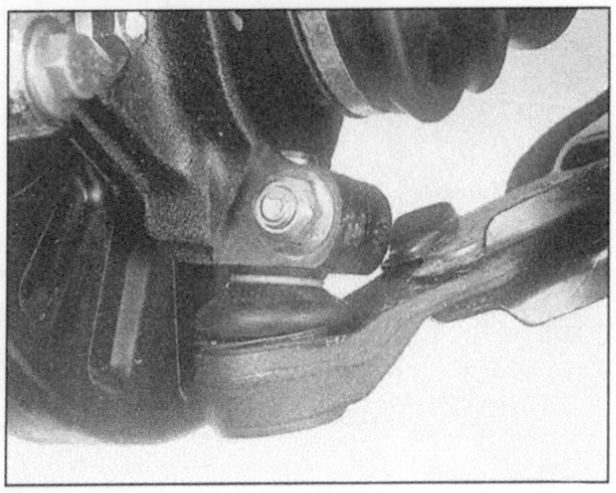

□ Undersök fjäderbenen (där så är tillämpligt) angående större läckor, korrosion eller skador i godset. Kontrollera också att fästena sitter säkert.

□ Om bilen har spiralfjädrar, kontrollera att dessa sitter korrekt i fjädersätena och att de inte är utmattade, rostiga, spruckna eller av.

□ Om bilen har bladfjädrar, kontrollera att alla bladen är hela, att axeln är ordentligt fastsatt mot fjädrarna och att fjäderöglorna, bussningarna och upphängningarna inte är slitna.

□ Liknande kontroll utförs på bilar som har annan typ av upphängning såsom torsionfjädrar, hydraulisk fjädring etc. Se till att alla infästningar och anslutningar är säkra och inte utslitna, rostiga eller skadade och att den hydrauliska fjädringen inte läcker olja eller på annat sätt är skadad.

□ Kontrollera att stötdämparna inte läcker och att de är hela och oskadade i övrigt samt se till att bussningar och fästen inte är utslitna.

Drivning

□ Snurra på varje hjul i tur och ordning. Kontrollera att driv-/kardanknutar inte är lösa, glappa, spruckna eller skadade. Kontrollera också att skyddsbälgarna är intakta och att driv-/kardanaxlar är ordentligt fastsatta, raka och oskadade. Se även till att inga andra detaljer i kraftöverföringen är glappa, lösa, skadade eller slitna.

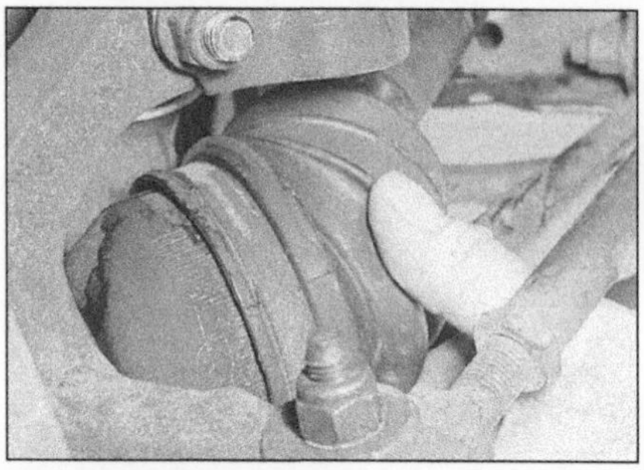

Bromssystem

□ Om det är möjligt utan isärtagning, kontrollera hur bromsklossar och bromsskivor ser ut. Se till att friktionsmaterialet på bromsbeläggen (A) inte är slitet under 2 mm och att bromsskivorna (B) inte är spruckna, gropiga, repiga eller utslitna.

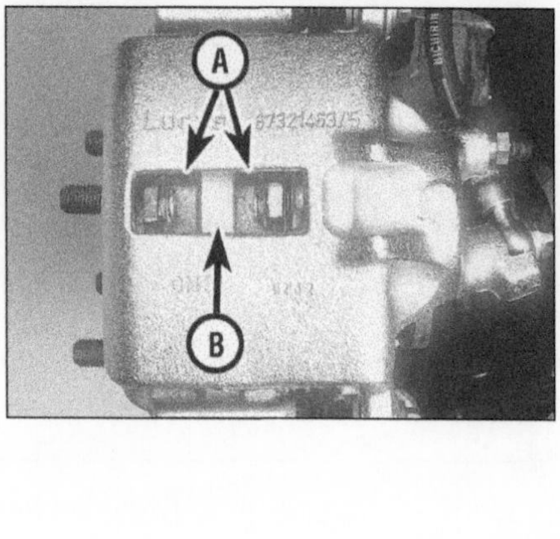

□ Undersök alla bromsrör under bilen och bromsslangarna bak. Leta efter rost, skavning och övriga skador på ledningarna och efter tecken på blåsor under tryck, skavning, sprickor och förslitning på slangarna. (Det kan vara enklare att upptäcka eventuella sprickor på en slang om den böjs något.)

□ Leta efter tecken på läckage vid bromsoken och på bromssköldarna. Reparera eller byt ut delar som läcker.

□ Snurra sakta på varje hjul medan någon trycker ned och släpper upp bromspedalen. Se till att bromsen fungerar och inte ligger an när pedalen inte är nedtryckt.

□ Undersök handbromsmekanismen och kontrollera att vajern inte har fransat sig, är av eller väldigt rostig eller att länksystemet är utslitet eller glappar. Se till att handbromsen fungerar på båda hjulen och inte ligger an när den läggs ur.

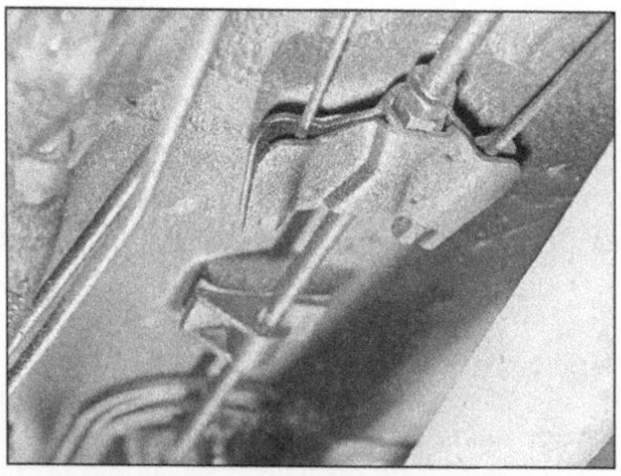

□ Det är inte möjligt att prova bromsverkan utan specialutrustning, men man kan göra ett körtest och prova att bilen inte drar åt något håll vid en kraftig inbromsning.

Bränsle- och avgassystem

□ Undersök bränsletanken (inklusive tanklock och påfyllningshals), fastsättning, bränsleledningar, slangar och anslutningar. Alla delar måste sitta fast ordentligt och får inte läcka.

□ Granska avgassystemet i hela dess längd beträffande skadade, avbrutna eller saknade upphängningar. Kontrollera systemets skick beträffande rost och se till att rörklämmorna är säkert monterade. Svarta sotavlagringar på avgassystemet tyder på ett annalkande läckage.

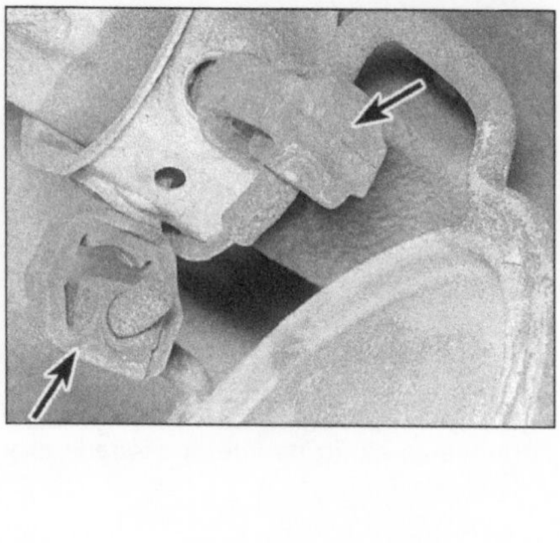

□ Undersök i tur och ordning däcksidorna och slitbanorna på alla däcken. Kontrollera att det inte finns några skärskador, revor eller bulor och att korden inte syns p g a utslitning eller skador. Kontrollera att däcket är korrekt monterat på fälgen och att hjulet inte är deformerat eller skadat.

□ Se till att det är rätt storlek på däcken för bilen, att det är samma storlek och däcktyp på samma axel och att det är rätt lufttryck i däcken. Se också till att inte ha dubbade och odubbade däck blandat. (Dubbade däck får användas under vinterhalvåret, från 1 oktober till första måndagen efter påsk.)

□ Kontrollera mönsterdjupet på däcken – minsta tillåtna mönsterdjup är 1,6 mm. Onormalt däckslitage kan tyda på felaktig framhjulsinställning.

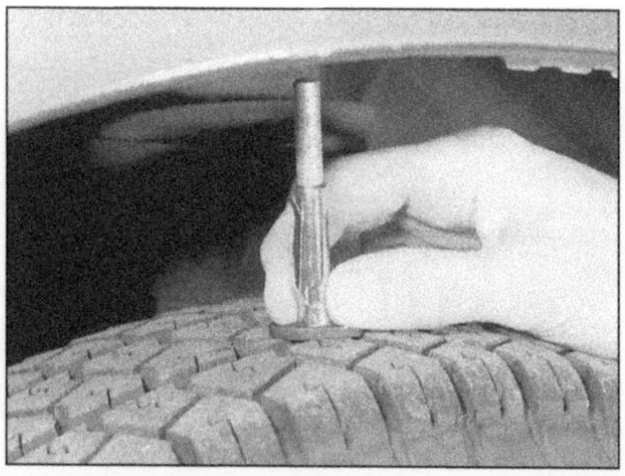

Korrosion

□ Undersök alla bilens bärande delar efter rost. (Bärande delar innefattar underrede, tröskellådor, tvärbalkar, stolpar och all upphängning, styrsystemet, bromssystemet samt bältesinfästningarna.) Rost som avsevärt har reducerat tjockleken på en bärande yta medför troligtvis en tvåa i besiktningsprotokollet. Sådana skador kan ofta vara svåra att reparera själv.

□ Var extra noga med att kontrollera att inte rost har gjort det möjligt för avgaser att tränga in i kupén. Om så är fallet kommer fordonet ovillkorligen inte att klara besiktningen och dessutom utgör det en stor trafik- och hälsofara för dig och dina passagerare.

4 Kontroller som utförs på bilens avgassystem

Bensindrivna modeller

□ Starta motorn och låt den bli varm. Se till att tändningen är rätt inställd, att luftfiltret är rent och att motorn går bra i övrigt.

□ Varva först upp motorn till ca 2500 varv/min och håll den där i ca 20 sekunder. Låt den sedan gå ner till tomgång och iaktta avgasutsläppen från avgasröret. Om tomgången är onaturligt hög eller om tät blå eller klart synlig svart rök kommer ut med avgaserna i mer än 5 sekunder så kommer bilen antagligen inte att klara besiktningen. I regel tyder blå rök på att motorn är sliten och förbränner olja medan svart rök tyder på att motorn inte förbränner bränslet ordentligt (smutsigt luftfilter eller annat förgasar- eller bränslesystemfel).

☐ Vad som då behövs är ett instrument som kan mäta koloxid (CO) och kolväten (HC). Om du inte har möjlighet att låna eller hyra ett dylikt instrument kan du få hjälp med det på en verkstad för en mindre kostnad.

CO- och HC-utsläpp

☐ För närvarande är högsta tillåtna gränsvärde för CO- och HC-utsläpp för bilar av årsmodell 1989 och senare (d v s bilar med katalysator enligt lag) 0,5% CO och 100 ppm HC.

På tidigare årsmodeller testas endast CO-halten och följande gränsvärden gäller:

årsmodell 1985-88	3,5% CO
årsmodell 1971-84	4,5% CO
årsmodell -1970	5,5% CO.

Bilar av årsmodell 1987-88 med frivilligt monterad katalysator bedöms enligt 1989 års komponentkrav men 1985 års utsläppskrav.

☐ Om CO-halten inte kan reduceras tillräckligt för att klara besiktningen (och bränsle- och tändningssystemet är i bra skick i övrigt) ligger problemet antagligen hos förgasaren/bränsleinsprutningsystemet eller katalysatorn (om monterad).

☐ Höga halter av HC kan orsakas av att motorn förbränner olja men troligare är att motorn inte förbränner bränslet ordentligt.

Dieseldrivna modeller

☐ Det enda testet för avgasutsläpp på dieseldrivna bilar är att man mäter röktätheten. Testet innebär att man varvar motorn kraftigt upprepade gånger.

Observera: *Det är oerhört viktigt att motorn är rätt inställd innan provet genomförs.*

☐ Mycket rök kan orsakas av ett smutsigt luftfilter. Om luftfiltret inte är smutsigt men bilen ändå avger mycket rök kan det vara nödvändigt att söka experthjälp för att hitta orsaken.

5 Körtest

☐ Slutligen, provkör bilen. Var extra uppmärksam på eventuella missljud, vibrationer och liknande.

☐ Om bilen har automatväxellåda, kontrollera att den endast går att starta i lägena P och N. Om bilen går att starta i andra växellägen måste växelväljarmekanismen justeras.

☐ Kontrollera också att hastighetsmätaren fungerar och inte är missvisande.

☐ Se till att ingen extrautrustning i kupén, t ex biltelefon och liknande, är placerad så att den vid en eventuell kollision innebär ökad risk för personskada.

☐ Gör en hastig inbromsning och kontrollera att bilen inte drar åt något håll. Om kraftiga vibrationer känns vid inbromsning kan det tyda på att bromsskivorna är skeva och bör bytas eller fräsas om. (Inte att förväxlas med de låsningsfria bromsarnas karakteristiska vibrationer.)

☐ Om vibrationer känns vid acceleration, hastighetsminskning, vid vissa hastigheter eller hela tiden, kan det tyda på att drivknutar eller drivaxlar är slitna eller defekta, att hjulen eller däcken är felaktiga eller skadade, att hjulen är obalanserade eller att styrleder, upphängningens leder, bussningar eller andra komponenter är slitna.

Motor

- ☐ Motorn går inte runt vid startförsök
- ☐ Motorn går runt men startar inte
- ☐ Motorn är svårstartad när den är kall
- ☐ Motorn är svårstartad när den är varm
- ☐ Startmotorn låter för högt eller roterar ojämnt
- ☐ Motorn startar men stannar omedelbart
- ☐ Ojämn tomgång
- ☐ Motorn misständer vid tomgång
- ☐ Motorn misständer på alla växlar
- ☐ Motorn tvekar vid acceleration
- ☐ Motorstopp
- ☐ Motorn saknar kraft
- ☐ Motorn baktänder
- ☐ Oljetryckslampan är tänd när motorn är igång
- ☐ Motorn fortsätter att gå även sedan tändningen är frånslagen
- ☐ Missljud från motorn

Kylsystem

- ☐ Överhettning
- ☐ För kall motor
- ☐ Utvändigt kylvätskeläckage
- ☐ Invändigt kylvätskeläckage
- ☐ Korrosion

Bränsle- och avgassystem

- ☐ Hög bränsleförbrukning
- ☐ Bränsleläckage och/eller bränslelukt
- ☐ Högt ljud eller mycket rök från avgassystemet

Koppling

- ☐ Pedalen går ner till golvet - inget tryck eller för litet motstånd
- ☐ Kopplingen kopplar ej ur (växel kan ej väljas)
- ☐ Kopplingen slirar (varvtalet ökar utan att körhastigheten ökar)
- ☐ Vibration när kopplingspedalen släpps upp
- ☐ Missljud när kopplingen trycks ner eller släpps upp

Manuell växellåda

- ☐ Missljud i neutralläge med motorn i gång
- ☐ Missljud i speciell växel
- ☐ Svårt att lägga i växel
- ☐ Växel hoppar ur
- ☐ Vibration
- ☐ Oljeläckage

Automatväxellåda

- ☐ Oljeläckage
- ☐ Oljan är brun eller luktar bränt
- ☐ Problem att växla
- ☐ Växellådan växlar inte ner (kickdown) när gaspedalen är fullt nedtryckt
- ☐ Motorn startar inte i något växelläge, eller i startar i andra lägen än Park eller Neutral
- ☐ Växellådan slirar, växlar ojämnt, har för högt ljud eller driver inte framåt eller bakåt

Drivaxlar

- ☐ Klickande eller knackande ljud vid kurvtagning (vid låg hastighet med fullt utslag)
- ☐ Vibration vid acceleration eller inbromsning

Bromssystem

- ☐ Bilen drar åt ett håll vid inbromsning
- ☐ Missljud (skrapande eller skarpt gnisslande) när bromsar läggs an
- ☐ För stort spel i bromspedalen
- ☐ Bromspedalen känns "svampig"
- ☐ För stort pedaltryck erfordras för att stanna bilen
- ☐ Vibrationer i pedal eller ratt vid inbromsning
- ☐ Bromsarna kärvar
- ☐ Bakhjulen låser sig under normal inbromsning

Fjädring och styrning

- ☐ Bilen drar åt ena hållet
- ☐ Hjulen vobblar eller vibrerar
- ☐ Bilen lutar eller kränger vid svängning eller inbromsning
- ☐ Bilen vandrar på vägen, allmänt instabil
- ☐ Styrningen går tungt
- ☐ För stort spel i ratten
- ☐ Dålig servoverkan
- ☐ Kraftigt däckslitage

Elsystem

- ☐ Batteriet håller inte laddning mer än några dagar
- ☐ Laddningslampan är tänd medan motorn är igång
- ☐ Laddningslampan tänds inte alls
- ☐ Lysen tänds inte
- ☐ Instrument ger felaktiga eller oregelbundna utslag
- ☐ Signalhornet fungerar otillfredsställande eller inte alls
- ☐ Vindrute-/bakrutetorkarna fungerar otillfredsställande eller inte alls
- ☐ Vindrute-/bakrutespolarna fungerar otillfredsställande eller inte alls
- ☐ Elfönsterhissar fungerar otillfredsställande eller inte alls
- ☐ Centrallåset fungerar otillfredsställande eller inte alls

Inledning

Den bilägare som underhåller sin bil enligt rekommendationerna bör inte behöva använda detta avsnitt i boken särskilt ofta. Moderna komponenter är så pass pålitliga, att förutsatt att delar som är speciellt utsatta för slitage kontrolleras och byts vid angivna tidpunkter, uppstår plötsliga fel mycket sällan. Det är över huvud taget ganska ovanligt att fel uppstår utan förvarning, de utvecklas oftast under en tidsperiod. I synnerhet större mekaniska fel föregås i regel av varningar under hundratals eller t.o.m. tusentals kilometer. De komponenter som ibland går sönder utan förvarning är oftast små och lätta att ha med sig i bilen.

All felsökning inleds med att man bestämmer var man skall börja. Ibland är det helt självklart men vid andra tillfällen kan det krävas lite detektivarbete. Den bilägare som gör ett halvdussin justeringar och komponentbyten på måfå, kan mycket väl ha lagat felet (eller tagit bort symptomen) men om felet återkommer är han inte klokare och kan ha använt mer tid och pengar än nödvändigt. Att lugnt och logiskt ta sig an problemet kommer att visa sig vara långt mer tillfredsställande i längden. Var uppmärksam på alla varningssignaler och allt onormalt som kan ha noterats innan felet uppstod – kraftförlust, höga eller låga mätarvisningar, ovanliga ljud eller lukter, etc. – och kom ihåg att trasiga säkringar eller defekta tändstift kan vara symptom på annat fel.

Följande sidor är tänkta som hjälp vid de tillfällen då bilen inte startar eller då den går sönder på vägen. Sådana problem, och möjliga orsaker, är ordnade under rubriker avseende olika komponenter eller system, exempelvis Motor, Kylsystem, etc. Det kapitel som redogör för problemet anges inom parentes. Oavsett felets art gäller vissa grundprinciper. Dessa är följande:

Definiera felet. Det handlar helt enkelt om att vara säker på att man vet vilka symptomen är innan man börjar arbeta. Det är speciellt viktigt om man undersöker ett fel för någon annans räkning och som kanske inte beskrivit felet tillräckligt väl.

Förbise inte det självklara. Om fordonet t.ex. inte vill starta, finns det bränsle i tanken? (Lita inte på någons ord i detta speciella fall och lita inte heller på bränslemätaren!) Om felet är elektriskt, leta efter lösa eller trasiga ledningar innan du tar fram testutrustningen.

Eliminera felet, inte symptomet. Att byta ett urladdat batteri mot ett fulladdat kan lösa problemen för stunden, men om någonting annat egentligen utgör problemet kommer samma sak att hända även med ett nytt batteri. På samma sätt hjälper det att byta ut oljiga tändstift (bensinmotorer) mot en omgång nya, men kom ihåg att orsaken (om det helt enkelt inte berodde på felaktiga tändstift) måste fastställas och åtgärdas.

Ta ingenting för givet. Tänk speciellt på att även en "ny" komponent kan vara defekt (speciellt om den har skramlat runt i bagageutrymmet i flera månader) och bortse inte från att kontrollera komponenter bara för att de är nya eller har bytts ut nyligen. När man till slut hittar ett besvärligt fel, inser man ofta att alla indikationerna fanns där redan från början.

Motor

Motorn går inte runt vid startförsök

- ☐ Batterianslutningarna lösa eller korroderade (*Veckokontroller*).
- ☐ Batteriet urladdat eller defekt (kapitel 5A).
- ☐ Kablar i startkretsen lösa eller skadade (kapitel 5A).
- ☐ Fel på startsolenoid eller kontakt (kapitel 5A).
- ☐ Defekt startmotor (kapitel 5A).
- ☐ Lösa eller trasiga kuggar på startmotordrev eller svänghjul (kapitel 2A, 2B, 2C och 5A).
- ☐ Motorns jordkabel lös eller defekt (kapitel 5A).

Motorn går runt men startar inte

- ☐ Inget bränsle i tanken.
- ☐ Batteriet urladdat (motorn går runt långsamt) (kapitel 5A).
- ☐ Batterianslutningarna lösa eller korroderade (*Veckokontroller*).
- ☐ Fuktiga eller trasiga komponenter i tändsystemet - bensinmotorer (kapitel 1 och 5B).
- ☐ Trasiga, glappa eller losskopplade ledningar i tändsystemet - bensinmotorer (kapitel 1 och 5B).
- ☐ Slitna eller felaktiga tändstift, eller felaktigt elektrodavstånd - bensinmotorer (kapitel 1).
- ☐ Förvärmningssystemet defekt - dieselmotorer (kapitel 5C).
- ☐ Fel i bränsleinsprutningen - bensinmotorer (kapitel 4A eller 4B).
- ☐ Bränsleavstängningsventil defekt - dieselmotorer (kapitel 4C).
- ☐ Luft i bränslesystemet - dieselmotorer (kapitel 4C).
- ☐ Större mekaniskt fel (t.ex. kamdrivningen) (kapitel 2A, 2B eller 2C).

Motorn är svårstartad när den är kall

- ☐ Batteriet urladdat (kapitel 5A).
- ☐ Batterianslutningarna lösa eller korroderade (*Veckokontroller*).
- ☐ Slitna eller felaktiga tändstift, eller felaktigt elektrodavstånd - bensinmotorer (kapitel 1).
- ☐ Förvärmningssystemet defekt - dieselmotorer (kapitel 5C).
- ☐ Fel i bränsleinsprutningen - bensinmotorer (kapitel 4A eller 4B).
- ☐ Andra fel i tändsystemet - bensinmotorer (kapitel 1 och 5B).
- ☐ Snabbtomgångsventilen felaktigt justerad - dieselmotorer (kapitel 4C).
- ☐ Låg kompression (kapitel 2A eller 2B).

Motorn är svårstartad när den är varm

- ☐ Smutsigt eller igensatt luftfilter (kapitel 1).
- ☐ Fel i bränsleinsprutningssystemet - bensinmotorer (kapitel 4A eller 4B).
- ☐ Låg cylinderkompression (kapitel 2A eller 2B).

Startmotorn låter för högt eller roterar ojämnt

- ☐ Lösa eller trasiga kuggar på startmotordrev eller svänghjul (kapitel 2A, 2B och 5A).
- ☐ Startmotorns fästbultar saknas eller sitter löst (kapitel 5A).
- ☐ Startmotorns inre komponenter slitna eller skadade (kapitel 5A).

Motorn startar men stannar omedelbart

- ☐ Lösa eller felaktiga elektriska anslutningar i tändsystemet - bensinmotorer (kapitel 1 och 5B).
- ☐ Vakuumläckage i gasspjällhus eller insugsgrenrör - bensinmotorer (kapitel 4A eller 4B).
- ☐ Igensatt spridare/fel i bränsleinsprutningssystemet - bensinmotorer (kapitel 4A eller 4B).

Ojämn tomgång

- ☐ Luftfiltret igensatt (kapitel 1).
- ☐ Vakuumläckage vid gasspjällhus, insugsgrenrör eller tillhörande slangar - bensinmotorer (kapitel 4A eller 4B).
- ☐ Slitna eller felaktiga tändstift, eller felaktigt elektrodavstånd - bensinmotorer (kapitel 1).
- ☐ Ojämn eller låg cylinderkompression (kapitel 2A eller 2B).
- ☐ Kamaxelns nockar slitna (kapitel 2A eller 2B).
- ☐ Kamremmen felaktigt spänd (kapitel 2A eller 2B).
- ☐ Igensatt spridare/fel i bränsleinsprutningssystemet - bensinmotorer (kapitel 4A eller 4B).
- ☐ Defekt(a) spridare - dieselmotorer (kapitel 4C).

Motorn misständer vid tomgång

- ☐ Slitna eller felaktiga tändstift, eller felaktigt elektrodavstånd - bensinmotorer (kapitel 1).
- ☐ Defekta tändkablar - bensinmotorer (kapitel 1).
- ☐ Vakuumläckage i gasspjällhus, inloppsrör eller tillhörande slangar - bensinmotorer (kapitel 4A eller 4B).
- ☐ Igensatt spridare/fel i bränsleinsprutningssystemet - bensinmotorer (kapitel 4A eller 4B).
- ☐ Defekt(a) spridare - dieselmotorer (kapitel 4C).
- ☐ Sprucket strömfördelarlock eller inre spårbildning - bensinmotorer (i förekommande fall) (kapitel 1).
- ☐ Ojämn eller låg kompression (kapitel 2A eller 2B).
- ☐ Lösa, läckande eller åldrade slangar i vevhusventilationen (kapitel 4D).

Motor (forts)

Motorn misständer på alla växlar

- ☐ Igensatt bränslefilter (kapitel 1).
- ☐ Defekt bränslepump, eller lågt bränsletryck – bensinmotorer (kapitel 4A eller 4B).
- ☐ Bränsletankens ventilation igensatt, eller fel på bränsleledningar (kapitel 4A, 4B eller 4C).
- ☐ Vakuumläckage i gasspjällhus, insugsgrenrör eller tillhörande slangar – bensinmotorer (kapitel 4A eller 4B).
- ☐ Defekta tändstift, eller felaktigt elektrodavstånd – bensinmotorer (kapitel 1).
- ☐ Defekta tändkablar – bensinmotorer (kapitel 1).
- ☐ Defekt(a) spridare – dieselmotorer (kapitel 4C).
- ☐ Sprucket strömfördelarlock eller inre spårbildning – bensinmotorer (där tillämpligt) (kapitel 1).
- ☐ Defekt tändspole – bensinmotorer (kapitel 5B).
- ☐ Ojämn eller låg cylinderkompression (kapitel 2A eller 2B).
- ☐ Igensatt spridare/fel i bränsleinsprutningssystemet – bensinmotorer (kapitel 4A eller 4B).

Motorn tvekar vid acceleration

- ☐ Slitna eller felaktiga tändstift, eller felaktigt elektrodavstånd – bensinmotorer (kapitel 1).
- ☐ Vakuumläckage i gasspjällhus, insugsgrenrör eller tillhörande slangar – bensinmotorer (kapitel 4A eller 4B).
- ☐ Igensatt spridare/fel i bränsleinsprutningssystemet – bensinmotorer (kapitel 4A eller 4B).
- ☐ Defekt(a) spridare – dieselmotorer (kapitel 4C).

Motorstopp

- ☐ Vakuumläckage i spjällhus, inloppsrör eller tillhörande slangar – bensinmotorer (kapitel 4A eller 4B).
- ☐ Igensatt bränslefilter (kapitel 1).
- ☐ Defekt bränslepump, eller lågt bränsletryck – bensinmotorer (kapitel 4A eller 4B).
- ☐ Bränsletankens ventilation igensatt, eller bränsleledningar igensatta (kapitel 4A, 4B eller 4C).
- ☐ Igensatt spridare/fel i bränsleinsprutningssystemet – bensinmotorer (kapitel 4A eller 4B).
- ☐ Defekt(a) spridare – dieselmotorer (kapitel 4C).

Motorn saknar kraft

- ☐ Kamrem felaktigt monterad eller felaktigt spänd (kapitel 2A eller 2B).
- ☐ Igensatt bränslefilter (kapitel 1).
- ☐ Defekt bränslepump, eller lågt bränsletryck – bensinmotorer (kapitel 4A eller 4B).
- ☐ Ojämn eller låg cylinderkompression (kapitel 2A eller 2B).
- ☐ Slitna eller felaktiga tändstift, eller felaktigt elektrodavstånd – bensinmotorer (kapitel 1).
- ☐ Vakuumläckage vid gasspjällhus, insugsgrenrör eller tillhörande slangar – bensinmotorer (kapitel 4A eller 4B).
- ☐ Igensatt spridare/fel i bränsleinsprutningssystemet – bensinmotorer (kapitel 4A eller 4B).
- ☐ Defekt(a) spridare – dieselmotorer (kapitel 4C).
- ☐ Insprutningspumpen felaktigt inställd – dieselmotorer (kapitel 4C).
- ☐ Bromsarna ligger an (kapitel 1 och 9).
- ☐ Kopplingen slirar (kapitel 6).

Motorn baktänder

- ☐ Kamrem felaktigt monterad eller fel spänd (kapitel 2A eller 2B).
- ☐ Vakuumläckage vid gasspjällhus, insugsgrenrör eller tillhörande slangar – bensinmotorer (kapitel 4A eller 4B).
- ☐ Igensatt spridare/fel i bränsleinsprutningssystemet – bensinmotorer (kapitel 4A eller 4B).

Oljetryckslampan är tänd när motorn är i gång

- ☐ Lågt oljetryck, eller fel oljekvalitet (*Veckokontroller*).
- ☐ Slitna lager i motorn och/eller sliten oljepump (kapitel 2C).
- ☐ För hög drifttemperatur i motorn (kapitel 3).
- ☐ Defekt oljetrycksventil (kapitel 2A eller 2B).
- ☐ Oljepick-up igensatt (kapitel 2A eller 2B).

Motorn fortsätter att gå även sedan tändningen är frånslagen

- ☐ Sotavlagringar i motorn (kapitel 2C).
- ☐ För hög drifttemperatur i motorn (kapitel 3).
- ☐ Fel i bränsleinsprutningssystemet – bensinmotorer (kapitel 4A eller 4B).
- ☐ Defekt bränsleavstängningsventil – dieselmotorer (kapitel 4C).

Missljud från motorn

För tidig tändning (spikning) vid acceleration eller vid belastning

- ☐ Felaktig tändningsinställning/defekt tändsystem – bensinmotorer (kapitel 1 och 5B).
- ☐ Fel typ av tändstift – bensinmotorer (kapitel 1).
- ☐ Fel bränslekvalitet (kapitel 1).
- ☐ Vakuumläckage i gasspjällhus, insugsgrenrör eller tillhörande slangar – bensinmotorer (kapitel 4A eller 4B).
- ☐ Sotavlagringar i motorn (kapitel 2C).
- ☐ Igensatt spridare/fel i bränsleinsprutningssystemet – bensinmotorer (kapitel 4A eller 4B).

Visslande eller väsande ljud

- ☐ Läckande packning till insugsgrenrör eller gasspjällhus – bensinmotorer (kapitel 4A eller 4B).
- ☐ Läckande avgasgrenrörspackning eller läcka i skarven mellan grenrör och avgasrör (kapitel 4A, 4B eller 4C).
- ☐ Läckande vakuumslang (kapitel 4A, 4B, 4C, 5B och 9).
- ☐ Läckande topplockspackning (kapitel 2A eller 2B).

Lätt knackning eller skrammel

- ☐ Sliten ventilstyrning eller kamaxel (kapitel 2A eller 2B).
- ☐ Defekt hjälpaggregat (t.ex. vattenpump, generator) (kapitel 3, 5A, etc).

Knackning eller slag

- ☐ Slitna vevlager (regelbunden kraftig knackning, eventuellt mindre vid belastning) (kapitel 2C).
- ☐ Slitna ramlager (dovt malande eller knackande, möjligen tilltagande vid belastning) (kapitel 2C).
- ☐ Kolvslammer (mest vid kall motor) (kapitel 2C).
- ☐ Defekt hjälpaggregat (t.ex. vattenpump, generator) (kapitel 3, 5A, etc).

Kylsystem

Överhettning

- ☐ För lite kylvätska i kylsystemet (*Veckokontroller*).
- ☐ Termostat ur funktion (kapitel 3).
- ☐ Kylaren igensatt invändigt eller grillen blockerad (kapitel 3).
- ☐ Defekt kylfläkt eller termostatkontakt (kapitel 3).
- ☐ Defekt lock på expansionskärlet (kapitel 3).
- ☐ Inkorrekt tändningsinställning eller fel i tändsystemet – bensinmotorer (kapitel 1 och 5B).
- ☐ Defekt temperaturgivare (kapitel 3).
- ☐ Luft i kylsystemet (kapitel 1).

För kall motor

- ☐ Termostat ur funktion (kapitel 3).
- ☐ Defekt temperaturgivare (kapitel 3).

Utvändigt kylvätskeläckage

- ☐ Åldrade eller skadade slangar eller slangklämmor (kapitel 1).
- ☐ Kylare eller värmepaket läcker (kapitel 3).
- ☐ Defekt lock på expansionskärlet (kapitel 3).
- ☐ Läckage i vattenpumpens tätning (kapitel 3).
- ☐ Kylvätskan kokar beroende på överhettning (kapitel 3).
- ☐ Läckage vid frostplugg (kapitel 2C).

Invändigt kylvätskeläckage

- ☐ Läckande topplockspackning (kapitel 2A eller 2B).
- ☐ Spricka i topplock eller motorblock (kapitel 2A eller 2B).

Korrosion

- ☐ Otillräcklig avtappning och spolning (kapitel 1).
- ☐ Fel kylvätskeblandning eller fel typ av frostskyddsvätska (kapitel 1).

Bränsle- och avgassystem

Hög bränsleförbrukning

- ☐ Smutsigt eller igensatt luftfilter (kapitel 1).
- ☐ Fel i insprutningssystemet – bensinmotorer (kapitel 4A eller 4B).
- ☐ Defekt(a) spridare – dieselmotorer (kapitel 4C).
- ☐ Inkorrekt tändningsinställning eller defekt i tändsystemet – bensinmotorer (kapitel 1 och 5B).
- ☐ För lågt lufttryck i däcken (*Veckokontroller*).

Bränsleläckage och/eller bränslelukt

- ☐ Skada på bränsletank, rör eller anslutningar (kapitel 4).

Högt ljud eller mycket rök från avgassystemet

- ☐ Läcka i avgassystem eller grenrörsskarvar (kapitel 1 och 4A, 4B eller 4C).
- ☐ Läckage, rost eller skada på ljuddämpare eller avgasrör (kapitel 1 och 4A, 4B eller 4C).
- ☐ Trasiga fästen som orsakar beröring med chassi eller fjädring (kapitel 1).

Koppling

Pedalen går ner till golvet – inget tryck eller för litet motstånd

- ☐ Trasig kopplingsvajer – vajerdriven koppling (kapitel 6).
- ☐ Inkorrekt justerad kopplingsvajer/defekt automatisk justering – vajerdriven koppling (kapitel 6).
- ☐ Brist på hydraulvätska/luft i hydraulsystemet – hydraulisk koppling
- ☐ Trasigt urtrampningslager eller -gaffel (kapitel 6).
- ☐ Trasig solfjäder i tryckplattan (kapitel 6).

Kopplingen kopplar ej ur (växel kan ej väljas)

- ☐ Inkorrekt justerad kopplingsvajer/defekt automatisk justering – vajerdriven koppling (kapitel 6).
- ☐ Defekt huvud- eller slavcylinder – hydraulisk koppling (kapitel 6).
- ☐ För mycket hydraulvätska i systemet – hydraulisk koppling (kapitel 6)
- ☐ Lamellcentrum fastnar på splines på växellådans ingående axel (kapitel 6).
- ☐ Lamellcentrum fastnar på svänghjulet eller tryckplattan (kapitel 6).
- ☐ Defekt tryckplatta (kapitel 6).
- ☐ Urtrampningsmekanismen är sliten eller felaktigt hopsatt (kapitel 6).

Kopplingen slirar (varvtalet ökar utan att körhastigheten ökar)

- ☐ Inkorrekt justerad kopplingsvajer/defekt automatisk justering – vajerdriven koppling (kapitel 6).
- ☐ För mycket hydarulvätska i systemet – hydraulisk koppling
- ☐ Kopplingslamellens belägg är slitna (kapitel 6).
- ☐ Kopplingslamellens belägg förorenade med olja (kapitel 6).
- ☐ Tryckplattan defekt eller solfjädern försvagad (kapitel 6).

Vibration när kopplingspedalen släpps upp

- ☐ Kopplingslamellens belägg förorenade med olja eller fett (kapitel 6).
- ☐ Kopplingslamellens belägg är slitna (kapitel 6).
- ☐ Kopplingsvajern fastnar eller är sliten – vajerdriven koppling (kapitel 6).
- ☐ Tryckplatta eller solfjäder sliten eller defekt (kapitel 6).
- ☐ Slitna eller lösa motor-/växellådsfästen (kapitel 2A eller 2B).
- ☐ Slitna splines på lamellen eller växellådans ingående axel (kapitel 6).

Missljud när kopplingen trycks ner eller släpps upp

- ☐ Slitet urtrampningslager (kapitel 6).
- ☐ Pedalbussningar slitna eller torra (kapitel 6).
- ☐ Tryckplattan är defekt (kapitel 6).
- ☐ Tryckplattans solfjäder trasig (kapitel 6).
- ☐ Lamellens dämpfjädrar trasiga (kapitel 6).

Manuell växellåda

Missljud i neutralläge med motorn igång

- ☐ Lager till ingående axel slitna (ljudet hörs mest när kopplingspedalen är uppsläppt).*
- ☐ Urtrampningslager slitet (ljudet hörs mest när kopplingspedalen är nedtryckt, ev. inte lika mycket när den släpps upp) (kapitel 6).

Missljud i speciell växel

- ☐ Kuggar slitna eller skadade (kapitel 7A).*

Svårt att lägga i växel

- ☐ Defekt koppling (kapitel 6).
- ☐ Slitet eller skadat växellänkage/vajer (kapitel 7A).
- ☐ Felaktigt justerat växellänkage/vajer (kapitel 7A).
- ☐ Slitna synkroniseringsdetaljer (kapitel 7A).*

Växel hoppar ur

- ☐ Slitet eller skadat växellänkage/vajer (kapitel 7A).
- ☐ Felaktigt justerat växellänkage (kapitel 7A).
- ☐ Slitna synkroniseringsdetaljer (kapitel 7A).*
- ☐ Slitna växelväljargafflar (kapitel 7A).*

Vibration

- ☐ Oljebrist (kapitel 1).
- ☐ Slitna lager (kapitel 7A).*

Oljeläckage

- ☐ Differentialens utgående oljetätning läcker (kapitel 7A).
- ☐ Läckage vid växellådshusets fog (kapitel 7A).*
- ☐ Läckande oljetätning vid ingående axeln (kapitel 7A).*

**Att åtgärda de problem som beskrivs ovan ligger utanför vad hemmamekanikern vanligtvis klarar av. Informationen kan dock vara till hjälp när man försöker ringa in orsaken till problemet och det är viktigt att korrekt information förmedlas till yrkesmekanikern.*

Automatväxellåda

Observera: *På grund av en automatväxellådas komplexa uppbyggnad är det svårt för hemmamekanikern att korrekt felsöka och serva enheten. För andra problem än de som anges här, bör bilen tas till en VW-verkstad eller annan specialist. Ha inte för bråttom med att demontera växellådan vid misstänkt felfunktion. De flesta tester utförs med växellådan på plats i bilen.*

Oljeläckage

- ☐ Automatväxellådsolja är vanligtvis mörkröd. Läckande växellådsolja skall inte förväxlas med motorolja vilken lätt kan stänka på växellådan.
- ☐ För att leta reda på läckagekällan, torka bort all smuts från växellådan och angränsande ytor med fettlösande medel eller ångtvätt. Kör bilen med låg hastighet så att luftströmmen inte blåser bort den läckande oljan från källan. Lyft bilen och palla upp den för att kunna se var läckaget kommer ifrån. Vid följande områden kan läckage förekomma:
  - *a) Växellådans oljesump (kapitel 1 och 7B).*
  - *b) Mätstickans rör (kapitel 1 och 7B).*
  - *c) Rör/anslutningar mellan växellåda och oljekylare (kapitel 7B).*

Oljan är brun eller luktar bränt

- ☐ Låg oljenivå i växellådan, eller oljan behöver bytas (kapitel 1).

Problem att växla

- ☐ Kapitel 7B behandlar kontroll och inställning av växelväljarvajern på automatväxellådor. Nedanstående problem förekommer ofta när växelväljarvajern är defekt:
  - *a) Motorn startar i andra växellägen än Parkering eller Neutral.*
  - *b) Växelväljarpanelen indikerar annan växel än den som ligger i.*
  - *c) Bilen rör sig i Parkerings- eller Neutralläge.*
  - *d) Växlar dåligt eller oregelbundet.*
- ☐ Se beskrivning i kapitel 7B beträffande inställning av växelväljarvajer.

Växellådan växlar inte ner (kickdown) när gaspedalen är fullt nedtryckt

- ☐ Låg oljenivå i växellådan (kapitel 1).
- ☐ Växelväljarvajern är felaktigt inställd (kapitel 7B).

Motorn startar inte i något växelläge, eller startar i andra lägen än Park och Neutral

- ☐ Växelväljarvajern är felaktigt inställd (kapitel 7B).

Växellådan slirar, växlar ojämnt, lever om mer än vanligt, eller saknar drivning framåt eller bakåt

- ☐ Det kan finnas åtskilliga orsaker till ovanstående problem men amatörmekanikern skall endast bekymra sig om en enda – växellådans oljenivå. Kontrollera nivå och kvalitet på oljan innan bilen ställs in på verkstad, se kapitel 1. Fyll på växellådsolja, eller byt olja och oljefilter vid behov. Uppsök en auktoriserad verkstad om felet kvarstår.

Drivaxlar

Klickande eller knackande ljud vid kurvtagning (vid låg hastighet med fullt utslag)

- ☐ Brist på smörjmedel i drivknuten, kanske på grund av skadad damask (kapitel 8).
- ☐ Sliten yttre drivknut (kapitel 8).

Vibration vid acceleration eller inbromsning

- ☐ Sliten drivknut (kapitel 8).
- ☐ Böjd eller skev drivaxel (kapitel 8).

Bromssystem

Observera: *Innan bromsfel konstateras, kontrollera att däcken är i gott skick, har rätt lufttryck, att framhjulen är rätt inställda, och att fordonet inte är ojämnt lastat. Om problem uppstår med ABS-systemet kan hemmamekanikern kontrollera rör- och slanganslutningar, men alla övriga problem bör överlåtas till en VW-verkstad.*

Bilen drar åt ett håll vid inbromsning

- ☐ Slitna, skadade eller smutsiga främre eller bakre bromsbelägg på ena sidan (kapitel 1 och 9).
- ☐ Helt eller delvis kärvande kolv i främre bromsok/hjulcylinder (kapitel 1 och 9).
- ☐ Olika typer av bromsklossar/-backar är monterade på de två sidorna (kapitel 1 och 9).
- ☐ Bromsokets eller bromssköldens fästbultar är lösa (kapitel 9).
- ☐ Slitna eller skadade komponenter i styrning eller fjädring (kapitel 1 och 10).

Missljud (skrapande eller skarpt gnisslande) när bromsarna läggs an

- ☐ Belägg på bromskloss eller bromsback slitna ner till metallbotten (kapitel 1 och 9).
- ☐ Rost på bromsskivor eller bromstrumma – kan förekomma när bilen har stått stilla under en tid (kapitel 1 och 9).
- ☐ Främmande föremål (sten, etc) har fastnat mellan bromsskiva och sköld (kapitel 1 och 9).

För stort spel i bromspedalen

- ☐ Självjusteringsmekanismen på bakre broms ur funktion – trumbromsar (kapitel 1 och 9).
- ☐ Defekt huvudcylinder (kapitel 9).
- ☐ Luft i bromssystemet (kapitel 1 och 9).
- ☐ Defekt servo (kapitel 9).

Pedalen känns "svampig"

- ☐ Luft i bromssystemet (kapitel 1 och 9).
- ☐ Dåliga bromsslangar (kapitel 1 och 9).
- ☐ Lösa muttrar till huvudcylinderns fästen (kapitel 9).
- ☐ Defekt huvudcylinder (kapitel 9).

För stort pedaltryck erfordras för att stanna bilen

- ☐ Defekt servo (kapitel 9).
- ☐ Defekt vakuumpump – dieselmotorer (kapitel 9).
- ☐ Servoslangen är frånkopplad, skadad eller lös (kapitel 9).
- ☐ Fel i primära eller sekundära hydraulkretsen (kapitel 9).
- ☐ Kolv(ar) kärvar i bromsok eller hjulcylindrar (kapitel 9).
- ☐ Bromsklossar eller bromsbackar är felaktigt monterade (kapitel 1 och 9).
- ☐ Bromsklossar eller bromsbackar är av felaktig typ (kapitel 1 och 9).
- ☐ Bromsklossar eller bromsbackar är förorenade (kapitel 1 och 9).

Vibrationer i pedal eller ratt vid inbromsning

- ☐ Skev eller skadad bromsskiva/bromstrumma (kapitel 1 och 9).
- ☐ Slitna belägg på bromsklossar eller bromsbackar (kapitel 1 och 9).
- ☐ Bromsokets eller bromssköldens skruvar är lösa (kapitel 9).
- ☐ Slitna eller skadade komponenter i styrning eller fjädring (kapitel 1 och 10).

Bromsarna kärvar

- ☐ Kolv(ar) kärvar i bromsok eller hjulcylinder (kapitel 9).
- ☐ Felaktig justering av handbroms (kapitel 9).
- ☐ Defekt huvudcylinder (kapitel 9).

Bakhjulen låser sig under normal inbromsning

- ☐ Belägg på bakre bromsbackar nedsmutsade (kapitel 1 och 9).
- ☐ Defekt bromstryckregulator (kapitel 9).

Fjädring och styrning

Observera: *Innan fel i fjädring eller styrning antas, kontrollera om problemet är orsakat av felaktigt lufttryck i däcken, olika typer av däck eller kärvande bromsar.*

Bilen drar åt ena hållet

- ☐ Defekt däck (*Veckokontroller*).
- ☐ Slitna komponenter i fjädring eller styrning (kapitel 1 och 10).
- ☐ Felaktig framhjulsinställning (kapitel 10).
- ☐ Felaktig symmetri på grund av krockskada (kapitel 1).

Hjulen vobblar eller vibrerar

- ☐ Framhjulen är obalanserade (vibrationen känns mest genom ratten) (kapitel 1 och 10).
- ☐ Bakhjulen är obalanserade (vibrationen känns i hela bilen) (kapitel 1 och 10).
- ☐ Skeva eller skadade hjul (kapitel 1 och 10).
- ☐ Defekt eller skadat däck (*Veckokontroller*).
- ☐ Slitna styrleder, spindelleder, bussningar eller andra komponenter (kapitel 1 och 10).
- ☐ Lösa hjulbultar (kapitel 1 och 10).

Bilen lutar eller kränger vid svängning eller inbromsning

- ☐ Defekta stötdämpare (kapitel 1 och 10).
- ☐ Trasiga eller försvagade spiralfjädrar och/eller fjädringskomponenter (kapitel 1 och 10).
- ☐ Sliten eller skadad krängningshämmare, eller slitna eller skadade fästen (kapitel 10).

Bilen vandrar på vägen, allmänt instabil

- ☐ Felaktig framhjulsinställning (kapitel 10).
- ☐ Slitna styrleder, spindelleder, bussningar eller andra komponenter (kapitel 1 och 10).
- ☐ Obalanserade hjul (kapitel 1 och 10).
- ☐ Defekt eller skadat däck (*Veckokontroller*).
- ☐ Lösa hjulbultar (kapitel 1 och 10).
- ☐ Defekta stötdämpare (kapitel 1 och 10).

Styrningen går tungt

- ☐ Styrväxeln bristfälligt smord (kapitel 10).
- ☐ Kärvande styrled eller spindelled (kapitel 1 och 10).
- ☐ Avsliten eller felaktigt justerad drivrem – servostyrning (kapitel 1).
- ☐ Felaktig framhjulsinställning (kapitel 10).
- ☐ Styrväxel eller rattstång böjd eller skadad (kapitel 10).

Fjädring och styrning (forts)

För stort spel i ratten

- ☐ Sliten kardanknut i rattstångens mellanaxel (kapitel 10).
- ☐ Slitna styrleder (kapitel 1 och 10).
- ☐ Sliten styrväxel (kapitel 10).
- ☐ Slitna styrleder, spindelleder, bussningar eller andra komponenter (kapitel 1 och 10).

Dålig servoverkan

- ☐ Trasig eller felaktigt spänd drivrem (kapitel 1).
- ☐ Felaktig vätskenivå i servostyrningssystemet (*Veckokontroller*).
- ☐ Igensatta servoslangar (kapitel 1).
- ☐ Defekt servostyrningspump (kapitel 10).
- ☐ Defekt styrväxel (kapitel 10).

Kraftigt däckslitage

Däcken slits på inner- eller ytterkanterna

- ☐ För lågt lufttryck i däcken (slitage på båda kanterna) (*Veckokontroller*).
- ☐ Felaktig camber- eller castervinkel (slitage på en kant) (kapitel 10).
- ☐ Slitna styrleder, spindelleder, bussningar eller andra komponenter (kapitel 1 och 10).
- ☐ För hård kurvtagning.
- ☐ Skada efter krock.

Däckmönstret är fransat

- ☐ Felaktig toe-inställning (kapitel 10).

Slitage på däckets mitt

- ☐ För högt lufttryck i däcken (*Veckokontroller*).

Slitage på däckets inner- och ytterkanter

- ☐ För lågt lufttryck i däcken (*Veckokontroller*).

Ojämnt däckslitage

- ☐ Hjul/däck obalanserade (kapitel 1).
- ☐ Hjul eller däck skevt (kapitel 1).
- ☐ Slitna stötdämpare (kapitel 1 och 10).
- ☐ Defekt däck (*Veckokontroller*).

Elsystem

Observera: *Beträffande fel i startsystemet, se "Motor" som beskrivits tidigare i detta avsnitt.*

Batteriet håller inte laddning mer än några dagar

- ☐ Inre fel i batteriet (kapitel 5A).
- ☐ Batterianslutningarna lösa eller korroderade (*Veckokontroller*).
- ☐ Generatorns drivrem är sliten eller feljusterad (kapitel 1).
- ☐ Generatorn laddar inte vid korrekt effekt (kapitel 5A).
- ☐ Fel i generator eller spänningsregulator (kapitel 5A).
- ☐ Kortslutning som orsakar kontinuerlig belastning på batteriet (kapitel 5A och 12).

Laddningslampan är tänd medan motorn är igång

- ☐ Drivremmen är trasig, sliten eller feljusterad (kapitel 1).
- ☐ Generatorns borstar är slitna, smutsiga eller kärvar (kapitel 5A).
- ☐ Generatorns borstfjädrar är svaga eller trasiga (kapitel 5A).
- ☐ Inre fel i generator eller spänningsregulator (kapitel 5A).
- ☐ Trasigt, losskopplat eller glappt kablage i laddningskretsen (kapitel 5A).

Laddningslampan tänds inte alls

- ☐ Trasig glödlampa (kapitel 12).
- ☐ Glappt, losskopplat eller trasigt kablage i varningslampans krets (kapitel 12).
- ☐ Defekt generator (kapitel 5A).

Lysen tänds inte

- ☐ Trasig glödlampa (kapitel 12).
- ☐ Korrosion på glödlampa eller på kontakterna i glödlampsfäste (kapitel 12).
- ☐ Trasig säkring (kapitel 12).
- ☐ Defekt relä (kapitel 12).
- ☐ Glappt, losskopplat eller trasigt kablage (kapitel 12).
- ☐ Brytaren defekt (kapitel 12).

Instrument ger felaktiga eller oregelbundna utslag

Instrumentutslag ökar med motorns varvtal

- ☐ Defekt spänningsregulator (kapitel 12).

Bränsle- eller temperaturmätare ger inget utslag

- ☐ Defekt givare (kapitel 3 och 4A, 4B eller 4C).
- ☐ Kretsbrott (kapitel 12).
- ☐ Defekt mätare (kapitel 12).

Bränsle- eller temperaturmätare ger max utslag hela tiden

- ☐ Defekt givare (kapitel 3 och 4A, 4B eller 4C).
- ☐ Kortslutning (kapitel 12).
- ☐ Defekt mätare (kapitel 12).

Signalhornet fungerar otillfredsställande eller inte alls

Signalhornet ljuder hela tiden

- ☐ Signalhornsknappen är jordad eller har fastnat (kapitel 12).
- ☐ Signalhornsvajer jordad (kapitel 12).

Signalhornet fungerar inte

- ☐ Trasig säkring (kapitel 12).
- ☐ Lösa anslutningar eller kabelbrott (kapitel 12).
- ☐ Defekt signalhorn (kapitel 12).

Signalhornet avger stötvis eller otillfredsställande ljud

- ☐ Lösa anslutningar (kapitel 12).
- ☐ Signalhornets fästen är lösa (kapitel 12).
- ☐ Defekt signalhorn (kapitel 12).

Elsystem (forts)

Vindrute-/bakrutetorkarna fungerar otillfredsställande eller inte alls

Torkarna fungerar inte alls, eller väldigt långsamt

- ☐ Torkarbladen fastnar på rutan, eller länkaget kärvar (kapitel 1 och 12).
- ☐ Trasig säkring (kapitel 12).
- ☐ Lösa anslutningar eller kabelbrott (kapitel 12).
- ☐ Defekt relä (kapitel 12).
- ☐ Defekt torkarmotor (kapitel 12).

Torkarbladen rengör för stor eller för liten yta på rutan

- ☐ Felaktigt monterad torkararm (kapitel 1).
- ☐ Slitet torkarlänkage (kapitel 12).
- ☐ Motor- eller länkagefästen lösa eller dåligt monterade (kapitel 12).

Torkarbladen gör inte ren rutan

- ☐ Slitna torkarblad (*Veckokontroller*).
- ☐ Trasig spännfjäder till torkararm, eller kärvande axeltapp (kapitel 12).
- ☐ Felaktig styrka på spolarvätskan (*Veckokontroller*).

Vindrute-/bakrutespolarna fungerar otillfredsställande eller inte alls

Ett eller flera spolarmunstycken fungerar inte

- ☐ Igensatt munstycke (kapitel 1).
- ☐ Vätskeslangen lös, veckad eller igensatt (kapitel 12).
- ☐ För lite spolarvätska i behållaren (*Veckokontroller*).

Spolarpumpen fungerar inte

- ☐ Lösa anslutningar eller kabelbrott (kapitel 12).
- ☐ Trasig säkring (kapitel 12).
- ☐ Defekt spolarreglage (kapitel 12).
- ☐ Defekt spolarpump (kapitel 12).

Spolarpumpen måste gå ett tag innan spolarvätskan kommer fram

- ☐ Defekt backventil i slangen (kapitel 12).

Elfönsterhissar fungerar otillfredsställande eller inte alls

Rutan rör sig endast i en riktning

- ☐ Defekt kontakt (kapitel 12).

Rutan rör sig långsamt

- ☐ Skadad eller kärvande regulator, behöver ev smörjas (kapitel 11).
- ☐ Regulatorn hindras av komponenter i dörren (kapitel 11).
- ☐ Defekt motor (kapitel 11).

Rutan rör sig inte

- ☐ Trasig säkring (kapitel 12).
- ☐ Defekt relä (kapitel 12).
- ☐ Lösa anslutningar eller kabelbrott (kapitel 12).
- ☐ Defekt motor (kapitel 11).

Centrallåset fungerar otillfredsställande eller inte alls

Systemet fungerar inte alls

- ☐ Trasig säkring (kapitel 12).
- ☐ Defekt relä (kapitel 12).
- ☐ Lösa anslutningar eller kabelbrott (kapitel 12).
- ☐ Defekt vakuumpump (kapitel 11).

Låskolven går i lås men kan inte öppnas, eller vice versa

- ☐ Defekt brytare (kapitel 12).
- ☐ Trasiga eller lösa länkstag (kapitel 11).
- ☐ Defekt relä (kapitel 12).
- ☐ Defekt vakuumpump (kapitel 11).

En solenoid/motor fungerar inte

- ☐ Lösa anslutningar eller kabelbrott (kapitel 12).
- ☐ Defekt solenoid/motor (kapitel 11).
- ☐ Trasiga, kärvande eller lösa länkstag (kapitel 11).
- ☐ Defekt låskolv (kapitel 11).

A

ABS (Anti-lock brake system) Låsningsfria bromsar. Ett system, vanligen elektroniskt styrt, som känner av påbörjande låsning av hjul vid inbromsning och lättar på hydraultrycket på hjul som ska till att låsa.

Air bag (krockkudde) En uppblåsbar kudde dold i ratten (på förarsidan) eller instrumentbrädan eller handskfacket (på passagerarsidan) Vid kollision blåses kuddarna upp vilket hindrar att förare och framsätespassagerare kastas in i ratt eller vindruta.

Ampere (A) En måttenhet för elektrisk ström. 1 A är den ström som produceras av 1 volt gående genom ett motstånd om 1 ohm.

Anaerobisk tätning En massa som används som gänglås. Anaerobisk innebär att den inte kräver syre för att fungera.

Antikärvningsmedel En pasta som minskar risk för kärvning i infästningar som utsätts för höga temperaturer, som t.ex. skruvar och muttrar till avgasrenrör. Kallas även gängskydd.

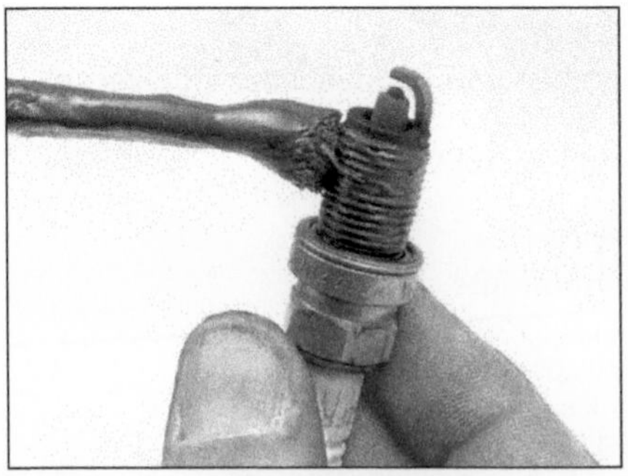

Antikärvningsmedel

Asbest Ett naturligt fibröst material med stor värmetolerans som vanligen används i bromsbelägg. Asbest är en hälsorisk och damm som alstras i bromsar ska aldrig inandas eller sväljas.

Avgasgrenrör En del med flera passager genom vilka avgaserna lämnar förbränningskamrarna och går in i avgasröret.

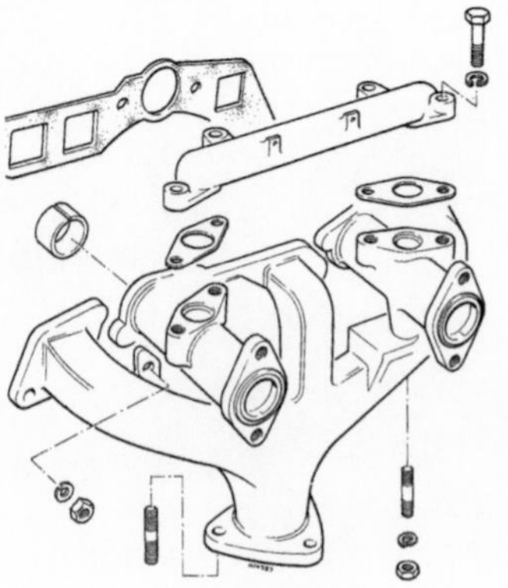

Avgasgrenrör

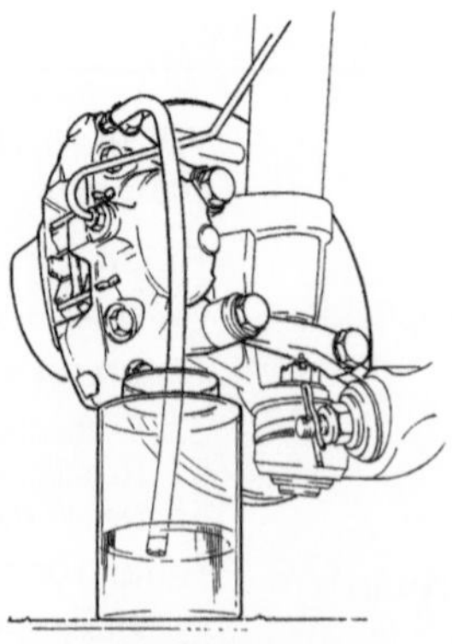

Avluftning av bromsarna

Avluftning av bromsar Avlägsnande av luft från hydrauliskt bromssystem.

Avluftningsnippel En ventil på ett bromsok, hydraulcylinder eller annan hydraulisk del som öppnas för att tappa ur luften i systemet.

Axel En stång som ett hjul roterar på, eller som roterar inuti ett hjul. Även en massiv balk som håller samman två hjul i bilens ena ände. En axel som även överför kraft till hjul kallas drivaxel.

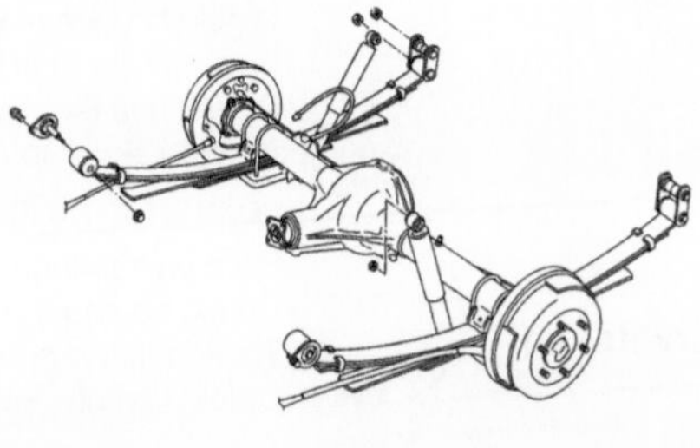

Axel

Axialspel Rörelse i längdled mellan två delar. För vevaxeln är det den distans den kan röra sig framåt och bakåt i motorblocket.

B

Belastningskänslig fördelningsventil En styrventil i bromshydrauliken som fördelar bromseffekten, med hänsyn till bakaxelbelastningen.

Bladmått Ett tunt blad av härdat stål, slipat till exakt tjocklek, som används till att mäta spel mellan delar.

Bladmått

Bromsback Halvmåneformad hållare med fastsatt bromsbelägg som tvingar ut beläggen i kontakt med den roterande bromstrumman under inbromsning.

Bromsbelägg Det friktionsmaterial som kommer i kontakt med bromsskiva eller bromstrumma för att minska bilens hastighet. Beläggen är limmade eller nitade på bromsklossar eller bromsbackar.

Bromsklossar Utbytbara friktionsklossar som nyper i bromsskivan när pedalen trycks ned. Bromsklossar består av bromsbelägg som limmats eller nitats på en styv bottenplatta.

Bromsok Den icke roterande delen av en skivbromsanordning. Det grenslar skivan och håller bromsklossarna. Oket innehåller även de hydrauliska delar som tvingar klossarna att nypa skivan när pedalen trycks ned.

Bromsskiva Den del i en skivbromsanordning som roterar med hjulet.

Bromstrumma Den del i en trumbromsanordning som roterar med hjulet.

C

Caster I samband med hjulinställning, lutningen framåt eller bakåt av styrningens axialled. Caster är positiv när styrningens axialled lutar bakåt i överkanten.

CV-knut En typ av universalknut som upphäver vibrationer orsakade av att drivkraft förmedlas genom en vinkel.

D

Diagnostikkod Kodsiffror som kan tas fram genom att gå till diagnosläget i motorstyrningens centralenhet. Koden kan användas till att bestämma i vilken del av systemet en felfunktion kan förekomma.

Draghammare Ett speciellt verktyg som skruvas in i eller på annat sätt fästs vid en del som ska dras ut, exempelvis en axel. Ett tungt glidande handtag dras utmed verktygsaxeln mot ett stopp i änden vilket rycker avsedd del fri.

Drivaxel En roterande axel på endera sidan differentialen som ger kraft från slutväxeln till drivhjulen. Även varje axel som används att överföra rörelse.

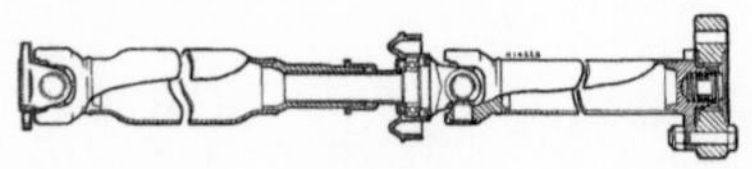

Drivaxel

Drivrem(mar) Rem(mar) som används till att driva tillbehörsutrustning som generator, vattenpump, servostyrning, luftkonditioneringskompressor mm, från vevaxelns remskiva.

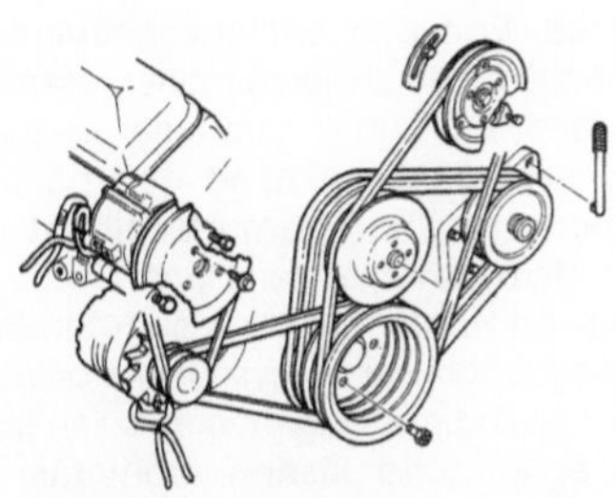
Drivremmar till extrautrustning

Dubbla överliggande kamaxlar (DOHC) En motor försedd med två överliggande kamaxlar, vanligen en för insugsventilerna och en för avgasventilerna.

E

EGR-ventil Avgasåtercirkulationsventil. En ventil som för in avgaser i insugsluften.

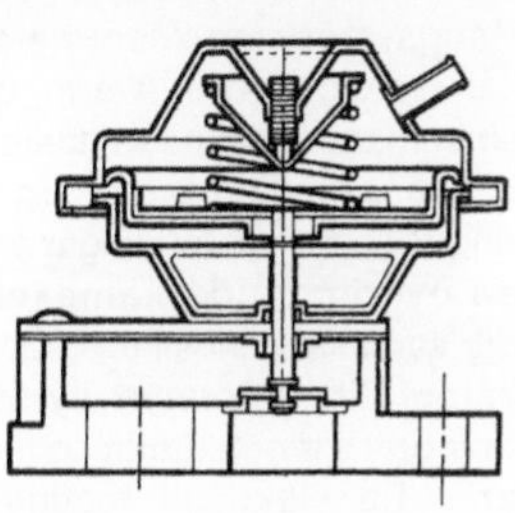
Ventil för avgasåtercirkulation (EGR)

Elektrodavstånd Den distans en gnista har att överbrygga från centrumelektroden till sidoelektroden i ett tändstift.

Justering av elektrodavståndet

Elektronisk bränsleinsprutning (EFI) Ett datorstyrt system som fördelar bränsle till förbränningskamrarna via insprutare i varje insugsport i motorn.
Elektronisk styrenhet En dator som exempelvis styr tändning, bränsleinsprutning eller låsningsfria bromsar.

F

Finjustering En process där noggranna justeringar och byten av delar optimerar en motors prestanda.
Fjäderben Se MacPherson-ben.
Fläktkoppling En viskös drivkoppling som medger variabel kylarfläkthastighet i förhållande till motorhastigheten.
Frostplugg En skiv- eller koppformad metallbricka som monterats i ett hål i en gjutning där kärnan avlägsnats.
Frostskydd Ett ämne, vanligen etylenglykol, som blandas med vatten och fylls i bilens kylsystem för att förhindra att kylvätskan fryser vintertid. Frostskyddet innehåller även kemikalier som förhindrar korrosion och rost och andra avlagringar som skulle kunna blockera kylare och kylkanaler och därmed minska effektiviteten.
Fördelningsventil En hydraulisk styrventil som begränsar trycket till bakbromsarna vid panikbromsning så att hjulen inte låser sig.
Förgasare En enhet som blandar bränsle med luft till korrekta proportioner för önskad effekt från en gnistantänd förbränningsmotor.

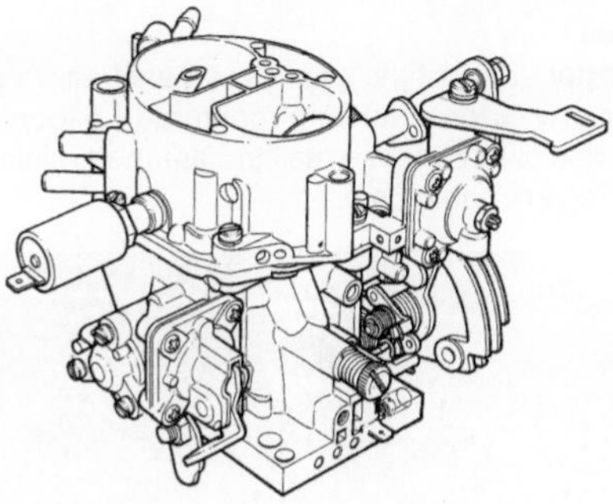
Förgasare

G

Generator En del i det elektriska systemet som förvandlar mekanisk energi från drivremmen till elektrisk energi som laddar batteriet, som i sin tur driver startsystem, tändning och elektrisk utrustning.

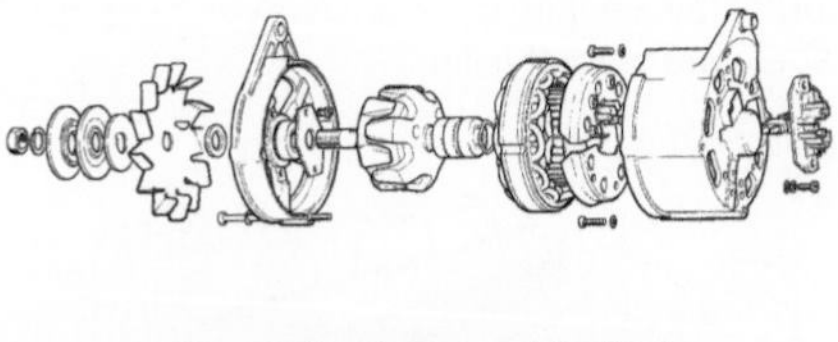
Generator (genomskärning)

Glidlager Den krökta ytan på en axel eller i ett lopp, eller den del monterad i endera, som medger rörelse mellan dem med ett minimum av slitage och friktion.
Gängskydd Ett täckmedel som minskar risken för gängskärning i bultförband som utsätts för stor hetta, exempelvis grenrörets bultar och muttrar. Kallas även antikärvningsmedel.

H

Handbroms Ett bromssystem som är oberoende av huvudbromsarnas hydraulikkrets. Kan användas till att stoppa bilen om huvudbromsarna slås ut, eller till att hålla bilen stilla utan att bromspedalen trycks ned. Den består vanligen av en spak som aktiverar främre eller bakre bromsar mekaniskt via vajrar och länkar. Kallas även parkeringsbroms.
Harmonibalanserare En enhet avsedd att minska fjädring eller vridande vibrationer i vevaxeln. Kan vara integrerad i vevaxelns remskiva. Även kallad vibrationsdämpare.
Hjälpstart Start av motorn på en bil med urladdat eller svagt batteri genom koppling av startkablar mellan det svaga batteriet och ett laddat hjälpbatteri.
Honare Ett slipverktyg för korrigering av smärre ojämnheter eller diameterskillnader i ett cylinderlopp.
Hydraulisk ventiltryckare En mekanism som använder hydrauliskt tryck från motorns smörjsystem till att upprätthålla noll ventilspel (konstant kontakt med både kamlob och ventilskaft). Justeras automatiskt för variation i ventilskaftslängder. Minskar även ventilljudet.

I

Insexnyckel En sexkantig nyckel som passar i ett försänkt sexkantigt hål.
Insugsrör Rör eller kåpa med kanaler genom vilka bränsle/luftblandningen leds till insugsportarna.

K

Kamaxel En roterande axel på vilken en serie lober trycker ned ventilerna. En kamaxel kan drivas med drev, kedja eller tandrem med kugghjul.
Kamkedja En kedja som driver kamaxeln.
Kamrem En tandrem som driver kamaxeln. Allvarliga motorskador kan uppstå om kamremmen brister vid körning.
Kanister En behållare i avdunstningsbegränsningen, innehåller aktivt kol för att fånga upp bensinångor från bränslesystemet.

Kanister

Kardanaxel Ett långt rör med universalknutar i bägge ändar som överför kraft från växellådan till differentialen på bilar med motorn fram och drivande bakhjul.
Kast Hur mycket ett hjul eller drev slår i sidled vid rotering. Det spel en axel roterar med. Orundhet i en roterande del.
Katalysator En ljuddämparliknande enhet i avgassystemet som omvandlar vissa föroreningar till mindre hälsovådliga substanser.

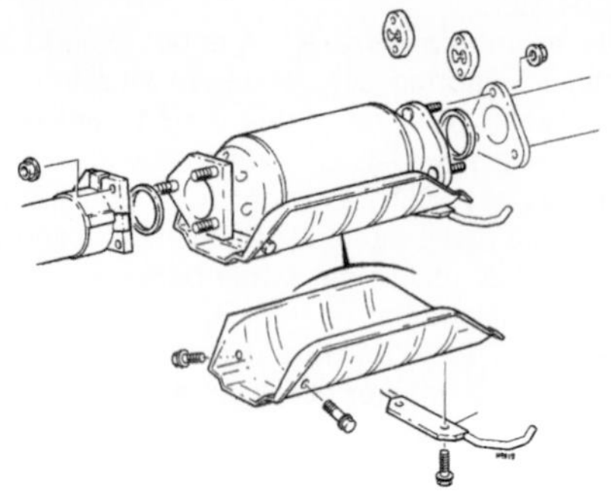

Katalysator

Kompression Minskning i volym och ökning av tryck och värme hos en gas, orsakas av att den kläms in i ett mindre utrymme.
Kompressionsförhållande Skillnaden i cylinderns volymer mellan kolvens ändlägen.
Kopplingsschema En ritning över komponenter och ledningar i ett fordons elsystem som använder standardiserade symboler.
Krockkudde (Airbag) En uppblåsbar kudde dold i ratten (på förarsidan) eller instrumentbrädan eller handskfacket (på passagerarsidan) Vid kollision blåses kuddarna upp vilket hindrar att förare och framsätespassagerare kastas in i ratt eller vindruta.
Krokodilklämma Ett långkäftat fjäderbelastat clips med ingreppande tänder som används till tillfälliga elektriska kopplingar.
Kronmutter En mutter som vagt liknar kreneleringen på en slottsmur. Används tillsammans med saxsprint för att låsa bultförband extra väl.

Kronmutter

Krysskruv Se Phillips-skruv
Kugghjul Ett hjul med tänder eller utskott på omkretsen, formade för att greppa in i en kedja eller rem.
Kuggstångsstyrning Ett styrsystem där en pinjong i rattstångens ände går i ingrepp med en kuggstång. När ratten vrids, vrids även pinjongen vilket flyttar kuggstången till höger eller vänster. Denna rörelse överförs via styrstagen till hjulets styrleder.
Kullager Ett friktionsmotverkande lager som består av härdade inner- och ytterbanor och har härdade stålkulor mellan banorna.
Kylare En värmeväxlare som använder flytande kylmedium, kylt av fartvinden/fläkten till att minska temperaturen på kylvätskan i en förbränningsmotors kylsystem.
Kylmedia Varje substans som används till värmeöverföring i en anläggning för luftkonditionering. R-12 har länge varit det huvudsakliga kylmediet men tillverkare har nyligen börjat använda R-134a, en CFC-fri substans som anses vara mindre skadlig för ozonet i den övre atmosfären.

L

Lager Den böjda ytan på en axel eller i ett lopp, eller den del som monterad i någon av dessa tillåter rörelse mellan dem med minimal slitage och friktion.

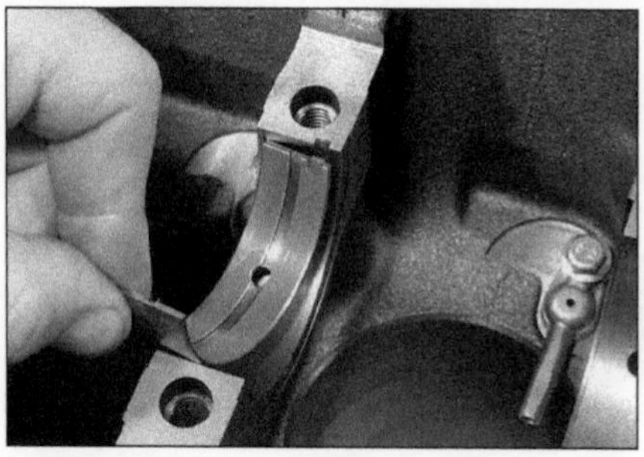

Lager

Lambdasond En enhet i motorns grenrör som känner av syrehalten i avgaserna och omvandlar denna information till elektricitet som bär information till styrelektroniken. Även kallad syresensor.
Luftfilter Filtret i luftrenaren, vanligen tillverkat av veckat papper. Kräver byte med regelbundna intervaller.

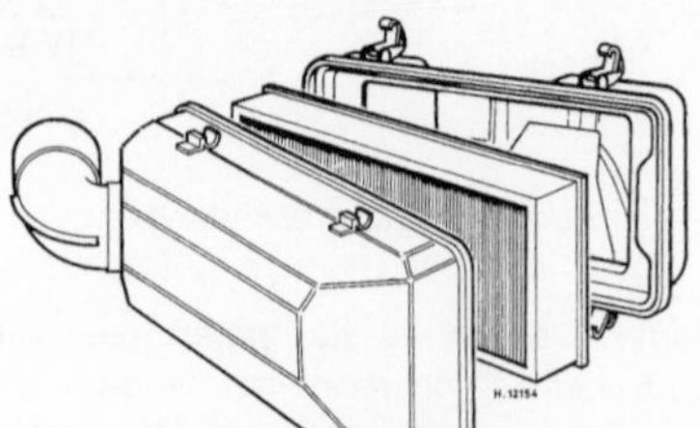

Luftfilter

Luftrenare En kåpa av plast eller metall, innehållande ett filter som tar undan damm och smuts från luft som sugs in i motorn.
Låsbricka En typ av bricka konstruerad för att förhindra att en ansluten mutter lossnar.
Låsmutter En mutter som låser en justermutter, eller annan gängad del, på plats. Exempelvis används låsmutter till att hålla justermuttern på vipparmen i läge.
Låsring Ett ringformat clips som förhindrar längsgående rörelser av cylindriska delar och axlar. En invändig låsring monteras i en skåra i ett hölje, en yttre låsring monteras i en utvändig skåra på en cylindrisk del som exempelvis en axel eller tapp.

M

MacPherson-ben Ett system för framhjulsfjädring uppfunnet av Earle MacPherson vid Ford i England. I sin ursprungliga version skapas den nedre bärarmen av en enkel lateral länk till krängningshämmaren. Ett fjäderben - en integrerad spiralfjäder och stötdämpare - finns monterad mellan karossen och styrknogen. Många moderna MacPherson-ben använder en vanlig nedre A-arm och inte krängningshämmaren som nedre fäste.
Markör En remsa med en andra färg i en ledningsisolering för att skilja ledningar åt.
Motor med överliggande kamaxel (OHC) En motor där kamaxeln finns i topplocket.
Motorstyrning Ett datorstyrt system som integrerat styr bränsle och tändning.
Multimätare Ett elektriskt testinstrument som mäter spänning, strömstyrka och motstånd. Även kallad multimeter.
Mätare En instrumentpanelvisare som används till att ange motortillstånd. En mätare med en rörlig pekare på en tavla eller skala är analog. En mätare som visar siffror är digital.

N

NOx Kväveoxider. En vanlig giftig förorening utsläppt av förbränningsmotorer vid högre temperaturer.

O

O-ring En typ av tätningsring gjord av ett speciellt gummiliknande material. O-ringen fungerar så att den trycks ihop i en skåra och därmed utgör tätningen.

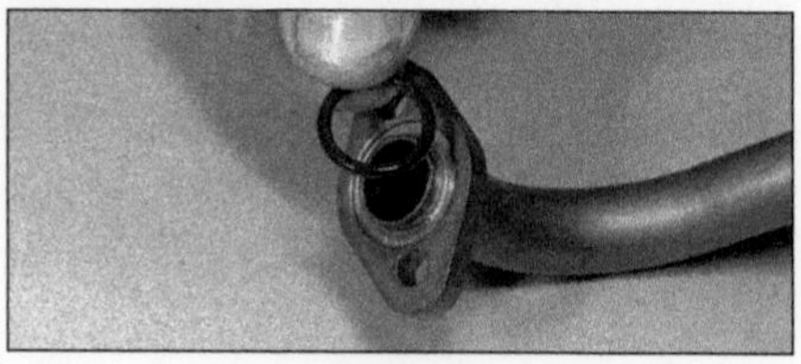

O-ring

Ohm Enhet för elektriskt motstånd. 1 volt genom ett motstånd av 1 ohm ger en strömstyrka om 1 ampere.

Ohmmätare Ett instrument för uppmätning av elektriskt motstånd.

P

Packning Mjukt material - vanligen kork, papp, asbest eller mjuk metall - som monteras mellan två metallytor för att erhålla god tätning. Exempelvis tätar topplockspackningen fogen mellan motorblocket och topplocket.

Packning

Phillips-skruv En typ av skruv med ett korsspår istället för ett rakt, för motsvarande skruvmejsel. Vanligen kallad krysskruv.

Plastigage En tunn plasttråd, tillgänglig i olika storlekar, som används till att mäta toleranser. Exempelvis så läggs en remsa Plastigage tvärs över en lagertapp. Delarna sätts ihop och tas isär. Bredden på den klämda remsan anger spelrummet mellan lager och tapp.

Plastigage

R

Rotor I en fördelare, den roterande enhet inuti fördelardosan som kopplar samman mittelektroden med de yttre kontakterna vartefter den roterar, så att högspänningen från tändspolens sekundärlindning leds till rätt tändstift. Även den del av generatorn som roterar inuti statorn. Även de roterande delarna av ett turboaggregat, inkluderande kompressorhjulet, axeln och turbinhjulet.

S

Sealed-beam strålkastare En äldre typ av strålkastare som integrerar reflektor, lins och glödtrådar till en hermetiskt försluten enhet. När glödtråden går av eller linsen spricker byts hela enheten.

Shims Tunn distansbricka, vanligen använd till att justera inbördes lägen mellan två delar. Exempelvis sticks shims in i eller under ventiltryckarhylsor för att justera ventilspelet. Spelet justeras genom byte till shims av annan tjocklek.

Skivbroms En bromskonstruktion med en roterande skiva som kläms mellan bromsklossar. Den friktion som uppstår omvandlar bilens rörelseenergi till värme.

Skjutmått Ett precisionsmätinstrument som mäter inre och yttre dimensioner. Inte riktigt lika exakt som en mikrometer men lättare att använda.

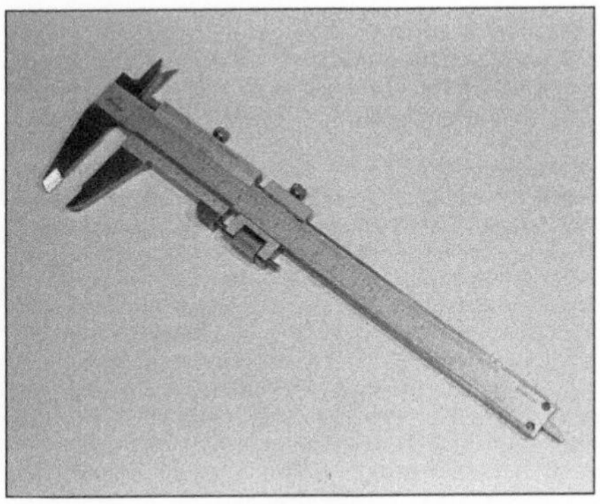

Skjutmått

Smältsäkring Ett kretsskydd som består av en ledare omgiven av värmetålig isolering. Ledaren är tunnare än den ledning den skyddar och är därmed den svagaste länken i kretsen. Till skillnad från en bränd säkring måste vanligen en smältsäkring skäras bort från ledningen vid byte.

Spel Den sträcka en del färdas innan något inträffar. "Luften" i ett länksystem eller ett montage mellan första ansatsen av kraft och verklig rörelse. Exempelvis den sträcka bromspedalen färdas innan kolvarna i huvudcylindern rör på sig. Även utrymmet mellan två delar, till exempel kolv och cylinderlopp.

Spiralfjäder En spiral av elastiskt stål som förekommer i olika storlekar på många platser i en bil, bland annat i fjädringen och ventilerna i topplocket.

Startspärr På bilar med automatväxellåda förhindrar denna kontakt att motorn startas annat än om växelväljaren är i N eller P.

Storändslager Lagret i den ände av vevstaken som är kopplad till vevaxeln.

Svetsning Olika processer som används för att sammanfoga metallföremål genom att hetta upp dem till smältning och sammanföra dem.

Svänghjul Ett tungt roterande hjul vars energi tas upp och sparas via moment. På bilar finns svänghjulet monterat på vevaxeln för att utjämna kraftpulserna från arbetstakterna.

Syresensor En enhet i motorns grenrör som känner av syrehalten i avgaserna och omvandlar denna information till elektricitet som bär information till styrelektroniken. Även kalla Lambdasond.

Säkring En elektrisk enhet som skyddar en krets mot överbelastning. En typisk säkring innehåller en mjuk metallbit kalibrerad att smälta vid en förbestämd strömstyrka, angiven i ampere, och därmed bryta kretsen.

T

Termostat En värmestyrd ventil som reglerar kylvätskans flöde mellan blocket och kylaren vilket håller motorn vid optimal arbetstemperatur. En termostat används även i vissa luftrenare där temperaturen är reglerad.

Toe-in Den distans som framhjulens framkanter är närmare varandra än bakkanterna. På bakhjulsdrivna bilar specificeras vanligen ett litet toe-in för att hålla framhjulen parallella på vägen, genom att motverka de krafter som annars tenderar att vilja dra isär framhjulen.

Toe-ut Den distans som framhjulens bakkanter är närmare varandra än framkanterna. På bilar med framhjulsdrift specificeras vanligen ett litet toe-ut.

Toppventilsmotor (OHV) En motortyp där ventilerna finns i topplocket medan kamaxeln finns i motorblocket.

Torpedplåten Den isolerade avbalkningen mellan motorn och passagerarutrymmet.

Trumbroms En bromsanordning där en trumformad metallcylinder monteras inuti ett hjul. När bromspedalen trycks ned pressas böjda bromsbackar försedda med bromsbelägg mot trummans insida så att bilen saktar in eller stannar.

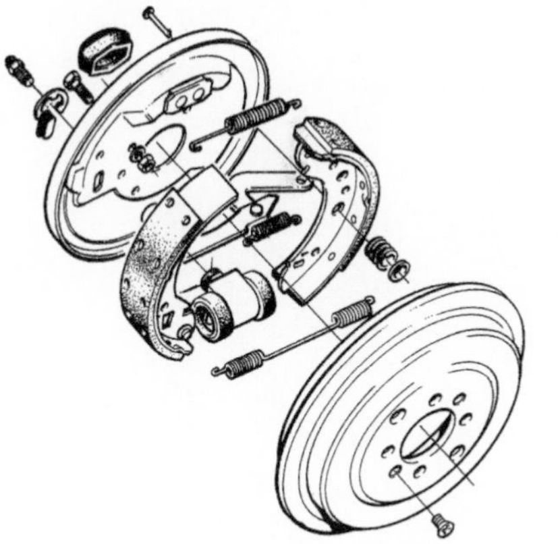

Trumbroms, montage

Turboaggregat En roterande enhet, driven av avgastrycket, som komprimerar insugsluften. Används vanligen till att öka motoreffekten från en given cylindervolym, men kan även primäranvändas till att minska avgasutsläpp.

Tändföljd Turordning i vilken cylindrarnas arbetstakter sker, börjar med nr 1.

Tändläge Det ögonblick då tändstiftet ger gnista. Anges vanligen som antalet vevaxelgrader för kolvens övre dödpunkt.

Tätningsmassa Vätska eller pasta som används att täta fogar. Används ibland tillsammans med en packning.

U

Universalknut En koppling med dubbla pivåer som överför kraft från en drivande till en driven axel genom en vinkel. En universalknut består av två Y-formade ok och en korsformig del kallad spindeln.

Urtrampningslager Det lager i kopplingen som flyttas inåt till frigöringsarmen när kopplingspedalen trycks ned för frikoppling.

V

Ventil En enhet som startar, stoppar eller styr ett flöde av vätska, gas, vakuum eller löst material via en rörlig del som öppnas, stängs eller delvis maskerar en eller flera portar eller kanaler. En ventil är även den rörliga delen av en sådan anordning.

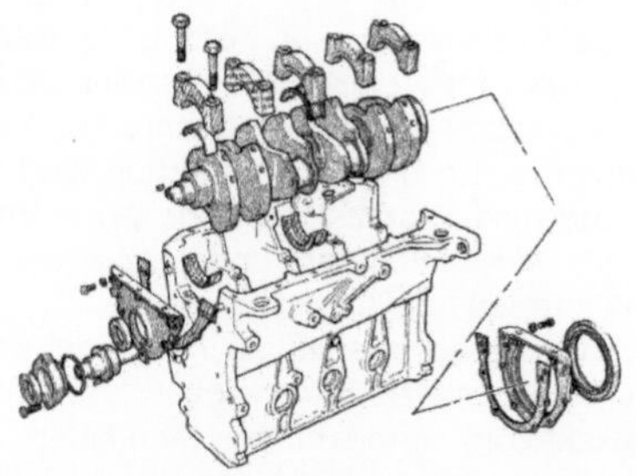

Vevaxel, montage

Ventilspel Spelet mellan ventilskaftets övre ände och ventiltryckaren. Spelet mäts med stängd ventil.

Ventiltryckare En cylindrisk del som överför rörelsen från kammen till ventilskaftet, antingen direkt eller via stötstång och vipparm. Även kallad kamsläpa eller kamföljare.

Vevaxel Den roterande axel som går längs med vevhuset och är försedd med utstickande vevtappar på vilka vevstakarna är monterade.

Vevhus Den nedre delen av ett motorblock där vevaxeln roterar.

Vibrationsdämpare En enhet som är avsedd att minska fjädring eller vridande vibrationer i vevaxeln. Enheten kan vara integrerad i vevaxelns remskiva. Kallas även harmonibalanserare.

Vipparm En arm som gungar på en axel eller tapp. I en toppventilsmotor överför vipparmen stötstångens uppåtgående rörelse till en nedåtgående rörelse som öppnar ventilen.

Viskositet Tjockleken av en vätska eller dess flödesmotstånd.

Volt Enhet för elektrisk spänning i en krets 1 volt genom ett motstånd av 1 ohm ger en strömstyrka om 1 ampere.

Observera: Sidnumren i registret anges i formen "kapitelnummer" • "sidnummer"

Anteckningar